# 유교적 경세론과 조선의 제도들
## 유형원과 조선 후기

# 1

# 유교적 경세론과 조선의 제도들
## 유형원과 조선후기

# 1

제임스 B. 팔레 지음 | 김범 옮김

Confucian Statecraft and
Korean Institutions
-Yu Hyŏngwŏn and the Late Chosŏn Dynasty

산처럼

| 일러두기 |

1. 이 책은 제임스 버나드 팔레(James Bernard Palais)의 *Confucian Statecraft and Korean Institutions—Yu Hyŏngwŏn and the Late Chosŏn Dynasty*(University of Washington Press, 1996)를 완역한 것이다. 원서는 1,280쪽의 단행본 한 권으로 되어 있지만, 분량을 고려해서 번역본은 1, 2권으로 나누었다.

2. 외래어 인·지명은 외래어 맞춤법 표기에 맞춰 표기했다.

3. 미주는 원서에 실린 지은이의 주석이며, 본문의 각주는 보충 설명이나 원서의 오류 등과 관련된 사항을 옮긴이가 삽입한 것이다. 아울러 미주에서 그러한 사항이 있을 경우는 그 내용을 괄호에 넣은 뒤 옮긴이의 주석이라고 표기했다.

4. 본문의 괄호 안에 있는 내용설명과 물음표?는 원서에 따른 것이다.

5. 본문의 인·지명 등에 필요한 한자나 영문은 원칙적으로 처음 나왔을 때만 표기했다.

6. 원서의 연도는 모두 서기로 표기되어 있지만, 편의를 돕기 위해서 괄호 안에 왕대나 연호를 병기했다.

# | 감사의 말 |

이 원고를 작성하기 위해 조사하고 준비하는 과정에서 나는 국립 인문학기금the National Endowment for the Humanities과 미국고등연구협회the American Council of Learned Societies와 사회과학연구협회Social Science Research Council에서 재정지원을 받았다. 워싱턴대학교 동아시아 도서관the East Asia Library의 사서인 최윤환 씨는 이 계획을 포함한 20여 년이 넘는 연구에 이루 말할 수 없는 도움을 주었다.

여러 학자들에게서 받은 커다란 도움은 이 책의 참고문헌에 기재됐는데, 특히 1945년 일본의 식민지배에서 해방된 이후 늘어나고 있는 한국의 학자들은 우리의 한국사 지식에 놓여 있는 공백을 메웠을 뿐만 아니라 우리가 사실로 알고 있던 문제들을 재해석하는 데 커다란 진전을 이뤄냈다. 나는 때때로 그들과 다른 견해를 개진한 것을 사과드리지만, 그러나 그런 시각의 차이가 그들의 연구에 대한 나의 존경을 감소시키지는 않았다.

나는 역사연구회the History Research Group의 회원들을 포함해서 워싱턴대학교의 몇몇 동료들의 조언과 비판에서 커다란 도움을 받았다. 잭 덜 Jack Dull은 몇 년에 걸쳐 수많은 오류를 바로잡고 중국사에 대한 나의 커다란 무지를 일깨워주는 데 조금도 수고를 아끼지 않았다. 케네스 파 일Kenneth Pyle과 클라크 소렌슨Clark Sorensen, 켄트 가이Kent Guy, 야마무 라 고조山村弘三, 수잔 핸리Susan Hanley는 나와 함께 이 연구의 다양한 부분을 토론했다.

나는 다양한 문제를 빈번하게 토의해준 나의 스승이자 동료인 에드 워드 와그너Edward Wagner와 오랜 동료이자 친구인 게리 레드야드Gary Ledyard에게 감사드린다. 카터 엑커트Carter Eckert의 주관으로 하버드에서 열린 세미나는 매우 유익했는데, 특히 두웨이밍杜維明과 피터 볼Peter Bol 과의 대화가 그러했다. 파리와 몬트리올에서 테드 드 배리Ted de Bary가 개최한 회의에서도 매우 많은 것을 배웠다.

나는 이 원고를 통독한 뒤 친절한 안내와 조언을 준 브루스 커밍스 Bruce Cumings, 마르티나 도이힐러Martina Deuchler, 마이클 칼튼Michael Kalton, 최영호崔永浩에게 특히 감사한다. 나는 이렇게 긴 원고를 편집하 는 데 보여준 마거리 랑Margery Lang의 노력과 배려와 기술에도 매우 감 사드린다. 당연히, 모든 오류와 실수는 나의 책임이다.

나의 가장 커다란 빚은 30년 넘게 기쁨과 슬픔을 나와 함께 했으며 일에만 매달리는 나의 건망증과 무심함에 대한 불만을 참아준 아내 제 인Jane에게 있다.

# 차례

# 차례

| 머리말 |

1945년 일본의 식민지배에서 해방된 이후 한국의 역사학자들은 조선 (1392~1910)이 5백 년의 역사 동안 정체의 늪에 빠져 발전과 진보가 불가능했다고 규정한 일본 식민사학의 잔재를 스스로 청산하기 위해서 치열한 노력을 전개했다. 최근 몇 년 동안 한국의 역사학자들은 특히 임진왜란(1592~98)의 거대한 재난을 극복한 이후 조선에는 사회구조와 경제, 그리고 다른 중요한 제도들에서 주목할 만한 변화가 나타났음을 입증함으로써, 그런 노력은 성과를 거두고 있다.

그들은 정체보다는 변화가 조선후기사의 흐름을 이해하는 좀더 좋은 방법이라는 것을 보여주는 데는 성공했지만, 그 변화의 본질을 해석하는 데는 그만큼 성공하지 못했다. 거칠게 개관하면, 그런 변화의 본질을 둘러싼 핵심적인 쟁점은 흔히 '봉건적'이라고 표현되는 조선 전기의 견고한 사회구조가 붕괴되어 신분 등의 사회적 지표가 상승하거나 하락할 수 있는 가능성이 좀더 커지게 됐다는 것과 그런 사회적 변화의 주요 원인은 시장이 발달하고 경제적 자유가 확대된 데 있었다는 것이었다. 경제적 자유는 농업기술의 발전으로 전체 생산량뿐만 아니라 1인당 생산성이 생계에 필요한 분량보다 증대된 상황으로부터 유입됐다. 또한 생산과 부의 극대화를 추구하는 경영형 부농富農이라는 새로운 계층이 출현하고 잉여농산물의 시장교환이 확대됐으며, 수공업이 발달하고 국가의 공인을 받은 상인들이 특권과 이익을 독점하던 분야에도 사상私商들이 침투했다. 이런 경제적 발전들, 특히 1608년(선조 41) 이후 부분적으로 이루어진 화폐 주조와 개인적 상업 활동의 증가, 상업자본의 축적, 면업·인삼 재배·광업·요업·야금술의 발달, 그리고 화폐 주조·광업·요업에서 심화된 노동 분화 등은 자본주의를 향해 나아가고 있다는 징표들이었다.

이런 변화들은 지주와 소작인, 그리고 노비* 소유주와 노비 사이에 형성됐던 '봉건적' 관계의 전환을 이끌었다고 평가됐다. 노비는 말할 것도 없고 양인 소작인들도 토지를 빌리는 대가를 지불할 뿐만 아니라 노동력도 제공해야 하는 단기 소작계약과 고용노동체계에 묶여 있었다. 1780(정조 4)~1800년(정조 24) 이후 노비는 전체 인구의 3분의 1에서 10분의 1 이하로 급격히 줄었다. 노비와 양인의 경계선이 사라지기 시작하면서 중인과 양인 사이의 구획선도 해체되어갔으며, 새롭게 출현한 경영형 부농들은 부를 축적하면서 사회의 상위계층**으로 올라가는 길을 열었다.

좀더 최근에는 많은 학자들이 이러한 발전을 민중의 실제적인 대두와 민족의식의 고양과 연결시켜왔다. 현대의 역사서술에서 민중은 조선 후기의 역동적인 변화, 그리고 근대화와 경제적 자본주의를 향한 진전을 설명하는 데 가장 중요한 요소가 됐다. 조선은 유교의 보편적 도덕철학

---

* 번역에서는 노예를 조선을 포함한 동양과 관련해서 노비라고 옮겼다.

** 원서도 그렇지만, 번역에서는 신분과 계층을 엄격히 구분하지 않고 대체로 넘나들 수 있는 의미로 사용했다.

과 종속국의 위치를 부정하고, 굴종은 아니더라도 중화제국의 권위에 기대온 위치에서 벗어남으로써 독립국으로서 자각을 좀더 높였다.

조선후기사에 대한 이러한 수정주의적 연구자들의 해석은 역동성과 발전의 존재를 증명하기 위해서뿐만 아니라 그동안 정치체제의 상부를 차지하고 있던 양반의 활동과 정치사에만 치중해온 기존의 연구 경향에서 벗어나기 위해 의식적으로 시도된 것이었다. 좀더 최근의 역사학자들은 그동안 간과됐던 민중들에게 초점을 맞추고 있는데, 민중들은 교육받은 상위계층들이 문자사용을 독점했기 때문에 자신들의 삶에 대한 풍부한 기록을 남기지 못했다.

한국의 새로운 역사서술은, 매우 중요하지만 그동안 주목되지 않았던 경제적 동향 등을 밝혀냄으로써 한국사를 이해하는 데 가치 있는 공헌을 했다. 그러나 지금 단계에서 필요한 것은 당시의 사회 문제를 분석하고 그 해결책을 모색했던 양반 관원들과 경세론經世論을 저술한 학자들의 생각과 정책을 검토함으로써 어떤 균형을 찾는 일이다. 그들의 노력은 한국 사회의 본질과 조선 후기에 일어났던 변화들을 이해하는 데 지대한 도움을 준다.


## ┃ 유형원의 『반계수록』

조선 후기의 변화들이 어떠한 사상에 기초해 일어난 것인가를 연구하는 데는 여러 방법이 있지만, 그때까지 한국에서 나온 저술 중에서 경세론의 문제를 다룬 가장 위대한 저서라고 볼 수 있는 책을 분석하는 것은 유용한 출발이라고 믿는다. 그 작품은 관직에는 나아가지 않은 학자였던 유형원柳馨遠이 지은 『반계수록磻溪隧錄』이다. 그 책은 1652년 (효종 3)부터 1670년(현종 11) 사이에 작성된 것으로 추정된다. 1622년

(광해군 14) 많은 관원들을 배출한 양반가문에서 태어난 유형원은 큰 의미를 두지 않고 얼마 동안 두 번 과거에 응시했지만, 벼슬에 대한 꿈을 버리고 학문적 성찰과 저술에 남은 삶을 바치기로 결심했다.

유형원의 저작은 조선 후기를 이해하는 데 특히 중요한데, 그는 위에서 말한 변화의 시작들을 겪으면서 당시 국가가 직면하고 있는 문제들이라고 생각한 사안에 대해 매우 명확하고 자세한 서술을 남겼기 때문이다. 현대의 역사학자들은 유형원을 그동안 유교적 도덕론과 성리학에 대한 관심에서 경세론의 문제로 관심을 돌린 실학實學이라는 새로운 학파에서, 최고는 아니더라도, 최초의 학자로 평가했다. 해방 이후 유형원의 저작을 연구한 첫 학자는 천관우千寬宇였는데, 그는 유형원의 저작과 실학운동이 조선 후기의 특징인 민족주의를 향한 흐름이었다고 높이 평가했다.[1] 이 책의 과제 중 하나는 그러한 해석을 바로잡는 것이지만, 좀더 궁극적인 목표는 당시의 역사적 상황을 고려하지 않은 채 유교적 경세론을 해석하는 태도를 극복하는 것이다. 필자는 학문적인 경세론과 역사적 현실의 관계, 그리고 그 둘의 상호 영향을 파악하기 위해 조선의 건국(1392)부터 강화도조약(1876)이 체결되기까지 한국 사회에서 일어났던 주요한 변화들의 본질에 대해 논의하려고 한다.


## ▎조선시대의 유교적 경세론

일반적으로 한국사에서 조선왕조는 유교의 시대로 알려져왔다. 그 까닭은 유교사상이 조선시대 이전에는 한국에서 중요하지 않았기 때문이 아니라 불교와 토착적 사회 · 가정조직보다 부차적인 역할에 머물렀기 때문이었다. 12세기에 와서 주희朱憙의 저작에 압축된 송대宋代의 성리학은 조선이 건국된 뒤 교육과정과 과거제도뿐만 아니라 제례祭禮의 실행, 가족조직, 윤리적 가치에서 사회 전반에 기준으로 자리잡아갔다. 성리학의 신념과 규범·실천이 향촌 사회의 최하층까지 스며드는 데는 2백 년에서 3백 년 정도 걸렸다. 물론 그 기간 동안 불교·도교·무속·도참설 같은 다른 신앙들은 특히 교육받지 못한 농민들 사이에 남아 있었다. 마침내 성리학자들은, 모든 사람들을 자신의 신념과 풍습으로 바꾸도록 할 수는 없었지만, 조선 사회와 사상을 지배하게 됐다.

조선 건국에 참여한 성리학자들은 유교적 경세론의 다양한 내용을 실현하는 데 중요한 역할을 맡았다. 그들의 주장으로 많은 제도들이 도입되거나 강화됨으로써 조선 전기에 유교적 경세론의 이념은 실제 행정에 매우 큰 영향력을 행사했다. 그러나 그 뒤 상황은 이상하게 전개됐다. 관직체계 외부에 있던 유교적 경세학자들은 공공정책에서 거의 영향력을 상실한 것이었다. 조선왕조의 공식적 관직체계 안에서 활동하는 모든 현직 관원들은 과거시험을 통과해 성리학의 정통적 신봉자로 공인됐기 때문에, 정부가 유교적 통치이념을 존중하도록 강조하는 데 소홀했다는 비난은 가능하지 않았다. 그러나 현직 관원들은 유교의 교정이 없었던 고려시대부터 계속 시행되어온 관습과 제도를 따르거나 관행화·태만·부패에 빠지기 쉬웠다.

더욱이 조선 성리학자들의 학문적 관심은 불교와 애니미즘, 그리고 다른 '야만적인' 풍습에 젖어 있는 몽매한 백성들을 유교윤리와 사회규범이 지배하는 사고와 생활방식으로 전환시키려는 당초의 소박한 목적에서 멀어져갔다. 처음에는 무지한 백성들을 지도하는 데 주력했지만, 16세기 무렵 근본적인 보편원리와 결합된 심오한 형이상학적 해석이 이루어지고 비도덕적·비윤리적·반사회적 움직임에 이끌리는 심성을 교정하면서 좀더 학문적인 관심으로 전환됐다. 그러나 성리학자들이 순수한 보편원리와 심성의 관계를 정확히 이해하는 데 좀더 관심을 갖게 되면서 경세론에 대해 깊이 생각하고 서술하는 것은 학문적 관심의 대상으로 국한됐다. 성리학적 윤리주의자들에게 좋은 정부는, 기독교적 표현을 빌리면, 죄인을 성인으로 변화시키는 도덕적 역할을 맡을 뿐 제도를 인위적으로 바꾸는 임무는 갖지 않았다. 그런 변화를 현실에서 추진하는 것은 현직 관원들의 몫이었다. 20세기의 서구와 관련된 다른 비슷한 비유를 끌어오면, 경세사상과 윤리적 형이상학의 관계는 응용과학과 순수과학의 관계와 비슷했다. 전자는 쓸모 있고 실제적이었지만 근본적 진리를 다루는 후자보다는 존중받지 못했다.

이런 이유들 때문에 현직 관원들은 많은 제도들이 심각하게 악화된 16세기 중반 이후부터 제도개혁의 주도권을 잃게 됐다. 그 주도권은 율곡栗谷 이이李珥 · 조헌趙憲 · 유성룡柳成龍 등에게 넘어갔고, 그들은 17세기에 제도개혁을 추진한 김육金堉 등에게 자극을 주었다. 17세기 이후 재야의 일부 학자들 또한 경세론과 제도개혁의 문제로 관심을 돌리기 시작했지만, 유형원이 자신의 학문적 여생을 바치게 된 작업에 착수한 것은 1650년(효종 1)이 지나서였다. 그 작업은 유교적 학자와 관원들이 신성시한 중국 고대의 전통을 바탕으로 제도개혁을 추진하기 위한 근본적 원리를 수립하는 것이었다.


## ❘ 유형원의 역할

### 17세기의 상황

17세기의 상황은 14세기 후반 고려에서 조선으로 이행되던 시기와는 매우 대조적이었다. 생각과 행동 모두 이미 유학에 침잠한 국왕과 조정의 신하들이 유형원의 의견을 들을 수 있는 기회는 거의 없었다. 향촌에 은거한 학자와 중앙 관원 사이에 의견을 교환할 수 있는 통로는 닫혀 있었으며, 경세론에 관련된 재야 학자의 조언은 거의 존중되지 않았다.

이런 현상은 관직을 갖지 못한 사람들이 위신을 높이려는 기회를 정규 관원들이 차단하고 자신들만이 국왕과 의견을 나눌 수 있는 배타적 특권을 가졌기 때문에 나타난 폐단만은 아니었다. 그런 폐단이 나타난 데는 1575년(선조 8) 이후 전개된 뿌리깊은 당쟁으로 국왕에게 접근할 수 있는 통로가 더욱 좁아진 데도 한 원인이 있었다. 이것은 유형원 자신과 관련된 문제가 분명했는데, 그는 한양에 거주하던 양반인 문화 유씨의 직계 구성원이었기 때문이다. 그의 아버지와 조부는 관직을 가졌고, 16세기 초반 조광조趙光祖의 문인門人과 교유했던 유관이라는 자랑할 만한 조상이 있었으며, 어머니는 여주 이씨 가문의 고관의 딸이었다. 그의 부인은 풍산 심씨 출신이었으며, 장인 심수경沈守慶은 형조판서였다 ─ 이런 모든 조건은 그가 관직을 가진 양반과 사회적으로 동등하게 인정되도록 만들었을 것이다. 불행하게도 광해군(재위 1608~23)과 연결된 북인北人의 일원이었던 그의 아버지는 서인西人이 반정을 일으켜 광해군을 폐위시키고 인조(재위 1623~49)를 추대하면서 재난을 겪었다. 같은 해 그는 광해군을 복위시키려는 계획에 연루되어 고문을 받다가 사망한 것이다. 그 뒤 북인들은 중요한 관직에 나아갈 수 있는 기회에서 제외됐다.

유형원은 진사시에 급제했지만, 대과에 응시하거나 관직에 나아가려고 노력하지 않았다. 그는 권력에서 소외된 인물들과 교유했고, 윤휴尹鑴·허목許穆 같은 남인南人의 지도자들과 친분이 있었다. 남인은 1689년(숙종 15)부터 1694년(숙종 20)까지 전성기를 누렸으나 18세기 후반 정조가 그들 중의 일부를 조정에 다시 등용하기까지 약 1백 년 동안 권력에서 축출됐다. 유형원은 생애의 대부분을 전라도 부안에서 은거하면서 보냈는데, 1652년(효종 3) 그곳에서 대표작인 『반계수록』을 저술하기 시작했다. 그는 19년 뒤인 1670년(현종 11)에 그 책을 완성했는데,

죽음을 겨우 3년 앞둔 시점이었다. 그것은 20여 편이라고 알려졌지만 현재 3편밖에 남아 있지 않는 그의 저작 중 하나다. 다른 두 가지는 주희의 강목체綱目體를 원용해 한국사를 살펴본 저서로 최근에 발견된 책과, 짧은 글들을 후대에 편집한 작품이다. 그는 성리학의 형이상학에 대한 논문, 주희의 저작에 대한 개요, 한국 지리 및 한자의 중국어 발음에 대한 연구, 국방과 전술에 대한 연구, 그리고 산문·시문·의약·침술에 관련된 저작 등을 남겼다.[2]

어떤 사람들은 유형원이 당쟁에서 밀려나 소수 당파의 일원으로 낙향생활을 했기 때문에 현실적 문제에 대한 위대한 학자가 될 수 있었다고 주장했지만, 그것이 사실이라고 해도, 18세기 중반까지 유형원의 사상은 그의 후손과 제자, 그리고 관직을 갖지 못했던 지적 상속자들에게 국한되어 유포됐다. 그러나 그들은 그 시기부터 진행된 균역법均役法의 논의에서 유형원의 생각을 인용한 현직 관원들에게 영향을 미치기 시작했다.

유형원의 대표작인 『반계수록』은 그가 살아 있던 동안에는 잘 알려지지 않았으며, 1678년(숙종 4) 배상유裵尙瑜가 그 책을 추천했을 때도 숙종(재위 1674~1720)은 관심을 보이지 않았다. 1694년(숙종 20) 노사효盧思孝 등이 그 책을 다시 한번 올렸지만, 이번에도 국왕의 주목을 끌지 못했다. 그 책은 18세기 전반의 경세학자인 성호星湖 이익李瀷과 18세기 후반에 활동한 그의 제자 안정복安鼎福에 의해 알려지고 높이 평가됐다. 그 책 자체는 적어도 숙종 4년에는 조정에 알려졌으며, 1741년(영조 17)에는 전직 승지 양득중梁得中에 의해 국왕에게 추천됐다. 1750년(영조 26) 영조는 그 책의 인쇄를 거의 승인했지만, 결국은 필사본 3부를 만들어 남한산성의 사고에 보관하라고 지시했을 뿐 1769년(영조 45)까지는 결정을 미루었다.[3] 1년 뒤 영조는 경상도 관찰사에게 목판본으로 인쇄하라고 하명했다. 이러한 인쇄과정을 통해 그 책의 내용이 얼마나 잘 알려져 있었는지를 충분히 알 수는 없지만, 1770년에 26권의 최종본으로 출판되기 전에는 중국 자료에 관련된 부분이 빠진 13권의 축약본이 좀더 널리 유통됐다.[4]

1770년(영조 46) 영조는 마단림馬端臨의 『문헌통고文獻通考』를 본뜬 법률·제도의 백과사전을 편찬하는 임무를 총괄하라고 홍봉한洪鳳漢에게 하명했다. 그 책의 첫 판본에는 유형원의 저작이 참고문헌에 들어 있지 않았는데, 그런 오류와 누락을 불만스럽게 생각한 정조는 유형원 자신과 그의 책을 읽은 것으로 알려진 사람들의 견해를 포함한 증보판을 다시 간행하라고 이만운李萬運에게 지시했다. 이 증보판은 1782년(정조 6)에 완성됐지만 1908년(순종 2)까지 인쇄되지 않았다. 이것은 유형원의 사상이 유포되는 데 장애가 됐다. 그럼에도 불구하고 유형원의 저작은, 전국적으로는 아니었지만, 조정의 가장 영향력 있는 대신들에게는 점차 알려지게 됐다.[5] 그러나 대원군이 1860년대에 일련의 개혁을 진행하는 동안 유형원과 18~19세기 전반의 경세학자들의 사상은 많은 정책에 채택되어 반영됐다.

그러므로 조선 후기의 제도개혁은 유형원이 그런 문제들에 대해 저술을 시작하기 전부터 진행됐으며, 그의 독창적인 경세론이 중앙 정부와 지식인들에게 알려지기까지는 75년이라는 적지 않은 시간이 흐른 것이었다. 이러한 까닭들 때문에 이 책에서는 유형원의 조언이나 생각에서 도움을 받지 않고 제기된 개혁책과 해결 방안을 그의 생각과 비교함으로써 유형원이 살았던 기간과 그 앞뒤에 일어났던 변화들을 살펴보려고 시도할 것이다. 이것은 연관되지 않은 별개의 사상을 단순히 비교하려는 시도는 아닌데, 유형원은 16세기 후반부터 1672년(현종 13)에 세상을 떠날 때까지 조정 관원들의 사상과 행동에서 영향을 받았기 때문이다. 이것은 생각이 전달되는 과정에서 그 영향의 방향과 상호 교류의 정도, 그리고 당시의 핵심적인 제도적 쟁점에 대한 현직 관원과 관념적인 학자의 차이를 추적함으로써 알 수 있을 것이다.

　대중에게는 말할 것도 없고 조정의 관원들에게도 알려지지 않았던 관념적 학자의 저작에 대해 논의하는 것은 역사적 사실을 이해하는 데 아무 도움도 되지 않는 쓸데없는 호고적好古的 노력으로 보일 수도 있다. 관념적 유학자에 대한 연구는 고립된 이상주의자의 생각을 밝히는 지엽적인 효용성만 있는 시간 낭비라고 간주될 수도 있다. 이러한 비판에 대한 가장 좋은 방어는 유형원이 현대의 역사학자와 사회과학자들이 한—그리고 현대의 정치가들은 하지 못한—일을 했다는 것이다. 그는 한국사는 물론 3천 년 동안 중국사에서 나타난 여러 제도의 기원과 발전을 상세히 연구했으며, 그 제도들의 문제점을 극복하기 위해 뛰어난 신하들과 경세학자들이 제기한 논의를 생생하게 전달했다. 유형원의 개혁안에 동의하든 그렇지 않든 그는 자신이 살던 시대의 제도들에 대해 참으로 획기적이고 선구적인 연구를 했다. 그것은 수많은 현직 관원들이 너무도 짧고 모호한 상소의 이곳저곳에서 영원하고 보편적인 유교도덕의 진실을 그저 관행적으로 되풀이한 것보다 훨씬 가치 있고 계몽적이었다.

## 유교적 전통의 합리성과 경험주의

　20세기의 학자들은 유형원을 다른 실학자들과 함께 근대성의 선구자로 여러 측면에서 평가했는데 실제 생활과 세계의 문제에 대한 그들의 분석은 유교의 도덕적 이상론을 유물론이 배격하기 시작하는 전조로 여겨졌기 때문이었다. 그들은 자신이 살고 있던 시대의 기준에 의문을 제기하는 수단으로 이성과 경험적 관찰을 사용함으로써 전체론적 유교 철학 안에 모셔진 사실과 가치의 견고한 결합을 위협하는 것으로 보였다. 그들은 한국의 독특함과 민족적 정체성을 인식함으로써 보편적이고 전세계적인 유교문화에 반발하는 태도를 취하는 것으로 비쳐졌다. 그들은 백성들의 복지에 관심을 나타내면서 세습적 특권을 폐지해야 한다고 제안했으며, 부와 권력에 대한 열망을 보이면서 만연한 유교적 중농주의를 타파하고 생산력과 시장의 속박을 풀어야 한다고 주장했다.

그러나 이 연구가 앞으로 밝히듯이 실학사상에 대한 이러한 일반화는 절반의 진실이며, 유교적 경세론의 핵심을 현대적이고 서구적인 실증과학으로 잘못 해석한 시대착오적 판단의 결과다. 합리성과 경험적 방법은 대체로 현대성의 징후로 해석된다. 사실 유교는 전통적이고 전근대적이며 비과학적이지만, 정치적 방법으로 문제에 접근하는 태도는 상당히 이성적이고 경험주의적이기까지 하다. 그러나 유교의 합리성과 경험주의는 엄격한 인식론에 바탕을 둔 것이 아니다. 유학자들은 자신이 살고 있는 사회의 폐단을 비판하면서, 고대 중국의 경전을 맹목적이고 교조적으로 믿던 상태로부터 이성을 비판적으로 사용하는 태도를 향해 조금의 논리적 모순도 느끼지 않고 쉽게 옮겨갈 수 있었다.

그럼에도 불구하고, 고전에서 전수된 지혜보다 지식의 척도로서 이성을 좀더 존중하는 태도는 분명히 결여되어 있다. 유형원의 저작에서도 감각을 통해 인식된 자료만이 믿을 만한 정보나 지식이라는 생각, 즉 유교적 지혜가 담긴 격언의 영향을 받지 않은 새로운 정치학을 만들어낼 만한 생각은 전혀 발견되지 않는다. 유형원의 경세론은 감각을 통해 경험한 사실을 유교의 도덕적 진실과 결코 분리하지 않았으며, 인간 사회의 실상을 우주에 내재한 보편적 원칙과 떨어뜨려 파악하지 않았다. 유형원은 언제나 윤리와 철학에서 유학자였으며, 윤리적 진실과 경험적 지식을 전체적으로 결합시켰다. 그러므로 그가 세상을 철학적으로 이해하는 전체적 맥락에서 이성적 요소와 경험적 요소를 분리하는 것은 유학적 세계관의 본질을 제대로 파악하는 방법이 아니다.

## 역사에 바탕을 둔 유형원의 사고방식

경세학자로서 유형원의 중요성은 정치와 정책에 대한 새롭고 독창적인 이론을 만들어냈다는 데 있지 않다. 대부분의 유학자들처럼 그 또한 가장 위대한 지혜는 하夏·은殷·주周 삼대三代라는 고대 중국에 살았던 성인들이 만들었다고 믿었다. 그는 그런 성인들의 지혜를 발전시키는 것이 가능하다고 생각하지 않았으며 자신이 그들의 창조적 천재성을 뛰어넘는 것은 그만두고, 얻을 수 있다고 가정하는 만용을 부리지도 않았다. 그의 임무는 고대에 시행된 정치이론과 체제운영의 기본 원리를 밝히고 추론하며, 그것을 역사적·사회적 환경이 사뭇 다른 17세기 조선에 맞도록 조정하는 것이었다. 조정의 필요성을 그가 인정했다는 것은 그가 만들고자 했던 최선의 사회는 언제나 이상적 사회보다는 못하며, 이상향에 대한 염원은 현존하는 사회적·역사적 상황의 우발적 사고에 의해서 늘 억압된다는 것을 의미했다. 그의 사상의 매혹적인 부분은 이상과 현실을 절충해 도출한 그의 저작에 담겨 있는데, 그것은 고대 성인들이 만든 세계를 완전히 재현하는 것은 불가능하다는 것을 깨닫고 실용적인 타협안을 찾는 과정을 보여준다.

김준석金駿錫은 최근의 연구에서 비슷한 결론을 도출했다. 그는 유형원이 고대의 성인들을 숭배했지만 복고주의자는 아니었으며 당시의 상황에 맞게 원칙을 조정해야 할 필요성을 인정했다고 동의했다. 김준석은 유형원이 주周가 멸망한 뒤인 '후세'의 거의 모든 제도들은, 조선 전기의 법전인 『경국대전』을 포함해서, 비도덕적이고 부패했으며 폐기는 아니더라도 개혁할 필요성이 있다고 보았다고 평가했다. 그러나 필자가 보기에 김준석의 결론은 유형원의 전제개혁론에만 초점을 맞추고 군제나 다른 개혁론은 간과했기 때문에 나온 것으로 생각된다. 그런 개혁론을 살펴보면, 유형원은 조선 전기의 일부 제도들을 받아들여 그것이 원래 갖고 있던 순수한 형태로 복원하려는 매우 적극적인 의지를 갖고 있었음을 알 수 있다. 때때로 과거와 현실을 실용적으로 절충하려는 유형원의 태도는 김준석이 생각한 것보다 훨씬 복잡한 문제를 던져준다.[6]

## 이기 논쟁과 실학 : 관념론과 유물론

일부 학자들은 우주와 인심人心의 구조에서 이理와 기氣 중 어떤 것이 우선적인가에 대한 철학적 논쟁에서 실학자들을 어느 한쪽에 연결시키려고 시도했다. 성리학의 개념에서 이理는 존재의 '현재 그러한 상태'는 물론 '그렇게 되어야 하는 상태'로 규정됐다.[7] 기는 모든 사물의 물질적 성분을 말하지만, 마음은 측정할 수 있는 물질성을 갖고 있지 않기 때문에 일반적인 용어로는 설명할 수 없었다. 그 때문에 그것을 표현하기 위해 호이트 틸만Hoyt Tillman은 '정신적-육체적 에너지psycho-physical energy'라는 용어를 사용했으며 진영첩陳榮捷은 '물질적 힘material force'이라는 용어를 도입했다.[8]

주희의 정의에 따르면 이와 기는 분리할 수 없는 이원적 요소이지만, 16세기 조선의 학자들은 그중 어느 것이 먼저이며, 인간의 마음은 참으로 인간의 영혼과 행동을 통제하는가에 대해 논쟁을 벌였다. 16세기의 그 논쟁에 참여했던 거의 모든 사람들은 이와 기가 서로 섞이거나 얽혀 있다는 의견에 동의했지만, 그 제자와 후손들은 그 논쟁을 점차 양극화시켰으며, 모두는 아니었지만 불행하게도 대부분은 동서분당 이후 형성된 당파에 따라 어느 한쪽을 선택했다. 그런 문제에서 기를 우선하는 입장은 송대의 학자인 장재張載의 저술에서 이미 나타났으며, 조선에서 이기 논쟁이 본격화되기 전에 서경덕徐敬德(호는 화담花潭, 1489~1546)과 나헌신(호는 충암, 1465~1547)은 그 의견을 채택했다.

어쨌든 이기에 대한 상반된 해석을 내놓음으로써 대립을 유발한 사람은 16세기의 가장 저명한 학자이자 관원인 이황李滉(호는 퇴계退溪)과 이이가 아니라 그들의 추종자와 지적 상속자들이었다. 대체로 이황의 제자들은 이가 선행한다는 이론을 지지하고 이이의 제자들은 기가 앞서다는 이론을 따른다고 알려져 있다. 이러한 2개의 대립적 이론을 서구의 관념론과 유물론 중 한쪽에 연결시키고, 경세학자들을 기 일원론자 및 서구의 유물론으로 파악하려는 20세기 일부 학자들의 시도는 설득력 있는 것으로 입증되지 않았다. 유형원 자신은 결코 유물론자가 아니었으며 말년에는 이의 우월성을 인정했다.

18세기 후반 안정복이 저술한 유형원의 짧은 전기에 실려 있는 이기론에 대한 내용은 그가 근본적이고 보편적이며 형이상학적인 실재가 일원적으로 존재한다는 이론을 역설했으며, 이와 기는 결코 상반되는 것이 아니라고 주장했음을 알려준다.[9] 이우성李佑成과 김준석은 다양한 사안들에 대한 유형원의 저술을 모아 최근 간행된 자료를 연구함으로써 이런 견해를 좀더 깊이 살펴보았다.[10] 이우성은 유형원이 37세 때 장동직에게 쓴 편지에서 물질성이 없는 이가 기의 도움 없이 존재할 수 있다는 것은 상상할 수 없기 때문에 기가 이보다 선행한다는 이론을 선호하는 쪽으로 이끌리고 있다는 내용을 찾아냈다. 그러나 10년 뒤인 48세 때 유형원은 생각을 바꿔 이와 기가 함께 존재하고 서로 섞여 있으며 이는 기의 도움 없이 존재한다고 선언했다.

그는 이와 기가 "함께 발현한다互發"는 이이의 견해를 부정했다. 그는 천심天心(세상의 이치)을 인심人心(그 안에 들어 있는 기의 작용 때문에 흐려진 불완전한 인간의 마음)의 한 부분으로 생각했으며 둘을 분리하지 않았다. 그러나 그가 이황을 따르기로 결심했기 때문에 자동적으로 이런 견해를 갖게 된 것은 아니었다. 반대로 그는 "이가 발현하면 기가 그 뒤를 따르고, 기가 발현하면 이가 그 위에 탄다"는 이기의 관계에 대한 이황의 견해가 도덕원리와 그 안에 내재한 활동력 없는 물질성을 서로 분리할 수 있는 가능성을 갖고 있는 지나치게 도식적인 이원론이라고 생각했다.

그 대신 그는 이와 기는 "결코 분리되지 않으며" 이 또는 도심道心(천심과 같은 뜻)으로 표현되는 도덕원리는 사람의 욕망과 타락에 의해 상처받기 쉬운 인심에서도 발견된다는 독창적인 이론을 고안해냈다. 이우성은 그가 이러한 관점을 형성하는 데 17세기에 활동했던 최초의 중요한 경세학자인 한백겸韓百謙(1550~1613)의 영향을 받았을 것이라고 확신했다. 한백겸은 사단칠정四端七情에 관한 논문에서 마음의 도덕원리인 사단은 천심에 의해서 생겨나지만 칠정의 근원(즉 순수한 덕이 아니라 순수하지 않은 감정과 욕망)은 사람의 마음이라는 이이의 견해를 부정했다. 이런 공식에 대해 한백겸은 기는 (이와 기 모두) 발현하도록 도와주지만, 이는 사물(즉 기)이 세상에 나타나는 까닭으로 이해해야 한다고 수정했다 ─ 이것은 이이와 이황의 입장을 모두 반박하는 견해다.

유형원은 이는 우주의 만물에서 찾을 수 있다는 기존의 주장을 되풀이함으로써 이가 먼저 발현한다는 견해를 표명했지만, 사물과 사건뿐만 아니라 특히 자신이 연구의 대상으로 선택했던 현실의 법률과 제도를 강조했다. 그는 자신이 생각한 이를 '실리實理'라고 불렀으며 자신의 연구 대상을 '실사實事'라고 불렀다. 이우성은 유형원이 이 일원론에 가까운 입장으로 옮겨간 것은 그의 목적이 이제 천리天理와 제도의 관계를 파악하려는, 그러니까 어떤 실용적인 목적과는 전혀 무관한 하나의 실험이 됐다는 것을 의미한다고 평가했다.[11]

김준석은 유형원이 주희 이후 중국과 한국 학자들의 견해를 비판적으로 평가함으로써 경세론을 연구하기 위한 새로운 철학적 기반을 마련했다는 이우성의 분석을 확장시켰다. 김준석은 유형원이 주희의 견해를 맹목적으로 추종하지는 않았고, 고전으로 돌아가 자신의 독자적인 판단에 따라 대안을 선택했으며, 제도와 법률을 연구하는 데도 이러한 학문적 방법을 적용했다고 평가했다. 김준석은 이런 방법을 "비판적이며 실증적인 학문 태도"라고 평가했다.[12] 이러한 김준석의 평가는 흥미로우며, 조선의 제도에 대한 유형원의 저작을 분석하는 데 유념해야 할 것으로 생각된다.

김준석은 유형원이 기가 그 안에 종속적으로 포함되어 있는 일원적 본체인 '실리'라는 새로운 용어를 도입함으로써 실제의 세계와 실제의 사실實事에 대한 철학적 연구의 정당성을 증명하는 기초를 닦는 데 기여했다고 강조했다. 유형원은 실리가 우주의 핵심적 요소이므로 도덕원리와 완전히 배치되는 운동법칙을 찾지 않을 것인데, 그러한 원리들은 그 세계의 필수적인 요소였기 때문이라고 설명했다.

유형원은 자신이 고안한 실리라는 개념을 유교의 철학적 논쟁의 모든 부분에 확대 적용했는데, 거기서 이는 『중용中庸』에서 말하는 태극太極·하늘天이나 하늘의 이치天理·도道·도심道心·인간의 본성性·사단四端·성실誠과 같은 뜻이었다. 그러나 그의 이론에서 실리는 위의 용어들과 반대되는 개념으로 간주되어온 인심人心·기·인간의 감정情·칠정七情·인간의 욕망 등과 완전히 일치하는 것은 아니었다. 반대로 그것들은 모두 실리가 불가결한 요소로 포함되어 모든 세상과 인간에게 스며 있는 전체의 한 부분이었다. 김준석은 이익이나 정약용丁若鏞 같은 유형원 이후의 학자들은 이런 이론의 영향을 받아 이기 논쟁이 우주의 단일성을 근본적으로 잘못 이해한 결과 당쟁만 격화시키는 쓸데없는 이원론을 만들어냈다고 비판하면서 그 논쟁을 전면적으로 거부했다고 지적했다.[13]

이우성과 김준석의 새로운 연구는 유형원의 일원론적 세계관이 도덕원리와 현실 정치, 그리고 실제 세계가 서로 연결되어 있다는 생각에 바탕한 것이었다. 이런 견해를 통해 필자는 그가 르네상스시기부터 나타난 중요한 특징인 객관적이며 경험적인 사고, 경험에 바탕한 관찰, 그리고 그것을 기독교적 계시와 믿음에서 분리시킴으로써 가치와 사실을 구별해낼 수 있었던 마지막 사람이었다는 확신을 더욱 굳힐 수 있었다.[14]

## | 경세론 논쟁의 유교적 구조

조선 후기에 제도개혁과 관련된 논쟁에 참여한 인물들은 거의 모두 유학의 전형적인 신봉자였으며, 유형원도 그러했다. 현재 유형원과 그 밖의 이른바 실학자들이 전통적 유학을 탈피해 '근대성'의 어떤 형태로 나아가는 길을 선도했다고 잘못 평가함으로써 관심이 집중되고 있지만, 실학은 18세기 후반 기독교라는 이단이 한국으로 밀려오기 전까지 하나의 유교적 대안에 지나지 않았다. 그리고 그때조차도 1791년(정조 15)과 1801년(순조 1)의 대대적인 천주교 박해는 받아들일 수 있는 대안의 범위를 다시 한번 유교적 구조 안으로 설정함으로써 정부의 최고위층이 이념적으로 붕괴할 수 있는 가능성을 몰아냈다.

그럼에도 불구하고 유교적 구조 안에서 개혁을 추진한다는 것이 당면한 문제에 대해 유일한 이상이나 해결책만을 따른다는 뜻은 아니었다. 적어도 유형원은 당시 조선의 몇 가지 제도를 부정했는데, 당시 대부분의 유학자와 관원들은 그것을 적절하거나 합리적이며 합법적인 제도로 옹호했다. 그의 경세학은 16세기 후반 조정에서 추진된 개혁을 부활시키고 재야의 학자들이 추진했던 경세론과 제도개혁의 문제로 관심을 돌렸다는 특징을 갖고 있었다.

유교적 경세론의 역할이 현상을 그대로 유지하는 것인지, 아니면 변화를 요구하는 것인지는 당시의 상황에 달려 있었다. 거칠게 말해서 조선의 유교적 경세론은 14세기 후반 왕조가 개창된 때부터 15세기 중반, 정치제도와 관료조직이 난숙해진 17~18세기, 그리고 1862년(철종 13) 임술민란壬戌民亂 이후에는 대체로 개혁적 성격을 갖고 있었다. 그 사이마다 유교적 경세론의 조류는 현상 유지와 안정을 선호하는 보수적 성향으로 되돌아갔다.

## ▌조선 전기의 제도와 그 변질

### 조선 전기의 제도

유형원의 사상은 개혁의 두 번째 시기에 제출됐으며, 그의 저술은 조선의 문제들이 태동하던 시점이 아니라 그것이 중간 정도 진행된 단계에 맞추어 작성됐다. 그 때문에 그의 개혁안이 고려 후기의 개혁자들이 제시한 방안들을 단순히 반복하지 않았던 까닭을 이해하는 것은 매우 중요하다. 이런 이유로 이 책의 제1부에서는 조선 전기의 제도 수립(제1장)과 임진왜란의 막대한 피해 이후 나타난 그 제도의 붕괴(제2장), 그리고 1650년(효종 1)부터 20여 년이라는 긴 시간 동안 추진된 유형원의 연구가 시작되기 이전의 반세기 동안 추진된 제도의 회복과 재건의 본질(제3장)을 다룬 3개의 장을 두어 그 배경들을 자세히 설명했다.

조선 전기의 제도들에 대한 서술은 매우 중요한데, 유형원이 독자적인 유교적 관점에 근거해 제시한 비판의 핵심은 조선이 개창될 때 채택된 제도들이 유교의 고유한 정신에 충실하지 않았다는 것이기 때문이다. 그가 이런 판단을 내린 논거의 하나는 그러한 제도들이 왕조 교체기의 가장 철저한 유교적 개혁자들에 의해 제시된 방안(특히 전제개혁)에 따라 만들어진 것이 아니라는 데 있었다. 조선 전기의 제도들이 철저하게 유교화되지 않은 까닭은 불가피한 상황 때문이거나, 철학자 또는 도덕주의자라기보다는 장군이자 정치가였던 태조 이성계李成桂의 비관념적인 생각 때문이었다.

그의 두 번째 논거는 고려 후기의 유학자들은 자신들이 유교국가의 핵심적 요소라고 생각했던 일부 제도에 대해 잘못 판단했거나(예컨대 과거제도를 들 수 있는데, 주희와 여러 중요한 성리학자들은 그 제도를 비판했다) 자신들이 합리적이며 계승할 수 있다고 오해한 사안들(예컨대 세습적 노비)을 수정하지 않았다는 것이었다.

### 쇠퇴의 시기

제2장에서는 임진왜란 직전까지 조선 전기의 제도들에 나타났던 퇴보와 변화의 양상을 서술했다. 그 양상들은 전통적인 범주에 따라 쉽게 나눌 수 있다. 정치적 측면을 살펴보면 제한된 왕권, 누구나 관직에 진출할 수 있는 평등한 기회를 갖고 있다는 도덕적 정직성, 그리고 청렴한 행정을 강조하는 유교정신은 독재에 대한 국왕의 열망과 권력을 바라는 신하들의 야욕, 정실情實관계, 개인의 이익을 보호하려는 당파적 결합, 그리고 정치적 경쟁자에 대한 음해와 비방 등에 의해 손상됐다. 사회적으로는 지배계층에게 충성을 바치고 지배계층도 도덕적 책무를 이행하는 상호관계, 도덕적 실천에 따라 명예와 특권을 부여하는 방식은 신라와 고려부터 계속 이어지면서 더욱 좁아지고 끈끈해진 전통적 혈연·친족관계에 의해 압도당했다. 준귀족적 신분인 양반들은 부와 특권을 상속하고 결혼 상대를 신중히 선택해 자신의 신분으로 진입하는 통로를 완전히 막은 결과 계속 줄어들었고, 태생의 오점 때문에 보통의 인간에게 부여되는 존엄성을 얻지 못한 노비들은 계속 늘어났다. 노비제 사회(전체 인구의 약 30퍼센트) 안에서 혈통과 친족관계에 따른

세습귀족*들이 통치하는 이런 체제는 아마도 유교 사회의 가장 심각한 문제였을 것이다. 가장 훌륭한 사람들만이 지도할 수 있고 가장 비천한 사람들만이 그 뒤를 받치고 돕는 의무를 진다는 유교의 약속은 지켜지지 않았다.

군사제도를 살펴보면, 원칙적으로 양반과 노비를 제외한 모든 사람들이 복무하고, 전국에 퍼져 있는 진관鎭管에서 즉각 출동할 수 있는 상태를 유지하며, 높은 사기와 청렴성을 가진 장교집단이 포진한다는 이상적 체제는 모두 약화됐으며 실질적으로는 붕괴됐다. 군역에서 면제되거나 군포로 대체하며, 주둔지에서 부대가 이탈하고 뇌물을 받은 대가로 장교들이 진관의 관리와 장병의 훈련에 신경 쓰지 않는 일들이 끊이지 않았다. 내치內治에서는 합리적이고 정직한 관원과 이서吏胥의 존재, 지방 관원과 그들에게 소속된 향리, 그리고 그 지역의 양반과 일반 농민 사이에 형성된 약간의 협력관계도 사라져갔다. 새 왕조가 개창되면서 녹봉을 빼앗긴 향리들은 생계를 위해 수수료와 선물膳物을 긁어모았고, 선처를 바라는 사람들에게서 뇌물을 챙겼으며, 상관에게 불법적인 수입을 바치기 시작했다. 지방 양반들은 납세와 양역良役을 회피하려고 시도하면서 공익정신을 잃어갔고, 소작인을 수탈해 지주와 채권자로서 우월한 지위를 강화하면서 서로의 협력관계는 사라졌다. 향촌의 단결과 공통성은 지위와 부·신분이 분화되면서 손상됐다.

경제적 분배에서는 토지를 갖지 못한 부류가 늘어나고, 소규모의 자작농은 대지주의 소작인이나 고공雇工으로 전락했으며, 정말 궁핍한 부류는 스스로를 노비로 팔게 되면서 모든 농민들이 안정적으로 토지를 소유한다는 계획에 바탕을 둔 합리적인 분배체제는 붕괴됐다. 조세와

---

* 귀족이라는 표현은 대체로 양반·사족·사대부 등의 용어와 상통하는 것으로 이해해주시기 바란다.

관련해서는 곡물을 전세田稅로 내고 요역과 군역을 지며 지역마다 특산품을 걷는, 압도적으로 농업적이고 비상업적인 사회에 적합했던 삼세三稅체제는 영세한 농민들에게 최저생계만을 보장하는 수준에서 지속됐다. 공납은 사적인 방납防納과 시장의 암거래로 점차 대체됐고, 피역이 자행된 군역은 그러지 못한 사람들에게 더욱 무거운 부담을 지우게 됐으며, 전세는 정부의 지출을 감당하기에는 너무 적었다.

상공업에서는 도성의 지배계층이 필요로 하는 물품과 향촌의 농민들에게 소용되는 최소한의 물건을 공급하는 데 국한됐던 통제체제가 점차 완화됐다. 사상私商들은 규제를 깨고 도매나 소매에 모두 손대 자본을 모았고 더 큰 이익을 내기 위해 물품을 매점하기 시작했으며, 사공장私工匠들은 직접 시장에 팔 물건을 생산하기 위해 국가의 고용에서 도피하기 시작했다.

이런 변환의 본질은 무엇인가. 이것은 분명히 왕조가 개창될 때 만들어진 체제가 쇠퇴하고 있음을 드러내는 징후였지만 그러한 모든 변화가 부정적인 것은 아니었는데 규제되고 통제된 경제에서 벗어나는 것은 좀더 자유로운 경제로 나아가는 긍정적인 발전으로 평가할 수 있기 때문이다. 이러한 변환이 봉건제도에서 자본주의로, 공동으로 토지를 소유하던 방식에서 사유재산제도로, 의무노동에서 자유노동으로, 공인받은 독점이나 동업조합(길드guild)에서 자유로운 상인과 시장으로, 침체에서 발전으로 이행한 것과 비슷하게 전통 사회에서 근대로 옮겨간 징후였다고 평가될 수 있을 것인가. 15세기 후반부터 17세기 전반까지 조선에서 일어난 이러한 변화들에는 11세기부터 15세기까지 서양에서 나타났던 변화와 비슷한 측면들이 분명히 있지만, 피상적인 비교로는 설명할 수 없는 근본적 차이가 남아 있다. 토지는 처음부터 사유였지만, 국가나 영향력 있는 사적 집단의 침입에서 그것을 보호할 수 있는 독립된 법률체제가 없었다. 경제 · 정치제도에서는 중앙집권적 관료국가가 이미 정착됐고, 자치할 수 있는 봉토가 군사적 가신家臣에게 지급되지 않았으며, 농민들은 토지에 긴박되지 않았기 때문에 고전적인 서양의 개념에 부합되는 봉건적인 체제는 아니었다. 노동력의 3분의 1 정도는 자유롭지 못한 노비였는데, 서양 중세나 근대 초기의 유럽보다는 고대 로마의 사회제도에 좀더 가까웠다고 생각된다. 소규모의 자작농과 소작인, 그리고 고공들은 법률적으로는 자유로웠지만 관원과 지주, 지방의 유력자들에게 억압받았다 — 그들은 왕조가 끝날 때까지 그런 상태로 남아 있었다. 경제체제에서는 왕조 개창 당시 설정된 속박과 규제가 점차 느슨해졌지만 시장과 사상私商의 성장은 규제됐고, 공인되지 않은 사상의 활동도 전개됐지만 공인된 독점은 왕조가 끝날 때까지 유지됐으며, 지폐든 동전이든 화폐의 유통은 경제적 분야에서 일어났다고 평가됐던 '진보적' 발전들과 함께 완전히 시장에서 사라졌다.

끝으로, 신분구조는 자유로워지지 않았다. 상하의 이동은 있었지만, 문과에 급제한 가장 높은 신분인 양반은 점차 줄어들었고, 세습적 노비들은 1780년(정조 4)부터 1800년(정조 24) 무렵까지 늘지는 않았지만 그대로 유지됐기 때문에 일정한 경제적 자유화에 조응하는 사회의 자유화는 이루어지지 않았다. 막강하지는 않았지만 이전의 어떤 왕조보다 강력했던 국가는 일반 백성이 아닌 주로 양반가문에서 성리학을 공부한 관원집단의 지배 아래 놓여 있었다.

## 임진왜란(1592~98)의 재앙

이처럼 해체되고 있던 정치체제인 조선왕조는 계속 유지될 수 있었을 것인가. 만약 중국사가 비교할 수 있는 본보기를 제공했더라면 상황은 달라졌을 것이다. 조선이 민란을 겪지 않고 더이상 지속되기에는 1592년(선조 25)에 너무 많은 일이 잘못됐다. 그렇다고 해도, 한 세기에 걸친 전국시대戰國時代의 전투로 단련되고 새로운 포르투갈식 조총과 대포로 무장한 도요토미 히데요시豊臣秀吉의 군대가 조선의 전국토를 피로 물들일 줄은 아무도 몰랐을 것이다. 거의 모든 사람들이 조선의 방어능력을 전혀 의심하지 않았지만, 너무도 무력한 완패는 그런 확신을 완전히 무너뜨렸다.

침략이 일어나기 전에는 통찰력 있는 몇 사람만이 국내 체제의 취약성 때문에 문제가 야기되고 일본의 위협이 고조되고 있다는 사실을 알아챌 수 있었지만, 대부분은 무관심했다. 그러나 전란이 나라를 강타하자 사람들은 조선의 제도가 심각한 문제를 갖고 있으며 앞으로 재난이 다시 일어나지 않도록 하기 위해서 무엇인가를 해야만 한다는 사실을 알게 됐다.

그 재난에 속죄할 책임이 있는 대상은 국왕, 특권의 세습과 노비제도, 그리고 유교 같은 통치의 기초적 사안들이었다. 선조(재위 1567~1608)는 일본의 위협을 미리 간파해 국방을 강화하지 못했다는 책임에 직면했다. 특권의 세습은 관원들의 무능과 양반들이 조세와 양역을 탈루하는 원인으로 지목됐다. 유교는 도덕의 결여, 관원들의 성실성과 헌신성의 부족, 세입과 국역國役의 손실, 그리고 정부의 비효율성을 막지 못했다는 책임이 있었다. 그러나 그 침략은 자연재해처럼 갑작스럽게 백성을 덮쳤기 때문에 국왕, 특권의 세습과 노비제도, 유교 모두 아무런 책임을 지지 않았다.

레스젝 콜라코프스키Leszek Kolakowski는 러시아와 동유럽의 공산체제가 1989년까지 무너지지 않고 지속된 원인을 설명하면서, 경제적 비효율성과 전쟁의 재난 같은 객관적인 노쇠의 지표들은 국민들의 적극적인 심정적 동조가 없이는 어떤 체제를 전복시키는 데 충분하지 않은 것으로 판단된다고 언급했다. "철저하게 폐쇄된 이념체제인 공산주의는 오랫동안 비판받지 않았으며, 실증적인 증거를 제시할지라도 아랑곳하지 않았다. 왜냐하면 그 이념은 그 체제의 문제점을 드러내는 어떤 사실도 쉽게 흡수한 뒤 그것은 잘못된 것이라고 배척했기 때문이다." 이 말은 17세기에 유교적 윤리와 경세론에 대해 한국인들이 가졌던 믿음에도 동일하게 적용될 수 있다. 당시 조선 사람들의 마음을 지배하던 유교와 관료제적 왕정체제에 대한 어떤 가시적인 도전도 없을 때 그것을 전복시킬 수 있는 기회는 무엇이었을까. "살아 있는 믿음이었던 공산주의가 느리지만 확연하게 부식되던 현상"과 견줄 만한 상황이 그 시기의 조선에서는 나타나지 않았다.[15]

## 17세기의 재건

확실한 실패였지만, 이념에 대한 믿음과 그런 믿음을 만들어낸 제도를 정비해야 한다는 비난이 제기되지 않았기 때문에 임진왜란에서 살아남은 사람들은 그런 장애물들을 혁명적으로 제거하지 않고도 주요한 문제들을 고칠 수 있는 방법들을 모색하기 시작했다. 유형원도 이런 대체적인 추세에 동조했는데, 성년의 대부분을 자신이 소중하게 여기는 전통적 방법을 통해 제도의 붕괴를 치유하기 위한 방안을 모색하는 데 보냈기 때문이었다. 그는 조선의 문제점은 유교적 전통이 아니라 그것을 적용하는 방법이 잘못됐기 때문에 나타났다고 확신했다.

유형원이 저술 활동을 시작하기 전의 반세기 동안 조선의 제도에는 변화가 나타나기 시작했다. 일부는 개혁적 신하들이 시작했고, 일부는 한 세기 넘게 저변에서 추진되던 움직임이 나타나면서 시작됐다. 이런 변화들 중 일부는 실패했다. 임진왜란이 끝난 뒤 정치권력은 그 어느 때보다 당쟁에 따라 좌우됐으며, 그런 경향은 광해군을 폐위시킨 인조반정(1623)이 성공하면서 정점에 도달했다. 국방체제를 재건하면서 병력의 부족은 해결됐지만, 그것은 질병을 핑계로 피역한 양반 등을 군사로 충원한 것이 아니라 처음으로 노비를 입대시킴으로써 이루어졌다.

국방의 재건은 당쟁의 영향으로 쉽게 추진되지 않았다. 인조반정을 일으킨 신하들은 그 뒤 당파를 새롭게 나누었고 그 결과는 국방력의 약화로 이어졌으며, 결국 정묘호란(1627, 인조 5)과 병자호란(1637, 인조 15)에서 청에게 패배했다. 1644년(인조 22) 청은 명을 멸망시키는 데 성공했다. 정묘호란에서 승리한 뒤 청은 직접 통치하는 방안을 선택하지는 않았지만 가혹한 조공을 부과했으며, 아직 남아 있던 명의 부흥군과 연합해 어떤 재무장계획도 추진할 수 없도록 조선의 국방체제를 계속 날카롭게 감시했다.

경제의 재건도 잠시 유예됐는데, 토지는 파괴됐지만 인구가 감소함으로써 남는 토지가 생겨났고 그 덕분에 생존자들은 농사를 다시 시작할 수 있었으며 국가가 분배제도에 간섭하지 않았기 때문이었다. 국가는 재건을 위해 전세를 최소한으로 줄여주었으며, 양반과 지주가 자신의 토지를 다시 소유하고 사유재산과 자본을 유통시키며 노비를 존속시키고 소작을 통해 대토지를 경작할 수 있도록 허용했다.

가장 두드러진 변화는 경제 분야에서 일어났다. 농업 분야에서 새로운 기술과 방법이 전파되어 생산이 증대됨으로써 점차 시장에서 거래되기 시작한 잉여생산물이 생겨난 것이다. 국가는 필요한 물건을 상인과 시장을 통해 직접 사들이는 방식으로 공납제도를 바꾸어갔으며, 그것은 상업의 발달을 촉진시켰다. 관원들은 교환의 속도와 효율성을 높이기 위해 시장에 동전을 유통시키려고 추진했으며, 사상들은 국가에서 공인한 상인들의 규제를 넘어 활동을 확대하기 시작했다.

이처럼 유형원이 당시의 경세론이 갖고 있던 문제들에 대해 방대한 연구를 시작했을 때 조선의 상황은 이전 세기와는 확연히 달라졌지만, 중앙 조정은 임진왜란 이후 50년 동안 국가의 주요한 현안들을 전혀 해결하지 못했던 것이다. 유형원은 관료적 왕정체제가 제대로 기능했는지, 국왕의 권력이 너무 강했거나 약했는지, 아니면 합당한 사람이 관직에 임용됐는지를 판단해야 했다. 그는 농업 재건, 토지 분배, 조세, 군역 같은 문제들에 부딪혔다. 그는 세습과 매매에 기초해 토지를 소유하고 농사에 노비와 소작인을 동원하는 방식이 유지되어야 하는지, 아니면 바뀌어야 할 것인지에 대해 판단을 내려야 했다. 그는 세습적이고 특권적인 양반 지배신분과 노비제 사회가 야기한 문제들에 대해 깊이 생각해야 했다. 그는 청의 감시를 받고 있는 국방체제를 재건할 수 있는 방법을 숙고해야 했다. 그는 대동법大同法의 시행으로 나타난 경제적 변화, 시장과 상업 활동의 확대, 화폐의 도입이 조선 전기의 좀더 단순했던 경제로 돌아가기 위해 규제되어야 하는지, 아니면 허용되고 촉진되어야 하는지를 판단해야 했다. 요컨대 그는 기본적인 원리를 유지해야 할 것인지, 아니면 변화하고 있는 환경에 맞추어야 할 것인지를 결정해야 했으며, 유학적 경세론의 지혜를 신봉하는 사람으로서 그런 지식을 당시의 문제들에 적용할 수 있는 방법을 찾아야 했다.

## 이 책의 구성 : 제2~6부

이 책의 제2~5부에서는 유형원이 『반계수록』에서 논의한 주요 논제들을 다룰 것이다. 각 부에서는 그에게 영향을 준 근본적 요인과 그의 생각이 이후의 정책에 미친 영향을 파악하기 위해서 유형원의 생각을 앞시기의 제도사의 맥락과 그가 사망한 뒤 그런 제도들에 나타난 변화에 맞추어 제시할 것이다.

이 책의 제1~3부는 세습적 신분, 특히 양반 지배신분과 노비라는 핵심적 문제와 관련된 것이다. 사회개혁을 다룬 제2부에서는 두 가지 문제에 대한 유형원의 해결 방안을 탐구했다. 그것은 양반만이 관직을 독점하는 결과를 가져온 완전히 잘못된 교육과 관리 등용의 문제, 그리고 3분의 1에 해당하는 인구가 세습적 노비였기 때문에 고통과 불법에 시달리고 국가에 대한 의무를 지지 않는 문제였다. 전제개혁을 다룬 제3부에서는 부가 불공평하게 분배되는 핵심적 요인은 양반과 지주에게 사유지가 집중됐기 때문이라고 지적한 유형원의 결론과 그런 제도를 혁파하고 토지를 공평하게 다시 분배해야 한다는 그의 제안에 대해 논의했다. 거기서는 19세기 전반의 전제개혁사상과 정책도 다뤘다. 이것은 유형원의 사상이 그런 정책에 어떠한 영향을 주었는지, 아니면 그것과 상관없이 좀더 개혁적이고 근대적인 해결책으로 나아가는 움직임이 시작되고 있었는지를 판단하기 위한 작업이다.

양역의 할당은 신분과 그밖의 특권의 세습에 기초해 양반과 노비가 군역에서 면제되어 야기된 국방의 약화와 연결된 문제였으므로, 군제개혁을 다룬 제4부에서는 이러한 문제들에 대한 유형원의 해결책을 살펴보았다. 제4부에서는 새로운 변화에 얼마나 유연하게 적용됐는가를 파악하기 위해 전략·전술·무기·방어시설을 포함한 국방의 전반적인 문제를 다룰 것이다. 하지만 거기서는 유형원이 사망한 때부터 19세기 말엽까지 군사조직과 복무에 나타난 변화에 국한해 살펴보았다. 그 기간 동안 청과의 평화가 지속됨으로써 외부의 군사적 위협은 사라졌으며, 조선의 관심은 군사 양성과 관련된 재정 문제로 옮겨졌다. 국방이 전략·전술·무기에서 재정으로 옮겨감에 따라 양역과 조세의 분배는 다시 핵심적인 관심사로 떠올랐다. 이것은 면제와 도망으로 그런 부담이 불공평하게 분배된 것이 국민 대다수의 삶과 왕조의 안위에 영향을 주는 심각한 문제가 됐다는 뜻이었다. 그러한 맥락에서 유형원의 생각은 개혁을 둘러싼 논쟁에서 중요한 위치를 차지했다.

제5부에서는 중앙의 관제와 그 운영방식의 개혁에 대한 유형원의 구상에 초점을 맞추었으며, 제6부에서는 17세기에 일어난 경제적 변화와

그것에 대한 유형원의 반응, 그리고 18세기 후반까지 전개된 발전을 다루었다. 제5부의 몇 장에서는 국왕과 궁궐에 소속된 관서, 정규 관원과 이서가 배치된 중앙과 지방의 관청, 그리고 지방의 정규 행정조직을 돕기 위한 목적에서 그 지역의 관청과는 별개로 설치된 자치조직인 향약鄕約을 다시 활성화하려는 움직임을 다루었다.

제6부에서는 공납제도에서 실시된 대동법에 대해 서술한 뒤, 유형원이 그 제도를 국가 재정을 완전히 재정비할 수 있는 기반으로 생각했으며 동전의 도입을 지지하고 이후의 화폐 유통을 안정시키기 위해 제시한 방안들에 대해서 논의했다. 제6부의 마지막 두 장은 다음과 같다. 제25장에서는 18세기의 화폐사를 서술했는데, 유형원의 예상보다 좀더 복잡한 문제가 그 분야에서 일어났음을 보여주기 위해서다. 제26장에서는 조선 후기에 유형원과 17세기의 관원들보다 경제적 문제에 대해 훨씬 진보적인 사람들이 배출됐는가 하는 측면을 판단하기 위해서 상공업의 발전에 관한 문제를 논의했다. 유교의 보수적 경제관을 배척한 그들은 자유로운 시장경제 활동, 좀더 대규모의 상공업 생산과 교역의 확대를 지지했는가, 아니면 대체로 유교적 중농주의의 범주에 머물러 있었는가.

전체적으로 이 연구의 중심 주제는 변화하는 환경에 대해 유교가 어느 정도 적응할 수 있었는가, 이미 존재하던 문제와 갈등에 대해 얼마나 창조적으로 대응할 수 있었는가, 그리고 사회조직과 정치 · 국방 · 경제 문제에 대한 새로운 방안을 모색할 수 있었는가 하는 문제들이 될 것이다.

# 제 1 부

# 조선 전기 :
## 1392년(태조 1)~1650년(효종 1)

# 제1장
# 조선 건국기의 유교적 경세론

　조선의 건국은 유교적 학자·관원·이론가들이 장군인 이성계의 지휘 아래 고려를 무너뜨리고 조선이라는 새로운 왕조를 개창하는 정치적 움직임에 긴밀히 연결되어 있었다는 측면에서 하나의 예외적인 사건이었다. 일부는 그것을 고려 왕실에 대한 불충한 행동으로 간주했기 때문에 모든 유학자(또는 중국 송대에 확립된 성리학의 신봉자)들이 이성계의 찬탈을 지지한 것은 아니었지만, 조선에 협력한 성리학자들은 새로운 단계로 도약하기 위한 유학적 방안을 채택하는 데 성공할 것이라는 믿음에서 고려의 마지막 국왕을 보좌해야 한다는 자신들의 윤리적 의무를 저버린 것이었다. 이 때문에 새 왕조에 협력한 성리학자들은 두 가지 이유에서 전면적인 개혁을 찬성하지 않았는데, 근본적 개혁자들은 새 왕조가 고대 주왕조의 자랑스러운 체제를 최대한 가깝게 복원하는 쪽으로 가야 한다고 생각했지만, 다른 사람들은 고대의 이상과 당시 조선의 현실을 적절히 타협해야 한다고 믿었기 때문이다. 그렇다고 해도 실제로 모든 사람들은 고려 후기에 만연한 타락과 부패와 야만성을 타파해 정제되고 영광스러우며 질서 있고 윤리적으로 우월한 성리학적 사회를 향해 조선의 백성들을 도덕적·종교적·문화적으로 완전히 전환시키기를 희망했다.

정치권력으로서 성리학의 움직임은 9세기에 당의 한유韓愈가 제기한 바 있는 배불론排佛論이 새롭게 주입되면서 활기를 띠게 됐다. 성리학의 철학적 움직임은 송이 개창된 뒤 지속됐지만, 13세기 후반부터 14세기 사이에 성리학을 받아들인 한국의 유학자들은 그것이 커다란 현실적 의미가 있다는 사실을 깨달았는데, 한국은 아직도 불교가 종교와 사상을 지배하고 있었기 때문이었다.

한국에서 불교는 4세기 이후 가장 영향력 있는 종교였지만, 유교를 철학적으로 탐구하는 것은 허용됐기 때문에 두 신앙은 적대감 없이 공존했다. 유교는 관원들에게 행정을 가르치고 사회질서를 유지하는 데 도움이 된다는 현실적 유용함 때문에 존중받았다. 대체로 승려들은 영혼의 구제를 목표로 삼아 헛되고 무상한 현실세계와 부정不淨하게 접촉하는 것을 피했기 때문에 실제의 통치와 관직을 담당한 유학자들의 임무를 질투하지 않았다.

성리학에 매혹된 한국의 유학자들은 승려들이 부패했고 토지와 노비를 축적함으로써 그 신앙이 물질주의로 타락했으며, 좀더 심각하게는 부모와 가족을 저버리고 개인의 해탈을 위해 출가함으로써 유교의 도덕적 가치를 저버렸다는 점을 들어 불교를 공격했다. 새로운 신념에 대한 열정적인 애착과 성리학적 도덕철학만이 유일하게 받아들일 만한 지혜의 원천이라는 확신은 인내심을 바닥냈고 불교를 완전히 개혁하려는 생각을 불타오르게 만들었다.

개혁에 대한 그러한 열정은 정치적·사회적 영역으로 번져갔다. 부패에 대한 혐오와 경멸이 개혁자들의 열성을 자극한 것은 확실했지만, 좀더 결정적인 불만은 정치권력과 부를 탈취하려는 야심에서 기원했다. 자원을 사적으로 관리한다는 것은 유교적 생각에서는 공익公益의 붕괴를 뜻했으며, 국가의 통치자인 국왕은 그러한 공익의 수호자가 되어야 했다.

고려 후기에 나타난 전면적인 행정의 붕괴는 그런 도덕원리가 위반됐다는 뚜렷한 증거로 해석될 수 있었다. 사적으로 권력을 소유한 사람들은 국왕과 중앙 권력을 그다지 존중하지 않았다. 대부분의 관원들은 조상 덕분에 관직을 갖게 된 세습적 양반신분의 일원이었다. 향촌에 거주하는 그들의 친척들은 해당 지방의 관직 3분의 2를 차지했으며, 그 지역을 반半자치적으로 다스리면서 사적인 권력을 행사했다. 국왕에게는 중앙 정부와 군대를 운영할 수 있는 충분한 수입이 들어오지 않았는데, 역대의 국왕들은 나라 안의 가장 좋은 토지에 대해서 세금을 면제해주는 특권을 하사하도록 압력을 받았기 때문이었다. 국왕은 자신이나 국가의 이익을 위해 백성의 노동력을 사용할 수 없었는데, 3분의 1에 가까운 인구가 주인에게 거의 완전히 예속된 사노비였으며 소작인으로 살아가는 일반 농민들은 그보다 조금 나은 생활을 영위했기 때문이었다. 불교적 기반은 고려의 특권적 양반들이 가진 또 다른 권력이었다. 그 자손들은 승려들을 지배했으며 중앙 정부에 대한 조세와 역을 면제받은 사원의 광대한 토지·소작인·사노비를 관리했다.

고려의 왕권이 쇠약해진 까닭이 전적으로 당시 양반들의 잘못 때문은 분명히 아니었다. 고려의 국왕들은 1170년(의종 24) 무신란이 일어나 무신 집정執政들이 계속 정권을 잡은 뒤부터는 실제로 꼭두각시였으며, 원元이 한반도를 유린하는 동안 강화도로 잠시 피신한 뒤에는 1258년(고종 45)부터 1355년(공민왕 4)까지 원에 인질로 잡혀 있는 처지가 됐다. 그 기간 동안 강력한 정치권력을 가진 무신들은 나타나지 않았으며, 국왕은 일정한 왕권을 보유했지만 중앙 관직과 토지와 노비를 독점한 양반가문이 성장해 고려를 지배하는 상황에 거의 저항하지 못했다.[1]

이성계에게 협력한 성리학자들은 이런 모든 문제들을 개혁할 수 있는 방안을 제시했는데, 그런 행동은 일종의 도덕적 분개에서 나온 것이었다. 그들은 7세기 중반 고구려의 연개소문淵蓋蘇文이 실시했던 군사독재 이후 국왕이 가장 강력한 권위와 권력을 가진 관료제적 왕정을 전적으로 지지했다. 그들이 전제정치를 숭배했기 때문에 그런 것은 아니었으며, 세습적 양반 귀족들이 고려를 지배하던 상황을 타개하기 위해서는 좀더 강력한 국왕이 필요하고 과거에 급제해야만 고위 관직에 임명될 수 있도록 해야 한다고 판단했기 때문이었다. 일단 새 왕조가 수립되자 그들은 유학자들의 조언과 신하들의 간쟁을 통해 윤리적인 차원에서 국왕을 설득함으로써 전제적이며 독재적인 통치로 나아가려는 경향을 억제하려고 시도했다.

　이제 중앙 조정에는 성리학의 규범을 배운 사람들만이 임용될 수 있었기 때문에, 그들은 모든 지방 관원을 중앙의 정규 관원으로 임명함으로써 중앙집권적 관료제도를 전국적으로 실시하려고 계획했다. 또한 그들은 중앙과 지방에서 동일하게 시행되는 국가적 명령체계를 만들고, 전국에 진관을 확충하며, 노비를 제외한 모든 양정良丁은 일정한 형태의 군역을 수행하도록 함으로써 국방체제를 확립하려고 노력했다. 그들은 국왕과 중앙 정부로 들어오는 세금 수입을 늘리려고 했는데, 특히 정도전鄭道傳은 모든 토지를 국유화해 지주들의 사유지를 몰수한 뒤 모든 농가에 나누어주는 방안까지 구상했다.

　경제 분야에서 그들은 상업 활동을 최소한으로 줄이고 상인들에게 세금을 부과하며 남아도는 상인들은 식량이나 의복 같은 필수품을 생산하도록 전환시킴으로써 사상의 상업 활동을 억제하려고 했다. 이것 또한 상업 활동이 성실한 노동과 생산 활동보다는 시장의 조작을 통해 이익과 부에 대한 인간의 이기적 욕망을 불러일으키는 근본적인 악이라는 도덕적 교훈에 기초한 방안이었다.

정치체제를 재건하기 위한 그들의 실제적인 계획은 사회적·문화적·종교적 계획과 함께 추진됐다. 성리학자들은 양계적兩系的 친족조직과 처가에서 거주하는 결혼방식, 그리고 여성에게도 상당히 부여됐던 사회적 지위와 상속권을 부계적 친족관계와 상속제도, 그리고 호주인 남성에게 복종하도록 여성의 지위를 축소시킴으로써 전통적 친족관계와 혼인방식을 대체하려고 계획했다.[2] 그들은 불교적 장례의식을 유교적 의례와 조상숭배로 대체하려고 노력했으며, 사원의 토지와 노비를 대부분 몰수함으로써 불교를 종교적으로뿐만 아니라 물리적으로도 소멸시키려고 했다.

전제개혁이라는 가장 급진적인 구상을 포함해서, 새 왕조를 위해 계획한 성리학적 경세론의 대부분은 조선왕조가 건국된 뒤 첫 10년 동안 새 체제를 이끈 사람들 중 하나인 정도전의 저작에 들어 있다.[3]


## | 유교적 경세론이 달성한 목표들

### 일반적 정치정책

성리학적 경세론에 입각한 계획들 대부분은 조선왕조가 건국된 이후 곧 채택됐다. 국왕에게는 좀더 많은 권위와 권력이 부여됐으며 조세 수입의 증가로 그가 필요로 한 것보다 많은 수입이 보장됐다. 그것은 전국의 토지를 조사해 걷은 전세와 각 지방에서 국왕이나 중앙 또는 지방 관청으로 올려진 특산물인 공납 때문에 가능했다. 국왕은 공물貢物을 수도로 옮기고 도로·성곽·건물 등을 건설하며 군역을 양정에게 부과했다. 반드시 일반 보병은 아니었지만, 관원과 양반의 친족이라도 군대에 가야 했다. 그들은 가문 덕분에 중앙의 특수한 호위부대에 배속됐지만, 이런 측면은 그들의 필요조건이 고려 후기보다 훨씬 많아졌다는 것을 의미했다.

행정권은 중앙의 육조六曹와 그밖의 관서에 집중됐으며, 지방에 대한 중앙의 통제는 지방의 관원들을 모두 중앙에서 파견함으로써 확대됐다(고려시대에는 지방 관원의 3분의 1만 중앙에서 파견했다). 지방 관원의 통치를 감독하기 위해 관찰사를 각 도의 감영監營에 상주토록 하고 각 지방의 군사 요충지에 병사兵使와 수사水使를 배치했다.

고려 후기의 귀족제도를 실력 위주의 사회로 바꾸려는 목적에서, 고위 관직에 오르기 위해서는 과거를 보아야 했다. 과거 준비에 필요한 교육과정은 14세기 전반 원이 추진한 개혁에 대항하기 위해서 주로 사서四書에 대한 주희의 주석으로 편성했다. 이것은 모든 신입 관원과 교육받은 젊은이들에게 성리학의 정통적 사상을 소개함으로써 백성들에게 그 사상과 규범을 가르칠 수 있는 기반을 닦으려는 조처였다. 학교제도는 수준 높은 유교과목을 가르치기 위해서 중앙에는 성균관成均館과 사학四學을 설치했고 지방에는 향교를 두었다. 서당書堂이라고 불린 지방의 교육기관은 마을의 아동들에게 기초 교육을 전수하기 위해 개인적으로 운영됐다.[4]

### 경제정책

#### 산업

정도전은 장인匠人과 상인 문제에 대해서는 아주 적은 분량의 글밖에 남기지 않았는데, 그것은 이러한 '부차적인 직업'에 종사하는 사람들의 숫자를 줄이는 한편 상공업에서 더 많은 이익을 얻으려고 농업을 포기하는 농민들이 생기지 않도록 벌금적 성격의 세금을 부과해야 할 필요가 있다는 측면을 강조하기 위해서였다.[5] 유교적 개혁자들은 이런 정책이 경제에 긍정적 효과를 줄 것이라고 생각하지는 않았지만, 상업과 수공업을 억제하는 방향으로 추진된 새 왕조의 정책은 성리학의 보수적 성격과 대체로 합치됐다.

조선 전기의 경제는 주로 생계를 위해 곡식을 생산하고 집에서 의복을 만드는 자급적인 농민 가호가 대부분의 생산을 담당하는 농업에 기반을 두고 있었다. 직업적인 장인(또는 공인)은 소수였는데, 그들은 양인이나 노비신분이었다. 양인신분의 장인은 자유롭고 독립적인 기술자였지만, 대부분은 요역을 지기 위해서 중앙이나 지방 관청에 등록되어 고용됐다. 관원들은 그들이 나라를 위해 만든 물품이 좋지 않으면 처벌했다. 그들은 관청에서 일하는 의무를 마치고 나면 자유롭게 개인적으로 일할 수 있었지만, 나라에 공장세工匠稅를 내야 했다.

이러한 장인들은 모시 및 비단 의류 · 신발 · 가구 · 장롱 · 부엌 기구 · 가죽제품 · 벽돌 · 종이 · 칠기 · 자기 · 무기 · 갑옷 같은 특정 물품의 생산과 제련 · 야금 등에 주로 종사했다. 전국에서 중앙 정부에 고용된 장인의 숫자는 6천6백 명 정도로 법률에 의해 제한됐는데, 중앙에는 130개 분야에 2천8백 명이 배치됐고 지방에는 27개 분야에 3천8백 명이 할당됐다. 중앙에 상당히 편중된 이런 장인들은 지배계층의 품위를 유지하는 데 필요한 물품들을 주로 생산했다.

지방에서는 노동 분화가 훨씬 덜해서 대부분의 장인들은 무기 · 농기구 · 종이 · 베개 · 깔짚 등을 생산하는 데 종사했다. 그들 대부분은 자신의 공장工場을 경영하면서 국왕이나 왕실에 바칠 필수품이나 특산물을 만들 때만 관청에서 일하는 개인적 장인이었다. 지방에 등록된 장인 중 3분의 1 정도는 경상도에 거주했지만, 한 마을이나 지역에는 두세 명을 넘지 않았다. 종이 생산으로 유명한 전라도 전주와 남원은 해당 기술의 장인이 각각 23명씩만 있었다. 경주 · 상주 · 안동 · 진주 같은 큰 도시에도 대장장이나 야금장이는 한두 명밖에 되지 않았다. 감영에

는 12명 안팎의 많은 장인들이 배속됐다.[6]

왕조 초기 대부분의 지방 산업은 삼·모시·면화 같은 섬유와 관련
됐다. 정부는 비단산업을 증진시키려고 노력했지만 좀처럼 발전하지
않았으며, 높은 품질의 비단제품은 왕조가 끝날 때까지 중국에서 수입
됐다.[7] 면화 의류산업은 1290년대 중반에 중국에서 시작됐으며, 면화씨
는 1364년(공민왕 13) 무렵 한국에 처음으로 들어왔지만, 1460년대까지
면포는 의류를 만드는 주요한 소재가 되지 않았다. 1469년(예종 1) 양성
지梁誠之는 면포를 삼남지방의 공물로 지정할 것을 건의했으며, 1516년
(중종 11) 무렵이 되자 교환수단으로서 면포의 위치는 더욱 확고해졌
다.[8]

고려 전기부터 국가는 소금 생산을 강력히 통제하고 염전鹽田에 대한
권리를 공주들에게 후원의 명목으로 분배했다. 왕권이 약화되면서 개
인 유력자들은 염전에 대한 권리를 얻었지만, 1309년(충선왕 1) 충선왕
은, 원의 영향에 따라, 개인 유력자와 왕족·사찰 등이 갖고 있던 염전
에 대한 권리를 모두 몰수한 뒤 해안의 일정한 가호를 염호鹽戶로 지정
해 소금 생산을 책임지게 했다. 그러나 왕조 말엽 소금 생산은 부패한
관원과 부유한 개인적 파벌·밀수업자에게 넘어갔으며, 염호들은 과도
한 세금을 피해 그 터전에서 도망치거나 왜구에게 염전을 유린당했다.[9]

광업 또한 당시의 상황에 의해 제약받았다. 조선 전기의 광업은 금·
은·납·철·구리·유황 등을 캐냈으나, 대부분의 활동은 매년 중국에
조공하기 위한 금·은을 생산하는 데 집중됐다. 생산량도 많지 않았으
며, 정부에서는 금 수출을 제한했을 뿐만 아니라 개인적으로 소유한 분
량까지 몰수했다. 그러나 1429년(세종 11) 명 황제를 설득해 금·은의
조공을 면제받은 뒤에도, 중국이 다시 조공을 요구할 수도 있다는 이유
로 금 채광은 확대되지 않았다. 광업을 확대하면 좀더 중요한 농업의
노동력을 위축시킬 수도 있다는 우려도 제기되어, 국가에서는 풍년이

든 해에 5~6일 정도의 짧은 기간만 광업을 허용하도록 규제했다. 사적인 채광이 작은 규모로 일부 허용됐지만, 다음 세기에는 채광에 관련된 기록이 남아 있지 않으며, 조선은 금을 수입하는 데 거의 전적으로 일본에 의존했다.[10]

1430년(세종 12) 무렵 전국에는 66개의 철광과 17개의 제련소가 있었지만, 채광 활동은 농한기에도 규제됐다. 국가는 요역을 동원해 철을 생산했고, 전문적인 제철기술자들에게서 공장세를 걷었으며, 그렇게 생산한 철을 변경에 복무하는 군사의 무기와 갑옷을 만드는 데 썼다. 구리 채광은 1423년(세종 5) 동전을 주조하기로 결정하면서 촉진됐지만, 동전이 제대로 유통되지 못함으로써 화폐 주조는 1445년(세종 27)에 막을 내렸다. 세종은 무기의 재료를 얻기 위해 구리 채광을 지속했지만, 자유교역과 개인적 필요에서 있을 것으로 기대됐던 더 큰 자극은 없었다.[11]

### 상업

상업 또한 정부가 강력히 규제했다는 특징이 있었다. 상업은 한성(서울)과 고려의 수도였던 개성에 설치된 시전市廛에서만 이루어졌다. 1410년(태종 10) 태종은 특정 물품의 판매를 위해 도성의 일부 구역을 할당했으며 그곳을 감독하기 위한 2개의 관서를 설치했다 — 경시감京市監은 가격의 규제, 사기와 절도의 근절, 상인세의 징수를 맡았으며 청제감淸濟監은 시장지역의 청소를 담당했다. 도성 주민들의 요구를 충족시키기 위해 1414년(태종 14) 무렵까지 그 지역의 거리 양쪽에 91개의 시전이 설치됐다. 지방에서는 특정한 날 — 대체로 한 달에 닷새였다 — 에 여는 정기시장이 개설됨으로써 30~40리나 하루 여정 안에 시장이 형성되고 보부상이 전국에 생겨나게 됐다. 그러나 1470년(성종 1)의 기근을 겪은 뒤 전라도에 장문場門(향시)이 출현하기 전까지 향촌에는 항구적인 시장이 없었다.[12] 여객旅客과 객주客主는 물건을 창고에 저장했다가 사고파는 데 중개자 역할을 하는 한편 돈을 대부하고 상인과 여행객을 대상으로 주막과 숙소를 운영했다.[13]

요컨대 개창 당시 조선 정부의 정책은 대규모의 상설 상인들을 모두 제한된 지역으로 옮겨 그들의 점포와 활동을 통제함으로써 새 수도와 옛 수도의 시전을 관리하고, 지방에서는 보부상만 허용함으로써 상설 시장을 가진 마을이 늘어나는 것을 막으려는 것이었다.[14]

조선에서 해외무역은 많은 제약을 받았기 때문에 경제 발전을 자극하는 데 별다른 영향을 주지 못했다. 그러한 제약들은 명의 조공국으로 편입되어 조공관계의 규제를 받기로 결정한 태조의 판단에 따른 결과였다.[15]

일부 상인들은 사신使臣을 따라갈 수 있었지만, 중국과의 교역은 허가된 조공무역을 제외하고는 엄격히 금지됐다. 그러나 조공의 한 부분으로 조선에서 말과 소를 수출하고 모시와 면포를 수입하는 교역이 이루어졌다. 처음에는 조선을 방문한 중국 사신과의 사무역이 금지됐지만, 1442년(세종 24) 이후에는 상인들에게 모시 · 삼 · 물개 가죽 · 인삼 · 백단白檀 · 명반明礬 · 후추를 비단과 교역할 수 있도록 허가됐다.[16] 이것은 외국과 좀더 확대된 교역으로 나아가는 발걸음이었지만, 아주 작은 발걸음에 지나지 않았다. 압록강을 자유롭게 오갈 수 없었기 때문에 불법적으로 이루어지는 밀무역만이 유일한 방법이었으며, 그것은 17세기까지 제한된 규모로 유지됐다.

일본과의 교역 또한 공인받은 선박만이 허가된 항구에 들어올 수 있도록 제한됐으며(처음에는 두 곳이었지만 1426년(세종 8)부터 임진왜란이 일어나기까지는 동래 · 웅천 · 울산 세 곳이었다), 15세기 중반부터 계속된 왜구의 침입도 그런 제약에 영향을 주었다. 명의 간섭 때문이 아니라 조선 정부 스스로 일본 상인에 대해 이러한 제한을 부과했기 때문에 조선 전기의 국왕들은 교역 확대에서 얻을 수 있는 번영보다는 안전을 선호했다고 볼 수 있다.

일본과의 무역은 대체로 일본에서 은·구리·주석·유황·칼·백단·명반·설탕·후추·물소 뿔·소목蘇木(의약품으로 사용)·감초 뿌리·상아 등을 수입하고 조선에서 면포·쌀·삼·모시·인삼·화문석·표범 가죽·서적 등을 수출했다. 사치품이 주종이었던 수입은 기본적 식료품이 대부분이었던 수출보다 많았다. 교역은 일본에서 공식적으로 보내오는 선물과, 허가받은 세 항구에서 지방 관원의 엄격한 감독 아래 이루어진 사무역으로 구성됐다. 사무역은 1610년(광해군 2)까지는 왜관倭館에서 한 달에 세 번씩 실시됐지만, 그 뒤부터는 한 달에 여섯 번으로 늘어났다.

유원동劉元東은 이런 대외 교역의 구조는 교역을 좀더 확장시키고 국내 경제를 활성화시킬 수 있는 가능성을 가로막았다고 주장했다. 그런 구조는 종주국인 명과 청의 황제가 요구하는 필수품을 수출하고, 조선의 백성에게 필요한 소비재보다는 지배층들이 찾는 사치품을 수입하는 형태에 기초한 것이었다.


## ▌유학적 계획이 이루지 못한 목표들

### 전제적 왕정의 출현 가능성

조선 태조가 추진한 개혁은 정도전 같은 이론가들의 전체적인 계획을 아주 조금밖에 실현하지 못했다. 태종(재위 1401~18)으로 즉위하기 전 이방원李芳遠은 자신의 둘째 형을 먼저 즉위시킨 뒤 스스로 물러나게 함으로써 왕위계승 문제를 솜씨 있게 처리했다. 세조(재위 1455~68)도

조카에게서 왕위를 찬탈했다.

유교적 관원들은 국왕의 수입을 통제하거나 국왕이 국고를 개인적으로 사용하는 것을 막지 못했다. 그들은 국왕의 자금을 통제하지 못했을 뿐만 아니라, 특산물에 대한 국왕의 요구를 만족시키기 위해 모든 지방 행정구역에 규정된 할당량보다 많이 책정된 진상進上제도를 없애지도 못했다. 진상은 변덕스럽고 통제할 수 없는 자연조건 때문에 농민에게 가장 부담스러운 의무 중의 하나가 됐으며, 공공의 복리를 희생시켜 국왕의 욕구를 만족시키는 것을 원칙적으로 거부하는 순수한 유학자들은 그것을 큰 폐단으로 여겼다.

## 능력 사회로 가는 장애물

고위 관원들이 항상 도덕적·학문적으로 가장 뛰어난 사람들 중에서 선발된 것은 아니었다. 거기에는 국왕의 정치적·군사적 협력자였거나 국왕이 권력을 획득하거나 유지하는 데 핵심적인 역할을 했던 사람들도 많았다. 15세기에 공신들을 많이 책봉한 것은 앤드루 잭슨Andrew Jackson이 말한 엽관제도獵官制度*의 한국적 형태로서, 국왕은 협력자들의 충성을 계속 유지시키기 위해 관직·토지·노비 등을 하사했다. 재정에 부담을 주지 않고 명예로운 직함을 주는 데 사용된 다른 방법은 녹봉을 주지 않는 한직인 산관散官을 대량으로 수여하는 것이었다.[17]

유교의 이상에 따르면 국왕은 꾸며낸 능력에 속지 말고 장점이 있는 사람이면 누구나 관직에 등용할 수 있어야 했다. 그러나 새로 권력을 잡은 지배세력은 정규 관원과 이서 사이에 새로운 경계선을 그었는데, 문과에 합격하지 못한 부류인 이서가 주요 관직을 넘보지 못하게 하기

---

* 정권을 잡은 정당이 승리의 보수로서 관직이나 그밖의 이권을 당원에게 배분하는 제도.

위해서였다. 그 결과 향리는 지방 관원으로 임명되지 못했고 이서는 정규 관품으로 승진하지 못했지만, 국가는 향리와 이서에게 수수료와 선물·뇌물을 받아 생활하도록 방치한 채 그들에게 주는 녹봉을 중단했다. 이 부류는 중인中人이라고 불렸으며 시간이 갈수록 혈통에 의해 많은 제약을 받게 됐다. 잡과雜科에는 응시할 수 있었던 서리·기술관과 정규 관원 사이의 구별은 유교적 윤리서의 고상한 도덕원칙을 공부한 종합적 지식인은 존중하되 기술에 관련된 지식과 기술관(사자관寫字官·산관算官·율관律官·천문관天文官·역관譯官·지관地官 등) 들은 무시하는 유교의 태도에 의해 강화됐다.[18]

끝으로, 새 왕조는 과거제도가 최적의 관직 후보자를 얻는 데 적합하지 않을 수도 있다는 사실은 조금도 의심하지 않은 채 정규 관원을 등용하는 주요한 수단으로 그것을 계속 실시했다. 물론 과거는 고대 중국이 아니라 6세기 후반 수隋에서 처음 채택된 제도였다. 주희를 비롯한 송대의 많은 학자들은 그 제도를 비판했지만, 그런 비판은 받아들여지지 않았다. 더욱이 한국인들은 자신들에게 맞도록 제도를 변경시켜 서얼庶孼과 상인·장인들의 응시를 제한함으로써 과거를 치를 수 있는 길을 중국보다 훨씬 좁게 만들었다.[19] 송대를 제외하면, 중국에서는 서얼과 상인들이 과거를 치르는 데 아무런 제약이 없었다. 상인과 장인을 응시하지 못하도록 만든 것은 명·청대였으며, 좀더 중요한 측면은 17세기 중반과 19세기 중반 태평천국太平天國의 반란 때 과거합격과 관직의 매매가 성행했다는 것이다.[20]

존 던컨John Duncan이 최근 밝혀냈듯이, 15세기 초반 중앙 정부의 1~2품 관원에서 문과 급제자의 비율은 14세기 후반 고려왕조의 비율보다 상당히 낮았지만(각각 40퍼센트와 60퍼센트였다) 이것은 조선 건국 이후 동북지역의 군사집단이 고위 관직으로 대거 유입됐기 때문으로 생각되며, 15세기 후반부터 왕조가 끝날 때까지는 계속 고위 관원의 90

퍼센트 이상이 문과 급제자였다.[21]

## 양반의 존속

성리학적 개혁자들이 가졌던 주요한 목표 중의 하나였던, 세습적 귀족정치를 무너뜨리고 유교의 고전과 주희의 주석에 담긴 사상에 기초한 능력 위주의 사회를 건설하려는 시도는, 당시 많은 학자들의 주장에도 불구하고 성공하지 못했다. 조선왕조를 이끈 정치·사회적 지배계층은, 새 왕조의 도덕적이며 자유로운 법률에도 불구하고 옛 왕조에 대한 충성을 굽히지 않았거나 새 왕조에 저항했기 때문에 숙청된 소수를 제외하고는, 대부분 고려 후기의 지배세력에서 충원됐다. 그 뿌리를 찾기 위해서 새 왕조에 편입된 사람들을 분석한 존 던컨은 그들의 절대다수가 고려 후기에 번성한 명문 출신이었다고 밝혔다. 그들 중에는 양반뿐만 아니라 향리들도 포함됐는데, 향리들은 고려시대 거의 내내 지방 관직의 3분의 2 정도를 차지했다.[22]

세습적 귀족은 한국에서 오래 전부터 존속했는데, 그 기원은 지배집단이 혈통에 따라 골품骨品으로 나누어진 신라시대까지 거슬러 올라간다. 골품제도는 935년 고려가 후삼국을 통일하면서 폐지됐지만, 세습적 신분은 지배세력의 자격을 판단하는 기준으로 다시 중시됐으며, 신라 후기 귀족가문 출신들이 지배체제 안에 그대로 많이 남게 되면서 좀더 강화됐다.

나중에는 귀족과 동의어가 된 고려의 용어인 양반은 원래 '문반과 무반', 그러니까 궁궐의 정전正殿에서 국왕 앞에 도열하는 중앙의 정규 관원이라는 뜻이었다. '정규 관원'이라는 양반의 좁은 의미는 유지됐지만, 14세기 후반 무렵 양반은 고위 관원의 가족과 친족, 조상과 후손을 가리키는 용어로도 쓰이게 됐다. 이러한 넓은 의미의 지배세력은 사족士族

이나 사대부士大夫처럼 고대 중국에서 사용된 표현으로도 불렀다. 사족은 '학자-관원의 일족'이라는 뜻이었으며, 사대부는 학자-관원이라는 일반적인 의미와 주대(기원전 1134~250)에 국왕이나 봉건 제후에게 소속된 중간 또는 하급 관원을 가리키는 용어로 사용됐다.[23]

최근 몇 년 동안 남한의 학자 대부분은 중소 규모의 토지를 가진 신흥(경제)세력이 고려의 양반 귀족을 무너뜨리고 조선을 건국했으며, 그들은 13세기 후반 원에서 받아들인 성리학을 신봉했다고 서술했다. 그 학자들은 문과에서 뛰어난 성적을 거두어 등용된 관원들이 대다수를 차지하는 새로운 지배세력을 창조하려고 시도한 것 같다.[24]

일부 학자들, 특히 한영우韓永愚와 유승원劉承源은, 조선 전기의 사회가 양인과 천민, 좀더 실질적으로 말하면 양인 또는 자유민과 노비 또는 부자유민으로만 나누어졌다고 주장했다. 한영우는 양반이라는 용어는 남아 있었지만 그것은 관직과 품계(관직은 주어지지 않은 산관까지 포함)를 가진 관원, 문무과 급제자와 생원·진사, 그리고 관원은 아니었지만 교생校生과 군사軍士, 즉 관직에 임용될 수 있는 사람들만을 가리킨다고 보았다. 이성무李成茂 같은 학자들은 양반의 존재는 인정했지만, 그것은 광범한 양인 중에서 지배계층만을 말한다고 주장했다.[25] 한영우는 양반이 지배신분으로 등장한 것은 조선을 건국한 세력들이 구상했던 당초의 계획이 무너진 16세기 이후였으며, 양반은 17세기까지는 완전한 (지배)신분이 되지 못했다고 주장했다.

한영우는 1730년대에 조선의 사회·경제적 문제에 대해 광범한 저술을 남긴 유수원柳壽垣의 언급에서 영향을 받은 것으로 보인다. 유수원의 주요한 불만 중 하나는 문벌門閥이나 사족·사대부 등으로 부를 수 있는 세습적 귀족의 이익에 합치되는 차별이 계속 늘어남으로써, 그들과 양민 사이에 조선 전기에는 존재하지 않았던 새로운 차별의 경계선이 생겨났다는 것이었다. 세습적 귀족은 당대唐代의 특징이었지만, 송대 이후에는 사라졌으며 그 시기의 중국 사회에서도 별다른 특징을 나타내지 못했다. 당대 이후의 중국과 15세기의 한국에서 모든 사람의 신분은 양·천 중 하나였으며, 양良의 범주는 양인부터 최고의 대신까지 모두 포괄했다. 관직을 갖는 것이 다른 사람에 대한 우월감을 느끼는 권리를 주지는 않았다고 생각되지만, 양반이나 사족이 특별하고 세습적인 부류로 구별되어간 16세기에 양인들은 양반이 보기에 천민이나 노비와 거의 구별되지 않는 비천한 집단이 됐다. 그 까닭은 모두 조정에 관직을 가진 친족들로부터 우월한 신분을 세습받았기 때문이었다. 만약 가계 안에서 5촌이나 6촌쯤 되는 먼 친족이라도 관직을 가진 사람을 발견한다면, 자신의 재능이나 도덕 수준에 상관없이 사족이라고 주장할 수 있었다.[26]

최근 또 다른 사회사 연구자인 유승원은 조선 전기 사회에서는 노비를 제외한 모든 사람이 거의 평등한 기회를 누렸다는 유수원과 한영우의 주장을 받아들였다. 왜냐하면 조선에서는 노비가 아닌 사람으로 정의되는 양인신분은 누구든지 국립교육기관에 학생으로 등록할 수 있었고 모든 종류의 시험을 치를 수 있었으며 국가의 최고 관직에도 임명될 수 있었기 때문이었다.

나아가 유승원은 기회의 확대는 고려시대에 '하층'신분으로 간주되던 사람들을 양인신분으로 승격시키고 모든 양인에게 평등한 권리와 의무를 차별 없이 부여함으로써 양인신분으로 인정되는 사람들이 계속 늘어나는 또 다른 변화와 맞물리면서 진행됐다고 주장했다. 유승원은 15세기 전반에는, 유일한 것은 아니었지만, 사회적 진출을 위한 주요한 기준이 과거와 관직에서 얼마나 개인적 능력을 발휘하고 성과를 올리는가에 달려 있었기 때문에 사회적 계층을 결정하는 기초 조건이 사실상 귀속에서 성취로 바뀌고 있었다고 주장했다. 그러므로 양반이라는 용어는 문무의 관직을 가진 사람들만을 의미했으며, 특권은 양인신분

누구나에게 열려 있었다.

　과거에 합격하지 않고도 관직에 임명될 수 있도록 법률로 보장된 음서蔭敍의 특권을 가진 고위 관원의 아들(그리고 때로는 손자)조차도 저명한 아버지의 출세에 힘입어서만, 그것도 한 세대나 두 세대까지만 그런 특권을 받을 수 있었다. 조금 과장하면, 유승원은 조선 전기 사회는 피라미드형 사회구조를 나타내는 대부분의(모두는 아니더라도) 현대 사회들보다 훨씬 평등했다고 주장한 것이다.[27]

　유승원·한영우·최영호崔永浩, 그리고 그밖에 이러한 해석을 지지한 연구자들은 새 왕조가, 고려와는 달리, 모든 양인은 국립교육기관에 들어가고 과거를 치르며 관직에 임용될 수 있는 권리를 가졌다고 법률로 명시했다는, 중요하고 반박할 수 없는 측면을 지적했다. 그러나 그들의 해석은 성문법에 너무 구속된 것이었다. 그들은 성문법으로 확립된 새로운 기회들이 실제로도 구현됐으며, 권력과 권위 그리고 부로 나아가는 길이 많은 사람, 특히 조선 사회에서 이전에는 높은 관직과 신분·교육·권위·부를 누리지 못했던 사람들에게 열렸다는 것을 보여줌으로써 자신들의 주장을 입증하지는 못했다. 반면 존 던컨은 최근 연구에서 그들의 견해를 반박했다.

　조선 후기 양반에 대한 상세한 연구를 진행한 사회사 학자인 송준호宋俊浩 또한 왕조의 첫 세기 동안 양반은 신분으로 존재했을 뿐만 아니라 국가의 성문법에 규정된 특권들을 보장받았다는 견해를 설득력 있게 주장했다.[28] 송준호는 양반신분이 될 수 있는 자격의 기준을 국가가 법률로 명시하지는 않았지만, 법률에 보장된 특권들과 그 지위에 관련된 일련의 중요한 문제들에 대한 정부의 정책을 살펴보면 그 신분이 존재했다는 것을 유추할 수 있다고 판단했다.

　송준호는 조선이 건국된 뒤의 양반신분은 17세기 이후 그들이 존속하는 데 핵심이 된 조건에 따라 정의되어야 한다고 주장했는데, 양반신분은 개인에 국한시킬 수 있는 것이 아니라 개인이 하나의 구성원으로 포함된 가족으로 이루어졌기 때문이었다. 선대에 유명한 조상을 두지 않고는 누구도 진정한 양반으로 간주되지 못했다. 유승원은 특히 조선 전기와 관련해서 이런 측면을 부정했다.[29]

송준호는 양반이 특권을 가진 개인과 그들의 친족, 특히 향촌에 거주하는 친족이었음을 보여주는 확실한 증거로 세조대의 유명한 신하인 양성지가 1467년(세조 13) 이시애李施愛의 난에 대해 언급한 발언과 1470년(성종 1)에 남긴 말을 제시했다. 양성지는 양반이 사회적 안정의 기반으로 기능하면서 오랫동안 역대 왕조의 국왕을 보필했기 때문에 한국의 왕조들이 중국보다 오랜 수명을 누릴 수 있었다고 지적했다. 한영우는 양성지가 사실을 말한 것이 아니라 그저 이상적 상황을 표현한 것이라고 반박했지만, 양성지는 함길도咸吉道에 하삼도下三道처럼 양반이 좀더 많았다면 국왕과 왕실에 대한 충성심이 충분해서 이시애의 난이 일어나는 것을 막을 수 있었을 것이라고 확언했다 — 이것은 그가 사실을 말했음을 잘 보여준다. 더욱이 그는 (자신이 살고 있던 시대에) 양반이 굳건하게 존재할 수 있던 핵심적인 요인은 바로 노비를 소유할 수 있었기 때문인데, 북부지방에는 사노비가 너무 적었기 때문에 양반도 적었던 것이라고 판단했다.[30] 이것은 양성지가 관직이나 과거 급제보다 훨씬 폭넓은 자격조건을 가진 사람들이 양반에 포함된다고 생각했음을 분명히 보여준다.

송준호의 의견에 반대하는 논자들은 양인과 노비를 포함해서 누구나 노비를 소유할 수 있었기 때문에 이런 주장은 세습적 양반신분이 독립적으로 존재했음을 입증하는 데 아무 의미가 없다고 비판했다. 그러나 시카타 히로시四方博와 김용섭金容燮 등이 제출한 조선 후기에 대한 통계적 연구(제6장과 제9장 참조)들은 양반이 다른 신분들보다 거의 언제나 더 많은 노비를, 때로는 대규모로 소유했음을 보여주었다.

송준호는 양반가문에서 부계父系의 융성이 그 권위를 확립하는 데 가장 중요한 요소였지만, 고려시대의 양계적 혼인형태와 친족관계가 지속된 결과, 처가와 모계의 권력과 지위 또한 매우 중요했다고 지적했다. 송준호는 17~18세기의 모든 양반가문은 자녀들을 양반가문과만 혼인시키기 위해서 최선을 다했다고 지적하면서 이런 모습은 조선 전기에도 동일했을 것이라고 추측했지만, 실증적으로 입증하지는 못했다.[31]

송준호는 관직이 양반신분을 유지하는 데 결정적인 요건은 아니었으며, 훌륭한 선조를 두지 않고는 양반신분으로 간주되지 못했다고 파악했다.[32] 또한 그는 진사나 생원은 관직에 임명되지는 못했지만 양반신분을 보장받았다고 주장했다. 유교적 학식이 높다거나 유교적 의례를 충실히 실천한다는 평판을 유지하고 시문詩文과 서예에 재능을 보이는 것은 필요했으며, 공신에 책봉되는 것 또한 가문의 권위를 높이고 양반신분을 유지하는 데 도움을 주었다. 교육이 중시된 것은 양반신분을 얻는 데 개인적인 성취가 강조됐음을 보여주지만, 일부 가문에서 누대에 걸쳐 학문적 전통을 유지한 것이 그들이 양인 농민들을 지배하는 데 실제로 도움을 주었다는 사실은 송준호의 생각과 합치한다.

또한 송준호는, 유승원과 반대로, 음서의 특권이 세습적 양반신분을 자연스럽게 강화했다고 믿었다. 음서는 국왕이 1~2품 관원들의 아들·손자·사위·동생·조카를 지명해 품계를 두 단계 올려주었기 때문이었다. 양반의 서얼에게는 보충군補充軍에 입대하는 또 다른 특권도 부여됐다. 그 부대에 배속됨으로써 그들은 모든 양인이 져야 하는 군역을 피할 수 있었으며, 복무를 마친 뒤에는 양인신분을 얻기도 했다.[33]

송준호는, 시기적으로 늦기는 했지만, 다른 특권도 양반에게 부여됐다고 지적했다. 1525년(중종 20)에 양반들은 범죄를 저지르면 온 가족을 변방으로 이주시키는 처벌에서 면제됐다. 이런 특권이 부여된 사람들의 범위는 법률로 명시됐는데, 문무과 급제자와 그들의 아들·손자, 진사와 생원, 친가와 처가의 4조(부·조부·증조부·외조부) 안에 고위 관원이 있는 사람이었다. 고위 관원은 지방의 관찰사와 수령을 포함해서 1~5품의 문무반 관원이라고 법률에 명시됐다.[34]

후손이 양반신분으로 인정되는 데 이런 고위 관원이 미친 영향력은 법률에 규정된 세대의 제한에서 끝나지 않았다. 송준호는 과거 급제나 관직 획득 같은 조건을 갖추지 못했어도 10세대나 12세대 앞의 유명한 선조 덕분에 양반신분을 인정받은 전라도 남원의 지방 양반의 사례들을 찾아냈다.[35] 왕조 초기에 양반에게 주어졌던 특권들을 보여주기에 1525년(중종 20)은 너무 늦은 시기라고 비판할 수도 있지만, 송준호는 저명한 인물들의 명단을 작성해 묘지로 쓸 토지를 할애하고 그 안에서는 경작을 금지한 『경국대전』(1469년(예종 1)에 편찬되어 1474년(성종 5)에 수정됐다)의 조항을 발견했는데, 그 명단에는 진사나 생원처럼 관직을 갖지 못한 사람들도 포함되어 있었다.[36]

조정의 관원을 등용하는 주된 방법으로 과거가 좀더 많이 사용된 것이 관직에 나아가는 기회를 넓히는 데에 영향을 준 것은 분명한 사실이었지만, 그런 현상은 그 사회에 광범하게 포진한 양반가문의 권력과 영향력에 의해 제한됐다. 그런 영향력은 두 가지로 나타났다. 어떤 양반가문은 문과에 급제하지 않고서도 여러 세대 동안 그 지위를 유지한 사실과 소수의 양반가문이 문과 합격을 독점한 양상이 그것이다. 명(1368~1644)·청(1644~1912)대와 비교해보면 이런 현상의 의미를 알 수 있을 것이다.

허핑티何炳棣는 명대 초기 과거의 최고 단계인 진사시進士試에 응시할 수 있는 통로가 매우 넓어져서 합격자 중 40퍼센트가 관직이나 품계를 가진 사람들의 자손이 아니라 양인이었다는 사실을 밝혀냈다. 청대 후기에는 그 비율이 20퍼센트까지 낮아졌으며 이것은 양인들에게 열린 기회가 줄어들고 있다는 사실을 나타내는 것이지만, 하향 이동은 상향 이동보다 훨씬 우세했으며 3대 이상 연속해서 과거에 합격한 신사紳士 가문은 거의 없었다.[37]

그러나 중국에서 급격한 사회이동이 발생했다는 허핑티의 견해는 같은 시기 안휘성安徽省의 한 군郡을 연구한 힐러리 J. 비티Hilary J. Beattie에 의해 전면적으로 비판됐다. 비티는 일부 가문은 과거 급제나 관직 진출 때문이 아니라 토지 소유와 소작에서 얻은 부 덕분에 몇백 년 동안 자신들의 신분과 권위를 유지할 수 있었으며, 그럴 수 있었던 가장 큰 원인은 당시 그 지역에서는 과거 급제나 관직 진출에 성공한 사람이 거의 없었기 때문이었다는 사실을 밝혀냈다.[38] 송준호가 주장했듯이, 이런 현상은 조선의 지방 양반가문(대체로 향반이라고 불린다)들이 과거에 급제하거나 관직에 나아간 자손을 두지 못했어도 그 신분을 유지할 수 있었던 까닭을 설명하는 데 매우 유용하다. 그럼에도 불구하고 과거 급제나 관직 취득과 관련된 조선의 상황은 달랐다. 조선은 너무 작은 나라였고 양반들이 과거 급제와 고위 관직을 계속 독점하는 상황이 너무 두드러졌기 때문이었다.

에드워드 W. 와그너Edward W. Wagner는 조선시대 전체에 걸쳐 문과에 급제한 1만 4천6백 명의 가문 배경을 조사한 결과 과거에서 좀더 많은 성공을 거둔 가문들이 자신보다 떨어지는 성적을 올린 경쟁 가문을 "몰아내는" 현상이 왕조 후반으로 갈수록 현저해짐으로써 유례없는 "'시험 능력'의 집중"이 나타났다는 사실을 밝혀냈다. 문과 급제자를 배출한 750개의 가문 중에서 36개 가문이 전체 합격자의 53퍼센트를 배출했으며, 그들은 평균 5대마다 1명씩의 합격자를 냈다. 급제자의 80퍼센트는 8대 안에서 친족관계에 있는 급제자를 두었지만, 어떤 가문은 10대 뒤에도 급제자를 1명도 배출하지 못했다. 어떤 방계는 과거에서 매우 뛰어난 성적을 올렸지만 그렇지 못한 방계도 있었다. 그러므로 과거제도가 양반신분의 세습적 측면을 약화시키고 폐쇄적 사회가 형성될 수 있는 가능성을 차단한 측면도 있었지만, 일부 가문이 점차 과거합격을 독점하게 됐다는 사실은 과거가 기본적으로는 능력 본위의 선발 제도였지만 양반가문의 존속에 기여했다는 측면을 알려준다.[39]

이성무 또한 조선 전기의 과거제도는 양인에게도 매우 넓은 기회가 열려 있었다는 최영호의 견해에 이의를 제기했다. 양인에 대한 법률적 제한은 없었다고 해도, 그들은 양반가문 같은 경제력이 없어서 책을 구입하기가 어려웠고 지방의 서당이나 향교에서 공부할 수밖에 없었는데, 그곳들은 시설과 교사敎師의 수준이 낮아 교육의 수준이 크게 떨어졌다. 반면 양반의 자제들은 사설 교육기관에 다니거나 가정교사에게서 배웠다. 양인들은 과거에 급제하는 데도 장애에 부딪혔는데, 호적과 관원에게서 받은 신원보증서 및 추천서를 지방과 중앙 관청에 제출해야 했기 때문이었다.

이성무는 최영호가 법률적 규정을 지나치게 신뢰했으며, 과거에 합격한 10여 명의 양인이나 노비에 대한 그의 설명을 보편화하기에는 증거가 부족하다고 생각했다. 이성무는 과거에 급제한 비非양반 중 3명은 왕실과 중요한 고위 관원이 소유한 사노비로서 주인에게서 지원을 받았고, 최영호가 언급한 양인 7명은 몰락한 양반이었으며, 어떤 경향을 입증하기에는 그가 제시한 사례들이 너무 적고 그중 일부는 조선 전기가 아닌 중기의 사례라고 지적했다. 무엇보다도 그들이 실록에서 언급됐다는 사실은 그들이 예외적 사례였음을 명백히 보여준다는 것이었다. 송준호도 주장했듯이, 이성무는 가문의 역사와 문지門地는 양반과 양인을 구별하는 가장 기본적인 경계선이었다고 역설했다.[40]

좀더 포괄적으로 말하면, 양반은 실력 위주의 관료제도와 세습적 귀족제도라는 상반된 정치형태의 혼성물이라고 할 수 있었다.[41] 조선왕조 첫 세기에 나타난 과거 급제의 유형을 좀더 심층적으로 분석하는 작업

은 소수의 세습적 가문이 좀더 많이 합격했는지, 아니면 신흥세력에게
도 기회가 제공됐는지를 알아보는 데 필요하다.

송준호는 양반을 이해하는 데 또 다른 중요한 기여를 했는데, 양반은
중앙 조정의 관원이 됨으로써 자신의 가장 큰 명예와 영광을 얻었지만
대체로 그들은 중앙에서 향촌으로 이주했으며 주로 전원적·지방적·
농업적 지배계층으로 살았다고 강조한 것이다. 송준호가 제시한 증거
의 대부분은 17세기 후반 이후에 나온 것이어서 그의 결론을 조선 전기
까지 소급해 적용하는 데는 일정한 위험이 있지만, 던컨이 보여주었듯
이 조선 전기의 관원 중 많은 숫자는 고려 후기의 명문 출신이었기 때
문에 송준호의 견해는 타당하다고 생각된다.

송준호는 본관의 중요성은 그 가문의 시조와 관련되어 있지만, 각 가
문들은 그들이 누대에 걸쳐 살아온 지역에 광범하고 분명하게 알려져
있다는 사실을 보여주었다.[42] 그는, 고려 전기부터 중기 또는 그 이전으
로 거슬러 올라가는 경우를 제외하고는, 어떤 향촌 안의 모든 사람은
그 가문이 언제부터 거기서 살기 시작했는지를 알고 있었다고 단언했
다. 중앙에 거주하는 양반의 경우처럼, 향촌에 사는 양반들도 다른 양
반과 혼인관계를 맺고 과거에 급제해 관직을 받았으며 학문과 선행, 또
는 의례儀禮의 준수를 통해 명성을 쌓음으로써 자신의 신분을 유지하고
강화했다. 양반가문들은 전쟁이나 자연재해를 겪으면서도 그 가문의
양반신분을 유지했다. 그들은 유향소留鄕所 같은 지방자치조직에서 배
타적인 회원 자격을 갖고 있었으며 그 뒤 향안鄕案에도 수록됐다.[43]

요컨대 국가는 거의 모든 범주의 양인이 과거를 치르고 관직에 등용
될 수 있게 함으로써 조선 건국 이전이나 16세기 이후보다 신분을 상승
할 수 있는 가능성을 좀더 확대시켰지만, 양반은 조상의 신분에 상관없
이 양인들이 새로이 올라갈 수 있는 집단이 절대 아니었다. 양반가문에
서 태어나는 것은 여전히 그 가문의 지위와 부·권력·권위 등의 주요

한 이점을 보장해주었다. 그것은 개인이 훌륭한 교육을 받고 과거에 급제하며, 높은 관직에 오르고 처벌이나 국역에서 특권이나 면제를 받을 수 있도록 해주었다. 그들은 다른 양반가문과 통혼할 수 있었고, 토지소유, 소작인과 노비에게서 걷는 지대地代, 관직에서 받는 녹봉, 그리고 대부貸付를 통한 이자 등에서 얻은 수입으로 높은 생활수준을 유지했으며, 적어도 왕조 초반에는 상업 활동에 종사하지 않았다. 그 결과 세습적 신분과 특권에 의해 더럽혀지지 않은 관원들로 대체하려는 일부 성리학자들의 급진적 계획은 성공하지 못했다.

## 노비

세습적 노비는 고려 후기 사회의 또 다른 중요한 특징이었다. 고려는 적어도 11세기부터는 노비가 전체 인구의 30퍼센트를 넘는 노비제 사회였음이 확실하다. 14세기 후반 일부 개혁자들이 불법으로 노비가 된 양인들을 해방시킴으로써 그 숫자를 줄이려고 시도했지만, 성리학적 개혁자들은 자신들의 개혁안에 세습적 노비제도를 폐지하거나 노비를 해방시키는 방안을 포함시키지 않았다. 조선 전기까지 지속된 노비제도는 개혁의 대상이 전혀 아니었기 때문에 유교적 개혁안을 완수하는 데 어떤 변수가 되지 않았다.

그러나 17세기에 유형원은 그의 대표작에서 세습적 노비제도에 문제를 제기하면서 15세기 초반에 이 문제를 간과한 것은 중요한 실수였다고 명확히 지적했다.

### 전제개혁 : 과전법

새 왕조의 또 다른 주요한 특징은 국왕과 중앙 정부, 그리고 지배신분을 경제적으로 뒷받침하기 위해 마련된 과전법科田法이라고 불리는 토지분급제도였다. 이성계는 중앙 조정에서 권력을 장악한 직후이자 조선왕조를 개창하기 직전인 1388년(창왕 1)부터 1391년(공양왕 3) 사이에 그 제도를 준비했다. 이 새로운 제도의 핵심은 고려의 국왕들이 오랜 기간에 걸쳐 관원이나 총신寵臣들에게 하사했던 면세전인 사전私田이나 별사전別賜田을 모두 폐지한다는 것이었는데, 그 대부분은 세습되어왔다.[44] 이런 조처는 국왕이 양반 지배계층의 사유지나 재산을 몰수한다거나 수조지로 지급하는 제도를 완전히 폐지한다는 뜻이 아니라, 개인이 거둘 수 있었던 조세가 중앙 정부나 지방 관원에게 귀속되며 그렇게 된 토지는 세금을 거둘 수 있는 일반적인 토지로 즉시 전환된다는 의미였다. '민전民田'으로 통칭된 자신의 토지를 합법적으로 소유하고 있는 납세자는 사전 소유자들의 요구에서 자유로워졌다.[45]

반면 1391년(공양왕 3) 이성계는 품계를 가진(반드시 관직이 필요하지는 않았다) 모든 사람에게 지급되는 '과전科田'이라는 새로운 이름의 토지분급제도를 만들었다.[46] 고려의 현직 고위 관원 중 소수를 제외하고는 대부분이 새로 개창된 조선왕조로 넘어왔기 때문에 그들은 토지를 분배받을 수 있는 권리를 그대로 갖고 있었으며, 1390년 이전에 가졌던 특정한 토지와 그 토지의 소유주 또는 소작인에 대한 지배권을 잃었을 뿐이었다.

1388년(창왕 1)에 실시한 전제개혁안을 기초한 조준趙浚·이행李行·조인옥趙仁沃 같은 신하들은 고려 후기에 사전이 전국적으로 확대되고, 토지를 받은 사람이 사망한 뒤에도 그 토지가 국가에 반환되지 않고 세습할 수 있는 재산으로 전환되는 현상을 비판했다. 조준은 중앙 정부로 들어오는 세금 수입이 탈루되고, 1명이 경작하는 토지에서 여러 사람이 세금을 걷으며, 법적 한도를 넘어서 수세收稅하는 현상을 공격했다.[47] 그러나 이런 문제에 대해 그는 토지를 국유화한 뒤 그것을 모든 농민들에게 돌아가면서 분배하거나 원칙적으로 모든 사람들에게서 수조권을 박탈하는 것이 아니라, 그 후손에게 수조권을 물려주거나 개인이 수조지를 축적하는 행동을 금지해야 한다는 해결책을 내놓았다. 그가 이상적으로 생각한 제도는 관원과 군사, 그리고 국가에 대해 의무를 지는 사람들에게만 '토지'를 분배하고 그들이 사망한 뒤에는 모두 국가에 반납케 하는, 그가 고려의 원형이라고 생각한 제도였다. 그러나 대부분의 학자들은 그가 말한 '토지'는 토지 그 자체라기보다는 녹봉·생계수단 또는 수조권 등을 뜻하는 것이라고 이해했다. 이런 해석을 확실하게 입증하는 증거는 조준이 고려 전기의 전시과田柴科는 구분전口分田을 모방한 것이라고 주장한 사실을 들 수 있다. 원래 구분전은 당의 균전제均田制에서 가족 구성원의 나이와 성별에 기초해 모든 농민 가호에 토지를 나누어준 제도였다. 그러나 조준은 구분전이 왕실의 왕자들, 실직實職이나 품계를 가진 1~9품의 중앙 관원, 남편이 죽은 뒤에 재혼하지 않고 자녀를 키우는 미망인과 그들의 고아, 그리고 지방과 사찰에 배속된 관원들에게만 평생 동안 (녹봉의 의미로) 수조권을 주는 것이라고 생각했다.[48] 이러한 수조권 분급의 원칙은 1391년(공양왕 3) 공양왕이 과전법을 채택하라고 하명함으로써 확정됐다.[49] 나아가 1388년(창왕 1) 음력 8월 허응許應은 새로운 제도의 핵심적 요소는 일반 농민이 아니라 주로 "관원, 즉 사대부에게 토지(즉 녹봉)를 지급하는 것"이었다고 언급했다.[50]

국가가 개인에게 수조권을 주었다가 그가 사망한 뒤 국가에 반납하는 순환적 체제는 모든 농민에게 토지를 분배·재분배하는 당의 균전제와는 달랐지만, 고려에서 조선으로 넘어오는 이행기를 살았던 일부 사람들은 자신들이 개혁한 토지제도가 국유에 기반한 당의 균전제와 동일한 것처럼 말했다.[51] 그러나 그들이 의미했던 것은 국가가 사대부 계층과 그 가족들에게 녹봉에 해당하는 수조권을 주며, 법적으로 규정된 수세 대상과 세율을 초과해 불법적으로 조세를 걷는 사람들의 과도한 요구로부터 소작인들을 해방시켜준다는 것이었다.

분명히 조준은 이런 형태의 전제개혁을 구상했지만, 1389년(공양왕 1) 후반 공양왕이 구상했던 과전법은 당의 균전제가 아니라 기원전 2000년 후반 주 문왕文王이 시행한 전제개혁안, 좀더 엄밀히 말하면 관원들에게 규전圭田과 채지采地를 나누어주기 위해 경기京畿를 확대한 시책이었다고 지적했다. 공양왕(그의 뒤에서 실권을 잡고 있던 사람은 이성계였다)은 "최근 문왕이 경기를 넓혔던 제도를 따라 수도에 거주하면서 시위侍衛하는 사람에게 경기의 토지를 준 것은 사족을 우대하기 위한 정책이니, 바로 문왕이 신하들에게 대대로 녹봉을 준 아름다운 뜻仕者世祿之美意"이라고 말했다.

반납해야 하는 토지를 농민 전체에 균분한 당의 제도 대신 공양왕은 "고려 태조가 선군選軍에게 토지를 주기 위해 사용한 좋은 방법"이었던, 군인에게 지급되는 군전軍田을 만들었을 뿐이었다.[52] 다시 말해서 전제개혁의 숨은 목적은 지배세력이 될 수 있는 특권적 개인들이 존속할 수 있도록 돕고, 변방에서 군역에 복무할 사람을 보조하는 것이었다.[53] 조준이 생각한 전제개혁은 관원과 군인들에게는 경기도에 국한해서 수조권을 분급하되 전체 농민에게는 그런 권리를 주지 않는 것이었다.[54]

1388년(창왕 1) 조준은 당시 50만 결로 추정된 전국의 경작 가능한 토지를 분배하는 초안을 확정했는데, 그 수치는 그 뒤에 실시된 다른 조사보다 약간 적었다. 그는 공상貢上의 비용으로 중앙의 우고右庫와 사고四庫에 각각 10만 결과 3만 결을 할당하고, 관원들의 녹봉으로 좌고에 10만 결을 지급하며 조사朝士들에게 지급하기 위해 경기도에 10만 결을 배정하자고 제시했다. 이렇게 되면 지방 하급 관원의 녹봉과 사신使臣의 접대, 일상적인 국방비를 제외하더라도 군인과 역원驛院·사당·사찰 등에 줄 수 있는 토지는 전국적으로 17만 결만 남게 됐다. 이 분량은, 경기도 바깥에 있는 사람들에게 수조권을 주는 것은 말할 것도 없

고, 이런 요구들을 만족시키기에 충분치 않았다.[55]

　품계를 갖지 못한 상속자들은 물려받은 수조권을 대부분 포기하기로 되어 있었지만, 그들은 과전법이 실시되기 전에 그것을 존속시키려고 최선을 다했다. 그들의 수조권은 1390년(공양왕 2) 사전 문서를 소각함으로써 박탈됐다. 공양왕은 그들의 합법적인 요구에 부응하기 위해서 수조권 소유자의 후손이지만 관직을 갖지 못한 한량관閑良官들에게 각 지방에서 5결 또는 10결의 최소한의 군전軍田을 할양해주었다.[56] 그들은 이러한 최소한의 수조권을 받은 대가로 중앙에 배치된 군대에서 복무했다. 그 때문에, 이런 규정은 가장 높은 신분까지 일반적인 군역에 포함시켰다는 의미로 해석되기도 했지만, 전체적으로는 수조권자의 무능한 후손들에게 수입을 보장해주기 위해 계획된 측면이 컸다.

　또한 공양왕은 과전에 대한 수조권을 가졌는가에 상관없이 공신전과 별사전이라는 특별한 토지를 추가로 분급하고 후손들에게 상속을 허용해주었다.[57] 다음 세기의 국왕들은 여러 정치적 위기에서 자신들을 도운 사람들에게 말 그대로 정치적 보상으로서 이 두 가지 토지와 노비를 계속 지급했다.

　요컨대 1390~91년의 전제개혁은 모순적인 요소를 내포한 것이었다. 당시의 사전 문서를 불태운 것은 양반들의 이익을 희생시켜 국가가 세금을 거둘 수 있는 토지를 최대화하려는 조처였지만, 과전과 공신전이라는 상속 가능한 토지를 다시 만든 것은 양반들이 국가를 희생시켜 새로운 재원에 대한 통제권을 얻을 수 있는 기회를 제공했다. 조선이 시행한 이 제도는 경기도와 수도에만 수조지를 설정함으로써 처음부터 국가가 스스로를 보호했다는 점에서 고려 후기의 제도와 차이가 있었다. 조선 전기에 영토가 늘어났지만 과전은 경기도에만 설정됐으며, 경기도 전체가 관원이나 공신에게 수조지로 할당된 것도 아니었다. 일정 비율은 군사적 목적이나 관청을 위해 국가가 세금을 거둘 수 있는 토지로 유지됐다. 태종이 즉위(1401)한 직후 경기도의 면적 14만 9천3백 결 중에서 11만 5,340결에 수조권이 설정됐다(8만 4천1백 결은 관원을 위한 과전이었고, 3만 1천2백 결은 공신전이었다).**58**

상속할 수 있는 수조권을 관원들에게 준 이 제도는 그 뒤 조선 태조와 새 왕조의 주요한 성리학적 조력자인 정도전이 지지한 계획보다 훨씬 덜 급진적이고 과격했다. 주대의 정전제井田制에서 영감을 얻은 정도전은 전국의 모든 토지를 국유화해서 농민들에게 재분배하는 계획이 지주가 부를 독점해 소작인은 토지를 잃고 가난하게 되는 당시의 상황을 타개할 수 있는 가장 좋은 방법이라고 주장했다. 정도전은 과도한 토지 점유를 제한한 한漢의 한전제限田制나 당의 균전제도 모두 일시적인 제도라는 이유로 채택하지 않았다. 그는 당의 균전제조차도 불완전한 제도라고 거부했는데, 그것은 국가가 모든 사람들에게 토지를 분배해주는 고전적 방식이 아니라 양정 1명에게 1경(1백 묘)을 할양하고, 그 5분의 4는 받은 사람이 사망하면 재분배하기 위해 국가에 다시 반납하며口分田, 나머지 5분의 1은 영구히 소유하면서永業田 국가에 조세를 바치는 제도였기 때문이었다.

그는 고려 전기의 토지분급제도도 반대했다. 그것은 품관·현직 관원·한인閑人·공신·관원의 후손·외국의 귀화인 등에게는 세금 수입(조 또는 전조)을 거둘 수 있도록 허가했지만 일반 백성들에게는 토지를 분급하거나 보장해주지 않았기 때문이었다. 그들은 그저 경작하고, 그렇게 경작한 토지를 '소유'하도록 허락받았을 뿐이었다. 국가의 어떠한 통제도 받지 않은 채 대부분의 노동력을 소유하고 커다란 영향력을 갖고 있던 사람들은 토지를 거의 독점했다. 반면 그밖의 사람들은 토지를 빌려 소출의 절반을 지주에게 납부하고 그 이상을 운반비로 쓸 수밖에 없었다. 그 결과 가난한 사람들은 생계를 위해 상공업 같은 천업賤業에 종사하거나 유민이나 도적이 되도록 몰렸지만 "부유한 사람은 더욱 부유해졌다."

그러나 정도전은 자신의 계획이 채택될 가능성이 거의 없음을 깨닫고 고민했다. 그것은 국왕이 되기 전 모든 사람들에게 토지를 나누어주는 고대의 제도를 시행하려는 이성계의 구상에 반대하던 '구가세족舊家世族'들의 물질적 이해와 상충되기 때문이었다. 요컨대 농민 전체를 위한 계획은 마련하지 않고 왕실, 문무 관원과 관직을 갖지 못한 그들의 자제들(한량), 군인, 국가를 위해 여러 잡무를 수행하던 하급 서리 등에게 수조권을 주기 위해 제정된 1390~92년의 과전법은 주대의 완벽한 제도와 비교하면 취약한 타협이었다.[59]

더욱이 많은 한국 학자들은 이성계가 대지주인 지배세력의 권력을 깨뜨리려고 노력했던 중소 지주 세력에 의해 지원을 받았다고 주장하지만, 새로 개창된 조선왕조의 주요 관원들은 대부분 오랫동안 높은 신분을 유지하고 대규모의 토지와 노비를 소유한 가문 출신이었다.[60] 그들은 자기 가문의 재산을 빼앗길 수 있는 어떤 개혁도 추진하려고 하지 않았다.

경기도에서 수조지를 받은 사람은 '전주田主'라고 불렸으며 그 토지를 소작하는 농민은 '전객佃客'이라고 불렸다. 전객은 전주에게 일정한 조租를 바치는 것 외에도 불리한 조건을 감수했다. 조는 생산물의 10퍼센트로 제한됐지만 소작농은 땔감·숯·사료·운반 비용을 전주(수조지 소유자)와 전주에게서 직접 조를 걷는 대리인에게 내야 했다.[61]

이경식李景植을 비롯한 여러 학자들은 전객이 토지를 소유했지만 그들의 소유권은 아직 "성숙하지 않았으며" 완전히 '성숙한' 재산권을 갖기 위해서는 일정한 숙성과정을 거쳐야 했다는 측면을 보여주기 위해서 전객이 지고 있는 이러한 부담을 지적했다. 물론 경기도를 제외한 전국 대부분의 지주들은 수조지 소유자의 대리인이 아니라 지방 관원에게 조를 냈다. 1389년(공양왕 1) 이후 이런 지주들은 조세와 공납의 운반 비용을 의무적으로 국가에 냈지만, 그런 의무가 지주권을 제약하는 것으로 해석되지는 않았다.

그러나 경기도에 토지를 갖고 있는 농민들의 사유권私有權은 다른 방식으로 제한받았는데, 국가에서 토지의 판매와 임대를 모두 금지했기 때문이었다. 그전에도 계속 존속해왔음이 분명하지만, 소작은 결국 1415년(태종 15)에 허용됐으며 토지판매 금지는 1424년(세종 6)에 철회됐다.[62] 조선 정부는 매매를 통해서 농민들이 소유권을 잃는 것을 막기 위해서 대부분의 농민들이 적은 토지라도 갖도록 한 것이었다.

양도·판매·임대할 수 없는 토지소유권은 분명히 모순이었기 때문에 과전법 체제에서 설정된 사유의 본질은, 경기도처럼 수조지 소유자의 통제나 감독을 받지 않았던 외방의 민전을 소유한 농민의 경우에도, 불완전하거나 미성숙한 소유제도를 반영하는 것이라는 이경식 등의 견해는 설득력이 있다.[63]

### 국방과 군사 충원

조선의 국방에 적용할 수 있는 이상적 방안으로 정도전이 생각한 체제는 주대의 민병民兵제도에 기반한 것이었다. 일반 농민들을 군사로 동원하면, 평화시에 직업 군인을 유지하는 데 드는 비용과 전쟁이 일어날 때마다 대규모로 징발해야 하는 번거로움을 없앨 수 있는 이점이 있었다. 주대에 그랬듯이, 행정적 어려움도 최소화됐다. 평화시에는 중앙의 사도司徒가 최소 단위인 가호부터 최대 단위인 도道에 이르는 모든 행정조직을 관리했고 농민들은 농한기에 군사훈련을 받았지만, 전쟁이 일어나면 이러한 평화시의 행정조직들은 중앙의 사마司馬가 내리는 명령체계에 즉각 복속됐기 때문이었다.

주대 이후에는 어떤 군사체제도 이전처럼 완벽하지는 못했지만, 적어도 한의 남북군南北軍과 각 지방에서 의무 군사를 뽑아 수도 경비와 국경 방어·기병·수군 등으로 충원하는 당의 부병제府兵制는 필적할 만한 제도였다. 정도전은 수도 경비는 의무 군사를 번갈아 충원하는 방식番上京職을 채택해야 한다고 조언했다.[64]

조선 전기의 국왕들은 진정한 민병제도를 구축하지 못했고, 모든 농민은 물론 모든 군사들에게도 토지를 분급하지 않았기 때문에 주대의 민병제도를 재현하려는 생각이 없었다는 것은 확실하다. 그 대신 군역을 져야 하는 양정들을 번상 정병으로 편제해 교대로 복무시키고 납세자에게 군역을 지는 사람을 보조하도록 했다. 모든 사람이 군역을 진다는 허구는 관원의 친족들과 품관들을 주로 지배계층이 가는 부대에서 복무케 함으로써 유지됐다. 지방에서는 관찰사와 절도사부터 개별 진관에 이르는 조직체계가 해안과 북방, 그리고 내륙의 요충지에 설치됐다.[65]

이러한 조선 전기의 체제는 무엇보다도 대륙의 침략위협이 없었기 때문에 당시의 문제들을 해결하는 데는 부족하지 않았지만, 농민 군사들에게 토지를 주는 전면적 민병제도를 실시하려던 정도전의 궁극적 목표는 반영되지 않은 것이었다.


## ┃ 조세제도

조선왕조의 조세제도는 고려 후기의 커다란 문제였던 재정 위기를 해결했기 때문에 중앙 정부에는 하나의 주요한 돌파구가 됐다. 고려 전기 이후 공급되던 것보다 많은 재원이 국왕과 중앙 정부에 조달됨으로써 왕실, 관원들의 녹봉, 중앙과 지방 관청의 비용, 특히 왜구를 막는 데 필요한 국방비가 충족됐다.

반면 그 조세제도는 중국과 조선 모두 몇 세기 이전에 확립된 원칙들에 기초했기 때문에 상대적으로 뒤떨어진 조선의 농업경제 단계를 반영했다. 국가는 동전 · 은전 · 지폐를 사용하고 필요한 물품을 시장을 통해 구매하는 대신, 곡식으로 전세를 걷고 각 지방의 특산물을 공납으로 징수하며 양인과 대부분 사찰에서 몰수한 공노비의 노동력을 강제로 동원했다.

특히 아무런 보상도 없는 요역 징발은 백성을 가장 심각하게 침해하는 국가의 행위였다. 그것은 전세와 공물을 육로와 수로를 통해 지방에서 중앙의 여러 집하처로 운반하는 고된 일이었다. 게다가 어떤 물품은 생산도 해야 했다. 거기에는 국왕의 행차와 사냥, 본국과 외국의 사절 왕래, 관원의 임지 부임과 공무처리 등을 돕는 일도 포함되어 있었다. 많은 경우 이런 요구들은 갑자기 예고 없이 빈번하게 자의적으로 일어났기 때문에 일상적인 농촌 생활과 농업 생산을 방해했다.

조선 전기의 조세제도에서 농민에 대한 두 번째 수탈은, 고려 후기에 만연했던 현상인데, 수세과정에 행정 당국이 좀더 많이 개입하고, 행정력을 자의적으로 남용하며, 조세와 수수료와 뇌물 등을 부정하게 징수하는 것이었다. 이런 문제들은 왕조 개창 때부터 있었을 가능성이 있지만, 행정절차가 관행화되고 관원들의 도덕성이 손상된 15세기 중반까지는 심각해지지 않았다.

### 전세

1388년(창왕 1) 양전量田사업이 실시된 결과 북방의 두 도에서만 총 80만 결의 토지 중 62만 3천 결이 경작되고 있다는 사실이 밝혀졌다.[66] 1401년(태종 1) 경기도의 14만 9천3백 결 중 11만 5,340결이 수조지로 분급됐다.[67] 경작지를 넓혀 세금을 걷기 위해 양안量案에 등록하는 노력은 계속됐고, 1404년(태종 4) 무렵 경기도를 제외한 전국에서 92만

2,677결이 등록됨으로써 약 170만 결이 양안에 올랐다. 이것은 조선시대 전체에서 가장 높은 수치였던 『세종실록』「지리지」(1454년(단종 2) 편찬)에 기록된 161만 9,677결과 거의 비슷했다.[68]

전세 수입이 늘었다고 해서 재정 문제가 모두 풀린 것은 아니었다. 왕조 초기 매년 걷는 곡물수입은 40만 섬이었는데, 그중 4만 섬은 군량으로 쓰였다. 그러나 위급할 때 사용하기에 충분한 비축량을 모으는 데 문제가 있었다. 1403년(태종 3) 무렵 군량은 2만 섬밖에 되지 않았고, 1413년에는 중앙과 지방의 관청 창고에 35만 7천 섬밖에 없었는데, 그 것도 불필요한 관원을 삭감하고 녹봉과 사찰의 토지를 줄여서 확보한 것이었다.[69] 그러나 이런 문제점에도 불구하고 이 총량은 고려 후기 중앙 정부가 사용할 수 있는 재원보다 크게 늘어난 것이었다.

그럼에도 불구하고 두 가지 이유에서 전세는 국가의 주요한 조세 수입원이 아니었다. 유교규범은 도덕적 이유에서 세금의 규모를 제한했고, 공납과 요역은 세금 수입을 증가시켰기 때문이었다. 당시에는 공납과 요역의 공통 요소가 없었기 때문에 그 둘의 규모를 계산하기 어렵지만, 공납을 전세인 곡물로 내도록 전환된 17세기 후반 이후 상황은 좀더 분명해졌다.

## 공납과 요역

조선왕조가 개창됐을 때 농민 가호들은 국왕과 왕실에 바치는 진상進上, 중앙의 각 관청에 납부하는 공물貢物, 중국의 황제에게 가는 세폐歲幣라는 이름으로 그 지역의 특산물을 바치고, 수로나 육로를 통해 그것을 운반하며, 외국 사신들의 접대 비용을 제공하고, 각종 행렬의 호위와 장례·의례에 동원됐다. 게다가 지방의 관찰사와 수령들은 그들의 이름으로 국왕과 중앙에 공물 목록을 제출해야 했지만, 결국 농민들에게 물품 조달의 책임을 맡겼다.

조선 태조는 공부산정도감貢賦刪定都監을 설치했는데, 그 관서에서는 고려의 공안貢案을 검토해 백성들에게 부과된 공납을 줄이라고 조언했다.[70] 조선의 공납제도는 당의 제도를 본받았지만, 인구수에 따라 공납調을 거둔 방식은 따르지 않았다. 조선은 가호 단위로 공납을 거두었으며, 신공身貢은 외거노비外居奴婢가 선상노비選上奴婢를 보조하기 위해 납부하는 것이었다.

요역에는 공납으로 바칠 물건을 생산할 뿐만 아니라 그것을 수송하는 책임도 부과됐다. 선박 제조, 채광, 나무껍질·짚풀·숯·땔감 등의 채취, 사냥감 몰이 등도 요역에 포함됐다. 예컨대 1425년(세종 7)까지 함경도 화주和州·안변安邊·탄천炭川 등지에서 금을 채굴하는 요역은 1년에 8일 간 동원됐으며 1년 치의 다른 공납보다 10배의 가치가 있는 것으로 평가됐다. 1470년(성종 1)에 개정된 요역 법령에는 공물 제조나 수송, 중국에 대한 조공의 일부인 사신 접대 등의 임무가 포함됐다. 중앙에 바칠 얼음 저장藏氷, 채금採金, 건물 보수, 목장 건설, 석탄 채광, 짚풀 채취, 제철, 말 사육, 어로漁撈, 분묘墳墓 조성 등이었다. 특별한 임무에는 축성, 곡물 운반, 중국 사신을 가마에 태워 모시기, 목장 신축, 사신을 위해 장막 세우기, 양조釀造, 목재와 석재 운반, 제방과 수로 건설, 식물 채취, 석회石灰 제조 등이 포함됐다.[71]

일부 지방이나 전국의 가호에 공납이 부과되는 데는 어떤 일정이 없었다. 지역별 공납액은 각 지역의 면적에 따라 할당됐으며, 지방 관원들은 관할 지역에서 가호별 공납 부과액을 결정할 수 있는 권한을 가졌다. 왕조를 개창했을 때 태조는 농민들을 거주지역에서 떠나지 못하게 해 인구 변동이 없을 것이라고 가정했기 때문에, 지방 관원들이 매년 인구 변동에 따라 공안에 기재하는 공납 할당량을 조정하지 못하도록 했다. 태조의 예상과 달리 백성들은 계속 이주했고 사망했기 때문에 가호당 공납 부담은 한 지역이 다른 지역보다 훨씬 무거울 수 있었으며, 부담스러운 공납에 대한 농민들의 유일한 저항은 법률을 어기고 도망치는 것이었다. 아울러 한 지방의 공납 할당량은 그 지역의 면적에 따라 결정됐기 때문에 어떤 곳에서도 과다한 공납을 줄일 수는 없었다. 국왕들은 공납액을 줄이는 특별한 시혜를 베풀기도 했지만, 그것은 드문 일이었다.

요구한 것보다 공납이 더 많이 들어왔을 때 정부가 돌려보낼 방법도 없었지만, 정부는 추가적이거나 특별한 부담을 부과하거나 이듬해의 공납을 미리 내라고 요구하는 데 주저하지 않았다.[72] 지방 관원들은 경작 토지의 면적과 가족 규모를 합산해 가호별로 공납을 할당했다. 지주뿐만 아니라 소작 가호도 공납을 냈다. 소작은 1424년(세종 6)까지 금지됐지만 어떤 방식으로든 실행됐으며, 소작인은 수확의 절반을 내는 소작료 외에도 자신들에게 할당된 공납을 납부해야 했다.

조선 초기 공납을 부과한 소작 가호를 어떻게 산정했는지는 정확히 알 수 없지만, 요역 부과 방식과 비슷했을 것으로 추정된다. 1392년(태조 1)에 요역을 규정한 법률은 10명 이상의 양정이 있는 대가호大家戶 하나에서 남성 1명을 징발하거나, 5명 이상의 양정이 있는 중가호 두 곳마다 1명을 징발하거나, 4명 이하의 남성이 있는 가호 세 곳마다 1명을 징발한다고 되어 있다.

1401년(태종 1)에 요역은 경작지를 산정해 징발하는 것으로 규정이 바뀌어 3결마다 1명의 양정을 징발하게 됐다. 1431년(세종 13)에는 5결마다 1명을 동원하는 것으로 줄었으며, 1470년(성종 1)에는 8결마다 1명으로 확정됐다(더 많은 인원이 필요할 경우는 6결로 조정했다). 달리 말하면 한 가호의 가족수와 경작지의 규모(자기 소유이거나 소작이거나에 상관없이)를 적절히 혼합해 가호당 공납 세액을 산출하는 근거를 만든 것이다. 공납 세액을 부과하는 책임을 맡은 향리들은 농민들을 착취하는 기회로 삼았고, 지방 관원들은 관할 구역에 부과된 세액의 납부계획을 문서로 작성하지 않았다. 각 지방에서 생산되는 공물의 할당량을 정한 공안은 20~30년마다 바뀌었을 뿐이며, 그동안 해당 지역에서는 그 물품을 더이상 생산하지 않아도 같은 물품을 계속 납부해야 했다.[73] 앞서 언급했듯이 진상은 매달, 심지어는 매일 부과되기도 했기 때문에 가장 부담스러웠으며, 특히 경기도에 거주하는 농민들은 빈번하고 제한 없는 요구에 시달렸다.[74]


## ┃ 지폐와 동전의 유통 실패

### 조선시대 이전의 화폐 유통

16세기 중반 무렵 지폐는 물론 동전도 조선의 시장에서 사라졌는데, 이것은 교역 규모가 제한되고 경제가 곡물과 옷감이 주된 교환수단으로 사용되는 기초적인 농업생산 단계로 퇴보했음을 반영하는 현상이다. 이러한 변화는 화폐의 유통이 활발하게 이루어져 교역이 확대되고 경제가 활성화됐던 그 이전의 경제 상황에서 후퇴했음을 보여준다. 하지만 왕조 개창 당시 성리학적 경세론의 한 부분을 억지로 적용했기 때문에 이런 퇴보가 나타났던 것인가.

이것은 분명히 상업과 화폐 유통의 발전을 향해 나아가던 이전 시기의 경제정책을 계승한 결과가 아니었다. 철은 기원전 3세기 고조선에서도 교환수단으로 사용됐으며 기원후 처음 몇 세기 동안은 한반도 남부에서 계속 사용됐다. 금과 은은 동옥저東沃沮와 신라에서 부유층의 요구에 따라, 아마도 주화의 형태로 생각되는데, 교환수단으로 사용됐다. 기원전 14년(한漢 성제 3년)이라는 시기가 명시된 한대의 오수전五銖錢과 그 주형鑄型, 그리고 동전의 50배에 해당하는 고액전도 경상남도 김해와 제주도에서 발견됐다. 7세기 후반 신라가 삼국을 통일한 이후 당과 오랜 평화가 지속되면서 중국의 동전들은 신라에 유통됐다.

10세기 고려에서는 8세기 당의 동전을 모방한 화폐를 만들었으며, 그 세기가 끝날 무렵인 996년(성종 15) 성종은 화폐 발행을 지시했는데, 이 것은 한국사에서 처음으로 국가가 발행한 화폐였다. 국가에서 공인한 시전들이 수도 개성에 설치됐으며, 10세기부터 13세기 중반까지 중국의 송·요·금 및 일본과 활발한 교역이 이루어지면서 중국과 고려의 동전이 널리 유통됐다.

1097년(숙종 2)에는 통화 유통을 감독하기 위한 관원이 임명됐고 1100년(숙종 5)에는 주전도감鑄錢都監이 설치됐다. 그 직후에는 한반도의 모양을 본뜬 무게 1근의 은병銀甁이 대외무역에 사용되기 위해 만들어졌다. 그러나 함유된 은의 분량을 줄이거나 구리를 섞기도 하는 화폐 위조가 계속 일어났으며, 이 때문에 국가에서 발행한 은화는 시장에서 밀려났다. 숙종(재위 1096~1105) 이후 상업은 쇠퇴했으며 주요 교환수단이었던 화폐는 곡물과 옷감으로 대체됐다.[75]

상업과 무역은 13세기 몽골의 침입이 이어지면서 심각하게 위축됐지만, 1259년(원종 즉위) 이후 원의 지배가 성립된 이후 상업은 확대됐으며, 송의 회자會子와 원의 보초寶鈔 같은 중국의 화폐 10만 관貫이 고려에 수입되어 유통됐다. 은화는 13세기 후반과 14세기 전반에 주조됐지만, 구리와 섞는 위조가 계속 자행되면서 1392년에 시장에서 퇴출됐다.

그 결과 고려시대에는 마포麻布가 가장 주요한 화폐로 사용됐으며, 그 치수는 정현鄭玄이 『의례儀禮』의 주석에서 언급한 대로 80올을 단위로 하는 승升(새)으로 측정됐다. 『의례』에 따르면 예식에 사용하는 모자는 30승(2천4백 올)의 질 좋은 검은 옷감으로 만들고, 예복에 쓰이는 옷은 15승(1천2백 올)의 옷감으로 만들었다. 그러나 12세기에 주희는 이러한 숫자에 의문을 제기했는데, 당시는 20승이 되는 좋은 옷감을 충분히 생산하기 어려웠으며 15승만 되어도 최상급의 비단이었기 때문이었다.

그러나 18세기 조선의 학자인 이익은 통일신라시대에 30~40승의 좋은 옷감을 짤 수 있었고 실제로 그것을 당의 황제에게 공물로 바쳤으며, 『삼국사기』에도 진골 귀족 남녀를 위해 26승과 28승의 옷감을 생산했다는 기록이 있다고 지적했다. 그럼에도 불구하고 고려 후기에는 20승을 넘는 옷감은 생산되지 않았으며, 조선이 건국된 이후에는 12승의 세포細布가 명의 황제나 자국의 국왕에게 공물로 진상됐다.

화폐로 사용된 한 필은 승수가 좀더 적었으며 값도 덜 나갔다. 기준이 되는 정포正布는 5승이었는데, 처음에는 모시로 만들었지만 15세기 중반 무렵에는 거의 모두 면포로 대체됐다. 좀더 낮은 등급은 상포常布나 추포麤布라고 불렸는데 2~3승이었으며 정포의 반값 정도였다. 추포는 가장 쌌기 때문에 시장에서 점차 많이 사용되면서 일용품의 값을 올렸으며, 그레샴Gresham의 법칙에 따라 좀더 비싼 정포를 몰아냈다.

고려의 마지막 해인 1391년에 공양왕은 동전을 주조해 지폐와 함께 유통시키고 추포의 사용을 금지하자는 방세량方世良의 건의를 받아들였다. 통화를 맡은 관서인 자섬저화고資贍楮貨庫에서는 5승 정포 1필이나 면포 30분의 1필, 또는 쌀 한 말의 가치를 가진 지폐를 송·원대의 형태와 비슷하게 발행했지만, 지폐의 가치는 급격히 하락했으며(지폐 1장당 쌀 1되 또는 10분의 1말, 면포 1백 분의 1필) 아홉 달 뒤인 1392년에 지폐와 자섬저화고 모두 폐지됐다.

그럼에도 불구하고 송대 이후 중국의 화폐 유통 상황에 영향을 받은 중앙 정부의 관원들은 화폐 발행을 시작하고 후원했다. 정치적인 측면보다 경제적인 측면에서 조선 태조는 이러한 정책의 전환에 영향을 주었다. 당시 고려 정부의 핵심적인 군사 지휘관으로서 그는 고려의 재정 위기를 증가시킬 수 있는 어떤 화폐정책에도 반대했기 때문이었다.

요컨대 한국의 상업과 무역, 화폐 유통은 조선이 건국된 이후보다 신라와 고려시대에 더욱 발전했던 것이다. 이러한 앞시대의 발전은 명이 건국(1368)되기 전까지 융성했던 중국의 상업이 그 뒤 상업과 해외무역이 축소되고 농업에 좀더 집중됐기 때문에 나타난 결과였다.[76]

## 조선 전기의 정책

조선 전기의 경제정책에서 흥미로운 한 측면은 새 왕조에 협력한 성리학자들은 농업 생산에 기반한 자급적 경제에서 물물교환에 필요한 수준 이상으로 산업과 상업을 확대하는 것을 반대했지만, 여러 국왕들은 면포와 곡물보다 진보된 교환수단인 동전과 지폐를 유통시키려고 노력했으며 많은 대신들이 그것을 지지했다는 점이다. 유교적 경세론과 왕실의 정책이 일치하지 않은 가장 중요한 까닭은 일부 국왕들이 유교적 신념에 투철한 학자와 관원들보다 유교적 경제관념에 대해서 좀더 자유로운 생각을 갖고 있었기 때문이었다. 그들은 홍수와 가뭄이 일어나면 지폐와 동전을 발행하는 비교적 손쉬운 방법으로 세금 징수와 구휼을 촉진시킬 수 있으리라는 사실을 잘 알고 있었다.

인구의 대다수가 지폐와 동전을 그처럼 불신하던 시기에 정부는 화폐의 품질 하락과 위조, 통화의 급격한 팽창이나 위축을 막기 위해 화폐 공급을 통제함으로써 화폐의 가치를 보존하는 방안을 강구해야만 했다. 지폐의 가장 커다란 결점은 내재한 가치가 거의 없으며 사용하면서 쉽게 훼손된다는 것이었다. 광업기술이 퇴보하고 일본에서 수출하는 물량이 감소하면서 구리가 부족해진 것은 수요에 충분한 동전을 공급하는 데 주요한 장애물이었다. 이 때문에 동전의 가치는 높아졌고 통화 팽창보다는 통화 위축의 가능성이 높아졌지만, 동전의 신뢰는 떨어졌으며 동전의 가치는 그 안에 들어 있는 구리의 고유한 가치보다 낮아졌다. 이런 현상이 한번 일어나자 동전을 녹여 구리나 구리제품으로 만들었는데, 그것은 화폐보다 가치가 높았고 수입품의 가격을 지불하기 위해 해외로 수출될 수도 있었다.

조선 전기의 국왕들은 — 유명한 현군인 세종 같은 국왕도 — 지폐나 동전 사용을 늘리기 위해 강제와 처벌을 동원했지만 백성들을 고통스럽게 할 뿐이었다. 대부분의 국민들은 화폐의 가치가 급락해 심각한 재정적 손실을 입을 것이 두려웠거나, 당시의 상황에 따라 동전이 너무 비싸거나 쓸모없어서 보유하지 않았을 뿐이었다. 유통되는 화폐의 가치를 유지하기 위해서 강제적 조처를 동원한 것 또한 유교적 가치관에 위배되는 일이었다.

조선 전기의 화폐정책은 지폐를 도입하는 데 두 가지 실책을 저질렀다. 1401년(태종 1) 태종은 저화楮貨를 다시 도입하고, 그것의 유통을 촉진하기 위해 면포를 교환수단으로 쓰지 못하게 하자는 하륜河崙의 건의를 채택했다. 이듬해 태종은 지폐를 발행하기 위해 사섬서司贍署를 두었지만, 두 달 만에 화폐 가치가 폭락하자 그 계획을 포기했으며, 1년 뒤 사섬서를 혁파했다.

1410년(태종 10) 태종은 주기적인 재정 적자를 완화하기 위해 다시 지폐를 도입하려고 시도했지만, 이번에는 5승포와 추포를 교환수단으로 사용하지 못하게 했을 뿐만 아니라 5승포의 제조 자체를 금지하고 도성의 시전에서 그것을 근절시켰다. 그는 새 지폐의 가치를 포 한 필과 쌀 한 말에 맞추었으며, 과전법의 소작료를 곡물이나 면포로 내는 대신 지폐를 사용하라고 지시했다. 지폐는 관원 녹봉의 3분의 1, 중앙의 상인·장인과 지방의 보부상에게 매달 매기는 세금, 양인들이 포로 납부하는 공납, 어로·선박·다리에 매겨진 세금, 가호의 포세布稅, 장인들이 만든 물건의 가격, 그리고 때로는 신체적 처벌을 면하기 위한 속전贖錢으로 사용됐다. 그는 국영 창고나 시전에서 지폐로 쌀과 다른 일용품을 살 수 있게 하라고 지시했으며, 시장에서 면포를 사는 데도 지폐를 사용하도록 하명했다.

태종은 화폐 유통을 성공시키기 위해 나무랄 데 없는 결단과 노력을 보여주었지만 그의 방법은 성공하지 못했는데, 상인과 부유층·장인들이 포화布貨를 폐기하라는 명령을 무시하고 상거래에 그것을 계속 사용했으며, 정부의 간섭 없이 면포를 생산하기 위해 도시에 소재한 자신들의 상점을 떠나 지방으로 이주했기 때문이었다. 그러나 당시 불법으로 규정된 포화를 갖고 있던 일반 농민들은 어떻게 손쓸 수 없는 상태에 놓였다. 정부는 불법적으로 갖고 있는 면포를 색출하기 위해 집집마다 뒤졌지만 지폐에 대한 백성의 신뢰는 얻지 못한 채 정상적인 상업을 방해하는 효과만 가져왔다. 미야하라 도이치宮原兎一는 태종의 지폐정책은 그것을 위한 경제적 환경이 성숙하지 않았기 때문에 성공하지 못했다고 결론지었다.[77]

1415년(태종 15) 이후 태종은 동전을 주조하는 방안을 검토하기 시작했다. 1423년(세종 5) 지폐의 가치가 쌀 3분의 1되(1되는 10말) 정도로 떨어지고 가뭄이 경제적 어려움을 가중시키자, 세종은 조선통보의 주조를 승인하고 지폐 사용을 폐지했으며 시장에서 동전으로 물건을 사라고 신하들에게 지시했다.[78]

그러나 구리가 부족했기 때문에 동전을 유지하는 것은 지폐 유통만큼이나 어려웠다. 1424(세종 6)~25년에는 1만 7,107관의 동전만이 생산됐다. 왕명에 따라 각 도에서는 모두 10만 425근의 구리를 중앙으로 올려보냈으며, 매년 4만 8,060근의 구리를 생산할 수 있는 용광로가 사섬시司瞻寺에 설치됐다. 1426년에도 동전을 만들 구리가 부족하자 세종은 사찰의 종과 불상과 기타 집기를 녹였으며, 구리와 철제품의 사용을 금지시켰다.[79]

정부에서는 일본에서 수입하는 구리의 물량을 늘리려고 시도해서 약간 성과를 거두었다. 1419(세종 1)~28년(세종 10) 조선은 공무역을 통해 구리 1만 4,820근을 수입했을 뿐이었지만, 1428년에는 사무역에서 2만 8천 근을 추가로 수입해 모두 4만 2,820근이 됐는데, 같은 기간 일본에서 명으로 수출된 15만~30만 근과 비교하면 상당히 적은 분량이었다. 17세기 초반 도쿠가와德川 막부가 성립된 뒤에도 일본에서 구리를 수입하는 분량은 늘지 않아서 평균 1년에 2만 7천 근 정도였다. 분명히 이 시기의 어려움은 수입에 대가를 지불할 수 없는 한국의 경제적 능력 때문이었다. 그 결과 동전은 수도인 한성부에서만 유통됐고, 10만 명 정도 되는 해당 주민들의 요구에 맞추기 위해서는 몇천 관이 필요했지만 구리 공급은 그 수준에 거의 도달하지 못했다.[80]

구리의 부족에도 불구하고 1423년(세종 5)에 만들어진 동전의 가치는 1425년에는 원래의 3분의 1, 즉 쌀 1말에서 3분의 1되로 떨어졌으며 1429년(세종 11)에는 13분의 1되로 떨어졌다. 최호진崔虎鎭은 위조된 분량은 정확히 알 수 없어도 고려시대에 사용된 동전과 중국에서 유입된 동전이 새로운 동전과 같이 유통된 결과 화폐 공급이 너무 많아졌다고 추측했지만, 백성이 동전을 불신했던 탓이 좀더 좋은 설명이라고 생각한다.[81]

세종은 무당 · 상인 · 장인, 그리고 지불수단으로 사용할 수 있는 도성의 가옥 대지에도 세금을 부과하고, 공노비도 면포와 지폐 대신 동전으로 납공納貢하라고 하명했다. 1425년(세종 7)에는 11만 9,630명의 공노비가 있었는데, 성인 노는 매년 1백 문文의 신공을 냈으며 비는 50문을 냈으므로 총 895만 5,350문 또는 약 9천 관貫의 동전이었다. 당시에는 불행하게도 3천~4천 관만이 유통되어 다른 세금이나 상업 거래는 말할 것도 없고 노비들이 내야 했던 연공年貢보다 훨씬 적었다. 1427년 무렵에도 유통되던 동전의 총량은 약 1만 2천 관을 넘지 않는 것으로 추정됐다 — 이것은 공노비 · 장인 · 상인 · 소매상인 · 무당들이 동전으로 세금을 내기에는 충분치 않은 분량이었다. 동전의 부족 때문에 시장이 사실상 마비되자 1425년 세종은 면포와 그밖의 교환수단을 사용할 수 있도록 법령을 완화시켰다.

1426년(세종 8) 이것과 비슷하게 호조도 가격을 안정시키기 위한 개입정책을 통해 시장에서 동전의 가치를 높이려고 시도했지만, 상품을 사는 데 2만 관만 준비했기 때문에 실패했다. 마침내 가뭄 이후 오른 쌀값이 1427년 1월 동전 1문 당 7분의 1되에서 2년 뒤 13분의 1되로 강제로 낮춰지자 아무도 시장에서 동전을 사용하려고 하지 않았으며, 밀수업자들은 그것을 불법적으로 일본으로 수출했다. 정부는 그 대응으로 밀수업자들을 추방했지만 효과는 거의 없었다. 그 뒤 1431년(세종 13)에 풍작이 들어 쌀값이 급락하자 나라에서는 평균 가격을 안정시키는 정책을 사용해 동전의 가치를 통제하려는 시도를 포기했는데, 그 까닭은 정부가 평균 수준까지 값을 올릴 만큼 충분한 쌀을 살 수 있는 동전이 없었기 때문으로 생각된다.

1438년(세종 20) 세종은 구리가 해외로 몰래 유출되어 동전의 공급이 격감하고 쓸모없는 동전이 좀더 가치 있는 구리제품으로 개조된 결과, 유통되고 있는 동전은 처음 공급량의 10분의 1밖에 되지 않는다는 사실을 알았다. 이런 부족에도 불구하고 동전의 가치는 1439년(세종 21) 14분의 1되로 더 떨어졌으며, 국가는 동전을 모으기 위해 때때로 물품을 팔아 일시적으로 동전의 가치를 올리는 데는 성공했지만 8분의 1되 이상으로는 올라가지 않았다. 이종영李鍾英은 동전이 구리 본래의 가치 아래로 떨어진 이후 통화로서 실패했다고 결론지었다.[82]

### 일본과 중국에서 화폐의 효용성

일부 조선인들은 동전이 일본과 중국에서 갖고 있는 효용을 잘 알고 있었지만, 동전은 실패하고 말았다. 일본을 방문하는 동안 박단생朴端生은 쌀보다 돈이 더 많이 사용되고 있으며, 여행자들은 어디를 가든지 숙박하고 말을 빌리는 데 화폐로 값을 치를 수 있다는 사실을 알게 됐다. 식당·찻집·여관 그리고 널리 퍼진 공중목욕탕 모두 화폐로 지불할 수 있었으며, 소매업은 이런 상황에서 이익을 보았다. 시장의 상점들은 한국보다 나았는데, 상인들은 음식과 상품이 더러워지지 않게 하면서 가게의 처마 아래 나무로 만든 진열대에 전시했기 때문이었다. 1431년(세종 13) 세종은 비록 일본이 성리학의 예의와 격식을 배우지는 못했지만 화폐의 사용을 촉진시키는 방법은 알아냈다고 쓸쓸하게 언급하기도 했다. 1471년(성종 2) 신숙주申叔舟*도 일본에서 시장이 번성하고 다과茶菓 가게가 유행하며, 시장에 활기와 사람이 넘치고 물건값과 봉사료를 지불하는 데 쌀 대신 화폐를 사용한다고 칭송했다.

1433년(세종 15) 명을 방문한 신상申商은 조선에는 수도에만 상설시장이 있는데 중국에는 아주 작은 마을에도 활기찬 시장이 있는 것을 보고 놀랐다. 중국에서는 화폐가 널리 유통됐지만 조선에서는 그렇지 않았다. 그는 동전 사용을 촉진하기 위해 모든 지방 행정구역에 시장을 열어야 한다고 건의했다. 세종은, 그렇게 되면 쉽게 돈을 벌기 위해 농사를 버리고 시장으로 몰려드는 부랑자와 게으름뱅이가 급증할 것이라고 많은 사람들이 비판할 것이라는 사실을 알았지만, 동의했다. 세종은 경작지가 적은 조선에서 인구의 부담을 경감시키기 위해서는 유교의 보수적인 경제관을 거스르는 것이 정당하다고 생각했다.[83]

## 지폐와 동전을 다시 유통시키기 위한 세종의 시도

세종은 동전을 유통시키는 데 실패해 실망했을 테지만 어떤 형태의 화폐를 성공시키려는 결심을 버리지는 않았다. 그래서 1445년(세종 27) 세

---

* 원문에는 "Sin Sŏmju"로 되어 있지만(56쪽) 신숙주의 오기로 보인다.

종은 1402년(태종 2) 이후 세 번째로 지폐 사용을 다시 추진했으며 면포를 화폐로 사용하지 못하도록 계속 금지했다. 그는 새 지폐의 가치를 동전 50문이나 곡식 1말(동전 1문은 5분의 1되의 가치를 가졌다)로 매겼으며, 앞서 1426년(세종 8)에 발행했던 지폐는 40문에 해당한다고 법제화했다.

그는 면포 사용을 금지했지만, 시전에서 물건을 살 때 지폐나 동전 중에서 하나를 선택할 수 있도록 했다. 또한 그는 관원들의 녹봉 · 땔감 · 채소 · 조명용 기름 · 사무 비용 같은 행정 지출에 지폐를 사용하라고 각 관서에 지시했다. 또한 화폐를 안정적으로 공급하기 위해서 외국 물품을 사려고 동전이나 값비싼 보석을 불법으로 해외에 유출하는 상인에 대해서는 그 재산을 몰수할 것이라고 명시했다. 그러나 1447년(세종 29)에는 구리를 녹여 물건을 만들지 못하게 한 조처를 철회함으로써 이러한 엄격한 규제를 완화했다. 그는 백성들이 지폐와 동전을 선호하기를 바랐다.

일부 신하들은 지폐보다 동전이 좀더 성공할 것이라고 생각했지만, 즉시 퇴출된 것은 동전이었다. 왕명과는 반대로, 관원들은 백성들이 물품을 살 때 지폐를 사용하도록 독려하지 않았으며, 동전이나 심지어는 불법으로 규정된 면포로 징세했기 때문에 지폐도 유통에 어려움을 겪었다. 1450년(문종 즉위) 무렵 개인적 상거래에서 면포가 지폐보다 많이 사용되는 것이 확연해지자, 문종은 중앙 관서의 일부 지출을 면포로 사용할 수 있게 허가해 지폐의 가치를 높이는 것이 좋겠다고 전교했다.[84]

### 지폐와 동전의 퇴조

1455년 즉위한 세조는 백성들이 지불수단을 선택할 수 있도록 허용한 세종의 정책을 뒤집어 정부의 지출이나 개인적 거래에서 지폐 사용을 강요하고 면포나 다른 물품은 금지했다. 그러나 강압은 지폐에 대한 불신만 가중시켰으며, 이듬해 세조는 정책 실패를 인정하면서 명령을 철회하고 모든 수단 — 모시·면포·지폐 — 의 유통을 허용한 세종의 정책으로 되돌아갔다. 이로써 장인과 상인, 시전과 보부상에게 세금을 걷을 때만 지폐를 사용하도록 법률로 규정됐다.[85]

1474년(성종 5) 성종은 공노비의 신공도 면포로 걷게 했다. 1445년(세종 27) 이후 지폐의 분량과 가치가 모두 급락했기 때문에 1460년(세조 6) 편찬된『경국대전』「호전」에서는 지폐 한 장의 가격을 앞서 세종이 정했던 1되(10분의 1말)로 규정했다.『경국대전』은 지폐의 가치가 5승포와 3승 면포보다 낮아서 당시 통화 중 가장 가치가 낮다는 점도 밝혔다.

상오승포常五升布라고 불린 면포는 시장에서 마포麻布를 대체하기 시작했지만, 일반적으로 5승 마포는 2~3승의 추포나 보통의 마포보다 두 배 정도 비쌌기 때문에 용어에서 약간의 혼동을 일으켰다. 이제 5승 면포는 대개 추포라고 불렸으며 5승 마포의 절반 정도 가치를 지녔다. 면포의 가치를 파악하기가 어려워졌기 때문에, 값싼 추포는 5승 마포를 시장에서 몰아냈고 승수가 적고 값싼 면포도 생산됐다. 1460년(세조 6)에 반포된「호전」에서는 모든 포의 양끝에 조선통보朝鮮通寶의 직인을 찍게 해서 5승포와 3승포의 품질 차이를 조정하려고 시도했다.「호전」에서는 5승포와 3승포의 품질 차이를 언급하면서 그것이 마포와 면포인지 확실하게 밝히지 않았지만, 면포의 품질 차이를 말하는 것이 분명했다. 결국 면포는 한 필의 표준 길이가 35척(11.7미터)에서 30척(11미터)으로 짧아지면서 가치가 더욱 하락했으며, 이런 추세는 연산군(재위 1494~1506)대에 더욱 악화됐다.[86]

1469년에 즉위한 뒤 성종(재위 1469~94)은 시장거래, 형벌의 속전, 약품 구입의 절반, 공노비의 신공, 장인·상인·시전에 매기는 인두세에서 지폐 사용을 의무화함으로써 지폐를 부활시키려고 시도했지만, 1472년(성종 3) 35만 명까지 늘어난 공노비에게 곡물로 신공을 내도록 함으로써 실질적으로 패배를 인정했다 — 공노비의 신공은 정부가 지폐 사용을 유도할 수 있는 가장 중요한 유인책 중 하나였다.

지폐의 가치는 계속 떨어졌다. 1470년(성종 1) 지폐 한 장의 가치는 정포 40분의 1필과 상포 20분의 1필로 떨어졌으며, 1460년(세조 6) 쌀 1되에서 1473년(성종 4) 말에는 30분의 1되로 하락했다. 화폐의 가치 하락은 국고 고갈을 의미했기 때문에 정부는 심각한 재정 손실을 겪었다.

1474년(성종 5) 성종은 정부가 보유한 지폐를 모두 없애는 대신 지폐 유통을 다시 한번 추진했다. 1475년부터 1480년까지 그는 그동안 너무 커서 다루기 불편했던 지폐를 좀더 작게 만들었는데, 유통되는 지폐의 분량을 줄여 그 가치를 높이려는 의도였지만 호응을 얻지는 못했으며, 정부 관원들도 창고에 쌓아놓은 채 사용하지 않았다.[87] 당시의 정부는 백성들이 받기를 거부한 옛 지폐 372만 2,903장을 보유했으며 새 지폐는 10만 1,078장밖에 없었는데, 지폐의 효용에 대한 믿음을 완전히 잃은 성종은 새로 지폐를 찍으려고 하지 않았다.[88]

1515년(중종 10) 지폐를 사용하려고 했다가 다시 한번 실패한 중종은 1522년(중종 17) 무렵 지폐가 완전히 사라졌다는 사실을 인정했다. 동전인 조선통보는 15세기 내내 주조됐고 1515년 이후에는 상평통보가 새로 만들어져 그것을 대체했지만, 유통되는 데는 역시 실패했다. 면포와 곡물은 최고의 교환수단으로 계속 자리를 지켰지만, 16세기 초반부터 면포의 품질도 떨어지기 시작했다. 1515년 무렵 통화로 사용되던 추포 중 일부는 실로 재활용하기 위해 풀어야 하는 3승포보다 품질이 낮아졌다.[89]

### 화폐 유통의 실패 : 경제정책의 종합적 양상

15세기의 화폐사는 조선왕조가 개창된 이후 적용된 성리학적 경세론의 규정 때문에 지폐와 동전이 안정적인 교환수단으로 사용되는 데 실패한 것은 아니었음을 보여주는데, 여러 국왕과 많은 대신들은 강제적인 법령을 동원하면서까지 화폐의 유통을 촉진시키려고 시도했기 때문이었다. 정부 관원들은 합법적인 지불수단인 동전과 지폐를 받지 않았기 때문에 화폐의 유통은 실패했다. 그들의 행동은 어떤 이념적 의무에서 촉발된 것이 아니라 앞으로 그 가치가 어떻게 될지 모르는 어떤 교환수단도 받기를 꺼린 결과였다.

20세기의 학자들은 대중의 무관심과 백성·상인 모두 지폐와 동전을 가치 있는 교환수단으로 믿고 거래에 사용하는 데 주저한 것이 실패의 궁극적인 원인이라고 지적했다. 그러나 근본적인 문제는 통화정책이 전반적인 경제정책과 괴리됐다는 데 있었다. 상업 활동과 동전·지폐의 사용은 좀더 확대될 수 있었지만 정부의 규제정책으로 제어됐으며, 조선 전기의 국왕들은 누구도 산업과 상업을 활성화시킬 계획을 갖고 있지 않았다. 이러한 상황에서 지폐와 동전의 도입이 성공하리라고 예상하는 것은 비현실적이며, 16세기 초반 면포와 곡식을 교환수단으로 다시 사용하게 된 것은 전체적인 경제정책의 보수성을 상징적으로 보여주는 사실이었다. 국왕들은 산업과 상업은 부도덕할 뿐만 아니라 경제적이지도 않다는 유교의 생각에 말로만 찬성해도 됐지만, 개인적 산업·상업 활동을 제한함으로써 소모품과 사치품 대신 식량과 생필품 생산을 극대화시켜야 한다는 유교의 지배적 태도에 굴복한 결과 규제적인 경제정책을 입안했다.


## ┃ 결론

조선 전기 제도들의 기본 구조는 15세기 전반에 형성됐지만 격동하는 왕조 교체기의 급진적인 성리학자들의 생각과 완전히 부합되지는 않았다. 불교계의 토지와 노비를 몰수하고 고려의 일부 양반과 향리들의 정치적 · 경제적 자치를 약화시키며, 군사적 · 경제적으로 왕권과 국가 관료제를 강화하고 관리 등용의 주요 수단으로 과거를 시행하며, 성리학의 경전들을 교육과 과거의 기본 과목으로 확립하려는 성리학자들의 열망은 이루어졌다. 국가에서 공인한 장인들만 수공업에 종사케 함으로써 산업 대신 농업 생산에 집중하려는 구상을 달성했다. 국가가 공인한 시전을 도성에 설치하고 지방에서는 정기적인 시장과 보부상만 허용한 결과 상업도 계속 규제됐다. 여러 국왕들은 동전과 지폐를 도입해 지나치게 보수적인 통화체제를 벗어나려고 노력했지만, 그런 정책은 궁극적으로 실패했다. 그러나 대부분의 보수적 성리학자들은 그런 최종적 결과를 환영했다.

조선 전기의 구조적 문제는 두 가지 이유에서 발생했다. 이상적 개혁 계획을 간과 또는 무시했거나 정치적으로 반대했기 때문에 고려 후기의 핵심적 문제들 중 일부를 푸는 데 실패했으며, 변화하는 상황에 따라 일부 제도가 퇴보했기 때문이었다. 정치적 정황상 좀더 급진적인 성리학적 계획을 선택하기는 어려웠기 때문에 양반들이 권력과 토지소유권을 계속 장악했으며, 이것은 고려 후기부터 계속된 주요한 장애물이었다. 토지소유권은 조선 건국 1년 전에 시행된 과전법을 통해서 계속 유지됐다. 개혁자들이 그 폐지를 전혀 고려하지 않았기 때문에 세습적 노비제도는 그 사정이 약간 달랐다. 국왕과 신하들의 권력 오용, 파벌의 등장, 박봉에 시달리는 이서들의 부정, 공립학교의 붕괴와 과거제도의 결함, 그리고 조세제도, 특히 공납 · 군역 · 요역제도의 변칙 등은 건강한 제도들이 쇠퇴하고 있다는 징후였다.

# 제2장
# 조선 전기 체제의 해체(1392~1592)

　왕조 개창 당시 성립됐던 관리체제는, 모든 부분에서 같은 정도로는 아니었지만, 그 성립 직후부터 무너지기 시작했다. 이 장에서는 정치제도, 지주제와 소작제의 발전, 공납제도의 변천과 그것이 상업 발전에 준 영향, 국방력의 쇠퇴와 임진왜란(1592~98) 이후 전개된 재건 노력 등 정부의 네 가지 주요 부문을 다룰 것이다.

　임진왜란이 일어날 무렵 조선의 정치 지도자들은 개혁이 필요한 심각한 위기에 직면해 있다는 것을 깨달았지만, 각 사안에 대한 그들의 대응은, 어떤 지시를 받은 것은 아니었지만, 당시의 상황에 의해 제약받았다. 그들은 왕조가 개창되던 시점, 또는 왕조의 설립자들이 이루는 데 실패했던 유교적 전통의 먼 이상으로 시계를 돌리는 것이 가능하거나 바람직한지, 또는 시대의 흐름을 따라 새로운 미래를 창조하는 데 초점을 맞춘 새롭고 더욱 진보적인 체제를 창조해야 할 것인지를 결정해야 했다.

## | 정치적 문제들

  왕조 개창과 함께 국왕의 권력은 강화됐지만, 초기의 국왕들은 그런 권력을 현명하고 제한적으로 사용하지 못했다. 국왕과 신하들의 철학적 지침으로서 성리학이 부상했지만, 개인적 야망을 이루기 위해 전통과 규범을 위반하면서 조선의 왕정은 세계사의 다른 왕정체제를 휩쓴 동일한 질병의 고통을 겪었다. 유교는 국왕에 대한 충성을 매우 강조했고 군사력은 국왕에게 집중됐다. 그 결과 유교사상은 부도덕한 국왕을 폐위시킬 수 있다는 도덕적 근거를 제공하기는 했지만, 국왕의 통치에 도전하는 신하는 거의 없었다.

  그럼에도 불구하고, 한때는 정당하고 다른 때는 그렇지 않았지만, 폐위는 일어났다. 그것은 도덕적 분노의 소산이기도 했지만 정치가들의 살아남으려는 필사적인 행동이기도 했다. 유교의 전통적 왕정에는 부도덕하거나 무능한 국왕을 정치적 위기 없이 교체할 수 있는 정규적이고 평화적이며 손쉬운 방법이 없었다. 거기에는 유혈사태와 보복, 그리고 정치적 충성에 심각한 상처가 자주 수반됐다. 국왕의 무능력은 분명히 독재나 부도덕보다 더 큰 문제였는데, 국왕이 매일 내리는 전교를 시행해 백성들이 큰 피해를 입을지라도, 또는 그런 행위 자체가 아예 없더라도, 그것은 국왕을 교체해야 할 충분한 조건이 되지 않았기 때문이다. 그 결과 유교적 경세론을 깊이 공부한 학자들은 자신들이 현실적인 대안밖에는 상정할 수 없다는 사실을 받아들였으며, 간언을 듣지 않는 국왕을 비도덕적인 길에서 벗어나도록 설득하고 그에게 문제를 해결하는 데 더 좋은 제도를 받아들일 수 있도록 조언하려는 열망을 키웠다.

## 찬탈과 폐위

1398년과 1400년 정상적인 왕위계승의 질서를 뒤흔든 태종은 정치적 간섭과 조종이라는 불행한 전통을 만들었으며, 그것은 1455년 세조가 적법한 국왕이었던 조카 단종을 폐위시키는 행동으로 이어졌다. 세조는 의정부議政府와 정승들을 거치지 않고 육조에 직접 지시를 내리는 독재적 명령체계를 만들었다. 세조의 찬탈이 불러온 증오는 그 뒤 반세기 동안 정치적 분위기를 불편하게 만들었으며, 왕통을 잇는 데 어떤 불법적인 기미가 있을지 모른다는 불안감을 후계자들에게 심어주었다. 세기가 바뀌는 시점에서 즉위한 연산군은 이런 문제에 편집증적으로 대응했으며, 유교에 충실한 신하들의 간언을 무시했을 뿐만 아니라 극도로 가벼운 자신의 변덕을 맞추지 못하는 신하들을 유배 보내거나 처형했다. 자신의 왕명에 전적으로 복종할 것을 강요한 그의 행동은 용납할 수 있는 한도를 넘었으며, 자신이 일으킨 커다란 사화士禍에서 살아남은 사람들이 일으킨 쿠데타로 폐위됐다.

불행하게도, 그가 폐위된 뒤 날카로운 정치적 통찰력을 인정받은 총신들은 정치적으로 연합했으며, 유교적 엽관제도의 수혜자인 공신들에게는 특별한 관직 임명과 보상 등 후한 대접이 뒤따랐다. 16세기 중반 왕실의 단결은 왕위계승자의 지명을 놓고 대립한 파평 윤씨 가문의 구성원들에 의해 다시 한번 깨졌다. 대립한 사람들은 사촌 간으로 중종의 두 왕비(첫 왕비인 장경왕후章敬王后와 계비인 문정왕후文定王后)의 형제들이자 그녀들이 낳은 대군의 숙부들이었다. 1545년 문정왕후의 아들이 명종으로 즉위하자 이른바 소윤小尹이라고 불린 그의 지지자들은 그 기회를 이용해 대윤 일파를 유배 보내고 처형했다. 국왕이 어렸고 대비인 문정왕후가 수렴청정垂簾聽政을 했기 때문에 가능한 일이었다.[1] 즉 한 양반가문은 왕위계승에 정치적 폭풍을 몰고 왔으며, 그들의 내부적 갈등은 상대방의 처형으로만 풀 수 있었다 — 이것은 성리학에 기초해 왕조를 건국한 사람들이 마음에 가졌던 정규적인 왕위계승 방식과는 전혀 다른 것이었다.

## 1575년 이후 지속된 당쟁

이런 정치적 충돌은 다음 세대에 더욱 커다란 악영향을 끼쳤다. 이조의 핵심 관직인 정랑正郎의 임명을 둘러싼 경쟁은 동인東人과 서인西人의 분당分黨을 가져왔는데, 그 명칭은 각 당파의 핵심 인물이 살고 있는 서울의 지역에서 따온 것이다. 그동안도 관원들은 혈연 · 혼인 · 학연 · 사제관계에 따라 개인적인 친분을 형성해왔지만, 그런 분할은 각 집단의 명칭과 신념은 물론 그 관계를 영속적으로 만들지는 않았다. 그러나 그런 상황은 1575년(선조 8) 이후 급변했다. 동인과 서인 그리고 거기서 흘러나와 그 내부에서 발생한 몇 차례의 분열은 왕조가 끝날 때까지 지속된 뿌리깊은 당쟁을 예고했기 때문이다.

많은 신하들은 당쟁 그 자체는 유교의 도덕적 죄악과 같은 것이라고 생각했는데, 신하들은 모두 국왕에게 최고의 충성을 바쳐야 하므로 어떤 집단을 조직하는 것은 당파와 그 구성원들의 이익을 국왕의 이익보다 높인다는 의미였기 때문이다. 당쟁을 처음으로 옹호한 사람은 송대의 구양수歐陽修였다. 그는 국왕의 진정한 이해를 위해 일하고 국왕의 뜻을 가로막으려는 나쁜 당파에 대한 투쟁을 전개해 공익을 실천하는 당파는 참으로 합법적이라고 말했다.[2]

'나쁜' 당파와 반대되는 '좋은' 당파는 합법적이라는 도덕적 정당화는 각 당파의 구성원들이 자신들은 옳은 권력을 대변한다고 인식하면서 좀더 노골화됐으며, 모든 당파는 국왕의 도움을 받아 정치권력을 안정적이고 배타적으로 소유하면서 정적들을 제거하려는 의도를 행동으로 옮겼다.

선조는 동인과 서인의 갈등에서 비롯된 혼란에 당황했지만, 그것을 멈추는 데 실패했을 뿐만 아니라 거의 변덕에 가까운 태도로 한 당파에서 다른 당파로 지원을 변경함으로써 당쟁의 영속화를 부추겼다. 그 결과 그는 뿌리깊은 당쟁이 왕위계승과 연관되어가는 문제를 뒷세대에 물려주었다. 광해군은 대북大北세력의 지원을 받아 즉위했다. 대북은 국왕의 지위를 배경으로 반대 당파인 서인들을 제거했지만, 1623년 광해군을 폐위시키고 인조를 추대한 서인들의 반정으로 실각했다. 비교적 조용한 휴지기休止期를 보낸 뒤 당쟁은 1659년(현종 즉위) 표면적으로는 붕어한 효종(재위 1649~59)에 대한 장례의식을 둘러싼 논쟁으로 다시 나타났다.

당쟁이 지속된 어려운 시기를 살았던 유형원은 자신의 불운을 국왕에게 돌리거나 논쟁을 제기하는 것이 정치적으로나 도덕적으로 불가능하다는 것을 깨달았는데, 그런 행동은 당시의 국왕에게 우호적인 당파를 비판하는 행동으로 비칠 수 있었기 때문이었다. 유형원은 당쟁이 국가의 고질병이라는 사실을 인정할 수밖에 없었지만 그 문제를 전혀 거론하지 않았는데, 북인의 후손이어서 처형될 수도 있었기 때문이었다. 그는 그것을 초월해 좀더 근본적인 문제를 검토함으로써 해결책을 찾으려 했다고 생각된다. 거기에는 인재의 선발방식을 수정하고 전제적이며 자의적인 결정을 규제할 수 있도록 중앙 관제를 바꾸는 것이 포함되어 있다. 일부 경세학자들이 당쟁으로 불거진 문제들에 대해 안심하고 논의할 수 있다고 느끼게 된 것은 18세기 이후였다.

## | 지주제의 성장

### 수조권 운영의 변화

앞서 보았듯이 과전법의 전제개혁은 국왕이 품관들에게 수조권을 지급한 제도였기 때문에 정도전 같은 이상적 성리학자들이 구상했던 수준에 훨씬 미치지 못했다. 과전법은 15세기의 거의 대부분에 걸쳐 수조권을 가진 양반들과 국가가 세수稅收의 관리를 놓고 갈등하면서 쇠퇴해 갔다. 그 최종적 결과는 국왕과 중앙 정부가 완승을 거두고 양반들이 수조권을 잃었다는 것이었다.

태조는 왕조를 개창하면서 수조지 소작자들로부터 조세와 수수료 등을 징수하고 자연재해로 수확에 손실을 입은 경우 감세받을 수 있는 권리를 수조권 소유자들에게 주었다. 중앙 정부는 수조권 소유자들에게 세금이 흘러들어가고 그들이 농민 소작인들을 착취하는 현상에 분노했다. 15세기가 시작된 뒤 태종은 일부 수조권 소유자들의 수세권을 국가로 귀속시켰으며, 경기도 농민들의 일부 부담을 감면해주었다. 1417년 (태종 17) 태종은 수조권을 지방 관원에게 이양하고, 수확의 손실량을 평가하려는 목적에서 경차관敬差官을 파견했으며, 수도를 둘러싼 지역을 좀더 잘 통제하기 위해 경기도의 수조지 3분의 1을 하삼도로 옮겼다. 하삼도로 이관된 토지는 1431년(세종 13) 다시 경기도로 반환됐다.[3]

하지만 그동안 경기도에 수조지를 계속 갖고 있어서 이제 그것을 사유재산으로 생각하기 시작한 전주田主들은 조租를 직접 거둘 수 있는 권한을 다시 갖기 위해 세종대부터 15세기 중반까지 투쟁했다.[4] 반면 수조권을 받아야 하는 후보자가 늘어났음에도 불구하고 국왕은 수조지로 주기 위한 토지를 늘리는 데 반대하면서 새로운 지망자에게 자의적이고 때로는 불공평한 결정에 따라 수조지를 분급했으며, 일부 수조지는 국방비에 충당함으로써 수조지의 면적을 줄였다. 1440년(세종 22) 세종은 개인에게 지급되던 수조지의 면적을 8만 4천1백 결에서 6만 8천 결로 감축했다.[5]

정부는 황무지나 미개척지를 수조지로 신청한 사람들에게도 수조권을 허용했는데, 이것은 개척에 드는 비용을 그들에게 감당시킴으로써 수조지를 규제하려는 의도였다. 그러나 수조지의 일부로 황무지를 개척한 사람들은 거기에 자신의 돈을 투자했기 때문에 자신이 조세를 거둘 수 있을 뿐만 아니라 그 토지의 소유자라고 생각했다.[6]

1443년(세종 25) 세종은 국가의 세수를 늘리고 소규모 자작농의 이익을 보호하기 위해 전국적으로 공평하고 일정한 과세 방법을 확정한 공법貢法을 도입했다. 토지의 비옥도와 기후 변화에 기초해 등급을 매기는 이 복잡한 제도는 가장 비옥한 토지에 부과하는 세금을 증가시키고 총세수액을 거의 두 배 가량 늘렸다. 그러나 과전은 경기도에 국한됐고 경기도는 남부지방보다 척박하고 세율도 낮았기 때문에 경기도에 과전을 갖고 있던 사람들은 세액 증가의 영향을 받지 않았다. 1443년 이전 전국의 토지는 비옥도에 따라 1결당 최고 20말에서 최하 4말의 등급이 매겨졌지만, 1634년(인조 12)에 실시한 양전사업에서는 상등전으로 분류된 토지가 거의 없었고 거의 대부분은 1결당 4말에 해당하는 최하 등급의 세액이 부과됐다. 이것은 남부 해안지역의 상등전을 가진 사람들에게 이로운 제도였다.[7]

### 직전법의 도입

1455년에 즉위한 세조는 자신을 정치적으로 도운 공신들과 신하들에게 좀더 많은 수조지를 주어야 했지만 세수 문제에 부딪히자 1466년(세조 12) 수조지로 분급한 과전을 모두 혁파하기로 결정했다. 새로운 직전법職田法에서 수조지는 현직 관원에게만 주어졌다. 세조는 상속된 수조지의 총량을 파악하기 위해 다시 전국적인 양전사업을 실시해 관원 대부분의 평균 수조지 할당량을 줄였다. 1470년(성종 1)에는 모든 수세의 책임을 지방 관원에게 맡겼고, 현직 관원들은 곡물로 녹봉을 받았다.[8]

세조대의 일부 중신들은 세습적 양반들의 주장을 지지했다. 양성지는 세조의 정책이 세록世祿과 세신世臣을 유지시키는 오랜 원칙을 위배했다고 비판했다. 수조지에서 나오는 수입이 없다면 그들과 일반 농민 사이의 구별이 사라질 것이며 그들의 미망인과 자식들은 빈곤에 빠질 것이라는 논리였다. 이극기李克基와 구치곤丘致崐 또한 세습적 수조지는 덕행을 장려하고 행동의 도덕적 기준을 높이는 자극이 되며 의례와 정의를 존중하는 태도를 심어줄 것이라고 주장했다.

반면 1470년대에 걸쳐 정인지鄭麟趾·최항崔恒·신숙주·한명회韓明澮 같은 많은 핵심적 신하들은 세습적 수조지를 복구하는 데 반대했다. 그 문제와 관련해서 자신의 토지와 재산을 갖고 있던 15세기 후반의 고위 관원들은 수조지를 잃는 것에 신경 쓰지 않았지만, 이전에 성공적인 경력을 쌓지 못했던 관원의 후손들은 수조지를 잃게 되자 당황했다.[9] 수조지를 가진 관원은 더이상 전세를 걷지 못했지만 1478년(성종 9)까지는 초가草價를 징수하도록 허용됐다. 그러나 1475년(성종 6) 성종은 초가를 이전의 5분의 1로 줄였으며, 1491년(성종 22)에는 지방 관원들에게 사사전寺社田의 조를 직접 걷으라고 지시했다.[10]

1484년(성종 15) 무렵 모든 형태의 수조지의 총량은 과전과 공신전을 합해 11만 5,340결이었던 1400년(정종 2)이나 경기도의 약 15만 결 중 6만 8천 결이었던 세종대(1418~50)의 규모에서 1만 결 정도로 떨어졌다. 1484년 이후에는 경기도의 15분의 1만이 수조지로 사용됐기 때문에 거의 모든 토지는 지방 관원이나 중앙 정부의 창고에 세금을 내야 하는 사유재산으로 전환됐다.[11]

## 수조지의 소멸

정부가 세수를 늘리기 위해 박차를 가하던 15세기의 마지막 25년 동안 성종은 수조지의 규모를 줄이고 걷은 조의 절반 이상을 국가에 내도록 했으며, 중종·명종대부터 16세기 중반까지도 비슷한 정책이 채택됐다.[12] 1525년(중종 20) 호조는 토지의 비옥도에 대한 평가가 1443년(세종 25) 이후 계속 떨어져 세 가지 유형의 수조지 — 직전·공신전·별사전 — 에서 곡물로 걷는 세금은 1년에 3천~4천 섬 정도밖에 수령인에게 줄 수 없으므로, 정부는 이런 모든 수조지를 혁파하고 수조지 소유자들에게 곡물을 나눠주는 것이 좀더 나을 것이라고 지적했다.

직전에 대한 언급은 16세기 중반 공식기록에서 사라졌는데, 1555(명종 10)~56년 계속된 흉작으로 식량 위기를 논의하면서 모든 직전은 그 이전 어느 때인가 국가에서 몰수했다고 언급됐다. 아무튼 수조지에서 걷는 조세는 너무 적었기 때문에 고위 관원의 수입에서는 무시할 만한 부분이 됐다. 대지주들은 1결당 4말을 징수하는 조세(이중 1결당 2말은 수조권자가 세稅로 국가에 바쳐야 했다)에서는 3천~4천 섬밖에 걷지 못했지만 소작지에서는 약 1만 섬을 걷었다.[13] 이것은 왕조 개창 이후 국가와 지주가 토지와 조세의 관리를 놓고 벌여온 진정한 경쟁은 수조지에 대한 논쟁이 사라지면서 더욱 명확해졌다는 의미였다.

## 지주제·소작제·고용노동 그리고 궁핍화

한국의 많은 학자들은 과전법의 소멸을 한국사에서 불완전하거나 봉건적인 소유관계에서 완전하거나 성숙한 소유관계로 이행한 것으로 해석했다. 이 이론은 지주와 소작인 사이의 계급투쟁은 과전법이 붕괴되면서 시작됐다는 결론을 제출했지만, 이런 견해는 일정한 수정이 필요하다. 사유권은 10~12세기에 시행된 고려 전기의 전시과에서는 물론 1389~91년에 성립된 과전법 아래서도 이미 토지 보유의 기본이었다. 과전과 그밖의 수조지를 세습하는 것은 경기도의 사전 3분의 2에만 해당됐으며, 1424년(세종 6)에는 토지 매매가 법적으로 금지됐다. 토지 매매를 금지한 기원은 많이 알려지지 않았지만, 그것이 토지의 국유화와 재분배나 사유권의 부정과 관련된 조처라는 것은 증명하기 어렵다. 그것은 소규모의 자작농을 안정시켜 수조지 수급자들의 안정적인 수입을 보장하기 위해 고안됐을 가능성이 크다. 금지에도 불구하고 토지는 매매됐으며, 1424년 이후에는 토지 재산을 양도하는 데 아무런 법률적 제재가 없었다. 소유권의 성숙보다 좀더 중요한 측면은, 어쨌든 대부분의 토지가 사적으로 소유됐기 때문에, 국가에 대한 봉사를 마친 지배계층을 위해 '추가의' 세습적 수입을 제공하려는 어떤 노력도 국가가 포기했다는 사실이었다. 그들은 이미 자신들의 사유지에서 소작인과 노비로부터 지대를 걷고 있었기 때문에 그 수입은 '추가적'인 것이었다.

나아가 지주제가 더욱 '성숙'해졌다는 평가도 의심스러운데, 소유권의 주요한 문제점은 사유권을 보장하는 데 불충분하다는 것이었기 때문이다. 국왕들은 토지 수용권收用權에 의거해 토지를 사들이더라도 소유주에게 보상할 의무가 있었고 재산을 침해당한 소유주들은 자신의 재산을 지키기 위해 소유권을 증명하는 증서와 공식적인 전적田籍을 지방 관청에 제출해 소송을 제기할 수 있었지만, 법정과 법률은 사실상 관원이나 지방의 유력한 양반의 영향에서 독립되어 운영되지 않았다. 소작인은 권력을 가진 개인이나 부정한 관원에게서 불법적으로 재산을 침해당할 경우 민사소송을 시작할 수 있었지만, 그런 일은 드물었다. 지방 관원이나 그의 향리·사령使令들과 얽히는 것은 대체로 고통만을 뜻했으며, 지방 관원은 소송의 상대편에게서 영향을 받기 쉬웠기 때문이다. 소유권 보호와 관련된 이런 법률체계는 고려 전기 이후 바뀌지

않은 채 남아 있었다고 생각된다.[14]

15세기 후반 두드러진 현상은 소수의 대지주가 축적한 농장, 소작제와 지주-소작인의 관계, 빈부 격차, 새로 개간된 토지를 등록하고 세금을 부과하는 데 국가가 실패했다는 내용들이 사료에 많이 나온다는 사실이다. 이런 현상들이 규모와 분량 모두 증가하고 있었다는 추정은 통계 자료의 부족으로 증명되지는 않았지만, 그런 사료가 많아졌다는 증거는 지주권의 집중, 소작제의 증가, 농민들의 궁핍화가 16세기에 일어나고 있었음을 암시한다.

이런 부정적 경향들은 토지의 개간과 관개灌漑·이식移植을 통한 생산증대 같은 긍정적 발전과 함께 나타났다. 16세기 중반 개간되지는 않았지만 경작할 수 있는 남부지방의 거의 모든 토지에서는 농사가 지어졌다.[15] 그 결과 1392년부터 1693년(숙종 19) 사이에 인구가 약 4백만 명에서 1천2백만 명으로 세 배 정도 늘어났으며 14세기부터 관개와 이식을 통해 경작지가 확대되고 생산성이 제고됐지만 대지주를 제외한 나머지 사람들의 생활수준은 높아지지 않았다. 당시의 많은 관찰자들은 가난과 부채·고리대금으로 고통받으며 채권자에게 저당잡혀 재산을 잃는 농민들이 점점 더 늘어나고 있다고 말했다. 이런 경제 상황은 신분을 망각하게 만들었고, 자신보다 사회적 신분이 높은 사람들의 채권자가 된 노비가 나오기도 했다.[16] 1537년(중종 32)에는 양인들은 토지를 거의 모두 잃었고 부유한 상인들과 사족, 즉 양반의 가족들만이 토지를 갖고 있다는 말이 나왔다.[17]

이경식이 보여주었듯이, 지주들은 고리대에서 이익을 얻고, 쌀·짚·광주리·가죽·생선·소금·농기구·비단·의류 등을 팔았으며, 시장에서 쌀값을 조작해서 토지 보유를 늘렸다. 그들은 반인伴人이라는 토지 중개인이나 관리인을 거느리면서 그들을 지휘하고, 이익을 극대화하기 위해 방납(102~109쪽 참조)이나 밀수에도 손을 댔으며, 이런 문제

에 연관된 상인들과 결탁하기도 했다.[18]

지주들에 의한 소작지나 토지의 대규모 집적은 농업 노동력의 본질을 변화시켰다. 15세기 말엽에는 노비로 전락하는 양인들이 더욱 늘었는데, 일부는 군역의 추가적 부담이나 보인保人에게 부과되는 세금에서 벗어나기 위해 지주에게 자신의 토지를 맡겼으며, 훨씬 많은 양인과 소작농들은 매매나 저당으로 토지를 잃고 물납物納 소작인*의 처지로 떨어졌다. 그 결과 주인집과 어느 정도 떨어져 살면서 자기 토지를 경작하던 외거노비도 수확의 일부를 신공의 의미인 소작료로 내야 했기 때문에 사실상 소작인과 다름없게 됐다.[19]

지주를 위한 노동력의 세 번째 원천은 고공이었다. 고공은 왕조가 개창될 때부터 있었지만, 일용 노동자(일반적으로 머슴이라고 알려졌다)를 공급할 만한 충분한 노동시장이 없었기 때문에 그들 대부분은 장기 또는 계절별로 고용된 노동자들이었다. 장기 계약된 고공들은 대체로 고용인들에게 의지했으며, 고용인들은 그들을 사노비처럼 다뤘다. 그러나 고공들은 사노비를 충분히 가졌던 양반보다는 양인 지주를 위해 주로 일했다. 그들은 기근·조세·군역을 피해 유망한 농민들이 많아진 16세기 초반부터 증가하기 시작했다. 16세기 중반 무렵 일부 고위 관원들은 자신의 가정에 많게는 50명 정도의 고공을 보유하고 있었다. 그들은 일반적으로 고공을 반인이라고 부르면서 당시 북부지방에서 축적하기 시작했던 토지를 관리하는 데 이용했다.[20]

노동력의 구조에 나타난 이러한 변화에는 곤란한 징후들도 뒤따랐다. 궁핍해진 농민들은 고향을 떠나면서 더욱 불안정해졌는데, 일부는 상업도시로 옮겨가거나 최후의 생계수단으로 도적이 되기도 했다. 1550년대부터 사노비들이 압박을 피해 유망에 나서자 노비 소유주들은

---

* 화폐나 기타 통화수단이 아니라 생산한 현물을 소작료로 내는 농민.

오래된 강상綱常의 도리가 사라졌다고 불평하기 시작했다.[21]

## 무시된 급진적 개혁계획

많은 관원들은 모든 토지를 국유화한 뒤 농민들에게 재분배한 주대의 정전제나 한대에 처음으로 시도됐던 한전제를 다시 시행함으로써 이런 현상에 대처하려고 했지만, 그런 제안은 모두 거부되거나 무시됐다. 1518년(중종 13) 유옥柳沃은 여덟 가구마다 1백 묘의 정방형의 토지를 주고 아홉 번째 구획은 (주대의 봉건제후 대신) 나라의 이익을 위해 경작하는 정전제의 원형을 실현하기는 어렵다는 사실을 인정했다. 그는 토지 소유와 부의 불균형을 해소하기 위해 한의 한전제나 북위北魏와 당의 균전제를 고려해볼 것을 제안했다.[22]

1519년(중종 14) 중종은 정전제를 채택하자는 기준奇遵의 건의를 정방형으로 구획할 수 있을 만큼 토지가 평탄하거나 넓지 못하다면서 거부했다. 그러자 기준은 한전제를 건의했지만, 정순명鄭順明은 경상도 같은 지역은 인구가 조밀하기 때문에 50결을 상한선으로 하자는 최근의 건의는 실현하기에 너무 넓다고 반대했다. 그는 좀더 온당한 한계인 10결도 비현실적이라고 지적했는데, 그런 면적은 경기도 같은 지역에서도 일반 농민은 갖기 어렵다는 논거였다.[23] 더 낮은 한계를 논의하지 않은 채 논쟁은 즉시 끝났는데, 대지주들이 토지 몰수를 강력히 반대했기 때문으로 생각된다.

1524년(중종 19) 남곤南袞은 당시의 상황에서는 정전제나 균전제를 채택하기 어렵다는 데 동의했지만, 국왕은 경작지와 황무지로 버려져 면세되어온 토지에서 정확한 전세를 걷기 위해 20년마다 양전사업을 실시해야 한다는 법률을 이행해야 한다고 주장했다. 그는 황해도의 경우 양전이 54년 동안 한번만 실시되어 많은 농민들은 토지를 판 지 오래 됐어도 세금에 들볶이고 있는 반면 새로운 토지를 개간한 사람들은 세금을 내도록 등록되어 있지 않다고 지적했다. 중종은 작황이 좋아지면 새로 양전을 할 수 있을 것이라고 동의했지만, 황해도 관찰사와 조정 신하들의 반대로 실행하지 못했다.[24]

16세기 말엽 농업 생산과 생산력은 증대됐지만, 부의 불공평한 분배 때문에 위기가 발생했다. 대지주와 노비 소유주들은 자신들의 양인·노비 소작자들에게서 지대를 받았지만, 점점 더 많은 양인 농민들은 최저 생활수준의 물납 소작인이나 고공으로 전락했다. 이런 상황에서 이익을 본 지주들은 임진왜란이 일어나기 전까지는 어떤 진정한 개혁도 반대했기 때문에 국유화나 한전제, 또는 좀더 정확한 양전을 실시하자는 전통적 제안은 무시당했다.


## ▎ 방납

향촌의 농민들에게 공납을 현물로 내게 하는 제도는 왕조 개창 당시 만들어졌지만 즉시 무너지기 시작했다. 그 까닭은 그 제도를 시행하는 데 너무 규제가 엄격해 변화하는 상황을 따라가지 못했기 때문이었다. 그 제도를 유지하는 유일한 방법은 나타나기 시작한 위반을 눈감아주는 것이었다. 15~16세기에 걸쳐 공납제도에 나타난 핵심적인 변화는 요금과 수수료를 주고받고 계약과 급료지불이 이루어지며, 마침내는 새로운 부가세의 채택을 통해 자본이 공급된 시장에서 물건을 매매하는 상업체제로 전환한 것이었다고 말할 수 있다. 그 두 세기 동안 대부분의 관원과 경세학자들은 공납제도의 변질을 국가의 심각한 폐단으로 생각했다. 오랜 전통과 법률을 존중해 안정적인 조세제도를 세우려던 건국 초기의 원래 의도가 무너짐으로써 사상私商은 물론 관원과 이서들의 불법적 상업 활동이 증가했는데, 그들 모두는 유교적 도덕기준을 따르는 체제가 정한 적절한 한계를 넘어 교역에서 이익을 추구하려는 통제되지 않은 욕망에 지배됐다. 2세기 뒤 거의 모든 사람들은 공납제도가 현재 상태로 더 유지되기에는 너무 부패됐다고 동의했다. 청렴한 관원들과 경세학자들은 그때까지 어떻게 대응했는가.

### 방납의 성행

제도의 변질은 15세기 전반 일부 지역에서 더이상 공물을 생산할 수 없자 미곡으로 대신 내도록 허가해달라고 요청하면서 일어났다. 정부는 허락했고, 각 관서에서는 필요한 물건을 시장에서 사도록 일시적으로 허용했다. 그밖에 전혀 생산하지 않는 물품을 공납으로 내도록 지정된 지역에서는 지방 관원들이 향리들을 두루 보내 공물을 사오도록 했으며, 일부 북부지방에서는 여진女眞의 모피를 얻기 위해 말·소·철 같은 전략적 군수물자를 교역했다.

일반적인 경우 지방 수령은 향리 중 1명을 공리貢吏로 선발해 공물을 중앙 관서로 수송시켰다. 그러나 중앙의 이서들은 품질이 낮다는 이유로 공물을 자주 거부했다點退. 그들은 좀더 품질이 좋은 물건을 내라고 강요했으며, 도성의 시전보다 비싼 가격의 대체 물품을 바치거나 부가세를 피하려면 공리에게 뇌물을 내라고 요구했다.[25]

방납(또는 대납)은 중개상인이 지방 수령이나 납세자에게서 쌀이나 면포 같은 대체 물품을 걷어 그것으로 공물을 시장에서 사는 제도였다. 조정에서는 1409년(태종 9)과 1420년(세종 2), 1430년(세종 12)에 수령은 방납에 참여하지 못하게 했지만 효과를 거두지 못했으며, 양인들은 방납을 금지받지 않았다. 1440년대에 삼정승 하륜·이숙주李叔疇·정인지는 방납을 금지하고, 쌀과 면포로 공납을 내게 하는 개방적이고 확정적인 계획을 공포하며, 가호의 토지 소유 면적에 따라 공납 세액을 할당하도록 수령들에게 지시하라고 건의했지만 세종은 시행하지 않았다.[26] 반면 1446(세종 28)~48년 두 아들과 부인이 사망한 뒤 점차 불교에 귀의하게 된 세종은 원래의 제도를 유지하려던 시도를 포기하고 사찰을 짓는 데 재정적 도움을 주기 위해 승려들의 방납을 허락했으며, 승려들은 1449년(세종 31)부터 1457년(세조 3)까지 방납의 이익을 독점할 수 있었다.[27]

1459년(세조 5) 세조 또한 법률과는 반대로 공납을 허용했지만, 통제 아래 두려고 노력했다. 그는 납세자의 의사에 어긋나는 방납을 금지했으며, 방납을 담당하는 공인貢人에게는 중앙 관서에 공물을 먼저 내고 상환을 요구하기 전에 중앙 관서로부터 영수증을 받도록 했다. 이런 절차는 1469년(예종 1)에 『경국대전』에 채택됐지만, 이런 새로운 규제는 곧 무시됐으며 방납은 승려를 넘어 상인과 양반까지 퍼져나갔다.

종실과 고위 관원 그리고 그밖의 특권적 부류는 자신들의 반인(또는 반당伴倘)이나 노비들을 동원해 농민들이 더 높은 가격을 지불하도록 몰아넣음으로써 방납에 좀더 공개적으로 개입하기 시작했다. 자신이 제정한 법률과는 반대로, 세조도 충훈부忠勳府와 간경도감刊經都監이 중요한 공신들을 후원하고 20세에 세상을 떠난 대군을 기리기 위한 불경을 간행하도록 돕기 위해 방납에 참여할 수 있도록 허락했다.[28]

### 세조의 타협적 개혁 시도

그러나 곧 마음을 바꾼 세조는 현재 할당된 액수로 공납을 제한함으로써 부패된 제도를 고치려고 했다. 1456년(세조 2) 세조는 모든 공물의 종류와 장인이 생산하는 품목의 가격을 적은 목록인 횡간橫看을 만들라고 명령했는데 — 그 명령은 1473년(성종 4)에 완수됐다 — 납세자에 대한 제한 없는 요구를 중지시키려는 목적이었다. 그러나 정부 관서들이 지출을 줄이지 않았기 때문에 횡간을 준수해도 매년 적자가 계속됐으며, 그 결과 조정에서는 다음해의 공납을 미리 거두거나 추가의 공납을 부과할 수밖에 없었다. 결국 공납 액수를 합리적으로 줄이려던 세조의 시도는 공물 요구액의 기록을 매일 경신한 연산군의 방탕으로 완전히 좌절됐다.[29]

상인들은 고려시대 이후 방납에 적극적이었지만, 세종대에는 승려들의 방납이 훨씬 활발했다. 1464년(세조 10) 양성지는 국가에서 방납을 합법화하면 그것을 통제할 수 있을 것이라는 완전히 다른 해결책을 제안했다. 그는 당시 국가 수입의 60퍼센트를 차지하는 잡세와 공납에 대한 지배권을 상인들이 사실상 정부로부터 이양받았다는 매우 심각한 상황을 지적하면서 이 방안의 효용성을 세조에게 설득하려고 노력했다 (40퍼센트는 전세 수입이었다). 그는 고려시대의 삼사(당시는 경제 관서였다)를 부활시키고 운전사運轉使와 합병해 상인들의 방납을 관리하고 규제하면 국가의 세수를 늘릴 수 있을 것이라고 제안했지만, 세조는 받아들이지 않았다.

그러나 1468년(세조 14) 세조는 방납에 대한 절충안을 내놓았는데, 지방 수령들에게 걷은 일정 분량의 쌀을 모아두었다가 공인들이 호조로부터 공물의 대가를 지불받았다는 영수증을 제출한 뒤에만 그들에게 주도록 지시한 것이다. 이것은 16세기 후반 쌀과 면포로 공납을 대체하는 궁극적인 변화로 가는 첫 발걸음이었지만, 이 명령을 내린 지 석 달 뒤 세조가 붕어해 실시되지 못했다. 그 뒤 1515년(중종 10)과 1525년(중종 20)에 구제기금을 마련하기 위해 쌀이나 면포로 공납을 내게 했던 두 번의 일시적인 사례가 있었다. 공납을 전세로 대체하자는 적극적인 주장은 1574년(선조 7) 이이가 제기하기 전까지는 나타나지 않았고, 1594년(선조 27)까지는 국왕에 의해 채택되지 않았으며 그때도 일시적인 조

처일 뿐이었다.[30]

## 부정에 대한 예종의 단속

1468년에 즉위한 예종은 엄격한 도덕적 정직을 선호해 방납을 엄금함으로써 세조의 정책을 즉시 뒤집었다. 그러나 1470년(성종 1)* 예종은 숙부의 노비가 법을 위반해 잡혔는데 그 노비를 용서해줌으로써 자신도 법을 어겼다.[31] 정규 관원·양반·상인들이 명백한 불법적 방납을 하는 것은 금지됐지만, 이서와 공노비가 공물 품목을 거부하거나 지방의 공리에게 영수증을 발행하지 않고 물건을 창고에 보관해 불법적 이익을 거두는 것은 허용됐는데, 이런 행위는 유난留難이라고 불렸다. 공리들도 어렵잖게 법률을 위반했다. 도성에 도착하면 그들은 이익을 남겨 물건을 팔고 공납으로 바칠 더 싼 물건을 다시 사기 위해 상인과 협상하는 동안 물건을 숨겨놓았다.

지방의 공리들 또한 공물의 수령을 늦추거나 공물을 모두 거부하는 중앙 아전들의 착취와 속임수에 시달렸다. 그러면 공리들은 시장에서 팔 수 있을 때까지 물건을 저장해야 했으며, 더 좋은 물건으로 바꾸거나 추가의 쌀과 면포를 불법적으로 내야 했다. 공리들은 주인이나 사주인私主人으로 불린 부류에게 의지했는데, 그들은 말을 소유했고 공물을 실은 배들이 도착하는 한강가에 가게를 갖고 있었으며 자주 중개인으로 활동했다. 이러한 주인들은 공인들을 상대로 대부업과 창고업을 했고, 중앙 관서에 소속된 노비의 사주인으로서 방납을 처리했으며, 그 뒤 객주의 도매업과 비슷한 다른 일들도 했다.

---

* 예종은 1469년 11월에 승하했기 때문에 1470년은 성종 1년이다. 저자의 착오로 생각된다 (원서 72쪽).

16세기 초반 지방 공리들은 아전과 노비들에게 진 빚을 갚기 위해 50퍼센트의 이자로 돈을 빌리고, 거부된 '낮은 품질'의 공물을 대체하며, 농민들에게 빚을 갚으라고 독촉해야 했다. 1540년대에 공납을 내기 위해 농민이 실제로 부담하는 비용은 4~5배 정도 늘었는데, 거부된 물건을 교환하는 비용과 수송비·종이값·사무비 또는 추가적인 쌀과 면포를 강제로 지불하는 비용 등 때문이었다.

이처럼 1468년(세조 14) '폐지'된 이후 방납의 주요한 범죄자는 서원書員·고자庫子·주인 등이었는데, 그들 대부분은 노복奴僕이나 사주인이었다. 노복과 사주인은 생계를 위해 그 직업을 가졌으며 법과 정부 업무의 절차를 잘 알고 있었다. 다가와 고조田川孝三는 이런 노복들이 방납에 너무 능숙해서 사실상 정부에서 고용한 상인이 됐으며, 16세기 초반에는 지방의 공리를 관리하고 통제하는 데 사상이나 창고 관리인, 사주인과 경쟁을 벌였다고 주장했다. 그들은 자신들의 숙박업소와 상점을 차렸고, 더 많은 이익을 얻기 위해 더 큰 위험을 감수했으며, 체포되어 자신의 가족들과 함께 변방으로 이주당하기도 했다. 그들은 물건을 대량으로 비축해두었다가 가격이 오르면 팔았고, 그래서 가격이 떨어지면 공물 품목들을 싼값에 되사곤 했다. 중앙 관서의 이서와 노비들은 완전히 개인적인 할당 지역을 갖고 있었으며, 오랫동안 그것을 소유하다가 후손에게 세습해주었다.[32]

## 16세기 방납에 대한 비난

16세기 중반의 조식曺植과 1590년(선조 23) 조헌(호는 중봉重峯)은 서리·관원·사주인들이 정부의 재정을 독점한다고 비판했다. 1608년(선조 41) 경기도에 대동법을 실시하기 위해 설치된 선혜청宣惠廳은 당시의 상황을 간결하게 요약했다.

선대에 토질에 따라 공물을 거둔 법은 매우 훌륭했지만 제정된 지 오래되어 폐단이 생겨났습니다. 사주인들은 그것을 빌미로 농간을 저질러 공물을 수납하면서 으레 퇴짜를 놓고 쌀과 면포로 받은 것은 이미 오래된 일입니다. 이것은 사주인들이 선대의 국왕들께서 법률을 세운 본뜻을 변질시킨 폐해입니다. 『경국대전』의 방납을 금지하는 조항에서 "공물을 방납하면 조정의 관원은 영구히 서용하지 않고, 서인庶人은 전 가족을 변방으로 이주시킨다"고 했으니, 그 법이 엄격하지 않은 것이 아닙니다. 그러나 방납은 가장 큰 이익을 볼 수 있는 수단이어서 이익을 추구하는 무리들은 각 고을로 직접 가서 쌀과 면포를 받아 공물 대신 내되, 직접 납부하지 않고 그 값을 헤아려 저희 선혜청의 하급 관리에게 준 뒤 관청에 내게 합니다. 이것은 선대에 법률을 세운 본뜻이 또 한번 변해 방납인의 폐단이 된 것입니다. 그러므로 백성들이 공물의 값으로 낸 쌀과 면포 중에서 10분의 5, 6은 방납인에게 들어가고, 10분의 3, 4는 사주인에게 귀속되며 10분의 1, 2만이 국용國用에 충당되고 있습니다. 백성들에게서 끝없이 빼앗아 모두 이익의 소굴로 들어가는 것입니다.[33]

16세기 말엽 공납은 새로운 형태의 상업으로 전환됐지만, 정부와의 관계에서 완전히 자유롭지는 않았다. 지방의 공리들에게 내야 할 돈을 마련해야 하는 농민, 중앙의 사주인이나 시전상인에게 수수료를 내야 하는 공리, 중앙의 서리들에게 고용된 공노비, 방납에 관여하기 위해서 대리인과 노비를 고용한 양반, 그리고 이서에게서 수익을 챙기는 관원 등 사회의 거의 모든 집단들이 방납에 얽혀 있었다. 국왕과 신하들은 공납제도의 법적 필수요건을 지키지 못했으며, 상업 활동의 비리가 개입하지 못하도록 규제하지 못했다고 지적할 수 있다. 그러나 왕조 초반부터 개인적 상업 활동을 엄격하게 규제하고 구속한 제도는 허가받지 않은 상점들과 사상私商의 출현으로 이미 위반됐기 때문에 방납은 전국적으로 퍼져가던 일반적인 경제적 변화와는 다른 현상이었다. 이러한 경제적 변화에서 이례적인 측면은 좀더 발전적인 통화通貨가 조선 경제에서 사라짐과 거의 동시에 상업 활동이 일어났다는 사실이었다. 농업 생산과 함께 상업 활동도 임진왜란 이후 심각하게 후퇴했지만, 17세기 중반 상업은 지난 세기에 가졌던 힘을 다시 얻었으며 새로운 경제적 징후를 위한 무대를 마련했다.

17세기의 변화는 부분적으로는 이런 상황, 즉 새로운 세금에서 재원을 공급받아 시장에서 공물을 마련하는 체제로 완전히 변화시키는 오래된 계획이 시작된 결과였으며, 특히 김육 같은 활동적이고 실용주의적인 관원들은 그런 변화를 이끌었다. 이런 종류의 계획은 국민 대다수에게 커다란 해악을 미치는 일종의 도덕적 항복, 즉 도덕적 수양과 완성이라는 좀더 고상하고 사심 없는 목표와는 상반된 이익을 추구하려는 욕망을 극복하지 못한 결과였는가, 아니면 자유로운 경제 활동의 좀더 진보적이고 해방적인 영향력이 편협한 유교적 관료주의를 각성시키는 과정을 보여주는 것인가, 아니면 불법적인 방납과 연관된 부정한 이득과 부패의 피해에 시달리던 백성들을 구원할 수 있는 또 다른 방법을 발견하기 위한 개혁에 좀더 융통성 있게 접근했던 것인가.


## ▌ 국방의 붕괴 : 패배와 재건

### 일본의 군사력 강화

역사에는 갑작스럽고 예기치 않게 일어나 오랫동안 이어져온 삶의 기반을 완전히 파괴함으로써 이해할 수 없는 것으로 비쳐지는 사건들이 있다. 그중 하나는 1592년(선조 25)에 일어난 유명한 임진왜란이다.

처벌하는 신 야훼Jahweh와 같은 존재를 조선인들이 믿었다면, 이 사건은 1천여 년 동안 쌓여온 악에 대한 징벌이라고 느꼈을 것이다. 그러나 그런 믿음이 없었던 조선인들은 뚜렷한 도덕적·법률적 이유 없이 매우 호전적이고 문명화되지 않은 야만적 집단에 의해 자신들이 고통을 받았다고 생각했다. 최근의 역사에는 임진왜란에서 겪었던 정신적 충격과 현실적 고통을 정당화할 만큼 끔찍한 사건이 없었지만, 당시 대부분의 지도자들은 조선의 비극을 예측하고 재앙을 피하는 데 필요한 조처를 취하는 데 실패함으로써 전면적인 비난을 받았으며, 불가능한 승산에 맞서 용감하고 영웅적으로 싸운 몇 사람의 영웅들은 숭배됐다.

그러나 좀더 냉정하게 보면 이런 야만적인 침략은 일본과 조선의 역사에서 반대되는 흐름이 병치된 결과로 볼 수 있다. 어떤 표면적인 도발도 하지 않았던 무고한 조선을 도요토미 히데요시가 야만적으로 침략한 것은 국내의 적들을 모두 제압한 승리에 도취한 막강한 군사적 독재자의 과대망상에 따른 행위였지만, 조선을 거쳐 명을 침략하려는 그의 계획은 그 자신의 의지와 추진만큼이나 15세기 중반 이후 진행된 발전의 결과이기도 했다.

도요토미 히데요시가 일본 전체의 정치권력을 장악한 것은 1467~77년 오닌應仁전쟁 이후 1세기에 걸친 봉건적 내전의 결과였다. 일본의 봉건 영주나 다이묘大名는 자신의 적수를 격파하거나 그들을 자기 아래 복속시킴으로써 영지와 군사력을 확장시켰다. 이런 합병의 과정은 1573년 아시카가足利 쇼군을 타도한 오다 노부나가織田信長의 군사에서 성장한 도요토미 히데요시의 생애에 최고조에 달했다. 마침내 도요토미 히데요시는 전쟁이나 계약을 통해서 일본 전국의 다이묘들을 지배하는 데 성공했다.

이런 정치적 합병을 이룬 뒤 전국의 재정수입을 중앙에서 관리하는 개혁이 실시됐다. 1591년 도요토미 히데요시는 전국의 양전사업을 완료했고, 수확량의 3분의 2에 해당하는 일률적인 전세를 확립함으로써 자신의 주요한 군사적 가신家臣으로 활약했던 다이묘들에게 일정한 수입을 보장해주었다. 그는 이전에는 독립적이었던 사무라이나 지방 무사들의 영지에 대한 재산권을 박탈함으로써 그들을 다이묘와 자신에게 복속시켰다.[34] 요컨대 그는 반半자치적인 권력을 가진 지방분권적이고 봉건적인 구조에 기초해 완전히 중앙집권화된 조선보다 몇 배나 강력한 군사력을 창조했던 것이다.

### 방어 준비에 소홀했던 조선

반면 조선의 중앙집권적 권력은 16세기 후반부터 해체되기 시작했다. 조선은 정치적으로는 중앙에서 당쟁이 벌어지고, 재정적으로는 행정조직이 부패하고 전세와 공납으로 세수를 유지하는 데 실패했으며, 군사적으로는 국방에 대한 무관심과 양정의 피역, 노비와 양반의 면역免役, 훈련 부족, 화기火器 도입 실패 등으로 약화됐다.[35]

선조와 그의 신하들은 침략의 위협에도 불구하고 국방을 위한 어떤 기본 계획을 마련하지 않았으며, 국경지대에 감독관을 보내 일부 성벽과 해자를 보수하는 비본질적인 조처만 취했을 뿐이었다. 전쟁이 시작되자 조선군은 부산·동래·김해 등 세 읍성邑城만을 작전기지로 사용했으며, 상주·충주 같은 주요 도시들은 군사적 방어가 전혀 없었다.[36]

침략이 시작되기 10여 년 전부터 조선에는 군사적 약화와 준비 소홀을 드러내는 여러 징후가 나타났다. 1582년(선조 15) 이이는 서얼을 군역에 동원하고, 변방의 군사로 복무하는 노비에게는 면천을 허락하며, 10만의 군사를 양성해 2만은 수도에 주둔시키고 각 도에 1만씩 배치하자고 건의했다. 마지막 제안이 도움보다는 피해를 더 많이 유발할 것이라는 이유로 반대했던 유성룡은 임진왜란으로 압록강까지 패퇴했을 때

는 그런 말을 후회했을 것이다.[37]

1588년(선조 21) 관찰사 조운흘趙云仡은 20개의 무인도에 즉시 진관을 만들어 수군기지로 사용해야 한다고 주장했다. 1590년(선조 23) 이항복 李恒福은 일본 수군의 전진을 막기 위해 부산과 견내량見乃梁 · 고금도古 今島 같은 군사 요충지에 병력을 주둔시켜야 한다고 건의했다. 김세렴金 世濂은 음력 3월에 일본의 공격이 있을 것 같다고 경고했으며, 특히 부 산 · 동래 · 진주 · 순천 · 흥양 같은 해안 도시들을 방어하기 위해 서남 해안 중간과 가덕도加德島에 새로운 수군기지를 하나씩 세워야 한다고 건의했다.[38]

### 당쟁과 대일정책

이때는 몇 명의 신하들만이 강경노선을 취했다. 1587년(선조 20)과 이듬해 조헌은 영의정 노수신盧守愼 · 좌의정 정유길鄭惟吉 · 예조판서 유성룡 같은 동인은 실천력이 부족하다는 이유로 공격하면서 정철鄭 澈 · 박순朴淳 같은 서인 지도자들을 등용하고 일본을 공격할 것을 주청 했다. 그러나 선조는 조헌을 유배 보내고 더 많은 동인을 핵심 관직에 등용했다.[39]

1589년(선조 22) 전라도에서 정여립鄭汝立의 난이 일어나자 선조는 그 것을 동인들의 계획으로 간주해 1591년 한 해 동안 70여 명의 동인을 유배 보내거나 처형했다.[40] 그러나 1591년 도요토미 히데요시의 침략 의도를 탐지하기 위해 일본에 갔던 사절이 돌아왔을 때 서인이었던 정 사正使 황윤길黃允吉은 도요토미 히데요시가 침략을 시작할 것이라고 경 고했지만 무시됐고, 도요토미 히데요시는 걱정할 필요가 없다는 동인 부사副使 김성일金誠一의 견해가 채택된 결과 성벽과 진관의 방어시설을 수리하는 어떤 특별한 조처도 시행되지 않았다. 그러므로 미리 대비하

는 데 실패한 주된 책임은 선조와 동인의 주요한 조언자들에게 있다.[41]

## 명의 쇠락

명이 지난 세기처럼 융성하고 강력했다면 일본은 감히 임진왜란을 일으키지 못했을 것이다. 이전에는 막을 수 있었지만, 당시 북부의 만주족은 명의 국경 안, 특히 요동으로 자주 침입해왔다.[42] 곡물세와 요역세를 은납銀納으로 일관성 없이 전환하고 추가적 세금을 할당한 결과 재정은 혼란스러워졌다. 1572년(명 목종 6)부터 1582년(명 신종 10)까지 조정을 장악한 대학사大學士 장거정張居正은 모든 세금을 은으로 내게 하는 일조편법一條鞭法을 통해 세수를 늘리는 재정개혁을 단행했지만, 그가 사망한 뒤 명의 재정과 행정은 악화됐다. 만력제萬曆帝는 더욱 정치에 관심을 잃었고 환관에게 권력을 넘겨주었다. 환관들은 권력을 가진 신하들과 연합해 임진왜란중인 1594년(명 신종 22) 일군의 정통적인 성리학적 개혁자들을 숙청했다.[43]

1449년(명 영종 14) 토목土木의 변 이후 명대 초기의 국경 방어체제인 위소제衛所制가 와해됨으로써 정규군은 질적으로 저하됐다. 15세기에 정규군은 3백만 명을 넘었지만 1592년에는 50만 명 정도로 줄었으며, 동북지역에는 10만 명 정도밖에 없었다. 반면에 군사조직은 척계광戚繼光이 수립한 계획에 따라 성공적으로 재편됐다. 그는 1563년(명 세종 42) 복건성福建省에서 왜구에 맞서 싸웠으며, 1567년(명 목종 1) 군사조직에 관련된 서적인 『기효신서紀效新書』를 펴냈다. 임진왜란중에 그의 저서는 조선의 국방을 맡은 신하들에게 지침서로 전해졌다. 척계광은 보병을 조총수鳥銃手·쾌창수快槍手·화전수火箭手·사수射手·대봉수大棒手 등 5개의 집단으로 나누고 기병과 포병대가 뒤따르게 했다.[44] 일본군만큼 풍부한 전투 경험으로 단련되어 조총과 집단 전술에 능숙하지 않았지만 결코 쉬운 상대가 아니었던 명의 대군은 조선을 지원하기 위해 육로로 급파됐다.

## 임진왜란의 첫 번째 국면(1592~93)

임진왜란을 일으키기 전 조선에 보낸 편지에서 도요토미 히데요시는 명을 정벌해 그 수도에서 일본의 천황을 황제로 즉위시키고, 류큐琉球·대만·필리핀 등을 정복하기 전에 자신의 양자에게 조선을 다스리게 하려는 계획을 밝혔다.[45] 선조가 일본이 중국으로 침략하는 안전한 길을 제공하기를 거부하자 도요토미 히데요시는 마침내 28만 1,840명의 병력으로 조선을 침략하기로 결정했는데, 그중 전투병력은 15만 8천 7백 명이었으며 선봉 5만 2천 명은 3군으로 나누어 1592년 5월 23일 부산 근처에 상륙했다.[46] 이 대군은 일본의 오랜 내전으로 단련됐고, 그 아시가루足輕 병사*들은 1543년(일본 후내량後奈良 천황 천문天文 12)에 포르투갈에서 도입된 조총과 화기火器를 능숙하게 다뤘으며, 농민으로 구성된 수송 부대들도 화기 사용, 성곽·요새 건설, 공성攻城 전술에 뛰어났다.[47]

임진왜란중 영의정이었던 유성룡은 일본군의 우월한 전략조직을 칭찬했다. 선봉은 상대를 포위할 수 있는 좌우군의 지원을 항상 받았고, 좌우군 또한 후방의 두 부대가 추가적으로 엄호했다. 이 독립적인 일본 부대들은 세 부분으로 다시 나누어졌다. 조선군이 접근해오면 선봉의 깃발을 든 부대는 적을 포위하기 위해 둘로 나뉘고, 조총으로 무장한 중앙 부대는 조선군에 일제 사격을 가했으며, 칼로 무장한 후방 부대는 그때 좌우에서 조선군을 추격하면서 최대한 많은 목을 베었다. 반면 조

---

* 일본 전국시대의 최하급 무사.

선군은 단순히 한 곳에만 부대를 집중해 앞으로만 진격했으며, 우세한 일본의 전술에 빠져 포위될 위험에 처하면 당황해서 도망쳤다.[48]

부산에 상륙한 일본군은 조선의 방어를 뚫고 3주 만에 서울을 함락시켰다. 해전에서 몇 차례 승리한 것을 제외하면 육지에서 조선군이 거둔 유일한 승리는 일본군이 전라도에 들어가지 못하도록 막은 것이다. 고니시 유키나가小西行長는 북쪽으로 진격해 6월 23일에 평양을 함락시켰으며, 거기서 겨울 동안 주둔했다. 가토 기요마사加藤淸正와 나베시마 나오시게鍋島直茂가 이끄는 제2군은 동북쪽으로 이동해 압록강과 두만강까지 이르렀다.[49]

1593년(선조 26) 1월에야 뒤늦게 참전한 명군은 같은 해 2월 8일 평양에서 고니시 유키나가 군을 격파했다. 평양의 승리에 고무된 명군의 지휘자 이여송李如松은 후퇴하는 일본군을 성급하게 추격하다가 2월 25~27일 수도인 한성 바로 위인 벽제관 전투에서 대패했다. 명군은 이 패배로 정신을 차렸지만 전쟁의 나머지 기간 동안 지나치게 조심스럽고 방어적인 태도로 일관했다. 고니시 유키나가는 전쟁의 흐름이 불리한 쪽으로 돌아섰다는 것을 깨달았다. 같은 해 4월 18일 그는 일본군은 한성에서 부산으로, 명군은 요동으로 상호 철군하며, 가토 기요마사가 함경도에서 사로잡았던 조선의 왕자 두 사람을 돌려준다는 휴전협정에 찬성했다.[50]

그 뒤 고니시 유키나가는 중국 관원 심유경沈惟敬과 지루한 협상을 시작했다. 이후 조선에 관련된 사무를 맡은 명의 경략經略 송응창宋應昌은 명의 황제가 도요토미 히데요시를 '일본의 국왕'으로 임명하겠다고 약속해주면, 자신을 인정받고 명과 공식관계를 수립하려는 그의 생각을 만족시켜 전쟁을 끝낼 수 있을 것으로 기대했다.[51]

## 초기 국면에서 조선의 군사적 대응

### 야전 지휘관의 파견

일본군이 상륙했다는 소식이 처음 도성에 도착하자 정부는 순변사巡邊使 이일李鎰을 파견해 남부지방의 군사를 지휘하도록 하는 통상적인 지시를 내렸다. 병조는 수도의 정예병 3백 명을 그의 휘하에 할당했지만, 그중 절반은 신병이거나 각진 모자角帽를 쓴 서기, 과거시험에 필요한 책을 손에 들고 모자와 도포를 착용한 학생 — 그동안 군역을 피하려고 애쓴 오합지졸 — 이었다. 그는 이들은 남겨둔 채 60명의 기병만 이끌고 출발했으며 남쪽으로 내려가면서 군인을 선발했다.

경상북도 문경에 도착했을 때 그를 맞는 부대는 없었다. 문경 남쪽의 모든 군사들은 대구 근처에 모여서 며칠 동안 그가 도착하기를 기다렸지만, 일본군이 가까이 오고 있다는 소식을 듣자 모두 도망쳤다. 이일은 상주로 급히 내려갔지만 수백 명의 군사밖에 발견하지 못했으며, 자신이 거느린 병력과 합쳐 소규모의 부대를 조직했지만 5월 15~16일(음력 4월 24~25일)의 상주 전투에서 고니시 유키나가가 이끄는 2만의 일본군에게 대패했다.[52]

전쟁의 대부분 동안 영의정이었던 유성룡은 지방의 군사 지휘관에게 지휘권을 주었던 조선 전기의 진관제도를 폐기했기 때문에 이 재난이 일어났다고 회고했다. 유성룡은 조선 전기의 신하들이 자신들의 문체나 다듬고 한담閑談에만 빠져 당시의 훌륭한 제도들이 소멸하도록 놓아두었다고 비판했다. 그는 1555년(명종 10) 을묘왜변 당시 김수문金秀文이 전라도에 처음 도입한 제승방략체제制勝方略體制가 새로운 명령체계가 될 것으로 믿었다. 제승방략에서는 도원수都元帥 · 순변사 · 방어사防禦使 · 조방장助防將이 지방의 부대 지휘와 군사 선발을 책임지고 도성에서 파견됐다.[53]

왜구의 침략이 보고되면 그 지방의 모든 부대는 즉시 소집되어 그 지역의 경계에 주둔하지만, 해당 지휘관은 야전 지휘관이 도착할 때까지 부대를 이동시킬 수 있는 지휘권이 없었다. 야전 지휘관이 사나흘 정도 걸리는 250마일(402.336킬로미터) 이상을 이동하는 동안 현지의 부대는 조직이 갖춰지지 않은 채 노출된 평지에서 적의 선봉을 맞았다. 유성룡에 따르면, 그러다가 적이 도달하면 부대는 "놀란 새나 겁먹은 짐승처럼" 도망갔다. 도성에서 파견된 지휘관이 도착했을 무렵 "군사들은 산과 계곡으로 도망가 숨고" 아무도 남지 않았다. 더욱이 군사력의 부족으로 야기되는 위기 상황에 대한 임시 대처는 불행하게도 임진왜란이 일어날 때까지 거의 그대로였다. 유성룡은 이런 전략의 오류를 앞으로 되풀이해서는 안 된다고 주장했다.

그러나 유성룡은 사실을 잘못 파악했다. 1555년에 『제승방략』을 지은 사람은 김수문이 아니라 당시 함경북도 병마절도사였으며 임진왜란이 일어났을 때 문경으로 파견됐던 이일이었다. 1583년(선조 16) 동북 지방의 여진족 니탕개尼蕩介의 반란을 진압하는 책임을 맡았던 이일은 함경북도의 군사력이 혼란스럽다는 사실에 크게 놀랐다. 그는 1590년대 유성룡이 선호했던 것과 같은 종류의 개혁을 수행하기 위해 자신의 '방략' 전술을 고안했다. 그는 함경북도의 육진六鎭을 오위五衛로 재편성했다. 거기서는 부사府使 1명이 해당 지역이나 부대의 관할권을 갖고 있는 무관이 지휘하는 7개의 하위 조직을 관할했다. 북쪽 변방에 소요가 있을 때마다 도성에서 파견되는 지휘관이 도착하기를 기다리는 대신 이미 현지에서 대응이 취해졌으며 그 지방의 군사 지휘관은 즉시 명령을 내렸다.

도성의 비변사備邊司가 즉시 반대했지만, 그는 북방에서 침략이 있을 경우 남부지방에서 올라온 군사들도 독립적인 군사 직함을 갖고 지휘관으로 활동하는 해당 지역 수령들의 지휘 아래 여러 요충지에 배치하자는 또 다른 요구를 제기했다. 비변사는 각 지방이 자기 지역을 방어할 책임을 진다는 원칙을 지켜야 한다는 이유로 거부했다.[54]

유성룡은 병마사와 그밖의 군사 지휘관을 중앙에서 파견하는 제도가 시작된 시점도 잘못 알았다. 위기가 닥쳤을 때 군사 지휘의 책임을 갖고 있는 문신을 각 도에 파견하는 제도는 왕조 초반부터 시행되어왔지만, 15세기 중반 폐기됐다가 을묘왜변이 일어나기 한참 전인 1488년(성종 19)에 그 관직의 이름이 바뀌어 다시 채택됐다. 이때 다시 채택된 까닭은 지방 진관의 유효성이 떨어졌기 때문이라고 판단되며, 이로써 중앙 정부는 그동안 약화되어왔던 지방의 병사와 수사 대신 명령권을 갖게 됐다. 1555년(명종 10) 을묘왜변을 진압한 뒤 각 도와 지방군에 대한 명령권을 중앙으로 귀속시키는 제도에 심각한 결함이 있다는 것을 깨달은 비변사는 중앙에서 지휘관을 파견하는 것을 중지하고 관찰사에게 순찰사의 임무를 겸임시키기로 결정했다. 순찰사는 야전 군사 지휘관으로 파견된 4품의 중앙 문반직이었다(1488년 설치). 그러나 1558년(명종 13) 왜구의 침략 위협이 다시 나타나자 정부는 중앙에서 도순찰사(3품)를 파견하는 체제로 복귀했는데, 진관제도에 대한 신뢰가 부족했기 때문으로 생각된다.[55]

순변사는 이전의 순찰사에서 1558년에 이름만 바꾼 관직이며, 도순찰사를 도왔다. 이것은 1555년부터 관찰사가 순찰사를 겸임했기 때문에 혼동을 막기 위한 조처였다. 방어사와 조방장은 앞서 1570년(선조 3)까지 만들어지지 않았다고 언급했는데, 그때 정부는 왜구가 나타났다는 보고를 쓰시마로부터 받았다. 1555년 제주목사로서 왜구와 싸웠던 김수문은 3년 뒤 경상도 순변사로 임명됐다.

유성룡의 생각과는 반대로 중앙에서 지휘관을 파견하는 것은 1510년(중종 5) 삼포왜란 이후 일반적인 정책이었다. 중앙에서 파견되는 대장大將이나 방어사는 소규모의 부대를 이끌고 갔다. 지방의 부대와 군사들은 핵심적이거나 보조적이거나 중앙에서 파견된 지휘관에게 배속됐다. 그들은 자신들의 지휘관이나 부대에서 분리되지 않았다.[56]

반면 1555년의 을묘왜변에서 진관에 배속된 정규군은 전투 훈련이 안 되어 있었기 때문에 중앙에서 파견된 지휘관들은 은퇴한 무관·한량·노비·승려 등 찾을 수 있는 모든 사람을 징발해 동원해야 했다. 이처럼 비슷한 시기의 제승방략에서도 일반인을 징발했지만, 그 체제에서는 필수적인 부분은 아니었다. 그럼에도 불구하고 중앙에서 파견된 지휘관과 지방군이 분리됨으로써 야기된 진관의 대비 태세 미비는 16세기에 치러진 수많은 전투에서 날카롭게 벼려진 일본군에게 패배할 것을 확실하게 만들었다.

### 유격전

1593년(선조 26) 1월 명의 주력군이 조선에 도착하기 전 7개월이라는 긴 시간은 물론 전쟁의 나머지 기간에도 8만 4천5백 명의 정규군에 견주어 2만 2천 명으로 추산되는 비정규군인 의병은 부산에서 서울을 거쳐 평양까지 세워놓은 진관들을 헤집고 있었던 일본군을 괴롭혔다.[57] 김면金沔은 경상도 남동부에서 활동했고 양대박梁大樸·손인갑孫仁甲과 유명한 곽재우郭再祐는 전라도로 들어오는 일본군을 막았다. 김면·정인홍鄭仁弘·김준민金俊民은 제2차 성주 전투에서 일본군을 격파했다. 정문부鄭文孚는 1593년 2월 함경도에서 일본군을 몰아내는 데 공헌했다. 승려 휴정休靜과 그의 제자 처영處英은 뛰어난 장수였으며, 무예에 능숙한 학자이자 관원이었던 조헌은 금산錦山 전투에서 목숨을 바쳐 싸웠다. 많은 의병이 정부 관원의 명령을 따르기를 거부해 지방의 백성들이 피해를 입기도 했지만, 그들은 명군이 참전하기 전까지 핵심적인 저항군으로 활약했다.[58]

불행하게도 정규 관원과 군인 중에는 영웅보다 악인이 훨씬 더 많았다. 그들은 일본군을 보자마자 도망쳤다.[59] 선조는 무능하고 겁 많은 신하들을 축출하는 데 소극적이었고, 비변사는 전략을 짜는 능력이 매우 부족했으며, 관찰사와 지방 수령들은 목숨이 위험할 수 있는 군사 행동을 전개하려고 하지 않았다.[60]

바다에서는 초대 전라좌도 수군통제사이자 뒤에 삼도 수군통제사가 된 위대한 이순신李舜臣이 지휘한 조선 수군이 일본군을 계속 격파했다. 그는 특히 1592년(선조 25) 8월부터 10월까지 율포 · 한산도 · 안골포 해전을 포함한 18번의 전투에서 17번을 승리했으며, 12월 한 달에만 10차례의 전투에서 4백 척이 넘는 일본 전함을 깨뜨렸다. 임진년 7월 7일(음력 5월 29일) 사천泗川 해전에서 중무장한 거북선을 사용해 승리한 것은 서해안으로 침투해 전라도로 진격하려는 일본군을 저지하는 데 중요한 역할을 했다.[61]

### 휴전(1593~97)과 전쟁의 재개

일본군은 개전 초기 조선 영토를 빠르게 진격했지만 심각한 손실을 피하지는 못했다. 보급은 육로로만 이루어졌으며, 그 과정에서 1차로 파견됐던 일본군과 수송 인력 15만 명 중 3분의 1에 해당하는 인원이 탈진 · 굶주림 · 질병으로 죽었다. 평양과 서울에서 퇴각한 이후 도요토미 히데요시는 명을 정벌하려는 자신의 당초 목표가 거의 성공할 가능성이 없음을 깨달았어야 했다. 그러나 명과 휴전협정이 이루어지기 직전 도요토미 히데요시는 부산의 서쪽인 진주성을 함락시키라고 명령했다. 성인 남녀와 아이들을 합쳐 6만 명에 이르는 모든 방어군과 주민에 대한 가차 없는 학살은 이 전쟁의 가장 끔찍한 잔혹행위였다.[62]

전투는 멈췄고, 4만 3천 명밖에 남지 않은 일본군은 1594년(선조 27)부터 1597년까지 3년 동안 일본으로 물러갔으며, 그동안 화약和約을 맺기 위한 협상이 진행됐다. 고니시 유키나가와 심유경은 협상을 진행하기 위해 여러 속임수를 동원했다. 1594년 2월 11일 심유경의 협조를 받은 고니시 유키나가는 도요토미 히데요시의 요구를 빼고 명의 사신을 일본에 파견해 조공무역을 허락해달라는 조건을 삽입해, 명 황제에게 바치는 도요토미 히데요시의 항복 문서를 위조했다.[63]

마침내 도요토미 히데요시가 명의 사신을 맞이하기로 하자 처음부터 협상에 반대해왔던 선조도 황신黃愼을 통신사로 보낼 수밖에 없었다.[64] 그러나 명의 공주를 자신과 결혼시키고 감합勘合무역을 재개하며, 조선의 4도를 할양하고 조선의 왕자를 인질로 보내며, 조선이 일본을 침략하지 않겠다는 맹약을 하라는 도요토미 히데요시의 요구는 조선은 말할 것도 없고 명의 황제에게도 일고의 가치가 없었기 때문에 협상은 실패했다. 도요토미 히데요시는 명 황제의 책봉 문서가 도착하자 격노해 협상을 종결시켰다. 그는 너무도 모욕스럽고 수치스러워 조선과 중국의 사신들을 그 자리에서 처형하라고 지시하려고 했다. 그러나 부하들의 만류로 사신들을 풀어주었으며, 전쟁을 재개하자는 강경론자 가토 기요마사의 건의를 수락했다. 그는 군사를 조선으로 다시 보내 14만 1천5백 명의 병력을 재건했고, 조선 3도의 할양을 요구했다.[65]

두 번째 침략에서 일본 수군은 거제도의 칠천량漆川梁에서 원균元均이 이끈 조선 수군을 격파했는데, 동인 영의정 유성룡의 지원을 받았던 이순신은 서인의 부당한 비난 때문에 투옥되어 벼슬을 박탈당했기 때문이었다.[66] 일본군은 좌우군으로 나누어 우선 전라도로 진격해서 주민들을 무차별적으로 학살했다. 피의 진격은 1597년(선조 30) 10월 17일(음력 9월 7일) 마침내 명의 동정군東征軍에 의해 익산*에서 저지됐다. 지휘

---

* 원서(83쪽)에서는 익산을 "서울 바로 아래 있는 도시a town just south of Seoul"라고 표현했는데, 번역에서는 옮기지 않았다.

관으로 복귀한 이순신은 10월 26일 명량해전에서 12척의 함대로 3백 척이 넘는 일본군을 대파함으로써 일본군이 황해로 더이상 진격하는 것을 막았다.[67]

명과 조선의 정규군과 의병에 의해 남부 해안으로 밀려난 일본군은 1598년(선조 31) 9월 18일 도요토미 히데요시의 사망으로 곤경에 빠졌다. 명과 조선군은 계속 공격했고, 이순신은 같은 해 12월 16~17일 노량에서 벌어진 해전에서 전사했다. 1주일 뒤 일본군은 조선을 떠났고, 침략은 끝났다.[68]

### 진관들 : 견벽堅壁과 청야淸野

조선 국방의 전술적 문제 중 하나는 전통적으로 산성을 이용해 방어한다는 것이었다. 정유재란이 일어났을 때 조선군은 '성벽을 굳건히 하고 들을 비우는' 전략을 사용했는데, 이것은 백성들에게 전가족과 재산·곡식을 가지고 가장 가까운 산성으로 들어가게 하는 것이었다. 마을을 떠나지 않는 사람은 일본군과 내통했다는 혐의로 즉시 체포되어 처형됐지만, 실제로 산성들은 너무 멀어서 대부분의 사람들은 가까운 언덕에 물건을 묻어두고 일본군이 올 때까지 마을을 떠나지 않았다.[69]

그 전술의 주요 목적은 일본군이 조선 농민들을 괴롭혀도 군량을 얻지 못하게 하려는 것이었다.[70] 그러나 명의 지휘관들은 언덕 위에 조성된 산성, 특히 소수의 정예병만으로도 대군의 진격을 막을 수 있는 요충지인 조령과 죽령에 만들어진 산성이 파손된 것을 비판하면서 다시 쌓을 것을 요구했다. 불행히도 이런 요로要路들은 전쟁 시작 2년 동안 잘 방어되지 않았으며, 끝내 전투에서 핵심적 역할을 하지 못했다.[71] 전쟁이 끝난 뒤 조선은 산성의 방비를 강화했지만, 다음 상대인 청과의 전쟁은 전술의 본질을 바꾸는 변화를 가져왔다.

## 화약과 화기의 불일치

1592년 조선 해안에 상륙한 일본군은 당시 조선군이 갖고 있던 어떤 무기보다도 우월한 서양식 조총으로 무장하고 있었다. 고려 후기에 최무선崔茂宣은 중국 기술자에게서 제조 방법을 배운 뒤 5백 척의 왜구 함대의 공격을 방어하는 데 화기火器를 처음 사용했다. 그 뒤 조정에서는 화통도감火筒都監을 설치해 화기 생산을 전담케 했다.[72]

1578년(선조 11) 이전의 어느 때인가 무신 김지金墀는 밧줄 모양의 새로운 휴대용 무기를 가져왔는데, 한 자루가 평균적으로 약 55센티미터의 길이에 몸통 총구의 지름은 2.5센티미터 정도였다. 그러나 이것은 서양의 머스킷 총이나 엽총보다는 훨씬 성능이 떨어졌다. 조선 정부는 1589년(선조 22) 일본 사신 소 요시토모시宗義智가 한 정을 선물로 가져와서 일본이 서양식 소총을 갖고 있다는 사실을 알았지만, 170정 가량만 복제해두었다. 조선군은 그것을 임진년 11월 진주 전투에서 처음 사용했으며, 이순신은 노획해두었던 것을 부산 해전에서 최초로 사용했다.[73]

조총의 도입을 가장 적극적으로 주장한 사람은 유성룡이었는데, 그는 조총이 화살보다 뛰어나고 16세기 후반 척계광도 왜구와 싸울 때 사용했다면서 뛰어난 기술을 도입한 이전 중국 왕조들의 사례들을 들었지만, 전쟁이 일어나기 전까지 그의 제안은 채택되지 않았다. 전쟁이 일어나서야 선조는 조총의 도입을 허가했다.[74] 화포제작의 전문가였던 군기시軍器寺 장인 이장손李長孫은 사정거리가 6백 보인 새로운 화포를 만들었다. 그 화포는 진주에서 벌어진 두 번의 전투와 경주에서 벌어진 세 번째 전투에서 커다란 위력을 발휘했다. 조선군은 철 파편과 도화선이 들어 있는 폭탄도 개발했다.[75]

소모사召募使 변이중邊以中은 3백 량이 넘는 새로운 화차火車를 제조했는데, 1량당 동시에 발사할 수 있는 40개의 포문을 가졌다. 조선은 수차석포水車石砲라고 불린 일종의 투석기도 발명했는데, 돌을 물레방아 모양으로 감아서 발사했다. 훈련도감에서는 명의 제독 유정劉綎이 전쟁의 막바지에 보내온 '독이 든 화약'을 사용하도록 부대를 훈련시키기 시작했다. 곽순성郭純誠 등은 그것을 생산할 수 있는 다양한 방법을 연구했다.[76]

그밖에도 이순신이 많은 해전에서 사용했던 효과적으로 무장한 거북선이 있었지만, 조선인들은 제한적이고 낙후된 기술적 능력을 갖고 있었다. 좀더 나은 군사기술을 찾으려는 노력은 전쟁이 끝난 뒤에도 지속됐다. 1601년(선조 34) 명의 화약 기술자 손룡孫龍은 포상을 받고 조선에 남아서 해초海硝*와 독이 든 화약의 제조방법을 4명의 조선 기술자에게 전수하고 사용법을 가르쳤다.[77]

### 방어체제의 변화

### 훈련도감(1593)

조선에 도착한 지 얼마 되지 않아서 명군은 조선군이 당시의 가장 앞선 기술 수준보다 매우 떨어져 있다는 사실을 알게 됐다. 명의 장수 낙상지駱尚志는 조총과 다른 전투기술을 훈련시킬 새로운 조직을 조선에 설치해야 한다고 유성룡에게 제안했다. 그 결과 선조는 1593년 9월 4일(음력 8월 10일) 훈련도감의 창설을 지시했는데 처음에는 72명만 배치했지만, 유성룡의 간청으로 나중에는 1만 명까지 늘렸다. 선조는 이여송의 추천을 받아들여 척계광의 『기효신서』를 포수砲手(총을 쏘는 병사)·사수射手(활을 쏘는 병사)·살수殺手(단검이나 창을 사용하는 보병)의 '세

---

* 바다에서 나는 광물로 화약의 재료가 됨.

가지 기술三手'을 맡은 부대를 조직하고 훈련하는 교본으로 배포하라고 지시했다.[78]

훈련도감의 재정은 다소 무계획적이었다. 처음에 군인들은 쌀 6말이나 그에 상당하는 돈을 일당으로 받았지만, 점차 줄어들어 정예부대를 충분히 뒷받침하지 못했다. 전쟁을 치르는 동안 재정이 부족했기 때문에 선조는 총인원의 절반만 수도에서 18개월씩 훈련을 받고 나머지 절반은 훈련도감에 할당된 둔전屯田과 충청도에 소재한 사찰의 버려진 토지, 또는 확실한 주인이나 경작자가 없는 토지를 적어도 그들이 집으로 돌아갈 때까지 경작하도록 명령했다. 훈련도감에 드는 비용은 둔전을 경작하는 농민들에게서 곡식을 세금으로 일부 걷었고, 호조와 군향청軍餉廳에서도 군량을 지급했다.

그럼에도 군량은 여전히 모자라서 오위의 정병이 2명의 보인에게서 얻었던 것보다 적었다. 정부는 부대를 둘로 나누어, 하번군下番軍은 농사를 지어 현재 복무하고 있는 상번군의 군량을 보급하도록 했다. 정부는 어염세魚鹽稅를 훈련도감에 주었지만 재정적 어려움은 여전했고, 전쟁이 끝난 뒤에도 그러했다.

훈련도감의 군사 중 일부는 반영구적이고 녹봉을 받는 직업군인이었지만 그밖의 사람들은 보인이어서 군역을 질 의무가 없었다. 훈련도감은 노비도 군사로 선발했기 때문에, 노비를 소유했거나 소유하고 있던 일부 몰락 양반들은 훈련도감의 노비군사를 후원하는 보인이 되기도 했다! 사망이나 유망으로 양정인구가 격감했기 때문에 1603년(선조 36) 훈련도감에는 2천 명의 군사와 7백 명의 보인밖에 남지 않았는데, 일부 신하들은 완전히 폐지하자고 주장했지만 선조는 정규 관원들의 녹봉을 줄이면서 그것을 존속시켰다. 그는 좀더 많은 양인들을 군사로 편제하기 위해 사노비의 선발을 금지하고 양반을 보인으로 만들었는데, 그 결과 곤궁해진 양반들이 많아졌다.

1602년(선조 35) 선조는 5도에서 토지 1결당 1말을 징수하는 삼수미三手米를 신설해 군량의 추가적인 재원을 마련했으며, 이것은 1606년(선조 39) 이후 계속 시행됐다. 그 세율은 그 뒤 약간 올랐다가 다시 1말로 줄었으며 1634년(인조 12)부터는 하삼도에서만 징수하게 됐다.[79] 이로써 재정적 기반은 확립됐지만, 훈련도감에 소속된 부대들은 설립 이후 20년 동안 거칠고 제어되지 않는 행동으로 유명했다.[80] 조총부대를 만들어야 한다는 주장에 대해 거의 모든 관서들은 전혀 관심을 보이지 않았다.

### 진관제도에 대한 유성룡의 계획

조선 전기의 진관제도는 16세기 무렵 쓸모없게 됐지만, 영의정 유성룡은 그래도 그것은 복구할 가치가 있다고 생각했다. 그는 각 도를 병마절도사가 지휘하는 주진主鎭이 설치된 지역으로 다시 나누고, 병마절도사는 그 관할권 아래 다른 진과 모든 읍을 지휘하고 통제하도록 했다.[81] 유성룡은 진관제도에서 각 부대는 "물고기의 비늘처럼 견고한 방진方陣 안에" 연결되어 몸에서 손과 발이 움직이듯이 지휘자의 명령에 즉시 응답하는 일종의 생물적 단위처럼 기능했다고 생각했다. 그는 중앙의 진관은 전술적 상황에 따라 적을 정면에서 공격하거나 뒤에서 추격하거나 측면으로 돌거나 다른 부대의 패배로 생긴 공백을 메우면서 다양한 지역 부대들을 통제할 수 있다고 판단했다.

유성룡은 이처럼 중앙에서 명령하고 지방에 전략적으로 분산된 진관제도의 주요한 장점은 적이 최일선을 공격하거나 어느 한 진관을 점령해도 여러 겹의 방어선을 구축할 수 있다는 것이라고 생각했다. 그는 진관제도가 일본의 또 다른 침략을 저지할 수 있는 장점이 있다고 지적하면서 남부지방에 적용할 수 있는 초안을 내놓았다. 우선 동래의 관할지역에서 양인 농민과 노비로부터 7만~8만 정도의 군사를 동원한다.

패배할 경우 그들은 대구 진관의 군사가 중앙에 포진하고 경주와 진주의 부대가 좌우의 날개를 형성하는 방어체제를 도왔다. 대구의 부대가 패배하면 상주·청주(충청도)와 경기도의 진관이 뒤를 받쳤다.

나라의 형세는 두 겹의 문이나 담장 같아서 적이 비록 한 겹을 뚫고 침투하더라도 또 한 겹이 있으면 어찌 열흘 만에 천리를 가로질러 도성에 도달해 아무도 없는 땅처럼 활보할 수 있겠는가.[82]

그의 제안은 1595년(선조 28)에 채택됐지만, 충분히 시행되거나 그 유효성을 판단받지 못하고 3년 만에 폐지됐다.[83]

유성룡은 각지에 분산되어 있는 군사와 진지를 국경이나 최전선에만 집중시키고, 규모가 큰 적을 방어하기에는 너무 협소한 읍성이나 진관으로 방어부대를 분산시키는 두 가지 폐단도 고치려고 노력했다. 그는 13세기에 송이 원의 침략에 패배한 까닭은 내부 방어의 지원체제와 전위前衛에 대규모 부대가 없었기 때문이었다고 믿었다. 당시 왕입신汪立信은 곤閫이라는 4개의 군사구역으로 지방을 나누어 수帥의 지휘를 받는 체제를 건의했지만, 채택되지 않았다. 유성룡은 왕입신의 생각을 각 도의 지휘관이 행정체계 안에서 명령하고 관리하는 진관제도와 비교했다.

그는 동진東晉(317~420)은 침략에 맞서 강을 방어하는 데 성공했지만 남송(1127~1280)은 실패한 사실을 중국의 주석학자들이 비교했다고 지적했다. 물론 조선은 일본의 침략에 맞서 강을 방어하는 데 상당히 취약했지만, 일본군이 한강·임진강·대동강으로 진격하는 것을 막도록 병력을 투입하지 못한 최고 지휘부의 실수는 더욱 심각했다.

송(960~1280)과는 반대로 동진은 국경에 있는 몇 개의 행정구역을 1명의 지휘관이 관할하는 대진大鎭이라는 하나의 군사조직에 소속시키는 번진藩鎭체제를 구축했다. 이 체제에서는 많은 병력을 통일적으로 지휘할 수 있었다. 송이 이런 선례를 따르지 않은 까닭은 당의 안록산安祿山 같은 절도사가 지방의 권력을 장악하는 것을 두려워했기 때문이었다. 그래서 그들은 번진을 없애고 지방군을 일반 행정구역인 군현郡縣에 따라 배치했다. 이런 조직들은 너무 작고 약했기 때문에 적은 그것을 차례차례 제거했다.[84] 핵심은 이것이었다. 당대唐代의 군사력에 너무 민감하게 반응한 송은 군사력을 분산시켜 군대를 약화시켰는데, 유성룡은 비슷한 요인 때문에 당시 조선의 군사력이 약화됐다고 판단했다. 아무튼 행정력과 군사력 사이의 어떤 균형을 찾아야 했다.

### 척계광의 전술과 노비의 복무

유성룡은 화포와 조총 훈련을 받은 군사를 정규군에 포함시키는 척계광의 절강浙江 병법을 앞장서 옹호했는데, 그 병법의 핵심적 조직원리는 대군을 작은 부대로 나누어 상하의 위계질서에 따라 배열하는 것이었다. 속오束伍라는 용어는 제1장에서 척계광의 『기효신서』를 서술하면서 설명한 조직방법을 가리키는 것인데, 1594(선조 27)~96년에 채택된 유성룡의 군사 개편에 기초가 됐다.[85]

또한 속오법은 신분에 상관없이 군사를 선발함으로써 모든 성인 남성을 군대에 편제하는 데 놓여 있던 주요한 장벽을 제거했다. 공·사노비와 서얼 같은 하층신분은 양인과 함께 군대에 편제됐다. 지휘관에게는 품계를 올려주거나 노비를 추가로 주어 보상해주었다.[86]

1594년 1월 25일 선조는 면역·면천된 모든 사람에게 군역을 지우라고 명령해 도성의 노비들을 모두 입대시켰는데, 이것은 1583년(선조 16)의 반란을 진압할 당시는 채택하기를 거부한 정책이었다.[87] 임진왜란이 끝난 뒤인 1600년(선조 33)과 1602년에 그는 노비를 면천시켜 군사로 징발했고, 궁궐에 소속된 내노비內奴婢를 13개의 도시에 분산해 그곳의 군사적 공백을 메웠으며, 양반의 사노비를 사수射手로 복무시켰다. 1603년(선조 36) 이 정책은 전환되어 사노비는 그 주인에게 반환됐지만, 노비를 군대에 징발하는 속오법은 조선 후기 내내 시행됐다.[88]

새로 만들어진 속오군은 11명의 군사가 1대隊, 33명이 1기旗, 99명(3기)이 1초哨, 495명(5초)이 1사司, 1만 2,375명(5사)이 1영營을 이루었다.[89] 지방 행정구역과 속오군의 편제가 어떤 관계였는지는 명확하지 않다. 예컨대 경기도는 도 전체에 5개의 영이 있었는데, 하나는 중앙에 있었고 4개는 외곽에 두었다. 그중 세 곳에서는 한 지역에 1사司씩 주둔했고, 나머지는 두세 지역을 1사가 담당했다. 수도에 있는 중영中營에는 새로 설치된 훈련도감이 들어 있었고 비정규적으로 군사를 충원했지만, 경기도의 군사력(5영)은 현재의 1개 사단과 비슷했을 것으로 추정된다. 전체적인 체제는 전통적인 민병제도에 기반해 운영됐다. 군사조직은 지방 행정조직과 상응했으며, 각 부대의 지휘관은 지방의 인재 중에서 충원됐는데, 농번기에는 정해진 계획에 따라 농사를 짓고 농한기에 훈련을 받았다.[90]

평안도의 속오군 조직을 살펴보면 1596년(선조 29)의 부대 배치를 좀 더 자세히 알 수 있다. 각 기旗는 살수·사수·포수 중 하나를 맡은 3개의 대隊로 구성됐다. 그러나 36개의 대 중에서 포수와 살수는 각각 8개와 5개였고 사수가 23개여서 전통적인 무기가 계속 남아 있었음을 보여주는데, 임진왜란 당시 일본군은 궁수와 보병 조직에 조총병을 혼성했다. 신분을 구별하지 말고 부대를 편성하라는 왕명에도 불구하고 일부 부대에는 노비를 완전히 제외하려는 시도가 확실히 나타났다. 6개의 기나 18개의 대 —1사의 절반— 에는 하층신분이 전혀 없었다. 끝으로 속오군을 진관제도의 복원과 결부시키려는 시도도 일부 나타났다.[91]

그러나 새로운 제도는 진관제도와 다른 측면도 있었다. 초관哨官들은 하급 행정단위인 면面·리里에서 선발됐지만, 백성들은 기총旗摠과 초관에 임명되지 못했다. 『기효신서』에서 규정한 부대 인원의 할당에도

가감이 허용됐다.[92]

유성룡은 진관제도와 속오법을 결합하려는 자신의 시도는 고대의 병농일치적 이상과 타협해야만 이룰 수 있다는 사실을 잘 알았다. 전형적인 현실적 개혁자로서 그는 주대의 이상적 제도가 무너진 이후 바랄 수 있는 최선의 제도는 불완전하지만 실재하는 세계와 절충하는 것이라고 주장했는데, 주대 이후 군사는 농민과 별개의 존재가 됐기 때문이었다. 그 뒤 군사의 임무는 "백성을 보호하기 위해 열심히 싸우는 것"이었으며, 농민의 임무는 "군사들에게 군량을 대는 것"이었다. 이것은 당시 번상 정병과 보인제도를 정당화하는 말이었으며, 이후 유형원은 그것을 지지했다.[93]

그러나 임진왜란 기간에는 휴전중에도 군사들에게 식량을 대기가 어려웠다. 농민들은 교대로 군역에 동원되어 거주지에서 복무지로 지정된 도성이나 각 진을 오가야 했기 때문에 집을 떠나 있는 동안은 농사에 차질을 빚었다. 유성룡은 『관자管子』「내정內政」에서 이런 현상에 대한 해결책을 발견했는데, 그 책에 따르면 대·기·초의 장교는 향촌에서 선발됐고 농민은 농한기에 군사훈련을 받았다.

유성룡은 군대조직의 규모가 각 지방에 거주하는 인구와 일치하는 것이 속오법의 기초라고 설명했다. 모든 군사는 거주지 근처의 조직에 배속되어 자기가 사는 마을에서 훈련을 받았다. 대규모의 야전 훈련을 받는 동안 영營에 소속된 모든 군사들은 한 곳에 집결했으며, 경기도의 경우 수도 밖의 4영은 사열을 받기 위해 수도로 소집됐다. 그런 경우가 아니라면 사람들은 군사훈련을 위해 먼 거리를 가는 고생이나 비용지출 없이 집에 머물 수 있었으며, 농사에 전념할 수 있는 충분한 시간을 가질 수 있었다.[94]

달리 말하면, 유성룡은 비축한 곡식이 바닥나고 생산이 붕괴되어 나라가 간신히 명맥만 유지하고 있는 거의 완전한 절망의 시기에는 병농

일치의 '이상'에 가까이 가는 것만이 지방의 예비병력을 훈련시킬 수 있는 유일한 '현실적' 방안이라고 주장한 것이다. 중앙집권적 관료제 국가는 도성에 설치된 훈련도감 아래에 소규모의 사수와 살수, 그리고 새로 창설된 포수만을 두었으며, 지방에서는 대규모의 직업군인을 항구적으로 운영할 수 없었다. 조선 전기 진관제도의 결함은 백성들을 거주지에서 상당히 떨어진 지역에 배치해 이동 경비와 조세 부담을 증가시킨 결과 피역을 위해 유망하는 사람들을 대거 양산했다는 것이었다. 유성룡은 지방 행정체제에서 군사조직을 만드는 속오법을 채택함으로써 이런 문제를 없애려고 했다.[95]

그러나 1598년(선조 31)에 임진왜란이 끝나자마자 속오군도 붕괴되기 시작했다. 1599년 사간원司諫院은 지방 수령들이 군사들을 군역뿐만 아니라 요역에도 동원한다고 비판했는데, 예컨대 훈련 기간에도 관아의 사령으로 일하게 하고 장형杖刑을 가했으며, 할당량을 어겨가면서 가족 중의 모든 양정을 속오군으로 등록시키고 군사에게 보인을 지급하지 않는다는 것이었다.[96] 게다가 자신들에게 부여된 영·사의 지휘 책임을 귀찮게 여긴 지방 수령들은 향촌에서 선발한 초관들에게 그 책임을 넘기고 훈련에 신경 쓰지 않았다. 속오군에 복무하는 것은 지옥에 떨어지는 것과 비교될 정도로 끔찍한 일이 됐다.[97]

더욱이 정부는 전쟁이 끝난 뒤에도 전체적인 군사력을 재건하지 못했다. 17세기의 첫 독자적인 경세학자 중 하나인 이수광李睟光은 『지봉유설芝峰類說』에서 왜란 이전 평시의 기본 병력은 정병正兵이 18만 명, 보인이 32만 명—모두 50만 명—으로 추정되지만 임진왜란이 끝난 뒤에는 겨우 6만 명밖에 남지 않았다고 썼다.[98] 요컨대 국가의 위기가 일단 끝나자 국방을 재건하려는 정부의 계획은 군사와 그 지휘관들의 부패로 무산된 것이다.

## 유성룡의 축성계획

유성룡은 일본군의 우월한 건축기술과 진관 이용을 관찰해 조선의 낡은 진관들을 재건하거나 새로 만드는 것이 국방력을 강화시키는 중요한 방안이라는 것을 깨달았다. 그는 조선군이 말뚝으로 만든 장벽을 쌓고 성벽에 총안銃眼을 만드는 대신 그저 흙과 나무만 쌓아놓았다고 비판했다.

유성룡은 조선이 축성에 대한 일급의 건축 지식을 갖지 못했다고 생각했는데, 성벽을 따라서 일정한 간격으로 총안을 만들고, 성벽 가장자리에 선 군사들이 성 밖의 화포 공격을 피할 수 있는 높이의 성벽과 아래에서 쳐들어오는 적들에게 발포할 수 있는 자유로운 총안을 설치하지 못했다는 것이다. 주벽主壁에서 튀어나온 치雉는 쳐들어오는 적에게 대응 사격할 수 있도록 일정한 간격으로 설치하고, 내벽 또한 방어를 위해 여분의 공간을 추가해야 했다. 당시 조선의 성벽은 너무 낮아서 위에서 방어하는 군인들은 적의 포와 화살에 공격을 받았으며, 그것을 피하기 위해서는 무릎으로 주위를 기어다녀야 했다. 유성룡 자신도 압록강 근처 안주安州에 중국식 성벽을 쌓았고 다양한 포술훈련을 추천했지만, 안주는 공격받지 않았으며 포술훈련계획은 시행되지 않았다.[99]

국방을 재건하는 데 중요한 역할을 했던 유성룡은 1598년 정유재란이 시작되자마자, 불행하게도 권력을 잡고 파벌을 만들었으며, 국정을 그르치고 심유경과 결탁했으며, 사람들을 관직에서 부당하게 내쫓았다는 죄목으로 대간의 탄핵을 받았다. 전직 대사간 김우옹金宇顒의 옹호에도 불구하고 마침내 그는 관직에서 쫓겨났고, 중요한 개혁을 이룰 수 있는 기회는 연기됐다.[100]

# 제3장
# 임진왜란 이후 국방과 경제의 발전

이 마지막 장은 국방을 재건하려는 노력들이 완전히 성공적이지는 않았다는 암시를 대부분의 독자들에게 던져줄 것이다. 17세기의 첫 10년이 끝날 무렵 군사를 늘리고 조총과 대포로 무장하며 방어 진지를 재건하는 것이 예상보다 지연되고 있다는 사실은 이미 확실했지만, 국가가 생존하는 데 더욱 중요한 문제들은 국내 정치와 대외정책 같은 비기술적, 심지어는 비군사적 문제들이었다.

북방에서 내려온 새로운 위기에 대처하는 동안 조선인들은 정부의 재정과 경제, 백성의 복지를 재건해야 했다. 이런 목적들을 이루기 위한 노력은 지연됐지만, 그 세기의 중반 무렵 외부의 위협이 가라앉은 뒤에는 성공의 징후가 점차 확연해졌다. 그 징후는 농지와 전세가 증가하고 교역이 확대됐으며 공납제도가 개혁된 상황에서 감지됐으며, 이런 새로운 상황은 개혁을 위한 유형원의 제안에 중요한 영향을 주었다.

# ┃ 청의 침입

## 대외정책을 둘러싼 당파간의 대립

임진왜란으로 철저하게 파괴된 조선의 백성들은 인구와 생산의 손실을 극복하기 위한 긴 노력을 시작했지만, 곧바로 또 다른 침략의 위협에 직면했다. 이번에는 북쪽의 청이었다. 인류의 역사에서 빈번히 일어났듯이, 조선인들은 임진왜란에서 배운 몇 개의 교훈을 적용하려고 시도했지만 상황은 크게 바뀌었다. 습득한 몇 개의 교훈은 그릇된 이해에 바탕한 것이었고, 적절한 국방정책을 수립할 수 있는 능력은 국내의 정치적 당쟁, 대외정책에 대한 정신적·현실적 접근 태도가 일치하지 않았기 때문에 제한됐다. 결과는 비극적이었을 뿐만 아니라, 국방은 군사적 전략과 전술만의 문제가 아니라는 것을 보여주었다.

1609년 광해군은 대북(동인에서 갈라진 당파)의 후원을 받아 왕위에 올랐는데, 대북은 도요토미 히데요시의 침입에, 용감하지는 않더라도 적극적으로 맞서는 태도를 보여주었다. 그는 서인에게서 배척받았는데, 서인에는 임진왜란 동안 선도적인 매파 몇 사람이 있었다. 몇 사람이 관직을 갖고 있었지만, 그들은 정치적으로 공격받기 쉬운 위치에 있었다.[1]

당시 한국의 안전을 위협하는 주요 세력은 누르하치의 영도 아래 후금後金이 흥기함으로써 일본에서 북방으로 옮겨갔다. 누르하치는 1589년(선조 22) 만주의 주변 부족을 정복하기 시작해서 1605년(선조 38)에는 명에 대한 조공을 중지했으며 1616년(광해군 8) 후금을 세워 제위에 오른 뒤 1618년부터 명의 국경을 침공하기 시작했다.[2] 후금이 점점 더 큰 위협으로 다가오자 명 조정은 조선의 도움과 군사 지원을 요구했고, 많은 조선인, 특히 서인은 명이 참전한 덕분에 임진왜란에서 승리할 수 있었기 때문에 명의 요청에 따라야 하는 전략적인 의무는 물론 도덕적인 의무를 갖고 있다고 생각했다. 그러나 조선은 명을 적극적으로 후원하면서 청의 침략 위협을 받게 됐다.

광해군은 명과 후금(1636년 청으로 개칭) 사이에서 줄타기를 했다. 예컨대 1619년(광해군 11) 명이 원병을 요구하자 그는 1만 3천 명의 조선군을 만주로 보냈지만, 지휘관인 강홍립姜弘立과 김응서金應瑞에게 전투의 흐름이 후금 쪽으로 돌아서는 즉시 항복해서 그들에게 조선의 어려운 입장을 납득시켜 추후의 군사적 보복을 방지하라고 지시했다. 그들은 지시를 따랐고, 지나치게 명을 적대시하지 않으면서도 조선에 대한 후금의 침략을 성공적으로 저지할 수 있었다.[3] 그럼에도 불구하고 1621년(광해군 13) 명의 장수 모문룡毛文龍은 압록강 입구의 한 섬에 주둔했고, 누르하치에 대한 전쟁에 참여하라고 조선을 계속 압박했다.[4]

1623년(광해군 15) 7천2백 명의 병력밖에 없었던 일부 서인 장군들과 관원들은 쿠데타로 정권을 탈취하고 광해군을 폐위시킨 뒤 후세에 인조로 알려진 능양군綾陽君을 추대했다. 이 쿠데타는 인조반정으로 역사에 남았지만, 그 명칭은 반역행위를 합법화하려는 시도가 분명하다. 반정을 이끈 서인들은 청에 대한 광해군의 신중한 정책을 즉시 폐기하려고 추진했다.[5]

### 서인 정치군인들의 새로운 분화

반정을 주도한 서인의 지도자 중 한 사람이자 이이의 제자였던 이귀李貴는 1623년 인조에게 훈련도감을 항구적인 방어부대로 전환하고, (보인의 후원 대신) 국고에서 정기적으로 식량을 배급하며, 도성 방어 임무를 맡기라고 설득했다. 이것은 새로운 군사적 기반을 만들려는 일련의 움직임 중 첫 시도였지만, 국방에 대한 종합적 계획이라기보다는 정치군인들이 강력하게 요구한 산물이었다. 같은 해 인조는 이서李曙 · 김류金瑬 · 신경신申景愼 · 이귀 등 4명의 반정 지도자와 김자점金自點 · 심기원沈器遠 등 2명의 조력자를 수뇌부로 구성한 호위청扈衛廳을 창설했다. 4명의 장군들은 직접 군사를 모집해 자신의 사병私兵처럼 취급했기 때문에, 호위청의 군사들은 자주 '4대장大將의 군사'라고 불렸다.

곧이어 이귀는 어영군御營軍(또는 어영청御營廳)을, 이서는 총융청摠戎廳을 조직했는데, 이 부대는 경기도를 관할했다.[6] 반정 지도자들은 병조판서를 무력화시켜 중요한 영장營將 정도로 영향력을 약화시켰으며, 도성지역의 특정한 영장들은 물자를 반半자치적으로 사용할 수 있었다.[7]

서인과 인조는 외교노선을 친명정책으로 수정하면 청의 침입 가능성이 높아지리라는 사실을 충분히 알고 있었지만, 국왕이 북방의 침략보다는 국내의 정적政敵들에 맞서 새로운 체제를 보호하기 위해 수도지역에 군사를 좀더 배치하기로 결정함으로써 국방정책은 차질을 빚었다. 1623년(인조 1) 북쪽 국경을 지키는 병력을 총 5만 명으로 구성하려는 정책에 따라 하삼도에서 징발한 군사 1만 5천 명을 북방으로 보내 이미 북쪽 국경을 따라 주둔하고 있던 1만 5천 명의 군사와 합쳤지만, 너무 많은 병력이 수도에 집중됐기 때문에 북방의 병력은 2만 8천 명을 넘지 않았다. 이것은 임진왜란에서 도요토미 히데요시가 15만 명의 군사를 동원한 것을 고려하면 아주 적은 병력이었다. 더욱이 수도의 병력은 북방 복무의 임무를 면제받았으며, 수도를 둘러싸고 있는 경기도의 전체 병력도 수도를 방어하는 임무를 맡았다. 1623년 인조는 국왕을 경호하는 금위군禁衛軍을 추가로 설치하고, 남한산성을 경기도 군사의 집결지로 보수하며, 북쪽 방어선을 뚫고 청이 공격할 경우 최후의 피신처로 강화도를 설정하자는 이귀의 제안을 받아들였다.

청에 대한 방어전략의 일환으로 국왕은 백성들의 사기를 높이기 위해 개성에서 어영군을 직접 지휘하려고 계획했지만, 1623년 예상했던 청의 침략이 일어나지 않자 이 계획을 접었다. 이귀는 1624년(인조 2) 명목상의 지휘관으로 은퇴한 9년 뒤인 1633년에 세상을 떠날 때까지 어영군을 지휘했다.[8]

### 이괄의 난(1624)

자신의 체제에 도전이 일어날 수도 있다는 국왕의 우려는 반정의 포상에 불만을 품고 있던 현직 동북면 부원수였던 이괄李适이 1624년(인조 2)에 반란을 일으킴으로써 현실화됐다. 그는 자신의 휘하에 1만 명의 군사를 소집할 수 있었지만, 국왕은 단지 6천 명에 의존했다. 청의 위협을 우려한 인조가 동북면 국경을 지키던 1만 7천 명의 군사를 후방으로 배치하지 않았기 때문에 이괄은 세 번의 전투에서 정부군을 물리치고 수도를 점령하고 인조를 공주까지 몰아낼 수 있었다. 두 달이 못되어 정부군은 반란을 진압하고 이괄을 처형했지만, 반란은 북방지역의 방어력을 심각하게 약화시켰고 군사들에게 공급해야 하는 식량과 재원을 고갈시켰으며 국경 방어에 동원할 수 있는 군사의 숫자를 감소시켰다.[9]

반란 이후 북방의 방어력을 수도에 집중시키는 정책이 강화됐다. 어영군은 260명에서 1천 명으로 늘었으며 훈련도감과 동등한 위상을 갖게 됐지만, 그 절반만이 동시에 복무했으며 군량도 충분히 보급되지 않았다.[10] 경기도 관찰사 이서가 지휘하는 새로운 2만 명의 총융군摠戎軍은 임진왜란중에 창설된 속오군의 60퍼센트를 끌어왔다. 지방군을 복구하기 위해 2천 정의 조총과 3천 개의 활이 일본에서 수입됐으며, 남한산성의 수축은 1626년(인조 4)에 완료됐다. 남한산성에는 상시적으로 주둔하는 군사가 없었으며, 위급할 때는 하삼도에서 군사를 끌어와야 했다.[11]

## 정묘호란(1627)

이괄의 난으로 곤욕을 치른 뒤 위축된 조선 조정은 후금에 대해 좀더 유화적인 정책을 채택할 것으로 예상됐다. 불행하게도 서인은 명에 진 부채에 대한 강한 도덕적 자각과 '야만적인' 만주족에 대한 문화적 우월 의식 때문에 외교정책을 수정하지 못했다. 더욱이 압록강 주변의 약탈 행위로 청에 골칫거리가 된 명의 장수 모문룡은 1626년(인조 4) 누르하 치가 사망한 뒤 적절한 시점에 반격하려는 작전을 짜고 있었다.

1626년 무렵 조선 정부는 침공이 무르익고 있다는 사실을 이미 알고 있었지만 남부지방의 군사를 북방으로 이동시키는 데 더뎠으며, 예상 되는 2개의 침략경로를 따라 평안도 북서쪽의 많은 진관과 읍성이 대비 하고 있다는 사실에 만족해 안주했다. 1627년 2월 후금이 침략하기 직 전인 1626년 후반 조선 정부는 겨우 5천~6천 명의 군사만 북서 국경지 대에 추가로 배치했다.[12]

후금을 막는 데 모든 군사를 투입할 것인지, 아니면 남한산성과 강화 도로 가는 퇴각로를 포함해 국왕과 수도에 대한 방어를 유지할 것인지 를 결정하는 명령체계에 균열이 심화됐다. 도체찰사 장만張晩과 그의 휘하인 김류·김자점, 그리고 노서老西에 소속된 인물들은 앞의 계획을 지지했고, 궁궐과 수도 경비를 맡은 이귀와 이서, 그리고 소서少西로 분 류되는 사람들은 뒤의 방침을 주장했다.[13]

국왕은 자신의 정권을 지키려고 했기 때문에 경기도에 배치된 이서 의 총융군은 남한산성을 방어하는 데 동원됐고, 이귀의 아들 이시백李時 白은 어영군의 정예병 3천 명을 수원水原에서 거느리고 왔다. 국왕은 전 방을 강화해야 한다는 장만의 요청에 따라 무기도 완전하게 주어지지 않은 총융군에서 2천 명을 보내기로 결정했다. 장만은 안주(청천강 바로 남쪽)부터 평양·황주·평산·임진강에 이르는 주요 거점을 방어한다는 전략을 세웠지만, 후금이 가장 북쪽에 있던 안주를 돌파하자 다른 곳의 지휘관들은 즉시 와해됐다. 장만은 지휘하기 위해서 개성으로 올라갔지만 인조는 어영군·총융군·훈련도감의 일부와 함께 강화도로 이동했다. 국왕은 장만에게 임진강의 새로운 전선을 방어하고 이서에게 하삼도의 부대를 이끌고 남한산성으로 오도록 명령했지만, 후금은 강화를 제안했다. 장만은 계속 싸우려고 했지만, 인조는 강화를 받아들이자는 이귀의 말을 기꺼이 따랐다.[14]

조선군은 임진왜란이 끝난 뒤 병력 규모, 군사의 조직과 훈련, 군량과 장비의 확충, 방어시설의 복구, 조총과 대포의 증강 같은 조건들을 개선하는 데 실패했지만, 정묘호란에서 패배한 주요 원인은 군사적인 측면이라기보다는 국내 정치와 미숙한 대외정책에 있었다. 인조반정 이후 후금정책은 위험스러운 방향으로 전환됐을 뿐만 아니라 정치적 환경도 불안해졌다. 반정의 주도자들은 이전의 정적이었던 대북 세력보다 자신들 내부의 분파에서 더 많은 위협을 받았다. 이괄이 북방의 3분의 1에 해당하는 병력을 이끌고 수도로 쳐들어왔을 때, 중앙과 남부지방에서 과감하고 신속하게 군사를 북방으로 이동시키지 못했다면 후금에 대해 강력한 방어선을 유지할 수 있는 가능성은 무너진 것이었다. 국왕은 그렇게 하지 못했는데, 자신을 추대한 장수들을 통솔하기에는 왕권이 너무 약했기 때문이었다. 이괄의 난이 진압된 뒤 인조는 그 장수들을 이전보다 더욱 필요로 했으며, 그들은 수도의 방어를 강화하기로 결정했다.

임진왜란에서 얻은 교훈의 결과로 추진한 후금에 대한 방어전략 — 일련의 읍성들이 서로 대체하면서 방어하는 체제 — 은 고정적이고 경직됐다. 이런 전략이 어떤 이점을 갖고 있다고 해도 중앙 정부는 수도 지역이나 남부지방에서 병력을 이동시켜 북서지방의 거점들을 강화하지 않았으며, 그 결과 그 지역들은 전체적으로 병력이 부족하게 되면서 무너졌다. 고정된 위치에서 방어하는 전략은 조선군을 분할시켰고, 병력이 부족한 진관이나 읍성들을 공격한 후금의 3만 대군에게 그들은 취약한 상태로 노출됐다. 후금을 방어하기 위해 전군을 재무장하거나 후금에 대한 적대정책을 포기해야 했지만, 상황은 어떤 선택도 허락지 않았으며 결과는 굴욕적인 패배였다.

## 병자호란

1627년(인조 5)의 강화조약에도 불구하고 조선 조정의 압도적인 친명정서는 변하지 않았다. 정묘호란 이전의 군사적 기반이 무너진 결과 명령과 전략이 나뉘어 통일된 명령체계의 수립과 북쪽 국경의 강화는 계속 차질을 빚었다. 이런 약점들은 대체로 정치 때문에 발생했다. 인조는 반정의 군사적 주도자들에게 너무 의존적이어서 그들에게 왕권을 제대로 행사하지 못했으며, 장군들은 방어전략과 당파에 따라 나누어졌다.

이귀와 이서가 중심이 된 소서는 국왕과 수도를 먼저 지킬 것을 고집했으며, 남한산성과 거기에 설치된 수어청, 경기도의 총융청, 그리고 어영청을 장악했다. 그들은 유사시 남한산성에 투입되는 5개의 행정구역에서 징발된 1만 2천7백 명의 군사들에 대한 관할권도 갖고 있었다. 대부분의 호적이 오랜 전란에 소실됐기 때문에 이귀는 호패와 호적제도를 통해 양정을 좀더 폭넓고 정확하게 파악해 병력을 증강시키려고 노력했다. 또한 그는 진관의 연락망을 전국으로 넓히려고 했지만(이 계획은 유성룡의 지지를 받았다) 안주의 전략거점을 강화하려고 하자 정부는 그 대신 도성 주변의 방어에 집중하는 전략을 선택했다.

이 전략을 지지한 소서에는 이서도 포함됐는데, 그는 1636년(인조 14) 사망할 때까지 총융청과 남한산성의 지휘관이었으며 경기도의 실질적인 책임자였다.[15] 그는 이귀의 아들인 이시방李時昉을 조종했는데, 이시방은 남한산성에 상시 주둔하는 수어청을 관할하는 수어사였다. 1635년 그는 어영청의 규모를 1천 명에서 6,170명으로 늘렸지만, 교대로 복무했기 때문에 한번에는 1,560명만 소집됐으며, 압록강이 얼어붙는 5개월 동안 한 번에 75일씩 (또는 1년에 모두 150일) 1년에 두 번 교대했다. 반면 역시 도성에 위치했으며 국가가 후원하는 유일한 상비군인 훈련도감은 1627년(인조 5) 2천7백 명에서 1634년에는 5천 명으로 늘어났다. 결론적으로 수도 방어부대의 증강은 국내의 반란에 대해 국왕을 보호하는 데는 적합했지만, 국방력은 거의 강화하지 못했다.

반면 노서의 야전 지휘관들은 도체찰사부의 도체찰사 김류와 도원수 김자점이 이끄는 북쪽 국경의 병력과 관련이 있었다. 당시 김류는 그의 영향력 아래 있던 소서의 계획을 반대했으며, 1633년 소서의 이귀가 사망하고 어영대장 이서가 병에 걸린 뒤 노서의 권력은 커졌다.[16] 이귀의 아들인 수어사 이시백은 중요한 군직을 가진 유일한 소서의 인물로 고립된 채 남았다.[17]

그러나 인조와 그의 조언자들은 그들의 권력이 닿는 범위에서 친명반청정책에 합의했으며, 사실상 이것은 명을 공격하고 있던 청을 돕지 않는다는 것을 의미했다. 1631년(인조 9) 후금은 모문룡의 후계자인 유광치劉光治에게서 탄도炭島를 빼앗기 위해서 1만 2천 명의 원정대를 보내면서 조선에 배와 군사를 요구했지만, 후금의 원정이 명에 의해 실패하자 그 문제는 사라졌다.

인조는 1632년(인조 10)과 1636년 후금의 두 가지 요구를 무시했다. 후금은 자국과 조선의 관계를 명과의 공존을 인정해준 형제관계에서 본격적인 군신관계로 바꾸고, 조선 국왕이 명 황제에 대한 공식적인 조공을 중지하라고 요구했다. 그러자 국왕은 앞으로 후금의 사신이나 연락을 거부하기로 결정하고 전국은 전쟁에 대비하라는 교서를 반포했다. 불행하게도 이 교서는 후금 사신의 손에 들어갔다. 당시 후금의 자신감은 커지고 있었다. 1636년 5월 후금은 청이라는 새로운 왕조의 이름을 채택했고, 청 황제는 조선 왕실의 일부 인사들과 반청정책을 옹호한 신하들을 인질로 보내라고 요구했다.

조선 정부는 또 다른 침략이 임박했음을 깨달았지만, 정묘호란의 손실로 청천강 이북지역은 병력이 너무 부족했기 때문에 일부 신하들은 그곳을 완전히 포기하자고 했다. 김류와 김자점은 청천강 남안南岸인 안주에 제1차 방어선을 설정하자고 주장했지만, 1632년에야 압록강 하류인 의주를 방어하기 위해서 지휘관이 파견됐다. 1637년 청의 두 번째 침략이 일어나기 5개월 전까지도 의주의 방어군은 겨우 7천 명뿐이었다.

방어정책은 조정에서 소서가 몰락하자 바뀌었다. 1629년(인조 7) 김류는 장만에게서 도체찰사 자리를 인수받았고, 1632년 이후 도원수 김자점과 함께 의주·안주·평양·황주·평산 등 5개 지역의 진관을 강화하면서 북서쪽에 방어를 구축하기 시작했다. 그러나 이 전략은 저지대와 방어거점이 되는 도시들을 버려두면서 모든 병력을 지역 마을 대신 근처의 언덕이나 산성에 집중시키는 결과를 가져왔다. 이긍익李肯翊이 『연려실기술燃藜室記述』에서 서술했듯이 가장 가까운 산성은 간선 도로에서 9마일(14.48킬로미터) 정도 떨어져 있었고 가장 먼 곳은 하루나 이틀이 걸렸기 때문에 "황해도와 평안도의 주요 진관들은 유령 도시로 변했다."[18] 조선인들은 정유재란과 동일한 '성벽을 강화하고 들을 비우는' 전략을 따르고 있었는데, 이것은 당시에도 일부 비난을 받았다. 이 전략의 숨은 의도는 침략군에게 식량을 조금이라도 덜 주려는 목적보다는 전략적 고지에 위치한 산성에 모여 대항함으로써 열세인 군사력을 극복하려는 것이었다.

1637년 2월 명이 이자성李自成과 장헌충張獻忠의 난으로 혼란에 빠져 있을 때 청 황제는 두 번째로 조선을 침략했다. 조선에게는 불행하게도, 청은 조선의 방어전략과 산성의 위치를 알고 있었다. 침략을 시작하자 청의 기병대는 산성을 그냥 지나쳐 서울로 가는 길목의 주요 도시들을 함락시키려고 압박했다. 산성에 들어간 조선군은 청군이 지나치는 것을 서서 바라볼 뿐이었다.

게다가 김자점의 오만 때문에 침략 소식은 매우 늦게야 도성에 보고됐다. 침공이 시작되기 직전 침략이 임박했다는 경보가 의주 근처의 용골산龍骨山으로부터 황해도 정방正方에 있는 도원수 김자점의 본부로 전달됐지만, 청이 겨울에 침략할 가능성은 전혀 없다는 말을 부하들에게서 오랫동안 들어온 김자점은 그 봉화가 실제로 청의 침입을 의미하는 것이라는 것을 믿지 않았으며 도성의 주민이 쓸데없이 놀라지 않도록 수도에 그 경보를 전달하지 않기로 결정했다. 첫 번째 경보 뒤 6일 만에 추가적인 경보를 받았지만, 그는 청이 조선 사신을 맞이하기 위해 국경으로 온 것이라고 해석하고 이번에도 도성에 알리지 않았다. 9일째 되던 날, 그러니까 침략이 개시된 바로 그날, 상황을 정찰하기 위해 부하 한 사람을 북쪽으로 보냈고, 그가 돌아와 청이 정말로 침공하고 있다고 보고하자 김자점은 잘못된 정보를 유포한다는 죄로 그의 목을 베려고 했다. 그 보고가 확인되자 그는 도성에 그 소식을 전할 수밖에 없었다. 국왕은 청군이 도성에 도착하기 이틀 전에야 침략 소식을 알았다. 첫 번째 경보가 전달된 지 14일 뒤였고, 그들이 압록강을 건넌 지 겨우 5일 만이었다.[19]

두 번째 침략은 압도적이었다. 좀더 나은 전략이나 경계 태세를 갖추었거나 도원수가 덜 오만했다면 침략을 막을 수 있었을 것이라고 생각할 수도 있다. 선발 부대는 임진왜란의 일본군과 거의 비슷한 12만이었다(만주족 7만, 몽골족 3만, 한족 2만). 그들은 매우 빨리 전진해서 수백 기의 청 기병들은 강화도로 가는 길을 막았다. 어쩔 수 없이 인조는 1만 2천 명의 인원과 충분치 못한 식량만을 가지고 남한산성으로 피신했다.

갑작스럽게 들어왔을 뿐만 아니라 이전에 김류가 각 도의 군사를 남한산성 남쪽지방에 배치하자는 이시백의 아버지 이귀의 요청을 막았기 때문에 산성에는 인원이 부족했다. 20만의 청군은 마침내 산성을 포위했으며, 남부지방에서 올라온 조선의 지원군을 물리쳤다. 방어는 더이상 유지되지 않았는데, 부분적으로는 산성 안의 군사 대부분이 불가능한 적에 맞서 죽음을 각오하고 싸우려고 하지 않았으며 반청정책에 책임이 있는 신하와 장수들을 청 황제의 요구대로 넘겨주라고 요구했기 때문이었다. 결국 인조는 청의 조건을 수락했고, 침략이 시작된 지 겨우 한 달 만인 1637년 2월 7일(음력 1월 13일) 조약에 서명했다.[20]

이런 완패의 주요 원인은 무엇이었는가. 경보를 수도에 알리지 않은 김자점의 완고하고 어리석은 행동이 치명적인 실수였음은 분명하다. 그 때문에 국왕은 계획한 대로 강화도로 피신할 수 없었다. 남한산성 인근 지역에서 군사를 소집했지만 그들에게 충분한 군량을 지급하지 못한 것도 심각한 실책이었는데, 그때 국왕은 포위된 상태에서 궁지에 몰려 있었다. 청군이 산성을 포위하자 방어군에게 식량이 떨어지는 것은 시간 문제였다. 청천강 이북지역의 군사력을 증강하는 데 더디고 불충분했으며, 침략로를 따라서 있는 저지대의 수비 병력을 간선도로에서 벗어난 산성으로 이동시킨 것은 여러 실수 중에서 가장 심각한 것임에 틀림없었다. 이런 실수는 침공하기 전에 청군이 자신들은 조선의 전략을 완전히 간파하고 있다고 통보했기 때문에 더욱 당혹스럽다! 청 태종은 1636년 12월 인조에게 교서를 보내 조건이 충족되지 않으면 침략하겠다고 위협했다.

귀국은 산성을 많이 쌓고 있지만 나는 당당히 대로를 거쳐 서울로 갈 것이다. 산성으로 나를 막을 수 있겠는가. 귀국은 강화도를 믿고 있지만, 내가 팔도를 유린하면 작은 섬 하나로 나라를 유지할 수 있겠는가. 귀국

에서 의논하는 사람은 유신儒臣들인데, 그들이 붓을 가지고 우리를 물리칠 수 있다고 생각하는가.[21]

청 태종은 적어도 두 가지 계산에서 옳았다. 기동력 있는 대규모의 군대를 편성하는 대신 병력을 산성으로 이동시키기로 한 결정은 치명적인 전략이었으며, 국왕이 강화도로 피신할 수 있었다고 해도 그것은 13세기 원의 침입 동안 그랬던 것처럼 전국을 파괴에서 구하지 못할 것이었다. 정책의 실패가 탁상행정에 빠진 유학자들의 잘못 때문인지는 확실치 않은데, 여러 결정들은 문신들이 아니라 군사적 경험을 가진 사람들이 내렸기 때문이다. 방어전략에 대한 통일된 정책의 부재로 군사력이 분열된 결과 북방과 수도지역 모두 임무를 수행할 수 있는 충분한 병력을 갖지 못했다. 북방의 야전 지휘관들은 평지의 재래식 부대를 조직할 만한 병력이 부족했기 때문에 산성으로 병력을 집중시킬 수밖에 없었지만, 그런 전략의 결함은 청군이 먼저 조선군에게 지적했다. 병력이 침략로를 따라서 평원에 배치된 전략적 읍성들을 강화하는 데 동원됐다고 해도 그중 어떤 한 곳이라도 12만의 청 선봉대의 진격을 막을 수 있었을지는 의심스럽다. 정묘호란과 병자호란에서 필요했던 조처는 중앙과 남부지방의 병력을 자신의 고향지역을 지키게 하지 말고 북부지방으로 최대한 빨리 이동시키는 것이었다.

요컨대 당시 조선은 대외정책을 재고했어야 했다. 뒤늦은 깨달음이지만 광해군의 중립외교를 지속했더라면 서인들의 반청정책보다 피해가 적었을 것이며, 두 번의 침략을 피할 수 있었을 것이다. 그러나 인조를 추대한 서인들은 명에 대해 끝없는 부채의식을 느끼는 도덕주의자였고 청을 경멸하는 문화적 인종차별주의자였다. 그들은 친명반청정책을 채택한 책임이 있었으며, 국왕은 그 정책을 반대하려고 했지만 그들의 강력한 힘에 밀려 포기하고 그 정책을 뒷받침할 수 있는 충분한 군사력을 증강하지 못한 책임이 있었다. 국방력은 이괄의 난으로 약해졌을 뿐만 아니라 서인 내부의 당파 분열도, 올바른 방어정책은 그만두고라도, 통일된 국방정책을 수립할 수 있는 가능성을 방해했다. 이런 상황에서 반청외교정책을 지속한 것은 자살행위였으며, 굴욕적인 패배만을 보장하는 것이었다.

경세론을 공부하는 조선의 학자들이 배울 만한 교훈이 있었다면, 군사전략과 배치·조직은 다른 상황에 맞춰진 교과서의 사례들을 그저 모방할 것이 아니라 상황의 특수성에 적합하게 고안되어야 하고, 우세한 기병력을 가진 12만의 대군과 맞서기 위해서는 평원의 야전군을 충분히 확보해야 하며, 명령의 통일성은 필수적이라는 사실이었다. 결국 국방력이 적대적인 외교정책을 뒷받침하기에 적합하지 않다면 그 정책은 폐기되어야 하거나, 재앙을 막을 만한 충분한 군사력을 구축하기 위해서는 시간이 필요했다.

### 협력과 저항(1637~49)

병자호란에서 패배한 뒤 국방정책은 인조와 급진적인 척화파, 그리고 청의 우위를 현실로 받아들이고 그 요구를 일부 수용해야 한다는 김자점이 이끈 온건론자 사이의 정치적 논쟁으로 혼란에 빠졌다. 군사 배치의 구성은 크게 변하지 않았지만 배치의 관리를 둘러싼 정치적 논쟁은 계속됐으며, 인조가 자신의 맏아들인 소현세자昭顯世子까지 포함해서, 청과의 화해에 찬성하는 모든 사람에게 적의를 보이면서 정치적 분위기는 악화됐다.

강화조약을 체결한 뒤 청은 조선을 군사적으로 지배하지는 않았지만, 조선의 본격적인 재무장을 막으려는 것은 당연했다. 그럼에도 인조는 남한산성의 재건에 착수했고 청의 관원들이 집요하게 추궁하자 그것은 최근 일본의 공격적 행동에 대비하기 위한 조처라고 설명하면서 피해나갔지만, 1639년(인조 17) 청은 최근 건설한 포루砲樓를 파괴하라고 압력을 넣었다.

이런 상황 아래서 조선이 명에 줄 수 있는 최대의 도움은 정보 제공과 군사 원조에 대한 청의 요구를 지연시키는 것이었다. 영의정 최명길崔鳴吉은 청의 분노를 달래기 위해 심양瀋陽을 자주 방문했지만, 청의 요구를 따르지 않는 것은 손실이 크고 어려운 일이었다. 1640년(인조 18) 청은 명을 공격할 때 조선 보병이 늦게 도착했고 조선 함대는 명의 전함에 발포하지 않았으며 조선의 척화파들은 병자호란의 항복조약을 12번이나 어겼다고 책망했다. 압록강 하구에 있는 의주에서 조선의 최고 신하들을 만난 자리에서 청은 김상헌金尙憲과 그밖의 저명한 척화파들을 체포해 구금했으며, 1642년에는 명과 은밀하게 연락했다는 혐의로 최명길을 잡아갔다.[22]

조선 내부에서 노서와 소서의 당쟁은 청의 지배권에 대한 적대적 태도를 더욱 강화시켰다. 노서의 김류와 김자점은 청의 지배를 현실적으로 인정하자는 쪽이었지만, 이시백과 그의 동생 이시방(모두 이귀의 아들이다)·김집金集·송시열宋時烈·송준길宋浚吉 같은 서인들과 남인의 영수 허적許積은 반대했다. 이시백은 국왕과 척화파의 지원을 받았는데, 남한산성에 포위됐을 때 그가 거느린 방어사 소속 군사들은 척화파들을 체포하라는 청의 요구를 듣지 않았기 때문이었다.

양쪽 다 정치적 갈등에서 피해를 입었다. 1637년 김류는 실각되어 귀양을 갔으며, 이시방의 친구이자 그의 뒤를 이어 방어사에 올랐고 청과의 화해를 선호했던 심기원은 1644년(인조 22)에 모반을 꾀했다는 혐의로 구속됐다. 공식적인 기록에 따르면 그는 회은군懷恩君을 추대할 계획이었지만, 그의 공모자 중 한 사람은 고문을 받던 중에 (거짓이라고 생각되지만) 다음과 같은 계획을 자백했다. 그는 심기원이 당시 장인의 장례에 참석하기 위해 심양을 떠나 귀국하던 소현세자를 호위하던 청군을 공격해 죽인 뒤 그들의 수급을 충성의 표시로 명에 보내고 명군과 합세해 청에 대항하려고 계획했다고 주장했다. 인조는 폐위되지는 않았지만 상왕上王으로 물러나고 세자에게 왕위를 물려주라는 압력을 받을 것이었다. 그러나 심기원이 이런 계획을 꾸몄다고 보기는 어려우며, 그의 정적에 의해 날조됐을 가능성이 있다고 생각된다.

척화파로 알려진 심기원의 숙청을 수도한 사람은 김자점이었는데, 그는 심기원이 이른바 '청류淸流'라고 불리던 반청적 학자들을 숙청하려고 계획했다는 말을 만들어냄으로써 자신의 행동을 정당화했다. 김자점의 목표는 척화파이자 자신의 정적인 이시백과 이시방을 제거하는 것이었다.[23] 김자점은 소현세자와 그의 부인이자 의정 강석기姜碩期의 딸인 민회빈愍懷嬪 강씨의 갑작스러운 죽음을 둘러싼 음모를 이용하려고 시도했다. 병자호란 이후 청의 수도 심양에 인질로 간 소현세자의 거처는 조선의 대사관이자 교역거점으로 기능했는데, 그렇게 된 주된 이유는 청의 사신이 올 때마다 인조가 칭병을 핑계로 접견을 회피했기 때문이었다.

1642년(인조 20) 이후 국왕과 척화파 신하들은 세자가 청과 결탁해 국왕을 퇴위시키려고 꾀하는 것이 아닌지 의심하기 시작했다. 인조의 분노는 총애하던 후궁이 민회빈 강씨를 증오하며, 소현세자가 방탕하고 사치스러운 생활을 한다는 소문에 의해 증폭됐다. 1644년 청이 명의 수도인 북경을 점령한 뒤 청 태종의 왕자로 어린 순치제의 섭정을 맡은 도르곤多爾袞은 세자를 조선으로 돌려보내기로 결정했지만, 돌아온 지두 달 만에 세자는 병에 걸려 사망했다. 세자의 급작스러운 사망은 그가 국왕의 지시에 의해 독살당했다는 의심을 크게 불러왔다.

살해의 가능성은 인조의 후속 조처에 의해 무게가 더해졌다. 유교적 도덕기준에 따르면 불복하는 아들은 살해해도 용서받을 수 있었지만,

인조는 세자빈과 김천 강씨인 그녀의 친족들이 가증스러운 행동을 저질렀다는 조작된 자백을 얻기 위해 여러 궁녀들과 하녀들을 고문하고 죽이라고 지시했다. 우선 그는 세자빈 강씨의 네 남자 형제들을 유배 보냈으며 1646년(인조 24)에는 그녀가 자신의 음식에 독을 넣었다는 죄목으로 사약을 내림으로써 가족 전체를 거의 몰살시켰다. 인조는 근거 없는 죄목으로 그녀의 어머니와 남자 형제 2명을 처형했으며, 소현세자의 아들이자 자신의 손자 셋을 모두 제거했다. 인조는 둘째아들인 봉림대군鳳林大君을 새로운 세자로 선택했는데, 우연하게도 봉림대군의 빈은 김자점의 협력자 중 한 사람의 딸이었다.

인조는 관용을 요구하는 대부분의 신하들의 일치된 항의와 요구를 물리치고 이 모든 일을 강행했다. 김자점은 세자빈의 사사에 반대한 소수의 신하 중 한 사람이었으며, 1648년(인조 26) 청의 사신이 소현세자의 자제들의 행방을 묻자 유배된 뒤 병으로 사망했다고 대답했다. 그 말은 거짓이었는데, 세 아들 중 2명은 더 나중에 사망했다.[24] 인조의 잔인한 행위는 청에 대한 증오와 국내의 정치적 음모에 대한 두려움 때문에 야기된 것이었다.

인조 말년에 정치적 권력은 김자점에게 넘어갔다. 군권은 그가 지휘하는 어영청과 이시백·이시방이 거느린 수어청과 총융청이 분점했다. 김자점은 인조의 두려움을 위로해주었으며, 이시백 또한 1637년 정초군精抄軍을 새로 만드는 데 일조했다. 이 시기의 군사력은 이렇게 약간 증강됐지만 조선 전체의 국방력은 강화되지 않았다. 오히려 김자점이 거느린 어영청에서 매년 1천 명의 포수를 뽑아 명과 싸우던 청을 돕는 데 파견했다.

1643년(인조 21) 김자점은 영의정으로 임명되면서 어영청의 지휘관에서 물러났지만, 어영청의 도제조都提調를 겸직하면서 그 부대를 계속 관할했다. 김자점은 인조의 총애를 받고 있던 척화파 이시백을 제거하지는 못했지만 자신의 손자를 인조의 공주와 결혼시키는 데 성공했다. 1649년 봉림대군이 즉위하자 김자점은 남한산성의 수어청과 경기도의 총융청에 대한 지휘권을 얻었다.[25]

병자호란부터 인조의 붕어(1649)까지 주요 부대와 경군京軍, 그리고 각 진鎭들은 정치의 전리품이 됐다. 반역의 음모, 증오의 대상인 청과 협력했다는 혐의, 심기원의 잔인한 처형, 소현세자의 독살, 강빈과 그 친족의 처단 등의 사건은 분위기를 더욱 악화시켰다. 많은 신하와 학자들은 반청의 감정을 마음속에서 불태웠지만, 청 태종과 섭정 도르곤이 강경정책을 유지하고 자신들에게 협력적인 김자점을 조정의 요직에 계속 기용함으로써 좌절 속에서 이를 갈 뿐이었다.


## ▎농업 생산과 조세

### 임진왜란의 영향들

조세 수입과 비축량은 임진왜란 이전부터 문제가 되어왔다. 중종대 (1506~44)에는 203만 섬의 비축곡이 있었지만, 임진왜란이 일어난 해에는 50만 섬으로 떨어졌다.[26] 왜란 동안 일본의 초토화전략은 전국을 황폐하게 만들었으며, 농업경제는 크게 흔들렸다. 비록 그 전체가 경작되거나 세금이 부과되지는 않았어도 임진년에는 1천5백만~1천7백만 결의 토지가 양안에 올라 있었지만, 전쟁이 끝난 뒤 1601년(선조 34)에 실시한 조사에서는 세금이 부과되는 경작지가 겨우 30만 결인 것으로 밝혀졌다. 이러한 경작지의 수치는 1611년(광해군 3) 54만 1천 결로 거의 두 배 정도 상승했으며, 1634년(인조 12)의 전국적인 양전사업에서 양안에 등록된 토지(경작하지 않는 토지도 포함. 평안도는 제외)는 124만

6,310결로 증가했다. 복구가 계속됐지만, 18세기 무렵에는 145만 결을 넘지 않았으며 그중 약 80만 결이 과세되는 경작지였다.<sup>27</sup> 전세를 걷는 비율은 1444년(세종 26) 공법의 변율에서 가장 낮은 수치로 책정됐으며, 정부는 전쟁에서 파괴된 농민들이 회복하도록 돕기 위해 세금을 계속 낮게 매겼기 때문에 세율을 올려 세수를 늘리지는 않았다.

따라서 정부는 중앙 국고에서 모든 비용을 지출하는 대신 특정한 제도와 관서에서 임시로 재원을 마련하는 방법을 고안해야 했다. 처음에 부대와 군사들에게 공급할 재원은 둔전이라는 전통적 제도를 통해 마련했으며, 이런 방법은 의정부·호조, 그밖의 중앙 및 지방 관서를 뒷받침하기 위해 만들어진 관둔전官屯田·아문둔전衙門屯田 같은 비군사 제도에도 적용됐다.<sup>28</sup> 내수사內需司와 분가한 공주의 사저인 궁방宮房에는 면세전과 급여가 특별히 지급됐다.<sup>29</sup> 결국 새로 만들어진 포수와 그밖의 부대에 주기 위해 임진왜란중에 채택된 삼수미 같은 특별한 목적의 세금이 부과됐다.

이러한 부가세들은 중앙 정부가 전세를 더 걷을 수 있는 우회적 수단이 됐을 뿐만 아니라 17세기에 걸쳐 공납이 전세로 전환됨으로써(대동미) 지주들에게 부과된 전세는 세 배 정도 늘어났다. 대동미는 원래의 전세보다 두 배 정도 많았다. 단기적으로 이 개혁은 공납제도의 다양한 부정을 제거했다는 점에서 납세자들에게 합리적이고 이로웠지만, 국가에서 양전사업을 정기적으로 실시하고 조세를 계속 공평하게 부과하기 어려웠기 때문에 장기적으로는 나쁜 영향을 주었다. 유력한 지주들은 자신들의 경작지와 개간지의 상당 부분을 과세 장부에서 계속 누락시킬 수 있었기 때문에 조세의 분배는 시간이 갈수록 불공평해졌다.

## 지주제의 분열

왕조 개창부터 토지 소유의 분열이 점진적으로 일어났는데, 그런 현상은 1960년에 김용섭이 17세기 중반과 18세기의 일부 양안을 연구함으로써 본격적으로 밝혀졌다. 분산된 토지 소유의 발전이 갖는 중요성에 대한 해석은 최근 급격하게 바뀌었다. 우선 임진왜란으로 조선 전기의 안정된 사회질서가 파괴되어 농민 대다수가 빈곤에 빠졌으며, 결국 1812년(순조 12)과 1862년(철종 13), 1894년(고종 31)의 대규모의 비극적인 농민반란이 일어났다는 견해는 많은 학자들이 받아들였다. 그러나 김용섭은 토지 소유의 분산이 조선 전기의 사회적 장벽을 무너뜨리고 좀더 많은 이윤을 올리기 위해 합리적인 방법을 사용함으로써 사회적 지위를 상승시킨 경영형 부농이 등장할 수 있는 기회를 열어주었다는 측면에서 그것을 좀더 긍정적인 특징으로 해석했다.

토지 소유 형태의 변화가 가져온 사회적 영향에 대한 이러한 낙관적 견해는 정확하며, 그 영향은 임진왜란 이후 개혁적 경세학자들의 목표를 변화시켰는가. 개혁자들은 토지와 부의 불공평한 분배에 대한 불만과 정전제나 균전제의 정신에 기반해 토지를 국유화하고 재분배해야 한다는 주장을 버렸는가. 그들은 토지를 좀더 자유롭게 매매하고 경제적 부를 추구하며 모든 사람에게 기회가 균등하게 주어짐으로써 사회적 이동이 좀더 촉진되어야 한다고 요구했는가.

15세기 중반 가호들은 결結이라는 단위로 측정된 토지를 소유했는데, 결은 토지의 실제 면적이 아니라 토지의 비옥도에 따라 2.25~9.0에이커(9,105~3만 6,421제곱미터)로 변동되는 면적에서 생산된 일정한 수확량이었다. 17세기에 와서 토지의 평균 면적은 너무 많이 줄어서 1백 분의 1결인 부負로 계산됐는데, 극소수의 지주들만이 1결 이상을 소유했기 때문이었다. 1901년에 일본이 조사한 바에 따르면, 평균 소유 면적은 가장 토지가 비옥한 남부지방인 전라남도에서 1가호당 4.7에이커(1만 9,020제곱미터)와 경상북도에서 5.7에이커(2만 3,067제곱미터)였고, 중부지방인 경기도에서는 6.9에이커(2만 7,923제곱미터)였으며, 토지가 상당히 척박해서 벼농사보다는 밭농사가 훨씬 많이 지어졌던 북부지방에서 평안북도는 8.7에이커(3만 5,207제곱미터), 함경남도는 9.8에이커(3만 9,659제곱미터)였다.[30]

후카야 도시테쓰深谷敏鐵가 인용한 1436년(세종 18) 강원도의 양전 조사에서는 소유 면적에 따라 지주들을 나누었다. 최상위의 범주인 대호大戶는 50결 이상을 소유한 사람이 포함됐는데, 그들은 평균 80결 정도를 소유했다(1결이 5에이커(2만 234제곱미터) 정도이므로 4백 에이커(161만 8,770제곱미터) 정도였다). 반면 소호는 6~9결을 가진 사람으로 정의됐는데, 그 집단의 평균 소유 면적은 7.5결(37.5에이커. 15만 1,757제곱미터)이었다. 가장 낮은 범주인 잔호殘戶는 평균 2.5결(12.5에이커. 5만 585제곱미터)을 가졌다. 김용섭은 강원도가 남부지방보다 덜 비옥하기 때문에 남부지방의 분배 양상은 좀더 잘게 나뉘었으며 평균 소유량도 적었다고 지적했다. 또한 그는 다른 자료들에 따르면 15세기에는 가호당 평균 1결을 소유했다고 언급했지만, 그런 경우라도 그가 17~18세기의 사례들(0.5결. 2.5에이커. 1만 117제곱미터)에서 발견한 면적보다 두 배 정도 넓다.[31]

김용섭은 1669년(현종 10), 1719년(숙종 45), 1720년(숙종 46) 하삼도 5개 지역의 양안에 기록된 2,193개의 가호를 대상으로 연구했다. 그 양안들에 수록된 가장의 이름은 '경작하는 주인'이라는 뜻의 '기주起主'라고 기록되어 있으며, 김용섭은 이 기주가, 지주를 나타내는 표준 용어는 아니었지만, 양안에 실려 있는 토지의 소유주를 나타낸다고 주장했다. '주인'이라는 뜻의 '주主'는, 지주에서 보듯이, 대개 소유권자를 지칭한다는 그의 논지는 분명히 설득력이 있지만 완전히 받아들이기는 어려운데, 기주는 지방 수령에게 세금을 납부해야 할 책임을 갖고 있는, 그저 그 토지에 등록된 경작자일 가능성도 있기 때문이다. 만약 그렇다면 기주는 토지의 소유자이거나 아닐 수도 있으며, 양안은 소유권의 분산을 입증하는 데 별다른 쓸모가 없을 수도 있다.

김용섭은 토지 소유 형태가 점차 분산되어가고 있다는 사실을 자신의 자료에서 알 수 있다고 주장했지만, 그것이 사실이라고 해도 그의 발견에는 한 가지 예외가 있다. 그가 이용할 수 있는 지역의 숫자가 제한됐기 때문에 나타난 잘못이라고 생각되지만, 대호의 숫자가 상당히 적으며 다른 자료들을 널리 검토해보아도 더 많은 토지를 소유했다는 징후가 없다. 김용섭은 어떤 지주는 자신이 연구한 기록에는 나와 있지 않은 다른 촌락이나 지방의 여러 소규모의 토지를 소유함으로써 넓은 토지를 축적할 수 있었다고 설명했지만, 한 지역 안에서도 대토지를 소유한 사례는 나타난다. 반면 기주가 지주가 아니라 경작자였다면, 그들 중 다수는 이름조차 나와 있지 않은 지주의 소작인이나 노비로 볼 수 있을 것이다.

그러나 기주가 정말로 소유주였다면, 김용섭의 통계는 극소수의 가호만이 1결 이상을 소유했으며 대부분은 5결(50부) 이하, 그리고 절반 이상, 때로는 3분의 2 이상은 빈곤선 아래인 0.25결(평균 1.25에이커. 5,058제곱미터)을 가졌음을 보여준다.[32] 가호당 평균 소유 면적은 15세기 이후 현저하게 줄어들었을 뿐만 아니라 양반·양인·노비라는 세 가지 주요한 사회신분의 범주 모두에서 소유권의 분화가 크게 나타난 것이다.

그러나 이런 분화가 소유권의 구조에서 신분의 위계가 사라졌음을 의미하는 것은 아니었다. 김용섭이 고안한 서열화의 구조에 따르면 5개 지역의 가장 부유한 10퍼센트가 토지의 40~50퍼센트를 소유했다. 등록된 기주의 15퍼센트를 차지하는 중간 규모의 지주는 25퍼센트의 토지를 가졌다(기주는 인구의 총수가 아니었다. 기주에는 각 가호의 남성 가장만이 등록됐으며, 김용섭이 남성인구의 30퍼센트는 됐을 것이라고 추산한 바 있는 토지를 갖지 못한 노동자들은 언급조차 되지 않았다). 등록된 기주의 20퍼센트를 차지한 소규모의 지주인 소호(김용섭은 가호당 0.25~0.5결을 소유한 부류로 규정했다)는 20퍼센트가 조금 못되는 토지를 소유했다. 가장 빈곤한 50~60퍼센트의 기주(가호당 0.25결 이하를 소유)들은 등록된 토지의 10~20퍼센트만을 가졌다.[33]

또한 김용섭은 직접 경작하는 지주의 평균 소유 면적은 줄어들었다고 주장했다. 17세기 후반과 18세기 초반 이 5개 지역의 통계에 따르면, 연구 대상이 된 모든 지역에서 등록된 기주의 66~83퍼센트는 0.25~0.5결의 작은 토지를 소유했으며 43~68퍼센트는 생존 수준 아래인 0.25결 이하를 가졌다.[34]

김용섭의 주장대로 양안의 기주는 소유주가 아니었다고 해도, 왕조 후반으로 갈수록 평균 소유 면적이 줄어들고 있었다는 사실은 여러 자료에서 충분히 나타난다. 예컨대 1911년 일제가 토지소유권을 박탈했을 때 하삼도에서는 4.4~7.3퍼센트의 인구만이 1결 이상을 소유했으며, 55~63퍼센트는 0.25결 이하를, 81~85퍼센트는 0.5결 이하를 갖고 있었다.[35]

유형원이 토지 분배와 조세 문제에 대한 자신의 해결책을 쓰기 시작했을 때인 17세기 중반, 사유私有의 파편화는 오랫동안 진행된 상태였다. 그러나 만약 유형원의 증명이 믿을 만하다면, 당시 조선의 농민들을 괴롭힌 주된 문제는 단순히 경작자들이 소유한 평균 토지면적의 감소가 아니라 대지주에게 토지가 집중되고 대지주 및 노비 소유주와 소작인·노비, 그리고 토지를 갖지 못한 노동자들 사이의 부의 불평등이었다.

## 토지 소유와 사회의 계층화

20세기 이후 호적을 토대로 조선 사회를 연구한 최초의 학자들 중 한 사람인 시카다 히로시四方博는 1690년(숙종 16)과 1858년(철종 9)에 작성된 경상도 대구 몇 마을의 호적을 조사했으며, 거기서 양반 가호라고 정의한 비율이 8.3퍼센트에서 65.5퍼센트로 꾸준히 늘어났다는 결론을 제출했다. 그의 연구 결과는 조선 후기 사회를 보는 시각을 바꿔놓았다.[36] 그의 연구는 17세기 이후 사회의 상향 이동이 빨라졌다는 이론의 기초를 확립했으며, 김용섭이 그런 현상에 대한 경제적 설명을 발견하는 데 자극을 주었다.

그러나 김용섭의 연구 결과 중 하나는, 상향 이동의 논거를 발견하기 위한 작업이었음에도 불구하고, 전체적으로 양반의 경제적 부가 17세기 후반 무렵 심각하게 축소됐다는 사실이었다. 그가 연구한 양안에 기재된 양반 기주(김용섭의 견해에서는 지주)는 대체로 양인이나 노비보다는 경제적 사정이 나았지만 모두 그랬던 것은 아니었으며, 한 지역을 제외한 모든 곳에서 양반의 절반 이상이 빈곤선 아래 있었다. 양반들보다 더 많은 토지를 소유한 양인들도 있었으며, 일부 지역에서는 다수의 양반과 양인들보다 더 많은 토지를 가진 노비들도 있었다.[37]

신분적 서열이 재산 소유의 서열과 완전히 일치하지는 않는다는 사실을 보여주었다는 의미에서 그의 발견은 양반은 모두 대지주이고 대지주는 모두 양반이라는, 근거가 박약한 이전의 추정을 부정하는 것이었다. 그럼에도 불구하고 대부분의 대지주는 양반이었으며, 대부분의 양반은 대지주였다. 그런 측면은 시카다 히로시가 대구를 조사한 통계의 첫 번째 해인 1690년에 인구의 8퍼센트인 기주가 그 지역의 양반이자 지주로서 토지의 대부분을 소유하고 있었다는 사실에서 충분히 드러난다. 이런 통계들은 문헌에 나타나는 대토지 소유를 전혀 보여주지 않고 기주에는 대지주의 소작인도 포함될 가능성이 충분하기 때문에 김용섭이 제출한 사례들은 당시 대지주에게 토지와 부가 집중된 상황을 충분히 고려하지 않았다고 보는 것이 안전할 것이다.

## 농업 생산의 증가

인구의 증가에 따른 토지 소유의 파편화는 농민들을 빈곤하게 만들었고 상향보다는 대규모의 하향 이동을 야기했음이 분명하다고 해도, 이런 상황은 경영형 부농에게 더욱 많이 노력함으써 부를 축적할 수 있는 기회를 좀더 많이 제공했다고 김용섭은 파악했다. 김용섭과 이태진李泰鎭을 비롯한 여러 학자들은 농업기술의 발전이 농업 생산을 획기적으로 늘렸으며, 시장 활동과 전체적인 경제 성장을 자극한 잉여생산이 나타나는 데 주요한 촉매를 제공했다고 평가했다. 그러나 이런 가설을 증명하기는 그리 쉽지 않은데, 좀더 생산적인 기술이 도입됐음을 보여주는 질적인 정보는 소출의 평균량을 담은 질적인 자료에 의해서 증명되어야 하기 때문이다(좀더 자세한 논의는 제9장 참조). 더욱이 생산의 증가를 입증할 수 있다고 해도, 소비량보다 많은 잉여생산량이 창출됐는지를 판단하기 위해서는 국가의 총생산량을 전체 인구수로 나누어야 한다.

직파법直播法 대신 모를 키워 심는 이앙법移秧法은 15세기 전반부터 경상도 일부와 강원도 남부에서 시행됐으며, 전라도와 충청도에서는 16세기 후반이 넘어서야 실시됐다. 1414년(태종 14) 태종은 이앙법을 금지했는데, 가뭄이 일어났을 때 직파법은 부분적 손실만 입었지만 그것은 전면적인 타격을 받을 것이라는 우려 때문이었다. 그 뒤 3세기 동안 정부는 계속 금지했지만, 대부분의 신하들은 이앙법이 직파법보다 전체적인 노동 부하를 줄여주기 때문에 농민들이 선호한다는 사실을 알고 있었다.[38] 금령에도 불구하고 이앙법은 임진왜란 이후 전국에 급속하게 퍼졌고, 18세기가 시작됐을 무렵에는 북부지방을 포함한 모든 지역에 전파됐으며, 70~80퍼센트의 논이 그 방식으로 경작되는 것으로 파악됐다. 중앙 정부에서도 가뭄으로 이앙법을 사용한 소출이 타격을 입으면 감세해줌으로써 그 존재를 인정했다.

농민들이 이앙법을 채택한 주된 이유는, 특히 일손이 집중적으로 필요할 때 김매기와 파종에서 노동력을 절반 정도 줄여주었고, 영양을 공급해 벼를 튼튼하게 했으며, 모를 심는 동안 잡초를 제거하고 뿌리를 씻을 수 있었고, 직파법보다 수확량이 훨씬 많았기 때문이었다. 가뭄, 특히 음력 4~5월에 모를 심는 중요한 기간 동안 비가 오지 않을 경우 농민들은 한 해 농사를 완전히 망칠 위험이 있었지만(조선 후기의 몇몇 가뭄은 혹독했다), 대지주와 소규모의 자작농 모두 소출을 늘리기 위해서 이앙법을 도입하는 데 매우 적극적이었다.

김용섭은 자신이 '경영형 부농'이라고 부른 집단이 이 방법의 확산을 주도했다고 주장했는데, 소작인들에게 토지를 빌려주고 지대를 거두기만 한 대지주들과 달리 그들은 직접 농사를 지었기 때문이었다. 이앙법의 도입은 대단히 압도적이어서 정부는 1698년(숙종 24)을 전후해 정책을 바꿀 수밖에 없었으며, 숙종은 충분한 수리시설을 갖춘 곳에서는 이앙법을 허용하라고 지시했다.[39]

일부 논자들은 이앙법이 노동력을 반감하고 수확량을 두 배로 늘렸다고 말했지만, 18세기 전반의 학자인 이익은 척박한 논에서 1두락에 1말의 볍씨를 파종하면 대체로 그 10배인 10말을 수확할 수 있으며, 좋은 토지가 그렇게 많은지는 의심스럽지만 가장 비옥한 논에서는 60배의 소출을 거두는 것으로 알려졌다고 언급했다. 이앙법이 표준으로 자리잡은 남부지방에서는 모내는 동안 손실되는 볍씨가 적었으며, 직파법보다 1.5배의 수확을 거뒀다.[40]

이앙법이 보급된 뒤에는, 조선 전기에도 알려졌지만 거의 시도되지 않았던 새로운 방식인 쌀과 보리를 논에서 이모작하는 농법이 도입됐다. 보리밭 사이의 이랑에 다른 곡식을 섞어짓는 것은 물론, 콩이나 기장 같은 쌀 이외의 작물을 이모작하는 일은 17세기 이전에도 있었지만, 보리는 주로 밭에서만 났다. 보리는 음력 4월 말과 5월 초에 수확됐는데, 이때는 벼를 직파하기에 너무 늦은 시기였다. 그러나 이앙법은 벼를 모판에 심어놓고 4~5월까지는 논에 심지 않았기 때문에 보리의 이모작이 가능했다. 하지만 따뜻한 날씨가 필요했기 때문에 벼와 보리를 이모작할 수 있는 지역은 남부지방에서도 가장 따뜻한 지역에 국한됐다. 이모작으로 생산량과 대지주·지주의 소득은 늘었지만 벼를 수확하기 전 빈농들은 힘겨운 보릿고개를 겪었는데, 이들이 굶주리는 동안 정부는 구휼미를 제공했다.[41]

관개시설의 확충, 벼·보리의 이모작의 확대와 함께 보급된 이앙법은 생산과 생산성을 증가시켰지만, 임진왜란으로 약 2백만 명(인구의 20퍼센트)이 사망하고 경작지가 황폐화됐다는 사실 또한 고려해야 할 측면이다. 그 침략으로 손실된 경작지의 대부분을 복구하는 데는 적어도 반세기가 걸렸지만, 인구의 감소는 17세기 중반 무렵 생산 증대를 촉진시켰다고 생각된다.

생산이 증가하고 한 사람이 경작하는 토지면적이 이전보다 넓어졌다는 우호적인 측면이 1인당 수입을 증가시킨 것은 논리적으로 납득할 수 있지만, 유형원 같은 목격자의 증언을 무시해서는 안 된다. 소유와 분배가 왜곡되고, 노비와 소작농을 이용함으로써 소작농의 수입은 절반으로 줄었지만 지주의 수입은 늘어나는 경작 방식이 만연했기 때문에 그는 17세기의 상황을 부정적으로 평가했다.

# | 산업과 상업

## 사공장의 출현

1962년에 발표한 논문에서 이상백李相佰은 17세기 조선의 경제는 상공업의 제약, 공인과 상인에 대한 지배층의 가혹한 과세, 중국의 조공 요구, 대외 수출의 금지와 같은 정부의 전통적인 정책 때문에 일용품의 교환에 기반한 것이 아니라, 그가 자연경제라고 부른 상태에 머물러 있었다고 보았다. 조선은 금·은을 조공으로 바치라는 명의 부당한 요구가 사라지자 광업과 야금술을 포기했으며 고품질의 비단은 수입했기 때문에 이런 물품을 만드는 기술은 중국의 수준에 도달하지 못했다. 일용품 생산이 발달하지 못한 또 다른 원인은 물건에 대한 요구 수준이 매우 낮았고 교통체계가 열악했으며 시장에서 화폐가 유통되지 않았기 때문이었다. 따라서 최종 결과는 상업 활동의 침체였다고 이상백은 결론지었다.[42]

그러나 강만길姜萬吉은 17세기에 일어난 여러 변화에 주목했다. 육조에 부속된 30개의 각사各司 중 5개가 폐지되고, 10곳에 소속된 공장, 특히 솜옷과 질그릇을 만드는 공장들이 없어져 해당 물품의 생산은 사공장私工匠에게 넘겨졌다. 다른 관서에 소속된 장인들을 등록하는 행위도 중단됐는데, 이것은 공장들이 점차 자유롭고 독립적인 생산체제로 옮겨가고 있다는 증거였다. 사공장들은 특히 16세기 초반부터 연산군에 의해서 국가에서 사용하기 위한 물품을 생산하는 데 동원되기 시작했다. 더욱이 관공장官工匠의 기술 수준이 하락하면서 더 많은 사공장들이 품질을 높이기 위해 국가에 의해 등록됐지만 여전히 노동에 대한 임금을 받지 못했다. 지방에는 숙련된 공장들이 거의 없었기 때문에 관찰사·지방 수령·절도사들은 필요한 물품을 생산하기 위해서 사공장을 고용해야 했다.

그럼에도 불구하고 이런 발전은 19세기 중반까지도 일용품의 생산을 모두 담당하지는 못했는데, 사공장을 고용한 관서들이 물품 생산에 요역을 계속 강제로 동원했기 때문이었다.[43] 승려들은 전통적으로 맡아온 제지·제화製靴·목공·양조산업을 계속 담당했으며, 백정들은 주로 도축업과 가죽·고리柳器제품 생산을 맡았다.[44]

## 면화 생산과 면직산업의 쇠퇴

면화와 면포는 모시와 삼 대신 옷감의 주요 재료가 됐다. 면포의 교역은 크게 증가해서 교환수단이 될 정도였지만, 면포에 대한 국가의 과세는 그 팽창을 막았다. 일본에 수출하던 물량도 임진왜란 이후에는 일본 자체에서 생산이 시작되고 곧 자급할 수 있게 되어 감소했다. 1755년(영조 31) 박홍준朴弘儁은 면포를 요구한 정부의 시책 때문에 단일 작물이 과다하게 재배되어 지력을 크게 손상시켰다고 증언했다.

고승제高承濟는 농촌 경제가 간신히 생존할 수 있는 수준으로 축소되어 소농의 파편적인 토지 소유가 일반화되면서 이런 현상이 일어났다고 지적했다. 농민들은 주요한 생계수단으로 면화를 재배하고 면포를 짜도록 강요받았지만, 국가는 전세를 늘리는 데 면화 생산을 이용했기 때문에 그런 강요는 거의 즉각적으로 효력을 잃었다. 조선은 면포를 중국이나 일본처럼 실제 생활에서 사용하는 필수품에서 사고 팔 수 있는 상품으로 전환시키지 못했지만, 군사에게 경제적 지원을 하기 위해 보인에게서 면포를 거두었다.

일반 가호와 보인에게 세금으로 부과되던 면포는 18세기부터 죽은 사람에게까지 불법적으로 추징됐다白骨徵布. 면포의 지나친 징수는 그 공급이 고갈되는 결과로 이어져 1866년(고종 3) 무렵에는 면포 1필의 값이 쌀 50~60말(3.3~4.0섬) 정도까지 올랐다.

이런 문제 때문에 인조대 이후는 쌀이나 기타 곡물 경작에서 면화를 분리해 구릉지대에서만 재배하도록 정책을 추진했다. 거기서는 부수적인 수입밖에 얻을 수 없었기 때문에, 서구 유럽의 이탈리아 북부에서 도시국가가 융성한 것처럼, 규제를 벗어나 산업혁명을 일으키는 추동력은 공급하지 못했다.[45]

## 시장과 사상私商의 확대

교역은 공인이 공납의 중개인으로 활동하기 시작한 15세기 후반부터 확대됐다.[46] 국가가 상인에게서 물건을 직접 사도록 법제화한 대동법은 공납제도를 대체하면서 상업 활동을 매우 촉진시켰다. 그 과정은 제21장에서 좀더 자세히 논의될 것이다.

1637년(인조 15) 무렵 시전 중에서 국가에 가장 많은 물품을 납부하던 6개의 시전 — 어느 곳이나 취급하던 물품의 70~1백 퍼센트는 국가에서 요구한 것이었다 — 은 육의전六矣廛으로 불렸다. 육의전(7~8개로 늘어난 때도 있었다)은 병자호란 이후 청의 조공 요구에 따라 만들어졌다. 풍부한 자본을 가진 그들은 일반 상품 · 은 · 비단 · 종이 · 모시 · 면포 · 생선을 취급했지만, 주된 품목은 면포 · 비단 · 모시 직물이었다. 각 점포는 70명 정도의 고용인을 두었다. 국가의 요구에 맞추는 것이 그들의 가장 중요한 임무였으며, 그 대가로 국가는 그들이 취급하는 물품을 독점 판매하고 그들과 경쟁하는 난전亂廛을 철폐할 수 있는 권한을 주었다.

17세기 전반 육의전이 만들어진 것과 거의 같은 때에 보부상들은 상호부조의 이익을 주고 외부의 압력에 맞서 권리를 보호하는 일종의 동업조합을 조직했다. 그들은 병자호란 때 남한산성에 포위됐던 국왕에게 식량을 공급했는데, 그런 숭고한 행동의 결과로 국왕은 그들에게 생선·소금·목기·토기·철기에 대한 독점판매권을 주었다.[47]

유원동은 상인들이 자본을 축적하고, 심각한 국고 부족에 직면한 중앙 정부로부터 이권을 얻기 위해서 그 자금을 사용하기 시작한 17세기를 전후로 경제적 변화가 시작됐다고 주장했다. 국가는 상업 전반을 규제하기보다는 중앙의 육의전에 독점적 특권을 주는 등 일부 새로운 상인들에게 특별한 호의를 베푸는 쪽으로 정책을 전환했지만, 이것이 자유시장의 원칙을 인정한다는 의미는 결코 아니었다. 더욱이 독점적 특권을 허락받은 상인들은 물품을 고정된, 때로는 비경제적인 가격으로 공급하고 뇌물을 상납하라는 궁궐과 중앙 관서의 부담스러운 요구를 견뎌야 했다.[48]


## | 결론

17세기 중반 조선은 정묘호란과 병자호란이 가져온 충격에서 겨우 회복되고 있었다. 이 두 침략의 영향은 임진왜란의 참화보다는 적었지만, 특히 병자호란은 무거운 조공의 부담을 경제에 부과했다. 이 두 침입의 불행한 결과가 분명히 보여준 군사력과 국방의 심각한 결함은 임진왜란 이후 추진된 개혁의 노력으로는 아직 치유되지 않은 상태였다.

군사를 확보하는 데 사용된 가장 중요한 방법은 노비를 입대시키는 것이었지만, 사회 상층부의 병역 기피자와 양반 관원의 친족, 그리고 군적軍籍을 관리하는 사람에게 뇌물을 주어 자신의 이름을 삭제해달라고 부탁한 하층신분을 동원하는 조처는 거의 실시되지 않았다. 진관을 다시 쌓고 군사를 조총으로 무장시키자는 논의는 실현되지 않았다. 지역 단위의 방진方陣을 만들어 유사시에 서로 엄호하도록 진관을 개편하자는 유성룡의 생각은 추진되지 않았다. 당쟁이 일어났고, 군사전략에 국내의 정치적 고려가 개입됐으며, 군사력이 정점으로 치닫고 있던 청을 향해 적대적 대외정책을 채택한 중대한 실수로 조선의 어려움은 더욱 악화됐다. 노론에 의해 추대된 인조는 신하들의 당쟁을 막는 데 아무 조처도 취하지 않았으며, 소서와 노서가 분열하면서 수도와 북방 국경선 중 어디를 방어할 것인지를 선택하지 못하고 그저 중재할 뿐이었다. 그는 적장자인 소현세자를 독살했을 가능성이 있을 뿐만 아니라 세자빈과 그 자녀·친족들도 죽임으로써 정치적 분위기를 악화시켰다. 국왕과 고위 대신들의 이런 행동은 존경받지 못했다.

국내적으로 경작지의 파괴와 인구의 손실은 거대한 곤란을 초래했지만 그 때문에 인구 압박은 줄었으며, 새로운 농업기술의 도입은 수확량을 증가시켰다. 그럼에도 불구하고 토지에 대한 통제방식은 변하지 않았는데, 대지주들은 소작인과 노비를 많이 소유했지만 소규모의 자작농들은 토지를 점점 잃어갔기 때문이었다. 토지와 부의 불공평한 분배는 전체적으로 잉여생산이 늘어났음에도 불구하고 계속됐으며, 새로 도입된 대동법으로 전세 부담은 16세기보다 세 배 정도 늘었기 때문에 농민들은 더욱 괴로워했다.

가장 흥미로운 변화는 공납제도를 대동법으로 개혁한 데서 나타났는데, 대동법은 현물 납부를 시장에서 물건을 구매하는 방식으로 바꿈으로써 상업경제를 활성화하고 화폐 도입을 촉진하는 길을 열었기 때문이었다(제5부 참조). 이것은 확대되던 시장에 맞지 않는 조세제도를 조정하자는 김육 같은 개혁적 신하들의 합리적인 계획을 채택한, 이 시기 개혁을 위한 노력이 집약된 제도였다. 이 개혁으로 상업과 산업이 자유로워지고 사공장들이 관영 작업장에서 이탈했으며, 수도의 시전과 경쟁하기 시작한 사상들이 형성되고 향촌의 시장에서 물품의 교환이 더욱 활발해졌다.

이처럼 17세기 중반에는 도전과 기회가 모두 주어졌으며, 그것은 불공정과 불평등의 근원을 개혁하려는 도전과 막 감지되던 변화의 물결을 타는 기회였다.

제 2 부

사회개혁 :
양반과 노비

# 제2부 서론

　유형원의 대표작『반계수록』은 17세기 중반 조선이 직면한 다양하고 심각한 문제들을 해결하기 위해 작성된 거대한 저작이다. 위대한 공자처럼 존경받는 교사이자 국왕에 대한 조언자로서 유형원은 국왕을 위한 정책을 건의하고 그것을 시행하기 위한 계획으로 자신의 역작을 구상했으며, 논리적으로나 실제적으로나 그 구상을 방어하기 위해 그 책의 전편에 걸쳐 노력했다. 그는 당시의 전반적인 행정적·사회적 문제를 포괄했지만, 언제나 현실의 가장 근본적인 문제들에 초점을 맞추려고 노력했다.

　『반계수록』의 중심 주제 중 하나는 조선왕조의 본질적 구조에서 흘러나왔다. 그 본질적 구조는 일반적으로는 중앙집권적 관료 정부조직과 세습적 신분의 강인한 전통이 혼합된 것이었고, 특수하게는 상층의 반半귀족적 지배 신분과 하층의 세습적 노비가 존재하는 것이었다. 한편에서는 중앙집권적 관료제도가 시행되고 다른 한편에는 세습적 귀족과 노비가 존재하는 사회·정치조직의 원리는 근본적으로 달랐으며 자주 충돌하는 것이었다. 세습 귀족들은 가족관계, 개인적 인맥, 세습된 특권과 신분을 중시했지만, 관료 국가는 정치권력에 접근할 수 있는 통로를 넓히고 객관적으로 인재를 선발·평가하며, 양반 관원들을 제외하고는 사회를 평등하게 만들려고 노력했다.

## ▎양반 : 귀족적이며 관료적인 전통

앞으로 보듯이, 유형원은 세습 귀족으로 간주되는 양반이 사회를 지배하는 것을 매우 불만스럽게 생각했지만, 그가 조선 사회의 지배 문제를 해결하기 위해 양반을 타파하고 신분과 특권을 폐지해 능력에 따라 공평한 승진 기회가 부여되는 효과적으로 조직되고 금욕적인 중앙집권적 관료제도로 옮겨가려고 했다고 추정하는 것은 잘못이다. 그 대신 그는 기원전 10세기 무렵 주대에 있었다고 추정되는 사회·정치조직을 다시 창조하는 것을 목표로 삼았다. 그 체제는 봉건적 조직이었지만, 주의 국왕과 많은 봉건 제후들에게 등용된 관원들도 포함되어 있었다. 유형원은 그런 고대의 모범을 숭배했지만 그것을 재건하려는 희망은 품지 않았으며, 돌이킬 수 없이 고정된 당시 조선의 중앙집권적 관료체제에 그 원칙들을 적용하는 데 만족했다. 이런 상황 아래서는 순수한 봉건적 사회·정치적 위계질서든 완전히 중앙화·관료화된 위계질서든 완벽한 제도는 구현할 수 없었을 것이다. 실제로 유형원은 귀족제도의 세습적 측면과 관료제도의 몰인격적이고 고식적이며 지나치게 중앙집권화된 방식이라는 두 가지 극단적 양상을 모두 싫어했다.

사실 이러한 두 가지 사회조직은 중국과 한국 사회 모두에, 서로 다른 방법과 상황으로, 녹아든 것이었다. 중국에서 주의 봉건적 요소는 기원전 221년 진秦이 통일하면서 사라졌다. 기원전 206년 이후 전한前

漢이 봉토封土를 일부 다시 지급하고 귀족들의 세습적 신분을 보장했지만, 삼국(위魏·촉蜀·오吳)의 멸망과 함께 소멸됐다. 그러나 후한이 멸망(220)하기 전부터 형성된 귀족들은 수隋가 재통일(589)하기까지 전개된 남북조南北朝시대에 최고의 전성기를 누렸다.

중앙집권적 관료체제는 9세기 전반까지 지속된 수·당대에 발전·확대됐지만, 귀족들이 붕괴된 결과는 아니었다. 유력한 가문들은 성공적으로 변모했으며 새로운 조건, 특히 606년 수 양제煬帝가 도입한 과거제도에 적응함으로써 사회를 계속 지배했다. 과거제도는 당 이후에도 귀족 가문의 영향을 받지 않고 관원을 선발하는 객관적 방법으로 계속 시행됐다. 그러나 당의 귀족들은 과거에서 좋은 성적을 거두었고 고위 관직에 등용될 수 있는 자격을 얻었다. 중국사 연구자들은 당의 지배층을 귀족이라고 부르지만, 그것은 귀족적 요소와 관료적 요소가 혼성된 존재였다고 보아야 할 것인데, 신분의 지속성은 과거 급제와 관직 취득에 달려 있었으며 귀족 가문에서 태어났다고 해서 자동적으로 관직이 보장되지는 않았기 때문이다.[1]

906년 당이 멸망하자 당의 귀족들은 그 사회적·정치적 지위에 치명적인 타격을 입었으며, 960년 송이 개창된 이후 그들은 학문적 능력과 과거 급제, 관직 진출에서 성공을 거둔 새로운 사회적·정치적 지배계층에 의해 대체되기 시작했다. 이 계층은 신사紳士였는데, 일부는 여러 세대 동안 그 신분을 유지했지만 대부분은 그렇지 못했다. 한국과 중국의 사회사는 바로 이 지점에서 갈라졌는데, 조선 사회는 여러 측면에서 당과 비슷했던 귀족적·관료적 지배 신분에 의해 지배된 결과 송대처럼 귀족에서 신사로 전환하는 현상은 나타나지 않았기 때문이다.

귀족적·관료적 성격이 혼합된 조선의 지배 신분을 창출한 한국의 사회·정치조직의 역사는 약간 달랐지만, 당과 공유한 특징은 세습적 귀족제도라는 좀더 경직된 경험으로부터 세습적 특권과 실력에 따른 과거 급제가 혼합되는 좀더 신축적인 사회로 전환됐다는 것이다. 한국은 전형적인 봉건제도를 경험하지 않았으며 중앙집권적 관료체제가 유지되는 동안 진의 통일과 견줄 만한 격변도 겪지 않았다.

그 대신 한국은 강인한 군사적 전통을 가진 일부 가문이 지배하는 소규모의 정치 단위로 출발했다. 작은 나라로 시작한 삼국시대의 신라는 국력과 영토를 넓혀갔으며, 당과 연합해 결국 고구려와 백제를 정복하고 삼국을 통일했다. 신라 사회는 골품제도라는 세습적 귀족제도 아래 운영됐으며, 그것은 936년 신라가 멸망할 때까지 지속됐다. 6세기 전반부터 도입된 일종의 중앙집권적 관료조직은 그런 귀족들의 결속을 훼손하지 않았다.

신라가 멸망한 뒤 골품제도는 이어지지 않았다. 그 뒤를 계승한 고려의 지배세력은 후삼국의 갈등에서 고려의 정치적 승리에 협력한 지방의 군사 지도자들을 흡수하면서 팽창했고, 남아 있는 옛 신라의 골품 귀족들을 포함한 주요 가문들은 사회·정치적 주도권을 장악했으며 (중국의 부계 관계가 아닌) 독특한 양계적 혼인관계를 통해서 세력을 키웠다. 비록 일부 국왕들은, 958년(광종 9) 과거제도를 포함해서, 뒤늦게나마 당의 중앙집권적 관료제도를 도입했지만, 이런 가문들은 고려의 첫 2세기 동안 세대를 거듭하면서 그 지위를 유지했다. 그러나 과거에서는 소수의 관원만이 배출됐으며 관직에 나아가는 주요한 경로가 되지 못했다.

1170년(의종 24) 이후 중앙의 무신들이 여러 차례의 정변을 일으켜 권력을 장악하면서 이러한 고려 전기의 가문들은 타격을 입었지만, 무신들은 그들이나 중앙 정부를 제거하지 못했다. 무신들은 그들을 자신의 통제 아래서 계속 관원으로 재직시켰다. 13세기에 원은 여러 차례의 침입 끝에 1270년(원종 11) 마침내 무신정권을 무너뜨리고 고려를 복속시켰다. 원은 고려를 그대로 존속시켰으며 국왕도 명목상의 군주로 왕위를 지켰다. 중앙과 지방의 유력한 가문들은 중앙 조정을 희생시켜 자신들의 사적 권력을 확대시켰다. 그러나 그들의 자손들은 고위직에 오르기 위해서 대부분이 과거를 치렀고 그 결과 14세기 후반 무렵에는 정규 관원의 40퍼센트 정도가 과거 출신자였다.

조선이 개창되자, 그동안 대체로 양반이라고 불렸던 고려의 많은 지배계층은 과거를 통해 새 왕조로 옮겨가는 데 성공했다. 늦어도 16세기로 접어들 무렵 과거는 폭넓게 강화된 중앙집권적 관료체제에서 고위 관직으로 오르는 사실상의 유일한 통로가 됐다. 오래된 가문의 대다수는 이렇게 그들의 권력과 영향력을 유지했지만, 학문적 성취가 필요조건이 됐기 때문에 본질에서는 약간의 변화가 있었다. 간단히 말해서 그들은 당대唐代에 창출됐던 관원과 귀족의 혼성물이 된 것이었다. 그러나 조선은 1910년까지 지속됐고, 양반 또는 그 신분 안의 일부 가문은 사라졌지만 수많은 양인과 섞이지는 않았다. 그들은 조선이 멸망할 때까지 조선의 정치와 사회를 실질적으로 계속 지배했다.[2]

당이 그랬듯이, 조선도 중앙집권적 관료제도를 채택하면서 세습적 귀족제도의 요소를 처리하는 문제에 부딪혔다. 그것은 자신들의 권력을 줄이거나 박탈하려는 일부 국왕들의 노력에 맞서 권력과 지위를 유지하려고 노력한 세습적 지배계층인 양반을 수용하는 문제와 연결된 것이었다. 15세기에 조선 정부가 그 일을 할 수 있었는지에 대해서는 상당한 논란이 있었다. 필자는 조선 정부가 그런 능력을 가졌다고 생각하지 않지만, 고려의 귀족들이 단절됐다고 생각하는 사람들조차도 17세기 무렵 양반(또는 그중의 지도적인 부류)이 특권적이고 세습적인 지배세력이었다는 데는 의문을 제기하지 않는다. 그들은 15세기 전반 평등주의적인 생각이 사라진 뒤 세습적 특권이 양반신분 안에 다시 나타난 것이었다고 그 현상을 단순하게 설명했다.

## ┃ 노비와 노비제 사회

17세기의 양반은 당의 귀족과 중요한 차이점이 있었는데, 그것은 양반은 권력과 부를 계산할 때 관직과 토지 소유뿐만 아니라 노비 소유까지 합산했다는 점이었다. 17세기뿐만 아니라 여러 세기 전에도(아마도 10세기 고려시대까지 거슬러 올라갈 것이다) 한국은 전체 인구의 30퍼센트 이상과 수도 인구의 3분의 2 정도가 노비였던 전형적인 노비제 사회였으며, 그 대부분은 양반 주인의 지배를 받았다. 당 사회에도 노비의 보증인과 하층신분의 서열이 있었지만, 노비제 사회라고 불리지는 않는다.

10세기 세습적 노비제도의 출현과 노비 인구의 팽창은 고려가 끝날 때까지 불교나 유교에 의해 저지되지 않았으며, 15세기에 성리학이 도입되어 불교를 압도했을 때도 노비제도나 노비제 사회에 대해서는 어떤 심각한 비판도 제기되지 않았다. 그 무렵 노비 소유주의 권력과 노비제도의 시행은 너무도 강고했기 때문에 누구도 그것에 의문을 제기하기는 어려웠다.

정부에서 노비 해방에 대한 규제를 완화했던 유일한 시기는 임진왜란부터 병자호란 사이에 군사로 징발할 인력의 수요가 급증한 기간이었다. 조선이 개창된 뒤 2세기 동안 농업 생산의 증가와 시장, 그리고 부분적으로는 화폐경제의 발전 같은 경제적 변화가 진행됨으로써 주인과 일정하게 떨어져 소작농과 매우 비슷하게 살아가던 소수의 노비들은 돈을 내고 면천하거나 노비 장부에서 자신의 이름을 지워달라고 관리에게 뇌물을 주는 데 충분할 정도로 부를 축적했다. 이전의 사회구조는 무너지기 시작했다. 전체적으로 도덕과 기강이 붕괴되면서 노비는 더욱 쉽게 도망갔지만, 전체 인구에서 노비는 유형원이 세상을 떠난 다음인 18세기 중반까지도 현저하게 줄지 않았다. 유형원이 유교적 관점에서 조선 노비제도의 타당성에 대해 의식적으로 심각하게 검토하기 시작한 것은 부분적으로는 이러한 노비제 사회의 약점에 대해 좀더 민감하게 반응한 결과였다.

## ▎양반 권력의 근거들 : 과거의 교훈

유형원의 학문적 탐구의 목적은 당시 사회의 지배계급의 주요한 문제가 무엇인지를 밝혀내 그것을 고칠 수 있는 방법을 찾는 것이었다. 그의 개별 글들은 대부분 두 부분으로 구성되어 있는데, 전반부에서는 논의중인 특정한 제도와 관련된 자료를 별다른 논평 없이 그대로 인용했으며 후반부에서는 역사적 전거나 논쟁, 유추 등을 곁들이면서 자신의 개혁안을 제시했다. 도입부에서 유형원은 자신의 개혁에 적용하지는 않았지만 현실에서는 적용됐던 전거들을 자주 소개했는데, 많은 경우 과거의 중국 왕조나 경세학자들의 정책과 계획, 또는 조선의 관원들이 제시한 방안 등을 수정 없이 그대로 인용했다. 대부분의 결론에는 당시 조선의 개혁을 위한 유형원 자신의 계획이 담겨 있는데, 가장 흥미롭고 독창적인 부분이다.

그가 전거로 이용한 중국 자료는 대부분 두 가지로 다시 나뉘는데 상고부터 주대까지의 고전과 문헌, 그리고 주대 이후의 '후세', 즉 진이 주의 고전적 제도들을 무너뜨림으로써 영광에서 몰락한 시기에 만들어진 역사적 전거와 정책 자료들이다.

주대의 자료들은 본받을 만한 선례와 목표를 제공했지만, 유형원은 그 시기의 완벽함을 재현하거나 그 제도들을 그대로 모방할 수 있는 기회가 실제로 있을 것이라고는 생각하지 않았다. 사실 그는 주대 이후는 영원히 불완전한 기간이라고 생각했지만, 경세론을 실천하려면 고전적 선례를 현재의 상황에 맞춰야 했고 현재의 상황은 크게 바뀔 수 있기 때문에 수정할 수 있는 여지가 많다고 보았다. 그러나 그의 최종적인 개혁책을 읽어보면 그가 실제로 그런 조정에 성공했는지, 그리고 현실적이고 유연한 사상가로서 진정한 근본주의자의 면모를 보여주어야 한다는 책임을 잘 알고 있었는지 하는 측면에 의구심을 가질 것이다.

주대 이후 모든 왕조는 본질적으로 불완전했지만, 특히 주대의 일부 제도들을 비슷하게 복원했다고 평가된 한漢 같은 왕조는 개혁의 유용한 교훈과 선례를 제공했다. 그런 측면에서 남북조의 왕조들처럼 더욱 비극적이고 쇠퇴한 역사적 시기는 세습적 귀족제도가 등장한 이후 나타난 부정적 결과의 교훈을 남겼다.

589년부터 906년까지 지속된 수 · 당은 중국을 재통일하고 잘 짜여진 중앙집권적 관료제도가 시행되는 제국을 다시 수립했지만, 인격이 배제되고 간접적이며 상층이 지나치게 크고 복잡한 관료제도를 운영함으로써 고전적 정신, 특히 주대 이후 한대에도 실시됐던 관리 임용과 평가와 승진 절차를 왜곡시켰다.

송은 유형원에게 영감을 주었는데, 실제적인 정책의 선례로서가 아니라 거기서 배출한 성리학의 사상가들과 경세가들 때문이었다. 한대부터 송대까지 많은 경세학자와 관원들은 주대의 완벽한 제도로 되돌아갔는데, 상고시대를 복원한 것은 왕안석 같은 송대의 정치가와 11~12세기에 활동한 정이程頤 · 정호程顥 · 주희 같은 성리학자들이었다. 그들은 그리스와 로마 문명을 재발견한 서양 르네상스시대의 사상가들과 매우 비슷했으며 사회의 도덕적 · 제도적 혁신을 위해 일련의 방안을 제공했다. 유형원은 비슷한 동기에 고무됐으며 그들의 제안 중 일부를 받아들였다. 그러나 주요한 문제는, 코페르니쿠스와 갈릴레오의 천동설이 중세의 스콜라 학자들이 그토록 숭배했던 아리스토텔레스의 우주 도형을 전복시켰을 때처럼, 고대 또는 르네상스의 인본주의의 한계를 초월할 수 있는가 하는 것이었다. 경세론의 범위에서 볼 때 유형원이 그것을 성취한 것 같지는 않다.

유형원의 사상에서 명은 송만큼 중요하지는 않았지만 일정한 영향을 주었다. 유형원이 존경한 중국 학자 중 한 사람은 구준丘濬이었는데, 주된 까닭은 그가 송대의 위대한 성리학자들의 조언을 보강했기 때문이었다. 유형원은 명 제도의 우수성을 역설한 조헌의 상소에서도 감동을 받았다. 조헌은 1592년 임진왜란에서 장렬히 전사하기 전에 명 조정을 방문했다. 그의 상소에서 독특한 부분은 단순히 송대 이상주의자들의 관념적 계획을 선전하지 않고 16세기 후반 중국의 현실을 찬양했다는 것이었다. 그러나 이런 사람들을 제외하면 유형원은 고염무顧炎武나 황종회黃宗羲 같은 명말 청초의 경세학자들과 그들의 저작에 대해서는 전혀 언급하지 않았다.

요컨대 송대 성리학자들은 주대 제도의 우수성을 선전하면서 그것을 현실 상황에 맞추어 복원해야 한다고 주장했다. 한은 주대의 제도들을 성공적으로 보존했다. 남북조의 왕조에서는 공정성이 사라지고 특권과 혈통이 세습되어 귀족제도가 흥기함으로써 정반대의 결과가 나타났다. 당은 관료제도의 문제점과 그것이 적절한 교육과 훈련을 거쳐 가장 적합한 사람을 관원으로 공정하게 등용하는 데 미친 개탄스러운 영향을 노출했다.

## ┃ 유형원의 방법과 목표 : 근대성과 민족주의인가

이 책의 목표 중 하나는 조선의 지배세력을 개혁하고 개조하기 위해서 유형원이 선택한 제도적 접근의 근거와 자신의 연구에서 추구한 지혜의 근원, 그리고 해결 방안에 필요한 기본적 요인 등을 탐구하는 것이다. 이 연구를 통해서 유형원이 만들려고 노력했던, 이상적이지는 않더라도 최적의 사회가 무엇이었는지를 정의하고, 그가 추구한 방법은 무엇이었는지를 대답할 수 있기를 희망한다.

근대성과 민족주의의 흐름을 이끈 선구자로 유형원을 묘사하는 현재의 견해에 대해, 그의 방법에 전통적이며 전수된 지혜를 버리고 객관적 진실을 이성적이며 경험적으로 추구하려는 어떠한 요소가 있는지를 판단할 필요가 있다. 과거, 특히 상고시대의 과거를 숭앙하는 유교문화 안에서 살던 사람으로서 그는 그런 역사적 장애의 억압을 끊으려고 했는가, 아니면 교조적 생각의 방해와 개입을 거부하는 방향으로 상고의 선례를 이용하려고 했는가. 특히 그는 유교를 발전시키거나 유교를 뛰어넘는 새로운 길을 열기 위해 송대의 철학자들이 저술한 고전의 재해석을 이용했는가. 그렇지 않다면 그는 보편적 역사와 한국의 특수한 역사적 교훈을 어떻게 사용했는가.

그는 가까운 과거가 먼 과거보다 좀더 발전했다는 낙관적 관점에서 역사를 진보의 기록으로 파악했는가. 아니면 과거보다 미래에 더 많은 약속이 담겨 있을 것으로 보았는가. 그는 조선의 특수한 역사를 중국과 중국 문화와는 독립된 지혜의 원천으로 생각하고 이전 시기보다 더욱 강한 민족적 자각을 확립하는 데 기여했는가. 그는 어떤 선례를 중요하다고 생각했고, 그것을 자신이 살던 사회 환경에 어떻게 적용했는가.

그는 선험적 이성에 따른 칸트적인 분석에 기초한 도덕원칙을 창출하는 방향으로 나아갔는가. 아니면 가치평가 없이 사실을 파악하거나 종교적 믿음과는 별개인 실질적 실용주의를 강조함으로써 유학적 경세론의 근본적인 도덕구조에 도전했는가. 그리고 그는 이런 목적이 자신의 교육계획에 반드시 포함되어야 한다고 믿었는가. 그렇지 않다면, 그가 사회개혁의 기초로 삼은 것은 무엇이었는가.

제 4 장

# 교육과 학교를 통한 지배신분의 개조

*"상고시대에 시행된 것은 무엇이든*
*가장 훌륭하고, 후세 사람들이 한 것은 무엇이든 그보다 못하다."*[1]
*"후대 사람들의 본성이 천박하고 진실하지 않다면,*
*법률이 그렇게 만들었기 때문이다."*[2]


## 상고시대의 선례

### 도덕적 교화를 위한 제도적 접근

유형원은 고대 중국의 성인들이 제정한 법과 제도들이 사회를 다스리기 위해 인간이 만든 가장 훌륭한 전범이었다고 믿었을 뿐만 아니라 그것들은 당시 조선 상황에도 적용될 수 있다고 확신했다는 측면에서 송의 후예였다.[3] 그러나 제도개혁의 효과와 고대 제도의 적용 가능성에 대한 그의 낙관적 믿음이 동시대에 공유되지 않았다는 사실은 그의 저술에도 명백하게 드러나 있다. 자신의 주장을 설명하기 위해서 유형원은 우선 인간의 본성과 행동이 고대 이래 바뀌지 않았으며 고대의 제도들이 현재와도 상당한 관련을 갖고 있다는 사실을 독자들에게 납득시켜야 했다.

"세상 사람들은 옛날과 지금이 다른 것은 당연하다고 말한다. 그들은 그 말이 잘못됐다는 것을 알아도 미혹에서 벗어나지 못한다. 사물의 이치를 성찰한 뒤에야 그 말이 근거 없다는 사실을 알게 될 것이다."[4]

유형원은 현재의 상황은 혼란스럽고 고대의 제도는 적합하지 않다는 널리 퍼진 오해의 뿌리는 잘못된 법률과 제도의 근원과 그것이 유지된 과정을 분석함으로써 설명할 수 있다고 단언했다.

"대체로 옛사람들의 법률은 모두 간명해서 폐단이 없었지만, 후세의 법률은 구차하고 폐단이 많다."[5]

악법은 야심을 가진 국왕이 자신의 욕망과 변덕에 따라 오래된 법률을 바꾸거나 왜곡시키면서 나타났다. 이런 법률은 관습과 전통에 따라 후대로 지속됐다. 후대의 국왕들은, 아무리 순수한 정신과 선의를 가졌더라도 고대 제도의 우월성을 이해하는 데 필요한 학습이 결여됐기 때문에 생각을 바꾸기가 어려웠다. 국왕들이 최선의 의도를 갖고 있었다고 해도 그들은 주위 신하들의 조언에 제어됐다. 마침내 모든 사람들은 자신이 직면한 문제들이 고대로부터 급격하게 변한 가까운 과거의 상황 때문에 일어났으며, 인간 감정의 관행과 본질 자체 또한 고대와는 달라졌다고 느끼게 됐다. 그러나 그는 "이런 생각보다 개탄스러운 것이 어디 있겠는가" 하면서 반대했다.[6]

적어도 원리에서는 고대의 선례를 적용할 수 있을 것이라는 유형원의 믿음은 개혁에 대한 그의 의지에서 분리할 수 없는 부분이었지만, 그는 자신이 교조적인 근본주의자는 아니라고 주장했다.

어떤 사람들은 "모든 일에서 올바름만을 추구하면 되지 반드시 옛 제도에 얽매여 일일이 복고復古할 필요가 있는가"라고 말한다. 나는 대답한다. "옛 제도에 얽매이는 것이 아니다. 고대의 제도는 모두 최선이었지만 후세의 제도는 모두 최악이다. 그러므로 좋은 제도를 따르면 저절로 복고하게 될 것이며 좋지 않은 제도를 버리면 자연히 변화하게 될 것이다.……맹자孟子는 "정치를 하되 선왕의 법도를 따르지 않으면 지혜로운 사람이라고 할 수 있겠는가"라고 말했는데, 참으로 훌륭한 말이다.[7]

도학道學으로 관심을 돌려 자신을 도덕적으로 교정해야 한다고 강조했던 당시의 성리학자들과 유형원이 달랐던 점은 주가 멸망한 뒤 후세가 불완전하게 된 원인이 불완전한 법률과 제도, 특히 교육과 관리 등용의 영역에 있다고 생각했다는 것이었다. "만약 후세에 인간의 본성人情이 경박하고 신중치 않게 됐다면, 법률이 그렇게 만들었기 때문이다." 관리 등용에 대한 중국 문헌을 살펴보면 그런 측면을 명확히 알 수 있다고 유형원은 말했다. 필요한 일은 "현명한 국왕이 그 폐단을 고쳐 좋은 제도를 회복하는 것이다. 그러면 쇠퇴하던 나라가 금방 융성하고 혼란스러운 상황이 즉시 안정될 것이다."[8]

유형원은 인간이 도덕적 순수성을 영원히 지킬 수 있다고 믿었다. 이것은 주대 이후 인성이 쇠퇴했다는 그의 신조가 천국의 영광으로부터 인간이 타락했다는 기독교의 교리와는 다르다는 측면을 보여준다. 유학자들은 진의 통일(기원전 220) 같은 일회적인 격변으로 메시아 같은 구세주의 출현이나 최후의 심판을 통해 모든 악이 해결되기까지는 인간이 헤어나올 수 없는 악에 빠지게 됐다고 생각하지 않았다. 인간은 선하게 될 수 있는 타고난 능력이 있기 때문에 회복될 수 있는 잠재력을 항상 가졌다. 유교적 전통 안에서 실용적 개혁을 추구한 사람들은 뛰어난 개혁자가 부적절한 사회제도를 바로잡고 이전의 제도들을 연구해 그 시대의 영광에 다가갈 수 있는 좀더 나은 방법을 고안할 수 있다고 생각했다.[9] 과거와 현재의 사회적·역사적 상황이 다름에도 불구하고 유형원은 "무엇을 반드시 해야 하는가 하는 측면에서 보면 사실 과거와 현재는 차이가 없다"고 믿었다.[10]

자신의 대표작 전편에 걸쳐서 유형원은 효율적인 제도의 개편을 통해 유교의 도덕질서를 완성할 수 있다는 거의 소박한 신앙에 가까운, 움직일 수 없는 믿음을 보여주었다. 제도의 본질과 특성이 도덕적인 결과를 가져온다는 생각은, 좋은 정부는 법률이 아니라 사람에게 달려 있다거나 법률적 강제가 아닌 도덕적 교화만이 사회질서를 이룰 수 있는 유일한 방법이라는 유교의 원칙을 부정하는 것으로 보일 수도 있다. 그러나 유학자들은 인간성이 불완전하며, 보통 사람은 유교의 도덕적 가르침을 이해해 일상생활에 적용하기가 매우 어렵다는 현실을 다루어야만 했다. 이상적으로 모든 사람은 도덕적으로 완벽할 수 있는 능력을 가졌지만, 실제로는 소수만이 그럴 수 있었다. 유형원 같은 경세학자들은 인간이 성공할 수 있다는 가능성보다는 실패했다는 현실을 다루어야 했기 때문에, 도덕적 사회를 만들어야 하는 임무를 가진 국왕을 도와 제도적·법률적 개혁을 추진하는 데로 관심을 돌렸다.

### 고전교육의 도덕적 기초

#### 교육과 공립학교들

당시 조선의 지배세력과 관련된 유형원의 주된 관심은 세습적 양반이 정치와 사회를 장악하고 있는 것이었지만, 그는 이런 문제를 푸는 열쇠는 삼대(하·은·주)의 국왕들이 백성들을 교화시키기 위한 수단으로 교육을 강조했다는 데 있다는 사실을 발견했다. 맹자는 사람과 짐승을 구분하는 유일한 차이는 교육이라고 말했고, 전한의 동중서董仲舒는 고대의 국왕들은 도덕교육을 통해 풍습과 관행을 완벽하게 만들고 통치를 영속화시켰다고 생각했으며, 주희는 마음속의 기가 막고 있는 장애를 교육으로 극복할 수 있다고, 같은 생각을 성리학적 용어로 표현했다.

대체로 오륜은 인심의 본연에서 나온 것이지 억지로 강요할 수는 없는 것이다. 사람들이 기질氣質의 편향에 얽매이고 물욕의 폐단에 빠져 그 이치에 어둡게 되어 서로 친애하지 않고 손순遜順하지 않게 됐다. 그 때문에 순 임금은 설契을 사도司徒로 임명해 공경함을 가르치고 백성들을 너그럽게 대우해 그 이치를 점차 알게 하니, 그 참된 천성이 저절로 드러나 염치를 모르는 걱정이 없게 됐다.[11]

그러나 성인들은 교육을 사람들의 사적인 도구로 놓아둘 수는 없으며, 교관을 선발하고 교사가 배치된 학교제도를 도입해 백성들을 교화시키는 제도를 만들 필요가 있다고 생각했다. 순 임금이 사도를 임명한 것은 교육제도를 만드는 데 선례가 됐으며, 주대 후반 교육제도는 고도로 복잡하고 정교한 수준에 도달했다고 추정됐다. 『주례』·『예기』·『한서』 등에 서술된 주의 선례에는 개별적 운영 단계에 따라 일반교육과 전공교육을 맡은 관원의 서열이 있었으며, 벽지의 아주 작은 마을부터 수도의 국학國學이나 태학太學에 이르는 학교의 위계가 있었다.[12] 유형원이 보기에 교관과 학교의 이러한 완벽한 배치는 백성들을 성공적으로 교화시키기 위한 계획의 제도적 필요조건이었을 뿐만 아니라 지배세력을 훈련시키는 데도 필수조건이었다.

## 주의 교과과정 : 덕 · 행 · 예

유형원은 고대의 교육제도가 올바른 도덕수행에 필수적인 교재로 짜인 교과과정을 통해 핵심적인 윤리 개념들을 포괄했다고 확신했다. 고전에 대한 지식은 덕德·행行·예藝라는 3개의 주요한 범주로 나뉘었다. 『주례』는 지혜로움智·어짊仁·성스러움聖·의로움義·충성됨忠·화목함和을 '여섯 가지 덕목六德'으로 규정했으며, 『예기』의 주석에서는 사람 사이의 관계를 다루는 '일곱 가지 가르침七敎'에 대해 언급했다.

그러나 도덕에 대한 이런 지식만으로는 충분치 않았으며, 도덕교육을 실천에 옮기기 위해서는 예의바른 행동을 가르쳐야 했다. 『주례』는 효성孝·우애友·가정의 화목睦·원만한 혼인관계姻·책임감任·구휼恤을 '여섯 가지 행동六行'으로 규정했다. 유형원은 『예기』의 이 부분에 대한 주희의 주석을 참고해 지식과 행동을 연결하는 것이 중요하다고 강조했는데, 주희는 자신을 수행한 뒤 가정과 나라를 다스리고 궁극적으로는 세상을 평화롭게 하는 과정으로 나아간다는 『대학』의 유명한 교훈을 언급했다.[13]

『예기』「학기學記」의 본문과 주석은 국학에서 9년이라는 긴 기간 동안 힘들게 공부하는 과정은 행실을 완벽하게 만들기 위한 것이라고 서술했다. 학습과정은 고전들을 읽고 이해하는 것으로 시작했다. 3년이 되면 학생들은 동료 학생들과 어울리고, 5년부터는 스승께 존경심을 표시했으며, 7년째는 배운 원칙들에 대한 지식을 발표하고 높은 도덕성을 가진 다른 학생들과 교유했다. 9년이 되면 "사물의 종류를 알고 이치에 통달하며 퇴보하지 않고 굳건히 자립했다." 이것을 "큰 성취大成"라고 했다.[14]

고대에 시행된 교과과정의 세 번째 주요한 범주는 『주례』에 예절禮·음악樂·활쏘기射·수레 몰기御·서예書·수학數이라고 규정된 '여섯 가지 기예六藝'였다.[15] 이것들은 도덕수양보다는 정부와 국가를 운영하는 데 필요한 실제적 방법에 좀더 무게를 두었다. 예절·음악·활쏘기는 모두 도덕교육의 대단히 중요한 분야였으며 수레몰기만이 조금 중요성이 떨어졌다. 서예와 수학은 윤리적 중요성과 비교적 무관했지만, 피터 볼Peter Bol이 지적했듯이 송대에 도학이 나타나기 전까지는 문학을 완전히 익히는 것이 지식인의 징표였다.[16]

유형원이 도덕수양에서 의례와 음악을 강조한 직접적인 원인은 주대의 서적 때문이었다. 『예기』「왕제王制」에서 말했듯이, "사도는 사람들의 본성을 통제하기 위해 육예를 익혔다."[17] 의례는 혼례·관례冠禮·장례·제례 같은 특정한 의식을 성스럽게 할 뿐만 아니라 마음과 태도를 공경스럽게 만드는 데도 중요했다. 의례의 시행은 일상적으로 손님을 만나고 향음주례鄕飮酒禮를 거행하며 활쏘기를 하는, 신성하지 않은 행사에서도 강조됐다. 『예기』에서는 강제적인 방법을 동원해서라도 윤리규범을 준수하도록 유도할 것을 강조하면서 의례를 효과적으로 사용해야 한다고 명시했다.[18]

음악은 육예 중에서 중요한 도덕적 의미를 갖고 있는 분야였다. 주희는 사람들이 조화롭고 치우치지 않도록 가르치는 데 음악이 유용하다고 말했다. 화음의 규칙이 불협화음의 침범을 엄격히 규제하는 것처럼, 음악은 공격적이기 쉬운 인간의 경향을 조용하게 만드는 데 도움을 주었다. "성인은 인간의 본성과 감정을 기르고 재능을 계발하기 위해서 음악을 만들었으며, 영혼에 제사드릴 때 상하의 사람들을 조화시키기 위해 사용했다." 『주례』에 따르면 음악의 대가인 사악司樂은 성균관의 운영을 맡았는데, 음악을 통해 귀족 자제들에게 "중도와 조화의 방법"을 가르쳤다고 한의 동중서는 설명했다.[19]

윤리규범들을 완전히 익혀 그것을 행동으로 구현하고, 의례·음악·활쏘기와 예의바른 행동을 실천하는 것은 입학을 허가받고 학교에서 승급하며 관직에 임용되는 데 주요한 자격조건이었다 ─ 그것은 교육과 관리 등용, 지배세력의 형성이 서로 긴밀하게 관련되어 있었다는 사실을 또렷이 보여준다. 높은 평가를 받을 수 있는 조건은 '현명함'과 '능력'이었다. 현명함은 도덕규범의 이해와 실천을, 능력은 육예의 습득 정도를 가지고 측정됐다.[20]

요컨대 유형원은 교육과 훈련에서 효용성이나 실용성이 아니라 고전적인 도덕원리와 실천을 숭상했다. 그는 고전에 확립되지 않은 새로운 윤리적 규범들을 발견하거나 가치와 사실을 분리하는 데카르트적 태도를 추구하려고 시도하지도 않았으며, 데카르트적인 확실한 이성에 입각해 전수된 지혜를 거부하거나 경험이나 과학적 관찰 또는 실험에 의해 지식을 증명하려고 노력하지도 않았다.

## 도덕성에 기초한 관원과 학생의 천거

『주례』에 따르면 주 왕조의 모든 국민은 다섯 가호의 기본 단위인 비鄙부터 시작해서 1만 2천5백 개의 가호로 구성된 향鄕까지 올라가는 행정단위 안에 서열적으로 조직되어 있었다. 향의 대부大夫는 유능한 인물을 추천할 임무가 있었으며, 향음주례에서 손님으로 영예로운 대접을 받았다. 대부는 하위 관원들에게 교육과 정치의 원리를 가르치고 (관원이든 양인이든) 뛰어난 사람을 관리에 임용하거나 승진시키도록 추천할 책임도 갖고 있었다. 그들이 추천인의 명단을 제출하면, 국왕은 홀륭한 도덕성을 가진 사람들에 대한 자신의 존경과 천거제도薦擧制度의 자율적인 본질을 인정한다는 공식적 표시로 두 번 고개 숙여 절하면서 그것을 받았다. 그런 뒤에는 추천받은 사람의 품행을 판단하기 위해 활쏘기 시합을 거행했다.[21]

각 급의 하위 행정단위에서 추천할 때도 같은 절차가 시행됐다. 각 단위의 책임자는 백성들에게 정부의 법령을 공포하고 선행과 학문을 장려하며 비행을 감독하고 사당에서 제례를 거행하며 "나이에 따라 사람들의 서열을 조정하고 효도와 우애를 가르치기 위해서" 지방의 학교에서 봄·가을로 활쏘기 시합을 열었다.[22]

수도에서 선발된 학자選士들은 향에서 성균관으로 진학하도록 추천됐으며, 가장 우수한 사람은 '완성된 학자進士'라고 불렸다. 그 뒤 그들은 진사進士로서 중앙의 여러 관서에 임용됐으며 사마의 통솔을 받았다. 사마는 그들의 능력을 평가해 국왕에게 추천했다.[23] 『서경書經』에 대한 복생伏生의 주석서인『상서대전尙書大典』에서도 제후들이 1년 단위로 천자에게 공사貢士를 추천한다고 서술했다. 정현의 세주細註에서는 제후국의 크기에 따라 가장 큰 나라에서는 1년에 학생 3명, 그 다음은 2명, 가장 작은 나라는 1명씩 할당하는 제도도 있었다고 말했다. 이런 내용은 천거제도와 지역 할당을 결합하려는 후대의 경세학자들에게 하나의 선례를 제공했다.[24]

유학은 생각과 행동, 또는 지식과 실천을 도덕수양에서 서로 떼어놓을 수 없는 요소라고 강조했는데, 이것은 후보자와 개인적인 친분이 있는 동료나 선배가 그를 직접 평가하는 것이 가장 이상적인 방식이라는 의미였다. 고대의 학교제도는 관직에 임용되기 전에 학교를 다녀야 했기 때문에 평가 기간이 길었다. 그러나 학교는 개인을 평가하는 데 유일하지도 가장 중요하지도 않은 무대였다. 고전적 선례에서 행정·군사·학교의 기본적 위계질서였던 향촌은 다른 어느 집단보다 개인의 행동을 더욱 친밀하게 알고 있기 때문에 자연히 최초의 평가가 이루어지는 장소가 됐다. 행동에 대한 평가를 천거의 주요한 방법으로 삼은 제도가 운영되기 위해서는 일종의 풀뿌리 참여가 필요했다.

### 교육에서의 규율과 처벌

중국의 고전적 제도는 완고하고 권위적이며 징벌적인 특징을 갖고 있어서 그리 높이 평가되지 않았던 진대의 법가와 여러 측면에서 가까웠다. 도덕원리에 관련된 문제들은 질문이 허용되지 않았다.『예기』「학기」는 지식을 습득하는 사람으로서 학생이 가져야 할 적절한 자세를 서술했다. "젊은이들은 (학교에서) 듣기만 하고 질문은 하지 않았다. 배움은 등급을 뛰어넘어서는 안 되기 때문이었다." 주석은 다음과 같다 — 젊은이가 질문할 능력이 없다면 질문해도 요체를 알기 어렵다. 그렇기

때문에 스승의 설명을 듣기만 한 것이다.[25]

학습에서의 권위주의는 일반적으로 비행과 무능력을 철저하게 처벌했다. 『주례』에서는 사도의 기능에 대해 서술하면서 여덟 가지의 비행과 교관의 불법행위에 대해 향촌이나 지방에서 처벌하는 내용을 나열했다. 교사는 게으른 학생을 때리기 위해 회초리를 가지고 다녔고, 학생과 유생들이 완강하게 반항해 고칠 수 없으면 향촌의 원로가 그런 사람들을 골라 유배 보냈으며, 그런 뒤에도 고쳐지지 않으면 유생의 자격을 영원히 박탈했다. 국왕이 사흘 동안 순시한 뒤에도 행실을 고치지 않은 성균관의 학생도 유배형에 처해지고 학생신분을 박탈당했다. 문제 있는 학생을 추천한 봉건 제후들은 그 책임을 지고 좌천되어 지위를 박탈당하거나 토지를 몰수당했다.[26] 학생들이 처벌을 피할 수 없게 되더라도 그전에 그들의 단점을 고치려는 모든 노력이 투여됐다. 궁극적 처벌은 특권을 가진 유생의 신분에서 양인으로 떨어지는, 신체적이기보다는 사회적인 내용이었다.

### 학생과 봉건적 신분 : 두 갈래의 체제

후대의 학자들은 주대의 학교와 천거제도를 이해하는 데 모호함이 전혀 없다고 생각했다. 그 제도는 도덕적 장점과 능력을 가진 지배계층을 배출했고 이런 도덕적 지배계층은 면세·품계·풍기 단속 같은 이점을 통해 신분과 특권을 유지할 수 있었다.[27] 그러나 그 선례는 공로를 포상하는 제도에 주대 봉건질서의 세습적 특권이 개입할 수 있다는 측면에서 명백하지 않거나 모순적이었다. 『상서대전』의 주석에 따르면 고대에는 적장자가 아버지의 관직을 대체로 물려받았다. 『예기』「왕제」에 따르면 그 지배계층은 왕자와 공주, 그리고 고급卿·중급大夫·하급元仕 관원의 적자들이었다. 후대의 주석은 그 사회의 기층신분을 양인으로 보고 상층신분은 대대로 국가에서 녹봉을 받는 가문으로 파악했다. 이런 봉건적·관료적 지배계층의 자손들은 '나라의 아들國子'이라고 불리기도 했다.[28]

봉건적 세습과 평등한 기회의 충돌을 가장 흥미롭게 묘사한 사례 중 하나는 『예기』「왕제」에 대한 유씨의 주석이다. 그에 따르면 주대에는 입학과 관직임용에는 두 가지 방법이 있었다. 양인들은 향교에서 배웠지만 국자들은 양인 중에서 선발된 사람들과 함께 국학에서 공부했다. 그런 학생들은 향교에서 선발되어 승급됐으며, 선사選士들은 관직에 임명됐지만 지방 관직 이상은 올라가지 못했다. 그러나 국학에서 선발된 진사들은 궁궐이나 중앙 정부의 관직에 임명될 수 있었다. 달리 말하면 귀족과 고관의 자제와 양인의 자제는 교육과 등용의 방식을 달리함으로써 계속 구분됐던 것이다.

그러나 사도가 향교에서 국학으로 승급하도록 추천하면 양인의 자제들도 고위 관직에 오를 수 있는 기회가 일부 허용됐다. 일단 국학에 입학하면 그들은 지배계층의 자제들과 동일한 신분으로 대우받았으며 고위 관직으로 승진하도록 추천을 받을 수 있었다. 「왕제」의 또 다른 주석에 따르면, 국학에서 교육을 맡은 관원(악정樂正)은 학생 아버지의 신분이 아니라 오직 나이에 따라서 등급을 매겼다.[29]

이러한 주대의 이상적 선례는 2개의 모순적 원리가 충돌하지 않는 사회를 보여주었다. 세습적 특권과 신분은 사회를 위해서 충분히 옳고 적절했으며, 지배계층의 자제들은 상급 교육기관과 고위 관직으로 좀더 쉽게 나아갈 수 있는 방법을 합법적으로 얻었다. 그러나 학교제도 안에서 학생들은 평등하게 대우받았으며 나이에 따라서 서열이 매겨지고 학업성적과 행실에 따라 승급됐는데, 이로써 세대마다 사회적 지배계층에 일부 새로운 혈통이 섞일 수 있는 가능성이 보장됐다. 학생들은 계층화된 봉건 사회의 사회적 사다리에서 가장 낮은 단계였고 학생의 지위는 양인신분을 벗어나는 유일한 길이었지만, 양인학생이라는 위치는 제명되어 양인신분으로 영원히 전락할 위협에 놓여 있었기 때문에 불확실했다.

## 서열의 조건으로서 학식과 나이

유형원은 『의례』와 『예기』에 따라 서열의 조건으로 학문적 능력과 나이는 향음주례에서 중요하다고 서술했다.[30] 이 두 책은 향대부鄕大夫가 그 지방의 저명한 학자를 향음주례에서 특별한 손님으로 존중해 모시는 절차를 담았다. 유형원이 중시한 측면은 지위를 결정하는 기준으로 관직보다 학식과 윤리적 행동을 더욱 중시했다는 것이었다. 나이도 그 의례에 모인 손님과 방문자들의 서열을 결정하는 데 기초가 됐다. 그 사회가 세습적 지배계층에 의해 지배된다면 학식과 나이로 서열을 결정하는 것은 특별한 중요성을 가질 수 있었는데, 주와 당시의 조선이 그러했다.[31]

## 고전적 선례의 주요한 특징들

고전적 선례의 핵심적 특징은 공식적 또는 공공적 학교제도가 교육과 관원 등용을 모두 담당했다는 것이었다. 국왕은 교관과 학교에 존경을 표시해야 했다. 학교교육의 목적은 도덕적 지식과 행동을 수양하고 여러 기예를 익히는 것이었다. 지식은 도덕적 행동과 직결되어 있었으며 기예에는 의례와 활쏘기 등이 들어 있었는데, 그것은 도덕적 행동에 도움이 되는 태도를 가르치기 위한 것이었다.

학교제도 안에서 승급과 관직임용을 바라는 후보자들은 객관적 사실에 대한 지식이나 쓸모 있는 기예만이 아니라 오랫동안 그들의 전체적인 행동을 판단할 수 있는 사람들에 의해서 추천됐다. 교육과 천거제도의 기본은 동료·연장자·교사들이 학생들을 가장 잘 관찰할 수 있는 향촌 사회였다. 학교 밖에서 관원을 등용할 때도 천거가 사용됐으며, 인원은 봉건 제후가 가진 영지領地의 면적에 따라 할당됐다.

국왕과 봉건 제후 모두 관원을 임용할 수 있었는데, 그 결과 지방에 대한 중앙의 직접적인 통제는 큰 제약을 받았다. 일단 관원이 되면 3년마다 한 번씩 실적을 평가받았으며 9년마다 전체적인 평가를 받았다.

학교제도에는 2개의 경로가 있었는데, 하나는 양인을 위해 마련됐고 다른 하나는 봉건 귀족들을 위해 마련됐다. 그러나 예외적이지만 어떤 양인은 국학으로 진학할 수 있는 기회를 얻었다. 학생들은 학교 안에서 공부해야 했으며, 만일 적절하게 행동하지 않으면 개선하라는 경고와 함께 일련의 처벌을 받았다. 그렇지 않으면 학교에서 쫓겨나 일반 사회의 하위계층으로 되돌아갔다. 그러나 학교 바깥의 봉건적 사회질서에서 맏아들은 도덕적 행동을 평가받지 않고 아버지의 신분을 물려받았다. 사회는 양반과 양인으로 갈라졌는데, 학교제도의 두 가지 경로가 반영된 결과였다.

학교의 목적은 국왕과 봉건 제후의 관원을 훈련시키는 것이었기 때문에 학교에서 얻을 수 있는 가장 큰 이익은 능력 있는 관원들이 양성되는 것이었지만, 지배세력은 봉건적이며 세습적으로 남아 있었다. 학교 밖의 세습적 신분과 학교 안의 평등한 능력주의의 대립은 중국 문헌에서 완전히 해소되지 않은 주요한 모순의 하나였기 때문에 사회와 학교에 적용되던 기준의 이중성은 유형원이 반半귀족제도에 대한 해결책을 구상하는 데 걸림돌로 남았다.

## | 한대의 천거제도

기원전 221년 주가 멸망하고 진의 중앙집권적 관료체제가 수립됐다. 유형원은 그런 변화의 가장 중대한 결과는 개인의 행동을 직접 대면해서 평가하는 방식을 이상적으로 생각했던 봉건적 천거제도가 훨씬 규모가 커지고 복잡해진 정치조직에서 선발절차가 합리화·관료화됨으로써 훼손됐다는 사실이라고 판단했다. 정부가 중앙집권화·관료화될수록 평가과정은 좀더 객관화됐다. 멀리 떨어진 인사부서에서 근무하는 관원들은 지방에서 올라온 관직 후보자의 행동이나 도덕성을 상세히 알 수 없었다.

그러나 전한의 황제들은 고대의 모범적인 천거제도의 인물 평가 정신을 계승해 학생과 관원을 오랫동안 직접 관찰한다는 원칙을 준수했다. 그들은 거의 남지 않은 봉건 제후는 물론 고위 관원과 지방 관원들에게 유능한 사람을 관직에 추천하도록 허락했으며, 지방 관원은 자기의 부하를 임명할 수 있게 해주었다.

도덕적 행동과 실제적 능력이 천거의 기준이었지만 한 왕조의 첫 번째 세기가 끝날 무렵 동중서는 대부분의 고위 관원이 연공年功만을 쌓아서 승진한 관원들의 아들·형제였다는 사실에 문제를 제기했다. 그는 최고의 학자들을 교사로 둔 국학의 설립과 천거제도의 채택을 해결책으로 제시했는데, 지방 관원과 고위 관원들이 1년에 2명의 뛰어난 후보자를 추천해서年貢 궁궐에 숙위宿衛시키는 것이었다. 천거의 책임을 불성실하게 이행하는 것을 막기 위해 추천자에게는 보상과 처벌이 뒤따랐다. 그러나 동중서의 계획은 고대의 이상과 타협한 것이었다. 수도에만 설립된 국학은 공립학교제도에 부족했으며, 천거제도는 현직 관원에게만 한정됐고 향촌의 지도자에게는 허용되지 않았기 때문이었다.[32]

전한의 무제武帝(재위 기원전 140~87)는 고대 선례의 다른 특징들을 적용하려고 했다. 그는 인구에 기초한 행정구역에서 피추천자의 인원을 할당하도록 법률을 제정했으며, 인원 할당에 구애받지 말고 능력 있는 서리와 지방의 인재들을 추천하라고 지방 관원들에게 지시했다. 또한 그는 고전에 정통한 박사관博士官을 임명해 향촌에서 품행과 학업능력에 따라 선발된 학생들을 가르치게 했다. 1년 동안 공부한 뒤 그들은 시험을 치러 성적에 따라 관직에 임용됐다.[33]

1세기 말엽 관직에 추천되는 인재들의 수준이 떨어졌다.[34] 『후한서』를 편찬한 범엽范曄은 엄격한 선발기준이 느슨해졌으며 "영광으로 가는 길은 넓게 열려" 사람들이 "명성을 위조하고 사실을 윤색"하도록 자극했으며 자리를 얻기 위해 고관과 권력자에게서 후원을 청탁했다고 비판했다. 주의 천거제도는 마침내 주요한 등용 방법으로서 종말을 맞게 됐다.

그러나 이상화된 과거에 대한 동경에서 비롯된 것이 분명한데, 한대 천거제도의 명성은 그 뒤 점차 커졌다. 양梁(502~557)의 심약沈約은 그 제도가 사대부와 양인을 차별하지 않았다는 측면을 높이 평가했다. "벼슬하지 않으면 수도에 가지 않았으며 공경公卿과 목수牧守(지방 관원)에서 물러나면 모두 고향으로 돌아갔다."[35] 다른 말로 하면, 한대의 관료화는 후대 왕조들의 특징이자 계급 분화와 함께 일어난 도시와 농촌의 격차를 만들지 않은 것이다.

심약은 인재들을 서리나 향리 같은 가장 낮은 관직으로 집중시킨 한대의 폭넓은 학교제도를 칭찬했다. 이런 사람들은 뛰어난 능력을 입증하면 즉시 승진할 수 있었다. "이것이 한이 훌륭한 관원을 얻을 수 있었던 가장 중요한 이유였다."[36]

## | 귀족제도의 폐해

한은 진의 가혹한 중앙집권적 관료제도의 여러 측면을 수정했으며, 천거제도를 통해 관원을 등용하고 일부 봉건 제후들과 중앙에서 파견된 지방 관원들에게 지방자치를 허용한 것 같은 주대의 일부 행정제도를 유지했지만, 중국 사회와 정치조직의 주요한 변화는 후한이 멸망한 뒤 나타났다. 가장 현저한 변화는 3세기부터 위魏(220~265)·진晉(265~420)·남북조 사회에서 귀족제도가 나타나 지배적 역할을 했다는 사실이었다. 중국사에서 이 시기는 유형원에게 매우 중요했다. 이 시기를 연구함으로써 유형원은, 특히 관리임용의 고전적 선례를 왜곡한 것을 들 수 있는데, 귀족제도의 주요한 문제들을 지적할 수 있게 됐다.

### 위·진·남북조시대의 혈통과 귀족제도

3세기에 후한이 몰락한 뒤 나타난 전반적인 분열은 사회 조건들을 변화시켰고 등용절차의 합리화와 관료화로 나아가는 경향을 저지했다. 유형원은 후한이 멸망한 뒤인 223년 촉한의 승상 제갈량諸葛亮은 신분보다는 재능에 기초해 관원을 선발했고, 위·진시대에는 이부吏部에 의해 임용된 지방 관원들이 향촌의 천거에 따라 자신의 부하를 등용할 수 있었다고 지적했다.[37]

이처럼 재능에 따른 선발이 계속된 것은 위魏에서 2개의 새로운 임용제도를 시행했기 때문이었다. 220년 9품법이 설립된 뒤, 능력평가를 통과한 지방의 관직 지원자들은 9등급 중 하나를 받았으며 그것을 통해 중앙 정부에 배속될 수 있었다.[38] 중정中正이라는 새로운 직책이 지방 단위에 만들어졌는데, 중앙의 이부가 관직 후보자의 자질을 결정하기에는 지방에서 너무 멀리 떨어져 있었기 때문이었다.[39] 향촌에는 정치적 분쟁으로 다른 지역에서 이주해온 새로운 정착자들이 많았기 때문에 임용을 담당하는 관원을 지방에 주재시키는 것은 사회적 혼란을 처리하는 합리적인 방안이었다. 아울러 지방에서 천거하는 제도는 향촌에서 평가하고 임용하는 고대의 이상과도 가까웠다. 중정은 소규모의 촌락이 아닌 일정 규모의 군郡에 배속됐는데, 중앙 관원보다는 백성에 좀더 가까웠다. 더욱이 9품제에서 개인에게 등급을 할당하는 것은, 고대의 이상을 현실에 맞게 변화시켜, 훌륭한 도덕성을 가진 사람이라는 징표를 주는 것이었다.

새로운 제도의 고귀한 목적에도 불구하고 시간이 흐름에 따라 중정제는 개인의 도덕적 자질에 상관없이 등급을 주게 됐는데, 가장 중요한 원인은 남북조시대 동안 세습적 귀족제도가 발달했기 때문이었다. 당시와 후대의 중국 경세학자들에게 동등한 기회를 부여하고 향촌 사회에서 덕행을 기준으로 평가해 등용한다는 고대의 이상에 근접하려는 시도로 평가된 위魏의 제도는 그러한 이상과는 정반대로 끝났다.

진晋의 극선郤詵은 인사 문제에 부모·친척의 영향력과 개인적 인간관계를 이용하고, 진리를 왜곡하는 당파를 만들기 위해 관직을 놓고 경쟁하는 현상을 비난했다. 그는 관리임용의 수단으로 천거제도를 이용하려고 노력했지만, 그러기 위해서는 도덕적 권고 대신 법률이 필요했다.[40]

유형원은 9품 중정제가 고대의 규범을 합리적으로 절충했는가 하는 문제를 놓고 중국 학자들의 의견이 나뉘었다는 사실을 발견했다. 일부 학자들은 약간만 수정하면 중정제를 복구될 수 있었다고 믿었다. 진의 유의劉毅와 위관魏瓘은 향촌에서 천거하는 고대의 이상은 사회의 붕괴와 이주 때문에 복구할 수 없다고 주장했다. 중정은 향촌 사람들을 개인적으로 알지 못했고, 등급을 책정하는 데 소문과 신빙성 없는 의견, 선물과 뇌물의 영향을 받았기 때문에 지역의 솔직한 의견에 유의하지 못했으며, 많은 진정한 유생들과 유능한 사람들을 알아보지 못했다. 위관은 보상과 처벌을 사용하고 이주한 사람들에게는 새로운 정착지에서 영구히 살도록土斷 등록케 함으로써 이런 문제를 풀려고 했는데, 영속적인 거주와 등록은 고대의 천거제도를 복구할 수 있는 안정적인 사회를 만드는 데 중요했기 때문이었다.[41]

진의 부현傅玄은 중정이 순수한 의견淸議이나 덕망과 재능과 학식 있는 향촌 주민의 의견에 주의를 기울인다면 고대 선례의 정신을 유지할 수 있다고 믿었다. 청의는 현명한 국왕이 도덕적 교화의 원리를 수립하고 백성들은 정의에 대한 생각을 서로 대화하던 고대의 특징 중 하나였지만, 법法·술術에 의존한 진秦은 그것을 폐기했다고 부현은 생각했다(이것은 법가의 두 가지 주요한 방법이었다).[42]

그러나 유형원이 언급한 대부분의 주석학자들은 위·진·남북조시대의 제도적 타협은 고대의 제도와 너무 멀리 떨어졌다고 생각했다. 6세기로 접어드는 시점에 살았던 배자야裵子野는 위·진시대의 향촌 사회는 천거제도를 시작하는 데 적합한 환경이 아니었다고 말했다. 그는 고대의 향촌 사회, 또는 적어도 그것에 대한 자신의 이미지를 이상주의적 표현으로 찬미했다.

어떤 사람이 집에 있을 때는 그가 효성과 우애를 실천하는지를 살펴고, 향당鄕黨에 있을 때는 그가 신의를 지키는지 시험한다. 그가 출입할 때는 그의 뜻과 의로움을 관찰하고, 근심과 어려움에 처했을 때는 그의 지모智謀를 알아본다. 그에게 번거로운 일을 맡겨 처리하는 방법을 보고, 이익을 알려주어 청렴함을 살펴본다.[43]

양의 심약은 가장 낮은 신분의 사람에게도 관직에 나아갈 수 있는 기회를 열어놓은 고전적 원리는 높은 신분의 사람들을 선호하게 되면서 차츰 사라졌다고 지적했다. 고대에는 두 부류의 사람 — 훌륭한 도덕을 가진 군자와 제한된 도덕적 능력을 가진 소인 — 만이 있었고, 도덕적으로 우월한 사람만이 관직에 발탁됐기 때문에 때로는 낮은 신분의 어부·농민·교사들도 수상의 직위를 얻는 경우도 있었다.[44] 위에서 9품제가 시작됐을 때 그것은 재능을 평가하는 일시적 수단으로 의도됐을 뿐이었지만 결국은 세습적 신분의 차별을 가져왔는데, 중정은 진정한 능력보다는 당시의 신분에 따라 등급을 매겼기 때문이었다.[45]

시대가 잘못되어감에 따라 이런 풍조는 점차 뚜렷해져 2품을 받지 못한 유생들이 없게 됐으며 그 뒤에는 비천한 지위로 고착됐다. 주와 한의 제도는 지혜로운 사람이 어리석은 사람을 부리고 기층신분이 그 사이에 위치함으로써 상하의 등급을 이루었다. 위·진 이후에는 귀족이 천민을 부리게 되어 사서士庶의 구별이 뚜렷해졌다.[46]

부현은 기능에 따라 넷으로 분화된 사회적 활동을 자극했던 정신이 저하된 결과 3세기 이후 문제가 나타났다고 분석했다. 그는 고대 사회의 정수는 사士·농農·공工·상商의 네 신분이 "각각 서로의 직업을 갖고 다른 임무를 수행한다"는 사실에 있다는 전통적 개념을 뒷받침했다. 부현은 가장 낮은 농민도 고대에는 관직에 나아갈 수 있었다는 심약의 견해에 반대하면서, 교육은 사에게만 국한되어야 하고 그 자제들만이 국학에 입학하고 그중에서 재능이 뛰어난 사람들만이 관직에 임용되어야 한다고 생각했다. 농민들은 식량을 생산해 그들을 뒷받침하고, 공인들은 물건을 공급하며, 상인들은 교역을 담당했다.[47] 직업에 따라 사회를 나눈 부현의 견해는 봉건적 선례에 기초한 것은 아니었지만, 주 사회를 귀족과 양인으로 이분한 관점임은 분명했다.

그는 이런 기능적 차이는 한·위대에 사라졌으며 관원의 자제들은 고전 공부와 행정 임무를 무시하고 나태한 사교와 놀이에 빠졌다고 주장했다. 농민과 장인들은 상업적 이익을 좇느라고 기초적이며 생산적인 본연의 임무를 저버렸으며, 학생들은 고대 국왕들의 치도를 공부하는 데는 관심도 없으면서 그저 국학에 등록했다. 해결책은 명확했다 — 기능에 따라 분화되어 생산적이었던 고대 사회의 특징을 재건하고, 게으른 사람들을 생산적 직업으로 돌려보내는 것이었다. 그가 전체 인구의 3분의 1로 추산한 기생적인 게으른 관원들은 모두 농업으로 복귀시켜야 했다.[48]

배자야는 세습적 신분 때문에 개인의 장점을 도덕적인 기준에서 적절히 평가할 수 없다면서 그 폐해를 지적했다.

『서경』에서는 "국왕과 가까운 사람이 귀하게 대접받는다. 천하에 태어나면서부터 귀한 사람은 없다"고 말했다. 그러므로 천한 보부상이라도 도덕과 의리를 실천한다면 존중받을 수 있고 올바른 사람이 아니라면 세족世族이라고 해도 무엇을 취하겠는가.[49]

그는 자신이 살던 시대를 상대적으로 평등했던 한대의 사회와 대비했다. "유명한 관원의 아들과 손자라도 무명옷을 입은 평범한 사대부와 완전히 동등했다. 관원과 양인 사이에는 구별이 있었지만, 번성한 가문과 평범한 가문 사이에는 특별한 구분이 없었다." 그러나 진대 말엽 귀족가문閥閱은 매우 중요했다. 고관의 자제들은 가난한 학자들의 가문을 깔보았으며 (자신들보다 지위가 낮은) 지방 관원을 경멸했다. "사람들은 가문의 혈통門戶에 대해서만 얘기했으며 가치나 능력에 대해서는 관심을 두지 않았다." 그가 살던 시대에도 추천과 임용은 가문의 등급閥에 따라서만 이루어졌다.[50]

배자야가 불평한 환경은 남조의 제齊(479~502)에서도 계속됐다. 유형원은 지위 높은 가문의 자제들이 낮은 가문들보다 관직임용에서 우대받으며, 모두들 영향력 있는 가문과 결혼하려고 한다는 사실을 알았다.[51] 관리임용은 관직에 있는 부계 친족뿐만 아니라 족보 등의 문건에 따라 이루어졌는데, 누구도 관직 후보자를 심사할 의무가 없기 때문이었다. 가장 지위가 높은 가문의 자제들은 20세가 되자마자 관직에 임용됐으며, 그보다 낮은 가문의 자제들은 일단 서리직에 진출한 뒤 30세가 되면 기술을 평가받았다. 일반적으로 남조의 황제들은 후보자의 능력을 미리 판정하려고 면접을 실시하지 않았으며, 관리로서의 능력을 검증하는 관서도 없었다. 왕검王儉 같은 개혁자만이 이전의 실적에 따라 지방 관원을 선발하고, 멀리 떨어진 수도가 아니라 지방에서 그를 봉양하는 제도를 건의했을 뿐이다.[52]

북위(424~535)의 한현종韓顯宗은 관직의 유일한 자격 기준이 능력이나 정직성이 아니라 문지門地라는 사실을 비판했다.

문지는 그 조상이 남긴 공훈이니 황실에 무슨 이익이 있겠는가. 만약 뛰어난 인재라면 백정이나 어부, 노비나 포로 같은 천민이라도 등용해야 하고, 그렇지 않다면 황후의 자손이라도 천민으로 강등시켜야 한다.[53]

남북조시대의 학자들은 유형원이 귀족 사회를 비판하는 데 풍부한 표현과 유기적으로 구성된 비평을 제공해주었으며, 유형원은 그것을 받아들여 자신이 살던 시대의 특권적 양반신분을 비판했다. 그들은 천거로 관리를 임용하는 제도가 상속된 신분을 존중하는 사회에서는 순식간에 폐기될 수도 있다는 충분한 증거를 제시했다. 거의 4세기 동안 일어난 현상은 천거제도와 관직 후보자에 대한 면접 평가가 폐지되고 지방 관원이 부하를 자율적으로 임명할 수 없게 됐으며, 관직을 향한 치열한 경쟁이 벌어지고 경쟁자의 장점을 인정하기보다는 중상했으며,

개인적·혈연적 관계와 세습적 귀족신분에 의지해 관직 등용과 승진이 이루어진 것 등이었다.

## 조선 지배세력의 세습적 측면들

유형원은 중국 남북조시대의 비평가들과 사실상 같은 용어로 조선 사회의 양반을 서술했는데, 특히 가계의 중요성과 높은 지위의 가문에 주어지는 위신에 초점을 맞추었다.

우리나라는 문지만 숭상해 풍속이 비루하게 됐다. 족세族世의 번성은 자세히 말하지만 의로운 행실을 닦았는지는 묻지 않는다. 만약 세벌世閥의 자손이면 용렬하고 무능해도 경상卿相에 오를 수 있지만 보잘것없는 가문이면 훌륭한 덕망과 뛰어난 학식을 가졌더라도 사류士類에 낄 수 없다. 세도世道가 융성하지 못하고 인재가 흥기하지 못하며 정치와 형벌이 문란한 것은 모두 이것 때문이다. 이것이 어찌 선왕이 도를 실천해 세상을 바로잡은 뜻이겠는가.[54]

그러나 유형원은 현존하는 귀속적 사회제도를 옹호하는 사람들이 도덕적으로 뛰어난 사람들에게 주어지는 적절한 사회적 신분을 나타내는 용어인 명분名分이라는 도덕적 의무에 따라 엄격한 차별이 이루어져야 한다고 주장한다는 사실을 인정했다. 그럼에도 불구하고 이런 개념은 훌륭한 도덕을 지닌 사람보다는 고귀한 혈통을 가진 사람에게 자동적으로 적용된 결과 왜곡되어왔다.

명분은 천지 자연의 도리이니 엄격하지 않을 수 없다. 이른바 명분은 본래 귀천에 등급이 있다는 데서 나왔고, 귀천은 현명함과 어리석음의 구별이 있다는 데서 나왔을 뿐이다. 지금은 어떤 사람의 선악은 신경 쓰지 않고 선조가 높은 관직에 올랐는지를 가지고 귀천을 가리면서 명분을 엄격하게 했다고 말한다.[55]

조선의 지배세력은 대체로 양반이라고 불리지만, 실제로 모든 양반이 지배세력의 일원은 아니었다. 양반이라는 용어는 훌륭하고 오랜 역사를 가진 핵심적 가문을 의미했다. 그들은 대체로 토지·부·노비를 소유하는 데 다른 사람보다 유리했고 비슷한 신분의 다른 가문과 제한된 결혼관계를 맺었으며, 교육과 학문의 전통을 굳게 지키고 평균보다 훨씬 높은 과거 합격률을 독점했다. 이것들은 사회에서 가장 높은 특권을 차지할 수 있는 원천이 됐다(제2장 참조).

그럼에도 불구하고 지배세력과 양반가문의 지속은 과거에서 (그 가문의 오랜 역사 동안) 주기적으로 성공한 데 달려 있었기 때문에 양반은 순수하게 혈통적인 귀족으로 간주될 수는 없다. 과거와 관직 취득에서 성공하지 못한 양반가문들도 많았다. 그럼에도 불구하고 일부는 양반신분을 유지했지만, 다른 부류는 잃었다. 모든 양반가문이 대대로 부·토지·노비를 소유할 수는 없었기 때문에, 위신과 생활수준을 지키기 위해 어렵게 노력했을지라도 모두가 부유하거나 유복했다고 생각하기는 어렵다. 매우 방대한 조사가 필요하므로 지금 구체적인 비율을 제시하기는 어렵지만, 양반가문에 소속된 사람들이 지배세력, 특히 최고 관직의 대다수를 차지했다는 사실은 분명했다.

어쨌든 유형원은 지배신분(양반이라고 불러도 좋다)의 세습적 양상을 좋아하지 않았으며, 철저한 개혁을 통해 그 본질을 바꾸려고 했다. 그는 지배신분의 대다수가 도덕적으로 행동하지 않는다고 확신했다. 그들은 자신의 사적 이익을 국가나 공공의 이익보다 앞에 놓았으며, 주된 직업이 행정과 학문이었다는 점에서 실패한 관원과 교사였다. 그러나 중요한 문제는 유형원이 양반에 대해 노골적인 불만을 제기했지만 배자야만큼 단호하게 덕행에 기초한 평등한 기회를 옹호하는 입장에 섰는가 하는 것이다.


## ▌ 과거제도의 폐해

304년(진晉 혜제 건무 1) 이후 중국 북부는 만리장성 이북의 '야만족'에게 유린됐으며 그 뒤 몇 세기 동안 사회는 이민족과 장군·귀족에게 지배됐는데, 지방 귀족들의 지배로 지방에 대한 중앙의 통제가 약화됐지만 관료조직은 그대로 유지됐다. 589년 수가 중국을 재통일하면서 중앙 관료체제의 힘은 강화됐으며 주변에 대한 중앙의 통제도 확대됐다. 이런 과정의 핵심적 제도 중 하나는 606년(수 양제 2) 제술製述의 성적에 따라 관원을 등용하는 문과시험을 도입한 것인데, 이것은 옛 귀족제도의 완전한 지배를 위협하는 제도였다.

당의 귀족들은 과거에 응시해 다수가 급제함으로써 이런 도전에 성공적으로 적응했는데, 과거는 문제점도 많았지만 완전히 새로운 등용 방식이었다. 과거제도는 1905년 폐지되기까지 그 뒤의 중국 왕조들에서 계속 시행됐으며, 958년(광종 9) 고려에서도 채택되고 조선이 개창된 뒤에는 국가 관료제도에서 최고직으로 오르는 실질적으로 유일한 경로가 됨으로써 그 위상이 강화됐다. 유형원이 그 약점에 주목한 것은 그 제도를 경험한 지 2세기 반이 흐른 뒤였으며, 그런 작업은 중국사 연구에서 많은 도움을 받았다.

## 후한대 좌웅의 과거제도

등용 방법으로 시행된 과거에 대해 유형원이 처음으로 연구한 사례는 상당히 이른 시기인 후한대였는데, 당시 과거는 악화되는 상황을 타개하기 위한 방책으로 도입됐다. 그는 『후한서』를 편찬한 송대의 범엽을 인용했는데, 범엽은 후한대 천거제도의 쇠퇴는 132년(후한 순제 양가陽嘉 1)에 잠시 동안 추진됐던 좌웅左雄의 개혁에서 파생된 결과였다고 생각했다. 좌웅은 관원 등용을 위해 두 가지 유형의 과거를 시행했는데 하나는 유생들을 위한 고전과 가족법의 시험이었고 하나는 서리를 위한 제술이었다. 모든 응시자는 40세 이상이어야 했다(이것은 공자가 미혹에 빠지지 않게 됐다고 말한 나이다). 급제자는 고위 관원을 돕는 임무를 받았으며 고위 관원은 이후 그들이 내는 성과를 관찰했다.

범엽은 대신들이 지원자의 이력을 살펴보고 장점을 시험해서 선발하는 전한의 오래된 제도를 선호했지만 좌웅이 재직하던 10년 동안 추진된 개혁은 효과적이었다고 인정했다.[56] 그러나 좌웅과 같은 시기에 살았던 장형張衡은 제술이 어떤 사람의 덕행보다는 문장기술을 시험하는데 가까웠다고 지적했는데, 이것은 606년 과거제도가 영구히 채택된 이후 빈번하게 반복된 비판이었다.[57]

## 수와 당 : 과거제도의 폐해

6세기 후반 수가 중국을 재통일한 뒤 나타난 특징은 9품 중정제가 폐지되고 과거제도와 등용 절차가 관료화되기 시작했다는 것이었다.[58] 현대의 중국사 연구자들은 대체로 수·당대의 과거제도가 옛 귀족제도에 심각한 타격을 준 것으로 보았는데, 그 제도는 하층신분이 사회적으로 상승하도록 허락하고 사회적 지배계층을 제어함으로써 황제의 권력을 증대시켰기 때문이었다.[59] 유형원이 이용한 중국 자료들은 과거제도로 귀족제도가 약화됐다고 뚜렷하게 말하지는 않았지만, 그는 2개의 중요한 요소에서 이런 결론을 도출한 것으로 생각된다. 그가 연구한 중국 학자들은 거의 모두 과거제도의 이점보다는 결점에 주목했는데, 그것이 중정제만큼이나 고대 중국에서 시행된 교육과 등용의 이상과 동떨어졌다고 느꼈기 때문이었다.

이미 언급했듯이 주요한 비판의 하나는 성인의 도덕적 진리를 공정하게 전달해야 할 도구인 문학이 오용되고 있다는 것이었다. 그것은 교육의 수단이 아니라 목적이 되어버렸다. 도덕주의자들은 언어가 형식주의적으로 사용되고 산문의 형식이나 세련되고 심미적 즐거움을 주는 시문의 창작을 너무 존중한 결과 도덕을 제대로 이해하지 못하게 됐다고 계속 개탄했다.

수대의 한 학자는 남조 유생의 책상에는 달·이슬·바람·구름에 대한 감상적인 한담에 바쳐진 종이 조각들이 높이 쌓여 있다고 말했다.[60] 유요劉嶢는 고대에는 충효를 표현하고 거기에 맞게 감정을 고양하기 위해서 시문을 사용했다면서 덕행보다 작문의 기술과 형식을 중시하는 태도를 비판했다.

유질劉秩은 고대에는 시문의 목적은, 조롱일지라도, 통치자에게 생각을 전달하는 것이었다고 주장하면서 우아한 표현은 직설적인 문장의 거칠고 무례한 부분을 좀더 부드럽게 다듬는 기술이라고 암시했다. 『서경』*에서 말했듯이, 불행하게도 이제 형식이 전부가 됐다. "말을 보고 사람을 선택하면 그 사람은 말을 줄 것이고, 행동을 보고 사람을 선택하면 그 사람은 행동을 줄 것이다."[61]

설겸광薛謙光 등은 교육이 전혀 쓸모없게 됐다고 지적했다. 과거에서

---

* 『반계수록』에는 『주서』로 되어 있다.

책문策問을 시험했음에도 불구하고 실무와는 무관한 지식과 재능이 높이 평가됐다. 무관의 선발에서도 명령을 내리고 전략을 고안하는 실제적 능력보다는 활쏘기 기술에 좀더 무게를 두었다. 당의 자사刺史 조광趙匡은 "사람들은 쓸모없는 것만 논의하고 익힐 뿐 필요한 것은 연마하지 않는다. 이 때문에 관직에 적합한 사람이 적게 됐다"고 말했다.[62]

그러나 가장 자주 거론된 비판은 과거가 어떤 원리를 이해하기보다는 사실을 암기하는 데 치중했다는 것이었다. 예컨대 741년(당 현종 개원 29) 당에서는 고전의 일부를 발췌한 뒤 한 줄이나 몇 글자만을 응시생에게 보여주고 나머지는 기억해 쓰는 시험을 도입했다. 그러나 이런 객관성의 허울 좋은 개선은 기계적인 암송을 강화하는 결과로 이어졌다. "수십 편을 통달하면 어려운 부분도 모두 상세히 알게 됐다. 그러나 문장의 대의는 담장을 마주하고 서 있는 것처럼 전혀 몰랐다."[63]

조광은 과거제도가 나쁜 사람들에 의해 왜곡된 중립적 방안이 아니라 탐욕과 야심을 자극하고 고위 관원에게 구걸하며 경쟁에서 살아남기 위해 동료 학생들을 허위로 중상하게 만드는 제도라고 생각했다. "이렇게 된 것은 사람들의 본성 때문이 아니라 제도가 그렇게 만든 것이다."[64] 유형원 또한 저급한 제도는 도덕을 쉽게 무너뜨릴 수 있다는 조광의 확신에 공감했다.

유질과 조광은 과거제도가 아주 적은 관직에 등용되기를 기다리는 한가한 잉여의 급제자들을 양산했고, 그들의 생계 비용을 대느라 많은 사람들이 파산했으며, 백성들에게 너무 무거운 세금과 비용을 부담시켰다고 믿었다.[65] 유질은 수대에 향촌 유생들이 고향을 떠나 수도로 몰려드는 현상을 비판하면서 옛 중정관을 그리워했다.[66]

## 당대唐代에 제안된 등용 절차의 개혁

### 인원 할당

과거제도를 개선하기 위해서 인원 할당, 임명권의 탈脫중앙화, 천거제도의 재시행, 특별 천거시험, 학교제도의 개혁 같은 몇 가지의 해결책들이 당대에 제안됐다. 7세기 초반 유상도劉祥道는 과거에 응시하려고 수도로 밀려드는 응시자들을 줄이기 위해 응시자의 숫자를 1년에 5백 명으로 제한하자고 제안했다.[67] 그러나 조광은 인원 할당제도가 심각한 부작용을 낳을 수 있다고 생각했는데, 인원 할당을 맞추기 위해서 자격이 불충분한 사람들을 마구 선발해 정원을 채우면 나중에 훌륭한 인재로 밝혀진 사람을 등용할 수 없기 때문이었다. "그 때문에 유능한 사람들이 하는 일 없이 늙어가는 동안 무능한 유생들은 고관에 올랐다."[68]

### 절충 : 천거과

당대唐代에 과거제도가 채택되자마자 비판이 제기됐다. 마주馬周는 태종(재위 626~649)이 한대에 지방 관원이 응시자의 능력을 판단하는 데 참여하게 했던 제도를 폐지한 것을 비판했는데, 이부가 그 책임을 맡은 뒤 지방 관원의 자질과 권위가 떨어졌기 때문이었다.[69] 7세기 중반 위현동魏玄同은 인물 심사와 추천이 지방 사무의 실제를 모른 채 중앙에만 있던 이부와 병부의 "몇 사람의 손에" 독점되는 문제점을 제기했다. 위현동은 이부의 권한을 줄이고 3품부터 9품에 이르는 모든 관원이 후보자를 추천하도록 요구했다.[70]

또한 위현동은 과거제도가 관직임용과 승진에서 귀족가문과 문벌의 영향력에 의존하는 폐단을 없애지 못했을 뿐만 아니라 비정규의 명예직도 줄였다고 주장했다. 한의 천거제도를 복구하는 것은 윤리규범과

의례 절차를 아는 적절한 지방 관원을 얻는 유일한 길이었다.[71]

고종이 신하들에게 관원을 추천하라고 전교하자 수상 이안기李安期는 고위 관원들이 자신의 붕당을 만들기 위해 측근만 추천하는데도 많은 사람들은 그것을 비판하는 위험을 감수하는 대신 침묵을 선택하고 있다고 비판했다.[72] 당말인 790년대에 육지陸贄는 어떤 사람의 능력을 예상할 수 있는 유일한 방법은 향촌의 천거에 따르고 상관은 자신의 부하를, 지방의 자사刺史는 관할 지역의 수령을 천거하는 것이라고 주장했지만, 즉시 폐기됐다. "입에 말린 말, 교묘한 태도, 아첨" 같은 표면적인 특징은 모두 무시해야 하며, 추천자는 자신의 말에 책임을 져야 했다. 그의 제안도 채택되지 않았다.[73]

세 번째 해결 방안은 과거와 천거제도를 절충하는 것이었다. 태종대 예부의 관원이었던 양관楊綰은 효렴과孝廉科라고 불린 천거과薦擧科를 제안했다. 고향의 현령이 추천한 후보자들은 고전에 대한 지식과 실무 행정으로 국한된 특별시험을 치렀다. 국자감의 학생들 또한 교사의 추천을 받아 제주祭酒의식에 참석하는 영광을 누렸다.[74] 태종은 양관의 생각에 공감했지만, 바꾸기에는 과거제도가 너무 오래 시행되어왔다는 이유로 받아들이지 않았다.[75]

### 송의 반反과거적 경향

유형원은 송의 위대한 개혁적 신하인 왕안석이 신종(재위 1068~86)에게 올린 2개의 상소를 인용했는데, 두 글 모두 당대에 야기된 과거제도의 폐해를 비판한 내용이었다. 그것은 학문적 칭호를 선호하고, 기계적 암송이나 방만한 독서, 단편적인 작문에 뛰어난 사람은 고위 관직을 차지했지만 진정으로 유능한 사람들은 가난 속에 향촌에서 죽어간다는 것이었다.[76] 왕안석은 과거제도가 너무 오랫동안 시행됐다는 이유로 폐지하는 데 주저하는 관원들을 비판하면서 향촌에서 관원 선발을 시작했던 성현들의 방식으로 돌아가야 한다고 주장했다. 향촌에서는 그 지역의 학교에서 가르쳤으며 지방 수령들은 여러 사람들이 유능한 인재라고 추천한 사람의 덕망·행실·재능을 심사하고 지식과 일처리를 시험했다.[77]

유형원은 신종이 제술에서 고전의 이해로 시험과목을 바꾸고 고전 문헌에서 몇 줄만 남겨놓고 모두 가리는 시험을 폐지함으로써 왕안석에게 호응했다고 말했다. 1070년(송 신종 3) 신종은 진사 응시자들에게 직접 시험을 주관하면서 정책 문제만 물었다. 1086년(송 철종 원우元祐 1) 왕안석이 실각한 뒤에는, 불행하게도, "이전의 제도를 복구해 시부詩賦를 기초로 시험을 치렀다."[78] 그러나 유형원은 과거제도를 공립학교 제도로 대체하려는 왕안석의 계획이 고전에 대한 자신의 새로운 주석을 정설로 삼아 교과과정에 넣으려던 왕안석의 시도에 대해 사마광司馬光이 반대했기 때문에 결국 실패했다는 사실은 언급하지 않았다.[79]

또한 유형원은 13세기 남송의 성리학을 집대성한 주희가 당시의 과거제도 때문에 학생들이 고전의 주석을 모으는 데는 전혀 신경 쓰지 않고 이전의 시험에 자주 나왔던 문장을 외우는 데만 시간을 보낸다고 비판했다는 사실을 발견했다. 시험관들은 문학적 재주를 교묘하게 부린 사람에게 높은 점수를 주었기 때문에 비슷한 비판을 받았다. "그들은 응시자가 얼마나 능숙하게 문장을 조립하는지를 알고 싶어했다. 시험관이 한번 그것을 칭찬하면 응시자들은 시험관의 마음에 맞추기 위해서 고전에서 문장을 조립하는 데 온 시간을 보낸다."[80] 주희는 왕안석이 제술에서 작시作詩를 폐지한 시책을 찬양하면서, 고전에 대한 합당한 이해를 독점하려던 그의 시도를 비판한 사람이라도 이 시책은 비난하기 어려울 것이라고 지적했다.[81]

주희보다 앞선 11세기 성리학의 저명한 학자인 정이 또한 과거제도에 반대했으며 도덕적 지식 대신 기계적 암송이나 시문과 운율의 기술을 강조하는 세태를 혐오했다. 그는 학교에서 제술을 치르는 것까지 반대했는데, 그것은 사람을 평가하는 저급한 방법이며 개인의 야망과 경쟁을 유발한다는 이유였다.[82]

유형원은 과거제도를 비판하는 데 북송시대 전체를 포괄하지 않았다. 그는 1043(송 인종 경력 3)~44년 범중엄范仲淹 · 한기韓琦 등이 주도한 개혁은 언급하지 않았는데, 그들은 응시자가 알려지고 그들의 도덕적 인격이 고려되어야 한다고 생각했기 때문에 정실을 없애기 위해 응시자의 이름을 가리는 등의 송대 과거에 들어 있는 몰인격적 본질을 비판했다.[83] 그는 장재張載도 언급하지 않았는데, 거기에는 매우 타당한 이유가 있었다. 세습적 원칙에 따른 등용을 찬양한 장재는 관원이 되는 참으로 도덕적인 방법은 음서라고 생각했다.[84] 과거제도를 치료하기 위해 유형원이 살펴본 당시의 주요 학자들은 왕안석 · 주희 · 정이 등이었다.

### 명 : 과거제도의 관행화와 규격화

유형원은, 매우 안타까워하면서, 명 태조가 14세기 후반 과거를 폐지하려고 했지만 실패했으며 자신이 존경하던 명대의 학자 구준 또한 과거의 원래 목적이 시간이 흐르면서 왜곡되는 것을 걱정했다고 언급했다.[85] 구준은 명 전기의 과거는 이전 왕조보다 진보됐다고 믿었는데, 응시생들에게 고전의 핵심적 문제들을 시험하고 주희의 주석이 달린 사서四書를 과거의 필수과목으로 채택한 원의 제도를 받아들였기 때문이었다 — 그 정책은 조선에서도 개창 이후 계속 시행했다. 구준은 이처럼 기본을 강조하면 유생들이 다소 부차적인 고전과 철학 · 역사를 공부하는 데 많은 시간을 할애할 것이라고 생각했다.

그러나 그 뒤 시험관들은 더욱 모호하고 이해하기 어려운 지식을 통달하는 것을 선호하기 시작했고, 정부는 학생들을 더욱 힘들게 하기 위해서 고전의 구절을 잘라내어 무작위로 과거에 출제했다 — 이것이 악명 높은 팔고문八股文이다.* 학생들은 고대의 제도나 정책 사안에 대해 생각할 시간이 거의 없었으며, 시험관들은 다른 사람과는 차별되는 특별한 해석이나 주석을 선호했다. 그 결과 받아들여질 만한 의견을 앵무새처럼 되풀이하는 학생들이 양산됐고, 이런 풍조는 곧 널리 퍼져 "잘못된 신조만을 편협하게 추종하는" 불행한 전통을 만들었다.[86] 구준의 지적은 기존의 비판과 다르지 않았지만, 과거제도가 중국에 도입된 처음부터 잘못됐다는 유형원의 비판적 견해에 큰 힘을 실어주었다.

### 조선 : 과거제도의 역효과

#### 전설적인 고대의 성인시대에서 야만으로

한국사에서 등용제도의 역사에 대한 유형원의 전반적인 논의는 그의 책에서 해당 항목 끝부분에 짧고 소략하게 첨부되어 있다. 이처럼 상대적으로 소략해진 까닭은 한국 고대사의 자료가 부족한 것도 부분적인 원인이었지만, 그가 어떤 편협한 민족적 정체성을 넘어서 보편적이고 전세계적인 유교문화와 자신을 동일시하고 고대 중국의 우월성을 부끄러움 없이 인정한 것이 좀더 중요한 이유였다. 중국사에서 교육과 등용 제도에 대한 그의 태도는 완벽했던 고전시대부터 기원전 206년 진이 통일하기까지 이루어진 모든 것을 그가 맹목적으로 숭배하지는 않았음을 보여준다. 그는 그 뒤의 모든 왕조는 완벽함에서 추락했지만 일부는 고

---

* 주로 주희의 『사서집주四書集注』의 내용을 발췌해 대구의 형식으로 문장을 만드는 명대의 시험방식이다. 그 글의 전개 순서에 따라 파제破題·승제承題·기강起講·입제入題·기고起股·중고中股·후고後股·결고結股라는 이름의 여덟 부분으로 나뉘었기 때문에 '팔고문'이라고 불렀다.

전적 제도의 핵심을 회복하기 위한 가치 있는 시도나 제안을 했다.

이런 해석은 전근대 동아시아의 학자들에게 흔한 것이었지만, 17~18세기의 이른바 실학자들을 근대주의자는 물론 민족주의자의 원형으로 묘사하려는 최근의 시도에 비추어 중요한 의미를 갖는다. 유형원의 저작을 세밀히 살펴보면, 그가 자기 왕조의 독립성과 고유성을 알고 있었다는 사실은 확인할 수 있다. 그러나 그의 사상에서 중국과 유교 전통에서 원용한 보편적 가치를 희생하면서 조선의 성취·경험·지혜를 내세울 수 있는 민족적 자긍심이나 피아彼我라는 민족적 구분의 흔적은 찾기 어렵다. 반대로 초월적이고 전세계적인 문화에 대한 유형원의 복종은 한국이 과거와 현재 모두 열등하다는 감정을 유발시켰다. 과거에는 본받을 만한 모범이 거의 없고 현재는 중국 왕조의 이른바 후세보다 나을 것이 없는 상황이었다.

유형원은 958년 과거제도를 도입하기까지는 한국의 등용제도에서 언급할 만한 내용이 많지 않다고 명확히 밝혔다. 그는 주의 귀족이자 대신으로 고조선에 분봉分封된 기자箕子에 대한 『서경』의 내용을 언급했지만, 확신이 있었다고는 생각되지 않는다. 그는 기자가 통치하면서 "인재 선발과 등용은 단순하고 진정한 방법으로 이루어졌다"고 추정했지만, 입증할 증거는 없다고 인정했다.[87]

그의 회의는 중국에서 온 성인이 완벽한 제도를 가져와 당시 신석기에서 청동기 문화로 막 넘어가기 시작한 한반도의 문화를 주대 초기의 높은 수준으로 끌어올렸다는 내용을 부정할 만큼 대담하고 명쾌하지 않았다. 그럼에도 불구하고 그는 자신의 연구가 한국이 아니라 고대 중국을 모방하는 데 주된 목적이 있다면서 그 문제를 피해갔다. 그가 13세기에 저술된 일연의 『삼국유사三國遺事』에서 민족의 시조로 기록한 단군檀君에 대해 거의 언급하지 않은 것도 놀라운 일이 아니다. 기자로 상징되는 중국 문화보다 독자적 전통을 중시하는 현재의 많은 한국 학자들은 단군의 존재를 인정하고 있다.

기원전 2000년 후반 기자의 영광스러운 통치가 아무리 추정적이고 (매우 의심스럽다고 해도), 삼국시대(대략 기원전 1세기~668년까지)의 한국은 야만에서 거의 진보하지 못한 상태에 머물렀던 것은 확실했다. "침략과 갈등이 계속되어 미숙하고 야만스러웠기 때문에 언급할 만한 것이 없었다."[88] 유형원은 전쟁이 지배하던 시기에 관리 등용은 오직 군사기술과 능력에 기초해 이루어졌다고 생각했다. 신라 원성왕(재위 784~798) 때 독서삼품과讀書三品科가 도입되면서 이런 상황은 개선됐지만, 기준이 매우 낮아 중국 고전에 대한 초보적 이해만이 요구됐다. "오경·삼사三史*·제자백가를 이해한 사람은 모두 등용됐다."[89] 유형원은 788년(원성왕 4) 신라의 태학에서 치러진 독서삼품과에 대해서 언급하면서 신라시대에도 그것은 주요한 관원 등용의 수단이 아니었다고 결론지었다.

기자에 대한 피상적인 언급을 빼면 유형원은 역사시대 초기 자국의 낮은 문화 수준을 분명히 부끄러워했으며 교육과 등용제도에서 큰 발전을 하지 못했다고 낮게 평가했다. 그러나 이런 사상을 가진 유형원이 한국의 민족의식을 재발견한 중요한 선구자로 해석되고, 그런 평가가 현재 남한과 북한 모두 커다란 영향을 미치고 있다는 사실은 놀라운 일이다.

### 고려시대의 과거제도

10세기 중반 이후 과거제도가 도입됐지만, 유형원은 그것이 고려의 자체적인 성취라고 찬사를 보내지는 않았다. 광종은 북주北周 출신의 중국인 쌍기雙冀의 조언과 영향에 고무되어 그런 개혁을 추진했다.

---

*『사기』·『한서』·『후한서』.

널리 알려졌듯이 과거는 14세기까지 중요한 인재 등용의 수단이 되지 않았지만 유교문화를 소개하는 데 공헌했으며, 세습 귀족들과는 다른 부류의 관원을 발탁하는 제도를 만들려는 광종의 시도를 뒷받침했다.[90] 유형원은 과거제도가 한국에서 문화적 성취의 수준을 높이는 데 긍정적 영향을 주었다는 데는 동의했지만, 시문에 대한 과도한 존중, 경박하고 화려한 작문의 선호, 기계적인 암송의 강조 등 중국 문헌에 기록된 모든 부정적 측면의 영향을 주었다는 점도 비판했다.[91]

유형원은 14세기 고려 말엽 개혁의 짧은 돌풍이 나타났지만 그 결과는 보잘것없었다고 아쉬워했다. 그는 충숙왕(재위 1330~31, 1332~39) 때 이제현李齊賢과 박효수朴孝修가 시부詩賦의 작성을 폐지하자고 건의하고 우왕(재위 1374~88) 때 이색李穡이 책문을 다시 시행하자고 아뢴 일을 높이 평가했는데, 둘 다 채택되지는 않았다. 유형원은 무관들의 자질을 높이기 위해 무과를 공식적으로 실시한 공양왕(재위 1389~92) 때 의정부의 조처를 상찬했다.[92]

유형원은 조선에서는 문과와 무과를 모두 실시했지만 다소 형식적인 제도였다고 전체적으로 부정적인 평가를 내리면서 송대 학자의 비판적인 표현을 인용했다.[93] 그는 과거가 개인의 능력을 객관적으로 평가함으로써 세습적 신분의 배타적 권력을 약화시켰다고는 전혀 생각하지 않았다. 오히려 그는 과거가 관직으로 나아가는 유일한 통로였으며 비본질적인 지식을 향해 기계적으로 접근하는 경향을 부추겼다는 이유에서 그 제도를 비판했다. 학생들은 고전에서 답안을 작성하는 데 유용할 부분을 어떻게 선정할까만 공부했고 그것들을 조립해 답안을 썼지만, 그런 내용들은 "경서와 사서의 원래 의미와는 전혀 무관했다."[94]

과거에서 고전의 비중은 더욱 낮아졌는데, 암송이 강조되면서 학생들은 서적에서 암송해야 할 부분을 발췌해 짧은 노래로 재구성했기 때문이었다. 그들은 고전의 더 큰 의미에는 "완전히 무지했다." 송대를 제외하고는 문학적 재주가 나쁜 것이 아니었으며, 급제자의 수준은 문·무과 모두 낮았다 — 이것은 과거의 치열한 경쟁에서 스스로 물러나기로 결심한 사람에게는 이상한 결론이 아니었다.[95]

### 16세기 이후의 사학私學

유형원은 조선 전기에 설립된 대부분의 공립학교제도가 무시되고 폐기된 상황을 개탄했다.[96] 그는 교육받은 사람들이 자제들에게 좀더 수준 높은 교육을 계속 시키고 관원으로서 성공하는 데 매우 중요했던 과거를 준비시키기 위해 서당과 개인 교사, 그리고 서원을 선택하게 됐다면서 그 원인을 과거제도에 돌렸다.

뜻을 가진 선비들이 어쩔 수 없이 한적하고 외딴 곳에 따로 정사精舍를 세워 공부하는 곳으로 만든 것이 서원이 일어나게 된 계기다. 만약 국가에서 교육을 바로잡기 위해서 읍학邑學과 향상鄕庠을 복구한다면 서원은 필요 없게 될 것이다.[97]

아울러 서원은 저명한 학자들의 사당을 세워 배향하려고 추진하면서 당시의 정치적 당쟁에 연루됐다. 원래 사당은 지방의 훌륭한 학자들을 추숭한다는 좋은 취지를 갖고 있었지만, 당시는 뛰어난 개인들보다는 특정 가문과 결탁된 조상 추모의 공간으로 점차 변질되고 있었다. "당쟁이 만연하자 배향할 만한 사람이 아닌 데도 배향하는 경우가 많아졌다."[98]

1542(중종 37)~43년에 세워진 조선의 첫 번째 서원인 백운동白雲洞서원은 주희가 세운 서원의 이름을 땄으며, 유형원은 그 규정을 자신의 저작에 인용했다. 서원은 공무公務와 정치의 품위를 떨어뜨리지 않고 도덕적 자아계발이라는 좀더 순수한 목표를 추구하기 위해 학자들이

모여서 공부하고 토론하고 사색할 수 있는 공간이 됐다. 17세기 중반에는 1백여 개의 서원이 있었는데, 바로 유형원이 『반계수록』을 쓰던 무렵에 가장 폭발적으로 증가했다.[99] 이미 유형원의 시대에 서원은 당파심과 세습적 당쟁, 과거시험을 준비하기 위한 훈련으로 목표를 돌리면서 그 이상적 목표가 퇴색됐다. 그 결과 그는 서원이 진정한 교육의 목적이 왜곡된 상황에 대한 도피처나 해결책이 아니라 과거제도의 나쁜 결과라고 결론지었다. 이런 이유 때문에 그는, 송대의 일부 주요한 학자들이 서원을 과거제도의 해결책으로 본 것과는 달리, 15세기 후반 그 목표를 이루는 데 실패했음에도 불구하고 공립학교를 대안으로 제시한 것이다.

19세기 중반 서원은 완전히 정치화됐으며 지방 관청과 중앙 정부에 도전하는 반半자치적인 존재가 됐다. 서원에 대한 유형원의 증오는 1860년대 대원군보다 심하지는 않았지만, 서원에 대한 비판적 글들을 남김으로써 1871년(고종 8) 대원군의 과격한 서원 철폐에 토대를 제공했다.[100]

## 폐지의 필요성

세습적 귀족제도라고 이해한 제도에서 야기된 해악들을 해결하기 위한 방안을 모색하면서 유형원은 세습적 귀족제도의 원인을 설명한 뒤 그것을 존속시키는 핵심적 변수로 과거제도를 지목했다. 그러나 고려시대부터 유지되어온 양반의 세습적 신분은 조선 초기에 과거제도를 확대함으로써 현저하게 약화됐기 때문에 그런 상황은 실제와 달랐다.

한동안 서양의 중국 사학자들은 대부분 과거제도가 세습적 귀족제도를 무너뜨리는 데 기여했다고 믿었지만, 최근에는 과거제도가 606년 수隋에서 채택된 이후 적어도 3백 년에서 거의 5백 년 동안 지속됐다는 점을 근거로 반대의 견해가 우세하다. 당에 들어와서 귀족제도는 그 양상이 달라졌는데, 과거에 응시하기 시작한 귀족들은 거기에 성공적으로 적응하면서 과거가 자신의 기반을 무너뜨리게 놓아두기보다는 그것을 지배하는 데 성공했기 때문이었다.[101] 당에서처럼, 조선에서도 과거제도의 채택은 양반을 해체하지 못했다. 승려 · 노비 · 상인 · 공인, 그리고 그밖의 천민을 제외한 모든 양인을 대상으로 객관적이고 공정한 선발 기준을 만들 것이라고 표방한 의도와는 달리 조선의 양반은 자신의 자제들을 과거에 미리 대비시킴으로써 과거제도의 평등적 경향을 피해 갈 수 있었다.

유형원은 중국사의 과거제도를 폭넓게 비판적으로 관찰한 결과 그 제도가 관원 선발의 주요 방법으로 정착됨으로써 상당수의 다른 결과들이 흘러나왔다는 사실을 알게 됐다. 가장 중요한 변화는 도덕의 수양이라는 교육의 고유한 목표로부터 언어의 사용기술이라는 교육의 수단으로 관심이 전환됐다는 사실이었다. 이런 경향은 유용한 지식, 윤리와 경세론의 문제들, 간결하고 신중한 글쓰기, 그리고 유교의 도덕원리들에 대한 진정한 이해가 아닌 쓸모없는 지식, 시의 형식, 화려한 수사의 남발, 그리고 기계적인 암송으로 지나치게 관심을 돌렸다.[102] 과거에 대한 경쟁적 분위기는 탐욕과 야심을 자극했고, 과거 급제자의 잉여인원과 과거 급제를 열망하는 사람을 양산해 인적 자원을 매우 낭비했으며, 향촌의 유생들과 잠재적인 도덕적 지도자들을 과거가 치러지는 수도로 모여들게 했다.

유형원은 조선의 과거제도가 그것을 준비하는 사람들에게 유교의 올바른 도덕기준들을 가르치는 데 실패했을 뿐만 아니라 반半세습적인 양반들이 권력을 계속 유지하는 주요한 도구의 하나로 사용됐다고 믿었다. 잘못된 제도가 인간의 비극을 불러왔다는 시각을 일관되게 유지하면서 그는 선善을 위한 내적인 도덕적 능력에 맞는 삶을 사는 데 사람

(그는 이 문제에서 여성은 크게 고려하지 않았다)들이 실패하는 까닭은 개인적 결점만이 아니라 과거제도에 내재한 해악이 사람을 타락시켰기 때문이라고 파악했다. 그가 언급했듯이, "과거가 없었더라면 날마다 매질하면서 부박浮薄하게 만들려고 해도 그렇게 되지 않았을 것이다."[103] 따라서 그는 과거제도를 수정하거나 대체하려는 계획은 적절한 지배계층을 선발해 교육하고 관원으로 등용하는 진정한 방법을 시행해야만 이루어질 것이라고 결론지었다.

## ▌송대의 개혁 : 고대 모범의 재발견

### 효용성 : 왕안석과 주희

앞서 보았듯이 유형원은 과거제도를 대체하려는 중국의 학자와 관원들의 주장에 관심을 가졌다. 유형원은 이전의 왕조들은 연대순으로 서술했지만 송대를 논의하면서는 주요한 정치가와 철학자들의 견해에 초점을 맞추었다. 송대 이후의 경세론에서 왕안석을 낮게 평가하고 그의 청묘법靑苗法에 반대했음에도 불구하고 많은 측면에서 유형원은 교육과 관리 등용에 대한 왕안석의 분석에 동의했는데, 그것은 주희가 왕안석의 교육정책을 칭찬했다는 사실을 유형원이 알았기 때문으로 생각된다.[104]

그는 천거제도와 개선된 학교제도를 채택하고 좀더 효용성 있는 지식을 가르치자는 왕안석의 주장에 크게 공감했다. 왕안석은 최고의 인재만을 선발해 고위 관직에 임명하고 그들에게 하위 관직에 임명할 사람들을 추천할 권한을 부여한 고대의 통치자들의 조처를 찬양했으며, 현재의 주요 대신들은 모두 쓸모없는 사람들이며 자기 사람만 추천한

다고 비판했다. 잘못된 천거를 처벌해도 상황은 전혀 개선되지 않았다.[105]

그는 송 조정이 문헌에 대한 쓸데없는 해설과 과거에 합격하는 데 필요한 문체에 치중하는 당시의 풍조 대신 지방 학교의 육성과 의례·음악·형법 같은 참으로 중요한 과목들을 가르치는 문제를 무시했다고 비판했다.[106] 예컨대 그는 문무에 대한 전문적 지식이 능력의 정의定義라고 강조하면서 식견이 풍부한 학생들을 고위 관직에 발탁한 고대의 제왕들을 찬양했다. 반면 당시의 관원들은 이런 실용적 문제에는 무능했으며, 변방이나 수도에서 임무를 받으면 자신의 부하들에게 책임을 전가한다고 비판했다.[107]

왕안석의 실용주의는, 비록 활쏘기가 전통적으로 의례의 실행과 도덕적 가치의 이해와 연관됐지만, 고대의 활쏘기 시합에 대한 그의 공리주의적 해석에도 반영되어 있다. 그는 "활과 화살로 제국을 위협했다"는 『역경易經』의 내용은 활쏘기가 국가의 핵심적인 무력이었음을 뜻하는 것이라고 썼다. 모든 사람들은 평화시에 집에서 활쏘기를 연습했고 의례와 음악을 갖춰 그것을 시행했지만, 정벌에 나서거나 변경과 수도를 방어할 때도 사용했다. "고대의 국왕들은 무기를 백성들에게 맡겼기 때문에 안으로나 밖으로나 두려워할 일이 없었다."[108]

이처럼 왕안석은 의례의 시행은 활쏘기에 부속된 것이었지 그 반대가 아니라고 말함으로써 주대의 선례를 전도顚倒시켰다. 넓게 해석하면, 국가의 힘과 안전은 개인의 도덕적 수련보다 앞선다는 것이었다. 그러나 그는 사실에서 가치를 분리하지 않았으며, 어떤 경우에 서로 대체했을 뿐이었다. 호이트 틸만이 언급했듯이, 왕안석과 주희는 벤자민 슈왈츠Benjamin Schwartz가 말한 결과의 달성이라는 실용적 측면과 도덕적 품성의 완성이라는 유교사상의 양극을 각각 대표했다.[109]

주희는 송대의 다른 도덕주의자들보다 유용성을 강조했지만,[110] 유용성에 대한 그의 개념에는 왕안석의 그것보다 도덕이 큰 비중을 차지했다.

삼대의 가르침에서는 기예가 가장 아래였지만 그 기예들은 모두 실용적이었다.……지금의 가르침은 덕행의 실제德行之實에 근본을 두지 않아서 기예는 아무 쓸모없는 빈말이 됐다.[111]

주희가 사용한 '실實'이라는 용어는 '도덕적 행동의 실질적 내용'을 뜻하며, 20세기 한국의 많은 학자들이 말한 대로 가치가 배제된 실용성이나 유용성은 아니라는 측면을 주목해야 한다. 아무튼 지식의 유용성이라는 개념은, 특히 아무런 목적 없이 문학적 기술이나 형식을 개발하는 행태와 대비되면서, 유형원의 생각에 영향을 주었다.

## 정이 : 학생의 특별한 신분

유형원이 실용성과 유용성을 강조한 왕안석의 생각을 깊이 연구했다는 사실은 그가 과거제도의 다양한 대안에 비교적 개방적이었음을 알려주지만, 사실 그의 마음은 주희와 중국의 도덕주의적 경세학자들에게 가 있었다. 유형원이 존경한 11세기의 정이는 학교의 책임자와 그들의 조수들이 가장 잘 할 수 있는 임무인 학생의 행동과 성취도를 직접 평가해 개인적인 등급을 매기는 고대의 방법으로 돌아가야 한다고 생각했다.[112]

또한 정이는 학교에 등록하는 제도가 사士신분을 일반 농민들과 구별하는 유일하고 합당한 방법이라고 믿었다. 그는 자제들을 8세에 소학小學에 보내고 15세에 대학에 보냈던 고대의 제도를 극찬했다. 학업에서 실패한 사람들은 다시 농민으로 돌아왔고, 학생들은 40세까지 국가의 지원을 받으면서 공부에 전념했다. 사회에서 학자와 농민은 엄격하게 구분됐다.

"만약 어떤 사람이 학교에 다닌다면 (그 학교나 국가는) 그를 부양해야 했으며, 그가 사대부의 자제라면 그는 후원이 없을지도 모른다는 걱정을 전혀 하지 않았다. 양인의 자제라도 학교에 들어가면 지원을 받았다."[113]

고대에 이루어졌던 국가의 지원은 학생들의 경제적 독립을 보장해 그들이 적절한 도덕적 목표를 세울 수 있게 하려는 취지였지만, 학생들은 나이를 먹으면서 "이익을 추구하려는" 마음에서 타락한 행동에 빠지곤 했다. 그런 습성을 법률과 처벌로 차단하려는 당국의 시도는 초라하게 실패했다.[114]

당대唐代의 비평가들에 호응해서 정이 또한 과거 응시자들이 수도에 집중되는 것을 반대했다. 그들은 "부모의 보살핌을 버리고 혈연의 사랑도 잊은 자"들이기 때문이었다. 국학의 정원을 줄이고 지방의 학교를 늘림으로써 그들이 자기 고향에서 효도의 의무를 다하도록 하는 것이 훨씬 좋은 방안이었다. 또한 그는 뛰어난 학자들을 모신 존현당尊賢堂을 세워 권위와 존경을 표시하고 방문 학자를 받자고 건의했다.[115]

### 정호가 계획한 학교와 천거제도

그러나 정이의 형 정호의 견해는 유형원에게 훨씬 큰 영향을 주었다. 유형원은 향촌의 유생들에게 겸손과 부끄러움의 감정이 없고 학교의 시설이 열악하며, 교사를 존경하지 않고 조정에 인재가 부족하며, 처벌과 강제로는 도덕적 교화를 이룰 수 없다는 문제들에 대한 정호의 관심에 주목했다. 정호는 도덕을 가르치고 천거로 인재를 선발한 고대의 선례를 찬양했다. 그런 방법은 송대에도 시도됐으나 "향촌의 의견에 기초

해 천거가 이루어지지 않았기 때문에" 실패했다.[116]

유형원은 "예의를 갖추어 임명한다禮命"는 정호의 방안을 숭상했으며 조선에서도 그것을 채택해야 한다고 제안했다. 정호는 황제가 자신과 가까운 신하들, 전국의 저명한 유학자, 지방 관원들에게 "고대 국왕들이 실천한 방법을 확실히 이해하고 있으며 매우 선하고 다른 사람들의 스승과 모범이 될 만하다고 승인받은 사람들"을 추천하도록 지시해야 한다고 생각했다. 추천되면 적절한 급료를 주고, 통치하는 부류로 교육받고 등용되기 위해서 특별히 설립한 연영원筵英院이라는 기관에서 살게 했다.

이렇게 소집되어 추천된 유생들은 매일 사물의 이치物理를 공부하고 함께 생각하며 효도·우애·충성·신의·의례·음악 같은 특정한 유교의 항목을 연마했다. 가장 뛰어난 사람은 고위 관직에 추천됐으며, 그 다음은 국학의 교사, 그 다음은 전국에 있는 지방 학교의 교사로 추천됐다. 모든 교사는 적절한 녹봉을 받았고 각종 국역을 면제받았지만, 유교의 도덕을 위반한 것이 발각되면 직위에서 쫓겨나 군대에 들어갔다.[117]

지방 단위의 학교를 운영한 주의 제도는 국학과 지방 학교를 설치하면 다시 시행할 수 있었다. 주대처럼 지방 관원은 지방 학교에서 교사와 학생들에게 매년 향음주례를 거행하고 연로한 사람들을 그 의식에 초청해 존경심을 표시했다. 거기에 모인 지방 학교의 학생들은 가장 학업 성적이 뛰어나고 품성이 훌륭한 유생을 관직에 임용되거나 상급 학교로 올라가도록 추천했다.

학업이나 행실에 결함이 발견되는 학생은 퇴학당했으며, 학교의 교사와 관원 또한 책임을 지고 처벌받았다. 상급 학교로 승급할 자격이 있다고 평가된 학생들과 그 가족은 노역을 면제받았다. 가장 높은 등급의 학교인 국학에 다니는 뛰어난 학생들은 조정의 관원으로 추천됐다.

그렇게 추천받은 사람들은 『예기』「왕제」에서 사용된 용어인 '선발된 학자'라는 뜻의 선사選士라고 불렸으며, 고전에 대한 지식과 행정 능력을 심사받았다.[118]

모든 학교의 학생들은, 탁월한 학생들을 제외하고는, 승급 자격을 갖기 위해서 가장 낮은 등급의 학교는 3년, 그보다 높은 등급의 학교는 1년을 출석해야 했다. 고대의 모범에 충실하게, 교육의 목적과 평가의 기준은 지식과 실천의 조화에 무게를 두었다. "선사는 모두 성품과 행실이 단정·고결하고 집에서 효성과 우애를 실천하며, 염치가 있어 예의를 갖춰 양보하고 학업에 뛰어나며 치도治道를 밝게 아는 사람을 뽑았다."[119]

### 주희 : 나이에 대한 존중

유형원은 주희가 교육과 도덕수양을 강화하기 위한 목적에서 작성한 세 편의 글에 담긴 사상을 연구했다. 첫 번째 글은 「백록동서원 게시白鹿洞書院揭示」인데, 충성스럽고 분노를 통제하며 욕망을 억누르고 정의로운 행동을 하며 이익과 명성을 피해야 한다는, 사회의 다섯 가지 도덕관계를 다스리는 다섯 가지의 기본 원칙을 학생들에게 훈계하는 다소 짧은 글이다. 그 글은 고대에는 정의와 원칙의 수양이 교육의 목적이었다는 명제를 다시 강조하면서 끝난다.[120]

두 번째 글은 「주희 장주방유朱熹漳州榜諭」인데 일상의 문제들, 특히 지역 사람들이 연장자에게 효도와 존중을 표시하도록 통제하는 집단규제의 책임을 부과한 보갑保甲에 관련된 내용이다.[121] 세 번째는 「주희 증손 여씨향약朱熹增損呂氏鄉約」으로 향촌의 예의바른 도덕기준을 가르치는 상호부조와 책임을 강조했다.[122]

이 글들에서 유형원이 특히 흥미를 가진 부분은 연장자에 대한 예의

바른 행동을 규정한 내용들이었다. 주희는 나이에 따라 5개의 집단*으로 나누었다. 존尊은 자기보다 20세 이상 많은 사람으로 정의됐고, 장長은 자기보다 10~20세 사이의 연장자였다. 적敵은 자기보다 10살이 어리거나 많은 사람이었고, 소少는 자기보다 10~20세가 어린 사람이었으며, 유幼는 자기보다 20세 이상 어린 사람이었다. 명절에 예의를 갖추거나 일상적으로나 여행중에 방문하는 일, 거리의 우연한 만남과 부탁, 손님의 접대와 배웅, 비공식적인 모임과 잔치·혼례·조문·향촌의 모임이나 집회에서 앉는 순서 등과 관련된 예절은 이런 연령별 집단에 따라 달라졌다. 모든 경우에 상대편의 나이에 따른 자신의 위치에 따라 행동이 정해졌다.

구체적인 규칙은 상당히 자세했지만, 존경이나 복종의 위계적 원칙에 따라 사회관계를 통제하려는 주희의 의도는 몇 가지 사례만으로 충분히 서술할 수 있다.

길에서 존장尊長을 만났을 때 그와 당신이 모두 걸어가던 중이라면 빠른 걸음으로 앞질러 읍한다. 존장이 말을 걸면 대답하지만 그렇지 않으면 길가에 서서 지나가기를 기다린 뒤 다시 읍하고 갈 길을 계속 간다. 모두 말을 타고 있다면 존에게는 길을 비켜드리고 장에게는 말을 세우고 길가에서 읍한 뒤 지나가면 다시 읍하고 갈 길을 계속 간다. 당신은 걷고 존장은 말을 타고 있다면 길을 비켜드린다.[123]

이것과 비슷하게 향촌 모임의 좌석 배치와 예법 또한 매우 중시됐다. 상석은 왕실이나 황실의 종친, 관원, 연장자의 순서로 배정됐다. 술을 따르고 무릎을 꿇고 머리를 조아려 절하는 고두叩頭와 관련된 규범도

---

* 원서에는 "six categories(153쪽)"라고 되어 있는데, 5개의 오기로 생각된다.

모두 정밀했으며 공식적인 지위나 연령에 따라 정해졌다.[124]

주희가 서술한 존경의 서열이 나이라는 단일한 기준에 따라 정해진 것은 아니었는데, 종친과 관원을 목록의 가장 처음에 놓았기 때문이다. 종친이나 관원에게 도덕적 가치를 요구하기는 매우 힘들었기 때문에 주희는 송대 사회제도의 현실을 수용한 것이 분명했다.

유형원이 생각한 맥락에서 보면, 존경의 기준으로 나이라는 항목을 주희가 강조한 것은 평범할 수 있지만 그것은 사회조직의 원칙으로서 특별한 중요성을 갖고 있는데, 나이라는 기준이나 지위는 당시 조선의 귀속적 사회 서열이라는 원칙에 대한 직접적인 공격이었기 때문이다. 이것은 17세기 조선을 유교적 사회체제의 축도縮圖로 생각하는 사람들에게 이상하게 비칠 수도 있지만, 유형원이 보기에 당시 조선의 사회관계는 유교의 이상과 현저한 차이가 있었다.

요컨대 송대의 저술가들은 조선의 교육과 등용제도를 개혁하려는 유형원의 계획에 몇 개의 핵심적인 착상을 제공했다. 가장 근본적으로는 과거제도를 지속적으로 비판하면서 그것을 공립학교제도로 대체하려는 생각이었다. 그들은 청년들에 대한 교육과 관원 선발에서 효용성을 중시했는데, 왕안석은 실질적 효용성을, 주희와 정호·정이 형제는 도덕적 효용성을 강조했다. 왕안석과 정호는 공립학교를 확립하려는 확고한 계획을 제시했는데, 정호의 계획은 채택되지는 않았지만 주희의 찬성을 얻었으며, 유형원의 제안에 기초를 제공했다. 요컨대 존경의 기준으로 나이의 중요성을 강조한 주희와 도덕적 지배계층을 양성하기 위해 일반 백성들과 구별된 학자들의 집단으로 학교를 육성해야 한다는 정이의 생각은 유형원의 개혁론에 중요한 영향을 주었다.

## ┃ 송대 개혁안의 수용

### 천거제도의 옹호

유형원은 자신의 글 끝부분에서 고대 중국에서는 토지분배제도를 규제하고 학자들에게 저율의 세금을 징수함으로써 학생과 학자들에게 충분한 경제적 후원을 해주었다고 결론지었다. 고대에는 의례와 정의를 가르치기 위해 학교를 세웠으며, 인재를 등용하는 데 향촌의 의견을 우선적으로 중시했다. 그 결과 향촌의 인재들은 모두 관직에 발탁됐으며 (거짓이나 허위와는 반대되는) 예의바른 풍속이 온 사회에 유지됐다.

그러나 수 · 당대에는 올바른 도덕적 원칙을 숙달한 것보다 문학적 재능이 선호됨으로써 올바른 사람들은 '버려졌지만' 그릇된 사람들은 관직에 발탁됐다. 정부는 이처럼 혼란스러웠고, 부도덕하거나 도덕에 전혀 개의치 않는 사람들이 관직을 독점했기 때문에 중국은 이민족에 의해 짓밟혔다.[125]

역사서들을 검토한 뒤, 그는 주가 멸망한 뒤 고대의 교육과 등용제도에는 몇 개의 주목할 만한 변화가 나타났다고 생각했다. 중앙집권적 관료제도가 봉건제도를 대체하고 관원들이 인간미 없고 관행화된 행정을 폈으며, 향촌에서부터 사람을 평가하고 추천하는 제도가 사라지고 공립학교제도가 쇠퇴했으며, 서열적 귀족제도가 발전하고 혈통과 세습된 신분을 등용의 근거로 선호했으며, 수대 이후 과거제도를 채택함으로써 학습과목과 목적에 역효과가 나타났다는 사실들이었다.

어떤 측면에서 17세기 조선의 상황은 귀족들이 관직을 얻기 위해 과거에 급제해야 하는 새로운 필요조건에 적응했던 당대 초기와 비슷했다. 실제로 조선의 양반은 그와 동일하게 행동했다. 따라서 유형원은 세습적 귀족을 없애고 과거제도를 혁파하는 두 개의 제도적 개혁이 조선에 절실히 필요하다고 결론지었다. 그는 이러한 개혁으로 지배신분(그리고 일부 양인들)이 진정한 도덕교육을 향해 전환할 것으로 기대했다.

송대의 선현이 만든 지도를 따라 유형원은 천거제도가 개인적 야망을 이루려고 관직을 열망하는 사람들의 시도를 막으면서, 특히 향촌 단위에서 개인을 평가하는 데 많은 사람들의 공적인 참여衆公를 유도했다고 상찬했다. 고대에 추천자들은 피추천자들의 행동과 업적의 실상을 평가할 의무가 있었지만, 과거제도에서는 문학적 재능으로 표현되는 기술적이고 표면적인 헛된 가치만을 시험했다.

추천자들은 자신의 추천에 책임을 겼고 피추천자의 잘못된 행동으로 처벌을 받을 수 있었기 때문에 신중하게 추천해야 했다. 『주례』에 따라 유형원은 추천자의 잘못된 판단을 처벌하고 허영심에 이끌려 사리私利를 추구하는 나쁜 피추천자를 관직에서 쫓아내는 것은 정당한 죄책감과 부끄러움을 느끼게 하는 '일벌백계一罰百戒'의 제도라고 단언했다.[126]

천거제도의 모든 절차는 '맑고 투명했다.' 즉 피추천자의 행동은 많은 사람들이 볼 수 있었고, 선발과정은 모든 사람에게 공개됐다. 반면 과거는 공정한 채점을 위해 응시자의 이름이 시험관에게 알려지지 않았기 때문에 '어둡고 비밀스러웠다.' 더욱이 천거제도는 향촌에서의 행실과 관원으로서 수행한 직무에 대한 오랜 기간의 평가에 기초를 두었지만, 과거제도는 시험 성적을 매기는 데 그런 평가를 제외했다. 추천자와는 반대로 시험관은 그들이 평가하는 사람을 알 필요가 없었으며, 응시자는 시험을 통과하기만 하면 됐다. 그들은 자신을 수양할 필요나 의도가 없었다.

과거제도는 사적 이익을 자극한 책임이 있었지만 천거제도는 공공의 선을 실천하게 만들었는데, 거기에서는 다른 결과가 나올 수 없었기 때문이다. "천거제도는 향촌 사회의 개방적이고 공적인 의견公共之論을 참고하고 어떤 사람이 매일 행하는 선행과 악행의 진정한 사실을 조사하는 데 기초를 두었다. 천거는 모든 사람이 모인 한낮에 공개적으로 이루어졌다."[127]

유형원은 고대 중국에서 성군聖君의 주요한 목표는 교육을 통해 백성에게 도덕을 함양시키는 것이었다고 믿었다. 관원 등용은 그것의 부속물일 뿐이었으며, 사회를 도덕적으로 변환시키는 데 성공했기 때문에 관원을 뽑기는 더욱 쉬워졌다. 그러나 후대의 과거제도는 기본적인 도덕수양보다는 등용에 필요한 기술에 우선순위가 두어졌기 때문에 도덕수양을 통해 사회적 성공을 이룰 수 없었다. 유형원은 고대의 성인들은 아이들에게 자기 방을 청소하고 손님을 접대하며, 부모와 어른들께 효도하고 충성스럽고 진실되며, 친구들과 우애있게 지내고 의례와 음악을 집행하는 방법을 가르침으로써 자신을 수양하고 남을 다스리는修己治人 교육을 시작했다고 지적했다. 교육에는 적절한 순서가 있었는데, 그 핵심은 "자신을 먼저 수양한 뒤 세상을 변화시키려고 나아가는 것"이었다(『대학』). 모든 사람은 성인이 될 수 있다는 정론은 모든 사람이 일생 동안 지속적인 도덕적 훈련을 받을 것이라는 가정에 기초한 판단이었다. "요즘 사장詞章·과거·이록利祿을 얘기하는 것과는 달랐다."[128]

또한 유형원은 제술의 관리가 쉽게 해이해질 수 있다고 믿었다. 그는 국왕이 직접 시험을 주관하는 정시庭試와 알성시謁聖試라는 두 가지 특별시험의 관행적이고 강제적인 방식에 반대했다. 유형원은 유능한 사람을 관원으로 뽑으려는 국왕의 관심에 경의를 표했을 것이라고 짐작하기 쉽지만, 그는 "정시와 알성시에서 국왕은 시험관에게 촛불을 켜서 시험이 끝나는 시간을 재라고 명령한다. 그들이 심사하는 것은 경쟁시험일 뿐이며, 그들은 눈을 빛내면서 선발할 사람과 탈락시킬 사람을 결정했다. 장님이라도 정시와 알성시를 통과할 수 있다는 경구는 이 때문에 나왔다"고 말했다.

만약 국왕이 정말로 학습과정을 직접 감독하려고 했다면, 유생들을 궁궐로 불러 고전을 암송케 하고 학문적 문제들을 토론하며 통치의 방법을 질문한 뒤 그것들을 토대로 등용해야 했다. "국왕은 사람들을 헛되고 경박하며 타락한 풍습으로 이끌지 말아야 했다." 비슷한 근거에서 유형원은 경사를 기념하는 별시를 여는 것도 반대했는데, 그것은 최고의 인재를 선발하는 중요한 일과 전혀 관련이 없었기 때문이었다. 별시는 경사가 있을 때 죄인들을 사면하는 관행보다 나을 것이 없었다.[129]

유형원은 고대 천거제도의 원형과 타협한 한의 제도를 채택할 생각도 없었다 ─ 그것은 정치 문제에 대한 논술策을 시험하는 것이었다. 유형원은 정책에 대한 논술로 '현명하고 훌륭한' 사람을 선발하는策賢良 한의 제도는 관직을 위해 시험을 치르기보다는 정책에 대한 의견을 듣기 위해서 만들어진 것이지만, 그것을 시행하면 제술의 폐단을 낳기 때문에 여전히 그릇된 제도이므로 채택하지 않는 충분한 이유가 된다고 주장했다. 그는 문장 능력이 어떤 사람의 학문을 평가하는 합리적인 방법이라는 데는 동의했지만, 문장만을 강조한 결과 사람들이 자아의 본질보다는 '자기 바깥에 있는' 외적 꾸밈만 개발하도록 만들었다고 주장했다. 또한 그 제도는 학생들이 자신만의 능력을 발전시키기보다 이전에 성공적이었던 작문 형식과 과거 답안을 베끼도록 유도했다.

참으로 그 현부賢否를 관찰하고 싶으면 몇 년 동안 그가 행동하고 말하고 의논하고 일을 처리하고 대답하는 것을 살펴보면 된다. 어째서 시험장에 줄지어 앉혀놓고 하루 동안 지은 글을 시험한 뒤에야 심사할 수 있다는 것인가.[130]

유형원은 1518년(중종 13)에 실시된 조광조와 기묘사림의 유명한 현량과賢良科도 긍정적으로 보지 않았는데, 그것은 8세기 중반 당의 양관이 과거제도를 폐지하지 않고 그것을 천거제도로 대체했던 방안을 상기시키는 것이었다.[131] 기묘사화己卯士禍(1519)로 숙청된 조광조와 그의 동료들이 당시 선택할 수 있었던 최선의 해결 방안에는 천거제도 외에 대안이 없었다는 데 유형원도 동의했지만, 조광조와 같은 시대 사람인 유우柳藕(호는 서봉西峰)조차도 이 부자연스러운 조합의 조잡한 본질을 비판했다. 유형원은 조광조의 개혁이 명분을 바로잡는 유교의 원리를 위반했다고 비판했다. 과거제도를 유지하면서 그것을 천거제도라고 명칭만 바꿈으로써 개선하려던 시도는 실패할 수밖에 없었기 때문이었다. "모든 일은 이름과 실제가 서로 부합되어야 한다. 다른 이름을 빌렸으나 그 일을 성공한 경우는 없다."[132]

유형원이 시간을 거슬러내려와 천거제도에 대한 에드워드 와그너의 연구를 볼 수 있었다면 그의 회의懷疑는 보상받았을 것이다. 그러나 에드워드 와그너는 "목적은 그렇지 않았더라도 이 시험은 그것을 만든 사람들의 정치적 지위를 보호하는 방벽으로 사용됐다"고 단언했기 때문에 서로의 논거는 전혀 달랐다.[133] 유형원은 현량과가 정치적 동기에 의해 실제로 부패했다는 측면보다는 완벽한 제도에 결함 있는 제도를 접목했다는 논리적 모순을 더욱 혼란스러워했다.

또한 유형원은 국학 등의 학교에 입학시켜 교관으로 등용할 만한 유생들을 추천하자는 이이의 계획을 인용했다. 이이는 진사·생원·유학幼學 중에서 천거를 받자고 제안했는데, 유학은 등록하지 않은 (그리고 군역을 기피한?) 조직화되지 않은 집단으로 군포와 관련해 자주 논란과 비판을 받았다. 이이를 매우 존경한 그가 이이의 제안을 직접적으로 비판하지는 않았더라도 그 생각에 동의하지 않았을 것으로 생각되는데, 그것은 과거제도 자체의 폐지를 요구하지 않았기 때문이다.[134]

유형원은 중국과의 외교에 사용되는 한문을 가르치기 위해 과거가 필요하다는 일부의 주장을 인정하면서도, 정부는 외교적 수사나 형식보다는 정확한 상황과 행동에 주요한 관심을 두어야 한다는 논거에서 그 주장을 거부했다. 더욱이 최근의 문제는 조선의 한문 수준이 의사를 전달하는 데 충분치 않다는 것이 아니라 문체가 지나치게 장식화되고 있다는 것이었다. 반면 과거 응시자들은 시험을 위한 전범적인 문장을 암기해야 하는 압박 때문에 자신의 글에서 한문을 망쳐놓았다. 그들은 암기의 수단으로 구어체의 표현이나 외설적이고 우스운 문장을 만들었으며, 대구를 만들기 위해 경전의 부분을 잘라내고 온전한 의미를 가진 원래의 문헌을 해체했다. 필요한 것은 의미와 실제가 형식과 문체보다 우선하는 정직한 표현방식으로 돌아가는 것이었다. 과거제도의 폐지는, 심각한 무지를 야기하기는커녕, 외교적 대응은 물론 도덕적 생각을 표현하기 위한 적절한 도구로 사용될 수 있는 작문의 형식을 부활시킬 것이었다.[135]

요컨대 유형원은 과거제도를 완전히 폐지해 그것을 고대의 천거제도로 대체하는 방안 외에는 찬성할 수 없다고 주장했지만, 앞으로 보듯이, 새로운 공립학교제도를 위한 규정을 만들면서 지방 학교에서는 제술을 치르게 했다.[136] 천거제도의 우월성은 당연한 것이었지만, 주요한 문제는 국왕에게 그것을 채택하도록 설득하는 것이었다.

그럼에도 불구하고 유형원은 합리화·관료화된 국가의 관행적이고 형식적인 행정 때문에 당시의 국왕이 관원 등용에 일관성을 잃었다고 생각했다. 이 문제를 개혁하려는 유형원의 태도는 덕행을 평가하는 적절한 수단으로 인격주의와 주관주의를 고집했다는 측면에서 비非이성적이고 반反관료주의적인 것으로 간주해야 한다.[137]

### 교관 · 교사 · 학생에 대한 존경

과거제도를 대체하려는 계획을 담은 유형원의 글에서 핵심은 도덕적 지혜를 좀더 잘 이해하고 진정으로 도덕적인 행동을 수양하도록 가르치기 위해 공립학교를 전국에 다시 세우고, 우월한 도덕성을 가진 사람들의 추천으로 학생들을 진급시키며, 그중에서 가장 뛰어난 인재를 중앙의 관직에 등용하는 것이었다. 조선의 학교제도가 교육과 등용의 기초가 되려면 교관과 교사의 수준을 높이는 것이 급선무였다. 유형원은 당시의 교관들은 과거를 통해 등용됐기 때문에 오랫동안 그리 존경받지 못해왔다고 불평했다. 이른바 교수敎授는 잉여인원이었을 뿐이며 지방의 훈도訓導는 가장 경멸받는 대상이었다.

유형원은 16세기 후반 이이가 그의 유명한 「동호문답東湖問答」에서 훈도는 생활이 너무 궁핍하기 때문에 굶주림에서 벗어날 수 있는 유일한 방법은 학생들에게서 수업료를 받는 것이라고 말한 부분을 지적했다. 훈도는 천거에 의해 그 수준을 높여야 했으며 그들의 권위도 올려야 했다. 이이는 관찰사나 대신이 향교를 방문해도 훈도는 아첨하는 태도로 달려나와 그들을 맞이해서는 안 되며 문안에 머물러야 한다고 말하기도 했다. 관찰사가 봄·가을로 향교를 방문할 때 학생들과 함께 훈도를 시험하는 당시의 검열은 너무 품위가 떨어지는 것이므로 중지해야 했다. 교사를 평가하는 유일한 방법은 그가 가르친 학생들이 올바르게 교육됐고 적절한 품행을 보이는가를 관찰하고 시험하는 것이었다. 관찰사는 가장 뛰어난 교사를 승진시키도록 추천하고 가장 저급한 교사는 처벌하거나 쫓아내야 했다. 가장 부적절한 교사도 축출해야 했는데, "이전 시대에는 재산을 탐내거나 천하고 상스러우며 예의가 없고 여자와 술 마시고 노닥대는 사람을 말했다."[138]

교관과 교사의 수준과 지위, 대우를 높이려는 유형원의 계획 또한 원의 우집虞集과 자신이 존경한 명의 구준의 견해에서 영감을 얻은 것이었다. 그들 모두 당시의 지방 교사들은 너무 수준이 낮으므로 국가에서 탁월한 학자들을 직접 발굴해 대체해야 한다고 비판했다. 구준은 조정에서 이런 관원들을 매우 신중하게 선발하고 백성들에게 그들을 예우하게 해야 하며 그렇게 하지 않으면 처벌해야 한다고 주장했다![139]

유형원은, 이이도 상찬한 바 있는데, 저명한 학자들을 정부가 직접 등용하기 위해서 정호의 예명禮命을 채택할 것을 제안했다. 그런 학자들은 국왕과 조정에 충고하는 임무를 맡거나 국립학교에서 교사로 일했다. 그는 관찰사와 수령들에게 "선대 제왕들의 치도를 알고 덕이 뛰어나 교사와 모범이 될 수 있는 사람들"을 관할 지역에서 추천케 해서 당상관으로 특별히 임명해야 한다고 제안했다. 저명한 학자는 낮은 품계를 가졌더라도 승진에 방해가 되지 않았다. 선발된 학자들은 어디를 가든지 최고의 예우를 받았으며, 조정에 도착하면 궁궐 근처의 특별한 구역에서 체류했다.[140]

고대의 선례를 따라 선발된 학자들은 우선 그들의 지혜를 평가하기 위해 일정한 기간 동안 관찰을 받았다. 국왕은 그들을 초청해서 정치 사안에 대한 조언을 받거나 학문적 문제에 대한 강의를 들었으며, 그들은 정기적인 경연에 번갈아 참석하고 거기서 고전에 대한 국왕의 질문에 대답했다. 가장 뛰어난 사람은 태학의 교사로 임명됐고, 그 다음은 중앙과 지방의 행정 단위 순서에 따라 교사로 활동했다.[141]

유형원도 지방 교관의 수준을 높이기 위해 비슷한 등용 절차를 고안했다. 지방 학생과 유생들이 교관에 적합한 사람을 추천하면 수령은 그 사람에 대한 소개서를 작성해 관찰사에게 보냈다. 추천하는 유일한 조건은 덕행이었으며 전직 관원이었거나 유학자라는 현재의 지위가 아니었다.[142]

공립학교의 지위를 전체적으로 높이기 위해서 유형원은 지방 수령이 향교의 학생들에게 공식적이며 공개적으로 존경을 표시해야 한다는 법제를 만드는 것이 중요하다고 판단했다. 중앙에서 공무로 파견된 모든 관원·관찰사·도사都事·어사御史들은 향교를 방문할 때마다 사당에

경의를 표시하고 학생들과 인사를 나누어야 했다. 관찰사는 1년에 봄·가을로 한 번씩 도내의 모든 향교를 방문해야 했다. 만약 게으름이나 관심 부족으로 관할 구역의 학생들에게 소환되면 그들은 무거운 처벌을 받았다. 이런 의무적인 향교 방문의 경우 관찰사는 교관·전교典校*·교사를 만나 사당에서 의례를 거행하며 일정한 서적을 선택해 학생들의 지식을 평가하는 시험을 치렀다. 법률적인 의무 사항은 아니었지만 관찰사와 도사 또한 공무 수행이 아니더라도 향교를 방문해 학생들에게 강의하고 학업을 격려하도록 권장됐다.[143]

유형원은 예의바른 존중의 질서가 확고히 유지되도록 하기 위해서 학생·관원·손님 사이의 의례를 매우 자세히 설명했다. 학생들이 머리를 조아려 인사하면 관찰사와 도사는 허리를 굽혀 답례했지만 전교와 부전교는 그렇게 하지 않아도 됐다. 그들은 품계는 낮을지라도 교육과 관련되지 않은 관원들보다 확실히 우대받았다. 유형원은 그 이유를 매우 자세하게 설명했는데, 표면상으로 그것은 품계를 엄격히 준수하는 고대의 의례를 위반하는 것이기 때문이었다.

국가에서 학교를 설치한 근본적인 뜻은 도를 밝히고 현명한 인재를 양성하기 위한 것이다. 선비를 대우하는 의례가 작위爵位의 등급에 따르지 않고 도를 중시하는 의리를 따르는 것은 그 때문이다. 교관이 허리를 숙여 답례하지 않는 까닭은 교사의 권위를 높이기 위한 것이며, 교사의 권위를 높이는 까닭은 도를 존중하기 때문이다.[144]

이 조항은 향교를 권위와 신분에 기초한 위계와는 독립된 기관으로 만들려는 유형원의 바람을 보여준다. 향교에서 지위를 결정하는 유일

---

* 향교의 책임을 맡은 관원.

한 조건은 품계나 세습된 신분보다는 도덕적 가치가 되어야 했다. 그러나, 제5장에서 보듯이, 이 원칙은 유형원이 해결해야 했던 당시의 가치와 복잡한 갈등을 일으켰다.

이런 규정이 현직 관원을 경멸하는 것으로 비치지 않도록 하기 위해서 그는 향교의 교관들이 지방 수령을 조금도 무례하게 대해서는 안 된다고 당부했다.[145] 그는 공립학교제도에 대한 국가의 무관심을 되돌리는 것만큼이나 지방 양반들이 수령을 거만하게 대하지 못하도록 하는 데에 큰 관심을 갖고 있었다.

학교와 그 관련자의 권위를 높일 뿐만 아니라 중앙집권적 관료제도 안에서 학교의 제도적 자율성을 지키기 위한 주장의 일부로서 유형원은 국왕이 교육과 과거의 절차에 간섭하는 데 반대했다. 국왕이 정시나 알성시 같은 별시를 주관하는 형식적인 방식을 비판하면서 그는 국왕이 성균관을 방문해 유생들에 대한 존경심을 좀더 표시하고 "학식을 가진 유생들을 가까이 불러 고전과 학문에 대해 논의하게 하며, 정치의 방법을 물어 그것을 관원 임명과 선발에 근거로 사용해야 한다"고 주장했다.[146]

유형원은 고대에는 현명하고 능력 있는 인재의 명단을 국왕에게 올리면 "국왕은 그것을 받으면서 두 번 머리를 조아렸다"고 언급했는데, 이것은 당시의 국왕도 그렇게 해야 한다는 암시였다. 그는 이런 제안이 국왕에 대한 불경의 혐의를 자신에게 씌울 수도 있다는 것을 깨닫고 지금의 국왕은 두 번 머리를 조아리지 않아도 되며, 단지 자신은 지혜로운 생각을 숙고하기를 바랄 뿐이라고 부연했다.[147]

요컨대 중앙집권화된 관료적 왕정체제에서 학교의 역할에 대한 유형원의 태도는 양면적인 것이었다. 국가의 교육제도, 특히 공립학교의 낙후된 조건을 개탄했기 때문에 그는 중앙 정부가 후원하는 학교제도를 창출하려고 계획한 것이었지만, 자신의 새로운 학교는 학자와 도덕적인 군자들이 운영하는 반+자치적 제도가 되기를 희망했다. 그들을 교육하고 도덕적으로 교화시키는 중요한 업무는 정부가 대신할 수 없었기 때문이다. 그는 국가나 국왕에게 의존하기보다는 유교교육을 후원하는 데 국가를 이용하고 싶어했다.

반면 그는 당시 양반들이 사적으로 교육을 통제하는 것을 달가워하지 않았으며, 공립학교제도가 세습적 지배계층의 힘을 약화시키는 데 기여하기를 열망했다. 국가의 도움으로 교육에 대한 양반의 지배를 멈추고 공립학교가 자치적으로 운영되기를 기대하는 것은 당분간, 불가능하지는 않더라도, 엄청난 일이었다. 교육에 대한 통제는 궁극적으로 중앙 정부와 양반이 상대적인 권력을 갖고 있다는 반증이었다. 17세기 무렵 양반이 너무 강해졌기 때문에 공립학교제도가 위축되고 제도화된 교육이 서원과 서당으로 이관된 것은 놀라운 일이 아니었다.

## 공립학교제도의 창출

「학교사목學校事目」에서 유형원은 14세 이상의 학생들을 대상으로 도성에는 성균관을 새로 설립하고 지방에는 군현 단위까지 학교를 세우는 완전히 새롭게 제정된 학교제도를 상세히 소개했다. 이런 제도를 수립하기 위한 계획을 짜면서 그는 한편으로는 국가의 역할과 강제력을 이용했고 다른 한편으로는 지방 사대부의 자발적인 주도와 참여를 강조하는 모순을 드러냈다. 당초 그는 고대의 선례에 입각한 학교를 정부에서 세우기를 바랐다. 중앙은 선사選士들을 수용하는 태학, 사학四學에서 승급한 학생들이 가는 중학, 수도의 네 방위에 하나씩 위치한 사학의 3단 체제로 구성됐다.

이 제도는 『대대례기戴大禮記』에 실린 고대의 학교제도와 당의 대학·사문학四門學제도에 기초한 것이었다. 사학은 정원 안의 정규 학생인 액내생額內生이 기거하는 내사內舍와 정원 외의 학생인 증광생增廣生이 공부하는 외사外舍로 나뉘었다.[148]

도 단위에서 관찰사는 주州·현縣의 학교인 읍학邑學에서 승급한 학생들을 수용하기 위해 그 도의 중심지에 영학營學을 세웠다. 주·현의 읍학 역시 액내생과 증광생을 위한 내사와 외사로 나뉘었다.[149]

새로운 제도에서는 여러 학교에 부속된 사당을 통합해 태학과 영학에만 두었다. 읍학에는 한 등급 아래인 성묘聖廟만을 두었는데, 이것은 사설의 서원과 국가로부터 정신적 권위의 강력한 상징을 빼앗아 참되고 독립적인 유생들이 국가의 도움과 원조를 받아 관리하게 만들려는 분명한 시도였다.[150] 이런 처방은 진정한 유생들은 사설의 서원보다 공립학교제도 안에서 활동하면서 더욱 독립적이 된다는 의미였기 때문에 확실히 역설적인 계획이었지만, 유형원은 그것을 특정한 정치적·학문적 당파에 의해 조종되는 서원과 비슷하게 만들려는 압력에 더욱 큰 우려를 나타냈다.

유형원의 규정에는 성인이 되는 관례冠禮를 치른 종친들을 수용하는 종학을 설립하는 방안도 있었다. 종학의 의례에서는 종친은 우월한 신분이었지만 항상 종학의 교관에게 존경을 표시하고 학습과 시험의 규칙을 준수해야 한다고 규정했다.[151]

종학의 책임자와 부책임자들은 높은 품계를 받아 지위가 강화됐는데, 이것은 그런 공식적인 인정의 표시가 주어지지 않는 학문적 능력과 윤리적 행동을 현실적 품계의 권위에 양보한 결과가 분명했다. 교관들은 유능한 학자와 교사에서 선발됐으며, 정규 관원이 겸직하기보다는 전임專任의 교육자로 활동했다. 주현의 교관들은 가족을 데리고 갔으며 관직에 있는 내내 그 임무만을 맡았다. 이런 이상적 규정은 당시에 실제로는 훨씬 짧게 근무했다는 사실을 반영하는 것이다.[152]

유형원은 송대 정이의 천거제도에 따라서 태학에 존현당尊賢堂을 세울 것을 제안했으며, 주희가 지방 관원이었을 때 하급 학교에 학빈學賓이라는 직책을 두었던 선례를 받아들였다.[153] 또한 그는 교관·교사·하급 관원·노비들의 녹봉과 학교의 경비經費, 학생들의 음식과 부양을 전적으로 지원해야 한다고 말했다. 증광생도 학전學田이나 지방 수령의 경비에서 나오는 공적 자금에서 지원해야 한다고 주장했다. 그 목적은 학교의 지원뿐만 아니라 지방 수령들이 학교의 기금을 사적으로 전용하지 못하도록 막기 위한 것이었다.

그는 유복한 가호들이 자제들을 시험 없이 학생신분을 얻도록 하는 대신 토지와 노비를 학교에 기부하는 방안도 제시했다. 학생신분을 얻으면 요역과 군역을 면제받았다. 그는 학교의 복예僕隷의 정원을 확정하고 그들에게 조세와 군역을 합법적으로 면제해주려고 했는데, 이것은 자신의 토지국유제가 채택되면 없어질 일시적인 방안이었다. 아울러 복예의 의무는 학생들이 그들을 사적으로 부리는 것을 막기 위해 학교를 위한 봉사에 제한되어야 했다.[154] 그가 노비를 매우 중요하게 취급했다는 사실은 제5장과 제6장에서 좀더 자세히 논의될 것이다.

요컨대 유형원은 현縣 단위까지 내려가는 국립학교제도의 설립을 계획했다. 그는 학전의 면세와 모든 경비의 지원과 감독 등을 국가가 맡아야 한다고 제안했으며, 교사의 성실을 보장하고 사적인 이익에 따라 이 제도가 부패되는 것을 막으려고 했다. 그러나 그는 중앙에서 임명된 지방 관원의 행정력이 미치는 최소 단위인 현까지 즉시 공립학교를 세우려고 계획하지는 않았다. "(공립)학교가 번창한 뒤 지방에는 상서庠序를, 중앙에는 방상坊庠을 점진적으로 세울 것이다."[155]

그가 현 단위까지 학교제도를 확대하는 것을 미룬 데는 두 가지 이유가 있었다. 이미 초등교육을 담당하는 일정한 형태의 학교와 제도가 있었고, 자신의 계획을 실천하는 데 충분한 재원과 인력을 동원하기 어려웠기 때문이었다. 유형원은 공립학교제도를 향(당시의 제도에서는 면)까지 확대할 준비는 하지 않았는데, 그가 생각한 제도에서 향은 향정鄕正이라는 관원이 이끄는 5백 명으로 구성됐고 향정은 향의 액내생과 증광생 중에서 지방 수령이 선발했다.

그는 수도에서는 6명의 동몽교관童蒙敎官을 두어 자택에서 어린이들을 가르치게 할 것이라고 밝혔다. 그들은 6개월 뒤 직무에 대한 평가를 받았는데, 훌륭하다고 판정되면 6품 관원으로 승진했다. 그러나 유감스럽게도, 그들은 수도의 주민들이 동일하게 접근할 수 있도록 수도 전역에 걸쳐 거주하지 않았고, 그들은 그 지역 출신이 아니어서 주민들에게 비협조적이었으며, 빠른 승진과 이직離職 때문에 학생들을 지속적으로 가르칠 수 없었다. 그럼에도 유형원은 국고의 지원으로 수도에 방상이 설립될 때까지 그 제도는 유지되어야 한다고 생각했다. 결국 수도의 방상은 그 뒤 지방까지 확대될 수 있는 모범적 제도였던 것이다.

이미 보았듯이 유형원은 당시의 서원뿐만 아니라 서당에 대해서도 비판적이었지만 그것의 완전한 철폐를 요구하지는 않았는데, 자신이 구상한 제도개혁으로 문제를 완전히 종식시킴으로써 지방 유생들의 습속을 개선할 수 있을 것으로 기대했기 때문이었다. 더욱이 향상鄕庠의 조직이 완성되고 사창社倉과 향사鄕祠도 세워지면 주대와 한대의 선례처럼 향촌의 전반적인 환경을 개선할 수 있을 것이었다. 지방의 유생들은 향사에서 지방의 뛰어난 학자鄕先生들을 기리는 의례를 거행할 수 있을 것이었다. 이것은 '고대의 계획'을 따르려는 하나의 준비였다.[156]

서원에 대한 적대감에도 불구하고 그는 정부의 지원이나 장려가 아니라 개인이 주도하는 초등교육기관을 현 단위에 계속 유지하려고 계획했다. 와타나베 마나부渡部學는 유형원이 명백하게 말하지는 않았지만 이런 지방 학교는 고전적 선례보다는 당시에 있던 서당에서 좀더 많은 영감을 얻었으며, 그런 학교들을 약간 수정해 자신이 새롭게 구상한 상庠으로 전환하려고 했다고 생각된다고 최근의 연구에서 주장했다. 와

타나베 마나부는 17세기는 임진왜란 이후 사회의 평등화가 진행되던 전반적인 흐름의 일부로 교육이 사회의 가장 낮은 단위까지 퍼져가기 시작한 시기였다고 확신했다.[157]

그러나 유형원은 자신이 제안한 지방 학교들은 존경할 만한 고대의 지방 학교제도를 연구해 얻은 것이라고 명시했다. 그는 당의 공안국孔安國을 인용해서 고대의 지방 교육제도의 핵심은 숙塾과 상庠이었다고 지적했다. 25가호가 1여閭를 구성했고 마을로 들어오는 길 입구에는 숙이라는 망대 또는 건물이 있어서 사람들은 들로 나가는 아침이나 집으로 돌아오는 저녁에 틈틈이 교육을 받았다. 거기서는 덕행이 높은 사람이나 연장자, 또는 은퇴한 관원들이 교사로 일했다. 5백 가호로 이루어진 당黨 같은 상급 행정단위에는 여閭에서 승급한 학생들을 위한 상庠이 있었다.[158]

유형원은 이런 제도를 모두 다시 시행할 수는 없다는 사실을 인정했지만, 적어도 현 아래나 향(당시의 면을 가리키는 그의 신조어)에 상을 설립해 비슷하게 만들 수 있을 것이라고 생각했다. 상의 설립은 대체로 양반인 그 지방의 지도자가 주도했으며, 재정과 노동력을 제공하고 학교 건물을 세우는 데 현저한 역할을 한 지방의 사족에게는 지방 수령이 곡식을 포상으로 주었다. 교사는 마을 사람들의 추천을 받아 뽑는데, 관직이나 품계와는 상관없이 가장 학식이 뛰어난 사람을 선발했다. 학교가 번창하기 시작하면 유생들은 교사로 일하고 싶어할 것이며, 그들은 학교에서 생계 비용을 곡식으로 받았다. 유형원은 학부형들이 제공하는 교습료 때문에 지방의 교사들이 부패해왔음을 알고 있었지만, 국가가 보상하면 당시 만연한 명리名利에 대한 욕망을 자극하지 않을 것이라고 확신했는데, 새로운 학교제도의 공익정신은 사적 이익을 이길 것이기 때문이었다.[159]

그러나 지방 학교에 대한 국가의 재정지원을 강력히 요청했음에도 불구하고 유형원은 국가가 설립에 직접 관여하거나, 특히 국가의 목적을 이루기 위해 강제력을 사용하는 데는 강력하게 반대했다. 그는 강제력은 어떤 경우라도 필요하지 않다고 믿었는데, 천거제도를 실시해 유생과 관원을 등용하면 유생들은 "명예와 부를 추구하고 야망을 이루기 위해 이리저리 청탁하는" 행동을 그만둘 것이기 때문이었다.[160] 향촌 사람들은 이기적인 목적을 버리고 교육의 목표를 도덕수양으로 바꿀 것이었다. 학교의 재정 부족이 알려지면 향촌 사람들은 학교를 설립하는 데 일정한 주도권을 쥘 것이며, 그러면 그들이 학교 건립을 시작할 때까지 정부는 물질적 지원을 할 필요가 없었다. 그 결과 모든 자제들을 교육시켜 덕망과 재능 있는 사람들을 많이 양성하고 풍속과 관행을 변화시킬 수 있었다.[161]

이런 유형원의 태도에는 근본적인 모순이 있는데, 그것은 그가 사적 이익보다 공적 가치를 중시하고 모든 측면에서 국가의 통제가 사적 지배를 대체할 것이라고 암시하는 데 주저한 까닭을 설명해준다. 논리적으로 보면 그는 공적 가치를 버리고 사적 이익을 추구해온 서원을 비판했기 때문에 그렇게 하는 것이 당연했지만, 사적 영역은 국가가 왕조 개창 당시 설립됐던 학교를 유지하는 데 실패했기 때문에 초래된 공백을 메우도록 압력을 받아왔다고 생각했다. 그 결과 그는 새로운 지방학교는 개인이 주도해 설립하고 국가가 재정 등을 지원하지만 자치를 허락해야 한다는 타협안을 내놓은 것이었다.

그가 개인들의 주도로 신설된 학교들이, 서원들과는 달리, 설립자의 사적 이익에 오염되지 않을 것이라고 생각한 까닭은 무엇인가. 유일한 논거는 과거제도를 폐지하고 천거제도를 채택하면 교육에서 사적인 추구를 완전히 없애고 전국의 습속을 바꿀 수 있다는 것이었다. 습속이 한번 바뀌면 사적인 목적을 위해 행동할 수 없으며 공공의 이익을 위해 봉사할 것이었다. 정부에서 천거제도를 도입한 적이 없었기 때문에 유형원의 예상이 실제로도 효과가 있었는지는 말하기 어렵지만, 혈통적 결속이 조선에서 강력한 가치로 남아 있는 한 유형원이 생각한 새로운 제도는 당시의 서원처럼 지방의 가족적이고 귀족적인 이익의 도구가 될 가능성이 컸다고 판단할 수 있을 것이다.

그의 마음속에서는 두 가지 요소가 움직였다고 생각된다. 하나는, 그나마 다행인 결과로는 관료주의적 관행화이고 가장 나쁘게는 유교의 도덕률을 손상시키는 부패가 나타날 것에 대한 우려였는데, 그가 우려한 까닭은 둘 모두 중국사와 한국사에서 실제로 일어난 현상이기 때문이었다. 다른 하나는 양반신분에 대한 그 자신의 심정적 애착이었는데, 이 때문에 그의 단호한 논리는 때때로 주저하는 모습을 보였다 — 이 경우에는 공립학교제도의 전반에 걸친 논리와 관련됐다. 그는 새로운 사회적 지배계층이 최소한 향촌에서는 주도권을 갖기를 바랐으며, (몇 개의 사례를 통해 보겠지만) 양반이 소멸되기보다는 스스로 새로워지기를 희망했다.


## ┃ 결론 : 근본주의가 아닌 선례의 옹호

임진왜란의 재앙을 겪은 뒤 25년이 조금 안 된 시점인 인조반정(1623) 1년 전에 태어났고 당쟁으로 아버지를 잃었으며 이괄의 난(1624)과 두 차례의 호란을 겪으면서 자란 한 사람이 자국의 정치적 지도력에 심각한 문제가 있다고 생각하는 것은 놀라운 일이 아니었다. 그러나 그가 받은 유교교육은 나라의 곤경에 대해 분노하는 만큼이나 독특한 개인적 행동과 사건에서 물러나, 좀더 훌륭한 지도력을 행사하기 위해서 필요한 제도에 대한 좀더 길고 근본적인 시각을 갖도록 해주었다.

좀더 훌륭한 사람을 정부에 등용하기 위한 근본적 방안을 연구하면서 유형원은 특히 고대 중국의 공립학교제도와 개인의 덕행을 직접 대면해 심사하는 천거제도를 시행하는 문제와 관련해서 그동안 유교교육을 통해 배운 근본적 원리를 담은 고전으로 돌아가야 할 필요가 있다고 생각하게 됐다. 그가 고전의 회귀를 통해서만 이런 선례들을 알게 됐는지는 의심스러운데, 그는 남북조부터 명대까지 과거제도와 천거제도에 개입된 관료제도의 관행화를 비판한 오랜 역사를 알고 있었기 때문이다. 그는 특히 송대의 사상가들에게서 영향을 받았는데, 그들은 고전적 제도의 우월성을 강조했을 뿐만 아니라 실용적 목적에 좀더 많은 관심을 표명했던 중국의 문화적 토양을 상기시켰다. 거기에는 고전시대에는 우세했지만 특히 송대에 퇴보한 군사지식과 기술도 들어 있었다. 이런 측면에서 유형원은 왕안석의 실용주의에 자극을 받았지만, 도덕교육을 강조한 정호의 영향이 더욱 컸다. 폭넓은 학식에도 불구하고 도덕과 실용을 혼합하는 데서 그는 송의 후예였으며, 특히 그 시대의 도덕주의자와 실용주의자가 포함된 일부 개혁적 경세학자들의 상속인이 분명했다. 그러나 그는 왕안석이 실각한 뒤 과거제도의 결함을 고치기 위한 유일한 해결책으로 공립학교가 채택됐고 1107년(송 휘종 대관大觀 1, 고려 예종 2) 채경蔡京이 그 계획을 실행하려고 했지만 많은 사람들의 반대로 포기했던 송대의 상황을 충분히 연구하지 않았다.[162] 유형원이 이런 사실들을 알았다고 해도 송대에 실패한 계획을 지지하는 자신의 확신을 철회했을지는 의심스럽다.

이것은 유형원이 고전적 제도를 원형 그대로 복구하려고 한, 기본적으로 근본주의자였음을 의미하는가. 그렇지는 않은데, 그는 주대의 봉건제도로 돌아갈 수 없다고 주장했기 때문이다. 중앙집권적 관료제도의 정부조직으로 전환함으로써 상황은 완전히 달라졌으며, 그 체제는 중국뿐만 아니라 조선에도 그대로 남아 있었다.

반면 그는 역사가 영원한 진보와 발전의 기록을 담고 있다거나 미래에는 무한한 기회가 주어질 것이라는 생각도 달가워하지 않았다. 오히려 개혁에 대한 그의 개념은 고대의 완벽함으로 돌아가는 어떤 것이었지만 그런 목표는 끝내 이룰 수 없기 때문에, 지리적 개념을 빌려 그의 미래에 대한 포부를 묘사한다면 아마도 점근선漸近線, 즉 가까이 갈 수는 있지만 고전에 이미 그 대체가 밝혀진 완벽한 제도에는 결코 도달할 수 없는 곡선이라고 할 수 있었다. 그러나 완벽에 대한 이런 생각은 의문스러운데, 그는 당시의 사회는 너무 훼손되어 왕조 개창 이후 많은 진보가 이루어졌다고 믿을 수 없었기 때문이다. 오히려 상황은 15세기보다 당시가 더욱 나쁜 것처럼 보였다.

그는 자국은 조금도 존경하지 않고 중국을 맹목적으로 숭상하는 사람이었는가. 그렇지는 않다. 그는 유교적 경세사상, 특히 완벽한 제도는 고대에만 있었으며 성군의 시대는 기원전 220년 주의 멸망과 함께 끝났다고 생각한 송대의 경세사상을 존경했기 때문이다. 그러므로 중국 또는 세상에서 완벽한 체제를 구현할 수 있는 기회는 성군의 정치에 필요한 여러 핵심적 제도들이 소멸된 결과 사라진 것이었다.

한대 이후의 중국사는 불완전하고 실패한 역사였다. 그러나 중앙집권적 관료제도 안에서였지만, 핵심적인 고대의 제도를 복원하려는 몇 번의 주목할 만한 고귀한 시도가 이루어졌다. 유형원은 중국사에서 그런 시도에 대한 정보와 경세사상의 가장 빛나는 기민한 계획과 제안을 습득했다.

유형원은 한국 문화의, 우월성은 그만두고라도, 특성이나 가치를 보여주거나 선전해야 할 특별한 의무가 전혀 없었는데, 중국 왕조와 동일한 방법으로 한국의 왕조들을 판단했기 때문이었다. 한국의 왕조들은 고대 중국의 완벽한 제도를 어떤 방법으로 조화롭게 수용했는가. 거기에 대해서 그는 한국에서는 8세기까지 그런 제도를 채택하려는 시도가 거의 없었으며, 그 뒤 신라가 소수의 관원들을 좀더 잘 양성하기 위해 채택한 방안은 606년 수에서 창안되어 당에서 시행된 과거제도를 본뜬 제도였다는 사실을 알게 됐다. 유형원은 과거제도 자체에 비판적인 중국 자료를 연구했기 때문에 958년(광종 9) 고려가 과거제도를 공식적으로 도입한 사례나 조선 개창 이후 그것을 주요한 관리 등용 방법으로 시행한 것을 특별히 자랑스럽게 여기지 않았다.

아울러 그는 세습적 신분의 권력이 조선 사회 전반에 야기한 문제를 참으로 고통스럽게 인식하고 있었다. 그가 보기에 완전히 만개한 세습적 귀족인 양반은 혈통을 근거로 유능한 인재를 미천한 신분으로 배제함으로써 교육·과거·관직을 독점했다. 문과는 상인이나 공장 또는 노비는 말할 것도 없고 서민들에게도 관직의 문호를 개방하는 데 실패했으며, 공립학교제도도 일반 대중에게 교육의 기회를 제공하지 못했다. 공립학교들은 사실상 거의 소멸된 상태였으며, 서원은 양반 당파에 의해 운영됐다. 자신이 살고 있는 사회의 세습적 귀족제도가 나쁜 결과를 가져왔다는 그의 결론은 귀족이 사회를 지배했던 남북조시대를 연구하면서 강화될 뿐이었다. 중국은 귀족 사회의 문제를 해결하기 위해 중앙집권적 관료제도 아래서 과거제도를 시행했지만, 그 결과는 세습적 귀족제도만큼 나빴다. 귀족을 도태시키지도 못했고 사람들을 도덕적 기준에 맞춰 훈련시키는 데도 실패했기 때문에 당·송대의 가장 위대한 몇 명의 사상가들이 격렬하게 비판한 제도를 조선왕조는 맹목적으로 받아들였다. 유일한 해법은 과거제도와 지나친 중앙집권적 관료제도의 통제를 거부하고 훨씬 훌륭한 교육과 관리 등용제도인 고대의 공립학교와 천거제도를 시행하는 것이었다.

유형원은 백성을 도덕적으로 교화하는 데는 관심을 두지 않고 목적을 이루는 데만 치중하는 몰가치적 태도로 자신의 개혁을 구상하지 않았다. 오히려 그는 전통적 유교의 기준에 적합한 도덕적 지식을 습득하고, 그 지식을 적용해 완벽한 행동을 창출하며, 거기에 가장 숙달된 사람을 관원으로 등용하는 데 큰 무게를 두었다. 그의 진정한 목적은 도덕교육을 받아 완벽해진 학자이자 관원인 사대부를 백성 중에서 좀더 널리 선발해 도덕적으로 불완전한 당시의 세습적 양반을 대체하는 것이었다고 말할 수 있다.

# 제5장
# 새로운 학교 : 급진주의에 대한 보수적 태도

*"어떤 일에 의심스러운 부분이 있으면 토론하고 질문해서*
*그 옳고 그름을 가려야 하며, 자기 의견만 가지고 스승을 비판해서는 안 된다."*[1]
*"성인이 쓰지 않았거나 이득이 없는 책은 읽지 말라."*[2]
*"사족은 사부土夫의 자제들로 그 가문姓族의 일원이다."*[3]

앞서 보았듯이 유형원은 사람들의 도덕성을 일신하는 수단으로 공립학교를 설립하고 천거제도를 실시하며 지도적 관원을 양성하는 주대의 탁월한 핵심적 제도들을 다시 시행하기 위해 송대 학자들의 조언을 수용했다. 자신이 제안한 학교의 실제 운영안을 살펴보면 학교제도에 대한 그의 의도와 목적, 특히 방법에 대해 좀더 많이 알 수 있다. 그 규정에는 도덕적 지식의 습득을 평가하는 방법과 제술에 대한 편견, 지식 추구에 허용한 개방성과 자유의 정도, 보편적 지식을 선호하는 유교적 편견에서 특별한 기술지식을 다룬 태도 등이 담겨 있다. 끝으로, 매우 중요한 사항인데, 그가 교육개혁으로 이루려고 했던 사회를 알아봄으로써 신분에 기초한 엄격한 차별에 맞서 평등한 교육을 강조한 방식을 주목할 것이다.

## | 유형원이 구상한 개혁안의 핵심적 요소들

### 대중교육의 유학적 형태 : 갈라진 대나무

　학교제도와 관련해서 유형원은 15세 이상의 학생들을 수용할 수 있는 학교를 즉시 설립하고 초등학교는 향촌 사족이 주도해 현지에 세울 것을 제안했다. 그는 개인들의 주도로 향촌에 여숙閭塾(또는 당상黨庠)을 세워 백성들을 교육해야 한다고 주장했다. "여숙과 당상을 세운다면 사족만이 아니라 천하의 모든 백성들이 교육을 받게 될 것이다."[4]

　표면상 이 발언은, 그가 대중교육을 약속했다는 측면을 보여주지만, 수도의 사학四學에는 각 1백 명, 가장 하위 행정구역인 현의 학교에는 20명, 그리고 학교마다 비정규 학생인 증광생增廣生을 정원의 두 배씩 둠으로써 정규 학생의 인원을 제한했다.[5] 그는 인원 제한이 백성들이 상향 이동할 수 있는 기회를 제한함으로써 자신의 목적과 배치되며, 정원을 증광생만큼 늘리면 그런 목적을 좀더 쉽게 달성할 수 있다는 사실을 알고 있었다.[6]

　이 문제를 숙고하면서 그는 백성을 교육시키려는 자신의 열망을 분명히 밝혔지만, 거기에 현대의 민주적 교육의 평등주의가 포함된 것은 아니었다. 그는 자신이 구상한 지방 학교가 현대의 대학교육과 동등한 교육을 모든 사람에게 제공함으로써 몽매한 농민들을 계몽하려는 방안이 아니라 학자士와 백성民을 근본적으로 구분하고 모든 사람에게 최소한의 도덕교육을 제공하기 위한 제도라고 밝혔다. 그는 광범한 농민들이 충분히 교육받아서 국왕이 그들 중에서 아무나 뽑아 중앙 정부의 요직에 임명할 수 있는 사회를 마음에 그리지는 않았다.

　반대로 그는 자신의 이상적 사회를 수직으로 뻗은 몸통이 마디로 나뉘고 지상에서 하늘을 향해 올라가는 대나무 줄기로 묘사했다. 그 사회의 핵심은 등위等位였는데, 그것은 사회뿐만 아니라 우주 전체의 자연적 특징이었다.

교육을 통한 모든 사람의 교화가 온 나라와 "천지 사이의 모든 공간"에 실시된다고 해도 (대나무의 마디節처럼) 구분은 여전히 남아야 했다. 실제로 대나무 줄기 같은 사회는 무한히 뻗어가지만 구획으로 다시 분할됐으며, 각 구획은 단지 세습적 신분에 기초한 현재의 사회적 층위가 아니라 교육과 실천을 통한 도덕수양의 단계를 나타냈다. 사회의 대나무 줄기를 올라가기는 어려웠는데, 도덕을 수양하는 것은 고된 과정이기 때문이었다. 그 까닭은 인간이 지식과 이해에 제한된 능력을 가졌기 때문이 아니라 이기심이 좀더 중요한 본능이었기 때문이다.

사회적 등급이 구획됐기 때문에 인원 할당分數이 필요했으며, 그가 말한 사회의 대나무 줄기는 전체적으로 피라미드형을 갖고 있었다.[7] 그러나 사회를 계층화한 표현은 평등의 수사修辭와 자주 얽혔기 때문에 그의 언어는 명백하지 않았다. 결국 인간은 비슷한 모습을 공유하고 있었다. "우리는 모두 하늘의 백성同是天民"이지만 "학자와 백성의 구별도 있다有士民之別."

그의 어떤 발언들은 보편적 교육을 지지하는 것으로 보인다. "교육이 널리 이루어지더라도 재능이 충분하지 않은 사람들이 있을 수 있다. 그러나 그런 사람들이 너무 많다면 신경 쓰지 않아도 괜찮다."

그러나 이것은 모든 사람들이 태학에 들어갈 만큼 교육을 받아야 한다는 의미는 아니었으며 교육받은 사람들이 관직의 숫자보다 모자라지 않도록 넉넉하게 공급되는 것이 좀더 좋다는 뜻이었다. 그들은 기회가 열릴 때까지 그저 기다려야 했지만, 인구의 증가로 유생이 너무 많아졌기 때문에 관원의 숫자를 늘리는 것은 옳지 않았다.[8] 교육을 받았지만 관직을 갖지 못한 사람들이 많아지면 사회적 불만세력이 그만큼 늘어나는 것이었지만, 교육의 목적은 유능한 인재를 국가에 충분히 공급하는 것이었지 수많은 개인의 필요를 충족시키는 것은 아니었다.

관직의 숫자와 예상 수명, 관원들의 평균 재직 기간에 기초해서 학교에 배정한 인원은 실제로 당시 과거 응시자들의 숫자보다 적었다. 그는 당시 조정의 1~9품의 문무 관직이 대략 9백 개 정도라고 추산했다. 평균 40세에 관직에 처음 임용되고 70세에 은퇴하며 약간 빨리 은퇴하거나 사망하는 경우를 계산하기 위해 10년을 빼면, 그는 관직에서 20년 정도 근무한다고 추산했다. 그는 자신이 구상한 새로운 학교제도에서 가장 고등한 학교에서 관원으로 승진하는 사람의 숫자를 1년에 35명으로 잡았는데, 20년이 넘으면 7백 명의 관원을 배출하게 됐다. 나머지 2백 개의 관직은 3품 이상의 관원이나 지방 수령들의 특별 추천으로 채워졌다.[9] 요컨대 백성들은 초등교육만을 받았으며, 고등교육의 기회는 대폭 줄어든 중앙 정부의 필요에 따른 인원에게 제한됐다.

## 지역 차별을 없애기 위한 인원 할당

인원 할당이 출세의 기회를 제한한다는 당대唐代의 비판에도 불구하고 유형원은 중앙과 지방, 그리고 지역 간의 기회의 불평등을 지적한 많은 중국 학자들의 불만에 공감했다. 그들은 과거제도 자체에 이 문제의 원인이 있다고 지적했는데, 유생들이 급제하는 좀더 좋은 기회를 얻으려는 희망에서 중앙으로 모여들도록 유인했기 때문이었다. 인구의 증가에 따라 수도에 정원을 많이 배정하면서 지방의 인재들은 계속 유출됐다.[10] 유형원은 당시 조선의 차별적인 과거의 정원 할당이 지방보다 수도 거주자에게, 그리고 북부지방과 국경보다 남부의 농업 중심지에 유리하다고 인정했다.

유형원은 지방 유생들에게 좀더 많은 기회를 주는 쪽으로 정원 할당을 바꾸면 현재 수도에 거주하는 사람들이 고향으로 돌아가도록 유도할 수 있을 것으로 기대했다. 그는 그런 사람들을 "떠도는 손님"이나 방랑하는 이주민이라고 부르면서 당시의 등용방식 때문에 그들이 생겨났다고 판단했다. "그 결과 관원들은 모두 중앙 출신이었다."[11]

그는 중국과 조선 모두 북부지방 거주자에 대한 차별이 있다고 지적하면서, 불균형을 바로잡기 위해서 인원 할당제를 도입할 것을 제안했다. 그는 주대에 봉건 제후가 영지의 크기에 따라 "대국에서는 3명, 중국에서는 2명, 소국에서는 1명"을 황제에게 추천했던 할당제도를 시행한 것을 언급했다.[12] 한대의 천거제도 또한 인구에 따른 차등적이고 고정된 할당제를 갖고 있었으며, 한의 효렴과孝廉科에서는 "20만 명이 사는 지역마다 1명이 추천됐다."[13] 유형원은 이 수치를 20만 명에서 50만 명마다 1명을 추천하는 것으로 줄였다. 최종 수치는 인구조사를 통해 결정될 것이었다. 그동안 관원들은 현재 향시鄕試에 할당된 인원에 따랐다.[14]

그는 전략적 위치나 다른 고려에 따라 설정된 당시의 단계적인 행정구역을 면적을 기준으로 다시 획정하려고 했다. 그가 제안한 제도에 따르면 4만 경(4백만 묘)은 대부大府나 도호부都護府를 이루고, 3만 경은 부府, 2만 경은 군郡, 1만 경은 현縣이 됐으며, 천거되는 학생의 할당 인원은 이런 단위와 인구에 따라 바뀌었다.[15] 그가 다시 설정한 행정구역의 인구에 따라 승급하는 학생의 숫자를 다시 조정하면 지역 차별의 문제가 해결될 것이었다.

그는 또한 교육과 등용 기회의 불균등은 부의 분배, 근본적으로는 토지의 분배 문제와 분리해서 생각할 수 없다고 믿었다. 당시 어떤 지역 사람들은 성공했지만 그밖의 사람들은 경제적 파탄에 빠지기 직전이었다. 토지제도의 붕괴와 불평등한 토지 소유는 빈부의 격차를 악화시켰다. 이런 상황에 직면한 상태에서는 학교를 설립하고 교사의 자질을 향상시켜도 거의 효과가 없을 것이었다.[16]

그러나 유형원은 서북지방을 이롭게 하기 위해 현재의 제도를 단번에 뒤집으려고 하지는 않았는데 그러면 중앙의 유생들에게 너무 큰 곤란을 부과할 것이기 때문이었다. 당시의 불균형을 조정하기 위한 임시 방안으로 그는 자신이 제안했던 서북지방의 인원 할당을 줄이고 수도의 인원을 늘릴 수도 있다고 찬성했다. 일정한 시간이 지난 뒤 수도의 유생들 중 충분한 숫자가 고향으로 돌아가면 그는 수도에 계속 추가 인원을 배정하려고 했다. 이것 또한 그가 유생과 관련된 문제를 다룰 때 권력을 보상하려는 의도가 있음을 분명히 보여주는 측면이다.[17] 그럼에도 불구하고 그의 목적은 교육받은 지배계층을 향촌으로 돌려보내 도덕적 교화와 정치적 안정을 시도했던 중국 남북조시대의 토단土斷정책과 비슷했다.

또한 그는 어떤 지역의 뛰어난 유생들의 숫자와 추천할 수 있는 할당 인원 사이에 앞으로 나타날 불일치는 자발적인 이주로 자연스럽게 해결될 것이라고 예상했다. 당시 조선의 법률은 토지가 남는 지역으로 농민들이 이주하도록 허용했는데, 마찬가지로 유생들도 자신들에게 좀더 좋은 출세의 기회를 제공하는 할당 인원이 배정된 지역으로 이주할 수 있게 했다. 그 지역의 기존 유생들의 반감을 살 수 있다는 우려에서 그는 새로 이주해온 학자들에게 적대적 행동을 하면 처벌해야 한다고 제안했다.


## 학교에서의 승급과 관직 등용

### 면접을 통한 행실과 재능의 평가

천거제도는 학교와 정부 관원들을 일신하기 위한 유형원의 주요한 방법이었으며 그가 중국의 경험에서 배운 핵심적 교훈의 하나였다. 그것은 학생들을 입학시키고 상급 학교로 승급시키며 궁극적으로는 그들을 관원으로 등용하는 수단이었다. 그가 보기에 천거제도의 핵심은 고대에 면접으로 행실과 재능을 평가하는 방식이었다.

그가 제안한 규정에 따르면, 총괄적인 심사인 대비大比는 3년마다 실시되는 호적 작성과 함께 시행됐다. 최저 행정단위의 수령과 교관들은 현능賢能한 사람을 가리기 위해 심사를 실시했는데 현명함은 덕행으로, 능력은 도예道藝로 규정됐다. "선발의 기준은 마을에서 행실이 뛰어나고 고전을 잘 이해하고 있으며 관직에 임명될 만큼 재능이 있는 것이었다." 적임자인지를 판단하기 위해서 수령과 교관들은 우선 향약과 학교의 장부에 매일 기록된 덕행과 비행의 기록을 검토한 뒤 향당에서 사람들의 공적인 의견公共之論을 들어 추천을 받았다.[18]

학생들을 수도의 중학이나 도의 영학으로 승급시킬 때 향촌의 원로들과 향학의 사장師長들은 향음주례에 초대되어 특별한 손님으로 예우되며 후보자에 대한 의견을 피력하도록 요청받았다. 그들은 후보자의 자격이 공시된 것보다 떨어지면 달게 처벌받겠다는 서약이 들어 있는 추천서를 작성해야 했다. 태학의 학생이 관직에 추천되면 추천인은 후보자가 그 뒤 횡령·도덕적 타락·태만·음주·범죄 또는 타인에 대한 상해 등을 저지를 경우 처벌받겠다고 동의했다.[19]

과거에 대한 비판적 시각에도 불구하고 유형원은 무능한 학생들을 추리는 데는 고강考講(구술시험)과 제술(필기시험)에 의존할 수밖에 없다고 생각했다. 3년마다 중학과 영학에서는 사장의 관할 아래 고전에 대한 고강을 치렀다. 나중에 예외 조항이 추가됐지만, 3년마다 치르는 이 고강을 통과하지 못한 20세 이상의 학생들은 퇴학당해 군대에 편입됐다 — 1750년(영조 26) 영조가 도입한 선무군관選武軍官에게 부과된 세금보다 면역되는 조건이 더 엄격했다.[20]

아울러 중학과 영학으로 승급한 학생들은 입학 직후 선정된 고전에 대한 시험을 치렀으며, 떨어진 사람들은 집으로 돌아갔다. 5일마다 한 번씩 그동안 배운 내용을 통독하고 강론했으며, 활쏘기와 제술은 1년에 네 번, 고강은 봄·가을에 한 번씩 실시했다. 낮은 학문 수준, 천박한 행동, 열등한 재능은 모두 퇴학의 근거가 됐다. 승급 1년 뒤 중학과 영학에서 가장 뛰어난 학생은 태학으로 올라가도록 추천됐는데, 태학의 시험과 퇴학도 이런 중급 학교들과 비슷했다.

과정의 마지막 단계는 관직에 임명할 만한 태학의 현능한 학생을 선발하는 것이었다. 선발 기준은 "훌륭한 인품과 행동, 정직과 겸양, 학문적 지식과 바른 정치에 대한 이해"였다. 천거 절차는 향음주례를 거행한 뒤 관직의 후보자가 대신과 대간, 왕실의 참관인들 앞에서 고강을 치렀다. 합격자들은 진사가 됐으며 이조에 이름이 올려졌다. 이 제도에서는 당시 과거제도와 달리 합격자의 명단을 발표하지 않았다.[21]

### 학교 안의 시험 보류

유형원은 학교에서 시험을 치르게 하려는 자신의 생각이 과거에 대한 자신의 비판과 한대의 책문이나 천거된 학자들에게 특별 시험을 치르게 하자는 조광조의 생각처럼 과거제도와 타협을 거부한 측면과 충돌한다는 것을 알고 있었다. 그는 태학에서 고강만 허용된다는 조건을 명시함으로써 자신의 방안이 상충된다는 비판을 방어했다. 지방 학교들에서 1년에 네 차례의 제술을 치렀지만, 그것은 학생의 학업 발달 상황을 정기적으로 관찰하고 그들의 학업을 격려하기 위한 수단으로 사용됐기 때문에 걱정할 것이 없었다. 그것은 당시의 과거와 전혀 달랐다.[22]

제술의 규정을 마련하면서 유형원은 시문詩文의 작성은 폐지하고 고전의 의미와 철학·역사, 그리고 당시의 정책 현안 등에 대한 논술로 질문을 제한함으로써 지나치게 장식적인 시문의 문제점과 쓸모없는 지식에만 치중한다는 중국의 비판을 수용했다. 학생들은 그동안의 격식대로 학교 앞마당에서 시험을 치르지 않고, 개인에게 할당된 질문을 받으면 기숙사의 자기 방이나 집으로 돌아가 평화롭고 조용하게 답안을 작성할 수 있었다. 다만 답안의 형식은 간결해야 했으며, 새로운 내용이 전혀 없거나 형식을 너무 꾸민 글은 받아들여지지 않았다. 학생들은 동중서·한유·정이·주희의 산문 형식을 모방하도록 종용받았고, 장황함을 막기 위해 분량을 제한했다. 학생들은 답안을 제출한 그날 평가를 받았다. 교사들은 제술을 심사한 뒤 평균 이하의 학생들은 훈계했다. 사장師長은 "작문 형식을 강조하는 폐해를 막기 위해" 답안을 평가하는 데서 제외됐다.[23]

집에서 답안을 작성하고 간결한 산문과 성적 평가보다는 글에 대한 토론을 선호한 것은 현대 서양의 인문교육의 어떤 이론과 비슷하지만, 유교적 자유주의라는 그의 지향은 생각의 자유, 특히 도덕이나 형이상학의 문제에서 성리학의 교리에 반대되는 견해를 표현할 권리를 존중하는 태도와는 상통할 수 없었다. 그가 송대의 철학자들과 공유했던 주요한 목표는 학생들의 관심을 고전의 도덕적 취지와 역사의 지혜에서 멀어지게 한 지나친 형식주의와 장식주의, 관행과 관련됐다. 또한 그는 지방 학교에서 제술을 금지하면 중앙의 태학에서도 제술을 실시하지 않게 되어 당시의 과거제도에서 필연적이었던 보기 흉한 경쟁의 장소가 되는 현상을 막을 수 있다고 주장했다.[24]

그러나 제술을 계속 실시해야 한다고 정당화한 부분은 유형원의 생각에서 커다란 모순으로 생각된다. 무엇보다도 모든 종류의 시험을 확고히 반대한 것과는 어째서 다른 자세를 보였는가 하는 점이 가장 의문스럽다. 답변은 간단한데, 유교적 지혜가 압축된 정통적 경전을 개인의 도덕수양에서 필수적인 부분으로 생각하는 문화에서 그런 모순은 피할 수 없기 때문이다. 지식의 실천을 얼마나 강조했는가에 상관없이 유형원은 어떤 사람의 행동만 관찰해서는 재능을 평가할 수 없다고 생각했다. 학교에서 교육을 받는다면 필기 설명은 필요한 일이었다. 유형원 같은 조선의 유학자들은 문자언어의 숙달을 군국주의적이고 봉건적인 사회였던 일본의 도쿠가와 막부(전국시대는 제외)처럼 상대적으로 부차적인 위상으로 절대 격하시키지 않았다.

## 진사원

천거제도에 대해 유형원이 서술한 마지막 부분을 다시 논의하면, 태학에서 조정의 관원으로 발탁된 사람들은 일정 기간 훈련과 평가를 받기 위해 우선 진사원進士院에 배속됐다. 유형원은 선발된 학자들에게 궁궐 숙위의 임무를 준 한의 제도에서 선례를 발견했다고 주장했지만, 이것은 송의 정호가 제안한 생각과 비슷했다.[25] 유형원이 생각한 진사는 궁궐 숙위도 맡았으며 지속적인 심사를 받았다. 부적당한 사람은 퇴학당했고, 태학의 책임자와 부책임자도 책임을 졌다.

진사에는 고정된 할당 인원이 없었으며 궁궐 숙위에 교대로 근무하는 것을 제외하면 할당된 임무도 없었다. 그들은 강의·토론·의례에 참석하고 활쏘기 시합에도 나가야 했지만 명중의 정확성은 개인의 숙달 정도를 보여주는 하나의 표시였을 뿐이며, 행실보다는 부차적이었다. 이 점에서 유형원은 왕안석이 아닌 주희가 제시한 선례를 따른 것인데, 진사는 "의례에 참석한 것처럼 잘 처신하고 음악에 반응하는 것처럼 잘 행동하는가"를 가지고 평가된다고 설명했기 때문이다.[26]

진사는 1년 동안 근무했으며 궁중에 초대되어 고전을 강의하고 정치의 방법·시사時事·풍습 등을 배웠다. 궁궐의 모든 관원들은 그들을 평가해 첫 정규 관직으로 적당한 품계를 결정하는 데 참여했다. 대부분은 18품의 품계 중에서 가장 낮은 종9품을 받았지만, 가장 뛰어난 사람은 6품 이상을 받았다. 유형원은 학교제도를 거쳐 관직 후보자를 선발하고 진급시키는 과정에서 유일한 예외는 지방 관원이나 궁궐 숙위를 거친 사람 중에서 특별히 천거된 사람을 때때로 임명하는 경우라고 지적했다. 이처럼 천거제도는 "관직에 진출하는 경로를 깨끗하게 만들었다."[27]

## 40세 때 관직에 임명하다

향학鄕學과 수도의 사학의 학생들은 3년 동안 재학하기 전까지는 승급을 위한 추천을 받을 수 없었지만, 영학·중학·태학의 최소 재학 기간은 1년이었다. 뛰어난 사람을 제외하고는 40세까지 누구도 관직에 임명되거나 궁궐 숙위에 배속될 수 없었다. 『논어』에서 공자는 자신이 40세가 넘어서야 미혹되지 않았다고 말했으며 『예기』에서는 사람이 40세가 되어서야 체력과 나이가 충분하기 때문에 관직에 임명될 수 있다고 했는데, 유형원은 거기에 동의했다.[28] 유형원은 이 조항으로 자신이 몽매한 근본주의자라고 비판받을 수 있다는 사실을 알았는데, 40세로 나이를 제한한 것은 젊고 유능한 사람에게 기회를 박탈하고 예상 수명이 낮은 상황에서는 비현실적으로 높은 나이였기 때문이었다.[29]

유형원은 자신이 아무 생각 없이 고대의 제도를 채택한 것은 아니라면서 합리적 근거로 설득할 수 있다고 방어했다. 그러나 그의 주장 방식은 논리적 근거를 통해 자신의 가설을 증명하는 칸트적 시도라기보다는 교리를 이론적으로 설명하는 토마스 아퀴나스적 방식에 가까웠는데, 고대의 모든 제도는 본래부터 적절하고 타당하며 그 방법의 지혜를 충분히 이해하는 것만이 필요하다고 주장했기 때문이다. 고대에는 사람이 올바른 방향으로 인도되기 전에 지능을 계발하고 의지를 기르는 데는 시간이 걸린다는 사실을 알았기 때문에 40세의 제한을 받아들였다. 그는 40세가 안 된 사람도 예외적으로 임용할 수 있다고 허용했으므로 인재 등용의 기회가 제한될 것이라는 우려도 실제로는 없었다. 더욱이 40세의 최저한도는 제한된 관직의 숫자와 뛰어난 학생의 배출 사이의 균형을 이룰 수 있게 해줄 것이었다. 이 주장은 급제자가 과잉 공급되어 잠재적 불만과 파괴적 성향을 가진 집단이 양산되는 시기에는 아무런 장점이 없었지만, 순수한 논리보다는 유용성에 호소한 것이었다.

또한 유형원은 도덕을 수양하는 데는 일생 동안 끊임없는 노력이 필요한데, 젊은이들은 자아수련보다는 야망과 출세에 이끌리기 쉽기 때문에 믿을 수 없다고 주장했다. 후대의 왕조들이 쇠퇴한 원인 중 하나는 젊은 사람들을 너무 많이 등용해서 전반적으로 습속을 타락시켰기 때문이었다. 40세까지는 관직에 나갈 수 있는 기회가 없다는 사실을 알았다면 그들은 분명히 청년 시절을 선행의 실천에 바쳤을 것이었다.[30]

그러나 유형원의 부인은 설득력이 없다. 공자의 공허한 격언을 제외하고는 관직 임용을 준비하는 데 40년이나 걸려야 할 까닭이 없다고 생각되기 때문이다. 이것은 그가 자신을 근본주의적 상고주의자로 비판하는 데 반론을 포기한 측면과 비슷하며, 젊은 사람들에 대한 불신은 주희의 학교규정을 모방해 나이의 중요성을 강조한 부분과 완벽하게 일치한다.

### 강제와 처벌과 훈련

유형원은 포상과 처벌을 동원하는 데 상당히 적극적이었으며, 특히 추천인의 도덕성과 학생들의 근면을 유도하는 수단으로 처벌을 적극적으로 사용했다. 유교의 도덕적 목표를 이루기 위해 이런 강제적 조처를 동원한 것은 고대의 선례에서 필수적인 부분이었으며 그의 독창적인 방안은 아니었지만, 강제력을 기꺼이 동원하려는 태도는 그를 완고한 유학자의 진영에 확고히 위치시켰다.

그는 나중에 무능하다고 밝혀진 사람을 추천한 관원은 파직하도록 했다. 참작할 만한 사유가 있으면 감봉으로 축소됐지만, 실수를 거듭하면 범죄와 동일하게 간주되어 고신告身을 박탈당하고 양인신분으로 강등됐다. 처벌 전에 사망하더라도 고신을 추탈함으로써 사후死後까지 엄격히 법률을 집행했다. 반면 천거의 기록은 강한 생명력을 갖고 있어서 특별임용·승진·명예의 근거가 됐으며, 이것들 역시 사망한 뒤에라도 수여됐다.[31]

유형원은 지방 관원과 교관들이 기권해서 처벌을 모면하려는 의도를 용납하지 않았다. 아무도 천거하지 못하면 지방 관원과 교관을 퇴출하는 근거가 될 수 있었다. 만약 해당 지역에 정말로 인재가 부족하면 그들의 평가 등급은 내려갔다. 그동안 간과됐던 뛰어난 인재가 발견되면 관련된 관원들은 인재를 숨긴 죄목으로 처벌받았다.[32]

또한 유형원은 학생들에게 자신의 훈계 방법을 적용했다. 일정 기간 재학했지만 학업에 진척이 없는 학생들은 퇴학당하고 그동안 임시적으로 주어졌던 수입과 학생신분을 모두 박탈당한 뒤 군역에 편입됐다. 무단 결석도 퇴학에 처해질 수 있었지만, 이 경우에는 반성할 수 있는 기회를 주었다. 학생이 수업이나 봄·가을의 의례에 불참하면 처음은 직접 견책을 받고 두 번째는 자리에서 쫓겨났으며 세 번째 이후는 기숙사나 학당에서 쫓겨났다. 그는 다시 입학하기 전에 "자신의 실수를 바로잡고 스스로를 고쳐야" 했으며, 그런 뒤 직접 대면해서 자신의 행동을 다시 비판받고 사과해야 했다. 수업에 참가할 의사를 전혀 보이지 않는 사람은 학적에서 이름이 지워지고 군역에 충원됐다. 질병으로 결석하면 그 사유를 서면으로 사장師長에게 보고해서 양해를 얻어야 했으며,

40세가 넘은 학생들만이 의무적인 참석을 면제받았다.[33]

시험 성적이 나쁜 학생들에게도 가혹한 처벌이 뒤따랐다. 학생들은 보름마다 학교의 사당에 모여 학생들의 능력에 따라 난이도가 매겨진 독법讀法을 치러야 했다. 통과하지 못한 사람들은 15대의 매질을 당했다.[34] 3년마다 한 번씩 도성의 사학과 영학에서 치러지는 시험은 가장 중요했다. 40세 이상의 불합격자는 모두 즉시 퇴학당해 군역에 편입됐다. 20세 이하의 불합격자는 매질을 당했지만 학생신분은 유지됐다. 대리시험이 발각되면 대리시험을 친 사람과 부탁한 학생 모두 퇴학당해 군역에 충원됐다.[35] 끝으로, 도성이나 각 도의 감영에 살면서 통학하다가 보름마다 치러지는 독법을 놓치거나 3개월마다 최소 보름 동안 출석하지 못한 사람은 대신 매질을 당할 노비(!)를 보내야 했다. 이것보다 무거운 위반을 저지르면 범죄행위로 처벌받기도 했다.[36]

유형원의 도덕주의는 인간의 영혼이 연약하다는 사실을 무시하게 만들었다. 인간의 영혼에는 게으름이나 야망, 또는 반항의 문제를 극복케 하는 훈계보다 강한 처방이 필요했다. 그는 유교의 도덕적 권고에 대한 자신의 확신에 어떤 모순을 느껴서가 아니라 유교적 기준에 따라 교육하고 등용하는 것은 중요한 일이었기 때문에 기꺼이 처벌을 동원했다. 교정校庭은 즐거운 공간이 아니었다. 그곳은 웃음이 없고 훈련이 실시되며 금욕적이고 나아가서는 도덕적 완벽함을 강력히 추구하는 기초를 닦는 엄격한 장소였다.

아무리 사소한 행동이라도 모두 엄격한 규제를 받았으며, 유형원이 제안한 생활방식은 가장 엄격한 사관학교나 수도원을 떠올리게 했다. 모든 학생들은 새벽에 일어나 방을 청소하고 옷을 단정히 입은 뒤 함께 모여 스승께 문안 인사를 드렸다. 식당에서 학생들은 나이 순서대로 앉아 "꼿꼿한 태도로 말없이 조용하게" 식사했다.[37] 식사는 즐거운 시간이 아니었다. 학생들은 좋아하는 음식을 고를 수 없었는데, 그것은 그들이

미각을 만족시키려고 한다는 의미였기 때문이다. 그들은 학당에 단정하게 앉아 '사물의 원리'를 이해하기 위해서 마음을 집중시켰다. 그들은 암송이나 구두 반복을 삼갔으며 동료끼리 대화하거나 눈길을 건네는 것도 삼갔다. 책상을 떠나 돌아다녀서도 안 되고, 공부에 대해 질문하는 것을 제외하고는 누구에게도 말을 걸 수 없었다. 그들의 필체는 항상 곧고 방정해야 했다. 초서나 '멋대로 쓰는 필체'는 금지됐다.

연장자들은 항상 예의바르게 존경해야 했다. 식사 후 짧은 휴식시간 동안 학생들은 자신들 내부에 있는 원리(왕양명王陽明이 그토록 이루기 어려워했던)를 성리학적으로 음미하기 위해 사물을 관찰하면서 교정을 산책했다. 몇 시간 뒤 그들은 각자 진지한 토론이나 활쏘기 연습에 참여하거나 적절한 방법과 절차에 따라 음악을 연주하거나 서예를 연습했다. 바둑을 두거나 한담을 나누는 것은 용납되지 않았다. 연주할 만한 적당한 음악을 고르는 것은 특히 중요했는데, 사이렌의 노래sirens' song처럼, 거리의 음탕하고 유혹적인 노래는 "사람의 욕망을 자극해 쉽게 살게 만들며, 그렇게 되면 누구도 멈출 수 없었기 때문이었다."[38] 조선의 거리에서 연주되는 음악은 중국보다 비속하고 음탕했다. "현재의 음악을 올바르게 바꾸지 않는다면 그런 음악은 아예 연주하지 않는 편이 나을 것이다."[39]

하루가 저물 때까지 학생들은 방에서 촛불을 켜놓고 계속 공부했다. 하루의 어느 때든지 책을 읽을 수 없었으면 그는 "조용히 앉아서 마음을 집중했다長坐專心."[40]

이렇게 학문에 접근하는 핵심적인 유학적 용어는 '경敬'이었다. 유형원은 그것을 조상의 사당에서 의례를 올리거나 다른 사람의 아버지나 국왕을 공식적으로 만날 때처럼 언제나 마음을 엄격하게 통제하는 것이라고 정의했다. 만약 어떤 사람의 내면이 진지하다면 외부적 표현인 복장과 태도가 올바르고 모든 행동에 존경과 효성이 배어 있을 것이었다.

효도의 요건에 대해서 유형원은 효자에게 필요한 행동과 여러 사회적 상황에 맞는 행동의 규범을 매우 자세하게 서술했는데, 친구를 선택해 사귀고 가정에서 가족들과 생활하며 나이와 지위에 따라 손님을 접대하고 마을 사람들과 서로 도우며 모든 사람, 특히 국가에 충성을 보이는 것이었다. 학생들은 학교에서는 자신을 수양하고 집이나 바깥세상에서는 하늘의 이치에 따라 행동했으며 개인적인 욕망을 버리려고 노력했다. 언제나 도덕적 원리를 실천하며 모든 학교 의례에서 올바른 순서에 서고 예의와 상황에 맞게 인사하는 등의 규칙과 절차를 엄격히 준수해야 했다.[41]

이처럼 학교 규범은 학교 내부와 외부의 모든 상황에 관련됐는데, 가장 심각한 잘못은 행동의 도덕 규범을 위반하는 것으로 학문이 낮은 것보다 더욱 비난받았다. 학생들이 수양해야 하는 20여 개의 이유를 적은 목록에서 한 가지만이 학업 태만과 관련됐다. 나머지는 행동거지를 삼가지 않고 빈말을 하며, 아버지를 정성스럽게 모시지 않고 스승을 공경하지 않으며, 연장자를 경멸하고 권세 있는 사람에게 아첨하며, 논쟁이나 소송을 좋아하고 술과 도박에 빠지며, 창기를 가까이하고 마을에서 분란을 일으키며, 장례와 제례를 준수하지 않고 탈세나 위법을 저지르는 일 등이었다. 이단에 대한 믿음은 물론 금지됐다. 이런 규범을 어기면 벌점이 주어졌고 학급의 좌석도 서열이 내려갔다. 심각한 경우는 학당이나 기숙사에서 추방되고 1~2년 동안 정학에 처해졌다. 개전의 여지가 없는 완고한 학생은 퇴학당해 군역에 편입됐다.[42]

경박한 행동에 대한 유형원의 청교도적 경멸은 급제자들을 골탕 먹이는 풍습과 홍등가에 출입하는 사람에 대한 신랄한 비판에서도 드러났다. 새로운 급제자들은 보통 악대樂隊와 함께 "사흘 동안 유가遊街했다." 축하 잔치에는 배우·가수·광대들이 초대됐으며 기존 관원들은 신입 관원을 '동물을 다루듯이' 혹독하게 골탕 먹었다. 유형원은 이런 풍습이 북방의 야만족(몽골이나 만주족?)에게서 영향받은 흔적이라고 경멸했다. 더욱이 당시의 잔치는 표면적으로 급제자의 아버지에게 축하의 뜻을 표시하기 위해 열렸지만, 실제로 그것은 『예기』에서 아버지에게 드리는 잔치의 규칙을 자의적으로 왜곡한 것이었다. "관직에 임용됐다고 악대를 불러 축하 잔치를 열어 자축하면서 어떻게 그것을 아버지를 위한 행사라고 말할 수 있는가."[43] 신입 관원이 임명되기 전에 상관들이 잔치를 요구하거나 향교의 신입생들이 출석하기 전에 음식이나 술을 대접케 하고 옷을 지어 바치게 하는 당시의 풍습 또한 동일하게 나빴다. "이런 폐습들은 모두 참으로 나쁘다. 풍습이 바뀔 것이라는 믿음을 갖고 모두 폐지해야 한다."[44]

엄격한 규율 또한 학습과정의 중요한 부분이었다. 스승에 대한 예의 바른 공경은 격식을 갖춘 자리에서 필요한 예절이었으며, 스승의 가르침은 믿고 존경하는 마음으로 받아들여야 했다. "만약 어떤 문제가 의심스러우면 학생들은 토론하고 질문해서 옳고 그름을 구분해야 하지만, 독단적인 견해로 스승을 비판해서는 안 된다."[45]


## ┃ 지식에 대한 태도

### 엄격하고 정통적인 교과과정

유형원은 매일의 행동에서 도덕적 정직을 지키고 높은 수준의 학문을 이루기 위해서 엄격한 훈련을 시행하는 학교제도를 창출하는 데 참으로 헌신적이었다. 그럼에도 불구하고 너무 엄격한 학교 안의 생활규칙은 지식을 추구하는 자세와는 무관한 측면이 있었는데, 그가 일부 중국 개혁자들의 현실적이며 실용적인 주장을 언급했다는 점에서 특히 그러했다.

그러나 그가 이례적이고 비정통적인 사상을 자유롭게 받아들이려는 견해와 의지를 가졌다는 의심은 학교의 교과과정과 지식의 한계에 대한 그의 논의를 고려하면 모두 사라진다. 그는 학문은 정통적 경전으로 인정할 수 있는 문헌으로 엄격히 제한해야 한다고 명시했다. 학생들은 『소학』으로 공부를 시작한 뒤『대학』·『논어』·『맹자』·『중용』(이상 네 권이 주희의 표준적 주석이 달려 있는 사서다)·『근사록近思錄』(주희·여조겸呂祖謙 편집)·육경의 순서로 나아갔다. 그 사이에 사마천司馬遷의『사기』와 성리학자들의 여러 저작을 공부할 수 있었다. "성인이 쓰지 않은 책이나 도움이 되지 않는 글은 읽지 말라."[46]

학생들은 정기적으로 치러지는 고강이나 제술을 위해 공부해야 할 서적의 목록을 따라야 했으며, 월등한 학생이나 35세 이상의 학생만이 그런 규정에서 벗어날 수 있었다.[47] 공인된 고전과 그밖의 서적만이 도서관에 소장될 수 있었으며, 유형원은 그 책들을 좀더 많이 인쇄해 전국에 배포하자고 제안했다. 정통에서 벗어났거나 천박한 저서들은 장서에서 제외됐다.[48] 여기에는 서양의 계몽주의에서 매우 전형적이었던, 전수된 지혜나 교리에서 벗어나려는 학자가 지식을 향해 자유롭게 접근한 자취가 전혀 없다. 반면 그의 교육철학은 유교 고전과 주희 같은 송대 학자들의 정통적인 주석에 대한 완고하고 보수적인 집착, 비정통적 저술에 대한 비판, 학교 안에 받아들일 수 없는 서적의 금지 등의 특징을 갖고 있었다. 그는 학생들이 35세가 넘어서야 자신의 연구에 필요한 서적을 선택할 수 있도록 허락했다. 그는 학생들이 현명한 선택을 할 수 있을 만큼 충분히 성숙해야 했기 때문이 아니라 그 나이까지는 지식을 엄격히 주입해야 하므로 전수된 지혜에 대한 비판은 고사하고 개인적 질문을 제기할 수 있는 모든 기회를 박탈해야 한다고 생각했다.

일반적인 학업중의 고강과 그것에 대한 시험도 절차가 정연했다. 학생들은 고전의 지정된 부분을 순서에 따라 암송했는데 "느슨하거나 어물어물해서는" 안 됐지만 의미가 명확하지 않은 대목에 대해서는 질문할 수 있었다.[49] 하늘은 그들이 고전이나 유교지식 자체의 타당성에 대해 감히 질문하는 것을 금지했다! 이처럼 교육에 대한 유형원의 완고한 태도는 교조적인 지식에 대한 열정적인 방어를 예고했다. 그는 당시 부패한 규범의 나쁜 영향을 방어하기 위해서는 완벽하게 갖춰진 학교제도가 필요하다고 확신했다.

## 부도덕한 지식의 경시

유형원이 연구한 교육과 관련된 중국 문헌(제4장 참조) 중 일부는 도덕교육보다 현실 정치에 좀더 유용하고 가치중립적이며 기술적이고 실제적인 지식의 중요성을 강조했다. 고전적인 교과과정에서 활쏘기와 수레 몰기를 강조한 것은 이런 교육의 잠재성을 처음으로 소개한 일이었다. 유형원은 고전의 육예는 육덕과 육행과 함께 배워야 한다고 말했다. 유형원은 육예 중에서 서예와 특히 활쏘기에 많은 관심을 두었다. 앞서 언급했듯이 그는 서예 시험에서 초서를 금지했으며, 정자체의 모범으로는 『홍무정운洪武正韻』의 서체를, 인장의 모범으로는 『고문운율古文韻律』의 서체를 제시했다.[50] 그의 목적은 적어도 이해하거나 해독할 수 없는 서체로 야기되는 의미의 모호함을 없애기 위해 가장 명확하고 이해하기 쉬운 표의 문자의 형태를 선호한 것이었다.

### 균형 잡힌 지식인을 위한 지식과 기술 : 활쏘기

올바른 서예의 목적을 언급하지는 않지만, 유형원은 활쏘기의 중요성에 대해서는 상세히 서술했다. 활쏘기에 관련된 고전과 그 뒤의 문헌 모두에서 그 연습은 세 가지의 용도나 목적을 갖고 있었다. 활쏘기는 동등한 수준의 학자들을 구별하기 위해서 사용됐는데, 유형원은 중앙과 지방의 학교에서 학생들을 승급시키는 데 이것을 사용했다. 활쏘기 시합은 고대에도 중요한 의식이었는데, 필요한 절차를 이행하는 데 경쟁자의 행동과 처신이 평가됐다. 활쏘기는 중요한 무술이기도 해서, 왕안석은 균형 잡힌 사람의 재능 중에서 매우 필요한 기술이라고 강조했다. 그러나 당시의 학자들은 활쏘기가 무관들에게만 필요한 기술이라고 생각했기 때문에 유형원은 혼란스러웠다. 그들은 무관을 하시했으며 활쏘기를 하급의 기술로 간주했지만, 유형원은 활쏘기는 무관뿐만 아니라 학자에게도 필요하다고 주장했다. 유생의 교과과정에서 그것이 사라졌기 때문에 "의례가 무너지고 가르침이 없어졌다." 그래서 그는 모든 학교에서 1년에 네 번씩 활쏘기 시합의 의례를 거행하고 학생들은 여가시간에 연습하며 지방 수령과 교관들은 휴일에 시합을 치러야 한다고 말했다.[51]

유형원이 존경한 명의 구준은 『의례』에 서술된 고대의 활쏘기 시합을 상찬하면서 주가 멸망한 뒤 3세기에 진晋이 잠시 복구했지만 곧 폐지된 사실을 안타까워했다. 그는 학자의 선발 수단으로 활쏘기를 다시 채택하고 의식절차를 기록한 주석을 참고해 자세한 진행 규정을 만든 명 태조의 업적을 찬양했다.[52]

또한 유형원은 무관에 대한 편견을 없애야 한다는 왕안석의 생각에 동의했다. 당시의 금지와는 반대로 그는 장관將官이 학교시험에 참여할 수 있도록 허가하려고 했다.

문과 무는 본래 나눌 수 없지만 그래도 둘로 나누었다. 문사文事를 맡으면 관건冠巾을 착용하고 무사武事를 맡으면 융복戎服을 입을 뿐이다. 후세에 가르침이 올바른 도를 잃었기 때문에 문무가 서로 통하지 않게 됐으니 쇠퇴하는 시기의 말폐다. 요즘에는 유자가 활과 화살을 잡으면 다시는 학교에 들어올 수 없게 하니 말폐 중의 말폐다.[53]

이런 태도는 왕안석의 견해와 비슷하지만, 유형원은 실용적인 무예를 고전과 도덕원리의 학문적 연구보다 중시하지는 않았다. 단지 그는 무관과 무예에 대한 오명을 없애고 국왕을 위해 백성을 다스릴 수 있는 권리를 부여받을 균형 잡힌 지식인을 가르치는 데 결합해야 한다는 필요성에 동의했을 뿐이다.

### 균형 잡힌 지식인을 위한 지식과 기술 : 율학과 산학

또한 유형원은 율학律學과 산학算學을 정규학교의 학생들에게 가르쳐야 한다고 생각했는데, 그런 전공들은 정규 관원들을 양성하는 데 중요했기 때문이었다. 산학은 육예의 하나였기 때문에 당시 형조와 이조에서만 가르치던 제도와는 달리 정규학교의 교과에 포함되어야 했다.

율학은 고전적 교과과정에 포함되지 않았지만, 유형원은 법률의 원칙이 의례의 정신과 매우 가깝기 때문에 공부할 필요가 충분하다고 믿었다. 그러나 그의 주된 동기는 법률과 의례가 비슷하다는 측면이 아니라 정규적인 관료제도가 부패하고 백성에게 권력을 오용하는 주된 원인의 하나는 중앙과 지방 모두 이서가 권력을 탈취했기 때문이라고 파악한 데 있었다. 수령(과 관찰사)들이 비교적 자주 교체된 데 견주어 이서들은 어느 정도 영속적으로 현장에 머물렀고, 율학 등의 기술 분야를 통달해서 일반 관원에게는 반드시 필요한 존재였기 때문에 권력을 쥐게 됐다. 유형원은 유생들이 법률을 알아야 하며, 그러면 지방 관원에 배속되어도 이서에게 법률의 운영을 맡기지 않아도 될 것이라고 생각했다.[54]

무예·산학·율학에 대한 유형원의 접근은 비슷했다. 그중 두 과목은 전통적인 교과과정에 포함되어왔지만, 모두 조선 사회에서 무시되어왔다. 그는 세 과목을 모두 자신이 생각한 학교의 교과과목에 포함시키고 그것을 고전적 규범으로 복원해서 지적 훈련에만 국한된 당시 교육의 좁은 범위를 초월함으로써 보편성을 갖춘 학자를 양성하고자 했다. 그러나 그는 도덕적 지식을 넘어선 현실세계와 기술·과학에 대한 지식, 또는 실제적이며 실용적인 행동은 준비하지 못했다.

## 기술과 기술학교

유형원은 무예·산학·율학을 넘어서 정치에 실제로 사용될 수 있는 기술을 개발하는 데 분명히 관심을 갖고 있었는데, 그 관심은 중국과 한국 모두 독립적이지만 하위 기관에 머물러 있었던 이전의 기술학교와 관련된 맥락 안에 있었다. 그가 생각한 새로운 학교체제에서 산학과 율학은 관원을 양성하기 위한 교과과정에 포함됐지만 그는 당시 의학·음양학·역학·산학·율학을 가르치는 학교를 약간만 수정한 채 유지하려고 했다.[55]

그가 지방의 수령과 관원들이 이런 기술 분야의 뛰어난 인재들을 찾아내 취재取才를 치러 곧바로 관직에 임용해야 한다고 역설했을 뿐만 아니라 필요한 재능을 가진 현직 관원이나 유생도 전공을 가르치는 교사로 겸직케 함으로써 기술지식에 대한 당시의 무시를 타파하려고 했다.[56] 이런 제안은 양반들이 기술 직업을 갖도록 자극했지만, 기술을 도덕지식의 수준으로 올리거나 그런 지식을 가진 사람들을 도덕규범과 고전지식을 가진 지식인의 수준으로 상승시키지는 못했다.

이런 측면은 유형원이 기술관을 양성하는 학교에 할당한 학생들의 인원에서 나타난다. 역학은 수도에 70명, 주요 지방 도시에는 65명을 할당했으며, 의학·천문학·지리학·율학·산학은 모두 합쳐 110명을 배정했으므로 모두 245명이었다. 신입생은 3년마다 선발시험을 거쳐

25명이 입학했는데, 당시의 법률이 규정한 인원보다 1백 명이 적었다.<sup>57</sup>이런 인원 제한은 국가의 수요에 따라 기술관의 숫자가 제한되어야 한다는 그의 믿음을 보여주는 것이다. 사회에서 아무런 규제 없이 이익에 관련된 지식만을 추구하도록 내버려두어서는 안 됐다. 기술적 지식은 국가에 유용했지만, 교육의 우선적인 목표가 될 수는 없었다.

유형원이 좀더 계몽적이고 개방적으로 비친 주요한 까닭은 당시는 기술지식과 기술관을 무시했는데 그는 기술을 제한적으로 존중했다는 측면이 대비됐기 때문이다. 그는 당시에 기술 학생들을 뽑는 데 무관심하고 그들에게 녹봉을 주지 않으며 기술직을 선택하는 젊은이들을 특별히 보상하지 않는다고 비판했다. 그들이 바랄 수 있는 보상은 기껏해야 얼마 되지 않는 체아직遞兒職뿐이었다. 당시 기술 관직을 선택하는 유일한 동기는 국역에서 벗어날 수 있다는 것이었기 때문에 정부는 지방에서 강제로 기술 훈련생을 모집해야 했다. "그런 학생들의 숫자는 많았지만 재능 있는 사람이 적어서 쓸모가 없었다." 일자리나 관직이 부족했기 때문에 훈련받은 기술관들은 직업 없이 생계를 꾸려가야 했다.

정부는 기술관을 필요로 했기 때문에 그들이 그렇게 천시받게 방치할 수 없었다. 가장 좋은 해결책은 기술학교의 정원을 줄이고 정규 녹봉을 주며, 입학시험의 선발 인원을 감축하고 졸업자들을 모두 고용할 수 있는 충분한 정규 관직을 만드는 것이었다. 이것은 내키지 않는 응시자들을 강제로 고용하고 정원을 멋대로 할당하는 당시의 상황을 개선할 수 있는 조처들이었다. 더욱이 기술학교에 등록된 학생에 국한하지 않고 원하는 사람은 누구나 기술관 채용시험을 볼 수 있게 해야 했다.<sup>58</sup>

### 기술과 기술학교들 : 의학 · 천문학 · 역학

유형원은 나라에서 가장 뛰어난 의술을 가진 사람들 중에서 어의御醫

를 선발하고, 뛰어난 의술과 침술을 가진 지방의 인재들을 지방 관원이 선발해 정규 관직에 임명하고 토지를 특별히 분급하며 군포를 면제해 주어야 한다고 주장했다. 그는 지방의 의료를 맡은 의생醫生이 하층 또는 노비신분으로 채워진 당시 조선의 의학 수준을 개탄했다. 의생들은 그들에게 부과된 공납의 일부로 약품을 스스로 공급해야 했고, 지방 수령에게 자주 공노비처럼 부려졌으며 매질의 위협에 항상 시달렸다. 그들은 의학 외적인 임무에 너무 시달려서 의술을 공부하거나 연마할 시간이 없었다.

유형원은 모든 주현에 의사가 있다는 당시 중국의 상황과 비교했다. 유형원은 지방에 즉시 의학을 세워야 한다고 주장하지는 않았다. 이미 뛰어난 의술을 가진 사람들을 등용하면 지방의 수요에는 충분할 것이었다. 젊은 사람이 국가에 봉사하기 위해 직업을 고를 때 의학을 선택한다면 포상하도록 했다. 그는 당시의 국법에는 지방 행정구역의 크기에 따라 8~16명의 의생과 율생律生이 할당됐지만, 모두 하층 또는 노비신분이었으며 글을 아는 사람은 거의 없었다고 지적했다. 그는 또한 국가에서 의원을 채용하는 고대의 선례가 있었다고 주장했다.[59]

유형원은 내의원內醫院·전의감典醫監·관상감觀象監·사역원司譯院 같은 다양한 중앙 관서의 기술관은 모두 체아직이라고 비판했다. 그는 그들에게 재능에 따라 품계와 녹봉을 주어야 하며 2년마다 실적을 조사해 승진이나 좌천을 시키자는 의견을 제시했다. 그는 각 시험에 사용될 기술 서적들을 명기한, 기술학교의 입학시험에 대한 자세한 규정도 마련했다.[60] 물론 유형원은 지식인들은 삶과 관련된 모든 지식과 친숙해야 한다고 주장할 수 있는 시대에 살았지만, 기술 분야에서 교과목을 정의하고 부과하려는 시도는 그가 지식의 추구와 교육에서 편협하고 보수적인 경향을 가졌다는 사실을 확인시켜준다.

### 기술과 기술학교들 : 악학

유형원은 수도에 소재한 장악원掌樂院의 열악한 상황에 대해서도 혹평했다. 당시 궁중 악사는 신분에 따라 양인인 악생樂生과 노비인 악공樂工으로 나뉘었으며, 인원은 각각 297명과 518명이었다. 정원을 채우기 위해 그들을 뒷받침할 보인을 두었으며 지방에서 강제로 징발해 수도로 보냈다. 그들은 연주시험을 치렀지만 2~3퍼센트만이 한직이라도 받는 행운을 누렸을 뿐 나머지는 녹봉도 받지 못하고 임무를 수행했으며, 악공이라는 명칭을 갖고 있었지만 대부분은 장악원이나 예조, 그밖의 중앙 관서에서 연주자로 일생을 마쳤다. 장악원을 맡고 있는 고위 관원은 악공의 정원을 늘리고 국역을 져야 하는 농민에게 가포價布를 징수해 재산을 늘렸다. 장악원에서 국역을 져야 하는 사람이 도망치면, 가포 납부의 의무는 그들의 친족에게 넘어갔다. 유형원은 정원을 확정하고 악공들에게 정규 녹봉을 주며, 응모자에게 입학시험을 치르고 무능한 사람은 도태시키자고 제안했다. 자격 없는 악공은 육체적 형벌이나 추방, 군역에 처해졌다.[61]

### 기술관을 위한 계획의 허점

요컨대 유형원은 당시 기술관의 훈련·자격·지원·신분을 개선하고 기술지식에 덧씌워진 오명을 없애려고 했다. 유형원은 무예와 기술을 좀더 존중해야 한다고 생각했는데, 지난 세기 일본과 청의 침략으로 겪은 국가적 재난을 확실히 알고 있었기 때문임이 분명하다. 그러나 그는 새로운 지배계급을 교육하기 위해 구상한 교과과정에서 (순수과학은 말할 것도 없고) 화포·화약·조선造船 같은 군사기술을 거의 고려하지 않았다. 그 대신 그는 국방에 대한 부분에서 그런 문제들을 제기했을 뿐이었다.

도덕적 각성과 폭넓은 지식을 갖춘 관직 지원자를 위한 교과과정은 활쏘기·산학·율학이 포함된 고대의 균형 잡힌 규정에 기초를 두었다. 유형원은 역설적이게도 유교적 지혜에 충실했던 조선 사회 안에서 파생된 오해 때문에 고전적 지혜가 왜곡됐다고 생각했는데, 이것은 국방과 기술을 폄하하던 당시의 풍조를 바로잡는 중요한 조처였다. 그러나 그는 기술지식을 도덕이나 고전지식과 동등하게 놓거나 전통적 유교가 설정한 우선순위에서 혁명적 변화를 감수할 능력이나 의도가 없었다.

## ┃ 공평한 기회와 세습적 신분 사이의 타협

### 세습적 신분에서 직능적 지위와 나이로

유형원이 숭상한 고대 중국의 교육과 등용의 선례는 혈통이나 세습된 신분 같은 인위적인 제약에 구애받지 않고 인재를 찾았다는 측면에서 분명히 평등주의적 함의를 갖고 있었다. 그러나 그는 자신의 저작 어디서도 완전히 평등한 사회를 만들려는 목표를 갖고 있다고 말하지 않았다. 그보다 그는 세습된 신분을 중시한 결과 사회에 부과된 한계를 넘어서 기회를 확대하려고 구상했다. 그러나 이것이 그가 신분에 명확히 반대했다는 의미는 아니며, 반대로 그는 신분을 지지했지만 신분의 주요한 기준은 세습된 지위에서 덕행, 그리고 도덕적으로 계몽된 사회 안에서는 나이로 바뀌어야 한다고 믿었다.

유형원은 이런 문제의 함의를 논의할 때 자신의 불명확한 논점을 지적하는 익명의 상대방과 토론하는 방식을 자주 이용했다. 한 곳에서 상대방은 기회를 확대하면 사회질서가 무너질 수 있다면서 유형원의 주장을 비판하려고 했다. 그는 양반을 옹호하는 자신의 논리를 정당화하기 위해서 주희도 사류士類는 백성보다 높은 자격을 가진 부류이므로 구별되어야 한다고 믿었다고 주장하면서 더 높은 권위에 호소했다. 양반 또한 스스로를 사류로 여겼으므로 그 논쟁은 현존하는 세습적 양반의 특권을 방어하는 것과 동일했다.

주희의 핵심적인 발언은 만일 어떤 사람이 사류에 속해 있지 않다면 그는 사류와 어깨를 나란히 할 수 없다는 향약에 대한 언급이었다. 이 것은 주희가 사류와 '사족'은 동일한 뜻이므로 단순히 뛰어난 학자 개인을 가리키는 용어가 아닌 사족은 서인과 구별되어야 한다고 생각했다는 암시였다.[62]

그러나 유형원은 그 두 용어는 같은 뜻이라고 부정하면서, 논쟁자가 주희의 의도를 잘못 해석했다고 비판했다.

(주희가) 사류라고 말한 것은 지금의 사족과는 그 뜻이 다르다. 이른 바 사류는 유학의 행실을 닦아서 사류가 된 사람들이고, 사족은 사부士夫의 자제와 친족이다. 만약 신분이 의로운 행동으로 결정되면 모든 사람들은 덕행을 서로 권면해 예의로운 풍속이 이루어질 것이다. 그러나 신분이 문지門地로 결정되면 모든 사람들은 그 문벌을 구별하는 데만 신경 써 다툼이 일어나게 될 것이다.[63]

의심할 바 없이 사류와 사족이라는 두 용어는 당시 조선 사회에서 느슨하게 서로 통용됐지만, 유형원은 (그의 상대방의 주장에서 드러나듯이) 조선의 언어 용법 때문에 주희의 가르침이 왜곡됐다고 지적했다. 누대에 걸쳐 유지되어온 가문의 우월한 지위를 정당화하는 데 학자의 우월한 지위가 사용될 수는 없었다. '사류'는 혈통이 아니라 직업業을 나타내는 용어였으며, 직업은 가문이 아니라 개인에게 귀속되는 가치였다. 주희의 도덕적 가르침은 세습적 원리를 정당화할 수 없었다. 중국 문헌에 대한 유형원의 태도에서 유추할 수 있듯이 세습적 원리는 남북조부터 당까지 중국 사회를 휩쓴 폐해의 하나였다.

그러자 유형원의 논쟁자는 유형원의 입장이 '귀천'을 구분하는 기준을 없애는 영향을 가져올 수도 있으며, 그 기준이 없으면 천민이 상전을 다스릴 수도 있다고 주장하면서 맞섰다. 유형원 자신도 사회적 신분 구별의 타당성을 의심하지 않았으며 하층신분의 무례한 행동은 사회의 조화를 깨뜨린다고 동의했지만, 귀천의 적절한 정의를 내리는 것이 관건이라고 지적했다. 덕행은 귀족의 유일하고 진정한 자격조건이었다. 사람들은 덕행을 심사받아 '분류分類'되고, 그렇게 분류된 집단 안에서 나이에 따라 서열이 매겨져야 했다. "그렇게 되면 덕행을 숭상하는 기풍이 밝아지고 귀한 사람을 귀하게 대접하는 의리가 저절로 더욱 뚜렷해질 것이다."[64]

정말 뛰어난 재능이 있는 경우에는 때로 예외가 있겠지만, 자신이 창안한 학교 안에서 유형원은 위계질서의 주요한 기준은, 특히 중요한 의식에서, 세습된 신분이 아니라 나이가 될 것이라는 측면을 상세하게 설명했다. 또 하나의 예외는 내사에 거주하는 액내생은 1년의 견습 기간 동안 외사에 사는 증광생보다 우선권을 갖는 것이었다. 그가 어느 경우라도 지위의 주요 기준으로 나이를 강조한 측면은 주희에게서 영향을 받은 생각이었다. 그는 이 주제에 대한 글을 쓰면서 누구보다도 주희를 널리 인용했다.[65]

학교의 의례에서 좌석의 순서는 양반과 적자가 양인과 서얼보다 상석에 앉는 당시 조선의 풍습과 반대였기 때문에 유형원은 몇 가지 세부 사항에서 자신의 입장을 방어하는 데 어려움을 겪었다. 그는 "태어나면서부터 고귀한 사람은 아무도 없다"고 단언했는데, 이것은 귀족을 결정하는 관건이 세습된 신분보다는 도덕의 수준이라는 암시를 담은 말이었다. 고대 중국에서는 천자의 아들도 입학할 때 다른 학생들과 함께 나이로 서열이 매겨졌다. 그것이 사실이라면, 사대부의 자제들도 똑같이 취급해야 옳았지만, 귀속적 신분조건에 집착한 조선의 풍습은 고대의 원리를 왜곡시킨 것이었다.

이 부분에서 유형원은 가문의 지위門地와 고귀한 혈통族世을 너무 존중하는 문제점을 다시 한번 길게 비판했다(제4장 참조). 그는 '능력이 떨어지거나 쓸모가 없더라도' 양반이나 세벌世閥에게만 고위 관직에 오를 수 있는 기회를 주는 것을 비판했다.**66** 그는 사회적 신분名分은 덕행보다 혈통에 따라 결정되어야 한다는, 유명하지만 겉모습만 그럴듯한 논쟁도 거부했다. 그런 입장에서 그는 세습된 사회적 신분을 기준으로 학교 안에서 학생들을 구별해서는 안 된다고 주장했다. "향당의 학교는 나이로 서열을 매겨 풍속을 도탑게 하는 곳이니 문벌로 서열을 매겨서는 더욱 안 된다."**67**

### 노비 · 상인 · 무당의 배제

다양한 귀족적 특권과 사회적 차별이 만연한 나라에 살고 있었기 때문에 유형원은 평등한 기회의 원칙과 사회적 차별의 사실 사이의 모순에 직면할 수밖에 없었다. 그 자신도 양반이었지만, 그는 자신의 급진적인 결론에 대한 경고와 보수주의적 태도를 자주 표출한 동료들에게 동정심을 가진 양반이었다. 아울러 그가 교육과 임용의 모범적 선례라고 생각한 고대 중국의 사회적 환경은 봉건적이고 서열적이었다. 이런 요소들 때문에 유형원은, 그런 의지를 갖고 있었다고 해도, 급진적인 평등주의를 제한적으로만 수용할 수 있었으며, 그 결과 자신의 쇄신적인 공립학교에 학생들을 수용하는 데 제한을 두게 됐다. 예컨대 자신은 차별의 전통적 목적을 규제할 의사가 없다고 명확히 밝혔을 때, 이것은 그가 최고 수준의 교육과 관직을 취득하는 기회를 사회의 모든 구성원에게 개방할 생각이 없다는 뜻이었다. "공장·상인·양인·무격巫覡·잡류雜類의 아들과 공사천公私賤은 입학을 허가하지 않는다."[68] 만약 유형원이 저서의 다른 부분에서는 세습적 노비제도를 반대하고 상업의 확대를 옹호하는 입장을 강하게 주장하지 않았다면, 이런 규제들은 유형원의 생각을 이해하는 데 아무런 어려움도 주지 않았을 것이다. 그러나 그는 그런 문제들을 다루면서 사회적이며 전통적인 반론과 보수적인 입장에서 과격한 논리를 조화시켜 누그러뜨렸다.

그렇다면 그는 자신이 제안한 공립학교에 입학할 수 있는 신분을 어떻게 정의했는가. 그는 교육과 관직임용의 기회를 좁은 양반집단(에드워드 와그너는 계속 좁아지고 있다고 주장했다)에 영속적으로 부여한 당시의 사적 교육제도보다 얼마나 새롭고 폭넓은 자격 기준을 만들었는가.

그는 입학할 수 있는 집단을 "학문에 뜻을 둔 대부와 사, 그리고 양인의 뛰어난 자제"라고 좀더 명확하게 정의했다.[69] 즉 공장·상인·노비는 분명히 제외한 것인데, 이로써 유형원이 모든 백성들을 계몽하려고 했다는 주장은 근거를 잃을 것이다. 아울러 양인을 '사대부'와 구분하는 표현은, 둘 다 입학할 수 있었다고 해도, 유형원이 실제로는 그들을 좀더 넓고 차별 없는 집단보다는 이분적인 집단으로 만나게 하려고 생각했음을 알려준다.

어쨌든 신분에 결함이 없는 사람들은 15세가 되면 입학을 지원할 수 있었다. 지방의 교사, 향촌의 연장자, 가장들도 능력 있는 젊은 학생들을 추천할 수 있었으며, 입학을 열망할 경우는 추천을 받지 못했더라도 지원할 수 있었다.[70]

이런 규정은 현존하는 법률 환경을 바꾼 것이 아니었는데, 국법에 따르면 양인도 문과에 응시할 수 있었기 때문이다. 분명히 유형원은 당시 양반이 교육과 문과·관직임용의 기회를 완전히 장악한 상황을 깨뜨리려고 했지만 인구의 30~40퍼센트인 천민에게 기회를 넓히려고 하지는

않았는데, 그들 대부분은 노비이거나 상공업 같은 천직에 종사하는 양인이었다.[71]

과거의 폐지나 시험 성적에 따른 신분 박탈을 명백히 주장하지는 않았지만, 이이도 비슷한 계획을 제안했다. 그는 천거를 실시하고 뛰어난 생원·진사·유학을 선사選士로 뽑아 학교에 인재를 모아놓고 거기서 관원을 임용하는 방식을 지지했다. 선사가 되지 못한 생원·진사·유학은 '오래된 관행에 따라' 수도의 사학四學에 계속 등록했다.[72] 그들의 유일한 의무는 학교 안에 있는 사당의 의례와 고위 관원의 공식적인 학교 방문에 참석하는 것이었다.

또한 이이는 자신이 살던 시기(16세기 후반)에는 지방 향교에 학생들이 매우 많았는데 그들이 실제로는 문맹이었다고 지적했다. 그들은 관행적으로 지방의 유적儒籍에 포함됐기 때문에 거기서 삭제하는 것은 불가능했지만, 이런 나이 많고 무능한 사람들은 점차 도태시켜 젊고 유능한 유생들로 대체하도록 했다. 하지만 액외생들은 지위를 잃고 군역에 편입됐다. 지방에는 업유業儒라고 불리는 또 다른 부류의 유생들이 있었는데, 이이는 그들의 지식을 시험해서 학습능력이 있는 사람들은 입학시키고 그렇지 못한 사람들은 군대에 편입시켜 도태시킬 것을 제안했다.[73]

유형원의 계획은 이이보다 한 걸음 더 나아간 것이었는데, 그는 과거제도의 완전한 폐지를 신중히 고려했으며 옛 제도에서 남은 생원·진사를 처리할 방법은 논의하지 않았기 때문이다. 그러나 두 사람 모두 학생이라는 특권적 지위는 유능한 인재와 진정한 학자에게만 부여하고 나머지는 모두 양인신분으로 돌려보내려는 이상을 공유했다. 두 사람은 양인신분을 중간계층으로 보았는데, 유능한 인재들은 우선 일시적인 특권신분인 학생으로 등록되고 이후 지배계층까지 올라갈 수 있었지만, 퇴학당하거나 실패한 사람은 다시 양인신분으로 떨어지도록 했다.

이런 생각은 17~18세기에 군제개혁을 지지한 많은 사람들에게 공유 됐지만, 그런 노력의 최종 결과는 1750년(영조 26) 균역법에서 선무군 관을 만든 것에 지나지 않았다. 선무군관들은 일반적인 양역과 동일한 세금을 냈지만 실제의 군역은 면제받음으로써 양인으로 사회신분이 하 강되지는 않았던 특권 집단이었다(제14장 참조).

### 가벼운 범죄는 노비를 대신 처벌하다

신분의 유일한 기준으로 나이를 설정한 자신의 학교제도 안에 남아 있던 차별에 대한 유형원의 인내를 보여주는 또 다른 표지는 노비를 소 유한 가호의 학생을 처벌하는 데 관용을 허락한 것이다. 그런 학생이 한 달에 보름 이상 결석하면 그들이 소유한 노비는 학당 앞에서 학생 대신 매질을 당했다.[74] 노비가 없는 학생은 직접 매를 맞았지만, 노비 소유주들은 대부분 양반이었기 때문에 유형원은 분명히 그들에게 고개 를 숙인 것이었다.

이런 측면은 평등한 대우가 이루어지는 독립된 장소로 학교를 보존 하겠다는 이전의 발언과 상치되지만, 노비를 학교에 받아들이지 않겠 다는 생각은 일관됐다. 하지만 노비에게 학교 식당의 식사 준비를 포함 한 천한 일은 시킬 수 있었다.[75] 진보적 개혁에 대한 유형원의 개념은 노비의 거주지를 학교에 부속시키고(그가 구상한 토지분급안에 나와 있다) 조세와 군역을 면제하며 일정한 녹봉을 줌으로써 학교에서 노비의 업 무를 정식화하는 것이었다.[76] 그는 궁극적으로는 국가가 토지를 소유하 고 분배하는 공전公田제도를 실시함으로써 사적 통제에서 학교와 노비 모두 격리시킬 수 있기를 희망했다.

그는 유복한 가호들이 토지와 노비를 학교에 기부하는 대신 그 자제 들이 입학시험을 치르지 않고 학생신분을 얻어 요역과 군역을 면제받는 제도를 폐지하고자 했다. 그는 학교에 노비를 할당하고, 자신의 토지국유제가 채택되면 폐지될 일시적인 방안이었지만, 그들에게 조세와 군역을 합법적으로 면제해줌으로써 그 계획을 이루려고 했다. 아울러 노비의 의무는 학생들이 사적으로 부리지 못하도록 학교에만 봉사하도록 제한했다.[77]

유형원은 특히 당시 성균관에 소속된 노비의 거만한 행동에 대해 고민했다. 성균관의 권위가 너무 높아지면서 학생과 과거 지망생들은 성균관에 소속된 노비에게 무례한 행동을 당했다.

성균관의 노비들은 팔을 끌어당기고 목을 조르며 옷을 벗기고 마치 도둑처럼 예고 없이 집으로 쳐들어가 가산家産을 빼앗기도 한다. 이것 또한 사류들이 부끄러움을 모르고 이익을 탐하면서 그것을 도리어 영광스럽게 여기기 때문에 나타난 현상이다. 이 풍속을 어찌할 것인가.[78]

유형원이 지적했듯이 물론 과거제도가 천거제도로 대체되면 이런 모든 문제들은 종식될 것이었다(더이상 성균관은 급제로 가는 쉬운 길이 아니기 때문이었다). 그러나 그때까지는 노비가 상전을 공경하도록 정부에서 규제해야 했다.

그는 학교에서 노비 사역을 금지하는 데 찬성하지 않으면서 (개인적인 기부에 의존하지 않고) 국가가 학교에 노비노동력을 공급하면 이런 문제는 일어나지 않을 것이라고 주장했다.[79] 비슷한 맥락에서 그는 학생들이 사적인 용무에 노비를 부리고 비행이 발각된 노비를 직접 처벌하는 행위도 금지했다.[80]

당시 학교의 노비와 관련된 신분차별을 수정한 유일한 조처는 악공이라는 명칭을 없애고 그들을 양인과 같게 만든 것이었다.[81] 기술학교를 졸업한 사람들은 해당 기술을 관할하는 특정 관서에 임명됐기 때문

에 노비도 그럴 수 있었지만, 관원의 영역까지 넘어갈 수는 없었다.[82]

요컨대 노비에 대한 그의 규정은 그들의 세습된 천한 신분을 거의 동정하지 않았음을 보여주는데, 이것은 노비를 서술한 장에서 훨씬 동정적인 태도를 보인 것과 뚜렷이 대비된다. 그 까닭은 둘 중 하나로 설명될 것이다. 하나는 그가 다른 장을 먼저 집필한 뒤 노비에 대해 추가로 서술해 좀더 성숙한 견해가 반영됐거나, 다른 하나는 어떤 방식으로든 노비제도가 갑작스럽게 즉시 폐지되는 것은 상상하지 않았기 때문에 그것은 언급하지 않고 학교제도만 다루었을 가능성이다.

### 음서와 족벌주의의 수용

유형원은 세습적 신분과 영향력 대신 덕행을 평가해 관원으로 등용하고 학교에 등록시켜 사회적 차별의 유일한 기준으로 삼는 자신의 새로운 방안이 채택되면 당시 조선 사회의 양반은 자신들의 탐스러운 특권과 신분을 잃게 될까봐 걱정하리라는 사실을 알고 있었다. 그는 그들의 두려움이 당연하다고 인정했을 뿐만 아니라 불만스러워하는 양반에게 음서의 특권을 보유하도록 양보했다. 그는 그런 두려움을 안 고대의 국왕들도 음서를 받을 수 있도록隆及 너그럽게 허락했으며 이로써 현직 관원들은 양인신분으로 즉시 떨어질 위험에서 보호받으면서 "사류에 합법적으로 잔류했다"고 지적하면서 이러한 자신의 수정을 정당화했다.[83]

그가 입장을 수정한 동기는 자신이 소속된 신분집단에 대한 동정에서 비롯된 퇴보이자 오랫동안 인정된 특권과 관습의 상실을 비통해하는 그들에게 감정을 이입한 반응이 확실했다. 자신이 소속된 신분집단을 동정한 또 다른 징후는 족벌주의의 성향이 미세하게 반영된 규정에서 드러난다. 가장 하급 학교에 들어갈 학생들을 추천하는 규정에서 그는 피추천자가 자격만 갖췄으면 아들이나 형제 같은 가까운 친척들도 형제를 추천할 수 있도록 했다.[84] 유형원은 가문의 연결과 충성에 그렇게 높은 가치를 두는 사회에서는 특히, 족벌주의의 문제에 좀더 유의했어야 했다고 지적할 수 있다.

### 낙제한 양반에 대한 관용

또한 유형원은 복학을 위해 유예 기간을 줌으로써 퇴학의 위협을 줄이려고 했다.

지금 만약 갑자기 (낙제한 학생들을) 이런 규정으로 처벌해 모두 군역에 충당한다면 원망을 불러일으킬 뿐만 아니라 백성들을 크게 멸망시키는 길이다. 먼저 몇 년 동안 국왕이 직접 신의를 밝히는 간곡한 가르침을 내리고 자세한 내용을 널리 알려 모든 사람들이 명확히 알게 하면 국왕의 뜻이 어디에 있는지 알게 되어 분발해 열심히 수양하게 될 것이다. 또한 감독의 임무를 맡은 도사都事 두세 명을 선발해 지방을 순시하면서 고강해 상벌을 내리고 거기에 따라 흔들림 없이 일률적으로 법률을 집행하면 될 것이다.[85]

또한 그는 낙제한 양반신분의 학생에게 관용을 베풀기 위한 추가적인 방법을 도입하려고 했다. 퇴학당한 양인은 (유형원이 제안한 토지분급제도에서. 제8장 참조) 기본적으로 받은 1경의 토지를 국가에 반납하고 입대해야 했지만, 양반의 자제들은 그들의 신분을 위해 마련된 특수 부대 — 조선 전기의 군사제도에서 충의위忠義衛와 충순위忠順衛 — 에 들어가고 2경의 토지를 보유할 수 있었다. 더 큰 혜택은 가문을 상속하고 음서의 권리를 받은 적장자에게 돌아갔다. 그들의 이름은 학적에서 지

워지지 않았으며 할당받은 학생전을 국가에 반납할 필요가 없었다.[86]

## 왕자들의 특권

왕자들 또한 대군(정비의 소생)과 왕자군(빈의 소생)의 구별에 따라 품
계와 음전蔭田을 받았는데, 이런 구분은 그대로 유지됐다.[87] 아울러 종
학에 다니면서 시험에서 떨어지고 이유 없이 결석하며 예절과 학교규
칙을 어긴 왕자들은 다른 학교에 다니는 양인들보다 가벼운 처벌을 받
았다. 미성년자는 매질을 당했지만, 녹봉을 받는 성인은 감봉 처분을
받았다. 양인에게는 그런 규정이 없었다.[88]

유형원은 왕자들을 위해 종학을 따로 설립하는 조처는 천자와 제후
의 자제부터 고위 관원과 유생에 이르기까지 모두 국학에 들어가 교육
을 받았다고 알고 있던 고대 중국의 이상적인 제도와 어긋난다고 판단
했다. 더욱이 그 시대에는 관직에 등용되는 유일한 자격은 능력과 덕망
이었다. 누구도 종친이라고 해서 우대받거나 혈통 때문에 관직에 나아
갈 수 없거나 쫓겨나지 않았다(고 추정됐다). "그 때문에 종친 출신과 이
성異姓 출신이 모두 고위 관원에 오를 수 있었다."[89]

그러나 도덕이 쇠퇴한 후대에는 귀족과 양인의 동등한 취급이 폐지
됐다. 황제의 가까운 친족은 녹봉을 받았지만 관직에는 임용되지 않았
으며, 그 결과 황족과 사대부 사이에는 계층적 구별이 생겨났다. 후대
의 왕조에서 종학을 설립한 것은 이런 풍습을 따른 것이었다. 유형원은
독립된 종학과 관련된 자신의 방안은 당시의 상황에 대한 본의 아닌 동
의일 뿐이라고 주장했다 — 이것은 차별적 관습에 대한 그의 또 다른 양
보였다.[90]

## 직능에 따른 신분의 정의定義

양반의 반대를 누그러뜨리기 위해서 자신의 제도를 수정하려는 의사를 밝혔지만, 유형원은 학교의 모든 학생은 신분이 아니라 나이에 따라 서열이 매겨져야 한다는 주장을 굽히지 않았다. 그러나 그는 학교 밖에 현존하는 사회적 신분차별의 표지까지 없애야 한다고 요구할 생각은 없었기 때문에 정반대인 규칙이 충돌할 경우 나타날 갈등을 해결할 수 있는 방안을 모색해야 했다.

유형원은 그의 가상적인 논쟁자가 "우리나라의 풍속에서 양반과 서얼은 그 신분品流이 달라 나이를 기준으로 서열을 매길 수 없다"라고 하자 유형원은 그런 풍습을 일부 수용하기 위해 자신의 입장을 수정해야만 했다.[91] 만약 유형원이 양반 학생들도 서얼·양인과 섞여 나이 순서대로 앉혀야 한다고 주장했다면 적어도 양반 학생들은 다른 부류들 앞에 따로 앉히려고 했을 것이다. 그리고 향회에서 서얼과 양인은 따로 앉아야 했지만 선사選士와 관원들은 양반과 함께 앉을 수 있도록 허락했다. 그래야만 오직 나이에 의거해서 상급학교로 승급하고 문지와 상관없이 성균관에 입학할 수 있으며 성균관의 좌석 순서를 배치할 수 있었다.[92]

유형원은 이런 타협을 거부했다. 고대에 옳았던 것은 지금도 옳았다. 학생의 선발과 퇴학이 재능이나 성적에만 기초한다면 "모든 사람들이 스스로 덕행을 닦는 데 힘쓸 것이며 다른 사람을 존경하고 양보하는 풍습이 온 나라에서 시행되어 만성적인 악행도 변화될 것이다." 유형원은 국왕이 진정으로 자신의 의무와 타협하지 않고 올바른 해결책을 갖고 있어야만 규범을 변화시키는 데 성공할 수 있다고 생각했기 때문에 자신의 계획을 중도에서 멈추지 않았다.[93]

그러자 유형원의 논쟁자는 만약 양인신분의 선사가 뛰어난 학문적 성취로 양반 학생과 나란히 설지라도 그런 일은 내사內舍의 액내생에게만 허용되어야 한다고 제안했다. 외사에서 견습중인 증광생은 학문적 능력을 아직 입증하지 못했기 때문에 이런 특권을 줄 필요가 없었다.

유형원은 자신의 제도를 정당화하기 위해 주희도 "나이로 서열을 매기는 것은 온 세상에 통용되는 보편적인 이치"라고 설명했다면서 논란의 여지가 없는 높은 권위에 호소했다. 그러나 이런 주장으로 양반이 흔들리지는 않을 것이라고 예상한 그는 모든 반대 주장을 막을 수 있는 사회적 계층화의 원리를 제시했다.

집단의 조직과 자격에 대해 유형원은 모든 사람들이 평등하게 취급되어야 한다고는 생각하지 않았다. 반대로 그는 신분의 합법성을 확인했지만, 그 기준을 직능이나 직업에 두었다. 만약 모든 사람이 같은 직능이나 직업을 갖는다면 그들은 모두 같은 일事을 가질 것이고 같은 등급에 위치할 것이었다. 여기서는 그렇게 말하지 않았지만 다른 문제에 대한 입장을 근거로 판단해보면, 그는 직능이나 직업이 사회적 신분을 가르는 기준이 되어야 하며, 존경의 관계나 집단 사이의 예절도 신분 서열에서 그들의 상대적 위치에 의해 결정되어야 한다고 생각한 것으로 드러난다. 그러나 유형원은 다른 집단이나 외부 사회와는 구별되는 규칙과 예절이 적용되는 그의 새로운 학교 같은 독립적인 단체를 만들어야 한다고 설득하는 데 좀더 주력했다.[94]

## 학교와 가정의 신분적 갈등

이 문제는 유형원이 그의 가상적인 상대자가 제기한 또 다른 가설적 문제에 대답한 내용을 살펴보면 명확히 알 수 있다. 논쟁자는 세습적 신분사회 바깥에 있는 사람이 격리된 상아탑에 거주하는 학생과 교유함으로써 일어날 수 있는 예외적이고 당황스러운 일들에 대해 생각해

보았는지 물었다. 만약 하찮은 이서의 자제가 입학해 학교의 행사에서 정규 관원의 자제들과 차별 없이 섞인다면, 학부형이 참석하는 공립학교의 의례나 집회에서 양인이나 이서 신분의 학부형은 하인에게나 어울리는 비천한 태도로 학교의 정원庭園에 들어갈 것이지만 양반 학부형들은 그와 대조적으로 모든 위엄을 부리면서 우월한 지위에 걸맞은 대우를 받을 것이다. "이럴 경우 당신은 어떻게 하겠는가."

유형원은 신분에 따른 예우의 차별을 유지하는 것은 중요하며 양인이나 이서 신분의 학부형은 관원이나 양반신분의 학부형과 동일하게 다루어져서는 안 된다고 대답했다. 그 대신 그는 양인이나 이서는 양반과는 다른 직능이나 신분을 갖고 있지만, 일반 사회와는 다른 규칙에 따라 운영되는 어떤 장소—즉 자신이 창안한 학교—안에서는 다른 직능이나 신분집단의 구성원과 접촉해서 파생될 수 있는 어떤 갈등도 그 행동을 합법적으로 구분하면 충분히 중재될 수 있다고 생각했다.

이서 학부형이 품위가 떨어지는 태도로 학교의 정원에 들어갔다면 그것은 합법적인 상관에게 어떻게 존경의 태도를 보여야 하는가를 잘 알지 못하기 때문이었다. 반대로 그들의 자제를 양반의 자제와 학교에서 어울리게 하는 것이 합법적인 까닭은 그들이 모두 같은 직능이나 직업을 수행하기 때문이었다. 그 자제들이 양반의 자제와 동일한 대우를 받을 수 있다고 해서 양인이나 서리신분의 학부형에게 그 상전과 동일한 지위를 요구할 수 있는 권리를 주지는 않았다. 아버지와 자식을 변칙적인 규칙에 따라 다룬다고 보일 수도 있지만 유형원은 이렇게 처리한 근거가 단순한 원칙, 즉 사회의 신분은 직업業에 두어야 한다는 판단에서 나왔다고 주장했다.[95]

유형원은 직능이나 직업을 기준으로 신분을 결정하는 논리가 정의正義와 덕행에 따라 진정한 성인이 결정된다는 유교의 기본 입장과 충돌하지 않는다고 믿었으며, 직능이나 직업은 고전적 고대 사회에서 사람들을 서열짓는 기준이었지만 도덕적으로 불완전한 후세에는 신분의 도덕적 기준이 무시됐기 때문에 "같은 직업을 가진 사람들이 같은 서열을 가질 수 있는지에 대해 의문이 제기됐다"고 주장했다. 그는 같은 직업에 종사하는 사람들이 같은 도덕적 등급을 가져야 하는지를 보여주려고 시도하지는 않았는데 이는 혈통을 존중하는 태도와 대비했다. "가문의 등급門族은 선조가 뛰어난 업적을 이루었는지 아니면 한미한 일생을 보냈는지에 따라 결정됐다. 그것은 가르침을 세우고 서열을 존중하는 문제와는 무관했다." 달리 말하면 조선의 세습적 양반가문은 학문적 능력과 도덕적 가치를 기준으로 한 신분제도는 물론 신분 범주를 직능이나 직업에 따라 정의하는 방식에도 반대한 것이었다.[96]

유형원은 친족제도에 내재한 모순을 비판하면서 합법적이며 직능적인 기준에 따라 신분을 나눈 자신의 견해를 고수했다. 형은 양인이지만 동생이 유생의 직업을 갖고 있다면 동생은 높은 신분으로 대우를 받을 것이다. 형제간의 존경과 직능에 따른 신분의 모순은 행동하는 장소를 서로 구분하고 특정한 상황에 알맞은 의례를 따르면 해소될 수 있었다. 달리 말하면 가족 안에서 동생은 형을 존경해야 하지만 공적 장소라면 그들의 위치는 뒤바뀔 것이었다. 그러나 형제가 공식적으로 그들의 역할을 바꾸기가 어렵다면 그들은 체면을 지키기 위해 서로 접촉하지 않도록 허락될 수 있었다.[97]

유형원은 양반의 서얼과 왕자들에 대해서도 같은 논리를 적용했다. 그들도 학교 안에서는 다른 학생들과 동등하게 취급되고 나이에 따라 서열이 매겨졌지만, 그런 평등의 원칙이 학교를 넘어 사회까지 확장되어야 한다는 의미는 아니었다. 가정에서는 적자와 서자 사이에 엄격한 구분이 유지됐고嚴嫡庶之分[98] 일과 이외의 모든 일반적인 좌석 배치에서 서얼은 나이에 상관없이 언제나 적자 뒤에 앉았다. 유형원은 자신이 생각한 신분의 직능적 원칙에서는 이른 나이에 유생이 되어 우월한 신분을 갖고 나이로 서열이 매겨지다가 그 뒤 그런 신분을 잃고 양인으로 떨어질 가능성이 충분하다고 주장했다.[99]

유형원은, 특히 양반의 상층부가, 세습적 신분을 지나치게 강조해 조선 사회에 부정적 영향을 준 측면은 비판했지만, 그 대안으로 평등한 사회를 상정하지는 않았다. 노비·상인·공장·무당들은 최하층에 남아 있었으며, 종친과 양반의 자제들은 자신이 생각한 새로운 학교에서 그들의 불안을 달래고 개혁책을 수용하도록 유도할 수 있는 많은 특권을 받을 수 있었다. 그러나 그가 구상한 공립학교와 도덕성에 근거한 천거제도가 성공하고 양반이 우월한 덕행을 기준으로 선발된 새로운 지배계층으로 대체된다고 해도 그의 새로운 관원과 학생들은 양인보다는 높은 신분을 가졌다.

그의 학교 밖에 존재하는 사회의 본질과는 상관없이 유형원은 학생의 서열을 매기는 기준으로 신분을 유지하려고 했지만 그 유일한 관건은 나이였다. 이럴 경우 두 신분제도 사이에 갈등을 유발할 수 있었기 때문에 유형원은 그 해결 방안을 고안해야 했다. 그것은 행동하는 장소에 따르거나 혼란스러운 선택을 강요할 수도 있는 접촉을 피함으로써 두 제도 중 하나를 선택하는 것이었다. 유형원이 한 일은 신분사회를 개인화된 사회로 대체하거나 사회적 계층화의 합법적 수단으로 기능하던 신분을 거부한 것이 아니라 신분의 기준을 세습된 가치에서 덕행으로 대체해 당시는 보호막에 싸여 있던 그가 구상한 학교에, 그리고 미래의 어느 때인가는 사회의 모든 사람에게 적용하려는 것이었다.

## 사회적 안정의 확신

### 기氣의 보편성

다양한 사회적 배경을 가진 학생들을 학교에 받아들이고 나이를 유일한 기준으로 그들을 구분한 자신의 계획에 반대하는 사람들을 달래기 위해서 유형원은 그 계획을 시행해도 현재의 위계질서와 사회구조를 매우 불안하게 만드는 어떤 결과도 가져오지 않을 것이라고 설득하려고 했다. 그것을 증명하기 위해 그는 활쏘기와 말타기 기술만을 심사하는 당시 무과에 대해 언급했다. 응시자의 대부분은 '천한 백성'이었으며 급제자는 무예기술에 따라 사족과 양인이 함께 서열이 매겨졌다. 이런 제도가 시행되고 있지만 자신은 하층민이 무례하거나 순종하지 않는 행동을 저질렀다는 말은 듣지 못했다고 했다. "기술과 완력을 기준으로 뽑아도 이러한데 덕의德義가 있는 사람을 선발하는 것은 말할 필요가 있겠는가."[100] 달리 말하면 등용의 기회를 공평하게 주어도 사회를 분열시키는 평등주의적 윤리가 나타나지는 않는다는 것이었다.

그러나 그의 생각에서 보수적 경향을 더욱 심각하고 뚜렷하게 나타내는 부분은 새로운 학교에서 덕행과 나이를 강조해도 당시 사회계층의 유형을 거의 바꾸지 못할 것이라는 판단이었다.

"비록 이렇더라도 사류는 모두 세족의 자제들이며, 백성 출신은 **어쩌다가 한두 명이 있을 뿐이다.**"[101]

유형원은 덕망이나 재능에 따라 상향 이동할 수 있는 기회를 열어주어도 사회를 심각하게 불안하게 만들지는 않을 것으로 확신한다면서 그 까닭을 두 가지로 설명했다. 첫째, 인간의 본성은 원래부터 결함이 있다는 성리학적 해석의 타당성에 대한 믿음이었다. (주희 등의 여러 성리학자들이 지지한 유교의 신념대로) 인간이 본성적으로 선하다고 해도 인간의 마음은 태어나면서부터 이와 기의 두 가지 요소를 갖고 있다. 이는 순수하고 선하며, 성리학적 용어로 정의하면 덕행을 향한 본능을 나타냈다. 그러나 기는 마음속의 이를 어둡거나 모호하게 만드는 효과를 가졌다. 개인의 발전을 막는 인공적 장벽이 없다고 해도 (유형원의 제도에서도) 양인에서 사대부신분으로 옮겨갈 수 있는 사람은 거의 없었는데 "하늘에서 받은 성품의 청탁清濁은 기가 어떠한가에 달려 있기" 때문이었다.[102] 그는 학문이나 자기 반성(또는 둘 다)의 커다란 노력에 의해서만 타고난 선으로 돌아갈 수 있지만, 대부분의 사람들은 거기에 성공하지 못할 것이라고 가정했다. 이것은 실천을 향한 성리학의 탐구를 성스러움 또는 완벽한 순결과 단일성을 향한 열망에 가득 찬 고된 추구로 묘사한 토마스 메츠거Thomas Metzger의 견해와 공명하는 주장이다.[103]

### 가정 환경의 안정

유형원의 두 번째 논점은 인간을 둘러싼 환경의 영향에 대한 다소 궤변적인 주장으로, 유교적 사고보다는 현대의 심리학이나 사회학을 좀 더 연상시키는 시각이었다.

"거주와 양육의 조건이 사람에게 끼치는 영향은 세가世家와 양인이 현격히 다르다."[104] 가문 배경의 중요성(즉 환경)은 일정하지 않다. 그것은 개인의 삶에 주어지는 기회를 개선할 수 있었지만, 너무 유복한 나머지 게으름이나 노력 부족에 빠뜨릴 수도 있었다.

(양반들은) 그 가문의 위세 덕분에 신분이 하락할 염려가 없어서 수양은 하지 않고 늘 한가롭게 지내므로 명예와 의리를 세운 사람이 드물다. 이렇게 된 까닭은 제도 때문이다. 만약 선한 사람을 선발하고 무능한 사람은 그대로 버려두어 이전에는 영화를 누렸지만 나중에는 위기에 빠지게 된다면 총명한 본성을 가진 사람들 중 누가 부형父兄들이 알려준 교훈을 힘써 실천하지 않겠는가.[105]

달리 말하면 세습된 신분과 부는 상층신분을 자기만족에 빠지게 만드는데, 그런 문제는 장점을 적절히 포상하면서 등용하는 고전적 이상을 도입함으로써 치유될 수 있었다. 그러나 그 결과는 상층신분이 하락해 평준화되는 것이 아니라 그들이 연구와 자기계발에 힘써 행동을 고치는 것으로 나타날 것이었다. 유형원은 덕망과 재능이 뛰어난 소수의 사람들이 상층신분으로 올라오는 것을 막는 현재의 장벽을 없애는 것만큼이나 지배세력이 다시 활력을 얻는 것을 매우 우려했다. "덕행으로 인재를 선발하면 세족 중에 인재가 많은 것은 자연스러운 형세다. 그러나 문지만을 기준으로 삼아서 뛰어난 인재가 아닌데도 세상을 가르치게 하면 막대한 해악이 있을 것이다."[106]

유형원은 부와 신분, 그리고 학문적 전통을 가진 가문 배경이라는 사실상의 이점은 양반신분을 보호하는 효과를 낼 것이라는 측면을 지적함으로써 자신의 계획에 암시된 평등주의에 대한 양반들의 반대를 가라앉히려고 했다. 그의 사회학적 직관은 나무랄 데가 없었다. 유복한 자제들은 낮은 신분의 경쟁자들보다 좀더 성공할 것이 확실했으며, 그들의 성공에 대한 그의 사회학적 설명은 양반은 과거에 급제하려고 노력하지 않아도 그 신분을 세습할 것이라는 믿음보다 훨씬 나았다.

유형원의 보장이 교육과 등용의 기회가 확대되면 지금의 사회적 지위에서 밀려날지도 모른다는 납득할 만한 우려를 가진 일부 양반들을 위로하지는 못했을지라도, 합법적 특권을 상당히 양보하려는 시도와 현재의 사회적 환경을 과도하게 파괴하지 않고 도덕적 개혁을 이룰 수 있을 것이라는 단언은 그가 유교의 사회적 급진주의를 자신의 마음 안에 가두려고 노력했음을 보여줄 뿐이다.


## │ 이후 세대에 대한 유형원의 영향

유형원은 천거제도를 관원 등용의 수단으로 도입하기 위해서 과거제도를 비판하고 공립학교를 옹호하는 자신의 견해가 혁신적이라고는 생각하지 않았는데, 그것들은 대부분 중국 고전에서 가져온 방안이기 때문이었다. 이런 문제와 관련된 자국의 견해가 형성된 역사를 그가 산만하게 살펴보았다고 비판할 수도 있지만, 그는 이미 중국 문헌에 기본적인 견해의 윤곽이 나와 있다고 (아마도 옳게) 추정했음이 분명하다.

그의 『반계수록』에서 학교와 과거제도에 대한 두 항목이 18세기의 사상가들에게 준 영향을 통찰하려면 그의 생각이 18세기에 얼마나 널리 퍼지고 유통됐는가를 측정해야 할 것이다. 1770(영조 46)~82년(정조 6)에 『문헌비고文獻備考』를 증보한 이만운은 관원 등용의 역사와 관련된 항목에 유형원의 발언을 3개 삽입했지만 학교제도를 다룬 부분에서는 그의 저작을 채택하지 않았다. 관원 등용과 관련된 부분에서는 부적절한 사람을 천거했을 경우 추천자와 피추천자 모두 처벌함으로써 천거의 내실을 유지해야 한다는 유형원의 제안을 수록했다. 또한 국왕이 정시와 알성시 같은 별시를 주관하는 관행에 대한 유형원의 비판과, 과거제도로는 관직에 적임자를 얻을 수 없을 뿐만 아니라 경쟁을 자극해 공공의 윤리를 무너뜨리므로 폐지해야 한다는 주장도 포함시켰다.[107]

이만운은 중국에서 전개된 관리 등용의 역사를 추적해 유형원의 생각을 좀더 자세히 살펴본, 유형원의 지적 계승자인 안정복의 발언도 인용했다. 그 내용은 주대의 향거이선제鄕擧里選制, 한대의 군국보거제郡國保擧制와 주부벽소제州府辟召制, 3세기 위·진대의 9품 중정제, 그리고 수대에 도입된 과거제도 등이었다. 그도 고대의 천거제도를 찬양했다.

예전에는 사람을 상숙庠塾에서 양성해서 그들을 학교에 천거한 뒤 거기서 공부해 천자가 있는 조정까지 진출했다. 덕행과 법도와 기예가 뛰어난 사람을 선발했기 때문에 어질지만 초야에 남아 있는 선비가 없었다. 한대에는 향당의 상숙에서 가르치는 공부가 옛날의 법도와 같지 않게 되어 교화가 예전보다 못하게 됐지만 보거와 벽소는 반드시 실제의

행동을 근거로 선발했다. 전한과 후한은 후대보다 훨씬 인재가 융성하고 풍속이 아름다웠다.[108]

남북조의 천거제도는 문지에 기반을 두었기 때문에 비판을 받았지만, 그는 그 제도가 (아마도) 재능과 행실에 따라 등급을 매겼기 때문에 고전적 이상의 일부를 보존했다고 인정했다. 그러나 과거제도가 실시되면서 유생들의 관심은 관직을 얻기 위한 글공부로 전환됐다. 그 결과 중앙 정부는 학문적 명성과 물질적 부를 쫓는 사람들로 채워지게 됐지만 "뛰어난 재능과 능력을 가진 사람들은 등용되지 못한 채 (외딴 산속의) 동굴에서 늙어죽었다." ─ 이것은 유형원 자신에게 적절한 묘사였다.

전문적인 역사가였던 안정복은 과거제도를 채택하기 전에도 한국은 위대한 인물과 뛰어난 문학가들을 많이 배출했고, 신라와 고려는 각각 삼국과 후삼국을 통일했다는 사실을 지적하면서 한국사 전체에서 시행된 시험제도를 논의함으로써 유형원보다 한 걸음 더 나아갔다. 중국의 문화를 숭상한 광종은 과거제도가 중국 문명의 핵심이라고 잘못 믿었다. 그는 고대 중국의 등용 방법이 실제로는 무엇이었으며 성인聖人들은 과거제도를 사용하지 않았다는 사실을 몰랐다.[109]

물론 유형원만이 과거제도를 비판하고 학교 및 천거제도를 찬양한 것은 아니었다. 예컨대 『문헌비고』에는 14세기 후반 고려에서 조선으로 이행되던 시기의 대표적인 성리학자 중 한 사람인 정도전의 발언이 실려 있는데, 그는 도덕규범과 기술이 잘 조화된 고전적 이상에 입각한 교육, 현능한 사람의 선발과 학교제도 안에서의 승급을 찬양하는 데 유형원이 사용했던 자료와 사실상 같은 고전을 인용했다. 정도전은 한대부터 수·당의 과거제도에 이르는 등용제도의 발전과 광종이 쌍기의 조언을 받아들여 과거제도를 도입하는 과정도 유형원과 비슷하게 서술했다. 그러나 정도전은 고려 후기의 과거제도를 폐지가 아니라 개혁하려고 했다는 측면에서 유형원·안정복과 달랐다. 태조 이성계의 추종자로서 자연히 정도전은 성균관에서 학생들에게 사서와 오경을 시험하게 하고 예조에서 응시자들에게 작시와 제술, 그리고 예컨대 "모든 측면에서 잘 갖추어져 몇 세대 동안 사용할 수 있는 제도를 아뢰라"는 내용으로 책문을 시험한 태조의 개혁을 찬양했다. 그러나 17세기 이후의 유형원 같은 개혁자들은 과거제도가 미세한 조정으로 개선될 수 있다는 정도전의 낙관적 전망을 부정했다.[110]

『문헌비고』에서는 1519년(중종 14)에 실시한 현량과에 대한 조광조의 발언과 재능만을 평가하는 과거의 부당함을 비판한 이이의 언급도 발췌해 실었는데, 이것은 18세기 후반 개혁에 대한 시각이 사족들 사이에 널리 퍼지고 있었음을 보여준다.[111] 개혁에 대한 생각은 정조에게 분명히 일정한 영향을 주었고, 그는 1776년에 즉위하자 그 문제에 대한 긴 전교를 발표했다. 정조(또는 그 전교를 초안한 학자)는 큰 혜택은 큰 개혁을 통해서만 얻을 수 있으며 개혁이 필요한 제도는 무엇보다도 과거라고 지적한 정이의 발언을 인용했다. 정조는 『문헌비고』(아마 유형원의 『반계수록』도)를 읽은 뒤 고대에 시행된 제도는 과거제도가 아니라 향촌의 천거제도였다는 사실을 알게 됐다. 그러나 명과 조선의 과거제도사를 훑어본 뒤 그는 (완전히 부정적이었던 유형원의 견해와는 반대로) 과거제도에 장점이 전혀 없지는 않으며 오랫동안 시행되는 과정에서 부패했거나 원칙에 맞게 시행하는 데 실패했을 뿐이라고 지적했다. 그 제도안에 있는 문제점은 당시의 상황을 고려해 개선되어야 했다.

그는 향촌의 천거제도를 복원하자는 유형원을 비롯한 많은 사람들의 요구에 대해 다음과 같이 대답했다. 고대 중국에서는 관직으로 나아가는 두 가지 길이 있었는데, 하나는 지방의 사대부鄕士大夫가 운영하는 지방 학교를 통해 대사도大司徒에 의해 임명되는 것이었고 다른 하나는 국학을 거쳐 대사마大司馬에게 등용되는 것이었다. 학생들은 균형 잡힌 지식인이 되기 위해 육덕·육행·육예를 익혔고 한 학위를 받은 뒤 다른 학위로 승급했으며 지위과 녹봉을 받았다 — 이것은 유형원이 상찬한 고전적 선례와 동일했다. 정조는 고대의 제도를 그대로 복원할 필요는 없다고 생각했다. 어떤 시대든지 가장 좋은 제도를 채택하고 그것을 자신의 시대와 장소에 맞게 적용하면 됐다. 그러므로 주대의 제도를 재창조할 수는 없었지만, 향촌 천거제도의 원리를 시행하고 장막을 친 방에서 시험을 치르게 하는 명의 제도를 빌려오며, 현량하고 효성스러운 사람을 천거하는 한의 제도를 이용하고, 사서四書 등의 경전과 역사서·책문 등을 해마다 시험해 천거하는 주희의 방안을 수용하면 됐다. "이런 제도들은 결코 고대의 의도를 훼손하지 않는 것이며 지금 실행하기에도 적합하다."[112]

고대의 선례와 과거제도를 비판한 자료를 모두 치밀하게 참고했지만, 정조의 하교는 과거제도를 폐지하자는 급진적 요구에는 명쾌하게 응답하지 못했다. 관찬官撰의 『증보문헌비고』가 국왕이 승인한 견해를 집성한 서적으로 볼 수 있다면, 유형원은 18세기 후반 국가가 개혁사상을 인정하게 만드는 기초를 닦는 데 중요하게 기여했지만 독보적인 역할을 한 것은 아니었으며, 사상의 영역에서는 이처럼 명백한 승리를 거두었지만 좀더 현실에 근접한 의미 있는 개혁이 이루어지리라는 전망은 가져오지 못했다고 결론지을 수 있을 것이다.

과거제도를 폐지할 것이라는 전망 없이는 완전히 일신된 공립학교제도에 적극적인 재정 지원이 이루어질 가능성도 거의 없었다. 18세기 무렵 학교 행정의 주요한 문제점은 사라져버린 조선 전기의 공립학교를 복구하는 것이 아니라 서원이 확대되는 것이었다. 교육개혁의 주요 흐름은 서원을 제어하는 것이었다. 유형원이 사는 동안에도 일부 국왕들은 서원의 학생과 노비를 제한했으며, 그 흐름은 1864(고종 1)~71년(고종 8) 42개의 서원*만 남기고 모두 철폐하고 상당한 규제를 부과한 대원

군의 강경한 조처로 최고조에 이르렀다.[113]

유형원은 서원이 교육의 진정한 목적을 왜곡했으며 양반들이 학교를 사적이고 정치적인 목적으로 이용한다고 비판했다. 그가 공립학교를 재건하기 위해 마련한 자세한 규정은 당시 서원의 기능을 공립학교로 이관하려고 했음을 보여준다.[114] 아울러 그는 개혁사상을 널리 유포하는 데 기여함으로써 대원군의 개혁안에도 일정한 영향을 주었다고 생각된다. 대원군은 과거제도를 폐지하지는 않았지만, 유형원이 지지한 여러 제안을 제한적 형태로 받아들였다 ─ 그것은 성균관의 기능과 명성을 개선하고, 학생들을 정기적으로 시험해 통과하지 못한 사람들은 퇴학시켰으며, 지방에서 천거를 받아 해당 지역에서 특별 시험을 치르고, 현직 관원이 새로운 관원을 천거하며, 국가에서 공인한 47개의 서원을 제외하고 모두 철거한 조처 등이었다.[115]


## | 결론

그러나 교육과 관원 등용에 관련된 유형원의 저술이 갖고 있는 중요성은 그 주제에 대해 그가 생각한 내용이나 그 뒤의 사상과 정책에 얼마나 많은 영향을 주었는가 하는 측면에 의해 측정될 수 있는 것이 아니라 당시의 사회와 '후세'의 불완전한 세계에서 이룰 수 있는 가장 적합하고 좋은 사회는 어떤 것인가에 대한 본질적 견해에 의해 평가될 수 있다.

그는 자신이 구상한 교육과 등용제도를 통해서 어떤 사회적 변환을 이루려고 했는가. 그의 목표는 당시 세습적 신분이 아니라 뛰어난 덕행

---

\* 바로 뒤의 수치와는 다르지만 그대로 두었다.

과 재능에 따라 계층화된 사회였다. 그러나 반半세습적인 양반이 지배하던 당시의 사회질서를 어떻게 붕괴시킬 것인가. 그가 자신이 구상한 새로운 학교에 양인들을 수용해도 그들은 불경한 행동을 하지 않을 것이며 양인 출신으로 성공한 학자들이 실제로는 그리 많이 나오지 않을 것이므로 이 책을 읽는 양반 독자들은 조용히 있어달라고 말했을 때 그는 실제로 그런 생각이었는가, 아니면 양반들이 자기만족에 빠지도록 달래려는 의도였는가. 그는 새로운 학교의 규칙이 너무 엄격하다는 측면을 알고 있었기 때문에 단순한 문헌적 지식의 통달이 아니라 진정한 도덕적 완벽함을 추구하는 일은 매우 어려우며, 양인들은 그 사회적·경제적·환경적 배경이 너무 열악하기 때문에 양반이 주도하는 세력권 안으로 진입할 수 있는 기회가 실제로는 거의 없을 것이라고 생각했다.

그렇다면 백성을 모두 교육시키고 그들에게 기회의 문을 열겠다는 그의 약속은 의심스러운가. 필자는 그렇다고 생각한다. 그가 제안한 각급 학교의 정원을 할당해놓은 조처는 백성을 진보시키려는 것이 아니라 소수의 수준 높은 관원을 양성하려는 의도와 연결됐기 때문이다. 그는 백성의 계몽과 관련해서는 사설의 서당에서 농민들에게 도덕적 기준을 가르치는 것을 상정했을 뿐이었다. 그것은 그의 우선순위에서 처음이 아니라 마지막에 있었으며, 그 시행을 나중으로 미루기까지 했다. 그는 농민들을 13~14세 이상 교육시키려고 생각하지 않았다. 그 대신 그는 교육을 백성의 편에서 행동하는 온정적인 정부를 운영할 도덕적 지배계층을 양성하는 수단으로 생각했다.

그는 사회질서의 평등화를 의도했는가. 그렇지 않다. 그는 세습적 노비제도의 폐지를 전혀 언급하지 않았고 노비를 자신의 학교에서 제외했으며, 그들에게 학교의 육체노동에 종사하게 했고 너무 게을러 결석한 양반 학생 주인 대신 매질을 당하게 했기 때문이었다.

그는 무당과 시정市井의 부랑자는 말할 것도 없고 장인과 상인의 자제들에게도 자신의 학교를 확대하려는 의도가 전혀 없었다. 유형원의 마음에 강력한 관습이 자리잡지 않았다면 중국에서는 송대 중반부터 과거에서 제외되지 않았던 장인과 상인들이 17세기 조선의 진보적 개혁자의 계획에서 제외된 까닭은 무엇인가.

요컨대 유형원의 유교적 경세사상의 맥락 안에서 개혁은 세습된 사회신분의 철폐를 의미하지 않았으며 특히 정부 관원을 등용하는 데서 더욱 그러했는데, 세습된 사회신분을 철폐하면 그동안 과거에 합격하지 못해 향촌에서 시들어가던 가장 도덕적이고 유능한 사람들이 국가에 봉사할 수 있는 기회를 빼앗는 결과가 되기 때문이었다.

학교 안에서 그는 나이와 장점에 따른 서열을 제안했는데, 후자는 우선적으로 덕행이었고 다음으로는 뛰어난 학습능력이었다. 그러나 그런 차별의 규칙은 사회 전반으로 확대되지 않았기 때문에 신분차별의 전통적 방식, 예컨대 왕자의 특권, 적자들의 서열, 서얼에 대한 차별, 고위 관원과 유명한 학자의 자제와 후손에게 주어지는 특권 등과 충돌했다.

당시의 기준에 대한 유형원의 기본적인 심정적 복종을 보여주는 가장 중요한 단서 중 하나는 평등한 기회라는 수사를 사용했음에도 불구하고 양반의 우월한 환경적 이점은 그 자제들이 학교제도 안에서 동등하게 다루어져도 침해되지 않을 것이라는 확신이었다. 소수의 양인만이 최고의 지위에 오를 수 있었기 때문에 실제로 그는 경쟁의 자극은 양반의 자손을 좀더 현명하게 만들고 자기만족의 무기력에서 벗어나게 만들 것이라고 예상했다.

퇴학과 군역 편입, 학생이라는 특권적 신분에서 양인으로 강등시키는 등의 매우 엄격한 규칙도 양반에게는 수정됐다. 양반들은 특별한 훈계와 집행 유예 기간을 받았는데, 그래도 탈락하면 조선 전기의 방식대로 궁궐을 경비하는 특수 부대에 배속될 수 있었다.

그는 당시 양반의 기반이 세습권의 어떤 법률적 위임을 통해서가 아니라, 자제들을 위해 가정교사를 고용하고 훌륭한 가문과 통혼하며 제한된 사회조직의 모든 부분에 있는 고위 관원들과 연줄을 댈 수 있게 하는 고위 관원과 부유한 지주라는 지위에서 자연적으로 생겨난 이점에 의해서 이루어졌다는 사실을 정확히 인식했다. 그는 자신이 생각한 이상적 사회를 무한히 나누어진 대나무 줄기의 모습으로 묘사했는데, 그의 주장에 담긴 논리가 당시보다는 사회의 양극점으로 이동할 수 있는 좀더 많은 기회를 암시했다고 해도 서로 모순되는 제한을 설정한 것은 그가 신분적 특권과 사회적 구분선의 합법성을 기본적으로 인정했다는 사실을 보여준다.

사회조직의 본질과 관련된 특정한 쟁점을 다루면서 유형원은 교육과 관원 등용의 일부 쟁점에서 양면적 가치의 병존이나 모순을 드러냈는데, 그것은 단순히 논리가 부적절하거나 그 쟁점을 적당히 얼버무려 처리했기 때문이 아니라 그 자신의 마음 안에 근본적인 이율배반이 있었기 때문에 생겨났다. 사상의 자유를 옹호하는 입장으로 해석될 수 있는 어떤 발언, 윤리보다 기능적·실용적 지식에 대한 관심, 기회의 확대, 대중교육, 평등한 대우는 상쇄적인 조항에 의해 실제로는 엄격하게 — 사실은 자주 압도적으로 — 제한됐다. 교과과정에 고전과 도덕교육뿐만 아니라 군사 업무까지 포함시켜야 한다는 유형원의 생각은 바로 그 고전적 사상에 의해 제한됐다. 거기서 활쏘기 연습은 의례를 행할 때 정중함과 예의를 실천하는 수단으로 인식됐다. 기술과목의 교육은 일반 학교와 일반 관원보다 낮게 취급된 전통적인 기술학교와 기술직업으로 격하시킴으로써 그 진보가 제한됐다. 기술관의 정원을 할당함으로써 기술지식은 대중에게 전파되지 못했으며 실용적 지식보다 도덕적 지식을 우선하는 전통도 역전되지 않았다. 그는 군사와 기술지식을 강조함으로써 전반적으로 교육을 자유화해야 한다는 생각을 암시적으로 제출했지만 학교 운영, 교과과정, 장서의 범위를 자세하게 규정함으로써 상충되는 결과를 빚었다. 제술을 제한적으로 사용하는 것은 물론 장점과 단점을 평가하는 데서 압도적인 초점은 예절의 실천이나 잘 조절되고 조화된 인격을 처신과 효도, 경건한 음악 같은 외적 행동으로 나타내는 것에 맞추어졌다.

매일의 식사, 벌점와 처벌의 자유로운 사용, 그리고 게으른 학생은 군역에 충원시킨다는 위협은 만약 유형원이 자신의 방안을 실천할 수만 있었다면 전국을 도덕교육을 위한 사관학교로 채웠으리라는 가능성을 암시한다. 그런 학교의 목적은 학생의 마음이 자유로운 연구로는 훈련되지 않기 때문에 그들이 올바른 취지를 확실히 알도록 만드는 것이었다. 유형원은 용인할 수 있는 온건한 서적의 짧은 목록으로 교과과정을 한정했을 뿐만 아니라 바람직하지 않은 이단적이고 천박한 저작들은 (제한 없이) 모두 배척했다.

유형원이 교육에 대해 거칠고 훈계적으로 접근한 까닭은 당시 조선 사회가 주대의 신성한 제도로 대표되는 이상에서 너무 멀어져왔으며 그런 고대의 모범에 어느 정도 비슷하게라도 회귀하도록, 억지로는 아니더라도, 이끌려는 그의 심정적 책임 때문임이 분명했다. 유형원은 유교적 세계의 진실성을 너무 확신했기 때문에 그것이 사람의 마음을 잘못 이끌어 정도에서 벗어나게 하지만 않는다면 교과과목을 확대하지 않아도 용인할 수 있었다. 유용한 기술지식은 나라에 유익했지만 도덕적 진실보다는 아직도 부차적이었으며, 하위계층인 기술관 집단에 국한됐다. 유형원은 완벽하지 않을 뿐만 아니라 완벽하게 될 수도 없는 세상에서 고대의 원리로 돌아가려는 희망을 품고 분투했다. 그 전망은 낙담되는 부분도 있었지만, 그의 전념과 목표는 거기에 구애되지 않았다.

제$6$장
# 노비제도 : 점진적인 폐지로 가는 길

*"지금 우리나라에서는 노비를 재산으로 여긴다.*
*사람은 모두 동일한데, 어찌 사람이 사람을 재산으로 여길 수 있는가."* [1]
*"노비여야만 남을 위해서 노동하도록 부릴 수 있다."* [2]

## ┃ 세계사의 노예제도와 도덕

서양사에서 노예의 불행한 운명은 자주 동정되고 노예제도는 비판의 대상이 됐지만, 그 제도가 사회규범, 윤리적 지침, 또는 종교적 기준에 반대된다는 이유로 직접 공격받은 경우는 매우 드물었다. 그리스의 폴리스에서는 노예의 노동에 의존해 군인과 철학자들을 부양했다. 플라톤은 『공화국*The Republic*』에서 이 문제를 언급하지 않음으로써 자신의 이상적 사회에서는 노예제도가 군인과 철학자에게 봉사하는 노동력으로 필요하다는 사실을 암시했으며, 『법학*The Law*』에서는 노예제도가 당시 아테네 사회의 핵심적인 관습이라고 인정했다. 아리스토텔레스는 한 걸음 더 나아가 자연적인 인간의 불평등을 근거로 노예제도를 정당화했다. 두 철학자는 지혜와 재능을 가진 사람으로 지배계층을 국한해야 한다고 생각했기 때문에, 노예제도에 대한 그들의 관용이나 지원은 그들이 살던 사회의 위계적 형태를 논리적으로 반영한 것이었다. [3]

평등주의와 인본주의, 그리고 모든 사람을 동정한다는 믿음을 공유한 스토아학파와 기독교는 노예제도를 비판하는 데 이론적 기반을 제공했을 것이라고 예상되지만, 그들은 강경한 반노비제적 입장이나 사회운동을 전개하지 않았다. 스토아학파는 마음의 평화나 우주와의 신비로운 합일을 추구하면서 모든 인간의 평등을 상정했지만 사회를 공평하게 만들려는 시도는 전개하지 않았다. 기독교 교리의 절대적 목적은 구원과 사후의 천국이었으므로 기독교도들은 사회적 쟁점들을 현세의 영역으로 격하시키면서 노예제도를 불완전한 속세에서는 피할 수 없는 저주의 하나로 받아들였다. 그 뒤 성 아우구스투스St. Augustine 등이 원죄를 강조하면서 노예제도는 인간이 낙원에서 추락한 이후 필연적으로 나타난 결과, 즉 원죄에 대한 처벌로 해석됐다. 콘스탄티누스 대제Constantine가 기독교를 공인한 뒤 노예는 재산의 일부로 인정됨으로써 노예 소유는 확립됐다. 기독교도들은 노예를 소유했을 뿐만 아니라 교회 또한 물질에 관심을 가졌기 때문에 그리스도의 자비로운 전언을 노예제도에 대한 강경한 공격으로 해석하기가 매우 어려웠다. 아퀴나스Aquinas는 노예제도를 인간의 자연적인 위계질서의 일부로 받아들였다.[4]

　종교개혁은 노예제도에 대한 기독교의 태도를 전환시키는 데 중요한 역할을 했지만 그 결과가 나타나기까지는 오랜 시간이 걸렸다. 구원예정론은 노예 해방이라는 긍정적인 행동의 효능을 제거했지만, 자유의지의 역할이 예정론보다 우위를 차지하기 시작하면서 신교 안에서 변화가 나타났다. 구원의 추구와 노예 해방의 실천이 개인의 선택과 양심의 작용에 달려 있다고 강조하는 논리는 소명을 받은 사람에게 국한되는 것이라고 해도, 일부 퀘이커교도와 나중에는 신교도와 구교도까지도 노예제도를 도덕적 해악으로 비판하면서 노예 소유와 매매를 죄악으로 규정하고 완전히 폐지하자고 주장하게 됐다.[5]

기독교의 인본주의적 정신은 19세기 영국의 노예무역 반대와 미국의 노예제도 폐지운동은 물론 로마제국에서 노예제도가 폐지되는 데 큰 영향을 주었다고 평가되어왔으며 실제로 기독교는 노예제도의 일부 폐해를 개선했지만, 노예제도가 기독교의 종교적 양심에 비추어 참을 수 없게 되기까지는 1천8백 년이 걸렸다. 일부 서양 사회에서 노예제도를 종식시키는 데 종교적이고 철학적인 내용의 반노예제적 입장이 발전해야 할 필요는 없었다. 그리고 노예제도에 반대하는 감정이 일어났다고 해서 노예제도의 폐지로 이어진 것도 아니었는데, 예컨대 미국 남부와 아이티Haiti에서는 그 문제를 해결하는 과정에서 내전과 폭동이 일어났다. 노예제도는 종교적·철학적 기준과 모순됐기 때문이 아니라 복잡한 사회경제적 변화가 진행된 결과 로마제국 후기부터 중세까지 점차 사라졌으며, 그 과정에서 노예는 줄었지만 자유를 가진 농민들은 대거 농노로 편입됐다.[6]

사실 기독교는 근대에 아프리카와 노예무역이 전개된 이후에야 노예제도에 반대하는 태도를 나타냈는데, 그것은 서구의 경제적·제국주의적 팽창과 밀접히 관련된 변화였다. 19세기 무렵 아메리카대륙의 노예제도는 자본주의가 전세계로 팽창하면서 나타난 변화의 일부였는데, 그것은 자유와 개인주의, 그리고 대체로 시장경제와 결부되는 방임주의를 심각하게 부정하는 제도였다.[7] 포겔Fogel과 엔저먼Engerman학파는 남북전쟁 이전 미국 남부의 노예제도는 자본주의적 합리성과 이윤 추구와 완전히 합치되는 유익한 산업이었다고 서술했지만, 노예노동이 시대착오적이라는 사실은 산업자본주의가 빠르게 성장하고 서구의 여러 나라들에서 노예제도가 물리력이나 합의에 따라 연쇄적으로 폐기되면서 완전히 명확해졌다.[8] 달리 말하면 노예제도를 몰락시킨 보편적이고 주요한 요인은 경제적·사회적 영향력이었던 것인데, 후기 로마제국에서 철학과 종교의 역할은 무시해도 좋으며 아메리카대륙에서 기독교는 중요한 위치를 차지했지만 당시의 상황에 자극을 받았기 때문이었다. 반노예제운동에서 기독교가 중요한 역할을 했다고 평가한 데이비드 브라이언 데이비스David Brion Davis는 죄악, 인간의 본성, 진보에 대한 기독교의 태도는 반노예제적 감정이 일어나기 전에 급격히 변했다고 단언했다. 그는 그런 변화가 자연주의·인본주의·회의주의, 그리고 세속적 이성과 관련되어 나타났다고 보았지만, 그것은 과학과 기술, 그리고 자본주의의 발전과 밀접한 관련을 가진 것이었다.[9] 그러나 노예제도를 무너뜨린 것은 자본주의가 아니었는데, 미국 남부의 상업적 면업은 영국의 직물산업에 원료를 공급하는 밀접한 관계를 가졌기 때문이다. 미국에서 노예제도를 종식시킨 것은 — 자본주의 내부의 모순인데 — 남부의 면화 농장에 맞서 연방정부를 지키려는 북부의 물리력이었다.

서양과 동아시아의 경우 노예제도의 본질과 역사는 서로 다른 점이 많지만, 두 가지 측면은 비슷하다. 고등한 종교와 철학은 노예제도를 지지하지는 않았더라도 무리 없이 수용했다는 사실과 노예 인구의 증감은 주로 경제와 사회의 변화 때문에 일어났다는 사실이었다. 한국에서 불교와 기독교의 도덕적 전언은 세습적 또는 비세습적 노비제도를 폐지하는 데 기여하지 못했다. 서양의 기독교처럼, 불교와 유교도 제도로 정착되자 사회를 주도하는 사회경제적 권력의 세속적 모습을 갖게됐다. 불교의 사찰과 유교의 학교 모두 노비를 소유했다.

그럼에도 불구하고 사상·신념·태도가 아무런 역할도 하지 않은 것은 아니었다. 한국의 노비제도에서 유교는 그 제도의 몰락을 설명하는 데 중요하지만 그 교리는 노비제도에 명확하게 반대하지 않았으며, 일부 유학자와 관원들은 도덕적·종교적 이유가 아니라 대부분 경제적·현실적·행정적 동기에서 그 제도를 공격했다. 유학자들은 도덕적 근거에서 노비제도에 반대하기도 했다. 17~18세기의 다양한 사회경제적·행정적·정치적 변화의 영향으로 노비제도가 점진적으로 몰락하게 되자 일부 유학자들은 그 제도를 정당화한 논리들을 일부 재검토하기 시작했다. 유형원은 그런 사람들 중 하나였을 뿐만 아니라 도덕적 기준과 노비제도의 관계를 가장 철저하게 분석한 최초의 인물 중 하나였다.

## 재산이며 인간인 노비

한국과 세계 다른 나라의 노비제도는 서로 매우 다른 변화를 겪었지만, 한 가지 측면에서는 비슷했다. 노비는 매매할 수 있었으며 선물로 주거나 상속될 수 있었다. 그들은 기본적 인격을 인정받았지만 재산으로 취급됐다. 얼마 전 중국의 노비제도를 연구한 많은 학자들은 중국은 노비의 인성을 인정했다는 측면에서 재산으로 간주된 로마의 노예보다 좀더 인간적이었다는 주장을 제기했지만, 그 뒤 서양 노예제도를 연구한 학자들은 모든 노비제 사회, 심지어는 공식적인 법률에서 노비를 동산動産이나 생물로 정의한 사회에서도 노비를 인간으로 대우했다는 결론을 제출함으로써 그 문제는 논쟁의 여지를 남겼다.

노비의 기본적 인성을 인정하고 그들에게 허용되는 자유 또는 관용의 정도는 사회마다 달랐다. 조선에서는 관원이었다가 노비가 된 경우를 제외하고는 대개 성姓을 갖지 않았는데, 이것은 노비를 제외한 사회 구성원들이 식별할 수 있는 조상을 가진 가족적 또는 친족적 집단 안에 노비를 편제할 필요가 없다고 생각했다는 증거다. 그러나 예컨대 고려시대에 노비 사이의 결혼은 인정됐으며, 노비들은 주인의 호적과 그들이 거주하는 지방의 호적에 등록됐다. 주인은 그들을 팔아서 그 가족의 결합을 깨뜨릴 수 있는 권한을 가졌지만, 그런 권한은 대개 솔거노비에게 행사됐고 주인과 일정하게 떨어져서 개인적 주거를 영위하는 이른 바 외거노비에게는 훨씬 덜했다. 노비와 양인의 교혼交婚은 법률로 금지됐지만 그것은 지속적으로 위반됐고, 국가는 그런 교혼에서 나온 자손의 신분을 결정하는 일련의 법률을 제정함으로써 그 위반을 현실적으로 인정했다.

범죄를 저질렀을 때 법률적으로 노비는 양인이나 상층신분보다 무거운 형벌을 받았지만, 처벌 기준의 불평등은 인간으로서 노비의 인격을 부인하는 것이라기보다는 서열적 신분사회를 반영한 측면이 컸다. 이것은 당대 이후 중국에서 확실히 나타나는데, 그 시기의 법률은 노비도 아니고 양인도 아닌 중간신분을 중간 정도의 처벌을 받는 부류로 규정했다. 노비의 인격은 법률에 다양하게 보장됐다. 로마제국의 관습과는 다르고 중국 법률과는 일치하는 측면인데, 조선의 노비는 자신의 행동에 개인적으로 책임을 졌다. 그들은 제3자는 물론 주인이 마음대로 살해하려고 할 경우, 그런 규정이 실제로는 자주 무시됐지만, 법적 보호를 받았다. 노비의 사유재산권(로마제국의 노예제도에서 개인재산)을 상술하거나 그것에 대해서 주인이 가진 권한의 범위를 규정한 법률은 남아 있지 않지만, 노비가 토지나 화폐, 그리고 다른 노비까지 소유했던 경우는 기록에 많이 남아 있다. 전형택全炯澤이 보여주었듯이 조선에서는 공·사노비 모두 대부분 외거노비였으며, 토지를 사고 소유했으며 그것을 자신의 신분과 의무를 모두 상속받은 자녀들에게 물려줄 수 있었다. 노비가 상속인을 남기지 못하고 사망하면 그를 소유했던 개인이나 관서는 그 재산을 몰수할 수 있었다. 조선 노비들의 주요한 문제는 법률적 금지보다는 부를 축적할 수 있는 기회가 부족하다는 사실이었지만, 이런 상황은 조선 후기에 토지를 보유한 노비들이 많아지면서 개선됐다.[10]

그러나 노비의 상대적으로 자유로운 법률적 특권에도 불구하고 고려시대부터, 그리고 아마도 그 이전에도, 한국에서는 노비를 재산으로 취급했다. 특정한 경우에는 노비의 인격을 인정했지만, 다른 사회와 마찬가지로 노비와 비노비nonslave 사이의 근본적인 차별을 허물지는 못했다. 비노비는 자유민freeman보다 좀더 적합한 용어인데, 한국 사회에서 노비를 제외한 천민들은 자유를 제한받았지만 노비처럼 매매되지는 않았기 때문이다. 한국에서 노비는 사유재산으로 취급됐으며, 노비제도에 관련된 매우 중요한 질문의 하나는 인간을 매매의 대상으로 다루는 것이 도덕적으로 합당한가 하는 문제였다.[11]

물론 많은 학자들은 노비를 단순히 사유재산이나 매매의 대상으로 한정하지 않았다. 대체로 그들은 노비를 부리고 처분하는 데 행사되는 주인의 압도적 권한, 주인의 변덕에 대한 노비의 복종과 육체노동, 또는 노비로 만드는 과정에서 수반되는 기본적 인권의 상실 등에 주목했다 — 올랜도 패터슨Orlando Patterson은 그것을 노비의 사회적 사망이라고 표현했다.[12] 노비를 잔인하고 자의적으로 취급하는 행위는 인도적 감정을 자극함으로써 노비제도에 반대하는 운동을 촉발시킨 중요한 요소로 작용했지만, 좀더 중요한 사실은 우발적인 야만적 행동에 인도적 관점에서 일시적으로 저항한 형태로부터 인간의 존엄과 인격을 박탈한 제도로 노비제도를 비판하는 방향으로 전환됐다는 것이었다.

## | 기자와 한국 노비제도의 기원

하나의 제도로서 노비제도의 합법성은 한국에서 의심된 적이 없다고 생각되는데, 그것은 주대 전반 전설적인 성인인 기자箕子가 고조선에 분봉되어 기초적인 정치제도를 도입하면서 함께 소개됐다고 생각됐기 때문이었다. 가장 오래된 기록에는 기자가 8조의 법금法禁을 제정했다는 간단한 내용이 있는데, 그중 하나는 도둑은 물건을 훔친 집의 노비로 만든다는 조항이다.

『고려사』「형법지」에 붙어 있는 노비 항목의 서문에는 도둑을 노비로 만든다는 기자의 법금이 한국에서 세습적 노비제도의 기원이 됐다는 잘못된 주장이 실려 있는데 "그 제도를 통해 내외(부부)와 귀천의 구분이 명확해지고 의례를 엄격하게 준수하게 됐다"고 상찬했다.[13]

대체로 조선시대에는 기자가 처음으로 노비제도를 도입했다고 보았다.[14] 1689년(숙종 15) 정탁鄭拓은 기자가 인간을 격하시킨 것이 아니라 서로 도덕적 의무를 진다는 원칙에서 노비제도를 도입했다면서 노비와 주인은 국왕과 신민의 관계와 같으며 노비는 주인에게 불충하거나 국가에 반란을 일으켜서는 안 된다고 주장했다.[15] 16세기에 실록의 사관은 기자가 세습적 노비제도를 인가한 것은 사회에서 귀족과 천민을 구분하는 데 모든 혼란을 없앴다는 측면에서 중요한 가치를 지닌 업적이었다고 평가했다.[16]

사관은 『고려사』「형법지」노비 항목의 서문에 실려 있는 내용을 세심한 주의 없이 받아들임으로써 기자가 세습적 노비제도를 인가했다고 보았다. 서문에서는 도둑을 노비로 만든다는 기자의 법률을 서술하고 이것은 한국사에서 노비제도의 기원이 됐다고 언급한 뒤 아래의 내용을 서술했다.

대대로 세습되어 사족의 가문에서 일하는 노비를 사노비라고 부른다.……우리나라에서 노비의 존재는 도덕과 교화에 커다란 도움을 주었으며 내외와 귀천의 구분이 명확해지고 의례를 엄격하게 준수하게 됐다.[17]

18세기 후반 한국 제도사의 백과사전인 『증보문헌비고』의 편찬자는

『고려사』를 편찬한 정인지가 기자의 법금을 서술하면서 이 구절을 그와 잘못 연결시켰다고 지적했다.[18] 그럼에도 불구하고 17세기 무렵 조선에서는 절도나 범죄를 저질렀을 때 노비로 만드는 제도는 물론 노비의 신분을 세습하게 만든 제도는 고대의 위대한 성인이 제정했다고 오해하고 있었다.

『증보문헌비고』의 주석학자는 한국인들은 거칠고 가혹한 자연환경 때문에 완고하고 고집이 세서 명령을 따르지 않는다고 설명했다. 기자는 교활하고 비행을 좋아하는 성향은 좀더 엄격한 방법으로 다스려야 한다고 판단했으며, 노비로 만드는 처벌을 도입함으로써 사회 전체에서 절도를 근절하는 데 성공했다. 이처럼 노비제도는 야만적인 백성을 문명화시키는 데 적합한 도구였다.[19]

## | 고려시대의 개혁

### 고려 태조

한국에서 노비제도를 합법화하는 데 중요한 역할을 한 또 다른 인물은 고려 태조 왕건(877~943, 재위 918~943)이었다. 982년(성종 1) 유명한 유학자이자 대신인 최승로崔承老는 918년 태조가, 자신의 주요한 지원자들과 적대관계를 형성하지 않기 위해서 실행하지는 못했지만, 고려를 개창한 뒤 전쟁에서 잡힌 포로를 해방하려고 시도했다면서 상찬했다.[20] 노비를 소유하는 귀족제도의 대변인으로서 그는 전쟁 포로의 불운한 운명을 동정하면서도 재산으로서 노비의 합법성을 인정한 태조의 현명함을 칭송했다. 『고려사』 또한 강제로 노비가 된 1천 명이 넘는 사람들을 국고에서 면포와 비단을 내서 면천시킨 태조의 시책을 칭송했다.[21] 그럼에도 불구하고 태조는 노비제도를 폐지하려고 하지 않았으며, 그것을 합법적인 제도로 받아들인 그 뒤의 세대들은 단순히 태조가 보인 자비만을 존경했다.[22]

사실 태조는 후백제의 견훤甄萱 같은 정치적 경쟁자들에게 낡은 충성을 버리고 새 체제에 동참하도록 유인하는 방법으로 기꺼이 노비를 선사했다.[23] 그는 노비의 충성심을 믿지 않았기 때문에 마지막 유언에서도 후계자들에게 공노비를 관직에 임명하거나 업무처리에 너무 많은 권한을 주지 말라고 경고했다.[24] 태조는 국가의 처벌을 받아 노비가 된 반역자들과 정적들이 그 후손들에게 복수의 열망을 심어줄 것을 우려했는데, 노비의 관직 취득을 제한한 이런 조처는 그 뒤 세습적 노비제도를 정당화한 계기로 평가됐다. 1158년(의종 12) 태조대 노비의 후손인 환관 정함鄭諴이 관직에 임명되자 간관은 태조에게 불충했던 인물의 후손이 그렇게 높아지는 반면 그 충신의 자손은 관직 없이 지낸다면 태조의 뜻과 어긋나는 일이라면서 반대했다.[25]

1300년(충렬왕 26) 충렬왕은 고려의 노비제도를 폐지하라는 원의 요구를 막으려고 노력하면서 태조가 노비 해방을 반대했기 때문에 고려의 법률에서는 노비의 신분을 엄격히 제한했다고 설명했다. 그는 이전 8세대 안에 노비의 혈통이 섞여 있는 사람은 관직에 나올 수 없다고 지적했다. 노비신분은 부모 중 1명이 노비이면 자녀에게도 세습됐고, 면천된 노비의 자제들은 양인이 된 부모의 신분을 물려받지 못하고 계속 노비로 남았으며, 주인 가족이 모두 죽어도 노비는 면천되지 못하고 같은 가문의 친족에게 할당됐다.[26] 이런 13세기의 가혹한 상황은 단순히 공노비에게 국가의 사무를 맡기지 말라는 태조의 훈령 때문에 나온 결과가 아니었으며, 그의 유언에 호소해 정당화된 것이었다. 자비로운 국왕이었던 태조는 세습적 노비제도를 정당화시킨 근원으로 변형됐다.

## 노비제도를 옹호한 최승로

전통시대 한국사의 매우 중요한 특징은 부와 자원의 지배를 놓고 국왕과 귀족이 긴장관계를 형성했다는 사실이었는데, 그런 현상은 10세기 말엽 광종이 중앙의 권력을 확장하려고 시도하면서 뚜렷하게 나타났다. 982년 광종이 붕어한 뒤 유명한 유학자이자 관원인 최승로는 고위 관원·지주·귀족이 가진 노비 소유의 이익을 희생해 왕권을 강화한 광종의 일부 시책을 비판했다. 최승로는 태조가 노비 소유주에게서 일부 노비를 빼앗기는 했지만 포로 노비의 면천을 삼갔다는 측면에서 공신과 사회적 지배계층의 사유재산을 보호해준 국왕으로 묘사했다. 956년(광종 7) 광종이 제국 안의 모든 노비를 조사하라고 지시해 균형을 깨뜨리기 전까지 노비를 소유한 지배계층은 60년 넘게 만족해왔다. 조사의 목적은 노비제도를 없애려는 것이 아니라 강압이나 채무에 의해 불법적이며 강제적으로 노비가 된 사람을 모두 양인신분으로 되돌리려는 것이었지만, 최승로는 노비 소유권에 간섭한 광종의 조처를 비판했다. 그는 광종의 조처로 노비들이 주인을 존경하지 않고 그 위에 군림했으며 상전의 몰락을 꾸미는 등 노비제도의 도덕적 근거를 약화시키는 결과를 가져왔다고 파악했다. 그는 광종이 자신의 정적들을 숙청하는 동안 노비들은 수많은 비방과 고소를 열심히 전개했다고 언급했다. 어쨌든 노비들은 아주 작은 개인적 이익을 위해서 이전의 주인을 기꺼이 배신하는 믿을 수 없는 존재들이었다. 달리 말하면, 전통적으로 중국의 법률에서 노비는 주인이 반역을 일으켰을 때를 빼고는 어떤 경우라도 주인에 맞서 고소하거나 증언하는 것이 금지됐지만, 광종은 정적을 숙청하는 수단으로 그것을 용인한 것이었다. 최승로는 성종이 이런 행태를 멈추고 주인과 노비의 적절한 구분을 유지했다고 강조했다.[27]

최승로의 발언은 10세기 국왕과 귀족의 정치·경제적 갈등에서, 유학자들은 자주 국왕의 편에 섰지만 국왕의 전제적 통치를 지지하지는 않았으며, 노비를 소유한 귀족들의 물질적 이익을 도덕적 표현으로 방어하면서 충성을 바쳤다는 사실을 보여준다.

## 1039년의 종모법

1300년(고려 충렬왕 26) 원은 충렬왕에게 노비제도를 제한하라고 명령했지만 그것을 완전히 폐지하려던 것이 아니라, 원에서 시행되고 있는 제도와 일치하게, 노비와 양인이 통혼해 낳은 자손들은 면천시켜 양인신분을 주도록 하려는 의도였다. 양천 교혼의 자녀는 어머니의 신분을 따른다는 종모법從母法은 사실 1039년(고려 정종 5)에 반포됐지만, 시행되지는 않았다. 충렬왕은 원의 요구를 거절하면서 고려에서는 양천 교혼의 소생은 천민신분을 물려받으며, 1270년(고려 원종 11, 원 세조 지원至元 7) 고려가 원의 지배를 인정했을 때 당시 황제인 세조(쿠빌라이)가 고려의 자체적인 풍습과 법률을 인정해주었다고 지적했다.[28]

## 공민왕의 개혁 시도

충렬왕이 세습적 노비제도를 방어했음에도 불구하고, 탐욕스러운 노비 소유주들이 양인을 불법적으로 노비로 만드는 행위를 억제하라는 요구는 여전히 국왕에게 올라왔다. 1269년(고려 원종 10) 노비 소유주 간의 논쟁과 강제로 노비가 된 사람들을 면천시키라는 항의를 가라앉히기 위해 노비의 신분을 조사하는 특별 명령이 내려졌다. 그러나 어떤 국왕들은 노비 소유주의 법률 위반을 용서했으며, 자신이 소유한 노비의 숫자를 늘리는 데 그들과 경쟁하기까지 했다.[29]

고려 말엽 왕권이 몰락하면서 권력을 가진 개인들은 방어력 없는 채무자와 양인 농민들을 자유롭게 노비로 만들 수 있었다. 나라의 법정에는 불법적으로 노비가 됐으므로 면천시켜달라는 노비들의 탄원과 소유권을 둘러싼 가족 간의 소송이 넘쳐났으며, 이런 상황은 1361년(고려 공민왕 10) 홍건적紅巾賊의 침입으로 노비 장부가 소실되면서 악화됐다.[30] 국가에 세금과 요역의 의무를 지는 양인인구는 농민들이 강제로 노비가 되거나, 굶주림이나 세리의 착취를 피하기 위해 권세가에 자발적으로 투탁投託하면서 줄어들었다.[31]

노비가 급속히 증가하고 그들의 생활은 악화됐지만, 역설적이게도 관직을 취득하고 신분을 상승시킬 수 있는 기회 또한 늘어났다. 비참한 절망의 표현이라기보다는 커지는 기대가 좌절된 결과로 많은 노비반란이 12세기 후반부터 13세기까지 일어났다.[32] 13세기부터 노비나 이전의 노비, 노비의 후손들은, 그 일부는 환관이었는데, 무신집정의 믿을 만한 측근으로 발탁되거나 관직에 임명되기 시작했다. 원의 지배가 확립된 이후 그들의 다수는 고려 국왕의 가까운 가신으로 봉사했는데, 지위가 하락한 고려 국왕은 원의 황제·신하·비빈, 그리고 왕좌를 노리려고 정적과 연합한 고려의 신하 등 많은 적대세력과 경쟁하도록 몰린 상태였다.[33] 태조의 유산을 명백하게 위반한 이런 변화를 겪으면서 도덕과 경세론을 연마한 유교적 관원들은 노비와 환관이 재상으로 등용되는 것은 정치를 희화화하는 것이라고 판단했고, 고려에 적대감을 갖게 됐다.

공민왕(재위 1351~74)은 1350년대부터 개혁을 추진했지만, 면천의 소송과 탄원을 심사하는 관서의 책임자로 어머니가 노비이며 자신은 승려였던 총신 신돈辛旽을 임명했다는 측면에서 그 개혁은 타협적 성격을 갖고 있었다. 국왕은 노비제도를 전면적으로 폐지하기보다는 불법적으로 노비가 된 사람들을 노비 소유주에게서 뺏음으로써 농민에 대한 통제권을 좀더 강화하려고 했을 뿐이었다. 그러나 노비 소유주들은 노비의 면천을 모두 자신의 이익을 침해하는 행위로 받아들였으며, 특히 노비 소유주들끼리 노비의 아들에 대한 소유권을 놓고 소송해 판결을 받을 때 그런 현상은 더욱 두드러졌다. 그들은 신돈이 탄원한 노비를 모두 해방시킨다고 고소했다. 일부 유학자와 관원들은 어떤 형태의 노비개혁에는 우호적이었지만, 일부는 지나치게 자유로운 면천은 노비들에게 반역의 분위기를 조성할 수 있다고 우려했으며, 대부분은 노비가 관직에 올라 권력을 휘두르는 데 강하게 반대했다. 공민왕 이후의 국왕들은 부자나 권력자에 의해 불법적으로 노비가 된 사람들을 풀어주거나 주인에게서 몰수하는 개혁을 계속 진행했지만, 그 문제를 해결할 힘이 부족했다. 노비 소유주들은 노비에 대한 소유권을 계속 보유했으며 불리한 법정의 판단을 무시했다.[34]

## ❘ 조선 전기의 노비제도에 대한 유학의 태도

### 세습된 재산의 보존

노비 문제를 해결하려는 또 다른 시도는 1388년(고려 우왕 14) 이성계가 정권을 장악한 뒤 시작됐다. 새로 즉위한 창왕과 그 신하들은 노비 신분과 소유권을 둘러싸고 결정을 기다리는 수많은 소송을 처리해야 했다. 이성계가 조선을 개창하는 것을 지지한 소수의 성리학자들은 노비개혁에 찬성하지 않았다. 정부는 대부분의 사찰을 폐쇄하고 그 노비를 몰수했지만 그들을 면천시킨 것은 아니었으며, 그중 8만 명을 공노비로 만들었다. 노비가 국가에 봉사하는 제도를 촉발시킨 이 조처는 가장 많을 때는 35만 명까지 공노비를 양산했으며, 1801년(순조 1)에야 마감됐다.[35] 이 한 가지 정책은 유교가 노비제도에 대해 도덕적 자각이 없다는 사실을 가장 잘 보여준다.

반면 신분의 세습과 재산으로서 노비의 분할을 관리하는 새로운 규칙은 윤리규범에 대한 유교의 관심이 이전보다는 커졌다는 사실을 알려주지만, 그 주요한 결과는 노비에 대한 인간적 취급과 자유나 평등보다는 효도의 원리를 좀더 강조했다는 것이었다. 당시 유교의 도덕적 입장은 세습적 노비제도를 폐지해야 한다는 것이 아니라, 반대로 세대를 이어 세습함으로써 가족과 가문의 연속성을 유지시키는 조상 전래의 재산을 보존하는 데 필요하다는 것이었다. 비록 가장이 동정의 표시로 노비를 면천시키려 해도 세습권은 개인의 재산권을 능가했기 때문에 그는 그렇게 할 권리가 없었다.[36]

조선이 건국되기 직전인 1391년과 1392년에 노비 소유주의 상속인이 노비를 세습하는 규정이 채택됐는데, 이는 적장자의 세습권과 부계 상속을 보존하기 위해서 마련된 법안이었다. 노비 소유주는 사찰에 기부하고 타인에게 사여하거나 긴박한 재정 위기로 매매하는 경우를 제외하고는 노비를 팔 수 없었으며, 그런 경우가 생기면 당국의 허가를 얻어야 했다. 1392년 도관都官에서는 가정에 남성 상속인이 없을 경우 남편이나 아내가 서로 살아 있는 동안만 배우자의 노비를 상속할 수 있으며, 사망한 뒤에는 가까운 친족本孫에게 노비를 주는 제도를 제안했다.[37] 달리 말하면, 어떤 가족이 모두 사망하더라도 그 노비는 국가에 몰수되지 않고 더 큰 가문의 재산으로 귀속된다는 것이었다.

1397년(태조 6)과 1405년(태종 5) 가장이 사망한 뒤 노비와 가정의 재산을 둘러싼 분쟁을 막기 위해서 노비의 상속을 처리할 때는 상속문서를 작성해야 하며 가장이 사망하기 전에 국가에서 발급한 증명서가 필요하다는 규정이 새로 채택됐다. 어떤 사람이 유언을 남기지 않고 죽었다면, 노비는 가까운 촌수에 따라 친족에게 주어졌다. 국가는 어떤 가족이 소유한 노비에 대한 소송자의 친족관계가 불명확하거나 4촌 안에 친족이 없을 경우에만 노비를 몰수했다. 합법적 상속자가 없을 경우는 양첩 또는 천첩의 아들이나 동성 또는 이성의 양자에게 노비 상속이 허용됐는데, 유교적 개혁자들의 목적은 가공의 친족관계를 통해서라도 조상에 대한 의례를 보존하는 것이기 때문이었다.[38] 새로운 규정에서는 상속받은 노비를 팔아 자식이나 형제가 상속할 수 없게 하면 유죄가 선고됐다.[39]

개혁의 중심적인 맥락은 양천의 엄격한 차별을 유지하는 것이었다. 1388년 조준은 양천의 가호를 서로 다른 호적에 등록하면 신분을 구별할 수 있으며, 직업이 비슷하더라도 구분할 수 있을 것이라고 제안했다.[40] 스도 요시유키周藤吉之는 조준의 이 제안이 노비에 관련된 법률이 유교화됐음을 보여주며, 만약 자신이 옳다면 이런 측면은 그 법률이 인본이나 평등의 개념에 입각해 노비를 자유롭게 해주기보다는 세습적 재산과 신분을 구별하기 위해 도덕을 강화하고 있다는 사실을 입증하는 것이라고 확신했다.[41]

### 인본주의적 태도의 출현

하나의 제도로서 노비제도에 대한 도덕적 분노의 감정은 노비개혁에 관련된 대부분의 제안에서 결여되어 있는 것으로 보이지만, 인본주의를 향해 나아가는 변화가 시작됐다는 측면을 보여주는 몇 개의 증거가 있었다. 1391년과 1392년에 노비의 매매를 금지하는 문제에 대한 2개의 상소가 국왕에게 올라왔다. 첫 번째는 낭사郎舍의 상소였고, 두 번째는 노비 소송의 판결에 관련된 일련의 규정을 담은 인물추변도감人物推辨都監의 상소였다. 모두 개인이 상속받는 재산을 줄인다는 이유에서 가정이 소유한 노비를 파는 데 반대했는데, 특히 낭사는 노비제도의 도덕적 문제점을 제기했다.

노비는 비록 천민이지만 역시 하늘이 낸 백성인데도 으레 재물로 취급해 거리낌없이 매매해 우마牛馬와 바꾸기도 합니다. 말 한 필로 노비 두세 명을 사고도 남으니 우마가 사람보다 귀중한 것입니다. 옛날 공자는 마구간이 불타자 "사람이 다쳤는가" 하고 물으셨을 뿐 말에 대해서는 묻지 않으셨으니 성인은 사람을 귀하게 여기고 가축은 천하게 여기신 것입니다. 그러니 어찌 사람을 말과 매매하는 이치가 있을 수 있겠습니까. 세상의 도리가 혼미해져 스스로 재앙을 불러올 것입니다.

이것은 재산으로 취급되는 노비를 무자비하게 다루는 것에 대한 대단히 모호한 공격이었지만, 낭사는 노비의 세습이나 선물은 적법한 상속 순서나 상속인이 없을 경우 가까운 친족에게만 물려주어야 하며 사찰에 노비를 증여하는 것은 금지해야 한다고 권고했을 뿐이었다.[42]

1392년의 규제 조항에서도 가난이나 공적·사적 채무로 어쩔 수 없을 경우를 빼고는 노비의 매매를 금지했다.[43] 그러나 거기서 쟁점이 됐던 문제는 노비의 복지가 아니라 재산의 보존이었으며, 그 규제의 주된 내용은 노비가 불법적으로 소유됐다면 원래의 주인에게 '돌려주어야' 한다는 것이었지 그들의 해방이 아니었다.[44]

1388년 전법사典法司에서는 부녀와 아이를 노비로 만들고 범죄자의 재산과 노비를 국가에서 몰수하는 조처는 모두 고대에 선례가 없다는 이유에서 그만두어야 한다는 의견을 제시했다. 1389년 헌사憲司도 이 의견을 뒷받침하면서 조정에서 노비로 만드는 처벌을 중지하면 국법은 삼대의 너그러운 법률과 더욱 합치될 것이라고 주장했다.[45] 그러나 두 관서 모두 세습적 노비제도의 철폐를 요구하지는 않았으며, 조정에서는 노비의 해방을 극도로 경계하는 의견이 지배적이었다.

1392년 도관은 노비들이 면천됨으로써 그들과 그 자손이 양인이 되어 주인에게 봉사해야 하는 의무에서 벗어나게 되면 자신의 생활수준에 불만을 갖게 될 것이라고 경고했다.[46] 그들이 관직에 나아가고 양인과 결혼하려고 하면 사회질서는 혼란스러워질 것이었다. 아니면 그들은 원래의 주인을 해치거나 법률을 두려워하지 않고 소송을 제기할 수도 있었다. 도관은 앞으로 감정적인 고려에 따라 면천해서는 안 되며, 만약 노비가 공신에 책봉되면 그 지위는 그 자신에게만 국한되며 후손까지 이어지게 해서는 안 된다고 건의했다.[47]

### 소송과 탄원

일부 관원은 노비의 기본적 인권을 보호해야 한다고 주청했지만, 대부분의 관원들은 노비와 관련해 산적한 탄원과 소송을 해결하는 좀더 현실적인 문제를 중시했다. 이처럼 소송이 산적했다는 사실은 노비를 소유한 귀족제도의 기반이 무너졌다는 의미였다. 권력을 가진 귀족들은 자신보다 약한 귀족들에게 영향력을 행사해서 그들의 노비를 강제로 빼앗고 가족의 재산 상속에서 할당된 분량보다 더 많은 노비를 차지했으며, 빚을 갚은 뒤에도 이전에 전당으로 잡은 노비를 그대로 소유하고 공식적인 소송에서 정부 관원이 그들에게 패소 판결을 내린 뒤에도 노비를 보유했다. 노비를 통제하는 비공식적인 규정을 만드는 데 실패한 노비 소유주들은 국가가 법률적 조정자로 개입해줄 것을 요청했지만, 자신의 방침을 관철하는 데 실패하자 법률적 판단을 존중하기를 거부하면서 당시의 법률·행정관서로 몰려가서 노비를 판정하는 관서를 잠정적으로 설치할 필요가 있다고 주장하면서 판결의 취소를 거듭 요구했다. 이런 과정은 1269년(고려 원종 10)에 시작됐으며 1391년까지 다섯 차례 이상 반복됐다.[48]

국가에서는 임시기구를 설치하기로 했는데, 노비는 양반 지배계층에게 너무 중요한 문제였으므로 사적 영역에 국한시키는 것이 최선의 방안이라고 판단했기 때문이었다. 1468년(세조 14) 양성지는 "우리나라에서 노비제도는 오래 전부터 존속했으며 사대부는 그들에게 생활을 의존한다.……노비는 사대부의 손발"이라고 언급했다.[49]

유감스럽게도 법률을 제정했어도 과거의 판결에 대해 현재 진행중인 소송과 탄원이 사라지지는 않았다. 솔로몬의 지혜가 필요한 상황에서 1413년(태종 13) 태종은 앞으로 노비 소유주 사이에 분쟁이 일어나면 양쪽이 소유한 모든 노비를 반분半分해 해결하겠다고 결정했다. 뒤에 이 결정은 논쟁중인 노비에 한정하는 것으로 수정됐다[50] 그러나 과거의 판결에 항소할 수 있는 기회를 열어주었다는 측면에서 그렇게 현명한 결정은 아니었다고 여겨지며, 항소는 곧 놀랍게도 모두 1만 3천 건에 이르렀다.[51]

대다수의 관원과 불만을 갖고 있던 노비 소유주들은 이런 법령을 환영하지 않았는데, 분쟁중인 노비를 반분하라는 결정은 잘못된 소유권을 주장한 사람에게 보상해주는 효과를 가져왔다고 지적했다. 태종은 그런 결정이 부당하다는 비판이 적절하다고 인정하면서 노비제도를 완전히 폐지하는 가능성에 대해서도 숙고했는데, 전체적으로 노비제도는 관원의 부정과 정의의 왜곡을 야기했기 때문이었다.[52] 1414년(태종 14)과 1415년 형조는 개인의 노비 소유권을 제한하는 방안을 구상했지만, 상한이 너무 높았기 때문에 노비를 현저하게 감축하지는 못했다. 공식적인 방안은 1품의 종친은 노비 150구口, 1품 관원은 130구로 제한하는 것이었다. 양인은 40구의 노奴로 제한됐지만 비婢는 규제가 없었다. 이 때문에 이수건李樹健은 양인도 법률에 저촉되지 않고 1백 구의 노비는 쉽게 소유할 수 있었다고 평가했다. 어쨌든 법률을 통과시키는 데 많은 반대가 제기되자 태종은 분할 상속을 추진하다보면 1천 구가 넘는 노비를 소유한 가호라도 노비의 숫자가 평균적으로 곧 줄어들 것이라고 언급했다. 그러나 이 말은 그가 노비의 해방보다는 양반가문에 좀더 균형을 맞춰 노비를 분배하는 데 더욱 유의하고 있었음을 보여준다.[53]

1417년 태종은 노비를 둘러싼 소송과 탄원의 최종 시한을 정했지만, 1459년(세조 5) 세조가 특정한 사례를 해결하기 위해 새로운 일련의 조항을 만들기까지 계속됐다. 세조는 1417년 이전에 발생한 사례는 전혀 다루지 않으며 분쟁에 휘말렸던 노비는 이전의 판결에서 이긴 사람에게 주거나 증거가 명확하지 않은 경우는 원래의 소유주에게 주라고 명령했다.[54] 노비를 둘러싼 소송을 놓고 한 세기 정도 활발한 논쟁과 입법이 진행된 뒤 노비의 소유권에 대한 문제는 가라앉았다.

### 양천 교혼의 후손

고려 전기에 노비와 양인의 교혼은 완전히 금지됐지만, 그 제도는 1039년(고려 정종 5) 그런 불법적인 결합에서 나온 후손의 신분을 결정하기 위해 종모법이 채택됨으로써 시행되지 못했다. 이 법률도 실제로는 무시된 것으로 보이는데, 1133년(인종 11)과 1283년(충렬왕 9)에 다시 반포됐기 때문이다. 노와 양인 여성의 결혼을 엄금한 조처는 효력을 발휘했다고 생각되므로[55] 1039년의 종모법은 양인 남성과 비의 혼인에서 태어난 자녀는 노비신분을 물려받는다는 규정이 잘 적용됐을 것으로 여겨진다. 종모법의 목적은 증식을 통해서 사노비의 숫자를 늘리는 데 있었지만, 그런 목적과는 정반대로 15세기 전반과 17세기 후반에는 상당수의 노비들이 면천되는 수단으로 활용됐다.

1300년(충렬왕 26) 원은 양천 교혼의 자손에게 노비신분을 세습시키는 고려의 제도를 당시 원의 방식에 맞추어 양천 교혼의 자손들을 면천시키거나 양인신분을 주도록 고치라고 고려 정부에 요구했다.[56] 그러나 충렬왕은 이 지시를 거부하면서 고려의 일반적인 풍습에서 교혼 소생은 부모 중 한쪽만 천민이어도 노비신분을 물려받는다고 원 조정에 알렸다. 주인이 어떤 노비를 면천시키기로 결정해도 양인신분은 그 노비에게만 적용됐다. 그 또는 그녀의 자녀와 미래의 모든 후손들은 천민이나 노비로 남아 있었다. 즉 당시의 제도는 1039년의 종모법보다 훨씬 제한적이었던 것이다.[57]

고려에서 조선으로 이행하면서 조선 태조의 새로운 체제를 지지한 사람들은 사회에서 노비의 비율이 너무 크므로 줄여야 한다고 확신했다. 그 제도를 완전히 폐지하려는 간헐적이고 거의 변덕에 가까운 시도를 보이기도 했지만, 1392년 고려 정부는 양천 교혼을 완전히 금지한 원래의 법률을 다시 확인했다. 그 목적은 노비제도를 폐지하거나 노비를 줄이는 것이 아니라 현재 상태로 동결하는 데 있었다. 그러나 교혼의 금지를 강화하는 것은 불가능했으며, 그 결과 1401년, 1405년, 1413년에 그 법령은 다시 공포됐지만 큰 효과는 없었다.[58]

노비신분은 그 후손이 아니라 노비나 범죄자의 당대에 국한해야 한다고 제안한 사람은 아무도 없었다. 또한 부모 중 한쪽이 양인이면 후손도 양인이 되도록 허락함으로써 고려 후기의 관행을 완전히 반전시키려고 계획한 사람도 없었다. 이처럼 노비신분의 세습을 줄이는 유일한 방법은 교혼 소생이 아버지나 어머니의 신분을 물려받을 수 있도록 허락하는 것이었다.

불행하게도 두 가지 선택 모두 문제를 갖고 있었다. 종모법의 지지자들은 부계는 증명하기 어렵기 때문에 종모법이 낫다고 주장했지만, 정부의 목적을 좌절시킬 수 있는 그 법의 오용을 염두에 두지 않았다. 아울러 이전에도 귀족 노비 소유주들은 자신의 서얼이 천민으로 취급되는 상황을 받아들일 수 없었기 때문에 1039년의 종모법을 따르지 않았다. 그들은 증식을 통해 자신들의 노비를 늘릴 수 있는 기회가 제한되는 것도 달갑게 생각하지 않았다. 진정한 문제는 국가가 노비 소유주의 이익에 반대되는 법률을 제정할 권력을 가졌는가 하는 것이었다.

조선 전기 성리학적 도덕주의자들의 공헌은 교혼의 계승에서 종부법의 채택을 주장했다는 사실이었다. 그들이 모든 자녀들은 그 아버지를 공개적으로 인정할 의무가 있다는 도덕적 논거를 내세웠지만, 주된 목적은 자신의 서얼이 양인신분을 얻는 방법을 찾으려는 것이 분명했다. 또한 일부는 종부법이 양인인구를 늘리는 데 좀더 효과적이라고 확신했지만, 반대자들은 탐욕스러운 노비 소유주들이 자신의 노를 양인 여성과 몰래 결혼시켜 노비를 증식함으로써 종부법을 무력화시켰다고 주장했다. 문제는 두 법률 모두 쉽게 위반할 수 있었다는 것이었다.[59]

1397년(태조 6) 태조는 교혼에서 종부법을 채택하고 싶지는 않지만 양반의 서얼을 "영원히 면천시켜 양인이 되도록 하는" 법령을 포고함으로써 양반들의 의견을 수용하려는 의사를 보였다.[60] 그 뒤 1414년 태종은 비와 양인 남성의 아들은 아버지의 신분을 따르게 함으로써 그들을 면천시킨다는 전교를 직접 내리는 것을 피하면서 종부법을 수정된 형태로 채택했다.[61]

그러나 이런 결정을 내리면서 그는 고려 정부가 (1039년의) 종모법으로 교혼 노비의 소생을 모두 노비로 만들기로 결정하기까지 한국에는 기본적으로 천민이 없었으며, 그 뒤부터 노비인구가 늘어나고 양인이 줄었다는 놀라운 발언을 했다. 그는 고려의 제도에 노골적인 불만을 표시했지만 노비제도를 완전히 폐지하려고 시도하지는 않았는데, 노비 소유주들과 마찰을 일으킬 의사가 없었기 때문으로 생각된다.[62]

1429년(세종 11) 우의정 맹사성孟思誠 등 대신들은 현행 법률에서는 비와 양인 남성의 혼인은 허락하지만 노와 양인 여성의 교혼은 금지한다고 비판하면서 1414년 태종의 종부법은 모든 형태의 교혼을 막으려는 조처였다고 지적했다. 계속해서 맹사성은 새로운 법률이 시행된 결과 자신의 남편은 양인신분이므로 자녀들은 천민신분을 벗어날 수 있다는 잘못된 주장을 하는 비들이 생겨났다고 아뢨다. 자녀에게 (천민신분을 벗어나도록) 낯선 사람을 아버지라고 부르게 하는 것은 유교의 가족윤리를 파괴하는 행위였다. 만약 그 법률이 10년 동안 효력을 발휘하면 정부는 노비를 모두 잃어 양인을 대신 부려야 하고, 신분 문제를 둘러싼 소송의 숫자는 법률을 담당한 관서의 처리 능력을 넘어설 것이었다. 그러나 태종의 종부법은 유교의 부계적 기준을 적절히 따른 제도였기 때문에 바꿀 필요가 없었다. 비와 양인 남성의 교혼만 금지하면 양인과 천민신분 사이의 중요한 구분선은 유지할 수 있을 것이었다.

그러자 대사헌 김효손金孝孫은 비의 자녀는 양인이 될 수 없도록 명시해야 한다면서 종모법의 복구를 주장했지만, 세종은 그와 맹사성이 제안한 개혁은 양인인구를 늘리려는 선왕의 뜻과 반대된다는 판단에서 두 요구를 모두 거부했다. 그러나 그는 비와 양인 남성의 교혼을 금지하기보다는 종모법을 복구하는 편이 낫다고 언급하기도 했다.[63]

그러나 1432년(세종 14) 세종은 생각을 바꿔서 비와 양인 남성의 교혼을 금지하기로 결정했는데, 비는 노와 양인 남성 모두와 결혼해서 자녀의 신분을 결정하는 데 혼란을 초래했으며 이것은 생부를 존중해야 한다는 유교의 원칙과 어긋나는 행위였기 때문이었다. 그러나 그는 태종의 종부법을 바꾸자는 맹사성의 제안을 따르는 데 주저했고 결국 종모법으로 돌아갔다.[64] 그는 비가 양인 남성과 혼인하는 것을 허락했지만, 그들이 자녀의 아버지의 신분을 속이는 것을 막기 위해 수령에게서 미리 공식적인 서류를 얻은 경우에만 제한하도록 수정했다.[65]

그러나 세종은 종부법이 계속 강력하고 공식적으로 유지될 것이라는 전망이 나오자 놀랐다. 비가 양인 남성과 결혼해서 그 자녀를 양인으로 만드는 것을 막기 위해 종모법을 선호했던 맹사성은 세종에게 종부법을 유지하려면 노와 양인 여성의 자녀에게 적용하지 못하게 금지하고 그런 소생은 아버지의 노비신분을 물려받도록 한 태종의 예외 조항을 철회해야 한다고 주장했다. 그러나 세종은 국법에는 이미 노와 양인 여성의 교혼을 금지했다면서 그 주장을 물리쳤다. 그가 노와 양인 여성의 교혼을 모두 금지하고 위반하면 그 자녀를 공노비로 만들도록 처벌함으로써 이 법률을 더욱 강화할 것이라고 암시하자 신하들은 그렇게 하면 그들은 자녀들을 사노비보다는 면천의 기회가 더 많은 공노비로 만들 수 있다는 기대로 기뻐할 것이므로 양인 남성과의 교혼을 부추길 뿐이라고 아뢨다. 그렇게 되면 기소될 수 있는 범법자가 너무 많아질 것이며 한 세기도 못되어 사노비는 남지 않을 것이었다. 그보다는 양인과 노비의 교혼을 완전히 금지하고 위반하면 그 자녀를 노비 소유주에게 넘기는 방안이 좀더 나았는데, 그래야만 비는 양인 남성과 결혼해도 얻을 것이 없다는 사실을 알게 되기 때문이었다.[66]

　1432년(세종 14) 세종은 비와 양인 남성의 교혼은 금지했지만, 정규 문무 관원의 자녀, 문무과 급제자와 생원·진사시 합격자, 음서 수혜자, 40세가 됐어도 아들이 없는 양인에게는 중요한 예외를 만들었는데, 이것은 양반의 실제적인 정의와 대부분 겹쳤다.[67] 일부 학자들은 이 조처를 종모법의 재실시로 해석했지만, 세종은 종모법의 원칙에 대해서는 명확하게 언급하지 않았다. 단지 그는 비가 자녀의 아버지를 양인이라고 속여 자녀에게 양인신분을 주려는 시도를 막으려는 생각이었으며, 양반이 천첩을 계속 두면서 그 사이에서 태어난 서얼을 노비가 아닌 양인신분을 유지할 수 있도록 보호해준 것이었다. 세종은 획일적인 법률을 세우는 것보다는 양반신분의 필요를 충족시키는 것이 좀더 중요하다고 판단했다.

　1420~30년대 논쟁이 지속되는 동안 종모법은 전체적으로 냉대를 받는 듯싶었지만, 그 이유는 서로 달랐다. 성리학적 관원들은 그것이 반(反)유교적 성격을 갖고 있다고 생각해서 태종의 종부법을 선호했다. 태종

과 세종 모두 고려의 종모법은 사실상 세습적 노비제도를 창출함으로써 '하늘의 원리'를 어겼기 때문에 잘못됐다고 말했다. 세종은 서로 상충되는 생각에 사로잡혔는데, 양천 교혼의 일부 사례에서 양인신분을 세습할 수 있게 한 태종의 정책을 유지함으로써 양인인구를 확대하려고 했지만, 선왕의 종부법은 교혼에서 너무 많은 허점을 드러내어 도덕적 질서를 유지하는 데 매우 중요한 사회적 신분집단의 명확성을 훼손할 위험이 있다는 신하들의 의견도 설득력이 있다고 인정했다. 그의 최종적 해결책은 양반 남성과 천첩의 경우를 제외하고는 양천 교혼을 금지하는 것이었다. 그는 종부법을 명확하게 철회하지 않았기 때문에 양반 남성과 결혼한 천첩의 자녀들은 양인신분을 기대할 수 있는 유일한 부류가 됐다.

세조의 치세인 1468년(세조 14) 한 급제자는 그동안 실시된 1414년의 종부법에서 잘못된 부계가 너무 많다고 비판했는데, 이것은 비와 양인 남성의 교혼을 금지한 세종의 시책이 효과가 없었다는 증거였다. 세조는 종부법이 양인인구와 군역을 질 수 있는 양정의 숫자를 증가시키지만 종모법은 노비인구를 계속 늘릴 것이라는 의견에 귀를 기울였지만, 자녀들의 속신贖身을 허용함으로써 노비가 양인으로 너무 많이 전환된 결과를 상쇄하기 위해서 종모법을 복구했다. 그 결과 1469년에 반포된 『경국대전』에는 관원과 비 또는 천첩의 소생은 양인으로 간주된다는 예외와 함께 양천 교혼의 소생은 어머니의 신분을 따른다는 조항이 수록됐다.[68]

그러나 16세기 무렵 인구에서 노비의 비율은 증가한 것으로 나타났는데, 양인들이 군역과 요역의 부담을 피하기 위해 노비가 되고, 노비 소유주들이 자신들의 노비를 늘리기 위해 노비의 소생은 물론 양천 교혼의 소생에 대해 소유권을 주장하는 사례가 늘어났기 때문이었다. 예컨대 1609년(광해군 1)에 작성된 울산의 6개 군·면의 호적에는 2,009

명 중 48.6퍼센트가 노비였다.[69]

양인의 감소를 막기 위한 방법은 1515년(중종 10) 이후 논의됐으며 마침내 1543년(중종 38) 중종은 앞서 언급한 양인 남성과 비의 소생이 양인신분을 물려받도록 허락한 규정을 수정함으로써 양인인구를 늘리기로 결정했다. 이런 내용은 1543년에 반포된 『대전후속록大典後續錄』에 포함됐지만, 노비 소유주와 관원 모두에게 무시됨으로써 거의 효력을 발휘하지 못했다.[70]

1557년(명종 12) 한 신하는 종모법을 적절히 강화하면 노비가 아닌 양인이 확실히 증가할 것이지만 노비 소유주의 사적 이익에 맞서 그것을 추진하려면 국왕의 강한 추진력이 필요할 것이라고 아뢨다.[71] 다음 세대에 『명종실록』의 편찬자는 조선 전기의 법률에서는 "사대부의 자손이 아니면" 사노비의 소생은 속신이 허락되지 않았다면서 이런 견해를 신랄하게 비판했다. 그는 그 법률은 1천여 년의 전통을 가졌기 때문만이 아니라 천민이 양인으로 되어 사회질서를 어지럽힐 수 있는 모든 통로를 없애기 위해 고안됐기 때문에 타당하다면서 방어했다.[72]

태조·태종·세종은 양천의 교혼을 금지하려고 시도했지만, 납세의 의무를 가진 양인의 감소를 막기 위해 세습적 노비에서 벗어나도록 허락하는 방안을 강구하기도 했다. 그러나 세습적 노비에서 벗어날 수 있는 기회는 사대부나 양반의 자손에게만 열려 있다고 언급한 사관의 발언은 조선 전기 제도의 핵심적 목표를 지적한 것인데, 종부법을 채택한 태종과 속신을 허용한 세조의 시책은 모두 양반의 서얼과 그의 천첩을 우대하는 수단으로 고안된 조처였기 때문이다.[73]

1468년의 종모법에도 불구하고 16세기 후반 노비제도의 폐쇄적인 세습체제는 사실상 규범이 됐다. 그러나 태종의 견해와는 반대로 종모법 자체는 잘못이 없으며 그것을 충실하게 시행하지 못한 데 잘못이 있다는 견해가 새롭게 대두했다. 그것은 종모법을 강화하는 것은 당시의 세습적 노비제도를 급진적으로 개혁하려는 것과 동일하다는 주장이었다.


## 임진왜란 이후 노비정책의 변화

### 군역 : 속오군

1298년(충렬왕 24) 충렬왕은 고대부터 양반이 소유한 노비는 국가가 부과하는 요역이나 잡무에 동원되지 않았는데, 그런 의무는 그들의 주인이 부과한 임무와 무관했기 때문이라고 언급했다. 그러나 양정들이 모두 권세가에 흡수되거나 거기에 투탁한 결과 국역을 질 수 있는 사람이 없었기 때문에 양반이 소유한 노비들은 양정을 대신해 국역을 수행했다. 국왕은 이런 관행을 금지했다.[74] 요컨대 고려 전기에 사노비들은 국역을 면제받았지만, 공노비는 군역을 포함한 다양한 국역의 의무를 진 것이었다.[75]

그러나 국가에 위기가 닥치면 노비도 군역에 동원됐다. 1378년(우왕 4) 부병府兵의 열악한 상황 때문에 보충군이 창설됐으며, 조선 전기에 면천된 노비 및 양반 관원과 그 천첩의 소생은 거기에 배속됐다. 1415년(태종 15) 보충군은 노비가 증가하면서 발생한 양인의 부족을 상쇄하기 위해 확대됐다.[76]

1432년(세종 14) 세종은 양인 남성과 비의 교혼을 금지했기 때문에 그 뒤 그런 결합에서 태어난 소생은 보충군에 합법적으로 들어갈 수 없었지만 법령은 강화되지 않았다. 관원과 비의 소생은 특히 1450년대 이후 보충군에 계속 들어갔으며 1456년(세조 2) 관원과 기생의 소생이 처음으로 보충군에 입대했다. 1459년과 1462년 각각 창설된 또 다른 특별부대인 장용대壯勇隊와 만강대彎強隊에도 관원과 비의 소생을 입대시켰으며, 면천된 사노비들은 그 부대에 일정기간 복무한 뒤 관직에 나아갈 수 있었다. 그러나 이런 특수 부대들은 1471년(성종 2) 노비나 이전에 노비였던 사람들을 그들의 이전 주인보다 더 높은 자리에 오를 수 있게 해 신분제도를 혼란시킨다는 이유로 폐지됐다. 더욱이 1467년에 7만 6천 명이 넘었던 잡색군雜色軍 또한 노비가 포함됐는데 고려의 연호군煙戶軍과 비슷한 조직을 갖고 있었다.[77] 이처럼 노비가 군역을 졌다는 증거는 있지만, 대다수의 노비는 위기 상황을 제외하고는 복무하지 않았다.

이처럼 노비에게는 군역이 면제됐기 때문에 15세기 후반 양인들은 지주에게 노비로 대거 투탁했던 것이었다. 그들은 1458년(세조 4) 세조가 엄격한 호패법을 도입해 백성을 군역에 좀더 많이 편입시키려던 조처에서 벗어나려고 했다. 1474년(성종 5) 한 지주는 그렇게 숨거나 투탁한 양인 5백 명을 숨겨주었다는 죄목으로 처벌됐으며, 1490년(성종 21) 신하들은 그렇게 투탁한 노비가 전국적으로 매우 많다고 지적했다.[78]

양인을 늘리고 노비를 줄이려는 선왕들의 노력은 16세기 말엽 노비 소유주의 세력이 다시 소생함으로써 좌절됐는데, 그렇게 된 유일한 이유는 나라가 평화롭고 명의 보호로 안전이 보장됐기 때문이었다. 16세기 중반 북부 국경의 여진 부족과 남부 해안의 왜구의 간헐적인 침략으로 국방이 위협받자 양정이나 천민이 심각하게 부족하다는 사실이 명확해졌다. 1554(명종 9)~55년 정부는, 고려시대에 위기 상황에서 시행하던 방안과 동일하게, 북부지방에서 노비를 군인으로 채용했으며 그 군역의 보상으로 면천시켜주었다. 그러나 재산을 잃지 않으려는 노비 소유주와 사회질서가 약화될 것을 우려한 관원들의 강한 반대로 정부는 그 조처를 철회하고 참전한 노비만 면천해주기로 제한했다. 그러나 이 사건은 전쟁이 조선의 사회제도를 어떻게 위협했는가 하는 측면을 보여주었다.[79]

그 세기 말엽 조선인들은 민족사에서 가장 파괴적인 시기의 하나를 겪고 있었다. 1592~98년의 임진왜란으로 일본군은 거의 7년 동안 한 반도의 일부를 점령했다. 전쟁은 새로운 적이 나타나면서 다시 시작됐다. 누르하치의 영도로 강성해진 후금이 쇠망하고 있는 명에 도전하면서 조선은 두 강적 사이에 놓였다. 그 갈등은 정묘호란(1627)과 병자호란(1637)으로 표출됐다. 청의 침략과 혹독한 처사에 대한 강한 원한은 반청감정을 매우 높게 유지시켰으며, 효종의 치세인 1650년대에는 청을 정벌하자는 논의까지 있었다. 정부는 전쟁과 긴장의 반세기를 보내면서 무관의 숫자를 충분히 유지할 수밖에 없었다.

1592년 봄 일본군의 침략을 피해서 선조가 도성을 떠나자마자 노비와 피난민들은 장예원掌隷院과 형조를 습격해 노비문서를 모두 불태웠다.[80] 그러나 군역과 조세의 의무를 이행할 양정을 확대해야 할 필요성은 사회제도를 파괴하는 간헐적 행동을 억제하는 것보다 좀더 중요했다.

임진왜란중 군역에 복무하거나 뛰어난 무공을 세운 노비를 면천시키는 몇 개의 조처가 채택됐다. 면천과 관직 임용은 반란 진압이나 국경 방어 등에서 공로를 세운 노비를 포상하기 위해 18세기까지도 계속 시행됐으며 1646년(인조 24)에는 또 다른 포상계획이 입안됐다.

1593년(선조 26) 선조는 공노비는 물론 사노비도 무과에 응시할 수 있도록 허가했으며, 급제하면 면천시켜 궁궐을 경비하는 우림위羽林衛에 배치시켰다. 노비의 상실에 대한 노비 소유주들의 반대를 우려한 선조는 노비 소유주들에게 과거 급제, 관직 임용이나 승진을 약속해 회유했다. 군사가 필요해지면서 자격 심사가 약화된 결과 수령들은 노비를 면천시키거나 대과大科에 합격시켜주는 홍패紅牌를 지급받아 노비들이 베어온 수급에 따라 나누어주었다. 이런 제도는 쉽게 부패했는데, 노비들은 유민의 우두머리가 됐으며 관원들은 홍패를 팔았다. 이런 조처들은 강한 반대에 부딪혔으며, 면천된 사노비의 숫자를 제한하기 위해 일부 규제가 부과됐다. 과거는 일단 중단됐고, 전쟁이 끝난 뒤인 17세기 초반의 어느 시점에 합격을 모두 취소했다. 그러나 이 기간 동안 이런 방법으로 평민신분을 획득한 노비는 2만~3만 명에 이르는 것으로 추산된다.[81]

　가장 중요한 변화의 하나는 정병부대에 노비를 받아들였다는 사실인데, 노비로 구성된 속오군을 정병부대와 따로 만듦으로써 전통적인 편견을 수정한 것이었다. 노비들은 1593년에 창설된 훈련도감에도 양반·양인과 함께 배속됐지만, 도망간 노비들이 훈련도감을 하나의 피난처로 이용하자 1603년(선조 36) 선조는 사노비의 입대를 금지시켰다. 그럼에도 불구하고 사노비는 지방의 진관에서 근무하는 속오군, 관찰사나 절도사를 돕는 아병牙兵, 또는 그런 정병의 보인으로서 군역을 졌다. 1611년(광해군 3) 예조판서는 20만 명의 속오군 중에서 양인은 대부분 피역하고 가난한 양인과 노비만이 남아 있다고 말했다. 1714년(숙종 40) 숙종은 공·사노비에게 양인을 대신해서 군역에 복무할 수 있는 기회를 확대했으며, 그 결과 1720년대 무렵 속오군은 대부분 노비로 채워졌다.[82]

## 속신

　왜란과 호란이 남긴 또 다른 중요한 영향은 돈으로 자유를 산 노비들이 크게 늘었다는 것이었다. 납속納粟이라고 불린 이런 현상은 이르게는 1485년(성종 16) 노비 임복林福이 750섬의 곡식을 구휼미로 기부하고 네 아들을 면천시킨 사례부터 시작됐지만, 그렇게 많은 재산을 낼 수 있는 노비는 거의 없었다. 1553년(명종 8) 다시 기근이 닥치자 면천의 가격은 좀더 하락했지만 그래도 50~1백 섬의 상당한 분량이었으며, 1583년(선조 16) 기근이 지나간 뒤 관원들은 그런 조처를 금지하자고 주청했다.

1592년 임진왜란이 일어나자, 아직도 상당한 가격이었지만, 노비들은 1백 섬을 내면 면역免役되고 5백 섬 이상은 면천됐는데, 처음으로 국가는 주인에게 보상해주지 않았다. 전쟁의 압박이 지속되면서 이 제도는 더욱 자유로워졌다. 면천된 노비는 품계나 관직을 살 수 있었고, 관원들은 자신의 관할 지방에서 팔 수 있는 공명첩空名帖을 할당받았다. 정부에는 재원이 필요했기 때문에 이런 관행은 1620~30년대까지 계속됐다.

면천된 노비들은 조세와 요역을 납부해야 했지만 가장 부유한 부류를 제외하고는 그런 부담을 질 수 없었기 때문에 다수가 다시 노비로 돌아갔다.[83] 주인들은 면천된 노비들에게 투자했던 자금을 잃었고 앞으로 납부할 공납으로 곤란을 겪었기 때문에 1637년(인조 15) 조정에서는 그들에게 그런 손실을 보충하기 위해서 품계를 주었지만, 너무 많이 지급했기 때문에 그런 품계의 가치는 금방 떨어졌다. 1590~1670년 사이에 정부는 면천 가격을 15섬에서 50섬으로 올림으로써 면천되는 노비의 숫자를 제한하려고 했다. 이 가격은 1485년에 요구된 750섬보다는 상당히 낮았고, 유형원이 노비제도에 대한 논문을 집필하고 있을 무렵 차별의 견고한 장벽은 조금씩 갈라지고 있었지만, 돈을 내고 대량으로 면천의 권리를 사기에는 아직도 매우 높은 가격이었다.[84]

### 면천에 대한 태도

면천의 자유화는 조선의 국가적 존망이 걸린 상황을 타개하는 데 필요했기 때문에 이루어졌다. 노비를 소유한 지배계층은 신분의 차별을 완화하는 조처를 환영하지 않았다. 1593년(선조 26) 유명한 신하인 유성룡은 건장한 사노비들을 속오군으로 입대시키는 데 반대하는 노비 소유주들을 공격했다.[85] 그러나 그는 노비들의 고통을 줄이려는 인본주의에 호소하지 않았다. 사실 그는 줄고 있는 양인에게 과도한 국역을 지우고 있는 문제를 좀더 걱정하고 있었다. 그의 제안은 그렇게 급진적이지 않았으며, 단지 국왕이 전한대에 건의된 토지와 노비 제한을 받아들이면 될 것이라고 짧게 암시했을 뿐 노비제도의 폐지를 제안하지는 않았다.

그럼에도 불구하고 국가적 위기는 일부 관원들이 노비제도의 존재를 정당화하도록 만들었다. 임진왜란 동안 이항복은 귀천의 구별은 하늘이 한 일이며 사람의 지혜나 무지, 또는 태어날 때 가진 본성의 특징과는 관련이 없다고 주장했다. 그것은 군자와 소인의 관계에 기초한 사회적 결속과 관련된 문제였다. 군자는 통치를 책임졌고 백성은 그를 봉양해야 했으며, 거기서 국가가 형성됐다. 이런 전통은 1천여 년 간 지속되면서 풍습과 법률에 완전히 뿌리를 내렸다. 노비와 관련된 법률에 어떤 변화가 생긴다면 "중국에서 그랬듯이 사부士夫의 자녀들이 자신을 스스로 돌보고 봉양하며 음식을 만들게 해야 할 것이었다." 달리 말하면 귀족의 자제들은 모든 가사를 해준 노비에게 너무 대접을 받아왔기 때문에 효도의 의무를 수행하듯이 일반적인 가사를 거의 모두 다시 교육받아야 할 것이었다. 사람들은 급진적인 변화에서 해결의 방안보다는 문제가 더 많이 생기지 않도록 미리 대비해야 했다.[86]

1597년(선조 30) 이정암李廷馣도 오랫동안 시행된 풍습을 바꾸기 어렵다는 점을 강조했다.

천명이 바뀌어 새로운 왕조가 개창되어도 풍속은 바꿀 수 없으며 명분은 무너뜨릴 수 없습니다. 우리나라에서 사노비를 세습하는 제도는 오랫동안 유지되어 이미 고착됐습니다. 태조와 원 세조의 지시로도 그것을 억제하거나 폐지할 수 없었습니다.

나아가 그는 노비제도가 사회를 통치하는 도덕적 위계질서의 핵심이라고 정당화했으며 납속으로 노비를 면천시켜주면 사회가 붕괴될 것이라고 지적했다.[87]

17세기 초반의 저명한 경세학자로 실학자에 자주 포함되는 이수광 또한 사회적 신분차별과 노비제도의 한국적 전통은, 그는 신라부터 시작됐다고 주장했는데, 군공軍功과 속신으로 쉽게 면천되면서 훼손됐다고 파악했다. 이전에 노비였던 부류 중 고위 관직까지 얻은 부류가 나타나면서 노비들이 귀족을 무시하고 주인을 상해하며 반란과 살인까지 저지르는 결과가 나왔다는 것이었다. 그는 앞으로 어떤 일이 일어날지는 말하지 않았다.[88]

이처럼 필요에 따라 노비제도가 일부 느슨하게 됐지만, 대체로 지배계층은 신분의 우월성이 침식될 수 있다는 전망에 반대했으며 좀더 평등한 사회가 나타나려는 조짐을 두려워했다. 효종(재위 1649~59)은 15세기 후반은 35만 명에 이르렀던 등록된 공노비의 숫자가 19만 명으로 떨어졌으며 그중 2만 7천 명만이 국가 관서에서 요역이나 공납을 바칠 수 있다고 알게 되자 1655년(효종 6) 추쇄도감推刷都監을 설치해 도망간 노비들을 검거하고 그동안 멈추었던 노비들의 신공을 다시 걷도록 추쇄관을 파견함으로써 공노비가 더이상 주는 것을 막기로 결정했다. 그의 큰 분노에도 결과는 미미했으며, 색출된 노비의 대부분은 늙고 약해서 국가에 신공을 바칠 수 없었다.[89] 요역과 조세를 걷기 위해서 공노비를 다시 확보하려는 시도는 중단되지 않았지만, 공노비의 감소를 강제와 처벌로 막기 어렵다는 사실은 확실해지기 시작했다.

요컨대 관원들은 양정, 그리고 속신하거나 뇌물을 동원해 국역과 조세의 의무를 회피한 공노비를 대체하기 위해서 양인의 숫자를 늘리는 방법을 찾아야 한다는 필요를 점차 느끼게 됐다. 그러나 그런 목표를 이루는 데는 한 세기가 넘게 걸렸다.

## 1669년 종모법의 채택

임진왜란이 일어나기 이전인 16세기 후반 승지였던 이이는 권세가에 노비로 투탁한 양인의 신분을 회복해 군역을 부과하기 위해서 종모법을 다시 시행하자고 건의했다. 그러나 종부법의 도덕적 우월성을 강조한 신하들은 그의 건의에 반대했다.[90] 이이는 종모법이 우월하기는 하지만 규정대로 적용되지 않았다고 지적했다.[91]

조익趙翼 또한 17세기 중반 노비가 너무 많아 군사가 부족해졌다면서 노비를 인구의 80~90퍼센트로 추산했는데, 이것은 종모법에 대한 지지를 이끌어내려는 포석으로 생각된다. 그러나 김영모金泳謨는 1680년대에 노비인구는 50퍼센트 정도였다고 추산했다.[92] 조익은 조정의 관원들이 자신의 노비에 대한 통제만 막으려고 한다고 비판했으며, 상황을 돌릴 만한 어떤 조치가 취해지지 않으면 모든 인구가 노비가 될 것이라고 예측했다.[93]

1669년(현종 10) 종모법을 채택하는 데 가장 큰 영향력을 행사한 신하이자 서인의 영수였던 송시열은 이이의 제자로서 의례와 성리학에 깊은 조예를 가진 유명한 학자인 김장생金長生의 제자였다. 이이의 영향을 받은 송시열은 효종에게 종모법을 채택할 것을 주청하면서, 부모 중 한쪽이 천민이면 그 소생도 노비로 삼는다는 왜곡된 사실로 종모법을 반대한다고 비판했다. 그는 사대부가 자신의 노비를 잃는 데 항의하리라는 사실을 알고 있었지만, 종모법은 사회에서 노비 숫자가 늘어나는 현상을 역전시킬 것이라고 주장했다.[94]

남인의 영수로 좌의정이었던 허적은 송시열의 제안을 적극 지지했다. 1672년(현종 13) 예송을 둘러싸고 서인과 남인의 대립이 격화되자 허적은 입장을 바꾸었으며 숙종을 설득해서 1675년(숙종 1) 종모법을 철회시켰다. 그 뒤 종모법은 서인 및 그 분파와 끊을 수 없이 연결됐으며 그것에 대한 반대는 남인과 연결됐다. 종모법은 1684년(숙종 10)에 복구됐다가 남인이 마지막으로 권력을 잡은 때인 1689년(숙종 15) 다시 폐지됐다. 1694년(숙종 20) 권력은 송시열의 제자로 구성된 서인의 분파인 노론으로 돌아갔지만 숙종은 이전의 결정을 번복하지 않았다. 그러나 1730년(영조 6) 영조는 종모법의 재실시를 단호하게 결정했다.[95] 사건의 이런 흐름에서 중요한 사실은 외국의 침략 위협이 커지면서 양인인구를 늘리는 수단으로 종모법을 채택한 것은 아니라는 측면인데, 양인인구는 무공이나 납속을 통해 면천되면서 증가한 것이 확실하기 때문이다.

불행하게도 그것은 당시 가장 급진적이며 효과적인 개혁의 방법이 전혀 아니었는데, 노비들은 이미 속오군에 편입되어 정병과 보인으로 기능하고 있었기 때문이었다. 1736년(영조 12) 이후 양인들은 공식적으로 속오군에서 제외됐기 때문에 국가에서는 사노비를 좀더 많이 동원해 그들을 대체함으로써 양정의 부족을 해결하려고 했다. 18세기 중반 노비는 병력의 30퍼센트로 추산됐으며, 대략 전체 인구에서 노비의 비율과 비슷했다.[96] 사노비는 주인에게 신공도 내야 했기 때문에 정병의 보인이 되어야 하는 사노비의 부담을 경감하기 위해서 국가는 그들의 세율을 양인 보인의 절반으로 정했지만, 개혁의 목적이 노비의 생활을 좀더 윤택하게 해주는 데 있다고 주장한 사람은 거의 없었다.[97]

그럼에도 불구하고 1669년에 종모법을 처음으로 채택하고 1730년에 마지막으로 도입한 조처를 정당화하는 데 사용한 주요한 논거는 노비가 너무 많으므로 양인을 늘리는 조처를 실시해야 한다는 주장이었다. 개혁정책을 양인 어머니의 소생만 면천시키고 속신할 수 있는 노비의 숫자를 최소한으로 제한한 주된 까닭은 고위 관직을 독점하고 있는 노비 소유주들의 권력이 극복하기에는 너무 컸을 뿐만 아니라 개혁자 자신들 또한 그들과 동일한 계층이어서 자신의 계층적 이익을 심각하게 침해할 가능성이 있는 급진적 정책은 채택하지 않으려고 했기 때문이었다. 종모법은 1731년(영조 7)에서야 영구히 채택됐으므로 그때까지는 노비에게 어떤 중요한 영향도 주지 못했다.

## │ 노비제도에 대한 유형원의 해결책

### 중국의 선례

유형원은 보통 사용하던 방식대로 노비제도에 대한 중국 고전들을 검토하면서 논의를 시작했지만, 여기서만은 첫머리에서 기자의 법금과 관련된 한국의 오랜 전통을 가진 노비제도를 다루었다. 그는 우선 『주례』를 검토한 뒤 성군의 통치가 이루어진 주대에는 전쟁 포로와 죄인, 그리고 그들의 가족을 공노비로 만든 사례밖에는 없었다고 밝혔다. 『주례』에서는 노비제도를 인정했지만, 사노비는 합법적으로 보지 않았다.[98] "양인으로 노비가 된 경우는 전혀 없었다."[99]

유형원은 범죄자가 아닌데도 사노비로 만들고 특히 법률에 합당하게 노비가 된 범죄자·포로·강도의 무고한 후손들도 부당하게 노비로 만드는 한국의 세습적 노비제도를 우회적으로 비판했다. 또한 그는 기자의 법금에서 도둑을 노비로 만든 조처는 그들의 후손은 아무 잘못이 없더라도 세습적 노비로 만드는 제도를 합법화한 것이라는 일반적인 오해에 이의를 제기했다.

이것은 유형원이 인간의 이성적 능력에 기초해 어떤 새로운 판단기준을 찾기보다는 고대 중국에 남아 있는 선례의 타당성을 대체로 받아들였다는 측면을 확실히 보여준다. 만약 그가 노비제도를 통시적이고 객관적으로 연구하려고 했다면 한은 물론 주에서도 세습적 노비를 용인했다는 증거를 찾으려고 노력했을 것이지만, 그는 그런 증거를 발견하지 못했거나 세습적 노비제도에 반대하는 자신의 입장을 강화하기 위해서 그것을 숨겼다고 여겨진다.

유형원은 한대의 선정을 묘사하기 위해서 황제나 관원이 공포한 노비 면천의 법령을 열거하면서 그 시기를 서술하기 시작했다.[100] 중국사에서 노비제도의 완전한 폐지를 요구한 최초의 사례는 동중서가 무제에게 올린 주청이었지만, 유형원은 그 제안이 범죄자와 전쟁 포로를 노비로 만든 주대의 관습과는 반대됐다는 이유로 전면적인 폐지를 급진적으로 요구한 정책의 시초라고 파악하지 않았다.[101]

유형원은 당대唐代와 관련해서는 공노비와 채무 노비에게 적용된 삼면三免제도를 짧게 소개했다.[102] 그는 자신의 의견을 언급하지는 않았는데, 면천된 공노비는 어떤 불리한 조건의 제한을 받지 않고 즉시 양인이 되는 한의 제도보다는 단계적으로 면천되는 당의 제도가 노비에게는 불리하다고 생각한 것은 확실하지만, 이런 침묵은 당의 제도를 제한적으로만 동의했음을 보여준다. 두 제도 모두 한국의 세습적 노비제도보다는 자유로웠다.[103] 유형원은 당·송에서 제안된 채무 노비의 면천 사례를 직접 언급하지는 않았지만 그 정책을 지지한 것이 확실한데, 무고한 양인을 노비로 만드는 행위는 고대에 확립된 원칙과 반대되는 것이기 때문이었다.

### 한국의 노비제도개혁

노비제도의 원인과 결과

중국에서 배운 교훈을 적용하면서 유형원은 고대 중국에서는 범죄자만이 노비가 됐으며 그런 경우라도 후손까지 노비가 되지는 않았다고 주장했다.[104] 범죄를 저지르지 않으면 절대 노비가 되지 않았으며, 당의

노비제도에서도 자신은 노비가 되도록 처벌받았어도 그 후손은 영향을 받지 않았다.[105]

유형원은 조선에서는 어떤 사람이 범죄를 저질렀기 때문에 노비가 됐는지는 전혀 관심이 없다고 비판했다. 노비를 결정하는 유일한 기준은 그 사람의 가계에 노비가 있는가 하는 점이어서 덕망과 재능이 있는 사람이라도 그런 가치는 전혀 고려되지 않고 노비가 되기도 했다.[106]

그는 한국 노비제도의 세습적 측면은 중국의 규범에서 왔다고 믿었기 때문에 자연히 노비제도의 기원에 관심을 두게 됐다. 전통적 생각과는 반대로 그는 기자의 법률을 전혀 언급하지 않았으며, 삼국시대에는 세습적 노비제도의 사례를 전혀 찾지 못했다. 노비제도는 분명히 존재했지만, 포로·범죄·횡령·절도에 대한 처벌에 국한해 노비로 만들었다. 그래서 그는 태조가 많은 정적들을 노비로 만들어 공신들에게 사노비로 주었던 고려의 개창 무렵을 세습적 노비제도의 기원으로 잡았다.

유형원은 자신의 해석에 명확한 증거를 제출하지는 않았지만 노비제도의 기원을 고려 전기로 잡았는데, 그 근거는 1039년 종모법이 실시됐으며 고려 중기에는 세습적 노비제도가 시행된 확실한 증거가 있었기 때문이었다. 그럼으로써 그는 중국의 주대든 기자의 성스러운 통치가 이루어지던 고조선이든 먼 고대라고 추정되고 있는 기원에서 주어진 세습적 노비제도의 합법성을 벗겨냈다. 또한 유형원은, 조선 전기에 널리 받아들여진 견해인데, 고려에서는 백성을 강제로 노비로 만들어 인구의 80~90퍼센트까지 노비인구가 늘어났다고 언급했다.[107] 이런 상황은 양천 교혼에서 어머니가 비인 소생에게만 노비신분을 물려주는 종모법이 도입되면서 더욱 악화됐다. 실제로는 부모 중 한쪽만 노비이면 그 소생은 노비가 됐기 때문에 "백성들은 강제로 노비가 됐고 한번 노비가 되면 벗어날 방법이 없었다는 의미였다."[108]

그는 그 법률이 실제로는 무시됐어도 1039년 이후 문헌에 남아 있었다고 생각했다. 즉 그는 종모법이 노비를 증가시키는 데 기여했다고 격렬하게 비판받아온 사실을 몰랐던 것이다. 유형원은 "종모법이 잘못된 것이 아니라 노비신분을 세습시키는 제도奴婢以世之法가 잘못된 것"이라고 지적했다. 또 다른 요인은 양인들이 피하려고 했던 군역의 부담이었다. 노비는 (적어도 1593년 이전에는) 군역에서 면제됐기 때문에 많은 양인들은 자식을 사노비와 결혼시키려고 했다.[109]

유형원은 이이의 노비제도에 대한 비판과 조헌이 1574년(선조 7) 중국에 사신으로 갔다가 돌아온 뒤 선조에게 올린 긴 상소를 인용했는데, 조헌은 중국과 조선의 국방력을 불공평하게 비교했으며 조선의 국방력이 약화된 요인을 노비제도에 돌렸다.[110] 조헌은 중국이 국경에 흩어진 수많은 도시들을 방어해야 하지만 그래도 국경이 안전한 까닭은 노비가 군역을 지지 않는 당시의 조선과 반대로 사대부·농민·상인을 제외한 모든 인구가 군대에 복무하기 때문이라고 말했다. 그는 한반도의 삼국시대에는 모든 사람이 군역에 복무했기 때문에 노비제도가 널리 퍼지지 못했다고 평가했다.[111] 당시 조선에서는 노비가 늘어나 전국적으로 20만 명만이 군적에 올랐을 뿐이며 이들 중 겨우 1천여 명이 실제 임무에 적합했다.[112] 그는 만약 일본이나 다른 나라가 군사력을 증강해 조선을 침략하면 막을 방법이 없을 것이라고 예측했다.

또한 그는 노비 소유권을 둘러싼 소송이 폭증하고 도망간 노비를 찾기 위해 노비 소유주의 대리인이 전국을 뒤지면서 약탈하는 현상도 비판했다. 세습적인 노비제도 때문에 각 가문들은 노비를 차지하려고 경쟁하면서 분쟁을 일으켜 나뉘게 됐고, 지방 수령들은 이런 복잡한 분쟁을 판결하는 데 시간과 노력을 들였기 때문에 본연의 임무를 제대로 처리할 수 없었다.[113]

## 인도주의와 평등

유형원은 특히 노비제도가 사회 전체에 미친 비인간적 효과에 주목했다. 그는 노비 소유주들은 자신의 노비를 매질로 다룰 뿐이라고 지적하면서, 노비제도는 노비뿐만 아니라 노비 소유주까지 잔인하게 만들었다고 주장했다. 그 결과 노비는 충성의 감정과 근면한 노동의 기쁨을 모두 잃었다. 이런 학대를 받은 노비들은 교화되기는커녕 무리를 지어 유망에 나섰다.[114] 노비와 노비 소유주가 모두 잔인해졌다는 유형원의 생각은 노비제도에 대한 전통적인 관점을 새롭게 비튼 것이었지만, 그는 이런 독특한 관점에 만족해 머물지 않았다. 그는 더 나아가 이전의 문헌에서는 발견할 수 없었던 인간의 평등에 대한 원칙을 분명하게 밝혔다. "지금 우리나라에서는 노비를 재산으로 여긴다. 사람은 모두 동일한데, 어찌 사람이 사람을 재산으로 여길 수 있는가."[115]

그가 보기에 노비를 재산으로 보는 관습은 고대 (중국) 사회에는 없었으며, 그러므로 당시 조선 사회에 그런 풍조가 있다는 사실은 조선이 과거의 영광스러운 규범에서 얼마나 멀어졌는가를 불행하게 보여주는 것이었다.

> 고대에는 나라의 부가 말馬의 숫자에 달려 있었기 때문에 백성을 다스리는 천자와 제후라도 사람을 자신의 재물로 여기지 않았다. 지금 우리나라의 풍속은 반드시 노비와 토지를 부의 기준으로 삼으니 그 법률과 풍속의 잘못된 병폐를 여기서도 알 수 있다.

핵심적인 문제점은 사람들이 눈앞의 사사로운 이익에 빠져 노비제도는 철폐하기 너무 어렵다고 생각한다는 것이었다. 조선에서 노비는 일반 양인과는 전혀 다르기 때문에 국왕은 그들을 해쳐도 무방하다는 잘못된 생각이 만연했다. 그 결과 노비를 인간 이하의 어떤 종류로 간주

하면서 그들을 잔인하게 다루게 됐으며, 특히 도망간 노비를 잡는 과정에서 더욱 그러했다.[116]

그러나 유형원은 "모든 인간은 동일하다"는 보편적 원칙에 입각해 모든 사람(여성은 제외)은 법률 앞에 평등하고 사회적 협약에 차별 없이 참가하며 정치단체에서 균등한 권리를 가진다고 생각하지는 않았다. 오히려 그는 모든 사람이 동물이나 동산動産과는 구별되는 보편적 인성을 공유한다고 생각했다. 동산이나 물건은 사람의 재산이 될 수 있었지만, 사람은 다른 사람을 소유할 수 없었다. 아울러 그는 통치자가 인위적인 신분을 만들어 차별하는 것은 부당하다고 비판했는데, 그것은 조선 사회의 일반적인 명분과는 완전히 반대되는 주장이었다. 이런 생각을 창안하지 않았다고 해도 유형원은 그것을 널리 퍼뜨리는 데 분명히 중요한 역할을 했으며, 그런 생각은 1801년(순조 1) 공노비를 폐지한다는 순조의 법령으로 결실을 맺었다.

유감스럽게도 인간이 평등하다는 유형원의 선언은 고전의 출처가 없었기 때문에 그는 조금 약한 대안으로 대체해야 했는데, 고대 중국에서는 현재 조선의 관행과는 달리 노비를 재산으로 간주하지 않았다는, 표면적으로는 경험적인 발언이었다. 재산으로 간주되는 노비가 고대 중국에는 존재하지 않았다는 사실은 확실한 증거가 전혀 없었다. 반대로 이것은 그런 노비가 합법적으로 존재했다는 사실을 암시했다.

만약 단순히 노비제도를 비난할 수 있는 사례를 찾으려고 했다면, 그는 기원후 9년 전한을 무너뜨리고 신新을 세운 왕망王莽을 언급할 수 있었을 것이다. 왕망은 진대의 노비제도가 사람을 우리에 가둬놓고 비인간적으로 다루는 행위를 정당화했다면서 강하게 비판했다.[117] 아마도 그는 도덕적 원리를 전복시킨 사람의 발언을 인용하기 어려웠으며(18세기에 유형원의 사상을 계승한 이익도 마찬가지였다) 만약 찾을 수 있었다면 선진先秦시대의 자료를 선호했을 것이다.

노비제도에 대한 유학의 입장은 10세기 후반에는 그 제도가 귀족에게 필요하다는 것이었고 15세기 조선에서는 세습된 재산을 보존해야 한다는 것이었다. 유형원은 유교도덕을 담은 문헌에서 노비제도에 반대하는 생각의 전통을 발견하기 어려웠기 때문에 인간이 평등하다는 원칙을 창안할 수밖에 없었다. 그러나 그가 참으로 조선 사회에서 노비제도를 즉시 완전하게 폐지하려고 했는지는 의심스러운데, 특히 교육과 전제개혁에서 사유재산을 폐지해서 그가 생각한 공전제로 전환한 뒤에도 노비노동은 중요한 역할을 했기 때문이다.

### 종모법

노비와 양인 모두 동일한 인간이라는 원칙을 천명했음에도 유형원은 놀랍게도 노비제도의 문제점을 해결하는 방안으로 양천 교혼에서 태어난 자녀의 신분은 종모법에 따라 결정하자고 제안했는데, 이것은 송시열이 생전에 올린 건의와 같은 내용이었다.[118] 이 방법을 지지한 그밖의 인물들과 유형원의 차이점은 교혼 소생의 신분이 어머니에 따라서 결정되는 것은 자신이 지지하는 유교의 윤리규범을 정면으로 위반하는 행동이라는 것을 기꺼이 인정하는 태도였다.[119] 종부법은 도덕적인 문제가 아니라 실제적인 이유에서 거의 나을 것이 없었는데, 교활하고 무법적인 백성들은 아버지를 증명하기 어렵다는 이유로 소송을 빈번하게 제기했기 때문이었다.

그는 차선책으로 종모법을 선택했다. 종부법은 비현실적이었기 때문에 "종모법을 선택할 수밖에 없었다."[120] 유형원의 실용주의는 송시열의 도덕적 어조와 대비해보면 좀더 두드러진다. 1669년(현종 10) 송시열은 효종에게 종모법을 추천하면서 그 제도는 공평·공정·정의·정직을 대표한다고 아뢨다.[121] 전형택은 송시열과 서인은 현실적인 입장에서 종모법을 옹호했지만 유형원 같은 실학자들은 그 문제에 도덕적 태도로 접근했다고 파악했는데, 그들의 핵심적 입장은 정확히 반대였다.[122]

유형원은 15세기에 종부법과 종모법을 시험해본 결과 모두 결함이 있는 제도로 드러났다면서 둘 다 반대하는 궤변적 태도를 보여주었다. 그의 분석에서 가장 중요한 부분은 자신이 받아들인 방법이 유교적 관점에서 보면 비도덕적이라는 사실을 실제로 수긍했다는 것이며, 이것은 그를 '실학'적 전통을 따르는 진정한 학자로 부각시킨 명쾌한 발언 중 하나였다. 유형원은 교혼의 소생이 모두 면천되어야 한다는 결론을 내리지는 않았지만 시대적 여건상 노비제도를 즉각 폐지하기는 어렵기 때문에 그런 결과는 성군이 나타나 "모든 제도를 수정해 기초를 정비할" 때까지 연기될 것이라고 말했다.[123]

## 세습의 중지

그는 노비제도의 폐지에 원칙적으로는 찬성했지만, 지배계층은 주대처럼 국왕의 후원을 받아야 한다고 믿었다. 노비제도를 갑작스럽게 폐지하면 당시의 양반뿐만 아니라 학식과 도덕을 갖춘 새로운 지배계층도 아무런 대비 없이 방치되어 생활할 수 없게 만들어 너무 갑작스럽게 풍습이 바뀔 것이므로 그런 변화는 노비를 고용노동이나 임금노동으로 단계적으로 대체하면서 추진해야 한다고 생각했다. 그런 개혁이 이루어지면 지배계층은 노비보다는 고공雇工을 사용하게 될 것이었다. 그렇게 전환해가는 첫 번째 단계는 당시의 노비를 세밀하게 등록해서 다음 세대까지만 노비신분을 세습시키도록 최종 기한을 정하는 것이었다.[124]

## 고용노동 : 이해利害의 계산

유형원은 "지금 중국에서는 고공을 성공적으로 부리고 있다"는 사실을 근거로 고용노동이 노비를 합법적으로 대체하는 수단이라고 주장했다.[125] 유형원은 조선에서 고용노동을 채택하면 논란이 일어날 것이라고 인정했는데, 노비 소유주들은 노비를 부리면서 그들을 학대하는 데 오랫동안 익숙해 있고 양인들은 노비가 담당하는 고된 노동을 천시했기 때문이었다. "노비가 아니면 사람들은 그를 부리지 않고, 노비가 아니면 사람에게서 부림을 당하지 않는다." 유형원은 고된 노동이 천시받고 있지만 고공으로 일하는 사람들도 일부 있다고 언급했다.

유형원은 고된 육체노동의 오명을 극복할 수 있는 두 가지 방법이 있다고 주장했다. 우선 풍속은 법률로 변화시킬 수 없다는 보수적 견해와는 반대로 법률을 만들어 뿌리깊은 사회적 관습을 전환시키는 것이었다.[126] 또한 그는 사회적 지배계층이 하위계층을 다루는 방식을 바꾸게 만들 수 있다고 믿었다. 만약 지배계층이 하위계층에게 관용과 정의를 보이기 시작하면 노비에게 부과된 세습적 차별과 지나친 학대는 줄어들 것이었다. 그렇게 되면 양인들은 스스로 고공이 되는 데 좀더 적극적인 태도를 갖게 될 것이었다.

그러나 노비에 대한 지배계층의 태도를 어떻게 도덕적으로 변환시킬 것인가. 그것은 성리학적 도덕주의자들이 설파하는 자기수양이 아니라 세습적 노비제도를 폐지하는 간단한 방법으로 가능했다. 노비제도를 합법적으로 폐지하면 노비는 감소할 것이며, 그것의 '당연한 결과로서' 국왕이나 노비 소유주들은 조금씩 태도를 바꾸어 그들을 인자하고 정의롭게 다루게 될 것이었다. 그는 노비에 대한 이런 태도의 변화가 매우 쉽게 일어나리라는 데 대해서는 납득할 만한 설명을 하지 않았지만, 세습적 노비제도를 폐지하면 많은 사람들이, 심지어는 평생 동안, 고공이 될 것이라고 확신했다. 이것은 다소 의문스러운 발언인데, 이미 함경도의 고공들은 노비와 다를 바 없이 그 직역을 세습했기 때문이다.[127]

그럼에도 불구하고 유형원은 노비가 줄어들면 육체노동에 대한 노비 소유주·노비·양인의 태도를 바꿀 것이라고 확신했다. 일반적인 유학자들과 달리 그는 내부적 마음의 전환을 가져오는 것은 객관적이며 외부적인 환경이라고 생각했다.

유학의 도덕적 교리에서 더욱 이탈한 유형원은 변화된 외부적 환경은 개인의 타고난 도덕적 능력에 영향을 주어서가 아니라 자신의 이익을 추구하는 감정에 호소함으로써 그의 외적 행동을 개선시킬 것이라고 주장했다. "세상의 모든 사람은 태곳적부터 이익을 추구하고 해로움을 멀리하는 감정을 공유해왔다. 지금이라고 어찌 옛날과 다르겠는가. 그리고 우리 동국東國도 이런 측면에서 어찌 중국과 다르겠는가."

유형원은 법가를 제외하고는 고대 중국에 그런 원칙을 가진 사상이 없다는 것을 다시 한번 확인했지만, 개인의 이해利害를 계산하는 그의 방식은 보상과 처벌을 강조하는 법가보다는 행복과 고통에 주목하는 벤덤Bentham의 실용주의와 좀더 비슷하다. 유형원은 이해를 계산하는 자신의 방식이 실제로 사용됐다는 증거를 제시하기 위해서 중국에서는 가난한 하위계층들이 임금노동으로 생계를 유지할 수 있기 때문에 모두 기꺼이 그렇게 일한다고 지적했다. 그는 자유시장을 옹호하는 근대의 자본주의자에게 적합한 어조로 선택의 자유라는 논거에 입각해 임금노동의 이익을 격찬하기까지 했다! "(중국의) 고공들은 자신들이 일할 고용주를 선택하며, 고용주들도 고공을 선택한다." 유형원은 노동시장과 그 운영에 대한 근대적 개념이 없었지만, 고공과 고용주는 모두 서로를 자유롭게 선택하고, 고용노동은 조선에서 노비노동을 강압과 물리력으로 관리하지 않게 만들 것이라고 생각했다.[128]

유형원은 법률과 제도를 변화시키는 효과가 지대하고, 인간의 행동은 이해관계에 좌우되며, 임금노동은 노비제 사회에 긍정적인 영향을 미친다는 확신을 어디에서 얻었는가. 그의 생각이 고대 중국 및 초기 한국의 사상과 제도의 연구나 16세기의 이이나 조헌의 관련 저술에서 주요한 영향을 받았다는 증거는 거의 없다. 이 문제와 관련해서 그가 이이나 송시열과 공유한 측면은 노비인구를 줄이는 수단으로 종모법에 동의했다는 사실밖에 없었다.

중국의 상황을 직접 조사하지는 못했지만 그는 당시 중국의 경제 상황에 대한 소식을 듣고 고무됐다. 또한 언급하지는 않았어도 그는 조선의 상업적 성장에서도 영향을 받았다고 생각되지만, 특히 함경도와 전라도에서 고공이 겪고 있던 비참한 생활환경을 좀더 충분히 알았다면 그들의 생활수준이 노비보다 나으리라고 확신하지는 않았을 것이다. 그러나 17세기 중반 임금노동조차 세습과 신분과 강제에 기초하고 있었다는 그의 판단은 상당히 정확했다.

### 임금노동의 사회적 결과

유형원은 노비제도를 임금노동으로 대체하는 방안을 지지했으며, 특히 노비제도를 비판하는 근거로서 모든 사람은 실제로 평등하다고 선언했다는 측면에서 좀더 평등한 사회를 창출하려는 의도를 가졌던 것으로 비칠 수도 있다. 그러나 그는 자신이 구상한 미래의 사회를 서술하면서 평등한 사회질서는 자신의 목표가 아니라는 점을 분명히 밝혔다. 우선 그가 생각한 이상적 사회는 결코 평등한 사회가 아니었다. 그는 당시 중국에서 노비노동보다 고용노동이 우세했다고 해도 그 사회조직을 평등하다고 여기지 않았다. 반대로 지위와 신분과 부를 가진 중국인들은 사회적 신분과 질서를 어지럽히지 않고 최대한 많은 하인과 고공을 두는 데 부를 사용했다.

얼마나 많은 고공을 고용할 수 있는가는 그들의 부에 달려 있었다. 대지주와 많은 녹봉을 받는 고위 관원들은 수백 명에서 수천 명의 고공을 부릴 수 있었지만 양인들은 소수만을 고용할 수 있었다. 어쨌든 고용노동은 고위 관원의 가정에서 사회신분의 적절한 구별을 방해하지 않았다. 향촌 백성들은 고공을 자기 자녀처럼 대접했으며 아들이 많은 사람은 일부를 고공으로 다른 사람에게 주기까지 했다.

그가 중국에 대한 간접적인 풍문보다 조선의 고용노동에 대해서 좀 더 직접적인 지식을 갖고 있었다면, 특히 머슴처럼 1년 단위로 계약하는 부류는 더욱 그러했는데, 고공들은 이미 가정에서 부차적인 구성원으로 취급되고 있다는 사실을 알았을 것이다 — 예컨대 함경도에서는 강력한 지주에 의해 사실상 노비로 강제로 편입된 세습적 고공인 이른바 세전관하世傳管下가 있었고, 전라도의 고공은 일하지 않을 때는 마치 강제 노동수용소처럼 담장 안에 갇혀 있었다. 힘들고 천대받는 육체노동에 동원되는 사람은 노비만이 아니었던 것이다.[129]

어쨌든 유형원은 중국에서 시행되던 고용노동은 토지를 국유화해 농민에게 공평하게 분배하는 자신의 이상적인 계획이 채택되면 조선에 즉시 적용할 수 있다고 주장했다. 그는 자신의 개혁안은 현재의 서열적 부와 세습적 신분제도와는 반대로 덕망과 지위에 따라 부와 위계질서를 편제하려는 목적에서 고안됐다고 주장했다. 그렇지 않으면 그의 계획은 당시의 풍습이나 제도를 전혀 바꿀 수 없을 것이었다.[130]

고공제도의 이점은 신분이 높고 부유한 가문에 고용될 경우 노동자를 공정하고 인간적으로 다룰 것이고, 고용되지 않은 채로 남아 있을 선택의 자유를 허락하며, 임금을 벌기 위해 일하기로 결정하면 노역 기간을 정하도록 하는 것 등이었다. 유형원은 중국에 가본 적이 없었기 때문에 그곳의 노동관계를 이상적으로 생각했다고 판단되는데, 중국의 고공은 자신의 의지에 따라 일하거나 일하지 않을 수 있었지만 일단 어떤 집에서 일하기로 동의하면 "그들은 (그 가장의 지시를) 조금도 어기지 않았으며, 이것은 (그들의 행동을 통제하는) 국법이 있었기 때문"이라고 믿었다.[131]

조선의 사회적 지배계층의 대다수는 노비제도가 서로 존중하는 관계를 맺어야 한다는 유학의 원리와 양립할 수 없다고 생각하지 않았다. 일부는 그것은 귀족과 천민의 적절한 차별과 사회의 서열적 조직이라는 유교적 개념에, 필요하지는 않더라도, 일치한다고 생각했다. 노비제도를 반대하기는 했지만 유형원은, 모든 사람은 '같은 종류'라는 선언에도 불구하고, 평등의 원칙을 신봉하지는 않았다. 사실 그는 사회적 계층화는 노비제도가 고용노동으로 대체되더라도 유지될 수 있다고 주장했다. 미래를 위한 유형원의 궁극적인 방안은 노비제도를 폐지하고 노비를 고용노동으로 대체하는 것이었지만, 그것은 적어도 수십 년이 걸릴 일이었기 때문에 당면한 목표는 세습된 노비를 없애는 데 국한됐다.

그러나 노비제도를 고용노동으로 대체하자는 그의 제안이 갖고 있는 문제점은 그의 토지분배제도(제7장 참조)에 따르면 모든 건장한 성인 남성은 노비라도 토지를 받을 수 있다고 규정한 것이었다. 만약 노비들이 모두 면천되고 고공만 남게 되면, 그들도 토지를 받을 자격이 있었다. 유형원은 자신의 전제개혁안이 채택되면 농민인구가 늘어나고 잉여인구는 새로운 사회에서 사대부를 위해 일할 수 있을 것이라고 자신했지만, 모든 사람은 경작권을 보장받아 소농으로 전환됐을 것이기 때문에 논리적으로는 잉여노동력이 있을 수 없었다.[132]

그의 계획은 분명히 모순됐지만, 유형원은 그것을 알지 못했다. 그까닭은 무엇인가. 제7장에서 보겠지만, 그의 토지분배제도는 대단히 포괄적이어서 토지를 갖지 못해 고공으로 일할 농민이 없게 될 것이기 때문이었다. 유형원은 자신이 구상한 이상적인 사대부에게 노비가 아니라 고공으로 봉사할 수 있는 잉여노동력을 보장할 수 있다고 생각했으며, 중국에서 그런 사례가 없었다는 사실을 근거로 자유로운 임금노동 제도가 서열적 신분관계의 도덕적 기초를 훼손하지 않을 것이라고 보장했지만, 그것은 사실이었는가. 실제로 가상적인 토론자는 유형원의 주요 목적은 "사람들을 강제로 동원하지 않고 자비로운 동정惠恤"을 베푸는 것인데, 그가 구상한 이상적 사회에서 귀천의 적절한 구분은 유지될 수 있을 것인지를 물었다.[133]

유형원이 논쟁자에게 '자비로운 동정'이라는 표현을 사용하게 한 까닭은 보수적인 논자는 그런 '자비로운 동정'에 입각해 사회적 변화를 추구하려는 자신 같은 이상적인 사회 개량주의자에게 반대한다는 사실을 보여주려는 의도였다. 그가 구상한 평등한 사회는 국가가 노비 소유주들에게 노비 대신 고공을 받아들이라고 강요하거나 고공에게 고용주를 존중하라고 강제하는 경우에만 이루어질 수 있었다. 그는 임금을 벌기 위해 일하거나 그러지 않고 쉬거나 자유롭게 선택할 수 있는 고용노동 제도를 시행하려면 당시의 사회신분을 파괴하는 새로운 인간관계의 원리를 도입해야 한다는 사실을 간파하지 못했다고 지적될 수 있었다. 그러나 고용노동은 조선이 개창된 이후 양반의 우월성을 훼손하거나 노비제도의 영향력을 약화시키지 않고 계속 존재해왔기 때문에 그런 도전은 타당하지 않았다. 실제로 함경도의 고용주는 고공을 사실상 노비로 변형시켰다.

자신이 사회적 보수주의자라는 비판을 방어하고 자신의 제안이 그들의 부를 심각하게 위협하는 것은 아니라는 사실을 확인시키면서 유형원은 학대받는 (노비와 고공을) 도와야 한다는 감성적 가식을 모두 버려야 했으며, 노비제도를 임금노동으로 대체해 발생하는 허점을 이용해서 올바른 유교의 질서를 무너뜨리려는 잘못된 시도를 할 경우 국가의 처벌을 받을 것이라고 경고해야 했다.

예법이 명확하다면 존귀의 구별은 저절로 정해질 것이다. 이 때문에
『대명률』에는 고공이 가장을 욕하고 고발하는 범죄를 처벌하는 규정이
있으며, 심지어는 가장의 친족을 욕하거나 고소해도 처벌을 받도록 했
다. 법률과 교육法敎이 이와 같으므로 윗사람을 능멸하는 걱정이 없게
된 것이다.

그는 윗사람을 능멸하면 엄격히 치죄될 것이라고 경고했지만, 너그
럽게 사람을 다스리는 것과 신분적 차별을 유지하는 것은 서로 (배타적
인) 모순이 없기 때문에 그런 폭력은 실제로는 필요치 않을 것이라면서
더욱 인자한 태도로 물러났다. 적절한 신분적 차별을 유지하기 위해서
너그러운 태도를 버릴 필요는 없었는데, "현명한 사람과 어리석은 사람
이 모두 그 직분을 얻고 윗사람과 아랫사람이 모두 필요한 것을 획득하
며, 윗사람은 은혜와 의리로 아랫사람을 부리고 아랫사람 또한 충성과
성실로 봉사할 것"이기 때문이었다.[134] 이것은 이익을 현실적으로 계산
하는 것이 성공을 보장하는 유일한 방법인 것과 마찬가지로, 선행을 실
천하라는 도덕적 본질에 호소하기보다는 (자신의 적절한 몫을 얻을 수 있
을 것이라는) 유용성에 호소한 것이었다.

아울러 그는 중국에서는 고공이 일단 어떤 집에서 일하기로 동의하
면 예절을 지켰다고 설명했다. 그 까닭은 당시의 법률과 교육 때문이었
다! 달리 말하면 교육은 필수적인 행동을 가르쳤고, 법률은 그것을 위
반할 경우 처벌했다. "나중에 귀현貴顯하게 된 고공은 우연히 옛 주인을
만나도 예의를 지켰다."[135] 그러나 유형원은 그런 태도가 자발적인 인식
때문이었는지 처벌을 두려워했기 때문이었는지는 충분히 설명하지 않
았다.

그는 중국에서 고공이 실제로 농가에서 고용주의 자식처럼 대접받았
는지를 조사한 결과 서로 잘 융화했다고 들었다. 달리 말하면 사실 17

세기 조선의 고용노동은 부분적으로만 자유로웠을 뿐이며, 고공은 현실적으로든 가상적으로든 친족관계와 의무에 여전히 묶여 있었다. 그러므로 그가 이런 노동방식으로 노비를 대체하면 당시 사회조직의 원리를 무너뜨리지 않으리라고 판단한 것은 상당히 논리적이었다.

보복의 칼을 칼집에 넣은 유형원은 한 걸음 더 나아가 강압적인 방법은 불필요할 뿐만 아니라 역효과를 불러올 것이라고 단언했다. 조선에서는 주인이 노비에게 폭력을 행사했기 때문에 서로의 관계가 비참했고, 그 때문에 노비는 복종하지 않을 뿐만 아니라 충성의 감정을 완전히 잃어버려 그렇게 많이 도망간 것이었다.[136]

물론 법률과 강제를 동원해서 사회규범을 따르도록 하려는 유형원의 태도는 행동을 통제하고 인도하는 데는 법률과 제도가 유용하다는 믿음과 학교의 규율을 유지하는 데 처벌을 자유롭게 사용할 수 있도록 한 규정과 합치된다. 이것은 유가와 법가의 원칙을 혼합했던 중국 한대의 사례에서 영향을 받은 것으로 생각된다.

유형원은 조선 노비제도의 야만성을 처음으로 집요하게 비판한 인물 중 한 사람이었으며 그것의 폐지를 진심으로 바랐지만, 노비 소유주의 신경을 건드리거나 자신이 소중하게 여긴 사회질서를 혼란스럽게 만들 수 있는 갑작스러운 행동을 지지하는 데는 소극적이었다. 그 때문에 그는 노비제도를 점진적이지만 확실히 대체할 수 있는 방법을 찾아야 했으며 그 방법으로 종모법을 채택하고 고용노동을 단계적으로 도입했지만, 고용노동이 사회적 위계질서의 적절한 원칙을 약화시키지 않도록 매우 유의했기 때문에 그런 사회 원칙을 지키기 위한 방법으로 법률과 물리력과 처벌을 동원하는 데 찬성했다. 17세기 조선 사회를 가장 날카롭게 비판한 인물 또한 사회질서를 유지하기 위해서 강압적인 방법을 기꺼이 사용하려고 했던 것이다. 유형원의 목적은 사회질서 자체를 파괴하는 것이 아니라 고전과 주대의 제도에서 원용한 좀더 타당한 원칙에 기초해 사회질서를 재건하는 것이었기 때문이었다.

## 고용노동을 둘러싼 20세기의 논쟁

　조선시대의 고용노동에 대한 최근의 연구는 커다란 논쟁을 불러왔다. 마르크스주의적 시각에 입각한 일군의 학자들은 고공을 토지·재산·생산수단을 잃고 유일하게 남은 노동력을 팔 수밖에 없었던 임금노동자로 보았다. 이런 견해를 주도한 사람은 김용섭이었는데, 그는 잉여생산을 축적하고 농산물을 스스로 소비하기보다는 시장에 판매하기 시작했으며 재투자에 필요한 잉여생산을 축적하고 자신의 자본을 이용해 파산한 소농의 토지를 매입한 경영형 부농이라는 새로운 계층이 농업 생산의 발전을 주도했다고 주장했다.[137] 김용섭의 제자인 최윤오崔潤晤*는 이런 견해를 고용노동에 적용해 식사와 숙소를 제공받았지만 임금은 받지 못했던 조선 전기의 머슴은 조선 후기에 들어오면서 대개 하루에 3되(한 달에 9말)의 곡식이나 1전(0.1냥)의 돈을 임금으로 받는 고공으로 그 성격이 변했다고 주장했다. 경영형 부농이 빈곤해진 소농의 토지를 매입해 그들이 유망流亡을 떠나게 되면서 이런 고공은 증가했다. 그들은 일을 찾아 전국을 떠돌았으며, 노동시장이 있는 큰 촌락으로 모여들었다. 19세기 중반 지방에는 이런 고공들이 매우 많았는데, 그들은 조선의 농업이 상업적 자본주의로 옮겨가면서 두 가지의 잠재적인 결과를 예비했다. 그들은 떠도는 고공을 이용함으로써 소작을 좀 더 효율적이고 값싼 생산방식으로 전환하려는 대지주들에게 고용됐거나, 계급적 자각이 성장하면서 불만을 갖게 됨으로써 지방의 농민반란에 적극적으로 참여했다.[138]

---

* 원서에는 "최춘오Ch'oe Chun'o"로 되어 있는데(243쪽 및 1,063쪽 주 138) 바로 잡았다.

강만길도 이런 일반적 해석에 동참하면서, 유형원은 당시의 흐름과 보조를 맞추어 노비를 고공으로 대체하자고 제안했으며 그런 변화에 따라 필요한 노동력의 수급방식은 고용(또는 임금)노동제도로 옮겨갔다고 주장했다.[139] 고용노동에 대한 강만길의 주요한 논지는 그것이 16세기 이후 조선 경제의 긍정적 발전을 나타낸다는 것이었지만, 유형원은 고용노동이 점차 확산되던 조선의 상황이 아니라 육체노동이 천시되지 않으면서 고용노동이 일반적으로 이루어지던 중국의 실정에서 좀더 고무된 것으로 보인다.

반면 박성수朴成壽는 함경도와 전라도에서 고공을 노비와 비슷하게 취급했다고 비판했지만, 현재의 관점에서 고용노동의 진보적 결과를 낙관한 견해일 뿐으로 생각된다. 1705년(숙종 31)부터 1858년(철종 9)까지 경상도 대구지역에서 이루어진 고용노동을 연구한 한영국韓榮國은 조선 후기의 고용노동이 자유로운 임금노동으로 발전하는 과정을 보여준다는 견해에 심각한 의문을 제기했다. 또한 그는 (좀더 효과적인 생산방법으로 소작보다 임금노동을 사용하기 시작한) '경영형' 부농이 자본주의적 관리방법을 발전시켰다는 김용섭의 이론은 엄격한 사실이 아닌 추론에 근거한 것이라면서 의문을 제기했다.[140]

그는 도시와 농촌 모두에서 등록된 고공이 1825~58년 사이에 거의 사라졌으며, 자신이 조사한 지역의 전체 인구에서 고공 가호의 비율 또한 8.5퍼센트에서 0.2퍼센트로 감소했다는 사실을 발견했다. 반면 대구지역의 고공 가호수는 12.3퍼센트에서 21.2퍼센트로 증가했다.[141] 노비 인구는 전체적으로 거의 사라졌지만, 등록된 고공 중에서 양인은 노비의 25퍼센트 정도 됐지만 1825년 무렵에는 거의 없어졌다. 외거노비와 솔거노奴는 거의 대부분 도망갔기 때문에 늙은 비婢만이 솔거비와 고공으로 일했다. 한영국은 이처럼 고공으로 일한 비들은 1년이나 계절 단위로 고용되어 일할 수는 없었으며 임금을 받지 않고 그저 생계를 잇기 위해 일한 일종의 노비였다고 결론지었다.[142] 그들이 고공으로 생활한 이유 중 하나는 양인과 노비 고공은 대부분 고용주에게서 도망갔기 때문이었다.[143]

고공의 주요한 고용인은 양인, 특히 경영형 부농으로 활동한 양인이었다는 김용섭의 주장과는 반대로 한영국이 조사한 대구지역의 자료에 나오는 고용주들은 대부분 중인과 공노비였다![144] 또한 단기 일용노동에 대한 해석도 상반됐는데, 최윤오는 그것이 농민에게 팔 수 있는 노동력 외에는 한철이나 한 해 동안의 생계를 보장할 수 있는 어떤 수단도 남겨 놓지 않은 발전과정의 정점을 나타냈다고 믿은 반면, 한영국은 1783년(정조 7)의 자료를 인용하면서 당시 조선 조정은 5년 이상의 장기 노동계약을 다루는 중국 법률을 채택하려고 했으며 이것은 단기일용 노동이 최윤오의 표현대로 노동이 '상품화'된 발전과정의 종점이나 정점이 아니라 고용노동의 지속적인 주요 형태였음을 보여주는 사실이라고 파악했다.[145] 또한 최윤오는 당시 가뭄으로 궁핍해진 사람들이 부자들에게 자신을 고용해 숙식을 제공해달라고 요구하는 변화가 나타났다면서 그것을 진보적 발전의 하나로 해석했다. 그러나 한영국은 그것을 퇴보한 노동형태라고 간주하면서, 고공들은 생계를 유지하기 위해서 고용주와 계약할 수밖에 없었고, 노비와 동일한 학대와 가혹한 처벌을 받았으며, 보상의 주요 형태도 임금이 아니라 숙식이었다는 점 등을 이유로 들었다.[146]

한영국의 연구는 그가 사용한 증거가 호적에 제한되어 있다는 약점을 가졌다. 최윤오는 18세기 중반 고지雇只노동*이 출현했다는 사실을 진보의 또 다른 징후로 들었다. 이런 형태의 노동 또한 절망적인 상황의 산물이었는데, 겨울을 거치면서 굶어죽기 직전에 있던 농민들은 고

---

* 임금을 선불하고 노동력을 사용하는 계약노동방식.

용주와 계약하면서 봄·여름에 가장 싼 임금으로 일하겠다는 약속과 함께 화폐나 곡물로 미리 지불을 받았다. 고용주들은 겨울에 겨우 1냥으로 10명의 고공과 계약할 수 있었다(그들은 그 임금을 받고 모를 심고 김을 맸으며 추수를 했다). 반면 최윤오는 어떤 지주들은 특히 대도시 주위에서 고지 노동자들을 모으기 위해서 보통보다 높은 임금을 제시했다는 증거를 인용했다.[147]

요컨대 한영국은 절망적인 사람의 마지막 피난처로 묘사한 노동을 최윤오는 자유로운 노동시장의 발전과 경영형 부농의 합리적이며 자본주의적인 사업으로 파악한 것이다. 유감스럽지만, 유럽의 농촌지역에 대한 연구를 참고해도 이런 두 해석 중 어느 쪽이 좀더 타당한지를 판단하는 데 큰 도움을 받을 수 없다. 페르낭 브로델Fernand Braudel은 농촌의 이동 가능한 임금노동은 18세기 후반 영국에서 산업자본주의가 급격하게 성장하는 데 매우 중요한 요인이었지만, 그것은 18세기 중반만큼이나 14세기에도 보편적으로 이루어졌다고 지적했다.[148] 조르주 뒤비Georges Duby는 프랑스와 영국에서 강제노동이 임금노동으로 대체된 시기를 12세기까지 올려잡았다.[149] 그러나 조선에서는 노비제도(유럽의 농노제도와는 반대되는)와 요역 같은 강제노동에서 전환되는 현상이 16세기에 오면서 약화되기 시작했다. 따라서 19세기 조선의 노동시장은 섬유의 국제 수출이 번성하고 환어음과 복식 부기 같은 정교한 통화通貨 제도가 발전했으며, 국제시장에서 물건을 팔기 위해 세계 전역과 교류하고 막대한 부를 축적해 르네상스를 창출했던 15세기 북부 이탈리아의 도시국가들보다 분명히 훨씬 뒤떨어져 있었다. 거친 비교이기는 해도, 브로델은 16세기 영국의 튜더왕조에서는 절반에서 3분의 2에 이르는 가호가 수입의 일부로 임금을 받았다고 언급했지만, 한영국은 1858년의 자료에서 가호의 8퍼센트만이 1명 이상의 고공을 두었다고 지적했다.[150]

요컨대 유형원은 노비제도를 고용노동으로 대체하자고 제안함으로써 조선의 노비제도에 일정한 자유의 진보를 가져왔지만, 그것은 유교적 도덕기준을 중시하고 복종을 높이 평가하며 가족 안에서의 위계질서를 우선하는 태도에 의해서 제한됐다. 김용섭 같은 진보적 역사학자들은 당시 조선의 경제적 발전 상황이 서부 유럽보다 조금 뒤졌을 뿐이라고 생각했지만, 고용주에 대한 고공의 복종을 예절과 존중의 문제로 파악한 유형원의 보수적 태도는 그가 자유로운 선택의 미덕을 언급했음에도 불구하고 압도적으로 지속됐다.

## ▎ 18세기에 미친 유형원의 영향

다음 세기에 노비제도는 주요한 변화를 많이 겪었다. 1731년(영조 7) 교혼 소생의 신분을 결정하는 데 종모법을 영구히 채택하고, 공노비는 공납 대신 요역을 바치고 양인 보인의 수준으로 납공을 감축해주었으며, 19세기 초반에는 사노비가 감소하고 양인 소작인과 고공이 그들을 대체했고, 끝으로 1801년 순조의 왕명으로 공노비가 폐지된 사건 등이 있었다. 이런 변화에는 잉여농산물이 증가하고 경영형 부농이 나타나 부를 축적했으며 시장이 성장하는 경제적 환경의 전환이 뒤따랐다(이런 경제적 전환에 힘입어 사회적 변화가 일어났다고 주장하는 사람도 많다). 유감스럽지만 사노비들이 속신하거나 호적을 담당하는 관원에게 뇌물을 바쳐 면천됨으로써 그 숫자가 감소한 것이 외거노비와 양인 농민이 부를 축적할 수 있는 주요한 원인이 됐다는 주장은 상세한 미시경제적 연구를 통해 증명되지 않았다. 좀더 설득력 있는 설명은 도망간 노비의 수가 명백히 늘어났다는 것인데, 이것은 그런 노비들이 부유해졌기 때문에 일어난 현상은 아니었다.[151] 도망간 노비를 쇄환刷還하는 데는 많은 비용이 들고 성공할 확률도 낮았으며, 특히 잉여토지를 양인 소작인에게 경작시키면 지주와 노비 소유주는 거의 비용을 들일 필요가 없었기 때문에, 노비제도의 쇠락을 설명하기 위해서 개인 농민의 수입이 획기적으로 증가했다는 주장은 그리 적절치 않다. 아울러 종모법은 1731년에는 노비인구를 감소시켰지만, 그전의 8세기 동안은 그런 효과를 내지 못했다.

노비인구의 비율이 감소했음에도 불구하고 세습적 노비제도는 19세기 말엽까지 법률적 원칙과 사회적 풍습으로 그대로 남아 있었다. 이장의 목적은 유형원이 사망한 뒤 그의 생각이 노비제도와 그 정책에 미친 영향을 탐색하는 것이다.

## 1731년의 종모법

유형원은 종모법이 노비의 자녀가 그 신분을 세습하는 것을 합법적으로 인정한다는 측면 때문에 원칙적으로 반대했지만, 노비를 단계적으로 줄이는 수단으로서 양천 교혼에서 종모법을 채택해야 한다고 주장했다. 종모법은 1669년(현종 10) 유형원의 영향과는 무관하게 채택됐지만, 양인인구를 늘리는 수단이 될 것으로 보았던 유형원과 송시열의 판단과는 달리 그 뒤 10년 동안은 별다른 역할을 하지 못했다. 당시 노비의 결혼 중 60퍼센트는 양인과의 교혼이었기 때문에 노비 소유주는 종모법이 자신들이 소유한 노비 숫자에 미치는 영향을 줄이려는 작업에 착수했다.[152] 1678년(숙종 4) 숙종이 종모법을 폐지하자 형조판서 이원정李元禎은 양인 여성과 결혼한 노의 소유주가 그 양인 부인을 자신 소유의 반노班奴라고 부당하게 취급한 결과 그 자녀들은 천민이 되어 요역을 면제받는다고 지적했다.[153] 그는 겨우 10~20퍼센트만이 정확하게 등록됐다고 추산했다. "원래 양인의 숫자를 늘리려던 방법이 실제로는 속임수와 사기를 늘리는 방법이 됐다." 게다가 노비들이 자녀의 생일을 속인 결과 소유권을 둘러싼 주인들 간의 소송이 늘고 있었다. 당시 남인의 영수였던 허적은 자신은 1669년에 종모법을 지지한 송시열에게 공감하지만, 문제는 그 운영에 있기 때문에 이제는 종모법을 폐지해야 할 필요를 알게 됐다고 말했다. 허적의 반대로 당쟁은 격화됐지만, 그는 그 법률의 효용성을 의심할 타당한 이유가 있었으며 정치적 고려보다는 이성적 판단에서 마음을 바꾸었다고 생각된다.[154]

1680년(숙종 6) 서인이 남인을 몰아내고 권력을 잡자 영의정 송시열은 양인인구를 늘리려는 취지에서 종모법을 채택하자고 제안했지만 숙종은 1684년까지 동의하지 않았다. 1689년(숙종 15) 숙종이 서인을 대대적으로 숙청하고 이이를 문묘에서 출향黜享하고 송시열을 사사한 뒤, 목래선睦來善(남인의 영수)은 종모법을 철폐하라는 숙종의 동의를 얻어 냈다. 허적과 15세기의 종모법 반대자들처럼 그는 그 법률 때문에 노비 소생의 소유권을 둘러싸고 너무 많은 소송이 일어난다면서 선조가 납속을 통해 사노비를 면천시킨 조처를 본받으라고 숙종에게 조언했다.[155] 서인의 분파로 송시열을 추종하는 세력인 노론은 1694년(숙종 20) 다시 권력을 잡았지만 숙종은 1697년(숙종 23)부터 1714년(숙종 40)까지 종모법을 복구하자는 여섯 차례의 건의를 묵살했는데, 그 법률의 효과가 너무 실망스러웠다는 이유 때문이었다.

그러나 히라키 마코토平木實는 당시 그 문제는 완전히 정치화됐다고 평가했다. 서인은 더 많은 양인들을 군역에 보내기 위해 종모법을 채택하고 노비에 대한 신분차별을 완화함으로써 국가를 편들었지만, 남인은 노비 소유주의 이익을 보호했다. 전형택 같은 연구자는 그 논쟁을 두 주요 당파의 철학적 입장과 연결시켜 논의를 진전시켰다. 서인들은 이이의 실용적이며 세속적인 지향을 따른 반면 남인들은 이황과 그의 제자인 유성룡·김성일의 전통을 이어받아 윤리와 마음의 수양, 우주에 대한 추상적인 사색을 선호했다. 그들은 이런 철학적 기반에 도덕적 의미를 부여함으로써 현재의 사회와 주인·노비관계를 지지했다.

종모법의 찬반 입장을 이처럼 당파에 입각해 설명하는 논리는 너무 단순하다. 예컨대 남인의 영수 목래선은 면천 절차의 자유화에 원칙적으로 반대했기 때문이 아니라 종모법이 비용을 내고 속신하는 것보다 효과적이지 않다는 이유에서 그 폐지를 지지했다. 이처럼 종모법의 윤리적 타당성은 물론 유용성은 언제나 모든 당파의 핵심적인 논제였다. 종모법은 시행과정에서 결점이 항상 발견됐지만, 거기에 원칙적으로 반대한 유형원(그는 18세기에도 남인들과 누대에 걸친 교우와 사제관계를 맺은 북인이었다)도 노비를 예속에서 풀어주는 가장 사용할 만한 대안으로 그것을 지지했다.[156]

종모법이 노비인구를 줄이는 데 효과적이지 않았다고 해도 그것을 철폐하면 나라에는 노비의 증가를 규제할 수 있는 아무런 방법이 없었다. 히라키 마코토는 17세기 내내 새로운 부대가 창설되면서 군사의 수요가 증가했으며, 1730년(영조 6) 무렵에는 피역하기 위해 권세가에 스스로 투탁한 사람이 너무 많아졌기 때문에 양정이 더욱 부족하게 됐다고 지적했다. 1731년 영조가 종모법을 다시 채택하기로 결정한 것은 이런 상황의 압박 때문이었다. 1730년 종모법을 지지했던 이이와 송시열을 따르는 서인의 우의정 조문명趙文命이 처음 그 생각을 발의했을 때 영조는 그것이 쉽게 부패되거나 빠져나갈 것이라는 이유에서 일단 거부했다.

몇 달 뒤인 1731년 영조는 경기도에서 양인 농민들이 노비로 투탁하고 지방 관원들이 양인의 조세와 요역의 부담을 친척과 이웃에게 전가시키고 있다는 밀보를 받았다. 조문명은 1689년에 종모법을 폐지한 조처는 서자에게 자신의 양인신분을 물려주려고 하는 사대부에게만 유익했으며, 1669년에 종모법이 폐지되지 않았다면 지금 수십만 명의 양인이 더 있었을 것이라고 주장했다. 그러자 영조는 앞서 보류했던 생각을 바꿔 종모법을 채택하는 데 동의했는데, 노동력을 통제하는 권한이 노비 소유주들에게 너무 많이 넘어갔기 때문이었다.[157] 히라키 마코토는 1731년에 유형원 등의 재야학자들이 영조에게 영향을 주지는 않았지만, 종모법을 채택하는 데 우호적인 분위기를 만든 것은 분명하다고 생각했다.[158]

## 18세기에 노비인구는 감소했는가

그러나 1731년에 채택된 종모법이 1760년 이후 노비인구를 줄이는 데 공헌했는지는 그렇게 명확하지 않다. 일부 학자들은 상업의 성장을 자극하고 노비가 공인이 될 수 있는 기회를 제공한 대동법의 도입 같은 다른 변화에 더 큰 중요성을 부여했다. 김용섭은 이모작과 이앙법, 관개시설의 확대로 농업 생산이 증가했으며 그것은 경영형 부농으로 성장한 노비에게 납속으로 면천될 수 있는 충분한 잉여생산물을 공급해주었다고 주장했다.[159]

1718년(숙종 44) 정부는 공노비들이 그 시점부터 65세에 요역과 공납의 의무를 벗어나기까지 국가에 내야 하는 모든 세금과 같은 금액을 일시에 내면 양인신분을 살 수 있도록 처음으로 허락했다. 이런 조처로 정부는 아무 손실을 입지 않았다 — 사실 면천된 노비가 그 뒤 양인으로 요역과 공납을 부담하면 오히려 이득이었다. 공노비는 물론 사노비도 속신하거나 호적에 신분을 바꾸어 기재하도록 서리에게 뇌물을 주었다는 증거들이 일부 남아 있다. 부유한 노비들은 자신을 대신할 노비를 사서 면천되기도 했지만 가난한 부류는 그대로 노비로 남아 있을 수밖에 없었다.

군역제도의 변화는 공노비를 감소시키는 데 또 다른 요인이 됐다. 군역을 부담할 양인 농민이 부족했기 때문에 정부는 비어 있는 군액을 채우기 위해서 공노비들을 받아들이기 시작했으며, 그 뒤에는 양인을 정부 관서에 고용하기도 했다. 노비와 양인이 같은 부대에 복무하게 되자 그들의 신분적 차이는 현저하게 줄어들었다. 정부는 신공과 요역의 부담에 군역까지 지게 된 노비들의 이중적 부담을 줄이기 위해서 그들이 시재試才를 통과하면 면천시켜주었는데, 유형원은 이 방안을 지지했다. 노비들은 곧 관원에게 뇌물을 주어 합격증을 받아 면천됨으로써 이런 기회의 이점을 이용했다.[160]

그러나 자유를 얻는 가장 중요한 방법은 그냥 도망쳐서 노비문서에서 빠지는 것이었다. 도망친 노비를 다시 잡아들이는 확률은 적었고 특히 지방 관원들은 외거노비를 문서에 정확히 등록하지 못했지만 주인들은 도망간 노비를 다시 잡아들이는 것을 제한한다는 60년 전의 법률을 무시한 채 지방을 돌아다니면서 노비를 수색하도록 사람들을 자주 보냈다.[161]

외거노비들은 그 주인의 합법적인 재산이었지만, 실제로는 반半자치적인 소작인이었다. 일부 노비 소유주들은 그들이 소작료를 계속 납부하는 한 점차 양인신분으로 전환할 수 있도록 용인했는데, 공노비가 노동력을 공급하는 원천에서 신공이나 소작료를 납부하는 부류로 전환됐음을 보여준다.

물론 신분의 전환은 한쪽 방향으로만 일어나지 않았다. 많은 양인들은 조세와 요역의 부담에서 벗어나기 위한 수단으로 천민신분을 선택했다. 그러나 주인에 대한 노비들의 불경한 행동을 고발한 사례가 증가하는 데서 나타나듯이 조선 전기의 특징이었던 좀더 엄격했던 신분의 구별은 약화되기 시작했다. 1761년(영조 37) 한 관원은 관청에 소속된 비婢들은 대부분 자기 식구와 함께 마을에서 살기 때문에 양인 여성과 거의 구분되지 않는다고 언급했다.[162]

이처럼 노비인구가 감소하고 양인과 노비의 구분이 약화된 데는 종모법 이외에도 많은 요인들이 작용했다. 종모법의 효과는 다른 요인들과 뒤섞여 작용했다. 일부 자료는 종모법에 따르면 면천되어야 하는 교혼의 소생들이 신공 등의 부담을 계속 지고 있었음을 알려준다. 반면 공노비가 상당히 감소함으로써 군사와 역노驛奴로 복무할 수 있는 부류가 모자라게 됐다. 그러나 정책 입안자들은 (유형원이 제안했듯이) 양인 고공으로 대체하기를 주저했으며, 그 결과 종모법과는 반대로 그런 노비노동자나 군인의 자제들이 아버지의 신분과 직역職役을 갖도록 하는 조처가 주기적으로 실시됐다. 실제로 1761년 공노비와 역노가 부족한 문제를 조정에서 논의하면서 영의정 홍봉한은 종모법이 시행되어 노비가 대폭 면천됨으로써 신분의 구별이 사라졌다고 크게 우려하면서 그 제도의 폐지를 주장했다. 그러나 자신이 소속된 당파가 오랫동안 견지한 정책에 반대되는 주장을 하고 있다고 다른 신하가 알려주자 그는 실수를 깨닫고 반대를 철회했다.

전형택이 지적했듯이, 종모법은 요역을 감당할 양인들을 늘리기 위해서 채택됐지만, 전통적인 천민 직업을 맡을 충분한 숫자의 노奴를 확보하려는 목적에서 다시 수정되거나 무시됐다. 그러나 전형택은 종모법이 노비에서 벗어날 수 있는 기회를 제공했고 노비와 양인의 격차를 줄였으며 노비제도의 폐지로 가는 흐름을 시작했다는 측면에서 교혼을 촉진하는 보상으로 작용했다고 평가했다.[163]

반면 엘렌 김Ellen Kim은 대구 묘동면에 사는 순천 박씨*의 호적에 기재된 노비 중 6퍼센트는 1731년 이후 양인 어머니에게서 출생했다는 사실을 발견했다. 이것은 그들에게 양인신분을 주어야 하는 종모법을

---

* 여기서는 순천 김씨로 되어 있지만(원서 251쪽) 바로 뒤에서는 순천 박씨로 되어 있는데(원서 252쪽) 오기로 생각되어 바로잡았다.

위반한 사례였다. 그녀는 그 가문이 법률을 무시하지는 않았지만 완전히 준수하지도 않았다고 결론지었다.[164] 18세기 말엽 종모법은 계획했던 목적을 달성했지만, 과거에는 효과를 나타내지 못했다는 사실을 고려하면, 다른 요인이 작용했을 것으로 추정된다.

적어도 이제는 어떤 이유로든 노비인구가 18세기 후반 급격히 감소했다는 사실이 밝혀졌지만, 사회 변화를 연구한 위대한 선구자인 시카다 히로시는 가장 날카로운 분석을 제시했다. 1938년에 발표한 논문에서 시카다 히로시는 1690년(숙종 16), 1729(영조 5)~32년, 1783(정조 7)~89년, 1858년(철종 9) 등 네 차례에 걸쳐 경상도 대구지역에 산재한 마을의 인구를 분석했다.[165] 그는 각 기간마다 대략 3천 개의 전체 가호에서 노비 가호의 비율은 1690년 37.1퍼센트에서 1729~32년에는 26.6퍼센트로, 1783~89년에는 5.0퍼센트로, 그리고 마침내 1858년에는 1.5퍼센트로 떨어졌음을 보여주었다. 그러나 인구의 숫자는 가호의 통계와 매우 달랐다. 앞의 세 시기에 노비인구는 44.6퍼센트에서 33.3퍼센트와 16.5퍼센트로 떨어진 반면, 마지막 시기인 1858년에는 31.7퍼센트(전체 1만 3,195명 중 노비는 4,189명이었다)로 상승했지만, 그들은 44개의 등록된 가호에 분산되어 있을 뿐이었다.[166] 시카다 히로시는 신분을 상승하려는 욕구의 결과로 전체적으로 노비가 감소했으며 1858년에 노비 가호가 적은 까닭은 노비들이 주인 가호에 흡수됐으며 잘못된 등록으로 문제가 생겼기 때문이라고 설명했다.[167] 그러나 1858년의 노비인구는 노비 가호의 숫자에 초점을 맞춘 결과 1684(숙종 10)~67년(고종 4) 대구지역의 노비인구는 47.9퍼센트에서 13.0퍼센트로 떨어졌다는 사실을 발견해 조선 말엽의 노비는 매우 적었다는 결론을 제출한 김영모 등의 견해에 의심을 갖게 만든다.[168]

1729(영조 5)~1867년(고종 4) 울산 농소면農所面의 인구 통계를 연구한 정석종鄭奭鍾은 외거노비는 그 시기가 끝날 무렵 사실상 사라졌지만

솔거노비는 비교적 많이 남아 있었음을 보여주었다.[169] 총가호에서 노비인구의 비율은 1729년에 13.9퍼센트에서 1867년에는 0.56퍼센트로 떨어졌다. 노비인구는 1729년에 약 1,208명에서 1867년에는 466명으로 감소했다. 외거노비의 비율은 1729년에 9.2퍼센트에서 1867년에는 0.3퍼센트로 떨어졌지만, 솔거노비는 21.8퍼센트에서 14.4퍼센트로 줄었다. 이 기간 동안 노비인구가 감소한 주요 원인은 절반 이상이 도망간 것으로 기록됐기 때문이었다. 속신이나 사망, 또는 주인의 매매로 면천된 노비의 숫자는 미미했다.[170]

묘동의 순천 박씨 가문이 소유한 노비를 연구한 엘렌 김은 그 가문의 구성원은 1744년(영조 20)에 889명으로 최고조에 이르렀다가 1786년(정조 10)에는 255명으로 하락했음을 보여주었다. 그 뒤 노비의 55퍼센트 이상을 소유한 그 가문의 직계 자손은 묘동을 떠나서 더이상 호적에 기록되지 않았다. 그 가문에서 노비를 가장 많이 가진 자손이 이주했어도 묘동의 순천 박씨가 소유한 노비는 1846년(헌종 12)에 365명으로 증가했고 1858년(철종 9)에는 660명을 웃돌았다. 그 가문의 노비는 1870년대에 30명 정도로 급격하게 줄었는데, 이것은 시카다 히로시 등의 연구에서 나타난 결과보다 사노비의 지속성이 훨씬 컸음을 보여준다.[171]

### 노비제도에 대한 학문적 비판

유형원은 종모법을 찬성했지만, 1669년 조정에서 그 법률을 채택하는 데는 영향을 주지 못했다. 그러나 그의 출판되지 않은 저작은 몇 사람에게 유통됐고 18세기의 일부 학자들에게 일정한 영향을 주었다. 아울러 일반적인 사상적 조류의 한 부분으로 그 시기에는 노비제도에 대한 비판적 태도가 더욱 널리 확산됐다.

## 성호 이익

유형원의 저작을 존경하면서 그것이 학자들에게 간과되는 상황을 개탄했던 18세기 경세학자인 이익(1681~1763)은 조선 개창 이후 국정의 핵심을 진정으로 이해한 두 사람으로 이이와 유형원을 꼽았다. 유형원처럼 이익도 남인이었던 아버지가 유배되고 형은 1695년(숙종 21) 숙종이 총애하던 희빈 장씨를 비판한 죄목으로 처형당했기 때문에 학문의 길을 걸을 수밖에 없었다. 당파적 차별을 받은 남인의 명민한 인물들은 학문의 길을 선택할 수밖에 없었고, 이런 결과는 조선 사회의 불의에 대한 그들의 불만을 자극했을 것이다.

이익은 노비제도에 대한 짧은 글에서 유형원이 제기한 여러 중요한 핵심적 문제를 강조했다. 그는 고대 한국의 노비제도에 적용할 수 있는 선례의 부재, 일단 노비가 되면 그 후손들은 영원히 고통스러운 삶을 살도록 만든 세습제도의 폐해, 문제를 해결하기는커녕 모계를 통해서 끝없는 신고辛苦를 영속화하는 수단이 된 종모법의 효과, 노비가 아니었다면 사회의 목적을 위해 봉사했을 유능한 인재의 손실, 노비의 가혹한 노동조건 등을 지적했다.[172] 이익은 노비제도의 즉각적인 폐지를 찬성하는 대신 그것이 폐지되기는 어렵다는 견해를 받아들이면서 매매만 금지하자고 제안했다.

또한 그는 노비시장에서 사람들을 짐승처럼 모아들인 왕망의 잔인함을 언급하면서(이것은 유형원이 자신의 연구에서 간과했거나 삭제한 부분이다) 매매를 금지해 그런 상황을 종식시키고 노비를 소유하는 데 제한을 두며, 한가한 부자들은 일을 스스로 하게 만들고 매매문서를 위조해 무고한 양인을 노비로 만드는 부정행위를 금지해야 한다고 주장했다. 이익은 매매가 일부 허용되어야 한다면 노비로 일하는 기간과 그 노비의 후손에게 강요된 노동조건에 제한을 두어야 한다고 판단했다. 아울러 어떤 가호도 1백 명 이상의 노비는 소유할 수 없었으며(이것은 노비소유계층에게는 심각한 제한이 아니었으며 1414(태종 14)~15년에 제안된 수치와 비슷했다) 나머지는 모두 양인신분으로 전환되어야 했다. 그는 자신의 목표는 중국의 노비제도와 비슷하다고 말했다.[173]

이익은 노비제도에 대한 유형원의 적대감과 세습적 노비제도를 끝내자는 주장에 공감했지만, 노비제도를 즉각적이고 전면적으로 폐지하는 데는 유형원보다 좀더 주저했다고 생각된다.

### 유수원

18세기의 또 다른 경세학자인 유수원은 1729(영조 5)~37년(영조 13)에 걸쳐 경세론에 관련된 저서인 『우서迂書』를 썼는데, 거기에는 노비제도에 대한 폭넓은 논의가 담겨 있다. 유형원처럼 그도 문화 유씨였지만 정치적으로는 소론과 연결됐다. 그는 세습적 노비제도를 비판했지만 유형원보다는 덜 급진적이었다. 그는 면천된 뒤 이전의 주인을 공격하거나 그 친족과의 논쟁에 연루되면 다시 노비로 만들고 면천된 노비의 자손을 노비신분으로 돌렸으며 노비 자손은 8대 이후까지 관직을 갖지 못하게 한 고려의 제도를 비판했다. 또한 그는 양반의 서얼을 차별하는 데도 반대했다.

그는 노비제도 자체는 기자의 법률로 합법화됐지만, 기자는 속신이나 면천된 노비를 다시 노비로 만들거나 노비의 자손이 관직을 갖지 못하게 하는 금제를 만든 적이 없다고 지적했다. 그는 상속자 이상으로 처벌이 확대되면 안 된다는 『서경』의 내용과 범죄의 처벌에 가족을 연좌시키면 안 된다는 『좌전左傳』의 발언을 인용했다. 고대 성군들의 너그러운 법률과는 반대로 조선에서는 노비는 물론 상인과 공장의 후손들도 관직을 갖지 못하게 금지됐고, 노비들은 특히 잔인한 법률로 다뤄졌으며 양인으로 상승하는 기회가 절대로 허용되지 않았다.[174]

유형원처럼 그도 양반 귀족이 노비노동에 의존하는 행태를 비판했으며 (1593년 그들에게 군역을 부담시키는 제도가 생기기까지) 사노비가 국가에 세금을 부담하지 않는 까닭은 사족(즉 양반)이 생계를 잇기 위해 상인이나 공장으로 일하는 것을 금지한 고려의 풍습 때문이라고 설명했다. 상인과 공장의 후손은 어떤 경우도 관직을 갖는 것이 금지됐다. 사족은 생계를 위해서 일한다고 상정되지 않았기 때문에 국가는 그들에게 품계에 따라 토지를 차등적으로 지급했다.[175] 그러나 그는 이런 제도는 사족과 유력 가문들이 일반 농민의 토지는 물론 공전을 불법적으로 탈취하는 결과로 변질됐다고 비판했다. 비록 고려 후기에는 과전법을 실시해 경기도에서 관원늘에게 과선을 분급함으로써 그린 대토지를 몰수하거나 줄이려고 시도했지만, 사족이 생활을 영위하고 봉양받은 유일한 수단인 세습적 노비를 '사유재산으로' 계속 인정해주었다.

그는 조선이 세습적인 귀족가문(문벌)을 존경하고 높였다는 점에서 고려보다 더욱 나빴다고 비판했는데, 사족들은 유일한 대안이 아사餓死였다고 해도 양인으로 낙인찍고 체면과 지위를 잃게 만든다는 이유로 공장이나 상인으로 일하거나 농사짓는 것을 거부했다. 그들은 자신에게 세습된 노비에게 요역의 부담과 경제적 봉양을 고려시대보다 더욱 많이 의존했다. 이런 이유 때문에 국가는 양반의 사노비를 치외법권에 두면서 전혀 간섭하지 않았다. 양반이 더욱 가난해지면서 정부가 사노비에게 신역身役을 부과하는 것은 더욱 어려워졌다.[176]

유수원은 이것을 하나의 보호제도로 간주했다. 노비제도에 반대하는 다른 사람과 마찬가지로, 그도 국왕의 모든 신민은 평등하며 노비도 기본적 인권을 갖고 있다는 사실을 자주 확언했다. 예컨대 그는 "노비가 비천해도 역시 인간인데, 속신된 뒤에 다시 노비로 만들 수 있겠는가"라고 언급했다.[177] 또는,

노비에게는 주인이 있지만 그들도 모두 국가의 백성이다. 그러나 나

라에서는 그들을 도덕적 능력이 전혀 없는 부류로 규정해 요역이나 조세를 전혀 부과하지 않은 채 주인에게 전적으로 맡겨놓는다. 이 때문에 양인의 국역이 무거워진 것이다.……국가는 모든 백성을 동등하게 취급하고 공평하게 자애를 베풀어야 한다. 노비에게는 요역이나 조세를 전혀 지우지 않고 양민에게만 부과하는 이치가 어디에 있는가.[178]

1720년대에 사노비의 조세가 면제됐다는 그의 발언은 명백한 오류였는데, 노비들은 이미 속오군의 주요 병력이었으며 아병牙兵은 지방의 고위 관원을 도왔기 때문이다. 그러나 평등을 지향한다는 그의 발언이 모든 노비를 자유롭게 만들기를 바란다는 의미는 아니었다. 양인과는 세율이 달랐지만 노비도 세금을 납부했다. 그는 공노비는 모두 화폐로 납세하고 신공을 줄여주어야 한다고 주장했다. 그러면 국가의 세수가 허용하기 어려울 정도로 줄 것이라는 비판이 제기되자 그는 공노비가 너무 많기 때문에 현재 등록되지 않은 노비를 모두 정확히 등록한다면 세율을 줄여도 세수가 줄지는 않을 것이라고 대답했다. 그러나 당시의 제도는 공노비를 착취해 즉각적인 이익을 추구하는 단견의 성향이 있었다. 공노비에게 탈세를 부추기는 이런 제도야말로 세수가 감소하는 진정한 원인이었다. 전한에서는 공노비를 양인으로 면천시켰고 고대에도 노비가 빈곤에 빠질 것을 걱정해 너그럽게 다뤘다. 이런 제도들보다 더 나아가기는 어려웠지만, 적어도 국가는 평등하고 공평한 대우와 과세를 목표로 삼아야 했다.[179] 자신의 견해가 당시의 관원들에게 실제로 영향을 주었는지와는 상관없이 유수원은 사노비가 보인으로 부담해야 하는 세액이 양인과 같은 수준으로 줄 것이라고 예측했고, 그것은 18세기 말엽 실제로 일어났다.

또한 그는 사노비의 주인이 자의적인 살인이나 잔혹한 처벌, 부당한 공납 부과와 같은 범죄를 저지르면 그가 소유한 사노비를 공노비로 만든 세종의 치적을 찬양했다. 그는 사노비에 대한 과도한 공납 부담을 막을 수 있는 이 법률이 후대에 무시된 사실을 한탄했다. 그럼에도 불구하고 그는 중국처럼 노비는 같은 범죄라도 양인보다 좀더 가혹하게 처벌해야 하며, 노비를 폭행한 양인은 다른 양인을 폭행했을 때보다 경감된 처벌을 받아야 한다고 생각했다.

그는 면천이 좀더 너그럽게 이루어져야 하며 속신한 노비에게 양인이 됐음을 증명하는 공문서를 사도록 강요하는 현재의 관행을 막아야 한다고 주장했다. 또한 그는 양인 여성의 소생은 아버지의 신분을 세습하지 못하도록 해야 한다고 요구함으로써 종모법을 지지했다.[180]

양반이 노비에게 경제적으로 의존하는 현상에 대한 유수원의 분석은 노비가 양반에게 노동력을 공급해야 한다고 인정한 유형원의 견해와 비슷하다. 그러나 두 사람은 미래에 대한 전망이 서로 달랐다. 유형원은 고용노동을 사용하면 노비에 대한 경제적 필요가 줄 것이며, 자신이 생각한 토지분급제도가 앞으로 실시되면 그밖의 신분은 물론 노비의 생계도 보장될 것이라고 생각했다. 그러나 유수원은 공노비와 양인의 부담을 공평하게 만들고 사노비에게도 공납을 부과함으로써 공납의 세수를 유지하는 데 좀더 큰 관심을 갖고 있었다. 그는 노비를 해방시키기 위한 중개인보다는 노비 소유주와 함께 노비의 노동과 생산을 착취하는 주체가 되기를 바랐다.

그러나 노비에 대한 유수원의 태도는 당시 사회에 대한 그의 생각을 전체적으로 완전히 이해해야만 파악할 수 있다. 그는 조선이 개창됐을 때는 지배신분과 양인이 명확히 구분되지 않았지만 17세기 무렵 그 구분이 상당히 뚜렷해졌으며, 자신이 문벌·사족·사대부라고 부른 지배신분은 세습적 귀족으로 변모했다고 생각했다. 또한 유수원은 당시의 양반은 자신과 같은 계층인 양인을 노비처럼 다룬다고 비판했는데, 이것은 양반이 16세기 후반부터 17세기 초반에 명확한 사회적 계층으로 등장했다는 그의 견해보다 좀더 특징적이다. 그가 보기에 당시의 가장 심각한 문제는 노비가 양인으로 상승하는 것이 아니라 양인이 천민으로 하락하는 것이었다.

이런 태도는 그가 당시 중국과 조선의 신분제도를 대비한 데서 명확하게 드러났다. 그는 일부 조선인들이 중국인들은 문벌에 따라 차별하지 않아서 노비와 그밖의 천민들이 정부의 고관으로 올라갈 수 있도록 허용했다는 착각에 빠져 있다고 지적했다. 그러나 이것은 실수였는데, 중국인들이 관원의 후손을 특별히 우대하지는 않았다고 해도 "노비와 천민에 대해서 신분의 차별을 중시하는 것은 우리나라와 비슷했으며, 오히려 훨씬 엄격했다. 그러니 중국이 신분의 필요성을 중시하지 않았다고 말할 수 있겠는가."[181]

유수원은 변화나 개혁에 반대해 현재의 상황을 보수적으로 지키려고 하지는 않았다. 반대로 그는 세습적 노비제도와 노비에 대한 가혹한 과세에 비판적이었는데, 그처럼 노비의 고통을 동정했지만 노비제도를 폐지하거나 신분에 기초한 사회를 없애자는 주장까지는 제기하지 못했다. 그에게 개혁은 모든 양인에게 공평한 기회를 부여하고 양인과 천민·노비 사이에 확고한 경계를 다시 세우는 것을 의미했다. 그는 유형원처럼 토지개혁을 지지하지 않았으며, 정도전·조준 같은 조선 전기 개혁자들의 좀더 평등주의적인 목표에 비판적이었다.[182]

유형원보다 좀더 상업화가 진행된 시대를 살았던 그는 개인의 직능이 좀더 전문화되고 상업과 산업이 좀더 활성화되기를 바랐다. 또한 그는 경제 분야에서 임금노동의 문제에 지면을 할애했지만, 다른 일반적 직업은 말할 것도 없고 앞으로 농민을 대체할 흐름으로 보지는 않았다. 그러나 그 문제에 대한 그의 논의는 당시 임금노동의 역할과 앞선 세기의 상황에 대해 유형원이 갖고 있던 개념의 본질에 중요한 통찰을 던져주었다.

유수원은 『주례』에 실린 9개의 직업 범주를 당시 사회의 노동을 구분하기 위한 선례로 채택했다. 여덟 번째 범주는 남녀 천민을 뜻하는 신첩臣妾이었다. 유수원은 이 유형이 당시 조선의 노비·고공·하녀와 같다고 정의했다. 고공은 유형원이 조선 사회에서 노비를 대체해 사용하려고 계획했던 고용노동자였다. 그러나 유수원이 주대의 임금노동의 개념을 노비노동과 비슷하다고 이해한 것은 이상한데, 그는 둘 사이의 차이가 확연해진 시기에 살았기 때문이다. 그는 임금노동과 노비노동을 구별했지만, 고공을 사노비와 비슷한 부류로 간주했다. 박성수 또한 조선 중기의 고공은 서구 자본주의의 자유 임금노동과는 전혀 달랐으며, 그들은 동북지방에서 세습적으로 계약되는 하인으로 지위가 하락했다는 사실을 볼 때 유수원이 파악한 임금노동은 지난 세기에 유형원이 생각했던 임금노동과 정확하게 일치한다고 언급했다. 이런 고공으로 노비를 대체해도 가정에서 존경과 신분의 규범이 어지러워지지 않을 것이라는 유형원의 주장은 그러므로 결코 이상한 것이 아니었다.

자유롭게 옮겨다니면서 개방된 시장에서 노동력을 파는 노동자라는 개념으로 당시의 임금노동을 파악한 유수원은 『주례』의 아홉 번째 직업 범주가 그것과 동일하다고 정의했다. 『주례』에서는 그 유형을 농민·상인·공장·노비·고공 등 다양한 정규 직업을 가진 나머지 8개의 부류와 대비하면서 "일정한 직업이 없는 한가한 사람閑民無常職"으로 정의했다. 그들은 "(이곳에서 저곳으로) 옮겨다니며 일하는 고공이었다." 유수원은 당시 조선의 도시와 농촌 모두 그런 사람들이 매우 많았다고 말했다. 그들은 성벽을 쌓고 제방과 수로를 건설하며 농지를 관리하고 집을 짓는 등의 일에 국가와 개인에게 고용됐다. 그는 당시 조선에서는 그런 사람들을 쓸모없는 부류로 취급했지만, 고대(즉 주 왕조)의 성인들은 제국의 부족한 노동력을 보충하기 위해서 그들을 각지로 이동시키면서 사역했다고 지적했다. 이처럼 그는 고공을 일종의 부랑 노동자나 유민·거지·실직자로 생각하면서, 사회 전체의 노동 생산성과 생산력의 효율을 높이기 위해 좀더 조직적이고 합리적인 방법으로 일하게 하려고 노력했다. 임금노동은 전통적인 직업 범주에서는 정규 직업常職으로 간주되지 않았던 그런 잡무를 수행했다.

표면상 이처럼 이동하는 고공들은 유형원이 제안한 대로 모든 공·사노비를 대신하는 것은 말할 것도 없고 정규적인 농민·상인·공장을 대신할 수 없었다. 그러나 유수원은 그들의 노동이 노비나 정규적인 고공보다 저렴하고 효율적이라고 주장했다. "그들은 정규적인 고공이 한 달에 할 일을 며칠이면 마칠 수 있고 노비 10명의 일을 몇 푼에 할 수 있으며, 노비나 고공에게 들여야 할 음식이나 의복의 비용을 주지 않아도 됐다."[183]

그는 예속된 고공과 그렇지 않은 고공의 차이를 확실하게 알았으며 임금노동이 노비제도에 도전할 수 있는 잠재력을 유형원보다 좀더 잘 이해하고 있었는데, 지난 세기보다 시장이 좀더 발전했던 것이 가장 중요한 원인으로 생각된다. 그러나 유형원과 비교하면, 그만큼 노비제도의 폐지에 적극적이지 않았으며 임금노동을 가장 적합한 노동 형태라고 파악하지 않았다. 그의 생각은 몇 가지 측면에서 유형원보다 진보적이었지만, 노비제도에 반대하는 태도는 덜 급진적이었다.

### 공노비 : 신역에서 납공으로

공노비의 본질과 국가에 대한 그들의 의무에서 중요한 변화는 18세기에 일어났다. 조선 전기에 공노비는 해당 지역의 관서에서 직접 일하는 입역立役노비, 선발되어 수도로 올라가 일하는 선상選上노비, 거주지에 남아서 정부에 신공을 납부하는 납공納貢노비 또는 외거노비로 나누어졌다. 18세기 중반 선상노비는 ― 수도의 선상노비까지 포함해서 ―

거의 모두 사라졌으며, 공노비의 대부분은 납공노비로 전환됐다. 1654년(효종 5) 공노비는 처음으로 국가에 노동력 대신 신공을 바쳤으며, 그런 사례는 1707년(숙종 33)에 확대됐다. 그때 공노비는 양인 군사들의 보인이 됐는데, 노비는 세율이 양인의 절반이었기 때문에 양인 보인 1명을 대신하기 위해 2명이 할당됐으며 그것은 그들이 주인에게 바치는 신역을 대신했다.[184] 전형택은 중앙 각사에서 천역을 수행하는 형태가 노동력을 임대하는 방식에서 고공을 동원하는 제도로 변환됐다고 주장했다.[185] 이런 흐름은 노비와 양인 모두에게 영향을 주었으며, 부담스러운 신역을 불필요하게 만들면서 전통적인 공노비제도의 기반을 악화시키는 효과도 있었다. 17세기 중반 유형원이 한 일은 그런 과정을 궤도에 올린 것이 아니라 많은 분야에서 고용노동이 도입되는 일반적 흐름을 감지한 것이며, 1730년대 유수원은 그 과정을 훨씬 정교하게 설명했다.

공노비가 져야 하는 의무의 형태가 바뀌면서 공노비의 숫자도 급격하게 감소했다. 고려 말엽에는 약 2만 명의 공노비가 있었지만 그 숫자는 정부에서 불교 사찰의 노비를 몰수하면서 순식간에 약 10만 명으로 늘었다. 15세기 후반 공노비는 최대 35만 명에 이르렀으며, 앞서 지적했듯이 1655년(효종 6) 등록된 공노비의 숫자는 19만 명으로 줄었지만 2만 7천 명만이 의무를 수행하거나 신공을 낼 수 있었다.[186] 1755년(영조 31)에는 궁궐에 소속된 내노비가 5,574명, 중앙 관서에 소속된 시노비寺奴婢 3만 617명으로 모두 3만 6,191명이었다.[187] 그러나 그 까닭을 모두 정확히 설명할 수는 없지만, 1801년 대부분의 공노비가 해방될 때 그 숫자가 약 6만 명이었다는 사실을 볼 때 이때 직후 급증한 것으로 보인다. 그러나 이 수치도 15세기 후반 최고에 도달했던 수치의 6분의 1에 불과하다.

원래 노비의 납공액은 노가 면포 2필, 비가 1.5필이었다. 그것은 17세기 후반 공노비의 부담을 줄이기 위해 1.5필과 1필로 각각 줄었지만, 납공노비의 감소로 정부의 세수가 줄어들자 중앙 관서들은 1655년 공노비를 늘리려는 시도가 실패했음에도 불구하고 납공노비의 숫자를 유지하기 위해서 추쇄관推刷官을 각 도에 파견했다. 그들은 노비에 대한 부당한 행위를 적발하거나 보고가 정확한지를 확인하기보다는 세수를 늘려야 할 의무가 있었기 때문에 선물과 교통비는 물론 법적으로 정해진 분량 이상의 비용을 요구했고 도망간 사람과 이미 사망한 사람을 장부에 계속 남겨두었으며 도망간 사람의 친족과 이웃에게 대신 납공하도록 요구했다.

영조는 1735년(영조 11) 노비를 등록하는 책임의 일부를 추쇄관에서 지방 수령으로 옮겨 부패를 막으려고 노력했지만, 큰 효과는 없었다. 그러자 그는 1745년(영조 21) 중앙 관서에 배속된 공노비들을 위해서 비총법比總法*을 일부 도에서 채택했다(내노비들은 계속 추쇄관의 관할을 받았다). 그 제도는 각 도의 할당량을 정함으로써 세수를 늘리기 위해 장부를 조작하라는 지방 관청의 압력을 줄일 수 있을 것으로 기대됐다. 각 현의 노비 납공은 그 도 전체의 노비 숫자와 해당 현의 노비 숫자의 비율에 따라 정해졌기 때문에 복무하고 있는 노비와 도망간 노비의 실제 숫자는, 처벌을 받지 않고, 진실하게 보고될 수 있을 것으로 예상됐다. 그 제도는 1764년(영조 40) 다른 두 도로 확대됐으며 1778년(정조 2) 마침내 전국으로 확대되면서 추쇄관은 모두 혁파됐다. 영조는 1750년의 균역법을 본받아 1755년(영조 31) 노비의 납공액에서 1인당 반 필을 추가로 줄여주었다. 정부는 노비의 납공 부담을 줄여주기 위해 세수를 희생했지만, 세원이 계속 부족해짐으로써 점점 더 많은 관원들은 공노비와 납공제도가 비경제적이며 쓸모없다는 사실을 확신하게 됐다.[188]

그러나 지방 수령들이 나태했고 향리들은 뇌물을 받아 기록을 조작

---

* 세수 총액을 미리 정해놓고 각 지방에 할당하는 세법.

했기 때문에 그 제도는 기대한 만큼 기능하지 못했다.[189] 1778년(정조 2) 할당제도가 전국으로 확대된 바로 그해에 전라도 관찰사는 그런 제도 때문에 이웃과 친족에게서 납공을 강제로 징수하고 사망자를 등록하는 결과가 나타났다고 보고했다. 게다가 시노비에서 국왕이 개인에게 하사한 사패賜牌노비도 줄지 않았다. 영조는 할당제도의 결점을 비판하지는 못했지만 공노비를 혁파하려는 의도는 전혀 갖지 않았으며, 단지 부패를 줄이면서 노비의 신공을 계속 걷어 세수를 유지하려고 했다.[190]

1774년 영조는 관청과 역참驛站에 소속된 공비公婢와 여자 무당의 신공을 폐지하자는 김응순金應淳의 건의를 받아들였다. 그는 사비私婢의 신공도 없애려고 했지만 최종 명령에서는 제외했다. 그런 개혁의 동기는 사비에게 부과된 신공이 부당하다는 사실이 새롭게 밝혀진 것이었다. 영조는 『동국통감』의 기자 관련 기사를 통독한 뒤 한반도에서 노비제도는 도둑질을 막기 위한 수단으로 시작됐다고 확신했다. 그는 사비에게 신공을 부과하는 제도는 그 뒤 언젠가부터 시작됐으므로 공·사비 모두에게 신공을 폐지하는 것이 합당한지를 물었다. 원인손元仁孫은 기자가 그것을 승인하지 않았을 뿐만 아니라 사비에게 부과된 신공은 (당의) 조용조租庸調 삼세체제에 포함되지 않았다는 사실을 근거로 옳다고 동의했다. 그 제도는 조선을 제외하고는 어느 나라에서도 시행되지 않았기 때문에 폐지되어야 했다. 다른 신하들은 사비의 신공을 폐지하는 것이 합당하다는 데 동의했지만, 그렇게 되면 비婢들이 자신의 소생을 노비 장부에서 누락시켜 공노비가 더욱 줄어들 것이며 그 결과 발생할 세수의 감소는 다른 재원에서 메울 수 없다면서 반대했다. 원인손은 매매에 의한 면천의 기회를 줄이고 면천하려는 노비들의 움직임을 제어하면 공노비의 감소를 막을 수 있다고 반박했다.

또한 영조는 역비驛婢는 사실 아무 범죄도 저지르지 않았으니 그들의 신공도 면제하자고 제안했지만, 대부분의 대신들은 반대했다. 그들은 역비가 신공을 바치도록 한 제도는 기본 원칙을 위반하는 것이 아니라고 주장했는데, 역비는 하번下番일 때만 납공하는 반면 시노비는 실제로 요역을 담당했다는 이유였다. 게다가 그들의 신공은 역참과 거기에서 키우는 말을 유지하고 관리하는 데 핵심적이었다! 다시 영조가 여자 무당에게 부과된 납포를 면제하자고 제안하자 신하들은 그것은 범죄자로 처벌하기보다는 미신을 그만두게 하려는 목적에서 만들어진 것이라고 지적했다.

최종적으로 완성된 법령에서는 공비의 신공은 폐지하지만 사비는 그대로 두도록 했다. 그 법령이 시행된 뒤 공노公奴는 양인 농민의 부담과 동일한 1필의 포를 신공으로 내게 됐다. 그럼에도 불구하고 개혁의 긍정적인 결과는 특히 친척과 이웃에게 자의적으로 부담을 전가한 관원들의 부정으로 상쇄됐다고 생각된다.[191]

고전들을 자세히 읽어가면서 기자의 노비 법령은 도둑이나 범죄자만 노비로 만들도록 했을 뿐 그 신분을 세습케 하지는 않았다는 사실을 발견한 영조는 비의 신공을 폐지하는 것이 옳다고 판단했다. 그 문제를 조정에서 논의할 때 유형원의 생각은 언급되지 않았지만(유형원은 노비 제도를 정당화하는 논거로 기자의 법률을 전혀 이용하지 않았다) 영조의 접근은 고전 문헌을 참고한 유형원의 정신과 상통하는 것이었다. 그러나 그는 유형원이 제시한 방법에 따라 세습적 노비제도 전반에 문제를 제기하지는 않았다.

대부분의 신하들은 세수의 감소를 걱정해 그 개혁에 반대했지만 영조의 결정은 명분을 바로잡는다正名는 원칙을 따른 것이라고 확신했다. 달리 말하면 비의 신공을 폐지한 결정은 기자나 주대에 관련된 기록이나 노비라는 명칭의 의미를 전혀 위반하지 않았다고 확신했다. 요컨대 그 개혁은 전통과 관습을 맹목적으로 수용하는 방식에서, 유형원이 시도한 것처럼, 거기에 의문을 제기하는 태도로 약간 변화한 데서 영향을 받은 것이었다. 18세기의 마지막 20년 무렵 공노비제도는 신공의 감소, 추쇄관의 폐지, 비총법의 채택 등에도 불구하고 혼란에 빠졌다. 공노비는 고향에서 살면서 등록되어 요역이나 신공을 납부해야 했지만 다수는 도망갔다. 관원들이 그 이웃과 친척에게 부담을 전가하자 더 많은 농민들이 마을을 빠져나갔다.[192] 이런 사람들에 대한 압박을 금지하고 이주의 물결을 멈추며, 마을의 안정성을 보장하고 정부가 필요한 재정을 보장하는 어떤 조처를 시행할 필요가 있었다.

## 확산되는 유형원의 영향

### 『증보문헌비고』의 간행(1782)

1782년 이만운이 중요한 제도들을 설명한 백과사전인 『문헌비고』를 완성한 시기는 이런 혼란의 와중이었다. 그는 두 군데에서 노비제도에 대한 유형원의 생각을 인용했다. 이만운은 우선 1039년(고려 정종 5)에 도입된 종모법을 설명한 적절한 주석으로 그것을 삽입했다. 여기서 유형원은 아버지가 아닌 어머니에 따라 자녀의 신분을 결정하는 법률은 야만적이지만, 유감스럽게도 천민을 동물처럼 다루는 것은 나라의 풍습이 됐고 종부법은 끝없는 소송을 야기시킬 우려가 있으므로 종모법보다 나은 대안은 없다고 말했다. 궁극적으로 유형원은 문제는 종모법이 아니라 노비제도 자체라고 말했다. 왜냐하면 종모법이 채택된 뒤에도 양인신분의 어머니가 낳은 자녀는 그 아버지의 천민신분을 따르도록 여전히 압력을 받았기 때문이었다. "이 법률은 없는 것과 같으며, 그 유일한 목적은 사람들을 천민으로 만드는 것이어서 부당한 법률 중에서도 가장 나쁘다."[193]

이만운이 『문헌비고』에 유형원의 이런 서술을 넣은 이유는 분명치 않은데, 종모법은 1731년에 영구적으로 채택됐기 때문이다. 아마도 그는 유형원이 부정적으로 평가한 몇 가지 사례가 실제로 일어났다는 점에서 그 이점보다는 약점에 초점을 맞추려고 했다고 생각된다.

이만운이 노비제도에 관련된 유형원의 서술을 인용한 두 번째 사례는 고대에는 그런 선례가 없었다는 점을 근거로 세습적 노비제도를 비판한 부분이었다. 조선에서는 천민이나 노비의 신분이 세습되기 때문에 법률상 유죄와 무죄는 관건이 아니었다.[194] 이만운은 유형원이 이런 시각을 형성하는 데 주요하게 이용한 자료인 『주례』를 부각시키지는 않았지만, 어떤 고전에서도 세습적 노비제도를 정당화하지 않았다는 유형원의 비판은 관습적으로 받아들여진 생각에 비판적 태도를 키우고 조선의 노비 법률을 자유롭게 하는 기반을 마련하는 데 공헌했음이 분명하다. 영조가 비판적 시각에서 기자의 노비 법률을 다시 읽었던 데는 이런 견해가 분명히 영향을 주었을 것으로 생각된다. 유감스럽게도 인간의 평등과 고용노동의 도입과 관련된 유형원의 새로운 시각은 『문헌비고』에 포함되지 않았으며, 『증보문헌비고』는 1908년(순종 2)에서야 활자로 출판됐지만, 일부 선구적인 학자와 관원들은 그것을 잘 알고 있었음이 분명하다(후술).

### 안정복

『증보문헌비고』에는 노비제도의 역사에 대한 안정복의 짧은 개관과 그 제도에 대한 그의 비판도 실려 있다. 그 내용은 한국사에 대한 방대한 연구서인 『동사강목東史綱目』에서 발췌한 것인데 그 책은 1756(영조 32)~58년 주희의 『통감강목』의 형식을 본받아 저술됐다.[195] 안정복은 스승 이익에게서 유형원의 연구를 알게 됐으며, 『문헌비고』의 개관에서는 안정복이 노비제도의 문제점과 관련해서 유형원에게 커다란 영향을 받았다는 사실을 적시하지는 않았지만, 『동사강목』에서 안정복은 유형원이 『반계수록』에서 제시한 노비제도에 대한 주요 생각과 제의를 대부분 인용했다. 안정복은 세습적인 재산으로서 노비제도에 대한 유형원의 비판을 길게 인용한 뒤 그 자신의 견해에 입각한 매우 중요한 발언을 던졌다.

우리나라에서 노비를 세습시키는 제도는 성왕의 통치에서는 용납할 수 없는 부분이다. 어찌 한번 노비가 됐다고 해서 영원토록 벗어나지 못하도록 할 수 있겠는가. 옛날에는 절도의 죄목에 걸려 처형될 사람이나 오랑캐 중에서 도둑질을 한 사람만을 노비로 삼았지만, 그런 처벌은 자손에게는 적용되지 않고 그 본인에게 국한됐으니 우리나라의 법률과는 달랐다.

노비제도는 기자가 시작했다고 말하는 사람도 있지만 대대로 신역시키는 폐단과 혼동한 것이니, 백성을 어질게 다스리는 성인의 정치가 어찌 그럴 수 있었겠는가. 역사에는 정확한 기록이 없지만, 그 폐단의 근원은 삼국시대에 있는 것으로 생각된다. 삼국시대에는 귀족과 대신들이 대대로 정권을 장악했는데, 신라가 더욱 심했다. 『당서唐書』에서 "신라의 재상은 녹봉이 끊이지 않으며 노복奴僕이 3천 명"이라고 말했으니 그 위엄과 권세를 알 수 있다. 가난하고 의탁할 곳이 없는 부류는 유력 가문에 스스로 몸을 팔아 노비가 되어 자손에 이르기까지 얻어먹으면서 일을 하게 됐다. 아울러 전쟁에서 포로로 잡은 부류를 노비로 삼아 대대로 사역시킨 결과 그 폐단이 여기에 이르렀을 것이다.

고려 태조는 통일하면서 반역자들을 토벌해 사로잡은 부류를 공신에게 주어 노비로 삼게 하고 관아에도 나눠주었다. 이때부터 사노비와 공노비가 생겨났으며, 거의 모든 백성들이 천적賤籍에 오르게 됐으니, 참으로 심각한 악법이었다. 어진 국왕은 다른 일보다 이 폐단을 바로잡는 데 힘써야 할 것이다.[196]

이처럼 안정복은 세습적 노비제도의 기원을 고려 전기에서 삼국시대로 소급했지만, 유형원과 마찬가지로 고려 전기의 정책들이 노비제도를 더욱 악화시켰다고 비판했다. 유형원은 기자를 언급하지 않았지만, 안정복은 기자의 노비 법률을 직접 인용하면서 세습적 노비제도는 성인의 정치와 병립할 수 없다는 자신의 믿음을 말했다. 안정복은 정조가 세손일 때 그의 사부였기 때문에 이 마지막 발언이 기자의 노비 법률을 무시한 유형원과 1774년(영조 50) 신하들에게 기자가 비의 신공을 승인했는지를 고전에서 찾아보라는 영조의 지시, 그리고 1801년(순조 1) 세습적 노비제도의 합법적 근거로서 기자의 노비제도를 거부한 순조의 법령 사이에 고리를 만들어주었을 가능성은 매우 충분하다.[197]

안정복은 노비개혁에 대한 전망에서 유형원만큼 양면적이었는데, 두 사람 모두 사회적 관습의 영향력을 인정했으며 즉각적인 폐지에서 유발될 수 있는 사회적 혼란을 감수하는 데 소극적이었기 때문이다. 이 문제에 대한 그의 숙고는 그가 유형원에게서 많은 영향을 받았음을 보여주지만(아래 강조 부분) 독자적인 해결책은 달랐다.

이런 문제를 해결할 방법은 옛날의 제도에 따라 **범죄를 지은 사람만 노비로 만들고 중국의 제도대로 고공을 두면 될 것이다.** "우리나라에서는 노비제도가 이미 오래 전부터 시행됐고 중국과 풍속도 다르다. 원대에 고려의 노비제도를 고치려고 했지만 성공하지 못한 것은 바로 이 때문이었다"고 말하지만 **법률이 변하면 형세가 변하고 형세가 변하면 풍속도 변한다.** 진실로 옳은 제도를 찾아 시행하면 예전의 제도를 오늘날에 사용하지 못하거나 중국의 제도를 우리나라에서 시행하지 못할 까닭이 없다. 원이 고려의 노비제도를 고치지 못한 까닭은 권력을 가진 세가대족世家大族들이 저항했기 때문이었다.

그러므로 이런 폐단은 성군이 나와서 귀천을 없애는 대대적인 변화를 단행해야만 정제될 수 있다. 노비와 양인을 심사해 구분하는 하책下策에만 얽매여 폐단을 제대로 혁파하지 못한다면, 역사에서 말한 대로 기강이 크게 무너지고 윗사람을 능멸하는 풍조가 일어날 것이다.[198]

안정복은 영웅적이거나 용감한 지도력은 사회적 저항이나 관행을 극복하기 어렵다고 생각했다. 대대적인 변화가 일어나야 한다고 썼을 때 그는 노비제도가 폐지되기 전에 이미 사회 자체가 신분의 차별이 중요하지 않은 상태까지 변해 있어야 한다는 의미였다. 그러기 전까지는 불법적으로 노비가 된 사람을 해방하려는 분명히 훌륭한 목적에서라도 현행 제도를 변경하는 것은 해로울 것이었는데, 그것은 노비들이 주인보다 우월하지는 않더라도 그와 평등하다고 생각하도록 만들 수 있기 때문이었다.

유형원 또한 즉각적이고 전면적인 폐지에는 소극적이었으며, 다음 세대까지도 세습적 노비제도가 중단되지 않는다면 종모법이라는 점진적인 방안을 채택하자고 제안했다. 그러나 안정복이 『반계수록』에 인용된 부분을 치밀하게 조사해 보여주었듯이, 유형원은 강력한 국왕이 법률을 제정하면 사회를 변화시킬 수 있다고 믿었다. 안정복은 훨씬 더 보수적이었는데, 그것은 987년(고려 성종 6) 면천된 노비를 다시 천민으로 되돌리기로 한 고려의 법령에 대한 언급에서 잘 확인된다(앞서 유수원과 관련된 부분 참조). 왕명은 다음과 같았다. "면천된 노비는 세대가 오래되면 반드시 원래의 주인을 경멸한다. 원래의 주인을 모욕하거나 그 친족에게 도전하는 부류는 다시 노비로 만든다還賤."

안정복은 이 법령에 대한 자신의 주석을 달았다.

원래의 주인을 경멸하는 면천된 노비는 엄격한 법률로 다스려야 하는데, 면천되어 양인이 됐다고 해도 노비와 주인이었던 관계는 변하지 않

기 때문이다. 그러나 그들에게 경고하는 것은 옳지만 다시 천민으로 만드는 것은 지나치다.[199]

유형원은 면천된 노비를 환천시키는 데는 반대했지만 그들이 이전의 주인을 존중하기를 기대했는데, 이것은 모든 노비제 사회에서 노비 소유주의 일반적인 태도였다. 안정복이 노비제 사회에서 소수의 면천된 노비에 대해서 논의하거나 노비제도를 폐지한 뒤 양인이 된 많은 노비에 대해서 언급했는지는 중요하지 않다. 어떤 경우라도 그는 위계적 신분과 존중관계는 노비들이 해방된 뒤에라도 사회에서 유지될 것이라고 가정했다. 노비였던 사람은 자신이 다른 사람들처럼 신분에 결함이 없다는 잘못된 생각을 가지면 안 됐다.

조선에서 대부분의 경세적 개혁자들은 공통적으로 하나의 모순적인 생각에 사로잡혀 있었는데, 폐단을 개혁하려는 열망은 그 자신이 소속된 계층의 구성원에 대한 애착에 의해서 완전히 규제됐다는 사실이었다. 그들은 기회와 이동성이 제한 없이 주어지는 상황에서 발생할 수 있는 사회적 혼란을 두려워했다. 그들은 속박의 해방과 자유를 강조했지만, 그 아래에는 근본적인 우월의식과 신분의식이 깔려 있었다.

이처럼 안정복은 유형원과 공통된 모순점을 갖고 있었지만, 노비제도에 대한 해석과 해결책에는 동의하지 않았다. 안정복은 유형원이 노비제도를 완전히 폐지하는 방법으로 종모법을 승인하는 데 주저했다고 말했지만 자신도 거기에 찬성하지 않았으며, 현 세대에서 세습적 노비제도를 끝내자는 유형원의 주장에는 더욱 그러했다.[200] 또한 그는 인간을 재산으로 다루는 데 반대하면서 모두 인간이라는 측면에서 평등하다는 유형원의 지적을 강조하지 않았으며, 고용노동을 이용하는 것이 노비노동을 성공적으로 대체하리라는 생각도 중국의 풍습은 조선의 상황에 맞지 않는다는 이유에서 반대한 것으로 보인다.

유형원이 저술을 남긴 이후 진행된 상업경제의 발전을 고려하면 이런 주장은 안정복의 시대에 좀더 합당하지만, 안정복은 개혁에 대한 기대에서 유형원보다 더욱 비관적이었으며 당시의 상황을 좀더 고수하려고 했다. 그러므로 현재 실학을 연구하는 많은 학자들이 18세기에 유형원의 사상을 계승한 인물들은 그의 생각을 더욱 급진적이고 진보적인 경지로 제고시켰다고 추정하는 것은 잘못이다.

## 공노비의 혁파

### 차별을 완화시킨 정조

1776년 정조가 즉위한 뒤 일부 신하들은 노비신분에 씌워진 오명 때문에 공노비들이 열악한 생활을 영위하고 있다고 주장했다. 양인과 공노비는 모두 국가에 납포한다는 점에서 비슷하므로 노비나 천민의 오명이 양인으로 그 명칭이 바뀜으로써 간단히 제거될 수 있다면 그들은 더이상 도망가지 않을 것이고 정부의 세수는 다시 풍족해질 것이라는 논리였다. 1784(정조 8)~96년(정조 20) 이런 논리에 기초해 공노비를 즉각 혁파하자는 상소가 모두 여덟 번 올라왔다.[201] 17세기에 양인과 공노비의 유일한 차이는 불행한 사회적 오명이라고 말할 수는 없었으며, 그 오명은 노비라는 명칭을 폐지해야만 없어질 수 있었다.

자연스러운 일이지만, 보수주의자들은 공노비를 혁파하자는 이런 제안들이 사노비가 주인에게 반란을 일으키도록 자극하고 전통적으로 받아들여지던 사회신분의 기준을 무너뜨릴 것이라고 우려하면서 반대했다. 그러나 개혁을 옹호하는 인물들은 한국의 노비제도를 합법화하는 주요한 상징인 기자의 노비 법률은 도둑에게만 한정해서 적용됐으며 세습적 노비제도를 정당화하지 않았다는 사실을 지적하면서 자신들의 입장을 방어했다. 그러므로 세습적 공노비의 혁파는 사회적 신분 구별을 위반하는 것이 아니었다.[202] 유형원 자신은 기자의 법률을 무시하고 대체로 『주례』를 참고했지만, 이런 해석은 16세기 후반과 17세기 중반의 이이와 유형원에 의해 시작된 흐름의 정점이었다.

그러나 정조는 공노비들의 곤경을 동정했지만 전통에 얽매여 있었다. 1791년(정조 15) 그는 선왕인 영조의 개혁을 찬양했지만 노비제도는 기자 이후 천년 넘게 조선에서 시행됐기 때문에 노비라는 명칭을 혁파할 수는 없었다고 언급했다. 만약 공노비를 더이상 노비라고 부르지 않는다면 사노비도 같은 요구를 제기할 것이고, 그러면 신분을 차별하는 제도는 전면적으로 무너질 것이었다. 그러나 정조는 무예가 뛰어난 노비는 양인신분을 사거나 무과에 응시하도록 해서 그들의 명칭을 노비에서 보충군으로 바꿀 수 있게 하고 서리와 노비로 이루어진 부대에서 중간 신분의 특별 부대를 구성할 수 있게 하며 현재 나이부터 군역을 마치는 시점까지 해당하는 신공을 모두 바치면 면천시켜주는 등의 대안을 신하들과 논의했다.[203] 많은 자금이 필요하기 때문에 소수만이 기회를 갖겠지만, 이런 논의는 노비신분에서 벗어날 수 있는 규칙이 상당히 자유로워질 것을 예고했다.

1797년(정조 21) 정조는 군역에서 신분차별을 없애고 징집 인원을 늘리기 위해 지방의 삼수병에서 양인과 천민 부대의 용어 구분을 모두 없애자는 건의를 받아들였다. 히라키 마코토는 그때까지 노비들은 면천되기 전에는 군역을 지지 않았지만 이제 그들은 그런 과정을 거치지 않고도 양인이 될 수 있었다는 측면에서 획기적인 결정으로 평가했다.

공노비들이 실제로 양역을 지도록 전환시키기 위해서 그들은 노비가 아니라 보인으로 불러야 한다는 주장이 일부 제기됐다. 이것은 모든 노비를 고공으로 대체하자는 유형원의 제안과 일치하지는 않았지만, 적어도 정조는 자신의 원칙과 반대된다고 천명했음에도 신분차별을 부분적으로 혁파하는 조처를 실시했다.[204]

## 1801년 순조의 공노비 혁파

정조가 붕어한 뒤 반년 만인 1801년 순조는 공노비 전체는 아니었지만 내수사·궁방·각사에 소속된 대부분의 공노비內寺奴婢를 혁파하라고 지시했다. 6만 6,067명의 노비문서가 불태워졌지만 공조와 병조, 관찰사와 지방 수령에 소속된 관노비官奴婢, 전국의 역노비驛奴婢, 그리고 물론 사노비들은 왕명의 영향을 받지 않았다. 왕명은 앞으로 범죄자를 노비로 만들지 않도록 하는 데는 아무런 영향도 주지 않았다. 노비문서에 기록된 납공노비만 면천됐지만, 그 법령으로 수천 명의 노비가 자유를 얻었다.[205]

순조는 영조의 계비 정순왕후의 수렴청정을 받았고[206] 대부분의 대신들은 공노비의 혁파에 공감하던 노론 벽파僻派였기 때문에 그 결정에 별다른 역할을 하지 못했다고 판단된다.[207] 혁파 직후 그의 이름으로 된 윤음綸音이 발표됐다는 사실은 노비제도에 대해 국왕의 공식적인 태도에 중요한 변화가 있었음을 알려준다. 정조는 면천되는 방법을 자유롭게 하는 데 약간 진보했지만 원칙적으로 신분차별을 비판하는 데는 소극적이었다. 반면 순조는 국왕은 "백성들을 아이처럼 소중하게 다뤄야 한다"는 『중용』의 통치원리에서 영향을 받았다고 말했다. 이것은 한 집단을 다른 집단과 차별하는 것은 국왕이 백성을 다스리는 데 부적절하다는 의미였다. 국왕은 "신분의 귀천과 자신의 친소에 상관없이 모두 자신의 아이처럼 평등하게 다루어야 한다. 모두 형제처럼 간주해야 한다는 원칙이 어떤 사람들을 노비로 규정해 차별하는 행동과 부합할 수 있는가."

이런 생각의 기원을 정확하게 지적하는 것은 어렵지만, 그것은 17세기 중반 유형원이 제기한 주장의 하나와 비슷하다. 유형원은 노비제도를 완전히 혁파해야 한다고 주장하면서 사람은 재산이 아니고 모두 평등하다는 생각을 주요한 논거로 제시했으며, 백성을 차별 없이 다룰 덕망 있는 국왕이 필요하다고 언급했다. 모든 백성은 평등한 신분을 갖는 다는 순조의 선언과 신분차별의 원칙에 대한 비판은 정조의 견해를 계승한 것이지만, 노비인구의 대다수를 차지하는 사노비까지 확대해 적용되지는 않았기 때문에 아직도 한계가 있었다.

폐지를 위한 법안을 완성하기 전에 해결해야 할 문제가 하나 더 있었다 — 그것은 기자가 남긴 노비 법률의 의미였다. 순조의 법령에서는 내수사와 중앙 각사의 노비들이 기자부터 시작된 것으로 사람들이 오해하고 있다고 지적했다. 법령은 기자가 동국의 백성들에게 8조의 법금을 내려주었다고 설명했다. 그 법금은 기자가 주 무왕에게 올린 「홍범洪範」의 한 부분으로 국왕이 펼치는 행정의 여덟 가지 범주를 담은 것이었다. 그중 하나는 사구司寇(주대에 형정을 맡은 장관)가 범죄와 반란을 억제하는 것이었다. 유감스럽게도 어리석은 조선의 백성들은 부차적인 규정을 기자의 법금으로 오해했다. 그래서 그들은 도둑은 피해를 입힌 사람의 노비가 되도록 한 조항이 8조의 법금 중 하나로 생각했지만, 사실 그것은 사구가 경찰력을 시행한다는 부차적인 규정이었을 뿐이다.

순조의 법령은 도둑을 노비로 만드는 규정은 국왕이 모든 백성을 평등하게 다뤄야 한다는 『중용』의 원칙과도 완전히 일치해야 한다고 말했다. 그러나 이런 생각과는 반대되는 부분도 있다.

최근 노비제도는 쇠락하는 시대를 잘 보여주는데, 관원들은 노비에게 무거운 부담을 지우고 양인들은 그들을 매우 천대하기 때문이다. 그들의 가계家系와 거주지는 다른 백성들과 분리됐으며 합법적으로 결혼할 수도 없다. 이런 제도를 만들었다면 기자는 어떻게 성인일 수 있겠는가.

반대로 법령에서는 기자가 국왕에게 백성을 행복하게 하고, 의지할 데 없고 보호받지 못하는 사람들을 가혹하게 다루지 말며, 모든 백성의 부모처럼 행동해야 한다고 충고한 일로 유명하다고 말했다. 그러므로 노비제도는 기자 같은 성인이 만들 만한 제도가 아니라는 것이었다.

그 법령에서는 숙종과 영조가 노비의 신공을 감축하고, 영조와 정조는 각각 추쇄관과 공노비를 혁파하려고 했지만 신하들의 반대로 이루지 못한 사례 등 선왕들이 추진했던 개혁을 언급했다. 그 법령은 노비의 불만이 하늘에 닿아 기후가 불순해 곡식이 익지 않은 것은 모두 노비제도가 혁파되지 않았기 때문이라고 결론지었다. 그러므로 순조의 첫 번째 임무는 (공)노비를 혁파하려던 선왕들의 뜻을 실행하는 것이었다.[208]

순조의 법령은 노비제도의 기원과 합법성에 대한 유형원의 견해를 채택하지 않았는데, 유형원은 기자의 노비 법률을 무시했기 때문이었다. 그것은 기자의 전설을 다시 해석하라는 왕명을 받은 신하들이 만든 궤변이 분명했지만, 한 세기 전 유형원 같은 학자들이 기자의 신화를 약화시키지 않았다면 많은 신하들이 받아들이지 않았을 주장이었다.

또한 순조는 혁파 법령으로 야기된 세수의 부족도 해결해야 했다. 당초 그는 노비 혁파로 생기는 신공의 손실은 대체 수입을 마련해 보충하도록 지시했지만, 매년 공노비에게서 걷는 신공 8만 냥 중에서 4분의 3만을 충당할 수 있었다. 궁궐 각사에 복무하는 노비의 신공을 대체하기 위해서 부분적인 조정을 단행했다. 이미 공노비에게는 신역 대신 납공하도록 했기 때문에 그것의 혁파는 사실상 중앙 및 지방 관서와 각종 궁방에 들어가는 비용이 앞으로 일반 세수나 또는 특별 기금에서 지출될 것을 의미했다. 이런 기금은 필요한 물품을 사는 데 사용됐으며 신역은 고공을 고용하거나 양인의 요역을 징발해 수행될 수 있었다 ― 이것은 유형원의 제안과 비슷한 조정이었다.[209]

18세기의 역사에서 상업이 성장하고 면포와 화폐로 신역을 내도록 바뀌었으며, 촌락 사이의 이동이 늘어나고 그동안 견고했던 신분의 차별이 약화되면서 노비인구가 점차 감소하는 흐름이 나타났다. 현재의 연구자들은 유형원과 그밖의 남인 학자들, 특히 기호지방의 학자들이 이런 전환에 중요한 역할을 했다고 평가했다.[210]

## | 결론

임진왜란이 끝난 뒤인 1601년(선조 34) 한 신하는 병력을 증강하기 위해서 사실상 노비제도의 혁파를 강력히 요구했지만, 위기가 지나가자 사대부들은 자신의 계층과 1천여 년의 전통에 좀처럼 도전하려고 하지 않게 됐다.[211] 그러나 16~17세기 사회·경제적 환경의 변화는 노비와 양인의 구분을 약화시켰으며 노비에서 벗어날 수 있는 기회가 좀더 많아졌다. 이런 변화하는 환경에서 깨달음을 얻은 유형원은 노비제도에 대한 전통적인 시각에 의문을 제기하면서 노비의 세습을 점진적으로 줄이고 궁극적으로는 세습 원칙과 범죄자를 노비로 만드는 사례를 제외하고는 노비제도를 폐지하자고 제안했다. 그는 인간이 평등하다는 생각을 분명하게 표시하고 노비를 고용노동으로 대체할 수 있다는 가능성을 통찰력 있게 직관적으로 알았지만, 노비가 지배계층에게 경제적으로 필요하다는 사실을 인정했기 때문에 그 제도의 혁파에 주저했으며 유교의 복종과 상하의 위계질서라는 맥락 안에서 고용노동을 이해했다.

그는 18세기에 전통적으로 받아들여지던 노비제도에 공개적으로 도전했으며, 1801년 대부분의 공노비를 혁파하는 기반을 마련했다. 18세기에 노비제도를 연구한 주요 학자들은 유형원의 양면적 태도, 즉 조선사회의 신분과 서열의 기초를 무너뜨리지 않고 노비에게 부과된 부담과 불의를 경감하려고 시도한 태도를 공유했다. 이런 한계에도 불구하고 그들은 공노비를 사실상 혁파하는 환경을 조성하는 데 기여했다. 비슷한 시기에 사노비도 감소했지만, 그것은 공·사노비 소유주의 태도가 바뀌었기 때문이 아니라 노비들이 유망하고 노비 장부에서 이탈하는 것을 막을 수 없었기 때문에 나타난 결과였다. 노비의 조세 부담을 양인 수준까지 경감시킴으로써 그들의 부담을 덜어주는 간접적 방법이 채택됐을 때 노비의 소유와 유지는 더이상 비용을 절약하는 방법이 아니었으며 노비는 양인으로 대체됐다.[212]

공·사노비 모두 현격하게 감소했음에도 불구하고 양반가문에서는 가사노동을 위해 한두 명의 노비를 계속 소유했고, 처벌의 일환으로 노비로 만드는 조처는 가장 '진보적'인 유학적 개혁자조차 찬성했기 때문에 전면적인 혁파는 1876년(고종 13) 조선이 외국에 개항할 때까지 이루어지지 않았다. 세습적 노비제도는 1886년(고종 23)까지 폐지되지 않았으며, 노비제도 자체는 1894년(고종 31) 친일내각의 후원을 받은 갑오개혁까지 존속했다. 1886년 고종은 세습적 노비제도를 폐지했지만, 적절한 신분차별名分의 기준을 유지해야 할 의무가 있었기 때문에 더이상의 조처는 시행하지 않았다.[213] 유형원은 노비제도에 대한 새로운 태도로 나아가는 문을 열기 위해서 중국 고전과 유교적 경세론과 고용노동의 실제 사례에 의존했지만, 사노비의 혁파를 입법하기에는 사회 환경이 너무 제약되어 있었다. 그럼에도 불구하고 그는 무고한 사람은 면천시켜야 한다는 도덕적 기반을 제공함으로써 전체 인구에서 노비의 비율을 5퍼센트 정도로 크게 줄이고 한국사에서 8백 년의 역사를 갖고 있던 노비제 사회를 종식시키는 데 중요하게 기여했다.

노비제도가 무시해도 좋을 만한 수준으로 축소됐다는 것은 농민 생활의 향상을 의미하거나 조선에서 인간의 자유나 경제의 발전이 더 높은 수준으로 발전했음을 보여주는 징후였는가. 노비제도에 수반되는 사회적 오명, 법률적 차별, 신공, 육체적 처벌의 용이함 등이 없어졌다는 사실은 노비들에게 커다란 구원임이 분명했다. 조선 전기의 규제적인 경제적 속박이 느슨해지고 경제 활동이 성장하는 변화는 엄격한 신분차별을 완화시키는 데 분명히 기여했다. 그러나 대다수의 노비들은 부유한 지주가 아니라 소작인이나 토지를 갖지 못한 노동자로 일생을 마쳤으며, 자유를 얻은 노비들도 자신이 그전보다 좀더 부유해졌다는 사실은 발견하지 못했을 것이다. 그들은 한국사에서 가장 반란이 빈번하게 일어난 세기였던 19세기를 만든 토양의 일부가 됐을 가능성이 더 높다.

노비제도에서 벗어나는 것이 좀더 진보된 경제나 정치제도를 향해서 자동적으로 발전한다는 뜻은 반드시 아니었다. 배리 힌데스Barry Hindess 와 폴 허스트Paul Q. Hirst는 노비제도는 다양한 정치제도 안에 존재했으며, 노비제도 자체는, 고대와 중세적인 생산양식 사이에서만 나타난다고 믿는 상당수의 한국의 역사학자들과는 반대로(그들에게는 유감스럽게도 한국은 그렇지 못했다), 반드시 고대적 생산양식보다 뒤에 나타나고 봉건적 생산양식보다 앞서 일어난다는 이론은 말할 것도 없고, 마르크스주의적 개념에서 하나의 독자적인 생산양식이 되지 못했다는 점을 지적했다. 그들은 노비제도는 다양한 생산양식과 정치제도 안에서 발견되며 "노비제도의 특징은 그 제도가 존재하는 사회구조에 의해 결정되지, 그 반대는 아니다"라고 말했는데,[214] 그 의견에 동의한다.

조선 전기의 생산양식은 사유재산에 기초한 농업경제로 규정할 수 있으며, 거기서 발생하는 이익은 소작료로 지주가 가져간 반면 소규모의 자작농들은 생존을 위한 생산에 묶여 있었다. 상업과 수공업은 경제에서 아주 작은 부수적인 역할을 했다. 조선 후기의 양상은 농업 임금노동, 상업적 농업, 수공업과 무역에서 일정한 발전이 이루어져 이익이 약간 증가함으로써 수정됐다. 노비제도는 그런 생산양식의 일부였지만 그런 생산양식이 존재하게 되는 데 주요한 원인이 되지는 못했으며, 무시할 수 있는 수준까지 감소됐지만 완전히 폐지되지는 않았다.

# 제2부 결론

　유형원의 작업에서 주요한 목표의 하나는 그가 생각한 이상적 유교 사회가 세습적 신분의 영향으로 왜곡된 현상을 바로잡는 것이었다. 17세기 중반 성년에 도달했을 때 그는 자신이 세습적 양반신분이 지배하는 노비제 사회의 한가운데에 살고 있다는 것을 알았으며, 그런 환경은 고대 중국의 이상적 사회와 당시 중국의 실제 사회 모두와 달랐다는 사실에서 특히 낙담했는데, 당시 중국에서는 세습적 귀족이 이미 오래 전에 신사紳士나 사족처럼 상대적으로 이동 가능한 계층으로 대체됐기 때문에 상인들도 문과에 응시했으며 노비들은 인구에서 근소한 부분이었을 뿐이었다.

　그는 여러 측면에서 조선 사회에 중요한 변화가 일어나던 시기를 살았다. 경제 분야에서는 개인적 상업 활동이 팽창하면서 국가 통제와 공인된 독점체제의 문을 두드렸다. 조세제도는 공납과 강압적인 요역에서 벗어나 전세가 확대됨으로써 국왕과 정부가 시장에서 물건을 구매할 수 있는 자금이 공급됐고 고공을 고용해서 국역을 수행하는 방향으로 전환됐다. 사회적 신분집단의 엄격한 구별은 약화되는 조짐을 보였는데, 특히 가장 하층신분인 노비들이 공·사주인의 착취에서 벗어나기 위해 도망치기 시작하고 양인들은 관직과 지위를 사서 사회의 서열을 올라감으로써 조세와 요역을 벗어나려고 시도했다. 이런 과정은 조선 사회에서 세습된 신분의 반대 결과를 가져오는 개혁을 위한 그의 관심을 자극했다. 그는 당시의 양반은 외국의 침략과 국내 제도의 부패에서 조선을 방어하지 못했으며, 세습적 노비제도는 국가가 노동력을 통제하고 인간으로서 노비의 존엄성을 박탈했다는 사실을 실감하지 않을 수 없었다. 그는 특히 고용노동의 도입을 옹호하고 강압적 노동보다는 자유로운 선택의 이점을 찬양함으로써 당시의 변화에 적응할 수 있는 중요한 징후를 보여주었지만, 이성적 효율과 자유로운 선택, 실용적 지식을 사회개혁의 유일한 기반으로 사용함으로써 당시 변화의 논리를 먼 미래까지 확장하려고 시도하지는 않았다. 반대로 그는 고도로 유교화된 사회에서 축적된 전통적 지혜의 원천과 중국의 고전들, 그리고 송대 성리학의 지식인과 경세론 및 정책의 거인들에게로 돌아갔다.

그의 사회적 이상은 세습적 양반에서 윤리적 지배계층이 다수의 농민과 소수의 상인·장인·노비가 존재하는 나라를 다스리도록 변화시키고, 세습적 노비를 소규모의 양인 자작농과 소작농, 또는 노비제도의 착취와 천대를 받지 않는 고공으로 전환시킴으로써 세습적 노비제도를 폐지하는 것이었다. 그는 극도로 어려운 역경의 시기에 유교적 규범과 가치를 폐기하려고 의도하지 않았으며, 오히려 새로운 제도에서 그것을 다시 강화하고 새로운 지배계층에게 가르침으로써 조선을 진정으로 도덕적인 사회로 만들려고 했다.

그의 생각은 18세기 말엽에야 널리 알려지게 됐지만 그가 정부의 지도자들이나 대중의 사고방식을 바꾸었다고 주장하기는 어려운데, 주요한 원인은 그가 자신의 지적 계승자와 제자라고 생각한 학자들도 그의 노비개혁안이 너무 급진적이라고 생각했기 때문이다. 관직을 가졌든 그렇지 않든 교육받은 양반의 대다수들은 자신들의 특권을 버리려고 하지 않았으며 커다란 정치권력을 잡을 수 있는 경로인 과거제도를 포기하려고 하지 않았다.

현재의 일부 학자들은 유형원과 그밖의 이른바 실학자들이 17~18세기에 일어난 긍정적 변화를 돕고 지원하는 데 영향을 주었으며, 세습적 노비제도를 폐지해야 한다는 유형원의 이론은 1730년 종모법을 최종적으로 채택한 결정이나 1801년 공노비의 혁파를 단행하는 데 일정한 영향력을 주었다고 생각하고 있다. 그러나 18세기 후반 이후 노비인구가 급감한 원인에 대한 가장 좋은 설명은 이론적인 주장이나 경영형 부농의 발전이 아니었다. 그것은 노비 자신들의 움직임이었는데, 그들은 정치가 부패해 도망간 노비를 추쇄할 의지를 잃어버린 틈을 이용해 대규모로 유망함으로써 '저항했다.' 일부 학자들이 주장했듯이 일부 외거노비가 아무리 기업적이고 자본주의적이었다고 해도 속신의 대가는 매우 비쌌기 때문에 그렇게 할 수 있는 부류는 거의 없었다.

조선 사회에 대한 양반의 독점적 지배는 더욱 많은 사람들이 관직을 사고 조세와 요역에서 이탈하며 자신들을 학생과 사족으로 허위 등록한 조선 후기의 사회적 움직임에 의해서 도전을 받았다. 많은 사람들은 이런 현상을 경영형 부농이라는 새로운 계층에 의해서 촉발된 급속한 상향 이동을 나타내는 것으로 받아들였지만, 당시의 사실들은 과거제도와 중앙 정부의 상층을 지배할 수 있었던 양반가문의 핵심은 점점 좁아졌으며 농민에서 새로 편입된 사람들은 극소수였다는 사실을 보여준다. 과거제도는 손상되지 않은 채로 남아 있었고, 공립학교제도는 재건되지 않았으며, 서원은 토지를 축적하고 당파와 연관성을 높임으로써 부패됐다. 국내의 반란과 1860년대 서양의 침입 위협이 결합됨으로써 야기된 19세기 중반의 위기가 일어나기까지 정부는 질서를 다시 확립하려는 진지한 시도를 하지 않았지만, 개혁은 구성이 약간 다른 집단에 의해 이루어졌다. 그들도 여전히 모두 누대의 양반이었으며, 권력의 구조는 1910년 국권을 상실할 때까지 사실상 바뀌지 않았다.

유형원은 유교적 양심을 대변했어도 50년 이상 주목받지 못한 채 지냈지만, 조선인들에게 그들이 잘 경영되는 유교국가에서 살지 않고, 유능한 인재가 관직에 나아가지 못하게 막는 장벽을 부술 수 있는 능력이 없으며, 사회의 노동력에서 노비를 너무 많이 사용하고 있다는 사실을 일깨워주었다. 만약 이런 약점들을 없앨 수 있었다면 조선은 그동안 윤리적 원칙과 유교적 규범의 기준을 유지하면서도 인구를 부양하는 데 충분할 만큼 농업 생산을 증가시키고, 모든 사람의 복리를 위해 상품의 유통을 진전시키며, 외적에 맞설 수 있는 국방력을 갖추는 데 필요한 세수를 증가시킬 수 있었을 것이다.

제3부

# 전제개혁

# 제3부 서론

왜란과 호란 이후 좀더 활발한 교역을 향해 나아가는 발전 또한 시작됐지만, 유형원은 전쟁으로 인한 생명의 손실과 재산 및 경작지의 파괴뿐만 아니라 아직도 압도적으로 농업적인 경제에서 사적으로 소유한 경작지의 불공평한 분배로 야기된 고통에 대해서 잘 알고 있었다. 토지가 소수에게 더욱 집중되는 흐름은 주변적인 농민이 파산으로 토지를 잃고 빈곤한 농민들이 토지를 위탁하면서 가속화됐다. 빈농들은 국가에 납부하는 조세와 요역을 막아주는 대가로 대지주의 사노비가 됐는데, 이런 흐름은 이미 16세기 중반 현저해졌다. 그러므로 모든 개혁자는 경작지와 농업 생산의 확대, 그리고 양인과 노비를 포함한 모든 농민인구를 지원할 수 있는 경제적 기반을 재건하는 두 가지 임무를 갖고있었다.

토지와 농업 생산은 전세·공납·요역의 세 부분으로 구성된 조선 전기의 조세제도가 17세기에 공납이 전세로 전환되면서(대동법) 조선 사회에서 부의 주요한 원천일 뿐만 아니라 조세의 중요한 원천이 됐다.

요역과 군역은 보인제도와 대동법을 통해 납포하는 방식으로 전환됐다. 이런 개혁들로 전세의 비율은 늘어났다. 명목상의 세율은 받아들일 수 있는 범위 안에 있었지만, 세금을 납부하는 지주의 부담은 그들에게 소속된 양인 및 노비 소작자가 늘어나고 녹봉을 받지 못하는 중앙과 지방의 이서, 곡물 창고와 중앙의 재정 관서가 뇌물을 강요하면서 늘어났다.

지주와 농민에게 부과된 조세의 부담을 전반적으로 가볍게 할 수 있는 한 가지 방법은 상업세를 걷는 것이었지만, 그러려면 농업 생산을 가장 우선순위에 두고 토지의 재분배와 관련된 의미 있는 제도적 개혁을 시작할 필요성을 강조하는 중농주의에 경도된 유교적 경제관념에 근본적인 변화가 필요했다. 유형원은 상업과 산업이 더 큰 부를 창출할 수 있다는 능력을 인식하고 농민들의 부담을 줄이기 위해 부자에게 과세할 수 있는 유연성과 통찰력을 갖고 있었는가.

전통적 유교사상은 농업 생산을 증진할 필요를 강조했지만, 재생산과 국가에 10분의 1세를 바쳐야 하는 분량보다 많은 잉여생산을 촉진하려는 목적은 아니었다. 그 목적은 양인 농민의 생존과 지배계층을 뒷받침하기 위한 조세를 공급하는 데 있었다. 아울러 유교의 이상적인 개혁에는 토지의 재분배나 그것을 통한 부의 재분배가 수반됐다. 그러므로 유교적 경세학자들은, 급진적인 개편이 아니라면, 토지의 재분배가 사회구조를 변화시킬 수 있는 강력한 도구라고 생각했다.

유형원이 일정한 종류의 전제개혁은 왕조를 중흥시키기 위해 절대적으로 필요하다고 생각했다는 사실은 의심의 여지가 없지만, 특히 사회의 질서와 안정을 유지하는 데 도움과 지도력을 제공할 수 있는 양반 지배계층의 이해와 전제개혁안이 상충할 가능성이 있을 경우 추상적으로 개혁을 논의하는 것과 토지 재산을 부자에서 빈자로 옮기는 급진적인 계획에서 나타날 수 있는 반작용을 숙고하는 것은 별개의 일이었다.

당의 균전제와 고려의 전시과(17세기의 조선인들은 그것이 당의 균전제를 본뜬 것이라고 잘못 이해했다) 이후 토지를 재분배하는 개혁은 중국과 한국에서 거의 2천 년 동안 논의되어왔지만 대부분 실패했으므로 급진적인 개혁은 공상에 불과하며 실현될 수 없다는 현실적인 비판자들의 논리를 유형원은 어떻게 극복했는가. 관원 등용과 지배계층의 기반을 교육과 학교의 전반적인 개혁을 통해 바꿈으로써 사회를 개혁하려고 한 유형원은 자신이 생각한 새로운 지배계층에게 이롭도록 부를 재분배함으로써 이런 목적을 이루려고 계획했는가.

그는 세습적 노비제도는 다음 세대에 폐지될 수 있으며 현존하는 노비들은 고공으로 대체함으로써 숫자를 줄일 수 있을 것이라고 기대했다. 그렇다면 그는 노비들도 자신의 전제개혁안에 포함시키려고 했는가. 그리고 만약 그렇다면 그는 심각한 반대에 부딪히지 않고 그것을 추진할 수 있었는가.

요컨대 유형원은 좀더 윤리적인 지배계층을 등용하고 세습적 노비제도를 혁파하려는 도덕적 목표만큼이나 부의 분배를 심각하게 고려했는가. 자신의 도덕적 목표와 부의 분배를 융화시키기 위해서 그가 사용한 방법은 무엇인가. 그리고 그 방법은 유교의 교리로부터 좀더 합리적이고 현실적인 정책 대안을 선택하는 방향으로 나아갔는가.

제 7 장
# 전제개혁 : 정전제와의 절충

*"큰 근본이 안정되면 그밖의 모든 일은 자연히 올바르게 된다."* **1**
*"지금의 상황을 바탕으로 옛날의 뜻을 참작해 시행하면 법도가 있게*
*될 것이다.……지금의 제도를 바꾼다면 모든 백성이 안정되고*
*모든 제도가 순조롭게 될 것이니, 정전의 형태대로*
*구획하지 않더라도 정전제의 실제는 모두 갖추게 될 것이다."* **2**


## ▌ 전제개혁과 부의 불평등한 분배

반+세습적인 양반이 지배계층을 형성했고 전체 인구의 3분의 1은 그들의 지배를 받는 세습적 노비였다는 측면에서 유형원은 고전적 이상과는 매우 괴리된 사회에서 살았다. 그는 이런 문제들을 해결하는 방안으로 엄격한 기준이 적용되는 교육을 통해 새로운 지배계층을 창출하고 개인의 덕행을 평가해 관원을 등용하자고 제안했지만, 그것이 현존하는 양반을 없애는 과정이 되기를 바라지는 않았다. 그는 그들이 현재의 행동을 고치도록 압박하고, 완벽한 도덕성을 가진 극소수의 하위신분이 상향 이동할 수 있는 기회를 일부 허용하려고 했을 뿐이었다.

또한 그는 노비의 신분을 그 자손에게 물려주는 것을 즉시 금지하고 양천 교혼에서 종모법을 채택하며 노비를 고공으로 대체함으로써 궁극적으로는 노비제도를 폐지하는 점진적인 방안을 제안했다. 이런 점진적인 방안은 즉시 노비제도를 혁파하라는 왕명이 내려질 경우 양반 노비 소유주들이 겪을 경제적 · 문화적 충격을 완화하기 위한 조처였다.

조선 사회의 신분제도에서 양반과 노비 사이에는 양인이 있었다. 양인의 대다수는 농민이었는데 소수의 지주와 훨씬 많은 숫자의 소농 · 소작인, 그리고 조세 · 군역 · 요역의 무거운 부담을 진 토지를 갖지 못한 고공들이었다. 그들의 생활수준은 기껏해야 최저 생활을 간신히 벗어난 것이었다. 경제는 압도적으로 농업에 치중했기 때문에 토지의 분배와 농업생산에 관련된 사회적 관계는 사회 전체의 부의 분배에 결정적인 영향을 미쳤다.

『반계수록』의 첫 번째 장은 토지제도에 대한 연구였는데, 그는 중국과 한국의 제도사에 대한 경세학 연구에 기초해볼 때 그것이 국가와 사회의 모든 문제를 해결하는 열쇠였다고 판단했기 때문이었다. 토지는 농업이 지배적 생산방식인 사회에서는 수입과 부를 결정하는 주된 요소였으며, 토지제도는 토지의 부당한 분배뿐만 아니라 전세 · 요역 · 군역의 불공평한 부담도 교정할 수 있는 문제였다.


## | 사유재산


유형원은 토지가 부당하게 분배된 주요 원인은 사유재산제도라고 명쾌하게 결론 내렸다. 그가 당시 조선의 상황을 독자적으로 조사함으로써 이런 결론에 도달했는지는 확언할 수 없지만, 그는 이전에 중국에서 나온 사유재산에 관련된 비판에 근거해 자신의 주장을 대부분 전개했다. 유형원이 아무 이의 없이 받아들인 그 자료의 핵심적 주장은 완벽한 토지소유제도는 모든 농가들이 최소의 세금을 내면서 공평한 경작지를 보장받았던 주대의 정전제라는 것이었다. 그 세금은 국왕의 토지를 공동으로 경작해서 납부했다. 주의 봉건제도에서는 사유권이 없었

기 때문에 농가들은 자신들의 구역을 사용하거나 경작할 권리만을 가졌다.[3]

주대의 역사 자체나 정전제가 아무리 모호하다고 해도 대부분의 전통적 중국 학자들은 진의 상앙商鞅이 정전제를 폐지하고 사유재산의 해악을 시작했다는 데 동의했다.[4] 중국 문헌들에는 상앙이 정말 어떤 일을 했는지에 대한 약간의 논쟁이 남아 있다. 『사기』에서는 "상앙이 천맥阡陌을 열었다"고 말했는데, 대부분의 주석학자들은 이것을 그가 정전 주위의 토지 경계를 허물었다는 뜻으로 받아들였다. 9세기 전반 두우杜佑는 『통전通典』에서 그 해석에 반대했다. 그는 상앙이 천맥의 경계에 기초한 새로운 제도를 만들었으며 그것은 일시적인 생산증가를 가져왔지만 토지의 불공평한 분배를 야기했다고 믿었다. 그는 진이 멸망한 뒤 천맥제 또한 폐지됐다고 인정했다.[5] 그러나 12세기 송의 주희는 상앙은 농업생산을 극대화시키기 위해 경작지를 개간함으로써 토지를 좀더 완전히 이용하는 방안을 옹호했을 뿐이라고 주장했다. 두우처럼 그도 정전제는 진을 거쳐 한까지 유지됐다고 생각했지만, 진이 통일하기 전 상앙의 치하에서 사유재산이 시작됐다는 사실은 인정했다.[6]

전한의 동중서는 정전제의 파괴를 강력히 비난하면서 토지의 매매는 소수의 개인들이 대규모의 토지를 축적兼併할 수 있게 한 반면 대다수의 빈농들은 "송곳을 꽂을 만한" 땅도 갖지 못한 채 남아 있게 됐다고 지적했다.[7] 달리 말하면 사유재산으로 정전제를 대체한 것은 진이 도덕에 기초한 주의 교육과 관리 등용제도를 폐지한 것보다 주의 기준을 더욱 심각하게 파괴한 것이었는데, 적어도 한은 그런 제도들을 유지하려고 시도했기 때문이었다. 그러나 유형원은 한대 이후에는 정전제를 복구하려는 시도가 없었다고 보았다. "후세에는 임의대로 사전을 매매하도록 하되 소유할 수 있는 한도를 정했지만, 그것은 올바른 원칙이 아니었다."[8]

또한 유형원은 사유재산제도가 소작농에게 과도한 지대를 부과할 수 있도록 허용했기 때문에 농민들의 조세 부담을 줄이려던 한대 황제들의 좋은 의도를 뒤엎었다는 후한대 순열荀悅의 주장을 인용했다. 순열이 살던 당시의 합법적인 전세는 고대 10분의 1세의 한 흔적으로 수확의 1퍼센트밖에 되지 않았지만 대지주들은 소작농에게서 지대賦로 수확의 절반 이상을 징수했으며, 반면 관원들은 세稅로 1백 분의 1만을 거두었다. "(후한의) 관원들은 삼대보다 너그러웠지만 호강豪强들은 멸망한 진보다 포악했다."[9]

순열은 토지소유권이 "그 땅을 독점하는 것專其地"이라면서 신랄하게 비판했다. 그가 보기에 춘추시대의 봉건 제후들은 영지를 받았지만 영지에 대한 독점권專封을 받지 못했으며, 관원들도 비슷하게 그 토지를 독점적으로 관리하지는 못했다專地. 즉 봉건 제후들은 자신들의 영지를 팔거나 처분할 권한이 없었던 것이다. 그러나 후한대의 지주들은 왕자와 후작보다 많은 수백~수천 경의 토지를 소유했는데, 매매제도와 전한대에 토지 소유를 제한하는 법률이 실패했기 때문이었다.[10]

유형원은 두우도 한대의 황제들은 은닉되거나 등록되지 않은 토지를 조사해 경작지를 계속 감독하려고 했지만 믿을 수 없는 서리에게 정확한 조사와 측량을 의존했기 때문에 실패했다고 지적한 사실을 언급했다. 진의 신불해申不害와 상앙은 가혹한 처벌을 동원했지만 이런 어려움을 개선할 수 없었는데, 근본적인 문제는 주대 이후 억제됐던 사유의 존재와 토지에 대한 지주의 독점권에 있기 때문이었다.[11]

송의 임훈林勳(1127~30년 활동)이 추진했던 사전 소유의 최대 규모를 제한하는 복잡한 계획을 논의하면서 유형원은 주희와 여조겸(1137~81)도 임훈의 계획을 칭찬했지만 토지의 일시적인 매매를 허락했기 때문에 역시 정전제의 선례와 너무 멀리 떨어졌다고 지적했다.[12] 비슷하게 유형원은 또한 고려 후기의 전제개혁을 주도한 조준과 이행이 고려 전기의 전시과제도는 공전을 사유로 돌린 결과 훼손됐다고 말한 기록을 언급하면서 공감을 표시했다. 유형원은 전시과를 토지의 국유에 기초한 당의 균전제를 본받은 제도라고 생각했다.[13] 요컨대 유형원은 주대 이후 역사가 쇠퇴한 주요 원인은 사적 소유권에 있었다는 것이라고 자신의 연구에서 도출한 핵심적 결론으로 요약했다. "후세에는 전제가 무너져 사적 소유에 제한이 없게 되니 만사에 폐단이 생기게 되어 주대와는 모두 반대가 됐다."[14]

## | 주대 정전제의 원형

### 9개의 구획 : 제후와 농민의 구역

이처럼 사유는 정전제의 원형과는 정반대였지만, 그 내용은 유형원이 유추한 원리를 이해하기 위해서 연구할 필요가 있다. 그는 『반계수록』의 첫머리를 정전제의 찬미로 시작했다.

고대의 정전제는 지극히 완벽해서 경계가 한번 올바르게 되자 만사가 원활해져 백성들은 안정된 항업恒業을 갖게 됐고 군사들은 수탈을 당하지 않게 되어 귀천과 상하가 모두 그 직분을 갖게 됐다. 인심이 안정되고 풍속이 돈후敦厚해져 수백수천 년 동안 공고하게 유지되면서 예악禮樂을 융성시킬 수 있었던 까닭은 이런 근본이 있었기 때문이었다.[15]

그러나 『맹자』와 『주례』 같은 고전 문헌의 서술과는 달리 정전제는 주대의 유일한 토지 소유 및 분급제도가 아니었다. 그것은 주의 국왕에게 봉사하는 경卿ㆍ대부나 제후에 책봉된 국왕의 주요한 신하에게 영지를 할당하는 데 제한적으로 사용됐다. 고전 문헌에는 정전제를 서술한 내용이 몇 가지 있지만 가장 중요한 자료는 『맹자』인데, 국가는 제후가 관리하는 농지를 9백 묘의 정방형으로 나누고, 각 구역은 다시 각 1백 묘로 구획된 9개의 정방형으로 분할했다. 8개의 농민 가호는 그 9개의 구역에서 하나씩 소유해 직접 경작했다. 중앙에 위치한 아홉 번째 구역은 공전公田이라고 불렸는데, 주위의 여덟 가호에서 공동으로 경작하며 거기서 나온 생산물은 그 지역의 제후에게 보냈다. 농민은 자신이 소유한 토지에 대해서는 전세를 내지 않았지만 제후의 토지를 경작해 곡식을 바칠 의무를 가졌다.[16]

맹자는 덕망 있는 지도자는 백성들의 경제적 안전과 복지를 제공할 의무가 있다고 강조했으며, 정전제는 최저 수준보다 어느 정도 높은 생활을 충분히 영위할 수 있는 일정한 면적의 토지를 농가에 제공해주었다고 찬양했다. '평등하다'는 뜻의 '균均'과 '백성을 평등하게 만든다'는 '균민'이라는 표현은 같은 크기의 토지를 농가에 나누어준다는 원칙을 나타내기 위해서 자주 사용됐지만, 정전제의 핵심을 균등한 분배로 해석하는 데는 일정한 문제가 있다.[17]

그 제도에서 완전히 평등한 유일한 측면은 1백 묘(또는 1경)의 구획이었다. 가호의 식구는 변할 수 있고 생산성은 토지의 비옥도와 노동과 비료, 그리고 그밖의 투자에 달려 있었기 때문에 농가에 일정하게 고정된 토지를 분급해도 수입이 완전히 평등해질 수는 없었다. 그러나 그 제도에서 각 가호의 수입의 불균형은 너무 커지지 않는 것이 분명했으며, 따라서 상대적 평등은 그 제도가 명확히 인식할 수 있는 목표 중 하나였다. 그는 생계 이상의 수입을 보장한다는 의미의 공평함이나 정당함을 '균'이라는 단어로 표현했다고 생각된다. 그러나 1인당 또는 가호당 수입의 완전한 평등은 정전제에서 절대적으로 필요한 원리였다고 해도 유형원과 그가 참조한 많은 중국 문헌에서는 일정한 면적의 토지를 정방형의 고정된 구획으로 나눈다는 생각이 정전제를 성공적으로 적용하는 데 가장 필수적인 사항이라고 간주했다. 유형원은 그것을 특별히 중시했는데, 16세기 조선에서는 토지를 조사하는 데 규격화된 직선이나 일정한 면적의 단위를 사용하지 않았기 때문이었다.

일정한 면적의 토지를 고정적으로 구획한다는 개념은 또 다른 고전적 용어인 '경계境界'와도 관련이 있었다. 유형원은 정전제가 그 이후의 어떤 제도보다 우월한 까닭 중의 하나는 고정된 정방형의 토지가 시간과 변화의 힘에 영향을 받지 않고 토지에 지워지지 않는 흔적을 남겨놓는 이랑과 제방 같은 형태로 구분됐다는 측면이라고 믿었다. 이런 토지구획을 따르지 않는다면 어떠한 전제개혁도 실패할 수밖에 없었다.

공평한 수입과 분배는 가변적이지만 자연적인 경계로 고정된 일정한 구획의 토지는 변동하지 않는다는 측면은 고대 중국의 고전 문헌과 원형적 제도에 비추어 우선순위를 혼동하고 당시의 제도를 다소 단순하게 그대로 적용하려는 문제를 드러냈다고 보일 수도 있다. 그러나 고정된 경계로 구획한다는 생각은 교조주의라기보다는 조세와 군역을 평가하고 규제하는 행정적 어려움을 고려한 끝에 나온 결론이었다.

지형에 영원히 각인된 고정된 정방형의 구획은 복잡한 개인 간의 거래 때문에 통제하기가 불가능한 토지 사유의 심각한 혼란과는 상반되는 안정과 안전을 상징하는 중요한 증거라고 유형원은 판단했다. 토지를 사적으로 매매할 수 있는 자유는 탐욕스러운 부자와 권력자들이 대토지를 소유할 수 있는 기회를 열었으며 빈자와 부자, 지주와 소작인, 대지주와 소규모의 경작자 사이의 심각한 격차를 만들었다. 유형원과 그가 따르는 중국의 선현들도 고정된 구획의 이상을 숭배했는데, 그것은 행정의 단순함과 편리함을 높여 조작과 부정을 막고 개인의 이익을 지키기 위해 국가의 통제를 막지 않는 제도였기 때문이었다.

## 1백 묘의 구획

유형원은 1백 묘라는 개별 구획의 특정한 수치를 너무 애호한 나머지 고대의 제도를 교조적으로 추종한다는 혐의도 받았지만, 자신이 그 수치를 선호하는 까닭은 그것의 실행 가능성을 독자적으로 연구한 결과에 따른 것이라면서 방어했다.

지금 1백 묘로 정한 것은 고대의 제도를 억지로 모방하려는 의도가 아니라 백성들의 노동력과 산업을 계산하고 토지의 비옥도와 인구를 참작한 뒤 고금의 제도를 비교해서 나온 결론이다.……충분히 계산해본 뒤에야 옛 성인의 법도는 영원히 바꿀 수 없다는 사실을 알게 됐다.[18]

그는 당의 역사를 전체적으로 고찰하면서 한 가호에 분급된 최적의 토지면적을 판단하기 위한 근거로 1인당 평균 토지 소유를 계산하기 위해 전체 인구와 면적의 통계를 면밀하게 기록했다.

그는 상商 왕조에서는 70묘가 기준이었다는 맹자의 발언을 따를 생각도 있었는데, 그것은 기자가 주 무왕에게서 조선후朝鮮侯로 분봉되어 평양에 도착한 뒤 사용했다는 기준 면적이기도 했다. 유형원은 한백겸의 「기전도설箕田圖說」을 읽고 이 제도에 관심을 갖게 됐다. 한백겸은 기자가 정방형의 네 구획을 70묘로 나눈 원형의 유적을 조사하기 위해서 직접 평양을 방문했다. 그 규격은 정전제와는 달랐지만 유형원은 "고대의 성인이 고안한 제도"라고 인정했다.[19] 1백 묘로 계획한 유형원의 자세한 논거와 그의 선택이 이성 또는 전통의 승리를 나타내는지는 나중에 언급될 것이다.

유형원은 『맹자』에 나오는 9개의 정방형을 문자 그대로 받아들이려고 고집하지는 않는데, 고전 문헌에는 이 문제와 관련해 변동의 여지를 남겨두었기 때문으로 생각된다. 아울러 기자가 배치한 4개의 정방형 토지에 대해 반고班固의 『한서』와 『춘추공양전春秋公羊傳』에서는 정전의 단위는 사방 1백 묘(총 9백 묘)였고 8개의 가호가 한 구역과 공전 10묘씩을 소유했으며, 공전의 소출은 국가에 조세로 납부했다고 서술했다. 사유 구역과 공전을 더하면 880묘이며 나머지 20묘는 가옥 부지로 남겨두었다.[20] 고전 문헌의 두 가지 서술은 농가의 사전으로 1백 묘가 할당됐다는 데 동의했지만 세부 사항은 달랐다. 유형원은 1백 묘 단위를 주장했지만 9개의 정방형은 받아들이지 않았는데, 이것은 합리성과 유용성에 따른 선택이었다고 밝혔다.

유형원은 고정된 면적의 토지 단위에 기초해 조세와 군역제도를 마련해야 한다고 확신했지만, 그런 판단은 정전제를 문자 그대로 해석한 결과가 아니었다. 유형원이 선호한 전세와 군역의 기준은 고대 중국의 제도가 좀더 일반화된 형태였다. 전세에 대한 고전 문헌의 서술은 모호하고 모순적이었는데, 고대에 시행된 제도는 2개의 기본적 개념과 원형이 있었다. 하나는 농업 생산에 대한 이상적 세율은 수확의 9분의 1이라는 것으로 9백 묘로 이루어진 토지의 중앙에 공전을 둔 정전제에서 원용한 생각이었다. 다른 하나는 수확의 10분의 1을 내는 것으로, 이 비율은 주대에 정전제로 조직되지 않은 토지에 사용됐다.[21] 10분의 1세는 『맹자』에서 기본적인 토지 단위와 토지 소유 방식이 달랐지만 삼대에서 조세의 주요 기준이었다고 언급했기 때문에 중국 문헌에서 널리 받아들여진 세율이 됐다. 『춘추공양전』에서도 10분의 1세를 최적의 제도라고 찬양했는데, 세율은 낮을수록 좋다는 원칙 때문이 아니라 10분의 1세는 농민과 국가의 필요에 적절한 균형을 맞추었기 때문이었다. 10분의 1세 이상은 너무 부담스러웠으며 그 이하는 적절한 의례를 치르는데 재원이 필요한 문명국가로서는 너무 낮은 세율이었다.[22] 잘 알려졌듯이 주대 이후 중국의 성군들은 10분의 1세를 이상적인 세율로 믿었지만, 그런 믿음은 정전제 자체에서 나온 것이 아니라 고대의 이상적인 제도를 상찬한 고전 문헌에서 나온 것이었다.

## 채지(봉건 제후의 영지)와 사대부

정전제가 모든 백성에게 부를 (동일하게가 아니라면) 공평하게 분배하려는 계획이었다고 생각하는 것은 잘못인데, 규격화된 1백 묘를 할당받은 8개의 가호는 모두 농민이었으며 지배계층에게 적용되는 주의 규정은 다소 달랐기 때문이다. 유형원은 사회가 지배계층과 피지배층으로 구분되어야 한다는 맹자의 의견에 전적으로 동의했다. 지배계층은 정신노동을 하는 사람으로서 육체노동을 하는 사람들을 통치하고 그들에게서 봉양을 받도록 되어 있었다. 맹자의 이상적인 지배계층은 물론 도덕적 지배계층(진정한 봉건적 지배계층이 아니었다)이었으며 농사를 짓고 군역을 지는 '야인'이나 일반 농민과는 반대되는 우월한 도덕적 능력을 가진 부류(군자)였다. 그러므로 정전제 또한 지배계층을 위한 재정 지원을 보장하는 제도였다.

주대의 제도를 묘사한 다양한 고전에 따르면 정전은 어디에나 있지 않았다. 정전은 도비都鄙라고 불린 수도 바깥 지역이나 제후의 영지에 있었는데, 그 지역은 채읍采邑이나 채지采地로 불렸고 봉건 제후는 공公·후侯·백伯·자子·남작男爵으로 나누어졌다. 그러나 그들은 사대부나 대부로도 불렸으며 거기에는 공·경·대부·사가 포함됐는데, 이것은 각각 소규모의 제후·대신·관원·기사를 뜻했다. 두 용어는 명확하게 구별되지 않고 서로 상당히 겹치지만, 대체로 대부나 사대부는 주의 국왕이나 제후에게 봉사하는 관원이라는 의미를 담고 있었다. 이런 용어들은 제후에게 봉사하면서 일정한 품계의 관직을 가질 수 있는 신분을 가진 봉건 가문들의 서열을 나타내기도 했는데, 일본 도쿠가와 막부 후기의 사무라이계층 안에 있던 서열적 구분과 일부 비슷하기도 하다. 이처럼 주대의 지배계층을 나타내는 용어인 사대부는 덕성과 관직, 봉건적 신분과 같은 뜻으로 정의됐다. 비록 우월한 지배신분과 관직 소유는 겹쳐졌지만, 그것은 서로 다른 개념과 용어로 파악됐으며 각 범주에 주어지는 지원과 보상도 그러했다.[23]

제후 또한 수도에서 상당히 떨어진 지역은 채지보다 좀더 자치적인 방식으로 관리했다고 추정됐지만, 유형원은 대부는 주로 채읍(또는 채지)을 경제적 기반으로 삼았던 반면 현직 관원仕者들은 세습적 녹봉世祿을 받았다고 믿었다.[24] 이런 구별은 대부가 현직 관원과는 다른 부류로 파악될 때만 가능하기 때문에 대부나 대부사(또는 사대부)라는 용어는 관직을 가질 수 있는 사회적 지배계층을 가리키는 것이 분명하지만 반드시 관직을 가질 필요는 없었다. 유형원 또한 고대의 채지는 봉건 제후가 그것을 자치적으로 통치한다는 의미에서 "그 백성을 모두 다스린다兼主其人民"라고 언급한 것을 볼 때 군사적 의무는 그런 채지에 수반된 상호적인 의무조항은 아니었다고 해도 채지는 봉건 제후의 영지와 비슷했다고 판단된다.[25] 요컨대 채지는 사회의 우월한 지배계층은 일반적인 야인처럼 농사를 지을 수는 없다는 이유에서 하나의 계층으로서 사대부를 봉양하기 위해 고안된 제도였다.

유형원은 후세에는 관원을 임명하고 파직하는 데 일관성이 없었으며 사대부를 경제적으로 봉양하는 데 주대와 비슷한 제도가 없었다고 주장했다. 그는 대부나 사대부를 봉양하기 위한 준비를 갖추지 않고 그저 정전제를 복구하는 것은 부적절하다고 경고했는데, 파직된 사람들은 "생계를 유지할 수단이 없게 될 것이기 때문이었다." 정전제를 완전히 복구하는 유일한 방법은 봉건제도를 다시 시행하는 것이었다.

유형원은 전체적으로는 봉건제도, 특수하게는 채지(즉 정전제)를 당시에 원형 그대로 복구할 수 있다고 기대하지는 않았기 때문에 지배계층인 사대부는 현직 관원이라는 협소한 직능적 정의(와 분봉의 대가로 봉사하는 계층이라는 단순한 상호적 또는 계약적 정의)로 국한하지 말고 그들에게는 양인 농민보다 우월한 생활수준을 국가가 보장함으로써 그 제도의 정신을 보존해야 한다고 생각했다. 대부는 도덕적으로 우월한 군자라고 가정되고(맹자) 지배계층은 우월한 신분과 특권을 가질 자격이 있었다는 측면에서 이런 생각은 도덕성과 귀속적 측면을 인정한 것이었다. 뒤에서 보듯이, 그러나 유형원은 귀속이나 신분에 따른 특권을 인정했지만 행동·장점·직능이라는 기준도 동일하게 존중했기 때문에 두 가지 이상 사이에서 타협을 도출해야 한다는 압박을 느꼈다.

대부와 사대부라는 용어는 주대 이후의 관료제도에서도 사용됐는데, 한에서는 군인과 구별되는 문관을, 남북조시대에는 양인과 구별되는 귀족을 나타내는 용어였으며 송대 이후에는 서리·농민·상인·공장과 구별되는 문과 급제자와 유생을 가리키는 용어였다. 조선시대에 사용된 사대부라는 용어는 학자 및 관원과 함께 반세습적 양반까지 포괄했지만, 유형원은 자신이 이상적으로 생각한 도덕적 지배계층과 당시 조선의 지배계층을 경멸적으로 표현하는 데도 사용했다. 유형원이 생각한 지배계층의 모범은 주의 사대부였는데, 그들은 농업이나 상업에 종사하지 않아도 됐고 채지에서 일한 농민들의 부양을 즐겼다. 진의 통일로 주의 정치·사회제도가 무너지고 채읍과 정전제가 폐지되자 대부는 적절한 경제적 후원을 받지 못하는 계층이 됐다. 그들은 국가에 대한 봉사로 받는 녹봉에 의존할 수밖에 없었는데, 상대적으로 위험하고 불안정한 상황이었다.[26]

논의를 요약하기는 아직 이르지만, 유형원은 중앙집권적 관료제도에 적용할 수 있는 정전제의 일부 핵심적 원리와 특징을 확인했다. 그것은 일정한 면적의 구획을 만들기 위해 고정된 토지 경계를 획정하고, 1백 묘라는 특정한 규격을 기준 단위로 설정하며, 이런 단위를 토지 분급·

조세·군역(또는 요역)의 기준으로 사용하고, 10분의 1세를 이상적인 조세로 채택했으며, 이런 제도를 통해 농민 가호에는 생계유지 수준을 일정하게 넘는 비교적 공평한 수입을 제공하고 사대부 지배계층에게는 우월한 수입을 보장하는 방안 등이었다. 지배계층인 사대부에는 국가에 봉사하는 관원들이 포함됐으며 관직에 복무하는 대가로 정부에서 추가적인 녹봉을 받았다. 이런 원칙들은 그가 원리나 선례를 당시의 상황에 적용하면서 합리적이며 경험적인 방법론을 전통적 근본주의와 융합했다는 사실을 보여주는데, 그것은 농민을 상대적으로 평등하게 서열화했지만 전체적으로는 사회를 계층화하려는 구상이었다. 이런 생각이 현실화되면 국가의 공적 이익과 지배계층 및 농민의 사적 이익은 적절한 균형을 이룰 것이었다.

## ┃ 한의 한전제

정전제를 복구하기는 불가능하다는 데 동의한 사람들은 두 가지 형태의 개혁을 제안했다. 토지 소유를 제한하는 한전제와 토지를 국유화하고 농민들에게 재분배하는 균전제였다. 앞의 제도는 한대에 제안됐고 뒤의 방안은 5세기 후반 북위에서 시작되어 그 뒤 당대唐代까지 시행됐다.

전한의 동중서는 사적으로 소유한 토지를 제한하는 방법限民名田은 "토지를 과다하게 겸병하는 것을 막기" 때문에 정전제에 가장 근접한 제도라고 추천했다.[27] 그의 계획은 채택되지 않았지만 한전제의 두 번째 시도는 애제哀帝(재위 기원전 6~기원후 1) 때 시작되어 전한 말엽 사유지의 규모를 제한하자는 사단師丹의 건의가 채택되면서 끝났다. 자료에 따르면 애제는 사유지의 규모를 30경(3천 묘)으로 일률적으로 제한했지만, 귀족이 소유할 수 있는 노비의 숫자는 단계적으로 제한했다. 그 법률을 위반하면 (토지와 노비를) 몰수한다는 조항도 있었다. 그 제도는 "당시의 풍습과 마찰을 일으킨다"는 이유로 폐지됐는데, 당시의 토지 및 노비 소유주의 이익과 배치됐던 것이다.[28]

현대의 일부 학자들은 30경의 면적은 토지를 심각하게 제한하는 것이라고 보기에는 너무 넓어서 부를 과시하지 못하게 한 사치 규제에 지나지 않았다고 보았다. 다른 학자들은 노비 소유권은 단계적인 제한이 확립됐으므로 좀더 적은 토지 소유 면적도 명시되어 있었을 것이지만 사료에서 단순히 빠졌을 것이라고 판단했다.[29] 그러나 유형원이 인용한 중국의 주석학자는 30경의 제한은 사유를 규제하려는 진지한 노력이었다고 믿었다. 유형원은 동중서의 건의와 애제의 법령에 대해 주희가 "애제는 토지 소유를 제한하라고 지시했지만 실제로는 시행되지 않았다"[30]고 서술한 부분을 인용해 그 제도가 사실이 아니었던 것으로 판단했지만, 이런 주희의 언급은 『춘추』의 간결하고 교훈적인 서술방식을 의도적으로 모방한 결과로 생각된다.[31] 또한 그는 두우가 동중서의 한전 제안을 개탄한 사실도 인용했다.

토지 소유를 제한하라는 칙령을 시행하지 못한 것은 참으로 안타까운 일인데, 제한하는 방법을 몰랐기 때문이었다. 토지를 근본으로 삼아 경계를 바르게 하고 식구의 숫자에 따라 토지를 주어 조세를 공평하게 하고 군역을 징발하면 예전의 정전제를 실제로 복구하지 않더라도 정전제의 뜻은 얻을 수 있으니, 이 제도가 한번 확정되면 영원히 폐단이 없을 것이다.[32]

그러나 앞으로 보듯이, 유형원은 한전제를 높이 평가했지만 사유재산과 타협했다는 이유에서 최적의 제도로 보지 않았다.

## | 균전제

### 중국 : 북위에서 당까지

유형원은 5~8세기에 중국에서 시행된 균전제를 정전제와 매우 비슷한 제도로 간주했는데, 그것은 사유재산을 없애고 토지를 국유화했으며, 농민에게 조세와 요역을 부과하는 대신 국유화한 토지를 비교적 공평하게 분급하고 관원들을 후원하기 위해 제공했다고 알려졌기 때문이었다.[33] 그럼에도 불구하고 균전제는 이상적인 모범으로 간주되지 않았는데, 완벽한 공전제도를 만들려면 그것은 폐지되거나 결점을 개선해야 했기 때문이었다. 균전제가 국유제도의 하나였다고 해도 그것의 궁극적인 실패 원인으로 지적된 문제는 사유재산과 관련되어 있었다. 그 제도와 관련된 역사 자료는 그것이 일시에 쇠퇴하지는 않았지만 점차 사유재산 관계가 개입됐다는 사실을 보여주었다.

역사를 검토한 유형원은 균전제가 486년(북위 효문제 10) 북위에서 채택된 이후 중국에서는 북제北齊·수·당까지, 그리고 한국에서는 고려 전기까지 시행된 것으로 추정된다고 간단히 언급했다.[34] 다양한 중국의 토지제도들은 일정한 특징을 공유하고 있었다. 토지는 성별·나이·직업, 그리고 때로는 (양천의) 신분에 따라 개인에게 차등적으로 분급됐다. 1인당 분급되는 구분전과 넓고 초목이 없는 저지대의 노전露田은 사적으로 소유·세습·증여할 수 없었다. 그것은 개인이 일정한 나이(왕조에 따라 15세나 20세였다)가 되면 분급됐다가 그 대부분은 군역이나 요역에서 면제되는 나이(대체로 60세였다)에 이르면 회수됐다. 그 토지를 받은 사람이 이때보다 일찍 사망하면 분급된 토지는 국가에 반환되어 다른 사람에게 다시 분배됐는데, 미망인이나 어린 자녀에게 이급移給할 수 있는 일정한 규정이 있었다. 구분전을 받은 개인(과 그의 가정)은 조세를 내야 했으므로 양정은 전세租 외에도 군역과 요역에서 상당 기간 복무해야 했으며, 가호는 공납賦을 내야 했다.

개인은 영원히 상속할 수 있는 작은 규모의 영업전永業田과 가옥의 부지도 받았다. 그는 영업전에 뽕나무를 심어야 했지만, 그 토지는 국가에 반납하지 않아도 됐다. 그것은 자녀에게 물려줄 수 있었으며 제한적으로 팔거나 처분할 수도 있었다.

관원들은 왕조에 따라 직분전職分田이나 영업전, 또는 둘 다 받았다. 직분전은 이른바 공전에서 할당됐는데, 공전은 개인에게 일시적 또는 영속적으로 분급된 국유지(즉 구분전이나 영업전)가 아니라 분배의 대상에서는 제외된 국가나 지방 수령이 관리하는 토지를 가리켰다. 예컨대 북제 무성제武成帝(재위 561~565)는 수도 주위 지역의 토지를 공전으로 분류해서 품관들에게 분급했다.[35]

물론 이런 공전의 분급은 일시적인 분급제도에 따라 농민에게 나누어준 토지에 설정된 수조권을 할당하는 것이었다. 북위에서 지방의 공전은 지방의 관리와 수령에게 품계에 따라 6~15경까지 차등적으로 할당됐다. 이것이 독립적인 토지였는지 구분전에 설정된 수조권이었는지는 분명치 않다.[36] 당의 제도에서는 6품 이하의 관원은 지방이나 토지가 충분한 지역으로부터 (국가에) 반환된 공전에서 그들에게 할당된 영업전을 분급받을 수 있었다. 후자의 경우 관직을 그만두면서 직분전을 파는 것은 법률로 금지됐다.[37]

북위와 남제에 관련된 자료에 따르면, 관청의 행정이 문란해지고 황제가 토지를 불규칙하게 하사하면서 균전제는 붕괴되고 사유지가 확대됐다. 북위에서 "직분전은 귀족인지 천민인지에 상관없이 분급됐으며" 선무제宣武帝는 황제가 사여하는 토지를 영구히 세습케 하고 토지의 매매를 허용했다. 무평武平(570~576)연간 이후 북제에서는 "황제가 귀족과 외척 가문에 토지를 마구 하사해서" 강이나 구릉 주위의 경작지는 권세가들이 차지했지만 "양인은 한 줌의 땅도 갖지 못했다."[38]

수 문제는 황자皇子와 귀족들에게 30~1백 경의 거대한 영업전을 분급하고 중앙과 지방의 관원들에게는 직분전을 하사했다.[39] 이런 제도는 당에서도 계속 시행됐으며, 유형원도 언급했듯이 "영업전은 반납되지 않고 모두 자손에게 전해졌다."[40] 물론 이런 공식적인 영업전은 법률의 제약을 받았다. 파직되거나 범죄를 지은 관원들은 영업전을 국가에 반납해야 했다.[41] 그러나 유형원은, 제한된 형태였지만 귀족·공신·대신에게 사유를 허용한 조처는 사적 토지 소유로 돌아가는 주요한 원인으로 작용했다고 판단했다. 이런 측면은 유형원이 당의 영업전과 직분전은 특별히 커다란 문제라고 생각하지 않았다는 전체적인 입장에서도 연역할 수 있다. 그러나 그는 고려의 토지제도가 실패한 원인을 논의하면서 그 문제를 언급했다. 자신이 구상한 제도를 서술한 부분에서 보겠지만, 그는 어떤 형태의 사유에도 강력하게 반대했으며 당의 영업전과 동일한 규정을 전혀 만들지 않았다.

균전제는 영구적인 소유를 허용했을 뿐만 아니라 국가에 반납해야 하는 구분전을 관리하는 데서도 사유의 여지를 남겨놓은 것으로 보인다. 북위에서 개인은 법률이 허용한 범위를 넘어서 토지를 축적할 수 없다고 상정됐지만 잉여의 토지를 가진 사람은 분급되는 분량을 모두 채우지 못한 사람에게 자신의 잉여분을 팔 수 있도록 법률로 허용했다.[42]

구분전으로 사용할 수 있는 토지에 대한 인구의 과도한 압박은 사람들에게 이동의 자유가 주어지면 인구 밀도가 낮은 지역으로 자연스럽게 옮겨갈 것으로 기대되면서 경감됐다. 전국에 걸쳐 인구와 토지의 비율이 균등하게 되지는 않았지만, 인구가 많은 지역에서는 할당 분량을 줄였다.[43] 북제에서는 토지의 매매를 법률로 금지했지만, 송효왕宋孝王의 『관동풍속전關東風俗傳』은 사실상 부자와 권력자들은 빈농들을 희생시켜 광대한 토지를 축적했음을 보여준다.[44] 그 원인의 하나는 일시적으로 분급한 구분전을 세습하는 행위를 국가에서 금지하지 못했기 때문이었다. 법률에서는 한도보다 구분전을 더 받은 사람은 처벌하도록 했으며, 그런 범죄를 고발하면 그의 토지를 몰수해 포상으로 지급하겠다고 규정했다. 그 결과 잘못된 고소가 이어졌으며 정당하게 구분전을 소유한 사람들이 몰수당하게 됐다. 아울러 토지의 매매를 강제로 금지했지만 효과가 없었고, 농민들은 부채를 줄이거나 전세와 호세戶稅를 내기 위해 분급받은 토지를 팔았다. 그렇게 매매가 허용되면서 어떤 노비들은 양인 농민보다 더 많은 토지를 축적하게 됐다.[45]

구분전을 할당하는 제도는 수·당시대에 다시 시행됐지만 높은 인구밀도가 계속 문제로 남았고, 정부는 규모를 줄여 분급함으로써 그 문제를 해결했다. 당의 법률은 농민이 자신의 구분전을 팔고 인구가 많은 지역에서 적은 지역으로 옮겨갈 수 있도록 허용했다. 북위와 마찬가지로 매입자는 합법적으로 할당된 분량 이상 살 수 없었으며 모든 판매는 당국의 허가를 받아야 했다.[46] 그렇지 않으면 관원이 토지를 몰수했다.

유형원은 두우와 마단림을 언급하면서 중국의 균전제에 대한 논의를 마무리했다. 두우는 『통전』에서 8세기 중반 균전제는 완전히 붕괴됨으로써 토지 겸병과 대토지 소유의 문제는 기원전 1세기의 전한보다 더욱 심각해졌다고 평가했다.[47] 『문헌통고』를 편찬한 마단림은 조세의 방법을 균전제의 주요한 실패 원인으로 지적했다. 남북조시대의 왕조들과 당은 하·은·주 삼대처럼 토지를 조세의 기준으로 삼지 않고 가호나 개인을 조세의 대상으로 정했다. 삼대에 토지는 가호나 인두세가 없는 사람에게도 분급됐다. 한대에는 토지를 분급하지 않았지만 가벼운 호세를 부과하기 시작했다. 북위부터 당까지는 토지를 분급한 대가로 호세를 부과했는데, 정부에서는 정규적인 토지 분급은 보장하지 못했지만 호세는 부담스러운 수준까지 올렸다.[48]

유형원은 마단림의 해석을 확장시켰다. 균전제의 주요한 실책은 "양정을 등록해 국역을 확정하고 인구를 계산해 토지를 분급한 것이었다."[49] 정부는 정확한 토지의 경계를 획정하기 위해서 토지를 조사해야 했지만 그러지 않았기 때문에, 개인들은 남의 토지를 쉽게 침해할 수 있었다. 규제 또한 너무 복잡해서 제도의 운영을 어렵게 만들었다. 그 규제에 따르면 정확성과 공정성을 유지하기 위해서 복잡한 기록을 꾸준히 관리해야 했지만, 농업인구의 변동을 빠짐없이 기록하기는 어려웠다. 기록은 인구의 이주에 따른 변화를 따라가지 못했으며, 인구에 따라 토지를 분급하는 제도는 이 문제를 다루는 데 전혀 유연성을 발휘하지 못했다. 그 결과 기록은 매우 부정확해졌으며 등록 중에 있는 사례도 매우 많았다.[50]

특히 구전이나 호포제도는 부정과 압박으로 매우 악명 높았다. 어떤 사람이 마을에서 도망가거나 사망하면 관원은 이웃 가호의 부담을 늘려서 손실된 세수나 군역을 메웠다. 남아 있는 인구에게 늘어난 부담을 전가함으로써 더 많은 이주를 자극했을 뿐이었다. 이것은 왕조가 멸망해야만 끝날 수 있는 해로운 순환이었다.[51] 이 문제의 유일한 해결책은 토지를 기준으로 조세와 군역을 계산하고 평가하는 것이었다.

일반적으로 사람은 토지가 없으며 살 수 없고 토지는 사람이 아니면 개간할 수 없다. 그러나 토지는 이동할 수 없지만 사람은 동정動靜과 존망存亡이 일정하지 않다. 이 때문에 토지를 기준으로 조세를 할당하고 토지의 소유를 명확히 하면 모든 것이 공평해질 것이다.……[52]

토지를 기준으로 세금을 부과하면 흉년이 들어 유망을 떠난 사람의 토지를 대신 경작할 경우 그에게 세금을 부과하는 폐단이 생기게 된다. 대체로 토지를 기준으로 세금을 부과하지 않으면 이웃에게 대납케 하는 폐해가 반드시 생겨난다.……반드시 경계를 올바로 획정해 토지를 기준

으로 조세와 군역을 부과해야 한다.[53]

일정한 토지 주위에 자연적인 경계를 설치하고 그것을 기준으로 조세와 양역을 부과하는 제도는 유형원 등이 고대 정전제를 객관적으로 검토해서 얻은 가장 중요한 원칙이었지만, 사실 이런 결론은 현실과 유리된 정전제에서 유추한 원리라기보다는 남북조부터 당까지 시행된 균전제의 약점을 파악한 데서 나왔다고 생각된다. 마단림과 유형원은 균전제가 인간의 탐욕적 본능에 반대되거나 일반 관원에게서 너무 높은 수준의 청렴과 성실을 요구했기 때문에 실패했으므로 공평한 분배는 효과가 없다고 증명됐다고 결론짓는 대신 그것이 모든 측면에서 정전제의 선례를 따르지 않았기 때문에 실패했다고 믿었다. 그리고 토지의 경계를 획정하고 토지를 분급받은 대가로 조세의 의무를 이행하는 것은 정전제의 특징이었기 때문에, 그들은 그런 요소들을 가장 중요한 변수로 파악했던 것이다. 그 결과 유형원은 정전제를 토지제도의 불변적 원칙으로 이상화하면서 선험적 이성이 아니라 사실에 대한 경험적 연구를 통해서만 그 제도의 의미를 발견할 수 있다고 주장했다.

이것은 사세事勢가 그럴 뿐만 아니라 천리天理이기도 하다. 성인은 천리를 모두 체득했기 때문에 어떤 일이든지 반드시 먼저 일정한 제도를 만드는 데서 출발했다. 모든 제도에 자세한 규정이 있는 것은 이 때문이다. 그 때문에 학문을 일러 "지식을 넓히는 것은 사물의 이치를 파악하는 데 있으며, 지식을 넓혀 사물의 이치를 파악하는 것이 아니다故曰致知在格物, 不曰致知而格物"라고 한 것이다.[54]

이처럼 유형원은 자신(과 마단림 등)이 상황을 경험적으로 관찰해 추론했다고 주장했지만, 무덤의 유물이나 그릇, 명문銘文, 문자기록 등 주

대 이후 사용할 수 있는 모든 사실을 조사하고 대조해서 당시 정전제의
실제를 철저하게 분석하지는 않았다. 그는 복잡한 과정을 간단히 생략
함으로써 정전제의 원칙에 관련된 결론을 도출했다. 그것은 균전제는
정전제의 일부 요소들을 포함하지 않았기 때문에 실패했으며, 균전제
에 포함되지 않은 정전제의 핵심 요소들은 국유와 분배의 일부 제도를
성공적으로 운영하는 데 필수적이었다는 것이었다.

## 고려의 토지제도

유형원은 10세기 전반부터 12세기 후반에 해당하는 고려 전기의 토
지제도는 당의 균전제를 모방했다고 믿었다. 그러나 현재의 학자들은
이런 견해를 부정하는데, 고려 전기의 토지제도와 당의 균전제 사이에
는 중요한 차이와 모순이 있기 때문이다.[55] 예컨대 고려 전기의 토지분
급제도는 일정한 면적의 토지를 모든 농민에게 기본적으로 분급하는
것이 그 제도의 전체적인 기본 원칙이었다고 표방하지 않았다. 실제로
고려 전기의 전시과는 관직이나 국역의 의무와는 상관없이 품관에게
차등적으로 토지를 분급하는 제도였다. 중앙의 정규 관원은 물론 지방
관아의 향리와 정병도 토지를 분급받았다. 향리와 군인들은 고려 후기
부터 조선 전기까지 토지나 수조권을 받지 못했기 때문에, 군인·향
리·이서에게 토지를 분급한 고려 전기에는 사회의 모든 사람들이 토
지를 분급받았으며 용어의 사용만이 당의 균전제와 달랐다고 당시의
학자들이 가정한 것은 자연스러웠다. 그러므로 북위부터 당의 구분전
이나 노전 대신 고려에서 가장 적고 기본적으로 분급한 토지는 군전軍田
이었다. 달리 말하면 당에서 농민은 1인당 토지를 받았고 그 대가로 군
역을 졌지만, 고려에서는 군역을 진 개인은 그 대가로 일정한 토지를
받았다는 것이다. 이런 해석은 고려의 제도에서 구분전이 농민에게 기

본적으로 분급한 토지가 아니라 제한적이며 특별한 의미를 갖는 이유를 설명해준다 ─ 그것은 은퇴한 관원이나 사망한 관원의 미망인에게 주어지는 토지였던 것이다.[56]

그럼에도 불구하고 유형원이 고려 전기의 제도가 당의 균전제를 모방했다고 서술한 것은 고려 태조가 "토지를 나누어 신하와 백성들에게 지급했다"는 『고려사』의 서술을 빌려온 해석으로 생각된다.[57] 14세기 말엽 전제개혁을 주장한 조준은 고려 태조의 업적을 주 왕조의 창업자와 비슷하게 묘사했는데, 고려 전기의 토지제도는 토지의 경계를 바르게 하고 균등하게 분배한다는 정전제의 두 가지 기본 원리에 기초했기 때문이었다.

문왕·무왕·주공은 정전으로 백성을 양육했기 때문에 주는 천하를 8백 년이 넘게 다스릴 수 있었으며, 진秦은 정전을 파괴했기 때문에 2대만에 멸망했습니다. 고려 태조는 삼한을 통일한 뒤 전제를 확정해 백관은 그 품계에 따라 토지를 분급하고 사망한 뒤에 환수했습니다. 부병府兵(군사)은 20세에 토지를 받아 60세에 반납했습니다. 토지를 받은 사대부가 범죄를 저지르면 환수했습니다. 그 결과 사람들은 모두 자중해서 법률을 위반하지 않았으며 예의가 일어나고 풍속이 아름답게 됐습니다. 부위府衛의 군사와 주군진역州郡津驛의 이서들은 모두 토지를 경작해 생업을 안정시키니 나라가 부강해졌습니다. 요·금이 중국을 장악해 우리와 경계를 맞닿았어도 감히 병탄하지 못한 까닭은 태조가 삼한의 토지를 신하와 백성들에게 나눠줌으로써 모든 사람이 녹봉을 받고 생업을 안정시켰으며 마음을 결집해 영원토록 지속될 국가의 원기가 됐기 때문이었습니다.[58]

고려 전기의 토지제도와 태조의 업적을 이상화한 조준의 해석은 그것을 고려 후기 토지제도의 문제점과 날카롭게 대비시키려는 의도가 분명했지만, 유형원은 그의 견해를 정확한 사실로 받아들였다. 유형원은 조준의 설명과 『고려사』의 평가를 짧게 평가했다.

고려의 전제는 대체로 당의 제도를 본받았다. 개간된 토지를 조사해 비옥도에 따라 나눈 뒤 문무백관에서 부병·한인에 이르기까지 품계에 따라 나누어주었으며 사망하면 국가에 반납하도록 했다. 부병은 20세가 되면 비로소 토지를 받았으며 60세가 되면 반납했다. 사망했을 때 자손과 친척이 있으면 그들에게 이전시켰다.[59]

좀더 통찰력이 있었다면 유형원은 고려 전기와 당의 균전제의 중요한 차이점에 주목했을 것인데, 특히 고려 전기에는 귀족을 양인 농민(또는 노비)과 자연스럽게 구별시키는 관직 소유나 그밖의 다른 신분적 지표를 토지 분급의 기준으로 삼았기 때문이었다. 예컨대 유형원은 940년 (고려 태조 23) 태조가 분급한 역분전役分田은 "당시의 모든 관원들과 군사에게 품계와는 상관없이 토지를 주었다. 사람들은 성품과 행실의 선악, 장점과 노력의 대소에 따라 차등적으로 토지를 받았다"고 언급했다. 또한 그는 976년(고려 경종 1)에 처음으로 실시된 전시과는 "품계가 아니라 인품人品에 따라" 토지를 분급했다고 지적했다.[60]

고려 전기의 제도는, 자료에 서술된 대로 정확하게 기능했다면, 능력과 덕망을 갖춘 지배계층보다는 귀속적이고 세습적인 귀족(신라의 골품 귀족보다는 좀더 약해졌지만)을 봉양하기 위해서 마련됐다고 볼 수 있다. 그러나 유형원은 인품이 세습적 신분을 가리키는 것이 아니라 덕망을 표시하는 것이라고 판단했으며, 따라서 사대부계층은 그 개인이 관직을 가졌는지에 상관없이 국가에 의해 일정한 봉양을 받을 자격이 주어졌던 정전제의 원칙과 대체로 동일하다고 판단한 것이 분명하다. 유형원이 『고려사』에서 인용한 대로, 개정된 전시과에서는 토지분급의 기준으로 인품이 폐기되고 문·무 양반의 서열로 대체됐다.[61]

균전제가 고려 전기에 시행됐다는 유형원의 자료는 그 붕괴도 서술하고 분석했다. 이 부분을 자세히 읽어보면 관점의 흥미로운 차이가 나타난다. 정전제는 일부 개인과 가문들이 대토지를 집적하면서 사유로 타락했다는 데 일반적으로 동의했지만, 그 원인은 외부의 간섭이나 원래 제도가 내포한 문제점, 또는 원래는 완벽했지만 그 제도와는 상관없는 내부적 부패 등이 다양하게 거론됐다. 『고려사』의 편찬자는 국내 정치와 원의 침략이 붕괴의 원인을 작용했다고 간결하게 설명했다.

의종과 명종 이후 권간權奸들이 나라를 좌우했으며 원이 지배한 뒤 살육을 자행하고 세금을 마구 착취해서 인구가 날로 줄었다. 왕조 말엽 덕망을 잃어 토지와 인구를 기록한 문서가 혼란스러워진 결과 전시과는 폐지되고 사전으로 전환됐다.[62] 권세 있는 가문들은 그 토지를 다투어 겸병해 산천으로 경계를 삼을 정도였으며, 양민들은 모두 그들에게 복속되어 국가는 점차 쇠망하게 됐다.[63]

물론 이 구절은 정전제를 이상적으로 생각한 사람들이 늘 사용하는 진부한 표현들을 담고 있다 — 즉 사유재산과 세습적 가문은 덕망에 기초한 신분을 가진 이상적인 사대부계층과 반대되며, 농민을 국가를 지탱하는 납세자에서 귀족제도의 추종자로 변질시켰다는 것이다.

14세기의 유명한 성리학자인 이제현의 분석은 이 발언 및 조준의 견해와 중요한 차이를 갖고 있다. 우선 고려 전기에 토지제도가 정착된 사실을 높이 평가한 조준과는 반대로 이제현은 10세기의 토지관계는 본질적으로 불완전하고 결함이 있었다고 강조했다. 그는 고려 태조가 신라 후반의 혼란스러운 상황과 그 뒤를 이은 태봉泰封의 제도 붕괴에 대처한 방법을 서술했다. 철저하고 완벽하게 전제개혁을 추진할 시간이 부족했던 태조는 구분전을 분급하는 제도를 시행할 수밖에 없었다.[64] 경종(재위 975~981)은 전지田地와 시지柴地를 차등적으로 분급하는 전시과를 설립함으로써 태조의 제도를 좀더 발전시켰다. "전시과는 비록 소략했지만 세록世祿을 지급한다는 예전 제도의 의미를 갖고 있었다."[65] 이 발언은 이제현이 전시과의 주요 특징은 모든 농민에게 기본 토지를 보장하기보다는 관원들을 봉양하는 것이었다고 인식했음을 보여준다. 달리 말하면 전시과는 양인 농민 가호에 기본적인 토지를 분급한다는 조항을 삭제한 결과 정전제의 목적을 절반만 달성했던 것이다. 더욱이 이제현은 전시과는 조세제도에서도 주대 정전제의 원칙에서 벗어났다고 주장했다.

"9분의 1세인 조助와 10분의 1세인 부賦는 군자를 봉양하고 그들을 소인과 구별하기 위한 제도였지만, 전시과에서는 전혀 언급하지 않았다."[66]

고려 전기의 조세제도를 기술한 『고려사』의 다른 부분은 여기에 동의하지 않았다. 예컨대 고려 전기의 자료에 따르면 992년(성종 11) 공전의 세율은 수확량의 4분의 1로 정해졌다.[67] 반면 고려 후기인 1362년(공민왕 11) 백문보白文寶는 사실 고려는 한의 10분의 1세를 채택했다고 언급했다. 유형원은 "고려시대에 세법은 몇 차례 변경됐지만 『고려사』는 그것을 명확히 기록하지 않아서 지금 그것을 자세하게 논의할 수 없다. 그러나 백문보의 상소를 보면 고려가 개창될 때는 10분의 1세를 표준으로 채택했다는 사실을 알 수 있다."[68] 이처럼 유형원은 고려 전기의 정부는 정전제의 이상에 맞게 시행할 수 있었다는 사실을 의심했다.

끝으로 이제현은 10세기의 제도는 정확한 경계를 획정하는 데 실패했다는 또 다른 중요한 결함을 지적했다 ─ 달리 말하면 이랑과 제방으로 구획된 일정한 면적의 토지를 획정하는 데 실패했다는 것이었다.

"안타깝게도 당시의 관원들은 맹자의 말씀에 기초해 (고대의) 법률과 제도를 연구하지 않았다."[69] 만약 정전제의 이런 핵심 원칙이 채택됐다면 토지제도는 오래 지속될 수 있었을 것인가. "경계가 올바르게 획정되면 토지와 녹봉은 아무 어려움 없이 분급할 수 있다."[70]

요컨대 이제현은 고려 전기 토지제도가 본질적으로 불완전했기 때문에 결국 실패했다고 주장한 것이다. 당의 균전제에 대한 마단림의 비판과 비슷하게 유형원은 고려 전기의 국왕과 신하들은 특히 토지의 경계를 획정하고, 농민들에게 기본적 토지를 분배하며, 10분의 1세를 도입하는 등의 정전제의 핵심 요소를 채택하지 못했다고 파악했다.

그러나 송의 경세학자들이 당의 균전제를 비판했어도 궁극적으로는 긍정적인 태도를 보인 것처럼, 유형원도 고려 전기 제도에 대한 이제현의 부정적이고 비판적인 분석에서 긍정적인 암시를 읽었다.[71] 정전제의 핵심적 요소들이 당시의 전제개혁안과 결부된다면 그것은 정전제의 이상이 주대 이후 중앙집권적 관료체제에서도 아직도 실현될 수 있다는 증거로 파악했다.

앞서 말했듯이 조준은 고려 전기의 토지제도는 정전제의 이상과 근접했다는 전제에서 자신의 분석을 시작했지만, 고려 전기를 이상화한 까닭은 고려 후기 정책의 결함을 부각시키려는 의도였다고 생각된다. 그중에서 가장 심각한 문제점을 가진 부분은 한인閑人, 품관, 음자제, 고려의 군대에 복무해 포상으로 토지를 분급받은 외국의 귀화인, 또는 별사전을 받은 급제자 등 국가에 실제로 봉사하지 않는 사람들에게도 토지를 분급했다는 것이었다. 정부 관원들은 복잡한 등록 업무를 충실히 수행하지 않았기 때문에 국가는 토지를 제대로 관리하지 못하게 됐으며, 분급한 토지는 후손들에게 불법적으로 상속되거나 사유화됐다.

군역에 복무하지 않는 사람도 군전을 불법적으로 받아 아버지가 은닉해 그 아들에게 물려주며, 아들은 그것을 은닉해 국가에 반환하지 않으니 선왕의 법률이 무너지고 겸병이 성행하게 됐습니다.……선왕들이 지극히 공정하게 분급한 토지는 한 집안의 부자父子가 사유한 재산이 됐습니다.[72]

조준에 따르면 고려 전기의 토지제도에서 균전제와 상통하던 특징은 공전을 사유로 돌리면서 사라졌다. 정규 관원과 군인들은 그들의 직역 때문에 모두 이 제도 아래서 토지를 분급받았지만, 분급된 토지가 사유로 전환된 이후에는 사정이 달라졌다.

집 밖으로 나가지 않으면서도 관직을 수행하고 군대에 복무하지 않으면서도 군역을 이행하며 비단옷을 입고 좋은 음식을 먹으면서 그 이익을 누리는 부류가 있습니다. 그러나 밤낮으로 근무하는 신하와 전장에서 수고롭게 복무하는 군사들은 도리어 부모와 처자를 봉양할 1묘의 토지도 받지 못하니 어떻게 충의를 진작시키고 공로를 세우도록 격려할 수 있겠습니까.[73]

또한 토지의 사유는 공적 정신이 상실되는 원인이 됐으며, 탐욕과 보기 흉한 경쟁을 자극했다. 국민의 대다수가 토지 소유를 늘리기 위해 경쟁하면서 관원들은 토지의 소유주를 가리기 위한 소송과 반대 소송을 조사하고 판결하는 데 시간을 보냈다.

"자식이 부모에게서 1묘의 토지를 요청했지만 뜻대로 되지 않으면 원한을 품으니 형제 사이에는 말할 것이 있겠는가. 사전 때문에 인륜이 금수禽獸의 지경으로 전락한 것이다."[74]

1380년대 전제개혁을 주도한 간관 이행은 사유재산을 비판한 조준의 견해에 찬성했다. 이행은 간결한 문장으로 토지 소유에 대한 비판을 집약했다. "호강豪强들이 토지를 겸병해 국가의 재정이 고갈되고 조세가 과중해져 백성들이 고통스러워하며, 강자와 약자가 서로 집어삼키고 쟁송爭訟이 폭증해 골육이 서로 시기함으로써 풍속이 무너진 것은 모두 사전의 폐해다."[75]

이행은 주대의 정전제가 무너지면서 지배계층에게 준 나쁜 영향에 대해 전제개혁을 다룬 중국 문헌이 지적한 내용에도 공감했다 — 그것은 국가가 사족에게 토지를 분급하는 제도가 붕괴되거나 사라지면서 사족들은 현직 관원으로 받는 녹봉에만 전적으로 의존하게 됐으며, 그 결과 안정적인 생활을 유지할 수 있는 기반이 무너졌다는 것이었다. 반대로 "관직이 없는 사士는 토지를 주어 농사를 지을 수 있게 하고, 관직을 가진 사는 녹봉을 받아 농사를 대신해서 생활하도록 했다."[76]

그러나 20세기의 학자들은 조준과 이행이 고려 전기의 토지제도를 묘사한 내용을 거의 받아들이지 않았다. 고려 전기에는 국가가 토지를 소유하고 당의 균전제의 방식대로 농민들에게 분급했으며, 모든 양인 농민들은 돌아가면서 군역에 복무했다는 견해는 더이상 인정되지 않는다. 반대로 고려 전기의 전시과는 토지, 즉 수조권을 개인들에게 가공으로 준 제도로 파악되고 있으며, 그들의 일부는 품계만 있었고 다른 사람들은 군인을 포함해서 관직을 가졌거나 국역을 지는 사람들이었다. 토지를 분급받은 사람들은 그들의 분급을 국가의 규제 아래 상속인이 허가하는 한 가까운 친족에게 양도하거나 증여할 수 있었다. 모든 농민들이 토지를 분급받지는 못했으며, 그들은 이미 소유한 사유지를 인정하면서 군역의 대가로 허구적인 분급을 받았을 뿐이었다. 이것과 비슷하게 고위 관원에 대한 토지나 수조권 분급은 그들이 이미 갖고 있는 사유지를 제한하거나 합법화하는 가공의 수단이었을 뿐이었다.[77] 그러나 유형원은 『고려사』의 내용과 고려 전기에는 토지의 국유와 균분이 이루어졌다는 고려 후기 전제개혁자들의 발언을 정확한 진실로 받아들였다.

중국과 한국에서 시행됐던 균전제에 대한 유형원의 연구는 일정한 형태와 논리를 갖고 있었다. 그는 고려 전기의 제도가 완벽에 가까웠다는 조준의 견해에 일정한 공감을 표시했지만, 결론적으로는 당과 고려의 균전제는 처음부터 왜곡되어 붕괴의 원인을 내포하고 있었다고 판단했다. 그는 자신의 전제개혁안의 도입부에 그런 생각을 썼다.

당의 균전제는 고대의 의도와 가까웠다. 고려에서도 그 제도를 사용해 부강을 이뤘지만, 그 제도는 토지가 아니라 사람을 근본으로 삼았기 때문에 양정을 기록해서 토지를 분급하는 데 등급이 매우 복잡해서 토지를 분급할 때 식구는 많은데 분급받은 토지는 적거나 그 반대의 경우 발생하는 폐단이 없지 않았다. 아울러 분급한 뒤에는 현재는 토지가 넉넉하지만 나중에는 모자라게 되거나 그 반대의 문제점도 발생했다.

고대의 제도는 토지를 근본으로 삼아서 토지를 계산해 조세를 걷었기 때문에 그 경계가 바르게 되고 사람들도 폐단 없이 토지를 받을 수 있었다. 당과 고려의 제도는 사람을 근본으로 삼아 양정을 계산해 토지를 주었기 때문에 사람과 토지가 서로 많고 적은 차이가 나타나는 폐단이 있었다. 그것들은 고대의 정전제와 비슷하게 보이지만 실제로는 합치되지 않는 제도였다.[78]

유형원은 정전제의 핵심 요소를 분석하는 과정에서 균전제의 약점을 알게 됐는데, 균전제가 정전제의 모든 요소를 받아들이지 않았기 때문에 실패했다고 생각했다.

## | 전제개혁에 대한 송대의 견해

송(960~1279)은 그 학자와 정치가들이 성리학이라는 도덕철학에 기여했을 뿐만 아니라 토지와 조세개혁에 대해서도 많은 생각을 개진했기 때문에 17세기의 조선인에게는 당연히 중요했다. 그들의 경세사상의 주요한 쟁점은 정전제를 복구할 수 있으며, 만약 그렇지 않다면 가능한 대안은 무엇인가 하는 것이었다.

### 정전제의 복구 가능성

유형원은 중앙집권적 관료제도가 시행되던 시대에 정전제를 복구할 수 있는 가능성을 논의한 역사를 훑어보았다. 그는 진의 통일로 사유재산이 확립된 이후 정전제는 개혁의 모범으로 제시됐지만, 그것을 복원할 수 있다고 생각한 사람은 거의 없었다고 언급했다. 후한의 순열은 정전제의 채택은 바람직하지만 그것을 적용하는 데는 현실적인 어려움이 있다고 지적했다. 그는 인구와 토지의 비율이 서로 맞아야 가장 적합한데, 한대 중반에는 인구 밀도가 더 높아졌으며 사유재산권이 확고해져 폐지하기 어려워졌다고 설명했다. 인구가 적고 사용할 수 있는 토지가 많은 왕조 개창기에 정전제를 복구하려고 시도하는 것이 좀더 정치적으로 가능성이 있었지만, 그때는 모든 사람에게 충분한 토지가 있었으며 재분배에 대한 압박이 크지 않았기 때문에 실제적인 필요성이 없었다. 그는 광무제(재위 25~58)가 25년에 후한을 개창했을 때 이후의 과다한 재산축적을 막기 위해 토지의 매매를 폐지하는 데 실패한 사실을 아쉬워했다. 그러나 그는 적어도 정전제의 원칙들은 중앙집권적 국가에도 채택될 수 있다고 믿었다. "고금의 제도들은 서로 다르지만 상황에 따라서 절충하면 그 기본 정신과 골격은 합치한다."[79]

당의 유명한 시인이자 정치가인 백거이白居易는 진의 천맥제阡陌制가 인구가 적고 토지가 많을 때는 좀더 적합하지만 인구가 많고 토지가 모자랄 때는 정전제가 더욱 알맞다면서 대체로 순열의 견해에 동의했다. 유형원은 이것은 백거이가 고대의 제도를 통관해 연구하지 않았기 때문에 나온 좁은 견해였다고 지적했다.[80] 유형원은 12세기에 주희가 지적했듯이 천맥제는 전혀 새로운 제도가 아니었거나 그것은 사유재산제도였기 때문에 정전제를 대체하기에는 부적합하다는 의미였다고 생각된다.

또한 유형원은 두우가 『통전』에서 중국의 토지제도사를 연구하면서 시작한 발언을 그대로 인용했다. 두우는 정전제과 성인이 제정한 지방의 서열적인 공동체(鄙와 郊)를 찬양했는데, 그 제도들은 농업생산의 기초인 토지에 백성들을 안착시킴으로써 영속적인 생산을 보장했으며 정확한 인구조사에 기초해 국역을 공평하게 분배할 수 있다고 생각했기 때문이었다.[81]

최근 스도 요시유키는 송의 학자와 정치가들은 대부분 개혁을 선호했지만, 정전제를 원형 그대로 복원하는 것은, 바람직하더라도, 불가능하다고 판단했다고 지적했다. 예컨대 위대한 철학자인 정호는 정전제나 한전제를 정착시키려고 했던 점진론자였다. 구양수는 부자들이 이미 소유하고 있는 토지는 제한하되 그들에게 황무지를 자유롭게 개척할 수 있게 하자고 제안했다. 소순蘇洵은 정전 형태의 구획을 그리려면 평지가 필요한데, 그렇게 하려면 1세기가 걸릴 것이라고 생각했다. 위려韋驪와 진량陳亮은 그런 일은 너무 어려우므로 점진적으로 접근한 제도인 한전제가 바랄 수 있는 최선의 대안이라는 데 동의했다.[82]

또한 남송의 장재는 당의 균전제가 무너진 뒤에도 고대 정전제의 복구를 가장 강력하고 낙관적으로 옹호했다는 사실을 스도 요시유키는 보여주었다. 장재는 소수의 지주들은 정전제를 복구하는 데 반대했지만 대다수의 농민은 환영할 것이라고 확신했다. 그는 정전제는 주대의 봉건적 환경에 안착되어 있었으므로 정전제를 다시 시행하기 위해서는 봉건제도의 많은 요소들을 재생시켜야 한다고 판단했다. 그는 그 제도를 도입하는 데는 국왕의 의지와 결심이 중요할 뿐이며 강압적인 방법은 필요하지 않을 것이라고 확신했다. 사유권은 인정되지 않을 것이며 관원에게는 50리를 넘지 않는 영지를 주어 그 요구를 충족시켰다. 그러나 그는 지주들이 강압 없이도 백성들의 이익을 위해 토지를 기꺼이 포기할 것이라고 가정했지만, 송대 대부분의 학자와 정치가들은 소박한 견해라고 비판했다.[83]

남송 후기의 진부陳傅는 장재의 낙관주의를 되풀이했는데, 지주들이 자신의 토지를 박탈당한 고통을 경감시키는 데 필요한 3~5년 정도의 충분한 준비 기간만 있다면 정전제는 어느 시대에도 적용할 수 있다고 생각했다. 나아가 진부는 정전제의 복구 가능성에 대한 권위로 주희를 인용했는데, 주희는 그런 가능성을 유보했다.[84]

유형원은 전제개혁의 역사에 대한 평가는 내리지 않은 채 송대 학자와 정치가들의 이론적 논의에만 관심을 기울였다. 그는 정호가 균등한 토지 분배를 가능케 한 고대의 정전제를 찬양하면서 신종에게 올린 상소를 인용했는데, 개인에게 구분전을 분급한 당 황제들의 노력을 칭송했지만 송의 황제들은 농민을 가난에서 구하기 위해 정전제를 변형시킨 당의 제도를 받아들이는 데 실패했다고 비판했다.

유형원은 정전제가 빈부의 격차를 없애기 위해 "부자들을 억눌렀다"고 칭송한 범조우范祖禹와 남송 고종(재위 1127~31)에게 경제적 혼란에 대한 해결책으로 정전제의 채택을 추천한 임훈의 사례를 언급했다.[85]

정전제를 더욱 낙관적으로 지지한 인물들은 지주들이 자신의 재산에 대한 어떤 압류에도 극도로 반대할 것이라는 데 동의했다. 정이는 정전제(즉 사유지의 몰수)에 반대하는 많은 사람들의 분노를 막을 수 있도록 신중해야 한다고 경고했지만, 올바른 방법을 사용하면 성공할 수 있을 것이라고 보았다. 장재는 반대를 막기 위해서는 미리 의견을 소통하고 긴밀히 협력하면서 신중하게 추진해야 하지만, 정전제의 대안은 없다고 인정했다. 여대림呂大臨은 "가장 어려운 일은 부자들의 토지를 즉시 몰수해야 하는 것"이라는 데 동의했지만 "적절하고 올바른 방법을 사용하면 한 사람도 처벌하지 않고 그 일을 완수할 수 있을 것"이라고 자신했다.[86]

## 한전제의 방안들

그러나 송대의 개혁자들은 대부분 정전제를 원형 그대로 복구할 수 있다는 공상적인 가능성과 철저한 몰수에 반대한 전한의 동중서와 사단 등이 제안한 한전제를 선호했는데, 스도 요시유키는 이런 견해들을 효과적으로 요약했다. 11세기 중반 이구李覯는 부자들은 비옥한 토지를 독점해서 소작인을 동원해 경작하지만 남아도는 토지를 개간하는 데는 관심이 없다고 개탄했다. 그는 토지 소유는 제한하되 남아도는 땅이나 황무지의 개간은 제한하지 말아야 한다고 주장했다.[87]

소순은 주대의 정전제는 그것과 연결되는 수로체계를 재건하려면 몇 백 년이 걸리기 때문에 원형 그대로 복구하는 것은 불가능하다고 믿은 점진주의자였다. 한의 30경 제한은 그렇게 쉽게 채택할 수 없기 때문에 유일한 해결책은 한전제를 점진적으로 시행하는 것이었다. 그는 몰수되는 토지는 없지만, 후손들이 물려받은 토지를 여러 세대에 걸쳐서 다시 분할하면 정전제와 같은 평등한 토지소유권을 갖게 될 것으로 예상했다.

진순유陳舜兪는 관원의 가족에게 '세습적인 녹봉世祿'을 지급하면 잉여의 토지를 자발적으로 국가에 내도록 유도할 수 있을 것이며, 지주들에게 소유의 한계를 충분히 넓게 보장하면 몰수에 분개하지 않을 것이라고 낙관했다. 위려는 자신의 계획을 균전제라고 불렀지만, 실제로는 소유할 수 있는 토지의 한계를 정하고 한도를 넘어서 매입하는 행위를 금지했다. 이구처럼 그는 상업을 금지해 백성들을 농업으로 돌아가도록 만들기를 바랐다. 유엄劉彝은 한전제를 정확한 장부 등록과 공평한 과세를 목표로 한 북송의 방전제方田制와 결합하려고 했다.

양시楊時 또한 지주들의 토지 소유 규모를 자유롭게 하고 토지를 팔수는 있어도 사지는 못하게 하는 한전제를 사용해 정전제의 이상을 이루려고 했다. 그러면 한두 세대 뒤에는 평균 소유 면적이 줄어들 것이며, 국가는 소유권에 기반하면서도 소유 규모를 낮출 수 있을 것이었다. 그는 지주들에게 토지를 팔거나 후손에게 분할하도록 해서 사유지를 줄임으로써 궁극적으로 평등한 토지소유권을 이루려고 계획했다.[88]

유형원은 송대에 제안된 한전제를 모두 철저히 연구하지는 못했지만, 대표적인 견해들을 폭넓게 인용했다. 사마광의 『자치통감』 편찬을 도왔으며 뒤에 왕안석의 신법에 반대한 범조우는 후대의 군주들은 고대의 제도를 복원할 수는 없었지만 적어도 가난한 백성들이 스스로 지탱할 수 있도록 토지 소유에 한계를 두었다占田有限고 언급했다.[89]

왕안석은 남송 초반 임훈의 한전제를 길게 인용했는데 송대의 여러 방안 중에서 가장 복잡했다. 임훈은 농민 개인이나 가호에 50묘의 기본 구획을 보장했지만 대지주의 토지를 강제로 몰수하는 데는 반대했다. 그는 아래와 같이 당시의 상황과 타협안을 도출했다. 그는 50묘 이상을 소유한 양농良農, 50묘 미만을 소유한 차농次農, 토지를 갖지 못한 농민, 유민, 한인, 그리고 그밖의 부수적 직업에 종사하는 사람들로 인구를 나누었다. 양농이 소유한 50묘는 그들의 정규 토지正田로 간주됐다. 이것을 초과해 토지는 소유해도 몰수되지는 않았으며 그 대신 토지를 갖지 못한 농민들은 '예속된 농민隸農'으로 그것을 경작하는 데 고용됐다.

이것과 비슷하게, 50묘 미만을 소유한 차농들도 자신들의 소유 한도인 50묘까지는 양농의 잉여토지를 경작할 수 있었다. 아울러 양농들은 현재보다 더 많은 토지를 살 수는 없었다.[90]

임훈은 토지를 갖지 못해서 양농의 잉여토지를 경작하는 예농이나 소규모의 차농이 양농에게 지대를 내야 하는지는 명시하지 않았지만, 그것은 이 계획의 목적이라고 추정된다. 이런 상황을 해결하기 위해서 토지 소유를 늘리려는 부유한 지주들의 시도를 제한하고 소작농에게 최소 50묘의 경지를 보장해주도록 국가에서 강제하는 방안(송대에 입안됐다)을 결합한 방안이 일시적으로 마련됐다. 임훈은 아들들에게 재산을 분배하는 과정을 거치면서 양농의 잉여토지는 결국 50묘로 줄어들 것이라고 확신했다.

"양농이 잉여토지를 팔려고 하지 않으면 그는 자손이 성장하기를 기다려 그들에게 그것을 분급해야 하며 국가에서는 그들의 재산을 강제로 몰수해 원망을 사지 말아야 한다. 그들에게 약간의 여유를 주면 자연히 제도에 부합될 것이다."[91]

유형원은 임훈의 계획을 칭찬한 진량의 발언을 인용하면서 "영명한 국왕이 등극해서 대대적인 변화를 가져온 뒤에야 제도가 순조롭게 운영되고 백성들을 이롭게 할 수 있을 것"이라고 언급했다.[92] 또한 유형원은 주회와 여조겸이 임훈의 계획을 상찬한 내용을 실었지만, 궁극적으로 임훈의 계획은 두 가지 측면에서 정전제의 모범을 벗어났다고 결론지었다.

"안타깝게도 당시는 임훈의 계획을 연구해서 시행하지 못했다. 다만 그는 경계를 바로잡는 것을 우선하지 않고 토지의 매매를 일시적으로 허용했기 때문에 미진한 측면이 있었고 시행하는 데도 장애에 부딪혔다."[93]

유형원은 매매의 허용에 반대하면서 사유재산에 대한 반감을 나타냈지만, 정전제의 이상을 달성하기 위해 지주에게서 토지를 몰수하는 데 찬성하지는 않았다. 뒤에서 보듯이 유형원은 자신의 전제개혁안을 논의하면서 이 문제를 직접 언급했다.

유형원이 논의한 한전제 방안들은 일정한 공통점을 갖고 있었다. 그것들은 사유재산을 제한하는 방향으로 나아갔지만 몰수하는 방안은 주저하거나 선호하지 않았다. 토지 소유를 제한한 것은 사유재산을 용인한 것이었지만, 국가가 개인의 재산권을 침해하거나 규제하는 것은 막지 않았다. 정교한 제도를 만든다면 비교적 평등한 토지와 조세의 분배를 향해 점차 나아갈 수 있었다. 이런 목표를 이루려면 여러 세대가 걸리겠지만, 그렇게 점진적으로 이행하면 토지 몰수를 단행해 평등적 이상을 갑작스럽게 적용하는 과정에서 나타날 수 있는 정치적 반대를 충분히 막을 수 있을 것이었다.

### 주희 : 한전제에 대한 회의론

유형원이 한전제에 대한 주희의 회의적 견해를 다루지 않은 것도 동일한 이유에서였다. 주희는 정전제가 역사적으로 실재했다고 믿었고 진의 상앙은 생산을 극대화하는 수단으로 사유재산을 도입한 책임이 있다고 생각했으며, 당의 균전제는 정전제의 이상에 가깝게 다가갔다고 칭찬했지만, 당 후기의 양염楊炎이 당 전기의 조세제도를 해체해 양세법兩稅法으로 대체한 것을 비판했다. 주희는 한 제자에게 임훈의 한전제가 1차적으로는 토지 경계와 면적의 조정에, 2차적으로는 인구에 기반을 두었다고 칭찬했으며, 1191년(남송 광종 소희紹熙 2)과 1235년(남송 이종理宗 서평瑞平 2) 임훈의 제안에 기초해 두 지역에서 토지의 경계를 다시 획정하려고 시도했다. 그러나 스도 요시유키가 지적했듯이 한전제에 대한 그의 전체적인 태도는 회의적이며 비판적이었다.

그가 회의론을 갖게 된 이유의 하나는 토지의 국유화와 분배의 이상적 계획은 토지에 대한 전체적인 관리권을 행사하고 전체 인구에 분배할 수 있는 충분한 토지를 가질 수 있는 새로운 왕조가 개창되는 시기에만 달성될 수 있다는 후한대 순열의 견해를 존중했기 때문이었다. 반면 어떤 왕조의 중반에 오면 재분배를 위한 몰수정책이 단행되기에는 지주의 이익이 너무 강화되어 있었다. 이런 이유로 그는 토지 경계를 다시 획정해야 한다는 임훈의 견해를 존경했지만 소순이 주장한 한전제는 경박하다고 비판했다. 그의 회의론은 개혁을 실행하기 어려웠던 당시의 상황 때문에 강화됐다고 생각된다. 1170년(송 효종 건도乾道 6) 촌락에서 상호 감시하고 보호하는 보정제保正制가 실패로 끝나자 몰수나 소유권의 제한에 기반한 전제개혁은 기대하기 어렵다고 판단했다.[94]

유형원은 『반계수록』에서 주희의 「정전유수井田類收」를 길게 인용했는데, 그 내용은 주로 초기 자료에 대한 주희의 견해이며 후한대 순열의 의견과 고대의 자료에 입각해 균전제를 시행하기 위해 최선을 다했던 후주의 세종(재위 944~960)과 관련된 짧은 언급도 포함되어 있다. 이밖에도 유형원은 당시에 정전제를 적용하고 대규모의 몰수를 단행할 수 있는 가능성에 대해서 주희가 언급한 내용은 싣지 않았다.[95] 유형원은 주희의 회의론을 제외 또는 무시하기로 결정했거나, 주희가 정전제와 한전제를 결합할 수 있는 가능성을 배제하지는 않았다고 결론지었다. 정호·정이·장재·여대림 등 유형원이 인용한 송대의 인물들은 모두 정전제가 필요하다고 인정했지만 토지의 몰수에 대한 지주의 반대를 막거나 진압하는 확고한 계획은 아무도 내놓지 못했다.

### 1백 묘의 토지 단위

조금 덜 중요하지만 송대에 많은 관심을 끌었던 문제 중 하나는 정전제의 1백 묘 단위가 송에서도 가능한가 하는 문제였다. 정호는 두 가지 반론에 맞서 정전제를 옹호했다. 당시는 모든 사람들에게 1백 묘를 줄 수 있을 만큼 토지가 충분치 않으며, 주대의 1백 묘는 송대의 41묘와 동일한데 이것은 9명으로 구성된 한 가호에 충분한 식량을 공급하기에는 충분치 않은 면적이라는 비판이었다. 정호는 평균 가호의 실제 나이 분포를 고려할 때 10명당 6명만이 실제로 토지를 받을 자격이 있으며 나머지는 노인이거나 어린아이일 것이므로 1백 묘는 적당할 것이라고 응답했다. 만약 농민들이 근면하게 일한다면 상대적으로 적은 토지 분급의 문제를 극복할 수 있을 것이며, 마을의 상호부조와 구휼의 풍습은 굶주림을 막아줄 것이었다.[96]

정전제의 선례를 비판하기 위해 사용된 또 다른 주장은 사방 1백 묘가 되는 넓은 평지가 필요하다는 것이었다. 그러나 유형원은 정호 · 정이 형제와 장재의 논의를 인용했는데, 그들 모두 불균등한 지형의 문제는 작은 면적까지 계산하는 수학을 동원해 풀 수 있을 것이라고 동의했다. 언덕과 강이 있는 지역의 농가는 조금 작은 구획을 1백 묘로 잡아 할당받았다.[97]

물론 임훈은 1백 묘의 구획을 고집하지는 않았다. 그는 50묘 단위를 선호했는데, 고전 문헌에서는 전혀 인가되지 않았지만 1백 묘를 할당의 기본 단위로 채택한 뒤 당시 인구와 토지의 비율과 생산량을 계산해 그런 결론에 도달했다. 그는 최적의 상황은 1백 묘를 2부夫(남성 농민이나 농가)가 경작하는 것이 가장 적합하다고 결론지었다. 생산량은 50~1백 섬 정도로 그 가호를 부양하는 데 충분한 분량을 넘었다. 따라서 농민이나 농가당 평균 구획은 50묘로 산정된 것이다. 아울러 임훈은 10퍼센트의 세수 및 가옥과 학교로 쓰일 부지도 계산했다.[98] 정전제의 1백 묘 단위를 문자 그대로 해석하지는 않았지만, 임훈은 정호 · 정이 형제와 장재가 제안한 방법과 동일했다.

송대의 학자들은 정전제의 원형과 한 가지 다른 측면을 간단히 언급했다 ─ 그것은 융기된 산등성이가 있는 지형에서 경계를 설정하는 문제였다. 예컨대 장재는 후대의 독재 군주나 부패한 관원이 정전제를 파괴해도 오래 지속되는 제도를 만들려면 경계를 획정해야 한다고 지적했다. 그는 정전제에서 획정됐던 토지의 경계는 진의 상앙에 의해 비교적 짧은 기간 안에 파괴됐다는 전통적 생각에 반대하면서 실제로는 오랜 과정을 거쳤다고 주장했다.[99] 임훈이 그의 전제개혁안에서 고정된 경계를 만드는 데 실패했다는 유형원의 비판은 장재의 견해를 따른 것이 분명했다.

### 부유한 지주에 대한 옹호 : 왕안석과 섭적

송대의 모든 학자와 정치가들이 한전제를 낙관적으로 지지한 생각에 동의하지는 않았다. 재산을 보호하려는 보수적인 논자보다는 오히려 적극적인 개혁자들이 부유한 지주가 사회에 긍정적으로 기여했다고 강력하게 주장했지만, 유형원은 송대의 사상을 연구하면서 그런 주장을 전혀 거론하지 않았다.

아마도 중국사에서 가장 널리 알려진 개혁자일 11세기 후반의 왕안석은 토지를 갖지 못한 빈민들에게 재분배하기 위해서 부자들에게서 토지를 몰수하는 데 반대했는데, 단순히 정치적 반대를 걱정했기 때문이 아니라 ─ 그는 다른 많은 방법으로 부자들의 특권을 충분히 침해했다 ─ 지방의 농업경제에서 지주의 역할은 필수적이라고 생각했기 때문이었다. 송 조정에는 농업 문제에 정통한 신하들이 부족했기 때문에 지주들은 제방과 수로를 보존하고 모내기와 추수를 독려했으며 농번기 동안 농민들에게 씨앗과 식량을 제공했다.[100]

남송의 섭적葉適은 부유한 지주들의 역할을 더욱 확고하게 옹호했는데, 빈민들의 고통, 불공평한 토지 소유와 소작, 관료제도의 부패를 무시했기 때문이 아니라 이상적 정전제에 매우 회의적이었기 때문이었다. 그가 보기에 주대의 정전을 복구하자거나 "(토지를 몰수해) 부자들을 억제하자"는 논의는 북송이 개창된 이후 전혀 시행되지 않았는데, 거기에는 충분한 이유가 있었다. 송이 제국 안의 모든 토지를 완전히 통제할 수 있었다고 해도 정전제는 그 제도가 너무 복잡했기 때문에 문왕·무왕·주공 같은 성군들이라도 절대 복구할 수 없었다. 고대의 황제는 작은 나라를 통치하면서 봉건 제후들에게 영지를 분봉했다. 송대 중앙 관료제도의 관원들은 제국 전체를 책임졌지만 지방 관원으로 자주 순환 근무했기 때문에 중앙에서 안정적으로 임무를 수행할 수 없었다. 이런 이유 때문에 주대에도 전국에 정전제를 도입할 수 없었다. 정전은 주대의 봉건제도와 복잡한 수로·제방조직과 분리할 수 없었으며, 전자는 후자 없이는 작동할 수 없었다. 그러므로 당시의 문제는 정전제를 원형 그대로 복원하는 것이 아니라 가난을 없애는 것이었다.

　이런 목적에 자주 사용된 또 다른 방법은 '부자들을 억제하는' 것이었는데, 그것은 토지를 몰수해 빈민에게 재분배함으로써 겸병을 중지시키려는 목적이었다. 황제가 그 방안을 추진하기 위해서는 정치적으로 완전히 안정되어야 했다. 그렇지 않으면 부유한 지주들의 항의와 소송이 폭주할 것이며, 그는 그런 사건을 해결하는 데 모든 시간을 바쳐야 할 수도 있었다. 더욱이 송 조정은 양인 농민들을 뒷받침할 권력과 능력을 잃었기 때문에 부유한 지주들은 농업과 농민 경제에 필수적이었다. 농민들에게 토지를 빌려주고, 거기에 심을 씨앗을 빌려주어 심고 추수하도록 하며, 기근 동안 구휼하거나 노비·장인·재인才人으로 고용하는 사람은 바로 부자들이었다. 부자들은 황제를 위해 백성을 후원했고 조세에서 가장 큰 부분을 냈다. 확실히 국가는 부자의 활동에서 이익을 얻었지만, 그만큼 그들에게 베풀어야 했다. 그러므로 관원들은 그들의 토지 겸병을 통제하거나 규제해서는 안 됐으며, 단지 그 방식을 고치도록 권고할 수 있었다.

끝으로 섭적은 빈민에게 토지를 분배하기 위해서는 할 수 있는 일이 아무것도 없지만, 어떤 제도가 만들어지면 10여 년 뒤에는 극단적인 부나 가난이 없으며 소수의 손에 토지가 집중되는 현상도 종식시킬 수 있을 것으로 믿었다. 그러나 그는 그 제도의 본질이 무엇인지 명확하게 밝히지는 못했다.[101] 송대의 개혁자들을 통관하면 섭적은 정전제를 복구할 수 있는 가능성을 비관하고 지주들에게 호의를 가지면서 그들이 도덕적 진보를 향해 나아갈 수 있다고 낙관했다 — 이것은 장재와는 전혀 다른 의견이었다. 유형원이 부유한 지주의 기여에 대한 왕안석의 견해를 제외한 것은 송대의 개혁적 사상을 선택하는 데 그 자신의 편견이 작용했음을 보여준다.

### 토지 측량과 진보적인 세제

유형원은 이 주제를 간과했지만, 송대의 전제개혁을 논의하면서 학자들의 이론적 설명만 다루어서는 안 되는데 송대의 황제와 정치가들도 토지의 분배와 전세의 불평등을 교정하기 위해 거듭 시도했기 때문이었다. 그들은 방전제를 따라서 효과적인 토지 측량과 등록을 추진하거나 한전제를 변형해 주로 관원의 가호에 적용했다. 유감스럽지만, 유형원은 이런 실제적인 개혁에 대해 논의하지 않았다.

10세기 전반인 당말오대唐末五代 이후 간헐적으로 사용된 방전제는 북송대인 1072년(송 신종 희녕熙寧 5)부터 1085년(송 신종 원풍元豊 8)까지 활동한 왕안석의 시대에 채택되고 1104년(송 휘종 숭녕崇寧 3)부터 1120년(송 휘종 선화宣和 2) 사이에 다시 실시됐다. 그 원칙의 하나는 정확하고 주기적인 토지등록과 토지의 비옥도에 따라 차등적으로 세율을 부과하는 진보적인 세법인 균세법均稅法이었다.

또 다른 원칙은 경작지를 정방형으로 구획하는 방식이었다. 이 방법은 986년(송 태종 옹희雍熙 3) 북방 국경에 주둔한 군사들에게 식량을 보급하고 거란의 침입을 막는 기지를 설치하기 위해 국경을 따라 두었던 방전에 처음 시도됐다. 그런 군사 거점들은 1004년(송 진종 경덕景德 1, 요遼 성종 통화統和 22) 거란과 평화협정(전연澶淵의 맹약)을 체결한 뒤 이런 두 가지 원칙은 1044년(송 인종 경력 4) 천보방전千步方田을 설치하면서 거기에 결합됐다. 이전처럼 토지는 정방형으로 구획됐고 세율은 토지의 비옥도에 따라 차등적으로 매겨졌지만, 자진 신고하던 이전의 제도 대신 이제는 관원들이 재산과 세금을 직접 조사했다. 이 제도는 몇 개의 지역에만 시도되다가 곧 폐기됐지만 왕안석이 채택한 방안의 원형이 됐다. 1085년 신종이 붕어하고 왕안석이 실각하자 정부는 그 제도를 혁파하고 토지대장과 토지 경계 표지를 폐기했다. 그 제도의 주요한 적용 대상이었던 북부지방의 지주들은 그 제도를 공격했다 — 그것은 중국 남부인 사천四川 지방에는 적용되지 않았다. 그 제도는 1104년부터 1120년까지 다시 시행됐지만 불규칙하고 부정확한 심사 때문에 원래 목표했던 소농들에게 더이상 이익을 주지 못했다.[102]

## 남송의 한전제

일종의 한전제를 도입하려는 시도는 남송대에도 있었다. 1022년(송 진종 건흥建興 1) 관원의 토지는 30경, 서리는 15경으로 제한하는 칙령이 반포됐지만 곧 폐기됐다.[103] 1172년(남송 효종 건도 8) 관원들의 요역 면제를 통제하는 법령이 다시 시행됐다. 이보다 앞서 관원들은 1품은 최고 1백 경에서 9품은 10경에 이르는 토지의 단위에 부과된 요역(전세는 확실치 않다)을 면제받았다. 그 범위를 초과해서 소유한 토지는 양인

가호가 내는 일반적인 조세와 요역이 부과됐다. 한전제를 옹호한 일부 신하들은 그 몰수를 요구했지만 받아들여지지 않았다. 1172년에 실시된 개혁으로 소유의 한계는 50경에서 5경으로 줄었다. 1세기 뒤 손몽관 孫夢觀은 관원 가호의 조세 면제를 제한한 송의 법령은 잘못됐다고 비판했다. 그 법령이 다시 시행되면 그런 관원 가호들이 요역을 하도록 강요하지 않은 채 토지 소유의 축적을 줄일 수 있을 것이었다.

1263년(송 이종 경정景定 4) 이종은 한전제를 수도 주위의 6개 현에 실시하라고 지시했다. 관원 가호는 품계에 따라 최고 50경부터 5경까지 토지가 제한됐으며, 양인들은 5경으로 제한됐다. 그러나 그 법률에서는 그 한도 이상의 모든 토지를 국가에서 몰수해야 한다고 요구하지 않았으며 빈민에게 토지를 분배하기 위한 조항도 없었다. 그 대신 조정에서는 잉여토지의 3분의 1만 사들일 수 있도록 했으며, 그 토지는 그 뒤 소작이나 하청으로 경작되는 공전으로 전환됐다. 이 공전에서 나오는 수입은 국방비에 사용됐으며 그 결과 강압적으로 요구하던 이전의 제도는 혁파됐다. 그 뒤 그 법률은 양인들의 한계를 2백 묘와 1백 묘로 줄였다. 그러나 스도 요시유키가 지적했듯이, 남송 후반의 이런 공전제는 30경을 제한으로 하고 모든 잉여토지는 몰수할 것을 요구했던 전한 후반 사단師丹의 희미한 그림자에 지나지 않았다.[104]

북송과 남송에서 추진됐던 개혁의 역사는 지주의 권력이 중앙집권화된 제국의 관료체제에서 모든 토지를 국유화하고 일정한 한도를 넘는 잉여토지를 몰수하며 성공적인 토지등록계획이나 진보적 세제를 시행하는 등의 어떤 가능성도 차단했음을 보여준다. 왕안석의 방전제는 지주에게 동정적인 체제에서는 받아들여지지 않았다. 방전제를 복구하려던 시도는 지주 및 조세 탈루자와 결탁한 부패한 관료제도로 무산됐다. 이종의 공전제는 토지 소유의 한도, 잉여보유에 대한 처벌, 시행 지역과 관련해 시작부터 보수적인 모습을 보였다. 유형원이 학자들의 이론적 방안을 연구한 만큼이나 한전제를 시행하려던 이런 시도들이 실패했다는 사실에 많은 관심을 기울였다면 자신의 이상주의를 좀더 보류했을 것이다.

## 송대에 대한 유형원의 태도

요컨대 전제개혁의 선례에 대한 송대의 논의는 토지를 농민들에게 균등하게 분배할 수 있는 방법을 채택하는 것이 중요하다는 데 초점이 맞춰져 있었다. 정전제의 원형이 완벽하다는 데는 대부분 동의했지만 그것이 복구될 수 있다고 생각한 사람은 장재 등 소수였다. 나머지 사람들의 의견은 지주에게서 토지를 몰수해 국가가 소유하거나 분배하는 제도를 만들어야 한다는 입장, 그리고 시간이 흐름에 따라 상속을 통한 재산 분배가 자연스럽게 이루어질 때까지 최소한의 공평한 분배를 보증하기 위해서 현행의 사유재산과 지주·소작인의 관계를 절충할 필요가 있다는 생각으로 나뉘었다. 비슷하게 1백 묘 단위의 불가침성의 문제를 둘러싸고 견해의 차이가 나타났는데, 일부는 그것을 옹호했지만 다른 부류는 면적을 조정하려고 했다. 후자의 입장은 토지면적·인구·생산성에 기초한 최적의 크기를 수학적으로 계산하려고 노력하면서 토지제도에 경험적이고 이성적인 분석을 새롭게 도입했다. 끝으로 송대의 일부 사상가들은 전제개혁처럼 중요한 제도가 장기적으로 유지되도록 보장하기 위해서는 자연적인 경계로 획정된 고정된 구획이 필수적으로 중요하다고 강조했다.

## 정전제의 정신에 대한 유형원의 생각

유형원은 『반계수록』의 첫머리에서 정전제가 폐지되면서 나타난 폐해를 상술했다. 그것은 진대秦代 이후 중국은 물론 한국의 모든 왕조를 뒤덮은 음울한 풍경이었다.

조세와 국역이 절제가 없고 빈부가 고르지 않으며 토지를 겸병해 이익을 착취함으로써 양민들이 생활의 기반을 잃게 됐다. 호구가 쉽게 장부에서 누락되고 소송이 번다해졌으며 귀천의 구별이 무너진 결과 권세를 가진 호족들이 발호하고 덕망과 의리가 일어나지 않았으며 뇌물이 성행하고 형정이 원활치 않게 됐다. 이 때문에 인심과 풍속이 부박해졌다.

천하의 만사가 매우 혼란스러워져서 후대에 국가들은 대부분 명맥만 유지했을 뿐 삼대처럼 오래 지속된 나라가 없었다. 또한 간혹 현명한 군주와 뛰어난 신하가 선정을 베풀었지만 그 효과가 오래지 못했던 까닭은 천하의 대체가 이미 근본을 잃었기 때문이니, 마치 집을 지을 때 그 기초를 굳게 하지 않으면 곧 무너지는 것과 같은 이치였다.[105]

유형원은 정전제를 완전히 부활시켜야 한다고 주장하지는 않았으며, 전체적으로 질서 있는 사회를 복구할 수 있는 정치체제를 만들어야 하며, 정전제의 원리에 입각한 전제개혁이 그런 목표를 이루는 데 핵심적인 요소라고 생각했다.

국왕이 선정을 베풀려고 해도 전제를 바르게 하지 않으면 백성들의 산업은 끝내 안정될 수 없고 조세와 국역도 균등해질 수 없으며, 호구도 명확해질 수 없고 국방도 정비될 수 없으며, 소송도 멈추지 않고 형벌도 줄지 않으며, 뇌물도 그치지 않고 풍속도 도타워지지 않을 것이다. 이런데도 선정과 교화를 베푼 국왕은 일찍이 없었다.

그 까닭은 무엇인가. 토지는 천하의 큰 근본이니, 큰 근본이 확정되면 다른 제도들은 자연히 모두 적합하게 될 것이며 큰 근본이 문란하면 다

른 제도들은 자연히 모두 어그러지게 되기 때문이다.[106]

계속해서 그는 정전제가 전제개혁의 모범이 됐으며, 그 핵심적 요소는 몇 개의 원칙으로 압축할 수 있다고 언급했다. 그 첫 번째는 공전의 개념인데, 주대의 봉건제도에서는 국왕이나 제후에게 조세를 바치는 토지를 가리켰지만 그 뒤 중앙집권적 관료제도가 시행된 시대에는 국가가 소유한 토지를 가리키는 용어로 바뀌었다. 맹자는 정전제를 서술하면서 국왕이나 제후에게 조세를 바치는 토지를 공전이라고 불렀지만, 후대에는 국유지를 가리키는 것으로 변했다. 유형원은 그 용어를 이런 개념으로 사용했으며, 토지의 국유 원칙은 주대의 정전제에서 엄격히 준수됐다고 주장했다.[107] 그럼으로써 유형원은 중앙집권적 관료제도의 시대에 토지를 국가가 소유하는 제도에 합법성을 부여했으며, 국가가 토지를 분급하고 유효 기간이 지난 뒤에는 반환케 함으로써 농민 가호에 토지를 균분할 수 있도록 한 것이었다. 아울러 정전제는 고정된 경계로 표시된 일정한 면적의 토지 단위를 분배와 과세의 기초로 사용했으며, 그렇게 규정된 구역은 안정성과 지속성을 강력하게 상징했다.

정전제에는 현직 관원뿐만 아니라 넓은 의미의 지배계층을 뜻하는 사대부에게 안정적인 경제적 후원을 하도록 공전을 사용한다는 원칙도 있었다. 정전제에서 그런 토지는 수조권과 영지가 혼합된 채지였는데, 중앙집권적 관료제도가 시행된 후대에는 이 원칙과 비슷한 다른 방안이 만들어졌다.[108]

앞 장에서 말한 대로 유형원은 당과 고려의 균전제는 사유를 공전제도로 대체하고 농민과 그 가호에 균등한(또는 비교적 균등한) 토지를 나누어줌으로써 정전제의 원형에 근접하는 데 성공했다고 믿었다. 그러나 그는 인구의 이동이 많아지면서 양정을 토지 분급·과세·군역의 기준으로 사용한 방식은 무너졌으며, 부패와 실정失政으로 사유재산이 다시 허용되면서 그런 제도는 실패했다고 덧붙였다. 또한 한전제는 사유지의 증가를 규제한다는 의도는 훌륭했지만 사유지를 허용함으로써 공적 소유의 원칙을 무너뜨렸다는 결함을 가졌다.[109] 그는 균전제와 한전제의 그런 결함을 극복할 수 있었다면 정전제의 핵심을 봉건제도 이후의 중앙집권적 관료제도로 이월할 수 있다고 생각했다.

유형원은, 봉건시대는 돌아갈 수 없는 과거였으므로, 정전제는 말할 것도 없고 주대의 역사적 환경을 모두 복원하려고 의도하지는 않았다. 예컨대 정전제를 반대하는 논거의 하나는 9개의 정방형을 그리려면 넓은 평지가 필요하다는 것이었지만, 그는 이처럼 문자 그대로 접근하는 근본주의적 태도는 부당하고 불필요한 것이라고 비판했다. 균등한 규격의 토지는 구릉지대 안에 충적토沖積土로 이루어진 평원이 자리잡고 있는 조선의 지형에서도 즉시 적용될 수 있었는데, 이것은 정호·정이·장재에게서 배운 관점이었다.[110] 정전제를 원형 그대로 복구하는 것은 필요하지 않았으며, 정전제의 핵심을 당시에 성공적으로 적용하는 것이 필요했다.

현재의 실정에 따라 고대의 의도를 참작해서 시행하면 법도가 있게 될 것이다. 지형은 반드시 넓지 않아도 제도에는 아무 문제가 없고, 공전을 반드시 두지 않아도 10분의 1세를 거둘 수 있으며, 채지를 설치하지 않아도 사대부를 봉양할 수 있을 것이다.

자연의 이치에 따라 오늘날의 실정에 맞게 변화시키면 모든 백성들이 안정되고 모든 제도가 순조롭게 될 것이니 정형井形을 그리지 않아도 정전제의 핵심은 모두 그 안에 있게 될 것이며, 당과 고려에서 겪었던 문제들은 없어질 것이다. 그 제도는 지극히 공정公正해 오랫동안 시행할 수 있으며, 지극히 간요簡要하지만 빠진 부분이 없다.[111]

제**8**장

# 전제개혁을 통한 부의 재분배

*"토지를 공적으로 소유하면 백성들의 산업이 향상되고
사람들의 마음이 안정되어 교화를 이루고 풍속이 도타워져
모든 일이 원활하게 이루어질 것이다.
그러나 사적으로 소유하면 모든 것이 이와 반대될 것이다."*[1]
*"이 제도를 시행한다고 해서 국가가 백성들의 토지를 빼앗는 것은 아니다."*[2]

## | 전제개혁의 기본 원리들

### 사유재산에 대한 공적 지배

유형원은 사유재산을 혁파하고 공적 소유의 맥락에서 토지 소유와 분배를 실시하지 않으면 정전제의 원리를 자신의 시대에 적용할 수 없다고 확신했다. 그는 자신의 공전제를 방어하면서 사전의 약점과 대비시켰다. 유형원은 익명의 논쟁자와 대화하는 형식을 빌렸는데, 그는 유형원의 책 전체에 걸쳐 유형원의 제안을 트집잡고 유형원의 주장을 정교하게 만드는 장식으로 기능하면서 유형원을 따라다닌 보이지 않는 존재였다.[3]

유형원은 자신의 공전제의 세부 사항을 개관하면서 그것이 농민의 수입을 평등하고 적절하게 보장하고, 사대부에게 충분한 경제적 후원을 제공하며, 국부와 국력을 증강하는 최선의 방법이라고 주장했다. 반

면 사유재산은 "인구의 10퍼센트가 대부분의 토지를 차지한 반면 80~90퍼센트의 인구는 토지를 전혀 갖지 못하는" 현재의 상황을 만들었다고 파악했다.[4] 사유재산의 폐지는 그의 목표를 이루는 데 관건이었다.

　　토지를 공적으로 소유하면 백성들의 산업이 향상되고 사람들의 마음이 안정되어 교화를 이루고 풍속이 도타워져 모든 일이 원활하게 이루어질 것이다. 그러나 사적으로 소유하면 모든 것이 이와 반대될 것이다. 이 제도를 시행하면 식량이 물과 불처럼 풍족해질 것이니 어찌 지금 같은 상황이 되겠는가.[5]

그의 주장은 도덕적이며 실용적이었다. 공전제도는 백성의 도덕적 교화를 위한 경제적 기반을 제공할 뿐만 아니라 전체적으로 국가의 생산과 부를 증가시킨다는 것이었다.
　그러나 유형원의 반대자는 사전의 폐지는 현실적이거나 효과적이지 않을 뿐더러 위험하며, 공전제도는 심각한 결함을 갖고 있다고 주장했다.

　　이 제도를 처음 시행하면 부자들은 고통을 겪게 될 것이다. 지금 그들은 학문과 도덕을 수양하지 않고 한가롭게 백성 위에서 군림하며 광대한 토지를 소유해 향촌에서 가장 커다란 부를 누리고 있으니 참으로 분수를 넘은 행동이다. 그러나 그런 부에 익숙한 지 이미 오래됐기 때문에 갑자기 부를 박탈하는 것도 어려운 일이므로 관대하게 처리해야 한다.[6]

논쟁자가 보기에 지주들은 자신의 사유지를 지키는 데 매우 집착해서 갈등 없이 그들을 포기시킬 수는 없었기 때문에 몰수에 대한 반대를 경감시키기 위해서는 대지주들에게 토지를 추가로 분급하고 군역에서 면제받을 수 있는 한직이나 명예직을 구매할 수 있도록 해주어야 했다.[7]

유형원은 이 문제는 일정한 조정이 필요하지만 일시적인 토지 분급과 군역 면제와 함께 한직까지 줄 필요는 없다고 응답했는데, 토지를 국유화하는 자신의 방안은 강압적인 수단을 동원한 것이 아니기 때문이었다!

이 제도를 시행한다고 해서 국가가 백성들의 토지를 빼앗는 것은 아니다. 인구를 계산해서 토지를 분급하면 사람들은 모두 토지를 받고자 희망할 것이고 부자들은 자제와 노복에게 토지를 분배해준 결과 그들을 모두 군역에 충당할 수 있게 될 것이다. 큰 부자에게서 토지를 감축해도 지금 빈곤한 사람보다는 훨씬 형편이 넉넉할 것이다.[8]

달리 말하면 부자들은 토지의 명의를 자녀와 친척, 노비에게 양도할 뿐이기 때문에 몰수의 고통을 느끼지 않을 것이며, 그 결과 오래된 부유한 가문이 아니라 군역에 복무해야 하는 부류가 된 것이었다. 이런 유형원의 입장은 남송대 임훈의 방안보다 약간 더 급진적이었는데, 임훈은 자손에 대한 재산 분할과 한전제를 통해서 균등한 토지 소유를 향해 점진적으로 나아갈 수 있다고 보았다. 임훈은 사유권을 용인했지만, 유형원은 그것을 배제했다.

부유한 지주들은 몰수를 현재의 토지 관계를 미세하게 수정한 데 지나지 않는 것으로 간주했다고 유형원은 믿었던 것인가. 이것은 기본적으로 지주계층에게 강압적인 방법을 쓰지 않으려고 했기 때문에 나타난 소박한 합리화의 사례일 뿐일 것인가. 사실 토지를 몰수하지 않고 공전제도를 이룰 수 있는 기회는 실제로 얼마나 될 것인가.

유형원은 재산 축적을 위한 경쟁을 계속 부추길 것이라는 논리를 들면서 지주들에게 한직으로 보상하는 방안을 거부했다. 특정한 부류를 특별히 고려하는 것은 모든 백성에게 이로운 제도를 만들려던 성인의 방법과는 상반됐다. 만약 국유화와 재분배라는 그의 계획 같은 전체적인 제도가 채택된다면, "모든 사람은 자기의 직분을 얻어 편안해질 것이며 제도를 왜곡해 특정한 백성을 우대하지는 않을 것이었다."[9]

그러나 앞에서 보듯이 유형원의 이상적인 사회제도는 불평등을 뒷받침하는 많은 규제들이 포함됐다. 그의 생각은 지주들이 단지 토지를 소유했거나 부유하다는 이유 때문에 특권을 누릴 수는 없다는 것일 뿐이었다.

그러자 논쟁자는 방향을 바꿨다. 그는 사유재산 때문에 부자들이 거대한 재산을 축적하고 수많은 농민은 빈곤해졌다는 데 동의했지만, 지주들의 토지에 대한 애착 때문에 전제개혁은 한대처럼 사유권을 인정하면서 보유 규모를 제한하는 방식으로만 이루어질 수 있다고 지적했다. "토지를 많이 소유한 사람은 팔 수 있도록 허락하고, 토지를 적게 가진 사람은 그것을 사서 충족케 했다."[10]

그러나 유형원은 동중서 · 소순 · 임훈 등의 이런 생각을 현실적 측면과 도덕적인 근거 모두에서 반대했다. 유형원은 인구가 변동하고 자유로운 매매가 이루어지는 제도에서 정부 관원들은 토지소유권의 변화를 따라가지 못할 것이며 "부패와 사기가 극성을 부리게 될 것"이라고 주장했다.[11] 이런 측면은 두우가 『통전』에서 개진한 우려를 연상시킨다. 그러나 국유제 아래서도 관원들은 토지의 경계를 수정하고 인구 변화에 따라 호구와 양정을 장부에 기재함으로써 정확하게 기록하고 관리할 수 있는 기초를 놓을 수 있었다.[12]

그러나 현실적 가능성만을 고려한 것은 아니었다. 유형원은 한전제가 토지의 사유를 인정해서 사람의 욕망을 자극하기 때문에 효과가 없을 것으로 확신했다. 탐욕에 휘둘린 인간은 법률을 우회할 수 있는 방도를 찾으며, 처벌해도 한전제를 따르지 않을 것이었다. 실제로 토지 소유를 제한하고 위반하면 처벌하도록 규정하면서 매매를 계속 허용하는 것은 사람들을 함정에 빠뜨리는 행위와 같으며, 만약 처벌이 느슨해지면 "법률은 무시될 것이었다."[13]

유형원이 한전제를 반대한 세 번째 이유는 사유권이 가족의 분화를 촉진하고, 가족과 향촌의 결속을 약화시키며, 지배계층의 경제적 복지를 위태롭게 할 것이라는 우려 때문이었다. 가상적인 논쟁자는 공전제가 부자를 서로 떨어져 살게 만들 것이라고 주장했는데, 유형원의 토지 분급제도에서는 아들이 그 자신의 독립적인 토지를 받도록 했기 때문이었다. 마을 근처의 모든 가용 토지가 이미 모두 분급됐으면 아들은 멀리 떨어진 마을에서 토지를 분급받아야 했다.

반면 유형원은 사유권이 인정되면 공전제도보다 가까운 친족들이 분리되는 사례가 좀더 많아질 것이라고 반박했다. 유형원이 단언했듯이, 진의 상앙이 정전제를 혁파한 까닭은 "부자와 형제가 한 곳에서 사는 것을 싫어했기 때문"에 그들을 분리시키려고 한 것이었다. 유형원은, 정확한 이유는 설명하지 않았지만, 개인을 통제하고 농업 생산을 최대화하기 위해 농민들을 인구가 밀집한 지역에서 희소한 지역으로 자유롭게 이동시킨 진의 행정으로 가족의 결속이 약화됐다고 판단했다. 어쨌든 유형원은 상앙의 유산은 후대의 중앙집권적 관료제도에서도 "아버지와 아들이 서로 흩어져 살게 하면서" 계속 시행됐다고 주장했다.[14] 유형원은 정전제가 폐지되면서 공전이 없어지고 사유재산이 시작됐기 때문에 사전, 즉 "공전제에서는 전혀 신경쓸 문제가 아니었던 현상"이 가족의 결속을 무너뜨렸다고 암시했다.[15] 유형원의 주장은, 산업화된 도시가 분산된 가족에게는 적절한 환경이라는 생각에 오랫동안 익숙해온 현대 서구의 독자들에게는 낯설게 느껴질지도 모르지만, 한국의 전통적인 촌락에서도 가족들은 이상적인 결속을 유지하면서 살지 못했으며, 유형원은 사유재산에 그 원인을 돌린 것이었다.

유형원은 당시에 어떤 일이 일어났는지를 고려하면 자신의 논점을 증명할 수 있다고 단언했다. 만약 어떤 사람에게 아들이 많다면 그들에게 토지를 줄 수 있는 유일한 방법은 발견할 수 있는 모든 토지를 사는 것이었다. 만약 근처에 살 수 있는 토지가 없다면 먼 곳에서 사야 했다. 또한 어떤 사람이 죽어서 그 토지를 더이상 이용하지 않는다면 그 주인이나 상속자는 그것을 다른 사람에게 팔아야 할 어떤 의무도 없게 된다. 그러나 공전제도에서는 사망한 사람의 토지를 다른 사람에게 넘기도록 법률로 규정했다. 그러나 사유재산제도에서는 지주가 사망한 가족의 토지를 팔기로 결정하면 그것을 살 만한 충분한 자금이 있는 사람은 누구나 살 수 있었다. 공전제도에서 필요한 것은 돈이 아니라 토지를 분급받을 수 있다는 자격을 인정받는 것이었다. 유형원은 다음과 같이 결론지었다. "그러므로 아버지와 아들이 서로 다른 곳에서 살도록 만드는 제도는 공전제도인가 사전제도인가."**16**

이 문제에 대한 유형원의 언급을 자세히 생각해보면 일정한 모순이 명백히 드러난다. 유형원처럼 가족의 결속을 중시한 유학자가 가장의 통제 아래 사유권을 행사하는 것이 아니라 결국은 국가의 소유권과 관료적 통제가 가족의 단결을 이루는 최선의 방법이라고 주장한 것은 의심스럽기 때문이다. 또한 매우 강력한 중앙집권적 국가를 설계한 초기 법가로서 유학에서는 악의 전형으로 보는 상앙이 사유재산의 국유화가 아니라 **사유재산을 만들었다**고 말한 부분도 모순으로 생각된다. 중앙집권적 국가는 그 통치에 따라 그 선악이 달려 있다고 유형원은 생각했다. 국가의 합당한 역할은 국가 권력의 극대화(중국의 법가)나 개인의 자유(서구의 자유주의와 자본주의)를 추구하는 것이 아니라 가족의 행복과 촌락의 결속을 이루는 매개자가 되는 것이었다. 국가에 대한 유형원의 생각은 개인이 이룰 수 없는 공평한 경제적 분배라는 도덕적 목표를 이루기 위해 국가가 사회에 개입하는 것을 허용한다는 측면에서 현대의 복지국가와 약간 닮았다.

그러나 아버지와 아들이 같은 촌락에서 살게 하려는 유형원의 생각이 단순히 향촌의 결속에만 관심을 기울인 것인지는 재고의 여지가 있다. 무의식적인 실언으로 보이지만, 그는 다른 논의에서 명문 자제에 대해서 특별한 관심을 나타냈다.

(공전제도에서) 아버지는 대부이고 아들은 사士일 경우 그들의 지위는 다르지만 토지를 받는 데는 모두 지장이 없었다. 그러나 사전제도가 시행되어 국가에서 토지를 받지 못하게 되면 아들을 위해서 토지를 미리 팔아야 하며, 대부의 자제로서 자신은 아직 대부가 되지 못한 사람은 남는 토지를 팔 수밖에 없었다.[17]

달리 말하면 유형원은 사대부 가문들이 그 경제적 기반을 관직 획득(특히 관직의 숫자가 제한되어 있고 당쟁의 위협 때문이었다)이나 시장을 통한 토지 매입에만 두는 데서 발생할 수 있는 위험성을 줄이면서 그들의 안정적인 수입을 보장하는 데 유의했던 것이다. 그는 사회의 하층신분만을 동정한 것이 결코 아니었다.

유형원은 한전제에 대한 기대를 접으면서 제한적인 소작과 임대의 가능성으로 관심을 돌렸다. 논쟁자는 유형원의 공적 소유 방안 대신에 대지주는 직접 경작할 수 없는 토지는 수확의 20퍼센트가 넘지 않는 소작료로 소작인에게 모두 임대하고 그 소작료를 가지고 지주가 조세를 내도록 하는 법률을 공포해야 한다고 제안했다 — 이것은 임훈의 제안을 떠오르게 하는 방안이었다. "그렇게 되면 노동력을 가진 농민은 그 노동력으로 생계를 유지할 수 있으며, 직접 경작하지 않는 사람은 잉여의 토지에서 이익을 얻을 수 없게 될 것이어서……겸병의 폐단은 자연히 사라질 것이다."[18]

유형원은 국가가 통제하는 소작은 여전히 사유재산과 규제받지 않은 사적 매매에 기초했기 때문에 소유의 제한보다 나을 것이 없다고 생각했다. 지방 수령들은 그런 제도를 관리할 수 없었으며 지주들은 규제를 피하기 위해 사기를 동원했다. 따라서 그는 소작의 통제는 한전제보다 못하다고 주장했다.[19]

또한 유형원은 소작은 생산성을 저해하기 때문에 본질적으로 결함이 있다고 비판했다 — 당시 대지주들은 과다한 토지를 소유했지만 그것을 경작할 노동력이 부족한 반면, 토지를 갖지 못한 농민들은 경작에 참여하지 못하고 떠돌았다. 그 결과 전국에는 경작되지 않은 황무지가 많아졌다. 그동안 이 문제는 토지를 갖지 못한 유민들이 대지주에게서 토지를 빌려 경작하는 소작으로 풀어왔지만, 소작은 아래와 같은 문제점을 안고 있었다.

토지를 갖지 못한 사람은 매년 남의 토지를 경작하므로 그 토지를 자신의 소유라고 생각하지 않기 때문에 거름을 줄 생각을 하지 않는다. 대부분의 토지에 거름이 부족한 것은 이 때문이다. 내가 구상한 제도가 시행되면 황무지가 없게 되고 모든 토지에서 사람들이 열심히 농사를 지을 것이다. 토지에서 생산되는 곡식을 계산하면 지금보다 두 배 이상 많아질 것이며 매년 그럴 것이니, 곡식은 물이나 불처럼 흔해질 것이다.[20]

여기서 유형원은 소작이 토지와 노동을 나누는 불합리한 방법은 아니지만, 소작인은 자신의 사유지보다는 소작지에 노동과 비료를 투여하는 데 적극적이지 않다고 인정했다. 유형원은 논리적 일관성을 유지하려면 생산의 극대화를 촉진하기 위해서 자신의 전제개혁안에서 사유재산의 보유를 옹호해야 했다. 그러나 앞서 보았듯이 유형원은 생산을 극대화하기보다는 사회에서 부를 공평하게 분배하는 도덕적 목표(그것은 지배계층과 동일한 수준은 아니더라도 농민들에게 상당한 수입이 됐다)를 이루는 데 더 많은 관심을 갖고 있기 때문에 어떤 형태의 사유재산도 부정했다. 그러나 논쟁자를 설득하기 위해서 그는 소작은 소작인이 자신의 수입을 극대화할 수 있는 실제적인 희망을 모두 빼앗기 때문에 공유는 사유보다 동기를 부여하는 데 더 좋은 방법이라고 주장했다.

이런 모순은 그가 구상한 공전제도에서 한 가호에게 주어지는 1경의 본질에 대한 그의 개념과 그것이 정전제의 이른바 사전에서 기원했음을 고려하면, 완전하지는 않지만, 어느 정도 설명될 수 있다. 정전제에서 농민들은 제후의 공전과 함께 자신이 경작하는 사전을 받았다. 이런 사전은 사적으로 '소유한' 것은 아니었지만 그것은 농민들의 일부로 보장됐기 때문에 경작하는 데 시간과 노력을 들이도록 자극하는 데 충분했다.

유형원은 국가에서 분급한 토지를 받은 사람은 토지에 대한 애착이 전혀 없는 소작인보다 생산에 더 많은 동기를 유발할 것이라고 확신했다. 가호당 분급한다는 개념은 농민들을 토지에서 더욱 무자비하게 유리시킨 현대 공산주의체제의 집단농장이나 국가농장과는 근본적으로 달랐다. 유형원의 입장은 토지를 공적으로 소유하면 탐욕이 없어지고 노동과 그밖의 투자가 자극될 것이라고 가정했다는 측면에서 근본적인 모순이 있었다. 현대의 경제학자들은 대부분 토지의 사유는 부를 극대화할 수 있는 기회를 향한 동기를 유발하는 데 그 이점이 있다고 생각하는데, 이것은 유학자나 그밖의 도덕주의자들에게는 탐욕과 같은 개념이 분명했다.

유형원은 자신의 주장이 논리적으로 암시하는 바를 충분히 생각하지 않았다고 여겨진다. 그는 어떤 신비로운 방법에 따라 가호에게 토지를 분급하는 제도가 시행되고 생산에 대한 동기가 유발되어 생계가 해결되면 더 큰 부를 향한 욕망은 자연적인 한계에 도달해 만족될 것이라고 생각했거나, 그런 과정은 더 많은 생산을 자극하지만 잉여토지의 매입을 금지하면 끝없는 부의 극대화를 막을 수 있을 것이라고 가정한 것이 분명했다.

### 사대부를 위한 경제적 보장

유형원이 소작이나 토지 임대를 반대한 마지막 이유는 관원이 되지 못한 사대부들을 오직 생계를 위해서 농업노동에 종사하게 만듦으로써 이상적인 사대부의 경제적 안정을 보장하지 못하기 때문이었다.

> 만약 선비를 봉양하는 규정을 복구하지 않고 소작을 운영하려고 하면 관직을 갖지 못한 대부와 그 자제, 향리의 유사儒士:부터 관청에서 일하는 이예吏隷와 고아·과부에 이르기까지 모두 의지할 곳을 잃게 될 것이다. 겸병을 통해 이익을 추구하지 않으려고 해도 이렇게 되면 군자와 야인을 구별하는 뜻이 사라지게 된다. 그래서 직접 노동하는 사람만이 생계를 유지하고 대부와 사는 살아갈 방도가 없게 될 것이니, 천하에 통용되는 이치가 아니다.[21]

유형원은 군자와 야인의 구별에 관련된 전거로 공자와 맹자에 대한 주석을 제시했는데, 맹자는 정신노동을 하는 사람과 육체노동을 하는 사람으로 군자와 야인을 구분했다. 유형원이 사대부와 일반 양인을 구별해야 할 필요성을 가장 명확히 언급한 부분은 바로 이 대목이었다. "만약 조정에 세신世臣이 없고 나라에 학자가 부족하다면 어떻게 백성과 국가를 이롭게 하겠는가."[22]

설명이 충분히 명확하지 않았다고 판단했는지 그는 주석에서 좀더 부연했다.

대부와 사는 없어서는 안 된다. 귀한 사람은 갑자기 농사를 지을 수 없다. 농사를 지어보지 않은 사람이 생계를 유지할 수 없다면 장차 대부는 구차하게 녹봉을 구하고 사는 관직을 경쟁하며 교활한 이서들은 뇌물을 챙겨 지금보다 더욱 큰 폐단을 일으킬 것이다. 염치의 도리가 손상되고 간사한 투기가 성행할 것이다.[23]

이것은 좀더 설명이 필요한 중요한 대목이다. 세신과 관련해서 유형원은 국가 관료체제에서 세습적인 귀족만이 관직을 가질 수 있다고 의미한 것은 아니었다. 유형원은 생계를 위해서 농사를 짓거나 이서로서 뇌물을 챙기거나 급제와 관직을 위해 다른 유생들과 과거에서 경쟁하거나 시장에서 이익을 위해 경쟁하는 비참한 모습을 갖지 않는 도덕적으로 우월한 계층에 대해 논의했다. 교육과 관원 등용을 논의하면서 명확히 밝혔듯이, 그는 도덕과 학식의 기준을 유지하지 못한 사대부들은 지배계층에서 축출할 예정이었지만(그들의 행동을 고칠 수 있는 여지를 주기는 했다) 능력 부족을 드러내기 전까지 그들은 국가에 의해 봉양을 받을 자격이 있었으며 그것은 공적 소유와 분배제도에 의해서만 보장될 수 있었다.

### 농민의 생계보장

유형원은 사전제도로 침해당한 농민의 생활에도 분명히 관심을 갖고 있었다.

토지 소유를 한정하지 않으면 빈부를 균등하게 할 수 없으며 토지를 기준으로 조세와 국역을 배분하지 않으면 피역과 유망하는 사람이 더욱 늘어날 것이다. 공전을 회복하지 않으면 모든 제도가 효과를 보지 못할

것이다.[24]

그의 목표는 농민을 양산하기 위한 안정적 수입이었을 뿐 완전히 균등한 수입은 아니었다. 대략적인 평등만으로도 충분했다. 예컨대 그의 논쟁자는 토지는 논과 밭으로 나뉘는데, 그 둘은 서로 생산성이 다르기 때문에 유형원이 제안한 토지분급제도에서는 수입의 균등을 이룰 수 없다고 지적했다. 유형원은 토지를 국유화한 뒤에도 사람들은 서로 다른 유형의 토지를 사적으로 교환하거나 마을 안에서는 토지와 노동을 바꾸는 사적인 협의를 체결할 수 있는 유예 기간을 받을 것이기 때문에 이것은 신경쓸 문제가 아니라고 대답했다. "친척과 이웃 사이에는 자연히 상황에 따라 서로 조정할 수 있다."[25] 어떤 사람은 밭만 경작하고 어떤 사람은 논만 경작하더라도 상황은 대다수의 농민들이 전혀 토지를 갖지 못한 때보다 좀더 공평하고 분명히 나아질 것이었다. 어쨌든 북부지방은 대체로 밭이었고 남부지방은 거의 논이었다. 국유화가 이런 상황을 바꾸지는 못하겠지만, 농민들은 상호 협약을 통해서 사소한 문제들을 해결할 수 있을 것이었다.[26]

유형원은 공유제도의 환경 안에서 토지의 사적 교환을 용인하려고 했다고 생각되는데, 일단 사유지를 혁파하면 그것은 탐욕과 욕망을 만족시키기 위한 기제에서 재화와 용역을 교환하는 단순한 수단으로 전환됨으로써 사적 매매는 정당하게 될 것이기 때문이었다. 일단 이익 동기가 없어지면 사회적 결속은 촌락공동체 안에서 조화로운 관계를 보장할 것이었다.

물론 유형원은 자신의 분배제도가 농민과 그 가호에 공평한 수입을 보장할 것이라고 확언하지는 않았다. 그는 모든 가호가 같은 크기의 토지를 받을 뿐만 아니라 모든 사람에게 돌아갈 충분한 토지가 전국에 있다는 사실을 보여주어야 했기 때문에, 그것을 위한 수학적 증거를 제시하는 데 긴 분량을 할애했다. 아울러 그는 논쟁자와 토론하면서, 공전제도가 인구밀도가 높거나 인구와 토지의 비율이 높은 지역에서는 공평하지 않게 분배될 수 있다는 비판에 대해서도 정면으로 대응했는데, 이것은 중국에서 정전제를 복구할 수 있는 가능성을 반박하기 위해서 현실적인 개혁자들이 자주 사용한 주장이었다(제5장 참조).

그는 경험하지 않은 맹목적인 신념을 옹호하면서 자신의 생각을 방어했다.

천지의 조화에도 토지와 사람을 분리시키는 이런 이치는 없다. 사람이 토지를 기반으로 사는 것은 물고기가 물에서 사는 것과 같으니, 물고기가 너무 많아서 물이 감당하지 못한다는 말은 들어보지 못했다.[27]

그러나 이것은 서론에 지나지 않았으며, 그는 불완전한 공유제도와 분배에서 나타날 수 있는 불평등과 모순은 사유제도에서 만연한 불평등과 비교하면 그리 대단하지 않다고 주장했다.

지금 한 사람이 겸병해서 많은 사람들이 토지를 갖지 못한 것과 (공전제도가 실시되어) 모든 사람들이 토지를 균등하게 분배받은 뒤에도 받지 못한 사람이 있는 것 중 어떤 것이 좀더 걱정할 만한 문제인가.……공전제도가 시행되면 토지의 소유가 공정하고 균등하게 될 것이며, 사전제도가 유지되면 토지의 소유가 사사롭고 편중될 것이다.[28]

계속해서 그는 모든 사람에게 항구적인 생산, 즉 도덕적 변화를 위해서 필요한 물질적인 기반을 보장할 수 있는 제도는 공전제도밖에 없다고 주장했다.[29]

## 현실적인 행정적 개혁에 대한 거부

소크라테스적 변증법의 기술을 사용해 토지 제한이나 소작의 규제에 대한 반론을 논박한 유형원의 논리에 압도당한 논쟁자는 공유가 최선의 제도라는 데 동의할 수밖에 없었다. 그럼에도 불구하고 그것은 잠재적인 반대 때문에 당장 시행하기에는 대단히 어려운 것으로 밝혀졌는데, 잠정적으로 전면적인 양전사업과 (요역과 군역에 복무할 사람들을 확인하기 위해서) 호패법을 도입하는 방안이 좀더 나았다.[30] 유형원은 그 방안에 호의적이지 않았는데 "계속 분쟁을 야기하고 쉽게 부패하며 그 결과는 미미하고 오래 지속되지 않을 것"이기 때문이었다.[31] 양전사업을 시행하면 토지는 양안에 기록되지만 토지의 경계는 토지 자체에 명확히 설정되지 않았다. 호패법은 몰수처럼 아무 효과 없이 문제만 일으킬 것이었다. 토지와 사람, 또는 토지 분배와 조세·요역·군역의 분배 사이에는 아무런 상관관계가 없었다. 호패법이 시행되면 사람들은 국역의 의무를 벗어나기 위해서 등록을 피할 것이지만 공적 소유와 분배 제도에서는 토지의 할당이 보장되기 때문에 등록을 피하지 않을 것이었다. 그러므로 일반 백성들은 법률을 충실히 준수할 것이었다.[32]

### 도량형

유형원의 전제개혁안에는 도량형의 표준화가 필요하다는 주제의 짧은 글도 포함되어 있었는데, 토지의 비옥도와 수확량을 기준으로 한 결부제結負制를 대체하려는 목적뿐만 아니라 농민을 수탈하는 주요한 원인의 하나가 좀더 높은 세금을 갈취하기 위해 세리들이 도량형을 조작하는 것이기 때문이었다. 그는 단순하고 규격화됐던 고대의 도량형 제도로 돌아가야만 당시 조선 사회에 산적해 있는 문제를 풀 수 있다고 믿었다.

유형원은 『서경』에 명확히 설명되어 있는 전국적으로 표준화된 도량형 제도의 우월성을 깨달았다. 순 임금은 전국을 순행巡幸할 때마다 도량형이 모두 규격에 맞는지 확인했다. 표준 규격을 따르는 제도는 그 뒤 하 왕조부터 주 왕조까지 이어졌다. 중국을 통일한 진의 재상 상앙은 고대의 제도를 보존할 생각이 없었지만 도량형의 규격화는 적합하다고 생각했다. 주가 멸망한 뒤 전한에서는 구리와 대나무로 표준 규격을 만들어 준수했지만, 한이 멸망한 뒤 도량형의 통일성이 무너져 다른 기준이 나타나면서 문제가 발생했다. 유형원은 그런 기준을 복구하는 방안은 구리로 도량형을 주조해 궁궐에 소장하고 지방에 복제품을 보급하는 것이라고 믿었다.[33]

유형원은 자신이 고전적 모범에서 전제개혁을 위한 어떤 생각을 이끌어내려는 완고한 근본주의자가 아니라고 적극적으로 방어했지만, 그는 오늘날 이성적이며 경험적인 연구라고 부를 수 있는 방법에 기초해 자신의 제안을 폈다. 17세기 조선에서는 곡물의 기본 단위로 섬(1섬은 15말)을 사용했지만, 그는 10진법에 기초한 방법을 선호했다. 그는 곡斛이라는 용어로 섬을 대체하고 15말 대신 10말을 1곡으로 하자고 제안했는데, 그 까닭은 10진법을 따르면 좀더 쉽게 계산할 수 있기 때문이었다. 곡은 고대 중국에서 사용되지 않았고 부정적으로 평가되는 진대부터 시작됐기 때문에 유형원은 역사적 합법성보다는 합리성을 선택했다고 볼 수 있다.[34]

또한 유형원은 조선의 결부제를 폐지하고 그것을 중국의 면적 단위인 경·묘로 대체하자고 제안했다. 경·묘(1경은 1백 묘)는 표준 길이에 기초한 토지의 단위였지만, 결·부는 비옥도에 따라 면적이 달라지는 토지에서 산출되는 곡물의 분량을 기준으로 한 토지면적이었다. 그는 당시 그것이 삼한시대*에 기원했다고 잘못 믿었기 때문에 결부제를 폐

## [표 1] 쌀 생산량과 조세의 등급

| 등급 | 쌀 생산량 | | 조세 |
|---|---|---|---|
| (토지) | (미탈곡)(섬) | (미탈곡)(섬) | |
| 1 | 80 | 40 | 30말(2섬) |
| 2 | 68 | 38 | 25말 5되 |
| 3 | 56 | 28 | 21말 |
| 4 | 44 | 22 | 16말 5되 |
| 5 | 32 | 16 | 12말 |
| 6 | 20 | 10 | 7말 5되 |

\* 1되는 10분의 1말.

기하는 데 주저했다고 지적했지만, 결이라는 용어는 고려 전기에도 사용되지 않았다는 사실을 발견했다. 왜냐하면 고려 태조의 치세에도 경이라는 용어가 계속 사용됐고 949년(정종 4)에 실시된 양전사업에서는 생산성의 차이에 따라 가변적인 세율이 적용되는 표준 길이와 면적에 입각해 토지의 등급을 결정했는데, 이것은 경무제頃畝制**가 아직 사용되고 있었음을 보여주기 때문이었다. 만약 결부제가 사용되고 있었다면 진보적인 조세제도는 세율을 일정하게 유지하고 토지의 비옥도에 따라 결·부의 면적을 변동하는 것이 되어야 했다. 유형원은 결부제는 고대 중국의 성인이 만든 제도가 아니라 비교적 늦은 시기인 고려 중기에 확립된 제도가 분명하며, 삼한시대에 시행됐다고 해도 성인의 핵심적인 지혜는 아니었다고 결론지었다. "결부제의 옳고 그름이 관건이며, 삼한 때부터 시행됐는지 여부는 중요하지 않다."35

---

\* 저자는 삼한이 기원전 3세기부터 4세기까지 한반도 남부지방에 존재했다고 말했는데(원서 323쪽) 번역에서는 제외했다.
\*\* 저자는 단위를 말할 때는 '경묘'라고 했지만 제도를 말할 때는 "경무제kyŏng-mu system" 라고 표기했다(원서 323쪽).

| 결의 등급 | 넓이(묘) | 비율(/1등급) |
|---|---|---|
| 1 | 36 | - |
| 2 | 44.7푼分 | 1.24 |
| 3 | 54.2푼 | 1.51 |
| 4 | 69 | 1.92 |
| 5 | 95 | 2.64 |
| 6 | 152 | 4.22 |

유형원은 경무제가 좀더 시행하기 쉽고 부패의 여지가 적으며 공평하고 진보적인 과세를 보장할 것으로 믿었다. 그는 조선 개창 당시 결은 중국의 57묘(1에이커가 6.6묘이므로 8.64에이커(약 34,965제곱미터)로 추산된다)와 동일하다고 정의됐으며, 조세는 6등급의 토지에서 풍작일 때의 생산량을 계산해서 산정했다고 보고했다. 쌀 생산량이 12섬 증가할 때마다 토지의 등급이 하나씩 올라갔으며, 기준 세율은 생산량의 20분의 1, 즉 5퍼센트였다(〔표 1〕 참조).

뒤에 조선 정부는 면적에 따라 6개의 등급으로 나누는 결을 채택했다. 결은 한 면이 1백 척인 정방형으로 정의됐지만, 크기가 다른 6등급의 결을 맞추기 위해서 각각 서로 다른 기준이 있어야 했으며 그 기준은 주척周尺을 사용했다. 유형원은 6등급마다 기준이 되는 척의 길이를 열거하고 당시 중국의 묘를 사용해 거기에 상응하는 결의 넓이를 제공했다.[36] 아울러 1등급의 토지는 가장 낮은 6등급의 토지보다 생산성이 4.22배 높았음을 적어둔다(〔표 2〕 참조).

아울러 유형원은 다음과 같이 두 제도의 차이점을 요약했다. "경법頃法에서 토지의 면적은 동일하지만 조세의 등급은 토지의 비옥도에 따라 달라진다. 결법結法에서 조세는 모두 같지만 면적은 토지의 비옥도에 따라 달라진다."[37]

유형원은 면적의 단위로 경무제를 사용하면 관원들이 감독을 소홀히 할 경우 계산이나 부기에 약간의 실수는 있어도 경작지가 탈루될 걱정은 없을 것이라고 생각했다. 그러나 결부제를 시행하면 조세의 분량을 파악하기 쉽기 때문에 조세를 계산하는 장부를 좀더 쉽게 관리할 수 있지만, 토지를 잘못 등록하거나 불법적으로 탈루하는 행위는 감시하기가 훨씬 어려워질 것으로 예측했다. 결 단위는 복잡하게 변동됐기 때문에 일반 백성들이 등록의 방법을 이해하고 향리들의 사기와 부정을 감시하는 것은 불가능했다. "이 때문에 뇌물, 부당한 요구, 면역, 사기가 만연해 결국 세금이 불공평하게 부과된다." 결의 등급은 결당 추정한 생산량을 기초로 결정됐기 때문에 허위나 잘못된 등록을 고치려면 큰 노력이 필요했는데, 결의 등급이 변화한다는 것은 거기에 할당된 토지의 면적이 늘거나 준다는 의미였으며 그렇다면 그 지역의 다른 토지의 경계를 모두 다시 조사해 획정해야 했기 때문이었다.[38]

유형원은 경무제와 결부제를 전통적 유교의 이분법인 체용體用이나 본말本末에 비교했다. "그 근본을 밝혀 전체적으로 계산하면 수치를 쉽게 알 수 있고 그 쓰임새用는 그 안에 있게 될 것이다. 그 말단에 집착해 토지의 면적을 달리하면 근본이 되는 토지가 문란해져서 고정考正할 방법이 없게 될 것이다."[39]

그는 결부제는 너무 복잡해서 성인이라도 나라 전체의 상황을 바로잡는 것은 그만두고 하나의 면에서도 불공평을 시정할 수 없을 것이라고 판단했다. "면은 무수히 많은데 그 수령이 모두 성현일 수는 없다."[40]

유형원은 사람들이 탐욕·경쟁·이익 추구·혼란에 빠져 있으면 부의 분배에 더 큰 불평등이 야기될 것이라고 믿었다. 부와 가난은 단순히 토지제도의 잘못 때문만은 아니었다. 그것은 사람의 부지런함과 게으름, 예측되지 않은 자연재해, 자연적으로 비옥한 토지 같은 행운 때문에서 발생했다. 성인의 임무는 "모든 제도를 공평하게 만들고 그것을 올바르게 열심히 실천하는 것"인데, 성인이 없는 조선에서는 "백성들을 평등하게 만들기均民" 위해서 결을 경으로 바꾸어야 했다.[41] 유형원은 당시의 조선에서 고대의 정전제의 원형을 복원할 수 없다면 적어도 경·묘를 길이의 척도로 도입해야 한다고 제안했다.[42] 그리고 그는 주회도 같은 주장을 제기했다면서 그의 「경계장境界狀」을 인용했다. "중국에서는 정전제를 시행하지 않았어도 그 전제는 보묘步畝가 정해져 있었으며 9등급으로 나누어 세금을 걷었다. 동방에서는 고대 이래 모든 일이 중국에 미치지 못한다."[43]

그는 강항姜沆의 『간양록看羊錄』에 서술된 당시 일본 도쿠가와 막부의 토지제도가 조선보다 우월하다고 크게 칭찬하기도 했다. "일본은 섬의 오랑캐이지만 토지를 측량해서 경계를 획정했고 그 토지와 백성의 숫자를 명확히 기록했으니, 우리는 예의의 나라로서 섬의 오랑캐만 못할 수 있는가."[44] 만약 유형원이 근본주의자나 민족주의자였다면 그는 조선을 주대 이후의 중국이나 당시의 일본과 불공평하게 비교하지 않았을 것이다.

그러나 조선의 토지와 조세제도의 불평등과 부정이 결부제의 약점 때문이라는 유형원의 확신은 옳은가. 조선 후기 토지제도사 연구의 선도적 학자인 김용섭은 토지의 등급에 대한 규정은 국가의 세수와 농업 경제에 핵심적인 부분이지만, 이런 규정을 시행하지 못한 원인은 이서와 하급 관원들이 토지를 조사하면서 등급을 불규칙하고 자의적으로 결정했으며, 더욱 나쁘게는 지역의 유력자가 소유한 토지를 등록하지 못한 데 있었다고 파악했다. 그는 자신이 연구한 3개의 현에서는 1~2 등전으로 기재된 토지가 거의 없었으며, 세력 있는 지주들은 자신의 토지를 비옥도보다 낮은 등급으로 매기도록 할 수 있었지만, 빈농들의 토지는 상태보다 높게 판정됐다고 추정했다. 더욱이 양전사업은 20년마다 전국적으로 실시되어야 했지만 무시된 경우가 많았다. 17세기에 양전은 1601년(선조 34), 1634년(인조 12), 1663년(현종 4), 1665년(현종 6), 1668~69년에 그것도 어떤 도에만 시행됐으며, 그 뒤에는 1719(숙종 45)~20년과 대원군 치하인 1860년대 후반에만 실시됐다.

19세기 초반 정약용은 정해진 시기에 따라 양전을 실시하지 못한 것을 강하게 비판했으며 19세기 중반 이규경李圭景은 양전에서 나타난 20여 가지의 불법과 왜곡을 열거했는데, 도량형의 규격은 그 안에 없었다. 그는 부자들에 대한 편애, 백성을 생각하지 않는 이서들, 지나치게 기계적인 방법을 사용해 토지를 경계짓고 조세를 부과하는 행정, 황무지에 과세하고 그것에 대한 항의를 막는 조처, 농민의 항의가 아무리 타당하더라도 이서의 말에만 의존하는 행정, 토지를 직접 정밀하게 조사하지 않고 기근이 닥쳐도 세금을 감면해주지 않는 행위 등을 주로 비판했다. 그는 양전을 아예 하지 않는 것이 낫다고 결론지었다.[45]

요컨대 김용섭은 토지도량형을 10진법 제도로 변경하자는 유형원의 제안은 합리적이고 개명한 것이었지만, 촌락의 권력관계와 이서에 의한 행정의 이완보다 훨씬 부차적인 사안이었다고 결론지었다. 그러나 다음 장에서 보듯이, 김용섭이 19세기 초반 토지 문제에 대한 가장 진보적인 저술가라고 평가했던 학자인 정약용과 서유구徐有榘 또한 결부제를 경무제로 대체하자는 생각을 지지했으며, 토지제도의 점진적인 개혁을 위한 제안의 기초로 정전제를 시행하려고 시도했다.

### 왕권과 백성의 복종

유형원은 이제 사유재산의 폐지와 토지의 국유화에 대한 모든 대안을 거부한 논점인 자신의 공전제도에 도달했다. 공전제는 몰수와 재분배의 문제 때문만이 아니라 적합한 수로와 제방을 기준으로 토지의 경계를 다시 획정하는 데는 6~7년 정도 걸릴 것으로 예상됐기 때문에 시행하기 어려운 제도로 보일 것이었다.[46] 그러나 그것은 측량과 인구조사라는 목적을 이루는 효과 외에도 "부자와 빈자를 평등하게" 만들기 때문에 백성들의 적극적인 추종을 얻을 것이었다. 일단 지역을 확정하면 공전제는 지속적으로 시행될 수 있었다. "사람은 일하기도 하고 쉬기도 한다. 또한 생사가 일정치 않기 때문에 언제나 고정된 토지와는 다르다."[47] 공전제도는 "한 번의 노력으로 영원한 편안함을 누릴 수 있는一勞永逸" 제도였다.[48] 그것은 가장 적합하고 단순하며 안전한 제도였기 때문에 시행되지 않을 이유가 없었다. 고대의 성군들도 그것은 좋은 정부를 만드는 데 가장 적합할 뿐만 아니라 유일하게 가능한 제도라고 확실히 인정했다. 그러므로 이제는 그 제도를 시행할 수 있는 현명한 국왕만이 필요했다.

천하의 국가를 통치하는 제왕에게는 이 제도 외에 다른 것이 없다. 후세에 끝내 그 제도를 시행하지 못한다면 선정은 기대하기 어려울 것이다. 영명한 국왕이 그것을 실시한다면 고금古今과 화이華夷의 구분이 없게 될 것이니 시행하지 않을 까닭이 없다.[49]

그러나 대지주들이 자신의 사유지를 움켜쥐고 몰수에 거부한다면 어떻게 할 것인가. 유형원은, 노비제도처럼, 사유재산의 풍습은 너무 견고하게 뿌리내려 한번에 없앨 수 없다고 대답할 것인가. 그는 공적 소유를 막연한 미래로 미루고 실용성에 따라 현재의 상황과 타협할 것인가. 그의 대답은 전혀 그렇지 않았다. 그는 공전제도의 도입은 국왕과 그 신하의 성향에 전적으로 달려 있는 문제라고 생각했기 때문이었다.

국왕이 현명치 못하고 신하들이 모두 사리만을 추구한다면 이 제도뿐만 아니라 모든 일을 이룰 수 없을 것이며 사직 또한 보존하기 어려울 것이다. 그러나 국왕이 현명하고 신하들이 협심해 나라에 봉사한다면 그 제도를 잘 시행할 것이며 백성들은 참으로 기뻐하면서 따를 것이다.[50]

비록 소수의 사기꾼들이 자신의 이익을 위해서 법률을 위반해도 대부분의 사람들은 문제를 일으키는 데 그들과 동참하지 않을 것이었다. 그렇게 하는 극소수의 사람들은 처벌될 것이었다. "지성至誠으로 어진 정치를 시행했지만 혼란스러워졌다는 사례를 들어보지 못했다."[51]

강력한 왕권이 필요하다는 유형원의 주장은 주목할 필요가 있다. 그는 제도적 차원에서 개혁에 접근해야 하며 도덕적으로 우월한 지배계층인 사대부를 창출해야 한다고 주장했지만, 위의 문장은 변화를 이끄는 군자의 영향력을 근본적으로 신뢰하는 유교의 도덕관을 보여준다. 현재의 남북한 모두 이런 태도는 경제·사회·정치적 발전을 이루는 데 최고 지도자가 긍정적이고 역동적인 역할을 했다고 평가하는 태도에도 반영되어 있다.[52] 이런 측면은 유형원의 사상이 명말청초의 황종희와 고염무 같은 경세학자와 다른 한 가지 이유인데, 그들은 황제의 전제정치나 국왕의 권력남용의 문제에 커다란 우려를 표명했다. 반대로 유형원은 당시 지도력이 결여됐다고 느꼈으며 과도한 전제정치를 걱정하지 않았다.

그러나 그가 개인적 지도력을 강조한 부분은 조선의 유교 정치사상을 지나치게 단순하게 해석했다는 위험성을 알려준다. 결국 유형원의 이상적인 제도는 모순적으로 보일 수 있는 요소를 결합한 것이었다. 그가 생각한 이상적 국가는 자의적인 전제주의를 제한하는 계층과 제도로 이루어졌지만, 국왕은 세습적인 지배계층에게 좌우되는 꼭두각시가 아니라 실제로 강력한 지도자여야 했다.

유형원은 하나의 주제를 가지고 자신의 책에서 주장을 마무리하는 방식을 반복적으로 사용했다 — 이것은 도덕적 원리의 명령과 불완전한 인성의 욕망과 충동을 거의 마니교에 가까운 이분법으로 대칭하는 것인데, 성리학적 용어로는 천리天理와 인욕人欲으로 표현됐다.

천하의 모든 일은 천리와 인욕의 두 가지로 나뉠 뿐이다. 가까이는 한 사람의 미세한 마음부터 멀리는 천하의 사무가 모두 하나의 규칙을 따른다. 사람이 천리를 보존하면 인욕은 자연히 물러가며 그것에 주의를 기울이면 이롭지 않은 것이 없으니, 천리를 보존했지만 자신을 그르친 사람은 일찍이 없었다. 성인은 오직 천리에만 집중했으니, 천리에 합당한 일이라면 살육과 토벌도 마다하지 않았다.[53]

그리고 그는 단호한 지도력과 우유부단한 지도력의 차이점을 묘사하기 위해 중국(조선이 아니다!)의 역사에서 몇 가지 사례를 들었다.

순 임금이 사흉四凶을 토벌하고 문왕이 50여 개의 나라를 멸망시켰으며 선왕宣王이 견융犬戎을 정벌한 것은 모두 이 때문이었다. 만약 중심으로 삼는 원칙이 없다면 이리저리 흔들릴 것이다. 간신의 아첨을 가끔씩만 노여워하면 소인을 물리칠 수 없을 것이며 교활한 이서의 행동을 가끔씩만 징계하면 뇌물을 막을 수 없어 인습과 고식에만 빠질 것이니 이것이 어찌 나라를 다스리는 도리이겠는가. 당 덕종은 절도사들의 발호를 그대로 놓아두고 헌종이 그런 반란을 진압한 것을 실책으로 생각했으며, 송 고종은 오랑캐와 화평하는 것을 옳게 생각하고 복수하려는 여러 훌륭한 신하들의 주장을 그르다고 판단했는데, 이런 판단의 득실과 안위와 흥망은 어떠했는가. 이 일들은 서로 다르지만 그 이치는 하나다.[54]

유형원이 생각한 유일한 원리는 통치자는 우세하거나 두려운 적과 맞서는 위험한 상황일지라도 옳은 주장을 추구하는 데 절대 위축되지 말아야 한다는 것이었다. 그러나 8세기 당의 헌종이 반란을 진압한 사실과 덕종이 절도사의 자치를 용인한 사례를 대비시킨 것을 볼 때 다른 고려를 염두에 두었다고 생각된다. 헌종은 왕조의 몰락을 막으려고 노력하면서 지방 절도사들의 독립적 권력에 맞서 왕권을 행사한 중흥 군주의 가장 훌륭한 사례의 하나로 중국사에 남았다.[55] 유형원은 조선의 지방자치는 문제될 부분이 없었기 때문에 걱정하지 않았지만, 지주들의 사적 권력에 대해서는 국왕이 단호하게 대처해야 한다고 주장했다. 국왕과 중앙 정부는 지주들이 너무 완고할 경우 몰수를 단행하기 위해서는 권력 — 필요하다면 무력까지도 — 을 동원해야 했다. 유형원은 정의로운 국왕의 단호한 결정은 반항하는 세력을 누를 수 있으며 조선인들은 순종적이라면서 독재적 지도자를 숭배했는데, 이런 점에서 그를 한국의 선구적인 민주주의자로 묘사하려는 시대착오적인 노력은 재고할 여지가 있다고 생각한다.

우리 백성들은 명령과 지휘에 순종하므로 대소귀천이 모두 그 분수를 얻게 될 것이니, 도탄에서 건져 번영으로 이끄는 제도는 말할 것이 있겠는가. 국왕이 자신의 사리를 없애 마음의 덕망을 밝히지 못할 것이 우려될 뿐 부자들의 반란은 걱정할 문제가 아니다.[56]

## ▎국유, 그리고 계층과 신분에 따른 분배

유형원은 전제개혁을 통해서 새로운 사회를 창출하려고 생각했기 때문에 그의 생각은 그 제도개혁의 영향을 받는 사회계층과 신분집단을 분석해 파악할 수 있다. 대체로 그것은 하부계층으로 양인 농민과 노비가 해당되며, 지배계층으로는 유생, 관원, 왕족, 공신과 고위 관원의 자제, 양반의 서얼, 이서(기능상으로는 지배계층과 연관되지만 신분적으로는 하위계층인 중간적 집단)이라는 2개의 집단으로 구성되어 있다. 세 번째 부류는 상인·장인·무당·광대와 그밖에 농업 이외의 도시 경제적 직업을 가진 집단인데, 뒷장에서 다루어질 것이다. 여기서는 농민과 지배계층에만 관심을 둘 것이다.

### 양인 농민

양인 농민에 대한 유형원의 개혁안은 모호한 타협으로 이루어져 있다. 그는 중앙집권적 관료제도가 실시된 시대에는 정전제를 다시 시행할 수 없다는 견해를 받아들였지만, 어떤 왕조가 중반에 이르렀을 때 지주에게서 토지를 몰수하는 것은 현실적으로 불가능하므로 한전제처럼 사유권과 일정한 타협을 추진해야 한다고 주장한 한대의 동중서와 순열부터 송대의 임훈과 주희에 이르는 비관적이고 실용적인 계열의 전제개혁론자들의 의견에는 반대했다. 유형원은 국가가 모든 토지를 국유화하고 1경(1백 묘)을 농민 1명夫이나 농민 가호에 나누어주도록 계획했다. 전세는 이상적인 세율인 수확의 10분의 1세에 가깝게 맞추기 위해서 비옥도와 생산성을 함께 감안해 책정됐다. 이런 1경의 토지는 농민을 군역에 징발하는 데도 기본 단위로 사용됐다. 농민은 자신이 받은 토지를 소유하지 않았으며 단지 기본적인 할당액으로 1경을 "받아서 가지고 있었을占授" 뿐이었다.[57]

남성 농민은 20세가 되면 자신에게 할당된 토지를 국가로부터 받았는데, 아들이 많은 가호는 16세부터 조금씩 나누어 분급했다. 기본 1경의 토지는 가장인 농민과 그의 아내와 자녀 및 그의 부모로 구성된 평균적 가호를 부양하기 위해 제공됐다. 유형원은 한 가호의 가족수를 5~8명 정도로 예상했기 때문에 수입을 완전히 평등하게 맞추려고 하지는 않았다고 생각된다.

농민들은 적당한 빈 토지를 찾아내 자신에게 할당해달라고 지방 수령에게 신청할 의무가 있었다. 만약 신청자가 황무지를 선택했다면 지방 수령은 그 토지를 측량해서 1경의 경계를 획정하고 새로운 장부를 작성했다. 같은 토지에 한 사람 이상이 신청하면 수령은 일정한 지침을 따라서 결정했다. 관원이 양인 농민과 동일한 토지를 놓고 경쟁하면 관원에게 우선권이 주어졌으며, 아니면 식구가 가장 많은 가호에 우선권이 돌아갔다. 식구의 숫자가 같으면 가장 척박한 토지를 가진 가호가 우선권을 가졌다.[58]

수급자가 사망하면 그가 받은 토지는 그 전체를 물려받도록 허락받은 상속자나 생활을 위해서 그 토지의 일부를 보유할 자격이 있는 미망인이 없을 경우, 이것은 고려 전기의 토지제도에서는 구분전이라고 불렸는데, 국가에 반납됐다. 농민들은 자신이 사는 곳에서만 토지를 분급받았다. 이주를 허락받은 지배계층은 새로운 거주지에서 분급받은 토지를 등록하기 전에 원래 살던 곳의 수령에게서 서명된 문서를 받아 새로운 수령에게 제출해야 했다.[59]

유형원은 자신의 제도에서 모든 농민 가호에게 1경(1백 묘)의 토지를 기본 단위로 분급하기로 상정했는데, 고대 중국에서 고정된 기준이었던 1경은 경작지를 혼란 없이 안정적으로 유지했다는 점을 근거로 들면서 원칙을 그대로 추종하는 근본주의적 태도가 아니라 합리적인 계산에 따른 선택이라고 주장했다.[60] 그러나 그가 원칙을 그대로 추종하는 근본주의적 태도의 영향에 따라 고정된 분량의 토지를 분급하려는 생각을 갖지 않았다면, 수로와 제방으로 구획된 정방형이 갖고 있는 영속성과 안전성의 개념에 집착한 것이었다. 이것은 『주례』에서 원용한 모범이었는데, 그는 『주례』의 정전제와 결부된 수로와 육로의 조직망을 모방해 서술한 뒤 그런 고전적 원형을 정확히 재현할 수는 없어도 일정한 치수의 이랑과 수로, 일반 도로와 간선도로를 가지고 정방형의 구획을 둘러싸는 것은 핵심적이라고 언급했다. 가을마다 지방 수령과 특별한 감독관은 이런 설비들이 유지되고 있는지 살펴보기 위해 순시함으로써 "법률을 강화하고, 위반하는 사람들은 처벌했다."[61]

그는 토지 경계를 다시 획정하고 토목공사와 수로를 건설하는 데 6~7년 정도 걸릴 것으로 예상했다. 그럼에도 불구하고 그는 토지의 국유화와 재분배는 즉시 이루어질 수 있고, 토목공사가 완료되기 전이라도 농민들은 이웃의 토지를 침범하지 않고 경계를 준수할 것이라고 확신했다. 재분배 뒤에 토지대장과 표준 도량형의 단위는 모든 사람이 볼 수 있도록 각급 지방 관청에 보관됐다.[62]

품관과 관원들에게 땔감을 공급하기 위해서 농지 주위에 시지柴地를 할당한 고려 전기의 전시과와는 반대로 유형원은 그런 토지는 공동으로 가축을 기르거나 벌목하는 토지로 예비했다. 이런 목초지는 개인이 소유해서 이익을 얻을 수 있도록 분할하지 않았는데, 실수나 고의로 침탈해 소송을 유발하거나 농지의 고정된 경계를 구획하는 기본 사업을 방해할 수도 있었기 때문이었다. "고려시대의 시과柴科는 옛 제도의 의미가 아니었다."[63]

그동안 왕족들의 궁방으로 할당됐던 해안의 어전·염전·습지에 대한 유형원의 태도 또한 비슷했다. 그는 그것을 모두 혁파해 양인 농민들이 공동으로 이용하거나 개인적으로 소유해 과세할 수 있는 특별한 토지로 만들려고 했다. 그러나 유실수 같은 특별한 나무는 다르게 취급됐다. 유형원은 농민들에게 유실수나 닥나무·옻나무·뽕나무 등을 쓸모없는 구릉지대에 심도록 했으며 그런 토지는 사유재산으로 상속할 수 있도록 허용했는데, 이것은 공적 소유라는 그의 기본 원칙에서 약간 벗어난 부분이었다.[64]

요컨대 유형원의 전제개혁은 당시 조선 사회의 여러 측면에 심대한 영향을 주는 것이었다. 모든 양인 농민은 일생 동안 소유하고 경작할 수 있는 일정한 구역의 토지를 보장받았으며 사망한 뒤에는 그의 부인과 자녀들에게도 일정한 사회보장계획이 마련됐다. 사유재산과 소작, 고용 농업노동은 모두 폐지됐다. 경작은 가족 단위로 이루어졌으며 가호들이 모여 구성된 당시의 촌락 형태는 그대로 유지됐다. 시지·어전·염전·습지는 사적 소유주에게서 박탈해 연료 채취나 목장 및 그밖의 용도로 돌려졌다. 토지의 분급을 보장함으로써 유망하던 농민들은 토지와 마을에 다시 정착했으며 사회·경제·정치적 안정이 확보됐다.

1경의 토지를 기준으로 조세와 역을 부과함으로써 인구가 변화하거나 이주해도 그것을 핑계로 군역이나 요역을 친척이나 이웃에게 떠넘길 수 없게 됐으며, 향리와 지방 수령들이 호적을 제대로 작성하지 않아서 군역과 보인의 의무가 불공평하거나 부당하게 분배되는 일도 없어졌다. 세수가 늘어나고 좀더 많은 사람들이 군역을 짐으로써 국가의 이익은 증대됐고, 1인당 부과되는 조세가 줄고 군역에 갈 수 있는 사람들이 더 많이 확보됨으로써 농민들은 좀더 평등해졌다.

유형원의 계획은 고려 전기의 전시과와 구별되는 두 가지 특징을 갖고 있었다. 그것은 가까운 친족에게 자신이 할당받은 토지를 이전할 수 있다는 규정과 미망인과 은퇴한 군인에게 구분전을 할양하는 제도였다. 이것은 고려 전기에 나타났듯이 가족에게 재산을 상속해야 한다는 한국인들의 편견을 반영하는 부분이라고 지적할 수도 있지만 유형원의 방안은 두 가지 측면에서 전시과와 명백히 달랐다. 그는 중국의 균전제의 방식으로 양인 농민들에게 토지를 할애했고, 관원들에게 시지를 분급하는 대신 농민들에게 공동으로 이용하도록 할 것이라고 선언했다. 유형원은 고려 전기의 전시과가 당의 제도를 본받았다고 생각했기 때문에 모범적인 제도로 시행하려고 했지만 그것을 단순히 복제하려는 생각은 없었다.

## 노비

17세기의 사노비는 솔거노비와 외거노비로 구분됐다. 외거노비는 주인의 토지를 소작하면서 주인집의 다른 구역에서 살거나 거기서 약간 떨어진 자기 집에서 살았다 — 그 주인의 사유지는 여러 곳에 흩어져 있었으며, 상당히 먼 지역에 있는 경우도 있었다. 물론 노비가 모두 면천되어 양인이 되면 유형원의 표준인 1경을 분급받을 수 있었다. 유형원은 그런 급진적인 입장을 수용하지는 못했기 때문에 노비제도는 유지되지만 노비들도 기본적인 토지를 분급받고 국가를 위해서 군역을 져야 한다는 타협안을 마련했다. 그러나 그는 사노비에게는 양인의 두 배에 해당하는 군역의 부담을 요구했다(제10장 참조).[65]

관원에게 봉사하는 노비官吏奴隷나 특정한 임무를 가진有役者 공노비는 토지를 분급받아 해당 임무에서 물러나는 60세에 국가에 반납했으며, 그의 미망인은 구분전을 받았다.[66] 그는 그런 공노비에게 분급되는 토지의 규모를 명시하지는 않았지만 해당 직무의 보수로 제공됐다고 생각된다.

유형원은 이제 토지를 받게 된 사노비가 국가에 대한 10분의 1세 외에도 그 주인에게 신공의 형태로 소작료를 계속 납부해야 하는지는 명확히 밝히지 않았지만, 그가 논의한 전체적인 맥락에서 판단할 때 분명히 그런 것 같다. 그러므로 그의 새로운 제도 아래서 외거노비가 어떻게 부유해졌는지는 알기 어렵다.

유형원은 '진정한 국왕'은 세습적 노비제도奴婢以世之法를 폐지해야 한다고 생각했지만, 당시의 상황으로는 불가능했다.

노비제도를 혁파하지 못했어도 토지를 분급받았다면 예전보다는 부담이 가볍게 되지만, 그래도 편중된 고통을 겪는 부류가 있는 것은 이치상 어쩔 수 없는 일이다. 지금 시행할 수 있는 가장 좋은 방법은 종모법을 공평하게 시행해서 노비가 너무 많은 폐단을 점차 없애는 것이니, 그렇게 되면 선왕의 제도를 회복할 수 있을 것이다.[67]

종모법은 전체 노비의 결혼에서 작은 부분에 지나지 않는 양천 교혼에서 나오는 노비의 숫자를 줄이기 위해 고안된 제도였기 때문에 유형원은 자신의 전제개혁안에서 사노비가 그렇게 빨리 혜택을 받을 것이라고는 예상하지 않았다.

물론 노비제도는 정전제의 일부가 아니었으며 특히 세습적 노비제도는 고전적·역사적인 모범과 논리적·도덕적 교훈에 의해서 정당화되지 않았지만, 유형원은 양반에게 노동력이 필요하다는 데 동감했기 때문에 전면적인 면천을 주장하지는 못했다. 또한 그는 자신들의 주요한 노동력을 빼앗으려는 국가의 시도에 대해 저항할 수 있는 잠재력을 가진 노비소유계층에게 위축됐을 수도 있다. 궁극적인 면천에 대한 유형원의 생각은 당시 비주류였어도 자유를 옹호하는 인본주의적인 입장을 대변했음이 분명하지만, 전제개혁안의 세부 사항에서 그는 면천을 향해 이행하는 긴 과정 동안 국가가 특히 사노비에게 두 배의 부담을 지우고 주인에게 신공이나 지대를 계속 납부케 하면서도 군역이나 보인의 부담도 이행하도록 함으로써 사노비에 대한 통제권을 가질 수 있도록 했다. 게다가 솔거노비는 그런 규정에서 완전히 제외되어 있었다.

한 가지 궁금한 측면은 그가 노비를 모두 면천시키는 조처가 사유지의 혁파보다 사회의 안정에 덜 위협적이라고 생각했는가 하는 점인데, 장재와 진부, 그리고 아마도 정이를 제외하고는 그가 참조한 거의 모든 중국 학자들은 반대의 주장을 폈기 때문이다(제7장 참조). 17세기의 조선은 여전히 노비제 사회였으며 당시 신분의 세습은 당대唐代 이후 중국보다 훨씬 강력한 경향이었기 때문에, 유형원은 사유지보다 노비제도에 대한 도전을 훨씬 망설였다고 판단된다.

고려시대의 토지제도를 연구한 강진철姜晋喆은 한국의 역사적 발전에서 중요한 이정표는 근대적이며 서구적인 사유재산의 개념이 발전한 사실보다는 개인적 복종에서 계약적 의무로 노동관계가 전환한 사실이었다고 말한 바 있다.[68] 그렇다면 지주와 소작인의 관계는 적어도 1천여 년 동안 매우 발달해왔고 17세기에 노비제도는 주요하거나 지배적인 노동력이 아니라는 것이지만, 그것은 당시 동아시아의 다른 나라들보다 조선에서 좀더 커다란 역할을 했다.

그러나 지주에 대해서는 대담했지만 노비 소유주에 대해서는 소심했던 유형원의 모순은 조선에서 토지재산에 대한 자각이 약했기 때문에 발생했다는 논리로는 그리 쉽게 설명되지 않는다. 최근 한국에서 토지문제 연구의 전반적인 흐름은 사유재산이 일찍부터 발생했으며 토지 소작관계에서 사유재산이 강한 영향력을 가졌다는 측면을 강조하는 것이다. 17세기 조선의 지주들은 자신의 재산을 유지하려고 했고 유형원도 그것을 알고 있었지만, 사유권이 탐욕과 인간의 욕망을 자극한다는 과거의 고전과 윤리적인 정치가 · 학자들의 가르침은 그의 도덕적 분노를 자극했고 그것과의 어떤 타협도 용인하지 않게 했다. 그는 노비제도가 잘못됐지만 사회적 서열의 극단적 형태에 지나지 않으며 원리로는 받아들일 수 있다고 생각했다. 유형원이 사망한 뒤 개혁자들의 사상적 흐름으로 판단할 때 유형원은 예외로 보였던 것 같다. 왜냐하면 거의 모든 사람들은 사유재산을 몰수해야 한다는 생각은 공상이라고 폐기했기 때문이다.

### 사대부 : 학자이자 관원

유형원의 토지할당제도는 양인이든 노비든 농사를 짓는 농민에게만 국한되지는 않았으며 '직역을 가진 모든 사람'은 농민에게 할당되는 기본적 토지인 1경 이외에 추가적 토지를 받을 수 있었고 그 크기는 직역의 중요도에 따라 결정됐다. 직역이나 관직을 가진 사람은 군역을 면제받았다.[69] 유형원은 서리와 사령 등 17세기에 국가의 녹봉을 받지 못하면서 수수료나 뇌물을 받아 생활을 꾸려나갈 수밖에 없었던 부류를 포괄함으로써 당시의 관행보다 직역을 훨씬 광범한 의미로 정의했다.

그의 계획에서 중앙 관서에 근무하는 서리와 사령은 녹봉은 받았지만 토지는 받지 못했으며 지방의 관아 등에 배속된 서리와 사령은 녹전禄田만을 받았다. 각 처의 사후伺候 · 차비군差備軍 · 목자牧子 · 진부津夫 · 제릉수호군諸陵守護軍 · 금산직禁山直 · 사직여단직社稷廳壇直 · 연무청직鍊武廳直 등도 1경의 토지를 받았다. 이런 하위 관원들은 모두 군역이나 군포를 면제받았다.[70] 관원은 그 임무가 아무리 비천해도 고대의 선례를 따라 면역해주는 것이 당연하다고 유형원은 생각했다.[71] 그러나 하급 관원들의 경우 토지나 녹봉의 지급과 군역의 면제는 직역과 긴밀히 결부된 문제였다. 그들은 유형원의 이상적 지배계층인 사대부가 될 수 없었다.

유형원의 이상적 지배계층에서 가장 낮은 범주는 사士였는데, 양반의 자제는 재능에 상관없이 유학幼學의 신분을 인정해주는 당시의 느슨한 관습과는 반대로 유형원은, 예외는 일부 있었지만, 학교에 등록한 학생에 국한시켰다. 물론 이 계획은 확대된 학교제도를 성공적으로 확립하는 데 달려 있었다(제5장 참조). 학교의 외사에 사는 액외생은 2경을 받았으며 액내생은 4경을 받았다.

중앙 관서의 정규 관원인 대부는 품계에 따라 6~12경을 받았다.[72] 1경이 넘는 토지를 추가로 할당하는 계획은 지배계층인 사대부에게 경제적 후원을 보장하는 문제를 해결하기 위한 방안이었다. 이런 추가적 토지 할당은 관직에 대한 보상이 아니라 지배계층의 자격으로 준다는 의미를 가졌던 주대의 채지와 비슷한 역할을 했다. 관직은 녹봉으로 보상됐다. "관원으로 봉사하고 있는 사람들은 녹봉을 받았다仕者受祿."[73]

그러므로 관원이 은퇴하거나 관직에서 쫓겨나도 그가 받은 토지는 국가에 몰수되지 않았다. "관원은 강상綱常의 도리를 어기거나 뇌물을 착복하거나 적에게 항복하는 등의 큰 범죄를 저지르지 않으면 그 토지를 회수하지 않았다."[74] 그러므로 유형원은 자신의 토지분급제도가 국가에 수행하는 직역에 따라 단계적으로 분급하는 것이라고 정의했지만 실제로는 사대부는 직역보다 신분이 우월하다고 생각했던 것이다.

그럼에도 불구하고 유형원은 사대부를 봉양하는 자신의 제도와 정전제의 채지는 서로 다르다는 사실을 알고 있었다. 정전제에서 모든 농민은 1백 묘(1경)를 받았지만 대부와 사(즉 사대부)[75]의 가호는 채지와 (관직을 가졌을 경우) 세록전世祿田을 모두 받았다. 유형원에 따르면 주대의 제도에서 채지와 세록전에서는 공세公稅만 거둘 수 있었다. 즉 그것은 수조권이었던 것이다. 그 제도는 기준이 되는 토지 할당을 변화시킬 필요가 없기 때문에 우월하다고 그는 언급했다. 즉 사대부에게 보상하기 위해서 토지를 추가로 할당할 필요가 없었던 것이다.

더욱이 군역은 일정한 면적의 토지에 따라 징발했기 때문에 양정의 이동을 빠뜨리지 않고 정확히 기록해야 할 필요가 없었지만, 후대의 중앙집권적 관료체제에서 중앙 정부의 관원 등용과 승진과 해고는 불규칙적이었는데, 이것은 사대부가 국왕의 변덕에 따라 승진과 파직을 예측할 수 없게 됨으로써 불안정하게 됐다는 암시였다. 중앙집권적 관료체제는 수조권을 분급하는 제도食稅之法의 입법을 허용하지 않았지만, 사대부에게 안정적인 수입을 제공함으로써 중앙 정부가 관직의 대가로 지급하는 녹봉에 대한 의존을 줄였다.

그렇다면 어째서 유형원은 사대부의 가족, 특히 현직 관원이 아닌 가족에게 안정적인 경제적 지원을 제공하는 수단으로 수조권을 사용하도록 자신의 제도를 만들지 않았는가. 그렇게 한 주요 원인의 하나는 수조권을 봉건제도의 일부로 간주했는데, 그런 수조권이 중앙집권적 관료제도에 도입되면 중국 춘추시대의 세습적 관원인 세경世卿 같은 바람직하지 않은 귀족제도를 만드는 역효과를 가져올 수 있었기 때문이었다. 유형원이 자신의 왕조를 간접적으로 비판하기 위해서 고전의 암시를 사용했는지는 판단하기 어려운데, 조선 전기의 과전법은 (관직의 소유 여부에는 상관없이) 품관에게 수조권을 지급함으로써 반半세습적인 관원계층인 양반의 지배를 가능케 했으며, 좀더 정확히는 강화했기 때문이었다. 그러므로 유형원은 정전제의 공유와 한전제의 차등적인 토지 분급을 결합했다고 분명히 언급한 것이다. "유사儒士 이상은 (1경 외에) 토지를 추가로 받고 군역에 복무하지 않는다."[76]

그러나 사대부에게 추가의 토지를 분급한다는 유형원의 규정은 토지를 경작하고 농업 생산에 기여한 부류인 농민에게만 국가에서 토지를 준다는 정전제의 원칙을 어긴 것이었다. 그렇다면 유형원은 농사를 짓지 않는 부류에게도 토지를 분급한 조처를 어떻게 정당화했으며, 가상적인 논쟁자의 질문에는 어떻게 대답했는가. "사士 이상은 농사를 짓지 않는데도 기본 토지 외에 추가로 토지를 분급한 이유는 무엇인가."[77]

유형원은 사대부는 토지 분급, 녹봉, 수조권 중에서 한 가지 방법을 통해 후원을 받아야 한다고 생각했다. 그중에서 사대부에게 (농민보다 많은) 토지를 분급하는 방법이 가장 적합했는데, 토지는 그들의 솔정率丁이 경작했기 때문이었다. 솔정은 사전적으로 식솔이나 가족으로 정의될 수 있지만 유형원이 어떤 집단을 지칭한 것인지는 알아볼 필요가 있다.[78] 유형원은 모든 양인 농민과 사대부에게 토지를 분급하되 소작에는 반대했기 때문에 그가 구상한 제도에서 사대부가 추가로 할당받은 토지에서 일할 수 있는 사대부나 양인신분의 성인 남성이 있기는 어려웠다. 이 때문에 그는 자신의 전제개혁안이 입법되거나 세습적 노비제도가 혁파되기까지 상당히 오랜 기간이 걸릴 것이라고 상상했고, 그 결과 토지를 갖지 못한 고공을 동원해 노비를 대체하려고 계획했던 것이다.

유형원이 사노비에게는 조건부로 토지를 분급해야 하며, 그런 경우라도 외거노비에게 국한했던 것을 기억할 필요가 있다. 사대부에게 분급된 토지를 경작할 수 있는 유일한 부류는 사노비였다. 달리 말하면 유형원은 사대부에게 더 많은 토지를 할당하는 것은 고대 중국의 채지에서 수조收租하는 선례에 근접할 수 있는 유일하게 타당하고 가능한 방법이라고 주장했는데, 사대부는 토지를 경작하는 데 자신의 사노비를 사용할 수 있기 때문이었다!

즉 유형원은 자신이 제안한 제도에서 농민을 등록하는 계획을 구상하는 데 이런 측면을 염두에 둔 것이었다. 양인 농민의 토지는 그들 자신의 이름으로 등록되며 그들은 할당된 군역에 따라 기병이나 보병으로 복무했다. 그러나 지배계층의 경우는 사대부나 왕자의 이름 대신 경작하는 노비의 이름이 기재됐다. 그 목적은 지배계층이 양인 농민과 함께 양안에 기재되는 폐단을 피하려는 것이었다!

"사대부가 전적田籍에 이름을 모두 기재해도 문제가 없느냐고 묻는 사람이 있는데, 전적은 호적처럼 국가의 큰일이며 훗날에 참고하기 위한 자료이니 명백하지 않아서는 안 된다.……지금의 제도에 따라 가호의 노비 이름만 써도 괜찮을 것이다."[79] 달리 말하면 노비제도에 대한 반감과는 반대로 유형원은 자신의 전제개혁안에서 노비제도의 필요성을 인정한 것이었다!

만약 유형원이 (자신의 제도에서) 소작제도를 종식하는 동시에 노비제도를 혁파했다면 사대부를 봉양할 수 있는 유일한 대안은 수조권이나 일반 세수에서 지불되는 녹봉이었다. 물론 유형원은 사대부를 후원하는 방법에서 녹봉과 수조권을 모두 배제했다. 고대부터 녹봉은 국가의 관원에게만 지급하는 원칙을 유지했기 때문에 적합하지 않았다.

수조권은 더욱 어려운 문제였는데, 유형원이 인정했듯이 정전제에서 사대부는 가호를 위해 채지를 받았으며 관직을 가졌을 경우만 녹봉을 받았다. 그는 원칙적으로 사대부에게 수조권을 분급하는 것食稅이 적절하다는 데 동의했는데, 그것은 고대에도 사용됐기 때문이었다. 실제로 그는 앞으로 정부가 이 방법을 채택할 경우 관직을 갖지 못해 가난에 시달릴 수도 있는 사대부 가호를 보호하기 위해서 일정 분량은 세습을 허용해도 괜찮다고 말했다.

아울러 수조권제도가 실시되면 유생과 정7~종9품의 품관들은 (관직 소유 여부에 무관하게) 수조권을 생전에만 보유할 수 있도록 허용됐다. 만약 수급자에게 상속할 아들이 없다면 미망인은 본인이 사망할 때까지 수조권의 절반을 받았다. 정7품 이상의 품관은 자신의 아들과 함께 일생 동안 수조권을 보유했으며 1~3품의 최고 품계를 가진 관원(대부와 경)은 손자나 증손자까지 수조권을 유지했다.[80]

유형원은 수조권은 원칙과 논리 모두 정당하게 받아들일 수 있다고 동의했지만, 그것은 "과세할 수 있는 토지가 대부분 사대부에게 귀속되어 국가의 예산이 부족해지기" 때문에 바람직하지 않았다.[81] 달리 말하면 중앙집권적 관료제도의 시대에 국가의 재정적 필요는 봉건적 정부 형태에 맞춰진 제도로는 충족될 수 없었던 것이다.

더욱이 봉건제도의 사대부와 중앙집권적 관료제도의 사대부 사이에는 근본적인 차이가 있었다. 봉건제도의 사대부는 채읍이나 수조권을 받았지만 그들의 권력이나 권리는 자신들이 받은 토지에서 세수를 걷는 것에 국한됐다. "그들은 그 토지에 사는 백성을 다스릴 책임이 있었으며, 그런 책임을 기인其人에게 맡겼다." 유형원은 이런 기인은 국가의 통제를 받는다고 지적했는데, 기인은 대국이나 주요한 제후에게 복속된 소규모의 제후나 정치단위였다고 생각된다.[82] 유형원은 봉건제도에서 채읍과 수조권의 분급은 정당했으며 수급자들은 자신의 영지에 소속된 백성을 다스릴 책임을 가지면서 중앙 정부의 통제를 받았다고 생각했는데, 이런 제도는 중앙집권적 관료제도와는 완전히 어긋나는 것이었다.

그럼에도 채읍과 수조권은 다스리는 사람과 다스림을 받는 사람, 즉 사대부와 농민의 적절한 차별을 강조하는 봉건적 토지제도의 의미를 가졌다는 한 가지 사실에서는 옳았다. 맹자를 부연하면서 유형원은 조세와 공납의 납부(출세出稅와 공상供上)는 "야인의 일이며, 학문을 닦고 관직에 복무하면서 수조권을 받는 것은 사와 군자의 일"이라고 설명했다.[83] 사회의 신분과 직역의 이런 차이를 유지하기 위해서 토지제도를 이용한 것은 "보편적인 원칙이며 고대의 의도이기도 했다." 그러나 봉건제도가 실시되던 시기에 그것은 영지의 할당으로 이루어졌다. 유형원은 채읍과 식세의 분급을 일반적인 봉건(영지의 할당)의 범주 안에 포함했는데, 이것은 봉건적 관계가 다시는 복구될 수 없는 과거의 유물이라는 암시를 담고 있었다. 즉 봉건제도의 이상적인 원리만을 현재의 중앙집권적 관료제도에 적용할 수 있었다.[84]

그러나 중앙집권적 관료제도의 시대에 사대부와 농민의 관계의 본질은 달랐다. 그 시기의 사대부는 녹봉 외에는 수입의 원천이 없었기 때문에 관직을 갖지 못했을 때는 생계를 유지할 수 있는 방안을 찾아야 했다. 실제로 국왕이나 중앙 정부가 관원을 등용하는 데 신분을 고려하지 않고 장점과 능력의 기준을 엄격하게 고수하면 그렇게 될 수밖에 없었다. "후세에 관직을 갖지 못한 대부는 양인과 신분이 다르지만 이렇게 집에 있게 되면 야인과 실제로는 같게 되니, 벼슬에 아직 나아가지 않은 사는 말할 것이 있겠는가. 이 때문에 수조권을 분급하는 제도는 고대의 의도와 가깝지만 정확하게 합치되지는 않은 것이다."[85] 달리 말하면 중앙집권적 관료제도의 국왕은 양인 농민과 사대부 사이의 적절한 신분 장벽을 무너뜨렸으며, 봉건 귀족에게는 수조권을 주지 않았다는 것이었다.

그러나 유형원은 중앙집권적 관료제도가 운영된 시기에도 국가는 민전民田(지주든 소농이든 사적으로 소유한 토지)에서 나오는 전세租의 절반을 분급했지만, 그런 경험은 장점보다는 문제를 더 많이 노출했다고 판단했다.[86] 중앙집권적 제도에서 수조권은 봉건제도의 영지처럼 한 곳에 집중되지 않아서 "작은 규모의 수조지들은 각지에 널리 흩어져 수많은 사람에게 귀속됐다."[87] 수확량은 자연적 요인으로 매년 달라졌기 때문에 수조권은 분급의 변화과정을 계속 추적하고 조세의 경감이나 면제를 요구하는 농민을 통제하는 데 행정적 어려움이 수반됐다. 그 결과 조세를 공평하게 심사해서 부과하지 못했으며, 사실상 양인 농민의 조세 부담을 증가시켰다. "이것은 국가에 일어날 수 있는 가장 큰 해악이므로 전제개혁을 시행하는 것보다 좋은 방법은 없다"고 유형원은 결론지었다.[88] 그러므로 사대부에게 제한적인 토지를 차등적으로 분급하는 방식에는 "정전제의 요점이 모두 들어 있기 때문에" 중앙집권적 관료제도에서 적용할 수 있는 최선의 방법이었다.[89]

유형원의 주장은 일정한 냉소를 피하기가 거의 불가능하다고 생각된다. 만약 유형원이 지배신분에게 수조권을 주어서 그것이 결국 그들의 사유재산이 될 것을 두려워했다면, 사대부에게 추가적 토지를 분급하고 노비에게 그것을 경작하도록 허용해도 노비가 경작하는 사유지가 발생하는 결과로 이어지지는 않을 것이라고 자신한 까닭은 무엇인가.

유형원은 자신의 전체적인 계획이 토지를 공동으로 소유하고 공평하게 분배해서 함께 경작한다는 정전제의 모범적 원리에 기초한 공전제도와 양인 농민보다 지배계층에게 더 많은 토지 소유를 허용하는 한전제라는 두 가지 모범을 절충한 조합이라고 생각했다. 이전의 한전제처럼 유형원도 품계에 따라 차등적으로 토지를 분급했다. 그러나 유형원의 한전제는 한대나 송대의 학자와 정치가들이 제안했던 방안과는 다른 절충안이었다. 그는 차등적으로 토지를 분급하는 자신의 방안을 토지의 사유제도와 타협하거나 공유에 기반한 균전제를 성취하는 과정으로 제안하지 않았다. 반대로 그는 사유지를 즉각 국유화하고 농민과 사대부에게 재분배하는 방안을 생각했다.

자신의 한전제에서, 농민과는 반대로, 사대부는 사적으로 소유할 수 없고 반납해야 하는 토지를 좀더 많이 할당받으며, 사대부의 지위를 법률로 공인받은 경우에만 후손에게 물려줄 수 있으며, 품계에 따라 상속할 수 있는 세대의 범위가 엄격히 정해져 있다고 규정했다. 그의 한전제는 임훈의 방안처럼 사유재산과 타협한 것이 아니었다. 그것은 지배신분과의 타협이었다.

## 왕자와 공신들

그는 사대부를 봉양하기 위해 수조권을 분급하는 제도에 대한 비판을 마친 뒤 즉시 입장을 바꿔 종친과 공신들에게는 그것을 허용해야 한다고 주장했다. 그는 비빈妃嬪의 왕자와 공주는 두 종류의 후원을 받는다고 규정했다. 우선 그들은 12경 또는 10경의 토지를 기본적으로 할당받았는데, 그것은 사유재산이 되지는 않았지만 농민에게 기본적으로 분급된 토지와 동일하게 잠정적으로 '받아서 소유할 수' 있었다. 사대부에게 좀더 많이 할당된 토지의 경우처럼 전세는 국가에 납부했지만 군역은 지지 않았다.[90]

왕자와 공주들은 반환해야 하는 이런 기본적 토지 외에도 '수조할 수 있도록 국왕이 하사한' 사세전賜稅田을 받았다. 이런 토지는 곡물 생산량으로 측정됐는데, 대군은 5백 곡(여기서 그는 1곡을 10말이 아니라 15말로 된 1섬과 동일하게 보았다)[91]부터 왕세자의 서녀庶女인 현주縣主는 1백

곡까지 차감됐다.[92] 유형원은 자신의 제도에서 농민에게 기본적으로 할당해 그들이 직접 경작하는 토지인 민전에서 수급자는 조세만 거둘 수 있다고 규정했다. 따라서 민전 자체는 농민에게 할당된 것이지 종친에게 주어진 것이 아니기 때문에 군역 징발의 대상이 됐다. 흉년일 경우 지방 수령들은 수확의 손실을 평가해 일시적으로 세금을 감면해주었다. 민전에 부과된 조세는 지방 관청의 창고에 납부했으며, 그 곡식은 정해진 수급자들에게 분배됐다.[93]

또한 유형원은 공신들을 포상하는 데도 사세전을 사용할 수 있다고 했지만, 공신의 등급에 따라 차등화하는 규정은 만들지 않았다. 또한 사세전은 아들과 손자에게 상속할 수 있었으며 자녀들에게 모두 분배한 뒤에는 조상의 제사를 모시기 위한 명목으로 추가의 분량을 받을 수 있도록 했다.[94]

물론 유형원은 종친과 공신에게 토지와 수조권을 모두 할당하는 제도를 합리적으로 설명해야 할 필요가 있다고 느꼈다. 그는 왕자들에게 기본적인 토지를 분배하는 방안에 대해 "대부가 농업에 종사하지 않는 것은 고대의 원칙이므로 왕자의 가족이 어떻게 농업에 종사하겠는가" 하는 논리로 방어했다. 만약 사대부가 토지를 받는다면 공주도 받아야 했다.[95] 그러나 그가 수조권도 주어야 한다고 주장한 까닭은 무엇인가.

이 질문에 대해서도 유형원은 가상적인 논쟁자와 토론하는 방식으로 답변했는데, 그는 유형원의 제도가 너무 복잡하고 세밀하다면서 왕자와 공신들에게 토지와 수조권을 모두 줄 필요는 없이 하나만 주어도 충분하다고 비판했다. 논쟁자는 두 가지 대안을 제시했는데, 각각 조세와 군역의 이행과 면제로 구성된 방안이었다. 이 토론에서 사용된 용어와 논쟁자의 제안을 유형원이 거절한 이유를 이해하기 위해서는 유형원이 제안한 토지 분급의 형태와 조세 및 군역의 관계를 살펴보아야 한다.

지금까지 보았듯이 유형원은 수급자의 지위나 신분에 따라 세 가지

### 〔표 3〕 군역과 토지·수조권의 분급

| 수급자 | 분급 형태 | 전세 | 군역 |
|---|---|---|---|
| 양인 농민 | 토지 | ○ | ○ |
| 사대부 | 토지 | ○ | ×(면제) |
| 왕자와 공신 | 토지 | ○ | × |
| | 수조권 | ×[1] | ○[2] |

1. 수급자는 지방 수령에게서 같은 분량의 전세를 받으므로 조세는 면제되는 것이다.
2. 그러나 수조권 수급자가 아닌 토지 소유주는 군역을 진다.

형태로 분급한다고 말했다. 우선 양인 농민은 토지를 받고受田 조세를 납부하며納稅 군역에 복무했다出兵. 다음으로 사대부(좀더 정확히는 그 가문)는 (양인 농민보다 넓은) 토지를 받고 지방 수령에게 전세를 냈지만 군역은 면제받았다免兵. 끝으로 왕자·종친·공신들은 토지와 수조권(세사전)을 모두 받았다. 그들도 사대부와 마찬가지로 전세를 내야 했지만 군역은 면제받았다. 그들은 세사전에서 나오는 조세를 거둘 수 있었으며食其稅入, 이것은 지방 수령에게 전세를 내지 않고 스스로에게 전세를 낸다는 의미에서 전세를 면제해주는 것과 같았지만免稅 분급받은 토지에 따라 군역이 부과됐다. 수조권은 민전에서 나오는 전세를 거둘 수 있는 권리를 부여한 것이기 때문에 양인 농민에게 정규적으로 토지를 분급한다는 의미였으며, 군역은 양인 농민에게는 요구됐지만 왕자나 공신들에게는 부과되지 않았다. 유형원이 구상한 제도에 따르면 전세와 군역은 개인적인 수급자에게는 부과되지 않으며 분급받은 토지와 연관되어 결정되기 때문에 모순은 없다. 지금까지의 논의를 도표로 요약하면 위의 〔표 3〕과 같다.

유형원은 왕자와 공신들에게 토지와 수조권을 모두 주려는 자신의 제안이 복잡하고 계획성 없는 것처럼 보일 수도 있지만 "토지의 형태와 거기에 따른 군역과 조세의 면제는 각각 논리가 명확하며 모두 공평하

| 수급자 | | 지급 형태 | 전세 | 군역 |
|---|---|---|---|---|
| 유형원의 계획 | 사대부 | 토지 | ○ | × |
| | 왕자 또는 공신 | 수조권 | × | ○ (경작자가 복무) |
| 논쟁자의 방안 | 사대부, 왕자, 공신 모두 포함 | 토지만 | × | ○ (반당이 복무) |

다"라고 단언했다. 이것은 군역의 면제가 왕자와 공신 같은 상층신분에게 분급된 토지와 뗄 수 없이 연관되어 있다는 뜻이었다. 왕자와 공신들은 토지를 분급받지 않고는 부모의 묘소를 마련하기도 어렵기 때문에 필요했다. 유형원의 독자적인 정의에 따르면 토지 분급은 전세의 면제와는 무관하기 때문에 수조권을 추가로 나누어주는 것은, 유형원은 그것을 전세의 면제로 정의했는데, 왕자와 공신들에게 전세 수입을 제공할 수 있는 유일하게 합법적인 방법이었다.[96]

반면 유형원의 논쟁자는 토지 분급이나 수조권 중 하나를 선택해야 한다고 맞섰다. 그는 토지 분급의 경우 왕자와 공신들은 이미 녹봉을 받았기 때문에 왕자는 국왕과, 공신은 선조와 혈연의 친소관계에 따라 토지의 분량을 차감하면서 추가로 분급하고 조세는 면제해주며 그들 대신 군역을 질 반당(伴倘)을 제공하면 충분하다고 지적했다. 분급받은 면세지는 그 자신의 품계와 지위를 기준으로 차감되면서 세습됐다. 그 시점이 되면 상속인은 유형원의 토지분급 규정에서 사대부에게 적합하다고 규정한 토지보다 많은 분량을 추가로 받을 수 있었다. 그러나 이런 계획에 따른 조세와 국역의 의무는 유형원의 규정과 충돌한다는 점을 유의할 필요가 있다(〔표 4〕 참조).

유형원은 자신이 생각한 평등과 어긋난다는 이유로 이 계획을 거부했다. "군역은 토지의 넓이에 따라 징발하고 전세는 토지의 품질에 따라 부과한다. 왕자와 공신이 동일한 전세를 낸다면 군역의 면제가 불공평하며, 모두 군역에 복무한다면 조세의 면제가 불공평하게 된다."[97]

유형원은 만약 논쟁자의 계획이 채택되면 왕자와 공신의 상속인은 세대가 갈수록 (자손이 분화하기 때문에) 받는 면세지가 줄어들지만 그들의 실제 품계에 해당하는 과세지는 늘어나게 될 것이라고 그 이유를 설명했다. 이것은 효과적으로 관리하기에는 너무 번거로운 제도였다.[98]

그러자 유형원의 논쟁자는 토지를 분급하는 대신 왕자와 공신들은 민전에 대한 수조권稅賜만 받고 경작자들은 유형원의 규정에 따라 군역을 지도록 하는 방안을 제안했다. 논쟁자는 이런 수조권은 (왕자·공주·공신의) 적장자만 가져야 하고 다른 아들에게는 나누어주지 말아야 한다고 제안했다. 왕족은 그 지위가 끝나는 5대까지 유지되며 그때가 되면 수조권을 국가에 반납하고 정규적인 (과세의) 토지만을 받았다受田.

유형원은 이 계획은 고대의 제도, 즉 주의 채지와 비슷하기 때문에 매우 좋다고 찬성했다. 그러나 채지의 수급자는 채지에 거주하는 사람들에 대한 지배권도 갖고 있었는데, 이것은 정치적 자치가 수급자에게 중요한 권력이었다는 사실을 알려준다. 그러나 조선에서는 수조권을 받았어도 군역에서 면제되지 않았기 때문에 수조권은 수급자에게 이로운 것처럼 보였지만 실제로는 이익보다 해악을 유발했다.[99] 요컨대 유형원은 토지 분급과 수조권이 수급자가 보기에 모두 결함을 갖고 있었으므로 둘을 결합해 시행해야만 그 결함을 상쇄할 수 있다고 판단했던 것이다. 적어도 그의 계획 아래서 토지를 분급받으면 군역은 면제되는 이점을 누렸지만 전세는 내야 했다. 수조권을 받으면 전세를 면제받는 이익이 있었지만(즉 수급자가 국가를 대신해서 조세를 걷도록 했으므로) 군역은 져야 했다. 그러나 왕자와 공신에게 토지와 수조권을 모두 분급하면, 그들은 한쪽에서는 군역을 면제받고 다른 한쪽에서는 조세를 걷는 이득을 누릴 수 있을 것이었다.

그러나 이처럼 복잡한 논증의 목적이 무엇인지 질문하는 것은 자연스럽다. 유형원은 어떤 근거에서 토지 분급이 전세 납부 및 군역 면제와 결부되어야 하며 수조권은 반대의 방식과 연결되어야 한다고 주장했는가. 유형원은 토지의 형태와 연관된 의무를 결정하는 논리가 있다고 주장했으며, 될 수 있는 대로 일관되고 일정하며 공평한 제도를 만들려고 노력했다. 논리적 일관성은 법률을 제정하는 데 진보되고 바람직한 기반이 분명하지만, 유형원의 규정이 논쟁자의 제안보다 더 논리적인지 서구의 독자들에게는 확실치 않다.

이 문제의 대답은 유형원이 규정을 만든 기반에서 찾을 수 있다. 그는 단순히 선험적이고 이성적인 방법으로 내적인 모순을 제거해서 논리적이고 일관된 체제를 갖춘 규정을 만들려고 시도하지 않았는데, 그럴 경우 가능한 대안의 범위는 그가 허용할 수 있는 것보다 훨씬 넓어질 것이기 때문이었다. 반대로 그는 고대 중국의 토지제도가 가진 일관된 원칙을 발견하려고 시도했으며, 그런 원칙을 찾자 그것을 고수해야 한다고 주장한 것이었다.

토지와 결부된 조세 의무를 다룬 규정과 지배계층에게 경제적 후원과 신분적 구별을 제공하는 적절한 방법을 관리하는 원칙이 있었기 때문에, 유형원은 그런 두 규정의 요구 조건을 모순되지 않게 충족시키려고 노력했다. 그 결과는 일부 학자들이 이 시기 실학운동의 상징이라고 주장하는 현실성과 유용성과는 반대로 규정을 엄격하게 고수하는 태도로 나타났다.

사대부·왕자·공신에 관련된 유형원의 규정을 해석하는 데 또 다른 중요한 문제는 그의 사회적 목적을 판단하고 정의하는 것이다. 이것은 모순되는 증거 때문에 어려운 작업이다. 우선 그는 이상적인 지배계층을 직능에 따라 정의하는 데 분명히 불만을 갖고 있었다. 그가 생각한 지배계층은 학식과 덕성을 갖춘 사람들로서 관원일 뿐만 아니라 향촌과 백성의 예비적인 지도자였기 때문에 현직 관원의 집합을 뛰어넘는 무엇이어야 했다. 지배계층을 관원으로 국한하면, 진정한 사대부의 일원이지만 관직을 갖지 못한 향촌의 학식 있고 도덕적인 지도자는 경제적 후원에서 배제됐다. 그러므로 지배계층은 기능적이며 실용적인 차원에서 국가에 봉사하는 부류라는 편협한 정의를 넘어서 일정하게 귀속적인 가치를 가져야 했다.

그러나 귀속적 가치는 진정한 도덕이나 능력과는 무관한 세습적 신분을 가진 부류로 귀결되지 않게 하기 위해서 제한 없이 인정될 수는 없었다. 유형원은 (사대부는 물론) 왕자와 공신들에 대한 경제적 후원을 제한함으로써 적절한 균형을 이루려고 했다. 예컨대 그는 수조권의 분급賜稅은 고대 봉건제도에서 정복한 영토나 몰수한 토지를 영지로 분급한 방식의 흔적이지만,[100] 이 선례를 현재에 적용하려면 수조권이 세습되는 세대의 한계를 신중히 정해야 한다고 언급했다. 만약 수급자에게서 (그가 사망했을 때?) 수조권을 돌려받지 못하고 세대의 제한 없이 후손에게 물려주도록 허용하면 국가가 소유한 토지는 곧 없어질 것이었다.

유형원은 한대와 진대晉代의 귀족들은 대부분 세습적인 토지나 수조권을 소유할 수 있었다고 언급했다. 예외적인 경우 세습은 1~2대로 제한됐으며, 수조권은 특정한 이유로 몰수되기도 했다. 특별한 몰수는 중앙집권적 관료제도보다는 봉건제도에서 좀더 적합했고 상하계층 모두에게 비슷한 손해를 끼쳤기 때문에 유형원은 왕자와 공신들에게 수조권을 분급하는 제도를 만들어 법률로 규제함으로써 공사公私의 이익을 모두 용인하는 것이 더 낫겠다고 생각했다.[101]

또한 유형원은 수조권의 분급賜稅이 왕자와 공신들에게 아무런 규제 없이 물려줄 수 있는 사전을 국왕이 하사하는 것賜田보다 낫다고 주장했다. "그런 길이 한번 열리면 후대의 폐해를 고칠 수 없을 것이다. 고려의 전제가 붕괴된 이유는 바로 이것 때문이었다."[102] 달리 말하면 왕자와 공신들에게 왕실의 토지를 하사하면 토지의 세습이 시작되고 토지와 조세에 대한 국가의 통제가 약화되는 계기가 될 수 있기 때문에 매우 위험하다는 것이었다.

여기서 유형원은 15~16세기에 공신들에게 토지를 분급한 결과 조선에 나타난 문제는 직접 언급하지 않았다. 예컨대 이상백은 조선 전기의 토지제도가 정착하는 데 실패한 원인은 세습할 수 있는 공신전을 너무 많이 주었기 때문이라고 파악했으며, 에드워드 와그너는 공신의 정치적 지배가 15세기부터 기묘사화(1519년, 중종 14)까지 상당한 문제로 남아 있었다는 사실을 보여주었다.[103] 그러나 유형원은 17세기의 주요한 문제인 대개 남부 해안에 위치한 왕자와 공주의 궁방에 대해서 논의했다. 종친뿐만 아니라 중앙의 영향력 있는 대신들도 해안의 어전 · 염전 · 습지에 대한 관리권을 가질 수 있도록 청원했는데, 이것은 절수입안折受立案이라고 불렸다. 이런 토지는 감관監官이나 도장導掌이라는 관리인의 재산으로 운영됐는데, 그들은 지방의 어부를 마구 다뤘다. 지방의 유력자는 이런 왕실 소유지의 증명 문서立案를 사용해 불법적으로 차지한 토지를 합법화하기도 했다.

게다가 종실들은 땔감을 채취하는 시지柴地도 할당받았다. 유형원은 궁방과 중앙 관서가 소유한 어전과 염전, 종친에게 할당된 시지를 모두 혁파하자고 제안했다. 어전과 염전은 백성들이 생계를 벌도록 넘겨주고 시지는 공동의 땔감 채취와 목축을 위해 개방했다. 유형원의 제안은 대원군에게 영향을 주었다고 생각되는데, 대원군은 면세되는 궁방을 부패와 국가의 세입 손실의 주요한 온상으로 간주하고 1866(고종 3)~68년에 걸쳐 몰수했다.[104] 유형원이 제안한 개혁은, 공신 · 왕자 · 공주들에게 토지와 수조권을 모두 분급하려고 했지만, 그들이 토지에서 얻는 경제적 이익을 크게 줄이는 데 목표를 두었다는 점에서 균형을 잡았다고 판단된다.

유형원은 관직을 갖지 못한 양반과 사대부의 부수입을 모두 몰수할 수도 있는, 권력·특권·신분의 객관적이고 기능적인 정의를 채택하지 않으려고 했던 것 같다. 반대로 그는 신분은 인정했지만, 세습적인 귀족이 생겨나는 것을 막기 위해서 그 신분이 세대를 넘어 영속화하려는 경향을 제한했다. 양인과는 달리 사대부의 자제들은 아버지가 토지를 국가에 반환할 것인지 다른 사람에게 양도할 것인지를 결정하기 전에 3년 동안 그것을 보유할 수 있었다. 유생의 어리거나 고아인 자제는 그 아버지의 토지를 모두 받을 수 있었으며, 관원의 자제는 4경을 받을 수 있었다. 그들은 20세가 되면 자신의 지위나 직역에 따라 토지를 할당받았다. 그러나 사대부의 자제들이 20세까지 학업을 계속하지 못해서 학교에 들어가지 못하면 그들의 토지는 양인과 동일한 분량인 1경으로 줄었다.[105] 이것은 사대부의 직능적 기준과 귀속적 측면을 절충하려는 유형원의 시도였다.

또한 유형원은 왕자·공주·공신·대신의 신분세습을 제한적으로 허용하는 규정도 만들었다. 그는 분급받은 토지와 수조권, 관직에 임명될 수 있는 권리, 수도의 특수 부대에 배속될 수 있는 자격을 물려줄 수 있는 세대의 숫자를 정했다. 그는 그 범주를 확정하기 위해서 4개의 용어를 사용했다. 세족은 왕자·공신의 적장자손으로 정의됐다. 여기서 '자손'이라는 표현은 아들과 손자의 두 세대만이 아니라 모든 후손을 의미하는 것이 분명했는데, 유형원의 규정에서 맏아들은 영구적으로 신분과 특권을 세습한다고 되어 있기 때문이다. 각 세대의 적장자는 현재의 국왕과 공신이 갖고 있는 세족의 지위를 물려받았다.

국왕의 다른 적자들은 친親(아버지가 국왕이라는 의미)이라는 다른 범주에 포함됐다. 중국에서 5개월 동안 상복을 입는 가장 낮은 범주의 친족을 말하는 국가단문國家祖免이라는 부류가 이 신분을 가졌다. 여기에는 현재 국왕의 부계와 모계 사촌이 포함됐다.[106] 왕자의 부인을 위해 1년 이상의 상복을 입는 사람도 여기에 포함됐다.[107]

세 번째 범주는 음蔭인데 공신이나 대신의 자손이 상속하는 잔여의 특권이라는 의미였다. 이 범주에는 3개의 하위 범주가 있었는데, (1) 공신이나 정2품 이상 관원의 아들·손자·적장증손, (2) 당상관 이상(정1품~정3품)의 아들과 적장손, (3) 당하관(종3품~종6품)과 제감諸監·시寺·원院의 정正, 제위諸衛의 부장副將, 의정부·육조·대간·시종侍從·성균관원成均館員, 각 도道의 도사都事·수령·교관敎官의 아들이었다. 이런 당하관의 아들들은 반드시 3년마다 한 번씩 3회, 즉 모두 9년 동안 심사를 거친 뒤 음서를 허락했다.[108]

유형원은 음서의 세습을 규정한 현행 법률에서는 아들·사위·동생·조카 등이 문음을 받을 수 있었지만 실제로는 그들 중에서 가장 뛰어난 능력을 가진 사람만이 받을 수 있다고 지적했다. 그는 이것이 옳은지 그른지 확신하지는 못했지만, 적어도 자신이 구상한 제도에서 정규적인 토지 분급의 세습과 비교하면 고관에 오른 조상이 받은 토지를 모든 가족 구성원이 세습할 수 있도록 허용하는 것은 적절치 않다고 판단했다. 송대에는 형제끼리는 음서를 물려줄 수 없었고 고대 중국의 세록제도에서도 음서는 적장자에 제한되어 동생이나 조카는 물론 다른 아들들에게도 확대되지 않았다. 유형원은 문음에서 동생과 조카를 제외하려고 했다.

아울러 유능한 사람만을 문음에 선발하는 현재의 제도에서는 형 대신 동생이 토지를 받을 수 있었다. 유형원은 이것을 부당하다고 생각했는데, 나이와 세대를 존중하는 규정에 어긋났기 때문임이 분명하다.[109] 유형원은 당시 조선의 관행이 특이하며 중국사에서 유추할 수 있는 특권 신분과 종실을 정의하는 원리를 충분히 이해해 실행하지 못했다고 생각했다. 토지의 형태와 면세의 종류 사이의 관계를 다루면서 유형원은 종친과 문음은 친족관계를 고려해서 다루어야 한다고 믿었다. 이런 태도는 논쟁자와의 짧은 토론에서 드러난다.

논쟁자는 종친의 신분과 문음의 특권의 세습을 세대에 따라 제한한 유형원의 규정은 일관되지 못하고 공신과 대신의 후손을 냉대하는 것이라고 지적했다. 그는 그 원칙에 따르면 국왕과 종친과 신하 사이에는 엄격한 구별이 생겨난다고 인정했지만, 인체에서 머리와 발은 모두 동일한 유기체의 일부분인 이치와 같다고 지적했다.[110] 예컨대 왕자가 관원(대부·사)보다 10배의 녹봉을 받게 되어 있었지만, 관원들이 더 많은 녹봉을 받는 경우도 있었다. 아울러 고대에 중신들은 국왕에게서 매우 관대한 처분을 받았다. 이제 종친과 공신을 위한 규정을 동시에 만들면서 유형원은 일관성을 잃었다. 그는 대신의 형제들에게는 문음의 세습을 허용하지 않았지만 종친은 현손玄孫까지도 허용하려고 했다. 이것은 고대의 원칙과 어긋나는 규정이었다.

유형원의 반론은 당시 시행되던 규정을 논리적으로 분석한 데서 기초를 둔 것이었다. 그는 국가가 하나의 원리에 입각해 문음의 수혜와 종친의 대우를 모두 취급하고 있다고 단언했다. 대신과 공신의 후손과 종친의 문음이 4대 뒤인 현손까지 소멸되지 않는 까닭은 바로 이것 때문이었지만, 두 경우 모두 방계로 문음을 확대한다는 규정은 없었다. 그러나 종친의 관계를 결정하는 것은 전혀 다른 문제였다. 종친은 국왕의 친척만 해당됐기 때문에 국가가 신하에게 종친의 지위를 줄 수는 없었다.[111] 종친의 지위를 가졌다고 해서 문음을 세습할 수 있다는 규정도 없었다. 2개의 다른 범주를 다루는 데는 일관성이나 일정함이 필요치 않았던 것이다.

## 서얼

유형원은 서얼의 지위와 기회를 증진시키는 데 많은 관심을 갖고 있었다. 그의 규정에 따르면 저명한 조상에게서 문음을 물려받은 사람,

국왕과 일정한 관계에 있는 종친은 학교의 내사에 기숙하는 정규 학생 內舍生과 동일하게 2경의 토지를 받았다. (양반 또는 유형원의 사대부의) 서얼은 그들과 동일한 대우를 받을 수 있었다. 관원과 급제자의 서얼 또한 적자와 함께 충순위에 배속될 수 있었다.[112] 그는 일반적 규정을 다음과 같이 정의했다. "서얼이 사士면 사의 등급에 따라 처리되고, 충의위나 충순위면 역시 그 등급에 따라 처리된다."[113]

그럼에도 불구하고 유형원은 적자와 서얼을 완전히 평등하게 다루는 규정을 만들어야 한다거나 어떤 형태의 차별도 부당하다고 생각하지는 않았다. 그는 조선의 법률에서 서얼은 문음을 받을 수 없다고 규정했지만, 서얼에 대한 시각은 양분됐다고 언급했다. 일부는 현재의 법률을 엄격히 준수해 서얼을 문음에서 제외해야 한다고 생각했으며, 다른 사람들은 적자와 서자 사이에 어떤 차별도 두어서는 안 된다고 믿었다.[114] 유형원은 두 가지 극단 모두 옳지 않다고 생각했는데, 후손에게 음서를 물려주는 규정은 일정해야 하지만(즉 적자와 서자 모두 문음을 받을 수 있어야 하지만) 서얼을 차별하지 말아야 할 이유도 없다고 판단했다. 한 두주頭註에서 예컨대 종실의 서얼은 왕자보다 낮은 칭호를 받으므로 차별은 이루어졌다고 설명했다. 그러나 교생들은 문지나 신분의 귀천이 아니라 학문적 능력에 따라서 입학이 허가됐다.

아울러 양반의 자제들이 입대하는 특수 부대에 배속될 수 있는 자격은 문음의 소유와 연관되어서는 안 됐기 때문에, 그는 모두 문음을 받은 적자와 서자를 적절하게 차별할 수 있는 하나의 방법으로 서얼에게 특수 부대에서 복무할 수 있는 자격을 빼앗자는 제안을 거부했다. 그는 문음의 세습은 그 자체의 규정에 의해서 결정되어야 하며 특수 부대는 문음과는 상관없는 관직이나 자리일 뿐이라고 판단했다.[115]

요컨대 서얼이나 공신 · 대신에 대한 유형원의 입장은 조심스럽고 온건했다. 그는 그들이 그 선조의 성취에 따라 문음과 중앙의 특수 부대에 입대할 자격을 받을 수 있고, 학문적 능력에 따라 학교에 입학하며, 문음을 받았다면 2경의 토지를 할당받았다고 규정했다(문음과 학생신분은 그 보상의 기준이 달랐다).[116] 그는 일부 경우에는 서얼의 품계를 줄일 수 있다고 동의했지만, 사례는 한 가지만 제시했다 — 종친의 품계는 국왕과의 촌수에 따라 결정된다는 것이었다.

물론 서얼의 문제는 세습적이거나 귀속적 특징에 기초한 조선 사회에서 관습적 차별이 적용된 두드러진 사례의 하나였다. 관습은 조선인의 마음과 태도에 구조적으로 깊이 자리잡은 성향이 발현된 것이라고 간주하거나, 이상백의 주장처럼 조선이 건국되는 과정에서 나타난 정치적 환경의 산물이거나, 이성무의 지적처럼 사회의 상부로 오르는 통로를 좁게 하려는 조선 전기 지배계층의 시도였거나, 유형원은 그 관습을 고대 중국의 모범에서 발견했거나 이끌어낸 이상적 원리라기보다는 지역적 풍습으로 파악했다고 여겨진다. 그는 서얼에 대한 당시의 차별이 지나치다는 판단에서 일부 규제를 없애려고 시도했지만, 차별의 타당성에 일단 동의한 뒤에는 평등한 대우를 정당화할 수 있는 만족스러운 일반적 원리를 제시하지 못했다. 그러므로 관건은 평등과 차별 중어느 쪽을 선택할 것인가 하는 문제가 아니라 명확한 지침이 없는 상태에서 차별의 적절한 등급과 형태를 결정하는 것이었다.

## | 결론

유형원은 토지의 사유를 매우 강력하게 반대했지만 사유재산 전체를 반대하지는 않았는데, 그 중요한 근거는 노비제도를 적어도 50년에서 1백 년 정도 지속하는 데 찬성한 사실이다. 그는 지주에게서 토지를 몰수하는 데 강제력을 동원하는 것에는 소극적이었으며 지주들이 자신의 상속인에게 재산을 분할할 수 있는 몇 개의 초안을 제시했다. 그러나 토지의 재분배가 기약 없이 연기될 수도 있다는 예상이 나오자 그는 지주에게 강제력을 사용하는 데 동의했다. 그렇다면 노비제도와 그밖의 차별과 특권은 절충하는 데 동의했지만, 토지의 사유는 양보하지 않고 반대한 행동 사이의 명백한 모순은 어떻게 설명할 수 있는가.

우선 그는 토지의 사유는 완벽한 사회를 이루려면 반드시 극복해야 할 장애라고 확신했다. 사유가 존재한다는 사실은 인구가 한 지역에서 다른 지역으로 자유롭게 이동하고 화폐나 물건으로 토지를 살 수 있는 개인적 선택이 가능한 사회를 전제하는 것이었다. 개방된 사회에서 지속적으로 이동이 생겨나면 정부는 공정하고 평등한 조세와 군역을 부과하기 위해 토지와 인구의 정확한 기록을 유지하기가 매우 어려워졌다. 개방된 사회는 통제하기 어려운 유동과 변화를 전제했다. 그러나 실재하는 토지는 변화하는 세계에서도 고정적이며 안정적으로 남아 있었지만, 개인이 사적인 목적에서 토지를 관리하면 그런 특징은 사라졌다. 달리 말하면 국가는 토지를 계획과 통제와 규칙에 따라 분배해야만 이상적인 사회를 창출할 수 있었다.

둘째, 사유재산은 인간의 탐욕과 자기이익의 성향을 자극하기 때문에 도덕적으로 부패한 제도였다. 분배나 조세제도가 아무리 공평해도 사유재산이 허용되면 사람들은 어떤 이상적인 분배제도라도 무시하고 회피하거나 완전히 변형시킬 것이며, 그렇게 되면 빈부의 격차는 당말과 고려 후기처럼 다시 나타날 것이었다. 사유재산은 인간 본연의 사적인 욕망과 연관됐지만, 토지의 공적 소유는 진정한 도덕적 질서의 정신과 완전히 결합된 제도였다. 따라서 실용과 도덕을 조합하기 위해서 토지의 사유는 폐지되어야 했다.

신분차별과 특권은 전혀 다른 문제였다. 유형원은 당시의 사회를 대체할 이상적인 사회를 만들려고 노력했지만, 사회조직의 근본 원리를 위계질서에서 평등으로 대체하려고 시도하지는 않았다. 그 대신 그는 사회적 위계질서가 바탕한 기반을 바꾸려고 했다. 그는 사회적 차별의 기준을 혈통과 세습, 사적인 부에서 덕망·학식·성취로 바꾸려고 했다─그러나 유교적 전통에 따라 나이나 혈연관계에 기초한 차별은 허용했기 때문에 완전하지는 않았다. 그러므로 어떤 의미에서 서얼과 노비는 그에게 종류가 아니라 정도의 문제였다. 그들과 관련된 심각한 불의는 당연히 없어져야 했다. 차별은 중국보다 조선에서 심각했지만 받아들일 만한 수준으로 개선할 수 있었다.

그러나 유형원은 사회적 차별을 단순히 용인하지 않았다. 그는 군자와 야인이라는 치자와 피치자의 구분을 합법적이며 정당한 차별로 받아들였다. 이 때문에 그는 심각한 차별도 지나치게 용인했으며 그것의 잠재적 결과 또한 충분히 고려하지 않았다. 그는 세습적 노비제도의 폐지나 노비의 궁극적인 면천을 논의했지만, 지나치게 복잡한 그의 규정에서는 사대부에게 추가적인 토지 분급을 제외한 모든 형태의 추가적 후원을 배제했는데, 당시의 양반들이 그런 토지에서 일을 시킬 수 있는 부류는 사노비밖에 없었다. 그의 제안대로 노비가 고공으로 전환된다고 해도 그들은 여전히 사회적 약자로서 순종할 수밖에 없는 피고용인이었다. 노비의 면천에 대한 전망이 요원했기 때문에 그는 당시에는 사대부의 토지를 경작하기 위해서 노비가 **필요하다**고 판단했다. 그는 그런 사대부는 대부분 당시의 양반에서 충원될 것이라고 예상했다.

또한 유형원은 노비를 고공으로 대체하자고 제안했는데, 일부 학자들은 그의 이런 제안이 17세기에 시장과 상업이 확대되면서 강압적 노동에서 자유로운 노동으로 이행하는 진보적 흐름을 따랐음을 보여주는 사실이라고 평가했다. 그러나 그의 전제개혁은 이런 흐름과는 정반대였는데, 토지를 갖지 못한 모든 노동자와 유민에게 경작할 수 있는 토지를 분급함으로써 생계를 보장해주었기 때문이다. 그는 노동자와 고용주 사이의 자유로운 선택과 계약이 이루어질 것이라고 말했지만, 그의 전제개혁안은 매우 포괄적이어서 아주 제한적인 방법을 제외하고는 자유노동이 이루어질 만한 여지가 거의 없었다.

토지를 공적으로 소유하는 공전제도는 유형원에게 두 가지 목적이 달성된 사회를 창출하는 수단으로 대단히 중요했다. 첫째는 농민들이 비교적 평등한 수입을 올리고 거기에 공정하게 과세하는 것이었다. 둘째는 국가가 경제를 통제함으로써 시장경제의 불확실성을 없애고 자의적으로 관원을 등용치 못하게 함으로써 사대부 가문을 안정시키는 것이었다. 유형원은 부에 대한 욕심에서 토지를 축적한 지주, 과거제도의 폐해, 개인이나 가문 또는 당파의 연관과 후원으로 관직을 얻은 당시의 양반을 부정적으로 바라보았다. 사유지가 개인적 이익에 집착한 양반들의 경제적 기반이듯이, 공유지는 공익을 실현하기 위해 노력하는 도덕적 사대부들의 경제적 기반이 될 것이었다. 유형원에게 김용섭의 '경영형' 부농은 진보보다는 이기적 탐욕을 대표하는 매우 혐오스러운 존재였을 것이다.

요컨대 유형원의 공전제도를 채택한 뒤 나타날 사회구조의 핵심은 무엇이며, 그것은 당시의 조선 사회와 어떻게 다른 것인가. 이 질문에 대답하면서, 상업과 도시의 발달에 관련된 논의는 다음 장으로 미루겠다. 어떤 측면에서 새로운 사회는 예전의 사회와 비슷했다. 지배계층은 녹봉과 수조권, 그리고 노비의 노동을 지원받는 종친과 사대부로 구성됐다. 공신과 관원의 후손을 위한 세습적 권리와 서얼에 대한 차별은, 전자에서 세습할 수 있는 세대는 좀더 제한되고 후자에게는 좀더 많은 기회가 주어지겠지만, 일정한 형태로 지속될 것이었다. 하위 관원들은 사대부가 아닌 중인이었으며 국가에 대한 봉사의 대가로 녹봉과 일정한 권리를 받았다. 이것은 당시 그들의 상황이 나아졌다는 증거였으며, 고려 전기 전시과의 특징을 떠올리게 하는 변화였다.

농민은 안정적인 경작권을 확보했지만, 군역과 부가세를 징수하기 위해 좀더 철저하고 엄격한 등록이 이루어졌다. 노비들은 종친이나 사대부가 분급받은 넓은 토지를 계속 경작했으며, 유형원이 생각한 새로운 사대부의 토지를 경작할 유일한 노동력으로서 그들에게 경제적 후원을 제공하는 데 필수적이었다.

이런 사회제도는 기능이나 효용에서 부분적으로 분명히 변화한 것이었다. 사대부에게 토지를 분급하는 유형원의 계획은 적어도 2세대 동안 그들을 후원하는 것이었지 관직에 대한 보상은 아니었다. 한정된 세습적 특권은 왕족에게까지 확대됐으며, 공신과 대신의 후손에게는 문음을 통해서 확대됐다. 세습적 차별은 서얼과 노비에게 계속 적용됐다. 신분에 대한 당시 조선의 관습적 차별은 새로운 사회로 대부분 이월됐다.

그 핵심적인 원인은 두 가지였다. 첫째, 유형원은 반란이나 저항을 불러오지 않고 실행할 수 있는 처방을 찾았는데, 노비제도의 즉각적인 폐지는 정치적으로 불가능하며 신분은 너무 중요해서 직접 도전할 수 없다고 느꼈다. 둘째, 이상적인 정전제의 원형에 대한 그의 생각은 귀속적인 지배세력을 정당한 것으로 받아들였으며, 일반적인 유교적 사회사상은 차별을 합법적인 것으로 인정했다.

그럼에도 불구하고 새로운 체제는 일부 방식에서 옛 제도와 중요한 차이를 가졌다. 새로운 체제의 사대부는 학문과 품행에 따라 상하의 이동성이 더욱 컸다. 토지의 사유가 폐지되면서 세습적 양반 귀족은 토지 기반을 잃었으며 양인 농민은 가호에 할당받은 토지에 대해 제한적인 소유권이나 경작권을 갖게 됐다. 이럴 경우 유형원이 고공으로 전환될 것이라고 예상한 노비를 제외하면, 소농과 소작농, 토지를 갖지 못한 고공은 사라질 것이었다. 물론 그 제안은 노비에게도 토지를 분급한다는 그의 기본 규정과 상치됐으며, 그러므로 노비가 고공으로 스스로 전환해 면천된다면 노비로서 분급받았던 토지를 포기해야 했다. 유형원은 어떤 경우라도 노비에게 경작할 수 있는 토지를 분급함으로써 (그리고 군역의 의무를 합법화함으로써) 노비 소유주의 통제력을 약화시키려고 했다(그러나 노비의 운명이 반드시 개선되지는 않았다).

　유형원은, 특히 노비제도와 관련해서, 신분을 중시하는 조선의 관습에 많은 부분을 명백히 양보했지만, 토지의 사유까지도 그렇게 신중하게 접근하지는 않았으며 그것을 완전히 폐지해야 한다고 주장했다. 만약 그가 양반에게 사유가 노비 소유보다 덜 중요하다거나 그것을 폐지해도 정치적 반대나 반란이 일어나지는 않을 것이라고 생각했다면, 안타깝지만 그는 실수를 저지른 것이었다. 사유재산은 1945년 일본의 식민지배에서 한국이 해방된 뒤에도 그대로 유지됐다.

# 제9장
# 조선 후기의 전제개혁안


## | 유형원의 전제개혁안은 계승됐는가

　조선 후기의 일부 실학자들은 유형원의 저작에서 자극받은 급진적이며 진보적인 개혁사상을 지속적으로 발전시켰다고 평가되고 있지만, 그런 추정은 유형원이 사망한 뒤 나타난 주요한 전제개혁안을 검토해 증명하지 않는다면 타당하지 않다. 앞 장에서 교육제도와 관리 등용, 노비제도를 검토한 결과 유형원이 사망한 뒤 제기된 경세사상은 그의 사상보다 결코 더욱 급진적이거나 진보적이지 않았다고 판단됐다.

　그러나 전제개혁에서 급진적이거나 진보적이라는 의미는 무엇이며, 급진주의는 진보주의를 나타낸다고 볼 수 있는가. 동아시아의 경세사상에서 토지 분배에 대한 가장 급진적인 해결책은 주대의 정전제였다. 그것의 핵심은 공적 소유, 그리고 평등하지는 않더라도 농민에게 토지를 공정하게 분급하는 것이었다. 이상적 모범은 이미 먼 고대에 있었기 때문에 급진적 개혁자들은 이상향을 이루기 위해서 부단히 나아갈 필요가 없었다.

몇 세기 동안 중국 대부분의 경세학자들이 그러했듯이, 유형원도 정전제를 원래대로 복구할 수 없다는 데 동의했지만 원래의 생각을 얼마나 바꾸었는가. 그가 생각한 한전제는 공유와 농민에 대한 공평한 분배의 원리를 버리는 것이 아니라 새로운 사대부에게 분급하는 토지에 제한을 둔다는 의미였다는 점을 볼 때, 많이 바꾸지는 않았다고 생각된다. 그것이 당시 지배계층의 토지를 박탈한다는 무자비한 결단이 아니었다면 좀더 급진적인 개혁의 목표는 가능했는가. 그리고 다른 모든 방법이 실패한다면 과감하고 단호한 국왕은 사유지를 강제로 몰수해야 한다고 명시한 것을 볼 때, 유형원은 지배계층의 모든 귀속적이며 세습적인 신분을 박탈하는 훨씬 더 급진적인 평등주의를 제외한 가장 급진적인 계획을 조금의 오차도 없이 정확하게 선취했다고 말할 수도 있다.

반면 천관우가 지적한 대로 만약 진보가 근대성으로 나아가는 흐름을 의미한다면, 특히 세계 최초의 산업국가인 영국의 발전 사례처럼 근대 산업자본주의를 향한 국가들이 밟은 길을 제외한 근대성의 다른 형태는 무엇인가. 만약 그것이 근대성의 척도가 된다면 사유재산을 혁파하고, 농민의 생존을 위해 국가가 토지를 공평하게 분배하며, 단일한 관료체제를 수립하려는 유형원의 계획은 처음으로 산업자본주의를 성공시킨 나라인 영국이 이룬 발전과는 모두 반대되는 항목들이다. 14~19세기라는 오랜 기간 동안 이루어진 영국의 자본주의적 발전은 중세 농촌의 장원제도에서 토지의 사유로 이행했다는 특징을 갖고 있었으며, 거기에는 목축과 낙농을 위한 토지에 담장을 두르고 도시에서 농민을 축출하며, 소농이 사라지고 경영형 토지 임대자나 소작농이 세계를 향한 시장은 아니지만 각 지역의 섬유 수요를 맞추기 위해 양모를 생산함으로써 시장과 상업적 농업이 발전하는 현상들이 수반됐다.[1] 그런 과정에서 농민에게 토지를 균분하는 시책은, 방해는 아니라도, 새로운 유형의 투자와 제조업을 위해 자유노동과 자본을 필요로 하는 동력과는 완전히 무관했다.

국가가 경제를 통제하는 제도는 1466년 이후 프랑스의 절대주의시대, 특히 17세기 콜베르Colbert의 치하와 16세기 이후 에스파냐에서 좀더 두드러진 특징이었다. 당시 각국의 정부는 18세기 내내 신대륙에서 수입하는 금을 독점했으며, 18세기 프레데릭 대제Frederick the Great 치하의 독일과 조지프 2세Joseph II가 다스리던 프러시아와 오스트리아는 수출 촉진과 수입 규제를 통해 경쟁 국가를 희생시킴으로써 부를 극대화하려고 했다. 국가가 경제를 통제한 것은 생산과 무역을 자극하는 역동적 효과를 가져왔으며 무역과 보호주의의 균형을 맞추려는 관심은 초기 단계의 산업을 유지하는 데 중요했다고 인정한 학자들도 있었지만, 대다수는 중상주의重商主義가 국제적인 자유시장의 교역체제를 필요로 했던 자본주의의 만개를 방해했다고 생각했다.[2]

영국이 산업혁명을 성공시켜 길을 개척한 뒤인 19세기 후반부터 독일과 일본 같은 후발 국가들은 자본을 축적해 산업에 투자함으로써 근대적 산업경제의 기반을 창출하는 데 중요한 역할을 했다. 그 국가들은 그 과정에서 평등한 분배보다는 산업적 성장에 더욱 유의했다. 예컨대 일본은 농업 부문에서 자금을 빼내 도시산업에 투자했으며, 그 결과 1930년대에는 많은 농민들이 의지할 곳 없는 무방비 상태의 소작인으로 생계를 유지해야 하는 상태로 버려졌다.[3]

지주가 지배하는 농촌 경제를 국가나 관료가 통제하면서 발생한 문제는 부의 불공평한 분배가 심각한 현재의 상태가 그대로 유지됐다는 것이었다. 배링턴 무어Barrington Moore, Jr.가 주장했듯이 러시아와 중국 같은 농업국가들은 20세기에 들어오면서 후진적인 지주들이 지배했는데, 그들은 상업과 산업에 과감히 투자하기보다는 자신들의 소비를 위해서 자신들의 소작농과 노동자들을 착취했다. 견고한 관료제도에 입각한 정부는, 자국에서든 식민지에서든, 국가의 강제력으로 그들을 뒷받침했는데, 그 결과 농민의 위기는 악화됐으며 그 나라들은 농업에 기반한 혁명으로 나아가게 됐다.[4] 배링턴 무어의 도식적인 설명은 지나치게 단순화하는 환원주의의 영향을 받았다고 비판할 수도 있지만, 특히 중앙집권적 관료제도의 전통을 가진 농업적 체제가 부의 불공평한 분배의 문제를 푸는 데 실패한 결과 나타난 중요한 정치적 현상을 묘사하는 데는 매우 중요하다. 농업에 기반한 많은 혁명들은 모든 농민 가호에 토지 분급을 보장한다는 전제개혁의 약속으로 시작하지만, 그런 약속은 빈곤에 빠진 농민들에게 부를 재분배하기 위한 목적일 뿐만 아니라 정치적 혁명의 후원을 이끌어내기 위한 수단이기도 했다. 그리고 정치적 혁명이 수행된 뒤에는 농민의 소유권을 보장하겠다는 약속은, 각각 1928년과 1955년 이후 스탈린Stalin과 마오쩌둥毛澤東의 공동소유운동처럼, 몰수와 공동소유의 계획으로 끝났다. 달리 말하면 농촌경제에서 분배의 문제를 무시한 것은 중요한 정치적 의미를 가졌으며, 토지를 재분배하겠다는 계획을 주도적으로 선전한 정치 지도자들은 위기의 시대에 절망적인 농민들에게 호소함으로써 정치적 질서를 전복하는 데 성공할 수 있었다.

이것은 조선의 경험과 어떻게 관련되는가. 농업 부문에서 어느 방향으로 변화가 진행됐는가를 파악하는 것이 중요하다. 그것은 생산을 증대시켜 농촌의 궁핍을 해결하고, 농촌에서 도시로 인구가 이동하면서 무역과 산업이 확대됨으로써 자본주의적이며 상업적 농업이 창출되는 방향으로 나아갔는가. 아니면 생존의 벼랑으로 몰린 파편화된 소농·소작인·고공을 소수의 지주가 지배하는 매우 퇴보적인 상황이 지속됐는가.

필자는 농촌경제에서 초기 자본주의의 일정한 요소가 나타났지만, 실제로 어떤 상황이 발생했는지를 살펴보는 것이 최선의 방안이라고 생각한다. 조선왕조의 퇴보적 분배제도뿐만 아니라 특히 지주와 소작인의 불편한 관계 또한 1920년 이후 일제의 정책으로 지속됐으며 1929년 이후 10여 년 동안 나타난 세계적 불황으로 더욱 악화됐다.

한국전쟁의 기원에 대한 방대하고 날카로운 연구에서 브루스 커밍스 Bruce Cumings는 1945년 한국이 일본의 식민지배에서 해방된 뒤에도 분배의 문제는 해결되지 않고 남아 있었지만 몇 세기 동안 지속된 난제들이 몇 년 만에 해결되는 과정과 원인을 보여주었다.[5] 북한의 공산주의자와 남한의 반공적 지주는 물리적 · 이념적 · 정치적으로 대립했으며 각각 소련 · 중국과 미국 및 동맹국의 후원을 받은 북한과 남한은 모두 제한된 사유재산권을 해결책으로 채택했다. 북한은, 중국의 선례와 경쟁하면서, 사유권을 완전히 혁파해 토지를 농민에게 분배했고 1955년 이후 소지주들을 집단농장에 소속시켰다. 북한의 도전에 압력을 받은 남한은 사유재산을 유지했다가 제2차 세계대전이 끝난 뒤 일본에서 시행된 방식과 비슷한 토지개혁을 한국전쟁 기간중에 실시해 토지소유권을 제한했다. 이로써 지주의 지배는 남북한 모두 완전히 끝났다.

중국에서 공산주의가 승리하고 미국이 일본을 패망시켰으며 전세계적인 냉전이 지속된 상황 같은 외부적 요소에 의해 몇 세기에 걸친 통제적 경제체제의 중요한 결론이 내려졌든지 그렇지 않든지 간에, 토지와 부의 불공평한 분배에 대한 내부의 불만은 남한과 북한의 정치적 운명에 결정적인 영향을 주었다.

그렇다면 조선시대의 전제개혁사상과 정책에서는, 특히 1672년(현종 13) 유형원이 사망한 이후 어떤 변화가 일어났는가. 토지와 부를 재분배해야 한다는 그의 구상은 지속됐는가, 아니면 거부됐는가. 끝으로 그것은 좀더 급진적인 평등주의를 지향한 경세사상을 가진 학자와 관원들에게 사유와 생산력이 좀더 발전한다는 의미였는가, 아니면 토지 소유와 분배가 계속 부패했다는 의미였는가.

## | 토지 보유의 조건들 : 진보인가 퇴보인가

### 파편화와 소작

토지 보유의 본질적 조건들은 17세기 후반 많은 측면에서 점차 개선됐지만 19세기 중반 토지소유권과 부, 조세의 불균등한 분배에서 나타난 농업의 위기는 최고조에 도달했다. 그러나 김용섭은 관개와 이앙법이 확산되고 비료가 사용됐으며, 시장과 상업적 농업이 발전하면서 생산성이 지속적으로 증가했음을 보여주려고 시도했다. 이런 발전들을 통해서 경영형 부농은 좀더 합리적이고 이익을 추구할 수 있는 관리 방법을 사용해 부를 축적하고 곡식과 화폐를 빌려주고 담보를 잡거나 처분해 재산을 늘렸다. 유감스럽게도 이런 발전은 산업과 상업이 지배적인 위치를 차지하는 것은 물론 경제 전반에 상업적 농업이 나타나는 결과를 가져오지 못했다. 그 결과는 하층신분이 정부에 납속을 바쳐 이름뿐인 관직을 사거나, 노비의 경우는 같은 수단으로 양인신분을 사는 것이었다. 일반적으로 부르주아적 사업가들은 영국·에스파냐와 일본에서 각각 귀족과 사무라이가 되기 위해서 돈을 내고 그 지위를 샀지만, 자본주의적 성향을 가진 농민은 더 많은 이윤을 창출하기 위해서 자신의 이익을 상업적 농업이나 농업과는 무관한 산업에 다시 투자했다.[6] 그러나 한국에서는 1920년대까지 이런 종류의 발전을 나타내는 확실한 증거를 거의 찾을 수 없다.[7]

반면 소규모의 토지를 소유한 많은 농민들의 지위는 약화되어갔다. 왕조 개창 이후 소농의 평균 토지 소유 면적은 계속 줄었으며, 조세·뇌물·기근의 영향으로 소농들은 부자에게 토지를 저당잡히거나 그것을 지주에게 팔아서 소작인이나 고공이 될 수밖에 없었다.

조선시대 토지 소유와 농업 분야의 선구적 연구자인 김용섭은 기주起

土가 등록된 양안을 분석한 일련의 논문을 발표했다. 거기에 따르면 그가 연구한 마을에서 가장 부유한 지주는 평균 1결(상등전으로는 2.2에이커(8,903제곱미터)이며, 하등전으로는 18에이커(7만 2,844제곱미터)) 정도밖에 소유하지 못했으며 대부분의 기주는 0.5결 이하, 좀더 정확하게는 0.25결 정도를 가졌다. 그는 이런 수치를 통해 15세기 전반 농민 가호당 평균 5결을 소유했지만 이 무렵 그 분량이 크게 하락했다는 자신의 해석을 뒷받침했다. 그는 그런 과정을 파편화라고 표현했다.

유감스럽게도 그가 연구한 촌락에서는 대지주들이 소농의 토지를 빼앗아 집적했다는 증거가 나타나지 않았기 때문에 그는 그런 대지주들은 그 자료에 포함되지 않은 다른 마을들에 토지를 소유하고 있었으며, 대지주들의 '토지'는 분산되고 흩어져 있었다고 주장했다. 또한 그의 수치에 토지를 '소유한' 노비(즉 기주)들이 양인과 일부 궁핍해진 양반보다도 많은 토지를 소유했다는 사실이 자주 나타났는데, 그는 이것을 이전의 신분질서를 뒤엎는 경영형 부농이라는 새로운 계층이 모든 신분에서 출현했다는 자신의 주장을 뒷받침하는 증거로 활용했다.[8]

박노욱朴魯昱이 기주라는 용어는 소유권과는 전혀 무관하다는 사실을 밝혀냄으로써 김용섭의 주장은 다소 약화됐다. 그는 도망간 내수사의 비인 김이덕金伊德의 토지가 그 주인인 내수사에 "기록되고 넘겨진" 사실을 보여줌으로써 그것을 입증했다. 그녀는 '기주'로 등록됐지만 그 토지의 진정한 소유주는 아니었던 것이다. 아울러 김용섭은 양안에서 '경작된 토지'와 '묵힌 토지'를 뜻하는 기起와 진陳을 대체로 병치했다는 사실을 보여주었다. 김이덕의 사례는 조선 후기에 양반·양인·노비가 소유한 토지의 평균 규모를 보여주는 양적인 자료로 양안을 정의한 김용섭의 견해에 의문을 제기했다.[9]

이처럼 결론에 타격을 받았지만 다른 질적인 증거는 김용섭이 몇 가지 측면에서 옳은 경로를 밟았음을 보여주었다. 양안의 기록은 부유한 대지주가 실제로 소유한 토지의 크기를 감추고 양인과 노비가 소유한 토지의 분량을 과장했던 반면, 대부분의 일반 농민들은 소규모의 토지를 소유하거나 부분적 또는 전면적 소작, 숙식이나 약간의 임금을 위해 일하는 계절에 따라 정착과 이주를 반복하는 고공으로 위축됐다. 예컨대 18세기 후반 박지원朴趾源은 농민의 10~20퍼센트만이 자신의 토지를 갖고 있었다고 생각했으며, 이규경은 촌락에서 소지주는 10퍼센트의 토지 정도만 소유했다고 보고했다. 김용섭은 18세기 전반 전라도 고부古阜에서는 60퍼센트의 토지가 임대됐고 40퍼센트의 농민이 소작인이었지만, 한 세기 뒤에는 5퍼센트가 지주였고 25퍼센트는 자작농이었으며 70퍼센트는 전면적이거나 부분적인 소작농이었다고 밝혔다. 전면적인 소작농의 숫자는 그 기간 동안 25퍼센트에서 40퍼센트로 늘어났으며 절반 이상이 1인당 1결이 조금 넘는 토지를 임대했다.[10]

소작 자체가 퇴보나 가난을 나타내는 것은 아니었지만, 일반적으로 어떤 발전의 징후로서 토지를 대규모로 임대하고 임금노동자를 고용하며 시장에서 잉여생산물을 팔아 이익을 남기는, 적어도 영국의 자본주의적 소작농과 비슷한 존재가 나타나기를 기대한다.[11] 유감스럽게도 대부분의 증거는 간신히 생계를 이어가던 소작 가호가 작은 규모의 소작지를 경작했음을 나타냈다.[12]

왕조 초반 대부분의 가호가 평균 5결 이상의 비교적 넓은 토지를 소유하고 있었을 때 그 토지는 가족이나 노비가 경작했지만, 부농이 더 많은 토지를 소유하고 더 많은 노동력이 필요한 이앙법이 전국적으로 확산되면서 농민들은 노동력의 수요를 공급하기 위해서 고공으로 변모했다. 고공을 고용하거나 생산을 늘리는 데 필요한 황소와 농기구를 마련할 만한 자본이 없는 빈농들은 그것을 임대하거나 자신의 농지를 경작할 시간을 희생해서 자신의 노동력을 타인에게 제공했다. 김용섭은 18세기부터 분뇨 비료가 확산되면서 자본의 필요도 커졌다고 지적했

다.[13]

지주들이 소작을 늘리고 투자를 회수하려고 노력하면서 소작이 증가한 결과 일반적으로 소작농은 가혹한 조건에 시달렸음은 분명했다. 지주들은 적어도 안정적인 소작 수입을 얻기 위해서 소작 방식을 타조打租에서 도조賭租로 바꾸었으며 관개하기 위해 저수지를 인수하거나 소작농에게 수세水稅를 부과하는 등 수입을 늘리기 위해 다른 종류의 부담을 추가했다.

지주들은 소작인에게 전세도 요구하기 시작했다. 17세기에 공납은 대동미를 걷어 물건을 구입하는 방식으로 전환됐기 때문에 18세기 전반 전세는 국가의 세수에서 훨씬 중요해졌다. 정부는 경작지와 과세할 수 있는 토지를 정확히 등록하지 못했기 때문에(1680~1717년 사이에는 양전이 실시되지 않았다) 부유한 지주들은 양안에서 자주 누락됐고 조세의 상당 부분은 소지주에게 돌아갔다. 김용섭은 이런 변화의 결과로 부유한 지주들은 소작으로 부를 축적해 빈부의 격차가 더욱 커졌다고 결론지었다.[14]

산업화되지 못한 농민이나 토지를 갖지 못한 소작인들의 궁핍화는 토지 소작관계의 발전적 변화에서 필연적이지만 불행한 결과였으며, 소수의 진취적인 지주들이 상업적 농업으로 전화하는 과정에서 토지소유권이 집중되면서 생겨난 부산물이었다. 17세기 후반부터 18세기까지 동전을 주조하기 위해서 구리를 수입하는 데 자금을 투입하면서 면화·면직물·인삼의 수출이 증가한 것을 빼고는 농산물의 해외 교류가 두드러지게 증가했거나 도시인구가 대폭 늘었다는 증거는 거의 없다. 농업에서 산업으로 급격히 변환했다거나 면화 생산과 면포 수공업이 경제의 중요한 부분을 차지했다는 충분한 증거도 없다. 농업과 소비가 산업과 시장에서 매매하기 위한 상업적 생산으로 크게 전환했다는 증거가 없다는 사실, 즉 토지 소유의 집중이 증가하고 소작 조건이 악화됐다는 양상은 농민 대다수를 궁핍하게 만들어 그들의 불만을 증가시켰다.

## 사회적 이동성의 원인으로서 '경영형 부농'

앞서 지적했듯이 김용섭은 시카타 히로시의 견해를 따랐다. 시카타 히로시는 인구와 신분에 대한 초기 연구에서 1690~1858년 경상도 대구지역의 몇 마을을 조사한 결과 가호의 인구는 미세하게 변동했지만 양반 가호라고 정의한 비율은 1690~1789년 사이에 8.3퍼센트에서 65.5퍼센트로 지속적으로 늘었고, 양인 가호는 51.1퍼센트에서 59.9퍼센트로 미세하게 늘었지만 1858년에는 32.8퍼센트로 급격히 하락했으며, 노비 가호는 40.6퍼센트로 시작했으나 1783~89년에는 5.4퍼센트로 급락했고 1858년에는 1.7퍼센트로 훨씬 더 하락했다는 사실을 밝혀냈다. 김용섭은 시카다 히로시의 발견을 거의 이의 없이 받아들였으며 그 뒤 이런 사회적 변화가 나타난 경제적 원인을 밝히려고 시도했다.

그는 인구에서 양반의 숫자와 비율을 늘려잡았다. 그는 부를 사적으로 축적하기 위한 새로운 기회를 향해 도전한 양반의 숫자와 비율을 늘려잡았으며, 중농 가호(대략 0.5~1결을 소유했다고 추정되는)가 사유한 잉여생산물도 늘어났다고 파악했다.[15] 결론적으로 그는 '경영형' 지주가 사회적 상향 이동의 흐름을 주도했다고 파악한 것이었다. 그러나 그의 경영형 지주는 비용을 절감하기 위해 합리적인 비용을 계산한 회계장부를 실증적으로 검토해 입증하지 않은 가설적 존재였다. 그런 비용절감은 소작 체결보다는 좀더 효율적인 임금노동으로 전환하고 비료를 좀더 많이 투여하며, 좀더 생산성 높은 다양한 종자를 실험해서 잉여생산물을 산출해 시장에서 판매함으로써 이익을 극대화하거나 그런 이익을 농업이나 비농업적 산업에 재투자함으로써 이루어질 수 있었다.

김용섭의 결론 중 하나는 전체적으로 양반의 경제적 부는 17세기 후반 무렵 심각하게 하락했다는 것이었다. 유감스럽지만 그가 지주신분이 늘어났음을 보여주는 증거로 제출한 자료의 타당성은 그가 지주라고 가정했던 기주가 소작인일 가능성이 제기되면서 현저하게 약화됐다. 이런 의심스러운 증거에 기초해서 그는 양반 기주들은 대체로 양인과 노비보다는 나았지만, 한 지역을 제외하고는 모두 절반 이상의 양반이 빈곤선(2.5결 소유) 아래에 있었다는 결론을 제시했다. 양반보다 더 많은 토지를 가진 양인들도 있었으며, 어떤 지역에서는 상당수의 양반과 양인보다 더 많은 토지를 가진 노비도 발견됐다.[16] 유감스럽게도 양안은 대지주의 토지 소유 범위를 보여주지 못하는데, 지주들은 노비나 소작인의 이름으로 대신 기재됐기 때문이었다. 김용섭의 양적인 계산에 의존하기는 어렵지만, 많은 양반이 생존 수준 이하로 전락했으며 농민의 토지 소유가 전체적으로 파편화됐다는 그의 전반적인 결론은 의심할 바 없이 사실이다.

김용섭은 자신의 연구가 조선 말기에 더욱 뚜렷해지는 하나의 경향, 즉 하층신분인 양인과 노비가 부를 축적할 수 있는 기회가 더욱 커지고, 양인들이 양반의 칭호를 사서 양반신분으로 진입했으며, 노비는 속신하거나 도망쳐 자유를 얻는 변화를 보여주었다고 썼다. 그러나 이런 결론에는 몇 가지 의문이 남아 있다. 양반이 인구의 8퍼센트에서 65퍼센트로 늘었다는 시카다 히로시의 발견은 믿기 어려운데, 특히 김영모는 준準양반이라고 부른 집단이 가장 많이 증가했다고 좀더 조심스럽게 분석했으며, 송준호는 양안에 유학幼學이나 품관으로 등록된 부류는 양반이 아니라고 판단했기 때문이다.[17] 변화는 정부로부터 관직이 아닌 품계를 샀거나 향리들에게 뇌물을 주어 거짓으로 등록케 한 것이었다고 추정된다. 요컨대 시카다 히로시는 양반의 인구를 너무 많이 잡았으며, 김용섭은 그의 결론을 의심 없이 받아들였다는 문제점을 갖고 있다고 지적할 수 있다.

양반신분에 대한 송준호의 정의에 따르면 양인이 양반이라는 명칭을 사거나 정규 관원에 임명되어도 자동적으로 양반으로 상승하는 것은 아니었는데, 양반가문은 항상 그 배경에 저명한 선조를 가졌기 때문이었다. 아울러 문과 급제는 고위 관직과 신분을 취득하는 주요한 조건이었기 때문에 에드워드 와그너는 새로운 가문이 급제자와 고위 관원을 배출한 가문으로 진입하는 것은 왕조가 끝날 때까지 미미한 상태로 유지됐을 뿐만 아니라 새로운 가문이 그런 지위를 얻을 수 있는 기회는 계속 줄어들었다고 파악했다.[18]

여전히 소수였던 양반 급제자와 관원은 토지 소유 및 부와 어떤 관계를 가졌는가. 양반가문의 다수는 급제하거나 관직을 얻는 데 실패했고, 그들 중 다수는 어려운 경제적 처지로 전락해 결국 신분을 잃었으며, 그들의 후손은 정병이나 보인으로 군적에 등록됐다. 그러나 이경식 등 여러 연구자들의 연구에서 입증됐듯이 대지주의 성격은 간단하지 않기 때문에 양안에 등록된 기주가 토지 소유의 형태를 만족스럽게 보여주리라고 기대하는 것은 비현실적이며, 양반은 세습받았든 구매했든 토지가 아니라 녹봉과 선물에 주로 의존했다고 판단된다.

세습의 형태는 어떠했는가. 조선의 법률은 아들들에게 재산을 나누어주되 조상의 제사를 모시는 장자에게는 총액의 5분의 1을 추가로 주도록 되어 있었다.[19] 그러므로 대토지 소유와는 반대되는 이런 방식으로 세습이 계속되면 토지의 소유 규모는 계속 줄어들 것으로 예상할 수 있다.[20]

그러나 임진왜란 이후 대지주가 조선 사회에서 사라졌다면 경세학자들이 지주에게 토지가 집중되는 현상에 대해 관심을 가진 까닭은 거의 이해할 수 없다. 파편적 토지 소유와 대토지 소유가 공존했다는 것을 부인할 이유는 없는데, 대토지 소유는 1780년(정조 4) 이전에는 노비와 양인 소작인이 경작했으며 그 뒤에는 주로 양인 소작인이 경작한 분산된 소규모의 토지가 집적된 것으로 생각된다. 만약 이런 판단이 옳다면 19세기 중반 무렵 지주들은 국부의 대부분을 차지하면서 존속했을 것이지만 소농과 소작인들은 궁핍화의 제물이 됐을 것이다.

## 생산성

김용섭과 이태진 등은 경영형 부농이 출현하고 농업기술이 발전하면서 농업 생산성이 증대됨으로써 조선 후기의 사회적 상향 이동을 가능케 한 잉여생산이 나타났다고 파악했다. 생산성의 증대를 추정할 수 있는 직접적인 증거는 필요하지만, 이용할 수 있는 통계는 상당히 모호하다. 전국에 걸친 토지는 그 비옥도가 매우 다양했기 때문에 면적당 평균 생산량을 추산하는 것은 매우 복잡했다. 왕조 개창부터 1430년(세종 12)까지 상·중·하 3등급의 비옥도로 토지를 나눈 것에 근거해 전세를 부과했지만, 1430년 경상도와 전라도의 0.1~0.2퍼센트의 토지만이 실제로 상등전으로 평가됐으며 1~2퍼센트의 토지만이 중등전으로 밝혀졌다. 나머지 98퍼센트의 토지는 하등전으로 매겨졌기 때문에 국가의 평균 생산성을 가늠하는 데는 하등전이나 중등전을 기준으로 삼는 것이 좀더 합당했다.

유감스럽지만 조선 전기의 생산성은 하등전이 아니라 경상도와 전라도의 해안가에 위치한 가장 비옥한 논의 파종량과 수확량을 측정해 얻은 것이다. 상등전에는 1~2말을 파종하면 12섬(180말)을 수확했으므로 수확 대 파종의 비율은 90 대 1이나 180 대 1이었는데, 이것은 18세기 전반 이익이 생각한 60 대 1보다 높은 수치였다. 반면 경기도와 강원도의 고지대에 위치한 밭에서는 1~2섬(15~30말)을 파종하면 5~6섬(75~90말)을 수확해서 수확 대 파종의 비율은 낮게는 2.5 대 1에서 높게는 6 대 1로 변했는데, 이익이 추산한 10 대 1보다 약간 낮았다.[21] 밭에서 수확 대 파종의 비율은 15~18세기 유럽의 밀 수확에 대한 페르낭 브로델의 추산과 근접하지만, 다행스럽게 조선의 삼남지방에서 주로 재배한 벼는 수확량이 훨씬 높은 품종이었다.

또 다른 생산량의 추정은 결당 수확에 기초한 것인데, 1결의 면적은 토지의 비옥도에 따라 2.2~9에이커(8,903~36,421제곱미터)로 변동했다 — 이것은 근대의 이상적인 통계수치보다는 조금 낮다. 고려 후기에 해당하는 1380년대인 1결당 평균 쌀 생산량은 45섬이었고 1446년(세종 28) 전제상정소田制詳定所에서는 1결당 평균 수확을 53.3섬(799.5말)이라고 보고했는데, 이 두 수치는 전국에서 가장 비옥한 토지에서 나온 것이었다. 김재진金載珍은 그렇게 높은 평균 생산의 수치를 1결당 20섬 정도로 내려잡았다.[22] 실제로 1445년 공법을 둘러싼 논쟁에서 하연河演은 상등전에서는 1결당 50~60섬이 나오지만 하등전에서는 1결당 20~30섬이 나온다고 추정했는데, 평균 수확량은 1결당 40섬으로 계산할 수 있지만 이것은 상등전과 하등전의 비율을 고려하지 않은 평균 수치일 뿐이다. 1445년에 확립된 전분육등법에서 최상과 최하 등급의 토지는 매우 적었으며, 대부분의 토지는 3등이나 4등으로 매겨졌다.[23] 이런 측면을 고려하면 평균 수확량은 1결당 40섬보다는 25~30섬 정도가 좀더 정확하다. 1결당 20섬이라고 추정한 김재진의 견해는 정확한 측정을 위한 통계적 기반이 부족하다는 사실만 제외하면 상당히 근접한 것이었다.

임진왜란 이후 17세기 전반에는 토지가 황폐해져 있었는데, 조익은 수확 대 파종의 비율을 가장 좋은 기후일 때 상등전에서는 18.75~20 대 1로, 보통 기후일 때 중등전에서는 10~11.25 대 1로, 기후가 불순할 때 하등전에서는 5~7.5 대 1로 추정했다 — 이것은 15세기 중반의 평균적인 수치보다 현저하게 하락한 것이었다! 

그러나 1결당 생산성은 10~50섬이었지만 보통의 기후에서 중등전의 생산성은 1결당 20~30섬 정도로 추정됐다 — 이것은 조선 전기와 그렇게 다르지 않은 수치였다. 1결당 세율은 하등전이 4말이고 중등전은 6말이었기 때문에 평균 세율은 하등전이나 중등전에서 걷는 수확(1말 대 350말~4말 대 150말)의 1.7~2.7퍼센트 정도였는데, 이것은 왕조 개창 당시보다 세율이 상당히 떨어졌으며 정부가 임진왜란 이후 황폐해진 농업 환경을 개선하고 농민의 생존을 돕기 위해 세금을 최대한 줄이려고 노력했다는 사실을 보여준다.[24]

앞서 언급했듯이 18세기 전반 이익은 가장 척박한 토지의 수확 대 파종의 비율은 10 대 1 정도라고 썼다. 그는 상등전의 수치는 60 대 1 정도일 것이라고 생각했지만, 그 가능성은 확신하지 않았다. 즉 그는 전체적으로 임진왜란 이후 1세기 동안은 생산성이 크게 늘지 않았다고 평가한 것이었다. 19세기 초반 정약용은 상등답에서 수확 대 파종의 비율은 1백 대 1이고 하등전은 20 대 1이며, 1결당 수확량은 상등전이 8백 말, 중등전이 6백 말, 하등전이 4백 말이라고 평가했는데, 이것을 섬으로 환산하면 각각 40, 30, 20섬이었다.[25] 정약용의 수치는 상등전의 수확량은 조금 하락한 반면 하등전의 수확량은 왕조 개창 때보다 2배 이상 높아졌음을 보여준다.

또한 정약용은 전라도의 곡창지대에서 수확 대 파종의 비율을 추정했는데, 거기서는 이전 세기보다 생산성이 전혀 증가하지 않은 것으로 나타났다! 그는 전라도에서 상등답 1결은 20마지기에 해당하는 반면(한자로는 두락斗落이라고 쓰는데 20말의 곡식을 파종할 수 있는 크기의 토지를 말한다) 하등전은 40마지기라고 측정했다. 이처럼 상등답 1결(20마지기)의 수확은 정약용의 계산에 따르면 1천2백 말이나 60섬이고 수확 대 파종의 비율은 60 대 1이었으며, 하등전(40마지기)의 수확은 4백 말이나 20섬이었으며 비율은 10 대 1이었다. 이처럼 전라도에서 수확 대 파종의 비율은 1세기 전 이익의 측정과 거의 일치했지만 상등전 1결당 생산

은 다른 지방보다 높았지만 조선 전기의 상등전보다는 높지 않았다.[26]

수확 대 파종의 비율이 60 대 1은 말할 것도 없고 10 대 1이었던 상황도 15~18세기 유럽의 밀 수확의 낮은 평균 생산보다 훨씬 높았다. 페르낭 브로델은 평균적인 수확 대 파종의 비율은 5 대 1 이하로 평가했으며 1헥타르당 평균 수확은 7.5헥토리터hectoliter 또는 17.6부셸bushel이었으며* 1에이커당 수확량은 7.16부셸로 추정했다.[27]

일본인들은 한국의 농업연구에 근대적 측량방법을 최초로 도입했는데, 조선총독부의 통계에 기초해 한국 농업을 연구한 이훈구Hoon Ku Lee는 1936년 평균 미곡 수확량은 1911~15년 1에이커당 17.17부셸이었다고 계산했지만, 1938년 히시모토 조지菱本長次는 일제에 합병된 1910년 1에이커당 쌀 수확은 15.55부셸(38.1부셸 대 헥타르, 또는 0.473메트릭톤 대 에이커)로 조금 낮았다는 사실을 발견했다.[28] 이런 수치는 19세기 중반 또는 그 이전보다는 조금 더 작았지만 어쨌든 18세기 전체에 걸친 유럽의 1에이커당 평균 밀 생산의 두 배 정도였는데, 페르낭 브로델이 동아시아의 전반적인 쌀 문화에 대해 지적했듯이 한국의 농업생산력은 유럽보다 훨씬 앞섰음을 보여주는 증거다. 그러나 상등전에서는 유럽보다 6배 이상 또는 1에이커당 45부셸을 수확한 높은 생산성을 기록했지만 히시모토 조지와 이훈구가 추정한 평균생산성은 하등전과 대체로 일치하는데, 이것은 한국의 토지는 대부분 하등전이었기 때문에 나타난 결과가 분명하다고 생각된다.

거칠기는 하지만 이런 계산들은 최근 한국 농업생산성의 발전에 관련된 많은 연구에 의문을 제기한다. 히시모토 조지는 관개와 이앙법, 남부지방의 이모작이 조선 개창 당시보다 평균 생산을 증가시켰을 것이라는 측면은 전혀 의심하지 않았지만, 비교적 낮았던 왕조 말기의 생

---

* 헥토리터는 1백 리터이고, 부셸은 용량의 단위로 약 35리터다.

산성이 식민지배를 시작한 8년 만인 1917년에 1에이커당 20부셸로 늘어났다면서 식민통치의 성취를 자랑했는데, 이 수치는 1880년(조선 고종 17, 일본 메이지 13)을 전후한 일본의 1에이커당 생산량보다 조금밖에 낮지 않았다.[29]

근대 이전 유럽의 밀 생산보다 메이지시대 이전 일본과 비교하는 것이 조선의 쌀 생산성을 파악하는 데 좀더 유용한데, 1868년 메이지유신이 단행되기 이전 도쿠가와 막부에서 이루어진 경제적 발전에 대해 많은 연구가 발표됐기 때문에 특히 그러하다. 그 시기 농업생산성의 수치는 논쟁의 대상이 됐는데, 제임스 나카무라James Nakamura가 정부의 통계에는 실제 생산보다 적게 보고됐다고 지적하면서 그것을 거부했기 때문이었다. 그는 1878~82년 논 1헥타르당 84.6부셸, 또는 1에이커당 34.5부셸이라는 매우 높은 생산성을 기록했다고 서술했는데, 이것은 1910년 한국에 대한 히시모토 조지의 평가보다 2.2배 높은 수치다.[30] 제임스 나카무라는 근대 이전 일본에서는 농업생산이 늘어나면서 거기서 얻은 자금을 산업에 투자함으로써 메이지시대의 산업 발전을 촉진했다고 주장했다. 이 시기 일본의 쌀 수확에 대해서는 1에이커당 25.1부셸과 26.9부셸(각각 1헥타르당 61.4부셸과 66부셸)로 좀더 낮게 잡은 연구가 있는데, 후자는 제임스 나카무라의 주장을 수정하려는 목적에서 수행된 좀더 최근의 연구에서 나온 결론이다.[31] 요컨대 1910년 한국의 생산성을 1에이커당 15.55부셸로 잡은 히시모토 조지의 수치는 1880년 일본의 생산성에 대해 가장 최근에 수정된 수치의 58퍼센트였으며, 조선의 논에서 나는 평균 수확량은 이것보다 훨씬 낮았다고 생각된다. 그 때문에 일본의 가마쿠라鎌倉시대(1191~1333)에는 1에이커당 22.5부셸이 생산됐는데, 이것은 1910년 한국의 생산성보다 높다.[32]

반면 1910년 한국의 생산성은 명대 초기인 1400년(혜제 건문 2)의 중국과 비슷했다. 비록 20세기 이전 에이커당 (탈곡하지 않은) 쌀의 평균 수확량은 상등전의 수치인지, 토질이 명시되어 있지 않은 토지인지에 따라 달라지기 때문에 측정하기 상당히 어렵다. 프란체스카 브레이 Francesca Bray는 1050~1700년 1에이커당 3.1~21.6부셸 정도였다는 연구 결과를 발표했다.[33] 1511년(명 무종 정덕 6, 조선 중종 6) 상하이의 중등전에서는 1에이커당 9.27부셸이 수확됐으며 17세기 후반 광둥廣東 지방에서는 풍작일 때 1에이커당 11.8부셸이 생산됐다.[34] 중국의 평균 수확에 대한 드와이트 퍼킨스Dwight Perkins의 계산을 에이커당 부셸로 환산하면 1400년에는 15.29부셸, 1770년에는 22.33부셸, 1850년에는 26.73부셸이 된다.[35] 퍼킨스는 20세기인 1933년에는 1에이커당 26.62부셸, 1957년에는 30.14부셸이 수확됐다고 계산했다. 1850년의 1에이커당 27부셸이라는 수치는 조선의 생산량에 두 배 정도였으며 1933년의 30부셸은 같은 시기의 한국보다 훨씬 많았다.[36]

1920년대 중반 한국의 생산성은 1910년의 1에이커당 15.5부셸을 넘어섰다. 이훈구는 1910년 이후 소개된 다양한 개량 종자가 쌀 농사에서 절반 가량 재배되던 1921~25년에는 1에이커당 평균 18.81부셸의 쌀이 생산됐다고 측정했지만, 히시모토 조지는 1918년의 쌀 생산성은 1에이커당 20부셸이었다고 보고했다.[37]

요컨대 1910년 한국의 쌀 수확의 평균 생산성은 일본이나 중국보다 현저하게 낮았지만, 이 수치는 전체적인 식량 생산을 계산하지 않은 결과였다.

## 인구와 1인당 생산성의 증가

조선 정부가 파악한 인구 통계는 믿기 어렵기 때문에 20세기 이전 인구는 측정하기 힘들다. 인구통계학자들은 전통 기록의 인구는 받아들일 수 없다는 데 동의했는데, 토니 미셸Tony Michell은 그런 거칠고 불충분한 보고와 일정한 추정을 덧붙여 산출한 통계를 바탕으로 인구학적 연구를 진행했다. 그는 조선 개창 당시 440만 명에서 임진왜란 직전 980만 명으로 지속적으로 인구가 증가해서 2백 년 동안 연평균 0.61퍼센트가 늘어났다고 밝혔다. 임진왜란 기간에는 인구의 20퍼센트인 2백만 명 정도가 감소했으며, 1650년(효종 1) 무렵까지 임진왜란 이전의 수준을 회복하지 못했다. 인구는 1693년(숙종 19) 1,230만 명까지 계속 증가했지만, 1693~95년의 가뭄을 겪으면서 1,020만 명으로 급격히 감소했다. 인구는 1717년(숙종 43)부터 회복되기 시작해서 1732년(영조 8)에는 1,360만 명까지 늘어났다. 그 뒤 18세기에는 인구 증가에 몇 차례의 위기가 있었다. 1812(순조 12)~13년의 위기를 겪기 전인 1810년(순조 10)에는 1,400만 명이었지만 1816년에는 1,240만 명으로 줄었다. 그 뒤 1876년(고종 13)까지 인구는 18세기보다 1백만 명 정도 적은 수치인 1,220만~1,270만 명 사이를 오갔다.[38]

김용섭·이경식·토니 미셸은 임진왜란 이후 이앙법이 보급되고 저수지를 만들어 관개시설이 급증했으며, 이모작, 특히 논에서 쌀과 보리의 이모작과 고추·호박·담배 같은 새로운 작물이 도입되면서 쌀·보리·기장·콩의 생산이 증가했다고 주장했다. 이앙법은 1674년(현종 15) 무렵 북부지방을 제외하고는 전국에 보급됐고 그 결과 생산이 증가하면서 인구도 불어났지만(토니 미셸에 따르면 980만 명에서 1,230만 명으로 늘었다), 가뭄과 질병에 대한 취약성도 커져 18세기 무렵 인구는 정체됐으며 19세기에는 조금 줄었다.

이러한 조선의 경험과 비슷한 사례는 프란체스카 브레이가 송대의 녹색 혁명the Green Revolution이라고 표현한 사건일 것인데, 당시는 토지의 개간, 관개와 급수給水, 다모작, 상업적 농업, 지역적 특성화, 비단과 차 산업이 발달하면서 생산이 증가했다. 18세기 청대에는 중국 중부와 남서부로 인구가 유입되면서 생산이 증가했지만, 그 뒤 "인구 증가는

농업 생산을 따라잡아" 농촌은 궁핍해졌다.[39]

그러나 중국과 조선의 주요한 차이점의 하나는 송과 청에서는 농업 생산이 증가하고 상업경제가 발달한 뒤에는 인구가 급증했지만 조선의 인구는 1693년(숙종 19) 이후 1천만에서 1,250만 명 사이에서 정체됐다는 사실인데, 이것은 도쿠가와시대 후반 3,500만 명에서 멈춘 일본의 상황과 상당히 비슷했다.

제6부에서는 17세기 후반 이후 동전이 보급되면서 시장에서 잉여생산물의 판매가 활발해졌음을 분명히 알 수 있을 것이다. 그러나 그런 잉여생산은, 토니 미셸의 인구 수치가 믿을 만하다면, 18~19세기에 인구를 지속적으로 증가시키는 것은 고사하고, 급격한 경제 발전을 위해 이륙하는 데 충분한 자본을 창출할 만큼 넉넉하지 않았다. 현재의 연구 수준에서는 생산과 생산성이 크게 증가했다는 일부 주장은 포기하는 것이 좀더 안전할 것이다.

## 19세기의 농민반란

19세기는 1812년(순조 12) 홍경래洪景來의 난, 1862년(철종 13) 임술민란, 1894년(고종 31) 농민봉기와 종교적 반란이 결합된 동학운동 등 격렬한 농민반란이 이어진 시기였다. 토지 소유의 편중과 소작의 과중한 조건은 이런 반란의 중요한 요인이었지만, 그것이 전부는 아니었다. 불공평한 세금과 지방 수령 및 향리의 부정도 불만을 촉발시켰다.

1862년 임술민란은 오랫동안 소작 분쟁이 지속된 전라도를 중심으로 일어났지만, 반란세력은 지주가 아니라 정부와 그 관원들을 공격했다. 정부에서 파견한 안핵사按覈使는 반란을 가장 객관적으로 분석하지는 않았지만 그들의 보고서는 현재 남아 있는 유일한 기록인데, 신뢰의 부재와 높은 이자율, 불공평한 토지의 등록과 과세, 그리고 군포의 소급과 과도한 부과가 사건의 원인이라고 지적했다.

그러나 왜곡된 토지 소유와 지주·소작인 관계의 악화가 대규모의 농민반란을 불러온 농업 위기를 가져왔다는 사실은 명백했다. 그 결과 조선의 농업경제는 조선보다 상업화와 통화 유통이 진전됐지만 거기서 발생한 소득이 불공평하게 분배됨으로써 19세기 후반 거대한 태평천국 太平天國의 난을 겪은 청과 같은 운명을 겪게 됐다. 19세기 조선의 반란 은 낮은 소득보다는 농민들이 좀더 경제적으로 잘 살게 될 것이라는 높 은 기대가 좌절된 결과로 일어났다고 생각되지만, 지주제와 소작제의 발달, 고리대와 부채의 증가는 부와 토지의 분배제도가 악화된 결과 나 타난 산물이었다.

19세기 말엽까지 진행된 조선 경제의 역사를 서술하기 위해서는 유 형원의 경세론을 계승한 인물들이 지적한 농업경제의 문제와 그들이 제시한 개혁안을 살펴볼 필요가 있다. 그들은 농업 위기를 벗어날 수 있는 좀더 나은 진보적인 방안을 구상했으며, 그것은 유형원의 생각보 다 우월했는가.

## ▎성호 이익

18세기 전반 유형원을 존경한 대표적인 학자 중 한 사람이었던 이익 은 그 자신이 1740년대 대부분의 토지와 노비를 잃었던 지주이자 노비 소유주였기 때문에 특히 전제개혁에 대한 유형원의 논의에 많은 관심 을 표명했다.[40] 분명히 이익은 토지 소유의 분산에 찬성하거나 그것을 경제 발전의 징후로 묘사하지는 않았다. 반대로 그는 원칙적으로 토지 는 국가가 소유해야 하며 모든 토지는 전한 말엽 왕망의 선언처럼 공전 이나 왕전王田이 되어야 한다는 유형원의 견해에 공감했다. 두 사람 모두 사유지의 존재는 사유재산의 자연스러운 권리와 같다고 인정했다. 이익은 이윤을 극대화하는 것보다 공정한 분배를 훨씬 중시했다. 그는 지주들은 국왕으로부터 토지의 이용권을 빌렸을 뿐이라는 판단에서 채무관계를 통해서 소농을 파산시키는 대지주를 비판하면서 국가는 그들의 토지를 빼앗아 빈농들에게 다시 분배해야 한다고 주장했다. 그는 "토지의 경계를 올바로 세워야 한다"는 유형원의 주장을 되풀이했으며 모든 가용 토지를 완전하고 정확하게 등록해야 한다고 역설했다.[41]

그는 빈농들을 동정했지만, 군자는 소인에게서 봉양을 받을 자격이 있다는 유형원의 견해에 동의했다. 그러나 그는 주대 이후 경작방식이 너무 많이 변했다는 이유에서 정전제를 도입하는 문제와 관련해서는 유형원과 견해를 달리했다. 그는 주대에 고지대는 모두 밭이었고 제방과 수로로 경계를 획정했으며 수로에서 물을 끌어왔다고 추정했는데, 이것은 당시 수도작水稻作 농업이 실시되고 있던 조선에서는 실행할 수 없는 방법이었다. 더욱이 정전은 평지에만 설정되어 인도人道로 사용되는 제방으로 구획됐지만, 물이 땅에 고이거나 비바람으로 제방이 무너질 수도 있었다. 그러므로 제방을 쌓는 것은 물론 고대의 농경방식을 다시 도입하는 것은 거의 불가능했다.[42]

또한 이익은 토지를 완전히 국유화해서 재분배하고 과다한 토지 소유를 강압적으로 몰수하자는 유형원의 계획에서도 물러섰다. 그는 대지주들의 일부 재산을 박탈하기 위해서는 강제력이 필요하다고 생각할 수도 있지만, 그러면 "법률이 파괴될 것이었다." 어떤 소유주도 그의 의지와는 반대로 토지를 팔도록 강압받아서는 안 되며 토지를 충분히 갖지 못한 농민들도 자신에게 토지를 팔도록 대지주를 괴롭힐 수 없었다. 그 대신 개인들은 송대 임훈의 계획처럼 1백 묘(1경)를 영업전으로 가질 수 있는 권리를 인정받았는데, 임훈은 당시 41묘는 주대의 1백 묘(1경)와 동일하므로 영업전은 50묘로 제한해도 충분하다고 주장했다. 이 영업전에 대한 이익의 유일한 제한은 어떤 부분도 판매할 수 없다는 것이었다. 다만 1경 이상의 영업전을 소유했을 때만 판매할 수 있었는데, 이것은 빈농이 빚을 갚기 위해 마지막으로 남아 있는 그 토지를 팔지 못하게 해서 압도적인 자금력을 가진 부자들이 모든 토지를 사지 못하도록 빈농을 보호하려는 목적이었다.

이익은 아들들에게 재산을 분할 상속하는 일반적인 관행을 통해서 몇 세대 안에 부자가 소유한 잉여토지가 자연히 줄어들 것이라고 생각했지만, 이런 온건하고 조심스러운 방안은 토지를 갖지 못한 빈농에게 토지를 분배하는 데는 무익할 가능성이 컸다. 이익은 빈농의 곤경을 동정했지만, 양반 지주들의 반응을 고려한 결과 유형원보다 더 많은 제한을 두었다.[43] 그러나 이것이 그가 분배의 위기를 해결하기 위해 자유로운 시장자본주의와 이익의 극대화를 선호했다는 의미는 아니었다. 반대로 그는 소농들이 토지를 잃지 않도록 토지 소유를 제한하고 자유로운 매매를 막는 현실적 방안을 지지했다.

한우근韓㳂劤은 이익에 대한 방대한 연구에서 1740년(영조 16) 서명신徐命臣이 정전제를 복구하는 것은 불가능하므로 한전제를 추천했지만 영조는 국가가 설정한 한계를 넘은 토지를 모두 몰수해 빈농들에게 나누어주는 것은, 특히 사대부(즉 양반)를 포함한 대지주를 고려할 때 불가능하다면서 받아들이지 않았다고 지적했다. 달리 말하면 영조는 양반의 이익에 직접 도전하는 것을 꺼렸기 때문에 전면적인 몰수는 말할 것도 없고 일종의 한전제도 거부한 것이었다![44] 영조는 토지의 사유권이 조선 사회에서 진보의 동력이므로 지주의 이익을 방어했는가, 아니면 불만을 품은 지주들이 정치적 안정을 위협할 가능성을 두려워했는가. 필자는 후자에 무게를 두고 싶다. 유형원이나 이익이 살아 있었다면 영조가 시장에서 활동할 기업을 양성하거나 생산을 늘리기 위한 원동력으로 지주의 이익을 보호했다고 찬사를 보내지 않았을 것이며, 오히려 공평한 분배의 기회를 잃었다면서 크게 비통해했을 것이다.

　이익은 면적의 크기에 따른 경무제*가 수확량에 기초한 조선의 결부제보다 합리적이라는 유형원의 주장에 동의했지만, 조선의 결부제는 잘 사용되고 있으며 전제개혁에 장애가 되지 않을 것이라고 확신했다. 그는 모든 토지를 철저하게 등록하고 비옥도에 따라 조세의 등급을 다시 조정하는 것이 좀더 중요하다고 생각했으며, 과세의 등급에 동의하지 않을 경우, 재산정을 요청할 수 있도록 했다. 그는 생산성이 네 배 정도 차이나는 상등정과 하등전에서 단계적으로 전세가 매겨지기 때문에 불평의 여지가 거의 없을 것이라고 생각했다.[45]

　이것과 관련해서 이익 또한 세율이 농민들의 주요 문제였다고 주장했는데, 15세기 중반 세종이 제정한 공법은 너무 복잡했기 때문에 정부는 1결당 탈곡미 4말 이상의 세율을 포기했으며, 그것은 수확의 10분의 1이 아니라 13분의 1에 가까웠다. 토지에 부과되는 세금의 총액은 1결당 4말에 공납을 대체한 대동미 12말을 더해 20말 정도로 증가됐으며, 신설된 훈련도감을 보조하기 위해 1결당 예상되는 산출량인 탈곡미 4백 말(또는 탈곡하지 않은 쌀 1천 말)의 5퍼센트 정도가 삼수미로 추가됐다.

　이럴 경우 전세의 세율은 완벽한 고전적 이상인 수확의 10퍼센트 정도가 된다. 따라서 대부분의 소작농에게 주요한 문제는 50퍼센트의 소작료였다. 세율을 낮추면, 그가 농촌인구의 10~20퍼센트 정도로 추산한 지주에게게만 이로웠다.

　진정한 문제는 농민들이, 토지의 등급에 상관없이, 1결 이하의 적은 토지만을 소유하고 있다는 것이었으며, 그 정도도 10~20퍼센트의 농

---

* 저자는 앞에서는 "경무제kyŏng-mu system"라고 표기했지만 여기서는 "경묘제kyŏng-myo system"라고 했다(원서 370쪽). 번역에서는 경무제로 통일했다.

민만이 소유하거나 임대했다. 다른 자료에서 그는 소작농의 수확량을 밭 1결당 360말(24섬), 논 1결당 320말(21.3섬)로 추정했는데, 이것은 그가 전세를 논의하면서 추산한 1결당 4백 말(26.7섬)보다는 약간 낮은 수치였으며, 소작료를 낸 뒤의 수입은 160~180말이었다. 평균 5~6명으로 이루어진 가호는 한 달에 1인당 3말 정도 소비해서 1년에 230말 정도가 필요했다 — 앞서 이익은 7~9품의 관원이 한 달에 6말이 필요하다고 추정했으므로 이것은 상당히 축소된 수치다. 요컨대 이익은 소작할 경우 비교적 넓은 1결을 경작해도 생존 수준 이하로 전락한다고 지적한 것이었다. 더욱이 일부 소작농들은 이제 전세를 내고 종자도 마련해야 했기 때문에 더욱 곤경에 빠졌다.[46]

요컨대 이익은 유형원의 『반계수록』에서 분명히 영감을 얻었지만 사유재산을 국가가 몰수하는 이점에 대한 유형원의 신념을 기계적으로 되풀이하지는 않았다. 이익의 제안이 유형원보다 좀더 보수적인 측면이 있다면, 강제력을 사용해 토지 소유의 최대 분량을 제한하고 재분배하는 데는 주저했다는 것이었다. 그는 소작인이 토지를 좀더 살 수 있도록 허용했는데, 사유가 이익을 극대화하고 생산을 증가시키는 자극의 근본이라고 믿었기 때문이 아니라 불공평한 부의 분배를 수정할 수 있는 가장 가능하고 현실적인 방안이라고 확신했기 때문이었다.

## | 정조의 구언(1797~98)

1792년(정조 16)과 1794년, 1797~98년에 걸쳐 연속적인 흉작을 겪으면서 정조는 전반적인 토지제도의 문제점을 풀 수 있는 구언求言을 자주 요구했다. 그런 요구에 따라 1797~98년 69회의 상소가 올라왔는데, 대부분의 상소는 향촌의 유생들이 올렸으며 대신들은 소수만이 그들의 경력에 위험이 될 수 있는 가능성을 무릅쓰고 진지한 제안을 아뢨다. 상소를 올린 사람 중에는 박지원·서유구·정약용 등 당시의 선도적인 개혁사상가들도 있었다. 그들은 대부분 이익과 비슷한 결론에 도달했다. 그것은 정전제는 복구할 수 없으며 한정된 토지를 소작하는 방식이 현재까지 최선의 차선책이라는 것이었다. 당시 개혁사상의 주된 흐름은 정전제를 원형 그대로 재현하려는 생각을 사실상 포기했으며, 비변사는 토지 소유를 제한하는 데 찬성했지만 비현실적이라는 이유로 거부됐다.

김용섭은 한전제를 지지한 사람들은 좀더 적극적으로 제한하면 지주들이 격렬하게 저항할 것을 우려한 결과 효과를 내기에는 너무 자유로운 한도를 제시했다고 지적했다. 10결(1등전 24.5에이커(9만 9,149.71제곱미터), 또는 6등전 1백 에이커(40만 4,692.72제곱미터))이나 150마지기(1등전 18.4에이커(7만 4,463.46제곱미터))가 한도로 제시됐다.

1799년(정조 23) 초반 정조는 토지 제한은 현실적이지 않다는 데 동의했는데, 특히 그것은 한대 이후 1천6백 년 동안 토지 소유를 제한하고 분배하는 제도는 겨우 2백 년밖에 시행되지 않았을 정도로 중국에서 성공하지 못했기 때문이었다. 정조는 485년(북위 효문제 태화 9) 북위의 효문제(재위 470~500)가 제정한 균전제는 이미 사람들이 소유한 토지에만 적용됐으며, 당 태종은 북위의 구분전과 세업전世業田의 제도를 원용했지만 고종 영휘永徽(650~656)연간에 토지는 이미 대지주에게 넘어갔다고 파악했다. 문관과 무관을 제외하고 농민 1인당 1결을 분급하려면 636만 결이 필요했기 때문에 그는 조선에서는 어떤 토지분배제도도 불가능하다고 생각했다. 그는 1776년에 즉위한 이후 일정한 형태의 재분배나 제한을 위한 해결책을 마련하기 위해 노력했지만 성공하지 못했다고 고백했다.

1795년(정조 19) 그는 1466년(세조 12)에 도입된 직전법을 복구해 유생과 양인에게도 토지를 분급한다면 조선은 하·은·주 삼대 이후 네 번째로 성스러운 나라가 될 것이라고 언급했다. 그러나 그는 그 제도를 추진하지는 않았다.[47]

정부는 다른 두 가지 계획도 거부했는데, 하나는 부유한 지주들에게 그들의 토지 일부를 토지가 없는 빈농들에게 강제하는 것이었고, 다른 하나는 토지를 갖지 못한 농민이 불용지不用地를 개간했을 경우 그 토지의 합법적인 소유권을 가진 원래의 주인 대신 개간한 농민에게 그 토지를 분급하는 것이었다. 조정의 신하들은 이런 소유권의 법적 보호를 뒤엎으려고 하지 않았지만, 정조는 그런 불용지를 일단 점유한 사람에게 경작권을 부여하는 방안을 신중히 고려했다.

정조는 개간한 토지를 3년 동안 면세하는 방안을 수용하려 했는데, 그런 제도는 이미 있었지만 향리들이 시행하지 않았다. 그러나 너무 오랫동안 세입의 손실을 감수할 수는 없었기 때문에 그는 5년이나 10년까지 면세를 연장하지는 않았다. 구릉지대를 벌목해 태운 뒤 경작하면 3년 동안 면세하자는 제안도 거부됐는데, 그런 형태의 경작에는 모두 과세한다는 법률이 있기 때문이었다. 향리의 불법적인 과세를 금지하자는 호소는 신하들에게서 긍정적인 반응을 얻었다. 정부는 토지를 갖지 못한 유민을 인구가 희소한 지역에 정착시킨 뒤 농기구와 소, 관개 장비 등을 살 수 있도록 국가에서 지원하자는 제안에는 거의 관심을 보이지 않았다. 비변사는 더이상 경작하지 않는 토지에 세금을 계속 부과하지 않고 토지의 불법적인 침범이나 점유를 둘러싼 논쟁과 소송을 막도록 경계를 획정하기 위해서 전국적인 양전사업을 실시하자는 요구도 거부했으며, 지방 수령들에게 수확을 감독하고 부분적인 조사만을 시행하라고 지시했다. 오랫동안 충분히 국가 차원의 조사를 시행하라는 명령은 전혀 내려지지 않았다.[48]

요컨대 표면적으로는 개혁의 모든 가능성을 고려했던 정조의 야심적인 시도는 우울한 실패로 끝났다. 가장 급진적인 제안이었던 토지 제한은 좀더 야심적이었던 유형원의 방안을 서툴게 희석시킨 것이었지만, 대신들은 그것보다 훨씬 덜 야심적인 제안도 강력히 반대했다. 그들은 지주의 특권을 약화시키려는 어떤 시도에도 찬성하지 않겠다는 의지를 분명히 내비쳤다.

## ▌ 다산 정약용

### 초기의 전제개혁안

정부에서는 개혁의 움직임을 전혀 기대할 수 없었지만, 19세기로 접어드는 시점의 가장 위대한 경세학자 중 한 사람인 정약용은, 적어도 그의 저술 안에서, 당시의 상황에 도전하려고 했다. 최근 김용섭은 정약용이 1801년(순조 1) 유배된 이후 전제개혁에 대한 생각을 바꾸었다고 지적했다. 그는 1793~1800년 사이에 토지 문제에 대한 최초의 체계적인 구상에서 주대의 특징인 평지의 밭농사와는 대조적으로 조선의 지형은 구릉으로 나누어졌으며 주로 수도작을 시행했기 때문에 주대의 정전제를 완벽하게 복원하기는 불가능하며 한과 북위의 한전제나 당의 균전제도 효과가 없을 것이라고 언급했다. 정전제를 채택한다는 것은 관개를 도입한 수도작을 포기하거나 고지대를 개간한다는 의미였는데, 그것은 일찍이 이익이 비판했던 방안이었다. 반면 유형원은 논농사와 밭농사의 차이점은 국유와 재분배계획이 수립되면 무시될 수 있다고 믿었다.[49]

향리들이 경작지를 장부에 잘못 기재하거나 누락해 야기되는 부정을 막고 철저하고 정확하게 토지를 등록하기 위해서 정약용은 송대 장재의 방전제를 채택하고, 1708년(숙종 34) 황해도 관찰사 유집일兪集─과 1709년 신완申琓이 토지를 잘못 등록하거나 누락하지 않도록 모든 토지를 그림으로 나타내는 어린도魚鱗圖*를 사용하자는 제안을 따랐다.[50]

한편으로 정약용은 농업기술의 진보, 종자와 비료의 선택, 제초기술과 농기구의 개선, 노동력의 절감, 중국 기술의 도입 등에도 관심을 기울였다. 그는 중국에서 귀국한 사람들이 쓴 농서와 보고에서 지식을 얻어 농업기술의 지침서를 간행해 지방 농민에게 배포하고, 농수를 원활하게 공급하기 위해 제방·수로·저수지를 건설해 관개를 확산하고 수차水車를 도입하려고 했다. 그는 농민의 신분과 지위를 유생·상인·공장의 수준으로 높여 생산과 생산성을 증대시키려고 했다.[51] 기술과 생산성에 대한 그의 관심은, 산업을 합법화하기 위해서 전통적인 중농적 접근을 초월해야 할 필요가 있다는 측면을 어느 정도는 이해해야 한다는 것만 제외하면, 전반적인 부와 복지를 높이기 위한 '근대적' 전환으로 충분히 이해될 수 있다.

그러나 초기에 정약용이 정전제를 다시 도입하기 어렵다는 회의적 입장을 가진 것이 사유재산의 존속을 받아들였다는 의미는 아니었다. 반대로 그는, 유형원과 비슷하게, 국유제를 지지하고 토지의 사유와 매매를 폐지해야 한다고 주장했다. 그는 토지를 공동으로 소유하고 부를 공평하게 분배하며 전세를 10분의 1이나 9분의 1로 제한하는 여전제閭田制를 창안했다.[52]

그는 국가가 토지를 재분배하는 계획은 분명히 가능하다고 주장했다. (1769년에 등록된) 전국의 80만 결을 8백만 명의 인구(토니 미셸에 따르면 4백만 명 이상 과소평가됐을 가능성이 있다)로 나누면, 10명의 대가족

---

*송대에 시작되어 명대에 완비된 중국의 토지대장. 토지의 모양을 그림으로 나타내 면적·세액·소유자의 이름을 적었다. 지형의 구분이 물고기의 비늘과 비슷한 데서 나온 이름이다.

으로 구성됐다고 상정한 각 가호는 7~9에이커(2만 8,328~3만 6,422제곱미터) 정도의 5~6등전 1결(8.6에이커, 3만 4,803제곱미터)을 받을 수 있었는데(제8장 참조) 이것은 김용섭이 계산한 18세기 후반 평균 소유 면적의 두 배가 넘는 수치였다.

정약용은 이것이 현재 왜곡된 소유권의 분배보다 훨씬 나은 방법이라고 주장했는데, 경상도의 최씨 가문이나 전라도의 왕씨 가문 같은 부유한 가문은 적어도 토지 4백 결과 곡식 1만 섬을 소유하고 있는 데 비해서 나머지 인구는 토지가 없거나 가난 속에서 간신히 생계를 이어갔다. 그러나 정약용은 실제 인구를 3백만~4백만 명 정도 낮게 잡고 가호당 10명이라는 비현실적 기준을 적용했기 때문에, 이용할 수 있는 실제 토지의 면적이 공식적인 양전사업에서 밝혀진 정보보다 훨씬 많다면 물론 문제될 것이 없었지만, 그의 계획이 성공하기에는 토지당 인구의 비율이 너무 컸다.

정약용은 지주들이 독립적인 농민의 적은 토지마저 빼앗고, 소작과 고용노동이 성행하며, 소농 사이의 토지 분배가 왜곡된 현실을 관찰한 결과 좀더 급진적인 입장을 갖게 됐다고 주장했다. 북위의 균전제는 모든 인구에게 토지를 분배하려고 강행했기 때문에 실패했다고 생각한 그는 잉여인구의 문제는 상업과 수공업에 관심을 가진 사람들에게 그런 직업으로 자유롭게 옮겨갈 수 있도록 허락하면 해결할 수 있으며, 토지 분급에 대한 요구도 줄일 것이라고 제안했다 — 이것은 공장과 상인들은 그들의 직업에서 나오는 수입이 가족의 생계를 유지하기에 충분치 않으므로 (농민에게 주는 분량의 절반인) 50묘를 분급해야 한다는 유형원의 생각과는 중요한 차이였다. 유형원의 시대보다 화폐와 시장이 훨씬 발전한 시기를 산 정약용은 상인과 공장들은 스스로 충분히 생계를 영위할 수 있다고 확신했으며, 끈기 있고 부지런하게 경작할 의지가 있는 농민들에게만 제한된 토지를 분급하려고 했다.[53] 그는 고대 중국의 성인들은 의지와 능력이 있는 농민에게만 토지를 분급했으며 그밖의 사람들은 공장이나 상인으로 활동하도록 허락했다면서 고전적 생각을 약간 재해석함으로써 이런 입장을 정당화했지만, 이런 그의 성향은 전통적인 유교사상의 근본적인 중농주의에서 크게 벗어난 것이었다.

유형원처럼 정약용도 북위와 당의 균전제는 어떤 사람이 사망하거나 성년이 되면 항상 다시 토지 분배를 확정해야 했기 때문에 시행하기 너무 어렵다고 주장했다. 게다가 그 제도는 비옥도의 차이를 고려해 토지를 차등적으로 분급하지도 않았다. 유형원과 달리 그는 안정되고 고정적으로 토지를 분배하고 과세하기 위해 토지를 정방형으로 구획함으로써 인구 이동이나 그밖의 복잡한 변화를 극복할 수 있다고 생각하지는 않았지만, 특히 다른 사람의 이름으로 토지를 살 경우 매매를 막을 수 없기 때문에 한전제는 효과가 없을 것이며 국유제만이 성공적으로 재분배할 수 있는 유일한 방안이라고 결론 내렸다.[54]

정약용은 토지소유권을 분산하고, 공동체의 결속을 통해 노동과 생산을 연결해야 한다고 강조했으며, 30개의 가호로 최적의 공동체인 여閭(이것은 주대에 있었다는 공동체의 이름을 딴 것이다)를 구성하려고 했다. 개인 가호에 분급된 국유지에서 여가 생산한 수확은 30가호의 책임자인 여장閭長에게 인계되며, 그는 납세하고 남은 분량을 가호의 가족수와 그들이 수행한 노동에 따라 나누어주었다. 개별 농민은 노동의 대가로 매일 4되를 받았다(4되는 0.4말인데, 한 달을 26일로 잡으면 10.4말, 1년은 124.8말 또는 8.32섬이 된다). 그러나 농기구는 개인이 소유할 수 있었다. 조세는 수확의 10퍼센트로 고정됐는데, 비옥도를 한 번 심사한 뒤 각 여에서 과거에 납부한 조세의 평균을 계산해 할당됐다.

유형원의 계획과 가장 다른 정약용의 방안은 사대부에게는 (추가 분량은 말할 것도 없이) 토지를 전혀 분급하지 않고 현직 관원에게도 녹봉만 지급한 조처라고 생각된다. 그는 사대부가 농사를 짓지 않으므로 토지나 수확을 나눠받을 자격이 없다고 보았다. 그러나 그는 서얼을 게으르고 낙담한 양반의 한 구성원에서 사회의 생산적 일원으로 전환시키려는 의도에서 그들에게 토지를 분급하도록 했다.[55] 정약용은 당시의 양반들은 양인 농민들을 착취하고 약자에게 거만하고 완전히 게으른 생활을 영위했기 때문에 불필요한 존재라고 생각했다.[56] 그는 고대부터 사士·농農 사이에는 합법적인 차별이 있었다고 인정했지만, 당시 조선의 사士는 조정에서 일하거나 농사를 짓거나 요역을 부담하지도 않았기 때문에 공적 자금의 후원을 받을 자격이 없다고 간주했다. 그는 관직을 갖지 못한 사士는 모두 새로운 토지를 개간하거나 농업기술과 기구, 축산, 관개 등을 진보시킬 수 있는 방안을 연구하도록 했다. 그는 이런 유용한 학문적 목적에 종사하는 사람들만이 노동에 대한 적절한 보상을 받을 자격이 있으며 거기서 가장 뛰어난 능력을 발휘한 사람은 관직에 임명될 수 있다고 판단했는데, 여기서 능력은 덕행이 아니라 행정 능력으로 정의했다.[57]

그는 여전제에서 상업과 산업을 부차적 지위로 격하시켰다는 측면에서 18세기 초반의 유수원을 제외한 유형원·이익 등과 거의 다르지 않았지만, 정전제의 요소를 점진적으로 도입하자고 제의한 후기 사상에서는 상업적 농업과 시장의 기능에 좀더 많은 역할을 부여했다.[58]

유형원은 용감한 국왕은 모든 반대를 단호하게 극복할 수 있다고 주장하면서 지주들이 토지 몰수에 저항해 반란을 일으킬 가능성은 낮다고 보았다. 이익과 마찬가지로 정약용도 모든 토지는 국왕의 소유이며 주대 이후 사유지의 출현은 백성들의 수입을 늘리려는 황제의 노력을 허사로 돌렸다고 생각했지만 지주와 양반의 격렬한 저항 없이 그들의 사유지를 몰수할 수 있는 방안을 제시하지는 못했다. 국가의 몰수를 막거나 빈농들의 이익을 보호하려는 정치적 후원은 없었다는 김용섭의 판단은 옳았지만, 전제개혁에 대한 정약용의 생각이 유형원보다 좀더 급진적이거나 진보적이라고는 말하기 어려운데, 두 사람 모두 몰수의 문제점을 충분히 고려하지 않은 채 국유에 무게를 두었기 때문이었다. 정약용의 초기 방안은 농업인구가 줄더라도 개인의 의지에 따라 상업과 산업에 종사하도록 허락하고 사대부의 지위와 특권을 서리와 비슷한 수준으로 낮추려고 했다는 점에서 주요한 의의가 있었다.[59]

### 후기의 전제개혁안

그러나 거의 20년에 걸친 유배생활 동안 정약용은 사유재산에 대한 적대감을 수정했으며, 정전제는 주대에도 완벽하게 시행되지는 않았으므로 그 원리를 점진적으로 도입하는 방향으로 전환했다. 그는 국가가 국고를 출원해 개인 소유주들에게서 토지를 사서 공유지로 만드는 방법을 추천했다. 이런 목적의 자금은 관원이나 부유한 지주들의 기부나 관원들의 영리 활동, 국가가 인계한 광산에서 나온 이익을 활용하거나 불용지를 국가가 수용해 그 9분의 1을 정전제에 따라 공전으로 이용해 충당했다.

이것은 국왕이 토지를 매입해 소작인을 고용하고 소작제도에 따라 그들에게 수확의 절반을 내도록 요구하는, 전통적인 규범과는 어긋나는 방식이었기 때문에 정약용은 궁방전이나 문무 관원들이 관리하는 둔전처럼 국가가 이미 관리하고 있는 토지를 경작자에게서 9분의 1세를 걷는 정전으로 전환시키자고 제안했다. 그러면 궁방에 소속된 도장導掌의 강탈과 횡령으로 일어나는 세수의 손실도 줄일 수 있었다.

수도를 경비하는 군사들도 임무를 벗어나 수도 근처의 군전을 경작할 수 있었으며, 관청의 비용을 마련하기 위해 지방 수령이 관리하는 토지나 향리의 녹봉, 역진驛津의 비용, 방목지 등도 정전제의 원리로 전환될 수 있었다. 특이한 지형을 가진 구릉지대의 토지들을 모두 정전의

형태로 전환하기는 어려웠지만, 정부는 어린도를 사용해서 경작지를 정확히 등록했다.[60]

이런 수정된 계획에 따라 농민들은 나머지 8개의 구획을 각자 소유하고 관리했는데, 이것은 유형원이 주대 제도의 주요한 특징이라고 밝혔던 공적 소유와 사적 관리를 결합한 방식이었다. 정약용은 농사의 유형을 곡식·과일·야채·면화·삼림·목축 등 6개로 나누어 고전적인 계획에 새로운 특징을 더했다(여기에 상업과 공업이 추가됐다). 사람들은 이런 직업 중 하나에 전문적으로 종사해야 했으며 직업을 바꿀 수는 없었다. 정약용은 특정 지역에서 자신의 전문적인 임무를 수행하겠다고 자원하는 사람에게는 이용할 수 있는 토지의 분량을 크게 제한하지 않았는데, 주로 국내시장과 중국에 그 생산물을 팔아서 여閭의 수입을 올리기 위한 목적이었다.

정약용은 고대의 성인들이 직업의 이런 전문화를 추진했다고 주장했지만 그것은 노동의 품질과 효율성을 진보시키기 위해 고전을 왜곡한 주장이며, 노동의 분화가 촉진되고 상품을 시장에서 파는 지역이 늘어나는 상황의 영향을 받은 결과였다고 김용섭은 지적했다.[61]

앞서 좀더 급진적이었던 여전제처럼 정약용은 토지나 수입의 분배는 개인이 아니라 가호의 노동력(즉 생산성)에 따라 농민에게만 이루어져야 한다고 주장했다. 이제 그는 최적의 가호를 '원부原夫'라고 부르면서 (이전의 10명이 아니라) 8명으로 구성되어 그중 5~6명은 농사를 지을 수 있으며 1백 묘의 토지를 분급받는다고 규정했다. 그밖에 '여부餘夫' 25 묘를 받았는데 주로 부부와 어린 자녀로 이루어진 가호였으며, 미혼이나 나이 먹은 독신을 가리키지는 않았다.

그는 유형원의 정의를 빌려 40말의 종자를 심을 수 있는 토지인 40두락(즉 8천 평. 1에이커가 1,224평이므로 6.5에이커(2만 6,305제곱미터))을 1백 묘로 잡고, 거기서 나는 수확은 기장 6백~4천 말 정도로 추산했는데,

유형원은 탈곡하지 않은 쌀 1천6백 말 또는 탈곡미 8백 말로 잡았다. 부부로 이뤄진 가호에 할당된 25묘는 10두락이나 1.6에이커 정도였다. 또한 강진으로 유배됐던 그는 전라도의 1백 묘는 하등전 1결(또는 중등전 0.5결)과 상당한다고 언급했다.

그는 농민의 노동력과 생산력을 기초로 토지의 할당량을 정했다. 지주들은 언제나 가장 훌륭한 노동력과 그 자신의 소를 가진 소작인에게 가장 좋은 토지를 빌려주는 보편적인 관행에 따라, 가장 뛰어난 노동력을 가진 농민은 가장 비옥한 토지를 받았다. 그렇지 않으면 생산량이 줄 것이었다. 가난에서 겨우 벗어날 정도의 토지를 농민에게 주는 것은 이치에 맞지 않았는데, 고대에 병자와 미망인은 공동체의 구휼을 받았기 때문에 토지를 분급하지 않았다. 농민은 공전을 우선적으로 경작했기 때문에 세율을 9분의 1로 제한됐는데, 8명으로 이루어진 가호는 그 구역에 9분의 1에 해당하는 시간만을 투입했기 때문이었다.[62]

정전제를 대폭 도입하면서 그는 그 제도를 시행할 수 없는 지역에서는 수령들이 소작인에게 두 구획의 토지에 상당하는 분량(1구획이 25묘이므로 50묘가 된다)을 경작하도록 해서 토지를 더욱 공평하게 분급하려고 노력했으며, 둔전을 경작하는 군사들도 50퍼센트의 소작료에 기초해 1~2구획을 받았다. 토지를 새로 개간하면 더 많은 분량을 받을 수 있었다.[63]

정약용은 수정안에서 재산의 공평한 분배보다 생산의 증가를 좀더 강조했는데, 완전히 공평하게 분배할 수 있다는 생각은 비현실적이며, 적어도 수확의 10퍼센트 이하만 수취하면 정의를 이룰 수 있다고 생각했기 때문이었다. 또한 그는 미래의 성장에 대한 전망을 막지 않도록 정부는 여閭의 생산이 늘어나도 조세를 올려서는 안 된다고 경고했다.

그는 부유한 지주들이 토지를 점유한 결과 점점 더 토지에서 쫓겨난 농민들에게 상업 작물을 재배하거나 정병 대신 농사를 짓도록 허용하자고 제안했다. 그는 동복童僕을 고용해 농민들이 소유하면서 원부와 함께 1백 묘의 구획을 경작하는 방안을 구상했다. 정약용은 원부를 8명으로 계산했는데 일반적인 평균보다 4명 더 많은 수치였으며, 거기서 노동할 수 있는 인원은 5~6명 정도였고 나머지는 미혼 남성을 포함한 그밖의 가족이나 노비·고공 등이었다. 이것은 유형원이 가호 규모를 계산할 때 사용한 방식이었다.

유형원은 궁극적으로 노비제도를 폐지하려고 했기 때문에 특히 관원의 토지를 경작하는 데 노비를 동원한 것은 일시적인 조처였지만, 정약용은 생산을 증가시키기 위해 노비를 동원하는 데 조금도 주저하지 않았다. 김용섭은 정약용이 적극적으로 노비를 동원하려던 것은 19세기 초반 노비를 면천하거나 공평한 소득을 달성하는 제도를 창출하기보다는 생산을 극대화하기 위해 부농의 합리적인 방법을 원용하는 데 좀더 관심이 있었음을 보여준다고 주장했다 — 이것은 이전의 「전론田論」보다 훨씬 진보적인 생각이었다.

김용섭은 정약용이 농업생산을 높이고 농법을 개선하며 전문화를 강조하고 가장 생산적인 농민을 선호해 전체적으로 농민의 부와 신분과 위신을 높임으로써 사회를 변형시키려고 했다고 주장했다. 그는 지방 수령들이 20년마다 한 번씩 뛰어난 농민을 조사 발굴해서 그들을 중앙이나 지방의 관직에 추천하자고 제안하기도 했다. 김용섭은 정약용이 후기의 좀더 원숙한 저술에서 부농의 숫자를 늘리고 빈농에게 좀더 합리적인 생산방식을 교육시켜 소수의 지주와 최근 성공하고 있는 부농들이 지배하고 있는 사회를 혁명적으로 변화시키려고 했다고 결론지었다.[64]

합리적이고 자본주의적인 근거에서 노비제도를 정당하다고 보는 태도가 유교적 도덕기준을 위반한다는 이유로 세습적 노비제도를 비판한 유형원보다 좀더 타당하다는 김용섭의 주장은 의아하다. 그러나 김용섭은 정약용이 그의 만년인 19세기 초반 배타적인 도덕적 조건보다는 생산성·효율성·유용성을 좀더 중시하게 됐다는 사실을 정확하게 보여주었다.

최근 박종근朴宗根은 정약용이 부의 공평한 분배와 '대중'에 대해 관심과 믿음을 가졌다고 상찬했지만, 자본주의나 산업생산에 기초한 새로운 경제질서를 창출하는 것은 물론 사회혁명을 이루는 데 대중의 혁명적 힘을 돌려야 할 필요성을 인식하지 못했다고 비판했다. 박종근은 정약용의 혁명적 방법이 대중의 실천력보다는 왕권에 의지해 점진적으로 진보하려는 목표를 가졌기 때문에 '퇴보적'이었다고 비판했지만, 조선의 경세적 개혁자들이 무식한 농민 대중이 사회를 혁명적으로 변화시킬 수 있는 잠재력을 가졌다고 생각했을 것으로 기대하는 것은 시대착오적이다. 그러나 유교적 개혁자들은 경제적 평등에 대한 강한 의식과 조선 사회의 부의 불공평한 분배에 대한 큰 불만을 갖고 있었다.

정약용의 전제개혁안은, 유형원과 비슷한 국유와 공평한 분배라는 고대의 선례에서 더 큰 효율성과 생산성을 가진 사유재산을 인정하는 쪽으로 진화했다. 이런 생각의 발전은 유형원의 사상을 논리적으로 실현하는 데 기여하지는 못했지만, 19세기 초반 농업 경영에 널리 퍼진 관행에 대한 정약용의 분석은 1790년대 정조가 전제개혁의 주도권을 잡는 데 실패한 사례에서 자극을 받았음이 분명했다.


## ┃ 서유구


김용섭은 합리적이고 효율적인 새로운 농업의 흐름을 보여주는 인물로 서유구를 들었는데, 그는 농법을 전문적으로 연구한 가풍을 가진 가문에서 태어났으며 그 주제에 대해 많은 저서를 집필했다. 1820년대로 추정되는 후기의 저작에서 서유구는 토지를 갖지 못한 농민과 소작제 도를 점진적으로 혁파하고 집단적인 농업을 창출하는 새로운 방안을 내놓았다.[65]

정약용의 후기 개혁안처럼 서유구도 지주와 부농이 정부에 대해 반란을 일으킬 것을 우려했기 때문에 그들의 사유재산을 대대적으로 몰수하려는 계획은 고려하지 않았다. 그 대신 그는 국경의 군사들을 후원하고 중앙과 지방의 일부 관서에서 소요되는 경비를 마련하기 위해 만들어진 둔전과 관둔전을 확대하는 방안이 국영농장을 창출하는 기초가 될 것이라고 믿었다. 그는 국가가 국고를 지출해 4백~8백 경(40만~80만 묘. 또는 아래에 나오는 서유구의 정의에 따르면 1묘는 0.0368에이커(148제곱미터)이므로 147.2~294.4에이커(59만 5,707~119만 1,415제곱미터)가 된다) 정도의 둔전을 확보해 토지를 갖지 못한 농민들을 고용하자고 제안했다. 둔전은 농기구·비료·관개사업에 자본을 투입해 생산을 늘리는데 성공하도록 농민들을 경쟁시키는 방식으로 재편됐다.

서유구는 둔전을 완벽한 정방형으로 구획된 10경 단위로 나누고 어린도에 입각해 토지를 정확히 기록하며 그것을 제방과 수로에 따라 다시 구분함으로써 정전제와 필적하게 조직하려고 했다. 유형원처럼 그도 계산과 측정방식을 결부제에서 중국의 경무제로 대체하고 6주척周尺을 기준으로 삼아 1묘를 획정하려고 했다(즉 1묘는 사방 1백 척이었다). 당시의 기준으로 1경(또는 1백 묘)은 4,444평이나 3,68에이커(1만 4,892제곱미터)였으며, 10경은 36.8에이커(즉 0.0368에이커/묘. 148제곱미터/묘)였다.[66]

이런 10경의 정전은 5가호가 경작했으며, 그들에게는 농기구와 소 4마리, 수레 2량이 제공됐다. 국가는 그 토지를 소유하고 장비를 제공했으며, 농민들은 공동으로 토지를 경작하고 그 대가로 임금(당시의 노동시장보다 두 배였을 것으로 추정된다)과 식량·가옥을 받았다. 김용섭은 이

제도가, 농민이 개인적으로 일하고 그 노동시간을 정확히 계산해 보상을 받는다는 것만 제외하면, 정약용의 여전제와 비슷하다고 지적했다.

또한 서유구는 토지를 좀더 깊이 갈아 효율성을 높이기 위해서는 소한 마리가 쟁기 2개를 끄는 일반적인 방식이 아니라 소 두 마리가 쟁기 2개를 끌어야 한다고 주장했다. 그는 경상도의 이앙법과 밭고랑 3개를 이용해 돌려짓는 황해도와 평안도의 농법도 도입했다. 그 지방 출신의 농민들은 둔전에 고용되어 그런 농법을 다른 농민들에게 가르쳤다.

그 지방의 농민들은 상번上番 군역의 일부로 처자를 데리고 올라와 도성 외곽에 만들어진 둔전에서 일하도록 했다. 서유구는 이런 농민들은 이미 겨우 생계를 유지하는 처지였을 것이 분명하므로, 특히 넉넉한 임금을 받는다는 것을 고려하면 기꺼이 상경하리라고 예상했다. 그밖에도 이런 둔전에는 최근 도성으로 이주한, 토지를 갖지 못한 농민이나 고용되지 못한 고공들이 거주했다. 서유구는 이런 채용방식을 운영하면 가장 뛰어난 농법을 전국에 보급할 수 있을 것이라고 기대했다.[67]

아울러 둔전은 농업과 임금노동을 가장 잘 관리하는 사람을 채용해 경영됐다. 그들은 둔전의 전농관典農官으로 선발됐다. 전농관은 가장 성공적인 지주들이 여러 해 동안 발전시킨 가장 진보하고 생산성 높은 농법을 각지의 둔전에 전수하며 수령에도 임명될 수 있다고 서유구는 제안했다. 김용섭의 지적대로 서유구는 당시의 지주제도 자체를 부정하지는 않았지만, 둔전의 생산을 늘리기 위해 집단 경작과 임금노동을 확대하며 소농들이 토지를 상실하고 고공이 고용되지 못해 결국은 경영형 부농이 토지를 독점하는 폐해를 해결하려고 노력했다.

그는 도성 주위에 4개의 둔전을 만들고 진관과 연결된 통신망도 구축하려고 했다. 그는 남부 해안의 모든 진관과 읍성에 각각 5천 경과 3천 경의 관둔전을 설치한 뒤 고공보다는 소작인에게 경작시키고 수령이나 진장鎭將에게 직접 관리하도록 했다.

아울러 관원이 아닌 백성이 직접 관리하는 민둔民屯도 정전제에 따라 만들어졌다. 그들은 수령에게 10분의 1세를 냈는데, 그 절반은 둔전의 책임자를 봉양하고 다른 절반은 그밖의 응급 상황에 대처하는 데 사용됐다. 둔전의 백성들은 군역에서 면제됐지만 군포를 냈다. 그는 정전제에 입각한 이런 둔전을 만들기 위해 국가가 토지를 몰수하려고 한다면 지주들의 반란을 일으킬 수도 있다고 생각했기 때문에 농민들이 불용지를 직접 개간해 둔전을 만들되 지주가 아닌 관원이나 양인들이 둔전을 운영해야 한다고 제시했다. 자본을 축적해 농기구를 사고 농민을 고용해 개간된 토지에서 일하게 한 사람들은 모두 정부에서 토지를 분급받고 전농관에 임명됐다. 그는 그런 사람들에게는 2백~2천 경의 둔전을 어느 곳에서도 만들 수 있게 해야 한다고 생각했다.

그러므로 도성 근처의 둔전을 관리하기 위해 채용된 전농관들은 농업에 전문적인 지식을 가진 사람이 아니라 개간에 자본을 투자한 경영형 부농일 가능성이 컸다. 서유구는 이런 부농들은 전농관이 되기 위해서 자신의 부와 독립성을 기꺼이 포기할 것이라고 예상했다!

이처럼 국가는 어떤 관직을 얻으려는 부농들의 욕망을 이용해 지주-소작제도를 종식시키는 데 그들을 동원하고 집단적 농업을 향해 나아가도록 만들 수 있었지만, 궁극적으로 그런 변화는 자본주의적 농민이 운영하는 자본주의적 생산방식과 경영관리기법을 채택해야만 이루어질 수 있었다. 김용섭은 서유구가 대지주에게서 토지를 박탈해 농민들에게 재분배한다는 측면에서 이전의 개혁자들의 목표를 일정하게 공유했다고 믿었지만, 다른 사람들은 토지의 몰수는 혁명에 의해서만 이루어질 수 있다고 생각했다. 서유구의 방식은 당시의 현실을 인정하고 생산을 촉진했으며, 부농과 지주를 억압하기보다는 새로운 제도 안으로 흡수했다는 측면에서 이전의 모든 개혁자들과 달랐다.[68]

# ┃ 결론

사적 토지 소유의 강력한 권력을 적극적으로 인정함으로써 그것에 대한 비판을 공개적으로 철회했다는 측면을 제외하면 서유구의 계획이 이전의 개혁자들보다 어떤 측면에서 좀더 현실적이었는지는 알기 어렵다. 그는 지주들이 일단 무력해지면 그 제도의 외곽부터 그들의 지배력을 약화시킬 수 있을 것으로 생각했다. 정전제를 받아들인 모든 개혁자들을 계승한 그는 가장 진보한 농법을 적용할 수 있는 식견 있는 관원에게 둔전을 경영하도록 구상했다. 그의 의도는 사유재산을 점진적이지만 궁극적으로 대체하는 새로운 전략으로서, 집단적 조직의 우수한 사례를 가지고 지주들을 포위하려는 것이었다.

정약용의 후기 방안과 서유구의 둔전제도에서 중요한 측면은 둘 다 정조를 포함한 국왕들이 중앙에서 추진하려던 전제개혁을 시작도 하지 못한 채 실패한 결과로 나타난 산물이었다는 것인데, 왕권이 후원하지 않고는 지주에게서 토지를 몰수하는 방안에 기초한 어떤 계획도 생각할 수 없기 때문이었다. 모든 개혁자들은 관료조직의 원칙을 배운 사대부나 양반이었기 때문에 관료적 위계서열의 정점인 국왕 이외에는 어디서도 개혁을 주도할 수 있는 지도력이 올 것이라고 상상하지 못했다. 백성의 주권이나 무지한 농민의 합법적인 정치적 역할에 대한 개념은 당시에 존재하지 않았다.

그러므로 19세기 이후에 일어난 현상은 최고의 이상인 정전제의 원형을 향한 발전이 있었던 것이 아니라 지주의 힘에 직면한 개혁자와 국왕이 명백하게 후퇴했다는 사실이었다. 이런 현실을 받아들일 수밖에 없었던 정약용과 서유구는 지주들에게 직접 도전하지 않으면서도 집단적 조직을 만들 수 있는 방안을 고안하려고 노력했는데, 그 방안은 그들이 저항하지 않도록 달래거나 월등한 효율성과 생산성을 가진 제도를 제안해 설득함으로써 성공할 수 있었다.

　필자는 이런 방안들이 1862년 임술민란의 충격을 겪은 정부가 반란의 경제적 원인을 진지하게 고려하기까지 무시됐다는 이유만으로도 그것이 유형원의 방안보다 좀더 현실적이었는지 의심하고 있다. 그리고 정부는 임술민란에 대처하면서 토지의 국유화와 재분배, 그리고 둔전을 제도화해 사유재산에 도전하려는 의지를 보이지 않았다.

# 제3부 결론

## ┃ 유형원의 유산

  토지 소유에 대한 유형원의 논의에서 가장 흥미로운 측면은 토지와 부의 불공평한 분배라는 문제를 그 논쟁에 관련된 다양한 집단의 상충하는 요구를 균형을 맞춤으로써 해결하려고 시도했다는 것이었다. 양인 농민은 토지를, 노비는 면천을, 지배계층은 양인보다 높은 수입과 자신들에게 봉사할 노동력을, 그리고 국가는 안정된 재정과 충분한 세입을 요구했다. 그는 정전제와 한전제라는 고전적이며 역사적인 선례의 요소를 조합해 당시의 조선에 적용하려고 시도했다. 그는 새로운 지배계층은 세습적 특권과 문과 급제라는 두 요소의 조합으로 대표되는 당시의 양반이 아니라 덕행에 따라 구성될 것으로 생각했지만, 몰수·국유·재분배라는 급진적이며 평등적인 방안은 지배계층을 위한 특별한 공간을 마련하려는 그 자신의 생각에 의해 저지됐다. 그는 세습적 노비제도를 폐지하자고 용감하게 주장했지만, 그것을 온건하게 절충하고 수용하면서 직면한 미래를 구상할 수밖에 없었다. 그러나 노비제도에 반대한 그의 생각은 노비인구가 줄기 시작한 18세기에 그를 추종한 사람들보다 여러 측면에서 좀더 인본적이었다. 또한 그는 좀더 나은 양전을 위해 합리적인 측량 기준을 도입하고 세금을 감면하며(고전적인 10분의 1세) 좀더 공정하고 효율적인 조세제도를 확립해야 한다고 주장했다.

그는 자신이 어떤 새로운 제도를 창안했다기보다는 당시 조선에서 나타난 일부 문제점을 제거하기 위해서 주대와 그 이후 왕조들의 방법을 수용했을 뿐이라고 생각했으며, 공자와 상당히 비슷한 유교적 지혜의 전달자로 스스로를 인식했다. 그의 생각은 18세기 초반부터 알려지기 시작해서 일부 학자와 관원들에게 영향을 주었지만, 이익 같은 그의 지적 제자들도 그의 방안에 모두 동의하지는 않았다.


## ▍ 사유재산에 대한 도전

이익은 용감한 국왕이 모든 사유재산을 몰수하고 농민에게 토지를 분배하도록 유도하려는 유형원의 계획은 당시 조선에서 성공할 확률이 없다고 생각했으며, 당시의 거의 모든 학자와 관원들도 그 생각을 공유했다. 정약용은 예외였다. 초기의 여전제에서 그는 유형원이 유생들에게 특별히 보상하려는 유형원의 계획을 가차없이 혁파했으며 생산에 기여한 노동량에 따라 보상하는 훨씬 급진적인 분배 방안을 제시했다.

그러나 정약용은 신유박해로 거의 처형당할 뻔했으며 그 뒤 오랜 유배 기간을 거치면서 현실의 사유재산을 인정한 해결책을 강구하는 쪽으로 견해를 수정하게 됐다. 국왕이 지시하고 주도하는 위로부터의 급진적 개혁이 무용하다는 사실은 1790년대 널리 조언을 들었지만 실속 있는 전제개혁안을 만드는 데 실패한 정조의 선례로 입증됐다.

전제개혁을 둘러싼 이런 논쟁에서 기이한 측면은 국유와 (완전히 공평하지는 않더라도) 비교적 공평한 분배라는 고전적 원형은, 개인적 이해관계에 상관없이, 거의 모든 사람들이 동의했다는 사실이었다. 사리와 탐욕과 결부됐다고 항상 비판된 사유재산은 토지 분배를 위한 적절한 이상으로 간주되지 않았지만, 국유와 평등한 분배는 결코 이단적이거나 파괴적인 계획이라고 비판받지 않았다. 그럼에도 불구하고 유형원을 포함한 모든 진지한 경세학자들은 몰수를 시도하면 지주들이 저항할 뿐만 아니라 국왕과 국가에 대해 반란을 일으킬 수도 있다는 사실을 알고 있었다. 국왕과 신하들은 그런 위험한 방법을 지지하지 않았는데, 그들 자신이 대부분 지주였기 때문이었다.

결과는 기이한 변형으로 나타났다. 토지의 사유라는 지배적인 원칙은 당시 조선 사회에서 누구도 합법적인 법률이나 도덕적 원칙이라고 규정하지 않았다. 왕안석 같은 극소수만이 지주가 농업에 긍정적으로 기여하고 있다고 공개적으로 찬양할 수 있는 용기를 가졌다. 그러나 유형원이 사망한 뒤 전제개혁을 둘러싼 쟁점은 지주들에게 도전해야 하는가, 아니면 그들의 이익을 묵인해야 하는가 하는 문제에 맞춰졌다.

이 장에서는 18~19세기 전제개혁을 둘러싼 논쟁의 역사를 간단하고 다소 피상적으로 추적했지만, 그런 작업만으로도 국왕과 신하는 물론 개혁적 학자의 사상과 행동은, 그것에 대한 저항을 완전히 포기하지는 않았지만, 지주들의 지배적인 권력과 토지 사유의 불가침성을 인정할 수밖에 없었음을 충분히 보여주었다. 유일한 예외는 공동 소유라는 정약용의 첫 번째 계획이었지만, 그조차도 자신의 종교적 신념뿐만 아니라 정치적·경제적 신념 때문에 그런 계획을 수정할 수밖에 없었다.

그러나 이런 후퇴와 수용이 개혁자들이 자신의 이상을 버렸다는 의미는 아니었다. 그들은 지주에게 직접 도전하지 않으면서도 지주의 이해관계를 뛰어넘을 수 있는 방안을 고안함으로써 국유와 공동 관리, 공평한 재분배라는 정전제의 이상을 실현하려고 노력했다. 그들이 합리적 관리와 생산성을 개혁안의 일부로 강조한 여부는, 정약용과 서유구는 그랬고 이익은 그렇지 않았던 것처럼, 핵심적 사안이 아니었는데, 그들이 제시한 개혁안의 목적은 자유로운 시장자본주의를 운영하고 국가의 통제에서 개인을 해방시키며 사유재산과 이익을 보호하는 것이 아니라 공공의 복리를 이루고 토지와 부를 좀더 공평하게 분배하기 위해서 개인의 이익을 국가가 통제하는 것이었기 때문이었다. 요컨대 지주들의 재산을 몰수할 결심을 가진 국왕이 없다는 사실을 받아들일 수밖에 없었다는 점을 제외하면, 그들의 궁극적인 목표는 유형원과 비슷했다. 그리고 그들은, 고려 말엽의 성리학자인 정도전과는 달리, 자신의 목적을 이루기 위해서 왕조를 전복시키려는 정치적 계획을 감히 지지하지 않았다.

## ▎지배계층

유형원은 뛰어난 도덕성을 가진 지배계층이 그들의 덕행과 직결되는 품계를 받거나 그 학문적 수준에 따라 국가의 후원을 받는 이상적인 토지분급제도를 창안하려고 노력했다. 그가 토지의 매매와 사유를 금지한 목적은 부와 수입을 분배하는 데 우연성이 작용할 가능성을 없애려는 것이었다. 그보다 후대의 개혁자들은 모든 토지를 국유화해 덕행에 따라 분배하는 완벽한 제도를 창출하려는 유형원의 이상을 수정해 사유제도가 엄존하는 현실과 절충했다. 그들의 목표는 일반 소농과 토지를 갖지 못한 소작인·고공에게 일정한 토지를 분급하면서 소유권을 제한한다는 훨씬 온건한 것이었다.

유형원의 시대 이후 지배계층의 본질과 관련된 생각에서 가장 중요한 변화는 품계나 관직, 또는 덕행을 기준으로 삼았던 유형원의 방안에서 효율성과 생산성이라는 새로운 기준에 따라 분배하는 방식으로 변환시킨 정약용의 초기 구상일 것이다 — 김용섭이 정약용을 그 뒤의 사상가들보다 진보적으로 파악한 것은 이 때문이었다. 그러나 그의 진보주의는 효용성과 생산성이 좀더 중요하다는 판단에 따른 것이었다는 사실을 기억해야 하는데, 그것들은 유교의 전통적인 도덕기준을 유지하기보다는 물질생활을 진보시키는 데 기여했기 때문이었다. 아울러 정약용은 유교의 도덕원칙에 대한 확고한 충성을 버린 천주교도(또는 소극적으로 배교한 천주교도)였으며 외래의 사상을 포함한 다른 이상을 찾았기 때문에 19세기로 전환되는 시점에서 이런 입장을 받아들였을 가능성도 충분하다.

## | 노비제도

유형원은 조선 사회의 노비제도를 비판한 17세기의 많은 학자와 정치가 중 한 사람으로서 군역과 납세의 의무를 담당할 양정을 늘리기 위해 노비를 줄여야 한다는 방법론에서는 다른 사람들과 동일했지만, 고대 중국에서 확립된 기준을 위반했다는 도덕적 근거에서 세습적 노비제도를 공격한 유일한 사람이었다. 1669~1730년 조정의 신하들은, 양천 교혼에서 태어난 소생의 신분을 결정하는 데 종모법을 채택하자는 그의 주장을 알지 못했지만, 같은 주제를 논의해서 결국 그 방안을 영구히 채택했다. 그가 거둔 또 다른 부분적 승리는 순조가 대부분의 공노비를 면천한 것이었다.

아무튼 노비인구는 1780년 이후 급감했는데, 그 주된 이유는 외거노비와 노奴가 도망갔기 때문이었으며, 노비를 추쇄하는 비용보다 소작과 고공으로 대체하는 것이 더 쌌다. 어쨌든 대부분의 사람들은 노비의 감소가 진보의 징후였다는 데 동의했지만 불법적인 노비제도를 완전히 폐지하자는 주장을 제기하지는 않았다. 유형원의 경세론을 계승한 사람들도 충분히 신뢰하기는 어려운데, 그들 중 아무도 도덕적 원리에 입각해 세습적 노비제도를 폐지하려고 진지하게 시도하지 않았으며 정약용 같은 매우 명민한 사상가들도 당시의 노동 부족을 보충하기 위해 노비를 고용하는 정도만 고려했기 때문이었다. 유형원조차도 자신의 전제개혁안에서 노비제도는 오랫동안 유지될 것이라는 가정 아래 그들에게 토지를 분급했다.

## ▎ 측량의 합리적 기준(경)

유형원이 제안한 가장 근본적인 개혁 중 하나는 결부제를 고대 중국에서 원용한 직선 형태의 경무제로 대체한 것이었으며, 그의 계승자들은 이 생각을 즉시 채택했다. 그러므로 유형원은 측량제도를 합리화하는 중요한 방안을 도입했다고 평가될 수 있지만, 유감스럽게도 조정에서는 채택하지 않았다.

주요한 문제는 쉬운 측량이라는 기술적 측면이 아니라 왕조 말엽 토지의 불공평한 소유와 소농의 토지 상실, 소작제의 왜곡이었다. 유형원은 좀더 합리적인 측량 방법을 도입하면 중요한 문제들을 해결할 수 있을 것으로 확신했지만, 정말 그럴 수 있었을지는 의심스럽다.

# ┃ 농법과 상업적 농업의 진보

최근 한국의 많은 학자들은 경세학자들의 사상에서 급진주의와 진보주의를 판단하는 기준을 평등한 분배에서 근대적 자본주의의 양상으로 파악한 특징, 특히 합리성과 효율적 관리, 기술의 발전, 비용 절감과 이익의 극대화를 위한 임금노동과 소작제의 시행, 생산의 증가, 시장에서 일용품의 판매 확대 등으로 수정했다. 이런 새로운 해석으로 전환하게 된 동기는 특히 외부의 관찰자에게 명백한데, 그것은 조선도 서양처럼 외부의 후견 없이도 자본주의의 맹아를 발전시키는 동일한 과정을 밟을 수 있었다는 사실을 행동은 물론 사상적으로도 입증하려는 욕망이었다. 예컨대 김용섭은 정약용과 서유구가 단순히 외부의 사상을 빌려온 것이 아니라 그 자신의 독창적 사상에 따라 개혁안을 발전시켰다고 주장했다. 그들은 주희가 확립한 전통을 깨뜨리고 넘어서기 위해서 전통적인 역사적 사고방식과 한·송대의 교훈을 결부시켰다. 그들은 정부가 농법과 사회를 개혁하고 "신분과 지주-소작관계에 기반한 봉건적 사회경제 질서를 극복"하는 데 도입될 수 있는 현실적인 개혁안들을 발전시켰다.[1]

정약용과 서유구의 전제개혁안이 근대의 합리적이고 자본주의적 농업의 일부 요소들을 혼합했고, 농촌의 생산과 수입보다 시장의 잠재적 영향력에 좀더 민감했으며, 그들의 생각은 자신의 사회를 관찰한 데서 출발했지만 앞으로 주요한 생산방식으로서 농업을 산업이나 상업으로 대체하려는 전망은 갖지 않았다는 김용섭의 파악은 옳았다. 실제로 일부 유교적 중농주의자들은 농업 생산을 늘리는 데 관심을 가졌고, 앞으로 보듯이 유형원도 상인은 상품을 생산지에서 수요지로 유통시키는 역할을 하기 때문에 유용하다는 데 동의했다. 정약용과 서유구는 유형원보다 이런 생각을 좀더 진전시켰고, 특히 정약용의 우호적인 기술관은 그 후대의 사람들에게 중요한 영향을 주었지만, 두 사람 모두 상업과 산업이 농업보다 우월하다고 주장하지는 않았다. 그들의 제안이 아무리 현실적이고 진보적이었다고 해도 19세기의 정부에서는 그것을 정책으로 채택하지 않았다. 그러나 그들의 궁극적인 목적은 사유재산의 우월성을 인정하고 자유로운 시장을 옹호하는 것과는 거리가 있었으며 국가의 통제와 국유, 공동 생산, 가능한 수준의 평등한 재분배를 좀더 강화하려고 노력했다 — 이것은 17세기의 유형원과 같은 목표였다.

비록 조선 후기 경제의 어떤 특징들은 토지 축적 · 소작제도 · 고용노동 같은 자본주의적 농업을 향한 움직임으로 볼 수도 있지만, 18세기 후반 인구의 증가로 1인당 생산성이 낮아졌다는 사실은 고려하지 않더라도, 일본과 비교할 때 농업 생산이 크게 증가했다고 보기는 어렵다. 반대로 조선이 멸망할 무렵 비슷한 현상들은 심각하게 불공평한 부의 분배를 야기했으며 빈농들을 고통에 빠뜨렸다. 상업과 산업은 어느 정도 발전했지만, 새로운 공업도시로 잉여노동력을 흡수하고 토지 균분의 압박을 벗어날 수 있는 평화로운 경제적 대안을 제공함으로써 전체적인 삶의 수준을 높이기에는 충분치 않았다. 19세기 중반 이런 상황을 벗어날 수 있는 유일한 길은 거대한 농민반란이었지만, 그것은 병든 왕조의 우월한 무력으로 분쇄됐다. 그런 반란들은 1860년대 대원군 치하에서 온건한 개혁이 일어나도록 자극했지만, 토지의 국유와 재분배를 향한 조선 중기 개혁자들의 열망은 이뤄지거나 시도되지 않았다. 재앙은 1894~95년 동학란에서 같은 각본이 되풀이될 때까지 20년 정도 늦춰졌으며, 유형원과 그의 계승자들은 재야에서 유교적 개혁운동의 일환으로 좀더 이상적인 토지 분배를 주장했다.

제 4 부

# 군제개혁

# 제4부 서론

　유형원은 치욕적인 정묘호란(1637)을 겪은 13년 뒤인 1650년(효종 1) 무렵 『반계수록』을 쓰기 시작했다. 17세기 중반의 상황은 임진왜란 직후와는 크게 달랐다. 그 뒤 2백 년 동안 외국의 침략 위협은 현저하게 줄었지만 국내 반란의 위험은 커졌다. 1624년(인조 2) 이괄의 난 이후 1651년(효종 2)에는 김익金鉽이 모반을 시도했으며, 1728년(영조 4)에는 소론의 일부가 반란을 일으켰다. 19세기에 들어와서 1812년(순조 12) 홍경래는 서북지방에서 반란을 주도했으며, 1862년(철종 13)에는 조선시대의 가장 커다란 반란이 남부지방에서 발발했다. 이런 국내의 위협에 맞서 정권을 방어하기 위해서는 충분한 무력이 필요했기 때문에 국왕과 신하들은 전국적으로 부대를 가장 적합하게 배치하는 방안을 변경했다.

　그 결과 조선의 군사제도는 커다란 본질적인 변화를 겪게 됐다. 조선 전기의 오위제도는 1592년에 창설된 오군영五軍營으로 대체됐으며, 신설된 부대는 대부분 권력과 당파에 연관된 정치적 군인들이 지휘했다.

1659년(효종 10) 이후 당쟁이 더욱 격렬해지면서 내부적 갈등은 더욱 큰 잠재력을 갖게 됐고 군사력의 필요성은 지속됐으며, 그 결과 국제적 평화는 국내 문제에 별다른 이익을 주지 못했다.

포수·사수·살수를 결합시킨 명 후기의 군사조직은 전군에 적용됐으며, 대포·화약·탄약을 생산하고 성벽을 축조할 필요가 커졌다. 부대들이 신설되면서 이런 필요는 재정적 부담을 증가시켰다.

임진왜란(1592~98)이 끝난 뒤 노비들은 처음으로 국가의 정규군에 포함됐다. 사실 피역하는 양정이 많아져 번상 정병과 보인이 모두 줄었기 때문에 노비군사는 절실하게 필요했다. 이런 변화는 임진왜란 이전부터 불공평했던 역과 조세 부담을 악화시켰으며, 보인으로서 정병을 후원해야 하는 노비와 양인들은 더욱 고통을 겪었다.

국방 재정과 관련해서는 정병에게 보인을 할당한 조선 전기의 제도가 유지됐지만, 그 비용은 계속 커졌다. 신하들은 다른 재원에서 국방 재정을 충당하는 것은 물론 군사와 세율을 줄이는 방안을 고려하기 시작했다. 이런 생각은 생산이 늘어나고 시장이 확대되며 동전이 유통되기 시작한 경제적 발전의 자극을 받았다. 뒤에서 논의하겠지만 동전의 유통은 공납제도의 완전한 개혁을 촉진시켰다. 그럼에도 불구하고 변화에 저항한 다양한 보수세력은 이런 개혁 방안의 논의를 오랫동안 방해하고 지연시켰다.

앞으로 다섯 장에서는 당시의 군사제도에 대한 유형원의 자세한 연구와 그의 개혁안을 살펴보겠지만, 그 목적은 유형원의 생각을 분석하는 데 국한되지 않을 것이다. 그의 생각은 당시의 맥락, 특히 그가 『반계수록』을 쓰기 전부터 시작되어 그가 세상을 떠난 이후에도 오랫동안 계속된 군사제도에 대한 현직 관원의 복잡하고 긴 논의 안에서 검토될 것이다. 그 논의는 1750년(영조 26) 군사제도에 대한 그의 저술이 국왕과 신하들의 관심을 끈 뒤에도 계속됐다. 이처럼 광범하게 살펴보는 목적은 군사제도에 대한 그의 접근이 현실적·실용적·혁신적 또는 어떤 의미에서든 '근대적'이라고 평가될 수 있는 새롭고 독특한 제도개혁이었는지를 살펴보기 위한 것이다.

전통적인 유교의 교조주의·근본주의, 또는 엄격함과는 반대되는 실용성을 판단할 수 있는 방법의 하나는 그가 당시의 변화한 상황에 맞추어 자신의 원칙을 얼마나 수정할 수 있었는가 하는 측면일 것이다. 예컨대 그는 군역과 군사제도의 가장 심각한 문제가 무엇인지 판별해서 그런 상황에 적응하고 그 문제들을 해결할 수 있는 좀더 좋은 방안을 현직 관원들보다 열심히 찾았는가. 그는 정부의 보수성과 반대되는 진보세력을 대표했는가. 그는 당시의 경제 변화를 감지하고 그것을 군역과 재정에 대한 새로운 생각을 도출하는 기반으로 이용했는가. 그는 새로운 군사기술의 중요성을 인식하고 그것을 전군에 보급하려고 추진했는가.

조선의 교육제도, 세습적 사회신분, 토지 분배와 조세제도에 내재한 결점과 불평등과 불의에 대한 분노는 군사제도를 다루면서도 유지됐는가. 새롭거나 근대적이지는 않더라도 그는 오랫동안 누적된 제약과 무능에서 벗어날 수 있는 힘을 가졌는가. 끝으로 그는 그 시대의 개혁을 자극했던 유산을 다음 세대나 다음 세기까지 물려주었는가, 아니면 그는 정치권력의 하위를 차지한 사람들에게 무시된 무명의 비극적인 예언자이자 명민한 개혁적 사상가를 알아보지 못한 무능한 유교국가의 비극적 사례로 간주해야 하는가.

# 제 10 장
# 어영청의 모범 : 번상 정병과 보인

17세기 중반의 배경을 파악하기 위해서는 임진왜란 이후 일어난 군사적·정치적 발전을 살펴보아야 한다. 유감스럽게도 그 전란의 교훈은 다른 외부적 침략에 맞서 국가를 방어하려는 노력을 자극하지 못했다. 청의 침입에 대한 방어전략은 정치적 문제로 방해를 받았고, 이괄의 난은 국방의 문제점을 악화시켰으며 북방 국경은 물론 수도 방어의 필요성을 증폭시켰다. 병자호란 이후 조선의 국왕과 신하들은 청에 당한 모욕을 복수하기 위해 국방을 재건하려고 노력했지만, 그런 자유는 청의 날카로운 감시로 제한당했다.

## | 효종의 국방강화책과 그 문제점

먼저 사망한 소현세자를 대신해 1649년 효종이 즉위했을 때 조정은 대부분 서인들이 지배했지만, 청의 지배를 수용하자는 김자점이 이끄는 주화파와 김집·송시열·송준길, 남인의 영수인 허적, 그리고 이시백과 그의 동생 이시방으로 구성된 척화파로 나뉘었다. 인조가 청에 적대적이었지만, 김자점은 인조가 소현세자빈과 그녀의 아들(즉 인조의 손자), 그리고 그 가족이 청과 결탁해 반역을 꾸미고 있다는 죄목으로 살해하는 것을 지지했기 때문에 관직을 유지할 수 있었다.

그러나 청에 10년 동안 인질로 가 있으면서 청에 대한 증오를 조용히 길러왔던 효종은 김자점과 그 일파를 척화파로 즉시 교체했다. 정치적으로 고립된 김자점은 역관을 통해 효종이 주화파를 숙청하고 달력과 문서에 청의 연호를 사용하지 않는다는 사실을 청에 몰래 보고하면서 도움을 요청했다.

청의 왕자로 조선에 대한 강경정책을 이끈 도르곤은 1643년(인조 21) 섭정이 됐다. 북경을 접수하기 위한 공격을 이끈 그는 1644년 이자성의 군대를 격파하고 1646년에는 중국 남부까지 완전히 정복했다. 1649년 효종이 일본의 침략 가능성을 막기 위해 진관과 성벽을 재건하도록 허락해달라고 청에 요청하자 그의 동기를 의심한 도르곤은 김자점과 그 일파를 숙청한 원인을 조사하기 위해 사절을 보냈다. 조선의 신하들은 군사적 결정은 척화파가 아니라 비변사의 의견을 모아 이루어지며, 김자점은 인조가 붕어했을 때 내의원 도제조를 맡았기 때문에 쫓겨난 것이라고 설명해서 무마했다. 그러나 그들이 되돌아가자 김자점은 즉시 유배됐다.

그러나 청의 사절이 귀국한 뒤 도르곤은 일본의 위협을 막기 위해서는 남부지방의 진관을 재건하고 부대를 이동하며 무기를 증강해야 한다는 효종의 주장에 대해 조선의 지방 관원들이 청의 사신에게 실토한 내용을 담은 편지를 효종에게 보내라고 순치제에게 아뢨다. 순치제는 조선이 사실상 청과 전쟁을 준비하고 있으며 그런 상황에 '대응하지' 않을 수 없다고 말했는데, 그것은 침략하겠다는 위협과 마찬가지였다.[1]

1650년(효종 1) 도르곤이 사망하자 조선은 청의 의심에서 약간 벗어날 수 있었지만, 김자점이 이끄는 이른바 낙당洛黨은 위험에 빠졌다. 1651년 그의 아들 김익은 숭선군崇善君을 추대하고 자기 아버지의 정적인 원두표元斗杓의 원당原黨과 김집·송시열·송준길의 산당山黨 등의 반청파를 제거하려는 목적에서 수원과 남한산성의 수어청에 소속된 군사를 동원해 반란을 일으켰다. 그러나 원당과 산당은 김익과 그의 아들을 숙청하고 경기도와 강원도의 육군과 수군, 남한산성을 지휘하는 광주유수, 경기도의 총융청 같은 핵심적 군사조직에서 주화파를 모두 제거하는 데 성공했다.[2]

그러나 도르곤이 사망했다고 해서 효종이 청에 대한 적의를 새롭게 하면서 국방을 재건할 수 있게 된 것은 아니었다. 청은 한 달에 한 번 이상 공식적·비공식적 업무로 사신을 보내 조선 전국을 날카롭게 감시했다. 효종은 그런 청의 의심을 누그러뜨렸지만, 재무장하려는 야심적이거나 가시적인 어떤 노력도 발각되어 보복될 위험이 있었다. 흉작과 잦은 청 사신의 방문을 접대하는 재정적 압박 때문에 효종은 낙후된 무기를 신속히 대체하려는 계획을 포기할 수밖에 없었다. 군사의 채용과 훈련은 유형원이 지적한 것과 동일한 문제로 차질을 겪었고(후술), 청 사신의 눈길을 피해 사격훈련을 실시해야 했으며, 군량은 구휼에 사용됐다. 요컨대 1649~51년 국방을 재건하려는 첫 시도는 거의 완전히 좌절된 것이었다.[3]

재무장에 성공한다고 해도 청은 중국을 정복한 이후 모든 점령지역의 병력을 복속시켰기 때문에 조선군은 청에 맞설 수 없었다. 명에 대한 충성은 존경할 만했지만, 명이 항복함으로써 현실에서 그런 의무는 이행할 방법이 없어졌다. 청을 공격하기 위해 재무장해야 한다는 조정의 계속된 논의는 하나의 카타르시스적 행동으로 이해할 수 있었지 현실성이 거의 없었다. 일본과 그밖의 지역에서 공격의 위협이 없었음을 고려한다면 효종의 '북벌'정책은 백성에게 쓸데없는 부담을 지운 것이었다.

청의 감시에도 불구하고 효종은 군비 확장을 추구했지만, 오랫동안 군사제도에 만연한 많은 문제들에 직면할 수밖에 없었다. 그러나 그는 그런 문제들을 개혁하기보다는 군사를 늘리고 훈련을 증강하는 데 관심을 갖고 있었다. 그 결과 1652년(효종 3) 초반 병조판서 박서朴遾는 5개의 개혁안을 올렸지만, 효종은 그것 모두를 긍정적으로 받아들이지 않았다. 녹봉을 받지 못하는 지방 수영水營의 지휘관이 수군들에게 군포를 내도록 강요한 결과 수군들이 그 부담을 피하기 위해 유망하는 것을 막기 위해 그는 정부가 그 지휘관들에게 녹봉을 주어야 한다고 건의했다. 그는 내륙의 농민에게 수영에서 복무하도록 한 폐단을 없애기 위해 그런 의무는 해안지역 주민에게만 부과하도록 요구했다. 그는 농민들이 군적에 등록되지 않기 위해서 유망해 지주에게 투탁하는 것을 막기 위해서 지방 관원들은 (원래 거주자보다는) 일시적으로 거주하는 사람을 모두 등록하고 농민들을 군적에 등록하지 못하도록 숨겨준 지주를 처벌하며, 불법적인 이주를 금지하고 호적과 호패를 정확히 관리해서 군역을 파악해야 한다고 건의했다. 박서는 양인과 공노비들이 피역하기 위해 도망치는 것을 막고, 관원들이 그들의 군역을 그 이웃과 친척에게 전가하거나 그들의 토지와 가옥을 접수해 판매하지 못하도록 효종이 몇 가지 조처를 취해야 한다고 주청했다. 그는 도망간 사람들이 돌아와 군적에 등록되도록 유도하기 위해서 그들의 재산을 돌려주고 체납한 군포와 피역·탈세에 대한 벌금을 탕감하며, 그해의 요역(또는 노비의 신공)을 면제해주도록 효종에게 건의했다.[4]

비변사는 충청도와 전라도의 수사水使의 처우를 개선하기 위해 매달 녹봉을 지급하도록 건의했지만, 국법에서 수군은 세습적 임무로 명시됐기 때문에 복무지를 옮기는 데는 반대했다. 비변사는 체납된 조세를 보충하기 위해 도망간 사람들의 토지를 팔 수 있도록 법률에 허용됐다는 점을 근거로, 도망간 양인과 노비의 토지를 돌려주자는 박서의 제안을 거부했지만, 그들이 귀가하면 토지와 가옥을 일정한 가격에 다시 살 수 있도록 허락했다.

이런 대응도 실망스러웠지만 효종의 결정은 더욱 낙담스러웠다. 그는 군함에 대포를 보수하고 농민을 수군에 배치하며 수군 지휘관들이 수군을 갈취하지 않도록 녹봉을 주자는 제안들을 모두 거부했다. 도망간 사람들을 다시 정착시키기 위해서 그가 받아들인 유일한 보상은 그해의 요역 부담을 줄여주는 것이었다. 그는 현재의 소유자나 점유자에 대한 보상에 상관없이 도망간 사람들에게 토지나 가옥을 돌려주는 데 동의하지 않았다.[5]

물론 유망민을 다시 정착시키는 것은 군대의 정원을 유지하는 근본 문제와 연관된 사안이었지만, 그런 문제를 국왕이 해결하기는 거의 불가능했다. 전란과 기근의 여파로 사망했거나 도망간 사람이 군적에 남아 있는 일이 허다했다. 원래는 3년마다 군적을 작성하도록 법제화됐지만, 거듭된 전란의 파괴 때문에 1648년(인조 26) 인조는 그 간격을 5년으로 늘렸다. 1653년(효종 4) 평안도에는 7만 명의 군사가 할당됐지만 겨우 3만 명만이 확보됐다는 보고가 올라왔으며, 병조판서 원두표는 임진왜란 이전에는 25만 명 정도가 군적에 올라 있었지만 현재는 15만 명밖에 되지 않는다고 아뢨다! 효종은 군역을 갑자기 추가로 부담시키면 이미 기근과 질병으로 허덕이는 농민에게 너무 큰 고통이 될 것으로 판단해서 군적 작성을 다시 5년 더 미룰 수밖에 없었다.[6]

1654년(효종 5) 만주의 러시아군을 정벌하는 데 조선의 포수 1백여 명을 지원하라는 청의 요구는 재무장하려는 효종의 야망에 일정한 자극이 됐다. 러시아를 골칫거리로 인식하게 된 청은 조선군의 신뢰할 만한 야전 능력에 찬사를 보냈으며, 그런 변화에 따라 조선 조정은 병자호란 이후 처음으로 북방 국경의 방어를 공개적으로 토론할 수 있게 됐다. 대담해진 효종은 청의 보복을 두려워한 일부 신하들의 반대를 무릅쓰고 훈련도감과 어영청의 부대들을 직접 순시하기도 했다.[7]

1652년 효종은 지방 진관들의 열악한 상황을 개선하려는 목적에서 특정한 진관의 영장을 수령이 겸임한 예전의 제도를 복구하자는 박서의 제안을 받아들이려고 했다. 김육의 반대로 그 사안이 2년 동안 지연되자 효종은 (군사 문제에 무지한 문관 대신) 유능한 무관을 선발해 남부지방의 16개 영의 영장으로 임명하고 그 주변 지역의 군사훈련을 감독케 하자는 원두표의 건의를 받아들였다. 그는 그들의 임무를 방해하지 않도록 24개월의 임기를 보장하고 뛰어난 군사 능력을 가진 사람은 승진시켰으며 임무에 태만한 장교들은 쫓아냈다. 1655년(효종 6)에는 군사 규정에 위반된다는 이유로 갑작스러운 군사 감찰을 반대한 무관을 처형하기도 했다.[8] 또한 같은 해 그는 이시백의 건의에 따라 전시에 군사들을 지휘할 젊은 장교들을 훈련시키기 위해 능마아청能麼兒廳을 설립했다.[9]

효종은 일부 신하들의 반대를 무릅쓰고 속오군의 노비부대에 재정 지원과 면세를 허락했다. 1654년 그는 경상도에서 올라와 어영청에서 복무하고 있는 관원과 사노비들에게 교통비를 주라고 지시했지만, 국고에서 지원하는 대신 군역을 지지 않은 2만 8천 명의 노비들에게 7말의 세금을 더 부과했다. 그는 재정을 확보하기 위해 세금을 추가로 징수하는 것은 이미 부담이 과중한 노비들에게 지나친 처사라는 김육의 반대를 무시했다.

1656년(효종 7) 그는 삼남지방의 모든 속오군에게 훈련을 지시하고 감독했지만 그들에게 지급된 2분의 1결에 대한 전세와 그밖의 요역을 면제해 보상했다.[10] 이것은 너그러운 조처였지만 1657년까지 결정을 미뤄야 했는데, 송시열과 김육을 포함한 많은 대신들은 특별한 면세는 삼남지방의 전체 50만 결 중에서 2만 결에 지나지 않았지만 그래도 국가의 세수가 상당히 감소할 것이라면서 반대했기 때문이었다. 그는 영의정과 좌의정을 설득한 뒤 전세의 면제를 지시했다.[11]

이 문제에 대한 효종의 정책은 일관되지 않았다. 군사이동의 경비에 재원을 마련하기 위해서 노비들에게 부가세를 부과한 것은 그들에게 그리 이롭지 않았지만 전세를 면제해준 것은 이로웠다. 어쨌든 그의 주된 목적은 노비의 역을 경감하는 것이 아니라 그들에게서 최대한의 재원을 얻고 군사로 훈련시키는 것이었다. 전체적으로 효종은 군비를 증강시키는 데 어느 정도 성공했지만, 청의 감시와 좀더 적극적인 제도 개혁에 대한 스스로의 망설임으로 제약받았다.


## ▎국방의 약화에 대한 유형원의 분석

새로운 부대를 창설했어도 복무할 수 있는 양정이 군적에서 누락되고 양반들이 면역되며 전쟁의 영향으로 인구가 감소됐기 때문에 병력은 늘 부족했지만, 그 문제는 이런 원인에만 국한된 것은 아니었다. 양인들은 가능한 모든 방법으로 피역하려 했기 때문에 정부는 정병과 보인을 유지하는 데 어려움을 겪었다.

그러나 임진왜란 이후의 상황은 양정의 감소를 보충하기 위해서 공·사노비를 새로 창설된 속오군에 포함시켰기 때문에 그 이전과는 확연히 달라졌다. 국가가 군역에 노비를 징발하면서 두 가지 문제가 발생했다. 즉 노비 소유주들은 노동력을 확보하기 위해 경쟁했으며, 노비들은 주인에 대한 의무와 함께 국가에도 군역을 지게 되어 부담이 커진 것이었다.

군역은 대체로 번상 정병과 보인으로 나뉘었지만, 실제 군역을 이행하는 대신 군포를 내는 경향이 많아졌으며 관원과 서리는 그런 부패를 이용해 세입과 부정한 이익을 늘렸다. 그 결과 군사를 지원하거나 그들에게 특수한 장비를 공급할 수 있는 재원이 부족하게 됐으며, 농민 보인들은 법적인 한도보다 훨씬 많은 세금을 납부하게 됐다.

유형원은 군제개혁도 다른 문제와 마찬가지로 고전에서 방법을 찾았다. 그는 이상적인 군사제도는 주대의 정전제와 함께 시행된 민병제도라고 판단했다. 그는 그 제도의 본질을 정의하고 주대 이후 그 제도에 근접하려는 시도들을 추적했다.

정전제뿐만 아니라 민병제도 또한 이제는 돌아갈 수 없는 과거였기 때문에 유형원에게 남겨진 문제는 17세기 조선의 군사제도를 건강하게 회복시키는 데 민병제도의 고전적 선례가 얼마나 많이 복원되고 적용될 수 있는가를 판단하는 것이었다.

## 병력과 훈련의 부족, 그리고 부패

유형원보다 당시 군역제도의 결함을 더 잘 알고 있던 사람은 없었다. 군적은 쓸모없는 종이 조각이었고 대부분의 군사들은 훈련되지 못했으며, 군역제도는 더이상 존재하지 않은 정병을 후원한다는 명목으로 군포를 납부하는 독립된 조세제도로 변질됐다.

이 때문에 많은 군사가 배치되어야 하는 진관에 실제로는 아무도 없으며, 군역을 져야 하는 사람들은 언제나 군포를 마련할 방법을 걱정해 활을 쏘고 말을 타는 방법을 모른다. 보병과 여정餘丁 같은 각종 군사들도 군포를 납부하며, 기병도 군포를 냈는데 말을 가진 사람은 아무도 없었다.……

군사를 훈련시키고 국가를 보위하는 것은 말할 것도 없으며 무고한

백성들을 도탄에 빠뜨리고 있으니 이것이 어찌된 일인가.<sup>12</sup>

17세기 중반의 상황은 16세기 후반과 거의 달라지지 않았기 때문에 유형원은 이이가 군사제도를 비판한 선구적인 내용을 길게 인용하는 것이 좋겠다고 판단했다. 이이는 정병에게 군포를 내도록 전환한 조처는 병력을 줄였을 뿐만 아니라 양정과 그 가호의 조세 부담을 증가시킴으로써 군사제도를 약화시킨 근본적인 원인이 분명하다고 지적했다.

군역 대신 납포하는 것이 편하지만 군포를 마련하기도 어렵기 때문에 여러 번 군역을 지게 되면 집안의 생계를 유지할 수 없어 줄줄이 유망을 떠나게 된다. 이듬해 군적을 만들어 군역을 지도록 강요하면 각 군현에서는 반드시 일족一族을 군역에 배정하며, 그들이 모두 도망가면 그 피해는 그들의 친족에게 확산된다. 이처럼 환난이 끝없이 퍼져 백성들이 아무도 남지 않는 지경에 이를 것이다.<sup>13</sup>

1575년(선조 8) 이이는 선조에게 상소를 올려 진장鎭將과 정병이 서로의 이익을 사악하게 결탁해 군역이 부패하게 됐다고 비판했다.

진장들은 군사들을 착취해 자신의 이익을 불릴 줄만 알 뿐 다른 생각을 하지 않습니다. 오랜 군역에 지친 군사들은 군포를 내고 군역을 면제받을 수 있다면 반드시 기뻐서 그렇게 할 것입니다. 진관에 남고자 하는 사람에게는 반드시 감당하기 어려운 임무를 맡기고 마련하기 어려운 물자를 독촉해 살이 타는 것 같은 고통에 빠뜨릴 것입니다.
사람은 목석이 아니니 누군들 자신의 몸을 사랑하지 않겠습니까. 군역을 면제받아 집에서 한가롭게 누워 있는 사람을 보면 누군들 그것을 부러워해 따르려고 하지 않겠습니까. 만약 군역을 면제받는 사람이 많아

저 진보鎭堡가 비게 되면 부정을 적발하는 기간 동안 근처에 사는 백성들에게 대신 복무하게 하니, 순찰하는 관리는 그 숫자만 검열할 뿐 그 진위를 파악하지 않습니다.[14]

양인들은 군역을 면제받기 위해서 양반신분을 얻을 필요는 없었으며, 관원들은 진보의 군사를 충원하는 것보다는 군적에 기재된 숫자를 유지하는 데만 관심이 있었던 것이다.[15]

유형원은 당시의 비슷한 상황을 서술했다. 진관에는 군사가 없었을 뿐만 아니라 복무중인 군사들도 일반적인 부패의 영향을 받았으며 병조나 진관의 서리에 의해 착취당했다. 그런 서리들은 군사들이 탈영한 것처럼 서류를 위조한 뒤 그것을 이용해 벌금으로 군포를 걷었다. 그들은 복무하러 군사들에게 좀더 쉬운 임무를 주는 대가로 뇌물을 받거나, 소집에 늦게 응했다거나 장비를 제대로 갖추지 않았다는 이유로 벌금을 걷었다. 그들은 자신의 친척과 유력한 가문 출신에게는 군포를 내고 대체 복무할 사람을 고용할 수 있도록 했지만, 그렇게 대체 복무하려는 사람은 없었다. "20명이 복무해야 하는 곳에 7~8명밖에 남아 있지 않기 때문에 번상한 군사들이 더욱 힘들었다."[16]

그는 양정에게서 군포를 걷고 군역을 면제해주는 제도放軍收布를 비판했다. 그는 언제 그 제도가 시작됐는지는 알지 못했지만, 정부가 평화시에는 정병을 군역에 복무시키기보다는 귀가시켜 농사를 짓게 하면 자금을 줄일 수 있다고 생각했다는 사실을 알았다. 문제는 그런 관행이 지나쳐서 병조는 군포를 받고 정병을 귀가시키는 잘못을 저질렀으며 지방 진관의 상황은 더욱 나빴다.

그 제도는 군역을 세입의 원천으로 변질시킴으로써 군역을 상업화시켰다. 무관들은 방어능력이 아니라 세입에 초점을 맞추어 진관을 논의했다. 예컨대 1백 명으로 구성된 변방의 진관은 "한 달에 2백 필을 걷을 수 있는 곳"이라고 불렸다(1인당 군역 대신 군포 2필을 냈기 때문이다). 인사를 담당한 관원은 어떤 사람의 포상과 처벌을 결정하는 데 이런 기준을 적용했다. 진장에 임명된 장수는 그 진관에서 걷을 수 있는 수입의 전망에 따라 회비가 교차했으며, 그의 친구들도 역시 같은 기준에 따라 축하하거나 애도했다. 지방의 병마사나 영장들은 "자기 처첩의 사치스러운 소비를 충당하는 수입의 원천으로 군사를 간주하거나 영향력 있는 사람들에게 뇌물을 주기 위해 자금을 모았으며" 병조의 관원들은 친구와 상관을 위한 잔치와 오락에 국고를 낭비했다.[17]

농민들은 군역 대신 군포를 마련하기 위해 기꺼이 고리로 빚을 얻었다. 거주지에서 먼 진관에 배치되면 그들은 그곳의 서리에게 뇌물을 바쳐야 했을 뿐만 아니라 진장에게 바칠 물건들을 많이 가져가야 했다. 만약 군역을 피해 도망가면 그 부담은 그들의 친척과 이웃에게 돌아갔다.

군포를 걷는 데 혈안이 된 관원들은 아기까지 군적에 등록해 그 부모에게서 군포를 걷었다.

또한 지금 민가에서 아기를 낳아 젖을 떼지 않은 상태여도 모두 군역에 충원해 군포를 걷으니 아이가 서너 명인 집에서는 1년에 1백 여 필의 군포를 내게 되어, 아이가 크지도 않았는데 유망을 떠나고 헤어지게 된다. 조정에서 그가 장성한 뒤에 군역에 충원하라는 명령을 내려도 대부분 빈말이며, 한번도 시행되지 않았다. 이것은 수령의 잘못이기도 하지만, 군포를 걷는 일이 없었다면 이런 폐단이 생겼겠는가.[18]

유형원은 당시 군역이 사실상 군포를 납부하는 체제로 전환됐다고 판단했다. 이런 상태는 그 뒤 2세기 동안 더욱 뚜렷해졌다. "군사라는 명칭이 납포하는 사람을 가리키는 관행은 이미 오래되어 군사는 바로 면포를 지칭하게 됐다. 그래서 사람들은 보병步兵이라는 명칭이 원래 군사의 명칭인 줄은 모르고 면포의 이름인 줄로 알고 있다."[19]

아울러, 이이의 시대와 마찬가지로, 지방의 절도사와 진장들은 "처첩의 사치품을 구입하거나 권세 있는 집안에 뇌물을 바치는 데 군포를 사용했다.……또한 친구들에게 선물을 주거나 술과 음식, 잔치에 탕진했다."[20]

양정의 숫자도 군적 등록의 이완과 부정으로 감소했다. 이이는 6년마다 양정을 등록하는 규정이 준수되고 있지 않다고 지적했으며, 1553년(명종 8) 명종은 피역자를 적발하기 위해 특별 등록을 지시했다. 불행하게도 등록을 담당한 관원들은 장부를 채우는 데만 열중해 거지와 유민은 물론 닭과 개까지, 보이는 모든 사람과 사물을 등록했다. 요컨대 군적은 가치가 없었으며 병력의 부족은 20년 뒤에도 여전했다.

진관에서 복무하고 있는 병력이 감소하면서 훈련 수준도 낮아졌으며, 전시에 그들은 정규군이나 직업군인과 거의 조화되지 못했다.

이 때문에 명목상으로는 1천 명이 복무하는 진관에 실제로는 한 사람도 남아 있지 않다. 군사들은 밤낮으로 면포를 마련하는 어려움을 걱정하느라 활을 쏘고 말을 타는 방법을 모른다.……이른바 기병도 면포를 낼 뿐이며 말을 가진 사람은 아무도 없었다.[21]

보인에 의해서 국방 재정이 부패한 결과 임진왜란 이후 창설된 속오군과 훈련별대 같은 새로운 부대의 병사들은 보인을 전혀 받지 못해 장비나 말을 구입할 자금이 부족했다.[22] 군포는 장비를 마련하는 데 충당되지 않았기 때문에 정병들도 자신의 장비를 직접 마련해야 했다.

유형원은 1574년 조헌이 중국에서 돌아온 뒤 올린 상소에서 명은 정규군에게 5명의 여정餘丁, 말을 살 수 있는 은, 음식(또는 돈)과 갑옷·활·화살·창·칼을 포함한 모든 장비를 공급한다고 언급한 내용을 인용했다.

　우리나라의 군사는 한두 명의 보인밖에는 지급되지 않아서 말과 장비와 무기를 마련하지 못하는 사람도 있습니다. 점고點考할 때는 으레 다른 사람에게 빌리지만 그러지 못하는 사람은 미곡 몇 말을 서리에게 주어 무마합니다.……군사들이 자신의 식량을 직접 마련하게 하는 것이 우리나라의 풍습인데, 그 폐단은 군사들에게 더욱 심각합니다.……장수와 그 휘하의 패두牌頭·장무掌務들이 군사를 착취하지 못하게 해야 합니다. 그러면 군사들은 땅과 집을 팔아도 부족할 것이니 이 폐단을 먼저 없애야만 군사들의 고통이 조금이라도 덜어질 것입니다.[23]

　거주지와 멀리 떨어진 지역에서 복무하게 하면 군사들은 이동 비용과 거처의 격리로 어려움을 겪었다. 유형원은 황해도(평양의 남서쪽부터 서해안을 따라서)에서는 북방 국경에 복무시킬 기병을 동원하지 말자고 제안했다. 그는 당대唐代에는 군역의 기간이 군사의 거주지부터 복무지까지의 거리에 따라 달라졌지만, 조선은 상대적으로 좁기 때문에 "거주지 근처에서 복무할 수 있다"고 판단했다.[24]

　더욱이 군사들을 서리나 복예僕隷 등으로 부리는 일반적인 관행은 군사들의 훈련과 능력을 방해할 뿐이었다. 유형원은 이것이 "최근에 생겨난 아주 나쁜 관행"이라고 지적했다. 그러나 그것은 제도적 원인 때문에 발생한 문제였다. 복예의 의무는 신역의 일부로 강요됐다. 그들은 그 의무에 대해 녹봉이나 급여를 전혀 받지 못했기 때문에 도망갔으며, 관원들은 그들 대신 군사를 이용할 수밖에 없었다. 해결책은 두 가지였다. 그들에게 적절한 녹봉을 지급하고 군사를 쓰지 못하도록 금지하는 것이었다.[25]

　군포제도의 부패에 대한 유형원의 비판은 그것이 새로운 현상이 아니었기 때문에 더욱 비극적이었다. 악화되지는 않았다고 해도, 그것은 임진왜란이 일어났을 때 조선군에 실제 군사가 없었던 상황이 연속된 결과가 분명했다. 광해군·인조·효종은 그런 상황을 바로잡는 데 실패했다.

### 노비의 복무

임진왜란 이전 노비를 군역에서 제외한 것은 그 시기에 군사가 부족하게 된 주요한 원인이었다. 그런 문제는 노비와 양인을 혼성한 속오군에 사노비를 충원함으로써 어느 정도 해결됐지만, 그런 해결책은 노비의 노동력을 다시 독점하려는 노비 소유주들의 저항을 받았다. 그러나 국가는 노비들의 군역 복무를 포기하지 않았다. 노비들은 군적의 부패로 복무할 수 있는 양정의 숫자가 줄어들었기 때문에 군액을 채우는 데 핵심이 됐다.

유형원은 임진왜란 이전에는 정병과 보인을 합쳐도 40만 명이 되지 않았으며 그중에서 기병과 보병을 합친 정병은 12만 명이었다고 지적했다. 그러나 임진왜란이 일어나자 대부분의 정규군은 와해됐다.[26] 1614년 (광해군 6) 이수광은 『지봉유설』에서 임진왜란 이전 군사력은 1360년대 고려 공민왕대의 20만 명보다 적었으며 "사족(즉 사대부이자 양반)과 한량, 유민은 너무 많았지만 군역을 질 수 있는 사람은 너무 적었다"고 지적했다.[27]

유형원은 병조의 기록을 통해 1660년(현종 1) 당시 등록된 양정 중 보병과 기병은 6만 6,702명이고 보인은 13만 2,160명으로 전체 병력은 18만 3,258명에 지나지 않는다는 사실을 알았다.[28] 아울러 16만 1,929명의 속오군이 있었는데, 전군의 47퍼센트였다.[29] 속오군은 노비와 양인으로 구성됐기 때문에 1660년 당시 이 부대가 모두 노비라고 결론지을 수는 없지만 병력에서 노비의 비율이 상당했음은 분명하며, 그들이 입대함으로써 양인들은 속오군에서 빠졌음을 감안하면 전군의 30퍼센트 이상이었다고 생각된다. 최근의 연구에 따르면, 18세기 후반 특정 부대에서 전체의 25~30퍼센트 정도가 사노비였으며 그 대부분은 신공을 바치던 외거노비였다.[30]

유형원은 국방력을 급격히 약화시키지 않으면서 노비를 군역에서 제외한 조선 전기의 제도로 돌아가는 데는 찬성하지 않았지만, 노비가 면천되면 군역을 지울 수 있었기 때문에 노비제도의 즉각적인 폐지를 요구할 가능성도 충분했다. 그러나 그는 양반에게서 노동력을 박탈하는 데 주저했을 뿐만 아니라 노비가 국가의 적절한 병력을 유지하는 데 필수적이 됐기 때문에 그렇게 하지 않았으며, 노비 소유주에게 직접 도전하려고 하지는 않았다.


## ▎ 이상적인 민병제도의 변질

### 주대의 선례

주대의 정전제가 이상적 사회의 기본 조직에 대한 유형원의 생각에 어떤 기초를 제공했는지는 이미 지적했다. 그 모범은 민정 분야뿐만 아니라 군사 부분에도 적용됐다. 농민 가호는 경작할 수 있는 토지를 일시적으로 분급받은 동시에 군사훈련을 받았으며 전시에는 군사로 참전해야 했는데, 이것은 농민이 군사의 역할을 동시에 수행하는 민병제도였다.

모범적인 민병제도는 평화시에는 복무하는 기간을 최소화해 농민에게 절대 부담을 주지 않았다. 군사훈련은 농한기에만 실시해서 농민의 생산과 생존을 방해하지 않도록 했다. 모든 양정은 직접 복무할 의무가 있었기 때문에 상비적인 직업군인이나 그런 부대를 후원하기 위한 조세제도도 필요치 않았는데, 그것들은 모두 주대의 이상적 제도가 무너진 뒤 널리 나타난 특징이었다.

정전제와 이상적인 민병제도의 또 다른 기본 원리는 촌락조직과 공동체의 결속이었다. 여덟 가호로 구성된 정전제든 일곱 또는 다섯 가호로 이루어진 그 대안이든, 가장 작은 공동체조직은 군사조직의 기본으로 기능했다.[31] 여덟 가호 단위로 이루어진 촌락은 응집력, 상호부조와 친밀한 관심이 특징이었다. 『주례』의 주석을 단 후한의 정현은 같은 마을을 주민들로 부대를 구성하면 전투중에 군복과 목소리를 쉽게 식별해 서로 돕고 구조할 수 있는 이점이 있다고 상찬했다.[32] 『국어國語』에 따르면 제齊 환공桓公은 주대 관자管子의 견해를 참조해서 제의 군사제도를 개편했다고 유형원은 언급했다. 5명으로 구성된 분대와 촌락의 민병에 기반한 이 제도는 강인한 결속력이 있었다고 평가됐다.

그러므로 군사들은 서로 보호하고 가호는 서로 아끼며 연소자와 연장자가 함께 살면서 제사와 장례, 좋은 일과 나쁜 일을 함께 치른다.

이 때문에 밤에 전투가 벌어져도 목소리만으로도 혼동되지 않고 식별할 수 있으며, 직접 볼 수 있는 낮에는 말할 것도 없다. 그들은 서로 대신 죽을 만큼 친밀해서 방어하면 견고했고 싸우면 이겼다. 주의 왕실은 이런 군사 3만 명을 이끌고 무도한 무리를 정벌해 복속시켜 천하를 제패했다.[33]

유형원이 존경한 명대의 주석학자인 구준도 민병제도의 이점을 찬양했다. 그 제도에서는 아버지가 전사하면 아들이 대신했기 때문에 필요 이상으로 군사를 선발하지 않았다. 민병은 직접 농사를 지어 생활을 유지했기 때문에 녹봉으로 지출되는 비용도 들지 않았다. 그리고 그들은 전쟁이 끝나면 해산했기 때문에 부대에 주둔할 필요도 없었으며, 지휘관이 그들을 동원해 권력을 잡을 정치적인 위협도 없었다.[34]

## 한의 군사제도

한대의 토지제도는 전반적으로 부정적인 평가를 받았지만, 전한의 군사제도에 대한 전통적인 견해는 그것과는 상당히 달랐다. 토지제도에서는 사유재산과 지주제라는 2개의 폐해가 동시에 나타났다는 비판을 받았지만, 한의 군사제도는 주의 민병제도의 이상을 보존해 중앙집권적 관료체제가 시행된 제국으로 가져왔다고 평가됐다. 유형원은 중앙군과 지방군을 나눈 널리 알려진 한의 제도를 서술하면서 그것의 주요한 특징은 보편적이며 순환적으로 복무한 것이었다고 지적했다. 궁궐을 경비하는 남군南軍과 수도를 방어하는 북군北軍은 중앙과 지방에서 징발된 농민으로 구성됐으며, 중앙군과 국경 방어군은 순환 복무하면서 하번일 때는 귀가해 농사를 지었다.[35]

이런 개병제의 특징은 번상이었지만, 매년 도성에서 한 달이나 국경에서 사흘 동안 의무적으로 복무해야 했던 농민들은 돈을 내고 대체 인력을 살 수 있었다. 그러나 마단림은 이런 제도에서는 그렇게 고용된 1명의 군사가 결국은 1백 명을 대신하는 바람에 진관에 군사가 전혀 없게 될 수도 있다고 비판했다.[36] 여기서 유형원은, 조선에서는 화폐가 아니라 군포가 사용됐지만, 대체 인력을 고용하는 폐단의 선례를 찾았을 것이 분명했다.

## 당의 부병제

한의 개병제는 널리 알려졌다고 판단했기 때문으로 생각되는데, 유형원은 그 제도의 몰락과정을 자세하게 추적하지는 않았다. 기원전 2세기 후반 전한의 무제가 대규모의 정복을 시작한 이후 민병제도의 이상은 무너지기 시작했다. 3~6세기의 남북조시대에 귀족과 장군들은 사병을 거느렸다.[37] 토지제도의 균전제를 보완하는 군사제도인 부병제는 486년(북위 효문제 태화 10) 이민족인 척발씨拓跋氏가 다스리던 북위에서 시작됐다. 그것은 모범적인 주의 민병제도로 돌아가려는 하나의 시도였다.[38]

유형원은 10세기 송의 유명한 학자이자 정치가인 구양수가 쓴 『신당서新唐書』에 크게 의존해서 부병제를 설명했다. 636년(당 태종 정관 10)에 재편된 당의 군사제도에서는 전국에 10개의 도道를 두고 그 아래에 도위都尉가 다스리는 634개의 부府(또는 절충부折衝府. 다른 자료에 따르면 564개였다)를 두었다. 그 제도의 절정기에는 모두 50만~60만 명의 부병이 있었으며 수도에도 8만 명이 배치됐다.[39]

전국시대(기원전 5~4세기) 이후 국가의 흥망이 도덕이 아닌 무력으로 결정된 것을 개탄한 구양수는 특히 부병제의 제도적 장점에 매료됐다. 주대 이후 모든 왕조의 군사제도 중에서 본받을 만한 유일한 가치가 있는 것은 당의 부병제였는데 그것은, 완전히 일치하지는 않지만, 주대 정전제와 결부된 이상적 민병제도에 기초했기 때문이었다.[40]

또한 구양수는 지방에 절충부를 분포하고 그것을 지휘하는 도위에게 군적 등록, 군사훈련 및 지휘의 임무를 맡긴 것을 높이 평가했다. 그 제도가 폐지된 뒤 이필李泌은 도위가 농한기에는 군사를 훈련하고 전시에는 지방 관원을 도와 군사를 소집하는 임무를 매우 효율적으로 수행했다면서 그 제도의 복구를 당 태종에게 주청했다. 농민을 거주지와 가까운 부대에 배치함으로써 먼 지역까지 귀한 시간을 들여 이동할 필요가 없었으며, 전쟁이 끝나면 민병들은 생업으로 돌아갔기 때문에 지휘관들이 그들을 정치적 목적으로 이용할 가능성은 미연에 방지됐다.[41]

당의 주석학자인 두목杜牧 또한 부병제는 한의 한신韓信·경포黥布와 일곱 가신, 당의 안록산 같은 지방 절도의 반란, 그리고 한·위의 왕망·동탁董卓·조조曹操·사마염司馬炎 같은 중앙 장수들의 반란을 막을 수 있다면서 그 특징을 상찬했다. 요컨대 부병제는 군권의 지나친 중앙 집중이나 지방 분산으로 야기될 수 있는 문제들을 예방할 수 있다는 것이었다.[42]

그러나 유형원은 부병제가 주대 민병제도를 완벽하게 복원한 것도 아니었고 당 고종(재위 649~683)과 측천무후(재위 685~705)시대에도 시행되지 않았다는 점에서 그 효율성에 회의를 표명했다. 군사들은 민병제도처럼 농번기와 상관없이 상하번을 교대했으며 수도 경비를 맡은 군사들은 임무에서 도망쳤다. 규정과는 반대로 군사들은 잡다한 요역을 면제받지도 못했고, 양인 농민들은 군역과 요역을 이행하느라 가난에 빠졌다. 현종(재위 713~756) 때는 병력도 크게 줄었다.

그럼에도 불구하고 유형원은 부병제가 그것을 대체하기 위해서 723년(당 현종 개원 11) 장열張說이 시행한 장종제長從制(장기 복무하는 직업군인제)보다 월등히 뛰어났다는 구양수의 의견에 찬성했다.[43] 장종제의 문제점은 그 군사들이 자신의 비용을 직접 대지 않고 백성들의 후원을 받는다는 것이었다. 장종이 증가하면서(곧 12만 명이 됐다) 그들은 국가와 농민 납세자에게 막대한 부담이 됐다. 결국 폐단의 근원은 민병제도가 붕괴되어 군역에서 '농민과 군사가 분리된 것'이었다.[44]

## 송의 군사제도

송대와 관련해서 유형원은 당시의 세 유형의 부대만 간단히 언급했을 뿐 전체적인 군사조직에는 거의 지면을 할애하지 않았다.[45] 유형원은 상식이라고 판단한 부분은 생략했는데, 북송대에는 절도사를 순환 근무시키고 수도에 가장 많은 병력을 배치함으로써 절도사가 강력한 군사력을 보유했던 당말의 상황이 재현되는 것을 예방했다. 그러나 이런 조처는 국방력을 매우 약화시켜 동북지방의 거란과 여진의 공격에 직면하게 됐다. 1126년(송 흠종 정강靖康 1) 중국 북부를 잃은 송은 결국 1282년(원 세조 지원 19) 원에게 완전히 멸망당했다.

유형원은 송대의 군사 문제와 관련해서 구양수의 후배이자 왕안석의 신법을 반대한 11세기의 유명한 시인이자 관원인 소식蘇軾의 견해를 주요한 자료로 이용했다. 소식은 부병제가 경제적이며 규모가 큰 진관이나 부대로 군사력이 집중되는 현상을 효과적으로 막을 수 있다는 이유에서 한과 송의 군사제도보다 우월하다고 생각했다. 소식은 황하와 장강 유역에서 막대한 군량을 수도로 보내고 소요가 발생한 지방으로 중앙군을 파견하는 폐단과 함께 수도에 수십만의 직업군인을 배치하는데 막대한 경비가 든다고 비판했다. 또한 그는 전투와 훈련 경험이 있는 관원과 군량의 부족을 걱정했다.[46] 유형원은 구양수와 소식의 의견에 동의하면서, 8세기 전반부터 민병제도를 폐지하고 직업군인으로 대체한 조처가 명대까지 군사제도의 심각한 문제를 야기했다고 결론지었다.[47]

## 부병제에 대한 최근의 비판

구양수와 유형원 같은 개혁자들이 부병제를 지지한 부분적인 까닭은 그 제도가 실제로 운영되는 과정에서 나타난 결함을 잘 몰랐기 때문이었다. 최근 부병제를 연구한 하마구치 시게쿠니濱口重國는 그 제도가 대규모의 상비군을 유지하는 비용보다 경제적이었으며, 유민이나 범죄자는 제외하고 양인만 받아들임으로써 군사의 신분과 자격을 높였다고 상찬했다.[48] 반면 부병제는 군사력을 증강하는 데는 취약했는데, 절충부는 10개의 도에 배치된 320개의 주州에서 90곳에만 설치됐으며 그 3분의 2는 반란을 진압하기 위해서 수도인 장안과 낙양 주위의 19개 현에 위치했다. 이런 현상은 1620~30년대에 조선에서 일어난 문제와 비슷했다.[49]

양인 농민에게 군역을 공평하게 부담시킨다는 목적은 다양한 범주의 사람들이 군역에서 면제됐기 때문에 이루어지지 않았다. 거기에는 노비와 천민, 군적에서 누락된 양인신분의 유민 가호, 양인으로 등록됐지만 토지를 받지 못한 대부분의 상인과 공장, 불교와 도교의 승려, 정규 관원에서 하급 서리에 이르는 국가의 모든 관원, 대신·종친·공신의 친척, 절충부가 없는 지역에 사는 양인 농민 등이 포함됐다.[50]

하마구치 시게쿠니는 평화시에는 모든 양인들이 복무할 필요는 없었고 양정 3명당 1명만이 복무했다고 파악했다. 징집도 매년이 아니라 3년마다 한 번씩 이루어졌다. 복무 기간은 거주지에서 복무지까지의 거리에 따라 달라졌다. 거주지 근처에서 복무하는 사람은 1년에 두 번에 걸쳐 한 달씩 복무했지만, 먼 지역으로 배속된 사람은 18개월마다 두 달을 근무했다. 양정은 21세부터 59세까지 복무했으며, 그 기간 동안 3년에 한 번씩 국경에 배치됐다.[51] 개병의 원칙에 부과된 이런 제한과 합법적인 면제는 조선의 군역에서 전형적인 현상이었으므로, 이런 사실을 알았다면 유형원은 부병제를 그렇게 지지하지 않았을 것이다. 그럼에도 불구하고 대부분의 전통적인 주석학자들은 물론 유형원도 부병제가 정전제의 이상에 가장 근접한 제도라는 데 동의했다.

## 명의 군사제도

유형원은 명의 군사제도를 서술하는 데 15세기 후반부터 16세기 전반에 관원으로 재직한 구준의 자료에 전적으로 의지했다. 기본적으로 명대의 제도는 송대와 마찬가지로 일반 백성 중에서 군사를 선발해 상비군을 형성했다. 황실과 수도의 군사들은 여러 위衛에 편제되어 오군도독부五軍都督府 아래 소속됐으며, 그 지휘 아래 지방 원정에 동원되기도 했다. 제국 전체에 분포한 위는 5백 개가 넘었다.

구준은 이런 위소제衛所制에서 지방 진관에도 군사를 배치한 측면을 상찬했지만, 복무한 군사의 실제 숫자는 평균 할당 인원의 절반도 되지 않았으며 징집을 맡은 지방 관리들은 충분한 병력을 군적에 등록하지 못했다고 지적했다. 피역하는 방법은 이름을 바꿔 서리들이 군적을 잘못 작성하도록 하고, 불법적으로 가족을 분산시키거나 도망치는 것이었다.[52] 유형원은 이런 내용에 특별한 언급을 덧붙이지 않았지만, 15세기 후반 명의 군사제도는 17세기의 조선과 비슷한 문제들을 양산했다고 느꼈을 것이다. 앞으로 보듯이, 유형원은 명의 군사제도에서 척계광이 발전시킨 속오군만을 높게 평가했으며 그밖의 측면은 그렇지 않았다.

## 고려의 군사제도

자국과 관련해서 유형원은 고려의 군사제도만을 간단히 언급했을 뿐이었다. 15세기 『고려사』를 편찬한 성리학자들의 치우친 견해에 기초해서, 그는 고려 전기의 군사제도는 당의 존경할 만한 부병제를 모방했지만 12세기부터 무너졌으며 1170년(의종 24) 무신란 이후 완전히 해체됐다고 평가했다. 요컨대 한국 또한 민병제도를 폐기한 뒤 군사제도의 폐단에 시달렸다는 것이었다.

유형원은 고려 전기에는 모든 남성들이 20세가 되면 군역을 지고 토지를 받았으며 60세가 되면 군역에서 면제되어 당의 부府·위衛에 따라 조직됐다는『고려사』의 설명을 되풀이했다.[53] 20세기의 연구에 따르면 이런 설명은 축소된 것이었다. 대부분의 학자들은 당시에 부병제나 균전제가 채택됐다고 믿지 않는다. 오히려 군역은 군인 가문에 국한됐으며 국가는 문관과 동일하게 군인에게 그들의 군역에 대한 보상으로 토지보다는 수조권을 주었다고 파악하고 있다.[54]

그럼에도 불구하고 유형원이 인용한『고려사』는 부병제가 숙종(재위 1095~1105) 때 별무반別武班이 설치되기 이전까지 지속됐다고 파악했다. 이 조처는 동북지방의 여진을 정벌하기 위한 일시적인 개편이었지만, 다양한 신분이 면역되던 고려 전기의 제도를 폐기하고 품관·서리·상인·노비·승려 등 사회의 거의 모든 사람들에게 군역을 부과했다는 중요한 의미를 가졌다. 군역이 좀더 공평하게 부과됐다는 측면에서 최근의 학자들은 이런 변화를 높이 평가했지만, 부병제의 중요한 특징을 신분차별에 입각한 군역 편성으로 파악한『고려사』의 편찬자들은 (하마구치 시게쿠니와는 반대로) 그것을 비판했다. 또한 그들은 1170년 무신들이 정변을 일으킨 뒤 국가의 군사를 자신들의 사병으로 전환시킴으로써 그 제도가 붕괴됐다고 개탄했다. 그들은 이 때문에 1230년대 이후 원의 침략에 맞서 나라를 지킬 수 있는 군사가 없게 됐다고 판단했다.

신분을 중시한『고려사』의 편찬자들은 정부가 군사를 징발하려고 필사적인 노력을 기울였기 때문에 군대 안에 상하 신분을 섞는 것에 대한 관습적 금기를 완전히 무시했다고 다시 한번 비판했다.

그들은 신분의 귀천에 상관없이 수도에서 군사를 징발했는데, 문무 산직散職이나 백정·잡색을 검열해 선발하거나 4품 이상 관원의 가동家

僮을 징발했으며, 가옥의 크기에 따라 차등을 두었다. 그 결과 국세가 쇠락해 멸망하게 됐다.[55]

달리 말하면『고려사』의 편찬자들은 하층신분, 특히 노비를 군역에서 제외해 신분적 차별을 유지한 것은 부병제의 특징이었다고 믿은 것이다. 하마구치 시게쿠니는 실제로 그랬다고 단언했지만, 이런 특징은 구양수나 소식처럼 부병제를 상찬한 사람들에 의해 알려지거나 고전 문헌에서도 민병제도의 일부분으로 칭찬된 적이 없었다. 한국에서는 자국의 관행과 시각에 적합한 부병제의 핵심적 본질을 강조한 것이었다.

또한 유형원은 당의 부병제의 일부를 회복하려는 공민왕의 시도가 좌절됐다는『고려사』의 서술을 인용했다.[56] 1356년(공민왕 5) 공민왕은 그 제도의 핵심이라고 판단한 사항으로서 국가에서 족정足丁(양정에게 국가가 분급하는 최대의 토지) 17결을 분급하라고 명령했다. 그러나 지금의 학자들은 당시는 모든 양정에게 그렇게 많은 분량을 줄 수 있는 토지가 없었으므로 17결의 족정은 모든 농민들에게 토지를 분급하는 균전제와 동일한 제도로 인정할 수 없다고 지적했다. 그것은 군역을 지고 있는 군인들에게만 토지(또는 수조권)를 분급한 것이 분명했다. 그러므로 그것과 부병제의 유사성은 복무지와 거주지를 순환적으로 오가는 것에 국한됐으며, **모든** 양정이 민병은 아니었으며 **모든** 민병이 국가에서 토지를 분급받은 것도 아니었다.[57]

공민왕은 17결의 분급을 받은 군호軍戶는 역을 세습해야 하며 "분급받은 토지를 다른 사람에게 강제로 빼앗기면 조정에 보고해서 되찾아야 한다"고 말해 그 제도를 고려에 맞게 변형시켰다.[58] 즉 공민왕은 당과 고려 전기에는 군사에게 토지를 분급하고 그 아들(주로 맏아들)에게 군역의 의무과 함께 그것을 세습시킨다고 생각한 것이었다. 당의 균전제에서 상속받은 아들은 아버지가 분급받은 토지를 물려받을 수 있었지만, 그런 토지는 군인이 아니라 농민에게 반환되어야 하는 것으로 규정됐다. 유형원은 여기에 반대를 제기하지 않았기 때문에 균전제에서는 군호가 토지를 세습할 수 있다고 생각한 것으로 보이지만, 사실 그것은 당의 세습적 귀족제도와 신분을 강력하게 추종한 고려 전기 사회의 두드러진 특징이었다.

또한 공민왕은 직업군인을 유지하는 데 커다란 경제적 부담을 겪었던 중국의 선례에서 배운 교훈을 되풀이 언급했다. 그는 당시 궁궐을 경비하는 군사와 장교들이 너무 많아서 국가에 무거운 재정적 부담이 됐다고 비판했다. 그는 민병제도를 다시 시행하려는 관심을 보였지만, 결국 군사제도에 하층신분을 용인하지 않았다.

"이처럼 조정의 제도는 모두 허구여서 녹봉을 낭비할 뿐이었다. 42개의 도부都府에 배치되어 녹봉을 받는 장교들은 모두 유약한 자제가 아니면 공상천예工商賤隷였으니 이것이 어찌 조정의 뜻이겠는가."[59]

### 민병제도의 선례에 대한 유형원의 존경

유형원은 한국의 군사제도를 서술하면서 조선 개창 이후 250년 동안 나타난 변화를 심도 있게 논의하지 않았다. 그는 주로 군사개혁을 논의하면서 당시 제도의 약점을 지적했다. 그런 배경을 논의하면서 그는 주대 민병제도의 선례를 설명하고 장기 복무하는 직업군인은 당의 부병제와 비슷한 우수한 제도라는 점을 입증하는 데 초점을 맞추었다. 두 나라가 민병제도를 폐지한 뒤 완벽한 제도는 사라졌기 때문에, 그는 불완전한 군사제도를 그렇게 자세히 설명할 필요는 없다고 확신했다. 다른 여러 분야처럼 한국의 제도들은 대부분 중국에서 원용했기 때문에, 그는 중국의 경험에서 지혜와 모범을 찾는 데 좀더 많은 관심을 가졌다. 군사 문제에 대한 해답은 이미 중국의 문헌에 분명히 나와 있었으므로 그런 증거를 힘들게 경험적으로 분석하거나 상상력을 동원해서 추론할 필요는 없었다.

## ┃ 실용적인 개혁

병력이 부족해졌고, 양인 농민들에게 낼 수 없는 세금을 부과했으며, 노비에게는 그들의 기본적인 의무 외에 군역을 추가한 군역제도를 개혁할 수 있는 방안은 무엇이었는가. 병력을 줄이면 보인의 부담을 경감시킬 수 있었지만 국방을 약화시킬 위험도 있었다. 세율을 낮추면 납세자에게 이로웠지만 국방의 재원이 줄어들었다. 반대로 정병의 숫자를 늘리면 조세 부담이 커질 것이었다. 어떤 경우라도 실제 복무를 군포로 대신하거나 보인에게 불법적이거나 허가되지 않은 부담을 지우는 것은 용인되지 않았다.

중국 문헌에서는 장기 복무하는 직업군인의 문제를 어떻게 다루었는가. 국가의 세입에서 지원을 받는 직업군인제도는 본질적으로 잘못된 것이었는가. 그 제도는 유사시마다 소집되어 추가로 훈련을 받아야 하는 비상근非常勤의 민병제도보다는 우월했으며, 정병이 1년에 일부만을 복무하는 조선의 제도보다 분명히 나을 것이었다. 그러나 이런 입장을 나타내기 위해서는 스승의 견해를 거부할 수 있는 용기가 필요했다.

당시의 군사제도에는 부정을 용인한 운영상의 잘못이 있을 수도 있다. 그 제도를 성공적으로 운영할 수 있지만 그동안 간과되거나 무시된 해결책은 있었는가. 그 해결책은 국방의 중요성과 군사훈련, 무관에 대한 유교의 무시를 없애는 것이었는가.

이런 문제들에 대한 해결책을 받아들일 수 없다면, 정전제나 균전제의 선례에 기초한 민병제도의 고전적 이상은 항상 그 대안으로 존재했다. 이미 유형원은 정전제나 균전제와 비슷한 제도를 다시 시행해야 한다고 주장했기 때문에, 그 제도들과 합치되는 군사제도인 민병제도와 그 기반인 향촌의 강인한 결속을 재건해야 한다는 데 동의한 것은 당연했다.

### 토지의 면적에 따른 징집과 향촌의 결속

유형원은 농민들에게 토지를 분급하는 변하지 않는 확고한 기준을 마련하기 위해 구릉의 지형적 경계에 따라 토지를 구획해야 할 필요성을 매우 강조했다. 그는 정전제의 선례에서 이런 생각을 원용했으며, 그런 확실한 구획은 자신이 구상한 군사제도의 기초가 될 것으로 확신했다. 그는 "토지 분급에 기초해 양정을 징발해야 한다"고 분명히 밝히면서 "토지를 계산해 병사를 낸다計田出兵"는 성어로 그런 군역의 원칙을 표현했다.[60] 즉 유형원은 토지면적에 따라 일정한 인원이 군역의 의무를 지게 하려는 생각이었다.

유형원은 고전의 기준에서 그런 계획의 영감을 얻었다고 분명히 밝혔는데, 그것은 비比·여閭·족族·당黨의 서열로 조직된 공동체의 단위에 따라 군사를 징발한 민병제도였다. 그런 단위의 주민들은 서로 보호하고 원조했으며 노동과 여가를 공동으로 수행하고 장례와 경사에 슬픔과 기쁨을 함께 나누었다. 그 결과 그들은 전투에서 모습과 소리만으로도 언제나 질서를 유지할 수 있었다. 그 때문에 "그들은 항상 굳건히 방어하고 공격에서 승리를 확신할 수 있었다." 제 환공이 춘추시대의 패자가 될 수 있었던 것도 이 제도 덕분이었다.

그러나 정전제의 토지 분급이 붕괴되면서 그런 서열에 따른 결속도 급격히 무너졌는데, 정전제가 폐지된 후세에는 "양정을 개별적으로 심사해 적절한 사람이 발견되면 군역에 충당했다." 달리 말하면 토지와 군역이 분리되면서 군사는 긴밀하게 결속된 향촌조직의 주민이 아니라 대체할 수 있는 개인으로 간주된 것이었다. 유형원이 언급한 대로 "같은 지방에서도 동쪽과 서쪽, 남쪽과 북쪽에서 온 사람이 섞이게 된 결과 같은 부대에 배치되어도 서로 돕거나 믿지 못하게 됐다."

결국 정전제가 붕괴되면서 향촌조직의 결속도 무너졌으며, 그에 따라 군역제도도 문란해져 사람들은 도망가거나 뇌물을 바쳐 군적에서 빠지게 된 것이었다. 그리고 공동체의 결속이 무너지면서 사람들은 "도망간 사람을 감춰주고 부패를 용인하게 됐다."[61]

그가 군적 등록에 만연한 부패를 해결할 수 있는 유일한 방안이 전제 개혁이라고 강조한 것은 공동체의 결속과 군사제도의 관련성을 회복하려는 의도에서였다. 예컨대 정부 관원이나 문무과 급제자, 교생, 내금위內禁衛의 군사를 제외한 모든 양정에게 군역을 부과하는 진정한 개병제를 시행하는 것은 개인 단위로 군적을 작성하는 관행이 유지되는 한 불가능했다.

그 까닭은 사회의 모든 구성원, 즉 "군졸과 향신鄕紳부터 조정의 고관에 이르기까지, 그리고 서리와 수령에서 대장에 이르기까지 모두 개인의 이익을 추구했기 때문이었다." 개인 단위로 등록하는 제도는 군적을 담당하는 관리가 "부정을 저지를 수 있는 길을 열어놓고 뇌물을 요구하는 폐단을 다시 만드는 것"이었다.[62] 개인 단위로 군적에 등록하는 제도를 혁파할 수 있는 유일한 방안은 전제개혁을 실시해 등록의 기준을 개인에서 토지로 변경함으로써 개인의 신분이나 상황을 고려할 수 있는 가능성을 차단하는 것이었다. 유형원은 군역을 개혁하려면 반드시 토지제도를 수정해야 한다고 단언했다.

토지제도가 시행되면 기강이 확립되어 모든 일이 지극히 순조롭지만, 토지제도가 시행되지 않으면 기강이 문란해져 모든 일이 지극히 어렵게

된다. 이것을 제외하고 치도治道를 논의할 수는 없다.[63]

유감스럽게도 그는 전제개혁을 시행할 수 없다면 무엇을 해야 하는지 말하지 않았다. 급진적인 전제개혁과 재분배는 그의 군제개혁에서 매우 핵심적인 부분이었기 때문에 그가 군사제도 중 어떤 부분이 토지 분급과 관련되지 않을 수 있다고 생각했는지 알아야 한다. 앞으로 보듯이, 그를 존경한 사람들은 사실 그의 군제개혁안의 일부는 전제개혁안과는 논리적으로 무관하다고 판단했다. 아울러 그는 자신의 이상주의를 일관되게 유지하지 못했다. 앞서 언급했듯이 그는 급진적 전제개혁은 비현실적인 공상이 아니라 결단력 있는 국왕이 그 장점을 납득하면 분명히 가능한 사안이라고 믿었다.

유감스럽게도 노비제도는 당시 조선 군역제도의 중요한 부분이었지만, 정전제의 일부는 아니었다. 그는 노비제도를 반대했지만, 너무 뿌리 깊은 사회적 관행이었기 때문에 그것을 당분간 용인하려고 했다.

그는 노비제도에 유연한 태도를 보였지만, 전제개혁은 필요하고 가능하며 군역제도는 그런 개혁을 이루지 않고는 개선될 수 없다는 확신을 철회하지 않았다. 그는 "토지제도가 시행되면 기병과 보병, 속오군이 모두 토지를 기준으로 편성될 것"이라고 언급했다.[64]

유형원이 구상한 기본적인 군역제도에 따르면 개인(양인을 말한다. 노비 등은 아래의 관련 항목을 참조)은 토지 1백 묘(1경)를 받으며, 기병·포병·수군으로 복무하는 양정은 1인당 4경(전佃이라고 불렀다)을 받았다.[65] 유형원이 정전제와 결부된 이상적 민병제도를 존경하고 모든 군사조직은 촌락공동체에 기반해 만들어야 한다고 규정한 것을 고려하면, 4경을 받을 수 있는 양정의 숫자를 할당하거나 제한하려고 한 것은 이상하다. 어째서 그는 모든 양정은 민병제도의 원리에 따라 상하번을 교대하면서 복무해야 한다고 간단히 말하지 않았는가.

대답은 간단하지만 당혹스러운데, 그는 엄격한 의미에서 민병제도를 제안하지 않았으며 조선이 개창됐을 때 채택되어 17세기까지 사용되고 있던 제도를 수정해 유지하려고 했던 것으로 밝혀지기 때문이다. 요컨대 그는 자신의 개혁안에서 징발과 복무의 서로 다른 원칙을 혼합했는데, 전자는 토지의 기본 단위에 따라 규정된 인원을 징발했으며 후자는 당시 조선의 제도에 기초해 번상 정병과 보인을 나누었다. 그의 제도에서는 당시의 관행과 마찬가지로 모든 양정이 군역을 지지는 않았는데, 토지의 단위에 따라 할당된 인원을 징발하는 방법은 조선 전기인 15세기부터 시행된 제도였다. 유형원은 그것이 완벽한 민병제도는 아니지만 민병제도의 선례에서 원용한 제도라고 주장했다. 그러나 그는 어째서 완전히 부패했다고 스스로 인정한 번상 정병과 보인제도를 선택했는가.

### 어영군의 모범

중국의 군사제도를 연구하면서 유형원이 배운 가장 중요한 교훈의 하나는 민병제도가 폐지되면서 군사와 농민이 분리됐다는 사실이었다. 이것은 농민이 스스로 경작해 얻은 자원으로 자신의 비용을 대던 민병제도의 경제적 이득은 사라졌고 국가와 납세하는 농민들은 녹봉을 받는 직업군인의 비용을 충당하기 위해 무거운 부담을 져야 한다는 의미였으며, 그것은 심각한 결과로 이어졌다.

살펴보건대 군사와 농민의 분리는 막대한 폐해다. 군사를 조금밖에 양성하지 않으면 전시에 위험하고, 너무 많으면 백성과 국가가 피폐해진다. 이런 자명한 이치는 당·송 이후의 득실을 살펴보면 명확히 알 수 있다.[66]

유형원이 살던 시대의 군사제도에서는 임진왜란중인 1593년에 창설된 훈련도감과 그밖의 부대에만 녹봉을 받으면서 장기 복무하는 직업군인이 일부 있었을 뿐이었다. 그밖의 양정은 번상 정병과 보인으로 나누어졌다. 군사들은 직업군인으로 장기간 복무할 필요가 없었으며 법률에 따라 번상했다. 정병은 긴 하번 기간 동안 귀가해 농사를 지었다는 점에서 진정한 의미의 민병이었지만, 보인들은 그런 번상의 의무가 없었기 때문에 그렇지 않았다.

번상의 인원은 1천 명 중 한 번에 1백 명만 복무하는 것으로 규정됐다. 1백 명이 10번으로 짜여져 두 달씩 복무했으므로 군사들은 20개월에 한 번씩 번상한 것이다. 정부는 각 번의 인원과 번상 순서를 조정하거나 번상 기간과 상하번의 간격을 늘리거나 줄일 수 있었다. 정병에게는 복무중에 군복과 군량을 지급하는 보인이 할당됐다. 만약 어떤 정병에게 3명의 보인이 주어지면, 정병 1천 명으로 구성된 부대에는 3천 명의 보인이 딸리게 되어 그 부대의 전체 병력은 4천 명이 됐다.[67]

유형원은 이런 제도가 부패했다고 비판하면서도 그것을 선택했지만, 정병과 보인을 나눈 당시의 제도가 농민과 (직업)군인을 분리하지 말라는 표준적인 훈계를 위반한 것으로 간주하지는 않았는데, 그 주된 이유는 당시의 제도에서 정병은 국가의 녹봉을 받지 않았기 때문으로 생각된다. 정병은 보인의 지원을 받았으므로 이론적으로 그 제도는 국고에 부담을 주지 않는 자족적인 것이었다. 물론 보인이 보기에 자신이 정병을 후원하기 위해서 내는 세금은 국가가 세율을 정해 부과한 것이었으며, 만약 그가 정병이 아니라 장교나 병조에 세금을 냈다면 그것은 국가에 대한 세금이 분명했다. 달리 말하면 전체적으로 자족적인 제도라는 개념은 허구였지만, 그것은 도덕적인 관점에서 그 제도를 정당화하는 중요한 허구였던 것이다.

그의 군제개혁안에서 또 하나 놀라운 특징은 그는 당시의 제도를 유지하는 것에 대해서 아무런 이론적 정당화를 제시하지 않았다는 사실이다. 그는 당시 조선의 제도와 비슷했던 중국의 경험을 검토하지 않았으며, 고려시대의 군사제도만을 간단히 다루면서 민병제도의 모범을 수정해 받아들인 부병제가 그 뒤의 제도들보다 우수하다는 측면만 강조했다. 그러나 1651년(효종 2) 어영군의 개혁안에 비추어볼 때, 유형원의 방안은 어영군의 조직에서 많은 부분을 원용했다고 판단된다. 달리 말하면 그는—고전적 민병제도에서 원용했다고 판단되는 향촌 단위로 군사를 할당하고 토지와 군역을 연계시켰다는 두 가지 측면을 제외하면—중국의 선례가 아니라 자신의 역작을 처음 쓰기 시작했을 당시 현직 관원들의 성취에서 영감을 얻은 것이었다.

어영군은 1624년(인조 2) 이괄의 난이 일어나자 사격과 궁술, 완력을 심사해 4천 명의 지원병으로 창설됐는데(살수나 창병으로 양성하려는 구상이었다고 생각된다) 양인은 물론 공·사노비도 입대가 허락됐다. 처음부터 군사들은 보인의 보조가 아니라 호조에서 군량을 받았다. 그들은 북방의 침입에 대비하기 위해서 압록강 등이 어는 기간인 음력 10월 15일부터 음력 2월 15일까지 4개월 동안 복무했다.

어영군에는 1635년(인조 13) 6,170명이 더 배치됐지만 일단 해체한 뒤 다시 조직됐다. 1649년 효종이 즉위했을 때 어영군은 1만 2천 명의 정병이 있었는데, 그들의 의무는 다른 부대보다 가벼웠으며 그 결과 더 부담스러운 군역을 피하기 위해 입대하는 사람도 생겨났다. 효종은 그 부대의 수준을 높이기 위해 경험이 풍부한 무관인 이완李浣을 지휘관으로 임명했다.

김육은 현재 심각한 재정 부족을 겪고 있는데도 세원을 투입하는 것은 현명치 못하다고 반대했지만, 효종은 그 부대의 개편을 강행했다.[68] 1651년(효종 2) 음력 6월 효종은 정병을 2만 1천 명으로 늘렸으며, 보인 제도에 입각해서 그 부대의 재정을 새로 구축했다. 각 정병은 3명의 보인을 받았다. 번의 숫자는 명시되는 않았지만 한번에 1천 명이 두 달씩 복무해서 21개의 번이 42개월마다 근무한 것으로 생각된다. 보인 3명 중 1명은 상번중인 정병에게 군복과 장비를 마련할 비용을 제공했으며, 다른 2명은 도성의 한강가에 설치된 국고에 세금을 납부했다. 내륙의 구릉지대에 사는 보인은 1년에 군포 2필을 냈으며, 해안의 저지대에 사는 사람들은 미곡 12말을 냈다. 어영군은 도성의 창고에서 군량을 배급받았기 때문에 호조는 그들에게 군량이나 자금을 지급하는 책임을 지지 않았다.[69] 이처럼 군포와 미곡을 납부하는 행정과 지급이 호조에서 어영군을 담당하는 도성의 국고로 옮겨진 것은 국방 재정에 상당한 도움을 주었는데, 이런 재정의 분리는 그 부대를 자족적으로 운영할 수 있을 것이라는 허구적 기대에서 추진된 것으로 판단된다.

유형원은 세부 계획에서 정병과 보인을 계속 명확하게 구분할 것이라고 확언했다. "보인 중에서 시재試才에 합격한 사람은 군사가 될 수 있도록 허용한다. 보인의 물건을 불법적으로 과다하게 착취하는 군사는 처벌되어 보인으로 강등된다."[70]

또한 그는 군사가 도망가거나 사망하면 상속자나 보인이 대신한다고 규정했는데, 이것은 일반적 상황에서 군사와 보인은 평등하지 않으며 서로 교체할 수도 없다는 의미였다.[71] 유형원이 모든 성인 농민이 잠재적이거나 실제적으로나 군사로 기능하는 민병제도를 채택했다면, 정병과 보인을 독립적인 존재로 정의한 규정은 필요하지 않았을 것이다.

어떤 마을에서 각 1백 묘를 받는 4명의 농민 중에서 가장 강하고 건강한 사람은 주호主戶 또는 호수戶首로 지명됐으며 정병으로 활동했다. 다른 세 사람은 보인이 됐다.[72] 보인은, 아마도 각 가호의 다른 구성원들로 생각되는데, 주호 즉 정규 정병의 가호를 보조하기 위해 1년에 쌀 12말이나 면포 2필을 내야 했다. 3명의 보인 중 한 사람은 정병이 복무하고 있는 지역에 직접 쌀이나 포를 냈다. 보병의 경우 군역에 선발된

사람만 수도나 지방의 사령부, 또는 국경의 진관에서 복무했다.[73]

유형원의 주된 목적 중 하나는 어영군의 번상 정병과 보인제도를 모든 부대로 확대하는 것이었다. 그는 1594년(선조 27) 설립된 속오군과 1669년(현종 10) 창설된 훈련별대 같은 새로운 유형의 군사에게는 보인을 배정하지 말아야 한다고 주장했다.[74]

또한 그는 정병이 직접 복무하는 대신 군포를 내도록 한 당시의 주요한 제도적 문제점을 해결하려고 했다. 그는 모든 정병은 납포가 아니라 직접 복무하면서 보인의 후원을 받아야 한다고 주장했다. 그는 당시 보병과 기병이 실제로 복무하지 않고 군포를 내는 관행을 금지해야 한다고 건의했다. "모든 군사들은 가포價布를 걷지 말고 모두 보인을 지급해 후원하도록 해야 한다."[75] 진관과 수영의 지휘관들은 1명의 군사라도 군포를 받고 군역을 면제해준 죄가 발각되면 횡령의 혐의로 처벌받았다. 그들은 자신의 잡비나 교통비를 정병에게서 착취할 경우 같은 처벌을 받았다.

그는 이 마지막 규정과 관련해서는 1515년(중종 10) 조광조의 발언을 인용해서 강조했다. 전통적인 문헌에서 16세기로 접어드는 무렵 사림파의 영웅으로 칭송된 조광조는 도덕적 지도력이 부족했던 중종에게 여러 차례 간언을 올렸다. 반면 그는 성종이 착복을 너그럽게 처리해 뇌물과 부정을 용인했다면서 비판했다. 만약 중종이 "그런 폐단을 엄격하게 처벌해서 조금이라도 저촉된 사람은 조정에 서지 못하게 하면 사람들이 두려워하면서 스스로 행실을 닦을 것이었다."[76]

달리 말하면 도덕주의자인 유형원은 조광조의 견해를 근거로 당시의 군사제도를 유지하면서 개혁을 이룰 수 있다고 확신하게 된 것이었는데, 조광조는 완강한 신하를 가혹하게 처벌하면 제도의 규정과 절차의 왜곡을 막을 수 있다는 사실을 잘 보여주었다. 유교국가에서 법가의 강제적 방법에 의존해 제도를 강화한 것은 신하들의 실용적 경세사상에서 특이한 사례가 아니었지만, 유형원은 도덕에 기초한 고전적 모범에서 원용한 뛰어난 제도는 당시의 제도를 개혁할 수 있는 방안을 제시해줄 것이라는 생각을 자신의 걸작에서 견지했다. 어떤 문제를 도덕적이며 제도적으로 해결하려고 시도한 사람은 유형원만이 아니었지만, 그런 방법에 대한 그의 확신은 다른 사람들에게 큰 영향을 주었다.

그러나 이전의 두 세기와는 달리 국왕의 금지가 영향력을 갖지 못한 원인은 무엇이었는가. 그것이 당시의 관원들 때문이라는 것은 증거가 없지만, 유형원은 도덕적 인간의 정수를 대표하는 새로운 관원이 양성되기를 바랐다. 분명히 그의 새로운 도덕적 인간은 처벌의 위협으로 강제할 필요가 없을 것이었다.

## 장기 복무하는 군사와 서리들을 위한 보인

유형원의 가장 큰 관심 중 하나는 장기 복무하는 직업군인에게 드는 과도한 비용이었지만, 그는 그들을 민병으로 대체하는 대신 중앙군과 지방군을 막론하고 모든 군역에 대한 재정을 보인에게 맡기는 제도를 추구했다. 표면적으로 직업군인으로 구성된 부대는 훈련도감과 훈련별대, 지방의 속오군밖에 없었기 때문에 그것은 심각한 문제가 아닌 것으로 보였다. 그러나 그는 환관이나 사역원·전의감·관상감·혜민서惠民署처럼 군사 문제와는 무관한 부분에도 관심을 기울였다. 그는 녹사錄事·산관算官·화원畵員·의생·율생·마의馬醫·서리·악생·악공·역리驛吏·장인匠人 등의 녹봉도 보인이 제공하도록 바꾸려고 했다.[77] 요컨대 그의 군제개혁안은 중국과 조선의 군사제도에 대해 그가 축적한 지식보다는 정부 재정을 좀더 합리적이고 경제적으로 바꾸려는 바람에서 좀더 강한 영향을 받은 것이었다.

## 정확한 군적의 유지

유형원은 완벽한 보인제도를 다시 확립하고 아동 · 노인 · 사망자의 불법적인 등록을 근절하며 정확한 기록을 유지하면, 정병을 보인과 확실히 구분할 수 있을 것으로 자신했다. 양안과 함께 군적은 모든 양정의 이름 · 나이 · 특징 · 거주지 등을 자세히 기록한 장부였다. 그 사본은 병조와 각 도의 감영 및 진관에 보내졌다. 군적에는 해마다 변동 사항을 기록했으며, 그것은 3년마다 작성되는 양안에 좀더 영구적으로 기재됐다. 척계광의 『기효신서』에 따라, 모든 군사나 양정은 이름, 군역의 종류, 부대, 분급 토지를 기록한 부절符節을 허리띠에 부착했다.[78]

척계광의 기록 방식은 당시의 방식보다 위조와 부정의 여지가 훨씬 적었지만, 유형원은 군적이 아니라 토지에 따라 군역을 부과했기 때문에 군적을 위조할 가능성은 없다고 보았는데, 의문의 여지가 있는 추론이었다.

## 단일한 개인 임무

당시 모든 지역에서 대부분의 사람들이 두 가지에서 많게는 네 가지 형태의 군역을 수행한 실태와는 반대로 유형원은 한 사람은 한 가지 유형의 군역만을 수행해야 한다고 명시했다. 당시는 군포를 내고 속오군에도 복무하거나, 훈련별대에서 복무하면서 자신의 무기와 말을 지참하거나, 지방 관아에서 사령으로 오랫동안 복무했다.[79]

정규 정병은 지방에 부과되는 모든 잡역雜役에서 면제됐으며, 중앙 각사에서는 군사에게 사령이나 보초 같은 군역과 무관한 임무를 맡길 수 없게 됐다. 후자는 특히 문제가 됐는데, 각사에는 그런 임무를 수행하는 노비가 법률적으로 배당됐기 때문이었다. 당시는 노비가 부족해겼기 때문에 각사는 그런 노비의 임무를 맡기기 위해 군사를 징발했다. 각사 노비는 관원의 학대를 받았으며, 정규적인 식량이나 봉급을 받지 못했기 때문에 궁핍했다. 유형원은 각사 노비에게 적절한 보상을 제공하면 군사들은 그들의 원래 임무로 쉽게 돌아갈 수 있을 것이라고 주장했다.[80]

## 정병에 대한 후원의 보장

유형원은 군사는 그 기본 임무만을 수행해야 한다는 자신의 원칙에 어영군이 좋은 모범을 제시했다고 생각했다. 그는 어영군 자체는 혁파하자고 제안했지만, 그 군사는 노비 대신 중앙 각사에서 부리지 않고 경비 임무를 전담시켜야 한다고 생각했다.[81] 그가 어영군을 높이 평가한 이유는 또 있었는데, 그것은 보인은 세금을 내고 정병은 복무하는 동안 군량을 받는 제도의 모범적 사례였기 때문이었다.

당시 보인제도의 문제점은 보인이 너무 가난해서 정병은 규정된 후원을 온전히 받지 못한다는 것이었다. 또는 군사들은 복무하기 전에 자신에게 제공된 후원을 모두 써버렸다. 어떤 경우든 군사들은 너무 궁핍했기 때문에 복무하는 동안 고리대를 빌릴 수밖에 없었다. 하번이 되어 귀가한 뒤 그는 원금과 그 두 배에 해당하는 이자를 갚기 위해 토지와 소를 모두 팔아야 했다. 이처럼 이전의 제도에서 "번상 정병은 모두 거지에 가까웠다."[82]

그러나 어영군에는 군사 개인이 아니라 중앙이든 지방이든 그 군사가 복무하는 지역에 1년 동안 군포나 식량을 제공하도록 두세 명의 보인이 할당됐다. 그들은 군사가 복무하는 동안 매달 안정적으로 군량을 공급했다. 다른 보인들은 군사의 장비를 제공했다.

유형원은 그 비율을 뒤집어서, 보인 3명 중 1명은 1년에 쌀 12말을 수도의 창고에 납부하고 다른 2명은 군인의 장비를 대기 위해 군포를 내게 했다. 유형원은 자신이 구상한 제도에서 보인 1명만 쌀을 납부해도 1년 반에 한 번씩 복무하는 정병에게 식량을 제공하는 데 충분할 뿐만 아니라 시재試才에서 좋은 성적을 낸 군사를 포상하고 잔치를 여는 데도 넉넉할 것이라고 생각했다.

유형원은 이 제도의 단계마다 철저히 감시하면 부정 없이 운영될 수 있을 것으로 판단했다. 그러기 위해서는 보인이 도성으로 미곡을 운반할 때 지방 수령은 적재되는 부두까지 직접 나와야 했다. 만약 쌀이 포로 바뀌면 서리들이 수집을 감독했다. 비슷한 이치로, 도성으로 납부할 경우 창고를 맡은 관원은 병조에서 수집을 감독하도록 요청했다. 지방의 진관에서는 수령이 수집을 감독했다. 매달 군량을 군사들에게 배급할 때도 같은 규정을 따랐다.[83] 유형원은 백성들에게서 들은 정보를 가지고 번상 정병과 보인으로 운영되는 어영군의 이점을 요약했다.

지금 군사와 백성들은 "조선의 군사 중에서 어영군만이 지옥을 벗어나 하늘의 해를 볼 수 있으니, 어영군의 편함은 행락과 무엇이 다르겠는가"라고 말하는데, 그 사정이 안타깝다. 어영군은 특별히 편하지 않은데, 번상하는 군사는 보인에게서 군량을 받으며 보인은 쌀을 낼 뿐 속오군에는 편입되지 않기 때문에 그렇게 말하는 것이다.[84]

분명히 유형원은 보인제도가 수도의 한 부대에서 원활하게 시행되고 있다고 믿었기 때문에 그것을 유지하려고 했다. 그러므로 필요한 조처는 어영군의 모범을 모든 부대로 확산하는 것이었다.

## 어영군의 약점

### 재정 부담의 증가

유감스럽게도 군역제도의 개혁은 유형원의 예상보다 복잡했다. 그는 조세로 확보한 재원을 정직하고 성실하게 운영하기 위한 자세한 규정을 마련하는 데 다소 소박하게 접근했으며, 좀더 중요한 측면은 어영군의 실제 운영과 전체적인 군사제도에 개재한 문제점들을 충분히 고려하지 못했다는 사실이었다.

예컨대 유형원은 1651년(효종 2) 어영군이 1만 2천 명에서 2만 1천 명으로 늘어나고 보인제도를 도입해 다시 조직됐을 때 벌어진 토론을 몰랐거나 무시했다. 대동법을 주창하고 동전 유통의 확대를 지지한 좌의정 김육은 그 방안을 강하게 반대했다. 가장 진보적이면서도 보수적인 재정정책을 추진한 김육은 1624년(인조 2)에 어영군은 궁궐을 경비하는 영속적인 부대가 아니라 지방에 일시적으로 주둔시키려는 목적으로 창설됐다고 언급했다. 1620년대 정치적 실권을 장악한 장수들이 그 부대를 장악한 뒤 그 인원은 4만 명까지 확대됐다.[85]

김육은 그 부대와 관련해서 여러 문제들이 나타났다고 주장했는데, 정원이 모두 충원된 적이 없고 그들을 특별히 면세해주어 세입이 감소했으며 실제로 복무하지 않은 한정閑丁도 보인을 지급받았다는 것이었다. 최종적 결과는 "지난 4~5년 동안 그 부대의 재정 지출을 감당할 수가 없었다. 그들은 오랫동안 한가롭게 지냈으며……통제되지 않았다."

김육은 그 인원을 확대한 결과 문제만 생겼다고 판단했다. 늘어난 인원에게 2말씩 군량을 더 지급하면서 농민들은 부담이 가중됐으며, 수도에서 실제로 복무하게 하자 반발했다.

그는 어영군이 1만 2천 명에서 2만 1천 명으로 확대된 것은 9천 명의 군사가 늘어났다는 사실과 함께 6만 3천 명의 보인이 새로 생겼다는 의미였다고 판단했다.[86] 보인은 일반적인 조세를 내는 대신 그 임무를 수행했기 때문에 보인에게서 재정 지원을 받아도 납세자들의 부담이 늘어나지는 않았지만, 김육은 그래도 어영군의 재정을 보인에게 전가한 제도는 세금을 급격히 증가시킨 처사로 보았다.

더욱이 추가로 징집된 사람들은 대부분 "고삐를 매보지 않은 야생마" 같은 유민들이었다. 그들이 가진 기술은 도둑질뿐이었다. 그런 사람들을 수도의 경비병으로 징집하면 폐단밖에는 예상할 수 없었다. 김육은 반드시 그들을 징집해야 한다면 거주지 근처의 부대에 배치하고 일반적인 규정에 따라서 면세의 특권과 보인을 지급하며, 특별하고 권위 있는 명칭을 주고 우대하면서 정규적으로 훈련과 교육을 실시해야 한다고 제안했다. 그렇게 하면 그들에게 군량을 지급하기 위해 곡식을 비축하거나 도성의 복무를 위해 번을 짜는 번거로움을 피할 수 있으며, 국가로서는 유사시에 대비할 수 있는 예비군을 가질 수 있었다.

또한 그는 기근이 든 어려운 시기에 군사를 늘리는 것을 비판했다. 그는 어영군을 더 선발하면 보인이 제공하는 후원과 곡식보다 더 많은 군량과 재원이 필요해질 것으로 예상했는데, 특히 일부 지방에서는 군량과 면포를 선박으로 운반해야 했기 때문이었다. 병력이 증가되면, 국고와는 독립된 보인제도를 운영한다는 유형원의 구상과는 반대로, 호조에 재정적 부담을 안길 것이었다.[87] 효종의 북벌정책을 따르지 않았던 김육의 반대는 보수적이고 신중한 경제전문가의 견해를 잘 대표하지만, 적어도 그의 비판은 어영군을 확대하고 보인에게 재정을 충당하도록 한 조처의 이익과 해악이 비슷했음을 보여준다.


### 규정 시행의 어려움 : 노인의 면제

자신이 규정한 행정 절차가 빠짐없이 이행될 것이라는 유형원의 확신은 군역제도에서 가장 간단한 규정조차 당시에는 준수되지 않고 있었다는 사실을 고려하면 이상하다. 예컨대 양정은 60세가 되면 군역에서 면제된다는 규정을 살펴보자. 유형원은 60세가 넘었어도 면역되지 않아서 면역을 얻기 위해 면포 30필을 뇌물로 내거나 그렇게 해도 그 뒤까지 봉수대에 배치되고 있다는 사실을 알게 됐다. 어떤 경우 뇌물은 마련하기에 너무 부담스러워서 그것을 내느니 계속 복무하는 것을 선택한 사람도 있었다. 최악의 경우 사망해도 군역에서 벗어나지 못했는데, 서리들은 사망증명서를 작성하기가 어렵다는 점을 악용해 20~30필(17세기 매년 납부하는 군포의 10~15배)을 뇌물로 챙겼기 때문이었다.

미망인과 친척들의 고통은 특히 심각했다.

일찍이 마을에서 군사가 사망하자 그 아버지는 장례 비용을 마련하기 위해 동분서주했지만 1년이 지나도록 마련하지 못했으며, 그 처는 가포를 내지 않았다는 이유로 하옥되어 머리를 풀어헤치고 슬피 부르짖으니 그 참혹함을 이루 말할 수 없다.[88]

이런 심각한 폐단에 대한 유형원의 해결책은 무엇이었는가. 그는 자신의 토지제도가 시행되면 60세가 되거나 중병을 앓는 양정에게 군역을 면제하고 그에게 분급된 토지를 국가가 회수하는 규정이 엄격히 준수될 것이라고만 주장했다. 그는 앞으로 관원들이 당시보다 이득을 강탈하거나 착취하지 않을 것이라고 예상한 근거를 전혀 제시하지 않았다.

### 규정 시행의 어려움 : 하번 정병의 훈련

보인제도의 또 다른 약점은 하번 정병의 훈련을 지원하기 어렵다는 것이었다. 그 제도는 7개월부터 4년까지 1~2개월만을 복무하는 소수의 양정만을 대상으로 했기 때문에 하번인 군사는 완전히 간과되어 훈련을 받지 않고 지냈다. 그러나 그들은 군사 임무와 무관한 일로 지방 관원의 착취를 받았다. 유형원은 하번인 16개월 동안 보병은 거주지에서 한 달에 한 번씩 시재試才를 치르고, 봄과 가을에 한 번씩 진관에서 합숙하면서 훈련하게 하면 그런 문제를 해결할 수 있을 것으로 기대했다. 지방에서 훈련받는 기간 동안 일정한 휴식을 취하기 위해서 그들은 두 달 동안 입번을 마치기 앞뒤로 두 달씩 휴가를 받았다.[89]

유형원은 이 제도가 정병에게 무거운 부담을 지울 것이라고 인정했지만, 정병(보병과 기병)과 보인이 지방에서 속오군으로 다시 복무하기 위해서 이동하고 군포를 납부하며 그것과 함께 열흘에 한 번씩 시재와 검열을 받아야 하는 당시의 상황보다는 상당히 개선된 것이라고 판단했다. 1년에 두 달을 복무하고 나머지 10개월 동안 자유롭게 되면 정병에게는 부담이 좀더 줄었지만, 지속적인 훈련을 받지 않으면 그들은 군사기술을 잃을 것이었다. 그는 자신의 해결책이 과도한 착취와 불충분한 이용이라는 두 극단을 절충한 것이라고 밝혔다.[90]

### 번상에서 제외된 기병

또한 유형원은 남부의 여섯 도에서 기병은, 보병과는 반대로, 거주지에서 훈련을 받고 번상하지 않도록 했는데, 그 주된 이유는 그들이 말을 보유하는 데 비용이 너무 많이 들기 때문이었다. 그 대신 그들은 1669년에 설립된 훈련별대의 규정에 따라서 거주지에서 두 달에 한 번씩 사격시험을 받고 봄·가을로 진관에 소집되어 진법훈련習陣을 받았다. 그는 수도에는 이미 마대馬隊를 두었기 때문에 기병이 수도에 번상할 필요가 없을 것이라면서 자신의 계획을 정당화했다.

또한 그는 각 도의 병영에도 기병을 두지 않았는데, 그런 제도는 이미 조선 전기에 실패했기 때문이었다. 기병이 복무지에서 말을 유지하는 비용은 너무 컸기 때문에, 불법이었지만, 모두 말을 빌리거나 교대로 사용했으며 직접 소유하지는 않았다. 따를 수 없는 규정을 만들어놓고 어긴 사람을 죄인으로 다루는 것은 어리석은 일이었기 때문에 지방에서는 번상 기병을 없애는 것이 더 나았다.

전시에 기병은 각자의 거주지에서 훈련받은 예비군인 속오군과 연합했다. 북방의 양도兩道는 예외였는데, 거기서 기병은 보병과 함께 교대로 복무했으며 지방 관원에게서 마초馬草를 공급받았다. 지방 관원은 전세를 수도로 보내지 않고 해당 지방에 계속 보존했기 때문에 충분한 자금을 갖고 있었다. 남부지방에서도 기병의 번상은 심각한 위기 때마다 시행됐지만, 비용이 많이 드는 기병에게 보인을 추가로 배정하는 경제적 부담을 없애기 위해서는 평화시에 번상하지 않는 것이 훨씬 나았다.[91]

기병을 번상에서 제외한 것은 보인을 통한 재정제도에 심각한 약점이 있다는 표시였다. 보인이 군마를 유지하는 비용을 부담하지 못하는 것으로 밝혀지자 유형원은 기병에게 할당되는 보인을 늘리는 대신 그 제도를 폐지하는 쪽을 선택했다.

그의 해결책은, 그의 모든 부인에도 불구하고, 군사 문제에 편견을 갖고 그 재정을 감축하려는 문관의 성향을 반영했는데, 특히 그는 침략의 위협이 가장 큰 북부 국경에서 기병의 번상 복무를 유지해야 한다고 주장했기 때문이었다. 또한 그는 보인이 기병을 후원할 만한 재정적 능력이 있다고 확신하지 않았다면, 특히 당시 그 제도의 운영에 부패의 증거가 그렇게 많았는데도 보인이 기병을 충분히 후원할 수 있다고 자신한 까닭은 무엇인가.

또한 그는 군마를 제공한 송의 제도를 좋은 해결책이 아니라고 생각했다. 명대에도 사용된 송의 호마법戶馬法은 국영 목장을 없애고, 사육을 자원한 가호에 국가가 말을 한 필씩 주거나 시장에서 말을 살 수 있도록 자금을 지원했다. 보마법保馬法은 가호들을 10개의 집단으로 나누어(보保나 사社) 거기서 기르던 말이 병들거나 죽으면 보상하도록 한 제도였다.[92] 그는 이런 제도는 가호에 너무 무거운 부담을 지운다고 확신했다.

## 보인 부담의 경감

### 상하번 간격의 변화

유형원은 입번 횟수, 복무 기간, 상하번의 간격, 복무지의 위치에 관련된 규정을 조정함으로써 양인신분의 일반 보병이 가진 부담을 조절할 수 있다고 생각했다. 예컨대 보병은 한 번에 두 달씩 복무하는 8개의 집단으로 나누었다. 그러면 입번 사이의 간격은 16개월이 된다.

이동과 군포 수송의 부담을 줄이기 위해서 양정은 모두 거주지에서 가장 가까운 부대에 배치됐다. 당대唐代에는 군사의 이동 부담을 규격화하기 위해 고충을 등급으로 나누었다(5백 리가 한 등급이었다). 유형원은 조선같이 작은 나라에서는 그런 등급이 필요치 않다고 판단해서 모든 정규 보병을 여덟 번으로 나누고 그들의 복무 간격을 16개월로 줄여 이동 부담을 최소화했다. 매우 드문 사례였지만 집에서 복무지까지 5백~1천 리(125~250마일, 201.168~402.336킬로미터)를 이동해야 하는 경우 여덟 번이 아닌 10번으로 나누고 복무 간격을 20개월로 늘려 부담을 경감해주었다.

촌락의 결속 원칙에 따라 한 지역 출신은 다른 지역에서 온 사람들과 섞이지 않고 같은 부대에서 복무했다. 유일한 예외로 국경의 진관에서 군사의 정원을 채우기 어려울 때는 다른 지역에서 온 군사를 배정할 수 있었다.[93]

또한 유형원은 군사들의 부담을 줄일 수 있는 두 가지 방안을 제안했다. 당시 병영에서 복무하는 번상 정병은 한 달마다 교대했다. 유형원은 그런 복무 기간을 두 달로 늘려 복무 간격을 두 배로 늘렸다. 또한 그는 병영에 할당된 군사를 제한하자는 의견을 밝혔는데, 남부지방에서는 한 번당 6백~1천 명 정도였으며 북부와 북서부지방은 필요에 따라 좀더 많았을 것으로 생각된다.[94]

### 천민에 대한 차별

유형원은 모든 유형의 군사들에게 군역의 부담이 공평하게 부과되도록 조정하려고 끈질기게 노력했지만, 실제 규정에서는 탈루로 쉽게 연결될 수 있는 차등적인 등급을 적용했다. 그는 군사의 숫자를 복무 유형과 신분에 따라 변동시킴으로써 자신이 상정했던 평등적 이상을 위반했다.[95] 이처럼 기병과 보병으로 복무하는 양인의 복무규정은 토지 4경당 1명(또는 4인 가호당 1명)을 차출하는 가장 낮은 등급으로 책정됐다. 곡물을 운송하는 군사인 조졸漕卒은 3경마다 1명, 수부水夫와 속오군은 2경당 1명을 징발했으며, 그밖에 노군櫓軍·봉수군烽燧軍·사후伺候·기수旗手·고수鼓手·목자牧子·수릉군守陵軍은 1경당 1명을 차출했다. 달리 말하면 마지막 범주의 군역은 양인신분의 정병보다 네 배 무거웠던 것이다.

노군은 수영 근처에 사는 공·사노비 중에서 징집했으며 그들에게는 양인 군사와는 달리 보인이 지급되지 않았다. 그러나 어부로 생계를 잇는 사람은 징집의 기준으로 토지를 사용할 수 없었으며, 양인과 노비의 복무비율은 어부 2명당 노군 1명이었다. 수릉군은 양인은 물론 노비에서도 징집됐는데 그들 모두 전세를 면제받았다.[96]

유형원이 토지와 군역의 비율을 다양하게 사용한 것은, 군포의 비율을 차등적으로 적용한 것과 마찬가지로, 군역의 부담을 공평하게 하기보다는 신분과 특권의 수준에 따라서 차별하기 위한 방법이었다.

## 감세

유형원은 보인의 납세를 줄여 그들의 부담을 경감하려고 시도했다. 예컨대 그가 구상한 개혁안에 따르면 수도에서 복무하는 사수와 기병에게는 지방의 보인 4명에게서 2필씩 걷어 8필을 지급했다. 이런 조처에 대해 유형원은 당시의 3필을 2필로 줄여 보인의 세율을 낮추었지만 보인의 숫자는 3명에서 4명으로 늘린 것이라고 설명했다.[97]

유형원이 사망한 이후 진행된 군역과 군포제도의 변화가 보여주듯이 세율을 2필로 줄여 보인의 부담을 경감시키려는 시도는 두 가지 이유에서 실패할 수밖에 없었다. 그 세율은 충분히 낮았기 때문에 부담스럽게 여겨 탈루하려는 사람은 없었으며, 고정된 수치였기 때문에 더 낮은 세율을 찾을 수 있는 기회도 없었다. 유형원이 살던 시기에는 2필보다 낮은 세율이 일부 있었기 때문에 일부 보인들은 2필의 세율을 증세라고 생각했으며, 유형원이 사망한 이후에는 2필이 고율로 간주되기 시작하면서 탈세자들은 합법적이든 불법적이든 좀더 낮은 세금을 부과할 관원을 찾게 됐다. 유형원의 계획은 그 의도는 훌륭했지만 세율이 아직 너무 높았으며, 임무에 따라 세율을 달리함으로써 군역과 조세의 일정한 기준을 세우지 못했다.[98]

또한 그는 보인 1인당 세율을 줄인 결과 세수의 부족이라는 문제에도 부딪혔다. 그는 정병에게 지급되는 보인의 숫자를 늘려 그 문제를 해결하려고 했다. 이후의 현상이 보여주듯이, 그런 방안은 조세의 부담을 옮기는 것이었을 뿐 줄이는 것은 아니었다. 그 방안은 늘어난 정원을 채우기 위해 세금을 내지 않던 한량에게도 과세한다는 가정에 기초했지만, 그것은 근거 없는 가정이었다. 보인의 숫자를 늘리면 더 많은 사람을 과세 장부에 등록하기 위해 지방 수령의 부담을 가중시킬 뿐이었다.

그러나 유형원의 군제개혁안은 토지를 국유화한 뒤 모든 농민에게 분배함으로써 모든 사람에게 충분한 생계를 보장한다는 계획에 기초했기 때문에 그 문제에 대해서는 방어할 수 있었다. 그러나 모든 계획 중에서 실행하기 가장 어려운 전제개혁이 수반되지 않고서는 그의 해결책이 양정에게 군역을 균일하게 부과하거나 감면해주기는 어려웠다.

## 전세로 국방 재정을 충당하는 방안의 거부

다른 부분에서 유형원은 모든 국가 경비는 될 수 있는 대로 국가 재정에서 충당되어야 한다고 주장하면서, 특히 토지에 따라 군사를 징발했으므로 보인제도가 아니라 전세를 국방 재정으로 활용하는 것이 좀 더 합당할 것이라는 의견을 제시했다. 실제로 유형원은 몇 가지 이유에서 이런 생각에 찬성했을 것으로 추정된다. 그는 현물 공납을 전세로 바꾼 김육의 대동법을 높이 평가했다. 이미 그는 토지를 기준으로 군역을 부과해야 한다고 주장했으며, 군사들이 복무하기도 전에 보인이 지급한 재원을 써버리는 것을 막고 군사들이 확실히 군량을 받도록 하기 위해서 보인 중 1명은 군사의 복무지로 미곡을 직접 납부하도록 제안했다. 더욱이 그가 사망한 때부터 1750년 균역법이 채택되기까지 75년 동안 많은 개혁자들은 퇴보적인 군포제도보다 보인의 세금을 전세로 완전히 바꾸면 공평하게 과세할 수 있을 것이라는 판단에서 그런 전환을 주장했다.

그러나 그는 이런 제안에 대해 전세 수입은 이미 관원들의 녹봉을 지급하는 데 완전히 사용되고 있으며, 그런 제도를 시행했을 때 흉작이나 기근이 닥치면 많은 사람들이 사망할 수도 있다고 대답했다. 그러므로 일반적인 세수와는 별개로 군사에게 보인을 할당해 재정을 지원하는 것이 중요했다. 그러나 그는 기근으로 고통받는 농민이 어떻게 군포보다 전세를 잘 낼 수 있는지는 설명하지 않았다. 17세기 중반의 시대적

산물이었던 그는 보인제도의 전통에 얽매였으며, 적절한 행정에 따라 그 제도를 부정 없이 운영할 수 있다고 확신했다. 실제로 전세로 보인 제도를 대체하는 방안에 반대한 그의 주장은 1750년 균역법의 논의에 참여했던 한 인물이 인용하기도 했다.[99]

그러나 유형원은 전세의 일부를 군사기지를 운영하는 데 사용하려고 했다. 당시의 전세에 부가세를 추가하는 대신 그는 군자전軍資田의 수입을 이용하자고 제안했다. 유형원은 이것을 전반적인 재정을 합리화하기 위한 방안의 일부로 구상했는데, 진관들은 자신이 관할하는 지역의 어전·염전·철광을 착취해서 비용을 마련했기 때문이었다. 그런 세입은 무기 수리와 축성, 그리고 봄·가을의 군사훈련이 끝났을 때와 시재에 합격한 사람을 축하하기 위한 잔치를 치르는 비용으로 사용됐다. 특히 군사훈련이 끝난 뒤에 여는 잔치는 4명의 보인이 1년에 내는 분량과 동일한 1인당 50말이 소요되는 사치스러운 행사였다. 그 비용은 그런 토지에서 걷은 지방의 전세에서 충당될 수 있었다.

중앙과 지방 군사의 무기를 수리하는 비용도 군자전에서 지급됐다. 예컨대 훈련도감은 경기도의 일부 토지를 무기 수리 비용을 마련하기 위해 확보했으며 약 2천 명의 중앙군을 위해 2천4백 곡(1곡이 10말이므로 2만 4천 말)의 세입이 배정됐다. 훈련도감이 독립적인 재정 기반을 확보하지 못하도록 막기 위한 목적으로 생각되는데, 그 토지는 훈련도감의 감독 아래 관리되거나 징세하지는 않았지만, 특별한 면세전의 하나로 지방 수령이 관리했다.

이런 방식으로 훈련도감의 무기 수리와 잔치 비용을 마련함으로써 유형원은 어전·염전·철광을 자의적으로 이용하지 못하도록 막을 뿐만 아니라 선박을 사용하고 세금을 걷고 국방 이외의 업무에 군사를 동원하고 양인을 노동자로 고용하는 것을 포함한 훈련도감의 모든 독립적인 증세와 상업 및 산업 활동을 금지하려고 했다. "훈련도감이 책임

져야 하는 유일한 대상은 군사다.……세금을 걷게 되면 그것에 합당한 관서를 만들어야 하며 훈련도감이 거기에 참여해서는 안 된다." 그가 구상한 보인제도에서는 이미 보인이 정병이 복무하는 진관과 거주지의 그의 가족에게 미곡을 납부하도록 규정했기 때문에, 군사 부대가 징세하는 데 그가 원칙적으로 반대한 까닭을 이해하기는 어렵다.

또한 그가 군량과 군사 장비는 제외하고 부대의 군사 경비에만 전세를 사용할 수 있도록 허락한 까닭도 분명치 않다. 군자전을 확보한 것은 분명히 조선의 군둔전軍屯田의 전통과 부합됐지만, 거기서 얻는 미곡을 사용하는 것은 국방비를 마련하기 위해 전세를 사용하는 것과 거의 다르지 않았다. 그가 보인제도를 존중하고 국방비에 전세를 사용하지 못하도록 배제한 것은 침범할 수 없는 고전의 규범과 재정 문제에 대한 인공적으로 구분된 사고를 엄격히 따른 결과라고밖에는 결론지을 수 없다.

더욱이 그는 군자전의 세입이 잔치를 치르는 데 충분치 않으면 상평창常平倉의 미곡을 사용하거나, 환자還上가 혁파되지 않았으면 그 모곡耗穀을 사용하도록 했다는 점에서 자신의 표준적인 범주를 완전히 따르지 않았다. 후자는 그 뒤인 1750년 그의 사상을 계승한 권적權𥛚이 국방 재정을 확충하기 위한 방안의 하나로 사용했다(제12장 참조).

시재에서 합격한 사람을 포상하는 데 사치스러운 잔치를 여는 것은 낭비라는 반대에 대해서 유형원은 "그 경비가 많지만 모두 출처가 있어서 그 비용을 충당할 수 있다"고 대답했다.[100] 유형원은 자금의 출처를 명시함으로써 모든 지출에 예산을 마련한 것은 사실이었지만, 국방비를 위해서 다양한 세입을 사용하려고 했던 것도 분명했다. 그러므로 그가 전세는 국방비에 사용되어서는 안 된다는 규정을 침해할 수 없다고 주장해야 했던 논리적 이유는 없었다. 어째서 그는 공납은 다른 모든 세금과 독립적으로 취급되어야 한다는 규정을 어기고 전세나 미곡으로 대체했던 김육 같은 유연성을 보여주지 못했는가.

## ┃ 유형원이 구상한 군역제도의 세습적 특징

### 정병의 대체

유형원이 고전적 민병의 이상보다 당시 조선의 번상과 보인제도를 선호한 것은 그가 고전적 근본주의에서 벗어난 유일한 사례는 아니었다. 도망갔거나 사망한 군인을 대체하는 그의 규정은 조선의 전통에서 영향을 받은 것이었다. "군사가 도망가거나 사망하면 그를 이어 토지를 받은 사람이 그를 대신한다. 또는 보인 중에서 한 사람을 선택해 주호土戶로 삼고, 그 대신 토지를 받은 사람을 보인으로 충원한다."[101]

이런 규정은 양인들이 서로 대체할 수 있도록 허용한 정전제의 민병제도와 전혀 무관했다. 그 대신 그것은 진정한 민병제도라기보다는 군역을 세습하고 국가에 반납해야 하는 토지를 친척이 물려받을 수 있도록 한 고려 전기의 전시과와 비슷했다. 사망하거나 도망간 군인에게 분급된 토지는 국가에 '반납'해야 한다는 규정을 설명하는 주석에서 유형원은 다음과 같이 언급했다.

자손과 친척이 있는 사람은 토지와 의무를 그들에게 물려준다. 자손이 없지만 토지를 지키고 보인으로 강등되기를 바라는 사람은 허락한다. 70세 이후 구분전 20묘를 분급하며 남은 토지는 반환한다. 사망하면 그 토지는 모두 군역을 대신하는 사람에게 분급한다.[102]

이런 규정과 특히 균전의 분급을 뜻하는 당의 용어인 구분전을 은퇴한 사람에게 분급하는 소규모의 토지로 잘못 사용한 것은 고려 전기 전시과제도의 특징이었다. 또한 유형원은 역의 의무를 지고 있는 서리와 사령에게도 같은 규정이 적용된다고 언급했다. 이처럼 유형원이 진정 마음속에 생각한 것은 전시과제도의 어떤 변형이었으며, 그것은 직업의 세습, 군역의 의무, 국가의 승인에 따른 토지 분급과 관련된 조항을 담고 있었다.

### 특권에 따른 군역 면제

유형원이 세습적 특권을 존중했다는 사실은 군역에서 특권적인 면제를 설정한 조항에서도 나타났다. 그 목록에는 모든 관원大夫·士, 각종 급제자諸選, 종친, 아버지나 선조가 고관을 역임해서 음서의 특권을 가진 사람, 이서와 도예徒隸, 그리고 "일정한 직무를 가진 사람有職役者"들이 포함됐다.[103]

이처럼 유형원은 그가 구상한 이상적 사회의 지배계층을 군역에서 제외했지만, 그 집단은 17세기 조선 사회보다 덜 세습적이고 귀족적이었는데, 음서의 특권을 가진 귀족과 고관의 후손을 면제한 것은 당시 양반을 사실상 제한 없이 군역에서 면제하고 그들의 피역을 방임한 상황보다 훨씬 제한적이었기 때문이다. 그리고 이서와 도예를 면제한 것은 17세기보다 양인과 천민신분의 관원을 우대한 조처로 볼 수 있다. 사실 이런 면제 또한 고려 전기 전시과제도를 반영한 것이었다. 고려 전기 사회는 평등하지 않았으며 당시의 지방 귀족과 군인들은 5백~6백 년 뒤보다 좀더 높은 신분을 가지고 있었다. 반면 면제의 유형은 유형원의 평등적 성향이 신분에 대한 존중과 전통적 차별에 의해서 수정됐다는 이전의 지적을 다시 한번 입증한다.

## 내금위 : 특권계층을 위한 부대

뒤에서 설명하겠지만, 유형원은 내금위를 2백 명으로 줄이는 특별한 규정을 마련했다.[104] 그는 무선武選을 치러 이 부대의 군사를 선발하려고 계획했지만, 시정市井의 공장·상인의 자제, 무격과 잡류의 자제와 공사천公私賤, 도형徒刑 이상의 범죄자, 불법을 저질러 향약에서 쫓겨난 사람, 호적에 오르지 않은 사람은 응시하지 못하도록 배제했다. 후보자들은 항상 올바른 행동을 했으며 범죄를 저지르거나 지방 단체의 규정을 위반하지 않았음을 보장하기 위해서 조정의 관원이나 문무과 급제자, 또는 지방의 하위 관원이나 향약의 관계자 중에서 두 사람의 보증이 필요했다.[105]

그러나 (유형원이 다른 곳에서 주장했듯이) 과거제도가 그렇게 나쁜 제도였다면 그것을 존속시킨 이유는 무엇이며, 특히 내금위와 관련해서 유지한 까닭은 무엇인가. 1407년(태종 7) 태종은 왕권을 강화하기 위해 금군을 만들면서 그중 하나로 내금위를 설치했다. 그들은 주로 무술을 기준으로 선발됐지만, 무술보다는 정치적 충성이 더욱 중요했기 때문에 무과에 급제할 필요는 없었다. 또한 그는 이런 금군에 가문과 신분을 심사하려는 문관들의 시도를 거부하면서 도성에 거주하는 양반의 자제들보다는 왕실의 고향인 함경도 출신 향반의 자제들에게 우선권을 주었다. 그 세기 후반에는 북방의 여진족들도 그 부대에 선발됐는데, 중앙의 정치적 분쟁에 연루된 양반들의 자제들보다 그들이 좀더 믿을 만하기 때문으로 생각된다.

태종이 붕어한 뒤에야 병조에서는 선발의 기준으로 궁술 시험을 도입했다. 무술을 중시한 선발 기준은 1430년대까지는 무술에 중점을 두어 선발했지만 그 뒤부터 시재는 승진을 위한 기준으로 등수에 든 횟수를 계산하는 것으로 완화됐다. 또한 세종은 내금위에 중급이나 하급 품계의 관원의 자제를 선발하도록 허락했다.

조카 단종을 폐위시키고 등극한 세조는 불만을 품은 충신들에 맞서 경호를 강화했으며, 1457년(세조 3) 내금위를 오위에서 분리해 국왕에게 직속시켰다. 내금위는 임진왜란 동안 폐지됐다가 1601년(선조 34) 복구되어 겸사복兼司僕·우림위와 함께 국왕을 경호하는 3개의 부대 중 하나가 됐다. 그 군사는 영속적으로 녹봉을 받는 군인이었다. 15세기 후반 무과의 행정이 느슨해지면서 1507년(중종 2)에는 그 부대의 수준이 하락해서 대부분 양인의 자제로 채워졌다는 비판도 제기됐다.[106]

내금위는 태종과 세조처럼 양반이나 신하, 정적에 맞서 왕권을 강화한 국왕의 의지가 반영된 부대였다는 점에서, 국왕의 경호를 줄이고 객관적인 시험을 도입하자는 유형원의 제안은 왕권을 제한하려는 신하들의 시도를 반영했다.[107] 만약 그가 무예와 평등만 중시했다면, 상인·공장·무당·노비를 제외하지 말아야 했다. 그의 목적은 자신이 구상한 새로운 금군에 새로운 사회의 지배계층만을 허용하려고 했는데, 그런 생각은 당시보다 그 배타성과 세습성이 거의 줄지 않은 것이었다. 그는 충의위와 충순위를 통합하도록 선택했을 때도 마찬가지로 처리했다.[108]

15세기에 이 두 경비부대의 주요 목적은 모든 양정이 군역을 져야 했던 당시의 국왕·왕자·공신·대신의 자제들에게 직업과 녹봉을 주는 것이었다. 이런 특수 부대들은 15세기 초반 태종과 세종 같은 국왕들이 자신의 정치를 보좌하는 주요한 신하들에게 보장된 직업을 제공함으로써 왕권을 강화하기 위해 만들어졌지만, 시간이 지나면서 양반의 게으르고 무능한 자제들이 도피하는 수단으로 전락했다. 예컨대 1445년(세종 27) 세종은 문과보다 쉽게 관직에 나아갈 수 있는 방도를 찾는 양반 자제들이 충순위에 너무 많이 입대해 성균관이 사실상 텅 비게 됐다는 신하들의 비판을 들었다.

유형원은 자신의 개혁안에서 충의위는 왕자와 공신의 자손으로, 충순위는 학교에 입학하지 못했거나 퇴학당한 관원의 자제들로 구성된다고 정의했다. 그들은 자신의 말을 준비해서 한번에 두 달씩 번상했다. 그들은 추가의 토지(2경)를 특별히 받고 복무중에는 보인 2명을 지급받았으며, 매달 치르는 시재를 다섯 번 통과하면 관직에 임명됐다. 하번으로 귀가했을 때는 봄·가을로 야전훈련에 참가해야 했다. 당시의 사회적 차별을 없애기 위한 방법의 하나로 서얼도 입대할 수 있었지만, 그런 특수 부대들은 그 자체가 소수의 지배계층을 우대한 차별의 한 형태였다.[109]

그는 충찬위忠贊衛·족친위族親衛·정로위定虜衛 같은 다른 특수 부대도 고안했는데, 주로 불필요한 부대를 줄이고 군역의 불공평을 없애려는 목적이었다. 1474년(성종 5) 이후『경국대전』에 포함된 정로위는 군역을 피하려는 사람들의 도피처가 됐다. 이런 부대들은 1457년(세조 3)과 1480년(성종 11) 양반가문의 한량으로 구성된 경호부대를 만들려고 시도했다가 실패한 데서 기원했다. 당시 창설하는 데 실패했던 부대는 호익위虎翼衛와 평로위平虜衛였다. 정로위는 1510년(중종 5) 삼포왜란三浦倭亂이 일어난 직후인 1512년에 북방의 침략에 대비하기 위한 계획의 하나로 만들어졌다. 품관의 자제 중 군역에 등록되어 있지 않은 한량 1천 명이 시험을 거쳐 선발되어 정로위로 선발됐는데, 그 부대는 겸사복 휘하에 소속됐다. 입대를 유도하기 위해 새로 선발된 군사 중 가장 뛰어난 사람들은 일단 정로위에서 복무한 뒤 겸사복과 우림위로 옮길 수 있게 허용했다. 그러나 1513년부터 정로위는 벌써 군역을 피하려는 한량들을 위한 관직과 마찬가지가 됐다는 비판이 나왔다.[110]

유형원은 정로위의 폐지를 제안함으로써 양반의 자제들이 군역을 면제받거나 경감받을 수 있는 가능성의 하나를 줄였지만, 충의위와 충순위는 그대로 허용함으로써 이런 목적과 모순을 빚었는데, 당시 양반의 잠재적 반대를 완화하고 그들에게 품계와 신분의 일정한 이점을 주기 위해서였다. 또한 그는 무과 출신으로 내금위를 구성함으로써 국왕을 견제하려는 의도를 가졌다. 달리 말하면 그 부대들은 국왕보다는 자신이 소속된 지배계층에 좀더 큰 충성을 바쳤다는 것인데, 이것은 불경죄로 처벌받을 위험을 무릅쓰지 않는다면 명확하고 직접적으로 표명할 수 없는 원칙이었다.

## 노비의 군역

유형원이 당시 조선의 사회적 현실을 고려해 정전제의 평등주의적 이상을 수정한 가장 좋은 사례는 노비의 군역과 관련된 부분이었다. 앞서도 언급했듯이, 유형원은 이론적으로는 노비제도를 강하게 부정했지만 현실적으로는 그것을 다양한 방법으로 수용했다. 노비의 군역과 관련해서도 그는 노비제도의 불의를 전혀 비판하지 않았다. 유형원은 범죄자를 노비로 만드는 것은 옳지만, 그런 처벌이 그들의 무고한 후손까지 확대되는 것은 부당하다고 생각했다. 노비들도 다른 사람들처럼 '하늘이 낸 백성'이었지만, 자신이 소유한 노비보다 덕행과 지식이 떨어질 수도 있는 주인들은 그들의 노동력을 사용하고 생사까지도 결정할 수 있는 권력을 부여받았다. 그는 "세상에 이렇게 부당한 일이 어디에 있는가"라고 개탄했다.

그가 제시한 노비제도의 개혁안은 확실히 모두 점진적이었다.[111] 따라서 유형원은 그런 이행이 진행되는 동안 모든 사람이 군역을 진다는 이상적인 체제를 일부 수정할 수밖에 없었다. 그는 17세기 중반 노비를 다시 받아들였던 속오군을 그대로 유지했지만, 개혁에 반대하는 사람들에 맞서 이런 정책을 방어해야 했다. 그는 그런 반대자들이 "사사로운 이익만 생각하고 나라는 전혀 돌보지 않는다"고 비판했다.[112]

그는 노비를 주인의 속박에서 풀어내 국방에 참여하도록 함으로써 양인 농민에 대한 부담을 줄이자고 주장했다. 조선의 문제점은 인구도 적었지만, 사회제도에 의해서 그 적은 인구가 더욱 적어졌다는 것이었다.

우리나라는 본래 국토가 좁은데 다시 양반과 상인常人으로 나뉘어 귀천의 차별이 있다. 이른바 사천私賤은 급속히 늘어났지만 국역을 전혀 지지 않으며, 양민은 국역과 세금이 번잡하고 무거워 생계를 유지할 수 없어 점차 줄어들고 흩어진다. 전국의 백성들이 모두 양반 가호로 투탁한 결과 양반들은 공후公侯가 부럽지 않은 봉양을 받지만 국가에는 백성이 없게 됐다. 이 때문에 선현들은 토지와 노비를 제한하는 법률을 시행하려고 했으니, 그 생각이 원대하다.[113]

유형원은 노비제도가 큰 문제가 아니었던 초기의 한국사에서는 조선보다 작은 나라들도 더 많은 군사를 동원할 수 있었다고 지적했다. 고구려는 수·당의 대군과 맞설 때 산성에 수만 명의 군사를 소집했으며, 안시성을 구원하기 위해 15만의 군사를 일으켰다. 고려시대의 명장 윤관尹瓘과 강감찬姜邯贊은 여진과 거란에 맞서 싸우면서 각각 20만의 군사를 거느렸다. 반대로 조선은 1만 이상의 군대는 소집할 수 없었는데, 이것은 "오랫동안 진행된 쇠퇴와 약화의 심각한 결과"였다.[114]

1590년대 임진왜란을 겪으면서 "오래된 관습은 바꿀 수 없고 (노비를 군역에 포함시키는 것을 반대하는) 백성들의 생각은 거스를 수 없다"는 생각은 완전히 바뀌었다. 이 때문에 선조는 백성들이 조총을 쏘는 방법을 배워야 할 뿐만 아니라 "주인과 떨어져서 거주하는 사노비를 입대시켜 속오군이라는 부대를 만들라고 지시했다."[115] 17세기 조선은 전체 인구의 80~90퍼센트가 노비였기 때문에 더이상 노비를 무시할 수 없었다. "노비를 군역에서 제외하면 나라에 남아 있는 사람이 없을 것이다."[116] 이 발언은 강조를 위해 과장한 것이지만(1만 명 이상의 군사가 있었으며,

노비는 인구의 80퍼센트가 아닌 30퍼센트 정도였다), 핵심은 유형원이 양인의 부담을 줄이기 위해 노비의 복지를 희생하는 것을 당연하게 생각했다는 사실이었다.

유형원은 군역에 노비를 포함시킬 필요성에 동의했지만, 임진왜란 이후처럼 속오군에서 노비와 양인을 혼성하는 데는 찬성하지 않았다. 사회 보수세력의 민감한 반응을 이용했다고 생각되는데, 그는 속오군은 공·사노비로만 구성해야 한다고 분명히 말했다.**117** 그는 공·사노비가 군사와 양인의 지위를 갖도록 허락하는 것은 조심스러워야 한다고 지적했다. 유형원이 완곡하게 말했듯이, 그런 정책이 시행되면 "공무와 사무私務가 모두 원활치 않게 되고 구분과 제도가 어지러워지는 폐해를 이루 말할 수 없을 것"이었다. 달리 말하면 양인과 노비를 혼성해 부대를 편성하면, 합법적인 신분 구별과 사회구조를 무너뜨려 반란을 야기하지는 않는다고 해도 그런 체제를 약화시킬 것이었다. 이런 신분의 혼합은 노비제도 자체를 혁파하기 전에는 시도할 수 없었다. 유형원은 속오군의 노비군사는 번상하지 말고 거주지에서 훈련받도록 규정함으로써 그런 생각을 분명히 했다.**118**

이것은 유형원의 개혁안 중에서 가장 비현실적이고 비실용적인 방안의 하나일 것인데, 중앙군과 지방군에 매우 중요한 자원인 수많은 노비들을 거주지의 민병에만 국한하는 것은 중요한 발전을 저해하고 양정을 징발하는 국가의 어려움을 증가시킬 것이 분명했기 때문이었다. 그러나 그는 군사력에 영향을 주더라도 양반과 양인의 신분적 자각을 유지하는 것이 좀더 중요하다고 생각했기 때문에 그런 방안을 마련한 것이었다.

또한 그는 노비에게는 양인 군사보다 불리한 복무 기간을 부과했다. 앞서 언급한 대로 노비군사는 토지 2경당 1명을 징발했는데(즉 노비 2가호당 1명), 이것은 양인 농민을 징발하는 비율의 두 배였다. 1명은 주호

이자 정병이 되고, 다른 1명은 보인이 됐다. 즉 양인 보병과 기병은 3명의 보인을 받았지만, 노비군사는 1명밖에 받지 못했다는 것이다. 노비군사는 군복과 말을 스스로 마련해야 했지만, 원정을 떠날 경우는 조총과 마구馬具, 방패와 투구 등을 국가에서 제공했다.[119]

유형원은 공노비에게는 국가에 내는 신공을 완전히 면제하고 사노비는 (주인에게 바쳐야 하는?) 신공을 1필로 감소해줌으로써 그들에게 일정한 혜택을 주었다. 그럼에도 불구하고 그들은 국가나 주인에게 신공을 내야 했기 때문에 토지를 가진 독립된 농민보다는 훨씬 무거운 부담을 가졌다. 그러나 그들은 신공과 동등했다고 추정되는 소작료를 내야 하는 양인 소작농과는 처지가 비슷했을 것으로 보인다.

17세기 중반의 상황은 임진왜란 전후와는 크게 달랐지만, 유형원은 앞 시기보다 노비제도를 원칙과 이론에서 명백히 비판했음에도 불구하고 1590년대에 노비를 대폭 용인했던 변화에서 크게 후퇴한 것이었다. 그는 자신의 제도에서 사노비가 양인보다 무거운 부담을 지고 있다는 사실을 알았지만 그런 불평등 또한 노비제도가 폐지되기까지는 유지될 수밖에 없다고 생각했다. "노비제도가 혁파되지 않은 상태에서는 토지를 받은 사람에게서 군사를 징발할 수밖에 없으므로 이전보다는 부담이 가볍다고 해도 편중을 피할 수는 없다. 이것은 어쩔 수 없는 일이다."[120]

그는 노비는 토지를 받지도 않고 군역을 질 필요도 없다는 입장을 가질 수 있다고 말했는데, 사실 이것은 조선 개창 당시부터 있는 법률이었다. 그러나 그 제도는 노비인구의 점진적인 증가와 양정의 심각한 감소를 가져왔다. 그런 문제는 임진왜란중에 속오군을 창설해 노비를 군사로 징발함으로써 해결됐다.

더욱이 고려시대에는 노비에게 토지 분급을 금지하는 법률이 있었지만 "그것은 잘못됐을 뿐만 아니라 시행할 수도 없었다." 유형원은 고려시대에는 대부분 솔거노비였지만, 주인집과 일정한 거리에 떨어져 살면서 토지를 경작하는 이른바 외거노비도 있었다고 언급했다. 즉 노비의 토지 소유를 금지하는 것은 사실상 불가능했으며, 그럴 경우 그들에게 군역을 부과하는 것이 합법적이었다. 유형원은 노비가 군역에 복무하는 대가로 그들에게 경제적 지원을 제공하는 토지제도를 옹호했다.

실제로 유형원은 양인 정병에게 지급되는 보인 3명에서 노비가 1명의 역할을 하도록 하고 1경의 토지를 분급하는 방안도 고려했지만, 예외적인 상황에 국한했다. "양천의 가호와 보인은 그 신분에 따라 적절히 처리해야 한다."[121]

또한 그는 시재에 합격한 노비는 면천하는 방안도 고려했다. 그러나 사노비일 경우 주인은 그 대신 공노비나 20필을 받도록 규정했다.[122] 물론 이것은 노비제도의 점진적인 폐지를 촉진하기 위해서 면천을 쉽게 하려는 그의 정책과 일치하는 규정이었지만, 국가가 그 주인에게 상당한 보상을 해주면서 뛰어난 무예를 가진 소수의 노비를 면천시키자는 급진적인 방안은 아니었다. 임진왜란 이후 재력을 가진 노비에게 면역이나 면천의 증명서를 판매한 것은, 동기는 천박했지만, 노비를 줄이는 데 훨씬 효과적이었다.

끝으로 유형원은 노비를 속오군으로 복무케 하는 것도 노비 소유주의 재산권을 제약하는 처사라고 인정했지만, 비용은 적게 드는 방안이라고 생각했다. 그는 노비 소유주가 자신의 노비에 대한 전권을 갖고 그들을 속오군에서 제외시킬 수 없다는 당시의 법률을 옹호했다.[123] 요컨대 유형원은 노비가 정병은 물론 전체 인구에서도 무시하기에는 너무 비중이 컸기 때문에 그들을 국역에 이용하는 데 관심을 가진 것이었다. 앞서도 지적했듯이 그는 1660년(현종 1) 무렵 정병은 6만 7천 명이었지만 속오군(대부분 노비?)은 16만 2천 명, 양인신분의 보인은 13만 2,160명이었다고 추정했다.[124] 그럼에도 불구하고 그들은 정병과 분리된 예비군으로 거주지에서 대기해야 했다.

## | 결론

언제나처럼 고전과 역사서를 검토해 군제개혁안을 연구하기 시작한 유형원은 정전제와 결부된 주의 민병제도를 본받을 만한 모범적 제도로 생각했다. 그 제도의 핵심은 평화시에 일반 농민을 훈련시켜 전쟁이 일어나면 그들을 군사로 징발하는 것이었는데, 그런 군사조직은 높은 사기와 협동성과 결속력을 가진 향촌을 중심으로 이루어졌다. 그 제도는 자족적인 농민인 민병에게 자신의 군량과 장비를 마련하도록 해서 군사를 유지하는 비용을 줄였다.

주대 이후 그런 민병제도에 가장 근접한 제도는 북위부터 당 초기까지 시행된 부병제였다. 그것은 국고로 유지되는 상비적 직업군인의 필요성을 없앴으며—8세기 당부터 명까지, 그리고 고려의 문제였던—국경이나 수도에서 장기간 복무하는 절도사의 정치적 위협도 없앴다고 평가됐다.

그러나 유형원은 민병제도의 선례에서 얻은 교훈을 세 가지 원칙에 국한해서 당시 군사제도의 문제점에 적용했다. 즉 토지를 분급한 면적에 따라 군역을 할당하고, 향촌공동체의 결속에 기초한 하부조직을 조직하며, 정병이 하번했을 때는 농사를 짓도록 하는 것이었다. 그는 양정의 숫자에 기초해 군역을 할당하는 현재의 제도는 실패할 수밖에 없다고 확신했지만, 1651년에 창설된 어영군의 모범적인 조직을 자신의 개혁안의 기초로 받아들였다. 어영군은 이전처럼 양정을 번상 정병과 보인으로 나누었다. 지난 2세기 동안 그 제도는 정병의 불법적인 면역과 불충분한 재정지원, 보인에 대한 과도한 징세 등의 문제로 얼룩졌지만, 그는 그런 문제들은 17세기에 어영군에서 극복됐으며 모든 정병들이 군역을 지도록 법률을 강화하고, 군포나 세금을 받고 정병을 불법적으로 면제시킨 모든 장교와 서리들을 처벌하며, 보인의 부담을 규정에 따라 제한하면 다른 부대에도 적용할 수 있을 것이라고 믿었다.

유감스럽게도 그는 어영군이 경험한 문제들을 폭넓게 알지 못했기 때문에 그것은 이런 문제들을 성공적으로 극복했다고 믿었다. 전체적인 세율과 보인 개인의 부담을 줄일 수 있다는 그의 가정은 김육 같은 보수적 경제 관원들이 이미 의문을 제기한 사안이었다.

그는 규정을 잘 조정해 정병을 지원하는 보인의 숫자를 늘리고, 정병의 숫자와 번상 간격을 늘림으로써 병력을 줄이지 않으면서도 정병의 개인적 부담을 경감시킬 수 있을 것이라고 판단했다. 또한 그는 세율을 줄여 보인의 부담을 완화하려고 시도했다. 유형원에게 전적인 책임이 있는 것은 아니었지만, 불행하게도 두 방안 모두 실패로 끝났다. 번상의 간격을 늘리면, 지방에서 계속 훈련받지 않을 경우, 정병은 오랜 하번 기간 동안 군사기술을 잃을 수도 있었다. 세율을 줄임으로써 발생한 재정 부족은 정병에게 지급되는 보인의 숫자를 늘려도 보충하지 못했으며, 그가 낮다고 생각한 세율은 실제로는 당시의 최저 세율보다 높았다. 유형원은 이미 세율의 정보에서 뒤떨어졌으며, 실제로 들어가는 국방비를 잘못 계산했다.

유형원은 자신의 군제개혁안이 장기 복무의 어려움을 해결할 수 있다고 선전했는데, 농민 4명 중 1명만 정병으로 복무하고 나머지는 세금을 내며, 정병은 2개월 동안 복무한 뒤 귀가해서 적어도 1년 반 동안은 다시 소집되지 않기 때문이었다. 그러나 이것은 그 긴 기간 동안 훈련하지 않으면 정병은 군사기술을 잃는다는 심각한 문제를 갖고 있다는 의미였으며, 하번 기간의 훈련과 관련된 유형원의 해결책은 매우 미흡했다.

유형원은 번상 정병에게 할당된 보인이 재정을 지원하는 제도는, 국가가 개입하지 않는 자족적인 국방 재정을 가능케 함으로써 장기 복무하는 직업군인을 국고에서 후원하는 것보다 낫다고 생각했지만, 그것은 자기기만에 지나지 않았다. 보인들은 (정병들은 물론) 국가에도 일정한 세금을 계속 내야 했다. 호조가 국방비를 부담하지 않도록 제외함으로써 문관과 서리가 세금을 횡령할 가능성은 줄었지만, 군사 창고를 맡은 진관의 장교와 관원들이 부정에 연루될 가능성은 남아 있었다.

유형원은 전세로 국방 재정을 충당하는 방안은 비용이 많이 드는 상비군을 상징한다는 이론적인 근거에서 그것을 강력하게 반대했다. 그는 당시의 제도를 자급적인 것으로 파악했기 때문에 그것을 수정해 그대로 사용하자고 제안했다.

그가 아무리 많은 비용이 들더라도 군사력과 정예병이 가장 우선적이라고 생각했다면, 국방 재정과 관련된 방안을 결정하는 데 훨씬 유연했을 것이다. 토지·국역·공납이라는 전통적인 삼세三稅체제는 **그가 높이 평가한** 대동법으로 공납이 전세로 전환됐기 때문에 그는 다양한 재원으로 국방 재정을 충당하는 새로운 제도를 채택할 수 있었다. 그는 전세, 그리고 가능성은 거의 없지만 개인이나 가호의 토지나 순자산純資産, 또는 상업 활동에도 세금을 부과하는 방안도 고려할 수 있었다. 그러나 그는 그런 대안들은 전통적인 조세의 유형에서 벗어난 불법적이며 정통적이지 않은 조처로 간주해 금기시했기 때문에 그런 방안들을 고려하지 않았다.

유형원은 소규모의 정병과 약간 증강된 하번의 예비군, 상당히 많은 지방의 속오군, 그리고 훈련을 거의 받지 못한 매우 많은 보인을 구상했다는 점에서, 1660년대 후반 조선에 진정으로 필요한 군대를 미리 창안하지는 못했다고 의심할 수 있다. 실제로 그는 합리적인 예산을 계획하면서 대군을 구축하는 것보다 국방비를 통제하는 데 좀더 주력했다.

그는 가능하다면 정전제와 결합된 민병제도를 시행해 좀더 지속적인 비용 감축을 추진했을 것이다. 그는 당시의 번상 정병과 보인제도가 이미 과거에 제대로 시행되지 않았음에도 불구하고 그것을 그대로 유지했다.

그는 자신이 정전제의 평등적 이상에 입각해 군역과 조세를 분배했다고 주장했고 아마 그렇게 믿었을 것이지만, 그의 계획은 당시의 사회적 편견과 신분 기준에 따라 크게 수정됐다. 그는 군역을 마치면 국가에 토지를 반납하고 개병제와 번상제로 유지되는 민병제도의 원칙과는 모순되는 군역의 세습과 소작제가 시행되던 고려 전기 전시과의 규정에 따라 정병의 공백을 용인했다. 끝으로 그는 노비제도를 이론적으로는 반대했지만, 그들을 양인 농민보다 두 배의 부담을 지우고 양인과 분리시키면서 군역을 부과했다. 달리 말하면 신분의 세습과 귀족제도는 조선 사회에서 그런 특징들을 없애는 데 최선을 다하고 있다고 스스로 생각한 한 학자에게도 여전히 중요한 영향을 행사했던 것이다.

# 제11장
# 훈련도감을 둘러싼 논쟁(1651~82)

유형원은 영구적으로 녹봉을 받는 대규모의 직업군인은 국고에 커다란 부담을 주어 국가의 재정적 안정을 위협한다고 생각했기 때문에 모든 군사를 제10장에서 서술한 독립적이고 자족적인 번상 정병과 보인으로 변환하자고 제안했다. 이것은 그가 훈련도감의 복무와 재정 방식을 바꾸었다는 의미였다. 당시 훈련도감은 7천~8천 명의 영속적이거나 장기 복무하는 정병으로 구성되어 호조나 군향청에서 재정을 지원받았으며 지방의 농민 보인이 결합되어 있었다. 이런 재정 방식은 보인의 후원만을 받는 번상 정병으로 구성된 어영군 등과는 다른 것이었다.

그러나 국고에서 재원이 공급되는 직업군인은 국가의 안전에 위협이 된다는 전통적인 견해에도 불구하고, 특수 경호부대에서 보았듯이, 유형원은 장기 복무가 불가피하거나 적어도 완전히 나쁘다고 생각하지는 않았다. 재정적 어려움을 가져온 원인은 녹봉을 받는 군사들의 숫자를 줄이지 못했기 때문이었다. 그는 수도에 영속적으로 주둔하는 훈련도감의 포수를 논의함으로써 자신의 견해를 제시했다. 그는 임진왜란중에 이미 번상군이 수도에 있었지만 영구적으로 주둔하는 군사를 적어도 일부는 도성에 배치해야 했다고 지적했다. 그가 보기에 직업군인인 경군과 거기에 배속된 보인의 부담은 그렇게 크지 않았는데, 그들은 유성룡·이항복·이원익李元翼 같은 뛰어난 제조提調들의 면밀한 감독을 받았기 때문이었다. 물론 유형원은 훈련도감의 병력이 부족한 이유를 주로 그들에게 돌렸지만, 실제로는 전사와 탈영, 생산과 세입의 감소, 그리고 노비와 함께 복무한다는 오명汚名 등이 원인이었다.

어쨌든 유형원은 1623년 이후 인조대에는 다른 경군은 물론 훈련도감의 병력이 지나치게 늘어났다고 지적했다. 반정에 성공한 뒤 인조가 경군의 대장을 임명하자 귀찮은 군무를 맡기 꺼린 당시의 대신들은 수도 경비의 책임을 훈련도감에 넘겼다. 원래 경군은 도성 주민으로만 구성됐지만, 그 대장들은 각지의 농민을 징집해 관할 아래 둠으로써 병력을 늘리기 시작했다. 그렇게 징집된 사람들은 도성에 계속 머물 수밖에 없었기 때문에 유형원이 묘사했듯이 "부모와 토지를 버릴" 수밖에 없었다.

정부는 보인의 지원을 받는 경군에게 지급되는 군포를 2필에서 3필로 늘렸으며, 훈련도감의 장교에게도 불법적으로 보인을 추가로 지급했으며, 군사에게서 가포價布를 받고 번상의 의무를 면제해주기도 했다. 달리 말하면 그 부대는 유형원이 자신의 군제개혁안으로 제시한 보인제도를 부분적으로 채택함으로써 확대된 것이었다.

더욱이 최근 훈련도감에 증강된 군사들은 매우 열악한 처우를 받았다. 지방 수령들은 훈련도감의 군사 중에서 군역을 면제받을 만한 나이가 된 사람에게 그들을 대체할 만한 인원이 있어도 군역을 면제해주지 않았다. "그들은 하얗게 센 머리를 묶고 도성의 훈련도감에 간 뒤에야 면역을 허락받았으며, 그 사이에 이서들은 뇌물을 받았다."[1]

그러나 훈련도감의 문제는 여기에 그치지 않았다. 유형원은 특히 포수와 마대가 시전을 횡행하면서 돈을 긁어모으는 행동을 비판했다. 실제로 거의 모든 군사들이 상업에 뛰어들어 기존의 상인과 경쟁했다. 일부는 장교들을 설득해 상업세를 특별히 면제받기도 했다. 유형원은 그들이 "게으르고 오만하다"고 신랄하게 비판했다.[2]

그럼에도 불구하고 유형원은 훈련도감의 중요한 군사적 위상 때문에 그 기능을 일부 개혁한 뒤 존속시키려고 했다. 그는 훈련도감을 문관이 지휘하도록 하고, 정치적 고려를 막기 위해서 각 부대의 대장부터 파총 把摠까지 모든 지휘관을 병조의 추천에 따라 임명하도록 했다. 군무를 맡고 보병을 지휘하는 중군과 천총千摠은 병조가 의정부의 결재를 맡아 임명했다.

끝으로 그는 훈련도감의 재정을 완전히 보인이 맡도록 전환하자고 제안했다. 훈련도감의 포수와 마대는 모두 수도 부근의 거주자로 선발하고 앞서 지방에서 선발한 인원은 보인으로 전환했다. 그들이 내는 군포로 그동안 국고나 둔전 또는 삼수미에서 지급되던 식량이나 녹봉을 대체했다. 그의 새로운 제도에서 보인들은 1년에 곡식 12말이나 포 2필을 냈다. 앞 장에서 언급했듯이, 이로써 보인의 부담은 3필에서 2필로 줄었지만 그 숫자는 3명에서 4명으로 늘어난 것이었다.[3]


## │ 훈련도감과 보인을 둘러싼 논쟁

훈련도감을 재건하자는 유형원의 계획은 당시의 흐름에서 갑작스럽게 나온 것이 아니었는데, 1650년 이후 군비 확장을 추진한 효종이 그 부대의 규모를 늘리라고 지시하면서 재정 문제가 계속 논의됐기 때문이다. 1657년(효종 8) 훈련대장 이완이 현재 훈련도감에는 5,650명의 병력밖에 없다고 보고하자 효종은 즉시 1만 명으로 증강하라고 지시했다.

어영군을 2만 명으로, 내금위를 6백 명에서 1천 명으로 늘린 이후 그는 경군을 모두 3만 명까지 확충하려고 시도했다.

그러나 보수적 재정정책을 추진한 김육은 물론, 송시열과 송준길을 포함해서 북벌을 위한 군비 확충을 강력히 지지한 신하 중 일부도 그 계획을 반대했다. 그들은 군사를 증강하면 계속된 흉작으로 고통받는 농민에게 고통을 줄 것이며, 특히 그 군사는 보인의 세금뿐만 아니라 호조에서 군량을 지급받는 직업군인이었기 때문이라는 이유를 제시했다. 그들은 농민에게 군역과 군포를 부과하는 대신 굶주리는 백성들을 구휼하기 위해 군량을 분배하거나 적어도 그 명령을 다음 추수까지 연기해야 한다고 국왕에게 아뢨다.

이처럼 그 계획을 철회하도록 압력을 받았지만, 효종은 1658년 적어도 훈련도감에 1천 명을 증강하라고 지시했다. 그는 군적을 작성해 징발하는 어려움을 고려해서 보인을 정병으로 승급시키고陞戶 공노비가 신공으로 바치는 미곡을 국방 재정으로 충당하는 방안을 제시했다. 첫 번째 방안은 일시적인 미봉책에 지나지 않았는데, 보인을 모두 정병으로 승급시키면 보인을 다시 확보해야 하며, 그러지 못한다면 발생한 부족분을 보충하기 위해서 다른 사람들에게 조세 부담을 전가해야 할 것이기 때문이었다.[4]

1659년(효종 10) 가을에 남부지방의 기근으로 그곳의 번상 임무를 중지할 수밖에 없게 되자 그는 탈영자의 숫자를 줄이기 위한 오가작통법五家作統法을 사용해서 군대의 정원을 유지하려고 했다. 효종은 군사의 증원과 군량의 확충을 가뭄으로 달성하지 못했으며, 그해에 붕어할 때까지 1만 명의 정원을 채우지 못했다.[5]

1662년(현종 3) 이완은, 유형원의 제안과 거의 비슷한 방법으로, 훈련도감의 포수를 지원하는 방안을 제시했다. 그 부대에는 이미 1만 9,690명의 보인이 있었기 때문에(약 기병 1천5백 명에서 1인당 보인 4명, 보병 4

천1백 명에서 1인당 3명의 비율이었다) 그는 포수를 지원할 9천 명의 보인을 추가로 선발하자고 제안했다. 추가로 선발된 보인에게는 1인당 3필에서 2필로 부담을 경감해주었다.

그 부대에 배속할 보인을 새로 조사해 징발하는 것은 너무 어려웠기 때문에 이완은 현재의 보인이 새로운 보인을 선발하면 포상하는 제도를 제안했다. 기존의 보인이 새로운 보인을 등록시키면 보인 2명을 한 조로 묶어 3필을 2필로 줄여주었다. 그는 이런 포상제도를 통해 9천 명의 보인을 추가로 만드는 데 5~6년 정도 걸릴 것으로 예상했다. 효종은 그 계획을 승인했으며, 그것은 이후 병보倂保나 말보末保라고 불렸다.[6]

이완의 제안은 1661년(현종 2) 무렵 삼수미·둔전과 함께 보인이 이미 훈련도감의 재정에 중요한 부분이었음을 보여주지만 그것은 모든 문제를 해결하는 방안은 아니었다. 높은 세율은 탈세와 재정 부족을 야기했다. 그의 계획은 중앙 정부가 피역자나 탈루자를 군적에 등록하는 데 무능했음을 증언하는 것이었다. 예컨대 만약 당시 조세를 탈루한 사람이라면 2필의 세율이라도 받아들이려고 했을까. 그리고 이미 다른 정병에게 더 많은 군포를 내고 있는 보인들이 그 계획에 관심을 보였다면, 다른 부분에서 세수의 감소가 발생했을 것이다. 1669년 음력 1월 『승정원일기承政院日記』의 한 기사에 따르면, 현종을 알현한 송시열은 어영군의 조직을 상찬하면서 훈련도감은 축소해 궁극적으로는 폐지하자고 제안했다.[7] 다른 자료인 『현종개수실록顯宗改修實錄』에 따르면 송시열은 훈련도감과 정초청精抄廳을 모두 긍정적으로 평가하면서도 훈련도감은 감축을 통해 혁파하고 정초군과 어영군의 제도에 따라 개편해야 한다고 제안했다.[8]

송시열은 7천 명의 훈련도감 군사에게 국고에서 군량을 지급하는 것은 너무 큰 재정적 부담이라고 지적했다. 그 부대는 조선 태조가 만든 군사제도에는 들어 있지 않았으며, 임진왜란을 극복하기 위해 선조가 창설했을 뿐이었다. 그는 그 군사를 특수한 군직別軍職으로 만들어 녹봉을 주려고 했지만 군사가 사망할 때마다 대체할 생각은 없었는데, 녹봉을 영구적으로 지급하면서 군사를 유지하는 것은 재정 낭비에 지나지 않기 때문이었다.[9] 그러나 당시 그 군사들이 보인의 후원을 받았기 때문에 송시열은 그 부대가 도성 경비에 불필요하다고 생각한 것으로 여겨진다.

정초군은 1638년(인조 16) 무렵 창설됐으며 당시는 1천1백 명의 병력 중 148명만이 복무했다. 훈련도감과 병조는 처음부터 그 부대를 지휘했다. 1663년 그 병력은 2백 명으로 늘었으며, 1668년에는 병조에 소속되어 정초청으로 이름이 바뀌면서 111명으로 구성된 40개의 중대에 모두 1만 9,391명으로 증강됐다. 그중 4,440명은 5개의 중대에 여덟 번으로 나뉘어 교대로 번상했다. 나머지 1만 4,911명은 보인이었다. 그중 4천4백 명은 정병의 장비를 지원하는 자보資保였으며, 나머지 1만 511명은 군량과 군복을 마련하기 위한 미곡이나 면포를 냈다. 병조판서가 그 부대를 통솔했는데 그 자신의 독자적인 군사력이 됐다는 의미는 아니었지만, 문관이 지휘할 수 있는 부대를 갖게 되는 선례가 됐다.[10]

차문섭車文燮은 최근의 연구에서 정초군은 번상 정병과 보인을 사용해 부대의 비용을 줄이기 위해 설립됐다고 파악했다. 어영군과 정초군은 보인의 후원을 받았기 때문에 송시열은 조선 전기의 오위제도로 돌아가는 것이 영속적으로 녹봉을 받는 군사를 없애는 가장 좋은 방법이라고 역설했다. 훈련도감을 독립적인 부대로 유지하려고 했지만 송시열은 그것을 정초군과 혼합하려고 한 것을 제외하면, 유형원은 오위제도를 복구하는 데 찬성했을 뿐만 아니라 모든 부대를 번상 정병과 보인의 결합으로 전환하려고 한 측면에서 송시열과 거의 비슷했다.

## | 훈련별대

1669년 3월 5일 현종과 주요 대신들은 송시열이 제안한 핵심적 내용을 논의했다. 이 자리에서 당시 훈련대장 이완은 녹봉을 받는 직업군인보다 번상 정병과 보인이 우월하다는 송시열과 유형원의 가장 근본적인 전제를 비판했다. 그 논의는 현종이 송시열의 제안대로 훈련도감을 완전히 폐지하지는 않으려고 한다고 언급하면서 시작됐다. 그는 그 부대에서 노병을 퇴출하고 독특한 임무를 유지하려고 했지만, 그렇게 되지 않으면 어영군과 같은 조직방식으로 전환하려고 했다. 현종이 이 문제에 대한 유형원의 견해를 들었을 가능성은 없지만, 그의 입장은 유형원과 비슷했다.

### 어영청의 재정적 약점

이완에게 의견을 물으면서 현종은 그가 어영청을 창설하는 데 관여했기 때문에 지지할 것으로 예상했지만, 이완은 부정적 견해를 밝혔다. 이완은 자신이 훈련도감을 맡게 됐을 때 송시열은 그 부대에서 사망하거나 도망간 군인을 경군이 아니라 향군鄕軍으로 대체해야 한다는 의견을 전했다고 말했다. 훈련도감에 소속된 6천 명의 대규모의 포수는 수도에 번상하러 오기 전에 자신의 토지와 가옥을 판 향군이었다. 하번이 되면 그들은 돌아갈 곳이 없었다. 달리 말하면 직업군인을 폐지할 경우 그들에게 너무 많은 고통을 야기할 것이기 때문에 그렇게 할 수 없었다.

아울러 이완은 그 부대의 정원을 채우는 데도 많은 어려움을 겪었다고 아뢨다. 7년 전 원두표는 할당된 정원에서 절반밖에는 징발할 수 없을 것이라고 자신에게 말했다. 이완은 정원을 채우는 데 5년이 걸렸으며, 7년 동안 열심히 징집했어도 8천 명밖에 모으지 못했다고 밝혔다.

번상하려는 사람을 지방에서 찾기는 매우 어려웠기 때문에 그 문제를 풀 수 있는 유일한 방법은 군사를 모을 수 있는 "길을 열어놓는 것"이었는데, 그것은 특정한 부류에게 허용된 면역을 없애자는 완곡한 표현이 분명했다.[11]

이완의 반대에 부딪히자 현종은 어영청에서 사용하는 군량이 얼마나 되는지 물었다. 이것은 훈련도감의 부대들이 번상 정병과 보인제도로 완전히 전환될 수 있는 가능성을 타진한 중요한 질문이었지만, 당시 어영대장이었던 유혁연柳赫然은 보인제도는 안전한 재정 방안이 전혀 아니라는 놀라운 소식을 전했다!

그는 이완이 어영군을 맡았을 때 2~3년치의 군량을 모았지만 최근 구휼로 다 써버렸다고 아뢨다. 이완은 휘하의 1천 명에게 줄 수 있는 군량 2천 섬을 모을 수 있었지만, 현재는 2만 명의 번상 정병을 후원하는 6만 명의 보인이 있어도 "수중에는 아무것도 없다"고 대답했다.

현종과 신하들은 경군의 병력을 유지하기 위해서는 어떤 조처를 취해야 한다는 데 합의했다. 그러자 좌의정 허적은 훈련도감의 공백을 메우기는 어렵기 때문에 경군의 적절한 숫자를 유지하기 위해서는 호조에서 군량을 추가로 지원받는 새로운 번상 경군을 창설하자고 제안했다. 유혁연은 군사력에 공백이 생길 것을 우려해 훈련도감 등의 감축에 반대했으며, 현종은 다른 부대에서 1만 명을 보내 훈련도감을 유지하자고 제안했다.

허적은 송시열이 어영군의 감소를 제안한 까닭은 그 부대를 지원하느라 국가 재정이 고갈될 것을 우려했기 때문이었다는 점을 상기시키면서 국왕의 의견에 동의했지만, 어영군의 혁파와 관련해서는 그것을 유지하는 것보다 더 심각한 문제를 야기할 것이라면서 반대했다. 그러나 허적은 재정보다는 어영군의 명령체계 해이와 훈련 부족을 좀더 걱정했는데, 그것은 적절한 지휘관을 임명하면 간단히 풀 수 있는 문제였다.

민정중閔鼎重과 현종은 "경군만 두어야 한다"는 주장도 제기했다. 뒤에 허적은 평화시에는 2만 명을 소집할 수 있지만, 유사시에는 1천여 명밖에 얻을 수 없을 것이라고 말하기도 했다. 유혁연은 수도에 6천 명의 훈련도감 군사밖에 없으며(이완이 징집할 수 있었던 숫자보다 2천 명이 적다), 그것도 전시에는 국왕을 수행하는 군사 3천 명을 남겨놓은 채 야전군을 지휘하는 도원수의 인솔 아래 수도를 떠나야 하는 상황에 대해 우려를 표명했다.[12]

　이완은 보인제도로 재정을 확보할 수 있는 가능성에 다시 한번 의문을 제기하면서 현실을 논의하자고 촉구했다. 그는 군역이나 조세를 부담하지 않은 사람을 새로 찾기는 거의 어렵다는 이유로 어영청의 사례는 보인으로 정병을 후원하는 효과적인 방안이라고 믿지 않았다. 그는 상번하는 어영군 1천 명을 확보하려면 번상 정병으로 차출할 수 있는 호수戶首 2만과 보인 6만을 등록해야 하는데, 그것은 당시로서는 지난한 일이라는 점을 현종에게 상기시켰다. 훈련도감을 유지하는 문제로 논의가 돌아오자 이완은 번상 정병과 보인은 재정제도로 결함이 있다고 다시 주장했는데, 1천 명의 정병을 지원하기 위해서는 8천 명의 보인을 확보하거나 부족한 군량을 호조에서 지급하도록 해야 하기 때문이었다.[13]

### 하번 정병의 해이

　어영청의 존속을 지지한 부류는 송시열이 제시한 개혁안이 불확실한 효과를 위해 경군을 희생시키자는 것이라는 점을 발견하면서 자신들의 의견을 더욱 강력하게 주장했다. 현종은 어영청이 최고의 정예부대라고 말했으며, 허적은 장기 복무는 항상 준비 태세에 있기 때문에 번상 제도보다 좋다고 주장했다! 확실히 지방의 번상 정병은 짧은 기간 동안 복무하면서 '쉴 틈도 없이' 밤낮으로 훈련을 받았지만 하번이 되어 귀가하면 그런 군사기술을 쉽게 잃어버렸다. 이완은 그 의견에 동의했으며, 유혁연은 그들을 전투 태세로 복귀시키는 데 걸리는 시간은 지휘관의 역량에 달려 있다고 덧붙였다. 훌륭한 지휘관들은 하루나 이틀 안에 그런 임무를 수행했지만, 어떤 부류는 열흘까지 걸린다는 것이었다. 이 토론은 번상제도에서 군사들이 하번으로 귀가해 있는 동안에도 주기적인 훈련을 통해 군사기술을 유지할 수 있다는 유형원의 가정에 의문을 제기한다.

### 군적에서 누락된 인원의 징발

일부 신하들은 양정이 부족한 주요 원인은 양반과 교생, 군관들이 불법적으로 군역을 면제받은 경우가 너무 많기 때문이라고 지적했다. 이완은 당시의 사회제도 때문에 양정을 새로 발견하기가 어렵다면서 그 의견에 동조했다. 정부에서는 갖은 방법으로 군적에서 빠진 사람들을 색출하기 위해 정기적으로 조사함으로써 그 문제를 완전히 외면하지는 않았지만, 그런 정기 조사는 매우 가혹해서 백성들의 원망을 샀다. 예컨대 나중에 최후상崔後尙은 백성들은 "해마다 양정을 징발歲抄"하거나 한정閑丁을 등록하는 날을 가장 슬퍼했는데, 정직하게 기재하지 않고 "어린아이나 포대기에 싸인 갓난아기"까지 불법적으로 군적에 올렸기 때문이라고 설명했다. 그는 이런 조사의 근본적인 원인은 피역이 아니라 훈련도감 · 어영청 · 장초壯抄의 정병 1명에게 평화시의 두 배인 보인 3명을 지급하는 것은 너무 과다하기 때문이라고 지적했다. 이처럼 늘어난 보인의 비율은 유형원도, 양인 전체에게 적용하려고 강압하지는 않았지만, 정병 1인당 보인 3명을 배정했기 때문에 중요하다. 어쨌든 최후상은 현종에게서 큰 반향을 이끌어내지는 못했고, 현종은 그의 불만

을 군적 작성의 폐단과 관련된 작은 문제로 치부했다.[14]

조정의 회의에서 현종은 번상과 보인제도에 기초해 군사를 새로 선발할 수 있는 가능성을 판단하기 위해서 신하들에게 군적에 올라 있지 않은 한정의 숫자를 확정할 수 있는지 물었다. 다음달 허적은 전국에 5만 4천 명의 한정이 있으며, 그중 4만 3,890명은 이미 관직이나 그밖의 역을 졌거나 공·사노비여서 군역에 충당할 수 없다고 보고했다. 합법적인 이유가 있든 그렇지 않든, 만약 그 용어가 양반가문의 한가한 자제가 아니라 '군역에 등록되지 않은 모든 사람'을 의미하지 않는다면 관직이나 그밖의 역을 가진 사람들이 한정으로 등록되어야 하는지 궁금하다. 위의 발언에서는 전체적인 전력에서 속오군의 노비군사가 중요한 부분을 차지하고 있음에도 불구하고 당시는 그들을 경군에 배속하지 않으려고 했다는 사실을 명확히 알 수 있다 — 이런 태도는 속오군을 지방의 상비군으로 거주지에서만 복무케 한 유형원의 방침에서도 나타났다.

어쨌든 남은 1만 110명 중에서 평안도와 함경도의 주민은 국경 방어를 위해 제외됐다. 그러면 등록되지 않은 한정은 6,665명밖에 남지 않는다. 즉 5만 4천 명의 한정 중에서 6,665명만이 이완의 의견에 따라 경군을 증강하는 데 동원될 수 있었다. 이것은 신분의 특권과 차별이 군사를 징발할 수 있는 국가의 능력을 제한했다는 사실을 증명해준다.

### 신설된 부대에 한정을 배속하다

훈련도감을 대체할 충분한 병력이 없었기 때문에 새로 징발된 한정을 거기에 입속시키기는 방안이 결정됐다. 어영군제도를 도입하자는 송시열과 현종의 의견에 따라서 허적은 6,665명을 512명씩 13개의 부대로 나누어 편성했다.[15] 512명은 127명의 번상 호수戶首와 거기에 3명씩 지급된 381명의 봉족奉足으로 나뉘었다.[16] 즉 훈련도감의 별대에 소속된 6,656명 중 봉족은 4,953명이고 번상 정병은 1,651명인데, 그중 127명이 한번에 번상한 것이었다. 또한 그는 더 많은 한정을 확보하기 위해서 양인이나 천민(노비)신분으로 군적에 오르지 않은 4천7백 명을 다시 조사할 것을 건의했다.

한정을 조사한 결과 징집 대상을 발견하기 어렵다는 이완의 주장이 확인됐다. 어영군에 소속된 1천 명의 정병과 2만 명의 번상 호수, 또는 훈련도감에 배치된 6천 명과는 반대로, 남아 있는 한정은 실제 복무할 수 있는 127명의 군사나 1,651명의 번상 정병밖에 없었던 것이다. 이완이 지적했듯이, 상시 복무하는 훈련도감의 인원을 번상 정병으로 대체하는 것은 ― 유형원의 핵심적인 제안 중 하나였는데 ― 불가능했다.

현종은 허적의 제안을 약간만 수정해서 그대로 받아들였다. 그는 군역을 질 수 있는 한정 중에서 15세 이하의 어린아이와 60세 이상의 노인들은 보인으로 할당하고, 번상 정병으로 배속된 사람은 자신의 보인을 직접 마련하라고 지시했다. 충분한 병력이 징집된 뒤에는 "나이 많은 군사들을 일부 조정했는데" 훈련도감을 혁파하자는 송시열의 건의나 훈련도감을 대체할 새로운 군사를 선발하자는 허적의 방안을 간접적으로 참고한 조처였다.[17] 새로 선발된 경군은 보인을 마련할 때까지는 일단 호조에서 군량을 받았다.[18]

그해 후반 허적은 훈련도감에 배속할 새로운 군사가 순조롭게 징발되고 있는데, 그들은 어영군의 조직에 따라 편성될 것이라고 들었기 때문이라고 보고했다. 그러나 실제로 허적은 어영군의 평판이 너무 나쁘므로 그 부대의 이름을 바꾸자고 건의했다. 유혁연의 제안에 따라 훈련별대라는 이름이 채택됐다.[19]

별대의 징집이 성공적이었던 부분적인 원인은 새로 임명된 어영대장 유혁연이 피역한 한정을 조사하기 위해서 자신의 수하들을 지방에 개인적으로 파견했기 때문이었다. 그들은 한정의 목록을 비밀리에 작성해 보내왔고 훈련도감은 그런 한정이 살고 있는 지역의 수령에게 그들의 피역 여부를 공식적으로 조사하라고 지시했다. 그동안 피역했던 양반들은 이런 방침으로 커다란 피해를 입자 자신의 불만을 조정에 알렸고, 그 결과 사간원은 유혁연이 불법적인 방법을 사용했다고 탄핵하면서 그의 처벌을 요구했다. 그러나 현종은 그 요구를 거부했다.[20]

결국 현종은 번상 정병과 보인으로 별대를 구성하면 녹봉을 받는 군사가 줄 것이라는 예상에서 별대의 창설을 결정했다. 이런 정책은 훈련도감을 즉시 혁파하자는 송시열의 제안을 허적이 수정한 것이었지만, 한정의 숫자가 매우 제한되어 새로운 부대에 127명의 정병밖에 징발할 수 없는 대단히 온건한 개혁이었다.

몇 년 뒤 실록의 사관은 조정의 신하들은 많은 경제적 부담에도 군사의 수준이 떨어졌다는 이유에서 훈련도감을 혁파하려고 했던 이단하李端夏와 송시열에게 모두 찬성했다고 평가했다. 그러나 군사력을 증강하는 데 주된 관심이 있었던 현종은 이전 부대를 없애는 데는 반대했지만 새로운 부대를 창설하는 것은 매우 기뻐했다.[21]

그런 평가는 정확했지만, 일부만을 포괄했을 뿐이었다. 현종의 정책은 그 문제에 대한 유형원의 생각과 상당히 비슷했다. 훈련도감은 명에서 사용된 가장 진보된 무기와 조직으로 군사를 훈련하므로 유지해야 했지만(그러나 명은 1644년 청에게 멸망됐다), 그 재정은 호조가 아니라 보인을 통해 공급되도록 전환됐다. 유일한 차이점은 현종이 번상 정병과 보인으로 등록할 충분한 양정을 찾을 수 없다는 사실을 발견하자 징발한 한정만으로 그런 방식에 입각해 별대를 창설했다는 것이었다. 이런 출발이 결국 훈련도감을 보존해 보인의 '독립적인' 재정제도로 전환하는 데 성공할 수 있는가 하는 여부는 그 운영에 달려 있었다. 중요한 사실은 국왕이 유형원에게서 직접 조언을 받지 않고도 그의 제안과 상당히 가까운 해결책을 고안했다는 것이다!

훈련대장 유혁연은 이런 해결책에 많은 진전을 이루는 데 공헌했다. 별대의 인원이 늘었을 뿐만 아니라 훈련도감의 결원도 호조가 아니라 보인의 지원을 받는 정병으로 꾸준히 채워졌다.『현종개수실록』의 사관은 1671년(현종 12) 무렵 유혁연은 별대의 숫자를 7천 명에서 1만 3천7백 명으로 늘렸다고 언급했다. 그는 별대를 4개의 부대로 나누고, 여름과 가을에는 번상을 중지했으며, 겨울과 봄 동안 번상할 10개 부대에 모두 1,370명을 배치했다. 번상 정병 1인당 3명의 보인을 할당해 전체 부대에는 모두 4만 1천 명이 필요했다. 아울러 훈련도감의 군사 6천 명에게는 1인당 4명, 즉 모두 2만 4천 명의 보인을 할당했는데, 1669년(현종 10)보다 거의 5천 명이 늘어난 숫자였다.[22]

### 송시열의 분석(1670)

#### 훈련도감의 약점

1670년 후반이나 1671년 초반의 어느 시점에서 그동안 조정에 나오라는 국왕의 반복된 요구를 칭병하면서 회피하던 송시열은 국왕에게 올리지 않은 상소를 하나 초안했다. 그 상소는 훈련도감의 문제점에 대한 전면적인 논의와 1669년에 창설된 별대에 대한 평가를 담고 있었다. 송시열은 자신이 훈련도감에 '깊은 관심'을 갖고 있다면서 세 가지 이유에서 그 폐지를 주장했다. 그것은 비용이 너무 많이 들어 국고를 유출하고, 군사들은 '게으르고' 무능하며 거만해서 통제되지 않으며, 모반을 일으킬 우려가 크다는 것이었다.

송시열은 6천~7천 명에 이르는 훈련도감의 직업적 정병에게 들어가는 국가의 재정 부담은 전시의 군사를 지원하는 것과 맞먹는다고 주장했다. 훈련도감의 군사들은 시장을 횡행하는 데 시간을 허비하고 훈련을 하지 않아 혹독한 훈련은 거의 견디지 못했다. 그들은 너무 허약해서 국왕의 행차를 수행할 때 겨우 20여 리를 가면 "음관音管처럼 씨근대고 엎어진 대합조개처럼 땀을 흘리면 하나둘씩 지쳐 땅에 쓰러지고, 그러다가 죽기까지 했다." 이런 군사들은 전시에는 전혀 쓸모가 없어서 "주자는 이 때문에 금군을 번상병으로 나누자고 했다. 하번일 때 그는 거주지로 들어가 빈둥거리지 않고 농사를 지었다."[23]

송시열은 훈련도감의 군사들은 대낮에 도둑질을 해도 아무도 막지 못했으며, 일부는 폭력조직과 합세함으로써 도성 주민을 두렵게 했다고 주장했다. 그들의 거만함과 뻔뻔스러움은 사실상 제한이 없었다. 송시열은 자신이 허적과 함께 국왕을 모시고 돌아올 때 국왕의 깃발이 달린 함선에서 일어난 사건을 소개했다. 허적이 지휘하던 호위선 하나가 훈련도감의 군사들에게 탈취당했다. 허적은 그들을 저지했지만, 그들은 주요한 대신이자 당시 훈련도감의 현직 제조인 허적의 말에 전혀 아랑곳하지 않았다. 허적이 이완(훈련대장?)에게 그들을 배로 돌아가도록 명령할 것을 지시한 뒤에야 따랐지만, 이완은 그들을 처벌하지 않았다. 그 뒤 조정에서 송시열이 그 일을 국왕에게 아뢰려고 하자 허적은 두려운 눈빛으로 제지했다.

송시열은 훈련도감의 군사들이 모반을 일으킬 가능성을 매우 염려했는데, 전에 실제로 일어났기 때문이었다. 그는 "전하는 1627년(인조 5) 4월에 일어난 사건을 듣지 못한 유일한 분이신지" 물었다. 그때 훈련도감의 포수였던 김예정金禮正은 불교 사찰 뒤에서 그 부대에 소속된 군사 2백 명과 몰래 만났다. 그들은 제단을 세워 하늘에 맹세하고 닭을 잡아 형제의 맹약을 맺은 뒤 궁궐을 공격할 준비를 했다. 계획을 실행하기 전 김예정은 술에 취해 자신의 동료 한 사람을 찔렀다. 김예정은 그가 자신이 모반에 참여했다는 사실을 보고해 복수할 것을 두려워해 훈련대장에게 역모를 밀고해 목숨을 보존하려고 했다. 음모자들은 체포되

어 처형됐지만 김예정은 이조에게서 용서를 얻었다. 송시열은 훈련도
감의 군사들이 모반을 이처럼 멀리까지 진행시킬 수 있었던 까닭은 그
들이 궁궐의 배치와 경비의 약점을 완전히 알았으며 궁궐에 관련된 관
원들과 가까워 여러 정보를 얻을 수 있기 때문이었다고 지적했다.[24] 송
시열은 이런 사건을 근거로 훈련도감은 7~8년 정도 단계적으로 감축
해 혁파해야 한다고 결론지었다. 그런 뒤 모든 경군은 한의 남북군처럼
2명의 지휘관(아마도 오위와 어영군?)이 통솔하도록 했다.

### 감축을 통한 혁파의 실패

송시열은 현종이 훈련별대를 새로 창설하라고 지시함으로써 자신에
게 동의했지만, 징발을 맡은 관원들이 임무를 수행하지 못했다고 지적
했다. 그들은 훈련도감의 병력을 감축하지 않고 그대로 유지한 결과,
새로 창설된 별대는 도성 주민을 괴롭히는 새로운 부대가 됐다. "옛 제
도의 이름은 바뀌었어도 이전에는 참을 수 없는 부대가 하나였지만 지
금은 둘이 됐다."[25] 그러나 이 발언은 훈련도감을 감축해 완전히 혁파하
는 것이 **아니라** 재정방식을 보인제도로 서서히 전환시키려는 국왕의 기
본 의도를 정확히 파악하지 못했다.

또한 송시열은 군적 작성을 맡은 서리들은 보인으로 잘못 기록된 사
람을 모두 삭제하고 그들을 별대로 보내야 했지만, 부유한 유명 가문에
서 뇌물을 받고 그 자제를 면제시키고 가난하고 허약한 사람만 군적에
올렸다고 비판했다. 송시열은 당시 고향에서 살았기 때문에 어떤 일이
일어나는지 직접 목격했다고 주장했다. 별대에 배속할 양정을 찾고 군
적에 올리는 과정은 이전보다 사람들의 "분노와 저주를 더 많이 불러왔
다." 끝으로 그는 새로운 부대에 충원할 수 있는 양정이 부족한 상황을
개탄했던 이완과 같은 불만을 토로했다.

"나라에 양정의 숫자는 제한되어 있지만, 현재는 별대를 구성할 병력

을 뽑아야 할 뿐만 아니라 훈련도감의 정원도 계속 유지했다. 게다가 보병과 기병에도 더 많은 인원이 필요했다. 지방에서 이런 군액을 어떻게 채울 수 있겠는가."[26] 그가 보기에 기본적인 문제는 별대가 그렇게 나쁘다는 것이 아니라 정부가 그것을 너무 서둘러 시행하려고 한다는 것이었다. 송대의 교훈을 보건대 개혁안을 신중히 선택해야만 성공할 수 있었다. 농민에게 저리의 구휼미를 제공하기 위해 만든 주희의 사창제는 실제로는 왕안석의 청묘법을 모방한 것이었지만 성공했다. 차이는 왕안석은 자신의 계획을 급작스럽게 시행했지만 주희는 그것의 장점을 충분히 파악한 뒤 추진했다는 것이었다. 그러나 별대의 징집을 맡은 관원들은 그 일을 중시하지 않고 아무렇게나 처리했으며, 백성들의 분노를 무시했다.[27] 송시열은 군적의 관리를 맡은 관원들이 부패했다고 비판했지만, 비판의 진정한 핵심은 보인을 통한 재정방식이 현재의 영속적으로 녹봉을 받는 직업군인보다 더 많은 징발을 필요로 한다는 것이었다.

### 재정 위기와 병력 감축의 필요(1671)

수도의 군사와 지방의 보인을 늘리려는 노력은 기근 때문에 더욱 어려워졌다. 그것은 굶주리는 농민의 부담만 가중시켰다. 1671년(현종 12) 늦봄 사간원은 국왕의 경호부대가 불필요하게 많기 때문에 구휼과 자원 조달이 원활하게 이루어지지 않는다고 비판했다. 1668년 정초군을 창설할 때 4천 명의 번상 기병이 군적에 새로 추가됐지만 당시 동원할 수 있는 정병에서 전용했기 때문에 정병의 총인원은 늘어나지 않았으며, 지방 수령의 군포 징수는 농민 보인의 고통을 끝없이 야기하고 있다고 사간원은 지적했다. 추가로 징세했지만, 새로 징발한 정병에게 제공할 군량이 충분치 않았기 때문에 정초군은 어영군에서 군량을 빌려와야 했다. 간관들은 새로 창설된 정초군 등의 부대에게 공급할 군량을 고갈시킬 국가적 위기가 현재는 없지만, 국왕이 그 부대를 폐지하는 데 주저한다면 적어도 다음 수확 때까지 그 부대의 번상을 중지하고 거기에 배속된 과다한 보인을 줄이라고 간언했다.

사간원은 병조에서 공급된 군량 중 많은 부분이 금군·별군직別軍職·훈련도감·어영군에 소속된 군마의 사료로 소비되고 있다고 비판했다. 그들은 군마는 추수 때까지 5개월 동안 방목하고, 미곡 5천 섬을 수천 명의 굶주리는 백성에게 지급하라고 주청했다.[28]

다음달 수어대장으로 옮긴 이완은 현재 양맥兩麥의 수확이 타격을 입어 예상된 작황을 기대할 수 없으니 군사 지출을 대폭 삭감할 것을 강력히 주장했다. 추수에 힘쓰고 있는 농민을 잡역에 동원하면 얼마나 많은 사람들이 사망할지 예상할 수 없으며, 훈련도감과 어영군에 소속된 많은 군사와 보인에게서 거둘 예정인 군포는 취소하거나 감축해야 했다.

간관이었던 이단하는 정부의 1년 총지출이 12만 섬 또는 8만 섬인데 그 3분의 2(!)가 군사를 후원하는 데 들어간다면서, 국왕의 경호부대를 3천 명으로 줄여야 한다고 간언했다. 앞서 훈련도감을 번상 정병과 보인으로 전환하는 데 반대했던 이완은 이제 국가가 붕괴에서 벗어나려면 정초군을 완전히 폐지해야 한다고 요구했다. 그는 병조가 비축한 군포와 미곡을 유사시 사용할 분량도 남겨놓지 않은 채 정초군에게 모두 소비했다고 주장했다.

이완은 정초군이 전에는 자급했지만 지금은 국고의 지원을 받는 속오군으로 구성됐기 때문에 국가 재정에 막대한 부담을 지운다고 설명했다. 또한 그는 녹봉을 받는 훈련도감의 군사가 너무 많기 때문에 유발된 재정 지출도 비판했다. 그는 현재 세입의 위기를 지적하면서 정초군을 완전히 혁파하거나 정원을 감축하도록 국왕에게 간언했다. 현종은 "쓸모없고 잡다한" 군사들을 혁파하라고 전교했다.[29]

다음달 주요 대신들과 사헌부司憲府는 훈련도감의 1부部를 없애고 훈련별대의 번상을 일시적으로 중단하며, 정초군의 도제조를 없애고 그 책임을 병조에 이관하라고 건의했다. 영의정 허적은 1670년 송시열이 올리지 않은 상소에서 훈련도감의 노병老兵을 새로 창설한 별대의 군사로 대체하겠다고 국왕이 약속했지만 병력은 감축되지 않았음을 비판했다고 확언했다. 그는 병력의 감축을 주장했다.

현종은 새로 창설한 훈련별대의 번상 정병들이 수도에 도착한 뒤 훈련도감의 4부 중 1부를 영구히 혁파하겠다고 전교했다. 아울러 현재의 재정 위기와 관련해서 그는 즉시 1부를 삭감하고 그밖의 3부에 있던 결원을 그 군사로 메우라고 지시했다.

그러자 유혁연은 전부前部를 없애고 거기에 소속된 1,081명 중 592명은 다른 부대로 보내 결원을 보충하거나 다른 3부의 노병을 대체하자고 제안했다. 다른 몇 개의 방안을 제시한 뒤 그는 13명의 장교와 877명의 군사가 감축될 것이라고 추정했지만, 2년 전 송시열의 제안에 따른 더 이상의 감축은 하교되지 않았다. 최종적으로 감축된 분량은 매년 미곡 1만 섬과 면포 2백 동이었다. 미곡은 1년치 군량인 8만 섬의 8분의 1(13퍼센트)로 상당한 분량이었지만, 국가의 재정 문제를 해결하는 데는 아직도 충분치 않았다.[30]

또한 현종은 각 도 육군·수군의 훈련, 병마사와 진장의 정찰과 훈련을 중지하고, 무기와 군량을 매달 걷거나 추수가 끝난 뒤에도 학생에게 시험을 부과하거나 군사의 결원을 채우기 위해 세초歲抄하는 것을 금지하라고 명령했다.

그러나 우의정 김만기金萬基는 국방 지출에서는 의미 있는 감축을 전혀 이루지 못했다고 비판했다. 훈련도감의 1부를 감축하는 것은 거의 의미가 없으므로 국왕은 정초군과 훈련별대를 모두 없애야 했다. 좌의정 정지화鄭知和·허적·김수항金壽恒은 김만기에게 찬성했으며, 허적은 이 두 부대가 국가를 무너뜨리는 원인이라는 사실은 모두 알고 있다고 주장했다. 그러나 현종은 새로 창설한 정초군과 훈련도감을 혁파하는 데 주저하면서 대답하지 않았다.[31]


## ┃ 금위영과 당쟁(1681)

### 당쟁의 재발 : 제1차 예송 논쟁(1659)

영속적으로 녹봉을 받는 직업군인과 번상 정병·보인의 장점을 둘러싼 논쟁과 훈련도감의 운명은 유형원이 세상을 떠나고 10년 뒤에 결론났다. 오랫동안 일어나지 않았던 당쟁은 그 기간 동안 중앙 정치에서 재발했다. 1650년(효종 1) 도르곤이 사망하자 효종은 김자점 일파를 정치 무대에서 숙청했으며 그 뒤 서인 내부의 갈등은 줄었지만, 1659년 효종이 붕어하고 현종이 즉위하면서 당쟁은 다시 나타났다.

남인들은 임진왜란에서 일본군과 맞서 싸우는 데 중요한 역할을 했으며, 광해군 때 대북이 권력을 잡은 동안 서인과 함께 고통을 겪었다. 그들은 1623년(인조 1) 서인이 권력을 잡은 뒤 조정에 복귀할 수 있었으며 인조와 효종의 치세 동안 서인과 큰 갈등을 일으키지 않았다. 그러나 송시열이 이끌던 서인이 인조의 계비 자의대비慈懿大妃 조씨趙氏는 붕어한 효종이 인조의 적장자가 아니기 때문에 일반적인 경우보다 한 등급 낮은 상복을 입어야 한다고 주장하면서 이른바 예송이 일어났다.

철학적 문제에서 주희의 정설을 열성적으로 방어한 송시열은 고대 중국의 의례서인『의례』에 대한 해석에 근거해 자신의 주장을 폈지만, 그의 논리는 선왕 효종은 물론 확대 해석할 경우 현종의 정통성까지 위협하는 것이었다. 이 문제에 대해 윤휴와 허목이 이끈 남인들은 효종은 인조의 완전히 장성한 후계자이자 적법한 국왕으로 간주되어야 하며 자의대비 조씨는 송시열이 제시한 것보다 높은 등급의 상복을 입어야 한다고 주장했다. 그렇게 함으로써 그들은 서인이 왕권에 대한 가장 충성스러운 지지자라는 국왕의 신념을 위협했다.

효종은 소현세자가 독살당하고 그의 빈과 인척이 처형되거나 유배됐으며 세 아들 중 2명이 사망한 뒤 즉위했기 때문에 그의 정통성은 특히 민감한 쟁점이었는데, 그 모든 일들은 인조가 동의했거나 연루되어 있었다. 그럼에도 불구하고 1659년 현종은 복제에 대해 서인의 입장을 채택했으며, 그 문제와 관련해 남인을 처벌하지 않았다. 실제로 그는 남인의 영수 중 한 사람인 허적을 의정에 지명했다.[32]

### 훈련도감을 장악한 남인(1669)

훈련도감의 혁파가 논의된 1669년(현종 10) 무렵 서인과 남인의 갈등은 아직 잠재적인 상태로 남아 있었다. 서인의 영수 송시열이 훈련도감을 감축하자고 제안했을 때, 주요한 반대자는 서인으로 당시 훈련대장이었던 이완이었지만 주요한 옹호자는 좌의정 허적과 어영대장 유혁연 같은 남인이었다. 그러나 남인은 허적이 주도해 훈련대장으로 이완 대신 유혁연을, 어영대장으로 이여발李汝發을 임명함으로써 주요한 경군의 지휘권을 장악했다.

유혁연은 1669년에 창설된 훈련별대도 지휘했다. 그 부대의 핵심은 어영군에서 유혁연이 지휘했던 군사로 구성되어 있었다. 유혁연은 비밀리에 사람을 보내 지방의 한정을 징발해 그 부대를 구성했고, 이로 인해 신랄한 탄핵을 받았지만 현종의 보호로 무사할 수 있었다. 유혁연은 감축하자는 송시열과는 반대로 훈련도감을 5천 명에서 6천 명으로 늘리는데 주도적인 역할을 했다. 이처럼 훈련도감과 별대는 제2차 예송 논쟁이

일어난 1674년(현종 15) 무렵 남인의 군사적 기반이 됐다.[33]

### 정초군과 제2차 예송 논쟁

두 당파 사이의 긴장은 1674년 인선왕후仁宣王后 장씨(덕수 장씨)가 붕어하면서 고조됐으며 자의대비 조씨가 그녀를 위해 어떤 상복을 입어야 하는가를 놓고 논쟁이 재개됐다. 논쟁은 이전과 같은 방식으로 이루어졌지만, 현종은 이번에는 송시열의 주장을 거부하고 더 긴 복제를 선택했다. 그는 그동안 자신의 적통성 문제에 분명히 민감해져 있었지만, 서인에 대해서는 아직 행동을 취하지 않았다.

그럼에도 불구하고 숙종대(1674~1720)에 나타난 일련의 유혈 숙청의 첫 계기는 이때 마련됐다. 1674년 현종이 붕어하자 숙종은 즉시 제1차 예송 논쟁에서 더 낮은 복제를 주장했던 모든 관원 — 대부분 서인 — 들을 기소한 뒤 송시열의 고신을 박탈하고 유배 보냈다. 그 결과 남인이 권력을 잡게 됐다.[34]

### 경신환국(1680)

1674년 숙종이 즉위하자 남인들은 그전보다 강력한 위치를 차지했지만 군사 부대를 독점하지는 못했다. 그들은 훈련도감과 어영군을 통솔했지만, 서인 김만기와 김석주金錫冑는 총융청과 수어청을 장악했으며 병조에 소속된 정초군에도 부분적으로 영향력을 행사했다.[35]

병조판서는 정초군의 제조였는데, 정초군은 1668년(현종 9) 6,250명으로 늘어났고 금군도 7백 명으로 늘어났으며, 병조의 하위 관원들은 정초군과 무관했기 때문에 그들은 거의 판서의 사병처럼 됐다. 국왕의 행차에서 좌우익을 형성하면서 수행한 정초군과 금군은 당연히 국왕과 매우 가까웠기 때문에 중요성에서 훈련도감과 어영군과 동등했다.[36] 1663(현종 4)~73년(현종 14) 병조판서는 모두 서인으로 임명됐지만, 숙종이 남인에게 우호적으로 된 이후 병조판서는 김석주를 제외하고는 서인 출신이 거의 없었다. 김석주가 병조판서를 지낼 수 있었던 원인의 하나는 현종비 명성왕후의 친척이었고 송시열과 가깝지 않았기 때문이었다.[37]

숙종이 즉위한 뒤 출사한 관원 중 한 사람은 윤휴였는데, 소북이었던 그는 1636년 청에 항복한 것에 대한 항의로 향촌으로 은퇴했다. 중국에서 오삼계吳三桂의 난이 일어나(1674) 청의 체제를 약화시키자, 그는 청에 대한 복수의 시기가 무르익었다고 믿고 조정으로 돌아왔다. 그는 원래 서인과 남인 모두와 친밀했지만, 예송 논쟁에서 남인의 견해를 지지했으며 서인에게 강경하게 반대한 허목 같은 남인과 가까웠다. 1676년(숙종 2) 그의 당파는 청과 전쟁을 준비하는 한편 도체찰사부都體察使府의 재건을 추진했는데, 전쟁을 준비하거나 전쟁을 치를 때를 대비한 관서로서 최고 지휘부가 필요했기 때문이었다. 그것은 현종의 치세 동안 폐지됐다.

남인 중에서 온건한 대외정책을 지지한 허적은 정치적 쟁점에서는 윤휴·허목과 의견을 달리했는데, 도체찰사부를 재건하고 청을 정벌하려는 그들의 시도는 지지했지만 구체적인 추진 방법에는 반대했다. 허적과 윤휴는 재건된 도체찰사부의 통제권을 장악하는 정치적 중요성을 깨달았지만, 윤휴를 믿지 않은 허적은 자신이 그 권력을 가지려고 시도했다. 윤휴는 일단 도체찰사부가 재건되고 반청 감정이 고조되면 허적은 도체찰사에 임명되어 군사를 지휘하러 야전으로 나가고, 자신은 부체찰사가 되어 수도의 병력을 책임지고 남음으로써 사실상 조정을 통제할 수 있을 것으로 예상했다.[38]

허적은 윤휴의 계획을 반대하고 1676년(숙종 2) 자신의 수하를 도체찰사에 임명했다. 허적과 훈련대장 유혁연은 개성에 도체찰사부를 만들기로 결정하고 그 부근에 대흥산성大興山城을 쌓은 뒤 그 지역의 둔전을 확장했다. 그들은 군사를 선발하기 위한 만과萬科라고 불린 무과를 실시했으며 훈련도감과 어영군을 대흥산성으로 부대를 이동했다. 윤휴가 희망했던 부체찰사의 자리는 임명되지 않았다.[39]

그 뒤 허적은 5도의 부대는 물론 모든 경군, 훈련도감과 어영군을 도체찰사가 전적으로 관할하도록 숙종을 설득했지만, 서인 김석주는 반대했다. 허적은 재건된 도체찰사부와 그밖의 경군을 장악하는 데 성공했지만, 숙종은 바로 그 성공 때문에 허적이 왕권을 위협할 것을 경계하게 됐다.[40]

1677년(숙종 3) 병조판서 김석주는 도체찰사부는 너무 비용이 많이 드니 혁파하자고 주청했다. 반대하는 남인의 동의를 얻을 수 있는 유일한 방법은 그가 지휘하고 있는 정초군을 5천 명에서 3천 명으로 줄이고 훈련별대를 1만 3천7백 명에서 1만 명으로 감축하는 방안을 받아들이는 것이었다. 타협은 오래 가지 않았는데, 1678년 후반 숙종은 남인의 요구로 도체찰사부를 다시 설치해 허적이 지휘하도록 했기 때문이었다. 이로써 남인은 지배적인 지위를 영구히 안정적으로 확보한 것처럼 보였지만, 1679년 숙종은 허적을 보좌하는 부체찰사로 — 남인 윤휴가 아니라 — 서인 김석주를 임명해 그들에게 충격을 주었다.[41]

한 해 전 김석주는 어영대장으로 대사헌을 겸임하고 있었다. 이제 그가 부체찰사로 임명된 것은 남인에게는 재앙의 전조였는데, 1680년(숙종 6) 초반 숙종은 핵심 부대의 지휘관에서 남인을 대부분 숙청했기 때문이었다. 오랫동안 훈련대장을 맡아온 유혁연은 "세 왕대를 거치면서 20년 동안 훈련대장으로 근무하느라 몸이 노쇠해졌을 것"이라는 이유로 교체됐다. 숙종은 국구國舅인 김만기를 훈련대장으로 임명하고 그의 아들 김익훈金益勳을 남한산성을 지휘하는 광주유수廣州留守에 임명했다. 서인인 김익훈은 남인이 권력을 잡았을 때 북방 국경으로 나가 있었다. 경기도에 배치된 수어대장 또한 교체됐고 김석주는 이미 어영대장이었으므로 서인들은 이제 수도를 둘러싼 핵심적인 군사 요직을 장악한 것이었다.[42]

김석주가 거느린 서인들은 이제 남인에게 더욱 공세를 취했다. 김석주는 대흥산성에 부속된 이천伊川 둔전의 6개 부대가 의심스러운 훈련을 한다고 국왕의 관심을 돌림으로써 일련의 숙청을 시작했다. 그 뒤음력 6월 이른바 삼복三福의 변이 국왕에게 보고됐다. 허적의 서자 허견許堅*은 도체찰사부가 있는 개성 근처의 대흥산성에 주둔시킨 군대를 동원해 인조의 세 손자 중 한 사람인 복선군福善君을 추대하려 했다는 혐의로 고변됐다. 주모자는 국왕이 남인의 주요 지휘관을 교체한 음력 3월에 수도를 공격하려고 했지만, 이런 고변으로 병력을 해산할 수밖에 없었다.

사간원은 남인들이 도체찰사부를 이용해 전군을 장악하려고 했으며, 유혁연은 훈련대장이었을 때 군사통제권을 넓히기 위해 자의적으로 명령을 내리기도 했다는 사실을 국왕에게 상기시켰다. 허적과 윤휴는 군사지휘권을 얻으려고 시도했다는 혐의로 연루되어 역모를 국왕에게 아뢰지 않았다는 죄목으로 사사됐다. 남인은 숙청됐으며, 그들이 창설하거나 확대하려고 그렇게 노력했던 부대들은 서인에게 장악됐다.[43]

## 금위영(1681)

모반과 숙청을 거치면서 서인이 다시 권력을 잡은 1년 뒤인 1681년 (숙종 7) 영중추부사領中樞府事로 복귀한 송시열은 훈련도감을 축소하려

---

* 원서의 영문과 한자 표기는 각각 "Ho Kyun(460쪽)"과 "許筠(1,197쪽)"으로 되어 있는데, 허견의 오기이므로 바로잡았다.

는 자신의 오랜 계획을 다시 시도했으며 이번에는 훈련별대도 그 대상으로 삼았다. 현종에게 그랬듯이 그는 숙종에게도 직업군인은 국가에 무거운 부담이 된다고 아뢨다.

훈련도감과 별대는 이미 고질적인 폐단이 됐습니다. 일찍이 주자는 "옛날의 군사들은 모두 농사를 지었고 참전할 때만 국가에서 군량을 받았다"고 했습니다. 송대에 국가에서 군량을 계속 지급한 까닭은 전쟁이 끊이지 않았기 때문입니다. 지금 훈련도감 포수의 녹봉은 거의 8만 석에 이르지만, 조정의 신하에게 주는 녹봉은 4만여 석에 지나지 않습니다. 포수는 선왕대의 고제古制가 아니라 임진년 이후 유성룡이 건의해 설치한 것입니다. 신이 듣건대 임진년 전에는 평소에 녹봉을 나누어주고도 30만 석이나 남았지만 가난한 나라라고 했는데, 지금은 어떻게 30만 석을 기대할 수 있겠습니까.

송시열의 발언은 정책의 주요한 세 측면을 지적했는데, 문관들은 국가에서 지출하는 미곡의 3분의 2가 훈련도감으로 들어가는 것을 반대했고, 포수는 국방에 그리 중요하지 않고 선대부터 있던 제도도 아니었으며, 훈련도감은 핵심적인 남인의 주도로 창설됐다는 것이었다. 이이의 제자는 국방력을 약화시키려고 했으며 당시의 가장 진보한 보병 무기는 시간이 흘러가면서 바뀌었다고 판단했다. 송시열은 청에게 당한 모욕에 여전히 분개했지만, 국가는 재정 위기에 직면했으며 서인과 남인은 적대적인 관계를 형성하게 됐다.

10년 전처럼 송시열은 훈련도감을 점진적으로 감축하자고 건의했다. 향촌으로 돌아가려는 포수는 모두 허락하고, 사망이나 탈영으로 생긴 결원은 어영군의 번상 정병으로 대체했다. 결국 훈련도감과 어영군은 동일한 부대가 될 것이고 그 기능은 한의 남북군과 비슷해질 것이었다.

송시열은 논란의 여지가 큰 주장을 제기했는데, 어영군의 번상 정병은 좀더 경제적일 뿐만 아니라 훈련 상태도 훈련도감의 직업군인들보다도 훨씬 좋다는 것이었다.

어영군은 향촌에 살면서 훈련하지만, 포수는 집에서 편안히 쉬고 있습니다. 전하께서 온천에 거둥하실 때 신이 보니, 어영군은 빠르게 달려 갔다가 돌아올 수 있었지만, 훈련도감의 군사들은 모두 도로에 엎어졌습니다.

송시열은 현종이 각 도의 감사와 병사가 거느린 많은 아병牙兵 — 대장 휘하의 군사 — 을 어영군으로 보내고 거기에 상당하는 훈련도감의 포수 1천 명을 감축하기로 결정했지만, 당시 훈련대장이었으며 이제는 숙청된 남인인 유혁연은 그 명령을 따르지 않았다는 사실을 자세히 열거했다.⁴⁴

궁극적으로 송시열의 제안은 조정에서 서인이 압도적인 지위를 차지했음에도 불구하고 김석주와 숙종에게 거부됐다. 1682년(숙종 8) 김석주는 훈련도감의 직업군인을 5,707명에서 707명을 줄여 5천 명으로 만들고 그들을 훈련별대의 번상 정병으로 보내자고 제안했을 뿐이었다. 또한 그는 훈련별대 1만 3,949명과 정초군 3,773명을 통합해서 금위영禁衛營을 조직하자고 제안했다. 이제 김석주는 정권과 군권을 장악했으므로 중요한 부대를 해산할 필요가 없었기 때문이었을 것이다.

일정한 조정을 거쳐 새로 창설된 금위영은 105개의 부대에 1만 4,098명의 번상 정병이 배치됐다. 각 군사에게는 보인이 3명씩 할당되어 전체로는 4만 2,294명이었지만, 실제로 그밖의 잡색군과 그들에게 딸린 보인을 더하면 정병과 보인의 숫자는 그 두 배 정도인 9만 명을 넘었다. 이런 추가적 부대들은 금위별대라고 불리면서 정규 금군과 함께 복무

했다.[45]

그러나 최종 병력은 다소 줄었다. 1만 2천7백 명(특수 부대·서리·장교 등은 제외)의 번상 정병은 127명으로 구성된 1백 개의 초哨에 소속됐으며, 최종적으로 1영 5부 20사로 구성됐다. 한번에 10초(1,270명)가 두 달씩 복무했으며, 농번기에 해당하는 4개월 동안은 그 인원의 절반만 복무했다. 보인의 총인원은 정확히 알 수 없지만 군사 1인당 3명의 보인이 지급됐으므로 3만 8천1백 명의 보인이 있었다고 계산할 수 있으며, 적어도 5만 명 정도나 잡색군까지 포함하면 모두 6만 명 정도로 추산된다.[46]

훈련도감의 군사 707명을 줄여 새로 창설된 금위영에 배치하는 등 비용을 감축하기 위한 일정한 조처가 취해졌는데, 그런 군사들은 번상 정병에서 보인으로 전환됐을 것으로 추정된다. 번상 정병을 촘촘하게 조직해 약 3천6백 명을 보인으로 전환함으로써 새로운 보인을 징발해야 할 부담이 줄었다.

그러나 그 두 부대를 감축해 농민의 조세 부담을 줄이려는 목적에도 불구하고 훈련별대와 정초군, 그리고 거기에 소속된 보인은 1669~71년 거의 두 배로 늘어났다. 훈련도감을 감축하자는 송시열의 제안과는 반대로 거기에는 5천 명의 직업군인이 배속된 반면 창설된 금위영에는 가장 많은 번상 정병과 보인이 소속됐다. 조정의 신하들은 이런 사실을 알고 있었지만, 그 문제는 나중에 논의됐다.

좌의정 민정중은 훈련별대의 확대를 정당화하는 유일한 논리는 그러면 훈련도감의 직업군인이 줄 것이라는 추정이라고 지적했다. 별대와 정초군을 합쳐 금위영을 창설하면 어쨌든 훈련도감을 폐지하는 데 도움이 될 것이었다. 또한 훈련도감의 군사들은 수준이 떨어졌으며, 조선군에는 독립적인 부대가 너무 많아 명령체계가 파괴된 상태였다.

금위영의 창설을 처음으로 제안했던 병조판서 김석주는 10여 년 전의 이완과 동일한 논리로 자신의 주장을 방어했다. 그는 장기 근무하면서 녹봉을 받는 직업군인을 보인에게서 재정을 지원받는 별대의 군사로 대체하는 데는 동의했지만, 그런 급진적인 변화는 단기간에 추진될 수 없으므로 훈련도감의 군사 7백 명을 별대로 보내면 매년 호조의 미곡 6,780섬과 면포 127동을 절감할 수 있을 것이라고 제안했다.

그는 훈련도감의 군사를 모두 대체하려면 5,563명씩 여섯 번으로 나누어 2개월씩 번상하는 3만 명의 정병과 9만 명의 보인 — 모두 12만 명 — 이 필요하므로 비용이 너무 많이 든다고 주장했다. 한정들을 찾기 어렵다는 사실을 고려하면 이것은 불가능한 일이었다.

그는 훈련도감 군사들의 능력과 특징에 대해서도 완전히 다른 시각을 갖고 있었다. 그는 포수들은 국왕을 경호했기 때문에 지방군보다 훨씬 뛰어나다고 언급했다. 그들은 민첩하고 영리하고 외모가 단정했으며 언제나 출동할 준비가 되어 있었다. 그점에서 그는 훈련도감을 완전히 폐지할 수는 없다는 전왕 현종의 확신을 공유했다.[47]

어쨌든 1680년(숙종 6) 이후 김석주는 허적이 바랐던 집중된 군사지휘권을 가질 수 있었다. 그는 1682~84년 금위대장을 지내면서 훈련대장과 대흥산성의 도체찰사를 겸직했다.[48] 그는 우의정으로 승진해 더이상 금위영을 맡을 수 없게 된 뒤에도 호위대장으로 임명되어 일정한 부대를 지휘했다. 사망하기 며칠 전 그는 금군의 책임자와 병조판서를 겸임하는 전례 없는 관직을 받았다.

1682년 금위영의 창설을 허용하려는 김석주의 동기는 군사 정원과 조직에 대한 정책의 목표를 보여준다는 측면에서 중요하다. 1684년 김석주가 사망한 뒤 금위영을 폐지하자는 제안이 올라오자, 숙종은 거기에 강하게 반대하면서 자신이 그것을 창설한 놀라운 이유를 밝혔다. 숙종은 1680년 삼복의 변이 발각됐을 때 당시 병조판서였던 김석주는 그런 모반을 진압할 부대를 거느리지 못했다는 점을 상기시켰다. 그는 그 때문에 1682년 병조판서에게 금위대장을 겸임시켰다고 주장했지만, 이태진의 지적처럼, 숙종이 그런 개인적인 지휘권을 주려고 했던 사람은 단순히 여느 병조판서가 아니라 바로 김석주였다.[49] 김석주는 1680년 이후 다른 서인과 적대관계에 있었기 때문에 권력이 좀더 필요했다. 1683년 서인이 노론과 소론으로 갈라진 뒤에도 군권의 장악을 둘러싼 논쟁이, 주로 외척을 중심으로, 노론 내부에서 일어난 것은 바로 이 때문이었다.[50]

1674년에 숙종이 즉위한 뒤 김석주는 외척이라는 지위를 이용해 권력을 잡았지만, 1680년 김만기의 딸인 인경왕후仁敬王后가 사망하자 여흥 민씨인 인현왕후仁顯王后가 계비로 책봉됐다. 그녀의 아버지 민유중閔維重과 삼촌 민정중은 김석주와 김익훈이 장악한 군권에 반대하기 시작했다. 이 네 사람은 모두 노론이었지만, 그런 관계는 그들을 결속시키는 데 충분치 않았다. 병력을 증강하지는 않더라도, 새로운 부대나 기존 부대의 병력을 유지해야 할 필요성은 국내의 정치적 고려에 따라 촉발됐으며, 더이상 외국의 침략 위협이나 청에게 복수하려는 감정적 계획 때문은 아니었다.[51]

### 총융청과 수어청(1681~90)

서인들은 2개의 경군을 더 장악하려고 시도했다. 경기도의 총융청과 남한산성의 수어청은 1680년 이전에도 서인이 장악했다. 이태진은 그것을 "숙종대까지 서인이 남인과 경쟁했던 최후의 보루"였다고 언급했다.[52] 두 부대는 17세기에 다른 범주의 번상 정병으로 구성된 독립적인 경군이 증강되면서 그 구성에서 점진적인 변화를 겪었다. 거기에는 표하군標下軍과 아병, 각 부대의 지휘관은 물론 일반 문·무관원이 거느린 부대도 포함됐다. 그중 일부는 거의 노비와 다름없이 총융청의 둔전을 경작하는 데 동원됐다. 그밖에도 완력이나 용맹이 뛰어난 표하병이나 호위병이 포함됐다. 달리 말하면 총융청과 수어청의 많은 군사들은 그들의 정치적 지휘관의 사병으로 기능했다는 것이었다.

1674년 숙종이 즉위했을 때 총융청은 경기도에서 2만 명을 징발해 5영으로 나누어 구성됐다. 1687년(숙종 13) 5영은 3영으로 줄어 1704년(숙종 30)에 개편될 때까지 그대로 유지됐다.[53]

수어사가 수도의 지휘부에 있으면 지방에 배치된 수어청 부대는 광주부윤이 겸직하는 부장副將의 지휘를 받았다. 1681년(숙종 7) 노론에서 김석주의 정적이었던 민유중은 수도의 지휘부에 있는 수어사는 지방의 수어청의 부대와 떨어져 있으니 폐지하자는 의견을 밝혔으며, 1683년 송시열은 수도의 지휘부에는 1명이 아니라 2명의 수어사가 상근하기 때문에 농민에게 불필요한 군역과 조세의 부담을 추가한다면서 그 생각에 찬성했다. 숙종은 수도의 지휘부와 수어사를 모두 폐지했다. 광주부윤은 유수로 격상되어 수어청에 대한 독점적인 지휘권을 받았다.

수어사가 부대와 떨어져 수도에 상근하는 원래의 제도는 남인이 다시 권력을 잡은 1년 뒤인 1690년(숙종 16) 수어청의 병력이 감축되어 전투력이 약해졌다는 이유에서 복구됐다. 그러나 그렇게 개편된 뒤 남한산성에 주둔한 1천여 명의 군사가 제기한 불만을 보고한 자료로 판단해 보면 남인들은 남한산성의 지휘부를 교체해 그 부대에 대한 서인의 장악을 끝내려는 의도였다고 생각된다. 같은 때 광주유수는 광주에 설치된 방어영防禦營의 지휘권을 받았는데, 역시 수도지역에 대한 남인의 정치적 장악을 강화하기 위한 목적이었다고 생각된다.[54]

특히 수도 부근에 배치된 부대의 조직·규모·통제권을 둘러싼 복잡한 논쟁은 기존의 당파 사이는 물론 그 당파 내부에서도 정치적 쟁점이 됐다. 그런 내부적 균열은 반대 세력이 새로운 당파를 조직하면서 공식화되기도 했지만, 비공식적으로 남아 있는 경우도 있었다. 군사 개편의 경제성·효용성·합리화는 부대를 정치적으로 장악하고 정적과의 경쟁에서 그런 지휘권을 확장하는 것보다 부차적인 문제였다.

## ┃ 결론

번상 정병과 보인제도에 기초해 모든 군사 부대를 개편하려고 시도한 유형원은 훈련도감처럼 영속적으로 녹봉을 받음으로써 재정에 부담을 지우는 군사들을 혁파해야 한다고 생각했다. 그러나 훈련도감의 핵심 병력인 포수, 진보된 무기와 조직은 국방에 매우 중요했기 때문에 복무와 재정을 번상 정병과 보인으로 전환해 국가의 지출을 줄이면서 그것을 보존하려고 했다. 그렇게 되면 국가의 재정적 위기가 해결될 수 있을 뿐만 아니라 번상 횟수를 경제적으로 조정하고 보인의 세율을 합리적으로 변경해 정병과 보인의 부담도 경감할 수 있다고 생각했다. 요컨대 유형원의 군제개혁안은 고전적 민병제도의 요소를 선택적으로 사용해 지방에서 전통적인 군사제도를 합리적으로 재조정함으로써 국가의 지출과 농민의 부담을 경감하고 군역을 공평하게 부과하며 훈련도감 같은 정예 부대를 보존하려는 것이었다.

그의 말년인 1669~1772년에 조정에서는 군제개혁을 둘러싼 심각한 논쟁이 벌어졌으며, 송시열과 현종은 수도지역의 영속적인 정병을 번상 정병과 보인으로 대체하는 것이 좀더 낫다고 확신했다. 훈련대장 유혁연 등과 다시 현종은 훈련도감이 가장 진보한 부대이며 국고가 아니라 보인을 통해 재정을 지원할 수 있으므로 어떻게든 보존해야 한다는 유형원의 견해를 공유했다. 그들은 유형원을 만나거나 그의 생각을 들어보지 못했음이 분명했지만 그와 견해를 함께 한 것이었다.

그러나 조정의 논의는 유혁연과 국왕의 가정이 소박하고 비현실적이라는 점을 드러냈는데, 6천~7천 명에 이르는 훈련도감의 직업군인을 대체하려면 9만 명의 번상 정병과 보인이 필요했지만 한정은 말할 것도 없고 양정은 너무 부족했기 때문이었다. 양정은 면역된 양반과 도망 등의 방법을 사용한 양인이 증가하면서 줄었으며, 유혁연 같은 대신들은 그런 피역자를 색출해 군적에 올리려고 노력했다. 유형원처럼 관직을 갖지 않은 사람들만이 군사제도에 만연한 부패를 감지할 수 있던 것은 아니었지만, 그들의 인식과 간헐적이며 개인적인 행동은 그 문제를 해결하는 데 충분치 않았다. 17세기 무렵 유망은 너무 보편적인 삶의 방식이 되어 제한된 소수만이 위반하는 것이 아니라 다수에게서 예상되는 하나의 권리가 되어버렸다. 그러므로 유형원이 매우 쉬울 것이라고 생각한 문제 — 보인을 더 많이 등록시키는 것 — 는 불가능하지는 않더라도 실제로는 매우 어려운 일이었다.

더욱이 일부 신하들은 훈련도감의 군사들이 그렇게 정예하지 않다고 지적했다. 실제로 그들은 신체 조건이 훌륭하지 않았고, 상업에 뛰어들어 훈련을 게을리했으며, 백성을 위협하면서 횡행하거나 도적과 연결되어 도성 주민에게 피해를 주었고, 심지어 모반에 가담하기도 했다. 유형원이나 현종 모두 그런 장애 때문에 단념하지는 않았는데, 두 사람 모두 훈련도감을 보존하는 데 동의했고 국왕은 비용에 상관없이 그렇게 하는 데 성공했기 때문이었다.

현종이 붕어한 뒤 훈련도감에 대한 최종적인 결정권은 당시 주요 부대의 지휘권을 장악한 가장 강력한 신했던 김석주에게 넘겨졌다. 김석주는 서인의 지배는 물론 자신의 지휘권을 안전하게 만드는 수단으로서 그 부대를 존속시키고 훈련별대와 정초군을 새로 창설한 금위영으로 통합하기로 결정했는데, 정치권력은 국방력이나 비용 감축보다 군사정책을 결정하는 주요한 원인이었기 때문이었다.

정부에서는 훈련도감을 포함한 모든 부대의 정병에게 배속된 보인의 숫자를 늘리려는 유형원의 계획을 채택했지만, 양인의 조세 부담은 경감되지 않고 오히려 실제로는 증가됐다. 시간이 가면서 더 많은 번상 정병들이 새로운 부대에 배속됐고 8~10명으로 구성된 각 번의 정병들은 각각 평균 3명씩의 보인을 받았다. 양정을 충분히 찾을 수 없었기 때문에 지방 수령들은 늘어난 조세 부담을 동물·아기·노인에게까지 전가했으며, 이것은 한 세기 전 농민을 수탈했던 행정과 비슷했다.

끝으로 번상 정병제도는 부대와 부대조직에 핵심적인 훈련 수준과 대비 태세를 유지하는 데 심각한 결함을 노출했다. 그들은 오랜 하번 기간 동안 정예한 군사기술을 잃었으며 지방에서 훈련하는 제도는 이런 문제를 충분히 해결하지 못했다. 또 다른 잠재적인 재앙에서 나라를 구한 유일한 도움은 국가에 더이상 주요한 군사적 위협이 없었다는 것이었다. 1636년 이후 일본은 침략하려는 방침을 폐기했으며, 1644년 이후 중국을 확고히 지배한 청은 북부나 북동부지방에서 일어날 수 있는 이민족의 침입 위험을 제거했다.

유형원은 자신의 제안 — 훈련도감의 직업군인을 대체하는 데 충분한 양정을 찾을 수 있다는 — 이 가진 주요한 약점에 대한 부분적인 해결책으로 중앙군과 지방군을 전체적으로 감축하고(제13장 참조) 양반신분과 부정한 행위로 군역에서 면제되는 사람을 대폭 줄이는 방안을 제시했다. 그는 교육과 관리 등용, 토지 분배를 논의한 부분에서 그 방안을 상세히 설명했지만, 양반의 특권을 폐지하고 불법적인 면역을 끝내려고 하는 현직 관원은 거의 없었다. 결국 일부 관원들은 보인을 통해 국방 재정을 확보하는 방안을 폐기하고 그밖의 재원으로 전환함으로써 이 문제를 해결하려고 했다 — 이것은 유형원이 군사를 후원하는 조선의 전통적인 방식이 아니라는 이유로 폐기한 방식이었다.

# 제12장
# 국방 재정을 위한 대안의 모색

번상 정병과 보인제도로 전환함으로써 국방재정을 절감하려는 생각은 여러 가지 이유에서 좌절됐다. 정부에서는 좀더 많은 보인을 색출하는 과정에서 농민에게 부담을 가중시킨다는 사실을 발견했는데, 이 문제는 부대와 군사가 늘어나면서 더욱 심각해졌다. 이런 상황은 국가가 세수를 늘리려는 목적에서 양정이 납속해 유학이나 군관이 되거나 충의위에 입대할 수 있도록 허락하면서 좀더 일반화됐다(유학은 원래 문과에 급제하지 못한 학생이나 유자를 뜻하는 용어로, 사망한 학생보다는 살아 있는 학생을 가리키다가 결국은 학교 등록과는 상관없이 양반이나 사족신분의 학생을 일컫게 됐다. 군관은 관원을 보좌하는 무관이었다). 세수를 늘려야 할 필요성이 커지자 국가에서는 이런 이익에 관련된 가격을 계속 낮추었다. 이런 방법은 유사시에만 사용됐지만 기근이 거듭되면서 계속 시행됐으며, 1661년(현종 2) 가뭄으로 재원이 다시 필요해지자 정부는 납속을 허용했다.[1]

이처럼 합법적으로 양정이 감소하고 채워야 할 정병과 보인의 정원이 늘어난 결과 국방 재정의 부담은 더욱 가중됐다. 이용할 수 있는 통계는 군적에 등록된 양정이 다음 세기에 크게 늘었음을 보여준다.

국방 재정의 위기는 물론 1681년(숙종 7)에 생긴 현상은 아니었다. 그것은 임진왜란 이후 복구가 시작되면서 지속된 문제였으며, 많은 신하들은 정병과 보인의 정원을 줄이고 군적에서 빠져 면역된 부류에게 조세를 확대하거나 보인에서 다른 조세 항목으로 재정을 전환함으로써 해결하려고 했다. 이런 동향은 1681~82년 국방 재정의 항목을 다시 수립하는 방안을 둘러싼 중요한 논쟁에서 정점에 이르렀는데, 그 논쟁은 유형원이 거부한 원칙을 바탕으로 이루어졌다는 점에서 특히 흥미롭다.

## ▌보인을 통한 재정 확보의 문제점

### 군적에 등록된 인구의 증가

정병과 보인은 그것을 줄이려는 몇 번의 시도에도 불구하고 전체적으로 증가한 것으로 나타났다. 1746년(영조 22) 이후 어느 시점에서 안정복이 계산한 바에 따르면, 전국적으로 모든 형태의 군역에 종사하는 보인은 모두 108만 3,784명이었다.[2] 이 계산에 따르면 도성 안이나 부근에 위치한 오군영에 소속된 군사와 보인은 〔표 5〕와 같았다.[3]

28만 9,784명의 합계는 1704년(숙종 30)에 창설된 오군영의 군사와 보인 정원에서 10퍼센트 정도 감축됐음을 보여주지만 당시에는 없었던 부대와 병력이 추가됐다. 예컨대 안정복은 32만 3,117명이 병조에 소속됐으며[4] 5만 1,499명의 군사와 군관 및 금군의 보인, 그리고 기타 잡역이 각사에 할당됐다有廳雜色.[5] 그들은 37만 4,616명으로 늘어났으며, 거

| 부대 | 군사 | 보인 | 합계 |
|------|------|------|------|
| 훈련도감 | 6,316 | 41,099 | 47,415 |
| 금위영 | 20,505 | 67,546 | 88,051 |
| 어영청 | 25,938 | 74,089 | 100,027* |
| 수어청 | 29,360 | | 29,360 |
| 총융청 | 22,463 | 2,468 | 24,931 |
| 합계 | 104,582 | 185,202 | 289,784 |

기에 오군영의 군사와 보인을 더하면 중앙 부대와 관서에 소속된 군사와 보인의 총수는 66만 4,393명으로 늘어난다. 당연히 그 대부분은 북방의 양도를 제외한 6도에 살면서 중앙에 양역을 바치는 보인들이었다.

　이밖에도 지방에는 21만 7,998명의 정규 기병과 보병, 그리고 그들의 보인이 있었으며, 그중 11만 2,857명은 현지에 주둔하면서 방어를 맡았고留防 10만 5,141명은 군포를 냈다. 전국의 봉수대에 4만 5,793명의 군사와 보인이 할당됐으며, 수군과 장교는 4만 1,438명이었는데 그중 1만 3,657명은 노군櫓軍이고 2만 7,781명은 전투부대였으며 모두 복무의 대가로 군포를 받았다. 그밖에도 지방에는 우선 진보鎭堡에 2만 486명이 배치됐는데, 그중 7,305명은 지방군이었고 1만 3,181명은 모입군募入軍이었다. 다음으로 감영에 배치된 14만 1,922명의 아병이 있었는데, 그중 1만 7,045명은 보인과 군관이었다. 이처럼 지방군과 수군, 그리고 그들에게 배속된 양인신분의 보인은 모두 42만 6,745명이었다.

　끝으로 천민신분의 군사와 보인이 있었는데 주로 각 도의 속오군으

---

*원서에서는 어영청 군사와 보인의 합계를 10만 20명이라고 했지만(470쪽), 계산해보면 10만 27명이 맞으며 그에 따라 합계도 조정했다.

로 모두 19만 1,786명이었으며, 그중 3,762명은 군관이고 2만 6,520명은 마군馬軍, 11만 1,895명은 보병, 4만 9,609명은 잡색군이었다. 노비 군사에는 6만 9,350명의 역노비도 있었는데, 그들은 군사는 아니었지만 안정복의 통계에 포함됐다. 아울러 안정복은 북부지방에서 복무하는 속오군은 포함하지 않았다고 언급했다.[6]

1백만 명의 군사와 보인이라는 안정복의 숫자는 1751년(영조 27) 좌의정 조현명趙顯命의 즉흥적인 발언에서 적어도 한번 확인됐는데, 그는 1년 전에는 균역법에 반대했다. 그는 세수의 손실을 보충하기 위해 채택한 대체 세금에 일부 문제가 있다고 해도 완벽한 개혁은 기대할 수 없으며, 1백만 명이 '넘는' 인구가 2필의 군포를 낼 때보다는 훨씬 좋은 상황이라고 주장했다('넘는다'는 표현으로 미루어보면 120만 명 정도로 생각된다).[7]

1752년 홍계희洪啓禧는 유명한 상소에서 다양한 면세 때문에 12만 가호에서 "50만 명이 양역을 지고 있다"고 주장했는데, 이것은 50만 명의 양정을 의미했다.[8] 이것은 안정복의 통계에서 언급된 1백만 명과 어긋나는데, 그런 차이를 조정할 수 있는 방법은 우선 속오군과 역노비를 빼면 75만 명 정도로 줄며, 다시 번상 정병과 다양한 잡색군을 빼면 약 50만 명의 보인이 남는 것이다.

이런 부정확한 통계와 추정 때문에 18세기의 양정을 17세기의 정원과 비교하기 어렵지만, 거칠게 비교할 수 있는 수치도 있다. 예컨대 1640년 (인조 18) 비변사는 8도에서 모두 40만 1,390명이 군적에 등록됐는데 그중 10만 1,914명은 정규 부대에 소속된 편오군編伍軍이며 29만 9,476명은 잡색군이라고 보고했다. 이것은 임진왜란 이전 40만 명으로 추산된 병력과 대략 합치한다. 그러나 1640년의 이런 수치는 군적의 수치일 뿐이며, 8년 뒤 비변사는 그중 25만 1,613명은 남아 있지 않다고 보고했다![9]

| 부대 | 정원 |
|---|---|
| 훈련도감 | 49,816 |
| 어영청 | 106,270 |
| 금위영 | 91,696 |
| 총융청 | 21,021 |
| 수어청 | 39,123 |
| 합계 | 307,926 |

＊ 전거 : 『각영이정청등록各營釐整廳謄錄』, 「오군문개군제변통절목五軍門改軍制變通節目」 : 정연식, 「17 · 18세기 양역균일화정책의 추이」, 『한국사론』 13, 1985, 155쪽, 주 130에서 재인용.

군적의 인원은 실제와는 거의 무관했지만, 정병과 보인이 늘어나고 있음을 보여주는 사례도 있다. 예컨대 정원 외의 군사를 뜻하는 액외역額外役으로 등록된 인원은 1650년(효종 1) 이전에는 비교적 적었지만 1699년(숙종 25)에는 1만 명이었다.[10] 더 좋은 방법은 1704년(숙종 30) 6도와 오군영에 할당된 정병과 보인을 더하는 것으로 생각된다. 이정청釐整廳의 조사에 따르면 그 총수는 30만 7,926명으로 위의 〔표 6〕처럼 분포되어 있었다.

이 수치는 18세기 중반 안정복이 기록한 29만 명에 근접한다. 안정복의 수치는 1704년(숙종 30)에 10퍼센트 정도의 정원이 감축됐기 때문에 조금 적다. 감축되기 이전의 수치는 정묘호란(1627) 이전과 비교하면 현저하게 대조되는데, 당시 훈련도감에는 6천 명 정도의 직업군인이 있었지만 보인은 거의 없었으며, 수어청과 금위영, 그리고 그 전신인 훈련별대와 정초군은 아직 창설되지 않은 상태였다. 1638년(인조 16) 창

---

＊ 원서에는 총융청에 해당하는 항목이 "General Army"로 되어 있다(472쪽). 저자는 총융청을 "the Anti-Manchu Division"이라고 했는데(1,158쪽) 어떤 의도인지는 확실치 않다. 번역에서는 전거를 확인해 총융청이라고 기재했다.

설된 정초군에는 1천1백 명의 번상병과 3천 명의 보인이 배치됐다. 어영청은 1652년(효종 3)에 규모가 약간 확대됐으며, 1620년대에는 수천 명의 직업군인이 있었다.[11] 1704년의 수치인 30만 7,296명의 대부분은, 아마도 4분의 3 정도(23만 명)로 생각되는데, 보인이었으며, 그 나머지인 8분의 1이나 10분의 1(번상 횟수나 나누어진 번수에 따라 달라졌다)의 번상병만이 실제로 복무했음을 염두에 두어야 한다. 이러한 총수를 유형원이 제시한 중앙 부대와 비교해보자. 유형원은 복구된 오위의 1만 2천5백 명(여기에 보인 3만 7천5백 명을 더하면 모두 5만 명이다)과 5천 명의 번상병과 1만 5천 명의 보인으로 구성된 2만 명의 훈련도감을 합쳐 7만 명 정도 필요할 것으로 예상했다. 유형원은 번상병을 여덟 번으로 나누어 한번에 2,187명이 복무하도록 했으며, 거기에 약 2백 명의 금군과 감문監門(수문장) 및 약간의 경찰 병력을 두었다.

### 정병과 보인의 감축

효종부터 영조까지(1650~1776)* 정부에서는 군액이 많다는 문제를 알고 있었으며 그것을 해결하려고 노력했다. 군액의 감축이 시작됐어도 총인원은 늘어났는데, 첫 감축은 1650년(효종 1)에 이루어졌다. 그 뒤 1669년(현종 10) 액외군 1만 명과 1682년(숙종 8) 오군영 중 3개 부대의 정원이 감축됐다. 그러나 가장 대폭적인 감축은 1704년(숙종 30)에 이루어졌다.

---

* 원서에는 "from Kings Hyŏnjong through Yongjo(1650~1776)"이라고 되어 있는데(473쪽) 재위 연도로 보면 현종이 아니라 효종이므로 수정했다.

## | 유생과 양반에 대한 과세(1626~59)

### 인조 : 학생에 대한 양역 부과의 실패(1626)

조선 후기 내내 적절한 국방 재정의 방안으로 옹호된 방안은 두 가지였다. 첫 번째는 양정 이외의 부류에 과세함으로써 국방 재정에서 보인 제도를 사용하지 않는 것이었다. 이런 제안에는 가호에 면포를 부과하는 호포戶布와 화폐로 내는 인두세인 구전口錢, 그리고 전세를 면포나 화폐로 내는 부가세인 결포結布와 결전結錢 등이 있었다. 두 번째는 보인제도를 유지하면서 합법적이거나 신분적 특권, 또는 신분의 위조를 통해 군역에서 빠져온 사람들에게도 과세하는 것이었다. 이 방법은 그동안 탈세나 면세된 사람을 색출하려는 시도가 성공하지 못했기 때문에 고려됐다.[12]

1626년으로 돌아가서, 인조는 고강에서 떨어져 퇴학당한 학생들은 즉시 군적에 등록하라고 지시했다. 인조와 일부 신하들은 — 유형원보다 겨우 한 세대 뒤였다 — 양반의 자제는 물론 입학할 자격을 가진 사람은 모두 자신들이 군역을 지기에 너무 고귀하다고 생각한다는 사실을 알고는 크게 놀랐다. 인조는 이미 국법에 고강에서 떨어진 학생들은 입대하도록 규정했으므로 현행 법률을 그저 준수하는 것이라고 밝혀야 할 정도였다.

그러나 수많은 관원들이 당시 군역은 너무 천시되어 양반 자제들은 지위를 상실해 군역을 지는 것을 참지 못한다고 반대했기 때문에 인조는 그 지시를 6개월 만에 철회했다. 결국 그는 3년 동안 고강에서 떨어진 학생에게만 벌금으로 면포를 걷자는 이서의 타협안을 받아들일 수밖에 없었다. 이 문제를 연구한 최영호가 지적했듯이, 중앙과 지방의 공립학교들이 더이상 양반계층의 학생과 유생들에게 학문의 중심으로 기능하지 못하고 피역의 수단을 찾는 양인과 농민 자제들의 도피처가 된 것은 이 무렵이었다. 1626년 인조가 지시를 철회한 사실은 15세기의 제도가 이미 역사의 무대에서 사라졌음을 보여준다.[13]

한량과 유생에게도 징포한 것은 그들에게 정병이나 보인의 의무를 지우지는 않았지만, 앞으로 지배계층에게도 과세하려는 시도였다. 군역에 붙은 오명을 제거함으로써 양반도 새로운 조세에 따르기를 바란 것이었다. 아울러 군역을 요구하지는 않았지만 유자나 양반들에게도 과세한다는 생각은 군역제도가 이미 양역이 아닌 조세제도로 상당히 변화했음을 인정하는 증거였다.

반면 유형원은 양반 — 유생과 관원, 그리고 제한된 세습적 특권을 가진 협의의 계층 — 의 자제들도 군역에 복무하는 조선 전기의 오위제도로 돌아가기를 바랐다. 그런 측면에서 그는 시간을 거슬러 올라가려고 했지만, 다른 제안들 — 구전·호포·결작 — 은 모두 번상 정병과 보인 제도에 국한된 것이 아니라 이용할 수 있는 모든 세입을 동원해 국방 재정을 공급해야 한다고 명확히 인정한 것이었다. 부분적으로 유형원은 여전히 양정은 전세와 공납뿐만 아니라 국역을 져야 한다는 당대唐代의 생각에 매여 있었다. 뒤에서 보듯이 유형원은 전통적인 방식의 공납을 폐지할 용의가 있었지만, 국방 재정을 다루는 데는 동일한 유연성을 보여주려고 하지 않았다. 일부 신하들은 역사적 선례를 인용(또는 왜곡)함으로써 국방 재정을 늘리기 위해 구전·호포·결작을 사용하는 행위를 정당화하려고 했지만, 진정한 의미에서 그것은 낡고 융통성 없는 요역을 벗어나 세입을 좀더 유연하게 사용하는 새로운 국가 재정의 흐름을 채택하려는 노력이었다.

## 김육과 양반에 대한 과세(1653)

1653년(효종 4) 우의정 김육은 국방과 재정 문제의 해결책을 제시했다. 그는 군사의 숫자보다 수준이 중요하다고 강조했으며, 금군(훈련도감?)의 정원을 5천 명으로 확정해 늙거나 병약한 군사들은 모두 건장한 사람으로 대체해야 한다고 언급했다. 수많은 사람들이 군역과 군포를 피하기 위해 유망하는 문제를 해결하기 위해서 그는 유민이나 불법적인 이주자들은 둔전 주변에 영구적으로 정착시킨 뒤 그들에게서 전세를 걷어 군량으로 사용하자고 제안했다.

또한 그는 지배계층을 특별히 면제해주는 것이 국방 재정이 부족해진 주요 원인이라고 지적했다. 따라서 그는 양인은 물론 고위 관원 및 유생의 자제와 관직을 갖지 못한 사람들에게 20세부터 매년 1필을 징수하자고 제안했다. 이런 제안은 1626년 고강에서 떨어진 학생들에게 벌금을 부과하려는 인조의 시도를 넘어선 것이었는데, 학생뿐만 아니라 탈세와 피역을 저지를 지배계층을 겨냥했기 때문이었다. 군역은 역보다는 조세의 문제라고 인식한 김육은 자신의 생각을 현실에 맞게 조정했다. 그의 제안은 그 뒤 두 세기 동안 이어진 양반 가호에 군포를 부과하는 문제를 둘러싼 논쟁을 촉발했다. 그러나 그것은 1870년(고종 7) 대원군이 개혁을 추진하기까지 채택되지 않았다. 또한 1필의 세율은 유형원이 제안한 수치의 절반이라는 점도 기억할 만하다. 그러나 효종은 최근 군역 등록이 증가했다는 점만을 지적하면서 김육이 제시한 방안의 필요성을 미리 방지했다. 차문섭이 이 시기에 대한 연구에서 지적했듯이, 국왕과 지배계층은 그들의 면세 특권을 줄이는 데 전혀 관심이 없었다.[14]

## 양반에 대한 유계의 과세 제안(1659)

양반 지배계층에게 군포를 부과하자는 제안은 1659년(효종 10)에 다시 제기됐는데, 당시는 3년째 기근에 시달리고 있었으며 구휼과 국방에 공급할 국가 재정은 특히 심각한 위기에 있었다. 병조참지兵曹參知 유계俞棨는 모든 조세 중에서 군포만이 감축되지 않은 것은 불공평하다고 말했다. 군포는 농민이 도망갈 경우 그 이웃과 친척에게 전가됐기 때문에 가장 성가시고 폐단이 컸다.

> 지금 이 폐단을 고치지 않으면 몇 년 안에 나라에는 양정이 없게 될 것이니 1백만 명의 이름이 실린 헛된 장부가 있더라도 원망과 분노만 증가시킬 뿐이니 하루라도 늦출 수 없는 급무입니다.[15]

그는 군적에 들어가지 말아야 할 사망자나 노약자를 우선적으로 군적에서 삭제하고 보인의 부담을 1필로 반감하자고 제안했다. 이런 감축으로 야기되는 세수의 손실은 사대부(즉 양반)의 자제에게 군포를 부과해 보충될 것이었다.

또한 유계는 양반에게 군역이나 군포를 면제하는 것은 왕조 중기의 산물이며 개창 당시 만들어진 제도가 아니라고 지적했다.

> 예전 조종조 때에는 사대부의 자제와 서얼로서 장정이 된 남자는 출신의 귀천을 막론하고 부대에 소속됐기 때문에 백성의 뜻이 안정되고 백성의 역이 균등했습니다.
>
> 그러다 몇 세대 전부터 나라의 기강이 해이해져 사람들은 자기가 편할 것만 생각해서 사대부의 후손들은 군적에 이름을 올리려고 하지 않게 됐습니다. 사대부뿐만 아니라 궁벽한 시골의 한미한 집안의 서얼이라 하

더라도 부대에 이름이 한번이라도 오르면 모두 큰 수치와 모욕으로 생각합니다. 그렇기 때문에 오늘날 이른바 각 부대에 소속된 사람은 모두 잡인과 천인이어서, 조종조의 제도가 모두 어그러지고 문란해졌습니다.

우리나라는 국토가 좁고 인구가 적어 군사를 양성하는 데 총력을 기울여도 부족한 것이 걱정인데, 그 적은 인구마저 신분에 따라 구별해 게을리 노는 자가 열 가운데 여덟아홉이며, 간신히 살아가는 양민에게만 군역을 지우고 있습니다. 공자는 "인구가 적은 것을 걱정하지 말고 그들이 균등하지 않을 것을 걱정하며, 백성들이 가난할 것을 걱정하지 말고 그들이 편안하지 않을 것을 걱정하라"고 하셨습니다.[16]

또한 유계는 양정의 군역이 불공평하게 분배되는 것이 사람들의 주요한 불만이라고 언급했다. 그 문제에 의견을 갖고 있는 사람들은 모두 군역제도를 개혁하는 방법은 왕조 개창 당시처럼 모든 양반에게 군역을 부과하는 것이라고 믿었다. 그러나 그는 한가롭게 지내던 양반들이 한 세기 넘게 군역에서 면제되다가 갑자기 다시 군적에 포함되면 충격을 받고 분개할 수밖에 없을 것이라고 인정했다. 그러므로 모든 신분의 남성에게 군역을 지우는 제도로 돌아갈 수는 없었지만, 일정한 타협은 이루어질 수 있었다.

양반이 가장 싫어한 것은 천시하는 군적에 등록되는 것이었기 때문에 쟁점은 당시 군역을 면제받던 모든 특권적 부류에게 결혼할 수 있는 나이부터 60세까지 1년에 1필을 내도록 '허용'하는 것이었다. 그는 당시 면제되는 부류는 정규 관원과 전직 관원, 생원과 진사, 유학, 품관, 대과를 볼 수 있는 자격을 가진 사람, 문과 응시가 특별히 허락된 양반의 서얼 등이었다고 열거했다. 정부는 그들에게 '자발적으로' 1필을 납부하도록 하는 대신 앞으로 군적에 올리거나 군역을 부과하지 않는 방안을 고려했다. 그러나 과거 응시가 허락되지 않은 서얼과 정원 외의 학생額外校生, 정병의 자제(즉 정규적인 군역 의무를 가진 양인)들은 군역 대신 납포하는 것이 금지됐다.

새로운 과세에 대한 양반의 분노를 진정시키고 모반의 가능성을 막기 위해서 국왕은 백성의 일부인 양반은 쉽고 한가로운 사치를 즐길 수 있는 반면 양인들만 군역의 부담과 고통을 감내해야 하는 상황을 묵인할 수 없다는 점을 그들에게 알려주어야 했다. 또한 그는 그 개혁의 목적은 양정의 숫자를 늘리는 것이 아니라 군역의 부담을 공평하게 분배하려는 것이며, 국가의 재정을 증대하려는 것이 아니라 국방 위기에서 나라를 구하려는 것이며, 사족의 이익을 침범하려는 것이 아니라 실제로는 그들을 군역에서 영구히 면제해주려는 것이라는 사실을 분명히 밝혀야 했다. 유계는 양반을 군적에서 영구적이고 합법적으로 제외하겠다는 약속은 그 자제들에게 1필을 납부하도록 하는 충분한 동기를 주었지만, 현재 더 높은 세율을 피하기 위해 불법적으로 낮은 세금을 내고 있는 사람들은 그렇게 하지 못하도록 금지해야 한다고 결론지었다. "그러면 면역이라는 이름으로 군역의 평등화라는 진정한 목표를 이룰 수 있을 것이었다." 아울러 군포도 절반으로 줄일 수 있을 것이었다.

그러나 이런 급진적 개혁은 양인 농민은 물론 가난한 양반도 당시 기근으로 고통을 겪고 있었기 때문에 즉시 채택할 수는 없었으며, 다음 추수 이후에야 시행될 수 있었다. 유계는 군역에 과세함으로써 당대唐代부터 지속된 오랜 전통을 버린 것이었다. 이것은 양반의 신분적 감정에 맞추어 조정한 것일 뿐만 아니라 좀더 유연한 국방 재정제도를 향한 진보적 움직임이었다. 효종은 유계의 제안은 일반적인 수준을 넘은 것이어서 존중할 만하다고 평가하면서, 대신들에게 논의하도록 지시했다.[17]

며칠 뒤 효종은 그 문제를 대신들과 논의했다. 영의정 심지원沈之源은 사족에게 군포를 부과하는 것은 선례가 없으며 분노와 어려움을 초래할 것이라고 반대했지만, 효종은 군역을 이행하기 위해 거주지를 떠나야 하는 빈농의 분노와 어려움은 사족의 그것보다 두렵지 않은지 물었다. "만일 어떤 일을 하려고 한다면, 일부(소수의 특권계층?)의 원망과 고통은 논의할 것이 못된다."

좌의정 원두표는 군사와 백성의 고통이 현재보다 심한 적은 없었으므로 지금 개혁을 추진하지 않으면 언제 할 수 있겠느냐고 반문했다. 그러나 심지원은 지배계층의 이익을 강력히 옹호했다. "우리나라를 유지하는 것은 바로 사대부의 힘입니다. 그런데 지금 갑자기 전례 없이 사대부에게 서인과 똑같이 군포를 징수한다면 그 원망이 크지 않겠습니까."

그러나 대안이 있었다. 정부는 모든 정규 관원에게서 품계에 따라 차등적으로 군포를 걷고, 모자라는 분량은 관찰사·병사·수사의 관아에 비축한 분량에서 얻는 것이었다.

다른 많은 관원들은 반대하거나 침묵했다. 일부는 호패법이나 오가작통법이 양정을 완전하고 정확하게 등록하는 더 좋은 방법이라고 추천했다. 당시 이조판서였던 송시열은 앞서 유계와 그의 의견을 논의했다면서 결론을 내리기 전에 고려해볼 특별한 사항을 먼저 검토해야 한다고 언급했다.

유계는 공개적인 비판에 직면하자 처음의 입장에서 다소 후퇴했다. 그는 어쨌든 양반 가호에 과세하는 것은 물리력을 동원해서 시행할 수 있는 일이 아니라고 국왕에게 아뢨다. 국왕은 그 법률의 목적을 분명히 밝힐 필요가 있었지만, 양반이 군포를 내지 않는다면 강제로 시킬 수는 없었다. 납포는 자발적으로 이루어져야 했지만 그렇게 하면 앞으로 모든 군역에서 면제되어 보상받을 것이었고, 법률이 통과된 뒤에도 납포를 거부하는 양반은 정부가 앞으로 그들에게 군역을 지우고 군적에 등록시킬 때 후회하게 될 것이었다. 그러나 그는 자신의 제안이 한가하고 사치스럽게 사는 부류에게 군포를 내게 함으로써 군사들은 납포의 부담을 완전히 벗을 수 있는 완벽한 해결책이라고 확신했다. 그러나 효종은 그 제안이 갑자기 채택하기에는 너무 중대하다고 결론지었다.[18]

## ┃ 피역한 노비의 추쇄와 종모법(1655)

그러나 효종은 의무보다 적게 납공한 노비를 규제하는 데는 그리 반대하지 않았다. 예컨대 1655년(효종 6) 호조판서 이시방이 중앙 관서에 등록된 19만 명의 공노비 중 2만 7천 명만이 실제로 납공하고 있다고 보고하자 효종은 분노했다.

> 전에 영돈녕 김육이 한가히 노는 사람들에게서 징포하려고 했는데, 그것은 참으로 어려운 일이지만 과인 또한 하려고 했다. 19만 명의 노비에게서는 어찌 그 신공을 모두 걷어 군수에 보충하지 않겠는가. 마땅히 해야 할 일을 조정이 하지 못해 나라의 세력이 날로 쇠퇴하니 어찌 한심하지 않은가. 도감을 설치해 거행하라.[19]

효종은 즉시 노비추쇄도감을 설치해 양인신분을 위조한 노비는 모두 원래대로 되돌려 국가에 납포하도록 했다. 이제 노비도 군역을 져야 했기 때문에 그들을 면천시키는 것보다 피역한 노비를 추쇄해 정병이나 보인으로 등록시키는 것이 더욱 중요해졌다.

그 뒤 효종은 개별 사건을 결정하기 위한 특별한 규정을 제정했으며, 일정한 예외도 허용했다. 만약 양인신분을 요청하는 어떤 사람의 조부가 대과나 생원·진사시에 급제했으면(그래서 양인신분을 받았으면) 법률은 그 조부만 양인신분으로 올라가도록 허용했으며, 그 요청을 제기한 사람을 포함한 후손들에게는 신분의 세습이 허용되지 않았다. 반면 그렇게 요청한 사람의 아버지와 그 자신(손자로서)이 그 조부의 성취에 근거해 양인신분을 요구했을 때 불법적인 피역을 국왕이 용서해주면 그는 노비신분으로 돌아가지 않았다. 달리 말하면 효종은 과거에 급제하면 한 세대만 노비신분에서 면제되는 규정에 예외를 둠으로써 관용을 베풀려고 했던 것이다.

만약 아버지가 대과나 생원·진사시를 통과했을 때 아들이 양인신분의 세습을 요청하거나, 아들이나 손자가 무과나 생원·진사시를 통과했을 때 그런 시험을 통과하지 못한 그의 아버지와 조부가 양인신분을 요청하면, 그들은 노비로 돌려보내지 않고 벌금만 물렸다(이런 규정은 여성에게도 동일하게 적용됐다). 아울러 4대 이상 이런 시험을 통과한 노비의 후손들은 벌금을 내고 양인신분을 갖도록 허용됐는데, 당국에 그런 사실을 자발적으로 알리는 경우에 국한됐다. 그러나 만약 스스로 알리지 않고 다른 사람이 보고하거나 국가의 조사를 통해 알려지면 다시 노비로 등록됐다.

효종은 이런 방법의 모순된 목표를 직접 지적했다. 우선 그는 지난 세기 동안 노비를 정확히 등록하지 못해 노비들이 신분을 위조한 사례를 적발하지 못한 정부의 실패를 보완하려고 노력하는 중이라고 말했다. 그러나 왕조는 문·무과 급제자를 오랫동안 존중해왔기 때문에 그는 갑자기 노비로 다시 등록된다면 충격을 받을 문·무과 급제자(와 그 후손) 또한 고려해야 했다. 유연성은 덕망 있는 국왕의 적절한 방법이었으므로, 그는 우대할 만한 사람들이 유망과 근심으로 고통을 겪게 하느니보다는 공노비를 일부 잃는 편을 선택했다. 달리 말하면 일부 노비들은 (합법적으로 국가의 허락을 얻었든 그렇지 않든 간에) 자신의 신분을 벗어나기 위해 과거제도를 이용했으며 그 후손들은 노비신분으로 돌아가는 것을 피하기 위해 세습된 특권을 이용했지만, 급제자의 신분을 조사할 경우 합법적인 양반 가호를 공격하고 국왕에 대한 지배계층의 충성을 약화시킬 수 있었다. 아울러 차문섭이 치밀하게 관찰했듯이, 국왕은 이전의 이상에 따라 사회질서를 재건하기보다는 강화도를 방어하기 위한 추가적 세원을 확보하는 데 좀더 관심을 갖고 있었다.[20]

그러나 국왕이 국방을 강화하는 데만 전념했다면 노비제도를 완전히 폐지하고 모든 사람에게 군역이나 군포를 부과하는 방안을 고려했을 것이다. 그러나 그는 일부 사람을 노비로 되돌리려는 자신의 구상은 물론 양반에게 군포를 부과하자는 제안을 실행하는 데 실패했으며, 급제자의 후손에게 양인신분을 유지시키고 군역을 면제해줌으로써 특권적 양반 귀족에게 정면으로 도전하는 데 주저했다.


## ▎양반과 유생의 과세를 둘러싼 논쟁(1674)


현종이 붕어하기 한 달 전, 복제를 둘러싼 논쟁의 와중에서 사헌부는 신역身役을 개혁하는 문제를 다시 제기했다. 당시 영부사領府事였던 남인 허적은, 이유태李惟泰가 양인은 물론 양반에게도 포 1필을 부과하자는 상소를 올렸는데 이것은 효종대에 자신도 제안했던 생각이라고 아뢨다. 같은 남인인 유혁연은 강하게 반대했다. 그는 정묘호란 이전 호패법의 채택이 호란 자체보다 더 많은 혼란을 야기했던 것처럼 지금 그 제도를 다시 시행하면 사람들을 놀라게 할 것이라고 반대했다. 더욱이 강압적으로 과세할 수밖에 없는 까닭은 **양인**(!)들이 갖은 방법으로 피역해 등록된 양정이 부족해졌기 때문이었는데, 가장 대표적인 부류는 교생이었다. 그는 평안도 중화中和, 경상도 안동, 전라도 남원 같은 지역에는 그런 사람이 각각 1천 명이 넘는다고 말했다. 서원에서는 양인 농민을 많이 선발하고 피역자를 학생으로 받아들여 그들에게 (군역은 물론) 잡역을 영원히 면제받을 수 있게 했다.[21]

며칠 뒤 조정 회의에서 영의정 김수홍金壽興은 그것은 이전에 세금을 내지 않았던 사람들에게 사실상 새로운 '신포身布'를 부과하는 것이지만, 새로운 세금은 보수적이며 작은 범위에서 부과될 것이라고 결론지었다. 대신들은 그 법률에서 생원·진사 급제자 같은 중간 부류를 제외하고, 유학과 교생 및 그 이하의 부류만을 포함시키기로 결정했다. 그들은 이전에 면제됐던 교생은 군적에 등록하지 말고 포 1필만 내게 하자는 1659년(효종 10) 유계의 제안을 받아들였다.

좌의정 정지화는 이런 종류의 신포보다는 호포가 낫다는 의견을 밝혔는데, 양정에게 과세되면 양정이 많은 가호는 부담이 커지기 때문이었다. 반면 김수홍은 신포보다는 호포를 좀더 쉽게 탈루할 것이라고 확신했다. 정지화는 그런 행태는 막을 수 있으며, 대신들이 먼저 호포를 납부해 법률을 준수하는 모범을 보인다면 호포는 성공적으로 시행될 것이라고 대답했다.

현종은 두 방법 중 어떤 것이 좀더 많은 세수를 거둘 수 있는지 물어 자신의 관심이 어디에 있는지를 표명했다. 김수홍은 호포보다 신포에서 훨씬 많은 세수를 얻을 수 있을 것이라고 대답했다. 승지 윤심尹深은 현재 너무 많은 사람들이 호적에서 누락됐기 때문에 신포를 부과하게 되면 호적에 등록되지 않은 사람을 다수 적발하게 될 것이 분명하므로 대대적인 처벌이 필요할 것이라고 지적했지만, 병조판서 김만기는 그렇게 적발된 사람들은 처벌을 면제해야 한다고 반박했으며 현종도 동의했다.[22]

현종은 세수가 늘어날 것이라는 전망에 관심을 가졌지만 사대부의 이익을 거스를 생각은 없었다. 며칠 뒤 대사헌 강평년은 국가가 유학에게 3백 년 동안 군역을 면제해주는 호의를 보여왔다고 (잘못된) 주장을 했다. 만약 이런 정책이 일거에 바뀐다면 유학은 농민들과 함께 군포를 낼 수밖에 없으며, 거대한 반발이 있을 것이었다.

그러자 김수홍은 자신의 의견을 바꾸어 신포는 양정이 5~10명 정도인 가호에는 너무 부담스러울 것이라고 주장했다. 먼 지방에 사는 가난한 유학 가호의 곤경은 특히 심각됐다. 그들은 자신들을 양반이라고 불렀지만, 그들은 집안에서 유학 1명을 후원할 수 있을 정도로 근근이 살았다. 만약 신포가 새로 부과되면 그들은 감당할 수 없어 세법을 어긴 죄로 하옥될 것이었다. 그는 그 제도가 발의되자마자 큰 비판이 일어나 곧 폐지될 것이라고 확신했다. 따라서 그것은 아예 시행하지 않는 편이 나았다.

현종이 다른 신하들의 의견을 묻자 김석주를 포함한 대부분의 신하들은 부정적인 견해를 표시했다. 호조판서 민유중은 학생과 각사의 군관, 그리고 그밖의 등록되지 않은 한정 중에 탈세자를 상시 조사하자고 제안했으며 김수홍은 그 의견을 지지했다. 또한 그는 오가작통법을 도입해 통장統長이 그 통 전체의 포를 납부하도록 하는 방안을 추천했다.[23]

당시 예송 논쟁이 정점에 이르렀지만 그런 당쟁 때문에 이 방안이 파기된 것은 아니었다. 1674년(현종 15) 유학에게만 세금을 부과하자는 제안이 나온 것을 제외하고는 15년 전과 동일한 궤적을 따라온 논쟁은 유계의 주장보다 훨씬 덜 과격했다. 양반과 유학의 이익을 침해하려는 의지가 있었던 소수의 개혁자들은 특권을 방어한 부류에게 간단히 압도당했으며, 김수홍의 발언으로 볼 때 조정의 신하들은 전국에 산재한 유학들의 불만으로 포위됐던 것이 분명했다. 그가 언급했듯이 유학 1명이 있는 가난한 가호들은, 지극히 가난하고 양반 조상과의 계보적 관련이 매우 희박해도, 군역과 군포 면제를 당연시하면서 유력한 양반가문과 자신을 동일시했다. 양반 과세와 관련해서 김수홍은 유학에 국한해 정병이나 보인으로 등록하지 않도록 허락하면서 1필만 부과하는 절충안을 제시했다. 향교와 서원의 불법적 교생과 관직을 갖지 못한 급제자 등도 그 규정에 적용되지 않았지만, 너무 강한 반대로 이 방안조차 폐기됐다. 국방 재정을 확충하기 위해 탈세한 사대부에게 추가로 징세하려는 전망은 희박해졌다. 유형원이 세상을 떠나고 2년이 조금 못되어 전개된, 유학에게 1필을 부과하자는 논쟁은 양반도 군역을 지게 하자는 유형원의 제안을 급진적이고 시대착오적인 것으로 보이게 만들었다.

유형원의 후반기 생애 20년 동안 4명의 현직 관원 — 김육 · 유계 · 박세당朴世堂 · 허적 — 은 모두 양반의 일부나 전부에 과세하자는 제안을 내놓았다. 그들은 모두 세수를 확대하려는 목적이었다는 점에서는 유형원과 비슷했지만, 두 가지 측면에서 달랐다. 그들은 모든 양인 보인에게 2필이 아니라 1필을 부과하려고 했으며, 양반이나 불법적인 교생 등에게는 군역을 부과하는 대신 군포를 내도록 했다. 그것은 양인 농민의 부담을 줄인다는 측면에서 매우 좋은 방안이었으며, 실제로 군역을 이행하기보다는 과세 대상을 확대한다는 측면에서 당시의 상황에 좀더 적합했다.

더욱이 그들의 계획은 유형원과는 서로 아무런 관련이 없었으며, 이 때부터 다음 세기, 그러니까 1750년(영조 26)에 균역법을 채택한 뒤까지 이어진 지루한 논쟁의 기반이 됐던 유형원의 방안보다는 자신들의 생각을 조합한 것이었다. 달리 말하면 개혁적 생각을 가진 신하들은 변화를 구상한 초야의 학자에게서 영감을 얻을 필요가 없었는데, 그들은 모두 비슷한 자료에서 영감을 얻었기 때문이었다. 그것은 17세기의 상황과 모두가 공유한 지적 전통의 일부가 된 잘못된 제도를 개혁할 필요가 있다는 생각이었다. 더욱이 유형원의 생각은 어떤 측면에서는 15세기의 그것과 좀더 가까웠지만, 그들은 변화하는 경제적 · 재정적 환경에 적응했다는 측면에서 좀더 진보적인 구상을 가졌다. 1750년 유형원의 방안이 균역법의 시행을 둘러싼 논쟁의 와중에서 마침내 알려졌을 때, 재야학자와 조정 신하의 세계는 마침내 서로 접촉했다. 그러나 이미 세상은 크게 바뀌어 있었다.

## | 호포의 철회(1681~82)

### 호포에 대한 윤이도의 반대(1680)

1674년(현종 15)의 개혁은 실패했지만 과세 기반을 넓히자는 논쟁은 1680년(숙종 6) 호포와 관련해 재개됐는데, 그 기본 의도는 보인을 통한 국방 재정보다 좀더 다양하고 안전한 재원을 확보하려는 것이었다. 그러나 그 방안은 처음부터 곤경에 부딪혔다. 호조참의 윤이도尹以道는 호포가 공·사노비를 제외했기 때문에 충분한 세수를 창출하지 못할 것이며, 인구에 따라 과세하면 양정이 많은 가난한 가호는 견디기 어려울 것이라고 언급했다. 그는 최근 남부지방을 둘러본 결과 군포의 탈루가 만연했으므로 조사관을 파견해 탈루자를 등록시키는 방안이 양정에게 두세 번 과세하는 것을 막을 수 있는 가장 빠른 길이라고 믿었다.[24]

윤이도의 비판에서 흥미로운 부분은 신분을 고려하지 않고 모든 양정에게 과세하는 문제의 합법성이 아니라 재정적 계산 — 개별 가호에 부과된 세금과 거기서 나올 수 있는 세수의 총량 — 에 초점을 맞추었다는 것이다. 표면적으로 그는 호포와 신포 모두 농민의 복지를 악화할 것이라는 점에서 반대했지만, 다른 부분에서는 양반의 특권을 침해할 가능성에 대비했다.

### 공평한 과세에 대한 이단하의 반대(1681)

1681년(숙종 7) 대사헌 이단하는 최고 대신부터 양인·천민까지 모든 가호에 호포를 부과하는 데 반대하면서, 차별과 불평등에 관련된 철학적 논거를 제시했다. 그 방안은 이미 1674년에 전국적으로 반대가 심했고 조정의 의견도 날카롭게 나뉘었기 때문에 폐기됐다고 그는 말했다.

그럼에도 그 방안을 지지한 사람들은 공평한 과세를 이루고 노약자·사망자·피역자의 이웃과 친척에서 불법적이고 강제적으로 과세하는 것과 관련된 모든 폐단을 없앨 것이라고 믿었다. 그러나 그들은 평등보다는 차이가 자연의 원리이며, 사람을 차등적으로 대우하는 것은 정당하고 적절하다는 측면은 생각하지 못했다. "사물이 고르지 못한 것은 사물의 본성이어서 귀천貴賤·후박厚薄·대소大小·경중輕重은 모두 다릅니다."

계속해서 그는 차별과 서열이 유교의 도덕적 기반이라고 확인하면서 자연과 사물의 질서로 설명을 확장했다.

이 때문에 성왕聖王은 천하와 나라를 다스리면서 그 본질이 고르지 못하기 때문에 각각의 귀천·후박·대소·경중에 맞게 처리해 정해진 분수를 넘지 못하게 하는 것입니다.

그런데 지금은 귀천에 상관없이 모두 호포를 내니 조정의 신하들은 국가의 위기를 타개하기 위해서 기꺼이 따르겠지만, 평생 힘들게 열심히 독서한 선비는 무식한 부류와 똑같이 포를 낸다면 억울하지 않겠습니까.[25]

그는 맹자 또한 큰 짚신과 작은 짚신이 같은 값에 팔려서는 안 된다고 했다면서, 자신의 생각을 맹자의 고전적 권위에 기대어 정당화했다. 그는 맹자의 견해를 잘못 인용한 것이 분명한데, 『맹자』에서 이 인용과 비슷한 발언은 용자龍子라는 현인이 "정확한 발 크기를 모르고 신발을 만들어도 삼태기만큼 크게 만들지는 않을 것"이라고 말한 부분이다. 그는 "모든 사람의 발은 비슷하기 때문에" 대체로 비슷한 크기로 신발을 만들 것이라고 말했다. 그러므로 『맹자』의 이 부분은 본원적 차이를 인정하는 것이 아니라 그 반대였다 — 즉 모든 사람은 도덕적 원칙과 올바른 행동을 준수할 수 있는 평등하고 일정한 능력을 갖고 있다는 확언이었다. 맹자는 나중에 영국의 경험론자들에게 유행한 문제를 제기함으로써 자신의 견해를 표명했는데, 그것은 모든 인간이 물질적 대상에 대해서 항상恒常되고 균일한 인식을 갖고 있는가 하는 문제였다. 그러나 유학자에게 핵심적 문제는 도덕을 실천할 수 있는 인간의 능력이었지 물질의 실제적 존재나 그것을 알 수 있는 능력이 아니었다. 맹자의 논점은 인간이 물체를 인식하는 능력뿐만 아니라 성향과 선호를 공유하고 있으므로 완벽한 도덕을 실천할 수 있는 균일한 능력 또한 결여될 수 없다는 것이었다. 맹자가 신발에 관련해서 언급하기 전에 말한 것처럼 "사물은 모두 비슷하니 사람도 어찌 그렇지 않겠는가. 성인도 결국은 나와 같은 사람일 뿐"이었다.[26] 달리 말하면 유교적 전통은 인간이, 완전히 평등하지는 않더라도, 대체로 비슷하다는 사실을 도덕적·철학적으로 정당화했으며, 그것은 좀더 널리 알려진 차별과 서열의 원칙에 맞추어 조정되어야 하는 부분이었다. 맹자의 이런 생각은 유형원이 노비제도를 반대하는 데 기초가 됐지만, 이단하는 그것을 본원적인 불평등을 정당화하는 논리로 왜곡되거나 잘못 해석했는데, 그것은 귀족적 환경이 만들어낸 하나의 무의식적인 실언이었다.

이단하는 호포의 대안으로 대규모의 조사를 통해 군적을 작성하는 방안을 제시했지만, 그것은 당시의 기근으로 연기됐다. 그러자 그는 관원의 자제들도 문과에 급제하거나 관직을 갖기 전에는 모두 일단 충익위忠翊衛나 충순위 같은 중앙의 특수 부대에 배속하는 조선 전기의 오위제도로 돌아가자고 제안했다. 그런 뒤 학생의 신분을 가졌던 부류는 중앙의 성균관과 사학, 지방의 향교에 입학하고, 무과에 응시할 부류는 내금위 등에 배속하도록 했다. 합법적인 학생으로 인정되지 못한 부류는 번상 정병이나 보인으로 의무를 이행해야 했다. 이런 방법을 통해 경군에게 들어가는 국고를 줄이고, 탈세하는 한정을 적발해 군액을 확보할 수 있을 것이었다.

이 문제와 관련된 이단하의 입장에서 정말 중요한 측면은 양반 가호에 과세한다는 이유로 호포제를 반대했지만, 양반에게 더 많은 군역을 지울 수 있는 오위제도를 복구하자고 제안했다는 사실이다. 그의 생각은 세부 사항에서 유형원의 계획과 조금 달랐다. 예컨대 그는 대과 급제자나 생원·진사는 언급하지 않았는데, 그들에게는 계속 군역을 면제해주었을 것으로 생각된다. 유형원은 과거제도를 폐지하고 학교의 성적을 면역의 주요한 기준으로 삼았다. 그러나 유형원과 이단하가, 소수의 지배계층을 특수 부대에서 복무하도록 한 것을 제외하고는, 모든 사람에게 군역을 부과한 조선 전기의 제도로 돌아갔다는 측면은 중요하다. 이것은 평등을 중시한 유형원의 생각이 서열을 존중한 이단하와 거의 다르지 않았음을 보여주는데, 두 사람 모두 관원이나 학생이 아닌 양반은 특수 부대에서 복무하도록 규정한 오위제도로 돌아가자고 제안했기 때문이었다. 이런 일치는 우연이 아니었는데, 두 사람 모두 도덕적 기준에 근거한 차별과 서열을 매우 중시했기 때문이었다.

아울러 유형원과 이단하는 독립적인 재정을 확보하자는 당시의 요구로 촉발된 (진보적이지는 않더라도) 공평한 과세 방안에 반대했다. 이단하는 양반 가호를 양인과 동등하게 과세한다는 이유였으며, 유형원은 실제적인 군역과 민병이라는 전통적 원칙과 너무 괴리됐다는 논리였다.

이단하는 지방의 (양인) 군사에게는 전세를 면제하고給復 재정 지원과 지속적인 훈련을 위해 보인을 지급하자고 제안했는데, 이것은 양반 자제들보다는 하층신분을 공평하게 고려한 방안이었다. 곡식은 향촌의 부자들이 자발적으로 사창社倉을 만들어 비축하도록 했다. 사창제는 왕조의 재정을 재건하려는 그의 핵심적인 계획이었다.

또한 이단하는 15세기 성혼成渾이 혁폐도감革弊都監을 세워 그동안 폐기됐거나 부패한 조선 초기의 법률을 되살리고 인구와 총생산을 조사해 그것을 기반으로 '공평'하거나 공정한 조세제도를 만들자고 건의했다는 사실을 언급했다. 이단하는 큰 기구는 필요하지 않으므로 혁폐청革弊廳은 비변사에 부속시켜 그 관원들로 겸직시켜도 충분하다고 판단했다. 그러나 노약자와 사망자 대신 진정한 양정을 찾아 군적에 등록하고 군포의 규격과 무게를 줄이며, 경군을 감축하고 향군에게 재정을 지원하며, 세입을 헤아려 세출을 결정하고量入爲出 국가와 개인을 독려해 국방 재원을 비축하는 일은 즉시 시작해야 한다고 주장했다. 이전의 개혁은 좌절됐지만, 이단하는 이런 방안은 정부가 시작하기만 하면 이루어질 것이라고 보았다. "오늘 한 가지 일을 시행하고 내일 한 가지 명령을 내면, 1~2년 안에 국가가 평안하게 될 것입니다."[27]

### 이사명 : 모든 신분에 대한 호포의 징수

그러나 그해 후반 병조참판 이사명李師命은 호포제의 본질을 교조적이고 전통적으로 받아들여 수입과 지출을 계산한 결과에 입각해 그 실시를 매우 강력하게 주장했다. 호포는 기존의 보인에게서 걷는 세금을 대체하기에는 충분치 않을 것이라는 이전의 비판에 맞서 그는 세금과 인구의 통계를 인용했다. 그는 전국의 총비용은 1년에 약 20만~30만 필 정도로 추산했으며(이 수치는 이후의 통계와 비교하면 실제의 절반에 불과했다), 인구는 1678년(숙종 4, 무오년)의 조사에 근거해 약 120호(가호당 평균 5명으로 잡으면 6백만 명이 되는데, 토니 미셸이 추정한 수치의 절반밖에 되지 않는다)라고 제시했다. 그는 공·사노비·병자·거지, 그밖에 납포할 수 없는 42만 호를 제외하면, 72만 호 정도가 세금을 낼 수 있다고 추정했다.[28] 그는 당의 요역제도를 모범으로 삼았는데, 민병제도의 이상이 아니라 호포를 정당화하기 위해서였다! 당의 제도에 따라서 그는 가호를 두 범주로 나누었다. 8명의 가호(남성과 여성 모두 포함)는 '완호完戶'로서 1년에 2필(봄 · 가을에 1필씩)을 내고 그보다 적은 가호는 '약호弱戶'로서 가을에 1필만 내게 했다. 세금은 면포 · 비단 · 모시 · 마麻 같은 해당 지방의 특산물이나 은 또는 동전으로 낼 수도 있었다. 이것은 시장의 교역과 동전의 유통이 활발해지는 변화하는 경제 상황에 그가 맞춘 부분이다. 그는 총세수를 8백만~9백만 필로 추산했는데, 지방군을 후원하는 비용뿐만 아니라 모든 형태의 신역을 충당하기에 충분한 분량이었다.

그는 그 원칙과 효과는 고대의 이상과 합치될 것이라면서 자신의 제안을 옹호했다.

이 법이 옛날에 가장 적합했던 까닭은 부강한 가문만 빠져나오지 못하고 하호下戶들만 고통을 당하지 않았기 때문에, 재물을 적게 걷고 부역이 균등하며 규정이 간략하고 법률이 원대했습니다.

토지를 가진 사람은 전세를 내고 가호가 있는 사람은 면포를 냄으로써 백성은 일정한 역을 지고 나라에는 항상 재정이 충분하게 되어, 한정閑丁이 남아돌고 군사가 늘어나며 백성의 역이 줄고 국가의 재정이 저절로 풍족하게 될 것입니다.[29]

그는 관원과 품관의 가호에도 호포를 부과하자는 대중적인 견해는 군자와 야인의 구분을 없앨 것이라면서 반대했다. 그는 군역이나 호포가 전세와 다르게 운영되어야 하는 까닭을 물었다. 당시의 법률에서 영의정이 토지를 소유했다면 그는 전세를 내야 했으며, 지주라는 지위에 따른 특별한 면제는 있을 수 없었다.

요컨대 이사명은 새로운 상황에 고대의 제도를 복구하려고 시도한 보수적이며 역사적 사고방식을 가진, 진정한 이상주의자는 아니었다. 그는 당의 원칙을 변형시킴으로써 동료 신하들을 설득하려고 했다. 그는 당의 제도에서 양정은 실제로 복무해야 했다는 사실을 무시하고 그 대신 호포를 제시해 설득하려고 했다. 예컨대 유형원과 이단하가 보기에 조선 전기와 당에서 시행된 제도의 핵심은 소수의 사소한 예외를 제외한 모든 사람에게 역을 부과하는 것이었다. 이사명은 현물이나 화폐로 호세를 부과함으로써 기존의 방식에서 국방 재정을 자유롭게 하기 위해 진정으로 노력했다.

호포에 반대하는 부류는 납세하는 가호의 대부분이 너무 가난해 관원들은 징세하는 과정에서 폭력을 행사할 수밖에 없고 그 결과 많은 사람이 유망하게 될 것이라는 논리를 내세웠다. 그러나 이사명은 가호에서 노약자를 제외한 사람에게만 징포할 것이므로 과도한 부담은 전혀 없을 것이라고 주장했다. 매년 1필의 호포가 지금의 잔인한 강제 징수보다 너무 무겁다는 주장은 편견일 뿐이었다. "호포에 더러 불평이 있다고 해도 그것은 지금의 신역보다는 훨씬 나을 것입니다."

또한 그는 다른 두 가지 반론에 대해서도 언급했다. 첫째는 나라에 양인보다 노비가 훨씬 많다는 것이었다. 만약 노비가 호포를 부과하는 데서 제외되면 그들의 부담은 너무 가벼워지지만, 포함되면 그들은 국가와 주인에게 모두 신공을 납부하게 되어 부담이 두 배로 늘 것이었다. 둘째는 호포제가 시행되면 젊은 양정은 정병에 충원되고 노약자만이 호포를 내게 되어 가호의 부담이 증가할 것이라는 반론이었다. 이사명은 비판자들이 호포제의 기본 생각을 잘못 이해했다고 반박했다. 예컨대 호포제가 처음으로 시범 실시된 평안도에서 17만 가호 중 공·사 노비의 가호는 3만으로 계산됐다(17.6퍼센트에 불과했다). 만약 이 수치를 전국으로 확대하고 노비를 같은 비율로 계산해서 빼면 최종적으로 70만의 가호에서 50만 필을 쉽게 얻을 수 있다는 결론이 나온다. 물론 평안도의 인구 통계가 정확하다고 추정해도, 노비의 비율은 중부와 남부지방에서 분명히 훨씬 높았을 것이다.

이사명은 특히 조선 전기의 오위제도가 해체되면서 전투부대는 어영군과 정초군의 번상 정병, 훈련별대와 훈련도감의 포수(7천5백 명) 정도밖에 남지 않았기 때문에 — 그 병력은 모두 3만 명을 조금 넘었다 — 호포제의 목적은 단순히 양인의 부담을 경감하려는 것이 아니라 충분한 양정을 확보하기 위한 것이라고 주장했다. 여기에 20만 명의 속오군(노비)과 총융청·수어청·아병, 그리고 이른바 각 도의 신선군新選軍을 합쳐 20만 명이 더 있었다. 불행하게도 이 40만 명은 전시에 동원하기 어려운 훈련받지 않은 지방의 민병土團이었다.

만약 호포제가 새로 시행되면 그것을 납부해야 할 부류는 군포를 내지도 않고 번상 정병으로 복무하는 호수戶首도 아닌 당시의 한정이 될 것이었다. 그가 북방의 양도를 제외한 모든 지방 관청의 군적을 조사한 결과에 따르면, 50만 명에 가까운 보병·기병 정병과 그들의 보인이 있었으며, 거기에 어영군 8만 명, 각종 금군과 훈련별대 10만 명을 더해 모두 30만 명(18만 명의 오기인 듯싶다)이 넘는 번상 정병과 보인이 더 있었다.[30]

거기서 이미 훈련된 병사 4만 명과 날래고 용맹스러운 보인 8만 명을 뽑아 12만 명을 만든다. 그리고 한 대隊에 화병火兵 2명을 지급하고 6천 명으로 한 번番을 만들어 12번으로 나눈 뒤 3대장大將(어영군, 정초군, 훈련별대)에게 소속시킨다. 3천 명은 수도의 3영營에 입번시켜 두 달 동안 훈련시킨 뒤 교체하고, 3천 명은 6도의 감영과 병영에 분속시켜 두 달 동안 복무한 뒤 귀가시켜 상하번이 교대로 중앙과 지방에 복무하게 한다. 이것은 송대의 금위제禁衛制와 비슷한 제도였다. 그러면 1년에 거의 4만 명을 훈련시킬 수 있어 3년 안에 12만의 군사가 모두 정예병이 될 것이었다.

또한 그는 이 방안을 정당화하기 위한 수치를 제공했다. 그는 중앙과 지방에 모두 입방·입번하는 군사를 배치하게 되면 5만 섬*의 군량이 필요할 것으로 추정했다. 중앙에는 바다와 강을 따라 납부한 호포를 미곡으로 바꾸어 보내게 하고, 지방에는 호포를 선혜청으로 옮기고 각지에서 걷은 대동포를 미곡으로 바꾸어 감영과 병영에 보내면 비용은 10여 만 필을 넘지 않지만 군사들은 오랫동안 배부르고 국가에서는 다시 비용을 들이지 않아도 될 것이라고 그는 판단했다. 요컨대 그는 이 제도가 잘 시행되면, 백성에게는 추가로 과세하지 않고도 국사에게 지급되는 모든 비용을 충당할 수 있다고 확신한 것이다. 숙종은 이 방안을 환영하면서 국가의 복지에 대한 이사명의 관심을 치하한 뒤 이 방안을 자세히 논의하라고 비변사에 지시했다.[31]

이사명이 구상한 호포제는 번상 정병에게 지급된 보인을 완전히 폐지하는 것이었다. 그 대신 모든 가호에서 군포를 납부해 직업군인이 아니라 이전처럼 번상하는 12만 명의 군사를 후원하는 것이었다. 물론 이 제도의 관건은 단순히 개인보다는 가호에 과세함으로써 세율을 낮추는 것이 아니라 그동안 면세됐던 양반 가호와 탈세자들을 포괄함으로써 조세의 기반을 확대하는 것이었다. 그의 제도는 여전히 번상제와 결부된 일정한 폐단이 있었지만(두 달 동안 상번한 뒤 긴 하번을 지내면서 군사력이 쇠퇴하는 문제였다), 그 방안은 실제 군역에 복무하는 인원을 줄일 것이었다.

그러나 핵심적인 쟁점은 그의 계획이 독립적이고 유연한 재정과 군역제도를 창출함으로써 이전 제도를 지배하던 원칙을 완전하고 급진적으로 철폐하려고 했다는 것이었다. 재원은 가호에 과세하거나 다른 방법으로 확보할 수 있었으며, 군역은 소수의 정예병을 양성하는 문제로 간주됐다. 두 가지 개념은 모든 양정(서툴거나 불운하거나에 상관없이)에

---

* 원서에는 "500,000sŏm"이라고 했지만(489쪽), 실록에는 "五萬餘石"으로 되어 있기 때문에 수정했다.

게 요구된 민병제도의 이상과 신역의 납부, 그리고 정병에게 할당된 보인에 기초한 재정이라는 근본적 원리와는 반대되는 것이었다. 호포제는 (양반에 대한 과세만이 아니라) 모든 측면에서 고전적 원리를 철회해 당시의 상황에 맞게 조정한 제도였다.

### 이사명의 호포제에 대한 반론

이사명의 계획에 대한 사회적 지배계층의 도전은 즉시 제기됐다. 다음날 사헌부 장령 윤반尹攀·김세정金世鼎·이세백李世白은 이처럼 주요한 개혁은 자연재해와 기근이 계속되는 와중에는 도입할 수 없다고 반대했다. 그것은 왕조 3백 년의 역사에서 시행된 어떤 제도와도 완전히 다르며, 호포를 부과하면 백성을 크게 동요시킬 뿐이라는 것이었다. 그들은 그 제도를 평안도에 시험해보라는 지시를 철회하라고 주청했다. "평안도의 백성들이 그 제도를 기꺼이 따르려 한다고 해서, 그 시행을 반대하는 다른 도에도 강제로 추진할 수 있겠습니까."

이 발언은 그들이 예상했던 동요보다는 호포에 대해 폭넓은 지지가 있었지만, 그들은 그 제도가 자신들이 소속된 계층의 이익을 크게 위협하기 때문에 반대했다는 사실을 보여주었다. 숙종은 조정에서 이미 그 문제를 충분히 논의했으며, 평안도에 호포를 시험하겠다는 결정은 한두 신하의 의견이 아니라면서 받아들이지 않았다.[32]

동부승지 송광연宋光淵도 이사명의 계산에 의문을 제기했다. 그는 6천 명의 번상병 중 절반은 수도에 상번시키고 나머지는 6도에 분속하자는 이사명의 제안은 현재의 어영군과 같은 방식이지만, 보인에게서 군포를 걷지 않는다고 주장했다. 그렇다면 이사명은 번상병의 장비와 이동 경비, 수도에서의 숙박비를 호포에서 모두 충당할 수 있다고 생각한 것인가. 호포에서 얻는 수입은 전시는 말할 것도 없고 평상시에도 진장

鎭將들의 잡비밖에는 되지 않는데 지방의 진관과 국경에서 복무하는 정병入防之軍에게 보인을 지급하지 않을 수 있을 것인가. 호포의 수입은 1백만 필이 넘을 것이지만 한 해의 국방비는 20만~30만 필에 지나지 않을 것이라는 이사명의 추정은 전혀 믿을 수 없었다. 그 제도가 시행되면 재정은 멸망하기 직전에 있던 중국의 왕조들처럼 될 것이었다. "사람마다 징세한 것은 진 시황의 폭정과 같으며, 가호마다 비단 2필을 걷은 것은 위 무제가 시행한 제도이니, 모두 몰락하는 시대의 특징입니다. 가호를 계산해 징세한 주대의 제도는 『주관周官』의 일부분을 오해한 것이 아닌가 싶습니다." 이사명이 지출을 낮게 평가했다는 송광연의 비판은 정확했지만, 숙종은 그의 비판을 받아들이지 않았으며 얼마 뒤 평안도에 호포제를 시행하는 데 반대했던 사헌부 관원들을 교체했다.[33]

### 호포제를 둘러싼 조정의 논쟁(1682)

그러나 숙종의 결단력은 저항의 물결이 높아지면서 약화됐는데, 그 저항은 1682년 음력 1월의 중요한 논쟁에서 최고조에 달했다. 호포를 지지한 영의정 김수항은, 그 문제를 둘러싸고 대신들의 의견이 갈려 있지만 서로西路(황해도와 평안도)의 백성들은 대부분 호포제의 시행을 바란다고 들었다고 인정했다. 그는 비변사에서 사목事目을 만들고 새 제도를 시험할 관원을 특별히 임명하자고 건의했지만, 대신들은 그 책임을 맡기 꺼려했다. 그는 자기가 최종 방안을 건의하기는 주저된다고 아뢨다. 실록의 사관 또한 영의정 김수항과 좌의정 민정중은 호포에 찬성했지만, 우의정 이상진李尚眞*은 반대했기 때문에 병을 핑계로 조정에 나오지 않았다고 지적했다.[34]

---

* 원서에는 "Yi Sangjik(이상직)"으로 표기됐지만(491쪽) 바로잡았다.

## 김수홍의 반대

며칠 뒤 판중추判中樞 김수홍은 호포를 중지하자고 건의했다. 그는 1659년(효종 10) 유계가 그 논의를 처음 제안했지만, 비변사의 논의가 모순됐기 때문에 시행되지 않았다고 지적했다. 물론 그때 유계는 호포가 아니라 양반이나 한정에게 군포를 부과하자고 제안했다는 사실은 중요하게 지적해야 하는데, 이것은 김수홍이 개인이든 가호든 양반에 대한 과세에 반대했다는 것을 보여준다. 그는 1674년(현종 15)에 그 문제가 다시 논의됐지만, 근거 없는 주장이 너무 많아 (당시 영의정이었던) 자신이 현종에게 아뢰어 그 논의를 중지시켰다고 말했다. 이제 그 문제는 세 번째로 논의되지만 의견이 매우 분분했다. "전혀 폐단이 없는 좋은 법률이라도 개혁할 때는 모든 사람의 뜻을 만족시키기 어렵습니다. 하물며 이 제도가 편리할지 불편할지 정확히 알 수 없는 경우야 말할 것이 있겠습니까." 그러나 숙종은 그의 의견을 무시하고 비변사에게 계속 논의하라고 지시했다.[35]

며칠 뒤 좌의정 민정중은 더 논의해야 한다고 주장했다. "의견이 분분하다고 해서 쉽게 그만두면 무슨 일을 이룰 수 있겠습니까. 전에 대동법을 시행할 때도 논의가 복잡했는데, 호포는 대동법과도 달라서 이 제도에 찬성하지 않는 사족과 백성들이 많습니다."[36]

평안도에 그 제도를 적용하라는 명령을 중지시키려는 시도가 그달 내내 계속됐다. 사헌부는 백성들은 호포제를 바라지 않고 시기도 무르익지 않았다면서 평안도 관찰사와 병사는 민정과 시세를 헤아리지 않아 온 도를 혼란에 빠뜨렸으므로 체포해서 처벌해야 한다고 탄핵했다. 그러나 숙종은 새로운 제도는 백성을 이롭게 하고 군역을 공평하게 하려는 목적이라고 말했다. 그는 대간이 논쟁을 일으킨다고 비판하면서, 조정의 의논이 분분하고 지방이 시끄러운 것은 모두 그들 같은 젊은 무리가 나라를 생각하지 않고 자신의 편협한 의견만 고집하기 때문이라

고 질책했다.[37]

## 이세화의 방어

그러자 평안병사 이세화李世華는 긴 상소를 올려 대간의 탄핵에 대해 자신을 방어했다. 그는 군역이 백성과 노비의 가장 무거운 부담이므로 그것과 관련된 폐단을 근절하는 정책을 시행하는 데 찬성한다고 밝혔다. 호포는 개인에게 부과되기 때문에 식구가 많은 가호는 부담이 더 컸다. 노비에게는 노와 비 모두 호포를 징수하기 때문에 부부로 이루어진 소호는 4필을 내며 6명으로 구성된 가호는 12필을 냈다. 군포는 백성을 가난에서 헤어나오지 못하게 만들고 있다. "남자는 농사를 지어도 먹을 수 없고, 여자는 베를 짜도 입을 수 없습니다." 결국 그들은 가산을 팔고 마을을 떠나 유민이 되는 수밖에 없었다. 그렇게 되면 남아 있는 이웃과 친척에게 군포가 전가되는 악순환이 계속되며, 그들은 매질을 당하기도 했다. 상황은 문무과를 준비하는 학생으로 위장해 피역하는 부류 때문에 더욱 악화됐다. 이른바 유학은 독서나 활쏘기도 하지 않는 건장한 젊은이였다. 그들은 전투에는 전혀 쓸모없었으며 군포나 미곡을 전혀 내지 않고 극빈한 하호에게 국방 재정을 모두 전가했다.

이세화는 공평하게 군역을 부과하도록 조정하는 방안은 실패할 수밖에 없었다고 지적했다. 예컨대 기근이 들면 군액의 결손을 채우기 위한 정기 조사歲抄를 중지하고, 관원들은 군포를 줄여주어 유민들이 돌아와 납포하도록 유도했다. 이것들은 모두 좋은 생각이었지만, 몇 년 동안 기근이 계속되면 정부는 양정을 등록해 군역이나 군포를 부과할 수 없게 되어 역을 질 사람이 아무도 없게 될 것이었다. 너무 많은 사람들이 유망하거나 죽어서 감세가 관행화되면 국방 재정은 바닥날 것이었다. 그 결과 지방 관원들은 도망갔거나 사망한 군사와 노비의 4촌 이상의 친척에게 군포를 부과해 그동안 감세로 발생한 부족을 보충하도록 했다. 이런 일시적인 해결책은 "불타는 장작이 실린 수레에 한 잔의 물을 붓는 것과 다를 바 없으므로 지속하기 어려운 일시적인 시혜는 처음부터 없느니만 못했다."

이세화는 호포제를 다음과 같이 평가했다. 그는 모든 사람이 그 방안을 시행하기 어렵다고 인정했어도 필요했기 때문에 도입했지만, 그 제도의 궁극적인 목표는 '역을 고르게 하는 것均役'이라고 인정했다. 문제는 이사명과 그에게 반대하는 대간의 의견이 갈렸다는 것이었다. 이사명은 그 제도를 정당화하는 두 가지 논거를 댔는데, 관원·양반·유자를 포함한 모든 가호에 과세하는 것은 의정도 이미 지주로서 전세를 내고 있기 때문에 정당하며, 사대부 가호만 군포를 제외하는 것은 합법적인 근거가 없다는 것이었다. 반대로 비판자들은 기근이 계속되는 시기에 그처럼 급진적이고 전례 없는 제도를 시행하는 것은 잘못이라고 주장했다.

이세화는 이런 첨예한 반대 의견은 신중히 대안을 강구해 시행하거나 그렇지 않으면 그만두면 될 것이라고 생각했다. 그는 어떤 제도를 갑작스레 도입해 사회의 조화를 파괴하는 데는 반대했지만, 원칙적으로 호포를 반대하지는 않았다. 그는 1681년(숙종 7) 호포가 조정에서 논의될 때 숙종이 자신과 관찰사에게 거기에 대한 의견을 올리도록 지시한 것을 상기시켰다. 관찰사는 노비의 신공을 없애고 호포제를 채택하자고 아뢨다. 이세화는 군사가 바치는 포 2필을 없애고, 원호元戶인 군사는 호포(2필)만 바치게 하며 그밖의 솔정率丁인 군사는 절반(1필)만 걷는 방안에서 호포제에 찬성했다. 이렇게 개선하면 이사명이 추정한 것보다 세입을 늘릴 것이며, 그래도 세입이 부족하면 한정에게서 포를 걷어 보충할 수 있을 것이었다. 이세화는 노비와 군사들은 자신의 제안을 찬성할 것이라고 확신했다.

또한 그는 조정에서 평안도에 호포제를 시행하라고 지시하면서 교생과 군관이 고강이나 시사試射에서 떨어지면 군역을 부과하도록 명령했는데, 이것은 '신역을 피해 한가하게 노는' 사람들을 양역에 편입시키라는 지시였다고 지적했다. 그러나 호포제를 시행하라는 명령이 철회되자 그들은 현재의 제도 아래서 1인당 2필을 바치는 것보다 호포를 내는 것이 좀더 낫다는 사실을 알게 됐다. 또한 그들은 재상과 관원들의 가호에서도 납세한다는 사실에서 약간의 위안을 받았다. 이세화는 사대부는 양인과 노비보다 호포제를 바라지 않지만, 그들의 태도는 그래도 긍정적이라고 결론지었다.

조관朝官·출신出身(무과 급제자)·생원·진사·품관, 그리고 초시 합격자들은 그 자손과 형제·친척이 고강과 시사에서 떨어져 퇴학당하거나 이웃이나 친척 때문에 강제로 징포되는 것을 걱정합니다. 그러므로 노비나 병사만큼은 아니더라도 그들 중에서 호포제에 찬성하는 부류와 반대하는 부류 중 어느 편이 더 많은지는 미루어 알 수 있습니다.

그가 보기에 새로운 제도에 반대하는 유일한 부류는 신역을 피하려고 갖은 노력을 기울이는 사악한 집단이었다. 그는 노비의 신공을 사람마다 징수하고, 이전처럼 군포 2필을 걷으며, 교생의 고강과 군관의 시사 같은 사항을 예전의 지시에 따라 거행하고 평소 역을 지지 않는 가호에만 징포하는 것은 백성들이 모두 근절되기를 바라는 당시의 군역과 군포의 문제들이라고 확신했다. 새로운 제도의 시행은 그 세부 항목을 얼마나 잘 마련하는가에 달려 있었다. 그와 관찰사 모두 그 제도를 평안도는 물론 함경남도와 황해도의 산간지역에도 시험해보자고 건의했다. 또한 그는 자신과 관찰사만이 그 개혁을 지지하는지 궁금해했다.[38]

이세화의 발언은 군역의 개혁에 대해 현역 무관이 현실적 입장에서 평가한 발언이라는 점에서 매우 소중하며, 이념적으로 받아들일 수 있는가 하는 측면보다는 그 효과를 기준으로 새롭고 급진적인 방안을 시도해보려는 실제적인 의지를 보여주었다. 그의 주장은 양반들이 대대적인 군적 등록 같은 더 나쁜 대안보다는 호포를 선호했기 때문에 그 제도를 시행할 수 있다는 것이었다. 변화하는 상황에 적응할 수 있는 능력과 오래된 문제에 새로운 해결책을 적용하려는 의지는 이상주의적인 재야의 학자에게만 국한된 것이 아니었다.

### 찬성 8, 반대 6 : 숙종의 항복!

숙종은 이세화의 발언을 칭찬했지만, 바로 다음날 영의정 김수항은 세부 사항을 좀더 연구하자고 주청했다. 그는 호포는 갑자기 시행할 수 없으며 일단 찬반의 대립을 누그러뜨려야 한다고 언급하면서 국왕이 반대한 대간을 처벌하는 지나친 행동을 했다고 비판했다. 숙종은 대간이 그 문제에 대해 의견을 개진하는 것은 옳지만, 평안도 관찰사를 처벌하자고 탄핵할 정도로 "시비가 전도됐다"고 지적했다.[39]

며칠 뒤 장령 이언강李彦綱은 평안도에서 호포제를 시행하라는 지시를 철회해야 한다고 주장했다. 자신의 지식이 풍문에 기초한 것이라는 점을 인정하면서도 그는 자신의 견해가 이세화보다 평안도 양반의 감정에 합치된다고 주장했다. 그는 그 도에서 그 제도에 찬성하는 부류는 신역이 줄어들 수 있는 군사뿐이라고 확신했다. "군역을 지지 않는 백성은 납포하기를 바라지 않을 것입니다." 같은 논리가 전국에 적용될 수 있으므로 그 제도를 평안도에 시험해볼 이유는 없었다. 뒤에 이조판서는 모든 사람이 호포에 반대했으며 그날 그 제도에 찬성한 신하는 최근 이조참판으로 승진한 이사명밖에 없었다고 언급했다.

마침내 숙종은 흔들리는 모습을 보였으며 주요 대신들을 소집했다. 그는 신하들에게 호포제를 유지할 것인지 쓸모없는 군적을 수정할 것인지 결정을 내려야 한다고 말했다. 두 대안이 모두 거부된다면 군포 문제를 해결할 수 있는 다른 방안을 찾아야 했다. 영의정 김수항은 한 지방에서 호포제를 시험해보자는 의견을 지지했다. 그것 외에는 그 득실을 알 수 있는 방법이 없으며, 해로운 것으로 밝혀지면 자신의 생각을 바꾸겠다고 말했다. 호포에 찬성한 두 사람은 추수가 끝나거나 작황이 좋아진 뒤에만 호포를 걷는다고 지적하면서, 기근이 일어나면 호포를 부과할 수 없다는 비판을 반박했다. 이사명은 양인들이 현재의 제도에서 군포를 몇 필씩 내는 데 분개하는 것은 이해할 수 있지만, 1필밖에 부과되지 않는 사족들이 반대하는 이유를 모르겠다고 언급했다. 또한 그는 호포는 현재의 폐단을 줄일 것이며, 대규모의 군적 작성을 추진하는 것보다는 문제를 야기하지 않을 것이라고 말했다. 김수항은 백성들은 해마다 추가로 군적을 조사하는 것을 싫어하므로 대규모의 조사는 더욱 그럴 것이라고 인정했다. 호포도 폐단이 없지는 않겠지만, 적어도 지금의 제도보다는 나쁘지 않을 것이었다.

그러나 대부분의 신하들은 그 제도에 반대했다. 판중추 김수흥은 호포와 군적 모두 반대하면서 군액을 줄이자는 건의를 지지했다. 정지화는 최근 처형된 남인 유혁연이 창설한 훈련별대의 병력을 줄이자는 방안을 지지했다. 좌의정 민정중은 사망이나 도망으로 생긴 군적의 결원은 그런 방법으로 메울 수 있다고 아뢰었으며, 대사간 유헌兪櫶은 정초군의 폐지를 요청했다. 그는 군적 작성보다는 병력을 감축해 비용을 줄이는 것이 낫다고 생각했다. 그는 고강과 시사에서 떨어진 교생과 군관을 퇴출시키자는 다른 관원들의 의견에 찬성했지만, 그들에게 군역을 지우기보다는 벌금을 물리는 쪽을 선호했다.

타협안을 제시한 신하들도 있었다. 헌납 오도일吳道一은 호포를 지지했지만 기근중에 시행하는 데는 반대했다. 그는 몇 년 동안 풍년이 든 뒤 도입하되 평안도보다는 도성에서 시행하자고 제안했다. 그는 수도의 경비 부대는 "이미 설치됐으므로" 감축하는 데 반대했다. 몇 명의 다른 관원들도 우선 도성지역에서 호포를 시험하자는 데 동의했는데, 대신들이 호포를 기꺼이 납부하는 모습을 보면 백성들도 거기에 반대할 수 없기 때문이었다. 이사명에 반대하면서 평안도에 시험하라는 지시를 철회해야 한다고 요구했던 부수찬 이세백은 더 좋은 대안이 없으므로 경제가 회복된 뒤 채택하자고 건의했다. 요컨대 4명의 신하(이사명·김수항·민정중·황윤)만이 호포제의 즉각적인 도입을 지지했으며, 다른 4명은 기본적인 생각에는 찬성하면서 풍년이 들 때까지 연기하자고 제안했다. 8명의 신하들은 지지한 부류로 계산할 수 있지만, 6명은 철저히 반대했다. 정만조鄭萬祚의 지적과는 달리, 참석자의 대부분이 반대한 것은 아니었다.[40] 실제로 호포가 당시 논의되고 있던 가장 진보적인 제안으로 간주된다면, 적어도 이 문제와 관련해서는, 조정 신하들의 상당수는 유형원보다 상당히 진보적인 의견을 개진한 것이었다.

의견은 첨예하게 나뉘었지만 숙종은, 삼정승 중 2명을 포함해서, 우호적인 결정을 내릴 수 있는 충분한 지지를 갖고 있었다. 그러나 반대의견은 그것을 좌절시켰다. 그는 모든 대안보다 호포를 선호했지만, 풍년이 들 때까지 몇 년 동안 연기하고 도성지역에 우선 도입하는 데 동의했다. 그 대신 그는 대규모의 군적을 시행하는 데 필요한 사항을 논의하도록 지시했으며, 평안도에서 시험해보려는 생각을 접었다. 그 결정에도 호포제를 둘러싼 논란이 끝나지 않았지만, 시행될 수 있는 가장 좋은 기회를 1750년(영조 26)까지 무산시킨 것이 분명했다. 그것은 그 해 후반 훈련별대와 정초군을 감축해 새로 창설한 금위영에 통합하도록 결정하는 기초를 마련했다.[41]

## | 군포의 감축

신분에 상관없이 모든 가호에 호포를 부과하려는 시도 이후 개혁자들의 관심은 정병의 숫자와 보인의 세율 감축 같은 행정적 사안으로 되돌아갔다. 전자는 앞에서 다루었지만, 후자는 아직 논의하지 않았다.

1682년(숙종 8) 이전에도 문무 관원들은 보인의 세율을 때때로 낮추었지만, 그들의 부담을 경감하려는 특정한 목적은 아니었다. 그들은 평소보다 낮은 세율을 제공함으로써 양정을 확보해 군액의 부족을 해결하려는 의도였다. 이런 방안은 그 문제를 해결했지만, 새로 창설된 부대에 충원할 군사는 여전히 부족했다. 이런 관행은 헐역歇役이라고 불렸으며, 중앙 정부의 승인 없이 관원들이 사적으로 시작한 현상이었다(사모속私募屬이라고 불렀다). 그러나 많은 관행들처럼, 중앙 정부는 그것이 널리 퍼졌다는 이유로 용인했으며, 액내역額內役과 액외역 사이의 구분을 공개적으로 인정하면서 그것을 중앙 정부의 통제를 벗어난 납세로 규정했다.

일반적으로 군포는 2~3필이 부과됐지만 액외역은 1~2필이었다. 관원들은 감세 방법을 찾는 농민들을 유도하기 위해서 1필보다 낮은 세율을 고안하기 시작했다. 1699년(숙종 25) 액외역은 1만 명 정도로 추산됐다. 중앙과 지방의 모든 관원은 그 방법을 사용했다. 농민은 헐역을 너무 많이 요구했기 때문에 일부 지역의 관원과 진장은 수령에게 통보하지 않고 농민에게 직접 빈 첩문帖文을 발행하는 일도 잦았다.[42]

그러나 감세의 이익은 군포의 기준을 6승포에서 9승포로 올리면서 상쇄됐는데, 이것은 동전으로 환산하면 5냥에서 7냥으로 늘린 것과 같았다(40퍼센트). 2필로 감축한 것 자체는 관원들이 1필을 걷는 불법적인 관행이 지속됐기 때문에 세율의 변동을 막지는 못했다. 1689년(숙종 15) 숙종은 관원들이 액외역을 사적으로 모속하는 행위인 직정直定을 금지했지만, 당시 액외역으로 등록되어 있던 1만 명을 줄이기 위해 1695년과 1699년에 조사가 실시된 사실로 미루어 그의 지시는 엄격히 준수되지 않았다고 판단된다.**43** 숙종의 지시는 1필의 헐역을 대부분 취소시킴으로써 세율을 **올리는** 효과를 가져왔다.

보인의 납세를 유도하기 위해 나타난 이런 헐역은 사실상 세율을 낮춰 국가의 총세입을 줄이는 결과를 가져왔다. 또한 그것과 비교하면 보인의 군포를 3필에서 2필로 줄이자는 유형원의 제안은 감세가 아니라 실제로는 증세였기 때문에 완전히 비현실적인 논의가 됐다.


## ▌ 결론

조선 정부는 국방 재정의 문제를 해결하는 데 그리 성공하지 못했지만, 다양한 개혁안에 대한 정부의 논의는 좀더 공평하고 효과적인 재정 제도를 도입하려는 유형원의 계획과 흥미로운 비교의 대상이 된다. 유형원과 정부의 현실적인 개혁자 모두 정병이나 보인에서 면제된 사람을, 그들이 양반이거나 그 친척 또는 양인이거나에 상관없이, 줄여야 한다고 확신했다.

그러나 유형원과 현직 관원 사이의 가장 중요한 차이는 유형원은 현재의 정병과 보인제도를 유지하려 했던 반면, 이사명 같은 일부 개혁적 신하들은 그런 제도를 넘어서 다른 과세 방안을 도입하는 데 좀더 유연하게 접근해야 한다고 강력히 주장했다는 사실이었다. 신분에 상관없이 모든 가호에 일정한 세금을 부과함으로써 이사명은 군사를 후원할 수 있는 충분한 세원을 확보하고 (모든 가호에 완전히 평등하지는 않겠지만) 현재보다 훨씬 공평하게 과세할 수 있을 것이라고 주장했다. 성공의 관건은, 양반의 친척과 탈세자에게 반드시 군역을 지울 필요는 없었지만, 그들을 보인으로 등록해 과세 기반을 넓히고, 그런 세입을 정병을 후원하는 데 사용하는 것이었다.

1682년의 토론에서 의견을 밝힌 14명의 신하 중 8명이 숙종과 함께 그 방안에 찬성했다는 사실은 대신의 상당수가 양반에게 고통을 줄 수 있는 제도를 시행하려고 했음을 보여준다. 끝내 숙종은 현상을 유지하자는 보수세력에게 설득되어 결정을 미룸으로써 — 그의 치세 동안 그 방안은 폐기됐다 — 실망스러운 지도력을 드러냈지만, 유형원보다 국방 재정의 제도적 문제에 좀더 유연하게 대응하려고 했다는 사실 또한 보여준다.

이런 결과는 유형원이 급진적 개혁을 생각하지 못했기 때문은 아니었는데, 표면적으로 그는 대부분의 사람 — 관원, 성적이 양호한 교생, 소수의 종친을 제외한 — 에게 일정한 형태의 군역을 이행하도록 요구함으로써 불법적인 면역을 근절하려고 노력했기 때문이었다. 그러나 그는 자신이 이상적으로 생각한 조선 전기의 군사제도에 입각해서 이런 해결책을 정당화했다. 그는 그 조직원리는 그동안 부패되어왔지만, 정치적 반대에 상관없이 모든 피역자와 양반을 일정한 형태의 군역으로 돌아가게 함으로써 그 원래의 순수함을 유지하고 회복할 수 있다고 생각했다.

군역이나 군포가 자신의 신분과 위엄을 훼손하는 저급한 의무라고 오랫동안 생각해온 양반에게 그것을 요구하는 것은 현실적으로 불가능하거나 반란을 야기할 수도 있다고 생각한 이사명 같은 현실적인 신하들은 양반과 그밖의 피역자에게는 단지 보인의 의무만 부과할 수 있다고 결론지었는데, 그 주요한 까닭은 양반이 지주로서 전세를 납부하는 데는 아무런 오명도 붙지 않기 때문이었다.

군포와 관련된 유형원의 태도에서 흥미로운 점은 그의 견해가 1681년(숙종 7) 호포에 주도적으로 반대한 대사간 이단하와 매우 비슷하다는 사실이었다. 유형원과 마찬가지로 이단하 또한 관직을 갖지 못한 양반을 특수 부대에서 복무시키고 국방 재정의 유일한 합법적 방법으로 번상 정병과 보인제도를 유지함으로써 순수했던 조선 전기의 제도를 복원하려 했다.

그렇다면 이것은 완전히 다른 철학을 가진 두 사람이 현실에서 같은 입장을 옹호하게 된 우연의 일치에 지나지 않는가. 그렇지는 않은데, 왜냐하면 유형원은 — 때로 평등을 옹호했음에도 불구하고 — (세습적 신분은 물론) 신분을 근거로 양반과 하층신분을 차별하지 않았다는 측면을 제외하면 차이의 정당성을 확신했기 때문이었다. 그는 높은 도덕성을 가진 관원이나 관원이 되기 위해 공부하는 학생을 우대해야 한다고 생각했는데, (그가 개혁한 교육과 등용제도에서) 그들은 오랫동안 그를 관찰한 동료와 상관에게 스스로의 가치를 입증했기 때문이었다. 덕행을 중시한 교육과 등용이 시행되고 지배신분과 피지배신분의 세습이 없어지면, 일정한 토지면적에 따른 양정의 할당에 따라 군역을 부과함으로써 공평한 군사제도를 이룰 수 있을 것이었다. 그러나 그는 노비제도가 폐지되고 노비의 군역이 허용되는 변화가 이루어지는 동안 일정한 절충을 허용하려고 했다는 측면을 고려하면, 관직을 갖지 못한 양반의 친족은 특수 부대에서 복무하도록 했지만, 양반의 군역 면제를 용인할 의향이 있었다고 생각된다.

유형원의 계획은 이단하와 약간 달랐지만, 품계나 신분에 상관없이 모든 가호에 공평하게 과세하는 문제는 그에게 핵심적인 사안이 아니었다. 그 결과 그는 그 다음 세기를 넘어 1870년(고종 7)까지 지속된 양역 개혁의 논의 — 양반 가호에 대한 호포의 부과 — 에 기여할 만한 주요한 제안을 저술하지 못했다. 그는 전통적인 보인제도를 절충하지 않으려고 한 결과, 양반에게 군포(또는 군역)를 부과하려고 계속 노력한 소수의 실용적 개혁자와는 무관하게 됐다.

# 제13장
# 군사 개편, 무기, 성벽

 

이 장에서는 유형원의 저작에서 군사 문제와 관련된 세 가지의 주제를 다룰 것인데, 그것은 중앙·지방·국경의 병력 배치를 포함한 군사 조직의 개편, 무기의 성능과 성벽·해자 같은 방어시설의 강화, 문학의 편중에서 벗어나 문무의 조화를 이루는 교육으로 전환하자는 주장 등이다. 이런 주제들은 조선의 방어체제가 가진 3개의 중요한 약점과 관련됐다. 첫째는 당시 부대의 조직이 허술하고 병력이 수도에 집중됐으며 지방 진관이 전략적으로 잘못 배치됐다는 문제였다. 둘째는 중국·일본 등 이웃 나라와 비교해 조선의 군사기술이 뒤떨어졌다는 것이었고, 셋째는 그동안 유교교육을 받은 문무 관원의 준비 태세와 사기가 낮다는 것이었다.

다른 경우와 마찬가지로 유형원은 이런 세 가지 문제에 대해 유교적 규범과 가치, 유학의 전통적 지혜에 대한 굳은 신뢰를 바탕으로 접근했지만, 문제는 그런 전통이 제시한 해결책이 성공적인 개혁으로 나아가는 데 더 많은 희망을 주었는가 하는 것이다.

## ┃ 개편의 원칙들

### 신설된 경군의 혁파

  유형원은 개혁된 군사제도에서 유지될 군사들의 유형을 적은 목록에 첨부한 주석에서 17세기 중반 존재하던 부대를 두 범주로 나누었다. 옛 제도舊制는 왕조 개창부터 임진왜란까지 설립된 부대로서 당시의 법률에 서술되어 있으며, 새 제도新制는 임진년 이후 창설된 부대를 가리켰다. 그는 불필요한 부대를 줄여 좀더 간단한 조직을 만드는 것이 자신의 주요 임무라고 생각했지만, 완전히 새로운 제도를 만들기보다는 조선 전기의 기본 조직을 재건하는 방식을 선택했다. 그는 새 제도의 일부 요소만을 유지했다. 훈련도감과 경군은 포수와 마대, 그리고 그의 제도에서는 공·사노비로만 구성된 속오군(당시의 제도처럼 양인과 혼성되지 않았다)으로 구성됐다. 어영군 — 개혁된 정병과 보인제도의 모범 — 과 정초군·신선군·별포수別砲手·훈련별대처럼 임진왜란 이후 창설된 부대들은 모두 폐지됐다. 어영군은 1624년(인조 2)에 설립되어 혁파와 재건을 반복하다가 1651년(효종 2)에 확대됐다. 정초군은 1638(인조 16)~49년(인조 27) 사이에 창설된 뒤 1668년(현종 9)에 확대되어 정초 청 아래 소속됐다. 별대는 1669년에 설치되어 유형원이 세상을 떠난 뒤인 1682년(숙종 8) 정초군과 합쳐져 금위영을 형성했다.[1]

  유형원은 당시에는 무과 급제자出身가 너무 많았기 때문에 이런 부대를 즉시 혁파할 수는 없으며, 그들을 여기에 장교로 임명해야 한다고 언급했다. 그는 그 부대들을 단계적으로 감축해 혁파하자고 제안했는데, 이것은 그가 자신이 소속된 계층이 분노해 반발할 가능성 때문에 흔들렸음을 보여주는 또 다른 증거다.

  또한 그는 독립된 부대에 편성되지 못하고 각사나 진관 등에 몇 명씩 부속된 수많은 유형의 군사를 폐지하려고 했다. 그들은 무학武學 · 사부射夫 · 아병 · 모군募軍 · 보노保奴 등이었다. 그는 조선 전기의 군사제도를 복구하려고 했지만, 당시의 잡다한 조직은 배제할 뜻을 분명히 밝혔다.[2] 요컨대 유형원은 전체적으로 정병을 감축하고 군사의 유형을 정규기병 · 보병 · 속오군(노비) · 수군 · 노군의 5개로 한정하려 했다. 그의 목표는 군사조직을 합리화 · 단순화해서 그 비용을 줄이는 것이었다.

유형원은 남한산성의 수어청은 폐지 목록에 포함시키지 않았는데, 그 부대가 효종의 정치와 대외 정책에 깊숙이 관여했기 때문으로 생각된다. 효종이 남한산성을 수축하고 1649년에 즉위한 뒤 거기에 수어청을 설치한 것은 정치와 전술은 물론 무기도입과 관련된 중요한 문제였다. 그는 1651년(효종 2)에 처형된 주화파 김자점의 정적이자 적극적인 척화파인 이시방을 수어대장에 임명한 뒤 몇 년 동안 그의 아버지인 이귀의 요구대로 그 부대와 남한산성에 병력을 다시 배치했다. 거기에 김류는 반대했다. 정묘호란이 일어나기 전 대구와 안동에서 남한산성으로 파병된 부대는 도착하지 못했다는 점을 들어 이시방은 충청도와 경상도에서 징발한 군사들을 경기도에서 징발한 군사들로 대체하자고 건의했다.

이 방안은 확실히 합리적이었지만, 남한산성의 수축은 만약 효종의 목적이 청을 공격하는 것이었다면 현실적 가치가 거의 없었다. 당시 효종과 척화파의 수사에도 불구하고 남한산성의 목적은 두 가지였다. 그것은 청의 3차 침입에 맞서 국왕이 저항할 최후의 피난처이거나, 모반이 일어날 경우 국왕의 지휘 본부였다.[3]

## 수도 방어

### 오위제도의 복구

유형원은 궁궐과 수도의 경비부대를 재편하려 했는데, 과도하게 많은 병력이, 그 일부는 영속적으로 녹봉을 받는 직업군인이었는데, 수도를 경비함으로써 초래된 그 부대의 비효용성과 국고의 재정 유출을 걱정했기 때문이었다. 그는 녹봉을 받으면서 장기 복무하는 군사가 증가하면 국가에 심각한 재정 부담을 준다는 사실을 중국의 경험에서 배웠다. 금군은 당 태종이 거느린 1백 명의 기병으로 시작됐지만, 7세기 후반 측천무후의 치하에서는 1천여 명으로 늘어났고 8세기 이후 1만 명으로 증가했다. 그때 당은 장기 복무하는 직업군인인 금군을 통제하지 못하고 반란을 진압하지 못한 결과 멸망했다. 만약 현명한 황제가 직업군인으로 구성된 경군의 정원을 할당하는 데 특히 주의를 기울였다면, 그런 결과를 막을 수 있었을 것이었다.

경군의 병력은 재원의 규모에 따라 결정될 수밖에 없었다. 만약 1만명의 군사에게 지급할 정도의 세수가 있다면, 추가로 필요한 재원을 남기기 위해서 4천~5천 명 정도로 제한하는 것이 적당했다. 한국은 중국보다 훨씬 작은 나라이므로 1천~2천 명의 경군은 필요보다 많았다. 정예병을 만들기 위해서는 충분히 지원해야 했으므로 후원을 단순히 줄일 수는 없었다. 받아들일 수 있는 유일한 방안은 병력을 줄여 보인의 부담을 경감하는 것이었다.[4]

유형원은 경군을 수도 경비와 소수의 금군, 그리고 감문과 순위巡衛 같은 특수 조직으로 나누었다. 이런 목적을 위해서 그는 어영군을 혁파하고 조선 전기의 오위제도를 복구하려 했다. 훈련도감은 물론 오위의 모든 군사들은 당시 어영군에서 사용되고 있는 번상과 보인제도로 조직됐다. 유형원은 오위와 훈련도감의 두 조직은 한의 남북군처럼 안팎을 서로 보충했다(즉 경비지역은 도성의 안쪽과 바깥쪽이었다. 이런 배치는 두 가지 문제를 한꺼번에 해결할 수 있었다. 그것은 수도에 병력의 과도한 집중을 막는 한편 전시에는 즉시 해당 지역으로 동원할 수 있었다).[5]

각 도에서 명령과 방어의 책임을 갖고 있던 이전의 오위제도는 임진왜란이 일어나자 쓸모없는 것으로 밝혀졌지만, 군사조직에서 없어지지 않고 수도 방어에 그 기능의 흔적을 확실히 남겼다. 1623년 인조반정 이후 예전 오위의 기능과 겹치는 경비부대를 만들어 그것을 대체한 사실은 오위가 법률상으로는 폐지되지 않았음을 입증한다.[6] 이전의 조직과는 달리 유형원은 오위를 복구해 수도 방어만 맡김으로써 인조반정 이후 정치화된 경군을 줄였다. 또한 그는 고대에 선례가 없었다는 점을 근거로 오위에 전면적인 통제권을 행사하던 당시의 오위도총부五衛都摠府도 폐지하고 그 대신 오위가 병조에 직접 보고하도록 했다.[7]

그의 목적 중 하나는 문무의 균형을 이루는 것이었는데, 그 핵심은 경군의 지휘에 관련된 문제점에 대한 그의 해결책에 제시되어 있다. 그는 당시 오위의 위장衛將이 어떤 특정한 부대에 고정적으로 배치되지 않고 임무를 위해 출근할 때마다 명령을 받는 방식을 비판했다. 그 때문에 위장 사이의 연락과 보고는 며칠씩 걸렸다. 궁궐의 감문과 순위 같은 일반 군사조차도 해질녘에야 임무를 할당받았으며 며칠 뒤 갑자기 다른 임무로 옮겨갔다. 위장과 군사 사이에는 친밀감이 없었으며, 경비 임무는 물론 야전 훈련에서도 위장이 자주 바뀌었다.

그는 이런 상황을 문관이 무관의 지배를 지나치게 두려워한 결과 야기된 커다란 혼란의 하나로 규정했다. 송 조정이 당말에 절도사가 과도한 정치적 영향력을 행사한 문제에 과민하게 반응한 것처럼, 조선 전기에도 지휘관을 교대시킴으로써 고려 후기에 장군들이 과도한 권력을 가졌던 현상이 재발하는 것을 막으려고 했다. 그는 그런 우려는 정당하다고 인정했지만, 국방을 약화시켜서는 안 된다고 지적했다. 혼란스러운 제도는 없느니만 못했다. "예상치 못한 사건이 갑자기 발생하면 어떻게 대처해야 하는가." 그의 해결책은 지휘관을 특정한 경호 부대에 배속하고 그 부대에 대한 전적인 통제권을 주는 것이었다.[8]

녹봉을 받는 직업군인을 일관되게 반대한 유형원은 오위의 군사를 2개월씩 번상시키는 방안에 대해 숙고했다. 모든 군사들은 수도 인근에서 선발하며, 부대와의 결속력과 일체감을 높이기 위해 경군 중 하나에 기본적으로 배속됐다原定. 실제로 특정한 지역에서 선발된 군사들은 모두 오위 중 하나에 배속되고 특별한 상황이 아니면 부대를 옮기지 않았다.[9]

복구된 오위의 총병력은 1만 2천5백 명으로, 1사司는 5백 명이고 5사가 1부府(2천5백 명)를 형성했으며 그것이 5개 모여서 오위를 구성했다. 유형원은 한 번에 번상하는 군사의 숫자와 기간을 정확히 밝히지는 않았지만, 보병이 여덟 번으로 나뉘어 두 달씩 복무하도록 조직됐다면 수도에는 한번에 1,562명이 있게 됐다.

그러나 유형원은 각 위에 소속된 1사 이하의 병력은 궁궐에서 3일마다 교대하도록 규정했다. 5사의 병력은 2천5백 명이기 때문에 수도에는 1,562명보다 많은 인원이 주둔하게 됐다. 각사에 3백 명 정도 병력이 모자란다고 해도 사흘 동안 복무한 뒤 하번시키려면 1,562명의 예비병력이 더 필요했다. 유형원은 사흘 동안 복무한 뒤에는 군사들을 귀가시키려고 했지만, 이럴 경우 1주일에 한 번씩 오가는 데 많은 이동을 필요로 했다. 유형원은 세부 사항을 충분히 고려하지 않았으며, 그 제도에 필요한 병력과 비용을 과소평가한 것으로 생각된다.[10]

수도 부근의 농민들을 경군의 같은 부대에 배치하는 유형원의 제도는 향촌의 결속을 바탕으로 군사조직을 단결시키려는 목적 — 고전적 민병의 이상에서 온 원칙 — 뿐만 아니라 도성 주민을 경비 임무에 동원하지 않기 위해서 고안된 것이었다. 그는 훈련도감 군사들의 악명을 잘 알고 있었으며, 그들이 수도에 장기 복무하면서 대도시의 사기꾼들과 어울려 악행을 저지르고 있는 것을 비난했다. 유형원은 실제로 명의 척계광이 이런 행태를 경고했다고 언급했다. "군사는 정선精選하는 것이 중요한데, 가장 쓸모없는 부류는 시정의 잡배들이며, 두 번째로 쓸모없는 부류는 간교한 사람이다. 가장 유용한 군사는 향촌의 노련하고 성실한 사람이며, 두 번째로 유용한 군사는 전투 경험이 풍부한 사람이다."

유형원은 "척계광이 참으로 핵심을 알았다"면서 이 발언을 상찬했다. 경군은 훈련은 태만히 하면서 돈버는 방법을 궁리하는 데만 시간을 들이며, 도성 주민과 다퉈 서로 증오하는 잡배로 채워졌다.[11] 유형원은 경기도의 훈련된 농민들을 염두에 두면서, 경군은 수도 근처에서만 선발하도록 했는데, 이것은 재야의 학자들이 공통적으로 갖고 있던 반도시적 편견으로 생각된다.

### 감문과 금오위

오위 외에 금오위金吾衛와 감문이 있었는데, 유형원은 내금위는 물론 유지했지만 정원을 줄이려고 했다. 조선 전기의 『경국대전』에는 190명의 금위禁衛만 두었지만, 자신이 살던 시대에는 6백 명으로 늘어났다고 그는 지적했다. 여기에 겸사복과 우림위까지 더하면(이 세 부대는 모두 금군이라고 불렸다) 국왕의 호위군은 1천 명에 가까웠다.[12]

효종은 1650년대 말엽까지 신하들의 반대를 무릅쓰고 경군을 증강하려고 계속 노력했다. 1651~55년 그는 금군을 모두 기병으로 전환하고 인원도 6백 명에서 1천 명으로 늘렸다.

유형원은, 당 태종도 자신을 호위하는 데 1백 명의 기병만 두었으며 오위에서 차출된 번상 정병도 상당수 있다는 점을 들면서 2백 명이면 충분하다고 보았다. 금군은 세 번으로 나누어 번상했으며, 정부에서 군마와 기본 녹봉을 받았다. 그들은 녹봉을 받는 직업군인이라는 점에서 보인을 통한 재정제도를 선호한 유형원에게 드문 예외 중 하나였지만, 그는 인원을 제한하면 비용을 통제할 수 있을 것이라고 생각했다. 그가 1407년(태종 7) 내금위가 실제로는 60~70명 정도였다는 사실을 알았다면 정원을 더 낮게 잡았을 것이다.[13]

내금위와 관련된 유형원의 계획에서 한 가지 중요한 측면은 무과에서 군사기술과 고전학습을 두루 시험하도록 정교한 규정을 마련했다는 것이었다. 유형원은 다른 곳에서는 958년(고려 광종 9) 이후 당시까지 지속되어온 문·무과를 완전히 폐지하자고 주장했지만, 국왕을 경호하는 이 소수의 군대와 관련해서는 당시의 무과와 동일한 규정에 입각한 무술 시험을 치르도록 했다.

응시자는 궁술·사격술과 함께 사서四書, 무경武經 사서四書, 그리고 유형원이 존경한 척계광의 『기효신서』 등의 책에 대해서 3년마다 시험을 치러야 했다. 이것은 "집에서는 향촌 사람들을 보살피는 관원으로 활동하고 전쟁에서는 적에 맞서 군사를 지휘하는" 고전적 이상에 따라 균형 잡힌 사람을 만들려는 의도라고 설명했다. 달리 말하면 적절히 교육하면 '실학'에 종사하는 이상적인 학자이자 군인士을 양성할 수 있다는 것이었다. "문학을 배우지 않으면 군사와 백성을 다스릴 수 없고 활쏘기와 말타기만 연습하면 졸병밖에 될 수 없다. 어떻게 이런 사람을 뽑아 다른 사람을 다스리는 임무를 맡길 수 있겠는가."[14]

그는 당 무종武宗 때 간신의 발의로 무과제도가 만들어진 사실을 경멸하고 14세기 후반 고려 공양왕이 그것을 도입한 것을 개탄하면서 자신이 구상한 새로운 사회에서는 그것을 폐지할 것이라고 언급했지만, 3년의 시험 간격이나 소과와 대과의 분리, 각 도의 정원 같은 과거제도의 여러 행정적 특징을 받아들였다. 당시의 무과에서는 소과에서 190명, 대과에서 28명을 선발했지만, 자신의 제도에서 유형원은 각각 5백 명과 50명을 선발했다.

전시에는 수도의 오위가 모두 이동할 수 있었지만, 그들의 정규 임무는 경호에 국한됐으며 수도의 경찰로 활용되지는 않았다. 유형원은 금오·감문·성문城門·익위翊衛의 네 사司로 순경군사巡警軍師를 따로 만들어 야간에 수도를 순찰하고 궁궐과 도성의 문을 지키도록 했다. 당시 도성의 야간 경비는 철저하지 않았다. 병조는 매일 밤 당상관 중에서 순장巡將을 임명해 오위의 군사를 거느리고 순찰하게 했다. 유형원은 야간 순찰은 도성의 안전에 매우 중요하므로 전임 관원과 군사가 배속된 독립된 관서를 두어야 한다고 믿었다. 그는 왕조 개창부터 그런 임무를 수행한 금오위를 다시 설치하고 그 군사는 모두 도성 주위의 거주자에서 선발하려고 구상했다.[15] 매일 밤 금오위는 2백~4백 명의 군사로 순찰했다. 그중 일부는 5명의 군사와 1명의 장교로 조직되어 3리마다 설치된 일종의 초소인 포鋪에 배치됐는데, 일제시대와 최근의 남한에서 사용된 제도와 상당히 비슷했다. 나머지는 5~10명으로 분대를 조직해 도성 전체를 순찰했다.[16]

유형원은 각 부대의 임무를 엄격히 구분해 혼란을 없애고 명령과 책임을 명확히 유지하는 것이 대단히 중요하다고 믿었다. 그는 야간 순찰과 경찰 업무에 훈련도감의 군사를 동원하는 데 강하게 반대하면서, 그 부대는 숫자를 제한해 도성 외곽을 지키고 도성 내부에서는 특수한 임무만을 수행하며 궁궐 경비를 맡은 오위의 번상병에 결원이 생길 경우 보충해야 한다고 주장했다.[17]

당시 도성의 경비 방식에 대한 유형원의 주요한 불만은 그 시대의 몇 가지 심각한 결함을 보여준다. 그는 군사들의 교육과 훈련 수준이 낮다고 평가했다. 그들은 국왕과 궁궐을 호위하고 야간 경비와 경찰 업무를 수행하는 데 적합하지 않았다. 그 부대의 지휘관들은 자신의 군사를 향촌에서 직접 선발할 수 있었기 때문에 그 군사들은 그의 사병처럼 기능했다. 군사들은 전투 훈련을 충분히 받지 못했기 때문에 그런 임무에 배치하기 어려웠다. 책임이 복잡하게 겹쳤고, 경찰과 금군의 숫자는 제한이 없었다.

## 번상의 폐지

유형원은 군제개혁안에서 조선 전기 오위제도의 폐단 중 하나였던 문제를 없애기 위해서 지방의 농민들은 지방의 병영이나 국경의 진관에 배치하도록 규정했다. 15세기에 전국에서 징집된 군사들은 도성의 오위 중 하나에 배속됐지만, 북부의 평안도와 함경도의 군사들은 견고한 국경 방어를 위해 번상에서 제외되어 해당 지방에 배치됐다. 그의 계획은 경군은 도성 주위에서만 공급한다는 것이었다. 이런 방안은 이동 경비를 줄이고 교대를 쉽게 하며 부대간의 결속과 지휘관과 군사의 친밀감을 높일 것이었다.[18]

유형원은 자신의 군역조직과 할당제도가 당의 균전제와 결합된 부병제와는 다르다는 사실을 알았으며, 약간 억지로라도 그런 차이를 정당화할 필요를 느꼈다. 부병제에서 각지의 민병들은 해당 지역의 다양한 부나 절충부에 배치됐고, 부는 16개의 위衛에 분속됐다. 각 도의 진관을 해당 지역의 병영에 서열적으로 조직한 진관제도를 채택하려는 그의 계획은 당의 부병제와 비교할 수 있지만, 그런 지방군은 경군의 지휘를 받지 않았다. 그는 당의 부병제를 그대로 모방할 필요는 없다고 명시했는데, 정전제가 붕괴된 이후 만들어진 모든 군사조직은 기껏해야 주어진 상황에 임시로 맞춘 것이었기 때문이었다. 그것들은 논의할 가치가 없었는데, 정전제의 민병조직이 무너진 이후에는 복구할 방법이 없었기 때문이었다.

당의 균전제는 쇠락한 후세의 임시적 변통안 중에서는 가장 나았지만, 그 장점은 분급한 토지에 따라 군역을 할당했기 때문이었으며給田定

兵 위衛에 부府를 예속시켰기 때문은 아니었다. 그는 자신의 계획은 거주지 근처의 부대에 배속했다는 한 가지 측면에서 정전제와 근접했다고 믿었다. 주대에 경군은 중앙의 최고 군사지휘관인 사마의 지휘를 받았지만, 먼 지방의 농민군은 그 지방의 장관이나 장수에게 소속됐다. 이것은 토지 단위로 어떤 용어가 사용되는가에 상관없이 바뀌지 말아야 할 원칙이었다.[19]

## 거주지 근처의 부대에 배속

군사들이 복무지까지 멀리 이동하지 않도록 하기 위해서 유형원은 경군은 경기도의 농민들로만 충원하고 지방의 군사들은 자신의 거주지에서 가장 가까운 진관에서 복무하도록 명시했다. 물론 국경은 일차적 방어선이었으며 두 차례의 호란으로 볼 때 압록강 지역이 가장 중요했다. 유형원은 국경으로 사람들을 이주시켜 영구히 거주케 하면서 침략에 대비하는 것이 전쟁이 일어났을 때만 대규모의 중앙군을 내륙에서 국경으로 파병하는 것보다 훨씬 낫다고 믿었다. 그는 이 계획이 조선에 적합하다는 것을 증명하기 위해서 중국의 많은 정치가와 장군의 증언을 인용했다.

기원전 2세기 중반 전한의 조조晁錯는 흉노에 대한 방어책으로써 이 정책을 옹호하면서, 영속적인 거주자들은 지형에 익숙하고 자신들의 가족과 친척들을 보호하기 위해 흉노에 죽음으로 맞서 싸울 것이라고 주장했다. 8세기 후반 당의 육지陸贄는 중앙에서 먼 국경으로 파견된 군사들은 불행하고 외롭다면서, 국경지대에서 태어난 사람들만이 적극적으로 싸울 것이라고 지적했다.[20]

지방의 군사들은 거주지에서 가장 가까운 부대에서 복무했기 때문에 그 조직과 위치·배치를 개선할 필요가 있었으며, 향촌 단위부터 시작해서 큰 규모의 진관에 이르기까지 각 단위의 세부적인 역할과 책임을 자세히 설명했다. 유형원은 당시 대부분의 진관은 각 도의 중심인 감영보다는 외곽에 위치했다고 지적했다. 그 때문에 지휘관들은 가족을 데려가지 않고 자신만 일시적으로 복무했다. 유형원은 진관의 위치를 재조정하고, 지휘관이 가족을 대동케 함으로써 복무 기간을 늘리려고 했다. 또한 그는 수영이 지형이나 전략적 계획과는 무관하게 단순히 흩어져 있다고 비판하면서, 일부는 먼 섬이나 외딴 지역에 있으므로 그 근처에 인구가 좀더 많은 지역으로 재배치해야 한다고 주장했다.

더욱이 고려 후기 전라도 관찰사였던 전녹생田祿生은 전라도에는 왜구의 침입 때문에 18개의 기지戍를 설치했지만, 그곳의 군장軍將들은 개인적 목적에 따라 군사를 선발해 이용하는 경향이 있다고 지적했다. 군장들은 직접 세금을 징수했으며, 그 군사들은 그 임무를 대리했다. 당시 왜구를 막기 위해 연호군煙戶軍을 창설했지만, 백성에게 피해만 끼쳤다. 전녹생은 이런 기지들은 혁파해야 한다고 주장했다.

유형원은 당시도 비슷한 상황이 만연했다고 언급했다. 진장을 모두 없앨 수는 없지만 진관은 지방 수령이 관할하도록 할 수 있었다. 또한 그는 불필요한 진관을 없애고 나머지는 다시 배치해 진장이 가족과 함께 장기 복무토록 하자고 제안했다. 이런 개혁은 자의적인 과세를 줄이고 방어전략을 합리화할 것이었다.[21]

## 국경 방어의 집중

유형원은 국경을 방어하는 군사력이 너무 파편화됐다는 자신의 주장을 입증하기 위해서 여러 중국 자료를 인용했다. 예컨대 송의 구양수는 당시 국경 군사력이 작은 읍성으로 분산되어 전략적 방어 요충지에는 소수의 군사만이 주둔했다고 비판했다. 그는 이런 작은 읍성들은 집중

된 침략에 맞서 방어하기에는 너무 약했다고 지적했다.[22]

　구준도 명과 관련해서 같은 발언을 했다. 명 전기(홍무~영락연간. 1368~1424)에는 송대보다 훨씬 긴 국경을 방어할 수 있었는데 군사들이 소수의 전략거점에 집중됐기 때문이었다. 그러나 정통正統(1436~49)연간에 국경 군사들을 작은 요새로 분산시키는 실수를 저지름으로써 송의 구양수가 경고했던 실수를 되풀이했다.[23]

## 진관제도의 약점

　또한 유형원은 지방 수령이 지휘하는 지방군이 배치된 진관을 서열적으로 조직할 필요가 있다고 믿었다. 그의 이런 생각은 임진왜란 직전인 1591년 유성룡이 처음 발의한 방안에서 큰 영향을 받았는데, 유성룡은 휴전중인 1594년 외적에 대해 여러 겹의 방어선을 구축할 수 있는 방진方陣을 설치할 것을 강력히 주장했다.[24]

　이 제도의 핵심은 명령과 책임을 분산하는 것이었다. 지휘관은 평화시에는 자신의 군사를 훈련시켰으며, 전시에는 그들을 조직해 자신이 책임진 지역을 방어했다. 진관은 몇 개의 현을 관할했으므로 적의 침략에 맞설 수 있는 커다란 병력을 충분히 결집할 수 있었다.[25] 그러나 이 계획이 임진왜란에서 사용됐다면 얼마나 효과가 있었을지 궁금하다. 1592년 일본군은 1만 8천 명의 군사로 부산에 처음 상륙했지만, 닷새 뒤 4만 명으로 늘어났으며 다음달 말에는 15만 6천 명으로 증강됐다.[26] 큰 진관들이 기동성 있는 예비병력의 지원을 받지 않고 그런 우세한 병력을 가진 적군을 막을 수 있었을지는 의심스럽다.

　유성룡과 유형원 모두 15세기 중반 세조가 채택한 진관제도의 진정한 본질을 분명히 오해하고 있었다. 그 제도는 3단계의 서열적 명령체계를 확립해서 내륙과 해안의 진관에 군사를 분산했지만, 기본적 조직원리는 지방 수령이 자신의 읍성을 방어할 책임을 진다는 것이었다. 이론적으로는 내륙의 큰 진관이 휘하 진관의 군사를 동원하는 도식을 그릴 수 있었지만, 실제로 내륙의 각 진관은 현지의 농민을 차출했으며 각 읍성은 여전히 집중되고 우월한 군사를 가진 적군에게 공격받기 쉬웠다.

게다가 진관제도는 그것이 시험되기도 전에 악화됐는데, 그 씨앗은 그 제도 안에 있었다. 지방 수령들은 군사훈련과 방어보다는 세금 징수에 좀더 관심이 있던 문관이었기 때문에 병력을 줄이고 그 대신 군포를 걷기 시작했으며, 농민 군사의 정기적인 훈련을 무시했다. 내륙은 거의 침략을 받지 않았기 때문에 읍성의 방어기능은 무시되거나 멈췄다. 16세기 이후 해안지역에 왜구의 침략이 늘어나면서 수영의 방어력을 증강하는 데 관심이 두어졌다.

진관제도의 또 다른 결함은 육군과 수군의 명령체계가 긴밀하지 않아서 전시에 연합작전을 수행할 수 없었다는 것이었다. 유사시에 병마사와 진장들은 수군을 지휘할 수 없었으며, 통제사도 육군에게 명령을 내릴 수 없었다. 그 결과 왜구가 수영을 침략했을 때 대응하는 유일한 방법은 내륙의 진관에 소속된 보병을 수영으로 파견해 병력을 증강하는 것이었다. 1510년(중종 5) 삼포왜란이 일어난 뒤에야 육군과 수군의 상호 명령이 일부 승인됐는데, 주로 병마사가 수영의 관할권을 겸임했다.[27] 달리 말하면 해안에 있는 수영의 일차 방어선을 후방의 진관이 견고하게 뒷받침한다는 유성룡의 이상적 구상과는 반대로, 임진왜란의 실제 경험은 진관체제가 처음부터 너무 경직되고 고정적이어서 해안이 침범당했을 때 내륙의 군사를 급파할 수 있는 유연성이 없었다는 사실을 보여주었다.

정부가 내륙의 군사를 해안의 수영에 배치하기로 결정한 뒤에도 수영의 행정이 이완된 결과 수군 방어전략은 수정됐다. 우선 각 수영에는 군선軍船에서 복무하는 직업적 수군을 두어 계속 훈련시키고 경계 태세를 유지함으로써 해안의 침략을 막는 첫 번째 방어선은 바다의 군선이 되도록 했다. 그러나 수영의 지휘관들은 전함과 수군에게 항상 대비 태세를 유지시키지 못했기 때문에 1484년(성종 15) 이후 정부는 수영을 좀더 강화하면서 해안을 침략할 경우 내륙에서 방어하기로 결정했다. 더이상 군선을 유지하기가 어렵다는 것이 인정됐기 때문에 수영을 내륙의 병영으로 옮기고 수군을 육군으로 대체하는 전략으로 전환됐다. 그러나 내륙의 진관이 해이해지면서 16세기 초반 국방은 취약한 해안 방어만이 남게 됐다 — 일차적으로 바다의 군선에서 방어하고 내륙의 진관이 후원하는 체제는 쇠퇴하거나 사라진 것이었다.

요컨대 진관제도는 특정한 지역에 집중해서 바다에서 침략할 경우 신속하게 대응할 수 있는 능력이 결여된, 분산되고 작은 행정적·군사적 단위로 이루어진 경직된 제도였다는 점에서 근본적으로 왜곡된 것이었다. 그것의 주요한 장점은 국방과는 무관했다. 그것은 주로 소규모의 국내 반란을 진압하는 데 효과적인 제도였다. 15세기 후반 왜구가 해안을 침입하기 시작한 이후 진관체제의 약점은 노출됐으므로 — 모두 특별히 효과가 있지는 않았지만 — 변화가 필요했다.[28]

그 점과 관련해서 제승방략 전술은 경직되고 분산적인 진관제도의 본질적 문제를 해결하는 데 그렇게 나쁜 방안은 아니었다. 그것은 군현이나 그런 군현들로 이루어진 진관에서 동원할 수 있는 것보다 많은 병력을 즉시 이동시킬 수 있는 제도였다. 몇 개의 군현에서 소집된 군사들을 즉시 지휘본부로 파병함으로써 그 제도는, 적어도 이론적으로는, 침략에 충분히 대응할 수 있는 대군을 동원할 수 있었다. 임진왜란 당시 유성룡은 완전히 요새화된 진관이 아닌 평원에서 숙영하는 데 반대했지만, 군사의 수준이 높고 지휘관이 도성에서 도착할 때까지 기다리지 않아도 됐다면 그런 병력은 진관제도보다 뛰어난 기동성을 가질 수 있었다. 어쨌든 그것은 역기능적인 진관제도보다는 나았다.

대군이 배치된 대규모의 군사기지를 설립하자는 유성룡의 제안을 유형원이 받아들인 것은 적어도 분산되고 병력이 부족한 진관의 문제점을 해결할 수 있는 합리적인 시도였다. 독립적인 군사력을 걱정하던 조선 전기의 상황이 거의 사라졌다는 사실은 유형원이 각 도의 크기에 따라 그 도의 모든 진관을 통솔하는 절도사를 2~6명씩 두자는 제안에서 알 수 있다. 그 용어는 8세기 안록산의 난(755~763) 이후 중국에서 지역적 무장반란의 상징이 된 당의 절도사와 같았다.

그러나 유형원은 절도사가 민정 업무는 물론 군사 업무를 독점적으로 관할할 수 있도록 구상하지는 않았다. 그는 평시에는 군사훈련을 맡았고 전시에는 군사를 이끌고 참전했지만, 관찰사는 계속 감영에 남아서 전체적인 상황을 감독했다. 그러나 절도사가 전사하면 관찰사가 군사와 장교들을 지휘했다. 이런 규정은 군사와 민정의 책임을 너무 엄격히 분리할 경우 관원들이 문무의 책임을 겸임하던 주대의 고전적 교훈과 배치된다는 믿음을 보여주는 또 다른 사례였다.[29]

진관은 절제사(척계광의 제도에서 영장營將과 같다)가 지휘했다. 절제사는 자신의 진관이 위치한 주현의 민정도 관할했으며, 그에게 부속된 수령들은 그보다 직함이 낮은 무관이었다. 절제사가 관할하는 주현의 숫자는 제한되지 않았다. 수령은 그런 주현을 다스렸으며 파총把摠을 통솔했다. 그 나머지는 속오군의 조직에 따라 구성됐다.

이런 조직은 규칙성과 단순성이 장점이었다. 유형원은 어떤 지역의 실제 병력은 자신이 구상한 다양한 군사조직의 정원과 일치하지 않을 수도 있다고 인정했지만, 인근 지역에서 추가의 인원을 배정하는 약간의 유연성만 발휘하면 해결될 수 있는 문제라고 생각했다. 그것은 아래의 문제보다는 훨씬 사소했다.

지금은 군사의 명칭이 매우 많아 각 읍의 군사는 모두 명칭이 다르고 거기에 따라 장수도 다르다.……군사와 장수가 배치된 지역이 달라 서로 얼굴을 모르는 경우가 많다. 또한 평시에는 수령이 병사를 관리하지만 전시에는 장수가 통솔한다. 만약 군사가 전공을 세우거나 범죄를 저질렀다면 거기에 관련된 포상이나 처벌은 수령과 장수 중 누가 맡아야 하는가. 군제의 문란이 이처럼 심각하다.[30]

이런 유형원의 비판은 가장 건강한 군사조직은 정전제에 기초한 것이라는 그의 편견을 다시 한번 보여준다. 근대의 군사제도는 전문성의 원칙에 기초했으며, 명령체계는 민정기관보다는 전문적인 군사 집단으로 조직되어 있다. 유형원은 명령과 책임을 명확히 하려고 했지만, 장교와 직업군인으로만 구성된 전문적인 군대를 바라지는 않았다. 그는 한번에 두 달씩 복무하고 1년이 넘는 여유로운 공백을 갖는 정병을 선호했으며, 자신이 구상한 정전제의 민병 원칙에 따라 관찰사와 수령이 군사조직에 포함되는 제도를 제시했다.

## 속오군 : 집중된 명령

유형원은 척계광의 군사조직이 『주례』에 기록된 군사제도와 합치된다는 점에서 존중했다. 국가의 병력은 인구에 따라 달랐지만 — 천자는 6군을 가졌으며 가장 작은 제후국은 1군을 가졌다 — 그 조직은 모두 같았다. 그 규정에 꼭 맞게 정원을 확정할 필요는 없었다. "10명에서 1만 명까지 병력이 변화해도 모두 같은 제도를 적용했다.……고금의 군사제도는 모두 그 정원을 규정에 억지로 맞추지 않았다."[31] 그 조직의 기본 원칙은 안정된 질서와 간소화된 훈련, 지휘관에게 집중된 명령권이었다.

유성룡은 지휘관을 선발하는 규정을 명시했는데, 그것은 전시에 문관이 군사의 명령체계에 따라서 자동적으로 지휘권을 갖는 정전제의 이상과는 완전히 부합하지 않았다. 그의 견해에 따라 유형원도 그런 자리는 현직 수령을 그대로 임명하기보다는 일정한 무예시험을 거쳐 선발해야 한다고 제안했다. 파총은 전직 향관鄕官이나 중앙의 내사생內舍生, 또는 뛰어난 능력을 가진 초관 중에서 선발했다. 그들은 초관을 지휘하고, 봄·가을의 습진을 감독했다. 유형원은 파총을 문관과 무관의 구별 없이 선발하려고 했으며 지배계층은 문무를 겸비해야 한다고 생각했다.

그러나 그는 초관은 재능은 물론 세습이나 신분에 따라 선발할 수 있도록 허용했는데, 이런 규제는 유성룡이 구상한 원래의 속오군에는 없었다. 그는 무선武選, 군역을 면제받은 외사생과 함께 대신·종친·공신의 후손과 충의위·충순위 같은 특수 부대에서 뛰어난 능력을 발휘한 군사들을 선발하도록 허용했다. 그러나 철저히 감독해서 무능한 사람은 초관에서 제외시켰다. 그들은 휘하의 군사들과 함께 복무하면서 훈련했고, 군사들에게 활쏘기를 시험했으며, 훈련 성적에 따라 포상과 처벌을 시행했다. 그들은 정기적인 시사試射와 제술을 통과해야 했으며, 떨어지면 자신을 추천한 수령과 함께 처벌받았다. 유형원은 현재 모든 그런 훈련 규정은 폐기됐다고 비판하면서 포상과 처벌에 입각한 엄격한 훈련제도를 마련했다.[32]

또 다른 유형의 장교인 기패관旗牌官은 중앙의 장군과 지방의 진관 사이의 연락을 담당했다. 그들은 이전부터 있었지만 유형원은 수준이 떨어지는 부류라고 비판했다. 유형원은 그들을 진관마다 주둔시켜 무경사서와 척계광의 저서를 익히도록 했다.[33]

아울러 이번부터 있었지만 쓸모없는 관원인 도훈도都訓導와 그밖의 용관冗官, 절도사와 진장의 임무를 모방해 최근 만들어진 영장도 폐지했다. 영장은 이전에 절도사가 시행하던 순행 임무를 넘겨받았기 때문에 절도사는 이제 연회 참석 외에는 아무 일도 하지 않으면서 빈둥거렸다. 또 다른 용관인 감영에 주둔한 중군中軍도 혁파했다.[34]

또한 유형원은 병영은 물론 관아에도 배치된 아병도 없애자고 제안했다. 그들은 1백~3백 명 정도의 속오군(노비?)으로 구성되어 관찰사의 지휘 아래 감영에 소속됐다. 아병들은 속오군처럼 훈련받았으며 보인으로 기능하지는 않았다. 조선 전기의 군사제도에서는 없었던 그들은 다른 관아에서는 복무하지 않았다.[35] 그밖에 병영에 배치된 군뢰軍牢는 사령司令으로 대체됐다.[36]

끝으로 유형원은 진장들에게 정규 녹봉을 줌으로써 진관의 부정을 없애려고 했다. 지방의 각 관아와 병영에 있는 이예吏隸처럼 육군과 수군의 진장들도 정규 녹봉을 받지 못했다. 유형원은 이 때문에 진장들이 군포를 받고 복무중인 군사를 풀어준다고 판단했으며 "이런 폐단은 반드시 없애야 했다." 진관의 이예들도 녹봉을 받지 못했기 때문에 진장들은 개인 사무에 군사를 동원했으며, 그 결과 국방에 동원할 수 있는 훈련된 군사의 숫자가 일부 줄게 됐다. 그 해결책은 정규 녹봉을 받는 이예를 배치해 그렇게 전용되고 있는 군사들을 원래의 임무로 돌아오게 하는 것이었다.[37]

### 군사훈련

유형원은 임진왜란 동안 거의 완전히 혼란에 빠진 조선군에 대한 치유책으로 척계광의 속오군을 찬양한 유성룡의 의견에 동의했다. 유성룡은 다음과 같이 조선군을 묘사했다.

그들은 본래 전투와 진법을 모르고 대오와 기초旗哨의 조직도 없어 명령체계가 혼란스러워 위기가 닥치면 어쩔 줄 모른다. 그런데도 이들을 갑자기 화살과 돌이 쏟아지는 사지로 몰아넣어 힘써 싸워 이기기를 바라니, 어찌 어려운 일이 아니겠는가.[38]

부족한 군사훈련은 낙후된 기술만큼 심각했다. 유성룡은 임진왜란을 치르면서 군사들의 훈련이 부족하다는 것을 비판하면서, 그 원인은 군포를 받고 군역을 면제해주었기 때문이라고 지적했다. 또한 그는 관원들이 훈련할 군사를 적극적으로 소집하지 않는 문제와 위계의 전반적인 무질서를 비판했다.

특히 우리나라의 군사제도는 명령이 혼란스럽다. 무기는 날카롭지 않고 조직은 혼란스러우며 군령은 명확치 못하다. 군사들은 군령을 알아듣지 못하고 깃발도 구별하지 못해서 어떤 명령인지 파악하지 못한다. 그러다가 강적을 만나면 장수와 군졸은 모두 당황해 무너진다.[39]

그는 조헌이 중국에서 돌아온 뒤 정규 훈련이 부족하고 그 기간 동안 조직과 명령체계가 결여되어 있다고 비판한 내용을 인용했다.

부대의 조직이 명확치 않고 기고旗鼓가 정연하지 않아 보는 사람이 아이들 놀이와 같다고 탄식한다. 평시에 이러니 적을 맞닥뜨리면 어떻겠는가. 상번 군사들은 매일 훈련하라는 규정이 있지만, 훈련을 맡은 관원들은 결석한 사람에게서 확인서를 받고서는 활을 당기는 방법조차 가르치지 않는다.……(이것과는 반대로 중국에서는) 군사들이 매일 훈련하므로 국방을 염려할 것이 없다.[40]

거의 한 세기 뒤에 글을 쓴 유형원 또한 상하번 군사의 훈련과 정기적인 군사기술의 시험에 관련된 규정이 미비하고 군역 대신 군포를 걷은 결과 예비병력이 부족하게 됐다고 생각했다. 앞으로 보듯이 그는 모든 군사를 정기적으로 훈련시키자는 폭넓은 제안을 내놓았다. 무술이나 능력을 기준으로 선발하지 않았기 때문에 진장들의 문제는 더욱 심각했다.[41]

## 군역의 할당

그러나 그는 비합리적인 계획과 생각에서 나온 군사조직을 가장 심각한 문제라고 파악했다. 예컨대 수군은 해안이 아니라 내륙, 심지어는 산지에 사는 사람들로 충원된 반면 해안의 양정들은 보병으로 선발됐다. 이이는 임진왜란 이전 황해도 관찰사로 나갔을 때 이런 문제를 고치려고 시도했지만, 후임자는 그의 개혁을 철회했다.[42] 유형원은, 조선 사회의 다른 많은 부분처럼, 군역이 세습화되고 있기 때문에 이 문제를 해결하기가 어려워졌다고 판단했다.

"군역을 세습시키는 것은 본래 폐해가 큰 법률이다. 그러나 세습시켜도 실제로 바꿀 수 없는 것은 아니다. 그 일을 주관하는 사람이 국가와 백성의 고통을 신경 쓰지 않기 때문에 시행하지 않았을 뿐이다."[43]

또한 유형원은 전함을 배치하고 군사를 전함과 수영에 할당하는 문제, 진장이 해당 지역을 관할하지 못하고 봉수대의 인원과 읍성을 방어하기 위한 예비병력이 부족한 문제 같은 불합리한 사안들도 논의했다.[44]

## 수군의 재편

또한 유형원은 수군과 수영, 전함의 조직이 혼란스럽고 불규칙적이라는 문제를 발견했다. 임진왜란 이전의 제도에서 수군은 수진장水鎭將의 지휘를 받았다. 지방 수령은 군사를 징집할 책임이 있었지만 제대로 이행하지 않았다. 전함의 숫자와 수군의 정원은 각 수영에 맡겨졌는데, 임진왜란이 끝난 뒤 늘어난 전함들은 어떤 명확한 계획 없이 해안의 도시들에 할당됐다. 유형원은 전함을 수영에만 배치하도록 제한하고 수령의 관할을 폐지함으로써 그 제도를 합리화하려고 했다. 그는 자신이 이상적으로 생각한 문무의 균형을 갖춘 관원이라도 수군에 대한 전문지식은 갖지 못했을 것이라고 판단했다.[45]

육군과 마찬가지로 수군의 명령체계는 서열에 따라 조직됐다. 최고 사령부인 통제영統制營에는 전함 7척과 2천1백 명의 수군과 노군이 배치됐는데, 바람이 많은 날은 105명, 평온한 날에는 210명이 복무했다. 수사영水師營에는 5척의 전함(거북선 1척 포함)과 1천5백 명의 수군이 있었으며, 가장 낮은 만호진萬戶鎭은 2척의 전함과 수군·노군이 각각 3백 명씩 있었으며 한번에 150명이 복무했다. 만호진의 소형 함대는 전선戰船 2척, 방패선防牌船 2척, 병선兵船 2척, 사후선伺候船 4척으로 구성됐다. 전선은 80명의 수군과 노군, 77명의 포수와 사수로 구성된 범선이었다. 그는 남부지방의 수영에 모두 1만 2천5백 명의 수군을 배치했으며 북서지방은 앞으로 결정하도록 남겨놓았다.[46] 조직의 서열에 따라 정원을 배정하는 것은 간단한 문제로 보이지만, 당시의 제도는 해당 지역의 전략적 중요성과는 무관하게 전선·수군·노군을 할당했기 때문에 매우 중요한 개혁이었다.

유형원은 수군과 노군의 정원을 모두 채울 수 있는 해결책을 고안하는 데 주력했는데, 당시는 정원의 10퍼센트 정도만이 실제로 채워져서 훈련하는 동안 전함을 운영할 수군이 매우 부족하다고 판단했기 때문이었다. 그는 사노비를 수군으로 충원하는 데는 주저했는데, 그들은 해전의 경험이 전혀 없는 솔거노비나 소작농이었기 때문이었다. 또한 그는 해안의 거주자에서 수군을 뽑아야 한다는 원칙을 고수해야 한다고 주장했다. 그는 양인도 수군으로 동원하도록 제한해서 그 문제를 해결했는데, 토지를 분급받지 못한 양인과 노비는 노군으로 복무시켰다. 당시의 제도와는 반대로 수군도 육군처럼 매달 군량을 지급하는 보인이 할당됐으며, 상번과 하번으로 나누어 교대했다. 그는 무술을 정기적으로 시험하고 잦은 교대를 없애며 군포를 받고 면역시켜주는 진장을 처벌해야 한다고 명시했다.

먼 지역의 수영에서는 진장이 군포를 받고 면역시켜주지 않는다는 것을 보장할 수 없으므로 수군의 의무를 줄이고 그들을 진장鎭將의 이예로 부리며 보인을 감축시켜 재정을 확충하자는 제안도 있었다. 그러나 그는 군량을 지급하고 납포를 통한 면역을 금지하는 데 단호했는데, 그가 보기에 수영의 병력이 완전히 채워지지 않은 까닭은 크게 두 가지였다.

군역을 면제하되 군량과 군포도 삭감하면 진관 근처에 거주하는 사람들은 점차 유망해 흩어져서 10년도 안 되어 각 진은 더욱 심각하게 황폐해질 것이다. 이런 현상이 오래되면 변방의 장수들은 더욱 대우가 낮아져 지금 향촌의 하급 무관 정도밖에 되지 않을 것이다.[47]

아울러 그는 수군과 이예를 동원해 지방의 특산물을 수도의 지휘부로 옮기는 관행을 중지해야 한다고 주장했다. 그 대신 그런 물품은 새로 시행된 대동법에 따라서 지방에서 전세를 내면 중앙에서 직접 구입하도록 했다.[48]

안타깝지만 당시 조선 수군에 대한 그의 비판은 임진왜란 이전 반세기가 넘게 조선군을 약화시킨 것과 같은 결점이 계속됐음을 보여주었다.

# | 무기와 기술

## 조총

### 외국의 방법에 대한 유성룡의 칭찬

유형원은 무기와 기술의 중요성을 강조한 유성룡의 의견에 많은 영향을 받았다. 그 또한 활·화살·창·방패의 낙후된 제조기술, 전함·군마·수레·전차의 부족, 성벽의 퇴락, 봉수와 역참의 미비 등 전통적인 기술의 결함을 문제로 인식했다.[49] 또한 그는 임진왜란에서 열등하고 낙후한 조선군의 군사 장비에 대한 유성룡의 비판을 인용하면서 특히 그는 활과 화살보다 조총이 우월한 사정거리를 갖고 있다는 사실을 처음으로 알았던 인물 중 한 사람이었다고 언급했는데, 그것은 쓰라린 경험에서 배운 교훈이었다. "적과 대치했을 때 우리의 화살은 적에게 도달하지 못했지만 적의 탄환은 비처럼 쏟아졌다."[50]

임진왜란 동안 대부분의 신하들은 조선의 풍습이 외국과 다르며 조총은 조선에는 적합하지 않거나 전투에서 아무 가치가 없다고 주장하면서 조총의 도입에 반대했다. 유성룡은 최신 무기에 대한 편견에 따라 반대하지 말아야 하며, 현재와 과거의 다른 나라들처럼 적의 우월한 기술을 신속히 받아들여 진보를 이뤄야 한다고 주장했다.

천하는 각 구역으로 나뉘어 재주와 성질이 서로 달라 상통할 수 없다고 생각한다면 어떻게 오吳의 군사가 초楚의 전차를 모는 방법을 배워 결국 초를 복속시킬 수 있었겠는가.

고대까지 거슬러 올라가지 않더라도 최근 중국에는 조총이 없었지만 절강浙江 지역을 침입한 왜구에게서 그것을 배웠다. 척계광은 그것을 훈련해 몇 년 사이에 중국의 기술로 만들어 마침내 왜구를 물리치게 됐

다.[51]

그는 조총의 우월성을 주장하면서 그것을 적응과 진보의 중요성에 대한 일반적 논의로 발전시켰다.

이것으로 보건대 인간의 본성은 서로 그렇게 멀지 않으며 풍습이 각기 다를 뿐이다. 꾸준히 노력했는데도 성공하지 못했다는 것은 들어보지 못했다. 양반과 백성 모두 포수와 살수를 비웃었는데, 그것은 과연 비웃을 만했다. 사람의 본성은 편안함을 좋아하고 습속은 변화를 싫어한다.
이런 위기를 당해 아직도 이전의 잘못된 생각으로 창의적인 견해를 비판해 부박한 논의가 도처에서 일어나니 식견 있는 선비들도 도리어 거기에 휩쓸려 그들의 세력을 도우니 이것이 옳은 일인가.[52]

외국의 진보된 기술을 도입하자는 그의 강력한 주장은 포함砲艦과 대포의 가치를 거의 몰랐던 19세기에 조선인들에게 좋은 도움이 됐을 것이다. 그러나 다음 세기 중반까지도 조선은 화기의 제조와 생산에서 큰 진보를 이루지 못했다.

### 조총과 탄약에 대한 효종의 정책

효종은 재위 동안 국방의 기술적 측면, 특히 무기의 제조와 성벽·해자의 건설에 큰 관심을 갖고 있었다. 조총은 임진왜란 이후 주요한 무기가 됐는데, 효종 때에는 두 가지 방법으로 조총과 대포를 공급했다. 즉 지방에 매달 생산량을 할당하는 것과 군기시의 별조청別造廳, 훈련도감·수어청 같은 특수 부대의 공장에서 생산하는 것이었다.

효종은 더 많은 무기를 생산하는 데 많은 열정을 쏟았지만, 그의 계획은 재정 부족과 철의 수요 증가로 가로막혔다. 1649년(인조 27), 1650

년(효종 1), 1652년 각 도에 할당된 매달 조총의 생산은 경제적 곤란이나 화폐를 만드는 데 구리와 철이 사용됨으로써 취소됐다. 1654년 청이 러시아를 정벌하면서 조선에 포수의 지원을 요청하자, 효종은 무기 제조를 위한 재정을 늘리려고 했지만 가뭄 때문에 실패했다. 그 결과 무기는 매우 부족해졌다. 그해의 보고에 따르면 주변의 10개 현에서 수어청에 배속된 1천5백 명의 군사 중에서 3백 명은 조총이 없었으며, 1655년에는 강원도에서 같은 부대에 배속된 2천 명은 화기가 없었다. 총탄의 부족은 그런 어려움을 가중시켰다.[53]

1654년에 조총과 탄환을 만드는 데 드는 자금을 각 도에 할당하는 방법이 다시 채택됐다. 큰 현은 매달 조총 2정, 화약 8근, 탄환 2백 발에 해당하는 자금을 냈으며, 작은 현에서는 조총 1정, 화약 4근, 탄환 2백 발을 만들 수 있는 재원을 마련했다. 이렇게 지방에서 생산되는 무기는 1년에 250개 정도였다. 그러나 현에서는 실제 생산은 맡지 않았으며 자금만 냈다. 자금은 곡물로 비축됐고, 17세기부터 대동법이 조금씩 도입되면서 그런 재원은 현에 할당된 매달의 무기 생산량을 채우는 데 사용됐다. 효종대에는 아직 대동법이 전국적으로 확대되지 않았기 때문에 무기를 생산하는 데 지급할 대동미는 충청도와 경기도에만 할당됐다. 이처럼 조총과 화약, 탄환의 할당량은 동일한 가격의 미곡으로 전환됐다.

처음에 지방 수령들은 대동미를 걷어 무기 생산을 위한 자금으로 군기시에 납부했다. 뒤에 숙종대에는 상평창으로 미곡을 운반한 뒤, 조총을 생산하는 자금으로 군기시에 보내고 탄약을 구입하는 자금으로 삼군문三軍門의 공인貢人에게 지불했다. 대동법이 시행되지 않은 지역에서는 그곳에서 내는 공물의 분량에 따라 미곡을 무기세로 걷었다.[54]

1650년대 중반 조총이 얼마나 있었는지는 추산하기 어렵지만, 1656년(효종 7) 경상도와 전라도의 감영과 병영마다 1천6백 정의 조총을 생산하라는 법령이 발포됐는데 — 두 도를 합쳐 모두 6천4백 정이었다 — 이것은 일부 군사들이 이미 조총을 갖고 있지 않았다면 충분한 숫자는 아니었다. 만약 8도 중 6도에 할당된 생산량이 1년에 250정이었다면 매년 생산량은 1천5백 정이 되는데, 전체 보병 중 일부에만 공급할 수 있는 분량이었다. 이런 수치도 자금 부족으로 생산이 자주 중단되거나 기근으로 감세가 시행된 경우를 생각하면 그리 많은 것은 아니었다.

그러나 효종이 조총의 우수성을 불신하면서 그 수요는 제한됐다. 어영대장 이완이 갑작스러운 비바람이 닥치면 화약에 물이 스며 조총이 발사되지 않을 수도 있는데 현재는 포수에 지나치게 의존하고 있다고 비판하자, 효종은 장수들에게 화약을 건조한 상태로 보관하도록 지시하거나 화약을 덮는 방수천을 더 많이 만들도록 하는 대신 수어청의 궁수를 두 배로 증강하라고 명령했다.[55]

청은 1654년(효종 5)과 1658년 러시아와의 전투에 조선의 포수를 즉시 원군으로 보내라고 요구했지만, 조총의 생산은 그들에게 발각될 것을 항상 우려한 결과 저해됐다. 조총은 함경북도에서 매년 시행하는 습진習陣을 제외하면 사용되지 않았다. 더욱이 조선 조총의 품질은 일본보다 떨어졌다. 1657년 청에서 조총 1백 정을 요구하자 조선은 전국에서 조총을 찾았지만 보낼 만한 좋은 조총은 60정밖에 되지 않았으며 30정만이 정확도에서 기준을 통과했다.[56]

조총의 사용을 적극적으로 찬성한 유형원은 척계광의 『기효신서』를 선례로 인용하면서 경군의 시재에 조총의 시험을 포함시켰다. 또한 그는 진관이나 군현에 필요한 조총의 수량, 탄환의 직경, 화약의 분량 등을 정확히 계산했다.[57]

그러나 그가 할당한 분량을 볼 때 그는 조총을 보병의 기준 무기로 상정하지는 않았다고 생각된다. 예컨대 도호부에는 조총 24정과 4천8백 개의 탄환(1정당 2백 개)을 배치한 반면, 현에는 조총 6정과 1천2백 개의 탄환을 두었다.[58] 전국에는 330개 정도의 현이 있었으므로 유형원은 모두 4천~5천 정 이상의 조총은 생각하지 않은 것이다.

1656년(효종 7) 효종이 양남 지방의 관찰사와 절도사에게 6천4백 정의 조총을 만들라고 명령한 결과 1650년대 후반에는 매년 1천5백 정 정도가 생산된 것을 염두에 두면, 유형원이 할당한 분량은 3~4년 안에 만들 수 있었다. 그러므로 그는 예비병력인 40만 명의 보인은 물론 22만 명에 이르는 정병의 주요한 개인 병기는 창과 칼, 활과 화살이 계속 사용될 것으로 생각했다고 결론지을 수 있다.

## 대포

효종은 조총보다는 대포를 제조하는 데 관심이 더 많았다. 효종이 즉위한 뒤 1652년(효종 3)까지 대포를 주조하라고 지시한 증거는 없지만, 1652년 그는 동전이나 남부지방의 전함에 탑재된 동포銅砲를 녹여 — 그것은 발사할 때 자주 갈라졌기 때문이었다 — 숙동포熟銅砲를 만들어 품질을 높이고 싶다고 신하들에게 말한 적이 있다. 그러나 1653년 초반 병조판서 박서는 동포는 오랫동안 사용되어왔으며 파열되는 원인은 대포 자체보다는 장교의 부주의 때문이라면서 반대했다. 아울러 그렇게 전환하는 것은 백성에게 무거운 경제적 부담을 지우고 기술이 부족하며 국가의 재정도 넉넉지 않다는 이유가 첨부됐다. 반드시 해야만 한다면 다음 풍작 때까지 기다리는 게 좋았다. 효종은 연기하자는 제안을 거부하면서 숙동포를 만들 수 없다면 적어도 철포를 만들도록 했으며, 숙동포를 팔아서 재원을 마련할 수 있을 것이라는 제안은 받아들이지 않았다. 뒤에 박서는 철포와 동포를 만들어 비교해보는 데 동의했다.[59] 이완과 그의 후임 어영대장인 유혁연의 주청으로 효종은 별파진別破陣이라는 510명의 포병부대를 창설했는데, 470명의 화약 제조자와 114명

의 아병이 소속됐다.[60]

대포를 증설하려는 효종의 야심은 재정 부족으로 저지됐으며, 군자감軍資監의 제조를 겸임해 국방 문제도 처리한 호조판서는 군기시 제조를 맡은 병조판서에게 자주 반대했다. 예컨대 1654년 초 병조판서 원두표는 서양식 대포인 불랑기佛狼機를 주조하려는 목적에서 구리를 수도로 보내라고 동래에 요구했지만, 호조판서 이시방은 142정의 조총을 만들고 남은 구리는 집기를 만드는 데 사용해야 한다면서 반대했다. 그러나 효종이 조총 생산에 구리를 사용하도록 결정하자 이시방은 구리는 호조에서 걷은 전세로 샀으며 국왕은 이미 호조에 구리를 주겠다고 약속했다면서 반대했다. 이시방은 수어대장을 지냈기 때문에 구리를 군사적 목적에 우선적으로 사용할 것으로 예상됐지만, 이 경우 그는 재정을 맡은 판서로서 자신이 관할한 부서의 전문성을 방어했다. 결국 효종은 의견을 철회하고 구리의 일부를 호조에 할당하는 데 동의했다.[61]

대포를 주조하는 또 다른 장애는 동전을 주조하는 데 구리가 사용된 것이었는데, 그것은 당시의 대표적인 경제전문가 중의 한 사람으로 대동법을 발의한 김육이 제안한 계획이었다. 그는 1651년 동전을 주조하자고 요청했으며, 1656년에는 전라도 관찰사도 같은 의견을 올렸다. 차문섭이 지적했듯이, 동전의 수요가 늘어난 것은 1657년 이후 대포가 거의 만들어지지 않은 원인이었다.[62]

그러나 전체적으로 잉여생산이 발생하지 않았고 국가 안에서 채광이 이루어지지 않았으며 세수가 부족한 상황은 대규모의 조총과 대포 제조를 막았다고 결론지을 수 있다. 이런 유감스러운 상황은 조선에서 가장 공격적인 국왕 중 한 사람의 치세 동안 지속됐으며, 그러므로 개선의 여지가 많았지만, 유형원은 대포는 제외한 채 주로 조총만 언급했다. 이런 생략은 개선된 국방의 수립을 주장하면서 당시의 관행을 버리고 외국의 우월한 군사기술을 빌려오자고 호소한 유성룡을 존경한 그로서는 기이한 결점이었다.

## 화약

또한 유형원은 화기를 사용하는 데 중요한 부분인 화약과 그것을 제조하는 문제도 간과했다. 효종은 조총과 대포에 쓸 화약의 제조를 촉구했다. 그는 1650년(효종 1) 연소청燃燒廳을 세웠지만 그 기능과 운영은 적절하지 못했으며, 염초는 자주 비에 노출되어 폭발력을 잃었다. 앞서 언급했듯이 화약은 군현의 크기에 따라 그것을 공물로 바치도록 부과됐지만, 대동법이 시행된 뒤에는 정부가 시장에서 화약을 구입했다. 효종은 새로운 제도를 적용해 화약을 제조하는 데 주저했던 것이다. 대동법이 가장 먼저 실시된 도의 하나인 충청도는 1653년 이후 주요한 화약 생산지가 됐지만, 정부는 계속 군현에 화약을 할당했다. 경상도에서는 정부의 할당량을 채우기 위해 다른 도에서 화약을 사는 것이 금지됐다. 즉 정부는, 마오쩌둥의 대약진大躍進운동에서 모든 공공장소에 용광로를 설치한 것처럼, 군현에서 할당량을 생산하도록 맡긴 것이었다. 이런 제도는 화약 생산에 미숙한 군현에 무거운 부담을 지웠고 생산 비용 또한 분명히 높였는데, 사람들은 땔감을 모으고 솥을 녹여 광석을 얻는 데 분주했다. 1654년에는 화약을 많이 생산하지 않는 군현은 시장에서 사도록 허락하자는 주청이 올라왔다.

그럼에도 불구하고 효종은 충청도를 화약 생산의 기지로 만들려고 했는데, 수도와 가까웠기 때문만이 아니라 경상도에서 생산이 허락되면 일본으로 제조기술이 유출될 가능성을 염려했기 때문이었다. 또한 그는 북부지방에서 화약을 제조하면 청이 조선의 의도를 의심할 것을 두려워했다. 그런 우려 때문에 북부지방에서는 실제로 염초 생산이 완전히 중단됐지만, 이미 경상도에서는 허가받지 않은 사적인 염초와 화약 생산이 이루어졌으며, 그 두 상품은 시장에서 대량으로 유통됐다. 1654년 수어대장은 필요한 분량을 그곳의 시장에서 사기도 했다.

이런 물건을 제조하려면 용광로가 필요했는데, 그것은 온도가 내려가면 깨지는 경우가 많았다. 정부는 철광 개발을 촉진했는데, 특히 울산 근처의 풍부한 광맥에 집중했다. 반면 염초를 화약으로 만드는 데 필요한 유황의 공급이 부족한 문제는 좀처럼 해결되지 않았다. 중국의 의심을 걱정했기 때문에 거기서는 이미 공급이 끊겼고, 일본만이 유일한 공급원이었다.[63] 효종과 여러 신하들은 화약의 공급을 늘리는 데 관련된 문제점들을 유형원보다 많이 알고 있었음이 분명했지만, 그들의 노력은 성공적이지 못했다.

### 성벽과 요새

효종은 성벽과 요새를 건설하는 데도 관심을 가졌지만—유형원의 관심사 중 하나이기도 했다—유형원이 알지 못했던 수많은 압박에 시달렸다. 조정의 거의 모든 신하들은 청이 군비 확충을 눈치채지 못하도록 하는 데 주의를 기울였기 때문에, 효종도 북부지방에 축성을 시작하는 것은 불가능하다고 생각했다. 그는 정묘호란 이전과 비슷한 전략을 채택했는데, 수도 주위의 전략 요충지에 방어력을 집중하는 것이었다. 그는 강화도 해안을 따라서 요새를 건축해 백성들을 거기에 영구히 거주시키려고 노력했으며, 전라도에서 사람들을 이주시키고 전라도 관찰사를 강화도 방어에 동원하려는 생각도 가졌다. 또한 그는 황해도부터 경기도·충청도·전라도까지 성벽을 쌓으려고 했으며, 강화도와 남한산성을 또 다른 주요한 기지로 설정했다.

그 계획은 경제 전문가인 김육뿐만 아니라 당시의 두 대신도 반대했다. 김육은 기근에 시달리는 농민들에게 추가로 부담을 지우기에는 경제 상황이 너무 나쁘며, 백성의 마음을 얻는 것이 성벽과 해자를 건설하는 것보다 더 중요하다면서 반대했다. 논쟁은 1650년대 후반 내내 지속됐으며, 그런 반대로 진전은 느렸다.[64]

효종과 마찬가지로 유형원도 성벽과 해자를 건설하는 데 매우 관심을 두었는데, 지난 70년 넘게 일본과 청의 침략을 방어하기에는 현재의 성벽이 취약하다고 판단했기 때문이었다. 다른 주제들과 마찬가지로 그는 당시의 경험뿐만 아니라 고전적 지혜에서 영감을 얻었는데, 중국 고전은 성벽의 건설에는 기술적 요소뿐만 아니라 도덕적 요소도 내포되어 있다는 사실을 가르쳐주었다. 좋은 국왕은 백성을 보호하기 위해서 튼튼한 성벽과 깊은 해자를 건설할 의무를 가졌다. 『주례』에서는 그런 업무를 감독하는 장고掌固라는 특별한 관원을 두었으며, 성벽을 건설해야 할 가장 중요한 전략적 요충지를 선정하기 위해 지도를 작성하는 사험司險이라는 관직도 있었다고 기록했다. 『역경』에서는 전략적 성벽을 서술했으며 『시경詩經』과 『맹자』에서는 그런 성벽을 건설한 군주를 찬양했다. 맹자는 가파른 전략적 요지에 성벽을 건설하지 못한 국왕은 결국 쫓겨나거나 멸망한다고 말했다. 성벽의 치수는 고전과 그 주석에도 나와 있는데, 길이는 주대 봉건 귀족의 등급에 따라 차등적이었다.

고대의 축성에서 또 다른 중요한 특징은 한 해의 정확한 시점에 작업을 시작한다는 규정이었다. 『좌전』의 주석과 송대 호안국胡安國의 『춘추호씨전春秋胡氏傳』은 모두 이 점을 강조했다. 전자에서는 하늘에 용성龍星이 뜰 때 건축을 시작해서 해가 천장에 도달했을 때 완성해야 한다고 언급했다. 하늘의 질서에 인간의 행동을 맞추려는 명백한 상징적 중요성 외에도 대망을 품은 국왕은 강제적인 요역 때문에 농민이 농사와 그 밖의 기본적인 생계를 방해받지 않도록 주의해야 했다. 주대의 제후들은 백성의 이동거리, 그들에게 공급할 식량, 자원의 절약, 작업의 종료 시점 같은 사소한 사항까지 축성의 모든 측면을 고려했다 — 이런 방안들은 모두 축성으로 백성들이 피해를 입지 않도록 마련된 것이었다.

성벽은 실용적인 방어수단에 그치지 않고 성스러운 통치의 상징이 됐다. 진 시황은 중국을 통일한 뒤 제후들을 복속시키기 위해 그들의 성벽을 모두 파괴했다. 그러나 한漢 고조는 진을 멸망시킨 뒤 전국에 읍성을 쌓도록 지시했다. 한 주석학자는 "이것을 통해 두 황제의 안목의 차이와 두 나라의 국운의 장단을 알 수 있다"고 말했다. 명의 구준은 도덕적인 견지에서 그 두 조처를 평가했다. 진 시황은 백성을 자신의 적으로 생각했기 때문에 성벽을 파괴했으며 방어준비는 도리어 자신의 안전에 위협이 될 것으로 걱정했지만, "고조는 천하의 백성을 한 가족처럼 보아 그들이 침략을 당해 목숨을 잃지나 않을까만 걱정했다. 두 사람의 공사公私의 마음이 이처럼 달랐으므로 두 나라의 존망도 나뉜 것이다."[65]

고대의 원리가 최근에 시행된 사례를 좀더 들기 위해서 유형원은 955년(후주 세종 현덕 2) 후주의 세종이 지방의 읍성을 확충하면서 백성의 노동력을 농한기에만 최소로 동원하라고 지시한 사례를 인용했다.[66]

고대의 교훈을 적용하면서 유형원은, 자신의 토지 분급제도에서 1백 묘의 단위를 고집한 것과 비슷하게, 당시의 원칙을 변형하지 않고 적용하기 위해서 매우 노력했다. 그는 방대한 연구를 통해 주대 봉건 제후들의 서열에 따른 영토와 성벽의 규모를 알아낸 뒤 그것을 당시 조선 성벽의 두께와 둘레에 적용했다. 그러나 그는 성벽을 방어할 면적과 인구의 규모에 따라 결정하도록 함으로써 고전을 그대로 추종하지는 않았다. 당시 조선의 성벽은 제대로 수리하지 않아 부서진 곳이 많았고, 거주지와 상당히 떨어졌으며, 작은 마을 한두 곳 정도만 포괄할 정도로 규모가 작았기 때문에 그런 고전의 규정은 당시 조선의 상황에 합리적인 치유책으로 보였다. 효과적으로 방어하기 위해서는 면적과 인구가 너무 차이나지 않도록 균형을 맞춰야 했다.

조선은 산지가 많으므로 토지를 잘게 분급해서 정전제의 도식적인 적용을 조정한 것처럼, 그는 계곡이나 산간에 위치한 군현은 면적과 인구를 고정적으로 할당해서는 안 된다고 주장했다. "예전의 의도를 참작하되 그 지형의 형편을 고려하는 것이 중요하다."[67] 유형원은 토지를 분급받은 농민과 고공을 사소한 수리 등의 요역에 동원할 수 있도록 규정했지만, 토목사업이 농민의 생계를 방해하지 않도록 제한해야 한다는 고전의 가르침을 준수했다.

그러나 대규모의 토목사업에는 정병과 보인을 포함한 모든 양정이 동원됐다. 유형원은 평시에는 군사들을 동원할 수 있다고 동의했지만, 한 달 동안 노동하면 군역 한 번(2개월)과 시사試射를 면제하고, 기병과 속오군은 보름을 노역하면 1년의 훈련과 시사를 면제하도록 했다.

축성에 동원되어도 다른 의무에서 면제되지 않고 식량도 받지 못하며 뇌물까지 착취하는 당시의 상황과는 반대로, 유형원은 새로운 제도에서 노동자들에게 열흘치 식량인 쌀 3말을 주고 잔치를 베풀어주었다. 노동자들에 대한 지불은 도성으로 수송하지 않고 현지에 보유한 분량과 보인에게서 걷은 분량에서 지급했다. 보인들이 축성 현장과 일정한 거리를 떨어져 살 경우는 해당 지방의 미곡으로 대체해 먼 거리를 조운해야 하는 부담을 없앴다. 관원들은 군인이나 노동자의 이동거리와 작업 분량을 정확히 계산해서 축성 현장과 가까운 지역에 사는 사람만을 동원해야 했다. 미리 계획을 세워 작업을 공평하게 할당하고, 인력을 갑자기 동원해서는 안 됐으며, 계획한 시점까지 작업이 끝나지 않으면 완성은 다음 계절로 미뤄졌다. 유형원은 성군들은 이런 공공사업으로 백성들에게 부담을 지우지 않기 위해 사소한 부분까지 규정했다는 고전의 가르침을 충실히 따랐다.[68]

그는 조선인의 작업 습관은 악명 높았기 때문에 작업 절차의 모든 세부 사항을 명시하고 엄격한 군사적 규율을 적용하지 않으면 수준 높은 건축을 하기 어렵다고 판단했다.

우리나라는 백성들이 태만해 모든 일이 제대로 되지 않으며 거짓이 만연한데, 성벽과 해자는 더욱 심각하다.……구차한 습속은 유래가 오래되어 말로는 각성시키기 어려우며, 반드시 어떤 곳에서 제도에 맞는 성벽을 건축한 뒤 다른 곳에서 보고 배우도록 해야 한다.

백성들은 거주지의 진장이 인솔해 건설 현장으로 왔는데, 이것은 "고대에 많은 인력이 투입되는 역사役事에 사용하던 방법이었다." 이런 작업 단위는 군사조직과 결부됐다. 5명마다 오장伍長을 두었고 30명, 1백명, 5백 명, 1천 명으로 확대되면서 각각 지휘관을 두었다. 각 단위의 지휘관들은 작업의 품질을 책임졌다. 성벽이 10년 안에 무너지면 그들은 태만의 죄목으로 처벌됐다.[69]

유형원은 백성들이 강제적인 요역에 시달리지 않도록 배려했지만, 고전에 제시된 범주에 국한됐다. 그는 과도한 강제 요역을 금지해 농번기에는 농사를 방해하지 않고, 군사훈련을 받는 농민이나 병사를 동원하지 않았으며, 궁극적으로는 사노비를 고공으로 대체하려고 했지만 축성에 자유로운 임금노동이 동원될 수 있을 것이라고 예상하지는 않았다.

그는 조선의 축성기술을 신뢰하지 않았기 때문에 성벽과 그 경사, 해자의 깊이, 옮길 흙의 분량, 회벽灰壁의 종류, 포루와 사대射臺의 높이, 1인당 하루의 작업 분량 등을 두우의 『통전』과 척계광의 『기효신서』 같은 중국 문헌을 참고해 매우 자세하게 규정했다. 물론 그는 예컨대 2천보 길이의 성벽을 수리하는 데는 6천 명의 승군僧軍이 11일 걸린다고 계산하는 등 중국의 수치를 조선의 상황에 맞게 조정했다. 그는 성벽 2보당 6명이 필요하다거나, 튼튼한 성벽을 새로 쌓는 경우는 2보를 완성하는 데 12명이 30일 정도 걸린다고 계산했다.

그는 백성들이 열흘씩 자주 요역에 동원되지만 새로 쌓거나 수리한 성벽이 금방 무너지는 유감스러운 상황을 해결하기 위해 이런 계산을 내놓은 것이었다. 그는 그런 대표적인 사례로 남한산성을 들었는데, 완성하는 데 3년이 걸렸지만 절반 가량은 다시 수축해야 했다. "그것은 1년이면 충분할 작업을 3년씩이나 허비했다."[70]

척계광과 유성룡을 따라서 유형원은 포루와 사대의 모양과 성벽에서 돌출한 치雉를 특히 자세하게 규정했다.[71] 그는 신형 대포로 무장한 적국에게 발포할 수 있는 안전한 장소가 마련된 새로운 종류의 성벽을 구상했다. 유성룡은 「전수기의戰守機宜」에서 조선은 성벽의 위치를 선택하고 건설하는 데 매우 미숙하다고 지적했다. 조선에서는 산세만 따를 뿐이었다. 성벽 위의 사대는 너무 낮아서 병사들은 앞뒤로 움직이기 위해서 몸을 쪼그리거나 누워야 했다. 총안은 너무 넓어서 적군이 쉽게 성벽으로 기어오를 수 있었다. 교차 사격을 위한 치나 성벽의 시야도 잘 확보되지 않았고, 최근 중국에 도입된 제도인 성벽을 따라서 설치한 감시구도 잘 사용하지 않았다. 중국에서는 성벽 바깥의 해자에 포루를 설치했는데 매우 효과적이었다. 그것은 조선에는 아직 도입되지 않았다. 유성룡은 『징비록懲毖錄』에서 임진왜란중에 안주 부근의 청천강에서 독자적인 축성방식을 고안한 적이 있다고 기록했다. 그는 달걀 같은 탄환을 대포에 장착하고 5백~7백 보마다 총안과 사대를 만들도록 했다.

"적군이 성벽으로 다가오면 대포를 교차 사격해 완전히 분쇄할 수 있다.……몇 개의 포루만 있어도 적군이 감히 공격하지 못할 것이다."[72]

그러나 정부에서는 유성룡이 지혜롭게 고안한 포루를 임진왜란 기간은 물론 당시까지도 채택하지 않았다고 유형원은 비판했다. 척계광이 새롭고 독창적인 축성과 사대 설치를 제안했지만 보수적 중신들의 반대에 부딪힌 것처럼, 유성룡도 전통을 고수한 인물들의 반대를 돌파해

야 했다.[73]

　임진왜란에 관련된 방대한 연구를 남긴 이형석李炯錫은, 축성에 관련된 유형원의 저술이 조선의 보편적인 방어전술인 산성의 축조를 강조했을 뿐만 아니라 읍성의 건설을 중시함으로써 임진왜란 동안 조선의 주요한 전략적 약점 중 하나를 교정했다는 측면에서 특히 가치가 있다고 언급했다. 당시 우월한 일본군에 맞서 사용된 주요한 방어 전술은 "성벽을 견고하게 하고 들판을 비우는" 것이었는데, 이것은 모든 인구·식량·재산을 읍성이 아니라 마을에서 멀리 떨어진 산성으로 옮기는 것이었다. 농민들은 산성으로 들어가기를 대부분 꺼렸기 때문에 좀처럼 명령을 따르지 않으면서 최대한 미적댔으며, 산성은 제대로 보수되지 않은 경우가 많았다. 그 결과 일본군은 대부분 백성들이 피난하기 전에 마을로 진격했으며, 백성들은 안정된 피난처를 찾지 못한 채 산간이나 계곡에 숨어살 수밖에 없었다. 이런 정책은 일본군이 부산에서 한성·개성·평양에 이르는 주요 간선도로와 도시에 아무런 저항을 받지 않고 접근하도록 내버려둔 채 조선군은 평지와 읍성을 버리고 산성을 선택한다는 의미였다.[74]

　결국 유형원은 1650년대 산성 축조와 관련되어 제기된 심각한 비판을 충분히 알지는 못했다고 판단된다. 효종의 광범한 산성재건계획이 열악한 경제 상황에 시달리고 있는 국력을 소진시킬 것이라는 김육의 반대는 주요한 제약의 하나였다. 굶주리는 농민을 요역에 강제로 동원하는 것은 잔인한 불의라는 김육의 주장은 농번기에는 농민을 징발하지 말아야 한다는 유형원의 유교적 훈계와 비슷했다. 유형원은 유교적 정신에 입각해 농민의 고통을 걱정했지만, 축성에 고용될 전문적인 건설 노동자가 없었기 때문에 농민에게 요역을 징발하는 방법 외에는 대안이 없었다. 어쨌든 진보된 성벽에 대한 국가의 필요는 유형원이 사망할 때까지도 충족되지 않았다.

## 전함

유형원은 한국의 군사軍史를 통관하면서 고려 후기까지는 전함과 수군이 부족했다고 지적했다. 그는 왜구의 노략을 막기 위해 전함을 건조하자는 고려 공민왕대 우현보禹玄寶의 상소를 인용했다.[75] 앞서 지적했듯이, 유형원은 전함의 정수定數를 제시하고 그것을 건조·수리하는 데 필요한 자금을 비축해야 한다고 말했다. 그는 현재 각 진과 각 현에는 전선·방패선·병선 각 1척, 사후선 2척이 있는데, 방패선은 없는 곳도 있다고 언급했다. 첨사진僉使鎭에는 전선 2척, 수영에는 전선 3척과 거북선 1척, 통제영統制營에는 전선 4척, 별전선別戰船 2척, 거북선 2척이 있었지만 수군이 부족했다. 그는 각 진현에 배치된 전선을 두 배로 늘리고 주둔하는 수군과 노군의 숫자를 명시했다. 그는 6년마다 전함을 건조하고 3년마다 수리하도록 규정했다. 전선의 가격은 450곡(쌀 4천5백 말 또는 3백 섬으로, 당시의 계산 단위에 따르면 매년 38명의 보인이 내는 전세와 비슷했다) 정도였다. 노후된 전선은 90곡에 팔 수 있었으므로 최종 가격은 360곡이 될 것이었다. 그는 전선을 수리하는 비용은 150곡(1백 섬)으로 계산했으며, 그보다 작은 방패선은 90곡, 병선은 45곡, 사후선은 15곡으로 책정했다. 수리와 건조는 기한을 엄수했으며, 재원은 가외로 부과하지 않고 정규 세입에서 충당했다. 수군과 노군의 비용은 그런 가미價米에서 지급했으며, 3분의 1은 화폐로 전환해 공장工匠에게 지급했다.[76]

이런 계획은 당시의 기술을 이용해 강한 수군을 만들려는 의욕을 보여주지만, 연구를 통해 기술을 발전시키려는 특별한 관심은 없었다. 그는 전선 건조에 드는 비용을 마련하기 위해 전세를 추가로 부과했는데, 정규 세입에서 수군과 노군을 지원한 것보다는 좀더 융통성 있는 조처였다. 전통적으로 수군이 경시되어온 것을 감안하면 이것은 전략적 사고를 향해 나아가는 중요한 발전이었다.


## ┃ 군사교육과 민병제도의 이상

조선시대, 특히 임진왜란부터 병자호란(1592~1637)의 전란기를 연구한 20세기의 학자들은 유교의 영향으로 국방과 군사훈련을 무시하고 문학과 문관을 강조한 결과 국방이 약화됐다는 결론을 제출했다. 유학교육과 도덕의 이런 해로운 영향이 없었다면 유능하고 헌신적이고 애국적인 관원들은 국방이 약화되도록 방치하지 않았을 것이었다.

그러나 17세기 조선의 개혁자들은 국방이 약화된 주요 원인이 유교교육과 가치였다는 데 동의하지 않았다. 반대로 유형원 등은 무능한 신하들이 고대의 상징이었던 문무의 균형을 따르지 않고 문학을 지나치게 강조함으로써 진정한 유교의 전언을 여러 측면에서 잘못 해석했다고 확신했다.

예컨대 지방의 관찰사와 절도사의 역할을 논의하면서 유형원은 문무의 구별을 없애려고 했다. 이런 원칙은 지방의 고위 관원에만 국한되지 않고 지방 수령과 백성, 그리고 학업과 훈련에도 적용됐다. 그는 군사와 백성이 구분되면 문무의 직능이 통합된 고대의 원칙은 회복될 수 없이 파괴될 것이라고 믿었다. 그러면 평시에 군인은 백성을 억압할 것이고, 군사훈련을 전혀 받지 않은 유생은 전시에는 '나약한 부녀자나 어린아이'처럼 될 것이었다. 주대에 군사 명령체계에 따른 지휘관의 조직은 평시에는 각 지역의 행정구역을 책임지는 관료조직이 됐다. 이상적 지도자인 사士(서주西周시대에는 뛰어난 무사를 뜻했지만 동주 이후 한대에는 학자이자 관원으로 의미가 바뀌었다)는, 유형원이 실학이라고 부른 학문을 연마했으며, 그런 뒤 그들은 장수가 됐다.

20세기의 많은 학자들은 실학이라는 용어를 유형원의 저작 전체에 적용했기 때문에, 유형원 자신이 그것을 사용한 소수의 사례에서 그 용어가 어떤 의미를 갖고 있었는지 살펴보는 것은 상당히 흥미로울 것이다. 그에게 실학은 주대에 나타났던 고전 문학과 역사뿐만 아니라 무술에 이르는 넓고 보편적인 이상적 지식을 의미했다. 그는 주대의 보편적 지식과 그것을 자유롭게 교육받은 보편적 지식인이 사라지면서 문무의 어느 한쪽에 치우친 전문적 지식인이 등장하게 됐다고 지적했다.

"후세에 문은 아름다운 문장을 조탁하는 일이 됐고 무는 무예와 완력을 사용하는 일이 됐다. 이 때문에 인재를 선발하는 방법이 그르게 됐다."[77]

또한 유형원은 지방 수령이 전시에 군사 지휘를 맡은 한대의 지방 행정에 찬성하면서, 지방 수령(즉 군郡의 태수太守)이 야전에서 군사를 지휘할 때 군사 업무는 물론 민정 업무를 돕는 관원(한의 도위都尉 같은)을 두었다.[78] 유형원은 이런 계획에 따라 그동안의 역사와는 반대로 지방 수령들이 자신의 지역을 방어하도록 했다.

그동안 전란이 일어났을 때 전국의 수령들은 모두 임지에서 도망쳐 도나 읍이나 지키는 사람이 없었다. 이 때문에 적군이 침입했다는 소식을 들으면 그들이 공격하기도 전에 전국이 먼저 텅 비고 조정에는 명령을 내릴 사람이 없게 됐다. 군사들은 싸울 생각도 하지 않고 뿔뿔이 흩어져 적군의 기병 서넛이 전국을 횡행하면서 마구 노략질해도 막지 못했다.……그러므로 전쟁이 일어나면 수령들에게 임지의 읍성을 떠나지 말고 굳게 지키도록 확실히 명령하고, 그런 임무를 저버리고 도망가는 사람은 절대 용서치 말아야만 그런 폐단을 근절할 수 있을 것이다.[79]

전문적인 군사지식을 갖고 있는 사람이라면 인구가 적은 소규모의 군현을 다스리는 수령이 잘 훈련된 대군의 침입에 맞설 수 있는 충분한 군사력을 가졌을 것이라고 판단하지는 않을 것이다. 유형원 스스로도 지방 행정단위의 80~90퍼센트는 적은 인구와 취약한 읍성을 가졌다고 인정했다. "할 수 없는 일을 맡긴 뒤 실패할 경우 죽인다면 죄 없는 사람을 죽이는 것과 마찬가지가 아니겠는가." 그러나 그는 공격에 맞설 수 있는 읍성을 가진 상당한 크기의 행정구역에 작은 행정구역을 결합시키는 방식으로 재편하면 이런 문제를 해결할 수 있을 것으로 생각했다.[80] 다른 여러 방안들처럼 이 생각도 이이에게서 영향을 받았는데, 유형원은 자신의 저서에서 상당한 분량을 행정구역을 재편하고 견고한 읍성을 축조하는 완벽한 계획을 마련하는 데 할애했다.[81]

그러나 교육과 조직만으로는 문무를 겸비한 완벽한 수령을 배출할 수 없다면 보상과 처벌을 동원해야 했다.

> 수령은 민사民事와 국사를 충분히 파악해 자신의 임무로 삼아야 하며, 지금처럼 고식적이고 막연하게 직무에 태만해서는 안 된다. 각 읍마다 둔전을 복구하면 나라의 세력은 금방 융성하고 견고해질 것이니 임진왜란이나 병자호란 같은 변란이 있어도 어찌 하루아침에 무너지겠는가. 장수가 한번 패전해도 적군은 사람이 없는 땅에서 놀듯이 쉽게 노략질하지 못할 것이다.[82]

유형원은 모든 인구를 군사로 전환시킬 수 있는 체제를 이상적으로 생각했다. 어떤 지역에서 정병이 참전할 경우 그 지역에는 정병이 없게 된다. 이럴 경우 유형원은 정병의 세 배에 이르는 보인을 국방에 동원하도록 조처했다. 실제로 정병은 일선에서 싸우고 민병은 읍성을 방어하는 이중적 결합은 유형원의 기초적 방어전략으로서 주대의 이상적 민병제도를 당시의 조선에 적용한 방안이었다. 이것은 양정이 번상 정병과 보인으로 나뉘어도 향촌에서 계속 훈련시켜 유사시에는 보인도 참전할 수 있도록 준비시킨다는 의미였다. "정병과 보인은 본래 백성을 군사로 훈련시켜 다시 백성을 지키게 한 것이니, 전시에는 그렇게 서로 전환될 수 있다."[83]

이처럼 모든 백성이 참전하는 총력전의 개념은 20세기에는 드문 것이 아니다. 이것은 임진왜란 기간의 고통스러운 경험에서 배운 중요한 교훈이었다. 유형원은 합리적으로 군사제도를 재편하고 진관을 배치하며, 좀더 훌륭한 훈련방식을 도입해도 금방 군사 강국이 될 수는 없다는 사실을 잘 알고 있었다. 그런 변화는 모든 문관에게 군사훈련을 받도록 교육을 쇄신하고 모든 백성을 즉시 군사로 전환시킬 수 있어야만 가능했다. 그는 모든 인구를 이렇게 조직하고 번상 정병과 보인의 제도를 유지하는 방식은 전시에 효과를 거둘 것이라고 기대했다.

그럼에도 불구하고 당시 윤리와 규범을 전면적으로 전환시키는 것은 사회와 시대에 상관없이 그리 쉬운 일이 아니었다. 초야에 묻힌 유자의 경고는 중앙까지 전달되지 않았으며, 1세기가 흘러 그가 잘 알려진 뒤에도 그의 주장은 군사제도를 변환하고 그 문제점을 해결하는 데 거의 영향을 미치지 못했다.


## ▎결론

여러 측면에서 볼 때 유형원의 군제개혁안은 완고하거나 교조적인 근본주의에 입각한 접근은 아니었다. 그는 고대의 이상과 당시 조선의 상황, 재정의 긴축과 강력한 국방의 필요성, 그리고 중앙집권적 행정력과 지방화된 군사력·명령권 사이의 타협을 추구했다고 말하는 편이 나을 것이다.

그의 개혁안은 조선 전기의 제도와 한국의 전통적 관행에 크게 의지했다는 측면에서 합리적 계산에만 입각해나온 결론은 아니었다. 그는 왕조 개창 당시 시행된 조직·복무·재정 방식인 오위와 번상 정병·보인제도를 선호했다. 이 문제와 관련해서 그는 양반 자제들이 양인과 함께 복무할 경우 신분의 혼동이 일어날 가능성을 막기 위해 특수 부대를 유지함으로써 효용성·합리성·능력·평등의 원칙을 사회적으로 절충했던 조선 전기의 방식을 다시 도입했다. 그러나 노비를 양인과 엄격하게 구분해 속오군에 배치한 것은 전례가 없는 방안이었는데, 임진 왜란 이전까지 노비는 군역에서 완전히 제외됐다가 전란을 겪으면서 속오군에 양인과 함께 조직됐기 때문이었다. 노비를 양인과 분리해 복무시키는 그의 방안은 그가 추구한 노비제도의 폐지에서 거듭 후퇴한 결과였다.

그는 재정의 합리화라는 측면에서 녹봉을 받는 직업군인을 거의 본능적으로 거부했는데, 그것은 이전의 중국과 조선의 유학자들에게서 배운 편견과 당시 훈련도감 군사들의 악행에 대한 선입견의 산물이었다. 그는 맹목적인 근본주의나 고대나 조선 전기의 제도를 원형 그대로 복원하려고 시도하지는 않았지만, 조선 전기보다는 고대의 체제를 좀더 이상적으로 생각해 기본적으로 존중하면서 오랫동안 지속된 사회적 관행을 개혁하려는 의도(또는 두려움)를 갖고 있었다.

금군과 경군을 재편하려는 그의 계획은 조선 전기의 제도를 복원하려는 복고적 구상은 아니었으며, 17세기 전체에 만연했던 상황에 대한 반작용이기도 했다. 1620년대 정치성이 강했던 경군의 지휘관들과 군비 증강에 관련된 그들의 동향을 짧게 언급한 것을 제외하면, 그는 대외정책과 국내 정치에 연관된 경군의 영향을 자세히 언급하지 않았다. 그럼에도 불구하고 이 문제에 대한 그의 인식은 경군의 전체 병력을 2천 명 정도로 제한하고, 훈련도감을 제외하고 임진왜란 이후 창설된 부대를 모두 혁파하며, 훈련도감의 조직과 재정방식을 전환하려는 그의 개혁안에 담겨 있다. 경군의 감축은 존경할 만한 목표였지만 당시로서는 이루기 어려운 다른 방법도 필요했는데, 그 부대들에서 정치성을 없애고 지방군과 비교해 수도에 집중된 군사력을 분산하며, 국왕과 신하들이 통일적이고 중앙화된 지휘권을 장악하는 것이었다.

그는 진관이 여러 군현을 관할해 이중의 방진으로 적군을 방어하는 유성룡의 방안을 도입해 지방의 군사력을 강화하려고 했다. 그는 핵심적 전략 요지에 서열에 따른 부대를 배치한 척계광의 속오군과 비슷한 제도에 기초해 육군과 수군을 재편하고, 행정구역과 군사조직을 결합해 수령이 진장의 지휘를 받도록 했으며, 이미 존재하던 속오군을 노비로만 편성해 거주지에서 훈련을 받는 일종의 민병조직으로 유지시키려고 했다.

지방의 군사 배치와 관련해서 그는 군사조직과 결부된 지방의 행정구역을 진관이 통제하는 유성룡의 방안에서 많은 영향을 받았다. 그 제도는 전국을 군사조직으로 연결한 것처럼 보였지만, 적군이 병력을 집중해 침략할 경우 효과적으로 방어하지 못했다. 그 제도의 주요한 결함은 기동성보다는 고정된 위치에서 방어하는 데 치중했다는 데 있었다.

그 전략은 민병제도에 완전히 기초하지는 않았지만 지방의 하부 행정조직에서 수령들이 좀더 중요한 군사적 역할을 수행하도록 요구했는데, 그들은 그런 임무를 수행할 준비가 되어 있었는가. 그는 당시 수령들은 전면적인 교육 개편을 통해서 문무에 모두 능통한 고전적 개념의 보편적 지식인으로 변화되어야 한다고 주장했다. 이것은 성리학과 문관이 지배하던 시대에는 그리 쉬운 목표가 아니었다. 그 생각은 좋았지만, 그것을 이루기는 어려웠다.

또한 유형원은 조총을 비롯한 각종 무기의 생산과 보급, 그리고 방어를 위한 축성을 강조했다. 그는 가장 발전된 외국의 군사기술을 도입하기 위해 전통에서 벗어나야 한다고 역설한 유성룡의 급진적 견해를 지지했지만, 제한 없는 기술의 발전을 옹호하지는 않았다. 그는 1590년대에 만들어진 화기를 부분적으로 도입해 조총, 활과 화살, 칼과 창 등의 무기에 만족했으며 모든 부대를 소총을 가진 군사로 만들려고 계획하지는 않았는데, 당시는 일본군과 명군 모두 전군에 조총이 보급되지는 않았기 때문이었다. 성벽과 요새에 대한 그의 현실적 고려 또한 주대의 도덕적 기준에 따른 것이었으며, 조총과 대포가 도입되기 전의 시대에만 국한됐기 때문에 대포는 거의 논의하지 않았다. 아울러 그는 당시의 주기적인 기근으로 정부가 재정적 부담을 겪고 있었으며 미세한 재무장의 기미에 대해서도 청이 엄중하게 감시하고 있었다는 사실을 알지 못했다.

유감스럽게도 그는 자신의 계획이 어떤 정치적·대외적 정책에 기초를 두었는지 밝히지 않았다. 다음과 같은 질문은 염두에 두어야 한다. 경군을 감축하고 특정한 부대를 혁파하며 국왕과 문관에게 명령권을 집중하는 제도는 그 세기의 대외정책이나 정치적 맥락에서 채택되거나 성공할 수 있었을 것인가. 그가 세상을 떠난 이후 청의 위협은 줄었지만, 국내의 당쟁은 가열됐으며 주요한 경군을 장악하는 문제는 권력 투쟁의 일부가 됐다.

이런 약점에도 불구하고 유형원은 많은 문제가 만연했던 군사제도를 개혁하는 데 유교적 전통이 긍정적 역할을 할 수 있다는 견해를 유지했다. 그는 유교적 전통을 버리거나 그것 때문에 국가가 약화됐다고 비판하는 대신 고전과 역사에서 지혜를 찾았으며, 외국의 기술을 도입하는 것은 물론 당시의 상황에 유연하게 적응해야만 조선이 붕괴되지 않을 것이라고 주장했다. 그러나 기술에 대한 관심에도 불구하고 그는 인간 자체를 변화시키는 것이 국방을 포함한 모든 문제를 개혁하는 열쇠라고 확신했다.

그는 당시 조선이 군사교육과 훈련을 무시했다고 인정하면서 문무를 겸비한 관원과 병농일치의 농민이 사라짐으로써 균형 잡힌 고전 사회의 전통을 상실한 데서 그 원인을 찾았다. 그는 교육과 훈련의 내용을 바꾸고 모든 백성을 참전시킬 수 있도록 양성함으로써 그런 결점을 치유할 수 있다고 믿었다. 이런 그의 계획은 군사조직의 개편과 무기 도입에 대한 현실적 조언보다 좀더 근본적이었지만, 이루기에는 너무 큰 목표였다. 조정의 신하들은 대부분 그런 방안을 심각하게 고려할 준비가 되어 있지 않았다.

# 제14장
# 군역제도(1682~1870)

　　이사명 등은 정병에 결부된 보인제도 외에도 국방 재정을 확충하기 위해서 다른 조세 ― 특히 신포·호포·전세 ― 를 도입하자고 제안하면서 민병제도의 이상을 버리고 군역과 재정의 분리라는 새로운 재정 원칙을 채택하자고 주장했다. 이런 계획에 반대한 인물들 또한 양반의 면세와 천민의 탈세를 단순히 옹호하는 것은 아니었으며, 군역제도를 유지해야 한다는 완고한 단정적 사고에 갇혀 있었다. 그러나 이런 보수주의는 단순한 교조적 생각은 아니었으며 변화하는 경제적 환경에 대한 보수적 반작용이기도 했는데, 생산과 시장교환의 발전, 인구의 증가 및 국가의 재정 수요와 관련된 화폐의 사용은 국방 재정을 확충하는 좀 더 좋은 방안을 요구했기 때문이었다. 일부 개혁적 신하들은 양반이나 탈세자에게 과세하면 될 것이라고 생각했지만, 그것은 제한적이며 부분적인 해결책일 뿐이었다. 좀더 큰 전망을 가진 인물들은 종래의 번상 정병과 결부된 보인제도를 탈피해서 시행할 수 있는 모든 방안을 동원해 세수를 늘리는 방안으로 전환하는 것이 과세 기반을 확대하는 가장 합리적인 방법이라고 판단했다.


## ┃ 유형원이 구상한 국방 재정안의 보수성

양반에게 세금을 확대하는 문제를 둘러싼 논쟁 또한 매우 중요했지만, 군사에게 재정적 지원을 하는 방안은 그것보다 좀더 근본적이었다. 호포는 필요치 않다거나 양반에게도 과세한다는 이유로도 부분적으로 반대됐지만, 군사에게 낙인을 찍어 구분하고 농민에게 군역과 무거운 세금을 지우는 방안이라는 이유에서 주로 반대됐다.

만약 시장과 화폐와 교환경제의 발전을 고대적인 경제에서 근대적인 경제로 진보한 결과로 간주한다면 호포는 변화하는 환경에 유연하고 진보적으로 대응한 것으로 볼 수 있었다. 당시 조선의 지배계층이 이전보다 좀더 진보적이었다면 농업 이외의 산업·상업·무역에 과세하는 방안을 고려했을 뿐만 아니라 전체적으로 국가와 사회의 부를 확대하는 방법으로 그런 활동을 촉진했을 것이지만, 그들은 그런 견해를 받아들이지 못했다.

유형원은 적어도 이 문제와 관련해서는 보수적 입장이었던 것이 확실했다. 다른 측면에서 그는 변화에 개방적이었으며, 시장의 발전에 맞추어 공납제도를 진보적으로 개선한 김육의 대동법을 상찬했지만, 보편적 군역과 민병제도의 원칙을 훼손할 수 있는 어떤 변화도 상정하지 않았다. 그는 번상 정병과 보인을 분리하는 것은 완전한 민병제도가 아니라는 사실을 인정했지만, 번상 정병은 상번을 마친 뒤 긴 하번 기간 동안 귀가했으며, 그는 그런 원칙을 자족적으로 재정을 충당하는 군사와 민병의 원칙에 상당히 근접한 것으로 파악했다. 그는 호포제는 논의하지 않았지만, 둔전처럼 역사적으로 정당화된 선례를 제외하고는 군사에게 재정을 지원하기 위해 전세를 사용하는 데 반대했다 — 그런데 둔전은 사유지에 과세하는 것이 아니라 군사들이 직접 농사를 지어 이용하는 제도였다. 앞으로 보듯이, 1750년(영조 26) 균역법을 둘러싼 논쟁에서 그의 이름이 처음으로 조정에 소개됐을 때 당시 유형원의 선도적인 제자로 그의 견해를 대변하던 권적은 호포제에 적극 반대했는데, 그의 견해는 유형원이 생각한 적절한 국방 재정과 상당히 일치했다.

유형원은 실제로 군역을 이행하는 대신 군포로 대체하는 불법적 현상이 늘어난 점을 근거로 조선 전기의 번상 정병제도가 부패 또는 쇠퇴했다고 간주했지만, 그것은 양인 정병에 대한 재정 지원을 좀더 일반적인 세입으로 전환시킴으로써 유연하게 대처할 필요가 있었던 제도적 전환으로 파악될 수도 있다. 참으로 미묘한 측면은 바로 그 무렵 군역은, 납포를 **實際로** 면제받고 있는 사람들이 점점 늘어나고 있었기 때문에, 양역이 아니라 세금의 문제로 전환되고 있었다는 사실이었다. 조선에서 유교의 가르침이 가장 강렬했던 시기에 나타난 이런 현상은 오랜 과정을 거쳐 군역의 해체로 이어졌다. 유생과 학생들은 군포만 납부했지만, 군적에 이름이 올라가는 사실 자체를 신분의 오점으로 간주했다. 소수의 양반 자제들만이 피역한 것이 아니라 수많은 양인들도 귀찮은 납세의 부담을 피하는 것은 물론 특권의 서열에서 조금이라도 올라가기 위해서 상상할 수 있는 모든 수단을 동원해 군적 등록을 기피했다. 국가는 그렇게 면세된 수많은 개인의 사치를 감당할 수 없었는데, 그들은 가장 넓은 정의에서 세습적 양반으로 정의되는 부류를 훨씬 초과하는 집단이었다.

그러므로 관건은 양반 또는 세습적 귀족을 특수 부대에서 복무하는 제도로 돌아가도록 압박하는 것이 아니라 많은 인구에게 조세를 공평하게 부담시켜 국방 재정을 확충하는 것이었다. 그러나 국방 재정을 마련하기 위해서 과세의 기반을 확대하는 방안은 유형원과 조정의 일부 신하들이 소중하게 생각한 고전적 이상을 위반하는 행동이 될 수 있었기 때문에 저지됐다 — 그들은 농민을 군사와 분리시키지 않고 직업군인에게 녹봉을 지급하지 않는다는 원칙을 고수했다.

## ▎ 당쟁과 모반의 위협

군사제도의 개혁에 영향을 준 또 다른 문제는 당시 조선이 직면한 군사적 위협이었다. 외국의 침략 위협은 17세기 후반 현저하게 줄었다. 일본은 스스로 위축됐고, 강력한 중국은 북방의 다른 침략자에게서 조선을 보호해주었으며 조공 요구를 절제했다. 그러나 이런 긍정적 변화에도 군사력의 필요성은 없어지지 않았는데, 1689년(숙종 15) 이후 당쟁은 더욱 심각하고 격렬해졌기 때문이었다. 숙종은 당쟁을 악화시키는 데 커다란 책임이 있었지만, 여전히 잠재적 모반세력에게서 자신을 방어하기 위해 특히 수도 주위에 적절한 수준 이상의 군사력을 유지할 필요가 있다고 생각했다.

1682년(숙종 8) 숙종이 군역제도의 중요한 개혁을 미룬 이후 1702년(숙종 30) 동일한 문제들이 조정에서 논의되기까지 20년 넘게 아무런 변화가 없었다. 그러나 그동안 정치에서는 두 가지 주요한 변화가 일어났다. 1689년 숙종은 서인에서 남인으로 환국을 단행했고, 1694년(숙종 20)에는 갑자기 입장을 바꾸어 다시 서인으로 교체했다. 이런 정치적 반전은 대체로 신하들이 왕비와 그 아들 중 누구를 후원할 것인가 하는 문제와 결부되어 일어났다. 숙종은 그 문제의 주요한 원인이었는데, 비빈妃嬪에 대한 그의 헌신은 짧았고 선호를 바꿀 때마다 조정의 모든 신하들에게서 전적인 지지를 요구했다. 이런 문제에서 숙종의 희망을 따르지 못한 불행한 집단이나 당파는 대규모의 숙청이나 처형이 수반된 정치적 재앙을 입었다.

1680년대 송시열을 추종했던 윤증尹拯은 그의 지나친 거만을 견디지 못해서 서인에게서 갈라져나왔다. 그를 따른 집단은 소론이 됐으며, 송시열과 다른 서인들은 노론으로 불렸다. 소론은 정적인 남인을 가혹하게 처벌하자는 노론의 요구에 반대했는데, 논쟁은 그들이 세자 책봉에 관련된 국왕의 희망을 따르지 않으면서 불거졌다.

서인은 1680년(숙종 6)에 사망한 숙종의 첫 정비 인경왕후를 지지했다. 이듬해 숙종은 민유중의 딸을 계비 인현왕후로 책봉했지만 그녀가 왕자를 낳지 못하자 후궁인 장씨를 총애했고, 그녀는 1688년(숙종 14) 왕자를 낳았다. 1689년 그를 세자로 책봉하려는 자신의 의도를 서인이 비판하자 격노한 숙종은 서인을 남인으로 교체하고 인현왕후를 폐위했다. 이제 남인이 복수할 차례였으며, 서인의 영수인 송시열과 김수항은 모두 사사됐다.

1694년(숙종 20) 서인이 인현왕후를 복위하려는 음모를 발견한 남인은 마침내 서인을 대거 숙청할 수 있는 기회가 왔다고 생각했다. 그러나 아직도 이유는 분명치 않은데, 숙종은 형세를 역전시켜 남인을 대신 숙청했으며 서인, 주로 소론을 복직시켰다. 남인은 그 다음 세기까지 중요한 관직을 차지하지 못했다.

그러나 서인이 권력을 회복한 뒤 짧은 휴지가 있었지만 세자 책봉을 둘러싸고 당쟁은 재연됐다. 1701년(숙종 27) 인현왕후가 세상을 떠났을 때 그 원인은 세자의 어머니인 희빈 장씨의 은밀한 주술 때문이라는 고변이 제기됐다. 희빈에 대한 사랑이 식은 숙종은 그녀의 명예를 지켜주지 않은 채 그런 사악한 행위를 속죄하라면서 사약을 강요했다. 소론은 1689년의 노론과 같은 실수를 저질렀다. 그들은 희빈 장씨와 그녀가 낳은 세자를 지지했다. 숙종은 자신의 의도를 따르지 않는 그들을 망설이지 않고 즉시 파직했으며 노론으로 정부의 요직을 구성했다. 숙종이 군

제개혁의 문제를 재고하기 위해서 혁폐청을 설치했을 때의 정치적 상황은 이러했다.[1]

## | 1704년(숙종 30)의 군제개혁

### 오위제도의 복구 시도와 무산

혁폐청의 핵심 관원인 이유李濡 · 민진후閔鎭厚 · 이인엽李寅燁 등은 가능한 개혁의 범주를 정의했는데, 몇 년 동안 지속된 가뭄을 이유로 보인을 호포나 구전口錢으로 즉시 대체하는 방안을 거부했다. 그 대신 그들은 경군 중 한 부대를 혁파해 군사의 정원을 줄이자고 건의했다.

유형원과 마찬가지로 우의정 신완은 1593년 이후 창설된 부대를 모두 폐지하고 조선 전기의 오위제도로 돌아가려고 했는데, 그것은 영속적인 녹봉을 받는 직업군인이 아니라 고대 민병제도의 원칙에 기초했(다고 가정됐)기 때문이었다. 이런 생각은 유형원이 아니라 1669년(현종 10)에 송시열이 훈련도감을 비판하면서 제기됐다. 혁폐청의 이유는 10여 년 전 송시열이 제안한 대로 금위영의 번상 정병을 훈련도감으로 다시 돌려보내고 훈련도감의 군사를 단계적으로 감축하는 방안을 추천했다. 대표적 노론인 호조판서 김창집金昌集이 지지하자 숙종은 동의했다.

오군영 중 어떤 하나라도 혁파하는 것은 호포를 도입하는 것만큼이나 어려운 일이었다.[2] 국왕이 결정을 내린 지 한 달 뒤, 노론의 대사간 이건명李健命이 이끈 많은 신하들은 군사제도를 개편하려는 목적에서 가장 핵심적인 정군을 혁파하기에는 너무 위험한 시기라고 반대했는데, 그런 위기의 원인은 1701년(숙종 27) 소론의 숙청으로 야기된 분열로 생각된다. 당의 부병제는 민병으로 충원됐지만, 이건명은 어영청과 금위영이 당의 부병제의 이상과 근접한다면서 정병에게 보인을 할당해 적절히 지원하고 있으므로 존속시켜야 한다고 생각했다. 그는 훈련도 감의 즉각적인 혁파를 선호했지만 절반으로 줄이는 타협안에 동의했다. 신하들이 대폭적인 개편에 반대하자 숙종은 임진왜란 이후 창설된 부대를 혁파하겠다는 처음의 결정을 주저한 끝에 철회했다.[3] 유일한 대안은 모든 부대를 전면적으로 감축하고 그동안 정원을 훨씬 초과한 지방의 면역된 군관과 교생의 숫자를 제한하는 것이었다. 그러나 이런 종류의 개혁은 일시적이며 주변적인 효과만 있을 것이라는 의견이 대다수였다.[4]

오군영의 지휘관들과 거기에 겸직으로 배속된 문관들은 재정을 확보할 수만 있다면 그 부대를 존속시키려고 했다. 수도의 부대를 지방으로 보내거나 1천 명 이상의 보인을 다른 부대로 배치하면 옛 조직을 해체함으로써 혼란만 초래할 것이었다. 개인적인 접촉이 대단히 중요한 사회에서 사람들은 문무관원과 서리에게서 뇌물이나 사례를 바치면서 편안함을 느낀다. 유형원처럼 권력을 가져보지 못한 초야의 학자는 경험하지 못한 그런 관행을 없애는 것은 매우 어려운 일이었다. 그는 약 30만 명의 경군을 7만 명으로 줄이고 23만 명을 재배치하며, 그렇게 많은 군사가 배치된 오군영 중에서 4개의 부대를 혁파함으로써 야기될 수 있는 현실적 문제들을 몰랐다. 더욱이 국왕은 군사를 새로운 조직으로 개편하는 동안 현존하는 부대가 약화되어 발생하는 위험을 감수할 수 없었다.

어떤 특정한 부대를 폐지하기보다는 전체적인 병력을 줄이자는 이유의 제안은 1704년 대폭적인 병력 감축의 기본 방안으로 채택됐다. 최종적으로 오군영의 군사 30만 7,926명에서 11.5퍼센트에 해당하는 3만 5,365명의 정병과 보인을 감축했다. 훈련도감에 소속된 4만 9,816명의 군사와 보인(그중 5천 명 정도만이 녹봉을 받는 직업군인이었다)은 787명만 감축됐지만, 어영청은 가장 많은 1만 9,317명이 줄어 10만 6,270명에서 8만 6,953명으로 축소됐다.[5]

## 일률적인 2필의 군포

병력을 감축한 뒤에는 보인에게서 일률적으로 매년 2필을 걷는 방안이 추진됐다. 그 목적을 이루는 데는 두 가지 조처가 필요했는데, 국경에 배치된 기병, 조군漕軍, 수군, 악공, 사옹원 분원에 소속된 장인 등은 3필에서 2필로 줄었다. 수군에게 배속된 보인은 1665년(현종 6)에 3명으로 늘어난 이후 2필로 경감됐지만, 3명 중 1명은 비변사에 납포해야 했다.

정로위와 어부의 보인은 개혁에 따라 1필로 줄었고, 특히 남한산성에 배치된 보인에게서 불법적으로 낮은 세율(대체로 1필)을 걷던 관행은 폐지됐다. 1필의 세율을 없애면 개인의 세율이 두 배로 늘어났으며, 단순히 세율을 모두 경감하는 것보다 일정한(또는 '평등한') 방법이 될 수 있었다. 모든 보인의 세율을 2필로 확정하라는 명령은 지방의 모든 진관에 하달됐다. 아울러 정부는 특정한 부대에게 지급되는 군포를 확정해 진장과 관원들이 자의적으로 과도한 부담을 지우지 못하도록 하고, 정병의 보인이 납부하는 군포의 기준을 40척 길이의 6승목升木으로 확정했으며, (가격변동에 대응하기 위해서) 화폐와 미곡의 전환 세율을 고정했다. 군포의 규격은 부정한 서리들의 조작을 막기 위해 승수升數로 더욱 엄격하게 규정됐다.[6]

1704년(숙종 30) 일률적으로 2필의 세율을 적용하는 것을 비롯해 보인과 관련된 주요 제도를 대부분 그대로 유지하기로 한 결정은 유형원의 개혁안에 포함되어 있는 내용이었다. 유형원의 다른 개혁안은 이 당시 채택되지 않았지만, 적어도 2필의 세율을 채택했다는 사실은 보인의 부담을 경감해야 한다는 그의 주장이 타당한지를 시험할 수 있는 기회가 됐다.

## 고강에서 탈락한 학생에 대한 징포

끝으로 혁폐청은 고강에서 떨어져 퇴학당한 학생에게 징포하는 법령을 공포했는데, 이것은 1626년(인조 4)에 채택됐지만 그동안 무시됐던 법령을 좀더 엄격하게 개선한 것이었다. 당시까지 이런 학생들은 군역이나 군포를 피하기 위해 학교 당국과 결탁해 액외생으로 학적에 등록해왔다. 낙강落講한 학생에게 군역이나 조세를 부과하자는 제안은 그동안 채택되지 않았는데, 탈락한 학생의 양반 친척들은 군역에 붙여진 오명을 견딜 수 없었기 때문이었다. 실제로 징포된 학생들은 그것을 피하기 위해서 큰 비용을 지불하거나 질병 등을 핑계삼아 불법적으로 부담을 낮추거나 도망가기까지 했다. '풍속을 해치는' 이런 관행은 개혁해야 했지만, 피역한 학생들을 모두 처벌할 경우 반발이 야기될 것이 우려됐기 때문에 혁폐청은 새로운 법률을 좀더 너그럽게 수정했다.

액외생은 물론 액내생도 고강을 치러야 했지만, 떨어진 사람들도 학적에 계속 남아 있으면서 벌금만 냈다. 벌금을 내도 정병이나 보인으로 충원되는 것은 아니어서 큰 오명은 아니었으며, 정규 관원이 범죄를 저질렀을 경우 처벌 대신 속전을 내거나 경연이나 그밖의 조정 회의에 불참하면 벌금을 내는 것은 이미 관행이 됐다.

이런 방안은 장유張維가 제시했는데, 그는 호란 때 퇴학된 학생에게는 무학武學이라는 특별한 칭호를 주어 낙강했어도 다시 기회를 주며 두 번째도 떨어진 사람들만 군역에 포함시키자고 건의했다. 퇴학된 학생을 군역에 충원하는 것은 조선 개창부터 시행된 법률이었지만, 그는 17세기 초반 일부 수정이 필요하다는 김육의 발언을 인용했다. 액내생과 액외생은 사족과 '좀더 낮은 신분'으로 구분됐다. 만약 하위신분의 학생이 낙강하면 즉시 군역에 편입됐지만, 사족의 자제들은 벌금만 냈다. 장유와 김육이 수정을 제안한 까닭은 "당시의 상황을 고려하고 민심에 따라 제도를 만들려는 열망" 때문이었다.

1720년대에 일어난 이런 사건을 기록한 실록의 사관은 1704년에는 격년마다 고강하도록 규정했지만, 그 뒤에는 매년 한 번씩 치르도록 잦아졌다고 언급했다. 낙강한 학생은 따로 기록되어 보인의 군포와 같은 2필의 벌금을 냈다. 고강을 치르지 않거나 대리인을 고용해 시험을 치르게 하거나 벌금을 내지 않거나 학교의 서리와 결탁해 면제받으려는 사람은 즉시 군역에 편입됐다. 새로운 규정에서는 서원의 학생들도 고강을 치르도록 했으며, 그런 시험은 15세부터 50세의 모든 남성에게 부과됐다. 북부와 서북 해안지방의 학생들은 특별히 면제받았는데, 세 번 연속 낙강하면 벌금을 냈다.[7]

낙강한 학생들에게 벌금을 물리는 이런 방법은, 신분에 따른 차별적 벌금과 함께, 그동안 면세되어온 지배계층에게도 과세할 수 있는 수용 가능한 개혁의 한계를 명확히 보여주었다. 이것은 보편적인 호포나 신포와는 달리 군역과 재정을 분리시킴으로써 민병제도를 고수하는 보수적 성향의 논자에게는 받아들여지기 어려운 방식이었다. 그럼에도 불구하고 낙강한 양반신분의 학생들에게 군역 대신 벌금을 부과한 것은 그동안 군역에서 제외된 부류에게도 과세함으로써 국방 재정을 확충하는 방향으로 조금 나아간 것이었다.

숙종과 신하들은 이런 조처가 양반의 이익을 침해할 수도 있다고 우려해 더이상 추진하지 못했는데, 양반들은 자신의 이익이 훼손될 경우 왕권을 노리는 다른 사람에게 쉽게 지원을 옮길 수 있었다. 모든 개혁자들은 이런 특권계층의 권력을 고려할 수밖에 없었기 때문에 그들에게 개혁안을 준수하도록 유도하고 어떤 급격한 정치적 반작용도 일으키지 않도록 급진적 평등주의와 일정하게 타협할 수밖에 없었다.

## 수군의 의무와 조직의 합리화

1704년의 개혁안에는 수군과 관련된 몇 개의 조항이 있는데, 그것은 반세기 전 유형원의 생각과 매우 비슷하다는 측면에서 흥미로우며, 합리적 개편에 기반한 개혁안은 초야의 학자만이 구상했던 것은 아니라는 사실을 다시 보여준다. 우선 현행 제도에서는 바다에 대한 경험이 전혀 없는 내륙지역의 농민을 수군으로 편제한다고 지적했다. 그러나 그들은 실제로 복무하는 대신 군포를 냈으며, 그 자금은 수영 근처에 사는 주민을 수군으로 고용하는 데 사용됐다. 새로운 법안은 군역을 지지 않은 해안이나 수영 근처의 거주자들은, 양반과 양인의 신분을 막론하고, 속오군(양인과 노비의 혼성 부대였지만 주로 노비가 많았다)의 규정에 따라서 앞으로 수군으로 복무해야 한다고 규정했다. 노비로 구성된 수군과 관련해서 그 법안은 공노비는 정부 관서에, 사노비는 주인에게 신공을 바쳐야 하지만 어떤 주인도 수군 복무에서 사노비를 제외시킬 수는 없다고 규정했다.[8]

1704년의 개혁안은 군사조직을 좀더 안정되고 통일적으로 만들기 위해서 합리적인 개편을 추진했다.[9] 혁폐청은 수도의 방위력을 훈련도감·어영청·금위영 등 3개의 주요한 부대에 집중하려고 했다. 그러나 병조판서가 금군은 물론 금위영의 대장을 계속 맡았기 때문에, 군사력이 중복되는 문제는 영조 때 금위영에 독자적인 대장이 임명되기까지 완전히 해소되지 않았다. 그때 병조판서는 대사마로 임명되어 세 부대 전체에 대한 공식적인 지휘권을 부여받았다.[10]

## 유형원의 계획과의 유사성

1704년의 개혁안과 관련해서 특히 주목되는 부분은 얼마나 많은 조항이 유형원의 구상과 비슷했는가 하는 측면이다. 유형원은 녹봉을 받는 직업군인을 폐지하고 번상 정병과 보인제도로 전환할 것을 제안했다. 그는 경군을 1만 7천5백 명의 번상 정병(1만 2천5백 명은 오위에, 5천 명은 훈련도감에 소속됐다)과 5만 2천5백 명의 보인, 즉 모두 7만 명으로 줄이자고 제안했다. 1704년의 개혁안은 야심적이지는 않았지만 30만 명이 넘는 오군영의 번상 정병과 보인에서 11.5퍼센트를 감축하는 데 성공했다. 즉 1704년의 개혁안은 유형원의 구상 중에서 군사의 감축과 일률적인 2필의 군포라는 두 가지 핵심적 특징을 채택한 것이었다.

유형원은 조선 전기의 제도로 돌아감으로써 학교에 등록된 학생들만이 군역과 납세 의무를 면제받고 사족의 자제들은 특수 부대에 복무하도록 규정했다. 그는 수군에도 일반적인 번상과 보인제도를 적용하고 해안 주민을 수군에 복무시킴으로써 수군제도를 합리화했다. 끝으로 그는 지방의 예비군으로 속오군을 유지했지만, 양인 보인의 두 배의 세율을 물렸다.

1704년의 규정은, 매년 치르는 고강에서 떨어진 양반의 자제들은 군역을 지지는 않았지만 양인 보인과 같은 세율의 벌금을 내도록 했다. 내륙 주민에게서 해안 주민으로 군역을 이관하고 선박과 선원의 정수를 규정해 수군 복무를 합리화하려는 그의 몇 가지 생각은 당시 우연하게 채택됐다. 그 문제와 관련해 (수군에게 지급된) 노비신분의 보인에게 양인과 같은 군포를 부과한 것은 유형원의 생각보다 나았다. 그 개혁안에서 고려하지 않은 유일한 문제는 훈련도감의 직업군인을 혁파하는 것이었는데, 그것은 여러 해에 걸쳐 많은 신하들이 그렇게 많은 군사를 대체할 만한 번상 정병과 보인을 찾기는 거의 어려울 것이므로 감축의 효과가 거의 없을 것이라고 지적한 사안이었다. 또한 혼란과 불공평을 없애고 일관되며 균형 잡힌 조직으로 오군영을 합리화하는 방안은 유형원의 생각과, 세부 사항까지는 아니어도, 비슷한 정신을 갖고 있었다고 볼 수 있다.

달리 말하면 유형원의 생각을 참고하거나 알지는 않았어도 1704년의 개혁안은 초야의 실학자가 제기한 목표와 해결책을 일부 공유했던 것이다. 그러나 특히 1704년의 개혁이 가능한 가장 급진적인 방안은 아니었으므로, 이것은 어떤 측면을 의미하는가. 당시의 신하들은 유형원보다 조금 덜 급진적이었는가, 아니면 그는 그들보다 조금 덜 보수적이었는가.


## | 1711년의 개혁

### 양반에 대한 정포 부과의 실패

경군을 10퍼센트 정도 감축하고 군포 2필을 일률적으로 부과하려는 소극적인 시도에도 불구하고 숫자가 줄어든 보인은 전체 국방 재정을 감당해야 하는 부담을 계속 안고 있었다. 군액 감축은 일시적인 효과만 있었는데, 18세기 중반까지 보인은 거의 방해받지 않고 등록됐기 때문이었다. 아울러 탈세자들은 1필밖에 부과되지 않았거나 군적 등록이나 징포 모두 빠져나갔다. 액외생은 피역으로 특히 악명 높았다. 그 뒤 1722년(경종 2) 사사된 노론 4대신의 한 사람으로 연잉군延礽君(나중의 영조)을 후원했으며 송시열을 거쳐 이이까지 거슬러 올라가는 서인의 현실적 경세론을 계승한 이이명李頤命은 1711년(숙종 37) 당시의 보인제도보다 좀더 훌륭하고 공정한 국방 재정안으로서 모든 양정(남성은 물론 여성도)에 정포丁布를 부과하자는 제안을 강력히 주장했다. 그는 그런 제도의 선례로서 전한의 구전口錢을 제시했지만, 당시 조선은 화폐가 부족하므로 면포를 대신 사용할 수 있다고 덧붙였다. 그는 (유형원의 계획과는 반대로) 노비는 면제시켜 노비 소유주에게 혜택을 주었지만, 제한된 소수의 대신과 그들의 장자만 과세에서 면제됐다. 명시하지는 않았지만 이이명의 정포는 여성도 과세 대상에 포함시켰으며, 납세한 양반은 정병이나 보인으로 동원하지 않음으로써 군역과 국방 재정을 분리시켰다.

6개월 뒤 숙종이 이이명의 제안을 거부하고 그 문제에 대한 최종 결정을 하교하자, 한성우윤 박권朴權은 양인 남녀의 세율을 낮추고 노비에게도 양인의 절반을 납포케 하자면서 이이명의 정포에 대한 수정안을 제시했다. 그는 세율을 낮추면 그 방안에 대한 양반의 저항이 사라질 것이라고 소박하게 믿었다. 그러나 그와 이이명 모두 유형원보다는 노비에게 가벼운 세율을 적용했다.

박권은 과세의 기본 원칙은 평등에 대한 신념이라고 명시함으로써 세습적 특권을 분명하게 반대했다. 그는 "과세에서는 평등이 중요하기 때문에 신분의 귀천에 따라 세율을 달리해서는 안 된다"고 말하면서 당대唐代에는 귀족에게도 조調를 걷었다고 확신했다.[11] 이이명과 박권 같은 현직 관원들은 당·송의 조세제도가 조선 중기보다 평등하다고 판단하면서 양반의 특권적 면세를 개혁할 수 있는 선례로 그것을 인용했다는 측면에서 유형원 등의 이른바 실학자들과 담론을 공유했다고 볼 수 있다. 그럼에도 불구하고 1682년(숙종 8) 호포제를 옹호한 신하들과 마찬가지로, 그들은 양반에게도 공평하게 군역을 부과해야 한다고 생각하지는 않았으며 단지 신분에 상관없이 모든 사람에게서 구전을 걷으려고 했다.

유봉휘柳鳳輝도 새로운 세금에 대한 양반의 저항을 줄이기 위해 현재 양정당 2필을 1필로 줄이는 데 찬성했지만, 전체의 세입을 계산할 수 있는 정보를 얻기 위해 국가적 차원의 인구조사가 필요하다고 주장했다. 예조판서 조태구趙泰耉는 액외생을 포함한 탈세자의 조사와 등록을 강화하자고 제안했다.

이이명은 일률적으로 정포를 부과해 국방 재정을 확충하는 제도가 합법적이라고 확신했지만, 호포제는 부패의 여지가 있고 가호당 인구의 변화를 정확히 계산하기 어렵다는 이유에서 반대했다. 그는 조태구의 제안 같은 인구조사는 효과가 없을 것이라고 판단했는데, 과거에도 탈세한 양정을 발견해서 등록하기 어렵다는 사실이 입증됐기 때문이었다. 또한 그는 호포가 1필로 줄어도 양반들은 반대할 것이며, 그 제도로는 충분한 세수를 확보하기 어려울 것이라고 주장했다. 그러나 이이명이 양반은 호포보다 정포를 덜 반대할 것이라고 믿은 이유는 납득하기 어렵다.[12]

### 낙강한 학생의 군역 편입

호포나 정포 같은 주요한 제도적 개혁의 논의는 숙종이 1682년(숙종 8) 호포를 거부하기로 결정할 때까지는 반대하는 징후를 보이지 않았기 때문에 반복적으로 되풀이되는 의식儀式에 가까웠으며, 양반에 대한 정포의 부과 또한 그것과 본질적으로 거의 다르지 않았다. 이 사안과 관련해서 숙종은 액외생을 군역(단지 벌금이 아니라)에 충당하도록 조사·등록하고 그런 업무에 태만한 수령을 처벌하라고 지시했다 — 이것은 1704년에 낙강한 학생들에게 징포한 조처보다 양반의 특권을 좀더 강력하게 제한한 도전이었다.

1711년(숙종 37) 말에 확정된 최종 규정에서는 행정적 허점을 막으면서 지방 관원과 향촌 양반들이 도망자들과 사망한 군인을 파악하는 서류 업무를 공동으로 책임지도록 했다. 학생과 군관에게는 시사 같은 일정한 시험이 요구됐고, 떨어진 사람에게는 예외 없이 군포를 징수했다—이것은 1626년에 인조가 채택했지만 6개월 뒤 철회한 방안을 다시 시도한 것이었다. 공립학교는 물론 서원 학생의 정원도 마련됐다.

1711년의 입법은 대담하고 포괄적이며 새로운 국방 재정안이 아니었고 백성과 관련된 행정적 결함을 고치기 위한 방안이었는데, 그런 행정적 사안은 과세의 방법 자체보다 좀더 중요한 문제였다. 그러나 이런 접근이 실패했다면 남은 대안은 무엇인가.[13]

숙종은 실행하기 어려운 개혁은 고려하지 않았으며, 남은 재위 기간 동안 좀더 평범한 방안을 선택하는 쪽으로 나아갔다—우선 1704년에는 학생의 정원과 세율을 줄이고 낙강한 학생들에게 군포를 부과했으며, 1711년에는 향촌의 책임 아래 낙강한 학생들을 군역에 편입시키도록 조처했다. 이런 개혁의 구상은 중요성이 떨어지거나 조잡하지는 않았다. 조세제도에서 탈세와 부정의 문제는 논의과정에서 상세히 밝혀졌으며, 가능한 최선의 행정적 방안을 조합해 해결책을 모색했다. 그러나 이런 개혁의 성공 여부는 그 효과에 달려 있었다.

다행스럽게도 차문섭은 초기의 연구에서 이런 문제들을 어느 정도 연구했는데, 그 개혁은 군역제도의 와해, 관원과 탈세자의 부정, 가난한 백성에 대한 이중과세 같은 문제를 거의 해결하지 못했다. 정부는 사망이나 도망으로 야기된 군적의 공백을 채우기 위해 주기적으로 계속 양정을 조사해야 했다.

## ▎군제개혁의 실패(1704~50)

### 일률적인 2필 부과의 실패와 결포

정부는 수도의 양역을 제외하고는 일률적으로 2필의 세율을 적용하지 못했는데, 각 부대의 지휘관들은 자기 부대에는 불법적으로 1필만 걷었고, 그렇게 불법적인 감세가 발생한 곳에서는 세수가 줄었기 때문에 다른 방법으로 보충해야 했다. 1704년에도 환자의 이자에서 발생한 추가적 세입은 수군에게 지급된 보인의 감세에서 발생한 손실을 보충하는 데 사용됐다. 요컨대 모든 보인에게 일률적인 2필의 세율을 적용하지 못했다는 사실은 불공평하고 불공정한 조세제도의 지속과 세입의 감소, 광범한 피역이 지속됐다는 의미였다.[14]

1714년(숙종 40) 대사헌 송상기宋相琦는 낙강한 학생들을 모두 군역에 충당하라는 1704년 숙종의 명령이 군적을 채우는 데 전혀 효과가 없었다는 내용을 담은 상소를 올렸다. 그는 양정의 숫자는 많은 지역에서 군역과 조세의 정액보다 훨씬 적기 때문에 호포를 2필에서 1필로 줄여주고 조정 관원·토품土品·교생·군관 등 모든 '유호遊戶'에 1필을 추가로 부담시켜야 한다고 주장했다. 이 건의는 받아들여지지 않았지만 1750년 균역법에서 채택된 두 가지의 기본 요소를 담고 있었다.[15]

시간이 흐르면서 2필의 세율은 너무 높아서 불법적이며 낮은 세율의 양역에 의한 탈세를 근절하기 어렵다는 사실을 알게 됐다. 1721년(경종 1) 노론 좌의정 이건명은 군포를 1필로 줄이고 결포結布를 몇 군데 지방에서 시험해보자는 중요한 상소를 올렸다. 경종은 이 생각을 거의 채택했지만, 다음달 이건명이 체포되어 귀양 가면서 철회됐다.[16]

## 종모법의 복구(1730)

　그 뒤 16년 동안 논의가 진전되지 않다가 1730년(영조 6) 우의정 조문명이 양정인구를 늘리기 위해 종모법을 복구하고 양인의 역가役價를 줄이자고 건의했다. 그는 중국에서는 노비의 신분이 세습되지 않지만 조선에서는 매우 오랫동안 시행되어왔기 때문에 간단히 폐지할 수는 없다고 인정했다. 그러나 양천 교혼의 소생이 아버지의 신분을 세습하는 것은 전혀 타당하지 않으며, 그것은 태종대에 그렇게 지시된 이래 외양만 그럴듯한 주장이었다. 이 규정 때문에 양정이 되어야 하는 수많은 사람들이 노비로 전환됐다.

　1669년(현종 10) 송시열의 건의로 종모법이 채택됐지만 지켜지지는 않았으며 1689년(숙종 15)에 다시 철폐됐다. 이것은 41년 동안 노비 소유주들이 사노비의 손실을 반대했기 때문에 종모법을 회복하려는 시도가 전혀 없었다는 의미였다. 당시 많은 신하들은 조문명의 제안을 지지했지만, 이 법률이 주인을 적대시하도록 노비를 자극하지 않을까 걱정한 영조는 그의 제안을 '공허한' 논의라고 일축했다.[17] 국왕은 노비의 곤경을 너그럽게 동정하지 않았다.

　그러나 몇 달 뒤 경기도 암행어사 김상성金尙星이 이웃과 친척에게서 불법적으로 징포하는 폐단이 유례없이 심각하다고 보고하자 그는 마음을 바꾸었다. 영조는 종모법을 채택하자는 김상성의 건의를 받아들여 그해에 태어난 모든 아이들에게 적용하라고 지시했다.[18] 조금 지연됐지만 종모법의 성공은, 그것은 우연히도 유형원이 선호한 제도 중 하나였는데, 이 시기의 학자와 관원 사이에 공유된 담론의 또 다른 사례였다. 이것은 유형원의 생각 중에서 조정의 신하들이 그것을 직접 알지는 못했어도 실제로 법제화된 몇 개의 사례 중 하나였지만, 교혼에서 양인 어머니의 소생은 양정의 숫자를 과세할 수 있는 남성의 인구를 갑자기 늘리기에는 숫자가 너무 적었기 때문에 종모법은 군포 문제에 대한 즉각적인 해결책을 제시하지 못했다. 그것의 단기적인 효과는 무시해도 좋을 정도였지만, 그 제도는 19세기 무렵 노비인구를 크게 줄이는 데 기여했다.

### 군포와 군사의 감축(1732~34)

양역의 개혁을 둘러싼 논의가 1733년(영조 9) 다시 시작됐을 때 박문수朴文秀는 신분에 따라 양역을 면제해야 한다는 논리를 주도적으로 옹호했으며, 영조도 그에게 동의했다. 영조는 1728년(영조 4) 소론과 지방 양반이 일으킨 무신란戊申亂 이후 양반에게 추가로 과세하는 방안이 포함된 어떤 해결책도 승인하지 않으려고 했다. 그러나 그는 감세에서 오는 손실을 보충하기 위해 전세를 동원하자는 김상성의 생각을 고려할 의사가 있었으며 새로 회수된 토지에 부과한 전세를 이런 목적에 사용하자고 직접 제안하기도 했지만, 1734년 긴 논의를 거친 끝에 아무 조치도 시행하지 않기로 결정했다.[19] 1732년 그는 수도의 각사와 오군영의 병력을 1699년 수준으로 감축했으며, 1734년에는 중요하지 않은 양역을 혁파하려고 시도했지만, 그런 노력의 결과는 미미했다.[20]

1742년(영조 18) 영조는 양역사정청良役査整廳을 설치하고 각 도에 구관당상句管堂上을 보내 양역의 운영에 대한 정보를 수집하도록 지시했다. 그렇게 조사된 통계자료는 1748년(영조 24)에 모두 출판됐다.[21] 그 수치는 50년 전의 입법은 군포의 폐해와는 거의 무관하다는 사실을 보여주었다.[22] 조사의 즉각적인 효과는 군액의 미세한 감소였다.

## | 균역법의 개혁(1750~52)

### 전면적인 조사에 대한 반대

균역법은 1백여 년에 걸친 치열한 논쟁 끝에 1750년(영조 26)에 시행됐고 1752년에 수정됐다. 또한 그 논쟁의 과정에서 의정 권적은 그의 생각을 처음으로 국왕에게 추천했다. 논쟁은 개방적이었지만 그 결론은 1682년(숙종 8) 이후 호포제를 도입할 수 있는 기회가 무산된 사실로 미루어 대체로 예상할 수 있었다. 그 뒤 급진적 제안보다는 군적 조사와 작성, 병력 감축, 보인당 2필의 일률적 세율의 적용 같은 좀더 현실적 방안들이 선택됐다.

그러나 논쟁이 시작되자 영조는 호포제를 채택할 시기가 됐다고 확신했으며, 1733년(영조 9)에는 반대했던 호조판서 박문수도 호포 대신 구전을 부과하는 조건에서 그것을 지지했다. 신하들이 호포에 모두 반대하지는 않았기 때문에 조선 전기부터 지속된 보인제도에서 벗어날 수 있다는 전망은 많아 보였다.

그러나 호포가 건전한 재정제도가 아니라고 비판한 신하들도 있었는데, 그 까닭은 충분한 세수를 걷을 수 있을 만큼 세율을 높게 잡으면 납세자에게 너무 무거운 부담을 지울 것이며 그들의 부담을 경감해줄 만큼 낮게 잡으면 충분한 세수를 확보할 수 없을 것이라는 이유에서였다. 다른 사람들도 일률적인 과세는 양정이 많은 가호에 좀더 무거운 부담을 지울 것이라고 비판했다.[23]

그러나 핵심적인 쟁점은 양반 가호에게도 과세하는 문제였는데, 여기에 대해 일부 신하들은 양반은 새로운 과세를 용인하지 못하거나 군역의 사회적 오명을 참지 못할 것이라고 주장했다. 이미 대부분의 양반에게 적용되는 유포遊布를 부과하는 방안을 거부한 영조가 당시의 호포나 호전과 관련된 논의를 허용한 유일한 이유는 처음에는 그것이 양반의 이익에 지나친 위협이 되지 않을 것으로 믿었기 때문이었다. 그는 양반들이 다른 부류보다 더 가난해서 가장 낮은 세율로 제시된 호포도 낼 수 없다는 이종성李宗城 등의 주장을 듣고 그런 생각을 버렸다. 가난한 양반의 고난에 대한 이종성의 애처로운 개탄은 양반이 또다시 반란을 주도할 수 있다는 두려운 가능성 또한 알려주었다.[24]

## 유형원의 사상적 계승자 권적

군사제도에 대한 유형원의 생각이 조정에 직접적인 영향을 준 첫 번째 증거는 우참찬 권적이 당시 섭정을 맡고 있던 사도세자에게 긴 상소를 올린 것이었다. 권적은 유형원의 『반계수록』을 삼대 이후 가장 뛰어난 경세서라고 극찬했다. 그는 그 책이 『주례』의 법률과 제도에 기반을 두었다면서 "선정을 펴려는 진정한 국왕"은 그 책을 통치의 원천으로 사용해야 한다고 말했다. 그는 그동안 자주 간청했지만 전라도 관찰사에게 그 책을 인쇄해서 전국에 배포하라는 주청을 윤허해달라고 아뢨다. 『반계수록』은 1770년(영조 46)에야 목판으로 인쇄됐지만, 권적의 발언은 1750년(영조 26) 무렵 그 책이 필사본으로 널리 유통됐음을 증명한다. "그 사람은 이미 세상을 떠났지만 그 저서는 중앙의 사대부들이 집안에 보존하면서 읽고 영향을 받았습니다."

권적이 결포와 호전에 모두 반대했다는 사실은 유형원이 어떤 방침을 갖고 있었는가를 알려준다. 전자는 후자보다 놀랍지 않은데, 유형원은 대동법의 도입에 찬성했지만 이미 토지에 부과된 전세가 너무 많다는 이유에서 전세로 군포를 대체하는 데는 분명히 반대했다. 권적 또한 결포를 추가로 부과하면 농민을 토지에서 내몰고 전세를 납부하는 경작지의 면적을 줄이며 정부는 세수의 부족을 메우기 위해 앞으로 세율

| 도 | 분량(필) |
|---|---|
| 경상 | 43,012 |
| 전라 | 46,207 |
| 충청 | 15,952 |
| 경기 | 3,664 |
| 황해 | 22,214 |
| 합계 | 131,049 |

* 전거 : 『승정원일기』 58 : 141a~143a ; 『영조실록』 71 : 24b~25a, 같은 날짜.

을 올릴 것이라고 주장했다. 또한 권적은 화폐경제에 대한 다소 보수적인 두려움을 나타냈는데, 조세를 내기 위해 농민들이 미곡을 시장에서 면포나 화폐로 바꾸려면 추가적인 부담에 시달릴 것이라는 이유에서였다. 또한 그는 당시의 낮은 도덕 수준과 쉽게 동요하는 백성의 본성 때문에 혁신적인 법안을 도입할 만한 시기가 무르익지 않았다고 믿었는데, 이것은 유형원을 추종한 인물에게서는 예상하기 어려운 태도였다.

그는 보인을 통해 국방 재정을 공급하고 세입과 세출의 계산에 기반해 균형 잡힌 예산을 운용해야 한다는 필요성을 유형원과 공유했기 때문에 세율·세입·세출을 신중하게 계산해 해결책을 도출하려고 노력했다. 그는 매년 군포의 지출이 임술년(1682)의 양역개혁 이전 60만 4천 필에서 당시 63만 3,708필로 늘어났다고 지적했다. 그중에서 45만 6,543필은 수도의 오군영에 배치된 보인이, 그밖에 4만 6,116필은 중앙 각사에 부속된 보인이 납부했으며(더하면 50만 2,659필이다) 모두 2필의 세율이었다. 보인은 0.5필을 운반비로 냈기 때문에 모두 2.5필을 부담했는데, 사실 이것은 당시의 세율 중에서 가장 무거웠다.

지방의 지출(과 수입)에 대한 그의 추산은 위의 〔표 7〕과 같다.

그는 이런 각 도의 양역은 당시 가장 가벼운 1필의 세율이었으며 운반비가 제외됐다고 지적했다. 수도와 지방의 총지출은 63만 3,708필로 1682년 이전의 수치보다 2만 9,708필(5퍼센트)이 더 많았다. 비록 증가 규모는 적었지만, 그것은 그해의 개혁 이후 지출이 줄 것으로 예상됐기 때문에 실제로는 컸다.

그는 세수를 보충할 수 있는 두 가지 재원이 있다고 믿었는데, (1) 해안의 어업과 염업, 내륙의 은광과 철광, (2) 전국의 창고에 축적한 정부의 환자還上였다. 그는 국왕이 이 재원을 인수하면 "손바닥을 뒤집듯이 쉽게" 2필의 양역을 모두 없애도 재정을 충당할 수 있다고 생각했다. 그러나 유감스럽게도 양역을 즉각적이고 전면적으로 혁파할 수 있는 충분한 재원이 없었기 때문에 세율을 1필로 줄이는 것이 나았다. 권적은 유형원이 제시한 2필의 세율을 폐기했는데, 1673년(현종 14) 유형원이 세상을 떠난 뒤 전개된 상황은 그런 입장이 약화됐음을 입증했기 때문이었다.

보인이 납부하는 군포나 미곡으로만 정병을 후원해야 한다는 생각을 버렸다는 측면에서 권적의 경제관은 유형원의 수준을 넘었던 것이 분명했다. 그 대신 그는 어업과 염업은 물론 광업에도 세금을 부과하고 군포 대신 동전으로 납부할 것을 제안했다. 그는 감세한 이후 오군영과 각사를 유지하는 데 필요한 총량을 50만 2,659냥(원래 세수인 50만 2,659필 또는 1백만 5,318냥의 절반)으로 추산했다. 그는 어업·염업·철광·은광에서 얻는 세입으로 이런 지출을 충분히 감당할 수 있다고 예상했지만, 세수의 자세한 통계적 분석은 제시하지 않았다. 아울러 그는 1필로 감세한 결과 발생한 지방의 세입 손실을 6만 314필로 추정했는데, 1필당 2냥으로 환산하면 12만 628냥*이 된다.

그는 유형원이 상찬한 민병제도에 기초해서 이런 부족액을 보충하기

---

\* 저자는 11만 628냥으로 계산했지만(원서 553쪽) 착오로 생각된다.

위한 제안을 구상했다고 밝혔지만, 사실 그것은 그의 다른 제안들보다 훨씬 보수적인 세입으로 군포를 대체한 것이었다. 그는 국가가 일정한 분량의 토지를 사서 농민을 국가의 소작농으로 고용하는 지주가 되기를 바랐는데, 이런 방안을 양전養田제도라고 불렀다. 지방의 주요한 병영과 수영에서는 일반 지주들이 팔려고 시장에 내놓은 토지를 사서 병작반수제나 장기간 고정된 낮은 세율의 도지제賭地制로 경작해 그 수입을 국방비로 사용할 수 있도록 허락하자고 제안했다. 그는 이런 방안이 국가와 개인에게 모두 이롭다고 단언하면서, 백성들이 농업에 종사하고 군포 징수를 대체하며 세수의 감소 없이 공납을 바치도록 함으로써 "농업은 국방을 후원하고 국방은 농업에 해를 끼치지 않는 완벽한 정책"이라고 주장했다.

사유주에게서 토지를 구입하는 재원은 당시 국고에 비축된 환자였는데, 그것은 이자가 높아 빌리려는 사람이 거의 없었지만 국가는 억지로 대부했다. 이런 환자를 국가가 관리하는 소작에 재원으로 이용한 것은 하나의 악으로 다른 악을 대체한 것일 뿐이었다. 그는 평안도의 154만 섬의 환자와 경기도의 2백만 섬이 넘는 환자에서 50만 섬씩 각 도에 할당하고 1섬당 1냥으로 환산해 1백만 냥을 토지 구입 자금으로 공급하도록 제안했다. 이런 토지의 소작에서 나오는 수입은 매년 12만 628냥으로 추산됐는데(투자 금액의 12퍼센트가 환수된 것이다) 그것은 각 도의 주요한 감영·병영·수영에 분배될 것이었다. 이 수입은 감세에서 발생한 11만 628냥의 손실을 보충하고, 소작료가 국고로 들어오는 3년의 순환 기간 동안 충청도와 전라도의 환자에 대한 이자는 국방비로 쓸 수 있을 것이었다. 아울러 지출을 줄이거나 다른 재원을 마련함으로써 예산의 균형을 맞출 수 있을 것이었다.

그는 농민들이 현재의 조건에서 대부하는 것보다는 국가의 토지를 소작하는 것이 좀더 이익이라고 주장함으로써 환자에 반대하는 의견을 반박했다. 그는 둔전의 선례를 들면서 군사를 후원하는 데 토지를 사용하는 방안을 옹호했는데, 유형원(과 그밖의 많은 사람들)이 주장한 제도였다. 또한 그는 앞서 이민서李敏叙와 민진원은 어염세와 광세鑛稅는 모두 군사를 후원하는 데만 사용해야 한다고 주장했지만 실패했다면서 농업 이외의 산업을 활용하는 데 찬성했다.

계속해서 그는 군사조직의 문제로 관심을 돌렸다. 조선 초기의 오위제도는 훌륭한 제도였지만 군사들은 그렇게 좋지 않았기 때문에 임진왜란 이후 새로운 부대를 창설해야 했다고 지적했다. 그 뒤에는 군사는 훌륭했지만 제도가 변질되는 상황으로 바뀌었다. 그는 제도보다는 군사가 중요하지만, 임진왜란 이후 오군영은 민병제도 같은 농민의 생산이 아니라 보인의 부담으로 재정을 충당했기 때문에 나빴다고 지적했다. 유형원은 보인제도를 통한 국방 재정을 유지하자고 주장했다는 측면에서, 이것은 유형원의 제자로서는 의아스러운 발언이다(아울러 유형원은 궁극적으로 모든 노비를 양인신분으로 전환시키려고 했다).

유형원은 직업군인을 폐지해 훈련도감을 재편하거나 훈련도감을 제외한 오군영을 오위로 대체하려고 했다. 권적은 오위를 다시 설치하는 데는 동의하지 않았지만, 보인을 선호한 측면은 유형원과 비슷했다. 그러나 그는 어영군과 금위영의 주요한 문제는 번상 정병F䀎이 보인에게 군포를 요구해왔다는 것이며, 이것은 보인에게 무거운 부담이었다고 비판했다. 그는 이런 문제에 관련된 군사를 3만 명 정도로 추산하면서 상황을 점진적으로 개선할 수 있을 것이라고 기대했지만, 그 방법이 부대를 혁파하는 것인지는 분명히 밝히지 않았다. 그러나 훈련도감은 사정이 달랐다. 농민이 아니라 직업군인이었던 그들은 마련할 방도가 없는 농민에게서 매년 5천 섬의 쌀과 7만 필의 포를 내도록 강요함으로써 큰 부담을 지웠기 때문이었다. 이런 문제는 17세기에 오군영을 창설하면서 세웠던 "농사와 국방에 모두 피해를 주지 않는다"는 기본 원칙을 준수하지 못했기 때문에 발생했다.

물론 그 구호는 고전적 민병제도에서 상정된 농업과 군역의 상보적 성격을 표방한 것이었다. 권적은 훈련도감이 창설됐을 때(1593) 그 부대에 지급할 정규적인 재원을 마련할 시간이 없었기 때문에 정부는 삼남지방에 임시로 삼수량三手糧을 만들었다고 말했다. 이런 임시적인 방편은 그 뒤 훌륭한 제도로 높이 평가됐다. 반면 염업과 어업에서 나오는 이윤과 병전兵田의 전세를 사용하자는 그의 제안은 군역이 농업을 방해하거나 농민에게 부담을 주지 말아야 한다는 근본적(이며 고전적)인 규정을 따른 것이었다.

그 뒤 권적은 왕자와 공주들을 후원하기 위해 국왕이 설치한 궁방(또는 궁가)의 문제로 관심을 돌렸다. 16세기 후반인 선조 말엽, 왕자와 공주들을 후원하기 위해 국왕이 지방에 특별히 하사한 토지는 늘어났지만 임진왜란으로 황폐해졌기 때문에 할당된 분급량을 채울 수 없었다. 그 결과 그들은 실질적인 수입은 없이 공패空牌만 받았으며, 보상으로 어업과 염업에서 세입을 걷었다. 이런 방법은 일시적인 조정에 지나지 않았지만, 그 뒤 궁방은 할당된 토지를 모두 받았으며 바다에서 생산되는 물품의 수입을 계속 독점하면서 이익을 늘려갔다. "어전漁箭의 이익은 모두 궁방으로 귀속되고 있는데, 이것이 어찌 선조의 원래 의도였겠습니까."

반면 가난한 어부는 수입의 절반을 궁방에 바치는 것 외에도 지방 수령, 입안立案을 받은 (어전의?) 주인, 중앙의 각사, 그리고 관찰사·병사·수사에게 세금을 바쳐야 했다. 권적은 이런 추가적 부담은 모두 혁파해야 하며 해안지방의 농부들은 국가에서 승인한 세금만 내도록 해야 한다고 주장했다.

또한 권적은 수도의 국고에 비축되어 있다는 방대한 미곡을 화폐로 교환해 (국방) 지출로 부족해진 부분을 메울 것을 세자에게 건의했다.

그는 이것을 "아랫사람들에게 이익을 주기 위해서 윗사람에게 손해를 입히는 것"이라고 말했는데, 성군은 농민의 조세부담을 경감하기 위해 지출을 줄여야 한다는 맹자의 훈계를 전형적으로 부연한 발언이었다. 여기서 그는 주 문왕이 어떻게 하면 나라를 잘 다스릴 수 있느냐고 묻자 국가의 운명은 국왕이 부를 백성에게 고루 분배하는가 아니면 소수의 지배계층에게만 나누어주는가에 달려 있다는 태공太公 여상呂尙의 말을 인용했다. "덕치를 펴는 국왕은 백성을 부유하게 만들지만, 패도를 추구하는 국왕은 사士를 부유하게 한다. 대부만을 부유하게 하면 나라가 오래지 않아 멸망할 것이고, 국왕 자신만을 부유하게 하면 즉시 멸망할 것이다."[25] 권적은 잉여재원은 될 수 있는 대로 세금을 줄이는 데 써야 한다면서 중앙 각사의 불필요한 관원과 서리, 사가私家에서 고용한 병사, 내수사의 노비와 무예별감武藝別監 등을 혁파하자고 제안했다.

권적은 사유재산을 폐지하고 완전한 토지 국유를 실현하자는 유형원의 계획을 옹호하지는 않았지만, 국가가 개인에게 분급한 사전은 4대까지만 상속되며 사패지賜牌地는 수급자에게만 해당된다는 법률을 위반하는 현상을 비판했다. 그는 그런 수급자들은 왕조 개창자의 뜻을 거슬러 사전의 관리권을 보유하면서 그것을 영원히 가문의 재산으로 전용한다고 공격했다. 이런 문제를 방치한다면 국가가 관리하는 토지는 1백 리 정도로 줄어들 것이었다. 그는 탕湯 임금은 자신의 귀족들에게 가공적인 영지만 분급하고 토지 대신 비단을 하사했다는 『사기』의 내용을 인용했다. "천하를 소유한 탕 임금도 토지를 이렇게 처리했으니 우리 같은 소국은 어때야 하겠습니까. 개인에게 토지를 분급하는 것이 일반화된다면 쇠락한 시대와 맞물려 폐해를 낳을 것입니다."

필요한 일은 법적으로 규정된 시한이나 세대를 넘어서 소유한 토지를 모두 몰수해서 국유지와 세수를 확대하고, 그것으로 지금까지 각사에 할당된 군포로 지불하던 지출을 부담하는 것이었다.

권적은 좋은 정부의 관건은 검소와 백성에 대한 관심이라는 점을 세자에게 상기시키면서 긴 상소를 마쳤다. 국왕은 적절한 소비의 모범을 세우고 사회의 하층까지 비용 절감의 규정을 적용해야 했다.[26]

권적의 상소는 유형원의 『반계수록』이 당시의 선도적인 사대부들에게 널리 알려지고 읽혔으며, 이 선구적인 실학적 경세학자의 사상은 초야에 묻힌 소수의 독자들에게만 국한되지 않았다는 확실한 상황적 증거를 제공한다. 또한 그것은 17세기에 제출된 유형원의 사상이 18세기의 상황에 어떻게 적용됐는지를 알려준다. 권적은 국가가 토지를 사서 토지를 갖지 못한 농민들에게 반환해야 하는 조건에 입각해 분급하기보다는 소작을 주자고 제안함으로써 양역의 개혁을 둘러싼 논쟁에 하나의 새롭고 독창적인 방안을 제시했다. 이런 생각의 영감은, 비록 유형원은 당의 균전제에 따라서 몰수와 국유화와 분배라는 훨씬 더 급진적인 정책을 바랐지만, 유형원의 저작에서 얻은 것이 분명했다. 유형원은 그런 목표를 이루기 위해서는 국왕에게 자신의 의지를 강력히 주장해서 사유재산과 사적 이익을 옹호하는 부류의 반발을 무시하고 유토피아적 질서를 수립하도록 단호하게 명령하라고 설득하는 것만이 유일한 방법이라고 생각했다.

반면 권적은 좀더 현실적인 해결책을 내놓았다. 개방된 시장에서 토지를 사서 그것을 토지가 없는 농민들에게 임대하고 그 수입으로 군사를 후원함으로써 토지의 재분배라는 제한된 방안과 함께 환자를 이용한다는 것이었다. 이것은 전통적인 민병제도를 고수한 유형원의 방안을 그대로 추종한 것이 아니라 고전과 역사를 연구해서 수집한 통치의 원리를 현실에 적용해야 한다는 유형원의 방침을 따른 것이었다. 유형원은 이런 구호를 통해서 농민은 국가에서 토지를 받고 그 대가로 진정한 의미의 민병으로 복무한다는, 농업에 기초한 군역을 의미했다. 권적은 국방 재정을 확충하기 위한 어떤 계획도 농민에게서 세금을 착취하는 결과로 이어져서는 안 되며, 반대로 농민의 농업 생산과 수입을 높이는 계획과 결합되어야 한다는 의미로 그것을 받아들였다. 권적은 농업과 국방, 농민과 군사의 상호부조는 고대의 이상적 민병제도에서 추출한 통치의 기본 원리로 파악했다.

국방 재정을 확충하기 위해 결포나 결전을 도입하는 데 반대하고 어염세에 대한 궁방의 관리권을 정부로 이관하자는 권적의 제안은 해당 사안에 대한 유형원의 견해에서 나온 것이었다. 유형원은 결포나 결전에는 반대했지만 군자전을 이용하는 데는 동의했다. 유형원은 각 부대는 잔치·무기 수리·축성 등의 자금을 대기 위해 이미 어염세와 광세를 사용하고 있었다는 점에서 그 방안이 정당하다고 주장했다. 또한 그는 이런 재원을 사적으로 지배하는 제도를 모두 폐지하려고 했다. 권적도 훈련도감의 직업군인과 관련해서는 유형원과 의견을 같이했지만, 오군영은 혁파하기 어려우므로 존속시켜야 한다고 판단했는데, 이는 경군의 군사적·정치적 이유를 알고 있었기 때문으로 생각된다.

특정한 쟁점에 대한 동의보다 좀더 중요한 측면은 공유된 생각의 방식인데, 특히 지출과 잠재적인 세수를 합리적인 근거에 입각해 예산을 산정한 사실은 주목된다. 어염세·은철광세와 소작지에서 추가로 걷을 수 있다고 추정한 전세는 유형원이 선호했던 정확한 예산에는 부족했지만, 그 정신은 비슷했다.

그러나 유형원의 사상을 계승한 권적이 유형원의 시대 이후 가장 급진적인 국방 재정안인 호포에 반대했다는 사실은 상당히 당혹스럽다. 유감스럽게도 권적은 결포에 반대하는 이유를 상당히 자세하게 설명했지만 호포와 관련해서는 다른 사람들의 주장을 되풀이할 필요는 없을 것이라고만 말했다.[27] 권적은 호포가 양반 가호에도 부과됐기 때문에 그것에 대한 일반적인 반감을 공유했을 것이라고 예상하기 쉽다. 그러나 유형원의 사상을 계승한 인물이 호포처럼 신분을 고려하지 않은 평등한 과세 방법을 지지하지 않은 까닭은 무엇인가. 완전한 평등주의자는 아니었지만, 유형원은 오위의 특수 부대에 입속하는 방식으로 대부분의 양반에게 군역을 부과해야 한다고 생각했다.

설명은 다른 곳에서 찾아야만 한다. 권적은 보인제도를 유지해 그것으로 국방 재정을 충당하자는 유형원의 생각에 동의했다. 군포를 1필로 줄이고 다른 세수를 늘리자는 그의 제안은 유형원이 생각하지 않은 방안이었지만, 그런 확고한 생각과 과세의 방법과 대상, 그리고 그렇게 확보한 세원의 사용을 결부시킨 제도는 분명히 유형원의 영향을 받은 측면이었다. 그는 효과가 없다고 밝혀진 2필의 세율이라는 문제에서만 유형원과 의견이 달랐다.

권적이 결포와 호포를 반대한 것은 조세와 요역의 전통적 범주를 존중한 유형원의 태도에서 영향을 받은 결과라고 생각된다. 국가가 주도하는 소작을 시행하자는 그의 제의는 사실 군사를 후원하기 위해 토지를 임대하는 방안이었지만, 권적은 그것이 민병제도의 이상과 배치되는 제도라고 생각하지는 않았는데, 국가가 토지를 분급하고 수급자가 그 전세를 납부하는 상호작용에 초점을 맞추었기 때문이었다. 유형원과 권적은 상업이 활성화되기 이전의 경제에서 과세의 근본 원칙과 배치되는 방안을 배제했으며, 노동의 형태로 양역을 이행한다는 생각을 고수했다.

### 균역법을 둘러싼 논쟁(1750)

1750년(영조 26) 여름 경기도 관찰사 유복명柳復明은 양역의 개혁에 관련된 장문의 상소에서 당시의 낮은 도덕성 때문에 개혁의 성공은 매우 비관적이라는 의견을 올렸다. 그는 앞서 평안도에서 2필을 1필로 줄인 선례를 채택하자고 건의했는데, 그렇게 되면 양정에게 1필을 부과하고 뇌물을 받으려는 군관들이 없어질 것이라는 이유였다. 그는 백성들이 감포에 전혀 불만을 표시하지 않았으므로 평안도에서 실시한 실험은 효과를 거두었으며, 정부가 불필요한 지출을 없애고 액외생·군관·기패관旗牌官 같은 당시의 모든 면세자에게 1필을 부과할 수 있을 것이라고 생각했다. 그들의 감정을 달래기 위해서 그는 일반 정병이나 보인 대신 그들을 수포군관收布軍官이라고 불렀다.[28]

며칠 뒤 영조는 신하들에게 그동안 자신은 1필을 감축하면 커다란 시혜가 될 것이라는 의견을 들어왔지만, 양역을 완전히 혁파하지 못하면 앞으로 계속 후회할 것이라고 말했다. 그러나 영의정 조현명은 2필의 군포를 폐지해도 어영군과 금위영의 번상 정병은 혁파할 수 없다고 말했다. 그는 그들의 장비에 드는 비용이 매우 많기 때문에 군포를 없애도록 하교하면 재원이 금방 고갈되어 보인에게 그 비용으로 적어도 1필을 다시 내게 할 것이라고 판단했다. 그러니 현재의 세율을 1필로 줄이는 것이 좀더 나았다. 그러자 영조는 조현명의 말을 들으니 안심된다면서 군포를 폐지하려는 자신의 결심을 강행할 의사는 없다고 밝혔다. 그는 최종 결정을 준비하면서 마음을 확정했다고 생각된다.

그러나 다음 세대에 이 사건을 기록한 실록의 사관은 조현명의 발언에 분노하면서 그가 영조를 속여 (군포의 완전한 폐지를 막았다고) 비판했다.

대신들은 호포와 결포는 말하지 않고 어염세로 군포를 대신하려고만 하는데, 그렇다면 번상 정병에게만 군포로 군역을 대신하지 못하도록 하고 보인을 지급하는 까닭은 무엇인가. 그들은 임금의 마음에 맞게 말을 잘 꾸며 자신들의 뜻을 이루려고만 했다.

사관은 중요한 측면을 지적했다. 즉 조현명이 번상 정병을 위한 유일한 합법적 재원은 양인 보인이라고 생각한 이유는 무엇인가. 그가 정병도 다른 재원에서 후원을 받을 수 있다고 생각하지 못한 까닭은 무엇인가. 그러나 조현명에 대한 사관의 비판은 정당하다고 생각되지 않는다. 조현명이 양반에 대한 새로운 세금을 막으려고 시도했다고 볼 수도 있지만, 그는 유형원과 그의 사상적 계승자인 권적이 공유한 생각과 같은 범주의 논리에 국한된 것이 분명했다. 이것은 조세와 그 목적의 특별한 방식, 또는 양역의 특징인 농민에서 차출된 번상 정병과 보인 사이의 유구한 관계를 절단하는 데 주저한 것이었다.[29]

그러나 음력 7월에 조정에서 벌어진 논쟁의 요점은 보인제도를 폐지하는 문제의 타당성이 아니라 군포를 줄이거나 폐지함으로써 발생한 세입의 손실을 신분을 고려하지 않고 모든 가호에 호포를 부과함으로써 보충할 수 있는지에 맞춰져 있었다. 그러기 위해서는 세율을 높게 매겨 납세자에게 새로운 부담을 지워야 했다. 반대로 백성의 부담을 덜어주기 위해 세율을 낮추면 지출에 충분한 세입을 올릴 수 없었다. 요컨대 핵심은 양정에 대한 감세에서 발생하는 세입의 손실을 보충하기 위해 가호에 부과해야 하는 최소한의 세율은 적어도 영조가 자신의 재정 전문가에게서 들은 정보에 따르면 받아들이기에 너무 높다고 판단했다는 사실이었다. 아울러 양반 가호에도 호포를 부과하자는 제안은 강력한 반대에 부딪혔다.[30]

영조는 홍화문弘化門 바깥에서 유생들과 두 번째로 만난 자리에서 민생에 깊은 관심을 표명하면서 그들의 의견을 들어보고 싶다는 바람을 나타냈다. 또한 그는 자신이 세자였을 때(1720년대 초반) 일반 가호는 물론 노비 가호까지 호포를 부과하면 적절한 사회신분이 파괴될 것이라는 주장이 대부분이었지만, 자신은 호포의 도입을 지지했다고 밝혔다. 그는 가호의 모든 구성원은 호포를 내야 하고, 공평한 양역제도를 채택해 양인의 오랜 고통을 경감해야 한다는 원칙을 믿었다. 그는 1필로 감세한 조처는 여망을 거스른 것이라고까지 말했다. 그러나 참석한 대부분의 신하들은 양반에게도 호포를 부과하는 데 반대했는데, 그것은 과중한 조세를 대체할 것으로 기대되지만 추가적 세금이 분명하며, 따라서 세금을 최소화한다는 유교규범을 어긴 제도라는 것이 주된 이유였다.[31]

사간 윤광찬尹光纘도 호포에 반대했는데, 영조가 1필의 감축에서 오는 부족을 충당할 수 있는 다른 방법을 묻자 15세기 전반 태종은 호포가 명분을 바로잡는다는 원칙에 맞지 않았기 때문에 채택하지 않았다면서 그것은 적절한 양역이 아니라고 아뢨다. 실록의 사관은 이 발언을 비판했다. 그는 내수사를 혁파하자는 사간 윤광찬의 제안을 제외하면 당시의 신하들은 새로운 생각을 전혀 제시하지 못했으며, 우의정 정우량鄭羽良* 등의 대신들은 그 방안을 반대했다고 혹평했다. 물론 이런 논쟁이 벌어진 25여 년 뒤에 기록을 작성한 사관은 중요한 제도개혁의 기회가 1750년에 무산됐음을 잘 알고 있었으며, 조정의 논의에서 가장 심각한 반대를 기록했다고 생각된다. "균역은 한쪽에서 잘라내 다른쪽에 보태주는 것인데 근본은 버리고 말단만 취하니 개혁의 이름만 있고 실속은 없어 금세 폐단만 매우 커졌다."[32]

이날의 논의와 관련해서 지적해야 할 문제가 하나 더 있다 — 그것은 유형원의 사상적 계승자인 권적의 역할이다. 앞서 권적은 입궐하지 않았지만, 영의정 조현명은 그가 80세의 고령이고 건강이 나빠지고 있는데도 길고 가치 있는 상소를 올렸다면서 칭송했다. 그러나 영조는 "그의 정책은 잘못이 많지만, 과인은 신하들이 각자의 의견을 표현하는 것을 존중하기 때문에 괜찮다"고 말했다. 정조가 권적의 주장에 공감하지

---

* 저자는 "정인량Chong Innyang"으로 표기했지만(원서 560 및, 1196쪽) 정우량으로 바로 잡았다.

않은 까닭은 분명하다. 권적은 실제적인 노동에 해당하는 전통적인 조세를 고수해야 한다고 강조한 유형원의 고전적 방식의 개혁에 동의했기 때문에 호포나 결포에 반대했다.

다음날 자신의 견해를 조정에서 개진하라는 요구를 받자 그는 이미 상소에서 해야 할 말을 모두 했다고 대답했지만, 어떤 조처가 시행된 것을 보지 못했기 때문에 승지가 상소를 올리지 않은 것이 분명하다고 아뢨다. 그는 병석에서 억지로 일어나 국왕과 유생들의 대화를 듣기 위해 궐문으로 갔지만, 백성들의 말을 듣고 당혹스러웠다. 호포에 대한 그들의 비판은 말로 표현하기에는 너무 나빴기 때문에 그를 좌절시켰다. 양역은 "한 사람이 앓는 질병과 같지만, 호포는 만 명의 종기와 같다."

반면 영조는 세손이던 1720년대부터 호포를 지지했다면서, 새로운 경제 상황에 맞추어 좀더 유연한 조세제도를 용인하는 진보적인 생각을 가졌다고 말했다. 그러나 그는 새로운 조세가 폐단보다는 이익이 많다는 사실을 확인한 뒤에야 그중 어떤 제도를 채택할 수 있었다. 그러나 이런 단편적인 사례는, 권적이 유형원의 생각을 간접적으로 추천했지만, 개혁을 선호한 영조의 태도가 유형원에게서 영향을 받지는 않았음을 보여준다. 권적의 기여(또는 권적을 통한 유형원의 영향)는, 그것이 만약 있었다면, 호포나 결포에 반대하는 부정적인 것이었다. 그러나 그만이 그 제도에 반대한 것은 아니었으며 그밖에도 많은 사람들이 비판을 제기했는데, 가장 중요한 측면은 양반의 특권을 방어하고 새로운 조세를 부과해 군포의 감축에 따른 세수의 감소를 보충하는 데 반대한다는 것이었다. 권적은 양반의 특권을 방어할 의도는 없었지만, 그의 주장은 그런 효과를 가졌다. 국방 재정을 확충하기 위해 어떤 형태의 보편적인 과세에 찬성한 인물들은 대부분 현직 관원이거나 노론의 구성원이었으며, 고전에 해박한 초야의 학자들보다 상황의 변화에 좀더 민감했다. 그러나 어쨌든 당색보다 좀더 중요한 것은 생각의 방식이었다.[33]

그날 늦게 영조는 궐문의 유생들이 호포는 결포보다 나을 것이 없다고 말하는 것을 듣고 당황했다고 언급했다. 김재로金在魯는 사대부의 지지를 잃느니 백성의 후원을 잃는 것이 낫다는 이종성의 발언을 상기시키면서 여정餘丁에게 세금을 부과해 1필의 감세를 보충하자고 제안했다.

마침내 영조는 앞으로 백성과 그 후손에게 추가로 과세하지 않겠다는 결심을 천명했는데, 따라서 부분적인 감세를 보충하기 위해 호포나 결포를 제외한 다른 방법을 찾아야 했다. 그는 이런 조처로 세입이 부족하게 되면 자신의 소비를 줄여서 부족액을 메울 것이라고 선언했다.[34]

그 뒤 영조는 양역을 절반으로 줄이겠다는 결정을 공식적으로 발표했다. 그는 다른 대안을 모두 거부한 이유를 설명했다. 구전口錢은 같은 가정 안의 주인과 노비 모두에게 부담을 지우기 때문에(!) 사회적 신분 차별을 존중하는 태도를 무너뜨릴 것이었다. 결포는 이미 전세가 있으므로 부가세와 같게 될 것이었다. 호포가 가장 좋은 제도로 보이지만, 현재의 양역이 1필로 줄고 호포가 그 차이를 메우기 위해 부과되면 혼란스러워질 것이 분명했다. "군포를 그대로 두면 나라의 절반이 분노하겠지만, 호포를 채택한다면 온 나라가 그렇게 할 것이다. 민심은 동요시키지 말고 안정시켜야 한다."

그러나 그가 진정으로 고려한 측면은 호포를 채택하면 당황한 소수의 특권적 양반과 탈세자들이 1728년(영조 4)의 무신란 같은 반란을 다시 일으킬 수도 있지만, 양정의 군포를 절반으로 감축해 그대로 유지하면 재정 위기의 가능성을 인정하더라도 농민의 고통을 경감하고 양반도 포섭할 수 있다는 사실이었다. 달리 말하면 영조가 호포를 포기한 까닭은 조정의 신하와 중앙의 유생이 강력히 반대했으며 그 자신 또한 양반의 이익을 저버리는 데 주저했기 때문이었다.

유형원의 사상적 계승자인 권적이 보여주었듯이, 실학적 시각은 호포와 결포가 좀더 고전적인 개혁안에 의해 혼란스러워지는 것을 바로잡는 데 아무런 도움이 되지 못했다. 그의 완화된 전제개혁과 다시 양반에게 실제적인 군역을 부과하려는 방안은 너무 시대에 뒤떨어지고 수용하기 어려운 것이어서 아무도 귀 기울이려고 하지 않았다.

부대를 혁파해 비용을 줄이는 방안으로 관심을 돌리면서 영조는 임진왜란 이후 설립된 오군영의 재조직을 실제로 방해하는 문제는 국내의 모반 위협이라고 결론지었다. 그는 직업군인에게 드는 비용 때문에 가장 자주 비판받는 부대인 훈련도감은 그렇게 잘못된 군사제도가 아니라고 언급했다. 이것은 적어도 국내의 정치적 위기가 발생했을 경우는 경군에게 의지할 수 있다는 의미였다. 반면 그는 금위영이나 어영군은 번상하는 향군으로 구성됐기 때문에 모두 주요한 위기에는 쓸모가 없다고 지적했다(유형원과 송시열에게는 유감스럽지만!). 그러나 그를 고민하게 만든 것은 번상 정병의 수준이 아니라 그들을 정치적으로 믿을 수 있는가 하는 문제였다. 그는 1728년의 무신란을 겪으면서 경군이 반란에 가담할지도 모른다는 우려에서 그들을 회유하는 사신을 특파해야 했다고 언급했다. "만약 확고한 경군이 있었다면 이런 문제가 생길 수 있었겠는가."

마지막 문제와 관련해서 영조는 유형원과 같은 제안을 내놓았는데, 그것은 (훈련도감의 재조직과 함께) 오위제도를 복구한 뒤 향군이 아닌 도성 주민들로 군사를 구성하는 것이었다. 반면 유형원은 번상 정병만을 선호했으며, 단지 그들을 거주지에서 멀리 떨어진 부대에 배치하는 데 반대할 뿐이었다. 결국 영조는 오군영은 설치된 지 너무 오래됐기 때문에 기존의 경군을 폐지하기는 어려우며, 변방의 장수邊將 일부를 혁파하는 것이 좋겠다고 결론지었다.

그날의 끝머리에 영조는 군포를 1필로 줄이고 관찰사와 수어청·총융청에 부과했던 세금을 없애며, 제생원濟生院과 혜민서를 전의감에 통합해 지출을 줄이도록 전교했다. 아울러 그는 자신과 세자가 보유한 미곡에서 각각 2백 섬과 1백 섬을 내어 그것을 선혜청으로 보내 백성을 구휼하도록 했다. 그는 어선御膳으로 올리는 공물을 줄이도록 지시했으며, 신하들은 녹봉을 깎겠다고 자원했다. 이로써 그는 유교적 검약을 널리 공표하는 행사를 완수했다.[35]

이때 국왕은 언급하지 않았지만 세입의 손실을 보충하기 위해 채택된 방안 중 핵심적인 요소는 낙강한 학생들에게 1필을 부과한 것이었다. 감세에서 온 손실을 보충하기 위한 방안이었지만, 그 조처는 곧 저항을 불러왔다.

### 균역에 대한 홍계희의 상소(1752)

1752년(영조 28) 병조판서 홍계희는 「균역사실책자均役事實冊子」라는 문서를 소개한 긴 상소를 세자에게 올렸는데, 그것은 조선 개국부터 군역의 역사를 추적하면서 시작했다. 그는 유형원의 생각에 기초가 됐던 두 제도 — 이상적인 민병제도와 조선 전기의 오위제도 — 에 대한 자신의 존경을 표시하면서 그것들이 15세기 이후 악화되어온 과정을 추적했다.

은과 주에서는 토지를 기준으로 군사를 동원했으며 군사들은 농사에 의존했습니다. 그러나 그 뒤에 군사와 농민이 구분되면서 선왕의 정치가 무너지게 됐습니다. 우리 조정의 오위제도는 당의 부병제를 따른 것으로 번을 나누어 교대로 복무하고 휴식했기 때문에 군역이 농사를 방해하지 않았습니다. 간혹 축성에 동원되거나 변방에 복무하기도 했지만 조정에서는 보병과 기병들이 군량을 가지고 멀리까지 이동하는 폐단을 깊이 근심해 군포를 내고 사람을 고용할 수 있도록 허락했으니, 이것이 군포를 걷게 된 기원입니다.

국초에는 신역의 법률이 매우 엄격해 공경의 자제부터 백성에 이르기까지 모두 군역에 소속됐습니다. 음서를 가진 사람은 충순위나 충찬위에 입대하고, 그렇지 못한 사람은 정병이나 갑사가 됐으므로 민심이 안정되고 양역이 고르게 됐습니다.

그러나 세상의 도리가 점차 변하고 법률이 해이해지면서 사부의 자제들은 여러 위衛에 이름을 올리지 않았고, 향촌의 미미한 부류들도 양반이라고 일컬으면서 신역을 지지 않으려고 합니다. 그 결과 군역은 가난하고 기댈 데 없는 궁핍한 백성에게만 돌아가게 됐습니다.

홍계희는 군포제도는 신역 대신 군포로 대체한 데서 기원했으며 그 결과 신분에 상관없이 모든 양정에게 군역을 지웠던 것이 양인에게만 돌아가게 됐지만, 많은 사람들이 군역을 피하는 데 성공함으로써 양인의 정의는 좁아져서 결국은 양반신분을 얻을 수 없거나 사실상 군역에서 면제된 부류에 적용됐다고 믿었다. 또한 홍계희는 정병을 후원하기 위해 군포를 낼 수 있는 가호는 1682년(숙종 8)에 30만에서 50만으로 늘었다가 현재는 12만 정도밖에 안 된다고 주장했으며, 균역법으로 야기된 세수의 부족을 메우기 위해 채택된 6개의 방안을 나열했다.

거기에는 낙강한 학생에게 벌금이나 군역을 부과하는 방안도 포함됐다. 그들은 양인들처럼 군적에 등록하고 징포하는 대신, 각 도에서 도시都試를 실시해 수석에게는 급제를 주고 차석은 회시會試에 나아가게 하며, 그 다음 5명은 그해의 군포를 면제해주었다. 그 나머지는 모두 1필을 징수했지만 선무군관에 임명했다. 다섯 번째 방안은 분정分定이라고 불렸는데, 각 도의 관찰사·병사·수사들은 모든 방법을 동원해 균역법으로 발생한 세수의 손실을 중앙 정부에 보충해야 했다. 차문섭이 지적했듯이, 2말의 결미結米는 경감되어 분정으로 대체됐는데, 그것은 지방 관원들에게 재원을 확보하는 자유로운 재량권을 준 것이며 다른 방안보다 감세의 손실을 보충하는 데 효과적이었다.[36]

홍계희는 1750년 이후 선무군관에게 부과한 1필의 부담에 대해 지방에서 비난이 일고 있다고 보고했다. 그러자 영조는 그 방안이 유포遊布나 호포로 해석될 것으로 생각하지는 않았다고 부인했다. 그는 양인의 과도한 부담을 줄이려는 목적에서 그들에게 징포한 것이었는데, 그런 문제는 한유閑遊한 부류 때문이 아니라 오랜 기간에 걸친 지방 수령들의 부정 때문에 야기된 것이었다! 그는 그것을 조세가 아닌 다른 이름으로 부름으로써 양반의 과세와 관련된 커다란 논란을 피해가려고 했다 — 이것은 1626년(인조 4)에도 시도됐던 전략이었다. 그러나 그는 양반은 군포에서 보호되어야 한다고 확신했는데, 양반이 이끄는 반란을 두려워했기 때문만이 아니라 신분에 기초한 사회를 지지했기 때문이었다.[37]

세수의 손실을 메우기 위해 고안된 자신의 새로운 방안에 대한 많은 불만을 들은 뒤 영조는 1751년(영조 27) 9월 결미에 대한 전교를 발표했다.[38] 그는 (북부의 양도를 제외한) 6도에서 1결당 곡식 2말이나 동전 5전을 내도록 지시했는데, 총세수는 평균 작황이 이루어진 해에 화폐로 환산해서 대략 32만 냥 정도로 추산됐다.[39] 아울러 그는 환자에서 나온 이익을 말하는 회록會錄이라는 용어도 정착시켰으며, 퇴학당해 선무군관으로 배속된 사람에게 벌금을 징수해 양인 농민의 감포로 야기된 세수의 손실을 보충하라고 지시했다.

# | 결론

균역법을 둘러싼 논쟁의 대단원은 두 개의 역설적인 상황으로 귀결됐다. 1750년 궐문에서 첫 번째로 유생들을 만난 자리에서 영조는 유포를 부과하는 문제를 신중히 고려했지만 허용하지 않기로 결정했다고 천명했다. 그는 결포나 호포 중에 선택하라고 유생들의 의견을 물었다. 바로 뒤 그는 감세를 위해 그런 대안을 모두 거부한다고 발표했지만, 재원을 열심히 찾은 결과 1752년 영조는 유포와 결작을 부과하고 그밖에도 새로운 조세 항목을 두라고 결정했다. 그는 양반의 특권을 옹호하면서 군역이나 군포에 반대하는 의견 때문에 호포를 도입하지 않았지만, 선무군관에게 따로 부담을 지운 조처는 약간 위장해서 양반에게 과세한 것이었다. 이런 방안에 저항이 일어남으로써 호포를 거부해 양반에게서 국왕이 얻었던 좋은 평판은 흩어졌다. 그의 정책적 모순은 사족 가문의 위엄에 대한 그 자신의 존중과 양반의 불만에 대한 두려움, 그리고 기본적인 국방 지출을 유지할 수 있는 대체 세입의 간절한 필요 사이에서 균형을 찾으려는 데서 발생했다. 그는 선무군관에게 벌금을 물리는 것이 양반에 대한 과세는 아니라고 확신했으며, 그 인원은 2만4천 명밖에 되지 않았기 때문에 저항이 그렇게 빨리 나타나리라고는 예상하지 못했다.

그는 결포도 배제했는데, 토지에 '추가적'으로 과세하는 데 원칙적으로 반대했기 때문이었지만, 감세로 발생한 재정위기 때문에 결국은 그 방법을 도입했다. 이처럼 군포의 감축으로 양인 농민에게 제공됐던 부분적인 감세는 토지에 추가적인 과세가 이루어지면서 사라졌다.

박광성朴廣成은 최근의 연구에서, 당시의 일부 관원들의 견해와 마찬가지로, 전체적으로 균역법은 군역과 조세제도의 근본적인 문제는 풀지 못한 채 세입과 세원을 한 곳에서 다른 곳으로 옮겼을 뿐이었다고

결론지었다. 물론 그 근본적인 문제는 신분과 피역으로 과세 기준이 협소해졌기 때문에 발생한 것이었다.⁴⁰

## | 균역법의 영향

　1750년의 균역법은 양인의 세율을 절반으로 줄인 결과 그들에게 즉각적인 이익을 가져다주었다. 1753년 말엽 균역청의 세입이 약간 늘어나면서 결전結錢을 약간 줄일 수 있었다. 그러나 1754년(영조 30) 무렵 여러 지역에서 부정이 다시 시작됐다. 1764년 영의정 홍봉한은 지난 10년 동안 재정 상황은 계속 나빠졌으며 1780년대에 접어들면서 어염선세魚鹽船稅가 과중해져 해안 주민들을 파산으로 몰아넣었다고 비판했다. 선박·어전·염전을 조사해 세금을 재산정하도록 한 규정에도 불구하고 할당량은 변하지 않았으며, 17세기부터 1850년대까지 백성들의 계속적인 부담이 됐다. 균역법을 보충하기 위해 만들어진 부가세들은 새로운 부정의 원천이 됐다.

　양역과 조세와 관련된 폐해가 일부 줄었지만, 그 효과는 1750년대 후반까지만 지속됐다. 1750년의 균역법은 양반과 준準양반의 탈세자를 포함해 과세 대상을 대폭 넓히는 데 실패했을 뿐만 아니라 군적 작성과 관련된 행정의 부정과 비효율성의 문제를 직접 다루지도 않았다. 선무군관에게 부과된 벌금은 양반까지 과세 대상을 넓히지 못했는데, 1752년에 박문수가 예측한 대로 양인들은 그것을 면역의 방법으로 이용하기 시작했기 때문이었다. 이런 위탁·허위 등록·피역의 해악이 결국은 해결될 것이라는 기대는 무망했다.

　오히려 실제로는 새로운 수많은 문제들이 오래된 문제들에 더해진 것이었다. 정조의 치세인 1770년대 후반에는 향교나 서원에 학생이나 교관으로 등록하거나 학문적 능력을 검증받지도 않은 채 유학으로 등록해 피역하는 사례가 만연했다. 부유하고 영향력 있는 사람들은 과세를 완전히 벗어날 수 없으면 낮은 세율의 양역을 이행했으며 금전을 기부해 향안에 이름을 올려 피역한 부류도 나타났다. 사람들은 군포에서 자신들을 보호하기 위해서 직역(예컨대 지방의 향리·유생·군관, 그리고 공노비까지도)에 따라서 계契라고 불리는 조직을 만들기 시작했다(그런 모임을 계방契房이라고 불렀다). 때로는 촌락 전체契房村가 집단적으로 조세 부담을 줄이기 위해서 관원과 결탁해 낮은 세율의 양역을 이행하기도 했다. 관원들은 할당된 분량을 채우기 위해 마을에 남아 있는 '이웃과 친척들'에게 계속 징세했다. 다양한 유형의 관원들은 수많은 명칭으로 군역이나 군포를 계속 부과했다.

19세기 초반에 쓴 글에서 다산 정약용은 1750년 무렵 약 50만 명의 양인이 4냥(면포 2필과 같았다)을 냈으므로 국가의 세입은 모두 2백만 냥이라고 언급했다. 세율이 절반으로 줄었지만 세기가 바뀔 무렵 군포를 납부한 인구는 실제로 2백만 명을 넘었으므로 그가 추정한 1750년 인구의 네 배였으며, 다른 자료에서 납세자의 실제 총수로 가장 높게 추정한 수치의 두 배였다. 세율은 2냥으로 줄었지만, 총세입은 두 배가 늘어 4백만 냥이 된 것이었다. "군포를 절반으로 줄였지만 전국에서 걷은 조세는 두 배로 늘었으니 나라에 법률이 있다고 할 수 있겠는가."[41]

납세자의 숫자는 늘었지만, 인구 변화에 따라 정기적으로 개정되어 1750년에 확정된 군액은, 전체 양정인구나 실제로 납세할 수 있는 양정의 숫자를 고려하지 않고, 각 군현에 고정된 분량을 할당하게 됐다. 그 문제와 관련해서 김용섭은 1750년 이전에도 지방의 군포는 단지 양정이 납부하기보다는 정부의 지출을 충당하거나 그 요구로 징수됐다고 밝혔다. 이런 변화는 흥미로운 조정을 가져왔다. 1790년(정조 14) 황해도와 평안도의 일부 수령들은 공정한 과세 방안으로서 호포를 징수하기 시작했지만, 정조는 균역법을 선왕이 물려준 수정할 수도 없고 수정해서도 안 되는 엄격한 유산으로 간주하면서 호포를 전국에 확대하는데 반대했다. 일부 촌락들은 18세기 초반에 정부가 시행하려고 시도했던 향촌조직인 계를 결성해서 양인은 물론 양반도 일부 포함해 가호에 세금을 공평하게 부과하면서 집단적으로 납세하기 시작했다. 그들은 군포계軍布契를 조직하고, 마을에 할당된 군포를 납부하기 위해 토지나 자금을 기부해서 공동으로 납포했다. 이런 방안들은 정부가 주도한 정책이 아니라 일부 촌락에서 방어적 반작용으로 시도된 것이었지만, 군포계에는 향반들도 참여했다. 그러나 전국의 모든 양반 가호에 군포가 부과된 것은 결코 아니었다.[42]

군역과 군포의 근본적 문제를 해결하는 데 실패한 결과는 1862년의 임술민란으로 폭발했으며, 그 영향으로 1870년 대원군은 모든 양반 가호에게 그들이 소유한 노비의 이름으로 호포를 내도록 명령하게 됐다.[43] 19세기 중반 군역은 양역보다는 조세로 전환됐으며, 그런 변화는 서구 열강과 일본의 전함이 조선의 해안에 모습을 나타냈을 때 그들을 막기에는 국방력이 너무 약했던 불행한 결과로 이어졌다. 일정한 개혁이 시도됐지만 도망이나 면제의 방법으로 납포하지 않는 데 성공한 부류는 국가의 이익을 희생해 자신들의 특권을 지킬 수 있었다. 양반과 그 이익을 대변한 집단은 국왕과 개혁자들에 맞서 흔들리지 않는 장벽을 구축했지만, 계속 늘어나는 면세자들은 세습적 양반 귀족의 좁은 범위를 훨씬 넘어섰다. 김용섭이 1792년(정조 16) 경상도 영천에서 15퍼센트의 가호만이 양역을 지고 있다는 사실을 발견한 것은 이런 이유에서였다.[44]

# 제4부 결론

최근 강만길은 이른바 실학자들이 지지한 17~18세기 군제개혁안은 두 가지였다고 서술했다. 그것은 이상적인 농민군의 민병제도와 호포제였다. 김용섭 또한 양역과 현물·화폐 조세의 차이점에 주목하면서 양역은 상업과 화폐, 호포의 발전에 의해 쓸모없게 된 조선 사회의 중세적 특징이라고 주장했다. 또한 그는 신분에 기초한 차별과 군역과 군포에서 양반이 면제된 현상 역시 조세의 중세적 형태였다고 지적했다.[1]

강만길과 김용섭은 이 시기에 사람들이 군역을 인식한 방법과 조세제도에서 그것의 역할 사이의 중요한 차이점에 주목했다. 그들은 군역개혁에 두 가지 접근이 있다고 인정했지만, 두 가지 모두 전통적 학자만이 생각한 방안은 아니었으며 조정의 신하와 초야의 학자의 생각이 서로 교환되어 도출된 산물이었다. 그런 측면은 특히 군사제도와 관련해 유형원이 이이와 유성룡의 생각을 빌려왔다는 사실에서 쉽게 알 수 있다. 그러나 유형원은 17세기의 군역개혁과 관련해서는 고전과 백성이 국가를 위해 복무할 의무를 가졌던 고대의 민병제도에서 주요한 영감을 얻었다. 그리고 이전의 군역을 조세로 전환하는 것을 받아들이고, 직접적인 복무나 민병제도로 돌아가는 대신 그런 방향의 개혁을 추구한 인물들은 실학자들이 아니라 조정의 여러 신하들이었다. 그 결과 18세기에는 17세기에 현직 관원들이 제기한 개혁안이 경세학자들의 의식안으로 침투해서 직접적인 복무라는 고전적 선례와 고대적 개념이 좀 더 근대적인 조세관과 경쟁하게 됐으며, 양반의 방어된 영역 안으로 (군역이 아니라) 조세의 기반이 확장되는 현상이 일어났던 것이다.

그는 훈련도감의 군사 같은 직업군인제도를 비판하면서 중국 문헌의 내용을 되풀이했을 뿐이었다. 송의 구양수가 당의 군사제도를 논의하면서 지적했듯이, 직업군인으로 구성된 군대는 국고를 계속 유출시키고 정권에 대한 잠재적인 정치적 위협이 됐다. 유형원은 거기에 동의했지만, 고려시대 이후 시행되어온 번상 정병과 보인제도는 민병제도를 약간만 수정해서 조선에 도입한 것이라고 믿었다.

보인제도는 유형원이 살던 시기에 일부 경군에 시행됐으며, 유형원이 사망한 10년 뒤인 1682년에 창설된 금위영에서 군역과 재정의 주요한 방법으로 채택됐다. 유형원 등은 그 제도의 핵심적인 이점은 각 부대에게 지급할 수 있는 독립적인 재정기반을 창출함으로써 직업군인을 후원하기 위한 국고의 부담을 없앴다는 것이었다고 판단했다. 유형원 같은 재야의 학자뿐만 아니라 송시열 같은 중요한 대신도 1천여 명에 이르는 훈련도감의 직업군인들이 17세기에 국방비가 팽창한 주요 원인이라고 믿었으며, 그런 군사를 보인의 후원을 받는 번상 정병으로 대체한다면 국방비는 감축되고 농민의 조세도 줄 것이라고 확신했다.

그들은 조선의 전통적인 제도에서 보인은 사실상 납세자였으며 민병이 아니었다는 사실을 받아들이지 않았다는 점에서 커다란 실수를 저지른 것이었다. 그들은 농민의 총세금은 지방 수령이 아니라 정병에게 군포를 내도록 함으로써 조금도 줄지 않았다는 사실을 알지 못했다. 더욱이 보인제도는 군역을 훈련과 복무가 필요한 신역이 아니라 일종의 조세로 다룸으로써 국방의 전반적인 약화를 가져왔다는 측면에서 결함이 있었다. 민병제도는 실현하기 불가능하거나 훈련된 상비군이 필요한 나라에서는 실용적이지 않은 제도였지만, 적어도 전체 양정을 부분적으로 훈련시킬 필요는 있었다. 반면 보인제도는 군역이 군포로 대체됐다는 사실을 알려주며, 그것은 재정에 위기가 닥쳤을 때 추가적인 세입의 원천으로 활용하기가 너무 쉬웠다. 이런 약점은 1672년에 유형원이 사망했을 때 이미 암시됐다. 더욱이 유형원 스스로도 보인은 정병에게 단지 장비나 식량을 제공하는 것이 아니라 **세금**(!)을 내고 있다는 것을 인정했는데, 그 또한 그들을 위한 공정한 **세율**을 만들자고 제안했기 때문이었다. 불행하게도 2필의 세율은 그가 제안했을 때 이미 시대에 뒤떨어졌는데, 조정의 많은 신하들은 그것이 너무 높으니 1필로 낮춰 군역을 대체하자는 의견을 밝혔기 때문이었다.

17~18세기의 보인제도가 그렇게 타락한 주요한 원인은 양반과 양인 모두 탈세에 성공함으로써 과세 기반이 줄어들고 있기 때문이었다는 사실은 당시 전혀 비밀이 아니었다. 이 문제에 대한 유형원의 해결책은 조선 전기의 제도를 복구해 양반에게 납포가 아니라, 특권적인 호위부대이기는 했지만, 실제로 군역을 이행하도록 만드는 것이었다. 그러나 그밖의 부류는 거의 문제를 제기하지 않았는데, 유형원은 15세기 전반으로 시계를 되돌릴 수 있다고 믿었다는 점에서 조정의 개혁적 신하들과 달랐다. 조정의 신하들은 17세기 전반 특권적인 가문의 구성원들은 자신들의 신분이 높으므로 군역은 당연히 면제될 것으로 생각했으며, 개인적·가문적 위신을 떨어뜨리는 군역을 그들에게 지울 수 없다는 사실을 알았다. 이런 측면에서 유형원의 접근은 한번 더 급진적이고 이상주의적이며 시대착오적이었다.

퇴학된 학생에게 벌금을 물리고 한정에게 과세하며 하층신분은 물론 양반에게도 군포와 호포를 부과하라고 건의했던 김육·유계·이건명·이이명·박문수 같은 신하들은 유형원과는 다른 개혁적 지향을 갖고 있었다. 그들은 공정한 과세를 위해서 보편적인 군역이 필요하다고 더이상 믿지 않았으며, 군역과 재정을 분리하려고 했다 — 대부분은 완전한 직업군인을 요구함으로써 이미 받아들여진 정설에 도전할 의사는 없었다. 그들은 이처럼 현실을 받아들이려고 했기 때문에 유형원보다 훨씬 더 실용적이었으며, 상업의 발전과 화폐의 사용은 군역제도를 쓸모없게 만들었다는 사실을 인정했다는 측면에서 좀더 진보적이었다고 평가될 수 있다. 그리고 양반을 군역에 충원하기보다는 세금을 부과하려고 했던 인물들은 공정하고 평등하게 조세를 분배하려는 열망에서 유형원보다 조금도 뒤지지 않았다.

유형원은 17세기에 진행되던 변화에 적응하는 데 제한적인 능력만을 보여주었다. 그는 김육의 대동법이 공납을 전세로 전환시킨 지혜를 보았지만, 국방 재정의 적절한 제도로 보인과 번상 정병 외에는 생각하지 못했다. 비록 그는 농산물을 국방 재정에 사용하는 데 동의했지만, 둔전처럼 역사적 지식에서 승인된 제도에 국한됐다. 따라서 그는 그런 목적에서 전세를 추가하는 것을 인정할 수 없었다. 그는 호포나 구전에 대해서는 언급하지 않았지만, 1750년 그의 계승자인 권적은 호포에 반대하면서 그 대신 국가가 토지를 사서 토지를 갖지 못한 농민들에게 소작을 주고 그 수입을 국방 재정에 사용하는 새로운 방안을 제시했다. 그가 보기에 이것은 일종의 토지 분급과 그 보상으로 군역을 지운다는 고전적 원리와 모호하게 연결됐기 때문에 정당화될 수 있었다.

## ▌18세기 학자들의 군제개혁론

유형원에게서 실학의 전통을 물려받았다고 생각되는 일부 학자들의 생각을 유형원과 비교해보면, 그들은 그에게서 고전적 지향을 물려받았지만 그들의 실제적인 제안은 지난 세기에 조정에서 활동한 신하들의 토론에서 영향을 받은 것으로 나타난다. 그러나 18세기 경세학자들은 선배들의 생각을 훼손할 수 없는 교리로 취급하지 않았기 때문에 문제는 복잡해졌다.

### 성호 이익

다음 세대의 가장 뛰어난 학자 중 한 사람인 성호 이익은 직접적인 복무가 군역의 의무를 이행하는 유일하게 적절한 방법이라고 주장했다는 한 가지 측면에서는 유형원보다 군역의 고전적 이상에 좀더 가까웠다. "전시에는 직접적인 복무가 필수적이기 때문에 군역은 신역을 의미한다."[2] 그는 군역을 군포로 대신하는 관행은 복무지까지 오가고 군량을 제공하며 순찰 임무를 하는 귀찮은 부담에서 벗어나려는 사람들의 욕망을 고려하면 이해할 만하다고 인정했지만, 군포는 군사를 둔 기본 목적을 위반한 것이라고 주장했다. 유일한 해결책은 군포를 완전히 없애고 번상 복무로 돌아가는 것이었다.[3]

그러나 이익은, 유형원이 알지 못했던 사실인데, 보인제도는 고전에서 승인된 제도가 결코 아니었다는 것을 알았으며, 금위영과 어영청의 보인은 모두 혁파되거나 군사로 전환해야 한다는 데 찬성했다. 그는 정병에게 군포나 군량을 제공하는 보인을 사용하는 것은 매우 나쁘지만 하번인 군사들에게도 보인을 지급하는 것은 더욱 불합리하다고 생각했다. 그는 "군사에게 재정을 지원하기 위해서는 전세를 사용해야 한다.

양정이 군량을 공급하기 위해 추가로 미곡을 내게 해서는 안 된다"면서 군사를 후원하는 적절한 방법은 전세를 사용하는 것이라고 주장함으로써 유형원을 다시 한번 부정했다. 이익은 재정을 공급하는 방법으로 보인제도를 사용하는 것은 고전적 근거가 전혀 없다고 말할 때는 옳았으며, 국방 재정을 위해 전세를 사용하자면서 유형원보다 유연한 태도를 보였지만, 그런 전세에 고전적 선례가 있다는 주장은 근거가 부족했다.[4]

반면 한우근이 지적했듯이, 이익은 오위제도를 복원하거나, 조선 전기에 실시됐다고 생각되는, 사대부의 자제를 포함한 모든 사람을 군역에 복무하게 하는 원칙을 다시 시행하는 것은 더이상 가능하지 않다고 느꼈다는 측면에서 양반에 대해서는 유형원보다 급진적이지 않았다. 그는 부분적으로 그런 입장을 가졌는데, 사대부계층을 후원해야 한다는 고전적 원칙은 군사에 대한 국가의 수요와 마찰을 일으킬지라도 필요하다고 생각했기 때문이었다. 유형원도 이런 견해를 가졌지만, 고전시대에 군사지식과 기술은 균형 잡힌 사대부의 교육과 훈련의 일부였으며 어떤 형태의 군역은 사회적 지배계층에게도 필요했다고 믿었다. 아울러 그는 조선 전기의 오위제도는 이런 고전적 원칙과 결부되어 있다고 생각했다.

반면 이익은 당시 인구가 매우 증가했지만 전체 인구에서 탈세나 부정으로 양정이 10퍼센트 정도 줄었기 때문에 양반을 포함시키지 않고서는 군액을 채울 수 없었다고 주장했다. 군역이 군포로 전환됨으로써 양인들은 스스로 노비나 승려가 됐으며, 그 결과 양정의 숫자가 줄어들었다. 그의 해결책은, 그들이 구별 없이 서로 섞여서는 안 되지만, 양인은 물론 사노비도 군역을 지도록 해야 한다는 것이었다(유형원도 그들이 군역을 이행해야 한다고 생각했지만, 신분에 따라 부대를 구별하는 데는 반대했다). 주인의 압력을 막기 위해서 국가는 상번중인 사노비에게는 주인에게 내는 신공을 감면해주었다. 이처럼 양인과 노비는 모두 군역을 졌으며, 유일한 차이는 복무지와 거주지의 거리였다. 거주지와 가까우면 보인 2명, 멀면 3명이 제공됐다. 그는 이전에는 보인제도를 불법이라고 비판했지만, 자신의 개혁안에 그 제도를 다시 도입했다. 그러나 여기서 강조해야 할 사실은 유형원처럼 이익도 원칙적으로는 노비제도를 비판했지만 양역을 경감하기 위해서 노비를 동원할 의도가 있었다는 것이다. 주요한 까닭은 사대부(즉 양반)계층에게 다시 양역을 부과하지 않으려고 했기 때문인데, 이런 태도는 양반에게 군포는 부과하되 군역은 지우지 않으려고 했던 18세기의 개혁적 신하들과 비슷했다.

그러나 그는, 표면적으로는 관원과 서리들이 부정을 저지를 가능성이 있다는 이유를 내세웠지만, 호포에 반대했다는 측면에서 그들 대부분과 달랐다. 그는 그것이 세입의 잉여를 창출할 것이라는 데는 동의했지만, 그런 새로운 자금은 낭비하는 데 사용될 것이라고 주장했다. 그러나 가장 중요한 이유는 그가 제시한 불만의 목록에서 감춰졌다. "조정의 대신들이 양인과 똑같이 납세하도록 하면 사회의 체통이 무너질 것이므로 매우 잘못된 일이다!" 만약 이것이 실학적 전통이었다면, 18세기에 반드시 사회적으로 더욱 급진적이거나 경제적으로 진보적인 사상가가 나왔다고 볼 필요는 없다.[5]

조정의 신하들은 17세기의 4분의 3이 흘러간 뒤 군사의 수준은 접어두고 세입에만 초점을 맞추었다는 측면에서 유형원과 상황 파악이 달랐다. 여전히 유형원은 임진왜란이 일어난 지 20년 뒤에 태어나 호란을 겪으면서 살았던 17세기 중반의 인물이었다. 그는 강력한 국방의 문제를 심각하게 고민했고 자신의 저술에서 무기와 축성, 방어전략, 국방재정과 군사제도에 매우 많은 분량을 할애했다. 그러나 다음 세기에 그의 계승자들은 대체로 군역을 부담스럽고 강제적인 조세로 파악했다. 그들은 양반과 그밖의 이른바 액외생·군관 등의 군역 면제를 거의 교정하기 어려운 현실로 받아들였지만, 그들을 보인으로 편입시키려고 했다. 이것은 현실에 실용적으로 적응했다고 평가할 수 있는 태도였다.

## 유수원의 『우서』

이익 이후 군역 문제를 다룬 18세기의 다른 경세학자들은 현직 관원들의 제안과 지향을 저술에 담았다. 1730년대 후반 저술 활동을 한 유수원은 유형원의 토지분급론은 시대와 맞지 않는 논리로서 봉건제도 아래서만 성공할 수 있는 제도라면서 거부했다. 그는 당시의 상황을 다루려던 매우 현실적인 경세학자였지만, 보인제도와 군포뿐만 아니라 호포도 비판했다. 그러나 그는 그것들이 모두 퇴보적인 세제라고 생각했기 때문이지 양반을 포함한 모든 신분에 과세하는 데 반대했기 때문에 그런 것은 아니었다. 그는 전세, 그리고 가호의 인구가 아니라 경제력에 기초해 세 범주로 나눈 가호에 부과한 균역세의 두 가지 조세로 모든 세입을 걷어야 한다고 생각했다. 18세기 중반의 경세학자로서 그는 신역이나 민병제도와는 무관한 국방 재정을 다룬 많은 제안을 논의했을 뿐만 아니라 재산·생산·부에 따라 합리적인 기준에서 공평하게 과세하는 재정계획도 옹호했다.[6]

## 안정복, 이규경, 정약용

안정복도 양역을 언급하면서, 그 문제에 대한 유형원의 견해는 말하지 않았지만, 유계·김육·송시열·송준길·김석주·남구만南九萬 등 조정의 신하들이 제기한 (엄밀하게 말해서 양역이라기보다는) 대안적 세제에 대한 논의를 인용했다.[7] 이규경은 모든 신분에 부과된 인두세가 가장 좋은 세제라고 생각했으며, 당의 부병제나 진의 인두세, 송의 양정에 대한 전세錢稅도 비슷한 목적을 이룰 수 있는 제도라고 생각했다.[8]

그리고 19세기 초반에 쓴 글에서 정약용은 대안적 세제를 제안하면서 1750년의 균역법과 그것의 다소 유감스러운 결과에 대해서도 언급했다. 그가 지적했듯이 세율을 절반으로 감축한 개혁이 결국은 당시 백성들에게 이전보다 두 배의 세금을 내도록 귀결된 원인은 무엇이었는가. 이익과 마찬가지로 그도 군포는 고전에서 허용된 적이 없다고 믿었지만, 향촌 주민들 스스로 좀더 공평하게 향촌의 조세 할당량을 분배하는 집단적인 방법을 구상했다는 점에서 그의 해결책은 이전의 경세학자들과는 달랐다. 사실 그는 일정한 종류의 인두세나 가호세를 선호한 것으로 보이지만, 정부는 향촌에서 자신들에게 할당된 세금을 납부하려는 목적에서 군포계나 역군전役軍田(또는 군보지전軍保之田)을 자발적으로 만들면 그것을 후원만 하면 된다고 지적했다. 그는 고전적 선례에서 영향을 받은 것이 분명한 토지의 국유와 균분에 입각한 급진적인 여전제로 유명하지만, 다양한 대안적 세제를 둘러싼 이전의 논쟁과 당시의 군역제도에 개재한 폐해에 대해 널리 알려진 수정안을 독자적으로 분석함으로써 군역 문제에 대한 자신의 생각을 개진했다.[9]

## | 양반의 권력

유형원은 양반과 양인 피역자들을 군역으로 복귀시키려고 했지만, 다음 세기의 개혁자들은 그들에게 일종의 세금을 부과하려고 했다. 그러나 1750~52년에 균역법과 관련해 제기된 여러 개혁안 중에서 시행할 수 있는 최선의 방안은 낙강한 2만 4천5백 명에게 벌금을 부과하는 것이었다. 이것은 양인은 물론 양반에게도 호포를 부과하는 데 찬성한다고 공언했던 영조가 1750년에는 시행하지 못한 방안이었다. 그 까닭은 무엇인가. 한 세기에 걸친 논쟁은 어째서 그렇게 보잘것없는 결과로 끝났는가. 18세기의 관원들은 유형원처럼 단호한 원칙과 결단력을 가진 학자와 비교해서 약하고 겁이 많았기 때문이었는가.

그렇지는 않다. 가장 좋은 대답은 두 가지 측면에서 찾을 수 있다— 그것은 관료제도 안에서 양반과 그 대리인의 권력, 그리고 중앙집권의 효과적인 도구로서 관료제도가 보인 약점이다. 양반의 이익은 그들의 비판세력이—국왕들은 왕권을 극대화하려고 했으며 개혁자들은 부와 조세를 좀더 공평하게 분배하려고 노력했다— 양반과의 경쟁에서 제한받으면서 그처럼 거대해졌다. 국왕들은 양반이 민란을 이끌거나 궁중의 모반에 협력할 수 있다는 정치적 위협을 두려워했다. 영조같이 결단력 있는 국왕도, 신분적 특권에 기반한 면세의 요구가 지난 세대의 위대한 학자와 신하를 계승한 인물들이 아니라 단순한 피역자들이 제기했다는 사실을 잘 알고 있었지만, 양반은 존경받을 만한 지식인집단이라고 믿었다.

영조가 양반의 권위와 특권에 직접 도전하기를 자제한 것처럼, 유형원 같은 학식 있는 개혁자들도 자신의 동료에 대한 자연스러운 동정에 이끌려 급진주의를 제한했다. 하층민들이 끊임없이 권위와 특권을 추구함으로써 양반의 지위가 약화됐다고 해도, 여전히 그 신분의 견고한 기반은 원숙한 유교적 지식이었다. 그 때문에 고전적이며 급진적인 평등주의를 표명한 유형원 같은 개혁자조차도 현존하는 사회질서를 전면적이고 철저하게 평등화해야 한다고 주장하지는 못했다. 이 때문에 유형원은 때로, 적어도 일정 기간 동안, 양반이 스스로 육체노동을 한다는 생각에 익숙해지는 그런 시점까지 노비를 유지해야 한다고 판단했으며, 학문적 성취보다는 세습적 요구에 따라 신분과 특권을 누리던 양반의 후손을 진정한 자격과 학식이 있는 지배계층으로 양성하기 위해서 학교제도를 제안한 것이었다. 군역과 군포의 면제가 일반화되어 신분을 구별하는 의미 있는 수단으로 그 효용성을 잃은 19세기 이후부터 향촌에서는 가호의 신분에 상관없이 공평하게 양역을 분담하기 시작하는 변화가 일어났다.

양반까지 과세 기반을 확대하는 데 긍정적이었던 17~18세기의 관원들은 그런 측면에서는 유형원 같은 학자들보다 당시의 사회신분에 대해 도전하는 데 소극적이지 않았지만, 그런 생각은 유형원이 아니라 17세기 조정의 신하들에게서 물려받은 것이었다. 그리고 마침내 19세기 중반 대원군은 호포를 도입하면서 유형원 같은 초야의 학자들로 구성된 실학의 독립된 전통보다는 17~18세기의 현실적이며 개혁적인 관원들의 개혁자들의 발자취를 계승했다.

### 관원과 학자 사이에 공유된 담론

군사제도와 전술, 진관의 배치, 축성, 그리고 진보된 군사기술의 채택 같은 다른 문제와 관련해서도 유형원의 생각은 이이와 유성룡 같은 현직 관원에게서 영향을 받았거나 다수의 조정 신하들이 가졌던 방안보다 그리 합리적·경험적·진보적이지 않았다. 사실 유형원은 17세기 국방의 전체적인 측면에서 대단히 핵심적이었던 두 가지 문제, 즉 국내 정치와 외교를 완전히 간과했다. 군사 감축과 군제 개편을 위한 그의 제안은 그런 주제들을 공허하게 취급했지만, 현실 생활에서 군사력의 통제와 배치는 국방만큼이나 정치적 고려의 산물이었다. 계속적인 정치적 혼란 — 1623년의 인조반정, 1624년 이괄의 난, 소현세자의 독살 의혹과 효종과 그 계승자들의 흔들리는 정통성, 숙종의 환국, 1720년대 노론과 소론의 당쟁, 1728년의 무신란 — 은 수도를 방어하고 수도지역의 오군영을 정치적으로 통제하기 위해서는 국왕 주위에 정예 병력을 집중할 필요성을 알려주었다. 전자는 국고를 유출시켰고, 후자는 외국의 위협에 직면해 국방을 약화시켰다. 이것들은 심각한 문제였지만, 유형원의 대작에서는 논의되지 않았다.

　이런 문제와 관련해서 그는 청이 중국을 통일한 상황에서 반청정책의 효과에 전면적인 의문을 제기한 적이 없었다. 그의 국방전략은 우월한 청의 군사력에 맞서 일종의 고정적인 최종 방어선을 두려는 심정을 반영했는데, 그런 신중한 대외정책은 그가 유성룡에게서 원용한 방진보다 궁극적으로는 좀더 유용했다고 생각된다. 요컨대 이른바 실학자들이 지혜를 독점한 것은 아니었다. 경세론은 조정의 신하와 초야의 학자들이 공유했으며, 명상적인 영역과 활동적인 영역 사이에서 생각의 상호작용을 이해할 필요가 있다. 현실과 유리된 실학적 경세론의 연구는 폐기될 수밖에 없는 일종의 무용한 지적 체조다.

# | 미주 |

## 머리말

[1] 千寬宇, 「반계 유형원 연구—실학 발생에서 본 이조 사회의 일단면」(상), 『역사학보』 2, 1952, 35~36쪽 ; (하), 『역사학보』 3, 1953, 123~125쪽 ; 「조선 후기 실학의 개념 재론」, 『한국사의 재발견』, 서울 : 일조각, 1974, 107~185쪽.

[2] 천관우, 「반계 유형원 연구 疑補」, 『근세조선사연구』, 서울 : 일조각, 1979, 338~343 쪽 주 11 ; 「반계 유형원 연구」, 229~232쪽 ; 鄭求福, 「반계 유형원의 사회개혁사상」, 『역사학보』 15, 1970, 1~3쪽 ; 金駿錫, 「유형원의 變法觀과 實理論」, 『동방학지』 75, 1992, 71~73쪽 주 3 등. 김준석은 유형원이 어린 시절 외삼촌인 李元鎭과 고모부 金世濂에게서 공부를 배웠다고 언급했다. 이원진은 1653년(효종 4) 헨드릭 하멜(Hendrik Hamel)과 그 선원들이 제주에 표착했을 때 제주목사였다.

[3] 천관우, 「반계 유형원 연구」, 233~234쪽.

[4] 『반계수록』의 역사에 대해서는 『증보 반계수록』(한국학기본총서 10), 서울 : 경인문화사, 1974, 620~623쪽 참조.

[5] 『文獻備考』에 대한 설명은 李弘稙 편, 『국사대사전』 2, 1,475쪽 ; 『문헌비고』 「범례」 1a~b ; 「어제」 5a~b.

[6] 김준석, 「유형원의 變法觀과 實理論」, 83~89쪽

[7] 피터 볼(Peter Bol)은 '理'를 번역하는 데 '원리(principle)'보다 '유형(pattern)'이라는 단어를 선호했다. Peter K. Bol, *This Culture of Ours : Intellectual Transitions in Tang and Sung China*, Stanford, California : Stanford University Press, 1992.

[8] 필자는 기를 번역하는 데 칼슨 장(Carsun Ch'ang)의 '물질'이나 陳榮捷의 '물질적 힘(material force)'보다는 '정신적-육체적 에너지(psycho-physical energy)'라는 용어를 사용했다. Carsun Chang, *The Development of Neo-Confucian Thought*, 2 vols, New York : Bookman Associates, 1957, 1962 ; Hoyt Cleveland Tillman, *Utilitarian Confucianism : Ch'en Liang's Challenge to Chu Hsi*, Cambridge : Harvard University Press, 1982 ; Wing-tsit Chan, *A Sourcebook in Chinese Philosophy*, Princeton, New Jersey : Princeton University Press, 1963 참조.

[9] 『반계선생연보』, 서울 : 동국문화사, 1961, 6~7쪽.

10 『磻溪雜稿』, 서울 : 여강출판사, 1990.

11 李佑成, 「초기 실학과 성리학과의 관계—반계 유형원의 경우」, 『동방학지』 58, 1989, 15~22쪽.

12 김준석, 「유형원의 變法觀과 實理論」, 72쪽.

13 같은 글, 94~104쪽.

14 같은 글, 104~109쪽.

15 Leszek Kolakowski, "Mind and Body : Ideology and Economy in th Collapse of Communism", In Kazimierz A. Poznanski, ed., *Constructing Capitalism : The Reemergence of Civil Society and Liberal Economy in the Post-Communist World*, Boulder, Colorado : Westview Press, 1992, 10~13쪽.

| 제1부 조선 전기 : 1392년(태조 1)~1650년(효종 1) |

### 제1장 조선 건국기의 유교적 경세론

1 閔賢九, 「신돈의 집권과 그 정치적 성격」(상), 『역사학보』 38, 1968, 49쪽. 존 던컨은 고려 후기 국왕의 권력과 작용, 그리고 중앙의 유력한 가문의 지배에 대해 매우 유익한 의견을 제시했다. 필자는 그 가문들을 양반이라고 부르고 싶다. 그의 견해는 1993년 워싱턴대학교 출판부에 제출된 원고인 "The Koryŏ Origins of the Chosŏn Dynasty" 참조.

2 Martina Deuchler, *The Confucian Transformation of Korea : A Study of Society and Ideology*, Cambridge : Harvard University Press, 1992.

3 鄭道傳, 『三峰集』, 서울 : 국사편찬위원회, 1961 ; James B. Palais, "Review of Han Yŏng'u, Chŏng Tojŏn Sasang ŭi yŏn'gu", *Journal of Korean Studies* 2, 1980, 199~244쪽.

4 이 부분에 대한 자료는 열거하기에 너무 많지만, 영문 설명은 Ki-baik Lee, *A New History of Korea*, Trans., by Edward W. Wagner, Cambridge : Harvard University Press, 1984.

5 정도전, 「조선경국전」(하), 『삼봉집』, 218쪽.

6 姜萬吉, 「상업」, 국사편찬위원회 편, 『한국사』 10, 서울 : 탐구당, 1974, 369~375 및 382~385쪽.

7 같은 글, 386~389쪽.

8 高承濟, 「면업」, 『한국사』 10, 320~325쪽.

9 申芝鉉, 「염업」, 『한국사』 10, 389~395쪽.

10 柳承宙, 「광업」, 『한국사』 10, 335~343쪽.

11 같은 글, 348~355쪽.

12 李相佰, 『한국사─근세 전기편』, 서울 : 을유문화사, 1962, 476~482쪽 ; 劉元東, 「상업」, 『한국사』 10, 295쪽.

13 그러나 이때부터 그들이 19세기 후반의 활동처럼 예금을 맡고 어음을 발행 수납하며 부동산을 담보로 구매자에게 어음을 할인해 발행하는 은행과 비슷한 기능을 한 것 같지는 않다. 이러한 좀더 진보된 은행 업무가 언제 시작됐는지는 확실치 않다. 유원동, 같은 글, 305~308쪽 참조.

14 유원동, 같은 글, 278~287쪽.

15 John K. Fairbank, "A Preliminary Framework", In John K. Fairband ed., *The Chinese World Order*, Cambridge : Harvard University Press, 1968, 1~9쪽 ; Chun Haejong, "Sino-Korean Tributary Relations in the Ch'ing Period", 같은 책, 90~111쪽.

16 유원동, 「상업」, 313~319쪽.

17 공신의 역할은 Edward Willett Wagner, *The Literati Purges : Political Conflict in Early Yi Korea*, Cambridge : East Asian Research Center and Harvard University Press, 1974. 산관은 李成茂, 『조선 초기 양반 연구』, 서울 : 일조각, 1980, 116~174쪽 참조.

18 중인은 이성무, 같은 책, 31쪽 주 114 참조. 향리와 서리는 같은 책, 31~38쪽 및 이성무, 「조선 초기의 향리」, 『한국사연구』 5, 1970, 65~96쪽.

19 서얼은 이성무, 『조선 초기 양반 연구』, 38~39쪽 ; 宋俊浩, 「조선시대의 과거와 양반 및 양인」, 『역사학보』 69, 1976, 101~135쪽 참조. *Journal of Korean Studies* 3(1981), 191~212쪽에 실린 두 책에 대한 제임스 팔레의 서평도 참조.

20 Ping-ti Ho, *The Ladder of Success in Imperial China : Aspects of Social Mobility, 1368-1911*, New York : Columbia University Press, 1962, 41~52, 68~72쪽.

21 John Breckenridge Duncan, "The Koryŏ Origins of the Chosŏn Dynasty", 1988. Rev. ed. submitted for publication 1993, 102~103쪽.

22 Duncan, "The Koryŏ Origins of the Chosŏn Dynasty : Kings, Aristocrats, and Confucianism", Ph. D. diss., Seattle : University of Washington Press, 1988 ; "The Social Background to the Founding of the Chosŏn Dynasty : Change or Continuity?", *Journal of Korean Studies* 6, 1988 · 89, 39~80쪽.

23 이성무, 「양반」, 『한국사』 10, 549~555쪽 ; 『조선 초기 양반 연구』, 4~17쪽.

24 같은 글, 552쪽.

25 송준호, 「朝鮮兩班考─조선조 사회의 계급구조에 관한 한 試論」, 『조선사회사 연구』,

서울 : 일조각, 1987, 165~171쪽 ; 이성무, 『조선 초기 양반 연구』, 2~4, 366~367
쪽 ; 韓永愚, 「조선 초기 사회계층 연구에 대한 再論─李成茂 교수의 「조선 초기 신
분사 연구의 문제점」 및 宋俊浩 교수의 「조선양반고」에 답함」, 『한국사론』 12, 서울
대, 1985, 334쪽 ; 劉承源, 『조선 초기 신분제 연구』, 서울 : 을유문화사, 1987, 6~
174쪽 ; 崔永浩, *The Civil Examinations and the Social Structure in Early Yi
Dynasty Korea : 1392-1600*, 서울 : 한국연구원, 1987, 161~166쪽.

26 柳壽垣, 『迂書』, 서울 : 서울대학교 출판부, 1971, 131, 165쪽 ; 한영우, 「유수원의 신분
개혁사상」, 『한국사연구』 8, 1972, 40~41, 47쪽 ; Paolo Santangelo, *La Vita e l'opera
di Yu Suwon Pensatore Coreano del XVIII Secolo*, Naples : Instituto Universitario
Orientale, Seminario di Studi Asiatici, 1981, 78~79쪽.

27 유승원, 『조선 초기 신분제 연구』, 6~174쪽. 송준호는 良이라는 용어는 賤과 반대되
는 뜻으로만 사용됐다고 주장했다. 「조선양반고」, 172~174, 210, 217~218, 242쪽.
그러나 한영우는 양반과 백성은 신분의 고하를 나타내는 것이 아니라 "관직을 가진
사람(양반)"과 "관직을 갖지 못한 사람(백성)"이라는 의미였다고 지적했다. 달리 말
하면 양반은 관직을 가진 좋은(良) 신분의 사람(양인)이었지 우월한 사회적 신분을
가진 부류는 아니었다는 것이다. 한영우, 「조선 초기 사회계층 연구에 대한 재론」,
321~322쪽.

28 한영우와 유승원이 반박하거나 부적절하다고 증명한 송준호의 주장들은 논의하지 않
을 것이다. 그러나 송준호는 모든 사회에는 평범한 일반 사람들보다 우월한 지배세력
이 존재하므로 상당한 인구가 노비인 사회는 자유민(양인)과 노비(천민)의 두 부류
로 간단히 나눌 수 없다는 논리를 제시했다. 유승원과 한영우는 자신들도 지배계층으
로서 양반의 존재를 부정하지는 않으며, 다만 그것이 세습적 신분에 기초하지는 않았
다고 밝혔다.

또한 송준호는 지배신분으로서 양반의 존재는 貴族 · 貴家 · 世臣 · 世祿之臣 · 門
閥 · 世閥 같은 수많은 표현에 의해 증명됐다고 주장했다. 그러나 한영우는 그런 용
어들은 명칭의 문제일 뿐 세습적 신분의 존재를 입증하지는 못한다고 비판했다.

송준호는 양인이라는 표현이 양반이나 사족을 표현하기 위해 쓰인 사례를 찾을 수 없
었다고도 주장했다. 양인은 사족(즉 양반)에 대칭되는 부류였던 庶人(평민)에만 국
한되어 사용됐다는 것이다. 그러나 한영우와 유승원은 이런 지적에 대해 '양인'이나
'양'이라는 용어가 양반을 포함하는 넓은 의미로 분명히 사용된 여러 사례들을 찾아
냈다. 유승원, 『조선 초기 신분제 연구』, 50~53쪽.

29 유승원은 고려시대의 세습 귀족들이 새로 흥기한 중소지주 출신의 사대부에 의해 소
멸되고 대체됐다는 견해를 분명히 밝혔다. 같은 책, 50~51쪽.

30 송준호, 「조선양반고」, 175~180, 200~201, 222~223쪽. 한영우는 양성지의 발언이

유력 가문이나 양반이 하나의 신분이었음을 입증한다는 논리에 강하게 반대했는데, 양성지는 양반들의 노비 소유를 유지하는 데 주된 관심이 있었으며 그들이 갖지 못했던 특권들을 허락하는 새로운 정책을 찬성했기 때문이라는 것이었다. 한영우는 양성지가 최고위층을 포함한 모든 사회적 신분집단의 남자들은 모두 군역에 복무해야 한다고 제안했다는 점을 근거로 그가 신분제도를 옹호한 것으로 볼 수 없다는 측면도 지적했다. 그러나 같은 논리로 양반의 노비소유 문제를 생각해보면 한영우의 주장은 반박될 수 있다. 즉 만약 양성지가 고위 신분의 군역 복무를 찬성했다면 그것은 그들이 당시 군역을 지지 않았기 때문임이 분명하다―즉 이것은 특권적 신분을 가진 엘리트의 존재를 암묵적으로 인정한 것이다! 한영우, 「조선 초기 사회계층 연구에 대한 재론」, 321~322쪽 참조.

31 유승원과 한영우는 이런 생각에 반대했지만 존 던컨은 최근 이 주제를 집중적으로 연구하고 있다. Duncan, *The Koryŏ Origins of the Chosŏn Dynasty : Kings, Aristocrats, and Confucianism*, 제3장 "Marriage Relations of the Great Families" 참조. 아울러 송준호, 「남원지방을 예로 하여 본 조선시대 향촌사회의 구조와 성격」, 『조선사회사 연구』, 277~306쪽 ; 「南原에 들어오는 昌平의 월구실(維谷) 柳氏―양반세계에 있어 혼인이 의미했던 것」, 같은 책, 307~325쪽도 참조.

32 송준호, 「조선양반고」, 243쪽.

33 서얼과 보충군에 대해서는 같은 글, 249~259쪽 등 참조. 이성무는 훌륭한 선조가 양반 가문의 지위를 유지하는 데 필요했다는 송준호의 견해를 반박하면서 그런 조건이 중요했다면 15세기 후반에 편찬된 『경국대전』에 언급됐을 것이라고 지적했다. 송준호는 『경국대전』에서 그것과 합치되는 조항을 발견함으로써 이성무의 반론(원서에는 "Han's objection(1,024쪽)"으로 표현해 한영우의 견해라고 서술했지만, 문맥상 맞지 않는다고 판단되어 수정했다―옮긴이)을 효과적으로 반박했다.

34 같은 부분.

35 이성무는 유명한 조상의 중요성은 16세기 무렵 사라졌다고 언급했다(『조선 초기 양반 연구』, 218쪽). 17~18세기의 양반에 대해 연구하면서 송준호는 이 의견과 한영우의 견해에 대해 논박할 필요가 없었는데, 두 사람 모두 17세기 무렵 양반은, 특히 향촌 사회에서, 신분집단으로 자리잡았다고 인정했기 때문이었다. 그러나 송준호는 부계와 모계 모두 4조 안에 유명한 선조가 있었던 사람들에게 특권을 부여한 명시적인 조항을 발견해 이런 견해를 반박했다.

36 송준호, 「조선양반고」, 248쪽.

37 Ping-ti Ho, *Ladder of Success in Imperial China*, 165~167쪽 등.

38 Hilary J. Beattie, *Land and Lineage in China : A Study of T'ung-Cheng County, Anhwei, in the Ming and Ch'ing Dynasties*, Cambridge : Cambridge University

Press, 1979.

39 Edward W. Wagner, "The Ladder of Success in Yi Dynasty Korea", *Occasional Papers on Korea*, no. 1, 1974, 4쪽.

40 이성무, 『조선 초기 양반 연구』, 59~65쪽.

41 James B. Palais, "Confucianism and the Aristocratic/Bureaucratic Balance in Korea", *Harvard Journal of Asiatic Studies* 44, no. 2, 1984, 427~468쪽.

42 중국사에서 가문의 기원에 대한 논의는 David G. Johnson, *The Medieval Chinese Oligarchy*, Boulder, Colorado : Westview Press, 1977 참조.

43 송준호, 「조선양반고」, 282~287, 320쪽.

44 고려 전기의 사전에 대한 서술은 Palais, "Land Tenure in Korea : Tenth to Twelfth Centuries", *Journal of Korean Studies* 4, 1982 · 83, 73~206쪽 참조. 1388년 6월 우왕은 부유하고 권력을 가진 사람들이 토지를 너무 많이 소유했기 때문에 "田制가 무너졌다"고 말했다. 都評議使司는 서북 · 동북지방에는 사전이 전혀 없다고 추정되며 불법적으로 남아 있는 것은 정부에서 몰수해야 한다고 말했다. 1390년 9월 공양왕은 수도의 거리에서 모든 공전과 사전의 문서를 불태우라고 지시했다. 『고려사』, 서울 : 연세대학교 출판부, 1955, 78 : 24b ; 714 : 38a.

45 고려 전기 공전과 민전에 대해서는 Palais, 같은 글, 120쪽 참조. 민전은 그것의 일반적인 의미인 '수조지'보다는 "사적으로 소유한 토지"라는 의미에서 사전으로 표현되기도 했다. 이런 부적절한 습관 때문에 후대의 역사학자들은 민전이 수조지를 의미하는 경우와 사전을 뜻하는 사례를 구분하는 데 어려움을 겪었다.

46 『고려사』 78 : 38a, 공양왕 3년 5월.

47 같은 책, 78 : 20b~28a, 특히 새로운 녹봉제도의 채택을 건의하는 내용은 78 : 26a부터 나온다. 이행과 조인옥의 발언은 같은 책, 78 : 29a, 32b 참조.

48 자식 없이 수절한 과부는 남편이 사망한 뒤 그 녹봉의 절반을 받았다. 같은 책, 78 : 40a, 공양왕 3년 5월. 과부에게 주는 口分田 또는 守信田과 고아에게 주는 恤養田에 대한 설명은 李景植, 『조선 전기 토지제도 연구』, 서울 : 일조각, 1986, 87, 152~153쪽 참조.

49 『고려사』 78 : 26a~b. 조준은 국가가 토지를 몰수하는 것을 반대하지 않았지만 북방 2도는 그곳에 주둔한 부대들의 군량과 관원들의 녹봉을 공급하기 위해서 본격적인 양전사업을 시작하기 3년 전 동안 그곳의 토지를 일시적으로 몰수할 것을 요청했다. 같은 책, 78 : 25a~26a, 38b, 공양왕 3년 5월.

50 같은 책, 78 : 34b.

51 특히 許應의 상소를 참조. 같은 책, 78 : 34a.

52 같은 책, 78 : 36a~b, 공양왕 1년 12월. 이 조항을 최종적으로 채택한 때는 1391년

(공양왕 3) 5월이었다. 같은 책, 78 : 40a~b.

53 이경식, 『조선 전기 토지제도 연구』, 101, 284쪽. 과전법의 목적에 대한 이경식의 설명은 관원들의 녹봉을 주기 위한 목적으로만 만들어졌다는 천관우의 견해보다 합리적이다. 다만 과전법이 토지개혁이라기보다는 재정이나 세입상의 개혁이라고 말한 천관우의 견해는 옳다. 천관우, 「한국토지제도사」(하), 『한국문화사 대계』II, 고려대 민족문화연구소, 1965, 1,397쪽.

54 『고려사』 78 : 36b.

55 같은 책, 78 : 36b~37a.

56 같은 책, 78 : 39b. 이경식, 『조선 전기 토지제도 연구』, 103~104쪽 ; 천관우, 「한국토지제도사」(하), 1,438쪽.

57 『고려사』 78 : 40b.

58 이경식, 『조선 전기 토지제도 연구』, 277, 293쪽 ; 한영우, 「太宗·世宗朝의 對私田施策—私田의 下三道 移給 문제를 중심으로」, 『한국사연구』 3, 1969, 47쪽 ; 천관우, 「한국토지제도사」(하), 1,439쪽에서는 서로 다른 수치를 제시했다. 14만 9천3백 결 중 8만 4천1백 결은 과전이고 2만 1,240결은 공신전이며 4,460결은 寺社에게 지급하는 토지였다. 또한 3만 9,280결의 사전은 창고 궁방 관아의 비용과 현직 관원의 녹봉으로 주었다. 천관우는 경기도의 4분의 3을 수조권이나 그에 해당하는 명목으로 지급했다고 파악했다.

59 정도전, 「조선경국전(상)」, 『삼봉집』, 214~215쪽.

60 Duncan, "Koryŏ Origins of the Chosŏn Dynasty" 참조.

61 이경식, 『조선 전기 토지제도 연구』, 192~198쪽. 그는 여기서 15세기 전반 과전법이 시행되던 시기의 상황을 언급했지만 그의 서술은 고려시대도 포괄하고 있다.

62 같은 책, 135~137쪽. 1394년(태조 3)과 1397년(태조 6) 두 차례에 걸쳐 소작을 금지하는 조처가 내려졌는데, 후자는 3~4결 이하의 토지를 소유한 경우나 노비가 없어 직접 경작할 능력이 없는 과부와 고아의 경우를 제외하고는 並作을 엄금했다. 이경식, 「16세기 지주층의 동향」, 『역사교육』 19, 1976, 163~164쪽.

63 후카야 도시테쓰(深谷敏鐵)는 고려시대의 토지 소유를 전체적이고 완전한 소유권이 다른 권리에 의해 제약된 결과 하나의 토지에 복수의 소유권이 설정된 것으로 파악했지만, 그의 견해는 토지의 국유가 완전히 시행됐다는 가정에서 나온 결과였다. 대부분의 학자들은 그런 개념을 부정했기 때문에 그의 이론은 약화됐지만, 경청할 부분도 있다. Palais, "Land Tenure in Korea", 135~136, 144~150쪽 참조.

64 정도전, 「조선경국전」(하), 『삼봉집』, 233~234, 237~238쪽.

65 좀더 자세한 내용은 제4부 군제개혁 참조.

66 천관우, 「한국토지제도사」(하), 1,402쪽.

67 이경식, 『조선 전기 토지제도 연구』, 277, 293쪽.

68 천관우, 「한국토지제도사」(하), 1,430쪽.

69 같은 글, 1,426, 1,430쪽 ; 한영우, 「태종·세종조의 對私田施策」, 45쪽.

70 공납제도는 처음부터 전국적으로 실시되지는 않았다. 제주도는 1408년부터, 평안도와 함경도는 1413년부터 공납제도가 적용됐다. 田川孝三, 『李朝貢納制の研究』, 東京 : 東洋文庫, 1964, 3~4, 6, 21쪽.

71 같은 책, 49~56, 59쪽 주 15, 74~79쪽. 다가와 고조는 땔감을 채취하거나 소금을 생산하거나 매나 그밖의 새를 기르는 임무를 세습적으로 할당받은 많은 양인과 노비를 나열했다. 234쪽 등.

72 같은 책, 275~294쪽.

73 같은 책, 27~29, 91~97쪽.

74 방납과 동일한 방법은 고려시대인 1321년(충숙왕 8)과 1352년(공민왕 1)에도 제안됐다. 그때는 상인들이 중앙 관서에 우선 공납 물품을 납부한 뒤 지방 백성들에게 이익을 붙여 상품 가격을 회수하거나, 중앙 관서에서 도성 주민에게 공납 물품을 내게 한 뒤 지방에서 대금을 걷게 하는 방식이었다. 같은 책, 253~257, 335~337쪽.

75 이상백, 『한국사—근세 전기편』, 484쪽 ; 崔虎鎭, 『韓國貨幣小史』, 서울 : 서문당, 1974, 11~36쪽.

76 최호진, 같은 책, 11~36쪽 ; 『고려사』, 79 : 10a~16a. 면포의 치수는 周藤吉之, 「高麗末期より朝鮮初期に至る綿織物の發達」, 『社會經濟史學』 12-3, 1942, 16~18쪽 및 이상백, 『한국사—근세전기편』, 484~485쪽 참조.

77 1402년과 1410년 태종의 지폐 채택에 대한 서술은 최호진, 같은 책, 55~58쪽 ; 宮原兎一, 「朝鮮初期の楮貨について」, 『東洋史學論集』 3, 東京教大 東洋史學研究室, 1954, 369~382쪽 ; 李鍾英, 「조선조 화폐제의 변천」, 『인문과학』 7, 1962, 295~308쪽.

78 1406(태종 6)~22년(세종 4) 저화의 가치는 동전 1관당 10장에서 30장으로 떨어졌다 (그 동전은 중국에서 수입된 것으로 생각된다). 1425년에는 처음 가치의 12.5분의 1로 하락했는데, 장형 10대의 속전 가격이 저화 6장에서 75장으로 상승했기 때문이었다. 1423년 세종은 동전을 주조하면서 쌀 1되나 면포 2백 분의 1필로 상정했지만, 1425년 그 가치는 0.33되나 3백 또는 4백 분의 1필로 하락했다. 그것은 (기준이 된 5 승포보다 비싼) 6~7승포와 비교하면 6백 또는 7백 분의 1보다 낮았다. 1427년에 동전 1문은 7 또는 8분의 1되로 하락했으며 1429년에는 12 또는 13분의 1되로 떨어졌다. 宮原兎一, 「朝鮮初期の銅錢について」, 『朝鮮學報』 2, 1951, 88~90쪽 ; 이종영, 같은 글, 314~315쪽 ; 최호진, 같은 책, 72쪽.

79 유승주, 「광업」, 『한국사』 10, 350~355쪽.

80 최호진, 『한국화폐소사』, 61~76쪽 ; 宮原兎一, 「朝鮮初期の銅錢について」, 75~88쪽.

81 주 79 참조.

82 이종영, 「조선조 화폐제의 변천」, 316~324쪽 ; 宮原兎一, 「朝鮮初期の銅錢につい
て」, 90~98쪽. 최호진은 니켈이 합금된 화폐가 주조됐다고 말했다. 『한국화폐소사』,
66~67, 71~76쪽.

83 宮原兎一, 같은 글, 97쪽. 이전의 자료는 90~98쪽 참조.

84 이종영, 「조선조 화폐제의 변천」, 324~329쪽

85 같은 부분.

86 文益漸은 1363년(공민왕 12) 목화 씨앗을 처음으로 들여와 유명해졌으며, 1401년(태
종 1) 태조는 모든 사람이 무명옷을 입을 수 있도록 한 그의 공적을 기렸다. 스도 요
시유키(周藤吉之)는 문익점이 개인적으로 고려에 목면 재배를 도입했다는 이야기를
비판하면서, 1375년(우왕 1) 李穡이 친척에게서 목화 씨앗을 선물받았다고 말한 사
실을 근거로 그보다 10~20여 년 전에 중국 강남지방에서 바다를 통해 전해졌을 것
이라고 추정했다. 그럼에도 불구하고 목면과 면포는 1430년(세종 12)까지는 널리 퍼
지지 않았다. 최호진, 『한국화폐소사』 43~47쪽 ; 周藤吉之, 「高麗末期より朝鮮初期
に至る綿織物の發達」, 1~10쪽 ; 元裕漢, 『조선 후기 화폐사 연구』, 서울 : 한국연구
원, 1975, 10~12쪽 ; 宮原兎一, 「朝鮮初期の銅錢について」, 98~99쪽.

87 이종영, 「조선조 화폐제의 변천」, 334~335쪽 및 주 28. 지폐는 1445년(세종 27) 세
종이 다시 도입한 뒤 그 가치가 급격하게 하락했다는 미야하라 도이치(宮原兎一)의
견해와는 반대로 이종영은 지폐의 가치를 올림으로써 성종의 정책은 효과를 거두었
다고 평가했다.

88 같은 글, 335~338쪽.

89 원유한, 『조선 후기 화폐사 연구』, 10~12쪽 ; 宮原兎一, 「朝鮮初期の銅錢について」,
98~99쪽 ; 이종영, 같은 글, 338쪽 ; 최호진, 『한국화폐소사』, 45~55쪽.

## 제2장 조선 전기 체제의 해체(1392~1592)

1 尹元老·尹元衡·尹任의 전기는 이홍직 편, 『국사대사전』 2, 1,068~1,071쪽 참조.

2 1045년(송 인종 慶歷 11, 고려 靖宗 11) 구양수의 「붕당론」은 Wm. Theodore de
Bary, Wing-tsit Chan, and Burton Watson, comps., *Sources of Chinese Tradition* 1,
1960, New York : Columbia University Press, 1964, 391~392쪽 참조.

3 스도 요시유키의 견해에서 영향을 받은 한영우는 사전을 하삼도로 이관한 것은 과전
을 확대하려는 목적이었다는 후카야 도시테쓰의 견해에 반대하면서, 그 진정한 원인
은 경기도 농민들의 부담을 줄이고 수도로 세곡을 운반하는 세곡선의 침몰로 야기되
는 손실을 줄이며 경기도의 토지를 국방비로 전환하려는 데 있었다고 주장한 최초의
학자였다. 한영우, 「태종·세종조의 代私田施策」, 『한국사연구』 3, 1969, 39~88쪽.

특히 66~70쪽 ; 이경식, 『조선 전기 토지제도 연구』, 서울 : 일조각, 1986, 192~211쪽. 아울러 천관우, 「한국토지제도사」(하), 『한국문화사 대계』Ⅱ, 고려대 민족문화연구소, 1965, 1,449쪽 ; 周藤吉之, 「高麗朝より李朝初期に至る田制の改革」, 『東亞學』 3, 1940, 115~191쪽 참조.

4 이경식, 같은 책, 211~215쪽. 한영우의 견해에 따르면 1417년부터 1431년까지 사전을 하삼도로 이관한 조처는 1390년대 사전 장부를 불태운 것보다 훨씬 혁명적이었다. 「태종·세종조의 代私田施策」, 50, 53, 86쪽.

5 이경식, 같은 책, 212~240쪽 ; 한영우, 같은 글, 77~79, 83~84쪽.

6 이경식, 같은 책, 232쪽.

7 1444년(세종 26) 공법이 도입되기 전에도 0.1~0.2퍼센트의 토지만이 상등전이었고 1~2퍼센트가 중등전이었으며 나머지는 모두 하등전이었다. 천관우, 「한국토지제도사」(하), 1,491~1,493, 1,511~1,513쪽 ; 한영우, 「태종·세종조의 代私田施策」, 80쪽 주 126 및 84쪽.

8 이경식, 『조선 전기 토지제도 연구』, 241~243쪽.

9 같은 책, 248~250쪽.

10 같은 책, 260~262, 265쪽.

11 같은 책, 265~276쪽.

12 같은 부분.

13 같은 책, 272~279쪽.

14 고려 전기에 관련해서는 James B. Palais, "Land Tenure in Korea", *Journal of Korean Studies* 4, 1982 83, 73~206쪽 참조. 조선시대에 관련해서는 朴秉濠, 『한국법제사 특수연구―이조시대의 不動産賣買及擔保法』, 서울 : 한국연구원, 1960 ;「한국근세의 토지소유권에 관한 연구」, 『서울대학교 법학』 8권 1호, 1966, 63~93쪽 ; 8권 2호, 1966, 78~104쪽 ; 9권 1호, 1967, 157~185쪽 참조.

15 이경식, 「16세기 지주층의 동향」, 『역사교육』 19, 1976, 148~150쪽.

16 같은 글, 143~146쪽.

17 같은 글, 142쪽.

18 같은 글, 154~162쪽.

19 같은 글, 163~168쪽. 제6장의 노비 관련 서술도 참조.

20 이경식, 같은 글, 169~175쪽 ; 朴成壽, 「雇工 연구」, 『사학연구』 18, 1964, 527~554쪽 ; 宮原兎一, 「16世紀朝鮮の雇工について」, 『朝鮮學報』 11, 1957, 93~116쪽.

21 이경식, 같은 글, 177~181쪽.

22 『중종실록』 32 : 10b, 중종 13년 2월 경진. 이경식, 같은 글, 146쪽에서 인용.

23 이경식, 같은 글, 141쪽 주 7. 1515년 申用漑는 대지주는 1백 결이 넘게 소유하고 있

지만 빈농들은 최소 분량이나 토지를 전혀 소유하고 있지 못하다고 말했다. 『중종실록』 21 : 52b~53a, 중종 10년 2월 경자. 정전제를 찬미한 경연관 奇遵의 발언은 『중종실록』 36 : 34b~35a, 중종 14년 7월 계사 참조.

24 『중종실록』 51 : 54b~55a, 중종 19년 9월 임신. 아울러 1548년(명종 3) 정전제는 현재 시행할 수 없으므로 한전제가 최선의 방법이라는 鄭惟吉의 상언도 참조. 그는 한과 고려에서는 그 제도를 시행했지만 완수하지 못했다고 지적했다. 그럼에도 불구하고 그는 그 제도가 당시 조선의 문제점이었던 대지주의 토지 독점과 일반 농민들의 토지 상실을 치유할 수 있는 유일한 방안이라고 생각했다. 『명종실록』 7 : 48b, 명종 3년 3월 계사. 이런 자료들은 이경식, 「16세기 지주층의 동향」, 141쪽 주 7에서 인용.

25 田川孝三, 『李朝貢納制の硏究』, 東京 : 東洋文庫, 1964, 338~345쪽.

26 같은 책, 27~36쪽, 주 10, 11, 38쪽 주 15, 39쪽 주 17, 231~232, 751~753쪽 ; 金玉根, 『조선 후기 경제사 연구』, 서울 : 서문당, 1977, 15~16쪽.

27 田川孝三, 『李朝貢納制の硏究』, 386~408, 428~437쪽.

28 같은 책, 440~445쪽.

29 같은 책, 282~334쪽.

30 같은 책, 446~470, 486~496, 751~753쪽 ; 김옥근, 『조선 후기 경제사 연구』, 15~16쪽. 이이의 제안에 대해서는 이 장 뒷부분을 참조.

31 방납에 관여한 양반이나 관원은 앞으로 관직에 임명되지 못하도록 법률로 규정했다. 이런 규정은 1485년(성종 16) 『경국대전』이 최종적으로 반포될 때 수록됐다. 田川孝三, 같은 책, 497~509쪽.

32 다가와 고조는 중앙 관서의 노비와 이서들은 1510년(중종 5) 이후 개인적인 중개인의 단순한 집단이라기보다는 전문적인 조합으로 완전히 발전했으며, 1594년(선조 27) 대동법이 도입된 이후에는 공물주인으로 변모해 방납에 개입했다고 주장했다. 그들은 거대한 불법적인 이익을 착취해 중앙에 축적했으며 관료 귀족들이 간과한 틈새를 파고들었다고 다가와 고조는 지적했다. 그러나 이 문제와 관련해 다가와 고조가 제출한 증거는 중앙 관서의 이서와 노비들이 중세 일본의 '자(座)'처럼 조합과 비슷한 구조를 가진 조직으로 발전했으며, 17세기에 私商이나 몰락한 양반보다는 그들만이 공물주인으로 변모할 수 있었다는 사실을 증명하기에는 충분치 않다. 田川孝三, 같은 책, 635쪽 및 주 33 이하 참조.

33 같은 책, 528~537, 539, 543~545, 588~596, 610~635쪽. 인용은 627쪽. 다가와 고조는 私主人들은 한강가에 여각이나 창고를 개설해 방납에 참여하거나 중앙 관서의 이서나 노비로 근무하는 두 가지 형태로 활용됐다고 주장했다. 그는 선혜청의 상소에서 그 용어는 이서와 노비만을 언급하는 것으로 사용됐다고 믿었지만, 그것이 사주인을 가리키는 것으로 확장되지 않았다고 자신하지는 않았을 것이라고 판단된다.

34 Wakita Osamu, "The Social and Economic Consequences of Unification", In John Whitney Hall, ed., *The Cambridge History of Japan*, vol. 4, Cambridge : Cambridge University Press, 1991, 99~110쪽.

35 李炯錫, 『임진전란사』 1, 신현실사, 1974, 37~43쪽.

36 이형석, 『임진전란사』 3, 1,253쪽.

37 이형석은 국방에 관련된 이이의 조언이 1582년(선조 15) 북방에서 여진이 침략했을 때 올려진 것으로 추정하면서, 실록에 기록되지도 못할 만큼 중시되지 않았다고 언급했다. 같은 책 1, 125~127쪽 ; 3, 1,262~1,263, 1,356~1,357쪽 ; 이이, 『율곡전서』, 서울 : 성균관대학교 대동문화연구원, 1958, 9~10쪽.

38 이형석, 같은 책 3, 1,256~1,259쪽.

39 같은 책 1, 88~91쪽.

40 같은 책 3, 1,244~1,252쪽.

41 1587~92년 전쟁으로 나아가는 조선과 일본의 협상은 같은 책 1, 88~110쪽 참조. 도요토미 히데요시의 의도를 조정에서 논의하면서 동인인 김성일도 침략이 임박했다고 주장했다. 그는 이순신을 지방 수령에서 전라도 수군통제사로 승진시키는 데 반대했다. 같은 책 3, 1,369쪽.

42 Ray Huang, "The Lung-ch'ing and Wan-li reigns, 1576-1620", In Frederick W. Mote and Denis Twitchet, eds., *The Cambridge History of China* 2, part 1, Cambridge : Cambridge University Press, 1988, 566~567쪽.

43 같은 글, 511~563쪽 ; Jonathan Spence, *The Search for Modern China*, New York : W.W. Norton, 1990, 15~21쪽.

44 이형석, 『임진전란사』 1, 37~43, 83쪽.

45 같은 책 1, 116~121쪽. 침략에 대한 일본의 시각은 같은 책 3, 1,380~1,383쪽 참조. Jurgis Elisonas, "The Inseparable Trinity : Japan's Relations with China and Korea", In John Whitney Hall, ed., *The Cambridge History of Japan* 4, Cambridge : Cambridge University Press, 1991, 268, 270쪽 ; Asao Naohiro, "The Sixteenth-century Unification", 같은 책, 70~71, 76~78쪽.

46 1587~92년에 걸친 조선과 일본의 협상에 대해서는 이형석, 『임진전란사』 1, 88~110쪽 참조. 이형석은 일본군의 전력에 대한 두 가지 다른 평가를 내놓았다. 그 책의 수치는 134~135쪽에서 제시한 자료에 바탕한 것인데, 그것은 엘리조나스가 제시한 수치와 일치한다(아래 참조). 201쪽에서 이형석은 일본에서 동원할 수 있는 총병력은 33만 정도였지만 침략군은 20만으로 구성됐다고 썼다. 10만 정도는 나고야에 주둔했으며, 3만은 수도를 지키기 위해 교토에 머물렀다. Asao Naohiro, 같은 글, 71쪽 ; Jurgis Elisonas, 같은 글, 271쪽.

47 이형석, 같은 책 1, 32, 36~37쪽 ; Asao Naohiro, 같은 글, 53~57, 72쪽 ; Elisonas, 같은 글, 272쪽. 전쟁에 사용된 일본군의 무기에 대해서는 이형석, 같은 책 3, 1,311 ~1,315쪽.

48 이형석, 같은 책 1, 31~36쪽. 일본군의 전술에 대한 유성룡의 서술은『西厓先生文集』,「雜著 倭之用兵」16 : 34a~b, 대동문화연구원 편,『서애집』, 서울 : 동국문화사, 1958, 288쪽. 거기서는 임진왜란 동안 아버지 李陽元을 따라 양주와 포천 등지에서 일본군의 전술을 연구한 李薯慶의 발언을 인용했다.

49 Elisonas, "Inseparable Trinity", 273~276쪽.

50 두 왕자가 사로잡힌 사실에 대한 설명은 이형석,『임진전란사』2, 807, 824~826쪽.

51 Elisonas, "Inseparable Trinity", 276~278쪽 ; 이형석, 같은 책 2, 650~665, 674~683, 843~858쪽.

52 李鎰을 둘러싼 사건에 대해서는 이형석, 같은 책 1, 258~264쪽. 그는 이일은 8백 명의 병력밖에 소집할 수 없다고 썼지만, 실록에서는 6천 명 정도의 병력을 가졌다고 밝혔다.『선조실록』26 : 3b, 선조 25년 4월. 아울러『선조실록』26 : 1a의 간단한 요약과 유성룡,『징비록』1 : 14b,『서애집』, 498쪽 참조. 유형원의 계산은 실록과 일치하지는 않는다. 그의 서술은 실록의 기록을 의역·오해하거나 누락한 것으로 판단된다. 그는 실록을 보지 못했으며 다른 자료에서 정보를 얻은 것 같다.『반계수록』21 : 17a~b.

53 李鎰을 둘러싼 사건에 대해서는 이형석, 같은 책 1, 258~264쪽. 조기룡에 관련된 내용은 이형석, 같은 책 1, 280쪽. 1592년 음력 6월의 전투에 대한 서술은 248~289쪽 참조.

54 육군사관학교 한국군사연구실 편,『한국군제사─근세 조선 전기편』, 서울 : 육군본부, 1968, 321~324쪽.

55 같은 책, 300~301쪽.

56 이 정보는『선조수정실록』이 편찬되기 시작해 완성된 기간인 1641(인조 19)~57년(효종 8)의 어느 시점에서 실록의 사관이 한 발언에서 나온 것으로 생각된다. 그는 임진왜란에서는 한 세대, 그리고 을묘왜변에서는 세 세대 정도 떨어져 있었다.『선조수정실록』25 : 19b~20a, 선조 25년 10월 계사. 아울러『한국군제사─근세 조선 전기편』, 301쪽 주 214 참조.『선조실록』과『선조수정실록』의 편찬 날짜에 대해서는 국사편찬위원회 편,『조선왕조실록』48권과『색인』25권(서울 : 1957)「범례」1~2쪽(申奭鎬 작성) 참조.

57 이형석,『임진전란사』3, 1,391쪽.

58 같은 책 1, 443~444, 465~478, 497쪽 ; 2, 692, 707~712쪽 ; 3, 1,389~1,395, 1,398~1,399쪽.

<sup>59</sup> 전투에서 도망친 사람들에 대해서는 같은 책 3, 1,287~1,291쪽 참조.

<sup>60</sup> 부산전투에서 세운 鄭撥의 공훈에 대해서는 같은 책 1, 235~241쪽 참조. 동래전투에서 일본군 2만과 맞서 싸운 동래부사 宋象賢의 전적(음력 4월 15일)은 같은 책 1, 240~249쪽. 1592년 5월 17~19일 충주전투에서 새재를 방어하지 못한 도순변사 申砬에 관련된 내용은 같은 책 254, 266~277쪽. 이형석은 신립이 새재를 방어하지 못한 까닭은 우세하고 잘 훈련된 적군에 제압된 결과였다고 감쌌다. 무계전투에 대해서는 같은 책, 324~326쪽, 구미포에서 싸운 元豪에 대해서는 334~336쪽, 우남전투에 대해서는 362~364쪽 참조. 조선군은 서울 바로 아래인 용인전투(1592. 7. 7~14)에서 궤멸적 패배를 당했으며 병력의 우세(일본군은 2천 명이었지만 조선군은 5만이었다)에도 불구하고 전략과 조직의 부족 때문에 서울로 가는 길을 열어주었다. 같은 책 1, 327~334쪽. 서울로 가는 경로를 방어하는 데 실패한 내용은 같은 책 1, 198~204 ; 3, 1,280~1,285쪽 참조.

<sup>61</sup> 같은 책 1, 143~147, 152~153, 287~291, 314~324쪽.

<sup>62</sup> Elisonas, "Inseparable Trinity", 276~278쪽 ; 이형석, 같은 책 2, 864~870쪽.

<sup>63</sup> 명의 황제에게 전달되지 못한 도요토미 히데요시의 일곱 가지 조건은 다음과 같다. (1) 명의 공주를 일본의 왕비로 보낼 것. (2) 일본과 명의 무역 및 우호조약을 체결할 것. (3) 양국 관원이 공식적인 서약을 교환할 것. (4) 조선 4도를 일본에 할양할 것. (5) 조선의 왕자와 몇 명의 대신을 일본에 인질로 보낼 것. (6) 포로로 사로잡은 조선의 두 왕자를 돌려보낼 것. (7) 조선 관원이 서명한 조약문서를 일본에 바칠 것. 이형석, 같은 책 2, 876쪽.

<sup>64</sup> 같은 책 2, 889, 914~923쪽. 이형석은 강화협상은 도요토미 히데요시가 명 황제에게 보내는 서한을 위조하는 위험까지 무릅쓴 고니시 유키나가와 심유경의 노력으로 유지됐다고 평가했다. 그들은 도요토미 히데요시가 명에 조공을 바칠 것을 요구한 문서를 명으로 보내고 도요토미 히데요시와 강화협상을 하기 위해 두 명의 중국 관원을 파견했으며, 협상을 계속 추진하는 권한을 부여받은 두 명의 陳奏使(명 황제에게 서한을 바치는 사신)와 명 황제의 사신을 가짜로 만들었다. 같은 책 2, 863쪽.

<sup>65</sup> 같은 책 2, 922~929쪽. 명 조정에서 강화를 맡은 병부상서 石星과 실무 책임자인 심유경은 모두 강화가 결렬된 뒤 파직됐다. 석성은 옥사했으며 심유경은 처형됐다. 같은 책 2, 931~939쪽 ; Ray Huang, "The Lung-ch'ing and Wan-li reigns, 1576-1620", 571쪽.

<sup>66</sup> 이형석은 우의정 李元翼은 거기에 가담하지 않은 유일한 서인이었다고 지적했다. 같은 책 2, 992~998쪽. 『국사대사전』 2, 1,191~1,192쪽에 실린 이원익의 전기에서는 그는 당파와 무관해서 젊은 시절 친구가 거의 없었지만 그의 능력을 알아본 유성룡(남인)이 관직에 추천했다고 서술했다. 그 뒤 그는 황해도에서 이이(사후에 서인의

존경을 받았다) 아래서 근무했으며 광해군(동인에서 갈라진 대북의 지원을 받았다) 때 영의정에 제수됐지만, 인목대비를 폐출시키는 데 반대해 유배 갔다. 그는 서인이 광해군을 폐위시킨 뒤 복직됐다.

67 이형석, 같은 책 2, 761, 767, 791~794, 835~836, 945~948, 990, 1,032~1,039 ; 3, 1,400쪽 ; Elisonas, "Inseparable Trinity", 278~287쪽.

68 Elisonas, 같은 글, 288~290쪽 ; Asao Naohiro, "The Sixteenth-Century Unification", 72~73쪽 ; 이형석, 같은 책 2, 949쪽.

69 이형석, 같은 책 3, 1,254쪽.

70 같은 부분.

71 같은 책 3, 1,255, 1,318~1,321쪽.

72 같은 책 1, 47쪽 ; 3, 1,264, 1,304쪽.

73 같은 책 1, 453~462쪽 ; 3, 1,305쪽. 조총에 대한 소개는 1, 122쪽 ; 3, 1,305~1,306쪽 참조. 조선의 방어력은 도성 주민들이 軍器寺를 불태워 비축된 무기를 망실시킨 결과 개전 초기 커다란 타격을 받았다. 이것은 형조의 노비 장적을 불태우고 임진강 개성 평양에서 일어난 반란 등과 함께 백성들이 체제에 저항해 자발적으로 일으킨 여러 봉기 중의 하나였다. 같은 책 1, 464쪽.

74 『반계수록』 21 : 42a~44b, 14a~b ; 이형석, 같은 책 3, 1,357쪽. 명 세종 嘉靖 연간 (1522~66) 절강지방에서 왜구를 소탕한 척계광의 전술과 『기효신서』의 내용, 유성룡의 추천에 대해서는 『한국군제사―근세 조선 후기편』, 3~10쪽 참조.

75 대포의 다양한 종류에 대한 서술은 이형석, 『임진전란사』 3, 1,306쪽.

76 같은 책 2, 700, 766쪽.

77 같은 책 2, 1,163쪽.

78 같은 책 1, 183, 186 ; 2, 745, 765쪽. 훈련도감에 대한 이수광의 지지와 군사훈련의 미비에 대해서는 같은 책, 1,260~1,261쪽 참조.

79 경기도는 병자호란 이후 제외됐다. 『국사대사전』 1, 676쪽. 훈련도감의 설립에 관련된 연구는 車文燮, 「선조조의 훈련도감」, 『조선시대 군제 연구』, 서울 : 단국대학교 출판부, 1973, 158~178쪽 ; 李謙周, 『한국군제사―근세 조선 후기편』, 13~19쪽. 아울러 『만기요람』, 경성 : 조선총독부 중추원, 「군정편」, 215~217, 227쪽 ; 이형석, 『임진전란사』 2, 745쪽.

80 이형석, 같은 책 3, 1,265쪽. 전거는 趙慶男, 『亂中雜錄』 권 2, 서울 : 민족문화추진회, 1977이었지만 직접 이용할 수는 없었다.

81 유성룡이 사용한 主鎭과 절제사라는 용어는 1466년(세조 12) 채택된 진관제도와 내용은 같았지만 이름은 달랐다. 『한국군제사―근세 조선 전기편』, 114~117쪽. 고려 후기에 관련된 내용은 같은 책, 103~110쪽. 세종대 경상도에 배치된 부대의 종류에

대해서는 같은 책, 123쪽. 전국에 관련해서는 129~134쪽. 군사와 부대를 나타낸 도표는 118쪽. 세조대 翼軍體制에 대해서는 157~159쪽. 진관제도에 대해서는 159~162쪽. 168쪽에 실린 지도는 전국에 배치된 각급 진관의 상황을 잘 전달해준다.

82 『반계수록』 21 : 17a~18a ; 이형석, 『임진전란사』 2, 769쪽.

83 『반계수록』 21 : 17a~b ; 『선조실록』 49 : 24b(1594) ; 유성룡, 『징비록』 1 : 14a, 『서애집』, 498쪽. 당시 『제승방략』을 비판한 유성룡의 견해와 유성룡의 제안을 선조가 윤허한 날짜에 대한 설명은 『한국군제사—근세 조선 전기편』, 296~298쪽. 『한국군제사—근세 조선 후기편』에서는 임진왜란에 대한 간략한 설명(3~10쪽)과 『제승방략』에 대한 유성룡의 견해와 진관체제를 복구하자는 그의 제안을 설명했다(23~26쪽).

84 『반계수록』 21 : 19a~20b. 송의 국경 방어전략에 대해서는 이형석, 『임진전란사』 3, 1,253~1,254쪽.

85 『한국군제사—근세 조선 후기편』, 26~37쪽 ; 차문섭, 「속오군 연구」, 179~228쪽. 아울러 『선조수정실록』 28 : 15a~b, 선조 27년 10월 을사. 유성룡은 이덕형이 척계광의 아들에게서 『기효신서』를 알게 됐다고 전했다. 유성룡은 그 책을 필사해서 1593년 4월 계사에 국왕에게 올렸다. 『징비록』 3 : 10b~11a ; 戚繼光, 『紀效新書』, 上海 : 商務印書館, 1939, 21~29쪽.

86 1593년 3월 28일(음력 2월 26일) 입대한 공·사노비들은 양인으로 면천시킨다는 명령이 시행됐다. 7월 12일(음력 6월 14일)에는 三醫司의 규정에 따라 노비들에게 잡과가 치러졌으며 합격한 사람은 즉시 양인으로 간주되어 翼林衛에 배속시켰다. 일본군의 수급을 바치거나 미곡을 기부한 노비들도 면천됐다. 이형석, 『임진전란사』 3, 1,297, 1,353쪽.

87 같은 책 1, 799쪽 ; 2, 1,238쪽.

88 같은 책 2, 1,159, 1,163, 1,665, 1,668쪽.

89 창설된 속오군은 隊長이 지휘하는 11명을 1대로 삼아 조직됐다. 3대가 1旗(33명)가 되어 旗摠이 이끌었고, 3기가 1哨(99명)가 되어 초관이 지휘했으며, 5초가 1司(495명)가 되어 把摠이 인솔했으며 경기도 순찰사에게 직속됐다. 유성룡, 「編伍事目」 15 : 18a~b, 1595년 12월 8일, 『서애문집』, 696쪽. 차문섭, 「속오군 연구」, 13, 17쪽에서 인용. 이것은 司를 기준으로 상하의 부대를 조직하는 모범이 됐지만 정원은 엄격하게 준수되지 않았다. 유성룡은 속오군의 이점을 논의하면서 360명을 정원으로 한 부대조직을 제시했다. 『서애문집』 14 : 6a 참조. 차문섭, 같은 글, 184쪽에서 인용.

90 1595년 이후의 속오군조직과 해주지방에 배치된 부대에 대해서는 『선조실록』 65 : 18a, 선조 28년 7월 경진 ; 『한국군제사—근세 조선 후기편』, 29, 33쪽 주 59 참조. 경기도의 수치는 같은 책, 32쪽. 그 부분은 유성룡, 「軍門謄錄」, 『징비록』 15 : 1a~3b ; 「移京畿巡察使文」, 같은 책, 15 : 3b~4b ; 「編伍事目」, 같은 책, 15 : 18a~20b,

『서애집』, 688~690, 696~697쪽 참조. 아울러『서애문집』14 : 5b~6b, 240쪽 속오군 관련 부분도 참조.

각 도에 배치된 營將의 숫자는 매우 달랐다. 1746년(영조 22)에 편찬된『속대전』에 따르면 강원도에는 3명이 배치됐지만 경기·경상·황해·함경도에는 6명이 있었으며 평안도에는 9명이었다.『한국군제사―근세 조선 후기편』, 33쪽 주 60. 경기도와 다른 도의 영장에 대한 좀더 자세한 논의는 차문섭,「속오군 연구」, 191~195쪽 참조.

91 이 부대의 자료는 1596년 음력 5월 안주의 營에 보고한 자료의 일부다.『한국군제사―근세 조선 후기편』, 33~35쪽, 특히 34쪽 표 참조. 이 정보는「鎭管官兵編伍冊殘卷」에서 인용했다. 아울러 차문섭,「속오군 연구」191~192쪽의 평안도 안주의 조직에 대한 논의도 참조.

92 『한국군제사―근세 조선 후기편』, 33쪽.

93 유성룡,「備邊雜錄」,『국역 서애집』2, 서울 : 민족문화추진회, 1977, 46~47쪽. 유성룡의 저작에서 이런 생각을 찾아내는 데는 이겸주,『한국군제사―근세 조선 후기편』, 35~36쪽에서 도움을 받았다.

94 평안도의 순찰사와 병사에 대한 지시는「군문등록」,『징비록』, 16 : 13b~14b,『서애집』, 714쪽 ;「備邊雜錄」,『국역 서애집』2, 46~47쪽 ;『한국군제사―근세 조선 후기편』, 36쪽 참조.

95 『한국군제사―근세 조선 후기편』, 37쪽.

96 『선조실록』111, 2b~3a, 선조 32년 4월 정사. 차문섭,「속오군 연구」, 195쪽에서 인용.

97 인용문은 같은 글, 96~97쪽.

98 이형석,『임진전란사』3, 1,278~1,279쪽. 이형석은 국방을 재건하는 데 선조가 관심을 소홀히 했다고 비판했다.

99 같은 책 3, 1,322~1,323쪽.

100 같은 책 2, 972쪽.


## 제3장 임진왜란 이후 국방과 경제의 발전

1 당파의 이름 중에서 일부는 지역적 연고와는 무관하다.

2 이상백,『한국사―근세 후기편』, 서울 : 을유문화사, 1965, 82~87쪽 ; Franz Michael, *The Origin of Manchu Rule in China*, Baltimore : Johns Hopkins Press, 1942, 39~47쪽 ; Frederic Wakeman, Jr., *The Great Enterprise : The Manchu Reconstruction of Imperial Order in Seventeenth-Century China*, Berkeley and Los Angeles : University of California Press, 1985, 1, 49~82쪽.

3 李丙燾,「광해군의 대후금정책」,『국사상의 제문제』1, 1959, 135~173쪽 ; Wakeman, 같은 책, 62~63쪽 ; 稻葉岩吉,『光海君時代の滿鮮關係』, 京城 : 大阪屋號

書店, 1933, 第5章.

4 李泰鎭, 「중앙 五軍營制의 성립과정」, 『한국군제사—근세 조선 후기편』, 서울 : 육군 본부, 1977, 88~89쪽 ; 全海宗, 「椵島의 명칭에 관한 소고」, 『서울대학교 논문집』 인 문사회과학 9, 1959 ; 『한중관계사연구』, 서울 : 일조각, 1970, 156~164쪽 ; Wakeman, 같은 책, 127쪽.

5 金龍德은 도덕적 의무와 명예를 숭상하는 성리학자인 서인들은 광해군의 현실적인 외 교정책을 폐기했다고 지적했다. 「소현세자 연구」, 『사학연구』 18, 1964, 436~437쪽.

6 국왕은 호위청에 5백 명의 병력만 승인했지만 그 부대의 지휘관은 자신의 직권으로 병력을 선발해 1624년에는 1천 명까지 늘렸다. 이태진, 「중앙 오군영제의 성립과정」, 74~75쪽 ; 『조선 후기의 정치와 軍營制 변천』, 서울 : 한국연구원, 1985, 81~93, 98 ~102쪽.

7 이태진, 같은 글, 73쪽 ; 같은 책, 84쪽.

8 이태진, 같은 글, 76~80쪽 ; 같은 책, 90~96쪽.

9 6천 명의 금위영은 훈련도감에 수천 명으로 구성된 부대에 소속되어 있었는데, 1천 명 은 장단, 2천 명은 수원, 2백 명은 새로 설립된 어영군, 5백 명은 호위청의 4장군 아래 에 배치됐다. 이태진, 같은 글, 79~80쪽 ; 같은 책, 94~96쪽.

10 그들은 훈련도감, 특히 북방으로 번상하던 포수와는 반대로 북방의 군역에서 면제됐 다. 이태진, 같은 글, 80~82쪽 ; 같은 책, 96~98쪽.

11 이태진, 같은 글, 83, 85~87쪽 ; 같은 책, 98~106쪽.

12 침입 직후 정부는 남부지방에서 3만 명 이상의 군사를 투입하도록 지시했다. 이태진, 같은 글, 90~91쪽 ; 같은 책, 109~113쪽.

13 노서는 功西라고도 불린다. 그 지도자 중 한 사람인 김류는 1625년(인조 3) 南以恭을 대사간에 임명하는 데 찬성했다. 김류는 정치적 추종자들을 육성하려고 노력했으며 인조는 공서의 독주를 억제하려고 했다. 나중에 淸西와 연합한 이귀와 少西는 그들 에 반대세력을 형성했다. 그러나 吳洙彰에 따르면 이귀와 김자점은 광해군의 폐위를 주모한 이서 · 김류와 좋은 관계가 아니었기 때문에 1622년(광해군 14)까지는 반정 의 계획에 동참하지 않았다. 달리 말하면 최고 지휘관과 수도 경비 부대의 지휘관들 은 서로 나뉘어 있었던 것이다. 오수창, 「인조대 정치세력의 동향」, 『한국사론』 13, 1985, 84~92쪽 ; 『국사대사전』 1, 354쪽 ; 이태진, 『조선 후기의 정치와 군영제 변 천』, 113~114쪽.

14 이태진, 『한국군제사—근세 조선 후기편』, 90~94쪽 ; 『조선 후기의 정치와 군영제 변천』, 114~116쪽 ; 오수창, 같은 글, 94쪽. 강화조약은 침략이 시작된 지 두 달 만인 1627년 음력 3월 3일에 체결됐다. 국왕은 명의 曆法을 중단하고 청에 인질을 보내는 데 동의했다. 음력 5월 청군은 철수했다.

15 그는 총융·청의 지휘관에서 물러난 뒤에도 권력자로 남아 있었다.

16 김류는 멀리 떨어진 경상도와 강원도에서 자신의 부대에 배속된 병력을 경기도에 사는 사람들로 교체해달라는 당시 수어사 이시백의 요청을 거부했는데, 그 결정은 그 뒤 그를 곤란하게 만들었다. 인조가 이시백에게 그의 부대가 허약한 까닭을 묻자 이시백은 병력을 교체해달라는 자신의 요청을 김류가 거절했기 때문이라고 대답한 사실을 이긍익은 자세히 서술했다. 김류는 그 대답에 격노해 이시백을 다른 죄목으로 체포해 장형에 처함으로써 주위의 모든 사람을 놀라게 했다. 李肯翊, 『燃藜室記述』 27, 「丙子胡亂 丁丑 南漢出城」(경성 : 조선고서간행회, 1913) 5 : 120~121쪽. 이태진, 『조선 후기의 정치와 군영제 변천』, 121쪽 주 37에서 인용.

17 이태진, 『한국군제사—근세 조선 후기편』, 94~101쪽 ; 『조선 후기의 정치와 군영제 변천』, 117~127쪽.

18 이긍익, 『연려실기술』 27, 5 : 120~121쪽. 이태진, 『조선 후기의 정치와 군영제 변천』, 133쪽 주 86에서 인용.

19 이긍익, 같은 책 27, 5 : 121~122쪽.

20 이 사건에 대한 설명은 같은 책, 121~159쪽 ; 이태진, 『한국군제사—근세 조선 후기편』, 102~108쪽 ; 『조선 후기의 정치와 군영제 변천』, 127~136쪽. 침략 당시 국내의 정치상황에 대해서는 오수창, 「인조대 정치세력의 동향」, 97쪽 이하 참조.

21 이긍익, 같은 책 27, 5 : 120쪽.

22 김용덕, 「소현세자 연구」, 442~444, 448쪽 ; 이태진, 『한국군제사—근세 조선 후기편』, 108~111쪽 ; 『조선 후기의 정치와 군영제 변천』, 136~143쪽.

23 이태진, 『조선 후기의 정치와 군영제 변천』, 143~145쪽.

24 1654년(효종 5) 황해도 관찰사 金弘郁은 김자점이 인조가 총애하는 貴人 趙氏와 결탁해 강빈의 혐의를 거짓으로 꾸몄으며 소현세자의 두 아들이 사망한 데도 책임이 있다는 내용의 용감한 상소를 효종에게 올렸다. 김용덕, 「소현세자 연구」, 433~490쪽, 마지막 항목에 대해서는 482~483쪽 ; 이태진, 『한국군제사—근세 조선 후기편』, 114쪽 ; 『조선 후기의 정치와 군영제 변천』, 146~147쪽 ; 오수창, 「인조대 정치세력의 동향」, 97~98쪽 ; 이긍익, 『연려실기술』 29, 5 : 266~281쪽.

25 이태진, 『한국군제사—근세 조선 후기편』, 111~115쪽 ; 『조선 후기의 정치와 군영제 변천』, 147~150쪽 ; 오수창, 「인조대 정치세력의 동향」, 111~112쪽.

26 천관우, 「한국토지제도사」(하), 『한국문화사 대계』 II, 고려대 민족문화연구소, 1965, 1,430쪽.

27 같은 글, 1,505~1,507쪽 및 1,507쪽 표.

28 같은 글, 1,506쪽.

29 1807년(순조 7)에는 3만 7,926결 또는 전국에서 등록된 토지의 2.6퍼센트가 이 범주

에 속해 있었다. 같은 글, 1,508~1,510쪽.

30 조선 전기에 6등급으로 나눈 토지의 1결 면적은 2.25, 2.65, 3.21, 3.786, 5.63, 9.01 에이커(9,105만, 1만 724, 1만 2,990, 1만 5,321, 2만 2,784, 3만 6,462제곱미터)였으므로, 이런 평균 면적은 하위 두 등급과 비슷하다. 1901년 일본이 실시한 조사에서는 1결의 평균 면적은 도마다 다르게 보고됐는데, 이것은 논에서 이모작을 시행하던 남부지방의 비옥한 토지가 밭농사를 짓던 북부지방보다 생산략이 높았다는 사실을 반영한다. 같은 글, 1,492, 1,495쪽.

31 金容燮, 『조선 후기 농업사 연구(I)—농촌경제, 사회변동』, 서울 : 일조각, 1970, 160~161쪽.

32 같은 책, 136~137, 149~153쪽.

33 같은 책, 155쪽.

34 같은 책 164~165쪽.

35 같은 책, 162쪽 표 61.

36 四方博, 「李朝人口に關する一研究」, 『朝鮮社會經濟史研究』, 東京 : 岩波書店, 1937, 257~388쪽 ; 「李朝人口に關する身分階級別の考察」, 『朝鮮經濟の研究』 3, 東京 : 岩波書店, 1938, 363~482쪽 및 부록에 첨부된 도표 ; 김용섭, 같은 책, 158~159, 158쪽 표 59.

37 김용섭, 같은 책, 149~154, 157쪽 표 38~56.

38 김용섭, 「조선 후기의 수도작 기술—이앙법의 보급에 대하여」, 『조선 후기 농업사 연구(II)—농업변동, 농학사조』, 서울 : 일조각, 1971, 2~18쪽. 원고는 『아세아연구』 7권 1호, 1964, 51~76쪽. 영문 요약은 77~78쪽. 모를 옮겨 심을 때 충분한 물을 공급해야 하는 필요성에 대해서는 김용섭, 「조선 후기의 수도작 기술—이앙과 수리 문제」, 같은 책, 72~76쪽. 아울러 Tony Michell, "Fact and Hypothesis in Yi Dynasty Economic History : The Demographic Dimension", *Korean Studies Forum*, no. 6(Winter-Spring, 1979/1981), 83~84쪽.

39 김용섭, 「조선 후기의 수도작 기술—이앙법의 보급에 대하여」, 18~37쪽. 아울러 이앙법이 시행됐어도 흉년이 들었을 경우 감세 받기 위해서 수령이 보고해야 했다는 증거에 대해서는 「조선 후기의 수도작 기술—이앙과 수리 문제」, 78~79쪽.

40 김용섭, 「조선 후기의 수도작 기술—이앙법의 보급에 대하여」, 35쪽 주 82.

41 김용섭, 「조선 후기의 수도작 기술—도 · 맥 이모작의 보급에 대하여」, 『조선 후기 농업사 연구(II)』, 40~71쪽.

42 이상백, 『한국사—근세 전기편』, 서울 : 을유문화사, 1962, 476~478쪽.

43 최근 崔潤晤는 이 시기에 전면적인 고용노동제도와 노동의 매매가 이루어졌다고 주장했지만(「18~19세기 농업고용노동의 전개와 발달」, 『한국사연구』 77, 1992, 57~

88쪽) 필자는 이런 결론에 도달했다. 그는 산업노동보다는 농업노동에 초점을 맞추었지만, 그의 증거들은 대부분 단편적이어서 고용노동이 수행된 비율과 15세기보다 증가한 정도를 증명하기에는 충분치 않다.

44 강만길, 「상업」, 『한국사』 10, 서울 : 탐구당, 1974, 375~382쪽.

45 고승제, 「면업」, 『한국사』 10, 325~335쪽.

46 이상백, 『한국사―근세 전기편』, 476~478쪽.

47 유원동, 「상업」, 『한국사』 10, 287~305쪽 ; 이상백, 같은 책, 482~483쪽.

48 유원동, 같은 글, 294~295쪽.

| 제2부 사회개혁 : 양반과 노비 |

## 제2부 서론

1 James B. Palais, "Confucianism and the Aristocratic/Bureaucratic Balance in Korea", *Harvard Journal of Asiatic Studies* 44, no. 2, 1984, 427~468쪽 ; Robert P. Hymes, *Statesmen and Gentlemen : The Elite of Fu-chou, Chiang-hsi in Northern and Southern Sung*, Cambridge : Cambridge University Press, 1986 ; Peter K. Bol, *This Culture of Ours : Intellectual Transitions in T'ang and Sung China*, Stanford, California : Stanford University Press, 1992.

2 이런 견해는 18~19세기 사회구조가 무너지고 양반의 지위가 약화됐다는 현재 남한의 통설과는 상충된다. 이런 문제는 뒤에서 제기할 것이다.

## 제4장 교육과 학교를 통한 지배신분의 개조

1 유형원, 『반계수록』 부록보유, 고전간행회 편, 서울 : 동국문화사, 1958, 12 : 49a. 이 책에서는 이 판본을 기본으로 사용했다. 아울러 『증보 반계수록』 6권(한국학기본총서 10), 서울 : 경인문화사, 1974도 참조했다. 한국어 번역본은 한창경 옮김, 『국역 반계수록』 전6권, 대전 : 충남대학교 출판부, 1962 ; 조선인민주주의공화국 과학원 고전연구소 고전연구실 옮김, 전4권, 평양, 1960, 1963도 참조했다(이런 부분은 이 책이 순차적으로 작성되지 않았다는 사실을 알려준다. 이 주석은 아마도 서론의 주 4에 배치되면 가장 합당할 것이지만, 저자의 의도를 존중하고 원서의 편집 상태를 그대로 보여준다는 판단에서 그대로 두었다―옮긴이).

2 『반계수록』 12 : 48a.

3 고대의 제도를 복원할 수 있는 가능성을 논의한 북송대 장재와 정호 · 정이 형제의 견해에 대해서는 Hoyt Cleveland Tillman, *Utilitarian Confucianism : Ch'en Liang's*

*Challenge to Chu Hsi*, Cambridge : Harvard University Press, 1982, 42~43쪽 참조.

4 『반계수록』 12 : 48b.

5 같은 책, 10 : 30b.

6 같은 책, 12 : 49a.

7 같은 책, 12 : 48a.

8 같은 책, 12 : 48a.

9 송대, 특히 陳亮의 실용적 사고에 대한 설명은 Tillman, *Utilitarian Confucianism* 참조.

10 『반계수록』 10 : 30b.

11 같은 책, 11 : 1a~b.

12 사도에 대해서 유형원은 『서경』과 『주례』를 인용했다(같은 책, 11 : 1b, 2b). 다른 관직과 학교의 서열에 관해서는 같은 책, 11 : 4a, 6b~7a, 9a~b, 10b~12a, 14a, 15a 등 참조.

13 같은 책, 11 : 9b, 3a, 7b.

14 같은 책, 11 : 12a. 아동시절부터 단계적인 교육을 실시해야 한다는 주희의 생각에 대한 논의는 Wm. Theodore de Bary, "Chu Hsi's Aims as and Educator", In Wm. Theodore de Bary and John Chaffee, eds., *Neo-Confucian Education : The Formative Stage*, Berkeley and Los Angeles : University of California Press, 1989, 186~218쪽.

15 『반계수록』 11 : 3a. 『주례』 「왕제」에 대해서는 같은 책 11 : 9b.

16 Peter K. Bol, *This Culture of Ours : Intellectual Transitions in T'ang and Sung China*, Stanford, California : Stanford University Press, 1992.

17 『반계수록』 11 : 9b.

18 『주례』에 대한 언급은 같은 책, 11 : 4a.

19 같은 책, 11 : 2a, 9a~b. 아울러 陸贄의 주석도 참조.

20 같은 책, 11 : 3a.

21 같은 책, 11 : 4a~b.

22 같은 책, 11 : 5a~b. 아울러 『주례』 「왕제」 및 「學記」 참조. 각각 같은 책 11 : 9b 및 11 : 6b.

23 같은 책, 11 : 9b~11a.

24 같은 책, 11 : 14b. 송대의 지역 할당에 대해서는 John Chaffee, *The Thorny Gates of Learning in Sung China : A Social History of Examiniations*, Cambridge : Cambridge University Press, 1985 참조.

25 『반계수록』 11 : 13a.

26 같은 책, 11 : 2b, 4a, 10a, 14b.

27 고대에 의복과 품계 사이의 상관관계에 대한 주희의 발언을 인용한 내용은 같은 책, 11 : 13b. 造士를 요역에서 면제해주는 내용은 같은 책, 11 : 10b.

28 같은 책, 11 : 6b~7a, 방씨의 주석은 11a, 11b.

29 같은 책, 11 : 11a~b.

30 같은 책, 11 : 41a~55a의 『의례』 부분. 『주례』는 11 : 53a~55a 참조.

31 유형원은 唐代에 각 州縣에서 과거 급제자에게 합격증을 수여하면서 향음주례를 거행한 사실을 이 부분의 전거에 덧붙였다. 刺史는 그 행사를 주관하면서 경전에 밝은 수재(經明秀才)와 급제자를 손님으로 초청했다. 겨울에 열리는 향음주례에서는 연장자를 기렸다. 『당서』 정관연간 부분, 627~650쪽. 같은 책, 11 : 55a~60b에서 인용.

32 같은 책, 12 : 25a~b. 기원전 178년(한 문제 2) 문제는 학자들을 관직에 추천하라고 하명했으며, 기원전 165년에도 제후 왕자 대신들에게 유능한 인재를 추천하도록 지시했다. 같은 책, 14 : 2b. 문제 외에 경제(재위 기원전 156~140)와 元帝(재위 기원전 48~32)도 대신에 임명할 인물을 추천하라고 하교했다. 같은 책, 14 : 2b~3b.

33 같은 책, 12 : 1b~12a, 3a~b.

34 같은 책, 12 : 3b~4b.

35 같은 책, 12 : 28a~b.

36 같은 책, 12 : 29a.

37 같은 책, 14 : 4a~5a, 30a~b ; 『통전』 권18, 103쪽. Ch'ing-lien Huang, "The Recruitment and Assessment of Civil Officials under the T'ang Dynasty", Ph. D. diss., Princeton University, 1986, 106쪽.

38 宮崎市定, 『亞細亞歷史事典』, 東京 : 平凡社, 1962, 2 : 391~392쪽 ; 『九品官人法の 研究』, 京都 : 東洋史研究, 1956.

39 『반계수록』 12 : 6a~b. 처음에 중정은 군에 배치됐다. 뒤에 진(265~290)은 그 제도를 확대해 그 임무를 맡은 관원들의 위계를 따로 만들었다.

40 같은 책, 14 : 8b~9b.

41 劉毅의 견해는 같은 책, 12 : 7a~8a, 衛瓘의 견해는 8b~9a 참조.

42 같은 책, 12 : 26b~27b.

43 같은 책, 12 : 10a~b.

44 예컨대 같은 책, 12 : 28a 참조.

45 심약은 "하품에는 유명한 가문 출신이 없고 상품에는 미천한 가문 출신이 없다"는 유의의 유명한 발언을 인용했다. 같은 책, 12 : 28b.

46 같은 책, 12 : 28b.

47 같은 책, 12 : 27b.

48 같은 책, 12 : 27b~28a. 그러나 황제는 부현의 제안을 받아들이지 않았다.

49 같은 책, 12 : 29a.

50 같은 책, 12 : 10b, 29a.

51 같은 책, 12 : 10b.

52 같은 책, 12 : 11a~b.

53 같은 책, 12 : 29b. 중정이 문벌에 따라서 등급을 매기는 행위에 대한 두우의 비판은
   같은 책, 12 : 6a 참조.

54 같은 책, 10 : 5a.

55 같은 책, 10 : 5b.

56 같은 책, 12 : 4b~6a.

57 같은 책, 12 : 4b~5a, 26b~27a. 1세기 초반 韋彪의 상소는 12 : 26a. 중국의 과거제
   도에 대한 비판은 John Chaffee, *The Thorny Gates of Learning in Sung China* ;
   Peter K. Bol, "Chu Hsi's Redefinition of Literati Learning", In Wm. Theodore de
   Bary and John Chaffee, eds., *Neo-Confucian Education*, 151~185쪽 ; Wm.
   Theodore, de Bary, "Chu Hsi' s Aims as an Educator", 186~218쪽.

58 『반계수록』 12 : 6a, 12a~14a.

59 Arthur F. Wright and Denis Twitchett, eds., *Perspectives on the Tang*, New
   Haven, Connecticut : Yale University Press, 1973, 4~7, 26~27, 47~49, 52~58,
   63~68, 78~82쪽. 데니스 트윗쳇의 견해에 따르면 당의 전체 관원 중에서 과거제도
   를 통해서 배출된 인원은 소수였지만, 그 결과 지방 출신이 더욱 많은 출사 기회를 갖
   게 됐다. 같은 책, 79쪽.

60 『반계수록』 12 : 30a~b에 실린 李鍔의 견해.

61 같은 책, 12 : 37a. 참고로 두우의 비슷한 발언은 같은 책, 12 : 41a. 다른 발언은 12 :
   30a~b, 37a, 33b~34a 참조. 이부는 수도에만 설치됐기 때문에 글재주가 뛰어난 사
   람을 고용해 시험을 대신 치르게 하거나 서리에게 뇌물을 바친 응시자의 부정행위는
   물론 문학적 능력과 문지만을 기준으로 후보자를 평가하는 지방 수령들의 행태를 바
   로잡을 수 있는 충분한 정보를 얻기 어려웠다. 같은 책, 12 : 35b, 39a. 790년대 초반
   덕종대 陸贄의 발언은 14 : 33b~35b 참조.

62 같은 책, 12 : 35b, 39a.

63 같은 책, 12 : 14a.

64 같은 책, 12 : 39a~b.

65 같은 책, 12 : 37a~b.

66 같은 책, 12 : 39b, 37a~b.

67 같은 책, 12 : 32b. 그는 당대 초반 관원의 평균 재직 기간은 30년 정도였으므로 이

수치이면 대략 1만 4천 개의 관직을 충분히 채울 수 있을 것이라고 추산했다.

68 같은 책, 12 : 39b~40a.

69 같은 책, 14 : 14b. 황칭리엔은 馬周의 견해를 인용했으며(Huang, "The Recruitment and Assessment of Civil Officials under the T'ang Dynasty", 73~74쪽) 唐代의 등용과 평가제도에 대한 전체적인 비판을 담은 방대한 자료를 각주에서 인용했다(281~291쪽).

70 『반계수록』 14 : 15b~16a ; Huang, 같은 글, 283쪽, 주 605 두 번째 부분.

71 『반계수록』 14 : 15b~16a ; Huang, 같은 부분.

72 『반계수록』 14 : 16a~b.

73 같은 책, 14 : 33b~35b. 황칭리엔은 792(당 덕종 貞元 8)~94년에 걸쳐 陸贄가 올린 두 상소를 언급했다. 또한 그는 관원들의 짧은 임기와 잦은 전보를 비판했지만, 덕종은 받아들이지 않았다. Huang, "The Recruitment and Assessment of Civil Officials under the T'ang Dynasty", 183~187쪽 ; Denis Twichett, "Lu Chih(754-805) : Imperial Adviser and Court Official", In Arthur F. Wright, ed., *The Confucian Persuasion*, Stanford, California : Stanford University Press, 1960, 105쪽.

74 『반계수록』 12 : 15b.

75 같은 책, 12 : 15b~17a.

76 같은 책, 12 : 42a, 43a.

77 같은 책, 12 : 41b.

78 같은 책, 12 : 20a.

79 Thomas H. C. Lee, *Government Education and Examinations in Sung China*, Hong Kong : Chinese University Press, 1985, 241~243쪽.

80 『반계수록』 12 : 20b~21a.

81 같은 책, 12 : 20b.

82 같은 책, 12 : 46a, 45b.

83 Chaffee, *The Thorny Gates of Learning in Sung China*, 67~68쪽.

84 같은 책, 47~48쪽.

85 명 제도에 대한 서술은 『반계수록』 12 : 21a~b.

86 같은 책, 12 : 21b~22a.

87 같은 책, 12 : 22b.

88 같은 부분.

89 같은 부분.

90 Hugh Kang, "Institutional Borrowing : The Case of the Chinese Civil Service Examination in Early Koryŏ", *Journal of Asian Studies* 24, no. 1, 1974, 109~126쪽.

91 『반계수록』12 : 22b~23a.

92 같은 부분.

93 조선시대에 대한 서술은 같은 책, 12 : 23b~24b.

94 같은 책, 12 : 12b.

95 같은 책, 12 : 24b.

96 이성무,「선초의 성균관 연구」,『역사학보』35 · 36, 1967, 219~268쪽.

97 『반계수록』9 : 40b. 송대의 학교에 대한 서술은 Chaffee, The *Thorny Gates of Learning in Sung China*, 89~91쪽.

98 『반계수록』9 : 40b.

99 James B. Palais, *Politics and Policy in Traditional Korea*, Cambridge : Harvard University Press, 1975, 110~131쪽.

100 대원군은 서원을 40개만 남기고 모두 철폐하고, 萬東廟의 大報壇을 서울로 옮겼으며, 지방에 사당을 두는 규정을 없앴다. Palais, 같은 책, 제6장.

101 Palais, "Confucianism and the Aristocratic/Bureaucratic Balance in Korea", 427~468쪽.

102 주회의 진정한 학문에 대한 피터 볼의 분석을 참조. Peter Bol, "Chu Hsi's Redefinition of Literati Learning", 156~167쪽.

103 『반계수록』10 : 29a~b.

104 피터 볼의 견해에 따르면 주회는 왕안석이 유교적 방법을 진정으로 이해하지는 못했다고 생각했지만 그를 공정하게 평가했으며 그의 일부 정책을 수용했다고 지적했다. "Chu Hsi's Redefinition of Literati Learning", 167~171쪽.

105 『반계수록』12 : 42b.

106 같은 책, 12 : 43a~44a, 19b.

107 같은 책, 12 : 44a~b.

108 같은 책, 12 : 44b~45a.

109 Tillman, *Utilitarian Confucianism*, 145~152쪽.

110 『반계수록』12 : 47a.

111 같은 책, 12 : 47b.

112 같은 책, 11 : 18a, 20a~b.

113 같은 책, 11 : 21a~b.

114 같은 책, 11 : 22a.

115 같은 책, 11 : 19a~20a.

116 같은 책, 12 : 45a.

117 같은 책, 14 : 40a~41b. 송대 정호의 계획에 대해서는 Lee, *Government Education*

*and Examinations in Sung China*, 241쪽.

118 『반계수록』 11 : 15b~17b.

119 같은 책, 11 : 17a~b. 고대 학교의 아름다움에 대한 胡五峯의 견해는 같은 책, 11 : 22a~23a 참조. 張南軒의 견해는 11 : 23a~b ; de Bary, "Chu Hsi's Aims as an Educator", 194, 201쪽 참조.

120 『반계수록』 11 : 27a~28b.

121 같은 책, 11 : 29a~31b.

122 같은 책, 11 : 31b~41a.

123 같은 책, 11 : 35a~b.

124 같은 책, 11 : 36a~b.

125 같은 책, 12 : 22a~b.

126 같은 책, 10 : 30a.

127 같은 책, 11 : 29a~30b.

128 같은 책, 10 : 10a.

129 같은 책, 10 : 27b~28a.

130 같은 책, 10 : 18b~19a. 이이의 비슷한 발언은 같은 책, 10 : 32b 참조.

131 이 시험은 당의 현량과와 비슷했다. Edward Willett Wagner, *The Literati Purges : Political Conflict in Early Yi Korea*, Cambridge : East Asian Research Center and Harvard University Press, 1974, 92~103쪽.

132 『반계수록』 10 : 27a.

133 Wagner, *The Literati Purges*, 98쪽.

134 『반계수록』 10 : 32b~33b.

135 같은 책, 10 : 28a~b.

136 같은 책, 10 : 26a.

137 같은 책, 10 : 30b.

138 같은 책, 10 : 2b. 아울러 10 : 31a~32a도 참조.

139 虞集의 견해는 같은 책, 10 : 2b~3a. 구준의 견해는 10 : 3a~4a, 송 신종 元豊 연간 (1078~86) 교관을 신중하게 뽑은 것을 상찬한 마단림의 발언은 10 : 2b 참조.

140 같은 책, 10 : 1a. 유형원은 정원을 지역별로 배정한 방안은 연영원에 대한 정호의 제안에 따른 것이라고 밝혔다.

141 같은 책, 10 : 1b. 이전에 했던 비슷한 제안은 10 : 33a 참조.

142 같은 책, 10 : 1b~2a. 이조의 심사를 거친 뒤 후보자는 관직에 임명됐다. 후보자의 당시 품계와 교관의 품계가 크게 차이나면 후보자는 散職을 받았다.

143 같은 책, 10 : 9a, 12b, 15b.

144 같은 책, 9 : 37a~b.

145 같은 책, 9 : 38a.

146 같은 책, 10 : 27b.

147 같은 책, 10 : 16b~17a.

148 같은 책, 9 : 31a~b.

149 수도가 위치한 경기도는 이 규정에서 제외됐다. 거기서는 중학이 영학을 대신했다.

150 같은 책, 9 : 32a~b.

151 같은 책, 10 : 35a~b.

152 같은 책, 9 : 32b~33a. 이런 관원들에게 적용되는 특별한 품계는 9 : 32b 참조. 아울러 유형원은 당시 四學의 교관들은 관원을 겸직으로 임명한 것과 반대로 종4품과 6품의 教導와 教授를 새로 설치해 교육을 전담하도록 했다고 언급했다.

153 같은 책, 9 : 33a.

154 같은 책, 9 : 35a~36a.

155 같은 책, 9 : 39a.

156 같은 책, 9 : 40b.

157 渡部學,『近世朝鮮教育史研究』, 東京 : 雄山閣, 1969, 406쪽.

158 『반계수록』9 : 39a. 와타나베 마나부는 유형원의 鄕은 5백 가호 단위로 정의됐으므로 孔安國의 黨과 동일하다고 지적했다. 渡部學, 같은 책, 406쪽.

159 『반계수록』9 : 39a~40a.

160 같은 책, 9 : 39b.

161 같은 책, 9 : 39b~40a.

162 Lee, *Government Education and Examinations in Sung China*, 245~249쪽.


### 제5장 새로운 학교 : 급진주의에 대한 보수적 태도

1 『반계수록』9 : 27a~b.

2 같은 책, 9 : 25b, 10 : 4b.

3 같은 책, 10 : 7b.

4 같은 책, 9 : 34a.

5 같은 책, 9 : 33a.

6 같은 책, 9 : 34a~b.

7 같은 책, 9 : 34b.

8 같은 부분.

9 같은 책, 10 : 22a.

10 같은 책, 10 : 25b.

11 같은 책, 10 : 24a.

12 같은 책, 10 : 25a.

13 같은 책, 10 : 25a, 22b~23b.

14 같은 책, 10 : 22b~23b. 당시 과거의 특정한 인원 할당은 이 부분을 참조.

15 같은 책, 9 : 3b.

16 같은 책, 10 : 24b~25a.

17 같은 책, 10 : 24a.

18 같은 책, 10 : 13b.

19 같은 책, 10 : 14a~b.

20 같은 책, 10 : 13a.

21 같은 책, 10 : 14b~16b.

22 같은 책, 10 : 19b.

23 같은 책, 10 : 11a.

24 같은 책, 10 : 19a~b.

25 후한대 三書에 대한 설명은 Charles O. Hucker, *A Dictionary of Official Titles in Imperial China*, Stanford, California : Stanford University Press, 1985, 401쪽.

26 『반계수록』 10 : 17b. 유형원은 절차를 세우는 데 고대의 의례를 참고하라고 조언했다.

27 같은 책, 10 : 18a.

28 같은 책, 10 : 29b.

29 같은 책, 10 : 20a.

30 같은 책, 10 : 20b~21a.

31 같은 책, 10 : 21b.

32 같은 책, 10 : 21a.

33 같은 책, 10 : 5a, 9a~b.

34 같은 책, 10 : 10b.

35 같은 책, 10 : 13a. 상급 학교에 들어가기 위한 첫 번째 시험에 떨어진 학생에게 적용한 비슷한 규정은 같은 책, 10 : 14b~15a 참조.

36 같은 책, 10 : 15a. 태학에 입학한 뒤 처음 치르는 시험에서 떨어진 학생을 퇴학시키는 규정은 10 : 16a 참조.

37 같은 책, 9 : 25b, 36a.

38 같은 책, 9 : 25b.

39 같은 책, 9 : 26a. 그는 로큰롤(rock and roll)을 어떻게 생각했을까.

40 같은 책, 9 : 26a. 靜坐에 대한 자료는 Wm. Theodre de Bary and the Conference on Seventeenth-Century Chinese Thought, *The Unfolding of Neo-Confucianism*,

New York : Columbia University Press, 1975의 색인 참고.

41 같은 책, 9 : 26b~31a.

42 같은 책, 9 : 30b~31a.

43 같은 책, 10 : 26b.

44 같은 책, 10 : 27a.

45 같은 책, 9 : 27a~b.

46 같은 책, 9 : 25b, 10 : 4b.

47 같은 책, 10 : 10b.

48 같은 책, 9 : 36b.

49 같은 책, 10 : 4b.

50 같은 책, 10 : 10a, 11a.

51 같은 책, 10 : 8b, 11b. 그는 활쏘는 장소를 모든 학교마다 두어야 한다고 요구했다.
9 : 36b.

52 같은 책, 10 : 12a.

53 같은 책, 10 : 13a.

54 같은 책, 10 : 47b~48a.

55 다른 학교에 대한 규정은 같은 책, 10 : 44a~53b 참조. 주요한 개혁 사항으로는 유망
한 지원자에게 입학시험을 치르게 하고 학생들에게 녹봉과 추가적인 토지를 지급하
며, 3년마다 선발시험을 치르고 석 달마다 考講을 치러 떨어진 학생들을 퇴출시키는
것이었다.

56 같은 책, 10 : 48a~b, 53a.

57 같은 책, 10 : 45a~57a.

58 같은 책, 10 : 47a~b.

59 같은 책, 10 : 53a~b.

60 같은 책, 10 : 48b. 의학은 10 : 49a, 천문학은 49 : a~b, 지리학은 49b, 어학은 49b
~50a, 율학은 50b, 산학은 50b, 書學은 51a, 圖畵署 畵生은 51b, 掌樂院 樂工은
51b~52b 참조.

61 같은 책, 10 : 51b~52b.

62 같은 책, 10 : 7b.

63 같은 부분.

64 같은 책, 10 : 7b~8a.

65 같은 책, 10 : 4b. 특별히 재능이 뛰어난 사람을 제외하고 나이, 특히 최소 40세 이상
의 학자를 관직에 등용하는 문제에 대한 자세한 논의는 10 : 20b 참조.

66 같은 책, 10 : 5a.

67 같은 책, 10 : 5b.

68 같은 책, 10 : 4b.

69 같은 책, 10 : 4a.

70 같은 부분.

71 같은 책, 10 : 13a, 14b~15b.

72 같은 책, 10 : 33b.

73 같은 부분.

74 같은 책, 10 : 15a.

75 같은 책, 9 : 36b.

76 같은 책, 9 : 35b, 38b.

77 같은 책, 9 : 35a~36a.

78 같은 책, 9 : 38b.

79 같은 책, 9 : 36a.

80 같은 책, 9 : 38a.

81 같은 책, 10 : 51b.

82 같은 책, 10 : 22a, 46a.

83 같은 책, 10 : 5b.

84 같은 책, 10 : 21b.

85 같은 책, 10 : 26a.

86 같은 책, 10 : 5a.

87 같은 책, 10 : 8b.

88 같은 책, 10 : 35a.

89 같은 책, 10 : 36a.

90 같은 부분.

91 같은 책, 10 : 5a.

92 같은 책, 10 : 5b~6a.

93 같은 책, 10 : 6a~b.

94 같은 책, 10 : 6b.

95 같은 책, 10 : 6b~7a.

96 같은 책, 10 : 7a.

97 같은 책, 10 : 7a~b.

98 '서'라는 용어는 적장자와 그밖의 아들 사이의 구분을 나타낼 수도 있지만―예송에서 송시열의 입장이었다―여기서는 양반의 정처가 낳은 嫡子들과 양첩 또는 천첩이 낳은 자녀 사이의 구분임이 명확했다.

99 같은 책, 10 : 7a.

100 같은 책, 10 : 8a.

101 같은 부분.

102 같은 부분.

103 Thomas A. Metzger, *Escape from Predicament : Neo-Confucianism and China's Evolving Political Culture*, New York : Columbia University Press, 1977, 60~61쪽.

104 『반계수록』10 : 8a.

105 같은 부분.

106 같은 책, 10 : 8b.

107 『문헌비고』187 : 20b~21b.

108 같은 책, 184 : 3b~4a.

109 같은 부분.

110 같은 책, 186 : 1b~2a.

111 같은 책, 186 : 17b~18b, 187 : 2a.

112 같은 책, 188 : 15b~18b.

113 James B. Palais, *Politics and Policy in Traditional Korea*, Cambridge : Harvard University Press, 1975, 제6장.

114 渡部學, 『近世朝鮮教育史研究』, 東京 : 雄山閣, 1969, 398쪽.

115 같은 책, 54, 128쪽.

## 제6장 노비제도 : 점진적인 폐지로 가는 길

1 『반계수록』26 : 8b.

2 같은 책, 26 : 5b~6a.

3 William L. Westermann, *The Slave Systems of Greek and Roman Antiquity*, Philadelphia : The American Philosophical Society, 1955 ; Moses I. Finley, *The Ancient Economy*, Berkeley and Los Angeles : University of California Press, 1973, 40, 49, 62~94, 106쪽 : *Ancient Slavery and Modern Ideology*, New York : Viking Press, 1980, 9~92쪽 ; Ronald B. Levinson, *In Defense of Plato*, Cambridge : Harvard University Press, 1953, 139~194, 571쪽 ; Gregory Vlastos, "Slavery in Plato's Republic", *The Philosophical Review* 50, 1941, 289~304쪽 ; M. I. Finley, ed., *Slavery in Classical Antiquity*, Cambridge : W. Heffer and Sons, 1960, 133~149쪽 재수록. 그 책에 수록된 M. I. Finley, A. H. Jones, W. L. Westermann의 논문들도 참조. 아울러 Ernest Barker, *Greek Political Theory : Plato and His Predecessors*, 1918, London : Methuen and Co., 4th ed., 1951, 29~33, 75, 107, 119

~120, 266~267쪽 ; *The Politics of Aristotle*, New York : Oxford University Press, 1958, xiii~xxiv쪽 ; Allan Bloom, trans., *The Republic of Plato*, New York : Basic book, 1968 ; Alvin W. Gouldner, *Enter Plato : Classical Greece and the Origins of Social Theory*, New York : Basic Books, 1965, 24~34, 136, 145, 241~243, 307, 319, 334, 351~359쪽 ; Roger Chance, *Until Philosophers are Kings : A Study of the Political Theory of Plato and Aristotle in Relation to the Modern State*, New York : Oxford University Press, 1929, 12, 23, 137, 179~180, 219쪽 ; David Brion Davis, *The Problem of Slavery in Western Culture*, Ithaca, New York : Cornell University Press, 1966, 66~72쪽 ; Keith Hopkins, *Conquerors and Slaves : Sociological Studies in Roman History*, Vol. 1, Cambridge : Cambridge University Press, 1978 등도 참조.

4 Finley, *Ancient Slavery and Mordern Ideology*, 127~128쪽 ; Davis, *The Problem of Slavery in Western Culture*, 17~18, 72~106쪽.

5 Davis, 같은 글 ; Edith F. Hurwitz, *Politics and the Public Conscience : Slave Emancipation and the Abolitionist Movement in Britain*, London : George Allen and Unwin, New York : Barnes and Noble Books, 1973 ; Orlando Patterson, *Slavery and Social Death : A Comparative Study*, Cambridge : Harvard University Press, 1982, 72~76쪽 ; Eugene D. Genovese, *Roll, Jordan, Roll : The World the Slaves Made*, New York : Vintage Books, 1976, 161~168쪽.

6 Marc Bloch, William R. Beer, trans., *Slavery and Serfdom in the Meddle Ages*, Berkeley and Los Angeles : University of California Press, 1975 ; Finley, *Ancient Slavery and Modern Ideology*, 124~149쪽.

7 Eugene D. Genovese, The *World the Slaveholders Made*, New York : Pantheon Books, 1969 ; *The Political Economy of Slavery*, New York : Vintage Books, 1967, 157~179쪽 ; Eric Williams, *Capitalism and Slavery*, Chapel Hill : University of North Carolina Press, 1944 ; Elizabeth Fox-Genovese, and Eugene D. Genovese, *Fruits of Merchant Capital : Slavery and Bourgeois Property in the Rise and Expansion of Capitalism*, New York : Oxford University Press, 1983, 34~60, 272 ~298쪽.

8 Robert William Fogel and Stanley L. Engerman, *Time on the Cross : The Economics of American Negro Slavery*, Boston and Toronto : Little, Brown and Co., 1974. 이 책이 제기한 비판의 일부 사례는 Paul A. David, Herbert G. Gutman, Richard Sutch, Peter Temin, Gavin Wright, Introduction by Kenneth M. Stampp, *Reckoning with Slavery : A Critical Study in the Quantitative History of American Negro Slavery*,

New York : Oxford University Press, 1976 ; Genovese and Genovese, *Fruits of Merchant Capital*, 136~171쪽 참조.

9 Davis, *The Problem of Slavery in Western Culture*, 292~389쪽.

10 全炯澤, 『조선 후기 노비신분 연구』, 서울 : 일조각, 1989, 14~15, 32~39쪽.

11 재산으로서 조선의 노비에 대한 논의는 龜田敬二, 「高麗の奴婢について」 1, 『靑丘學叢』 26, 1936, 100~124쪽 ; 洪承基, 『고려시대 노비 연구』, 서울 : 한국연구원, 1981, 8, 20, 23~35, 41~50, 69~75, 82~85, 189~193, 207~212쪽 ; 『고려 귀족사회와 노비』, 서울 : 일조각, 1983, 4, 8~10, 33~42, 46~50, 63~80, 214쪽 ; Ellen Salem, "Slavery in Medieval Korea", Ph.D. diss., Columbia University, 1978, 33~118쪽.
중국과 로마 법률의 주요한 차이점은 중국의 노비는 재산을 소유하고 채무관계를 형성하며 소송을 제기하고 양인 또는 천민과 합법적으로 결혼할 수 있으며 관직에 등용되고 자신의 행동에 법률적인 책임을 져야 한다는 것이었다고 할 수 있다. 그들은 불합리한 처벌에 대해서는 법률의 보호를 받았으며 姓을 가진 경우도 있었다. 이런 점들을 근거로 일부 학자들은 그들이 절반은 인간이고 절반은 재산인 부류였다고 파악했다. 한국과 일본, 고대 히브리와 히타이트의 법률은 중국과 비슷했다고 평가된다.
仁井田陞, 『支那身分法史』, 東京 : 座右寶刊行會, 1942, 2, 88~90, 860~861, 900~937, 979~985쪽. 니이다 노부루는 하라다 게이키치(原田慶吉)의 견해를 따라서 로마제국에서는 원칙적으로 노비를 인간으로 간주하지 않았지만, 제국 후반으로 갈수록 가족관계와 잔인하고 자의적인 처벌에서 보호받는 것을 포함해서 인간으로 노비를 간주하는 측면이 법률에 반영됐으며, 콘스탄티누스 대제는 주인이 마음대로 노비를 죽이거나 주인이 사망하면 노비의 재산을 분할하는 제도를 금지함으로써 노비의 지위를 좀더 자유롭게 해주었다고 지적했다(같은 책, 901쪽). 니이다 노부루는 한국의 노비제도에 대해서도 언급했는데(904~905쪽) 대체로 뒤에서 인용할 스도 요시유키의 연구에 바탕을 두었다.
아울러 仁井田陞, 『中國法制史研究』, 東京 : 東京大學東洋文化研究所, 1962, 5~19쪽도 참조. 니시지마 사다오는 半人半財産 이론에 문제를 제기하면서 중국의 노비제도에서는 사회적 신분이 중요했다고 지적했다. 西嶋定生, 「中國古代奴婢制の再考察」, 『古代史研究』 7, 東京 : 學生社, 1963, 162~173쪽 ; 濱口重國, 『唐王朝の賤民制度』, 京都 : 東洋史研究會, 1966, 18~61쪽. 윌버는 노비는 재산일 뿐이었다고 주장했다. C. Martin Wilbur, *Slavery in China During the Former Han Dynasty, 206 BC~AD 25*, New York : Russell and Russell, 1943, 118~126쪽.
고대 서양의 고전적 노예제도에 대한 니이다 노부루의 서술과는 반대로 M. I. 핀리는 "사람이면서 재산이라는 노예의 이중적인 고유한 측면"에 대해 서술하면서 두 개의 이론적인 극단—재산이거나 완전한 자유민인 노예라는—은 존재한 적이 없었다고 확언했다. "노예는 여러 종류의 권리와 특권과 의무를 가졌거나 갖지 못했다……이처럼 어떤 권리를 가졌거나 갖지 못했다는 사실을 종합적으로 고려해야만 해당 사회 안에서 한 개인의 위치를 파악할 수 있는데, 그것은 물론 수학적인 수치로 나타나는 것은 아니며 어떤 사항은 결여되어 있고 어떤 사항은 좀더 강조되는 상징적이고 불연속적인 형태로 이해해야 한다." Finley, *Ancient Economy*, 63, 67~68쪽. 패터슨도 "고대든 근대든 노예제도를 시행하면서 법률적으로 노예를 인간으로 간주하지 않았던 사회는 없었다"면서 비슷한 발언을 했다. Orlando Patterson, *Slavery and Social Death : A Comparative Study*, Cambridge : Harvard University Press, 1982, 22쪽.

12 Patterson, *Slavery and Social Death*.

13 『고려사』 85 : 40b~41a.

14 『광해군일기』 80 : 13a, 광해군 6년 7월 경인. 아울러 같은 책, 87 : 1a, 광해군 7년 2월 기묘에 실린 사간원의 상소도 참조. 平木實, 「17세기에 있어서의 노비종량」, 『한국사연구』 3, 1969, 109, 119쪽에서 인용.

15 『숙종실록』 21 : 49b, 숙종 15.12 을해. 이상백, 「賤子隨母考」, 『진단학보』 25권 7호, 1964, 175쪽에서 인용.

16 실록의 사평은 종모법을 시행해 양인 여성의 자손은 양인 신분을 세습하도록 함으로써 양정의 숫자를 늘리자는 참찬 南應雲의 제안을 비판했다. 사관은 명종이 대신들에게 그것을 논의하도록 지시할 것도 없이 법령을 반포해야 했다고 말함으로써 남응운의 견해를 강하게 비판했다. 『명종실록』 12 : 25a, 명종 6년 9월 계축. 이상백, 같은 글, 171쪽에서 인용.

17 『고려사』 85 : 40b~41a.

18 『문헌비고』는 원래 1770년에 편집됐다. 제2판은 1782년에 편집됐지만 간행되지는 않았다. 제3판은 1908년 『증보문헌비고』라는 이름으로 출판됐다. 『국사대사전』 2, 1,475쪽 참조.

19 『고려사』 85 : 40b~41a. 이기(?)의 발언은 『문헌비고』 162 : 8a 참조. 아울러 龜田敬二, 「高麗の奴婢について」 1, 95쪽 ; Salem, "Slavery in Medieval Korea", 35쪽 참조.

20 『고려사』 85 : 41a~b, 93 : 21a~b ; 『문헌비고』 162 : 10a.

21 『고려사』 1 : 12a~b, 태조 1년 8월 신해.

22 현대의 학자들은 태조의 동기를 의심하면서 조세 기반을 넓히거나, 모반과 음모가 성행하던 시기에 구체제의 추종자들과 그밖의 정적들의 경제적 기반을 약화시키려는 의도였다고 파악했다. 홍승기, 『고려 귀족사회와 노비』, 서울 : 일조각, 1983, 60, 142~157쪽 ; 龜田敬二, 「高麗の奴婢について」 1, 100쪽 이하. 아울러 金哲埈, 「崔承老의 時務18條」, 조명기박사 화갑기념 불교사학논총 간행위원회 편, 『불교사학논총』, 서울, 1965, 227~256쪽 참조.

23 龜田敬二, 같은 글 1, 93~148쪽 ; 『삼국사기』, 경성 : 고전간행회, 50 : 17a ; 『고려사』 2 : 8b, 태조 18년 6월(935).

24 아울러 그는 천민 신분의 津驛雜尺도 언급했다. 『고려사』 2 : 16b, 태조 26년 4월 (943).

25 『고려사절요』, 서울 : 아세아문화사, 11 : 26a~b, 의종 12년 6월(1158). 홍승기, 『고려 귀족사회와 노비』, 142, 148~151쪽에서 인용.

26 『고려사』 85 : 43b~44a. 홍승기, 같은 책, 142쪽 ; Salem, "Slavery in Medieval Korea", 77쪽에서 인용.

27 『고려사』 85 : 1a~2a ; 『고려사절요』 2 : 7b, 광종 7(956) ; Salem, 같은 글, 77쪽.

28 『고려사』 31 : 31b~33a, 35a~36a, 85 : 43a~44a ; 108 : 5b~6a ; 『문헌비고』 162 : 20a~b.

29 龜田敬二, 「高麗の奴婢について」 1, 96~98, 119~121쪽 ; 2, 58쪽 ; 周藤吉之, 「鮮初における奴婢の辨正と推刷に就いて」, 『青丘學叢』 22, 1935, 2, 6~10쪽.

30 龜田敬二, 같은 글 1, 128~130쪽 ; 2, 61쪽 ; 周藤吉之, 「高麗末期より朝鮮初期に至る奴婢の研究」 1, 『歴史學研究』 9-1, 1939, 8쪽.

31 유명한 급진적 개혁자이자 조선 태조의 후원자였던 정도전은 고려 후기 투탁과 관련된 문제를 집중적으로 지적했다.

　　백성들을 안정시킬 방법이 없으므로 일부는 분명히 굶주림과 추위로 죽어갈 것이다. 인구는 날로 줄고, 살아남은 사람들도 조세와 요역의 부담을 견딜 수 없으므로 부유하고 권세 있는 가문에 스스로 투탁한다. 그밖에 수공업이나 상업에 종사하거나 유망을 떠난 결과 백성의 5~6할 정도가 조세 장부에서 누락됐으며, 여기에는 공노비와 사찰에 소속된 사노비는 포함되지 않았다.

정도전, 「조선경국전」, 『삼봉집』 상, 214쪽. 홍승기, 『고려시대 노비 연구』, 229쪽에서 인용.

32 Salem, "Slavery in Medieval Korea", 119~139쪽 ; 홍승기, 『고려 귀족사회와 노비』, 309~340쪽.

33 周藤吉之, 「高麗末期より朝鮮初期に至る奴婢の研究」 3, 『歴史學研究』 9-3, 1939, 289~291쪽 ; 홍승기, 같은 책, 342~404쪽. 태조의 유산을 명백하게 위반한 이런 변화를 겪으면서 도덕과 경세론을 연마한 유교적 관원들은 노비와 환관이 재상으로 등용되는 것은 정치를 희화화하는 것이라고 판단했고, 고려에 적대감을 갖게 됐다(이 문장은 원서 216쪽 주 33 바로 다음에 나오는 본문과 정확히 일치한다. 편집상의 실수인지, 저자가 강조하기 위해 다시 한번 주석에서 인용한 것인지 확실치 않지만 원

서의 내용을 그대로 유지했다—옮긴이).

34 『고려사』 132 : 6b~7a. 判事 張海의 노비에 관한 서술은 같은 책, 32 : 7a ; 龜田敬二, 「高麗の奴婢について」 1, 122~123, 129~130쪽 ; 2, 58~59쪽 참조.

35 李樹健은 공노비의 숫자가 15세기 초반에는 10만 명이었지만 중반에는 20만 명을 넘었으며 후반에는 35만 명 이상이었다고 추산했다. 『영남사림파의 형성』, 영남대학교 민족문화연구소, 1979, 174쪽.

36 형조 右參議 安魯生의 상소는 1407년(태종 7) 5월 을해에 올려졌다. 周藤吉之, 「鮮初における奴婢の辨正と推刷に就いて」, 46쪽에서 인용.

37 그러나 이런 규정은 유언장으로 대체될 수 있었다. 『고려사』 85 : 45a~46a에서는 그 시기를 1391~92년이라고 밝혔다. 본손은 嗣孫과 같은 뜻이다. 스도 요시유키는 사손을 조카, 종손, 삼촌, 사촌의 관계에 있는 집단으로 정의했다. 周藤吉之, 같은 글, 38, 61쪽 주 15.

38 1397년(태조 6) 첩의 아들과 손자는 적자가 없을 경우 가문의 노비를 세습할 수 있는 권리를 갖는다고 결정됐다. 1405년(태종 5)에 개정된 법률에서도 정처나 양첩의 자손이 없을 경우 천첩의 자녀는 가문이 소유한 노비 중 7분의 1을 물려받을 수 있다고 규정했다. 양첩의 자녀를 제외한 적자가 없을 경우도 천첩의 자녀들은 가문이 소유한 노비의 10분의 1을 가질 수 있었다. 정처에서는 딸을 낳았고 양첩에서는 아들을 낳았다면 아들은 노비의 3분의 1을 가졌으며, 奉祀權을 가진 양첩의 아들은 절반을 받았다. 서얼은 정처가 낳은 딸이 살아 있을 경우라도 노비의 3분의 1을 받았다. 1405년 개정된 규정에 대해서는 周藤吉之, 같은 글, 41~47, 51~53쪽 참조.

39 같은 글, 40~47쪽.

40 『고려사』 118 : 12a. 아울러 홍승기, 『고려시대 노비 연구』, 218~221쪽 ; 『고려 귀족사회와 노비』, 259~260쪽 참조.

41 周藤吉之, 「高麗末期より朝鮮初期に至る奴婢の研究」 1, 10~11쪽.

42 『고려사』 85 : 45a~b.

43 같은 책, 85, 46b.

44 같은 책, 85 : 47a. 홍승기는 노비가 재산이 아니라 사람이라는 발언은 전례가 없지만, 郎舍는 인본주의에 입각해 노비의 지위를 개선하려는 생각이 없었다고 지적했다. 그것은 매매와 증여를 통해 노비의 숫자를 늘린 권세가와 불교 사찰의 경제적 · 정치적 지위를 약화시키려는 이성계 일파의 시도였다. 그것은 이성계 당파의 의도가 부분적으로 반영된 시도였지만, 노비의 사회적 지위를 전혀 개선하지 못했다. 홍승기, 『고려 귀족사회와 노비』, 231쪽 참조.

45 1388년의 상소는 『고려사』 84 : 35b ; 1389년의 상소는 같은 책, 85 : 34b~35a 참조. 모두 龜田敬二, 「高麗の奴婢について」 1, 126쪽에서 인용.

[46] 여기서 사용된 표현은 "역에서 해방된다"는 의미의 '放役'이었다. 홍승기는 방역이 면천과 동일한가에 대한 학문적 논쟁을 요약했다. 처음에 홍승기는 역과 신분은 밀접하게 관련됐으므로 공노비의 역에서 해방되는 것은 신분의 상승을 의미하는 것이 분명하다는 李基白의 견해에 동의했다. 그는 고려의 제도는 60세가 되어 역에서 면제된 공노비는 70세가 되면 양인이 되도록 했던 당의 제도와 비슷했을 것으로 추정했다. 그런 규정이 고려에서도 실제로 시행됐다는 증거는 없지만 당과 비슷한 나이의 범주는 있었다.

金世潤은 이런 해석에 비판적 견해를 나타내면서 방역된 노비들이 양인의 지위로 상승했다는 증거가 없다고 주장했다. 이후의 연구에서 홍승기는 좀더 조심스러운 태도를 취하면서 고려 초기의 상황에 대해서만 긍정적인 판단을 내리는 쪽으로 주장을 축소했다. 홍승기의 초기 견해는「고려시대 공노비의 성격」,『역사학보』80, 1978, 48~49쪽 참조. 거기서 그는 60세에 방역된 것은 양인 신분으로 면천되는 것을 의미했다고 결론지었다. 아울러 이기백,「고려시대 신분의 세습과 변동—한국 전통사회에 있어서의 신분」,『민족과 역사』, 서울 : 일조각, 1971, 94~96쪽 ; 김세윤,「고려 후기의 외거노비」,『한국학보』18, 1980, 73쪽 주 16 ; 홍승기,『고려 귀족사회와 노비』, 71~77쪽 참조.

[47]『고려사』85 : 47a~b. 홍승기는 정부는 노비를 면천시키는 것보다는 그들에 대한 통제권을 확보하는 데 좀더 관심을 가졌으며, 개성과 和寧府의 노비 장적을 연구한 결과 특히 외거노비에 대한 국가의 통제가 확대됐다고 지적했다.『고려 귀족사회와 노비』, 75, 261쪽.

[48] 노비를 심사하기 위한 특수한 관서는 1269, 1288, 1301, 1356, 1381, 1388년에 설치됐으며, 1391년에는 이성계가 책임을 맡았지만 1392년에 해체됐다. 周藤吉之,「鮮初における奴婢の辨正と推刷に就いて」, 2~6쪽 참조.

[49]『세조실록』46 : 40b, 세조 14년 6월 병오(1468). 周藤吉之, 같은 글, 22쪽에서 인용.

[50] 周藤吉之, 같은 글, 47~51쪽.

[51] 1414년 6월 정사에 영의정 柳廷顯은 1만 2,797건이 도감에 접수됐다고 태종에게 보고했다.『태종실록』27 : 44a. 周藤吉之, 같은 글, 21~22쪽에서 인용.

[52]『태종실록』33 : 68a, 태종 17년 6월 신해(1417).

[53] 세종도 같은 결론에 도달했다. 이수건,『영남사림파의 형성』, 175~176, 180쪽.

[54] 周藤吉之,「鮮初における奴婢の辨正と推刷に就いて」, 28~31쪽 ;「高麗末期より朝鮮初期に至る奴婢の研究」4, 422~426쪽.

[55] 최근 학자들은 唐律에서는 奴와 양인 여성의 혼인을 금지했으며, 고려 초기에는 이런 언급은 없었지만 고려 후기의 법률은 그러했으므로 그런 규정이 있었을 것이라고 판단했다. 周藤吉之,「高麗末期より朝鮮初期に至る奴婢の研究」3, 261쪽 ; 이상백,

「賤子隨母考」, 160~161쪽.

56 이상백은 교혼의 신분을 규정한 원의 법률을 아래와 같이 요약했다. (1) 양인 남성과 婢의 소생은 양인이 된다. (2) 양인 남성과 노의 딸이 결혼해 낳은 소생은 양인이 된다. (3) 노와 결혼하겠다고 소청한 양인의 딸과 노의 소생은 노비가 된다. (4) 비와 불법적으로 결혼한 양인 남성의 자녀는 노비가 되며 주인에게 귀속된다. (5) 양인의 딸과 불법적으로 결혼한 노의 자녀는 양인이 되지만 다른 호적에 기재된다.

처음 세 가지 조항은 자녀가 아버지의 신분을 따랐으며 뒤의 두 경우는 불법적인 결혼이기 때문에 어머니의 신분을 따랐다. 그럼에도 불구하고 결혼은 비교적 자유로웠기 때문에 이런 제도는 고려는 물론 당 송대의 제도와도 상당히 달랐다. 이상백, 같은 글, 160~161쪽. 아울러 周藤吉之, 같은 글 3, 262~263쪽도 참조.

57 이 부분의 자료는 『고려사』 31 : 31b~33a, 35a~36a, 85 : 43a~44a ; 108 : 5b~6a. 龜田敬二, 「高麗の奴婢について」 1, 96~98, 119~221쪽 ; 2, 58쪽 ; 周藤吉之, 「鮮初における奴婢の辨正と推刷に就いて」, 1~61쪽 ; 이상백, 같은 글, 158쪽 이하 ; 홍승기, 『고려시대 노비연구』 20~23쪽 참조.

58 『고려사』 85 : 46a. 노비 양인 여성과 결혼하면 그 소생은 모두 사노비가 되기 때문에 군역에 복무할 양정이 줄어든다고 비판한 權仲和의 상소를 참조하라. 그는 그런 일을 금지하고 그런 결혼이 이루어지면 국가가 이혼시켜야 한다고 주장했다. 노의 주인이 법률을 위반할 경우 그도 처벌하도록 했다. 태종은 그 건의를 받아들였다. 『태종실록』 2 : 6a~b, 태종 1년 7월 갑인(1401) ; 같은 책, 10 : 17a, 태종 5년 9월 갑인(1405) ; 같은 책, 26 : 21b, 태종 13년 9월 정축.

59 龜田敬二, 「高麗の奴婢について」 1, 98~99 ; 2, 47~48쪽 ; 이상백, 「賤子隨母考」, 158~162쪽 ; 홍승기, 『고려시대 노비 연구』, 221쪽 ; 『고려 귀족사회와 노비』, 261쪽.

60 『태조실록』 12 : 2b, 태조 6년 7월 갑술.

61 『태종실록』 27 : 48b, 태종 14년 6월 무진. 주 74~76의 전거는 周藤吉之, 「高麗末期より朝鮮初期に至る奴婢の硏究」 3, 267쪽에서 인용.

62 『태종실록』 27 : 48b, 태종 14년 6월 무진. 周藤吉之, 같은 글, 267~268쪽 ; 이상백, 「賤子隨母考」, 163쪽에서 인용.

63 『세종실록』 45 : 9a, 세종 11년 7월 기사.

64 같은 책, 55 : 22a, 세종 14년 3월 갑술.

65 같은 책, 55 : 26b~27a, 세종 14년 3월 갑신. 이 부분과 주 81, 82의 자료는 이상백, 「賤子隨母考」, 162~165쪽에서 인용. 아울러 周藤吉之, 「高麗末期より朝鮮初期に至る奴婢の硏究」 3, 268~269쪽도 참조.

66 『세종실록』 55 : 27a 참조. 조선 전기 공노비의 신역과 납공의 부담이 부담스러웠다는 李載龔의 서술이 옳다면 사노비들이 어째서 공노비가 되기를 선호했는지 이해하

기 어렵지만, 면천의 기회는 공노비가 더 많았을 것으로 생각된다. 이재룡은 1406년 (태종 6) 국가에서 사찰에 소속된 대부분의 노비를 혁파해 공노비로 전환시킨 뒤 납공노비의 신공은 이전에 사찰에 소속된 노비와 같은 수준으로 상승했다고 지적했다. 그러므로 세종의 신하들이 노비들의 의도를 오해하지 않았다면, 면천이나 면역될 수 있는 전망은 사노비보다 공노비가 좀더 많았을 것이 분명하다고 생각된다. 이재룡, 「조선 전기의 노비연구」, 『숭전대학교 논문집』 3, 1971, 169~188쪽.

67 1414~32년에 그런 방식으로 결혼해 태어난 자녀들은 그 법률에서 면제됐다. 『세종실록』 55 : 26b~28a, 세종 14년 3월 을유 병술.

68 『세조실록』 46 : 32b, 세조 14년 6월 임인. 이상백, 「賤子隨母考」, 166~167쪽에서 인용. 아울러 周藤吉之, 「高麗末期より朝鮮初期に至る奴婢の硏究」 3, 272~273쪽도 참조. 종모법이 반영된 1471년의 『경국대전』에서는 노와 양인 여성의 교혼을 제외하고는 천민의 소생은 노비의 신분을 세습한다고 규정했다(490쪽). 486쪽에는 종친과 관원들의 서얼은 양인 신분을 갖게 한다는 예외 조항을 두었다.

69 이수건, 『영남사림파의 형성』, 175쪽 주 47. 동일하게 1609년의 울산 호적을 연구한 韓榮國은 호수의 10퍼센트가 양반이고 62퍼센트가 양인이며 28퍼센트가 노비였다는 신분별 분포를 제시했지만, 양반집에 거주하는 솔거노비와 양인들은 포함되지 않았으며 자녀는 기재되지 않는 경향이 있었다는 점을 감안해서 양반은 3퍼센트, 양인은 57퍼센트, 노비는 40퍼센트로 수정했다. 한영국은 솔거노비의 10퍼센트와 외거노비의 45퍼센트는 양인 여성과 결혼했으며, 그런 교혼의 소생은 대부분 비의 주인(개인은 물론 국가도)에 의해서 소유권이 행사됐다고 지적했다. 그는 주인들은 노에게 양인 여성과 결혼하도록 강요했다고 믿었다. 한영국, 「조선 중엽의 노비결혼 양태(상) ─1609년의 울산호적에 나타난 사례를 중심으로」, 『역사학보』 75·76, 1977, 185~186, 189~191, 197쪽.

70 『중종실록』 101 : 7a~b ; 민현구, 「근세 전기 軍制의 성립」, 육군사관학교 한국군사연구실 편, 『한국군제사─근세 조선 전기편』, 서울 : 육군본부, 1968, 219쪽.

71 『명종실록』 12 : 24b~25a, 명종 6년 9월 계축(1551). 이상백, 「천자수모고」, 171쪽.

72 『명종실록』 12 : 24b~25a. 『명종실록』은 1568년에 편찬이 시작되어 1571년에 완성됐다. 국사편찬위원회 편, 『조선왕조실록』 19, 6쪽의 서문 참조.

73 이상백은 이 사평은 조선 사회에 영향을 넓혀가던 유교사상과 결부된 사회 질서와 계층구조, 그리고 엄격한 형식주의를 강조한 결과였다고 평가했다. 종부법 또는 종모법의 도입 같은 실제 정책은 이론적이거나 이념적인 고려보다는 현실의 사회경제적 요구에 따라 결정됐으며, 그것은 현실적 또는 물질적 이익을 강화하는 데 이용됐다. 그러나 신분이 뒤섞이는 것을 반대하는 보수적인 유교이념은 재산은 늘리지는 못하더라도 유지하려는 노비 소유주의 물질적 욕망과 일치했기 때문에 노비 문제에서는 유

교 이론과 물질적 이익을 구별할 필요가 없었다. 이상백,「천자수모고」, 171~172쪽. 이재룡의 견해는 필자보다는 실록의 사관과 비슷하다. 그는 고려 후기나 조선 후기와는 반대로 조선 전기에는 면천의 기회가 거의 완전히 닫혀 있었다고 주장했다.「조선 전기의 노비 연구」, 179~180쪽.

74 『고려사』 85 : 43a~b, 충렬왕 24년 1월(1298). 홍승기,『고려 귀족사회와 노비』, 106 쪽에서 인용.

75 홍승기는 姜晋哲의 의견과는 반대로 조선 전기에 외거노비는 요역을 겼다는 사실을 근거로 1298년(충렬왕 24)의 법령은 솔거노비만이 역에서 면제됐으며 외거노비는 그것을 수행했다고 언급했다. 그러나 홍승기는 이후의 규정은 조선 전기에 혁신이 이루어진 결과였다고 평가했다. 홍승기, 같은 책, 106, 115~117, 230~231, 251, 254 ~258쪽 ; 강진철,『고려 토지제도 연구』, 서울 : 고려대학교 출판부, 1980, 302쪽.

76 平木實,『조선 후기 노비제 연구』, 서울 : 지식산업사, 1982, 183쪽.

77 周藤吉之,「高麗末期より朝鮮初期に至る奴婢の硏究」4, 413~420쪽 ; 龜田敬二, 「高麗の奴婢について」2, 29~34쪽 ; 홍승기,『고려 귀족사회와 노비』, 106, 115~ 117, 230~231, 251, 254~258쪽 ; 平木實, 같은 책, 153~154, 183쪽 ; 有井智德, 「李朝補充軍考」,『朝鮮學報』21·22, 1961 ; 천관우,「조선 초기 五衛의 兵種」,『사학 연구』18, 1960. 9, 59~95쪽. 이재룡은 보충군으로 복무함으로써 면천되는 기회는 1481년 이후에는 폐지됐다고 주장했지만, 전거를 제시하지는 않았다. 이재룡,「조선 전기의 노비 연구」, 180쪽.

78 민현구,「근세전기 軍制의 성립」, 214~222쪽.

79 같은 글, 153~155쪽.

80 『선조수정실록』26, 선조 25년 4월 기미(1592).『서애선생문집』16,「其亂後事」에서는 노비 장적을 불태운 날짜를 임진년 4월 30일로 제시했으며, 平木實은 그 자료를 인용했다.『조선 후기 노비제 연구』, 153쪽.

81 平木實, 같은 책, 154~165쪽.

82 平木實, 같은 책, 185~187쪽 ;「17세기에 있어서의 노비종량」, 100쪽 이후 ; 차문섭, 「선조조의 훈련도감」, 11~30쪽 ;「조선조 후기의 營將에 대하여」,『사총』12·13, 1968, 495~518쪽 ; 전형택,『조선 후기 노비신분 연구』, 서울 : 일조각, 1989, 169~ 170쪽 ; James B. Palais, *Politics and Policy in Traditional Korea*, Cambridge : Harvard University Press, 1975, 89쪽.

83 전형택은 1677(숙종 3)~1764년(영조 40)에 상속할 자녀를 두지 못한 채 사망한 69 명의 공노비 중에서 14퍼센트만이 속신하기에 충분할 정도의 잉여수입을 낼 수 있는 토지를 소유했다고 파악했다.『조선 후기 노비신분 연구』, 267쪽. 林福에 대한 전거는 平木實, 같은 책, 166쪽.

84 平木實,「17세기에 있어서의 노비종량」, 100~105쪽. 贖良은 왕조 말엽까지 계속 시행된 것으로 생각된다. 平木實, 같은 책, 43쪽 ; 崔永禧,『임진왜란중의 사회동태』, 서울 : 한국연구원, 1975, 74, 111~125쪽(납속제도에 관련된 부분) 참조. 전형택은 납속이나 속량의 비용은 최고 쌀 160섬이었지만 일반적으로는 50섬 정도였다고 파악했다. 그는 얼마나 많은 노비들이 이런 방식으로 면천됐는지 추정하는 데는 주저했지만, 1669년(현종 10) 김좌명은 1백 명에게서 속량 비용으로 5천 섬을 걷었다고 말했다. 전형택은 1662년 속량 비용은 50섬으로 떨어졌으며, 1718년(숙종 44)에는 15~30세의 남자는 50섬, 30~40세는 40섬, 41~50세는 30섬, 51~55세는 20섬, 56~60세는 10섬이었다고 지적했다. 그는 1결 이상의 토지를 소유해 50섬을 축적할 수 있는 노비를 부농으로 분류할 수 있다고 결론지었다. 동전 1백 냥이나 면포 50필을 내면 속량되기 위해서 25년의 신공을 상쇄해 무거운 요역의 부담과 노비의 신분에서 합법적으로 벗어날 수 있었지만, 부유한 노비들만이 그럴 수 있었으며 가난한 부류는 계속 노비로 남았다. 전형택, 같은 책, 31, 207~209쪽.

85 『문헌비고』 62 : 20a~b.

86 같은 책, 62 : 20b~21a.

87 같은 책, 62 : 21a.

88 같은 책, 62 : 19b.『증보 문헌비고』에서는 날짜가 제시되지 않은 劉克良의 상소를 실었는데, 그의 어머니는 원래 대신의 婢였지만 주인의 옥그릇을 깨뜨려 처벌될 것을 두려워해 도망쳤다. 그녀는 얼마 뒤 양인으로 생각되는 남성을 만나 결혼해 유극량을 낳았다. 장성한 뒤 그는 무과에 급제해 고관에 올랐다. 그제서야 그의 어머니는 자신의 신분을 그에게 털어놓았다. 크게 놀란 유극량은 어머니의 원래 주인을 찾아가 스스로 관청에 신고해 자신의 무과 합격 자격을 포기하고 그의 노비가 되겠다고 말했다. 주인은 거절하면서 그에게 면천됐다는 증서까지 주었다. 그러나 그 뒤에도 어머니의 원래 주인이 그를 부르면 그는 공무를 수행하던 중이라도 즉시 달려갔다. 이 사례의 핵심은, 명예를 중시하는 마음은 아니더라도, 사회에서 자신의 적절한 역할을 수행해야 하는 사람들에게 의무감을 알려주기 위한 것이다. 비슷하게 속량된 노비라도 의무감을 잃어서는 안 됐다.『문헌비고』162 : 19b~20a.

89 전형택,『조선 후기 노비신분 연구』, 121~142쪽.

90 『문헌비고』 62 : 19b.

91 같은 책, 62 : 19a~b ; 이이,『율곡전서』15 : 26b. 히라키 마코토는 당시 이이의 영향력은 지대했으며 개혁에 대단히 헌신적이어서 국왕에게 개혁을 시행하도록 설득할 수 있었다고 평가했다. 平木實,「十七・八世紀における奴良妻所生の歸屬について」,『朝鮮學報』61, 1971, 49쪽.

92 金泳謨,「조선 후기 신분구조와 그 변동」,『동방학지』26, 1981, 123쪽.

93 趙翼, 『浦渚集』, 「變通軍政擬上箚」. 平木實, 「十七・八世紀における奴良妻所生の歸屬について」, 50쪽에서 인용. 이 자료는 직접 이용할 수 없었다.

94 『문헌비고』162 : 23b~24a ; 『효종실록』20 : 20b~21a에서는 송시열의 제안만을 언급했다. 송시열, 『송자대전』전258권, 대전 : 남윤정사, 1927, 13 : 32b~33a. 종모법을 도입하자는 최초의 확고한 건의는 1657년(효종 8) 충청도 관찰사 이경옥이 올렸지만, 윤허되지 않았다. 『증보 문헌비고』에서는 그가 교혼 소생에서 아들은 아버지의 역이나 신분을 물려받고 딸은 어머니의 그것을 세습하도록 하자고 주청했으며, 국왕은 그것을 수용해 그것을 기초로 일련의 법안을 마련했다고 서술했다. 그러나 1669년(현종 10) 그의 건의를 살펴본 현종은 그것은 일찍이 이이가 제안했지만 廟堂에서 반대된 법령과 마찬가지로 공·사노비와 양인 여성의 딸은 물론 아들에게도 종모법을 적용하려는 의도라고 지적했다. 시카타 히로시는 『속대전』은 물론 『문헌비고』에 실린 1657년의 논의를 언급하지 않았다. 四方博, 「李朝人口に關する一硏究」, 『朝鮮社會經濟史硏究』, 東京 : 岩波書店, 1937, 352~353쪽.

95 『속대전』에서는 종모법이 1669년(현종 10)에 채택됐다가 1675년(숙종 1)에 폐기됐으며 1681년(숙종 7)에 다시 도입됐다가 1689년(숙종 15)에 또 철폐됐다고 기록했지만, 히라키 마코토는 재도입은 1681년에야 제안됐을 뿐이며 1684년까지는 공포되지 않았다는 사실을 발견했다. 『속대전』, 436쪽 ; 숙종 10년 10월 을묘 ; 平木實, 「十七・八世紀における奴良妻所生の歸屬について」, 45~75쪽. 1684년의 날짜와 관련된 논의는 53~54쪽 참조. 허적의 태도와 관련해서 이상백은 허적이 1669년 종모법을 제안한 송시열의 입장에 동의했지만, 내심으로는 반대했다고 보았다. 그 문제를 대신에게 논의하도록 돌려보내자고 요구함으로써 그는 책임을 회피하려고 했다는 것이다. 이상백, 「천자수모고」, 173~174쪽.

전형택은 이이를 추종한 송시열이 양인 인구를 늘리기 위한 방법으로서 종모법을 채택하는 데 찬성했다는 좀더 간결한 논리를 채택하면서, 그와 서인(노론)은 이이의 좀더 현실적인 지향을 따랐을 뿐만 아니라 소작인과 고공(노비가 아니라)으로 자신의 토지를 경작시키는 데 만족한 기호지방의 대규모의 不在地主의 이익을 대변했기 때문이라는 논거를 제시했다. 그는 종모법에 반대하고 노비 소유주의 이익과 사회 신분을 방어하는 데 주력한 허적 같은 남인들을 비판하면서 그들은 이황을 계승한 이상적이고 도덕적인 성리학 계열로서 외거노비에게 경작을 맡긴 경상도의 소지주 양반을 대표하는 부류로 파악했다. 그러나 이런 공식은 삼남지방의 양반 지주의 본질이나 노비노동에 의존하는 양상의 차이를 입증함으로써 증명되지 않았다. 그리고 그는 허적이 1672년(현종 13) 이전에는 종모법을 지지했다는 사실을 밝히지 않았다. 아울러 그는 유형원·정약용 같은 실학자들은 동인의 분파와 연관됐지만 현실 정치에서 배제된 결과 실용적인 이상주의를 채택함으로써 종모법과 노비 감축에 찬성했다고 지적했다. 전형택, 『조선 후기 노비신분 연구』, 212~216, 234, 238~239, 275쪽 참조.

96 전형택, 같은 책, 177쪽 표 37은 1798년(정조 22) 壯勇外營에 소속된 군사의 신분별 인원을 보여준다. 정원은 6개 지역(수원 · 용인 · 진위 · 안산 · 시흥 · 과천. 대부분은 수원에 배치됐다)에 나뉘어 있었다. 양인과 노비 군사의 숫자는 각각 1만 5천5백 명과 6,436명으로 총 2만 2,022명의 정원에서 30퍼센트 정도였으며, 모든 지역에 균등하게 배속됐다. 속오군과 牙兵이 모두 노비였다면 그 비율은 30퍼센트를 상회할 것이다.

97 전형택은 숙종대에 양인들은 속오군의 군역이나 군포에서 모두 제외되어 경종대 (1720년대)에는 노비만이 남게 됐다고 지적했다. 같은 책, 170~171쪽.

98 乳齒가 아직 빠지지 않은 아이를 말한다. 이 자료에 대한 논의는 Edwin G. Pulleyblank, "The Origins and Nature of Chattel Slavery in China", *Journal of the Economic and Social History of the Orient* 1, part 2, 1958, 199쪽 참조.

99 『반계수록』 26 : 9a~10a.

100 기원전 176년(한 문제 4) 문제는 노비를 해방시켰지만 이유는 밝혀지지 않았다. 기원전 140년(한 무제 建元 1) 무제는 7국의 난을 겪은 뒤 "노비들을 연민해" 그들의 처자식을 면천시켜주었다. 39년(후한 광무제 建武 15) 광무제는 34년 이후 益州에서 노비가 된 모든 사람을 면천시키는 칙령을 반포했다. 『반계수록』 26 : 10~11a ; Ch'ü T'ung-tsu, *Han Social Structure*, Edited by Jack Dull, Seattle : University of Washington Press, 1972, 157쪽.

101 『반계수록』 26 : 10a ; Wilbur, C. Martin, *Slavery in China During the Former Han Dynasty*, New York : Russell and Russell, 1943, 197~198, 312~313쪽에서 인용.

102 사면제도는 濱口重國, 『唐王朝の賤民制度』, 京都 : 東洋史硏究會, 1966 ; 仁井田陞, 『支那身分法史』에서 매우 상세하게 논의됐다. 노비와 관련된 규정은 Wallace Johnson trans., *The T'ang Code*, vol. 1, Princeton, New Jersey : Princeton University Press, 1979 참조.

103 Wilbur, *Slavery in China During the Former Han Dynasty*, 138~139쪽.

104 노비제도에 대한 유형원의 논의는 유형원의 사상을 최초로 연구한 천관우의 논고에서 간단히 언급됐을 뿐이다. 「반계 유형원 연구」(상), 69~70쪽. 최초의 포괄적이고 학문적인 접근은 매우 중요한 연구인 鄭求福, 「반계 유형원의 사회개혁사상」, 『역사학보』 15, 1970, 31~38쪽에서 이루어졌다. 필자는 그 논문에서 유형원의 사상을 소개하는 데 유용한 도움을 받았지만, 그 해석의 일부만 인용했다.

105 『반계수록』 26 : 4a~b.

106 같은 책, 26 : 4b. 아울러 21 : 38b도 참조.

107 같은 책, 26 : 4b~5a.

108 같은 책, 26 : 4b ; 26 : 1b.

109 같은 책, 26 : 1b, 4b.

110 『국사대사전』 1, 1,439~1,440쪽.

111 『반계수록』 26 : 3a~b.

112 같은 책, 26 : 3b~4a.

113 같은 책, 26 : 5a, 7a~b.

114 같은 책, 26 : 7a.

115 같은 책, 26 : 8b ; 정구복, 「반계 유형원의 사회개혁사상」, 33쪽.

116 같은 책, 26 : 8b~9a.

117 Wilbur, *Slavery in China During the Former Han Dynasty*, 452~453쪽, 서기 9년의 자료 122. 다른 번역은 Pan Ku, *History of the Former Han Dynasty*, Translated by Homer H. Dubs, Baltimore : Waverley Press, 1955, 285쪽 참조.

118 『반계수록』 26 : 1a. 아울러 21 : 39a도 참조.

119 같은 책, 26 : 1a.

120 같은 부분.

121 『문헌비고』 162 : 23b~24a ; 『효종실록』 20 : 20b~21a에서는 송시열의 제안만을 언급했다. 그 상소는 1669년에 올린 상소를 수록한 『송자대전』의 항목(13 : 10b~27b)에는 포함되지 않았다.

122 주 88 참조. 전형택, 『조선 후기 노비신분연구』, 238~239, 275쪽.

123 『반계수록』 26 : 5a.

124 같은 책, 26 : 5a~b.

125 같은 책, 26 : 5a.

126 같은 책, 26 : 5b~6a.

127 박성수, 「고공 연구」, 539, 544, 546, 548~551쪽.

128 『반계수록』 26 : 6a.

129 박성수, 「고공 연구」, 527~554쪽.

130 같은 부분.

131 『반계수록』 26 : 6b~7a.

132 같은 책, 26 : 6b.

133 같은 부분.

134 같은 책, 26 : 6b~7a.

135 같은 책, 26 : 7a.

136 같은 부분.

137 김용섭, 『조선 후기 농업사 연구(Ⅰ)』;『조선 후기 농업사 연구(Ⅱ)』. 참고문헌에 실린 그의 다른 논저도 참조.

138 최윤오, 「18~19세기 농업고용노동의 전개와 발달」, 57~88쪽.

139 강만길, 「조선 후기 고리채 발달」, 『한국사연구』 13, 1976, 73쪽.

140 한영국, 「조선 후기의 雇工—18~19세기 大邱府 호적에서 본 그 실태와 성격」, 『역사학보』 81, 1979, 81~124쪽.

141 같은 글, 86쪽 표 2, 87쪽 표 4, 89쪽 표 6.

142 같은 글, 90~95쪽.

143 같은 글, 106~107쪽.

144 같은 글, 97~102쪽.

145 같은 글, 114~116쪽.

146 이처럼 일생 동안 계약하는 방식은 1783년(정조 7)에 폐지된 것으로 추정되지만, 그 뒤에도 지속됐다. 같은 글, 123쪽.

147 최윤오, 「18~19세기 농업고용노동의 전개와 발달」, 82~83쪽.

148 Fernand Braudel, *Civilization and Capitalism, 15th-18th Century*, vol. 2, The Wheels of Commerce, New York : Harper and Row, 1982, 49~54쪽.

149 Georges Duby, *The Early Growth of the European Economy : Warriors and Peasants from the Seventh to the Twelfth Century*, Translated by Howard B. Clarke, Ithaca, New York : Cornell University Press, 1974, 226쪽.

150 한영국, 「조선 후기의 雇工」, 86쪽.

151 鄭奭鍾, 『조선 후기 사회변동 연구』, 서울 : 일조각, 1983, 279~287쪽.

152 한영국, 「조선 중엽의 노비결혼 양태(하)」, 『역사학보』 77, 1978, 123쪽.

153 朴魯昱, 「조선시대 고문서상의 용어검토—토지노비 문제를 중심으로」, 『동방학지』 68, 1990, 112~113, 118쪽. 에드워드 와그너는 1663년(현종 4) 서울 북부지역의 호적에서 노와 결혼한 비를 나타내는 班이라는 용어는 그녀의 주인이 그 남편을 소유한다는 사실을 나타내거나, 또는 호적에 기재된 노비는 이미 그 호주의 소유가 됐다는 사실을 보여준다고 해석했다. "Social Stratification in Seventeenth-Century Korea : Some Oberservations from a 1663 Seoul Census Register", *Occasional Papers on Korea*, no. 1, 1974, 52~53쪽. 그러나 박노욱은 반노에 대한 이런 해석은 "같은 범주의 노비" 즉 "다른 노비와 같은 종류의 일을 하거나 같은 집에 사는 노비(111쪽)"를 의미하는 것으로 수정했다.

154 『숙종실록』 7 : 12b~13a, 숙종 4년 4월 기사(1678). 이상백, 「천자수모고」, 173쪽 ; 平木實, 「十七·八世紀における奴良妻所生の歸屬について」, 53~54쪽 ; 『조선 후기 노비제 연구』, 132~134쪽 ; 전형택, 『조선 후기 노비신분 연구』, 238~239, 275

쪽. 히라키 마코토는 위에 언급한 저서에서 『속대전』의 연대가 틀렸다는 사실을 보여주었다. 그는 그 자료에 따르면 종모법은 1675년(숙종 1)에 폐지됐지만, 당시 허적은 종모법에 반대했다는 1730년의 자료를 제외하면 그런 사실을 입증하는 충분한 증거가 부족하다고 지적했다. 『승정원일기』716, 영조 6년 12월 26일을 인용한 같은 책, 주 13 참조. 수잔 신(Susan Shin)은 1672년 금화지방의 호적을 분석한 연구에서 1669년의 종모법은 시행되지 않았던 것이 분명하다고 파악했다. "The Social Structure of Kŭmhwa County in the Late Seventeenth Century", *Occasional Papers on Korea*, no. 1, 1974, 14쪽. 엘렌 김(Ellen Kim)은 종모법이 완전히 준행되지는 않았다는 사실을 자신의 연구에서 보여주었다. "The Enduring Institution : A Case Study of Slavery in Traditional Korea", B. A. thesis, Harvard College, 1991.

155 『숙종실록』21 : 49b, 숙종 15년 12월 을해. 平木實, 『조선 후기 노비제 연구』, 136쪽 주 22에서 인용.

156 平木實, 「十七・八世紀における奴良妻所生の歸屬について」, 55~61쪽 ; 같은 책, 134~136쪽. 1680년의 건의는 『숙종실록』11 : 11a, 숙종 7년 1월 경오. 그날 민정중은 더 많은 양인을 창출하는 데 종모법이 효과적이라는 사실과 그 방안을 제안한 이이의 지혜를 상찬했다. 1684년의 건의는 『숙종실록』15하, 32b~33a, 숙종 10년 10월 을묘 참조. 1689년의 철회는 『숙종실록』21 : 49a, 숙종 15년 12월 을해 참조.
1669년부터 1731년까지 종모법의 역사에 대한 논의는 전형택, 「19세기 초 내시노비의 혁파」, 『한국사론』4, 1978, 204~211쪽 참조. 전형택은 종모법을 둘러싼 논쟁의 당파적 기반을 강조했다.

157 『영조실록』27 : 25a, 영조 6년 9월 병술. 平木實, 「十七・八世紀における奴良妻所生の歸屬について」, 69~72쪽에서 인용. 아울러 이상백, 「천자수모고」, 176쪽 ; 전형택, 같은 글, 208~210쪽 참조.

158 平木實, 같은 글, 74쪽.

159 김용섭, 「量案의 연구─조선 후기의 농가경제」, 『조선 후기 농업사 연구(I)』, 164쪽.

160 전형택, 「19세기 초 내시노비의 혁파」, 192~204쪽 ; 김용섭, 「조선 후기 신분제의 동요와 농지소유」, 『조선 후기 농업사연구(I)』, 424~426쪽.

161 平木實, 『조선 후기 노비제 연구』, 165~181쪽에서는 17~18세기에 연령 범주, 매매나 공훈에 따라 속신한 다양한 유형을 설명했다. 아울러 전형택, 『조선 후기 노비신분 연구』, 제2장 및 188~201쪽 ; 김영모, 「조선 후기 신분구조와 그 변동」, 127~133쪽 참조.

162 그 관원은 尹東度였다. 『승정원일기』1192, 686d, 영조 37년 4월 17일. 전형택, 「19세기 초 내시노비의 혁파」, 203쪽에서 인용.

163 그 자료에 대한 상세한 논의는 전형택, 같은 글, 211~213쪽 참조. 1761년 홍봉한의 발언에 대한 전거는 『승정원일기』 1200, 192a, 영조 37년 12월 1일(1761). 李益輔가 홍봉한을 비판한 기록은 成大中의 『淸城集』에 실려 있다. 전형택, 같은 글, 212쪽에서 인용.

164 Ellen Kim, "The Enduring Institution", 87~88쪽.

165 四方博, 「李朝人口に關する身分階級別的考察」, 『朝鮮經濟の研究』 3, 東京 : 岩波書店, 1938, 363~482쪽.

166 같은 글, 388~389쪽. 시카다 히로시의 원자료에 기초한 필자의 계산은 그와 약간 다르다. 필자의 계산에 따르면 노비가호는 1690년에 37.1퍼센트에서 1729~32년에 26.6퍼센트로 하락했으며, 1783~89년에는 8.5퍼센트로, 1858년에는 1.5퍼센트까지 떨어졌다. 같은 글, 386~387쪽.

167 같은 글, 392, 394쪽.

168 李俊九, 「조선 후기 양반신분 이동에 관한 연구―단성호적을 중심으로」(하), 『역사학보』 97, 1983, 3쪽 주 171 ; 김영모, 「조선 후기 신분구조와 그 변동」, 53~153쪽.

169 박노욱, 「조선시대 고문서상의 용어검토」, 98~108쪽.

170 정석종, 『조선 후기 사회변동 연구』, 248~249, 279~281쪽.

171 Ellen Kim, "The Enduring Institution", 71~73, 107쪽. 아울러 71쪽 표 4 및 72쪽 표 5 참조.

172 李瀷, 『星湖僿說』 「人事門」, 16b~17b, 서울 : 경희출판사, 1967, 1 : 414쪽.

173 이익, 『星湖僿說 類選』, 안정복 편, 경성 : 조선고서간행회 영인, 1915, 서울 : 경인문화사, 1976년 영인, 356~357쪽 ; 전형택, 「19세기 초 내시노비의 혁파」, 150쪽 ; 平木實, 『조선 후기 노비제 연구』, 215~217쪽 ; 韓㳓劤, 『이조 후기의 사회와 사상』, 서울 : 을유문화사, 1961, 287~298쪽.

174 유수원, 『우서』, 7~8쪽 ; 한영우, 「柳壽垣의 신분개혁사상」, 『한국사연구』 8, 1972, 35~39쪽 ; Paolo Santangelo, *La Vita e l'opera di Yu Suwŏn Pensatore Coreano del XVIII Secolo*, Naples : Instituto Universitario Orientale, Seminario di Studi Asiatici, 1981, 73~79쪽 ; 平木實, 같은 책, 218~219쪽.

175 그는 10~12세기의 전시과를 가리키는 것이 분명하다. James B. Palais, "Land Tenure in Korea", *Journal of Korean Studies* 4, 1982 · 83, 73~206쪽 참조.

176 유수원, 『우서』, 8~9쪽 ; 한영우, 「柳壽垣의 신분개혁사상」, 40쪽.

177 유수원, 같은 책, 7c~d.

178 유수원, 같은 책, 8b ; 한영우, 「柳壽垣의 신분개혁사상」, 41쪽.

179 유수원, 같은 책, 131쪽 ; 한영우, 같은 글, 41쪽.

180 유수원, 같은 책, 131, 165쪽 ; 한영우, 같은 글, 40~41, 47쪽 ; Santangelo, *La Vita*

*e l'opera di Yu Suwŏn Pensatore Coreano del XVIII Secolo*, 78~79쪽.

181 유수원, 같은 책, 165~167쪽. 위의 인용은 166쪽 ; 한영우, 같은 글, 32~38쪽.

182 한영우, 같은 글, 42~48, 53, 55~58쪽.

183 유수원, 『우서』, 160~161쪽 ; 한영우, 같은 글, 58~60쪽.

184 전형택, 『조선 후기 노비신분 연구』, 175~176쪽.

185 이 부분의 자료는 전형택, 「19세기 초 내시노비의 혁파」, 189~260쪽을 근거로 했다.

186 전형택, 『조선 후기 노비신분 연구』, 121~142쪽.

187 전형택, 「19세기 초 내시노비의 혁파」, 218쪽 표 1에서는 중앙 각사와 궁궐에 소속된 노비를 분류해 제시했다. 『문헌비고』 162 : 18a에서는 1484년(성종 15)에 중앙과 지방에 26만 1,984명의 노비가 있고 역진에는 9만 581명의 노비가 있어서 총 35만 2,565명의 노비가 있었다고 기록했다.

188 전형택, 같은 글, 236쪽 표 III-A와 III-B에서는 1755년 「乙亥內寺奴婢減貢事目」에 기초한 고정된 정원제도에서 각 도에 배치된 노비의 정원을 보여주었다. 각 도 사이에는 중요한 차이가 있다. 중앙 각사의 노비는 대부분 경상도에 있었으며 내수사의 노비는 대부분 북부의 함경·평안·황해도에 있었다. 함흥과 영흥에 위치한 離宮에서 제례를 치르기 위해서 많은 노비가 필요했으며, 황해도에는 많은 私宮庄土가 있었다. 경상도에는 工匠의 숫자가 많았기 때문에 시노비도 많았다. 표 III-A에 따르면 3만 617명의 시노비 중에서 2만 350명이 경상도에 있었으며(그중 1만 4,101명은 비였다) 5,678명이 평안도에 있었다. 표 III-B에 따르면 5,574명의 내수사 노비 중에서 1천2백~1천5백 명은 삼남지방에 있었다. 아울러 전형택, 『조선 후기 노비신분 연구』 43~47쪽 참조. 1755년 노비의 납공을 줄인 뒤 발생한 세입의 부족에 대한 불만은 231쪽 참조.

189 1750년의 노비인구를 기준으로 삼았기 때문에 처음에 각 도에 할당된 정원은 너무 많았으며, 그 법률이 채택됐을 때 실제의 공노비는 훨씬 적었다. 노비를 등록하는 제도가 폐지된 뒤 지방 수령들은 노비인구를 조사하는 데 태만했으며 그 임무를 이서에게 맡겼는데, 그들은 뇌물을 받고 피역자를 눈감아주었다. 각 지역의 노비인구는 변화했지만, 수령들은 그 결과를 보고하는 데 소극적이었는데, 보고된 노비의 숫자가 증가하면 자연히 해당 지역에서 바치는 신공도 증가한다는 의미였기 때문이었다. 도망과 사망, 고령에 따른 면역, 전염병과 기근으로 공노비의 실제 숫자는 감소했지만 대체로 정원은 그대로 유지됐으며, 일부 지역에서 노비의 부담은 서너 배 정도 무거워졌다. 전형택, 같은 글, 227~241쪽.

190 같은 부분.

191 『영조실록』 122 : 5a~b, 7a, 영조 50년 2월 정유, 50년 3월 병인 ;『승정원일기』 1349, 영조 50년 3월 11, 12, 13, 75권, 581, 584, 586, 588, 590쪽. 전형택, 「19세기

초 내시노비의 혁파」, 225~226쪽에서 인용.

192 많은 공노비들이 도망친 사정에 대한 논의는 전형택, 『조선 후기 노비신분 연구』, 230~231쪽 참조.

193 『문헌비고』 162 : 10b~11a.

194 "혈통을 조사한 뒤에야 그를 영원히 노비로 간주할 수 있다. 이 때문에 무지하고 비천한 사람은 다른 사람의 생사를 주관할 수 있으며 노비 중에서 뛰어난 재능을 가진 인물이 있어도 노비 신분을 면할 수 없다. 이것이 어찌 합리적인가." 『문헌비고』 162 : 22b ; 『반계수록』 21 : 38b~39a, 26 : 4a~b ; 전형택, 「19세기 초 내시노비의 혁파」, 250쪽.

195 수정본은 1783년(정조 7) 정조에게 올려졌다. 이우성은 시각적으로 혁신된 조선고서간행회 편, 『동사강목』 전3권, 서울 : 경인문화사, 1970의 첫머리에 간단한 소개를 달았다. 尹南漢은 그 문헌의 완성을 1756~59년으로 잡았다(『국역 동사강목』, 서울 : 민족문화추진회, 1977, 1권, 3~8쪽).

196 안정복, 『동사강목』 2권, 20~21쪽 ; 3권, 221~222쪽 ; 『국역 동사강목』 2권, 221~222쪽. 『증보 문헌비고』에서는 이 인용을 약간 압축했다. 『문헌비고』 162 : 9a~10a.

197 기자와 고대~고려 전기의 노비제도에 대한 안정복의 논의는 『동사강목』 1권, 105, 118, 233쪽 ; 2권 98, 147~148쪽 참조. 후대의 노비에 대한 다른 자료는 『국역 동사강목』 10권 색인 참조. 『국사대사전』 1, 884쪽 ; 조선사편수회 편, 『조선사』, 1937, 10권, 670쪽에서는 안정복이 1772년 세자의 師傅로 임명됐다고 밝혔는데, 4년 뒤 지방 수령으로 제수되기까지 재직한 것으로 생각된다.

198 안정복, 『동사강목』 3권, 221~222쪽.

199 같은 책, 2권, 48쪽에서는 987년 7월에 노비환천법이 발효됐다고 밝혔다.

200 같은 책, 2권, 129~130쪽 ; 『국역 동사강목』 4권 80쪽에서는 천자 종모법은 1039년에 처음으로 도입됐다고 지적했다.

201 정조는 면천된 노비들은 여전히 1필의 양역을 내야 했기 때문에—양인 보인과 같은 비율이다—어떤 특별한 조세 혜택을 얻지 못했으므로 그들이 그렇게 양인이 되려고 바란 까닭은 노비로 불리는 것을 싫어했기 때문이라고 언급했다. 『정조실록』 32 : 37a~b, 정조 15년 3월 계묘. 1796년(정조 20) 보은현감 윤제동은 "사람이 천한 데서 귀하게 되려고 하는 것은 죽음보다 삶을 좋아하는 것과 같은 이치이며……그들은 노비라는 명칭보다 천한 것은 없기 때문에 피역하려고 한다"고 말했다. 『문헌비고』 162 : 32a~b. 조세 부담보다는 노비 신분에서 벗어나려는 사람들의 사례를 보여주는 이런 발언들은 전형택, 「19세기 초 내시노비의 혁파」, 242~247쪽에서 인용.

202 같은 글, 246~247쪽.

203 『정조실록』 32 : 37a~39a, 정조 15년 3월 계묘(1791) ; 전형택, 같은 글, 249쪽 ; 平

木實,『조선 후기 노비제연구』, 192~194쪽.

204 平木實,『조선 후기 노비제 연구』, 194쪽 주 8.

205 여러 궁궐에 소속된 내노비 3만 6,974명과 중앙 각사에 소속된 시노비 2만 9,093명을 포함해서 모두 6만 6,067명의 공노비가 혁파됐다. 지시에서는 모든 공노비를 포함하지는 않았지만 각사의 선상 입역노비는 혁파됐으며, 도성 주민을 고용해 그들을 대체하도록 했다. 속량된 내시노비는 양역을 졌으며 일부는 함흥과 영흥의 이궁에 배속되어 신역으로 1냥을 냈으며 宮屬家率이라고 불렸다. 가솔은 보인과 동일한 의미였다. 일부 지역에는 공노비가 계속 남아 있었는데, 특히 범죄를 저질러 처벌로 노비가 된 부류였다. 전형택,『조선 후기 노비신분 연구』, 241, 244, 247~266쪽.

206 정순왕후(1745~1805)는 경주 김씨 출신이었다. 그녀는 金漢耉의 딸로 1759년 영조의 계비가 됐다. 그녀는 자녀를 두지 못했으며 사도세자와 사이가 좋지 않았다. 그녀와 김한구는 세자를 비방해 그가 처형되는 데 영향을 미쳤다.『국사대사전』2, 1,356~1,357쪽.

207 1800년 조정은 노론의 영수인 李秉模, 영의정 沈煥之, 좌의정 李時秀, 우의정 徐龍輔, 호조판서 李書九, 선혜청당상 趙鎭寬·尹行恁으로 구성되어 있었다. 전형택,『조선 후기 노비신분 연구』, 239쪽.

208 『日省錄』18, 순조 신유년 1월 3일, 2월 4일. 平木實,『조선 후기 노비제 연구』, 196~199쪽 ;『문헌비고』162 : 34a~36a에서 인용.

209 平木實, 같은 책, 197~202쪽 ; 전형택,「19세기 초 내시노비의 혁파」, 241~260쪽 ;『조선 후기 노비신분 연구』, 243~246쪽.

210 전형택,「19세기 초 내시노비의 혁파」, 248~250쪽. 전형택은 공노비의 혁파를 둘러싼 논쟁은 완전히는 아니지만 대체로 당색을 따라서 나뉘었다고 결론지었다. 일부 예외도 있었지만 혁파에 찬성한 부류는 대부분 송시열을 계승한 노론의 인물들이었다. 그들은 남인과 신분차별을 주도적으로 옹호한 時派보다 국가 재정의 현실적 문제에 좀더 관심을 가졌다. 시파는 1762년 영조가 사도세자를 사사할 때 반대했다. 사도세자의 사사와 관련된 논의는 JaHyun Kim Haboush, *A Heritage of Kings : One Man's Monarchy in the Confucian World*, New York : Columbia University Press, 1988 참조. 정조의 즉위를 지지한 시파와 남인은 노비에 대한 그의 본원적인 동정을 공유했다. 남인과 시파가 노비개혁에 반대했다면 영조는 신하 중에 남인이 거의 없었던 시기에 공노비를 혁파하지 않았는지 궁금하다. 그 문제와 관련해서 정조대에 남인들은 관직에 많이 진출했지만, 면천의 기회는 계속 넓어졌다.

211 히라키 마코토는 아래의 발언을 1601년(선조 34) 조정에서 尹承勳이 아뢴 것으로 보았지만, 그것은 병력의 부족을 우려한 趙守翼의 발언으로 생각된다.

어리석은 소신이 보기에 私賤法은 우리나라에만 있습니다. 하늘은 백성들을 내면서 균등한 자격을 부여했는데, 태어나면서부터 귀천이 나뉘는 것은 참으로 부당합니다. 우리나라의 법률에 따르면 아무리 무능한 사람이라도 선조가 물려준 노비만 있으면 편히 公侯의 안락을 누리니 이런 이치가 어디에 있겠습니까.

선대의 유자들은 "정전법은 천하가 大亂을 겪은 뒤에라야 시행할 수 있다"고 했습니다. 지금 국세가 매우 위급해 노비를 가진 사람이라도 감히 말을 꺼내지 못하고 있지만, 중국의 제도에 따라 재상 이하는 가족의 숫자를 헤아려 지급하고 사천을 모두 혁파해 군사로 만들어야 합니다.

고려시대에 征東行省을 설치하면서 중국 관원들이 사천법에 대해 질문하고 혁파하려고 했지만 국왕과 재상들이 저지했다고 하는데, 이것은 용렬한 국왕과 재상들의 소견이므로 의논할 가치가 없습니다. 지금은 국운이 회복되어 모든 정치가 새롭게 되는 시기이니 이전의 잘못된 법규를 그대로 따라서는 안 됩니다(『선조실록』 142 : 15a, 선조 34년 10월 기축. 平木實, 『조선 후기 노비제 연구』, 221쪽에서 인용).

212 전형택은 공노비는 개인적인 주인에게도 신공을 내야 했기 때문에 그들의 신공은 양인의 절반으로 줄었다고 지적했다. 『조선 후기 노비신분 연구』, 173~174쪽.

213 그 규정에서는 하루라도 스스로 노비가 된 사람은 신분이 고정되어 회복될 수 없으며 쉽게 노비 신분을 벗어날 수 없다고 규정했다. 『문헌비고』 162 : 36b~37a.

214 Barry Hindess and Paul Q. Hirst, *Pre-capitalist Modes of Production*, London, Henley and Boston : Routledge and Kegan Paul, 1975, 115~116쪽. 특히 125~127쪽.


| 제3부 전제개혁 |

### 제7장 전제개혁 : 정전제와의 타협

1 『반계수록』 1 : 1a~b.

2 같은 책, 1 : 2b~3a.

3 유형원은 정전제의 본질에 관련된 고전 문헌과 이후의 주석들을 널리 인용했다. 필자는 『맹자』에 서술된 규정을 모범으로 이용했다. James Legge, trans., *The Chinese Classics*, Hong Kong University Press, 1960, 전5권으로 재발행 및 『반계수록』 5 : 15a, 16a~b. 맹자와 관련된 유형원의 몇 가지 주석은 고전간행회에서 펴낸 『반계수록』, 100~103쪽 참조. 『한서』에 수록된 내용은 『맹자』와 약간 다르다. 같은 책, 5 : 7a 참조. 맹자의 설명은 토지는 15세부터 분급되어 60세가 되면 회수됐다는 측면을 고려하면 사유제도가 없었음을 보여준다. 『시경』의 어떤 시들은 농부가 사전과 공전을 구

분했음을 보여준다. 『반계수록』 5 : 6a, 11b~12a ; James Legge, trans., *The Book of Odes*, Oxford : Clarendom Press, 1893~95, 373~374, 381, 584쪽. 그러나 사전은 경작권을 말할 뿐 현대 서구적 개념의 소유권은 분명히 아니었다.

4 『사기』에 따르면 진 효공 3년 효공은 상앙의 개혁을 채택했다. 12년 만에 정전제는 혁파되고 阡陌이 "열렸다." 상앙의 개혁은 『사기』, 北京 : 中華書局, 1962, 1 : 203, 상호 감시제도의 확립은 7 : 2230, 천맥을 연 것은 7 : 2232 참조. 아울러 『자치통감』과 『자치통감강목』의 해당 부분 참조. 아울러 Wm. Theodore de Bary, Wing-tsit Chan, and Burton Watson, eds., *Sources of Chinese Tradition* 1, New York : Columbia University Press, 1964, 406쪽도 참조.

5 『반계수록』 5 : 24a~b.

6 유형원은 중국에서 사유재산과 정전제의 시행 가능성의 관계를 정전제를 혁파하고 "천맥을 연" 상앙의 조치에 대한 주희의 주석을 언급하면서 논의하기 시작했다. 주희는 천맥은 정전제가 시행되지 않은 지역에서 사용되던 수로의 제도로서 이미 『주례』에서 언급됐다고 주장했다. 진에서는 천맥제가 사용된 결과 경작지와 생산량이 크게 축소했다는 사실을 발견하고 정전제뿐만 아니라 그 제도도 폐기했다. 유형원은 다음과 같이 언급했다.

  상앙은 천맥을 열고 (토지의 이용과 소유에 대한) 모든 금지와 제한을 없애 겸병하고 매매하도록 허락했다. 그에 따라 사람들은 전력을 다해서 버려진 토지를 개간해 경작할 수 있는 토지로 만들어 조금의 토지도 남기지 않음으로써 토지의 이익을 모두 이용했다(같은 책, 5 : 21b).

어쨌든 주희의 주석은 그가 주대의 토지 구획과 분급을 선호하고 사적 소유와 경제적인 이익의 추구를 싫어했다는 사실을 명확히 보여준다.

7 같은 책, 5 : 21b~22a.

8 유형원은 명대 구준의 견해가 자신과 비슷하다고 말했다. 같은 책, 5 : 23a.

9 같은 책, 5 : 23a~b. 유형원은 10분의 1세보다 낮은 세율도 옳지 않다는 『춘추공양전』의 내용을 인용했다. 그러나 유형원은 문명국에서 반드시 거행하는 의례를 야만족들은 치르지 않아서 거기에 소요되는 자금이 필요하지 않기 때문에 세금이 낮았다는 何休의 설명은 제외했다. 『춘추공양전』, 上海, 1936?, 16 : 8a ; 『반계수록』 5 : 18a 참조.

10 『반계수록』 5 : 23b ; 『통전』 11쪽.

11 『반계수록』 5 : 24a~b ; 『통전』 9b쪽.

12 『반계수록』 5 : 36a.

13 같은 책, 6 : 14a~b.

14 같은 책, 1 : 1a~b.

15 같은 책, 1 : 1a.

16 정전제에 대한 논의는 자료마다 설명이 상충되기 때문에 매우 복잡하다. 유형원은 이
문제와 관련해서 중국의 고전과 후대의 주석을 인용했다. 필자는 『맹자』에 서술된 규
정을 모범으로 이용했다. Legge, trans., *The Chinese Classics*, 전5권으로 재발행 및
『반계수록』 5 : 15a, 16a~b. 맹자와 관련된 유형원의 몇 가지 주석은 고전간행회에
서 펴낸 『반계수록』, 100~103쪽 참조. 아울러 유형원은 8명의 농부가 1백 묘를 받고
각각 10묘의 공전을 받아 총 880묘를 받았다는 『한서』의 설명을 수록했다. 나머지 20
묘는 가옥의 부지로 사용됐다. 『반계수록』 5 : 7a.

정전제에 대한 최근의 논의는 William Gordon Crowell, "Government Land Policies
and Systems in Early Imperial China", Ph. D. diss., University of Washington,
1979, 42~61쪽 참조. 정전제에 대한 뛰어난 연구는 加藤繁, 『支那公田制の研究』, 京
都 : 京都法學會, 1916 참조.

모든 용어는 따로 표시하지 않는 한 한국어 발음으로 제시될 것이다.

17 『반계수록』 5 : 18b.

18 같은 책, 1 : 5a.

19 같은 책, 1 : 19b ; 『국사대사전』 1, 247쪽.

20 앞의 주 3 참조.

21 加藤繁, 『支那公田制の研究』 ; 堀敏一, 『均田制の研究』, 東京 : 岩波書店, 1975.

22 『반계수록』 5 : 18a. 아울러 『춘추공양전』 8a 참조.

23 宮崎市定, 「士大夫」, 『亞細亞歷史事典』 4 : 174a ; 增淵龍夫, 「春秋時代」, 같은 책,
4 : 343a~b.

24 『반계수록』 1 : 2a, 6b~7a.

25 같은 책, 1 : 10a.

26 같은 책, 1 : 2a.

27 같은 책, 5 : 21b~22a ; 『자치통감』 33 : 6a~b ; de Bary et al., *Sources of Chinese
Tradition* 1, 216~218쪽 ; Joseph R. Levenson, "Ill Wind in the Well-field : The
Erosion of the Confucian Ground of Controversy", In Arthur F. Wright, ed., *The
Confucian Persuasion*, Stanford, California : Stanford University Press, 1960, 273쪽.
'限民名田'이라는 표현에서 '名田'은 "다른 사람의 이름으로 등록된 토지"를 말한다.

28 『반계수록』 5 : 22b.

29 堀敏一, 『均田制の研究』, 19~27쪽 ; William G. Crowell, "The Land Limitations of
Emperor Ai—A Reexamination", paper presented at the Asian Studies on the
Pacific Coast Conference at Eugene, Oregon, June, 1977.

30 『자치통감강목』7 : 53a~b.

31 주회의 서술은 사마광의 압축적 설명과 비슷하지만(『자치통감』33 : 6a~b) 그의 凡
例는 덕행을 상찬하고 불의를 비판하는 『춘추』의 은미하면서도 교훈적인 문체를 본
받은 결과 우회적으로 표현됐기 때문에 유형원은 주회의 의미를 해석할 의무가 있다
고 느꼈다고 생각된다.
　주회는 범례에서 합법적인 통치자와 반역자에 대한 상찬과 비판을 엄정하게 제시했
다. 그것은 "天理를 밝히고 도덕적 관계를 교정하며 선행을 상찬하고 악행을 규탄하
려는" 목적이라고 지적됐다.

32 『반계수록』5 : 22b ; 『통전』제1장.

33 균전제와 그 선례에 대한 포괄적인 연구는 堀敏一, 『均田制の硏究』참조.

34 유형원은 고려 전시과는 균전제를 본받은 것이라는 『고려사』의 서술을 받아들였지
만, 최근의 연구는 이런 해석이 잘못된 것임을 입증했다. James B. Palais, "Land
Tenure in Korea", *Journal of Korean Studies* 4, 1982 · 83, 73~206쪽.

35 『반계수록』6 : 2b.

36 같은 책, 6 : 1b.

37 같은 책, 6 : 5b.

38 같은 책, 6 : 3b.

39 같은 책, 6 : 4a~b.

40 같은 책, 6 : 5b.

41 같은 부분.

42 같은 책, 6 : 1b.

43 같은 부분. 이것은 북위에 대해 언급한 부분이다.

44 같은 책, 6 : 2b, 3a.

45 같은 책, 6 : 3b~4a.

46 수대에 대해서는 같은 책, 6 : 4b ; 당대에 대해서는 6 : 5a, 6b 참조.

47 같은 책, 6 : 7a.

48 같은 부분. 주석에서 유형원은 한대가 아니라 晉 武王(265~290) 때까지는 호구세
(調)가 채택되지 않았다고 언급함으로써 마단림의 견해를 교정했다.

49 같은 책, 6 : 8b.

50 같은 부분.

51 같은 책, 6 : 8b~9b.

52 같은 책, 6 : 8b.

53 같은 책, 6 : 9b.

54 같은 책, 6 : 9a에서 小注로 처리된 유형원의 발언 참조.

55 Palais, "Land Tenure in Korea" 참조.

56 같은 글.

57 『반계수록』 6 : 12a.

58 같은 책, 6 : 13a~b.

59 같은 책, 6 : 9a~10a.

60 같은 책, 6 : 10a.

61 이런 변화에 대한 짧은 언급은 같은 책, 6 : 10a~b 참조.

62 사전에는 사적으로 소유한 토지와 국왕에게서 수조권을 받아 면세되는 토지라는 두 가지 의미가 있을 수 있다. 여기에 관련된 자료는 인용하기에 너무 방대하며, 관련된 요약은 Palais, "Land Tenure in Korea" ; 이경식, 『조선 전기 토지제도 연구』, 서울 : 일조각, 1986 참조.

63 『반계수록』 6 : 12a~b.

64 여기서 이제현은 이전의 구분전을 당에서 기본적으로 분급한 구분전으로 이해했거나 구분전이라는 표현을 태조의 역분전과 같은 의미로 사용했다고 판단된다.

65 『반계수록』 6 : 13a.

66 같은 부분.

67 같은 책, 6 : 11a.

68 같은 책, 6 : 13a.

69 같은 부분.

70 같은 책, 6 : 12b.

71 정전제 · 한전제 · 균전제에 관련된 송대의 사상은 周藤吉之, 「宋代の土地制度論」, 『唐宋社會經濟史硏究』, 東京 : 東京大學出版會, 1965, 233~320쪽 참조.

72 『반계수록』 6 : 13b~14a.

73 같은 책, 6 : 14a~b.

74 같은 책, 6 : 14b.

75 같은 책, 6 : 15a.

76 같은 부분. 조준과 이행의 상소는 『고려사』 78, 20b~31a, 36a~42b에 실려 있다.

77 Palais, "Land Tenure in Korea."

78 『반계수록』 1 : 2a~b.

79 같은 책, 5 : 24a.

80 같은 책, 5 : 24b~25a.

81 같은 책, 5 : 25a~b.

82 周藤吉之, 「宋代の土地制度論」, 258, 266, 269~270, 312쪽.

83 같은 글, 267~279쪽.

84 같은 글, 304~309쪽.

85 『반계수록』 5 : 25a, 27a, 29a~b, 34b.

86 같은 글, 5 : 26b~27a.

87 아울러 그는 상업 활동을 금지하고 토지의 가격을 강제로 낮추며 토지를 개간한 사람들에게 관직을 판매함으로써 상업으로 전환한 농부들을 다시 농업으로 돌아오게 하려고 했다. 周藤吉之, 「宋代の土地制度論」, 254~255쪽.

88 같은 글, 256~262, 269~273, 276~285, 312~314쪽.

89 『반계수록』 5 : 25a, 27a, 29a~b. 범조우의 전기는 『亞細亞歷史事典』 7, 459쪽 참조.

90 『반계수록』 5 : 34b~35b.

91 같은 글, 5 : 35a~b. 薛季宣 · 진량 · 주희는 일정한 보류에도 불구하고 임훈의 계획을 상찬했다.

92 같은 책, 5 : 35b~36a. 진량은 12세기 후반에 활동했다.

93 같은 책, 5 : 36a. 유형원은 소순의 한전제를 비판한 주희의 발언을 누락했다. 유형원은 여조겸의 견해를 인용했지만 그의 저술을 전혀 언급하지 않은 것은 이상하다. 여조겸의 견해를 간단히 살펴보면 유형원은 그것이 자신의 생각과 동일하다는 사실을 알 수 있었다. 여조겸은 한 · 진 · 후위 · 제 · 당에서 채택한 다양한 토지제도는 고대의 제도(정전제?)를 다양하게 변화시킨 것이었다고 생각했다. 중요한 것은 사람들이 이상적인 고대의 제도에 대해 알아야 한다는 것이었으며, 그들이 무지할 경우 적절한 토지개혁을 이룰 수 없다는 사실이었다. 정전제나 균전제가 시행되면 토지는 개인이 아니라 국가에서 관리하게 될 것이었다. 한전제는 토지의 사유가 지속되는 한 시행될 수 없었다.

한대의 한민명전을 시행하려고 해도 정부가 지주들의 대토지 소유를 막지 못한다면 그들은 계속 그렇게 할 것이다. 토지를 갖지 못한 사람들은 송곳을 꽂을 만한 토지도 갖지 못하고 있다. 토지 소유를 제한하려고 해도 그렇게 할 방법이 없다(呂祖謙, 『歷代制度詳說』 제9장).

또한 그는 정부에서 사용할 수 있는 토지를 살펴서 그것을 관리하고 전면적인 토지개혁을 시작하는 의미로 그런 지역에 정전제를 도입해야 한다고 제안했다. 같은 책, 9 : 4a. 여조겸은 12세기 후반에 활동했다.

94 周藤吉之, 「宋代の土地制度論」, 281쪽. 임훈에 대한 주희의 평가는 『朱子語類』 「論民」 참조. 아울러 周藤吉之, 같은 글, 286~291, 315쪽 참조.

95 『반계수록』 5 : 30b~34a에서 인용한 부분에는 주희의 명백한 언급이 없다. 후주에 대한 발언은 같은 부분. 구양수의 『五代史』에 대한 유형원의 주석은 같은 책, 5 : 34a

참조.

96 『반계수록』 5 : 25b.

97 같은 책, 5 : 25a~b.

98 같은 책, 5 : 35a~b.

99 같은 책, 5 : 26a~b.

100 周藤吉之, 「宋代の土地制度論」, 264~265, 273쪽.

101 같은 글, 292~297쪽.

102 周藤吉之, 『中國土地制度史硏究』, 東京 : 東京大學出版會, 1954, 434~509쪽.

103 같은 책, 447쪽.

104 周藤吉之, 「宋代の土地制度論」, 273, 299~300, 302~304, 316~317쪽 ; 「南宋の公田制」, 『中國土地制度史硏究』.

105 『반계수록』 1 : 1a~b.

106 같은 부분.

107 고려 전기의 공전에 대한 논의는 Palais, "Land Tenure in Korea", 73~205쪽.

108 『반계수록』 1 : 2a.

109 같은 책, 1 : 2a~b.

110 같은 책, 1 : 1b~2a.

111 같은 책, 1 : 2b~3a.

### 제8장 전제개혁을 통한 부의 재분배

1 『반계수록』 2 : 12a~b.

2 같은 책, 2 : 13a.

3 그 논의는 「田制雜議附」라는 이름으로 첨부됐다. 같은 책, 2 : 10b~18b.

4 같은 책, 2 : 11a.

5 같은 책, 2 : 12a~b.

6 같은 책, 2 : 12b.

7 같은 책, 2 : 13a.

8 같은 부분.

9 같은 책, 2 : 13b.

10 같은 책, 2 : 13b~14a.

11 같은 책, 2 : 14a~b.

12 같은 책, 2 : 14a.

13 같은 책, 2 : 14b.

14 같은 책, 2 : 10b~11a.

15 같은 책, 2 : 11a.

16 같은 부분.

17 같은 책, 2 : 14a.

18 같은 책, 2 : 14b~15a.

19 같은 책, 2 : 15a.

20 같은 책, 2 : 12b.

21 같은 책, 2 : 15a~b.

22 같은 책, 2 : 15b.

23 같은 부분.

24 같은 부분.

25 같은 책, 2 : 11b. 아울러 같은 책 1 : 35a에서 유형원은 자신이 할당받은 토지를 부모가 사망한 뒤 그것과 교환하거나 이웃과 바꾸는 것을 허용했다. 그러나 그는 할당받은 토지를 촌락 간에 바꾸는 것은 용인하지 않았다.

26 같은 책, 2 : 11b~12a.

27 같은 책, 2 : 12a.

28 같은 부분.

29 같은 책, 2 : 12a~b.

30 같은 책, 2 : 15b.

31 같은 책, 2 : 16a.

32 같은 책, 2 : 16a~b.

33 같은 책, 25 : 45b~49b.

34 같은 책, 1 : 11a.

35 같은 책, 1 : 11b, 14a.

36 김용섭은 원래 周尺으로 설정한 6척은 임진왜란중에 잃어버렸다고 지적했다. 그는 1634년(인조 12, 갑술년)의 주척에 따라 토지의 면적을 6등급으로 계산했다. 김용섭, 「양안의 연구」(상), 『조선후기 농업사연구(Ⅰ)』, 서울 : 일조각, 1970, 47쪽.

**6등급에 다른 토지의 면적**

| 등급 | 평 | 에이커(1,224평/에이커) |
| --- | --- | --- |
| 1 | 3,117.36 | 2.55 |
| 2 | 3,655.29 | 2.97 |
| 3 | 4,446.38 | 3.63 |
| 4 | 5,660.72 | 4.62 |
| 5 | 7,793.40 | 6.37 |
| 6 | 12,469.44 | 10.19 |

37 『반계수록』 1 : 13b. 위에서 요약한 자료는 1 : 11b~13b 참조.

[38] 같은 책, 1 : 13a~b.

[39] 같은 책, 1 : 13a.

[40] 같은 책, 1 : 16b.

[41] 같은 책, 1 : 16b~17a.

[42] 같은 책, 1 : 13b.

[43] 같은 책, 1 : 14b~15a.

[44] 같은 책, 1 : 15a~b.

[45] 김용섭, 「양안의 연구」(상), 34~48, 63, 94~95쪽.

[46] 『반계수록』 2 : 19a.

[47] 같은 책, 2 : 16b.

[48] 같은 부분.

[49] 같은 부분.

[50] 같은 책, 2 : 17a.

[51] 같은 부분.

[52] 북한의 지도력에 대한 논의는 Bruce Cumings, "Corporatism in North Korea", *Journal of Korean Studies* 4(1982-83), 269~294쪽 ; Robert A. Scalapino and Chong-sik Lee, *Communism in Korea*, Vol. 2, *The Society*, Berkeley and Los Angeles : University of California Press, 1972, 752~756쪽 ; Dae-sook Suh, "Communist Party Leadership", In Suh Dae-sook and Chae-jin Lee, eds., *Political Leadership in Korea*, Seattle : University of Washington Press, 1976, 159~161쪽. 남한의 朴正熙에 대해서는 David C. Cole and Princeton N. Lyman, *Korean Development : The Interplay of Politics and Economics*, Cambridge : Harvard University Press, 1971, 49~50쪽.

[53] 『반계수록』 2 : 17a~b.

[54] 같은 책, 2 : 17b~18a.

[55] C. A. Peterson, "Court and Province in Mid-and Late T'ang", in Denis Twitchett and John K. Fairbank, eds., *The Cambridge History of China*, Vol. 3, part 1, *Sui and T'ang China*, Cambridge : Cambridge University Press, 1986, 510~552쪽.

[56] 『반계수록』 2 : 18a.

[57] 같은 책, 1 : 3a.

[58] 같은 책, 1 : 19b~20b.

[59] 같은 책, 1 : 20b, 21a.

[60] 같은 책, 1 : 12b~13a.

[61] 같은 책, 1 : 19a~b.

[62] 같은 책, 1 : 18b~19a.

[63] 같은 책, 1 : 58a.

[64] 같은 책, 1 : 57a~58a.

[65] 같은 책, 1 : 22b.

[66] 같은 책, 1 : 22a.

[67] 같은 책, 1 : 23b.

[68] 강진철, 「한국사의 시대구분에 대한 一試論」, 『진단학보』 29 · 30, 1966, 175~198쪽.

[69] 『반계수록』 1 : 3b.

[70] 같은 책, 1 : 3b, 24a~b.

[71] 같은 책, 1 : 24a.

[72] 같은 책, 1 : 3a~b.

[73] 같은 책, 1 : 3b.

[74] 같은 부분.

[75] 대부 · 사는 『주례』의 관직체계에서 대부와 사의 용례로 판단할 때 중하 품계의 관원을 가리키지만, 사대부는 대체로 학자(사)와 관원(대부), 즉 학자–관원을 지칭한다.

[76] 『반계수록』 1 : 6b~7a.

[77] 같은 책, 1 : 7a.

[78] 에드워드 와그너는 1663년(현종 4) 서울 북부지역의 호적에서 사용된 '率'이라는 용어는 "가호의 어린아이와 그밖의 사람들"을 지칭한다고 지적했다. 그것은 노비는 가리키지 않는 것으로 생각되는데, 그들은 따로 기록됐기 때문이다. Edward Willett Wagner, "Social Stratification in Seventeenth Century Korea : Some Ober-servations from a 1663 Seoul Census Register", *Occasional Papers on Korea*, no.1, 1974, 41쪽. 率丁이라는 용어는 諸橋轍次, 『大漢和辭典』, 東京 : 大修館書店, 1960이나 이가원 · 권오돈 · 임창순 편, 『동아 한한대사전』, 서울 : 동아출판사, 1982에도 나오지 않는다.

[79] 『반계수록』 1 : 36b. 아울러 1 : 35b.

[80] 같은 책, 1 : 7a.

[81] 같은 부분.

[82] 같은 책, 1 : 7b.

[83] 같은 부분.

[84] 같은 부분.

[85] 같은 부분.

[86] 이것은 고려 후기부터 조선 전기에 시행된 과전법의 특징이었다.

[87] 『반계수록』 1 : 7a~b.

88 같은 책, 1 : 7b.

89 같은 부분.

90 전세는 경작자가 납부했는데, 유형원은 그들을 일반 농민이 아니라 종실의 從者나 노비라고 생각했다.

91 『반계수록』 1 : 8b.

92 유형원은 토지의 면적으로 제시했지만, 토지의 생산성과 비옥도는 다르기 때문에 5백 곡의 수조지는 1등전 50경부터 9등전 250경까지 변화한다. 같은 부분.

93 같은 책, 1 : 8b~9a.

94 같은 책, 1 : 9a.

95 같은 책, 1 : 9b.

96 같은 책, 1 : 10b.

97 같은 책, 1 : 10a.

98 같은 부분.

99 같은 책, 1 : 10a~b.

100 영지에 대한 정의는 諸橋轍次, 『大漢和辭典』 10, 214쪽 참조.

101 『반계수록』 1 : 10b~11a.

102 같은 책, 1 : 11a.

103 Edward W. Wagner, *The Literati Purges*, Cambridge : East Asian Research Center, Harvard University Press, 1974. 아울러 鄭杜熙, 「조선 초기 三功臣 연구—그 사회적 배경과 정치적 영향력을 중심으로」, 『역사학보』 75 · 76, 1977, 121~176쪽 참조.

104 『반계수록』 1 : 57b~58b, 66a ; Palais, *Politics and Policy in Traditional Korea*, 78~82쪽.

105 『반계수록』 1 : 21a.

106 그 정의는 양주동 · 민태식 · 이홍직 편, 『漢韓大辭典』, 서울 : 동아출판사, 1963, 1,139쪽 참조.

107 『반계수록』 1 : 53a.

108 같은 부분.

109 같은 책, 1 : 53a.

110 현대 북한의 유기적 또는 협동적인 사례에 대한 브루스 커밍스의 분석을 참조. "Corporatism in North Korea", 269~294쪽.

111 『반계수록』 1 : 53a~b.

112 토지 분급은 같은 책, 1 : 32b. 시위군에 들어갈 수 있는 자격은 같은 책, 1 : 53b 참조.

113 같은 책, 1 : 32b.

114 이 맥락에서 庶는 서얼을 의미하지만, 17세기 중반 전개된 예송에서 일부는 서얼이
아니라 적장자를 제외한 모든 아들을 가리킨다고 판단했다.

115 『반계수록』 1 : 33a.

116 같은 책, 1 : 32b.

## 제9장 조선 후기의 전제개혁안

1 1640년 봉건영주의 토지를 자유로운 토지로 전환하고 1750년 소유와 임대의 변환에
대해서는 B. A. Holderness, *Pre-Industrial Englands : Economy and Society, 1500–
1750*, Totowa, New Jersey : J. M. Dent and Sons, 1976, 75~82쪽, 16~19세기의
인클로저 시기에 대해서는 51~61쪽, 1560~1760년의 농업 혁명에 대해서는 69~75
쪽, 1660~1870년의 상업과 산업의 발달에 대해서는 83~94쪽 참조. 아울러 Aldo de
Maddalena, "Rural Europe, 1500–1750", in Carlo M. Cipolla, ed., *The Fontana
Economic History of Europe : The Sixteenth and Seventeenth Centuries*, Glasgow :
William Collins Sons, 1974, 300~304쪽 ; Fernand Braudel, *The Wheels of
Commerce : Civilization and Capitalism, 15th–18th Century*, vol. 2, New York :
Harper and Row, 1982, esp. 제3장 참조.

2 그것은 1620~1720년 영국이나 1763년 영불 전쟁이 끝날 무렵 이미 전성기를 지났다.
C. H. Wilson, "Trade, Society and the State", In *The Cambridge Economic History
of Europe* 4, Cambridge : Cambridge University Press, 1967, 487~575쪽 ; Braudel,
*The Wheels of Commerce* 2, 542~549쪽 ; Betty Behrens, "Government and
Society", in E. E. Rich and C. H. Wilson, *The Cambridge Economic History of
Europe*, vol. 5, *The Economic Organization of Early Modern Europe*, Cambridge :
Cambridge University Press, 1977, 573~588, 595~597, 602쪽 참조.

3 Nakamura Takafusa, *Economic Growth in Prewar Japan*, Robert A. Feldman
trans., New Haven, Connecticut : Yale University Press, 1971 참조. 특히 제1차 세
계대전 이후의 경향에 대해서는 145, 213~231쪽 참조. 그러나 나카무라 다카후사는
제1차 세계대전부터 대공황까지 호황과 불황이 교체된 결과 정부의 의도와는 무관하
게 독점구조가 만들어졌고 임금 또는 수입의 이중구조가 야기됐다고 비판했다. 또한
그는 20세기의 첫 20년 동안 일본 정부가 도시 노동자에게 피해를 줄 수 있는 정책을
완화하기 위해 노력했지만, 그것은 거의 효과가 없었다고 지적했다.

4 Barrignton Moore, Jr., *Social Origins of Dictatorship and Democracy : Lord and
Peasants in the Making of the Modern World*, Boston : Beacon Press, 1967. 테다
스코폴 또한 견고하게 보호받은 지주들은 프랑스·중국·프러시아·영국에서 농민의
혁명적 잠재력을 파괴하는 역할을 했다고 강조했다. Theda Skocpol, *States and

*Social Revolutions* : A *Comparative Analysis of France, Russia, and China*, Cambridge : Cambridge University Press, 1979.

5 Bruce Cumings, *The Origins of the Korean War*, Vol. 1, *Liberation and the Emergence of Separate Regimes* ; Vol. 2, *The Roaring of the Cataract, 1947-1950*, Princeton, New Jersey : Princeton University Press, 1981, 1990.

6 C. H. 윌슨은 중상주의 시대에 모든 에스파냐의 시민들은 자신의 가문을 하급 귀족의 지위로 상승시키려는 목적에서 면세의 권리를 구매했다고 지적했다. C. H. Wilson, "Trade, Society and the State", 494쪽. 페르낭 브로델은 자본주의가 시작되기 이전인 중세 후기에 영지를 사서 신분을 획득하는 데 성공한 상인들의 사례를 언급했지만, 이 것은 자본가로 성장하는 길을 개척했다고 김용섭이 주장한 토지를 소유한 중농과는 약간 달랐다. Braudel, *The Wheels of Commerce* 2, 249쪽. 토마스 스미스는 도쿠가와 막부 후기에 부농들이 자신의 부를 이용해 사무라이의 특권을 얻기 위해 경쟁하고 사 무라이의 생활양식을 모방한 것을 보여주었다. Thomas C. Smith, *The Agrarian Origins of Modern Japan*, Stanford, California : Stanford University Press, 1959, 175 ~179쪽.

7 1920년대 이후 한국인의 기업활동은 Carter J. Eckert, *Offspring of Empire* : *The Koch'ang Kims and the Colonial Origins of Korean Capitalism 1876-1945*, Seattle : University of Washington Press, 1991 참조.

8 이 문제에 대한 자세한 연구는 김용섭, 『조선 후기 농업사 연구(I)』, 서울 : 일조각, 1970, 특히 양안에 대한 두 개의 논문(78~188, 208~294쪽)을 참조하라. 그가 든 사 례 중 하나는 문제점을 보여주기에 충분하다. 1846년 진주의 384명이 거주하는 한 촌 락에서는 6퍼센트의 인구가 44퍼센트의 토지를 소유한 반면 63퍼센트의 사람은 18퍼 센트만을 가졌다. 부농은 1인당 평균 1결 이상을 소유했지만 빈농은 4분의 1결 이하를 소유했다. 신분에 따라 재산의 차이는 있었지만 모든 신분의 사람들이 재산을 잃거나 늘릴 수 있었기 때문에 몇몇 노비는 부농, 심지어는 지주가 되기도 했다. 양반이 증가 하면서 양반들도 농사를 지어야 했으며, 호적에는 양반이 증가한 것으로 나타났지만 소작은 줄어들었다. 진주의 같은 촌락에서 대부분의 지주와 부농은 양반신분이었지 만, 양인의 8퍼센트와 노비의 3퍼센트도 그 범주에 들어갔다. 반면 양인의 55퍼센트와 노비의 73퍼센트는 최소의 토지를 소유한 빈농이었다. 김용섭, 「18 · 19세기의 농업실 정과 새로운 농업경영론」, 『한국 근대 농업사 연구』, 서울 : 일조각, 1975, 2~6쪽.

9 박노욱, 「조선시대 고문서상의 용어검토」, 『동방학지』 68, 1990, 90, 119쪽.

10 김용섭, 「18 · 19세기의 농업실정과 새로운 농업경영론」, 7~15쪽.

11 Braudel, *The Wheels of Commerce* 2, 281~282쪽 ; Holderness, *Pre-Industrial Englands*, 69~75쪽.

12 김용섭, 「양안의 연구」(상), 1~95쪽 ; 『조선 후기 농업사 연구(I)』에 재수록.

13 김용섭, 「18 · 19세기의 농업실정과 새로운 농업경영론」, 15~29쪽.

14 같은 글, 29~72쪽.

15 김용섭, 『조선 후기 농업사 연구(I)』, 158~159쪽, 표 59.

16 같은 책, 149~154, 157쪽, 표 38~56, 149~154, 157쪽. 그 지역은 전주 완산군 난전 면이다. 같은 책, 80쪽. 완산군 근처의 한 면에서는 양반이 토지를 완전히 독점했다. 그 지역에서 모든 양반은 등록된 기주의 23.6퍼센트였지만 45.5퍼센트의 토지를 소유했으며 1결 이상을 소유한 97명의 양반(인구의 8.4퍼센트)이 35.5퍼센트의 토지를 갖고 있었다. 그러나 대지주는 거의 없었으며, 1명의 양반만이 10.11결을 소유했고 8명은 평균 7.59결을 가졌다. 양인 1명은 6.33결을 소유했고 나머지 73명은 평균 1.52결을 보유했지만, 주목할 만한 노비 지주는 없었다. 같은 책, 153쪽 표 54~56 참조.

17 김영모, 「조선 후기 신분구조와 그 변동」, 『동방학지』 26, 1981, 53~153쪽 ; 송준호, 「朝鮮兩班考」, 『조선사회사연구』, 서울 : 일조각, 1987, 118~259쪽.

18 Edward W. Wagner, "The Ladder of Success in Yi Dynasty Korea", *Occasional Papers on Korea*, no. 1, 1974, 1~8쪽.

19 이 문제에 대한 필자의 견해는 조선 후기의 상속 형태는 장자상속제와 동일할 정도로 적장자에게 집중됐다는 마르티나 도이힐러의 시각과 다르다. 마르티나 도이힐러가 제시한 대로 성리학의 영향이 재산 상속에서 적장자를 우선하는 경향을 나타냈다면 대토지 소유가 지속됐다고 예상할 수 있다. 이 문제는 실제의 유언장과 재산상속 문서를 좀더 실증적으로 연구하지 않고는 해결할 수 없다. Martina Deuchler, *The Confucian Transformation of Korea : A Study of Society and Ideology*, Cambridge : Harvard University Press, 1992 참조.

20 朝鮮總督府 中樞院 編, 『李朝の財産相續法』, 京城, 1936.

21 『세종실록』 49 : 14a~21b, 세종 12년 8월 무인. 한영우, 「太宗 · 世宗朝의 對私田施策」, 『한국사연구』 3, 1969, 79쪽 및 주 125에서 인용.

22 5~6등전의 평균 면적을 8에이커(3만 2,375제곱미터)로 계산한다면 그보다 약간 비옥한 토지의 평균 생산성은 에이커당 2.5섬 또는 37.5말 정도로 추산할 수 있다—또는 1결이 상등전 20마지기나 하등전 40마지기와 동일하다면 생산성은 하등전 40마지기에서 4백 말 또는 1결당 26.7결이 될 것이지만, 이것은 19세기 초반의 자료로 추산한 수치다.

23 김용섭, 『조선 후기 농업사 연구(I)』, 167쪽 이후. 고려 후기와 관련해서는 金載珍, 「田結制 연구」, 『경북대학교 논문집』 2, 1958, 75~113쪽을 인용했다.

24 김용섭, 같은 책, 168~169쪽.

25 김용섭은 40섬당 8백 말 또는 1섬 당 20말로 계산했다. 원래 1섬은 15말이므로 8백

말은 53.5섬이 되어야 하지만 필자는 정약용이 직접 체험한 증언을 수정하는 데 망설여졌으며 당시 전라도의 섬은 20말이었을 가능성도 있다고 생각됐다. 같은 책, 169쪽.

26 같은 부분.

27 Fernand Braudel, *Civilization and Capitalism, 15th-18th Century* 1, *The Structures of Everyday Life : The Limits of Possible*, New York : Harper and Row, 1981, 120~121쪽. 브로델은 그런 수확을 얻으려면 1헥타르에 1.5헥토리터(1헥토리터당 밀 2.75부셸로 계산했을 때 약 4.13부셸)를 파종해야 한다고 언급했다.

28 Hoon K. Lee(Yi Hun'gu), *Land Utilization and Rural Economy in Korea*, Shanghai, Hong Kong, Singapore : Kelly and Walsh, 1936, 56쪽 표 19. 필자는 1석 =4.96부셸이라는 공식에 따라 히시모토 조지의 수치를 전환했다. 부록 E, "Tables of Measures", in James I. Nakamura, *Agricultural Production and the Economic Development of Japan, 1873-1922*, Princeton, New Jersey : Princeton University Press, 1966, 220쪽 참조. 그러면 7.7두×1,984펙(pecks)=15.28펙/4펙=3.81부셸 /0.10헥타르, 또는 38.1부셸/헥타르, 또는 15.55부셸/에이커가 된다. 7.7석=39.4부셸 /헥타르 또는 1.16메트릭톤(metric tons)/헥타르가 된다. 菱本長次, 『朝鮮米の研究』, 1938, 7쪽. 아울러 Yūjirū Hayami and Saburō Yamada, "Agricultural Productivity at the Beginning of Industrialization", In Kazushi Ohkawa, Bruce F. Johnston, Horomitsu Kaneda, eds., *Agriculture and Economic Growth : Japan's Experience*, Princeton, New Jersey : Princeton University Press, 1970, 108쪽에서는 0.15메트릭 톤을 현미 1석 또는 4.96부셸과 같다고 추산했다. 따라서 부셸당 현미의 무게는 0.03 메트릭톤이나 60파운드가 된다. R. H. Tawney 또한 쌀 1부셸을 60파운드와 같다고 계산했다. *Land and Labor in China*, 1932, Boston : Beacon Press, 1966, 49쪽.

29 9.88석 4.96부셸/헥타르=쌀 49.0부셸/헥타르다. 菱本長次, 같은 책, 7쪽 ; Hoon K. Lee(Yi Hun'gu), *Land Utilization and Rural Economy in Korea*, 56쪽 표 19.

30 Nakamura, *Agricultural Production and the Economic Development of Japan*, 90 ~92쪽에서는 1880년 무렵 평균 수확은 1.6石/段으로 추산했지만, 필자는 Yūjirū Hayami and Saburō Yamada, "Agricultural Productivity at the Beginning of Industrialization", 108쪽 표 1에서 제시한 1.64석/단을 사용했다. 메트릭톤을 부셸로 전환하기 위해서 필자는 표 1에서 제시된 석/단의 단위에 10을 곱해서 석/헥타르 단위를 얻었으며 5.12를 곱해서 석을 부셸로 전환했다.

31 Yūjirū Hayami and Saburō Yamada, 같은 글, 108쪽.

32 Nakamura, *Agricultural Productwn and the Economic Development of Japan*, 표 4 ~6, 103쪽.

33 1천~7천 킬로그램/헥타르 또는 7.6~53부셸/헥타르다.

34 Francesca Bray, *Science and Civilization in China*, Edited by Joseph Needham, Vol. 6, *Biology and Biological Technology*, Part II : *Agriculture*, Cambridge : Cambridge University Press, 1984, 508쪽 표 13.

35 Dwight H. Perkins, *Agriculural Development in China, 1368~1968*, Chicago : Aldine, 1969, 17쪽. 필자는 드와이트 퍼킨스가 1400년 139캐티(catties)/석, 243캐티/석으로 계산한 수치에서 캐티에 1.1을 곱해 에이커당 킬로그램으로 전환했고 6을 곱해서 석을 에이커로 전환했으며 파운드를 부셸로 바꾸기 위해서 60으로 나누었다.

36 Perkins, 같은 글, 17쪽. 20세기 초반인 1916~18년 중국과 관련해서 R. H. 타우니는 1에이커당 평균 쌀 수확량을 10.8부셸로 계산했다. R. H. Tawney, *Land and Labor in China*, 1932, Boston : Beacon press, 1966, 49쪽. John Lossing Buck, Owen L. Dawson, and Yuan-li Wu, *Food and Agriculture in Communist China*, New York : Frederic A.Praeger, 1966, 22쪽에 따르면 1929~33년 동안 수확량은 1헥타르당 2,972킬로그램(1,351파운드)이었으며, 그것은 60파운드/부셸, 22.51부셸/헥타르, 또는 9.19부셸/에이커였다. 李榮薰, 『조선 후기 사회경제사』, 서울 : 한길사, 1988, 234쪽에 따르면 1910년 무렵 경상도의 평균 생산량은 탈곡미 20.79부셸/에이커로서 20세기 초반 중국의 두 배 정도였지만, 경상도의 생산량은 한국의 다른 지역들보다 훨씬 높았다.

37 또는 49부셸/헥타르였다. 菱本長次, 『朝鮮米の硏究』, 7쪽 참조.

38 Tony Michell, "Fact and Hypothesis in Yi Dynasty Economic History", *Korean Studies Forum*, no. 6(Winter-Spring, 1979/1980), 77~79쪽. 조선시대의 인구 추정표는 71~72쪽. 토니 미셸은 인구조사가 적게 신고됐기 때문에 자신의 추정이 부정확하다고 인정했지만, 추세를 보여주는 데는 유효하다고 주장했다. 따라서 그는 서울대학교 인구발전연구소의 權泰煥, 『한국의 인구』, 서울 : 서울대학교 출판부, 1975와 『한국사회의 인구와 발전』, 서울 : 서울대학교 출판부, 1978에서 추정한 총인구와 가호수를 신뢰하지 않았다.

이시이 요시쿠니(石井南國)는 1640(인조 18)~1780년(정조 4)의 수정된 인구 추정을 제시했지만, 18세기에 대한 그의 추정은 토니 미셸보다 4백만 명 정도 적으며 1730년(영조 6) 무렵에는 728만 명 정도로 안정됐다고 주장했다. 필자는 토니 미셸의 견해가 좀더 믿을 만하다고 생각한다. 石井南國, 『韓國の人口增加の分析』, 1972, 46~49, 56쪽.

39 Bray, *Science and Civilization in China*, Vol. 6, Part II : *Agriculture*, 601쪽.

40 한우근, 「성호 이익의 사상연구」, 『이조 후기 사회와 사상』, 서울 : 을유문화사, 1961, 141~142, 144~148쪽.

41 같은 글, 203~211, 215, 238~245쪽.

42 같은 글, 246~248쪽. 그는 상앙이 정전 사이의 제방을 "무너뜨려" 정전제를 파괴했다고 믿지 않았으며, 주회의 견해에 따라서 상앙은 그 제방을 고르게 해서 토지를 관개할 수 있도록 개방했을 뿐이라고 생각했다.

43 같은 글, 250~254쪽. 다카하시 도루(高橋亨)는 이익이 항구적인 구획의 면적을 완전히 확정하지는 못했으며 1~2경 정도의 면적을 생각했다고 평가했다. 같은 글, 254쪽.

44 『영조실록』 51 : 8a~b, 영조 16년 2월 갑신(1740). 한우근, 같은 글, 249쪽에서 인용.

45 이익은 직접 파종하는 대신 널리 흩뿌리는 농법을 사용한 삼남지방은 1말을 뿌렸을 때 20~40말 정도 수확량이 감소하는 것을 제외하고 1말을 파종했을 때의 수확량을 60말로 계산했다. 그러나 한우근은 18세기에 李重煥은 『擇里志』에서 1말을 파종했을 때 최고 60말에서 최저 30말까지 수확량이 변동하는 것으로 서술했다고 지적하면서 두 배가 차이나는 최고 수치와 최저 수치의 비율 때문에 이익이 원했던 공평한 조세는 시행할 수 없었지만 이익의 계획에서 하등전의 소유주는 이익의 추정보다 두 배의 생산을 올렸기 때문에 세금은 낮게 매겨짐으로써 이익의 의도보다 퇴보한 세율이었다고 평가했다. 같은 글, 268~274, 284쪽.

46 그는 고지대에 사는 농민은 매년 20말을 파종해도 생계 이상의 수확을 걷을 수 있었지만 저지대나 평지의 농민은 30말 이상을 심었어도 봄이면 굶주림에 시달렸다는 유형원의 발언을 인용했다. 그 까닭은 저지대의 농민들은 게을렀지만, 고지대의 농민들은 부지런히 농사를 지어 그들보다 두 배 이상의 수확을 올렸기 때문이었다. 이익은 7품 이하의 관원에게 6경의 토지를 임대해 그 지대의 절반으로 생활하게 하려는 유형원의 계획은 그들의 생활비용으로는 너무 적다고 비판했으며, 다시 그 절반만을 받은 이서들은 빈곤한 상태로 남아 있을 것이라고 지적했다. 같은 글, 268~274, 284쪽.

47 김용섭, 「18세기 농촌지식인의 농업관」, 『조선 후기 농업사 연구(I)』, 4~25쪽. 1799년 정조의 발언은 같은 책, 22쪽 주 40에서 인용한 『일성록』, 정조 23년 2월 11일 기사 참조. 그는 職田制는 관원들에게 토지를 분급한 제도라고 생각했지만, 직전은 토지 자체가 아니라 수조권을 분급한 것이었다.

48 같은 글, 29~46쪽.

49 김용섭은 「田論」이 『經世遺表』에 실린 「井田論」보다 상당히 나중에 씌어졌다고 믿었다. 「18 · 19세기의 농업실정과 새로운 농업경영론」, 93~94쪽.

50 洪以燮, 『정약용의 정치경제사상 연구』, 서울 : 한국연구원, 1959, 107~108쪽.

51 같은 책, 78~88쪽.

52 같은 책, 93~94쪽.

53 같은 책, 95~99, 110쪽 ; 朴宗根, 「茶山丁若鏞の土地改革思想の考察─耕作能力に應じた土地分配お中心として」, 『朝鮮學報』 28, 1963, 83~85쪽.

54 홍이섭, 같은 책, 110쪽 주 43 ; 박종근, 같은 글, 85~86쪽 ; 정약용, 『정다산 전서』,

서울 : 문헌편찬위원회, 1961, 220쪽. 그는 박지원의 견해를 언급했지만, 이익의 저
서로 쉽게 인용할 수 있었을 것이다.

55 김용섭, 「18 · 19세기의 농업실정과 새로운 농업경영론」, 101~107쪽.

56 박종근, 「茶山丁若鏞の土地改革思想の考察」, 86~98쪽 ; 홍이섭, 『정약용의 정치경
제사상 연구』, 111~112쪽.

57 박종근, 같은 글, 86~98쪽 ; 홍이섭, 같은 책, 111~112쪽.

58 박종근, 같은 글, 79, 104, 109쪽. 정약용의 저작에 대한 직접적인 자료는 같은 글의
주석과 그 뒤에 인용된 자료를 참조.

59 김용섭, 「18 · 19세기의 농업실정과 새로운 농업경영론」, 99~101, 107~110쪽.

60 같은 글, 110~125쪽.

61 같은 글, 125~128, 134~136쪽.

62 같은 글, 129~131, 133쪽 ; 박종근, 「茶山丁若鏞の土地改革思想の考察」, 86~98
쪽 ; 홍이섭, 『정약용의 정치경제사상 연구』, 111~112쪽.

63 김용섭, 같은 글, 131~133쪽.

64 같은 글, 136~141쪽. 박종근은 정약용의 사상에서 농업 생산을 늘리기 위한 합리적
인 방안의 도입, 기술적 진보, 광업과 주전의 확대, 모든 백성의 독립적인 직업 확보
같은 진보적인 요소를 찾으려고 노력했다. 그는 이런 생각들은 당시 조선 경제가 봉
건적 제도에서 자본주의적 경제로 전환하는 과정에서 영향을 받은 것이 분명하다고
확신했다. 그러나 그의 주장은 김용섭처럼 철저하고 정교하지는 않았다. 박종근, 「茶
山丁若鏞の土地改革思想の考察」, 79, 104, 109쪽.

65 김용섭은 서유구의 초기 저작에 대해 논의했다. 같은 글, 141~146쪽.

66 같은 글, 153~154쪽.

67 같은 글, 154~158쪽.

68 같은 부분.

| 제4부 군제개혁 |

### 제10장 어영청의 모범 : 번상 정병과 보인

1 차문섭, 「효종조의 군비확충」(상), 『단국대학교 논문집』 1, 1967, 28쪽 주 9.

2 같은 글, 25~28쪽 ; 이태진, 『조선 후기의 정치와 軍營制 변천』, 서울 : 한국연구원,
1985, 154~156쪽 ; 이긍익, 『연려실기술』 32, 경성 : 조선고서간행회, 5 : 352~361
쪽, 「孝宗朝 故事本末 金自點獄」.

3 차문섭, 「효종조의 군비확충」(상), 28~36쪽.

4 박서의 마지막 건의는 남부 해안에 정박한 함선의 銅砲를 수리하자는 것이었다.

5 차문섭,「효종조의 군비확충」(상), 41쪽 ;『효종실록』 10 : 20a～b.

6 차문섭, 같은 글, 41～42쪽 주 17. 인용 문장은『효종실록』 11, 효종 4년 윤7월 기미 ; 『비변사등록』, 효종 4년 윤7월 28일. 거기서는 1648년 군적에서 누락된 인원은 모두 20만 4,229명이라고 지적했다.

7 차문섭, 같은 글, 43～44쪽 ;『국사대사전』 1, 319쪽.

8 『국사대사전』 2, 1,494쪽 鎭營將. 아울러 영장 항목 및 차문섭, 같은 글, 45～46쪽도 참조.

9 차문섭은 효종이 그것을 창설했다고 보았지만,『국사대사전』 1, 365쪽에서는 인조대 이귀가 그것의 설립을 맡았으며 1882년(고종 19)까지 운영됐다고 서술했다. 이런 불 일치가 자료를 통해 해결될 때까지 필자는 차문섭의 설명을 선택하겠다. 차문섭, 같은 글, 46쪽.

10 이 규정은 노비가 전세를 낸 토지를 소유했음을 보여주는데, 주인이 소유주로 등록됐 다면 그들도 감세의 혜택을 받았을 것이기 때문이었다.

11 차문섭,「효종조의 군비확충」(상), 47～48쪽.

12 여기와 이전의 인용은『반계수록』 21 : 31a～32a 참조. 인용한 자료의 순서는 약간 조정했다. 代立의 폐단을 고치기 위해 제안한 법안에 대한 유형원의 짧은 언급은 앞 에서 논의한 주제의 요약이 담겨 있다.

13 같은 책, 21 : 68b. 아울러 21 : 31b.

14 같은 책, 21 : 68a～b.

15 같은 책, 26 : 68b.

16 같은 책, 21 : 31b～32a.

17 같은 책, 21 : 30b～31a.

18 같은 책, 21 : 31b～32a.

19 같은 책, 21 : 30b.

20 같은 책, 21 : 31a.

21 같은 책, 21 : 30b～31a.

22 같은 책, 21 : 30b, 32b.

23 같은 책, 21 : 71a～b ;『국사대사전』 2, 1,439～1,440쪽.

24 『반계수록』 21 : 34a～b, 69b.

25 같은 책, 21 : 24b, 36a. 유형원은 변방에서 복무하는 군사는 진장의 사령으로 동원될 수 있지만, 그들의 임무는 땔감을 운반하는 데 국한된다고 명시했다. 나머지 시간에 는 궁술과 사격을 연마하도록 했다.

26 유형원은 중봉 조헌의 상소와 이수광의『지봉유설』을 인용했는데,『지봉유설』에서는

(시기는 명시하지 않았지만) 조선의 군사와 보인의 총숫자는 50만이며 그중 군사는 18만이라고 기록했다(서울 : 경인문화사 편, 1970, 3 : 28a). 『반계수록』 21 : 64a.

27 『지봉유설』 3 : 28b~29a.

28 유형원은 자료가 부족했기 때문에 이 수치는 수군을 제외한 것이다. 등록된 군사의 총숫자는 1653년(효종 4) 군적에는 15만 명밖에 기재되어 있지 않다는 병조판서 원두표의 보고보다 약간 많았다.

29 『반계수록』 21 : 64b~68a. 문제삼을 만한 부분은 아니지만 유형원의 계산에는 사소한 착오가 있다. 유형원은 속오군에는 양인 정병과 달리 보인이 지급되지 않았기 때문에 곤란을 겪었다고 기록했다. 같은 책, 21 : 30b ; 민현구, 「근세 전기 軍制의 성립」, 육군사관학교 한국군사연구실 편, 『한국군제사—근세 조선 전기편』, 서울 : 육군본부, 1968, 43~46쪽.

30 전형택, 『조선 후기 노비신분 연구』, 서울 : 일조각, 1989, 176~177쪽.

31 후한의 주석가인 정현은 『주례』 「小司徒」 항목에서 5명을 1伍, 5오를 1兩으로, 4량을 1卒로, 5졸을 1旅로, 5려를 1師로, 5사를 1軍으로 삼았다고 설명했다. 『반계수록』 23 : 1a~b. 『한서』의 군제를 다룬 부분에서는 정전에는 8가호가 배치되지만 64개의 정전에서는 75명의 군사를 냄으로써 평균 7가호마다 1명이 못되는 것으로 언급했다. 64개의 정전에서는 1량의 전차와 16마리의 우마를 냈다. 같은 책, 23 : 2a~b. 『춘추』에 대한 호안국의 주석(胡氏傳)에서는 비슷하지만 약간 다른 수치를 제시했다. 같은 책, 23 : 5a.

또한 유형원은 鄕 · 遂에 대한 주회의 주석을 인용했다. 거기에 따르면 각각 1만 2천5백 개의 가호가 소속된 향과 수의 조직이 있었다. 두 조직 모두 앞서 소사도의 伍 · 兩 · 卒 · 旅 · 師軍의 단위와 동일했다. 주회는 향수제는 10을 단위로 증가했으며 정전제는 9를 단위로 증가했다고 지적했다. 그 뒤 유학자들은 두 제도를 통합하려고 노력했지만, 주회는 가능하지 않을 것이라고 보았다. 같은 책, 23 : 3b.

32 같은 책, 23 : 1a.

33 같은 책, 23 : 5a.

34 같은 책, 23 : 1b, 2a.

35 한의 군사제도는 같은 책, 33 : 6a~7b에서 논의됐다. 송대의 학자인 易祓은 하나의 간결한 문장으로 그 제도의 핵심을 압축했다.

한대의 군사제도는 수도의 남북군 조직이 가장 상세하다. 당시에는 兵農이 분리되지 않아서 남북 양군은 실제로 고대 정전제의 遺意와 동일하게 백성과 조화됐다. 남군은 郡國에서 선발했으며 북군은 수도 주위의 左輔 · 右輔 · 京輔에서 충원했다 (같은 책, 23 : 6a).

필자는 이발의 발언과 비슷한 내용을 『문헌통고』「兵攷」에서 찾았다. 濱口重國,「前漢の南北軍について」,『秦漢隋唐史の研究』, 東京 : 東京大學出版會, 1966, 254쪽에서 인용.

학자들은 북군을 수도지역에서만 선발했는지, 아니면 전국에서 선발했는지 논쟁을 벌였지만 기본적으로 양정 전체를 번상 복무시켰는가에 관련된 본격적인 논의는 없었다고 생각된다. 周藤吉之, 같은 글, 253~254쪽. 그러나 하마구치 시게쿠니는 수도지역의 군사조직은 일반적인 명령체계와 달랐으며 북군의 中尉는 수도지역의 鄕軍을 직접 관할할 수 있었다는 점을 근거로 최근 중국사학자들의 견해와는 달리 이발의 견해에 동의했다.

36 그는 秦代부터 유배형에 처해진 죄인을 변방에 번상 복무시킨 기원을 추적해 그것은 일반 농민에게는 적합하지 않은 방법이라고 파악했다. 『반계수록』 23 : 6b~7b.

37 하마구치 시게쿠니는 후한 말엽과 魏 曹操의 치하에서 군사와 농민이 분리된 사실을 자세히 다루었다. 濱口重國,『秦漢隋唐史の研究』, 326~335쪽. 아울러 같은 책, 33쪽도 참조.

38 이 제도의 전체적인 윤곽은 『반계수록』 23 : 8a~9a, 당·송대 저술가들의 주석은 8a~12b 참조.

39 하마구치 시게쿠니는 부의 숫자는 시기마다 변화했지만 대체로 6백 명에서 630명 정도였다고 지적했다. 부는 소속된 군사의 숫자는 1천2백 명, 1천 명, 8백 명 등 세 등급으로 나뉘었다. 그 군사들은 수도 부대(衛)에 배속되거나 국경 방어에 번상됐다. 『반계수록』 23 : 8a~9b ; 『신당서』 「병지」, 40 : 1b~3a. 아울러 濱口重國,「折衝府」,『亞細亞歷史事典』 5, 東京 : 平凡社, 1962, 249쪽 ; Charles O. Hucker, *A Dictionary of Official Titles in Imperial China*, Stanford, California : Stanford University Press, 1985, 119~120쪽 참조. 좀더 자세한 내용은 濱口重國,「府兵制より新兵制へ」,『秦漢隋唐史の研究』 1, 3~83쪽 참조.

40 『반계수록』 23 : 10b~11a ; 『신당서』 「병지」, 40 : 1a.

41 『반계수록』 23 : 11a ; 『신당서』 「병지」, 40 : 1b~3a.

42 『반계수록』 23 : 10a.

43 이런 장기 복무하는 군사들은 724년(당 현종 개원 12) 彍騎라고 불렸다.

44 송의 林駉 또한 7세기 후반 부병제기 쇠퇴해 723년(당 현종 개원 11) 장종제로 전환된 사실을 개탄했다. 『반계수록』 23 : 10a, 11a~12a ; 『신당서』 「병지」, 40 : 1a~b, 3a.

45 첫째는 궁궐과 수도를 지키는 禁軍이고 둘째는 지방 도시를 방어하는 廂軍이며 셋째는 호적에서 선발해 거주지역에서 복무하는 鄕軍이었다. 『반계수록』 23 : 12b.

46 같은 책, 23 : 12b~14b.

47 같은 책, 23 : 14b~15a.

48 『秦漢隋唐史の硏究』, 35쪽에 실린 그 제도에 대한 소식의 상찬을 참조하라.

49 濱口重國, 「府兵制より新兵制へ」, 10~11, 32~33쪽. 이런 조직은 西魏에서 그 제도
   가 처음 설립됐을 때의 고유한 형태는 아니었다. 『亞細亞歷史事典』5, 249쪽의 설명
   에서 그는 절충부의 80퍼센트는 수도지역에 있었으며 20퍼센트는 변경에 배치됐다
   고 말했는데, 그의 다른 연구와는 약간 비율이 다르다.

50 濱口重國, 같은 글, 15~16쪽.

51 승인받지 않은 군역이 부과되는 것을 방지하기 위해서 농민들이 징집될 때는 물고기
   모양의 청동으로 만든 符節이 사용됐다. 복무중인 군사들은 요역과 공납을 면제받았
   다. 하마구치 시게쿠니는 명대 후반의 유명한 反明的 학자인 王夫之가 절충부의 주
   둔 기지를 독립적으로 설치하는 것은 군사의 훈련 징발 이동을 맡은 복수의 지휘관을
   지방 관아에 두었던 이전의 제도만큼이나 나쁘다고 비판한 견해를 인용했다. 같은
   글, 18~21, 30~32쪽.

52 위는 5천6백 명의 군사로 구성됐으며, 그 아래에 1,120명으로 조직된 1천 所와 112명
   으로 짜여진 1백 소가 있었다. 『반계수록』 23 : 15b, 16a.

53 James B. Palais, "Land Tenure in Korea", *Journal of Korean Studies* 4, 1982 · 83,
   73~206쪽.

54 같은 글.

55 『반계수록』 23 : 16a~b.

56 같은 글, 23 : 17a.

57 Palais, "Land Tenure in Korea", 89~114쪽, 특히 105쪽.

58 『반계수록』 23 : 16b. 連立에 대해서는 Palais, 같은 글의 용어 목록 참조.

59 『반계수록』 23 : 17a~b.

60 이 부분과 이후의 인용은 주 49 참조.

61 『반계수록』 21 : 29b~30a.

62 같은 글, 21 : 37a~b.

63 같은 글, 21 : 37b~38a.

64 같은 글, 21 : 30a. 임진왜란중에 처음 창설됐을 때 속오군은 노비와 양인으로 혼성됐
   지만, 유형원은 자신보다 낮은 신분과 섞이는 것을 싫어한 양인들의 성향을 수용해
   자신의 제도에서는 노비만으로 구성하도록 규정했다.

65 노비나 노비 군사, 미곡을 운반하는 役軍, 水夫, 烽燧軍, 擄軍, 정찰군 등의 군사들을
   위한 규정은 뒤에서 따로 논의하겠다.

66 『반계수록』 21 : 12a~b.

67 『경국대전』 406쪽 이하 참조. 번상 정병을 유지하고 다양한 병종에 보인을 지급하는 규정은 같은 책 453~454쪽 참조. 『경국대전』의 간행 연도는 『국사대사전』 1, 64쪽 참조.

68 차문섭, 「효종조의 군비확충」(상), 38쪽 ; 이태진, 『조선 후기의 정치와 軍營制 변천』, 163~167쪽.

69 어영군의 개혁은 차문섭, 「효종조의 군비확충」, 『조선시대 군제 연구』, 서울 : 단국대학교 출판부, 1973, 254~255쪽에서 자세히 다루었다. 아울러 차문섭, 「임란 이후의 양역과 균역법의 성립」(하), 『사학연구』 11, 1961, 117쪽도 참조. 그 개혁에 관련된 기본 자료는 『효종실록』 8 : 84a~b, 효종 3년 6월 기사 참조. 차문섭은 상하번 사이의 간격을 21개월로 추산했지만, 한 부대에 2만 1천 명이 있을 경우 1천 명이 2개월씩 복무하고 교대하면 번상 횟수는 21회이고 간격은 42개월이 되어야 한다. 19세기 초반 1만 6천3백 명의 정병과 1만 7,475명의 資保, 5만 175명의 官保 및 그밖의 잡색군과 보인으로 설립된 어영군의 창설과 그 규정에 대한 추가적인 자세한 논의는 『만기요람』, 327~332쪽 참조.

70 『반계수록』 21 : 32a~b.

71 같은 책, 21 : 29b.

72 같은 부분.

73 같은 책, 21 : 29b, 34a.

74 같은 책, 21 : 30b. 훈련별대에 대한 유형원의 언급은 이해하기 어려운데, 제11장에서 보듯이 그 부대는 보인이 지급됐다. 그는 규정에서 요구된 대로 보인을 지급하는 것은 정병을 징발하는 것보다 우선순위에서 밀렸다는 의미였다고 생각된다.

75 같은 책, 21 : 30a.

76 같은 책, 21 : 55a~b.

77 같은 책, 21 : 32b.

78 같은 책, 21 : 56a~57a ; 戚繼光, 『紀效新書』, 上海 : 商務印書館, 1939, 21~29쪽.

79 『반계수록』 21 : 29b~30b.

80 같은 책, 21 : 36a, 57a.

81 같은 책, 21 : 35b.

82 같은 부분.

83 같은 책, 21 : 35a~b. 1651년 어영군을 개혁할 때 보인의 부담에 대한 규정은 『효종실록』 8 : 84a~b, 효종 3년 6월 기사 참조.

84 『반계수록』 21 : 36a.

85 1651(효종 2) 개혁 직전 어영군에는 1만 2천 명밖에 없었기 때문에 김육은 과장했거나 어영군을 포함한 경군의 총병력을 말한 것으로 생각된다.

86 차문섭, 「임란 이후의 양역과 균역법의 성립」(하), 117쪽에서 이 점을 지적했다.

87 『효종실록』 8 : 84b~85a, 효종 3년 6월 기사.

88 『반계수록』 21 : 57a~b.

89 그들의 복무가 농번기인 음력 4월부터 7월 사이에 걸쳐 있으면 석 달이었다. 같은 책, 21 : 36b. 그는 기병과 관련해서는 다른 훈련 규정을 마련했다.

90 같은 책, 21 : 36b~37a.

91 같은 책, 21 : 32b~33b.

92 같은 책, 21 : 34a.

93 같은 부분.

94 같은 책, 21 : 34b.

95 아울러 그는 왜란 초기에 창설된 일부 병종을 줄이고 단순화하려고 시도했다. 그런 군사들은 같은 책, 21 : 29a에 小注로 기재되어 있다.

96 같은 책, 21 : 29b, 46a, 48a~b, 62b.

97 같은 책, 21 : 11a~b. 2필의 세율이 얼마나 낮은지에 대한 유형원의 언급은 같은 책, 21 : 36b 참조.

98 17~18세기에 나타난 이런 형태의 피역은 鄭演植, 「17 · 18세기 양역균일화 정책의 추이」, 『한국사론』 13, 1985, 121~182쪽 참조.

99 『반계수록』 21 : 11b~12a. 1750년 우참찬 권적이 올린 상소는 『영조실록』 71 : 24b ~25a 참조.

100 『반계수록』 21 : 14a, 41a~b.

101 같은 책, 21 : 29b.

102 같은 책, 21 : 57a.

103 같은 책, 21 : 29b.

104 같은 책, 21 : 9a. 개국 초기 금위영은 龍虎營에 소속된 내금위 · 겸사복 · 우림위로 구성됐다. 한 자료에 따르면 禁軍廳 또는 禁軍三廳은 1666년(현종 7)에 창설됐으며 겸사복과 우림위에는 각각 2백 명이, 내금위에는 3백 명이 배속됐다고 했는데, 유형원의 추정과는 약간 적었다. 『국사대사전』 1, 226쪽. 아울러 이긍익, 『연려실기술』 별집 용호영 참조. 차문섭, 「鮮初의 內禁衛」, 『조선시대 군제 연구』, 54쪽에서 인용.

105 『반계수록』 21 : 6a.

106 차문섭, 「鮮初의 內禁衛」, 52~56, 64~82쪽. 내금위에 배속되는 데 필요한 무과에서 면제되는 조항은 『경국대전』, 341쪽 참조.

107 차문섭은 15~16세기 초반 정원과 관련해서 이런 견해를 제시했다. 한 예로 그는 1474년(성종 5) 내금위의 인원이 너무 많으므로 2백 명에서 1백 명으로 줄이자는 정인지와 신숙주의 건의를 인용했다. 반대의견이 제기됐지만, 부드럽고 온건한 국왕

으로 알려진 성종은 그 건의를 윤허했다. 그러나 1485년 반포된 『경국대전』에서는 190명으로 정원을 규정했다. 1505년(연산군 11) 연산군은 정원을 늘렸다. 그는 정병의 이름을 바꾸고 경호부대를 창설했다. 차문섭은 임진왜란 직후의 정원은 440명으로 보았는데, 17세기 중반 유형원의 추정보다 거의 2백 명이 적은 수치다. 같은 글, 87~89쪽.

108 충의위는 정치적 혼란에서 태조와 태종을 도운 삼공신의 후손에게 군역과 관직의 편의를 제공하기 위해서 1417년(태종 17)에 창설됐다. 그들은 독립적으로 조직됐으며 4개의 부대로 나뉘어 궁궐을 경비했다.

그 뒤 1445년(세종 27) 6백 명으로 구성된 충순위를 창설해 대신들의 직계 후손과 조카 사위를 복무하도록 했다. 그들은 병조에 배속되어 각각 150명으로 구성된 4개의 부대로 나뉘어 궁궐을 경비했는데, 3일을 복무하고 9일을 쉬는 그리 과중한 조건은 아니었다. 그 부대는 세종이 즉위한 이후에 창설됐지만 상왕으로 물러난 태종은 여전히 병권을 갖고 있었다. 그 부대는 1456년(세조 2) 폐지됐다가 1469년(예종 1) 재건됐지만 정원 제한은 없었다.

정난으로 즉위한 뒤 세조는 자신을 도운 공신들의 후손을 충의위에 배속시켜 포상했으며, 1456년 그는 충순위를 폐지하고 忠贊衛와 虎翼衛를 신설함으로써 그동안 특수부대에 복무할 수 없었던 원종공신의 후손에게까지 그런 특혜를 확대했다. 그는 자신의 정난에 불만을 갖고 있던 지방 양반들을 달래려는 목적에서 이런 조처를 시행했다. 1469년 예종은 충순위를 복구했다. 충찬위는 4개의 부대로 나뉘어 9일마다 교대하면서 궁궐을 경비했다.

1471년(성종 2) 성종은 이 세 부대의 복무 기간을 바꿨다. 정원 제한은 폐지됐으며 충의위는 장기 복무하는 제도로 전환됐지만 나머지 두 부대는 4개월마다 교대하는 4개의 부대로 나뉘었다. 충순위의 임무는 뒤에 2개월마다 교대하는 7개의 집단으로 나뉨으로써 확대됐는데, 그 조처는 재정적 문제 때문에 시행했다.

조선 전기의 이런 특권적 부대에 대한 논의는 차문섭, 「鮮初의 충의·충찬·충순위」, 『조선시대 군제 연구』, 90~135쪽 참조. 성균관의 학생 감소에 대해서는 같은 글, 131쪽 참조.

109 『반계수록』 21 : 9b~10b.

110 같은 책, 21 : 10b, 12a~b ; 차문섭, 「中宗朝의 定虜衛」, 『조선시대 군제 연구』, 136~157쪽.

111 『반계수록』 21 : 38b~39b.

112 같은 책, 21 : 42a, 44a.

113 같은 책, 21 : 43b.

114 같은 책, 21 : 44a.

[115] 같은 책, 21 : 44b.

[116] 같은 책, 21 : 38a~b.

[117] 같은 책, 21 : 29b, 6행. 속오군의 기원은 차문섭, 「속오군 연구」, 179~228쪽 참조.

[118] 『반계수록』 21 : 37a, 38a.

[119] 같은 책, 21 : 29b, 32a.

[120] 같은 책, 21 : 38a~b.

[121] 같은 책, 21 : 39b.

[122] 같은 책, 21 : 39a~b, 40b.

[123] 같은 책, 21 : 39b~40a, 43b~44a.

[124] 같은 책, 21 : 43b, 64~68a.

## 제11장 훈련도감을 둘러싼 논쟁(1651~82)

[1] 『반계수록』 21 : 12b~13a.

[2] 같은 책, 21 : 12b~13a. 훈련도감 군사들의 상업 활동은 이태진, 『조선 후기의 정치와 군영제 변천』, 서울 : 한국연구원, 1985, 178~189쪽 및 189쪽 주 10 참조.

[3] 『반계수록』 21 : 11a~b. 2필의 세율이 얼마나 낮은지에 대한 유형원의 언급은 같은 책, 21 : 36b 참조. 아울러 차문섭, 「임란 이후의 양역과 균역법의 성립」(상), 『사학연구』 10, 1961, 115~130쪽 참조.

[4] 차문섭, 「효종조의 군비확충」, 『조선시대 군제 연구』, 서울 : 단국대학교 출판부, 1973, 49~51쪽 ; 이태진, 「중앙 五軍營制의 성립과정」, 육군사관학교 한국군제사연구실 편, 『한국군제사—근세 조선 후기편』, 서울 : 육군본부, 1977, 123~132쪽 ; 『조선 후기의 정치와 군영제 변천』, 169~173쪽. 아울러 『현종개수실록』 10 : 8b~9a에 실린 훈련도감의 역사적 연원에 대한 사관의 짧은 설명도 참조.

[5] 차문섭, 같은 글, 49~51쪽 ; 이태진, 「중앙 五軍營制의 성립과정」, 123~132쪽 ; 『조선 후기의 정치와 군영제 변천』, 169~173쪽.

[6] 『현종개수실록』 7 : 5q, 이태진, 『조선 후기의 정치와 군영제 변천』, 176~177쪽에서 인용. 아울러 앞의 제10장도 참조.

[7] 『승정원일기』 11 : 411~421쪽. 좀더 짧은 요약은 『현종실록』 16 : 10a, 같은 날짜 참조.

[8] 『현종개수실록』 20 : 22b~23a. 『송자대전』에 실린 상소의 초고는 날짜는 밝혀져 있지 않지만 1670년(현종 11) 음력 9월로 되어 있는 또 다른 자료가 삽입되어 있는데, 그 관서를 완전히 폐지하려는 의도를 명확히 보여준다. 송시열, 『송자대전』 6, 10b~12b. 이 상소 중 하나는 1670년(경술년) 9월 19일에 올려졌고 다른 하나는 1671년(신해년) 1월 17일에 제출됐다.

[9] 『승정원일기』 11 : 400. 이 문제는 차문섭의 연구에서 많은 도움을 받았다. 「禁衛營 연

구」,『조선시대 군제 연구』, 345쪽. 그러나 그가 354쪽 주 12에서 인용한 이 부분은 『승정원일기』가 아니라『현종개수실록』20 : 22b~23a에 있다.

10 차문섭, 같은 글, 342~345쪽.

11 『승정원일기』11 : 411~21, 현종 10년 1월 23일 정사. 좀더 짧은 요약은『현종실록』
   16 : 10a, 같은 날짜.『만기요람』「군정편」, 218쪽에 따르면 훈련대장이었던 이완은
   1666년 병조판서를 겸임했지만 두 관직을 겸임하는 것을 부담스러워했다.

12 전후의 자료는 아래의 주 14 참조.

13 주 14 참조.

14 『승정원일기』11 : 411~413. 차문섭,「금위영 연구」, 346쪽에서는 이날의 논의를 주
   로『현종개수실록』20 : 25a~b, 현종 10년 1월 정사를 이용해 설명했다. 실록에서는
   몇 줄로 처리했지만,『승정원일기』는 거의 8쪽에 걸쳐 그 내용을 자세히 서술함으로
   써 훨씬 많은 사실을 알려준다. 아울러 간단한 요약은『현종실록』16 : 10a, 같은 날
   짜 및『조선사』5-4, 378쪽 참조.

15 512×13은 6,656명으로 계산되어 본문의 수치와 9명이 차이난다.

16 127＋381은 508로 본문의 512명보다 4명이 적다.

17 차문섭은 이런 생각은 훈련도감을 감축하자는 송시열의 건의에서 영향을 받았지만,
   효종은 훈련도감을 존속시켰고 그것을 혁파하기 전에 새로운 군사를 충원했다는 측
   면에서 그 계획은 허적의 제안과 가까웠다고 평가했다.

18 『비변사등록』3 : 14, 현종 10년 2월 20일 ;『현종실록』16 : 14b~15a.

19 『현종실록』21 : 29b~30a ; 차문섭,「禁衛營 연구」, 346쪽.

20 『현종실록』17 : 48b~49a. 이태진,『조선 후기의 정치와 군영제 변천』, 183쪽 주 21
   에서 인용.

21 원래의 표현은 "대체로 주상이 군무에 마음을 쓰고 있기 때문이었다"는 것이다.『현
   종실록』16 : 15a.

22 이태진은 훈련별대를 창설하기 6년 전인 1663년(현종 4)의 지시 이후 실록의 사관이
   언급한 이런 자료를 발견했다. 그 설명에는 하나의 작은 실수가 있다. 사관은 유혁연
   이 신해년(1671)에 훈련대장에 임명됐다고 했지만 실제로는 1669년이었다. 이런 실
   수가 군사와 보인의 숫자도 잘못됐음을 의미하지는 않는다.『현종개수실록』10 :
   9a(1663). 이태진,『조선 후기의 정치와 군영제 변천』, 183쪽 주 22에서 인용.

23 『송자대전』13 : 30a~b.

24 송시열의 설명은 혼동된 것으로 보인다. 그는 정묘년(1627, 인조 5) 4월 12일로 날짜
   를 제시했지만 그가 서술한 사건을 그 날짜에서 찾을 수 없었다. 1629년 훈련도감의
   포수였던 金禮正은 前 訓導 任慶思가 도감의 哨軍 5명과 함께 모반을 꾸몄다고 고변
   했다. 임경사는 도성인 한양의 地氣가 이미 쇠했으니 連山으로 도읍을 옮겨야 한다

면서 자신이 먼저 內浦로 가서 각 고을을 위협해 海運을 차단한 뒤 동조자들에게 서울에서 군사를 일으켜 훈련대장을 죽인 뒤 종묘와 도성의 성문을 불태우고 폐주 광해군을 다시 옹립하려고 했다는 내용이었다. 김예정의 고변으로 임경사는 처형됐으며, 김예정은 당상관으로 승진되고 역적들에게서 적몰한 재산을 모두 받았다. 『인조실록』 20 : 25b ; 『조선사』 6-2, 219쪽, 현종 7년 윤4월 19일 ; 『국사대사전』 1, 285쪽.

25 『송자대전』 13 : 30b~32a.

26 같은 책, 13 : 32a. 실록의 사관은 송시열의 불만에 거의 모두 공감했기 때문에 그의 제자가 아닌가 생각될 정도다. "이때 사망이나 탈영으로 결원이 생긴 훈련도감의 군사들은 계속 충원됐는데, 이것은 송시열이 국왕에게 건의한 의견과는 크게 다른 것이었다. 군사를 모집하자 원망과 비방이 크게 일어나 모든 사람들이 그것을 비판했지만, 허적과 유혁연은 시종 찬성했다. 그들이 그럴 수 있었던 까닭은 대체로 주상이 軍務에 마음을 쓰고 있기 때문이었다." 『현종실록』 16 : 15a, 현종 10년 2월 5일. 신석호는 『현종실록』은 1675년(숙종 1)에 편찬되기 시작했는데 당시 조정은 서인의 영수인 송시열과 반대되는 당파인 남인들이 장악했다고 지적했다. 그러나 첫 번째 상소는 1677년 5월까지 완성되지 않았기 때문에 이 부분을 편찬한 사관은 송시열에게 공감하고 남인인 허적과 반대되는 의견을 피력했다고 그는 파악했다. 『조선왕조실록』 36, 서울 : 국사편찬위원회 편, 1957, 1~2쪽.

27 『송자대전』 13 : 32b.

28 『현종개수실록』 24 : 7b~8a(1671) ; 『현종실록』 19 : 21b ; 차문섭, 「禁衛營 연구」, 347쪽.

29 『현종개수실록』 24 : 20a(1671) ; 차문섭, 같은 글, 347쪽.

30 『비변사등록』 3 : 106~7(1671) ; 차문섭, 같은 글, 347~348쪽.

31 『현종개수실록』 24 : 27b~28b(1671) ; 차문섭, 같은 글, 347쪽.

32 이 문제를 포괄한 영문 연구는 JaHyun Kim Haboush, "A Heritage of Kings : One Man's Monarchy in the Confucian World", Ph. D. diss., Columbia University Press, 1978, 47~55쪽 참조. 하보쉬는 송시열의 입장은 효종의 정통성을 매우 위협하는 것이어서 『의례』와는 달리 모든 아들에게 어머니는 (3년이 아니라) 1년의 상복을 입도록 규정한 조선의 국제를 정당화하는 다른 논리가 제시됐다고 지적했다.
하보쉬의 설명에서 필자가 제기할 수 있는 유일한 반대는 특이하게도 효종의 정통성에 대해서는 어떤 논쟁도 없었다는 부분이다. 그녀는 소현세자가 청과 결탁해 자신의 왕위를 넘본다고 의심해 인조가 소현세자를 독살하고 그의 자손들을 왕통에서 제외했다는 가능성을 무시했다. 게다가 그는 강빈(원서에는 Lady Chang으로 표기되어 있는데(1,097쪽) 오기로 생각되어 수정했다—옮긴이)과 그녀의 가문에 끔찍한 보복을 가했으며, 소현세자의 충성에 대한 의심뿐만 아니라 강빈에 대한 증오 때문에 소현세자의 자녀들을 왕통에서 배제했다. 하보쉬는 인조는 새로 책봉한 세자의 정통성에 대한 의문을 완전히 제거하기 위해서 소현세자의 세 아들을 유배 보냈다고 지적하면서 효종의 정통성에 대한 논쟁은 법률적인 전문적 사항일 뿐이었다고 평가했다. 그러나 실제로 인조가 소현세자를 독살했거나 그것을 지시했고 그를 정상적으로 계승할 수 있는 그의 아들들을 제외했다면 효종의 정통성은 결코 법률적이거나 기술적인 문제가 아니었다. 그리고 소현세자가 자연사했다면 그의 아들들을 추방할 이유가 없었다. 같은 글, 49~50쪽. 아울러 같은 저자의 *A Heritage of Kings*, 23~25쪽도 참조.

33 이태진,『한국군제사—근세 조선 후기편』, 136~139, 177~178, 181~184쪽 ; 아울러 앞의 제10장 참조. 실록의 사관은 훈련도감을 감축하려는 송시열과는 반대로 남인 허적과 유혁연은 별대를 창설해서 그것을 장악하고 훈련도감의 결원을 메우려고 노력했다고 파악했다. 이 발언은 남인의 이익과는 상충되지만,『현종실록』이 1675년에 편찬되기 시작해서 1677년에 완성된 기간은 남인이 조정을 장악한 상태였다. 실록의 편찬을 지휘한 총재관은 허적이었으며 二房堂上 중 한 사람은 1689년(숙종 15) 기사환국에서 희생된 穆來善이었다.『현종실록』16 : 14b~15a. 이태진,『조선 후기의 정치와 군영제 변천』, 178쪽 주 8에서 인용. 편찬에 대한 사항은『조선왕조실록』36, 1~3쪽 신석호의 해제 참조.

34 Haboush, "A Heritage of Kings", 55~61쪽.

35 이 두 사람들도 중요한 친척이자 가문관계를 갖고 있었다. 김만기는 숙종의 장인이고, 창평 김씨인 김석주는 효종 국구의 조카로 병조판서의 아들이자 김육의 손자였다. 이태진,『한국군제사—근세 조선 후기편』, 143쪽 주 36 및『조선 후기의 정치와 군영제 변천』, 189~190쪽.

36 이태진,『조선 후기의 정치와 군영제 변천』, 184~187쪽 ;『한국군제사—근세 조선 후기편』, 139~141쪽. 정초군의 정원은 같은 책, 142쪽 주 33 참조.

37 이태진,『한국군제사—근세 조선 후기편』, 146쪽 주 51에서는 김석주가 송시열을 증오하고 서인들에 대한 대규모의 숙청을 시작한 까닭은 김집이 자신의 조부인 김육의 대동법에 반대했고 자신의 아버지가 김육의 장례에서 불경한 행동을 했다고 고소했기 때문이라고 설명했다. 아울러『조선 후기의 정치와 군영제 변천』, 186~189쪽 참조.

38 이태진,『한국군제사—근세 조선 후기편』, 143~145쪽. 윤휴가 실록 사관의 발언에서 얻은 동기는 주 42 및『숙종실록』4 : 46b ; 이태진,『조선 후기의 정치와 군영제 변천』, 190~192쪽.

39 이태진,『한국군제사—근세 조선 후기편』, 145쪽 ;『조선 후기의 정치와 군영제 변천』, 191~193쪽 ; 柳洪烈, 「萬科 設行의 정책사적 추이—조선 중기를 중심으로」,『사학연구』18, 1964, 207~246쪽.

40 이태진,『한국군제사—근세 조선 후기편』, 145~146쪽 주 48 ;『조선 후기의 정치와

군영제 변천」, 192~193쪽.

41 이태진, 『한국군제사―근세 조선 후기편』, 141~142, 145~147쪽 ; 『조선 후기의 정치와 군영제 변천』, 193~196쪽.

42 이태진, 『한국군제사―근세 조선 후기편』, 142~143쪽 주 57, 147~148쪽 ; 『숙종실록』 9 : 10b~11a(1680).

43 이태진, 『한국군제사―근세 조선 후기편』, 148~149쪽. 특히 148쪽 주 58 ; 『조선 후기의 정치와 군영제 변천』, 196~198쪽 주 58. 그 주석에서는 『숙종실록』을 인용했다. '三福의 변'이라는 표현은 세 왕자의 이름에 '福'이라는 글자가 들어가기 때문에 붙여졌다. 이 사건은 Haboush, "A Heritage of Kings", 62~64쪽에서도 언급했지만, 그녀는 윤휴가 반주자학적 사상 때문에 처형됐다고 주장했다. 그러나 64쪽 주 91의 인용에는 전거가 밝혀져 있지 않다. 아울러 姜周鎭, 『이조당쟁사 연구』, 서울 : 서울대학교 출판부, 1971, 285~293쪽 참조.

44 『숙종실록』 11 : 10b~11a, 숙종 7년 1년 경오. 이태진, 『조선 후기의 정치와 군영제 변천』, 199쪽 주 60 ; 『한국군제사―근세 조선 후기편』, 149~150쪽에서 인용.

45 별대에 소속된 군사들의 숫자는 1682년 음력 3월의 기록에 따르면 1만 3,949명으로 밝혀져 있다. 이 1만 3,949명의 군사는 '營部標下別隊軍'이라고 불렸다. 영부는 별대가 소속된 훈련도감의 통상적인 명칭은 아니었지만 훈련도감은 1682년(숙종 8) 오군영의 일부가 됐다. 『숙종실록』 13상, 18a~b 참조.

원래 이 1만 3,949명의 군사는 (각각 134명이 소속된) 80초로 나뉘어 모두 1만 748명으로 짜여졌다. 이런 개편으로 발생한 3,201명은 이전의 資保 3,201명과 합쳐서 모두 6,402명이 다시 보인으로 배치됐다. 즉 1만 748명의 정병에 보인이 3명씩 배치되면 3만 2,244명이고 거기에 6,402명을 더하면 모두 3만 8,646명이 된다. 일부 정병을 보인으로 전환시킴으로써 새로 창설한 부대에 배속할 보인을 새로 찾아야 하는 부담을 경감시킬 수 있었다.

이 80초에 정초군 3,773명이 더해졌다. 각각 134명으로 구성된 25개의 초가 1部를 형성해 모두 3,350명이 소속됐다. 새로 창설된 금위영은 별대에서 1만 748명, 정초군에서 3,350명 등 모두 1만 4,098명으로 구성됐다. 정초군 또한 423명의 정병과 거기에 딸린 보인 423명 등 총 846명을 보인으로 전환했다. 당시 1만 1,628명의 정초군과 이 숫자를 더하면 1만 2,474명이 된다. 여기서 6,595명은 미곡을 납부하게 하고 나머지 5,879명은 호조로 還屬시켰다. 이유는 언급되지 않았지만, 정초군에게 녹봉과 재정을 일부 지급하던 호조에 재정을 확충하기 위해서인 것으로 생각된다. 그러므로 이 6,595명의 보인을 별대에 소속된 3만 8,646명의 보인과 더하면 총계는 4만 5,241명이 된다.

이태진이 계산한 보인의 수치는 필자와 상당히 다르다. 그는 금위영의 정원을 정병 1

만 4,098명(별대 1만 748명＋정초 3,350명)과 자보 1만 4,098명(별대 1만 748명＋정초 3,350명), 보인 6만 4,097명(별대 5만 7,502명＋정초 6,595명) 등 총 9만 2,293명(자보와 보인을 합치면 7만 8,195명)으로 계산했다. 그는 별대에는 보인 5만 7,502명이 소속됐다고 했는데, 이 수치는 실록에는 나와 있지 않다. 거기에는 원래 별대에 배속됐던 4만 1천1백 명이 포함됐지만, 그는 이미 정병과 같은 숫자의 1만 748명의 자보가 있었다고 계산했기 때문에 그 범주에는 그 두 배인 2만 1,496명의 보인 이상은 있을 수 없다.

필자는 실록에서 총 1만 2,474명의 정초군 보인은 6,595명으로 줄었다고 언급했기 때문에 그가 정초군에 소속된 자보 3,350명을 두 배로 늘려 계산했다고 생각한다. 필자는 그가 3,350명을 두 배로 늘리지 말았어야 했다고 생각한다.

반면 1704년(숙종 30) 거의 모든 부대가 개편될 때 당시의 이정청은 옛 제도에서 금위영은 127명으로 구성된 136개의 초로 구성(즉 1만 7,272명의 군사)됐다고 언급했는데, 거기에 정병 1명당 보인 3명과 京外標下 · 別曉衛 · 別破陣 등을 더하면 모두 9만 1,696명이 된다. 여기서 번상 정병 1만 7,272명을 빼면 보인과 다양한 병종의 군사는 7만 4,424명이 남는다. 이것은 1682년 이태진이 보인의 숫자로 제시한 7만 8,195명과 비슷하다. 1704년에는 수천 명의 정병이 더 있었다는 이태진의 추산이 명확하지는 않지만 필자는 그것을 받아들인다. 아마도 이 수치는 보인은 물론 여러 병종의 군사를 포함한 것으로 생각된다. 『숙종실록』 13 상, 18a~b ; 『현종실록』 21 : 29b~30a ; 차문섭, 「금위영 연구」, 346, 348~354쪽 ; 이태진, 『조선 후기의 정치와 군영제 변천』, 200~201쪽, 특히 201쪽 표 참조. 아울러 226쪽 주 7 참조. 『숙종실록』 40 : 55b도 참조.

46 1704년(숙종 30) 병력이 감축됐을 때, 표하군 등의 병종을 제외하면, 모두 136초가 있었으며 각 초는 127명의 군사와 각 3명씩의 보인이 배속되어 있었다. 당시 136초는 10번이 아니라 13번으로 나뉘어 2개월씩 복무했는데, 이로써 상하번 사이의 간격은 20개월에서 36개월로 늘었다. 이런 수치에 따라 계산하면 정병과 보인(및 그밖의 병종)을 합쳐 모두 6만 9,088명이 되지만 실제 병력은 그보다 32퍼센트 정도 많은 9만 1,696명으로 기록됐다. 따라서, 32퍼센트 상승한 수치를 차감하면 1682년(숙종 8)의 정병과 보인은 6만 명 정도였을 것으로 추산된다. 차문섭, 「금위영 연구」, 353쪽.

47 『숙종실록』 25a~b ; 차문섭, 같은 글, 349~350쪽.

48 『숙종실록』 11 : 10b~11a, 숙종 7년 1월 경오. 이태진, 『조선 후기의 정치와 군영제 변천』, 199쪽 주 60 ; 『한국군제사—근세 조선 후기편』, 149~150쪽에서 인용.

49 차문섭, 「금위영 연구」, 150~153쪽 ; 이태진, 『조선 후기의 정치와 군영제 변천』, 202~203쪽, 특히 주 70~72 참조.

50 노론과 소론의 분열을 둘러싼 논쟁에 대한 설명은 Haboush, "A Heritage of Kings",

66~69쪽.

51 이태진, 『한국군제사―근세 조선 후기편』, 153쪽에서는 외척 사이의 논쟁은 1680년 (숙종 6) 무렵부터 시작됐지만 당시 만연한 당쟁의 성격으로 변했다고 지적했다.

52 이태진, 『조선 후기의 정치와 군영제 변천』, 206쪽.

53 이태진, 『같은 책』, 153~158쪽 ; 『한국군제사―근세 조선 후기편』, 205~208, 210~ 213쪽.

54 이태진, 『한국군제사―근세 조선 후기편』, 159~162쪽 ; 『조선 후기의 정치와 군영제 변천』, 215~218쪽. 수어사의 자리는 18세기 영조가 留守制度를 복구할 때까지 남아 있었다.

## 제12장 국방 재정을 위한 대안의 모색

1 이상의 문제는 차문섭, 「임란 이후의 양역과 균역법의 성립」(하), 『사학연구』 11, 1961, 97~102쪽 ; 정연식, 「17 · 18세기 양역균일화 정책의 추이」, 『한국사론』 13, 1985, 124쪽 참조. 양역과 교생 및 유학에 관련된 용어의 의미 변화에 대한 논의는 崔永浩, 「幼學 · 學生 · 校生考」, 『역사학보』 101, 1984, 1~21쪽 참조.

2 安鼎福, 「軍國總錄」, 『잡동산이』, 서울 : 한국학문헌연구회, 한국학고사전 총서, 1981, 446쪽. 정연식, 같은 글, 139쪽에서 인용. 이 통계는 갱신됐지만, 446쪽의 수치는 1746 년에 간행된 『속대전』의 자료를 인용한 것이다.

3 안정복, 『잡동산이』, 446~447쪽. 훈련도감의 군사 6,316명은 녹봉을 받는 직업군인 이었다. 그밖의 4개 부대에 소속된 군사의 숫자에는 표하군이 포함됐다. 총융청의 1,022명의 군사에게 2,468명의 보인이 지급된 것을 제외하면 수어청과 총융청의 군사 들은 보인을 지급받지 못했다.

4 여기에는 각 영의 번상 정병에게 지급된 보인, 번상하는 대신 납포하는 아병, 어영군 과 금위영의 정병에게 배속된 보인 등이 포함됐다. 같은 책, 446쪽.

5 같은 부분.

6 같은 책, 446~447쪽. 1641년에는 대략 11만 명의 속오군이 있었으며 1711년에는 20 만 명 정도였다. 차문섭, 「임란 이후의 양역과 균역법의 성립」(하), 96쪽.
안정복의 통계에서 하위 범주를 모두 더하면 141만 2,638명이 되는데, 이것은 그가 총 계라고 제시했던 108만 3,784명보다 훨씬 많으므로 그 또는 필자가 어떤 곳에서 계산 을 잘못했다고 생각된다. 속오군과 진역에 배치된 노비들이 그가 총계로 제시한 108 만 3,784명에 포함되지 않았다고 가정하면 하위 범주까지 더한 총계는 115만 1,502명 으로 줄게 된다. 그러면 오차는 6만 8천 명으로 줄지만, 두 배로 계산했다고 의심할 만 한 다른 범주가 없게 된다.
속오군과 진역에 소속된 노비를 더한 비율은 140만 명 중에서 19퍼센트 정도 되는데,

좀더 낮은 총계인 108만 3,784명을 취하면 24퍼센트가 된다. 이것은 17세기에 유형원이 추산한 것보다 매우 낮지만, 그래도 상당한 수치다. 유형원의 수치는 다른 자료와 계속 비교해볼 것이다.

7 『영조실록』 73 : 79a.

8 같은 책, 75~7b~8a.

9 인용 부분은 차문섭, 「임란 이후의 양역과 균역법의 성립」(하), 116~117쪽.

10 정연식, 「17 · 18세기 양역균일화 정책의 추이」, 129~130쪽.

11 차문섭은 1636년에는 護衛軍이 2천 명밖에 없었으며, 그것은 그 뒤의 어영군과 같은 부대였다고 지적했다. 「임란 이후의 양역과 균역법의 성립」(하), 120쪽.

12 정연식, 「17 · 18세기 양역균일화 정책의 추이」, 124, 138쪽. 1669년 지방 교생의 정원을 줄이자는 허적의 건의는 제7장에서 서술했으며 1650년대의 개혁에 대한 논의는 제12장 참조.

13 최영호, 「유학 · 학생 · 교생고」, 7~14쪽.

14 『효종실록』 12 : 2b ; 차문섭, 「효종조의 군비확충」(하), 43쪽 ; 鄭萬祚, 「조선 후기의 양역변통논의에 대한 검토―균역법 성립의 배경」, 『동대논총』 7, 1977, 11쪽 주 34 ; James B. Palais, *Politics and Policy in Traditional Korea*, Cambridge : Harvard University Press, 1975, 96~97쪽.

15 『효종실록』 21 : 8a~9a(1659). 차문섭, 같은 글, 50쪽에서 인용.

16 같은 부분.

17 같은 책, 21 : 9a~b.

18 같은 책, 10 : a~b

19 같은 책, 14 : 6a. 차문섭, 「효종조의 군비확충」(하), 45~46쪽에서 인용.

20 차문섭, 같은 글, 46~47쪽. 조선 전기에 노비들이 과거에 응시한 사항에 대해서는 Yong-ho Choe, "Commoners in Early Yi Dynasty Civil Examinations : An Aspect of Koreans Social Structure, 1392-1600", *Journal of Asian Studies* 33, no. 4 (August 1974), 611~631쪽 참조.

21 『현종개수실록』 28 : 21b~22a, 현종 15년 7월 을축. 최영호는 1626년(인조 4) 이후 양반의 아들들은 양인 학생들과 동석하는 것을 꺼렸기 때문에 향교 같은 공립학교보다는 서원에 입학했다고 주장했지만, 이 발언은 그 세기 후반 서원은 양반 자제에게만 국한되지 않았다는 사실을 알려준다. 최영호, 「유학 · 학생 · 교생고」, 15쪽.

22 『현종개수실록』 28 : 22b~23a, 현종 15년 7월 정묘.

23 『현종개수실록』 17 : 30b ; 28 : 26a~27a ; 『현종실록』 22 : 27b~28a, 같은 날짜. 이 사안과 관련된 여기와 이전의 인용은 정만조, 「조선 후기의 양역변통 논의에 대한 검토」, 12쪽 주 35~40 참조.

24 『숙종실록』 10 : 66a ; 정만조, 같은 글, 13~15쪽.

25 李端夏의 상소는 『숙종실록』 11 : 31b~32a, 숙종 7년 4월 병술. 그 상소에 대한 설명은 정만조, 같은 글, 16~17쪽.

26 James Legge, *The Chinese Classics*, vol. 2, *The Works of Mencius*, bk. 6, pt. 1, chap. 7, Shanghai, 1935, 405~406쪽.

27 『숙종실록』 11 : 31b~32b(1681).

28 수치를 늘려잡지 않은 까닭은 한문의 용법 때문이다. 이사명은 1백만 호 "이상"이라거나 40만 또는 70만 "이상"이라고 말했다. 대체로 필자는 2할 정도를 더했다.

29 『숙종실록』 12 : 60a~61b(1681) ; 정만조, 「조선 후기의 양역변통 논의에 대한 검토」, 15~16쪽.

30 이사명의 통계는 흥미롭지만 완전히 명확하지는 않다. 그가 언급한 80만 명의 정병과 보인에 20만 명의 속오군이 포함됐는지 분명치 않다. 포함되지 않았다면 총병력은 18세기 중반 안정복이 추산한 수치와 비슷한 1백만에 육박하게 된다. 그러나 그가 추산한 80만 명에 속오군 20만 명이 들어 있는지, 그의 전체적인 추산이 매우 과장됐는지 그것은 대부분의 다른 견해와는 상반된다. 안정복, 『잡동산이』, 446~447쪽 참조.

31 『숙종실록』 12 : 60a~61b(1681) ; 정만조, 「조선 후기의 양역변통 논의에 대한 검토」, 15~16쪽. 『숙종실록』 12하 : 2a~b의 사평에는 이사명은 화려한 수사 뒤에 괴팍한 성품을 감춘 노련한 지지자였다는 비판이 실려 있다. 자신의 어머니가 김석주의 누이였기 때문에 그는 1679(숙종 5)~80년 허적 등의 남인을 숙청하려는 김석주의 음모에 가담했다. 또한 그는 환관 金鉉과의 친교를 이용해서 예비시험을 치르지 않고 殿試에 直赴했으며, 시험을 주관한 김석주에게서 시험문제를 통보받았다. 아울러 그는 허적의 아들 허견을 처형하는 데 공훈을 세워 공신에 책봉됐다. 그의 공신 지위는 시험의 단계를 건너뛰었으며 부적절하게 승진했기 때문에 취소됐지만 뒤에 숙종이 庭試를 열었을 때 수석으로 합격했다. 그는 홍문관에 임명되자 자신의 이름을 다시 공신적에 포함시켜달라고 요구했으며 국왕은 그를 2등공신으로 책봉했다. 당시 그는 최고 대신에 올라 있었다.

사관은 그가 숙종의 환심을 사기 위해서 호포를 제안했다고 설명했다. 호포의 목적은 당시 군포의 폐단을 없애려는 것이었으므로 나쁜 것이 아니었다―그것은 이전에도 많은 사람들이 건의한 바 있었다. 그의 동기는 당시 기근으로 고통받던 백성들의 환심을 사서 권력을 얻어 조정에서 영향력을 행사하려는 위험스러운 것이었다고 의심받았다.

당시 복잡한 정치사와 혐의를 좀더 철저히 연구해 해명하지 않고는 이 사평이 정치적인 발언인지 개인적인 편견인지 확신하기 어렵다. 그러나 『숙종실록』은 숙종이 붕어한 직후인 1720년(숙종 46)에 편찬되기 시작해서 1728년(영조 4)에 완성됐다. 당쟁의 역사를 기록하는 문제 때문에 사관은 여러 차례 바뀌었다. 편찬을 시작한 지 2년째 소론의 급진적인 지도자인 金一鏡은 실록의 편찬을 맡은 김좌명과 노론의 세 대신을 고발했으며 그 4대신을 처형한 뒤 소론은 『숙종실록』의 편찬을 담당하게 됐다. 1724년 경종이 붕어하고 노론의 후원을 받은 영조가 즉위하자 일부 소론에 대한 숙청이 이루어졌다.

1725년(영조 1) 실록의 편찬 책임은 노론에게 넘어가 완성할 때까지 유지됐지만, 그 기간에도 1백 명이 넘는 노론이 숙청됐으며 일부 소론이 복직됐다. 그 소론들은 『숙종실록』의 일부를 개정하자고 요구했으며, 그 결과 각 권의 말미에 수정된 내용이 첨부됐다. 위에서 인용한 사관의 발언은 이런 개정된 내용의 하나이기 때문에 그는 소론과 관련됐고, 노론의 영수인 송시열과 사이가 나빴던 김석주와 그 연장선 위에서 이사명에게 반감을 갖고 있었다고 추정할 수 있다. 그는 호포제를 비판하는 데 개인에 대한 인신공격적인 내용을 사용했다. 실록 편찬의 역사는 『조선왕조실록』 38, 1~3쪽 참조.

32 『숙종실록』 12 : 61a.

33 같은 책, 12 : 61b ; 12 : 63b~64a.

34 같은 책, 13상 : 1a

35 같은 책, 13상 : 1b.

36 같은 책, 13상 : 1b~2a.

37 같은 책, 13상 : 2a, 6a, 6b~7a. 위의 논의는 숙종 8년 1월 경오 참조.

38 같은 책, 13상 : 7a~8a.

39 같은 책, 13상 : 8b. 평안도 관찰사와 병마사를 탄핵한 대간을 파직시키라는 명령을 중지해야 한다는 요청이 계속 제기됐다. 같은 책, 13상 : 9b.

40 정만조는 기근을 이유로 대부분이 그 계획에 반대했다고 지적했다. 일부는 작황이 좋아지면 그것을 도입하자고 제안했으므로 대다수가 그 계획에 반대했다는 것은 적어도 원칙적으로는 옳지 않다고 여겨진다. 필자는 작황이 좋아질 때까지 시행을 미뤄야 한다는 입장은 완전한 반대는 아니라고 생각한다. 정만조, 「조선 후기의 양역변통 논의에 대한 검토」, 16쪽.

41 『숙종실록』 13상 : 10b, 11b~13a, 숙종 8년 1월 경자, 2월 경진 갑신(1682). 양정의 부족을 해결하려는 또 다른 제안이 그 자리에서 이루어졌다. 1653년(현종 4) 한직에 있던 李敬興는 수많은 농민들이 자신의 토지를 권력있는 지주에게 바치고 노비가 됨으로써 국가의 통제를 피한 결과 "나라에는 곧 양민이 남지 않게 될 것"이라고 지적했다. 유형원도 지지한 방안이었지만, 그는 교혼에서 종모법을 사용하면 10년 안에 양민의 숫자를 몇 배 늘릴 수 있을 것이라고 주장했다. 『효종실록』 11 : 9a~b. 차문섭, 「효종조의 군비확충」(하), 42쪽에서 인용.

42 정연식, 「17 · 18세기 양역균일화 정책의 추이」, 121~144쪽.

43 정연식, 같은 글, 139쪽 주 74, 183쪽 주 129~130 ; 정만조, 「조선 후기의 양역변통 논의에 대한 검토」, 10쪽.

## 제13장 군사 개편, 무기, 성벽

1 『반계수록』 21 : 29a. 차문섭, 「금위영 연구」, 『조선시대 군제연구』, 서울 : 단국대학교 출판부, 1973, 342~431쪽. 다른 두 범주에 대한 정보를 발견하기는 어렵다. 차문섭은 별포수는 지방군의 주요한 부분을 차지한 속오군의 일부였다고 언급했다. 차문섭, 「속오군 연구」, 같은 책, 204쪽.

2 『반계수록』 21 : 29a. 이 부대에서 甲士 · 防牌 · 隊卒 · 破陣軍 · 伴倘은 제외됐다.

3 이태진, 『조선 후기의 정치와 군영제 변천』, 서울 : 한국연구원, 1985, 160~163쪽.

4 『반계수록』 21 : 12a~b.

5 같은 책, 21 : 35a.

6 훈련도감과 어영군 외에 다른 두 부대는 엄밀하게 말해서 경군은 아니었지만, 수도지역을 방어할 임무를 갖고 있었다. 1624년(인조 2) 총융청은 경기도의 방어를 맡았으며 1626년 남한산성의 방어를 책임진 수어청이 창설됐다. 『국사대사전』 1, 906, 788쪽 : 2, 1,546쪽.

7 1393년 태조는 義興三軍府를 만들어 義興親軍衛를 지휘하게 했다. 이 제도는 1457년(세조 3) 三軍五衛로 개편됐다. 왕조 개창부터 단일한 군사 지휘부가 있었지만 1466년(세조 12) 五衛都摠府가 설립되기까지 그 명칭이 여러 번 바뀌었다. 오위도총부는 병조와는 독립적으로 유지됐지만, 최고 지휘관 2명은 겸직으로 임명됐다. 1545년(인종 1) 그 임무는 비변사에게 넘어갔지만, 1882년(고종 19) 군제개혁이 이루어질 때까지 그 관서 자체는 혁파되지 않았다. 오위와 오위도총부에 대한 설명은 『국사대사전』 1, 952~953쪽 참조.

8 『반계수록』 21 : 2a. 아울러 21 : 1a~2a, 4b도 참조.

9 같은 책, 21 : 2b.

10 같은 책, 21 : 3b.

11 같은 책, 21 : 2b, 13a.

12 같은 책, 21 : 9a. 개국 초기 금위영은 龍虎營에 소속된 내금위 · 겸사복 · 우림위로 구성됐다. 한 자료에 따르면 禁軍廳 또는 禁軍三廳은 1666년(현종 7)에 창설됐으며 겸사복과 우림위에는 각각 2백 명이, 내금위에는 3백 명이 배속됐다고 했는데, 유형원의 추정과는 약간 적었다. 『국사대사전』 1, 226쪽. 아울러 이긍익, 『연려실기술』 별집 용호영 참조. 차문섭, 「鮮初의 內禁衛」, 『조선시대 군제 연구』, 54쪽에서 인용(이 내용은 제10장 주 104(원서 1,093쪽)와 동일하다. 이런 부분 또한 이 책이 순차적으

로 저술되지 않았다는 사실을 보여준다. 아울러 편집상의 작은 흠결이라고 지적할 수도 있겠다―옮긴이).

13 녹봉은 한 달에 쌀 15말, 기장 6말, 녹두 9말이었는데 다른 군사들에게 적용한 그의 계획에 비교하면 넉넉했다. 『반계수록』 21 : 9a 10행.

1440년(세종 22) 정원은 180명으로 늘어났지만, 세종은 그 부대의 높은 수준을 유지하기 위해서 60명으로 감축하기로 결정했다. 그는 1445년 다시 1백 명으로 늘렸다. 그 뒤 세조는 예비 병력으로 1백 명을 두고 정병 2백 명을 새로 배치해 정원을 세 배로 늘렸다. 아울러 그는 그 군사들을 3번으로 나누어 교대로 복무하도록 했다. 보수적인 예종은 특수군을 3만 5,240명에서 1만 3,040명을 감축해 2만 2천2백 명으로 줄었다. 내금위의 정원은 2백 명에서 1백 명으로 줄었다. 『경국대전』에 실린 2백 명의 정원은 시재를 통해 선발한 증가 결과를 반영한 것으로 생각된다. 특수 부대의 정원 감축은 아래와 같다.

**특수 부대의 정원 감축, 1468~69**

| 이름 | 이전의 정원 | 새로운 정원 | 감원 인원 |
|---|---|---|---|
| 별시위(別侍衛) | 2,400(3,400?) | 2,500 | 900 |
| 갑사(甲士) | 20,000 | 10,000 | 10,000 |
| 파적위(破敵衛) | 3,000 | 2,500 | 500 |
| 대졸(隊卒) | 3,400(3,440?) | 3,000 | 440 |
| 팽배(彭排) | 6,000 | 5,000 | 1,000 |
| 내금위(內禁衛) | 200 | 100 | 100 |
| 응양위(鷹揚衛) | 200 | 100 | 100 |
| 합계 | 35,240 | 22,200(18,200?) | 13,040(12,040?) |

• 전거 : 차문섭, 「선초의 내금위」, 86쪽(저자의 이 표는 약간 착오가 있다. 전거로 제시한 차문섭의 도표에는 팽배 항목이 있지만 저자는 누락했는데, 합계에서는 그것을 포함해 계산했다(원서 1,106쪽). 번역에서는 차문섭의 논문대로 팽배 항목을 추가해 작성했다. 그리고 별시위의 새로운 정원도 차문섭의 전거에는 1천5백 명으로 되어 있지만 저자는 2천5백 명으로 오기했으며, 그 결과 합계도 틀리다. 아울러 저자가 괄호에 물음표와 함께 넣은 수치대로 계산하면 역시 착오가 생기는데, 확실한 의도를 알 수 없어서 그 부분은 그대로 반영했다. 전체적으로 이 도표는 약간의 문제가 있으므로 그 점을 감안하면서 전거와 대조해 이해할 필요가 있다고 생각된다―옮긴이).

14 『반계수록』 21 : 7b~8a. 시험의 규정은 같은 책, 21 : 5b~7b 참조.

15 8번으로 나뉘어 두 달씩 복무한 일반 보병과는 달리 금오위는 10번으로 나뉘어 한 달씩 복무했다. 그들은 한 달에 9말의 군량을 받았다. 같은 책, 21 : 2a~b, 4a~5b.

16 유형원은 당시 이런 초소는 警守所라고 불린다고 언급했다.

17 같은 책, 21 : 5a~b.

18 같은 책, 21 : 2b.

19 같은 책, 21 : 2b~3b.

20 같은 책, 21 : 32b~34b.

21 같은 책, 21 : 15b~17a. 田祿生은 1318년(충숙왕 5)에 태어났으며 1375년(우왕 1)

유배중에 사망했다.『국사대사전』2, 1,323쪽.

22 『반계수록』23 : 34b~35a.

23 같은 책, 23 : 35a~b.

24 같은 책, 21 : 71a에서 인용한 유성룡의 제안은 날짜는 나와 있지 않지만 임진왜란이 일어난 뒤에 올려진 것으로 서술되어 있다. 이것은 유성룡이 임진왜란 직전인 1591 년에 처음으로 올렸던 건의보다 확대된 내용이다. 그 건의는 당시에는 채택되지 않았다. 이 두 번째 건의는 유성룡이 영의정이던 1594년에 올려졌다.『선조실록』49 : 24a ~b.『한국군제사―근세 조선 전기편』, 서울 : 육군본부, 1968, 298쪽 주 194에서 축약된 형태로 인용되어 있다. 원래의 제안은『선조수정실록』25 : 19a~b 참조.『한국 군제사―근세 조선 전기편』, 297쪽 주 193에서 인용.

25 『반계수록』21 : 20b.

26 『한국군제사―근세 조선 전기편』, 1968, 380~381쪽. 음력 3월 18일(1592년 3월 29 일) 도요토미 히데요시는 자신의 침략군을 나누라고 지시했다. 1~9대는 15만 8천7 백 명(1대당 평균 1만 7,633명)으로 구성됐으며 일본에는 11만 8천3백 명이 주둔했다. 1만 명으로 짜여진 제8대는 쓰시마에 주둔했으며, 1만 1천5백 명의 제9대는 이키 섬(壹岐島)에 머물렀으므로 침략군의 실제 병력은 13만 7천2백 명이 된다. 선봉은 제1대 1만 8천7백 명, 제2대 2만 2천8백 명, 제3대 1만 1천 명 등 모두 5만 2천5백 명 으로 구성됐다. 그해 끝 무렵 일본군은 평안도에 1만 8천 명, 함경도에 2만 2천 명, 황해도 1만 1천 명, 개성에 2만 5천 명, 한성에 2만 명, 강원도에 1만 3천 명, 충청도 에 1만 5천 명, 경상도에 4만 명 등 모두 16만 6천 명이었다. 이형석,『임진전란사』1, 서울 : 신현실사, 1974. 135, 151쪽.

27 『한국군제사―근세 조선 전기편』, 291쪽.

28 진관제도의 역사와 붕괴 원인은 같은 책, 275~291쪽에 상세하다.

29 『반계수록』21 : 20b, 60a.

30 같은 책, 21 : 21b~22a ; 위의 자료는 같은 책, 21 : 20b 이후 참조.

31 같은 책, 21 : 22b.

32 같은 책, 21 : 23b~25b.

33 같은 책, 21 : 26a~b. 연락을 담당한 이런 장교는 1590년대 원래의 속오군에는 들어 있지 않았다.

34 같은 책, 21 : 26b~27a.

35 같은 책, 21 : 57b.

36 같은 책, 21 : 58a.

37 같은 책, 21 : 17a.

38 같은 책, 21 : 71b~72a. 부대를 재분할하는 원칙에 관련된 유성룡의 논의는 속오군

의 핵심적 내용이었다.『서애문집』14 : 5b~6b, 240쪽 참조.

39 『반계수록』21 : 69b.

40 같은 책, 21 : 71a.

41 시험은 같은 책, 21 : 40a~b, 훈련은 같은 책, 44b 참조. 기술이나 훈련 성적에 따라 관원을 선발하지 못한 사실은 21 : 6a 이하 참조.

42 같은 책, 21 : 70b.

43 같은 책, 21 : 45a~b.

44 같은 책, 21 : 52b~53b, 56a, 61b.

45 같은 책, 21 : 52b~53a.

46 같은 책, 21 : 49a~50a, 51b~52a.

47 같은 책, 21 : 52b.

48 같은 책, 21 : 47b~49a, 50a.

49 재래 무기의 열악한 수준에 대한 유형원의 지적은 같은 책, 21 : 28b. 군마를 양성하는 제도를 개혁하자는 이이의 유명한 건의를 인용한 부분은 21 : 70b~71a. 중국의 군마 양성제도에 대한 논의는 24 : 17a~21b, 34a. 축성의 규정을 제안한 내용은 24 : 1a~5b. 전차에 대해서는 24 : 6a~16b. 선박 건조와 수리는 21 : 51a. 역참은 24 : 21b~23a. 봉수는 21 : 55b~56a 참조.

50 같은 책, 21 : 42a~b.

51 같은 책, 21 : 42b~43a.

52 같은 부분.

53 차문섭,「효종조의 군비확충」,『단국대학교 논문집』1, 1967, 17~20쪽.

54 같은 글, 20~21쪽. 차문섭은 1654년(효종 5)의 이런 조치가 충청도에만 국한됐는지 전국에 시행됐는지 확신할 수 없다고 지적했지만, 그는 전자라고 생각하고 있는 것 같다.

55 이태진,『조선 후기의 정치와 군영제 변천』, 162쪽.

56 차문섭,「효종조의 군비확충」(하), 2쪽.

57 『반계수록』21 : 42a~44b, 14a~b.

58 같은 책, 21 : 28a~b.

59 차문섭,「효종조의 군비확충」(하), 25쪽 ;『효종실록』10 : 21a~b(1653).

60 이태진,『조선 후기의 정치와 군영제 변천』, 162쪽.

61 차문섭,「효종조의 군비확충」(하), 25~26쪽.

62 같은 글, 26쪽.

63 무기와 화약에 대한 위의 자료는 같은 글, 26~29쪽.

64 같은 글, 34~38쪽.

65 『반계수록』24 : 5b. 고대의 성벽과 해자에 대한 전체적인 논의는 『반계수록』24 : 1a
~6a.

66 같은 책, 24 : 5b~6a.

67 같은 책, 22 : 1b~2a.

68 같은 책, 22 : 2a, 5a.

69 같은 책, 22 : 3a~b.

70 같은 책, 22 : 4b.

71 유형원과 다른 인물들의 세부 계획에 대한 논의는 이형석, 『임진전란사』 3, 서울 : 신
현실사, 1974, 1,323~1,325쪽.

72 인용은 『반계수록』22 : 8b, 축성에 대한 논의는 5a~10b.

73 같은 책, 22 : 8b.

74 이형석, 『임진전란사』 3, 1,412쪽.

75 『반계수록』23 : 17b.

76 같은 책, 21 : 49a~52b.

77 같은 책, 21 : 23b.

78 같은 부분.

79 같은 책, 21 : 60b~61a.

80 같은 책, 21 : 61a~b.

81 이이의 제안은 『한국군제사—근세 조선 전기편』, 368~369쪽 및 주 28 참조. 거기서
는 『율곡전서』권 7, 「陳時事疏」를 인용했다. 『반계수록 보유』「郡縣制」 참조.

82 『반계수록』21 : 61 : 1~62a.

83 같은 책, 21 : 62a.

## 제14장 군역제도(1682~1870)

1 이태진, 「중앙 오군영제의 성립과정」, 『한국군제사—근세 조선 후기편』, 서울 : 육군본
부, 1977, 165~166쪽 ; 『조선 후기의 정치와 군영제 변천』, 서울 : 한국연구원, 1985,
223~225쪽 ; JaHyun Kim Haboush, "A Heritage of Kings : One Man's Monarchy
in the Confucian World", Ph. D. diss., Columbia University Press, 1978, 62~71
쪽 ; 강주진, 『이조당쟁사연구』, 서울 : 서울대학교 출판부, 1971, 285~293쪽.

2 『숙종실록』38 상 : 2a~5a.

3 같은 책, 38 상.

4 그날의 논의는 같은 책, 38 상 : 8a~10a. 아울러 차문섭, 「임란 이후의 양역과 균역법
의 성립」(하), 『사학연구』11, 1961, 125~126쪽 ; 「금위영 연구」, 『조선시대 군제연
구』, 서울 : 단국대학교 출판부, 1973, 353쪽 ; 이태진, 『조선 후기의 정치와 군영제 변

천」, 232~233쪽 주 23에도 자세하다.

5 차문섭, 같은 글, 126쪽 ; 정연식, 「17 · 18세기 양역균일화 정책의 추이」, 『한국사론』 13, 1985, 155쪽 주 130. 이 수치는 최종 규정에 근거한 것이며 그 수치들은 『各營釐整廳謄錄』 「五軍門改軍制變通節目」에 실려 있는데, 그것은 아래 인용한 실록과는 약간 다르다. 차문섭, 「금위영 연구」, 353~354쪽 ; 『숙종실록』 40 : 54a~59b. 사관의 언급에 따르면 오군영의 개편은 주로 閔鎭厚가 맡았으며 수군의 군포 감축은 김류가 제안했다. 兪集一은 「변통절목」을 작성했으며 李瑜는 퇴학된 교생을 색출하는 규정을 마련했다. 『숙종실록』 40 : 59b.

6 같은 책, 40 : 59b ; 차문섭, 같은 글, 127쪽 ; 정연식, 같은 글, 155~163쪽.

7 같은 책, 40 : 58b~59b ; 차문섭, 같은 글, 127쪽.

8 군포는 수군과 관련된 모든 잡비를 충당하는 데 사용됐다. 『숙종실록』 40 : 56b~57b ; 차문섭, 같은 글, 127쪽.

9 자세한 내용은 이태진, 『한국군제사—근세 조선 후기편』, 169~171쪽 ; 『조선 후기의 정치와 군영제 변천』, 225~228쪽. 1704년 개혁의 원자료는 『숙종실록』 40 : 54a~59b, 숙종 30년 12월 갑오.

10 이태진, 『한국군제사—근세 조선 후기편』, 173~175쪽 ; 『조선 후기의 정치와 군영제 변천』, 230~232쪽.

11 박권의 나중 제안은 『숙종실록』 50 하 : 36b~37b 참조. 이이명의 제안은 아래 주 12 참조.

12 인두세를 제안한 박권의 건의는 주 11 참조. 논의의 나머지 부분은 『숙종실록』 50 상 : 38b. 이이명의 제안은 같은 책, 50 하 : 3a~5b 참조. 그의 상소 첫머리는 그가 며칠 전에 그것을 올렸음을 알려준다.

13 『비변사등록』 6 : 306~10. 그러나 이 논의는 좀더 이른 시점인 10월 23일에 이루어졌다. 그 규정에 대한 가장 좋은 자료는 같은 책, 6 : 320~325 참조. 포괄적이지만 약간 축약된 내용은 『숙종실록』 50 하 : 34b~36a. 요점은 차문섭, 「임란 이후의 양역과 균역법의 성립」(하), 129~130쪽.

14 정연식, 「17 · 18세기 양역균일화 정책의 추이」, 129~130, 141, 154~163쪽.

15 『숙종실록』 55 : 31a~32b. 아울러 金鎭鳳 · 車勇杰 · 梁起錫, 「조선시대 군역자원변동에 대한 연구—호서지방의 경우를 중심으로」, 『호서문화연구』 3, 1983, 75쪽 참조.

16 『경종실록』 4 : 11a.

17 『영조실록』 27 : 25a.

18 같은 책, 28 : 29b~30a.

19 『승정원일기』 42 : 953, 956~958 ; 『영조실록』 36 : 34b~37a ; 같은 책, 37 : 11a~b.

20 정연식, 「17 · 18세기 양역균일화 정책의 추이」, 139~141쪽.

21 『영조실록』 58 : 10b ; 67 : 44b. 차문섭, 「임란 이후의 양역과 균역법의 성립」(하), 131쪽에서 인용.

22 차문섭, 같은 글, 131~133쪽.

23 이후의 언급은 『영조실록』 71 : 18b~34b ;『승정원일기』 58 : 81~144에서 인용. 시간이 부족했기 때문에 필자는 『승정원일기』를 81~144쪽까지밖에 읽지 못했지만, 앞으로 좀더 연구할 예정이다. 그 자료는 242쪽까지 걸쳐 있다.

24 논쟁의 맥락에 대한 자료는 주 26 이하 참조.

25 이 인용의 연대 착오를 지적하는 데는 잭 덜(Jack Dull)에게서 도움을 받았다. 覇道는 기원전 8세기, 즉 문왕과 태공이 논의한 몇 세기 뒤에 나타난 현상이었다. 인용은 정확할지 모르지만, 그 문헌은 주대 중반 이후 어느 때에 씌어진 것으로 보아야 한다. 아울러 그는 士는 『주례』에서 대부보다 낮게 취급됐으므로 '하위 관원'으로 보아야 한다는 견해를 제시했다.

26 『승정원일기』 58 : 141a~143a ;『영조실록』 71 : 24b~25a, 같은 날짜.

27 『승정원일기』 58 : 141a~b.

28 『영조실록』 71 : 22b~23b.

29 같은 책, 71 : 24a. 결포에 찬성한 조현명의 발언은 같은 책, 71 : 18b~19a.

30 『승정원일기』 58 : 162~66 ; Haboush, "A Heritage of Kings", 262쪽.

31 『승정원일기』 58 : 171c~d.

32 『영조실록』 71 : 29a~30b ;『승정원일기』 58 : 169~175.

33 『승정원일기』 58 : 164b, 172a.

34 같은 책, 58 : 173b~175a.

35 같은 책, 58 : 189~93 ;『영조실록』 71 : 32b~33a, 같은 날짜.

36 『영조실록』 75 : 7b~9b ; 차문섭, 「임란 이후의 양역과 균역법의 성립」(하), 136~137쪽 ; 朴廣成, 「균역법 시행 이후의 양역에 대하여」, 『성곡논총』 3, 1972, 135~136쪽.

37 『영조실록』 72 : 23b~24a, 27a~b ; 박광성, 같은 글, 136~137쪽.

38 『영조실록』 71 : 9b~10b.

39 차문섭은 이 37만 2,045냥의 수입 중에서 8만 416냥은 그 도에 남겨두고 중앙에는 29만 1,629냥을 보냈다고 추정했다. 「임란 이후의 양역과 균역법의 성립」(하), 140쪽.

40 박광성, 「균역법 시행 이후의 양역에 대하여」, 146쪽.

41 정약용, 『목민심서』 3 : 13a~b,『정다산전서』, 서울 : 문헌편찬위원회, 1961, 476쪽.

42 균역법 이후 군역과 군포의 변화는 박광성, 「균역법 시행 이후의 양역에 대하여」, 161~184쪽 ; 김용섭, 「조선 후기 균역제 이정의 추이와 호포법」, 『성곡논총』 13, 1982, 7~46쪽 ;「조선 후기 균역제의 동요와 균역전」, 『동방학지』 32, 1982, 97~147쪽 ; James B. Palais, *Politics and Policy in Traditional Korea*, Cambridge : Harvard

University Press, 1975, 107쪽. 이 연구들은 특히 정원, 계방, 향촌의 공동 납부 등의 문제를 다루었다.

43 Palais, *Politics and Policy in Traditional Korea*, 107쪽.

44 면세된 양반이나 잔반은 가호의 38퍼센트였으며 20퍼센트는 노비였고 17퍼센트는 그밖의 이유로 면세됐다(승려·무당·백정·과부 등). 김용섭, 「조선 후기 균역제 이정의 추이와 호포법」 참조.

## 제4부 결론

1 강만길, 「군역 개혁론을 통해 본 실학의 성격」, 『동방학지』 22, 1979, 153~169쪽 ; 김용섭, 「조선 후기 균역제의 동요와 균역전」, 『동방학지』 32, 1982, 100쪽.

2 이익은 전국시대 趙를 다스린 張儀가 晋陽의 호세를 감축하도록 지시했다는 사실을 설명한 주석에서 이 의견을 확언했다. 이익은 전세는 공정하게 거둘 수 있고 군역은 전시에 필요하므로 백성들의 조세 부담을 경감해주려는 현명한 군주는 호세를 줄여주어야 한다고 말함으로써 조의 조세제도가 9세기 당의 삼세제도와 동일한 것처럼 착각했다. 이익, 『성호사설유선』, 상(1권) 351쪽. 한우근, 『이조 후기의 사회와 사상』, 서울 : 을유문화사, 1961, 287쪽에서 인용. 이가원·권오돈·임창순 편, 『동아 한한대사전』, 1,199쪽에서는 『史記』 「趙世家」 부분에서 그 내용의 전거를 제시했다. 한대를 전공한 동료 잭 덜은 조의 조세제도가 당의 삼세제도와 동일한 것처럼 언급한 이익의 발언은 커다란 실수라는 사실을 필자에게 알려주었다.

3 이익, 『성호선생전집』, 서울 : 경인문화사, 1974, 46 : 6b~7a. 한우근, 『이조 후기의 사회와 사상』, 288쪽에서 인용.

4 이익, 『성호사설』 1 : 356. 이 문제들은 한우근, 『星湖 李瀷 硏究―인간 성호와 그의 정치사상』, 서울 : 서울대학교 출판부, 1980, 200~201쪽에서 압축적으로 논의됐다.

5 한우근, 『이조 후기의 사회와 사상』, 292쪽. 원문은 『藿憂錄』 「生財」. 아울러 같은 책, 291쪽 및 이익, 『성호선생전집』 46 : 6a~7b ; 한우근, 『星湖 李瀷 硏究』, 202~204쪽도 참조.

6 유수원, 『우서』, 109, 112~113, 117, 128쪽.

7 안정복, 『잡동산이』 2, 118~120쪽.

8 李圭景, 『五洲衍文長箋散稿』 전2권, 서울 : 동국문화사, 1959, 307~308쪽.

9 정약용, 『목민심서』 18 : 12a~14a, 『정다산전서』, 475~476쪽.

# | 사항 찾아보기 |

# 유교적 경세론과 조선의 제도들 1
유형원과 조선 후기

**지은이** 제임스 B. 팔레
**옮긴이** 김   범
**펴낸이** 윤양미
**펴낸곳** 도서출판 산처럼

**등 록** 2002년 1월 10일 제1-2979
**주 소** 서울시 종로구 사직로8길 34 경희궁의 아침 3단지 오피스텔 412호
**전 화** 02) 725-7414
**팩 스** 02) 725-7404
**이메일** sanbooks@hanmail.net
**홈페이지** www.sanbooks.com

제1판 제1쇄 2008년 11월 20일
제1판 제4쇄 2023년  3월  5일

값 55,000원

ISBN 979-89-90062-31-4 93910
     979-89-90062-33-8 세트